Matthias Groß (Hrsg.)

Handbuch Umweltsoziologie

Matthias Groß (Hrsg.)

Handbuch
Umweltsoziologie

VS VERLAG

Bibliografische Information der Deutschen Nationalbibliothek
Die Deutsche Nationalbibliothek verzeichnet diese Publikation in der
Deutschen Nationalbibliografie; detaillierte bibliografische Daten sind im Internet über
<http://dnb.d-nb.de> abrufbar.

1. Auflage 2011

Alle Rechte vorbehalten
© VS Verlag für Sozialwissenschaften | Springer Fachmedien Wiesbaden GmbH 2011

Lektorat: Frank Engelhardt

VS Verlag für Sozialwissenschaften ist eine Marke von Springer Fachmedien.
Springer Fachmedien ist Teil der Fachverlagsgruppe Springer Science+Business Media.
www.vs-verlag.de

Umschlaggestaltung: KünkelLopka Medienentwicklung, Heidelberg
Druck und buchbinderische Verarbeitung: Stürtz GmbH, Würzburg
Gedruckt auf säurefreiem und chlorfrei gebleichtem Papier
Printed in Germany

ISBN 978-3-531-17429-7

Inhalt

Einleitung

Matthias Groß

100 Jahre Umweltsoziologie – und kein Ende in Sicht

Es war im Jahre 1892 als die amerikanische Chemikerin Ellen Swallow Richards (1842–1911) versuchte, ein Forschungsfeld zu etablieren, das wohl dem der heutigen Umweltsoziologie recht nahe gekommen wäre. Im Rückgriff auf Ernst Haeckels sehr weit gefasste Definition einer Disziplin namens „Oecologie" aus dem Jahre 1866, in der er eine Wissenschaft der Beziehungen des Organismus zur umgebenden Außenwelt skizzierte (Haeckel 1866: 286), war Richards die erste, die sich explizit mit dem Thema Ökologie auseinandersetzte. 1892 schlug sie vor, in Anlehnung zu Haeckels Vorschlag unter dem Namen *Oekology* eine neue wissenschaftliche Disziplin zu gründen. Oekology sollte eine Wissenschaft sein, die sich mit dem Alltagsleben in der modernen Gesellschaft in Abhängigkeit von der natürlichen und erbauten Umwelt und – ihr späteres Hauptarbeitsgebiet – damit verbundenen Hygieneproblemen befassen sollte (vgl. Bubolz und Sontag 1993, Richardson 2002). Anders als die Arbeiten vieler früher Ökologen um 1900 war Richards' Konzeption von Ökologie maßgeblich durch industrielle Wasser- und Luftverschmutzung in nordamerikanischen Großstädten geprägt. Später wurde der Begriff Oekology mit dem der *home economics* ersetzt, da einige von Richards' Kollegen fürchteten der Begriff Oekology sei zu schwierig zu verstehen, wohingegen home economics am deutlichsten auf die ökologischen Alltagsfragen, die Richards thematisierte, verwies. Richards war mit dieser Namensgebung aber nicht zufrieden, da ihr die ökonomische Komponente zu sehr betont wurde. Als sich einige Jahre später „ecology" als Bezeichnung für eine andere biologische Disziplin etablierte, taufte sie ihre neue Disziplin „human ecology" (Richards 1907). Zu dieser Zeit wurde die Idee einer Humanökologie auch von anderen Sozialwissenschaften, insbesondere der Geographie und der Soziologie aufgenommen.

Zu diesen ersten Wissenschaftlerinnen und Wissenschaftlern gehörten der zu jener Zeit in Chicago ansässige Kartograph J. Paul Goode (1862–1932) und der in Chicago ausgebildete Soziologe Edward C. Hayes (1868–1928). Dass Goode und Hayes sich für Humanökologie im Sinne Richards' interessierten, war kein Zufall. Nachweislich war es Richards, die die Verbindung zur sich formierenden Chicagoer Schule der Soziologie, der Pädagogik und der Philosophie aufbaute (Richardson 2002) – nicht zuletzt, weil sie in ihrer Heimat in Neuengland (Richards war die erste Frau, die einen akademischen Abschluss am MIT gemacht hatte), keinen Anschluss an die dortige sozialwissenschaftliche Forschung finden konnte. Im Jahre 1907 bot Goode eine erste Lehrveranstaltung an, die explizit das Thema „human ecology" in der Kursbeschreibung aufgriff, und Hayes läutete etwa zur gleichen Zeit eine in der amerikanischen Soziologie prominente Diskussion über die Engführung der Soziologie auf ausschließlich soziale Variablen (*The ‚Social Forces' Error*) ein. Damit war der Nährboden für das geboren, was in den 1920er Jahren als Humanökologie der Chicagoer Schule bekannt wurde, und nicht nur als Vorläufer der heutigen Umweltsoziologie, sondern auch vieler anderer interdisziplinärer Unternehmungen der Umweltforschung genannt wird. Diese klassische soziologische Humanökologie wird heute zumeist mit dem Namen Robert E. Park (1864–1944) und seinen Arbeiten aus den 1920er und 1930er Jahren verbunden. Im Rückgriff auf den Ökologen Frederic Clements nahmen Park und sein Kollege Burgess an, dass die Analyse von Sukzessionsprozessen bei Pflanzengesellschaften und der Konkurrenzbeziehungen zwischen diesen als Vorlage für ähnliche Studien in menschlichen Gesellschaften dienen könne (vgl. Park und Burgess 1921: 554–556). In Parks Vorstellung war Ökologie in erster Linie ein Ausdruck für die Bezeichnung „Haushalt der Natur" und stellte damit eine „soziologische" Perspektive innerhalb der Naturwissenschaften dar (vgl. Wortmann 2010: 169–197). Damit stülpt Park selbstbewusst eine soziologische Perspektive über andere Wissenschaften und schützt damit seine Version der Humanökologie vor einer möglichen Anschuldigung aus den Reihen der Soziologie, dass es sich hier um eine Biologisierung oder Naturalisierung des Sozialen handeln könnte. Mit diesem Schachzug erweiterte Park das Einzugsgebiet der Soziologie um Bereiche, die ebenso zur Geographie oder zur allgemeinen Ökologie hätten gehören können bzw. auch teilweise gehörten.

Als jedoch mit dem Beginn des II. Weltkrieges das Fortbestehen der Soziologie in zunehmendem Maße mit der Idee verbunden wurde, dass soziale Variablen sowohl als Ursachen als auch Effekte zur Erklärung von gesellschaftlichem Wandel herangezogen werden müssen, war das Ergebnis absehbar: Vorschläge, die eine andere Richtung als diese einschlugen, wurden als außersoziologisch betrachtet. Hauptaugenmerk wurde nun auf soziales Handeln gelegt und natürliche Einflüsse wurden aus dem soziologischen Erklärungsrepertoire herausgenommen. Jede Bemühung, nicht-soziale Dinge in die Waagschale zu werfen, wurde als Bedrohung für das Überleben des Unternehmens Soziologie angesehen.

Nach dem II. Weltkrieg war es Otis Duncan (1961), der sich in der *American Sociological Association* (ASA) mit humanökologischen Themen befasste. Duncan's Rahmenwerk, das in den 1970er Jahren auch von den neuen Umweltsoziologen Riley Dunlap und William Catton aufgegriffen wurde, war das *POET-Modell*. POET steht für Bevölkerung (*population*), Organisation, Umwelt (*environment*) und Technologie und soll auf die funktionalistische Wechselwirkung zwischen diesen Elementen verweisen (siehe hierzu auch den Beitrag von Dunlap in diesem Band). Dieses Modell wurde bis in die 1970er Jahre innerhalb der Soziologie jedoch wenig beachtet. Auch wenn sich viele der Klassiker der Soziologie mit Fragen der ökologischen Grundlagen für die Entwicklung der modernen Gesellschaft befassten, so dauerte es doch bis in die 1970er Jahre bevor das Thema auf breiterer Basis in der nordamerikanischen Soziologie diskutiert wurde. Die aus dieser Zeit stammenden Schriften von Frederick H. Buttel, William R. Catton und Riley E. Dunlap gelten heute als

Klassiker der neuen Subdisziplin Umweltsoziologie (z. B. Buttel 1976, Catton und Dunlap 1978). Betrachtungsgegenstand der Umweltsoziologie der 1970er Jahre, die Buttel (1986) als „new human ecology" bezeichnet, sei das Verhältnis von Gesellschaft zu ihren ökologischen Grundlagen und dabei insbesondere die gesellschaftlich verursachten Veränderungen der Natur und die Kommunikation der Folgen dieser Eingriffe innerhalb der Gesellschaft.

In Deutschland war die Ausgangslage für eine Umweltsoziologie eine andere (siehe hierzu ausführlich den Beitrag von Lange in diesem Band). Viele der deutschsprachigen Klassiker des Fachs, allen voran sicher Karl Marx, aber auch Max Weber und Georg Simmel haben auf ihre eigene Art und Weise proto-umweltsoziologische Versatzstücke geliefert, die heute wieder entdeckt werden. Bei Weber wurde dies besonders im Zusammenhang mit seinen Schriften zum Aufstieg des westlichen Kapitalismus und seiner ökologischen Nebenfolgen, sowie der Bedeutung der protestantischen Ethik für den Umgang mit Naturressourcen deutlich. Bei Simmel waren es vor allem seine Arbeiten zur Ästhetik von Natur und Landschaft sowie seine kulturtheoretischen Arbeiten in denen das Thema und die Bedeutung der natürlichen Grundlagen moderner Gesellschaften besonders hervortraten. Daneben finden sich in der Siedlungssoziologie seit den 1950er Jahren immer auch eingestreut Diskussionen zur ökologischen Versorgungsbasis moderner Gesellschaften (vgl. Atteslander und Hamm 1974). Es finden sich ebenfalls wichtige Vorarbeiten bei verschiedenen Autoren der Kritischen Theorie zum gesellschaftlichen Naturverhältnis, insbesondere im Zusammenhang mit moderner Technikentwicklung (vgl. Wehling 2002). Zu einer auch umweltsoziologisch einflussreichen Konzeption führten diese Arbeiten aber zunächst nicht. Im Grunde gelang es erst dem Wirtschaftssoziologen Karl-Heinz Hillmann mit seinem Buch *Umweltkrise und Wertwandel* (1981) in der deutschsprachigen Soziologie dem Umweltthema eine deutlichere Sichtbarkeit zu geben. Durch Hillmanns Fokus auf einen propagierten Wertewandel und nicht an zentraler Stelle auf die Möglichkeiten sozialstruktureller Veränderungen, wurde dieses Buch in der sich formierenden deutschen Umweltsoziologie jedoch heftig kritisiert und fand später nur noch wenig Beachtung. Anders erging es dem 1982 erschienen Buch Joseph Hubers über *Die verlorene Unschuld der Ökologie* (1982). Auch wenn dieses Buch in der zeitgenössischen Soziologie der 1980er Jahre relativ wenig rezipiert wurde, wird es heute allgemein als Meilenstein in der Entwicklung der auch international einflussreichen Theorie der ökologischen Modernisierung betrachtet.

Man kann sicher sagen, dass das Jahr 1986 eine größere ökologische Wende sowohl in der Öffentlichkeit als auch in der deutschen Soziologie markiert. Die im Dezember 1984 ausbreitende Giftwolke über der indischen Stadt Bhopal und die damit verbundenen ökologischen Folgen waren in den Medien noch ein wichtiges Thema, als sich am 25. April 1986 nach einem Standardtest im Block IV des Atomkraftwerks von Tschernobyl die bislang folgenschwerste Katastrophe im Bereich der Kernenergiegewinnung ereignete. Dieses Ereignis passte zu dem im Sommer 1986 erschienenen Buch *Risikogesellschaft* von Ulrich Beck. Im nachgereichten Vorwort des Buches sieht Beck die These der Risikogesellschaft bestätigt. Im August des Jahres

1986 brachte schließlich das Magazin *Der Spiegel* mit seiner heute berühmten Titel-story über die „Klima-Katastrophe" das Thema Klimawandel in das Bewusstsein einer breiteren deutschen Öffentlichkeit. Symbolträchtig wurde der Kölner Dom, der sogar die alliierten Bombenangriffe im Zweiten Weltkrieg (im Gegensatz zum Rest der Stadt Köln) einigermaßen unbeschadet überstanden hatte, auf der Titelseite dieser Spiegel-Ausgabe zur Hälfte vom Wasser überflutet dargestellt.

Erst im Anschluss an diese von den Medien geprägten Themen, gelang es im deutschsprachigen Raum, soziologische Arbeiten, die sich explizit mit den Heraus-forderungen der Naturthematik befassten, in eine breitere soziologische Diskussion einzuführen. Die offizielle Geburtsstunde einer Sektion in der Deutschen Gesell-schaft für Soziologie (DGS) begann 1993 mit der Gründung einer Arbeitsgruppe, die dann 1996 in die Sektion „Soziologie und Ökologie" umgewandelt wurde. Der Name der Sektion war gewählt worden, um der ökologischen Thematik im Selbst-verständnis der Soziologie eine zentrale Rolle zuzuschreiben und nicht nur eine weitere Bindestrich-Soziologie darzustellen. Die Namensanpassung an das inter-national übliche *environmental sociology* wurde dennoch zunehmend als sinnvoll erachtet, so dass eine Umbenennung in „Sektion Umweltsoziologie" im Jahre 2007 stattfand. Am Diskussionsstand der Disziplin zu etwa diesem Zeitpunkt setzen die meisten Beiträge im vorliegenden *Handbuch Umweltsoziologie* thematisch an.

Umweltsoziologie im 21. Jahrhundert

Vor dem Hintergrund des etwa 100 jährigen Suchprozesses der Soziologie zur Kon-zeptualisierung und Analyse des Gesellschafts-Natur-Verhältnisses, soll das vor-liegende Handbuch einen Überblick über die heute weit verzweigte Landschaft umweltsoziologischer Arbeiten geben. Der besondere Charakter dieses Handbuchs besteht nicht zuletzt darin, dass die Entwicklung des oft „hybriden" Forschungsfel-des, welches sich oft ablehnender Haltungen von Seiten traditioneller Soziologinnen und Soziologen gegenüber sah, den Blick auf die Potentiale und Probleme der Be-rührung mit anderen Disziplinen zu schärfen.

In der Wissenschaftssoziologie werden seit fast vier Jahrzehnten neue Formen der Wissenschaftsentwicklung, von rein akademischer Wissenschaft hin zu mehr Praxisorientierung bzw. Inter- und Transdisziplinarität diskutiert (vgl. Böhme et al. 1973, Nowotny et al. 2004). Die allgemeine Soziologie selbst verhielt sich jedoch bis vor kurzem auffallend disziplinär wenn es um das Thema interdisziplinäre Koope-rationen ging und verharrte auf soziologischem Purismus. Die Aussage, „das ist unsoziologisch", gilt bei Diskussionen auf Soziologietagungen heute immer noch als Argument, anstatt die Frage zu stellen, ob ein bestimmtes methodisches Ver-satzstück oder ein „außersozialer" – vermeintlich unsoziologischer – Tatbestand für die Erklärung eines gesellschaftlichen Phänomens vielleicht wichtig sein könnte. Da sich die Umweltsoziologie in ihrer langen Tradition nicht nur auf innersoziolo-gische Diskussionen beschränkt hat, sondern auch selbstbewusst interdisziplinäre Anschlüsse gesucht hat, stellen Seitenblicke auf andere soziologische Subdisziplinen sowie umweltsoziologisch relevante sozial- und naturwissenschaftliche Aspekte wichtige Ergänzungen in den Beiträgen dieses Handbuchs dar.

Trotz der interdisziplinären Anknüpfungen bleibt die Umweltsoziologie fest in ihrer Mutterdisziplin verankert, was sich allein schon dadurch äußert, dass sich viele „innerumweltsoziologische" Diskussionen als Debatten allgemeiner soziologischer Relevanz entpuppen, nicht zuletzt, weil die nicht intendierten Nebenfolgen menschlicher Eingriffe in die äußere Umwelt immer auch grundlegende soziologische Fragen zur Analyse gesellschaftlicher Dynamiken aufwerfen. Dazu zählen nicht nur Themen wie der Klimawandel oder Ressourcenknappheit sondern insbesondere auch die eigenen theoretischen Zugänge der Soziologie zum Thema Natur und Ökologie, die wiederum ganz besondere methodische Herausforderungen mit sich bringen. Durch die veränderten Praktiken, neue Kommunikationsformen über nachhaltiges Handeln oder Zuschreibungen auf „außergesellschaftliche" Akteure (z. B. eine *Natur*katastrophe oder erkanntes Nichtwissen über die Natur), wird die soziologische Beschreibung dieser sozialen Phänomene selbst Teil dieser Veränderung. Sofern sich die Soziologie als Analyse und Selbstbeschreibung der Gesellschaft versteht (Luhmann 1975), ist sie Bestandteil der gesellschaftlichen Prozesse, die sie selbst beschreibt. Darauf muss sie reagieren. Die empirisch (zunehmend) registrierten Selbstbeschreibungen mit dem Hang zu einer ökologisch-hybriden Kultur, in der die Unterscheidung zwischen Natur und Kultur bestenfalls variierend durchgehalten wird, können die soziologische Theoriebildung nicht unbeeinflusst lassen. Wie lassen sich Alltagspraktiken wie z. B. das „Wäschemachen" (siehe dazu anschaulich Shove 2004), die sich empirisch aus verschiedensten Bereichen der (symbolischen) Kultur und der (materiellen) Natur zusammensetzen, angemessen rekonstruieren und soziologietheoretisch sinnvoll analysieren? Wie das Fach aus umweltsoziologischer Warte darauf reagieren kann, zeigt sich fokussiert im ersten thematischen Block des Handbuchs. Dazu gehören verschiedene Konzeptualisierungsvorschläge zur Natur-Gesellschafts-Verzahnung, klassische Herausforderungen der Umweltdiskurs- und Umweltbewusstseinsforschung aber auch neuere praxistheoretische Zugänge und die Frage nach inter- und transdisziplinären Möglichkeiten der Umweltsoziologie.

Im zweiten thematischen Block knüpft die aktuelle umweltsoziologische Forschung wiederum an klassische soziologische Fragen an, nämlich denen nach Modernisierung und den Möglichkeiten (nachhaltiger) sozialer Innovationen. Auch hier spielen wiederum symbolische und ökologisch materielle Aspekte eine große Rolle. Aber genauso geht es um neue Fragen nach dem Verhältnis zwischen Naturverständnissen und Geschlechterverhältnissen, nachhaltiger Ernährung und Verkehrsmobilität, Ökosystemdienstleistungen, Bevölkerungsentwicklung, Herausforderungen zur Versorgung der modernen Gesellschaft mit fossilen und erneuerbaren Energien, sowie Innovationskulturen und modernisierte Formen des Umgangs mit dem, was am Ende abfällt und übrigbleibt – dem Abfall.

Darauf aufbauend werden im nächsten thematischen Block soziologische und soziologienahe Konzepte vorgestellt, die sich mit Governance-Fragen der ökologischen Modernisierung und von Umweltinnovationen befassen. Ökologische Modernisierung kann nicht allein durch die Anwendung von erprobten Technologien und gesichertem wissenschaftlichen Wissen vorangetrieben werden, sondern ist oft von Innovationsprozessen durchzogen, in denen neben Wissen auch zunehmend Ungewissheit, neuen Risiken, und die Entdeckung von Nichtwissen eine Rolle spielen. Dies wirft Fragen nach den kulturellen Bedingungen und den Regulierungen solcher Prozesse auf. Der im Handbuch folgende thematische Block will die Herausforderungen für die moderne Gesellschaft anhand aktueller, oft interdisziplinär organisierter Praxis- und Konfliktfelder beleuchten. Dazu gehört zentral der Umgang mit dem Flächenverbrauch und der zunehmenden Flächeninanspruchnahme als Umweltproblem. Neuere Diskussionen fokussieren die sozialräumliche Verteilung von Umweltbelastungen, „gerechtere" Möglichkeiten der Partizipation und der Risiko-Governance, sowie der „experimentelle" Umgang mit dem was (noch) nicht gewusst wird. Die zur Illustration heran gezogenen Fallbeispiele sollen zum Einen die institutionellen Arrangements, zum Anderen auch die historischen Besonderheiten entsprechender Problemfelder aufdecken.

In der Umweltsoziologie gelten viele methodische und theoretische Ansätze, von der Akteur-Netzwerk-Theorie über den praxistheoretischen Ansatz bis hin zu verschiedenen Variationen des Rational-Choice Ansatzes als zentral für die Erklärung und Theoretisierung von Umweltproblemen. Durch die meist anzutreffende mikrosoziologische Perspektive werden jedoch viele umweltsoziologisch wichtige Aspekte auf der globalen Ebene ausgeblendet. Entsprechend entwickelte sich in den USA eine makrosoziologisch orientierte Umweltsoziologie, die sich besonders an Marx' Stoffwechselbegriff und dem IPAT Modell abarbeitet (vgl. Rosa und Dietz 1994, Foster 1999, York et al. 2011). In Europa und insbesondere in Deutschland werden diese Ansätze zwar rezipiert, sie haben bis jetzt jedoch noch keine eigenen umweltsoziologischen Weiterentwicklungen angeregt. Internationale und globale Perspektiven umweltsoziologischer Provenienz werden viel eher mit klassischen soziologischen Werkzeugen und der Frage nach politischen Lösungsmöglichkeiten in den Blick genommen. Der Fokus des letzten Themenblocks des Handbuchs liegt daher auf der Erforschung der Verschränkung von Wirtschaft, Umweltorganisationen, Wissenschaft und Nachhaltigkeitspolitik und der zunehmend wichtiger werdenden Frage nach der Steuerung von sich wandelnden Lebensstilen in sogenannten Drittweltländern als Grundlage einer nachhaltigen Entwicklung.

Damit das Handbuch auch als Nachschlagewerk dienen kann, führen die jeweiligen Artikel grundlegend ein und informieren über Entwicklung, den gegenwärtigen Stand, sowie die absehbaren Herausforderungen des jeweiligen umweltsoziologischen Themas. Der zitierten Literatur am Ende der jeweiligen Fachbeiträge wurde eine Liste mit „weiterführender Literatur" vorangestellt, die Leserinnen und Lesern Verweise auf vertiefende Diskussion und auf Schlüsselwerke zur Lektüre bietet.

Dank

Bedanken möchte ich mich bei den Autorinnen und Autoren des Handbuchs, die dem engen Zeitplan gut gefolgt sind. Ohne die Hilfe beim Organisieren und Lektorieren von Silke Beck, Alena Bleicher, Claas Pollmanns und besonders Franziska Werner würde es das Handbuch nicht geben. Ich danke auch Frank Engelhardt vom VS Verlag für eine professionelle Zusammenarbeit.

Zitierte Literatur

Atteslander, Peter und Bernd Hamm (Hrsg.) (1974): *Materialien zur Siedlungssoziologie*. Köln: Kiepenheuer und Witsch.

Böhme, Gernot, Wolfgang van den Daele und Wolfgang Krohn (1973). Die Finalisierung der Wissenschaft. *Zeitschrift für Soziologie* 2 (2): 128–144.

Bubolz, Margaret und Suzanne Sontag (1993): Human Ecology Theory. In: Boss, Pauline, William Doherty, Ralph LaRossa, Walter Schumm und Suzanne Steinmetz (Hrsg.), *Sourcebook of Family Theories and Methods*. New York: Springer, 419–451.

Buttel, Frederick H. (1976): Social Science and the Environment: Competing Theories. *Social Science Quarterly* 57 (2): 307–323.

Buttel, Frederick H. (1986): Sociology and the Environment: The Winding Road toward Human Ecology. *International Social Science Journal* 38: 337–356.

Catton, William R., Jr. und Riley E. Dunlap (1978): Environmental Sociology: A New Paradigm. *The American Sociologist* 13 (1): 41–49.

Duncan, Otis D. (1961): From Social System to Ecosystem. *Sociological Inquiry* 31 (1): 140–149.

Foster, John B. (1999): Marx's Theory of Metabolic Rift: Classical Foundations for Environmental Sociology. *American Journal of Sociology* 105 (2): 366–405.

Haeckel, Ernst (1866): *Generelle Morphologie der Organismen. Allgemeine Grundzüge der organischen Formen-Wissenschaft, mechanisch begründet durch die von Charles Darwin reformirte Descendenz-Theorie* (Band 2). Berlin: Reimer, URL: http://www.biodiversitylibrary.org (online frei erhältlich).

Luhmann, Niklas (1975): *Soziologische Aufklärung: Aufsätze zur Theorie der Gesellschaft*. Opladen: Westdeutscher Verlag.

Nowotny, Helga, Peter Scott und Michael Gibbons (2004 [2001]): *Wissenschaft neu denken: Wissen und Öffentlichkeit in einem Zeitalter der Ungewissheit*. Weilerswist: Velbrück.

Park, Robert E. und Ernest W. Burgess (1972 [1921]): *Introduction to the Science of Sociology*. Chicago: University of Chicago Press.

Richards, Ellen (1907): *Sanitation in Daily Life*. Boston: Whitcomb & Barrows.

Richardson, Barbara (2002): Ellen Swallow Richards: ‚Humanistic Oekologist,‘ ‚Applied Sociologist‘ and the Founding of Sociology. *American Sociologist* 33 (3): 21–57.

Rosa, Eugene und Thomas Dietz (1994): Rethinking the Environmental Impacts of Population, Affluence and Technology. *Human Ecology Review* 1 (2): 277–300.

Shove, Elizabeth (2004): Sustainability, System Innovation and the Laundry. In: Elzen, Boelie, Frank W. Geels und Ken Green (Hrsg.), *System Innovation and the Transition to Sustainability: Theory, Evidence and Policy*. Cheltenham, UK: Elgar, 76–94.

Wehling, Peter (2002): Dynamic Constellations of Individual, Society, and Nature. In: Dunlap, Riley E., Frederick H. Buttel, Peter Dickens und August Gijswit (Hrsg.), *Sociological Theory and the Environment*. Lanham, MD: Rowman & Littlefield, 144–166.

Wortmann, Hendrik (2010): *Zum Desiderat einer Evolutionstheorie des Sozialen: Darwinistische Konzepte in den Sozialwissenschaften*. Konstanz: UVK.

York, Richard, Christina Ergas, Eugene A. Rosa und Thomas Dietz (2011): It's a Material World: Trends in Material Extraction in China, India, Indonesia, and Japan. *Nature and Culture* 6 (2).

Hintergründe: Soziologie und Ökologie

Umweltsoziologie in Deutschland und Europa

Hellmuth Lange

Einleitung

Umweltsoziologie – vor 20 Jahren noch kaum existent – heute eine etablierte sozialwissenschaftliche Forschungsrichtung. Sie nahm in der Tat erst im Verlauf der 1990er Jahre eine thematisch konturierte und institutionell identifizierbare disziplinäre Gestalt an – mit bis heute beträchtlichen Überlappungen zu anderen sozialwissenschaftliche Subdisziplinen wie der Umweltpsychologie, der Umweltökonomie und der politologischen Umweltforschung.[1] Bedenkt man, wie elementar die gesellschaftliche Entwicklung von der Verfügbarkeit natürlicher Ressourcen und einigermaßen stabiler ökosystemarer Zusammenhänge abhängt, überrascht es, dass sich die umweltsoziologische Forschung erst so spät entwickelt. Das gilt umso mehr, da das Verhältnis zwischen Natur und Gesellschaft schon im 18. und 19. Jahrhundert zu einem Thema der Reflexion in unterschiedlichsten Zusammenhängen geworden war. Das Spektrum der Themen reicht von der Naturrechtsdebatte und den damit verbundenen Kontroversen über die spezifische Würde des Menschen bis zur national-ökonomischen Frage nach den Quellen des gesellschaftlichen Reichtums.

Daneben war es auch wiederholt schon zu Engpässen zwischen Ressourcenverfügbarkeit und wachsender Nachfrage gekommen. Diese Problematik bildete daher bereits lange vor der heutigen Nachhaltigkeitsdebatte ein Thema politischer Kontroversen (Radkau 2000). Aber erst in den ausgehenden 1960er Jahren wurden Umweltprobleme zu einem zunehmend eigenständigen und stabilen Politikfeld neben den klassischen Feldern wie der Außen-, Verteidigungs-, und Wirtschaftspolitik oder auch der Familien- und Sozialpolitik (Küppers et al. 1978). Interessanterweise hatten die klassischen Naturschutzgruppen an dieser Entwicklung bestenfalls einen begrenzten Anteil – in Deutschland ebenso wie in anderen europäischen Ländern und nicht zuletzt in den USA (van Koppen und Markham 2007). Die damit keineswegs identischen Umweltbewegungen entstanden weithin überhaupt erst im Verlauf der 1970er Jahre (Rootes 2007; Roth und Rucht 2008).

---

[1] Der Begriff ‚Umwelt' in seiner heutigen Verwendung bildet eine Lehnübersetzung aus dem angelsächsischen Wort ‚environment'. Zur semantischen Archäologie des Begriffs ‚environment' im europäischen Kontext siehe die instruktive Skizze von Charles (2001). Wie wenig gefestigt die Bedeutung des Begriffs der „environmental sociology" zunächst auch in den USA war, belegt das in seiner rückblickenden Offenheit entwaffnende Eingeständnis von Riley Dunlap (2002a: 25) in Bezug auf seine umweltsoziologischen Bestrebungen im Jahre 1975: „I joined the effort to establish a Section on Environmental Sociology within the American Sociological Association. The problem was that I was unsure if there was such a thing as ‚environmental sociology'".

Im Folgenden wird zunächst kurz die Debatte über die Frage referiert, ob und in welcher Hinsicht sich die Soziologie mit dem Thema Natur und Umwelt schwer getan hat. Gründe für den tatsächlichen Verlauf der Entwicklung liegen, nicht überraschend, in einer spezifischen Verschränkung von innerwissenschaftlichen und außerwissenschaftlichen Bedingungen. ‚Umwelt' wird sodann als diskursive Konstruktion im Schnittfeld gesellschaftlicher Einflussgrößen gefasst. Vier der wichtigsten Einflussgrößen werden benannt und in ihrer Relevanz illustriert. An vier ausgewählten Beispielen (Nordwesteuropa, Frankreich, Spanien und Mittel- und Osteuropa) wird sodann gezeigt, wie unterschiedlich sich die Umweltsoziologie in Europa unter den jeweiligen gesellschaftlichen Umständen ausgebildet hat: zeitlich, in ihrer thematischen und konzeptionellen Entwicklung und nicht zuletzt in institutioneller Hinsicht. Dem folgt die Beschreibung der Entwicklung der Umweltsoziologie in der Bundesrepublik Deutschland. Die Darstellung ist in zwei zeitliche Abschnitte geteilt: die Herausbildung der Umweltsoziologie als neuer Forschungsrichtung zwischen Mitte der 1980er und Mitte der 1990er Jahre und deren weiterer Entwicklung im Rahmen des Aufstiegs von ‚Nachhaltigkeit' als konzeptionellem Dach. Der letzte Abschnitt bietet eine Bilanz des bisher Erreichten und einen Blick auf neue Herausforderungen an.

Warum so spät: ‚Sociology as if Nature did not Matter'?

Warum nimmt die umweltsoziologische Forschung trotz der langen Geschichte der Umweltprobleme erst so spät, im Verlaufe der 1990er Jahre, eine inhaltlich und institutionell identifizierbare disziplinäre Gestalt an? Die am weitesten gehende, von Catton und Dunlap 1978 vorgetragene und seither oft wiederholte Erklärung besagt, dass sich die klassische Soziologie grundlegend in die falsche Richtung entwickelt hatte: „mainstream sociology had developed a set of traditions and taken-for-granted assumptions that led our discipline to ignore the biophysical environment" (Dunlap 2002b: 329). Andere Autoren wiesen in die gleiche Richtung. So attestierte Beck (1988) der Soziologie ökologische Blindheit und Murphy charakterisierte die bis zum damaligen Zeitpunkt (1995) entwickelten Perspektiven der Soziologie als ‚pre-ecological' („as if nature did not matter"). Catton und Dunlap plädierten schon in den 1970er Jahren für einen grundlegenden Paradigmenwechsel: vom vorgängigen anthropozentrischen Weltbild zu einem ‚New Environmental Paradigm', das die Wechselwirkungen von Gesellschaft und Ökosystemen zum Ausgangspunkt ihrer konzeptionellen Entfaltung nimmt (Dunlap und Catton 1979).

Dem ist entgegengehalten worden, dass die Anerkennung der Natur als relevantem Rahmen und Produkt gesellschaftlicher Entwicklung in der Soziologie sehr wohl Tradition hat. Das Problem besteht aus dieser Sicht eher darin, dass die betreffenden Traditionslinien bis zum Beginn der 1970er Jahre soweit in Vergessenheit geraten waren („traditions oubliées": Leroy 2001), dass die Fürsprecher eines ökologisch inspirierten Reset der Soziologie sich als Pioniere auf *einer terra incognita* missverstehen konnten. Tatsächlich lässt sich auf drei Autorengruppen (und Phasen) der soziologischen Entwicklung zu verweisen, bei bzw. in denen der Natur durchaus Bedeutung beigemessen wird: Marx als Vorläufer, Durkheim, Weber und Simmel als Exponenten der aus heutiger Sicht klassischen Soziologie und die Chicago-Schule der 1920er bis 1940er Jahre in den USA (Groß 2001).

Ein beträchtlicher Teil der nationalökonomischen Kontroversen der ersten Hälfte des 19. Jahrhunderts drehte sich um die Bedeutung des Bodens und der Arbeit als Quellen des gesellschaftlichen Reichtums. In diesem Zusammenhang übernahm Marx mit Bezug auf Liebig aus der Chemie den Begriff des Stoffwechsels. Mit Hilfe dieses Begriffs skizzierte er sein Grundverständnis von Gesellschaft und gesellschaftlicher Entwicklung und deren Verschränkung mit den Gegebenheiten der Natur: „Die Arbeit ist zunächst Prozess zwischen Mensch und Natur, ein Prozess, worin der Mensch seinen Stoffwechsel mit der Natur durch seine eigene Tat vermittelt, regelt und kontrolliert. [...] Indem er durch diese Bewegung auf die Natur außer ihm wirkt und sie verändert, verändert er zugleich seine eigene Natur" (Marx 1972; zuerst 1867). Die Herausforderung sah Marx darin, diesen Stoffwechselprozess nicht nach beliebigen gesellschaftlichen Prioritäten ins Maßlose zu treiben, sondern ‚rationell' im Sinne von verständig und vernunftgemäß: „Die Natur ist der unorganische Leib des Menschen, nämlich die Natur, soweit sie nicht menschlicher Körper ist. Der Mensch lebt von der Natur, heißt: Die Natur ist sein Leib, mit dem er in beständigem Prozess bleiben muss, um nicht zu sterben. [...], denn der Mensch ist ein Teil der Natur" (Marx 2009: 89 f.).

Detaillierte Befassungen mit den hier angerissenen Aspekten des Marxschen Verständnisses des Zusammenhangs von Natur und Gesellschaft finden sich bei Benton, Dickens, Grundmann und Schmidt (Benton 2007; Dickens 1992; Grundmann 1991; Schmidt 1971). Das hier angerissene Marx'sche Verständnis des Zusammenhanges von Natur und Gesellschaft ist in der Tat „ein vielversprechender Anfang einer umfassenden Soziologie der Natur" (Groß 2001, 38). Es lässt auch aus heutiger Sicht wenig zu wünschen übrig. Das gilt um so mehr, als gerade Marx ein geeigneter Kronzeuge dafür ist, dass (s)eine starke Betonung der Einbettung gesellschaftlicher Prozesse in Naturzusammenhänge einer sehr entschiedenen Konzentration auf die Analyse der spezifisch gesellschaftlichen Mechanismen und Interessenkonstellationen keineswegs im Wege steht.

Mit Blick auf die frühe Soziologie in ihrem Bemühen um ein eigenständiges Profil als sozialwissenschaftlicher Disziplin jenseits der einheitswissenschaftlichen Geltungsansprüche naturwissenschaftlicher Erklärungen, vor allem aus der Biologie, und in Abgrenzung von anderen Sozialwissenschaften wie der Ökonomie und der Psychologie wird aber gerade dies – die entschiedene Konzentration auf spezifisch gesellschaftliche Mechanismen und Interessen – immer wieder als Begründung und als eine Art Rechtfertigung dafür ins Feld geführt, dass der Natur später so wenig Beachtung geschenkt wurde (z. B. Dunlap 2007). Durkheim mit seiner programmatischen Aufforderung an die Sozialwissenschaften, das spezifisch Soziale gesellschaftlicher Prozesse durch angemessene soziologische Erklärungen zu erfassen, dient hier stets als Kronzeuge. Groß hat indessen dargelegt, dass diese Perspektive für so wichtige Gründungsväter der Soziologie wie Weber, Simmel und eben auch Durkheim nicht bedeutete, die Einbettung gesellschaftlicher Prozesse in Naturzusammenhänge für nebensächlich oder gar irrelevant zu halten (so auch schon Groß 2001; Redclift und Woodgate 1994). Tatsache ist allerdings, dass sie die Entwicklung genuin soziologischer Erklärungen als die vorrangige Herausforderung in der damaligen Zeit angesehen – und für ihre Arbeit angenommen haben. Hätten sie das nicht getan, liefe nicht zuletzt die spätere Aufforderung ins Leere, die Soziologie möge sich mehr und systematischer um die Interdependenz natürlicher und gesellschaftlicher Prozesse kümmern: das spezifisch Soziale gesellschaftlicher Prozesse wäre noch immer nicht verstanden und begrifflich fassbar und folglich könnte es auch nicht den Besonderheiten natürlicher Prozesse gegenübergestellt und von ihnen unterschieden werden.

Dass das Wechselverhältnis Gesellschaft-Natur fürderhin nicht rundum als etwas galt, dem lediglich im Bereich allgemeiner (soziologischer) Überzeugungen Bedeutung beigemessen wurde, nicht aber im Zusammenhang von speziellen Forschungsprogrammen und einzelnen Untersuchungen, wird vor allem im amerikanischen Kontext der Chicago-Schule deutlich. Schon seit den 1890er Jahren wurde in den USA versucht, Elemente der Biologie und der physikalischen Geographie mit soziologischen Fragestellungen und Befunden zu verbinden. So heißt es bei Small und Vincent im von ihnen verfassten ersten amerikanischen Lehrbuch der Soziologie: „Society, in order to maintain its coherence and continue its development, must constantly readjust itself to natural and artificial conditions for the [social] organism sustains a relation of double reaction with its environment. Natural circumstances make an impression upon society, which in turn effects modifications in nature. These artificial arrangements again influence social perception, and are themselves further modified" (zit. n. Groß 2006: 52). Unter dem Dachbegriff der ‚Human Ecology' formulierte Park in den 1930er Jahren vier Kernvariablen, mit deren Hilfe die gesellschaftliche Entwicklung zu untersuchen sei: „(1) population, (2) artifact (technological culture), (3) customs and beliefs (non-material culture) and (4) the natural ressources" (ebda., 72). Als wichtigster Bezugsrahmen dient die Kategorie des Raumes, vorrangig im Kontext der Siedlungs- und Stadtentwicklung.[2]

Mit anderen Worten: Das Verhältnis Natur-Gesellschaft spielt in der Geschichte der Soziologie durchaus eine Rolle. Wenn sich die zeitgenössische Soziologie in Bezug auf das seit Anfang der 1970er Jahre immer prominentere Thema ‚Umwelt' in einer so wenig befriedigenden Situation befand, nämlich „unvorbereitet" (Luhmann) und „particulièrement handicapée" (Leroy), dann kaum weil Durkheim und andere es als ihre Herausforderung ansahen, soziale Tatbestände nicht naturalistisch oder biologistisch, sondern eben soziologisch zu erklären und weil – in der Folge oder von Anfang an – Natur und Umwelt in der Soziologie bis zu Beginn der 1970er Jahre keine Rolle gespielt hätten.

---

2   Zur Bedeutung der Chicago-Schule für die Stadt- und Regionalsoziologie und als Entstehungs-
     zusammenhang der ‚Humanökologie' als einer Forschungsrichtung mit explizit interdisziplinä-
     rem Anspruch siehe vor allem Serbser (2004).

Der Schlüssel zum Verständnis „der radikalen Ausklammerung der Umwelt aus der Soziologie" (Groß 2001: 17) bis in eine Zeit, in der Natur und Umwelt schon zu einem prominenten Thema des gesellschaftlichen Diskurses und der Politik geworden waren, findet sich vor allem in den drei vorangehenden Jahrzehnten, und zwar in Gestalt korrespondierender und einander tendenziell verstärkender Effekte zweier Momente: der dominanten Strömung innerhalb der amerikanischen Soziologie der 1940er bis 1960er Jahre auf der einen Seite und der materiellen und politisch-ideologischen Entwicklungen in der zeitgenössischen gesellschaftlichen Praxis auf der anderen Seite. Innerhalb der Soziologie zählte dabei vor allem die starke Stellung des von Parsons geprägten struktur-funktionalistischen Denkens und dessen Interpretation von Weber und Durkheim. In der gesellschaftlichen Praxis führte der wirtschaftliche Aufschwung der Nachkriegszeit zu einem schnellen Zuwachs an Kaufkraft und Konsummöglichkeiten für breite Teile der Bevölkerung (für Westdeutschland siehe Schildt and Sywottek 1993). Galbraith hat die wirtschaftlichen, sozialen und politischen Charakteristika dieser Entwicklung unter dem plakativ gemeinten Begriff der Überflussgesellschaft analysiert (Galbraith 1958). An diese Wohlstandsentwicklung knüpfte ein Fortschrittskonzept an, das auf unbegrenzte Steigerungsmöglichkeiten von Wohlstand mittels technologischer Entwicklung setzte, und dies mit zwei Implikationen: zum einen der Vorstellung, dass von der Natur gesetzte Grenzen durch die technologische Entwicklung immer mehr an Bedeutung verlören, und zum anderen der gesellschaftspolitischen Versicherung, dass sich mit dieser Entwicklung die ‚Soziale Frage' des 19. Jahrhunderts sozusagen von selbst erledige, und dies auf kapitalistischer Basis. Im Kontext der erbitterten Systemkonkurrenz des Kalten Krieges jener Jahrzehnte war dies eine These mit erheblichem Gewicht in politischer und in ideologischer Hinsicht – nicht zuletzt auch in der Soziologie.

Aus der späten Herausbildung einer inhaltlich und institutionell einigermaßen konturierten umweltsoziologischen Forschung lässt sich eine erste Folgerung ziehen. Sie ist in wissenschaftssoziologischer Hinsicht nicht überraschend, praktisch aber nichtsdestoweniger folgenreich: Verlauf und Art der soziologische Befassung mit ‚Umweltproblemen' sind keinesfalls ein unmittelbarer Spiegel der realen Wechselprozesse zwischen Natur und Gesellschaft, sondern sie sind das Resultat von Konstruktionen (vgl. Daele 1996). Hinausgehend über das, was ihnen an Naturprozessen zugrunde liegt, werden diese Konstruktionen durch die Verschiedenartigkeit gesellschaftlicher Interessen, Überzeugungen und Institutionen mitgeprägt, und dies in doppelter Hinsicht: zum einen als Resultat dessen, was im gesellschaftlichen Prozess als entscheidungsrelevantes ‚Umweltproblem' akzeptiert wird und nur unter dieser Bedingung auf die politische Tagesordnung gelangt; was innerhalb wissenschaftlicher Disziplinen (hier der Soziologie) als Problem (hier als Umweltproblem) akzeptiert und wie es bearbeitet wird, ist zum anderen auch stets ein Resultat der Art und Weise, in der das Wechselspiel gesellschaftlicher Interessen, Überzeugungen und Institutionen einerseits und innerwissenschaftlicher Besonderheiten andererseits die Konstituierung der betreffenden Fachrichtung und ihre Entwicklung in epistemologischer, methodischer und institutioneller Hinsicht geprägt hat (Weingart 2003).

Die Umwelt als Konstruktion im Schnittfeld gesellschaftlicher Einflussgrößen

Akzeptiert man die Relevanz gesellschaftlicher Faktoren für die Art und Weise, in der Natur und Umwelt zum öffentlichen Thema werden, nicht zuletzt in den Sozialwissenschaften und hier speziell der Soziologie, so stellt sich die Frage nach denjenigen gesellschaftlichen Faktoren, denen dabei nennenswerte Bedeutung zukommt. Aus der Vielfalt dieser Faktoren stellen sich die folgenden als besonders wichtig dar: (a) der wirtschaftliche und technologische Entwicklungsstand eines Landes, (b) politische Strukturen und Machtverhältnisse, (c) politisch-ideologische Ordnungsvorstellungen und Politikkonzepte und nicht zuletzt (d) kulturelle Traditionen, etablierte Weltbilder, Überzeugungen und Gewohnheiten.

(a) Die umweltsoziologische Forschung nahm seit den ausgehenden 1970er Jahren in den verschiedenen Teilen Europas früher oder später Gestalt an. Den Anfang machten die Länder des Nordwestens – die Niederlande und Belgien, Großbritannien, die skandinavischen und die deutschsprachigen Länder – plus Frankreich. Mit anderen Worten: die wirtschaftlich und technologisch *am weitesten entwickelten und reichsten Länder* des Kontinents. Hier wurde die Umweltthematik – wenngleich in je unterschiedlichen Formen – früher als in anderen Ländern zum Gegenstand öffentlicher Kontroversen. Die einsetzende umweltsoziologische Reflexion bildet durchwegs eine Reaktion auf diese Kontroversen. Somit stellt sich die Absicherung materieller Grundbedürfnisse zumindest hier als eine wichtige Voraussetzung dafür dar, dass der Zustand der Umwelt in wachsenden Kreisen der Bevölkerung zu einem Gegenstand der Sorge wurde. In der Soziologie ist dieser Prozess als Übergang zu „postmateriellen Werten" diskutiert worden (Inglehart 1998). Allerdings zeigt sich gerade in Deutschland, dass die Sorge um die Umwelt auch in nachfolgenden Phasen der wirtschaftlichen und sozialen Krise (vor allem seit den 1990er Jahren) nicht mehr wesentlich zurückgeht, sondern auf dem erreichten hohen Niveau verbleibt.

(b) Es versteht sich, dass *wirtschaftliche und politische Grundstrukturen und temporäre Machtverhältnisse* ebenfalls einen erheblichen Einfluss darauf haben, wann und wie Natur und Umwelt zu einem öffentlichen Thema werden. Ob es sich um ‚westliche' kapitalistische oder ‚östliche' staatssozialistische Ordnungen und um parlamentarische Demokratien oder Diktaturen (auch in ‚westlichen' Ländern) handelte, hatte erheblichen Einfluss auf die umweltpolitischen Spielräume und die Themen, Prioritäten und Aktionsformen von Akteuren, insbesondere von zivilgesellschaftlichen Akteuren. Aber auch Veränderungen temporärer Machtkonstellationen haben sich als außerordentlich bedeutsam erwiesen. Das wohl prägnanteste und folgenreichste Beispiel dieser Art bildet der Aufstieg der Grünen in Deutschland von einer außerparlamentarischen Bewegung zu einem dauerhaften Mitspieler auf der parlamentarischen Ebene in Bund, Ländern und Gemeinden. Mit diesem Wandel wurde aus der bis dahin relativ stabilen Dreierkonstellation zwischen SPD, CDU/CSU und FDP eine Viererkonstellation. Dies bedeutete eine folgenreiche Erweiterung und Veränderung der dahin gegebenen Koalitionsmöglichkeiten – nicht zuletzt mit beträchtlichen Wirkungen auf die weitere Entwicklung der umweltpolitischen Tagesordnung.

(c) *Politisch-ideologische Ordnungsvorstellungen und Politikkonzepte* bilden programmatischen Kraftlinien, innerhalb derer sich politische Auseinandersetzungen um Probleme im Verhältnis von Natur/Umwelt und Gesellschaft entfalten. Zwischen 1946 bis 1989 bildete der Systemgegensatz zwischen den sozialistischen und den größten kapitalistischen Ländern die Rechtfertigung für ein Maß an politischer und ideologischer Konfrontation, das nicht von ungefähr als Kalter Krieg bezeichnet wurde. Das schon damals nicht mehr neue Konzept der unbegrenzten Steigerungsmöglichkeiten des Wohlstands durch technologische Entwicklungen hat in diesem Rahmen eine enorme Aufwertung erfahren und einen Modernisierungsfuror begünstigt, der die Frage nach der Rationalität des bereits erreichten und weiter geforderten Stoffwechsels zwischen Gesellschaft und Natur geradezu zu einem Unthema hat werden lassen – wie bereits dargelegt: nicht zuletzt zu Lasten der soziologischen Theoriebildung. Daneben beeinflussen aber auch kleinere Formate politisch-ideologischer Modernisierungskonzepte die Art und Weise, in der Natur und Umwelt gesellschaftlich thematisiert werden, etwa in Form neoliberaler Ordnungskonzepte der forcierten Privatisierung und Deregulierung wie seinerzeit vor allem in Großbritannien oder in Form wohlfahrtsstaatlicher Konzepte – sei es in stärker staatlich zentrierter Form wie in Frankreich oder in stärker korporatistischer Form wie in Deutschland. Wie sehr solche Unterschiede gerade auch in der politischen Wahrnehmung und konzeptionellen Bearbeitung umweltbezogener Problemen durchschlagen, ist in zahlreichen vergleichenden Studien dargelegt worden, etwa über deutsch-französische Unterschiede in der Umweltpolitik im Allgemeinen (Müller-Brandeck-Bocquet 1996) und der Abfallpolitik im Besonderen (Keller 2009) oder über unterschiedliche Formen der Thematisierung und des konzeptionellen Umgangs mit Problemen wie z. B. dem ‚sauren Regen' zwischen Großbritannien und anderen europäischen Ländern, z. B. den Niederlanden (Hajer 1995).

(d) *Kulturelle Traditionen und dahinter stehende Weltbilder,* Überzeugungen und nicht zuletzt Gewohnheiten bilden einen vierten Komplex gesellschaftlicher Faktoren mit beträchtlichem Einfluss auf die Art und Weise, in der Natur und Umwelt zu einem gesellschaftlichen Thema werden kann, nicht zuletzt auch mit Konsequenzen für die sozialwissenschaftliche Befassung mit Umwelt und Natur. Solche Traditionen konstituieren einerseits Kontinuitätslinien, die bis in die Gegenwart reichen. Sie können aber auch, wenn sie zum Bezugspunkt für bewusste Abgrenzungen werden, einen gegenteiligen Effekt entfalten. Beides lässt sich etwa im Vergleich zwischen Frankreich und Deutschland zeigen.

Der Anspruch der französischen Aufklärung entfaltete sich nicht zuletzt in der Vorstellung, dass die Natur als ein Bereich der Wildnis und Bedrohung mittels der ordnenden Kraft der Vernunft gezähmt und zivilisiert werden müsse (Ferry 1992). Die Idee des Naturschutzes steht dazu in einem markanten Spannungsverhältnis. Andererseits hat diese Traditionslinie im Kontext des französischen Umweltdiskurses seit den ausgehenden 1960er Jahren einen relativ unkomplizierten Weg zu einem dezidiert konstruktivistischen Verständnis von Natur eröffnet: Natur als historisches Produkt menschlichen Handelns im Sinne einer „histoire humaine de la nature" (so der Titel eines seinerzeit viel beachteten Buchs von Moscovici 1968).

Im Unterschied dazu hatte in Deutschland seit der Romantik eine Naturvorstellung erheblichen Einfluss erlangt, der die Natur als eine Art höheres Wesen galt, am wirkungsmächtigsten symbolisiert und popularisiert im ‚deutschen Wald' (Eder 2000). Tatsache ist allerdings, dass diese Vorstellung im Prozess der gesellschaftlichen Thematisierung von Natur und Umwelt während der 1970er Jahre in der Bundesrepublik zwar noch als eine Strömung erkennbar war. Ganz überwiegend diente sie aber weniger als Identifikationspunkt, denn als Anlass zur Abgrenzung von völkischen ‚Blut-und-Boden'-Traditionen der deutschen Vergangenheit, als deren Teil sie verstanden wurde (Brand 2008, Radkau und Uekötter 2003).

Angesichts der Wirkungen und Wechselwirkungen aller dieser gesellschaftlichen Einflussdimensionen – sowohl untereinander als auch mit den gegenstandsspezifischen und gesellschaftlichen Besonderheiten der beteiligten wissenschaftlichen Disziplinen, hier der Soziologie – verwundert es nicht, dass die soziologische Thematisierung von Natur und Umwelt nicht allein, wie bereits dargelegt, in *historischer Hinsicht diskontinuierlich* verläuft; sie verläuft auch, angesichts des länderspezifisch unterschiedlichen Profils der Wirkungen und Wechselwirkungen der skizzierten gesellschaftlichen Einflussdimensionen, *von Land zu Land verschieden*. Neben einer Reihe von länderübergreifenden Gemeinsamkeiten weist daher die Umweltsoziologie der einzelnen Länder Europas und darüber hinaus teilweise markante Unterschiede auf.

Umweltsoziologie in verschiedenen Ländern und Regionen Europas

Die größte Gemeinsamkeit besteht in dem für eine Gesellschaftswissenschaft nicht gerade schmeichelhaften Sachverhalt, dass die Forschung in der Thematisierung der heute als gesellschaftlich relevant anerkannten Probleme im Zusammenhang mit Natur und Umwelt zeitlich nicht vorangeht, sondern sie folgt deren Thematisierung auf politischer Ebene (und in den Naturwissenschaften) mit mehr oder minder großem zeitlichen Abstand. Die sozialwissenschaftliche Stärke scheint insofern weniger im voraneilenden Auffinden und Benennen neuer gesellschaftlicher Herausforderungen als in deren nachfolgender Deutung, in deren Einordnung in den Kanon des schon Geläufigen und in der Bearbeitung der dabei erforderlich werdenden Umbauten der theoretischen Bestände zu liegen.

Breite Übereinstimmung besteht dabei in Bezug auf die folgenden drei Themen. Sie scheinen in allen Ländern die ‚Startthemen' gewesen zu sein: (a) die Umweltbewegung(en) als Teil(e) der ‚neuen sozialen Bewegungen', (b) Umweltbewusstsein und Verhalten und (c) mit einem gewissen Abstand – auch in disziplinärer Hinsicht – die Analyse von Zielen und Konsequenzen umweltpolitischer Konzepte (Leroy 2001; Mol 2006). Länderspezifische Unterschiede in Entwicklung und Profil der umweltsoziologischen Forschung in Europa lassen sich angesichts der großen Zahl von Ländern hier nur ausschnittartig und in jedem Fall nur kursorisch darstellen. Die getroffene Auswahl dient daher primär dem Ziel, die Vielfalt der Entwicklungsvarianten deutlich zu machen.[3]

Die Länder des europäischen Nordwestens

Im europäischen *Nordwesten* entwickelte sich die umweltsoziologische Forschung, wie schon bemerkt, vergleichsweise früh und dynamisch. Ausgangsfelder waren zumeist sowohl agrarsoziologische Forschungstraditionen als auch solche der *Science and Technology Studies* (STS), ohne dass eine von beiden Richtungen dominiert hätte.

Im Mittelpunkt standen, wie in anderen Ländern auch, zunächst die Umweltbewegungen als Teile der neuen sozialen Bewegungen, Umweltbewusstsein und -verhalten und Umweltpolitik. Aus diesem thematischen Zusammenhang heraus erlangte bald auch die Auseinandersetzung mit Lebensstilen und Konsummustern besonderes Gewicht, vor allem in Großbritannien, den Niederlanden, den skandinavischen und den deutschsprachigen Ländern. Ein ähnliches Verteilungsmuster lässt sich in Bezug auf ein zweites Thema beobachten, das sich aus den drei Anfangsthemen heraus entwickelt hat: die sogenannte ,ökologische Modernisierung' der Industrie beziehungsweise der Gesellschaft (Jänicke 2000; Mol und Sonnenfeld 2000). Als politisches Konzept lange Zeit stark umstritten, vor allem in der umweltsoziologischen „community" der USA, aber sehr wohl auch in Europa, insbesondere in Frankreich, gehört es heute ohne Zweifel zum thematischen Standardrepertoire der umweltsoziologischen Forschung.

In institutioneller Hinsicht ist die umweltsoziologische Forschung in den Ländern des europäischen Nordwestens vor allem an den Universitäten etabliert. Nur in Ausnahmefällen, wie etwa der englischen *School of Environmental Sciences* an der *University of East Anglia* oder dem schwedische *Stockholm Resilience Centre*, sind an Universitäten auch größere interdisziplinäre Forschungsschwerpunkte entstanden – unter nennenswerter Beteiligung umweltbezogener Sozialforschung.

Ein wichtiges Charakteristikum dieser Forschung ist die gemeinsame Nutzung des Englischen als Wissenschaftssprache. Für die Forschung der kleinen Länder des Nordwestens bildete dies von Anfang an eine sachliche Notwendigkeit, um über das eigene Land hinaus Resonanz erzielen zu können. Die Soziologie der deutschsprachigen Länder hat sich damit schwerer getan. Angesichts des vergleichsweise großen deutschsprachigen Marktes für Veröffentlichungen mochte das, ähnlich wie im Falle des frankophonen Marktes, eine Zeit lang hingehen. Eine aktive Öffnung zum Englischen wurde jedoch im Laufe der Jahre immer zwingender, und zwar nicht allein wegen des erheblich ausgedehnteren englischsprachigen Marktes, sondern

---

3   Zu Unterschieden und Gemeinsamkeiten der umweltsoziologischen Entwicklung in den USA einerseits und Europa, primär Nordwesteuropa andererseits, siehe Mol (2006). Zur Entwicklung in den Niederlanden, siehe Leroy und Nelissen (1999). Seit den 1990er Jahren hat sich auch in Ostasien, vor allem Japan und Korea, eine sehr lebendige, vielfältige und mitgliederreiche umweltsoziologische Forschungscommunity herausgebildet. Eine ähnliche Entwicklung zeichnet sich heute in China ab.

mindestens ebenso sehr aufgrund der Tatsache, dass die gemeinsame Nutzung des Englischen den wissenschaftlichen Austausch über die nationalen Grenzen sowohl wissenschaftlicher Traditionen als auch umweltpraktischer Herausforderungen ermöglichte – und im Resultat enorm befördert und bereichert hat[4]. Hier abseits zu stehen, läuft heute darauf hinaus, sich vom Fortgang des größten und dynamischsten Bereichs der internationalen umweltsoziologischen Debatte auszuschließen.

Frankreich

Frankreich ist wohl das Land Europas mit der längsten soziologischen Tradition: von Le Play über Comte und Durkheim bis in die Gegenwart. Neben einer stark positivistischen Tradition spielen vor allem seit den 1950er Jahren auch konstruktivistische Perspektiven eine beachtliche Rolle. Seine jakobinischen Traditionen machen Frankreich jedoch auch zu einem Land mit einer charakteristischen politischen Kultur: einerseits republikanisch, egalitär und individualistisch, andererseits zentralistisch, elitär und expertokratisch. Ihren wirkungsmächtigsten Ausdruck findet diese Kultur in der starken Stellung des nach wie vor zentralistisch operierenden Staates, der ihn tragenden Absolventen der Elitehochschulen und einer „quasi religiösen Verehrung der Wissenschaft" (Kalaora und Charles 2011).

In diesem Rahmen wurde das Verhältnis Umwelt-Gesellschaft seit Ende der 1960er zunächst zum Thema der öffentlichen Reflexion von Intellektuellen und Forschern wie Serge Moscovici, Henri Lefebvre, Alain Touraine, Edgar Morin und André Gorz. Zugleich entwickelte sich eine spezifischer umweltsoziologische Reflexion: primär als Reaktion auf das zeitgenössische Bemühen der Regierung, die kleinteilige Landwirtschaft grundlegend zu modernisieren. In der Ablehnung der staatlichen Einladung an die Soziologie, diesen Prozess mit ihren Möglichkeiten zu begleiten und zu befördern, entfaltete sich – primär aus der ,sociologie rurale' kommend – die umweltsoziologische Reflexion. Sie knüpfte dabei – in mancher Hinsicht parallel zur amerikanischen Chicago-Schule – an die Kategorie des Raums (hier des ländlichen Raumes) als einem Rahmen und Entwicklungskontext sozialer und kultureller Identität an, die es gegen die als eindimensional-technokratisch und unsozial angesehene staatliche Modernisierungskonzeption zu verteidigen galt, nicht zuletzt im Blick auf die historisch gewachsenen Formen von ,Natur'. Im gegebenen Rahmen hatte diese Orientierung allerdings eine Neigung in Richtung Bestandsschutz, sowohl in ökologischer als auch in sozialer Hinsicht. Entsprechend schwer war es für die in den USA und den nordwestlichen europäischen Ländern so bedeutsame STS-Perspektive, sich parallel in vergleichbarer Weise zu entfalten.

Inzwischen hat sich das Spektrum der Themen an das anderer Länder angeglichen: neben der Thematik der Entwicklungsperspektiven des ländlichen Raums mit der Problematik der natürlichen und industriellen Risiken, der Frage nach sinnvol-

---

4   Zur durchaus ambivalenten Bedeutung der Dominanz des Englischen für die Sozialwissenschaften außerhalb Europas siehe den Bericht des *International Social Science Council* (2010).

len politischen Formen der Beförderung von Naturschutz und Ressourcenökonomie, nach neuen Formen des kollektiven Handelns und schließlich wissenschaftssoziologischen und -philosophischen Fragen des Naturverständnisses, nicht zuletzt im Sinne von Callon und Latour (Kalaora und Charles 2011). Zu letztgenanntem Fokus gehört auch der Band ‚Chassez le naturel…‘ der explizit konstruktivistisch orientierten Gruppe um die Revue du MAUSS (MAUSS 2001). Ein vergleichsweise ungewöhnliches Rendez-vous gegenwärtiger ‚französischer‘ und ‚deutscher‘ Themenspektren findet sich in Lange et al. 2011.

Geblieben ist die im europäischen Vergleich ungewöhnliche Spaltung zwischen den umweltpolitischen Akteuren und Konzepten staatlicher Modernisierungspolitik einerseits und einer mehr oder minder grundsätzlichen umweltsoziologischen Kritik dieser Politik andererseits. Aus verbreiteter umweltsoziologischer Sicht wird die Umweltproblematik, und in der Folge auch die Nachhaltigkeitsproblematik, durch die Akteure des Staates (einschließlich der beteiligten Wissenschaftler) in solchem Maße technokratisch konstruiert und usurpiert (Charvolin 2003), dass den Kräften der Zivilgesellschaft – in Gestalt von Bürgerinteressen, von Umweltbewegungen und nicht zuletzt ihnen verpflichteter Umweltsoziologen – darin trotz der Zunahme einer partizipatorischen Rhetorik auf Seiten des Staates faktisch kein eigener Spielraum bleibt: „Paradoxalement, l'environnement se construit en France *contre* le public et la population" (Kalaora und Charles 2011, Herv. im Orig.).

Dem entspricht die institutionelle Verfassung der umweltsoziologischen Forschung. Ein beträchtlicher Teil der anwendungsorientierten Forschung erfolgt in der Regie des Umweltministeriums (seit 1971)[5] und anderer Ministerien und innerhalb dem zuarbeitender spezialisierter Einrichtungen. Die in diesem Rahmen erarbeiteten Expertisen, Gutachten und Konzepte verbleiben vielfach im Zustand ‚grauer Literatur‘ und sind damit öffentlich nur bedingt zugänglich. Ein weiterer nennenswerter Teil der umweltbezogenen Sozialforschung erfolgt in den thematisch spezialisierten Instituten und Forschungsgruppen (‚laboratoires‘) des *Centre Nationale de la Recherche Scientifique* (CNRS). Eine eigenständige universitäre Forschung konnte sich dem gegenüber nur relativ schwach entwickeln. Sie gruppiert sich im Übrigen (wie auch die CNRS-Forschung) bis heute stark nach disziplinären Ordnungen und subdisziplinären Theorietraditionen. Dem entspricht ein Zug zur Abgrenzung und Isolation gegenüber den theoretischen Ansätzen und Konzepten anderer Gruppen, und zwar sowohl innerhalb Frankreichs als auch in Bezug auf die englischsprachig geführte internationale Diskussion. Zwar gibt es innerhalb der *Association Française de Sociologie* ein Netzwerk (‚réseau thématique‘) zum Thema *Sociologie de l'Environnement et du Risque*, das sich als Forum der wissenschaftlichen Debatte anbietet. Unter den Bedingungen der landesweiten Parzellierung und Kantonisierung der umweltbezogenen Sozialforschung erscheint es jedoch nicht leicht,

---

5   Das Ministerium hat eine Vielzahl von Namensänderungen und damit verbundener Aufgabenverschiebungen hinter sich. Gegründet als ‚Ministère de L'Aménagement du Territoire et de l'Environnement‘ heißt es heute ‚Ministère de l'Écologie, de l'Énergie, du Développement durable et de la Mer‘.

diese Funktion zu erfüllen. In Gestalt der Zeitschrift *Natures Sciences Sociétés* gibt es seit 1993 eine ambitionierte umweltbezogene wissenschaftliche Zeitschrift, die sich ausdrücklich dem interdisziplinären Dialog verschrieben hat. Ihre starke Bindung an die genannte agrarsoziologische Traditionslinie hat allerdings unter den gegebenen Umständen ihre Anschlussfähigkeit an andere wissenschaftliche und umweltpolitische Richtungen begrenzt.

Spanien

Dass erhebliche Differenzen über die Angemessenheit von Zielen und Konzepten im Umgang mit den heutigen Umweltproblemen einer produktiven Entwicklung der Umweltsoziologie auch förderlich sein können, zeigt das Beispiel Spaniens. Die Zeit nach dem Ende der Franco-Diktatur (1975) war naheliegender Weise eine Zeit der lebhaftesten Kontroversen über Prioritäten und Wege der weiteren gesellschaftlichen Entwicklung. Das galt in erster Linie für die weitere politische und soziale Entwicklung. In den 1990er Jahre kam es dann aber auch zu einem geradezu „eruptionsartigen" Aufschwung des öffentlichen Interesses an Umweltfragen (Pardo 1999: 7).

Das schlug sich nicht zuletzt in einem Aufschwung der umweltsoziologischen Forschung nieder: zum einen in Gestalt einer großen thematischen Vielfalt – von Problemen des Naturschutzes über Auseinandersetzungen mit ökologische Risiken und Folgen großer Infrastrukturprojekte wie dem Bau von Autobahnen und Dämmen, bis zu humanökologisch ausgerichteten Abhandlungen über ökologische, soziale und kulturelle Implikationen gesellschaftlicher Modernisierungskonzepte. Zum anderen bestand eine große Bereitschaft, unterschiedliche theoretische Traditionen und Beiträge aus der internationalen Debatte kennenzulernen und zu prüfen – von der umweltbezogenen Einstellungsforschung, über Konzepte der ökologischen Modernisierung von Industrie und Gesellschaft bis zu humanökologischen Konzepten in der Tradition der Chicago-Schule. Einen ersten Überblick über Themen und theoretische Bezüge gibt der 1997 entstandene Band *Sociología y Medioambiente. Estado de la Cuestión* (deutsch: Soziologie und Umwelt. Stand der Forschung).[6]

Ein Charakteristikum der umweltsoziologischen „community" Spaniens besteht darin, dass sie – in diesem Punkt ähnlich wie in Frankreich – stark darauf orientiert ist, die wirtschaftlichen und sonstige gesellschaftliche Hintergründe von Umweltschäden aufzuzeigen und betroffene soziale Gruppen diskursiv zu stützen. In diesem Sinne zeichnet sich ein nennenswerter Teil der „community" (und ihrer Arbeiten) auch durch eine bewusste Nähe zu Umweltgruppen (wie etwa *ecologistas en acción*) und durch einen entsprechenden „partisan flavour" (Buttel) aus.

Anders als in Frankreich wird der Staatsapparat aber deutlich weniger als systematischer Gegenpol dieser Art von Bestrebungen verstanden. Das gilt insbesondere

---

6   Einen Eindruck vom Spektrum der theoretischen Ansätze, die in der Soziologie Spaniens verfolgt werden, gibt die Revista Española de Sociología, herausgegeben von der *Federación Española de Sociología* (seit 2001) und die *Revista Internacional de Sociología*.

für die regionale Ebene. Die Provinzregierungen bilden – relativ unabhängig von ihrer politischen Couleur – wichtige Ansprechpartner, Auftraggeber und Finanziers umweltpolitischer Projekte, in denen auch umweltsoziologische Aspekte eine nennenswerte Rolle spielen (vgl. Castro 2006). Offenbar eröffnet die starke Rolle der Regionen als intermediärer staatlicher Ebene zwischen Zentralstaat und kommunaler Ebene Möglichkeiten einer noch relativ ‚basisnahen' Partizipation, die einer Polarisierung nach französischem Muster entgegenwirkt – nicht zuletzt zum Vorteil der Umweltsoziologie.

Dies schlägt sich auch in einer besonders praxisoffenen Organisationsform der spanischen Umweltsoziologie nieder: Neben dem *Comité de Investigación Sociología y Medio Ambiente* (deutsch: Forschungskomitee Soziologie und Umwelt) als einer formellen Gliederung der *Federación Española de Sociología* gibt es ein *Forschernetzwerk Soziologie, Umwelt und Gesellschaft*. Letzteres ist im Kern personell identisch mit ersterem, steht aber für weitere interessierte Personen aus anderen Forschungsrichtungen und aus gesellschaftlichen Praxisfeldern offen. Gerade diese Offenheit über den rein akademischen Rahmen hinaus scheint ein Faktor zu sein, der vor allem auf lokaler und regionaler Ebene die Akzeptanz von Exponenten der Umweltsoziologie nicht beeinträchtigt, sondern eher befördert und hilft, diese in die Bearbeitung regionaler Aufgaben einzubeziehen. Auf zentralstaatlicher Ebene sind Repräsentanten der umweltsoziologischen „community" in den wichtigen Gremien und zentralen Institutionen der interdisziplinären Umweltforschung (Klimawandel, Global Change) vertreten.

Staatssozialistische Länder in Mittel- und Osteuropa (einschließlich DDR)

Dass der Übergang zur parlamentarischen Demokratie nicht zwangsläufig zu einem eruptionsartigen Aufschwung des öffentlichen Interesses an Umweltfragen führt, zeigt sich in den ehemals kommunistisch regierten Länder *Mittel- und Osteuropas*, und zwar ungeachtet der beträchtlichen wirtschaftlichen, kulturellen und politischen Eigenarten, durch die sich diese Länder sowohl vor, als auch nach der Wende voneinander unterschieden haben und noch immer unterscheiden.

Der sozialistische Anspruch bot an sich gute Voraussetzungen, um die Umweltproblematik umfassend in die politische und wissenschaftliche Tagesordnung ebenso wie in die staatlich sanktionierten gesellschaftstheoretischen Überbauten der Länder zu integrieren. Das galt für den programmatischen Bezug auf die Vorstellung von Marx und Engels, mit der Überwindung des Kapitalismus den Weg zur Entwicklung eines rationellen Stoffwechsels zwischen Gesellschaft und Natur zu öffnen, und es galt nicht minder für den Anspruch der kommunistischen Regierungen, für die Bewältigung dieses Weges durch das staatssozialistische System bestens gerüstet zu sein. Die Rohstoffarmut und die chronische Devisenknappheit der meisten Länder boten zudem wichtige aktuelle Anknüpfungspunkte für die Suche nach einem möglichst sparsamen Umfang mit den Ressourcen der Natur.

Diese Ansatzpunkte wurden aber von einem ganzen Bündel gegenläufiger Faktoren relativiert und blieben dadurch insgesamt marginal. Zu diesen Faktoren gehört ein industrialistisch geprägtes Fortschrittskonzept, das dem westlicher Länder in keiner Weise nachstand. Da gleichzeitig das Geld fehlte, um die teilweise sehr alten Produktionsanlagen auf einen umweltpolitisch akzeptablen Stand zu bringen, waren die Umwelt- und Gesundheitsbelastungen in den industriellen Ballungsregionen aller sozialistischen Länder teilweise dramatisch. Möglichkeiten zur öffentlichen Thematisierung solcher Probleme waren indessen kaum vorhanden. Dies umso weniger, als die anti-industrialistische Kritik nennenswerter Teile der westlichen Umweltbewegung in spezifischer Weise skeptisch beurteilt wurde: im besseren Fall als naive Unterschätzung der Klassenfrage zugunsten von nachrangigen Widersprüchen, im schlimmeren Fall als das Produkt westlicher Bemühungen, von der Klassenfrage als der letztlich alles Andere entscheidenden Frage der Gegenwart abzulenken. In diesem Rahmen wurde die Thematisierung bestehender Umweltprobleme fast zwangsläufig zu einem oppositionellen Unterfangen, und teilweise sogar ein integrierender Faktor politischer Oppositionsbestrebungen.

Der zu größter politischer Loyalität verpflichteten sozialwissenschaftlichen Forschung der betreffenden Länder waren hingegen von Anfang an die Hände gebunden, nicht zuletzt in der Soziologie. Eine relevante umweltsoziologische Forschung konnte sich unter diesen Umständen auch in forschungsstärkeren Ländern, wie vor allem der UdSSR und der DDR, nicht entfalten. So ist denn auch in Bezug auf die DDR das Buch von Paucke und Bauer über „Umweltprobleme" (1979) eines der wenigen, die hier überhaupt zu nennen sind. Es zeigt allerdings auch beispielhaft, welches Maß an affirmativer Rhetorik notwendig war, um überhaupt über Umweltprobleme schreiben zu können. Gleichzeitig zeigt es in seinem Untertitel, „Herausforderungen der Menschheit", welcher thematische Ausschnitt aus der Gesamtthematik mit politischer Unterstützung rechnen durfte: Legitimiert durch entsprechende Vorgaben der UdSSR (Sagladin und Frolow 1982), wurde gegen Ende der 1970er auch in der DDR und anderen Ländern des Ostblocks das Thema „Globale Probleme als Menschheitsprobleme" aufgegriffen – als wissenschaftlicher Beitrag zur politischen Forderung nach einer systemübergreifenden Verantwortung für die Zukunft der Welt im Rahmen der ‚friedlichen Koexistenz'. Die Parallelen und Schnittstellen zur zeitgenössischen internationalen Diskussion über die Grenzen des Wachstums und zu den Themen der „Nord-Süd-Kommission" und der „Kommission für Umwelt und Entwicklung" der Vereinten Nationen-Kommissionen (Brandt- und Brundtland-Kommission) sind offenkundig und nicht zufällig. Im Vergleich zu den zeitgenössischen umweltpolitischen und umweltwissenschaftlichen Diskursen in den Ländern Nordwesteuropas mit ihrem starken Akzent auf Möglichkeiten der individuellen Veränderung von Konsummustern fällt auf, dass in der betreffenden Literatur der Länder des Ostblocks und besonders der UdSSR, sehr viel expliziter die politische Verantwortung der Regierungen thematisiert wurde, allem voran deren Verantwortung für die Erhaltung des Friedens als Voraussetzung jeglichen konkreten Fortschritts in Bezug auf nachhaltigere Nutzungen der Ressourcen und des Schutzes der Ökosysteme.

Nach dem Zerfall des kommunistischen Systems hielt sich die nun aufkommende öffentliche Thematisierung von Umweltproblemen jedoch oft auch weiterhin in Grenzen. Dies einerseits wegen anderer (vor allem beschäftigungspolitischer) Prioritäten und eines weiterhin begrenzten umweltbezogenen Problembewusstseins in weiten Teilen der Bevölkerung und andererseits wegen der zunächst noch schwach entwickelten Kultur öffentlicher Debatten (nicht zuletzt in Umweltfragen) und eines teilweise nur wenig kooperativen Umgangs zwischen Regierungen und zivilgesellschaftlichen Gruppen, nicht zuletzt in Bezug auf Umweltverbände (dazu im Beispiel des Naturschutzes in Polen Gliński und Koziarek 2007).[7] Damit aber mangelte es in den meisten Ländern gerade an jenen gesellschaftlich-politischen Bedingungen, die in allen Ländern Westeuropas als wesentliche Voraussetzungen und Anstöße zu lebhaften öffentlichen Auseinandersetzungen um Umweltprobleme und im Gefolge auch zur Entwicklung der umweltsoziologischen Forschung gewirkt haben. Zum Teil fehlt es bis heute an den notwendigen Forschungsmitteln und an gewachsenen akademischen Milieus, in denen umweltsoziologische Forschung ihren Platz hätte. Angesichts dessen fällt – wie zuvor schon in den Ländern Südeuropas – den umweltbezogenen Forschungsprogrammen und Fördermitteln der EU trotz der Tatsache eine erhebliche Bedeutung zu, dass sich deren umweltsoziologisch relevante Komponenten weithin in Grenzen halten.

Umweltsoziologie in der Bundesrepublik Deutschland

Zum gesellschaftspolitischen Kontext

Die ideologische und politische Konfrontation des Kalten Krieges hat wohl in keinem anderen Land Europas eine so umfassende Rolle gespielt wie in Deutschland. Als wirtschafts- und gesellschaftspolitische Systemkonkurrenz drückte sie allen Bereichen des politischen Lebens ihren Stempel auf. In politisch-ideologischer Hinsicht entsprach dem unter anderem eine scharfe Polarisierung zwischen dem Konzept der ‚Industriegesellschaft' und dem konkurrierenden marxistischen Konzept der ‚Klassengesellschaft'[8]. In praktischer Hinsicht drückte sich der Gegensatz nicht zuletzt in einem beträchtlichen Zwang aus, die beanspruchte Überlegenheit der eigenen Ordnung immer aufs Neue unter Beweis zu stellen.

---

7   Die betreffenden Verhältnisse waren von Land zu Land zum Teil recht verschieden. In Deutschland gelang es zum Beispiel Aktivisten aus der zu DDR-Zeiten oppositionellen Umweltbewegung in den Monaten bis zum Beitritt der DDR zur Bundesrepublik erhebliche Landschaftsflächen für den Naturschutz zu sichern – ohne dabei eine größere Öffentlichkeit zur Unterstützung dieses Prozesses mobilisieren zu müssen. Gleichzeitig wurden unter der Ägide der Treuhandanstalt die emissionsstärksten Industrieunternehmen bald geschlossen, weil ihre Aufgaben, noch mehr als in anderen Ländern des ehemaligen Ostblocks, leicht und gerne von westdeutschen Unternehmen übernommen werden konnten.

8   Dieses Spannungsverhältnis spiegelte sich auch in der zeitgenössischen Soziologie wieder, besonders deutlich im Thema und den lebhaften Auseinandersetzungen während des 16. Deutschen Soziologentages im Jahre 1968 in Frankfurt am Main.

Für die DDR sind einige der Folgen für den Umgang mit der Umweltproblematik im vorangegangenen Abschnitt schon berührt worden. Für die Bundesrepublik begründete das Bemühen, die Überlegenheit der privatwirtschaftlichen Ordnung immer aufs Neue zu demonstrieren, immer auch eine besondere Sensibilität in Bezug auf solche Aspekte der gesellschaftlichen Entwicklung, in denen sich das Wohlfahrtsversprechen der kapitalistisch verfassten Ordnung nicht bestätigte oder gar konterkariert wurde. In diesem Sinne wurde der mehr oder minder flächendeckende industrialistische Fortschrittsoptimismus der 1950er schon bald von der besorgten Frage flankiert: Wo zeitigt „der technische Fortschritt" unerwünschte soziale Konsequenzen, und wo könnten solche Konsequenzen in Zukunft auftreten? Diese Sorge war keinesfalls nur in Teilen des kulturkritisch gestimmten Bildungsbürgertums verbreitet, sondern insbesondere auch im sozialdemokratisch-gewerkschaftlichen Milieu. In der damit bezeichneten gesellschaftlichen Spannbreite bestand insofern eine beachtliche Übereinstimmung, allerdings mit einem Unterschied: Im betreffenden bürgerlichen Milieu war die Besorgnis über negative Wirkungen der Technik eher kontemplativ und resignativ, im sozialdemokratisch-gewerkschaftlichen Milieu hingegen aktivistisch und konstruktiv – auf praktische Veränderungen gerichtet.

Im letzteren Bereich kamen zur klassischen industriegesellschaftlichen Hoffnung auf die Teilhabe immer breiterer Teile der Bevölkerung an den Segnungen des privatwirtschaftlich gesteuerten industriegesellschaftlichen Fortschritts (in Form von Autos, elektrischen Haushaltsgeräten und privater Vermögensbildung, speziell Hauseigentum) klare Forderungen hinzu: zunächst (bis Mitte der 1960er) nur die Forderung nach materiellen Kompensationsmaßnahmen (Lohnzuschlägen, großzügigeren Urlaubsregelungen, speziellen Maßnahmen der gesundheitlichen Fürsorge) für die Fälle, in denen negative Wirkungen „des technischen Fortschritts" als unvermeidbar galten; später (während der 1970er und 1980er) trat jedoch die Forderung hinzu, auch die technischen und arbeitsorganisatorischen Abläufe selbst so zu gestalten, dass sie weniger monoton oder in anderer Weise belastend wirkten (Lange 1988). Die sozialliberale Regierung (ab 1969) empfahl sich hier als der natürliche Adressat und Garant entsprechender praktischer Fortschritte in der „Humanisierung des Arbeitslebens", nicht zuletzt verstanden als überzeugender Beitrag zur materiellen Entfaltung der „freiheitlich-demokratischen Grundordnung".[9]

Dieser konzeptionelle Rahmen erwies sich als sehr geeignet, um auch die damals international an Bedeutung gewinnende Umweltthematik aufzunehmen und sie in die bereits entwickelten Politikoptionen einzubeziehen, charakteristischerweise zunächst unter dem noch stark sozialpolitisch und medizinisch konnotierten Vorzeichen von Gesundheitsschutz und dafür relevanter Aspekte des Landschaftsschutzes (dazu sehr detailliert Küppers et al. 1978). Von hier aus war es nur noch

---

9   „Der Himmel über der Ruhr muss wieder blau werden!" war bereits 1961 eine Schlüssellosung
      des späteren sozialdemokratischen Bundeskanzlers Willy Brand. Die Regierungserklärung der
      von ihm ab 1969 geführten sozialliberalen Koalition stand unter der umfassenden Losung „Mehr
      Demokratie wagen!"

ein kurzer Schritt von der „Modernisierung der Volkswirtschaft" und dem Konzept des „qualitativen Wachstums" (vgl. Lange 1988: 41 ff.) der 1960er und 1970er bis zum Konzept der „ökologischen Modernisierung" der Volkswirtschaft (Jänicke 2000) als dem heute politisch umfassend akzeptierten Konzept zur Fortentwicklung von Wirtschaft und Gesellschaft. Die Umweltbewegung setzte dem ihre mehr oder minder fundamentale Industrialismuskritik entgegen. Auch die im sozialliberalen Milieu entwickelte Option einer politisch gesteuerten Bindung „des technischen Fortschritts" an soziale und ökologische Ziele wurde darin einer radikalen Kritik unterzogen, letztlich dadurch aber nicht geschwächt, sondern weiter bestärkt.

Mit anderen Worten: Die Bundesrepublik Deutschland verdankt ihren Ruf als umweltpolitisch frühreifer Musterknabe sehr wesentlich der Tatsache, dass hier das industriegesellschaftliche Wohlfahrtsversprechen der marktwirtschaftlichen Ordnung unter besonderem Bewährungsdruck stand. In diesem Rahmen wurden schon in den 1960ern eine Reihe von Umweltproblemen als Herausforderung angenommen und als Teil eines umfassenderen Programms der *Modernisierung und Demokratisierung* der Gesellschaft präsentiert (vgl. Weidner 1995). In diesem Rahmen entwickelte die Regierung schon 1970 ein umweltpolitisches Sofortprogramm und kurz darauf ein komplexes Grundsatzprogramm (Küppers et al. 1978). Es folgte in kurzer Zeit eine ganze Serie entsprechender Gesetze. Diese Entwicklung erscheint auch insofern bemerkenswert, als es zunächst noch kaum umweltpolitisch aktive Bürgergruppen gab, die entsprechenden Druck hätten aufbauen können.

Die Wissenschaft stellte sich nur zögerlich auf die Umweltthematik ein. Zwar gab es zu diesem Zeitpunkt bereits eine beachtliche naturwissenschaftliche Forschung zu biologischen, medizinischen und sonstigen Einzelfragen: Ökosystemare Ganzheitlichkeit der Perspektive war hingegen noch kaum mehr als eine Forderung, aber keine Realität. Immerhin entstand im Rahmen der zeitgenössischen Konjunktur systemtheoretischer Perspektiven die Studie über die Grenzen des Wachstums (Meadows et al. 1972). Gesellschafts- und kulturdiagnostisch ausgerichtete Auseinandersetzungen mit Widersprüchen und Grenzen des industriegesellschaftlichen Konsum- und Wachstumspostulats verblieben hingegen noch weitgehend in einem Zwischenfeld aus sozialphilosophischer Essayistik und politischer Programmatik, so etwa Ullrich und Bahro in Deutschland (Bahro 1980; Ullrich 1979) und in anderen Ländern ganz unterschiedliche Autoren wie etwa Commoner, Illich und Schumacher (Commoner 1972, Gorz 1978, Illich 1973, Schumacher 1973) oder die erwähnten französischen Autoren jener Zeit. Eine explizit sozialwissenschaftlich ausgerichtete Literatur entstand in der Bundesrepublik erst im Verlaufe der 1980er Jahre: zunächst durch Luhmann und Beck mit ihren solitären gesellschaftstheoretischen Studien zur ökologischen Kommunikation (Luhmann 1986) und zur Risikogesellschaft (Beck 1986) und dann zunehmend auch in Form empirischer Studien.

Insgesamt stellt sich die aufkommende soziologische Befassung mit Umweltthemen in einem doppelten Sinne als reaktiv dar: reaktiv in Bezug auf die nun schon in voller Schärfe entbrannten politischen Konflikte zu Umweltfragen (vor allem zu Risikofragen im Zusammenhang mit AKWs und Chemieunfällen, aber auch zum sogenannten ‚sauren Regen'), reaktiv aber auch innerwissenschaftlich, nämlich im Sinne spezifisch soziologischer Erweiterungen zu diesem Zeitpunkt bereits entwickelter umweltbezogener Fragestellungen in Psychologie, Ökonomie und Politikwissenschaft. Inhaltlich entfalteten sich die umweltsoziologischen Forschungsperspektiven – in Deutschland ebenso wie in anderen Ländern – folgerichtig an den Widersprüchen, die sich aus der industriegesellschaftlichen Abstraktion von der Natur als Rahmen und Produkt der gesellschaftlichen Entwicklung entwickelt hatten. Das gilt für die Dimension der gesellschaftlichen Praxis ebenso wie für das seinerzeit dominante Selbstverständnis der Soziologie. Becks ‚Risikogesellschaft‘ fiel hier eine katalytische Rolle zu.

Die Themen der Umweltsoziologie als neue Forschungsrichtung zwischen 1986 und 1996

Aus der entstehenden umweltsoziologischen Forschung wird im Folgenden eine Reihe thematischer Stränge hervor gehoben. Es versteht sich, dass daneben noch eine beträchtliche Zahl weiterer Themen und Beiträge zu nennen wäre. Aus Platzgründen und um eine Reihe thematischer Spezifika der deutschen Debatte sichtbar zu machen, beschränke ich mich hier auf fünf Themenfelder der jungen umweltsoziologischen Forschung: (a) die Spezifik und Dynamik der „neuen sozialen Bewegungen", (b) die Relevanz des Umweltthemas in gesellschaftstheoretischer Hinsicht, (c) die Realismus-Konstruktivismus-Kontroverse (d) Dimensionen und politische Relevanz von „Umweltbewusstsein", und (e) die Herausforderungen einer ökologisch angepassten Technikentwicklung. Unbeschadet des gesellschaftlichen Engagements der umweltsoziologischen Autoren stellt sich die entstehende Forschung im Vergleich zu anderen Ländern bei mehr oder minder ähnlichen thematischen Schwerpunkten als vergleichsweise reflexiv dar. Der „partisan flavour" (Buttel) war und ist in diesem Sinne vergleichsweise schwächer ausgebildet. Dem entspricht auch, dass die Marx'sche Theorietradition, anders als sowohl in den romanischen Ländern Europas (Aglietta 2000) als auch in England, den USA und Canada (Benton 2007, Foster 1999), in Deutschland in den beiden Jahrzehnten seit 1990 keine größere Rolle mehr gespielt hat.

Neue soziale Bewegungen

Die Thematik der „neuen sozialen Bewegungen" stand in offenkundigem Bezug zum evidenten Spannungsverhältnis zwischen den politischen und kulturellen Geltungsansprüchen der jungen Umweltbewegung einerseits und denen der Arbeiter- und Gewerkschaftsbewegung als dem klassischen Protagonisten der „sozialen Frage" andererseits. Das galt in verschärfter Form seit der Konstituierung der Grünen, die – anders als in Frankreich – schnell und umfassend als parlamentarischer Arm der diversen neuen sozialen Bewegungen akzeptiert wurden. Die besondere Aufmerksamkeit der Forschung galt den Praktiken der Umweltgruppen (Brand 1982), aber eben auch anderer mehr oder minder neuer Bewegungen (vor allem der

Frauen- und der Friedensbewegung), für ihre Anliegen öffentliche Aufmerksamkeit zu erlangen und sie auf die politische Tagesordnung der anderen gesellschaftlichen Akteure und der Parlamente zu bringen, ferner den Möglichkeiten zur Mobilisierung der erforderlichen materiellen und personellen Ressourcen und schließlich auch den inhaltlichen Folgen der parlamentarischen Etablierung der Grünen für die anfängliche fundamental-oppositionelle Orientierung ihrer Repräsentanten und Mitglieder (Brand 1982, Brand et al. 1987, Roth und Rucht 2008, Rucht und Roose 2001, Markham 2008).

Das Verhältnis Natur und Gesellschaft als gesellschaftstheoretische Herausforderung der Soziologie

Auf die Monographien von Luhmann und Beck aus dem Jahre 1986 wurde schon verwiesen. Diese Arbeiten bilden in der deutschen Soziologie die wohl bis heute am breitesten debattierten Versuche, die Bedeutung der Umweltthematik für die Beschreibung fortgeschrittener Industriegesellschaften zu verstehen und daraus politische Folgerungen abzuleiten. Ein Spannungsverhältnis zu Begriff und Konzept der Klassengesellschaft ist in beiden Fällen unübersehbar. Empirische Arbeiten, in denen die primär gesellschaftstheoretisch ausgerichteten Konzepte beider Autoren getestet und fortgeführt wurden, ließen aber auf sich warten. Auch andere Arbeiten, die sich mit dem Verhältnis Natur-Gesellschaft befassten, verblieben zunächst noch relativ stark im Bereich allgemeiner gesellschafts- und wissenschaftstheoretischer Erwägungen, nicht zuletzt in der Auseinandersetzung mit der von Catton und Dunlap vorgetragenen Aufforderung, die Soziologie müsse einen Paradigmenwechsel vom „Human Exemptionalist Paradigm" zu einem „New Ecological Paradigm" (Catton und Dunlap 1978)[10] hinter sich bringen, um der gesellschaftlichen Relevanz der Natur gerecht werden können (siehe dazu die Beiträge in Brand 1998). Mit dieser thematischen Fokussierung ging es den Autoren um nichts Geringeres als die Frage, ob und wie sich „an der ökologischen Thematik auch die speziellen Kompetenzen der Soziologie müssten demonstrieren lassen" (Wiesenthal 1995: 370).

Realismus und Konstruktivismus

Das gilt auch für die Realismus-Konstruktivismus-Debatte in der Tradition von Douglas und Wildavsky. Diese Debatte hat, wie in der Umweltsoziologie anderer Ländern auch (Mol 2006), zeitweilig eine erhebliche Rolle gespielt. Einerseits wurde mit dem umweltsoziologischen Bezug auf die Natur als materieller Basis jeglichen sozialen Lebens eine Dimension in die sozialwissenschaftliche Analyse einbezogen,

---

10   Dunlap hängt diesen Anspruch mittlerweile bewusst tief, siehe Dunlap (2002b). Der Schwerpunkt seiner eigenen Arbeiten beschränkte sich ohnehin immer auf den Bereich der Einstellungsforschung.

die sich gegenüber den vielfältig konstruierten gesellschaftlichen Interessen durch eine spezifische Form von „Objektivität" auszeichnet. Andererseits kann, Douglas und Wildavsky folgend, in erkenntnistheoretischer Hinsicht kein Zweifel daran bestehen, dass eben auch naturwissenschaftliche Aussagen in erheblichem Maße als Konstruktionen gelten müssen (Bechmann und Japp 1997). In diesem Rahmen gerieten die Naturwissenschaften einerseits in die Rolle von Kronzeugen für die materielle Fundiertheit umweltsoziologischer Krisendiagnosen. Gleichzeitig sahen diese sich jedoch dem sozialwissenschaftlich argumentierenden Verdacht ausgesetzt, einem naiven Realismus anzuhängen. Die Perspektive eines „gemäßigten Konstruktivismus" bildete den Kompromiss, mit deren Hilfe versucht wurde, diesen unbehaglichen Widerspruch zu relativieren. Sie steht der unbestritten notwendigen Kooperation mit Naturwissenschaftlern nicht all zu sehr im Wege und lässt doch auch Raum für sozialwissenschaftliche Vorbehalte (siehe dazu die Beiträge in Bechmann und Japp 1997 sowie Brand 1998).

Umweltbewusstsein und Umweltverhalten

Ein weiteres Hauptthema der umweltsoziologischen Forschung bildete die Auseinandersetzung mit der notorischen Differenz zwischen erklärtem Umweltbewusstsein und tatsächlichem Verhalten unterschiedlicher Akteure. Auch dieses Thema weist inhaltliche Bezüge zur älteren Frage nach dem ‚Klassenbewusstsein' sozialer Gruppen auf. Sie reichen von der Frage nach den Dimensionen von Umweltbewusstsein über die Frage, wie es sich messen lässt, bis zur Frage nach seiner politischen Relevanz (Diekmann und Preisendörfer 1992, de Haan und Kuckartz 1996). Dabei ging es nicht zuletzt um die Frage, ob die Sorge um den Schutz der Natur bzw. der Umwelt erst dann und in solchen sozialen Gruppen virulent wird, in denen elementare materielle Probleme keine größere Rolle mehr spielen (Inglehart 1998) und ob die Sorge um die Umwelt folglich primär ein Mittelschichtphänomen ist. Die ersten Arbeiten konzentrierten sich daher auf die Frage, welche spezifischen Formen und handlungspraktischen Orientierungen das gemessene hohe Niveau des Umweltbewusstseins der Bevölkerung (IPOS 1989 ff.)[11] in speziellen sozialen Gruppen aufweist (etwa bei Frauen, Jugendlichen, Managern, Bauern). Es zeigte sich, dass zentrale Elemente des ökologischen Diskurses (Anstöße zur Veränderung des Alltagshandelns, modernes Leben als Leben unter industriegesellschaftlichen Risiken) bereits gegen Ende der 1980er Jahre in höchst unterschiedlichen sozialen Gruppen eine beachtliche Resonanz gefunden hatten, nicht zuletzt in relevanten Teilen der Industriearbeiterschaft (Heine und Mautz 1989; Lange et al. 1995).

---

11   Im Verlauf einer ersten Phase zwischen 1969 und 1971 stieg der Bekanntheitsgrad des Begriffs „Umweltschutz" auf 90 Prozent (siehe Küppers et al. 1978: 115). In den 1980er Jahren stieg „wirksamer Umweltschutz" in repräsentativen Umfragen nach dem Thema „Arbeitsplätze schaffen" schon früh zum zweitwichtigsten politischen Thema" auf. Rund 70 Prozent hielten das Thema für „sehr wichtig": Siehe dazu die Umfragen vom Institut für praxisorientierte Sozialforschung (IPOS) in Mannheim seit 1989.

Ökologisch verantwortliche Technikentwicklung

Im Mittelpunkt dieses Stranges der sich formierenden umweltsoziologischen Forschung standen umweltrelevante Aspekte der Tätigkeit von Unternehmen als Schlüsselakteuren der industriegesellschaftlichen Modernisierung – und der damit verbundenen Herausforderungen zur Beherrschung und Reduktion von Umweltbelastungen und Ressourcenverschleiß. Disziplinäre Ausgangspunkte für diesen Komplex von Fragestellungen waren einerseits die Industrie- und Arbeitssoziologie mit ihrem speziellen Interesse an Arbeitsbedingungen, Berufskulturen und Konzepten der Betriebsführung (Birke et al. 1997, Birke und Schwarz 1994, Glaeser 1989, Zimpelmann et al. 1992) und andererseits die Wissenschafts- und Techniksoziologie mit ihrem Interesse für Möglichkeiten der Technikfolgenabschätzung, der Technikgestaltung (Dierkes, Hofmann, and Marz 1992; Müller 1995) und der Risikoforschung (Bechmann 1988; Renn and Zwick 1997). Es liegt auf der Hand, dass diese Themen eine Vorstufe der (später) sogenannten „Industrial Ecology" (Isenmann und Hauff 2007, Schneidewind et al. 2003) darstellen und dass sie sich relativ leicht in die strategische Option einer „ökologischen Modernisierung" der Industriegesellschaft (Jänicke 2000) einfügen ließen.

Thematische Formierung und institutionelle Etablierung der Umweltsoziologie

Die soziologische Auseinandersetzung mit allen genannten (und weiteren) Themen nahm erst seit dem Ende der 1980er Jahre Gestalt an. 1993 entstand im Rahmen der *Deutschen Gesellschaft für Soziologie* (DGS) eine Arbeitsgruppe „Soziologie und Ökologie". 1996 wurde sie zu einer formellen Sektion der Deutschen Gesellschaft nobilitiert. Mit ihren ein bis zwei Tagungen pro Jahr hat sie für die fachliche Konsolidierung der Umweltsoziologie als junger Forschungsrichtung eine bedeutende Rolle gespielt (zum damaligen Themenspektrum siehe Reusswig et al. 1997). Dazu hat auch eine Buchreihe beigetragen, die unter dem Titel *Soziologie und Ökologie* von Ulrich Beck, Karl-Werner Brand und Eckart Hildebrandt im damaligen Verlag Leske und Budrich herausgegeben wurde.

In der Wissenschaftssoziologie gilt der Konstituierungsprozess neuer wissenschaftlichen Richtungen als weit vorangeschritten, wenn es gelingt, vorhandene Expertise unter einem gemeinsam getragenen Begriff zusammenzufassen, der gleichzeitig disziplinäre Zugehörigkeit und Abgrenzung markiert (Weingart 2003). Den wichtigsten Schritt in diesem Sinne bildete nach einer ersten Sammelrezension in der *Soziologischen Revue* (Wiesenthal 1995) die Herausgabe eines Sammelbandes *Umweltsoziologie* dar (Diekmann und Jaeger 1996). Es folgten diverse Übersichtsartikel (Brand und Reusswig 2001, Lange 2002) und disziplinbezogene Reflexionen (Kraemer 2000) und schließlich auch ein erstes Lehrbuch (Diekmann und Preisendörfer 2001). Als weiterer Indikator der Konsolidierung kann die Entstehung monographischer Beschreibungen des Fachgebiets gelten. Dieser Punkt wurde mit Hubers *Allgemeiner Umweltsoziologie* ebenfalls 2001 erreicht (Huber 2001).

Von der soziologischen Umweltforschung zur Nachhaltigkeitsforschung

Vertiefungen und Differenzierungen

Die weitere Entwicklung bringt zunächst einmal Vertiefungen und Differenzierungen in der Behandlung der im vorigen Abschnitt beschriebenen thematischen
Schwerpunkte. Das gilt zum einen für Themen mit primär gesellschafts*theoretischem*
Bezug zum Verhältnis Natur-Gesellschaft, so etwa über die Rolle der Natur in der
Geschichte der Soziologie (Groß 2000) und zu Aspekten der Akteur-Netzwerktheo-
rie von Latour (Voss und Peuker 2006) und anderen neueren Beitragen mit explizitem theoretischem Anspruch (Groß 2006). Daneben sind auch Beiträge zu nennen,
die im Rahmen eines von Ulrich Beck geleiteten DFG-Schwerpunkts zur Entfaltung
und Differenzierung einer „Theorie reflexiver Modernisierung" entstanden sind,
etwa mit umwelttheoretischen und risikotheoretische Fragestellungen zur Erosion
alltagsnaher Natur-Gesellschafts-Unterscheidungen und Problemen des Umgangs
mit begrenztem Wissen in Bezug auf Klimafragen (Böschen et al. 2004).
   Zu Vertiefungen und Differenzierungen bereits vorgestellter Themen kommt es
zum anderen auch in stärker *empirisch* angelegten Arbeiten. Das gilt vor allem für
die Befassung mit dem Verhältnis von Umweltbewusstsein und Umweltverhalten.
Hier sind zum einen die zweijährlichen repräsentativen Befragungen im Auftrag
des Umweltministeriums zum Stand und zu ausgewählten Aspekten des Umweltbewusstseins in Deutschland zu nennen. Neben Antworten auf einen Satz wieder-
kehrender Fragen bringen diese Studien auch zusätzliche Informationen zu jeweils
eigenen thematischen Schwerpunkten (zuletzt Kuckartz und Rheingans-Heintze
2006; Wippermann et al. 2008). Während hier statistische Befunde im Vordergrund
stehen, zielt eine zweite Gruppe von Arbeiten darauf ab, den Begriff des Umweltbewusstseins über die psychologischen Grenzen der Einstellungsforschung hinaus in
spezifischer Weise soziologisch zu erweitern und zu entfalten. Dabei konzentriert
sich die Aufmerksamkeit insbesondere auf die analytische Erfassung von „Umwelt-
mentalitäten" (Poferl et al. 1997), von „ökologischen Sozialcharakteren" (Buba und
Globisch 2008), von ökologischen Potenzialen unterschiedlicher Lebensstile und
Milieus (Kleinhückelkotten 2005). Andere Arbeiten behandeln die sozialen Konflikte, die unvermeidlicherweise mit dem Versuch einhergehen, ökologisch motivierte Veränderungen individueller Alltagsroutinen zu praktizieren (Lange 2000).
Angrenzende, weitere Schwerpunkte der Vertiefung und Differenzierung liegen in
der ökologischen Kommunikation (Brand et al. 1997, de Haan 1995) und der Umweltbildung (de Haan und Jungk 1997).

Staatliche Förderung als neuerlicher Impulsgeber – nun auch für die
sozialwissenschaftliche Umweltforschung

Zum Ende der 1990er Jahre hin entfaltet sich die umweltsoziologische Debatte
immer stärker in Richtung auf das Nachhaltigkeitsthema. Dabei fällt auf, dass die

wichtigsten Impulse auch jetzt wieder primär aus dem Bereich der Politik kommen und deutlich weniger aus den Sozialwissenschaften. Hier sind zunächst zwei sehr detaillierte Berichte zu nennen, die in der Regie von parteienübergreifenden ‚Enquête-Kommissionen' des 12. und 13. Deutschen Bundestages zum Thema „Schutz des Menschen und der Umwelt" erarbeitet wurden: zu Perspektiven für einen nachhaltigen Umgang mit Stoff- und Materialströmen (1992) und zu „Zielen und Rahmenbedingungen einer nachhaltig zukunftsverträglichen Entwicklung" (1997).[12] An keinem der beiden Berichte war die in der Entstehung begriffene umweltsoziologische „community" nennenswert beteiligt. Der erste dem Thema Nachhaltigkeit gewidmete Sammelband, hervorgegangen aus einer vorangegangenen Sektionstagung und zugleich Band 1 der oben erwähnten Reihe (Brand 1997), bewegte sich allerdings auch noch sehr im Grundsätzlichen. Das beginnt sich erst nach einem externen Impuls zu ändern: in dem Maße, wie das Bundesministerium für Bildung und Forschung (BMBF) – auf der Grundlage der genannten Berichte und des darin fixierten Konsenses über die politische Relevanz der Nachhaltigkeitsproblematik – eine Reihe von Förderprogrammen für die Wissenschaft auflegte.[13]

Für die sozialwissenschaftliche Nachhaltigkeitsforschung bildete das Förderinitiative „Modellprojekte nachhaltigen Wirtschaftens" (1997 ff.) eine Art Initialzündung.[14] Das Programm zielte ausdrücklich darauf ab, im Zusammenspiel von Sozialwissenschaft und Akteuren der gesellschaftlichen Praxis die politische und wissenschaftliche Programmatik der Nachhaltigkeit in konkrete Veränderungsoptionen umzusetzen (Luley und Schramm 2000). Dem folgten weitere Fördermaßnahmen des BMBF mit vergleichbarer Ausrichtung, insbesondere das Programm „Sozial-ökologische Forschung" mit seinem Aufruf zur Formulierung sogenannter „Sondierungsprojekte" (1999 ff.) und die darauf aufbauenden „Verbundprojekte in ausgewählten Schwerpunkten der sozial-ökologischen Forschung" (2001 ff.), letztere allerdings unter ausdrücklicher Erweiterung des Fächers der zu beteiligenden Disziplinen auf Natur- und Ingenieurwissenschaften. Diesem Muster („inter-,, und „transdisziplinär") folgend, sind seither weitere große Programme hinzugekommen, vor allem zur Identifizierung möglicher Folgen des Klimawandels ebenso wie zum Risikomanagement und zur Anpassung an Resultate des Klimawandels in unterschiedlichen regionalen Kontexten (national und international). Schwerpunkte lagen bzw. liegen auf der Stabilisierung von Biodiversität, auf Problemen des Klima-

---

12   Beide Berichte sind unter ebenso programmatischen wie beziehungsreichen Titeln erschienen: *Die Industriegesellschaft gestalten* und *Konzept Nachhaltigkeit: Vom Leitbild zum Handeln*.

13   Dazu haben eine Reihe von Gutachten beigetragen, die in dieser Zeit an der Schnittstelle von Wissenschaft und Politik entstanden sind. Dazu zählen das Gutachten des Wissenschaftlichen Beirats der Bundesregierung *Globale Umweltveränderungen* (WBGU): *Welt im Wandel: Herausforderung für die deutsche Wissenschaft* (1996), der Bericht des Instituts für Technikfolgenabschätzung des Forschungszentrums Karlsruhe zum Thema *Sozialwissenschaftliche Konzepte interdisziplinärer Klimaforschung* (1996) und die im Umweltbundesamt entstandenen konzeptionellen Überlegungen und Forschungsfragen zum Thema *Angewandte sozialwissenschaftliche Umweltforschung* (1998).

14   Eine bedeutsame Vorlauffunktion hatte trotz seines speziellen thematischen Fokus der schon 1991 eingerichtete sozialwissenschaftliche Förderschwerpunkt des BMFT (später BMBF) zum Thema *Ökologische Forschung zu Stadtregionen und Industrielandschaften (Stadtökologie)*. Siehe als Überblick den Abschlussband dieses Schwerpunkts (Friedrichs und Holländer 1999).

wandels, auf nachhaltigkeitskompatiblen Formen der Landnutzung und auf neuen Herausforderungen im Bereich des urbanen Lebens. Zu diesen Förderprogrammen gehören unter anderem DEKLIM, FONA, BIOTA, Emerging Megacities, RIMAX, KLIMZUG, NALA.[15]

Wissenschaftssoziologisch gesprochen: am Anfang der soziologischen Nachhaltigkeitsforschung stand weniger ein wissenschaftsintern konfiguriertes Forschungsprogramm als ein wissenschaftsextern angebotenes finanzielles Förderprogramm. Für die noch junge Pflanze der umweltsoziologischen Forschung wirkte diese Förderung wie ein warmer Mairegen. Die betreffenden Finanzierungen gaben genügend Raum, um in einem breiten thematischen und disziplinären Spektrum empirische Projekte zu beginnen, denen bei aller Verschiedenheit eines gemeinsam war: Sie erlaubten es, umwelt- und gesellschaftspolitisches Engagement in anwendungsorientierte Forschungsprojekte zu transformieren und deren Ergebnisse für die gesellschaftliche Praxis zur Verfügung zu stellen. Die betreffenden Arbeiten wurden naheliegender Weise auch zu tragenden Elementen der akademischen Qualifizierung. Sie bewirkten auf diesem Wege eine spürbare Stabilisierung der noch immer jungen umweltsoziologischen „community".

Auch in Bezug auf die Hinwendung der sozialwissenschaftlichen Aufmerksamkeit zu Umwelt- und sodann zu Nachhaltigkeitsfragen bestätigt sich allerdings, dass ein politisch legitimiertes Förderprogramm erst dann wissenschaftlich produktiv wird, wenn es zumindest in Teilen (und wie spannungsreich auch immer) mit einem wissenschaftlichen Erkenntnisprogramm korrespondiert. Diese Bedingung erfüllte im Deutschland der 1990er Jahre das Thema Nachhaltigkeit erst in Grenzen. Interessanterweise entwickelten sich aber unter seinem Dach Teilkonzepte, die eine Doppelfunktion erlangten: als wissenschaftliche Forschungs- und als politische Förderkonzepte. Das gilt für das Konzept der „sozial-ökologische Forschung" (Becker et al. 2000) und in anderer Weise für spezielle Nachhaltigkeitskonzepte (RSU 2002, Coenen und Grundwald 2003).

Damit wiederholt sich in Deutschland seit den 1990er Jahren ein Interaktionsprozess zwischen öffentlicher Debatte, Wissenschaft und Politik, der bereits während der 1970er Jahre seine besondere Wirksamkeit für die sozialwissenschaftliche Forschung erwiesen hatte: inhaltlich und als Mechanismus des sozialwissenschaftlichen *capacity building*. Marksteine waren seinerzeit die wissenschaftlichen Expertisen, die ab 1971 auf Initiative der *„Kommission für wirtschaftlichen und sozialen Wandel"* des Arbeitsministeriums entstanden waren, gefolgt vom Förderprogramm *„Humanisierung der Arbeit"* (1975 ff.) und dem (nordrhein-westfälischen) Programm *„Sozialverträgliche Technikgestaltung"* (1980 ff.).[16] In allen Fällen handelte es sich um Einladungen an Fachleute und thematische Gruppen aus unterschiedlichen Sozialwissenschaften, mit ihren Mitteln aktiv zu Reform- und Modernisierungsprozessen

---

15 Links und weitere Informationen zu den Internetplattformen dieser Forschungsverbünde finden sich im Literaturverzeichnis.

16 Die Kommission war auf Initiative des damaligen Bundesministeriums für Wirtschaft und Soziales entstanden. Sie hatte den Auftrag, sich insbesondere mit den wirtschaftlichen und sozialen Folgen „des technischen Fortschritts" und der „Automation" zu befassen.

der Gesellschaft beizutragen. Von Beginn an verstanden sich die betreffenden Aktivitäten sowohl staatlicherseits als auch auf Seiten der beteiligten Wissenschaftler und Wissenschaftlerinnen als Beiträge zur wirtschaftlichen, sozialen und technischen Modernisierung sowohl der Gesellschaft als auch der Demokratie.[17] Seit den 1990er Jahren gehört dazu auch die ökologische bzw. nachhaltigkeitsrelevante Modernisierung der Industriegesellschaft. Konservative, liberale, sozialdemokratische und „grüne" Reformoptionen haben sich dabei im Laufe der Jahre trotz erheblicher Spannungen in einzelnen Themenfeldern (insbesondere in Bezug auf die Nutzung der Kernenergie) im Ganzen doch deutlich angenähert.

Sozialwissenschaftliche Nachhaltigkeitsforschung: Themen

Unter dem Schirm der Nachhaltigkeitsthematik wurden nun auch einige *theoretische Ansätze* zur Bestimmung des Wechselverhältnisses von Gesellschaft und Natur stärker zur Kenntnis genommen, die bis dahin nur begrenzte Beachtung gefunden hatten.[18] Das galt für den systemtheoretisch-sozialökologischen Ansatz von Fischer-Kowalski zum gesellschaftlichen Metabolismus als Kolonisierung der Natur (Fischer-Kowalski und Weisz 1998) und weitere sozialökologische Perspektiven mit Bezug auf die Chicago-Schule der Soziologie (siehe oben),[19] ferner für Perspektiven in der Tradition der Frankfurter Schule (Becker et al. 2000), und es gilt für politökonomische Perspektiven in der Marx'schen Tradition (Brand et al. 2003, Brunnengräber 2003). Auch Fragen nach der Bedeutung von Gender und Umwelt wurden nun detaillierter bearbeitet (Nebelung et al. 2001). Und schließlich wurde eine ganze Palette verschiedener Ansätze entwickelt, um das Nachhaltigkeitsthema selbst konzeptionell zu entfalten und zu konkretisieren (dazu Grunwald und Kopfmüller 2006, Lange 2009). Allerdings bildete die umweltsoziologische Expertise darin meist nur eine Komponente unter mehreren aus anderen Sozial- und auch Naturwissenschaften.

Nicht minder nennenswert ist die Breite und thematische Vielfalt der *empirischen Forschung* zu den verschiedensten Teilaspekten der Nachhaltigkeitsthematik, die nun – dank entsprechender finanzieller Förderung – in schneller Folge entsteht.[20] Die Grenzen zwischen soziologischen, kulturwissenschaftlichen, pädagogischen

---

17 Darin lag ein gewisser Unterschied zu ansonsten in mancher Hinsicht parallel gelagerten staatlichen Modernisierungsprojekten in Frankreich (siehe oben).

18 Während die Charakterisierung der bisher beschriebenen Forschung als ,umweltsoziologisch' trotz einiger Unschärfen an den Rändern als relativ unproblematisch erscheint, werden die Konturen unter dem Dach des Nachhaltigkeitsgebots vielfach undeutlicher. Aus diesem Grunde stelle ich diesen Abschnitt unter die weitere Überschrift ,sozialwissenschaftliche Nachhaltigkeitsforschung' Im Kern beziehe ich mich jedoch weiterhin auf Beiträge, die ihren Schwerpunkt in der Soziologie haben. Zu problematischen Aspekten dieser Öffnung siehe das Fazit dieses Berichts.

19 Das schlägt sich auch in einem Aufschwung der Tagungs- und Publikationstätigkeit der schon 1975 gegründeten *Deutschen Gesellschaft für Humanökologie* (DGH) nieder.

20 Selbstverständlich sind darin auch die Arbeiten aus jenen Gruppen eingeschlossen, die im vorangehenden Abschnitt unter dem Stichwort ,theoretische Ansätze' angesprochen wurden.

oder in anderer Weise sozialwissenschaftlich ausgerichteten Beiträgen sind dabei oftmals fließend. Den breitesten Überblick gibt das Handbuch „Nachhaltige Entwicklung" (Linne und Schwarz 2003).

Die Themenpalette umfasst Arbeiten zu (a) den diversen Sektoren des Konsums (Wohnen, Ernährung, Kleidung, Mobilität), (b) zu verschiedenen Sektoren der Wirtschaft (Energie, Wasser, Abfall, Verkehr, Landwirtschaft), (c) zum Verständnis und zur nachhaltigeren Gestaltung des Lebenszyklus von industriellen Produkten und (d) zum Umweltmanagement in Unternehmen, (e) zu den Möglichkeiten einer nachhaltigeren Entwicklung von Regionen und (f) zu Erfahrungen mit Projekten einer breiten Bürgerbeteiligung im Kontext von „Lokale Agenda 21"-Projekten, (g) zu Risikomanagement und Klimawandel und – nicht zuletzt (h) – zur sozialen Dimension von Nachhaltigkeit sowie (i) zu den Schwierigkeiten in der Realisierung des Anspruchs auf Interdisziplinarität der Forschung und der Integration von Stakeholdern aus der gesellschaftlichen Praxis.

Zu allen genannten und zusätzlichen Themenfeldern sind seither weitere Arbeiten entstanden. Eine Nennung entsprechender Veröffentlichungen würde den Rahmen dieses Artikels sprengen. Ein relevanter Teil der betreffenden Veröffentlichungen lässt sich relativ leicht über die Internetplattformen der betreffenden Projekte im Rahmen der oben genannten Förderschwerpunkte des Ministeriums (BMBF) auffinden (siehe Anmerkung 15). Eine weitere Gruppe von relevanten Themen und Veröffentlichungen findet sich im Teil „Umweltsoziologie" in den Tagungsbänden der zweijährlich stattfindenden Kongresse der Deutschen Gesellschaft für Soziologie (siehe unter DGS) und über die Internetplattform der DGS-Sektion Umweltsoziologie (siehe unter Sektion Umweltsoziologie).

Bilanz und Ausblick: Was wurde erreicht? Was sind die neuen Herausforderungen

Nach einem erstaunlich späten Start ist die Forschung, sehr wesentlich auf der Basis staatlicher Fördermittel, schnell und in einem breiten thematischen Spektrum in Gang gekommen. Dabei hat sich der Anteil von (auch) empirisch angelegten Forschungen enorm erhöht. Gleichzeitig ist es gelungen, eine zunächst (wie in anderen Bereichen der Soziologie auch) vorhandene Tendenz zur disziplinären Selbstreferentialität im Rahmen von interdisziplinären Kooperationsbeziehungen zurückzudrängen. In diesem Rahmen haben sich vielfältige und für die Soziologie neuartige Perspektiven auf den Zusammenhang zwischen materiellen Gegebenheiten (der Natur und der Technosphäre) und dem komplexen Gefüge sozialer Akteure (Individuen, Milieus, Interessengruppen) und von „faits sociaux" im Sinne Durkheims (Werten, symbolische Ordnungen, Normen, Institutionen, Verhaltensmustern) ergeben.

Diese, alles in allem, erfreuliche Bilanz geht allerdings mit einer Reihe von Problemen einher, positiver formuliert: mit Herausforderungen. Vier Punkte erscheinen besonders vordringlich; der *erste* betrifft die Relevanz von Disziplinarität im

Spannungsverhältnis von Theorie- und Anwendungsbezug in der sozialwissenschaftlichen Nachhaltigkeitsforschung; der *zweite* betrifft die Resonanz der Umweltsoziologie in der Soziologie Deutschlands, der *dritte* Punkt und *vierte* Punkt zielen auf wünschenswerte Erweiterungen des thematischen Spektrums der umweltsoziologischen Forschung.

Erstens: Wo umweltsoziologische Fragen nun auch in größere Forschungsverbünde Eingang gefunden haben, die empirisch ausgerichtet sind, interdisziplinär zusammengesetzt sind und auf praktische Problemlösungen zielen, öffnet sich auch ein weites Feld für neue Erkenntnisse in theoretischer Hinsicht. Die Bedeutung theoretischer Schlussfolgerungen mit Blick auf den *status quo* in den betreffenden ‚Mutterdisziplinen', in unserem Fall der Soziologie, nimmt insofern mit wachsendem Anwendungsbezug der Forschungsprojekte nicht etwa ab, sondern zu. Auch wenn das anerkannt wird, fällt es jedoch innerhalb des hier angesprochenen Projekttypus in charakteristischer Weise schwer, dem tatsächlich auch zu entsprechen:

Anwendungsorientierte Forschung und Theorieentwicklung sind zwei Zielstellungen, die einander in vieler Hinsicht bedürfen. Sie lassen sich aber aus Gründen zeitlich und finanziell begrenzter Ressourcen und divergenter inhaltlicher Prioritätensetzungen oft nur mit Mühe innerhalb eines Projekts unterbringen.

Im Kern handelt es dabei um einen Teilaspekt aus dem größeren Kreis gut bekannter Probleme, die geradezu ein Kennzeichen sogenannter „programmgesteuerter Forschung" bilden. Tatsächlich erfordert dieser Forschungstyps einen „Organisationswandel in der Wissenschaft" (Besio 2009). Größe, Kooperationserfordernisse und Beschäftigungsverhältnisse innerhalb dieses Projekttypus und die damit verbundenen Fliehkräfte der Arbeitsorganisation und der Karriereentwicklung der beteiligten Personen aus Wissenschaft und Praxis erfordern in der Tat neue Formen der Arbeitsorganisation und des Forschungsmanagements. Die dafür notwendigen finanziellen Mittel, Qualifikationen und institutionellen Voraussetzungen sind jedoch keineswegs immer gegeben. Das gilt in besonderer Intensität für die noch immer überwiegende Zahl der Fälle, in denen diese Art der Forschung in den institutionellen und kulturellen Rahmen von Universitäten eingepasst werden muss. Im Ergebnis bleibt mitunter sowohl die disziplinäre Rückbindung vorhandener Forschungsergebnisse, als auch der extern erwartete Beitrag zur Lösung praktischer Probleme hinter den Erwartungen und Notwendigkeiten zurück. In teilweise noch stärkerem Maße gilt das für EU-finanzierte Großprojekte.

Die bisher vorliegenden Erfahrungen aus der umweltsoziologischen Nachhaltigkeitsforschung in Deutschland legen es nahe, insbesondere auch nach solchen Lösungen zu suchen, die es erlauben, Befunde aus der interdisziplinären und anwendungsorientierten Forschung systematisch auf ihre theoretische Relevanz für die beteiligten ‚Mutterdisziplinen' zu prüfen und daraus entsprechende Schlussfolgerungen zu ziehen. Ohne entsprechende forschungsorganisatorische Veränderungen und dazu passende neue Formen des Forschungsmanagements bleiben auch alle Aufrufe zum Umdenken in Richtung auf einen neuen Typ von Wissenschaft im Sinne von „sustainability science" (Kates 2000) abstrakt und in ihrem Anspruch überzogen.

Zweitens: Die Resonanz der umweltsoziologischen Forschung in der breiteren soziologischen „community" ist in Deutschland noch immer begrenzt. Dies erklärt sich wohl nur zum Teil aus den bezeichneten Schwierigkeiten, aus der empirischen Forschung in interdisziplinären Zusammenhängen immer sogleich auch schon überzeugende soziologische Schlussfolgerungen zu entwickeln. Ein mindestens ebenso wichtiger Grund dürfte darin liegen, dass viele Soziologen und Soziologinnen auch in Deutschland die Dimension des Stoffwechsels zwischen Gesellschaft und Natur noch immer erst in begrenztem Maße als soziologisch relevante Thematik entdeckt haben. Was auch Soziologen heute – in Deutschland wie in den meisten anderen Ländern – für den Bereich der Politik als kaum mehr hinnehmbar ansehen, lässt sich in der Soziologie selbst noch immer als analytische Begrenzung der Perspektive beobachten, nicht sehr viel anders als es Raymond Murphy bereits vor mehr als 15 Jahren diagnostizierte: „...as if nature did not matter" (Murphy 1995). Hier bleibt insofern trotz einiger Fortschritte in Form von Akzentsetzungen im Rahmen der Soziologiekongresse der DGS (und der International Sociological Association) auch künftig noch Einiges zu tun.

Drittens: Erst vergleichsweise spät hat die umweltsoziologische Forschung in Deutschland begonnen, sich auch der Frage zuzuwenden, wie der allseits geforderte Wandel zu mehr Nachhaltigkeit praktisch in Gang gebracht werden kann (Brand et al. 2002; Minsch 1998). Man könnte auch sagen: Die Aufmerksamkeit der soziologischen Umwelt- und Nachhaltigkeitsforschung lag primär auf der Befassung mit gesellschaftlichen Tatsachen (unter Einschluss von Studien über die existierenden Umweltbewegungen). Dieser Fokus erwies sich in dem Sinne als produktiv, dass er half, individualisierende (psychologische) oder in anderer Hinsicht spezialisierte (z. B. pädagogische und ökonomische) Perspektiven der Analyse um soziologisch bedeutsame Perspektiven zu erweitern. Deutlich weniger Aufmerksamkeit galt demgegenüber der – nicht nur in praktischer Hinsicht, sondern folglich auch in wissenschaftlich-analytischer Hinsicht – kaum weniger wichtigen Frage, wie gegebene soziale Handlungsmuster, Interessenkonstellationen und Machtverhältnisse sich in umwelt- und nachhaltigkeitspolitischer Absicht gezielt *verändern* lassen (Lange 2008; Newig, Voß und Monstadt 2008). Es spricht alles dafür, dass diese Problematik in Zukunft weiter an Bedeutung gewinnen wird. Schließlich ist der tiefgreifende Wandel in Produktion und Konsum der Kernpunkt der gesamten Nachhaltigkeitsthematik. Insofern sollte sich die sozialwissenschaftliche Umwelt- und Nachhaltigkeitsforschung in Zukunft auch in Deutschland stärker in Richtung auf Fragestellungen im Übergangsfeld von Soziologie und Politikwissenschaft verschieben.

Viertens: Es überrascht nicht, dass das Spektrum derjenigen Themen, zu denen in Deutschland umweltsoziologische Forschung betrieben wird, einen klaren geographischen und in der Folge auch sozialökonomischen und kulturellen Fokus hat: im Mittelpunkt steht zunächst die Gesellschaft Deutschlands; daneben gibt es, nicht zuletzt dank EU-Fördermitteln und daran gebundener Fragestellungen, eine begrenzte Zahl von Ländervergleichen und Einzelstudien zu umweltrelevanten Fragen in anderen europäischen Ländern. So naheliegend dieses Muster ist, so sehr erstaunt doch, wie exklusiv es ist: umweltbezogene Probleme in Ländern außerhalb Europas stehen in Deutschland auf der Themenliste der Geographie, der Umwelt- bzw. Institutionenökonomie, zum Teil auch der Politologie, nicht jedoch der Soziologie. Faktisch beschränkt sich die Aufmerksamkeit damit auf eine Auswahl aus der insgesamt schon sehr kleinen Zahl der am frühesten industrialisierten und ökonomisch reichsten Länder der Welt – plus einiger weniger der europäischer Teil- oder Spätindustrialisierer, allesamt jedoch mit ersteren historisch und kulturell in vieler Hinsicht eng verbunden. Mit anderen Worten: der soziologische Betrachtungshorizont besteht aus einer fast lupenreinen Auswahl von Gesellschaften, die alle soziologischen Merkmale von ‚Industriegesellschaften' im klassischen Sinne dieses Terminus tragen.

Demgegenüber bleibt die vielgestaltige Welt der außereuropäischen Gesellschaften mit ihren enormen sozialen und ökologischen Problemen sehr weitgehend ausgeblendet. Dass die umweltsoziologische Forschung sich darin von anderen Forschungsrichtungen der Soziologie in Deutschland nicht unterscheidet, macht die Sache nicht besser. Gerade in einer Forschungsrichtung, in der den Länder und Kontinente überschreitenden ökosystemaren Zusammenhängen eine so prominente Bedeutung für soziale Prozesse beigemessen wird wie in der Umweltsoziologie, ist dies ein Problem, und zwar nicht allein im Sinne wohlverstandener *political correctness*, sondern auch ganz handwerklich im Sinne einer folgenreichen Begrenzung des soziologischen Bildschirms. Das gilt umso mehr, als außerhalb Europas schon lange nicht mehr nur Traditionalität, sondern alle Arten von gesellschaftlichen Modernisierungsbrüchen zu verzeichnen sind. Hinzu kommen heute, vor allem in den Schwellenländern, auch immer neue Formen von gesellschaftlicher Hypermodernität, die Europa schon weit hinter sich gelassen haben. Hier hat sich ein weites Feld von äußerst relevanten neuen Fragestellungen geöffnet, gerade auch in umweltsoziologischer Hinsicht.

Weiterführende Literatur

Brand, Karl Werner and Fritz Reusswig (2007): Umwelt. In: Joas, Hans (Hrsg.), *Lehrbuch der Soziologie*. Frankfurt a. M.: Campus, 653–672.
Groß, Matthias (2006): *Natur*. Bielefeld: Transcript.
Radkau, Joachim (2000): *Natur und Macht*. München: Beck.
Redclift, Michael R. und Graham Woodgate (Hrsg.) (2010): *The International Handbook of Environmental Sociology*. Cheltenham: Edward Elgar.
Pretty, Jules, Andy Ball, Ted Benton, Julia Guivant, David R. Lee, David Orr, Max Pfeffer and Hugh Ward (Hrsg.) (2007): *The SAGE Handbook of Environment and Society*. London: Sage.

Zitierte Literatur

Aglietta, Michel (2000): *Ein neues Akkumulationsregime*. Hamburg: VSA.
Bahro, Rudolf (1980): *Elemente einer neuen Politik: Zum Verhältnis von Ökologie und Sozialismus*. Berlin: Olle und Wolteer.

Bechmann, Gotthard (Hrsg.) (1988): *Risiko und Gesellschaft*. Opladen: Westdeutscher Verlag.

Bechmann, Gotthard und Klaus P. Japp (1997): Zur gesellschaftlichen Konstruktion von Natur. Soziologische Reflexion der Ökologie. In: Stefan Hradil (Hrsg.), *Differenz und Integration: Die Zukunft moderner Gesellschaften*. Frankfurt a. M.: Campus, 551–567.

Beck, Ulrich (1986): *Risikogesellschaft: Auf dem Weg in eine andere Moderne*. Frankfurt a. M.: Suhrkamp.

Beck, Ulrich (1988): *Gegengifte: Die organisierte Unverantwortlichkeit*. Frankfurt a. M.: Suhrkamp.

Becker, Egon, Thomas Jahn, Engelbert Schramm, Diana Hummel und Immanuel Stieß (2000): *Sozial-ökologische Forschung: Rahmenkonzept für einen neuen Förderschwerpunkt*. Frankfurt am Main: ISOE Diskussionspapier.

Benton, Ted (2007): Greening the Left? From Marx to World-System Theory. In: Pretty, Jules, Andy Ball, Ted Benton, Julia Guivant, David R. Lee, David Orr, Max Pfeffer and Hugh Ward (Hrsg.), *The SAGE Handbook of Environment and Society*. London: Sage, 91–106.

Besio, Cristina (2009): *Forschungsprojekte: Zum Organisationswandel in der Wissenschaft*. Bielefeld: Transcript.

Birke, Martin, Carlo Burschel und Michael Schwarz (Hrsg.) (1997): *Handbuch Umweltschutz und Organisation*. München: Oldenbourg.

Birke, Martin und Michael Schwarz (1994): *Umweltschutz im Betriebsalltag*. Opladen: Westdeutscher Verlag.

Böschen, Stefan, Schneider, Michael und Anton Lerf (Hrsg.) (2004): *Handeln trotz Nichtwissen: Vom Umgang mit Chaos und Risiko in Politik, Industrie und Wissenschaft*. Frankfurt a. M.: Campus.

Brand, Karl-Werner (1982): *Neue soziale Bewegungen. Entstehung, Funktionen und Perspektive neuer Protestpotenziale*. Opladen: Westdeutscher Verlag.

Brand, Karl-Werner (Hrsg.) (1997): *Nachhaltige Entwicklung*. Opladen: Leske+Budrich.

Brand, Karl-Werner (Hrsg.) (1998): *Soziologie und Natur. Theoretische Perspektiven*. Opladen: Leske+Budrich.

Brand, Karl-Werner, Eder, Klaus und Angelika Poferl (1997): *Ökologische Kommunikation in Deutschland*. Opladen: Westdeutscher Verlag.

Brand, Karl-Werner, Volker Fürst, Hellmuth Lange und Günther Warsewa (2002): Bedingungen einer Politik für Nachhaltige Entwicklung. In: Balzer, Ingrid und Monika Wächter (Hrsg.) *Sozial-ökologische Forschung. Ergebnisse der Sondierungsprojekte aus dem BMBF-Förderschwerpunkt*. München: Oekom, 91–110.

Brand, Karl-Werner (2008): Umweltbewegung (inkl. Tierschutz). In: Roth, Roland und Dieter Rucht (Hrsg.), *Die sozialen Bewegungen in Deutschland seit 1945*. Frankfurt a. M.: Campus, 220–244.

Brand, Karl Werner und Fritz Reusswig (2001): Umwelt. In: Joas, Hans (Hrsg.), *Lehrbuch der Soziologie*. Frankfurt a. M.: Campus, 654–673.

Brand, Karl Werner, Detlef Büsser und Dieter Rucht (1987): *Aufbruch in eine andere Gesellschaft: Neue soziale Bewegungen in der Bundesrepublik*. Frankfurt a. M.: Campus.

Brand, Ulrich und Christoph Görg (Hrsg.) (2003): *Postfordistische Naturverhältnisse*. Münster: Westfälisches Dampfboot.

Brunnengräber, Achim (2003): *Globale öffentliche Güter unter Privatisierungsdruck. Festschrift für Elmar Altvater*. Münster: Westfälisches Dampfboot.

Buba, Hans Peter und Susanne Globisch (2008): *Ökologische Sozialcharaktere: Von Weltveränderern, Egoisten und Resignierten*. München: Oekom.

Castro, Ricardo de (2006): *Persona, Sociedad y Medio Ambiente. Perspectivas de la investigación social de la sostenibilidad*. Sevilla: Libros.

Catton, William R. und Riley E. Dunlap (1978): Environmental Sociology: A New Paradigm. *The American Sociologist* 13 (1): 41–49.

Charles, Lionel (2001) : Du milieu à l'environnement. In : Centre de Recherche pour l'Étude et l'Observation des Conditions de Vie, CRÉDOC (Hrsg.), *L'Environnement, question sociale. Dix ans de recherche pour le ministère de l'Environnement.* Paris: Editions Odile Jacob, 21–28.

Charvolin, Florian (2003): *L'invention de l'environnement en France. Chroniques anthropologiques d'une institutionnalisation.* Paris: La Découverte.

Commoner, Barry (1972): *The Closing Circle: Confronting the Environmental Crisis.* London: Cape.

de Haan, Gerhard und Udo Kuckartz (1996): *Umweltbewusstsein: Denken und Handeln in Umweltkrisen.* Opladen: Westdeutscher Verlag.

de Haan, Gerhard und Dieter Jungk (1997): *Umweltbildung als Innovation. Bilanzierungen und Empfehlungen zu Modellversuchen und Forschungsvorhaben.* Berlin: Springer.

de Haan, Gerhard (1995): Ökologische Kommunikation. Der Stand der Debatte. In: de Haan, Gerhard (Hrsg.), *Umweltbewußtsein und Massenmedien.* Berlin: Akademie, 17–35.

Dickens, Peter (1992): *Society and Nature: Towards a Green Social Theory.* London: Harvester Wheatsheaf.

Diekmann, Andreas und Carlo Jaeger (Hrsg.) (1996): *Umweltsoziologie.* Opladen: Westdeutscher Verlag.

Diekmann, Andreas und Peter Preisendörfer (1992): Persönliches Umweltverhalten: Diskrepanz zwischen Anspruch und Wirklichkeit. *Kölner Zeitschrift für Soziologie und Sozialpsychologie* 44 (1): 226–251.

Diekmann, Andreas und Peter Preisendörfer. 2001. *Umweltsoziologie: Eine Einführung.* Reinbek Rowohlt.

Dierkes, Meinard, Ute Hofmann und Lutz Marz (1992): *Leitbild und Technik.* Berlin: Sigma.

Dunlap, Riley E. (2002a): The Coming Age of Environmental Sociology: An American Perspective. *Europaea: Journal of Europeanists* 8 (1-2): 25–40.

Dunlap, Riley E. (2002b): Paradigms, Theories, and Environmental Sociology. In: Dunlap, Riley E., Frederick H. Buttel, Peter Dickens und August Gijswijt (Hrsg.), *Sociological Theory and the Environment.* Lanham, MD: Rowman and Littlefield, 329–350.

Dunlap, Riley E. (2007): Sociology of the Environment. In: Ritzer, George (Hrsg.), *The Blackwell Encyclopedia of Sociology,* Vol. 4. Malden: Blackwell, 1417–1422.

Dunlap, Riley E. und William R. Catton, Jr. (1979): Environmental Sociology. *Annual Review of Sociology* 5: 243–273.

Eder, Klaus (2000) : L'environnement et le discours écologique: le cas de l'Allemagne. In : Abélès, Marc, Lionel Charles, Henri-Pierre Jeudy und Bernard Kalaora (Hrsg.), *L'environnement en perspective: contextes et représentations de l'environnement.* Paris: L'Harmattan, 191–208.

Ferry, Luc (1992) : *Le nouvel ordre écologique. L'arbre, l'animal et l'homme.* Paris: Grasset.

Fischer-Kowalski, Marina und Helga Weisz (1998): Gesellschaft als Verzahnung materieller und symbolischer Welten. In: Brand, Karl-Werner (Hrsg.), *Soziologie und Natur: Theoretische Perspektiven.* Opladen: Leske + Budrich, 145–172.

Foster, John Bellamy (1999): Marx's Theory of Metabolic Rift: Classical Foundations for Environmental Sociology. *American Journal of Sociology* 105 (2): 366–405.

Friedrichs, Jürgen und Kirsten Holländer (1999): *Stadtökologische Forschung: Theorien und Anwendungen.* Berlin: Analytica.

Galbraith, John K. (1958): *The Affluent Society.* Harmondsworth: Penguin Books.

Glaeser, Bernhard (Hrsg.) (1989): *Humanökologie: Grundlagen präventiver Umweltpolitik.* Opladen: Leske + Budrich.

Gliński, Piotr und Małgorzata Koziarek (2007): Nature Protection NGOs in Poland: Between Tradition, Professionalism and Radicalism. In: van Koppen, Kris und William T. Markham (Hrsg.), *Protecting Nature: Organizations and Networks in Europe and the USA*. Cheltenham, UK: Elgar, 187–212.

Gorz, Andre (1978) : *Ecologie et politique*. Paris: du Seuil.

Groß, Matthias (2000): Classical Sociology and the Restoration of Nature: The Relevance of Émile Durkheim and Georg Simmel. *Organization and Environment* 13 (3): 277–291.

Groß, Matthias (2001): *Die Natur der Gesellschaft: Eine Geschichte der Umweltsoziologie*. Weinheim: Juventa.

Groß, Matthias (2004): Human Geography and Ecological Sociology: The Unfolding of a Human Ecology, 1890 to 1930 – and Beyond. *Social Science History* 28 (4): 575–605.

Groß, Matthias (2006): *Natur*. Bielefeld: Transcript.

Grundmann, Reiner (1991): *Marxism and Ecology*. Oxford: Clarendon.

Grunwald, Armin und Jürgen Kopfmüller (2006): *Nachhaltigkeit*. Frankfurt a. M.: Campus.

Hajer, Maarten A. (1995): *The Politics of Environmental Discourse*. Oxford: Oxford University Press.

Hamm, Bernd und Ingo Neumann (1996): *Siedlungs-, Umwelt- und Planungssoziologie*. Opladen: UTB.

Heine, Hartwig und Rüdiger Mautz (1989): *Industriearbeiter contra Umweltschutz?* Frankfurt a. M.: Campus.

Huber, Joseph (2001): *Allgemeine Umweltsoziologie*. Wiesbaden: Westdeutscher Verlag.

Illich, Ivan (1973): *Tools for Conviviality*. London: Calder and Boyars.

Inglehart, Ronald (1998): *Modernisierung und Postmodernisiereung*. Frankfurt a. M.: Campus.

International Social Science Council (2010): *World Social Science Report: Knowledge Divides*. Paris: UNESCO Publishing.

Isenmann, Ralf und Michael von Hauff (2007): *Industrial Ecology: Mit Ökologie zukunftsorientiert wirtschaften*. München: Spektrum.

Jänicke, Martin (2000): Ökologische Modernisierung als Innovation und Diffusion in Politik und Technik: Möglichkeiten und Grenzen des Konzepts. *Zeitschrift für angewandte Umweltforschung* 13 (3-4): 281–297.

Kalaora, Bernard und Lionel Charles (2011): Sociologie et environnement en France : tout contre l'Etat. In : Lange, Hellmuth, Lionel Charles und Florence Rudolf (Hrsg.), *Sciences sociales et environnement en Allemagne et en France*. Paris: L'Harmattan.

Kates, Robert W. (2000): Sustainability Science. Papier vorgestellt auf der *World Academies Conference* on Transition to Sustainability in 21st Century, Tokyo, August.

Keller, Reiner (2009 [1998]): *Müll: Die gesellschaftliche Konstruktion des Wertvollen*. Opladen: Westdeutscher Verlag.

Kleinhückelkotten, Silke (2005): *Suffizienz und Lebensstile: Ansätze für eine milieuorientierte Nachhaltigkeitskommunikation*. Berlin: Berliner Wissenschaftsverlag.

Kraemer, Klaus (2000): Die spärliche Resonanz eines Problems: Umwelt in der soziologischen Theorie. In: Rademacher, Rolf und Claudia Eickelpasch (Hrsg.), *Verstehen und Kritik: Soziologische Suchbewegungen nach dem Ende der Gewissheiten*. Wiesbaden: Westdeutscher Verlag, 93–122.

Kuckartz, Udo und Anke Rheingans-Heintze (2006): *Environmental Awareness in Germany 2006. Results of the Representative Population Survey*, URL: http://www.umweltbewusstsein.de/englisch/2006/index.html. Stand: 19. September 2010.

Küppers, Günter, Peter Lundgreen und Peter Weingart (1978): *Umweltforschung: Die gesteuerte Wissenschaft?* Frankfurt a. M.: Suhrkamp.

Lange, Hellmuth (1988): Soziale Technikgestaltung: Erfahrungen und Probleme einer gewerk-
    schaftlichen Schlüsselforderung. In: Lange, Hellmuth und Detlef Haag (Hrsg.), *Mensch
    und Technik 2000*. Frankfurt am Main: Nachrichten-Verlag, 17–118.
Lange, Hellmuth (Hrsg.) (2000): *Ökologisches Handeln als sozialer Konflikt: Umwelt im Alltag*.
    Opladen: Leske + Budrich.
Lange, Hellmuth (2002): Social Science and Nature: A Review of Environmental Sociology in
    Germany. *Natures, Sciences, Sociétés* 10 (1):16–26.
Lange, Hellmuth (Hrsg.) (2008): *Nachhaltigkeit als radikaler Wandel: Die Quadratur des Kreises?*
    Wiesbaden: VS Verlag.
Lange, Hellmuth (2009): Stichwort ‚Nachhaltigkeit'. In: Sandkühler, Hans-Jürgen (Hrsg.), *En-
    zyklopädie Philosophie*. Hamburg: Felix Meiner Verlag.
Lange, Hellmuth, Lionel Charles, and Florence Rudolf (Hrsg.) (2011): *Sciences sociales et envi-
    ronnement en Allemagne et en France*. Paris: L'Harmattan.
Lange, Hellmuth, Wolfgang Hanfstein und Susanne Lörx (1995): *Gas geben? Umsteuern? Brem-
    sen? Die Zukunft von Auto und Verkehr aus der Sicht der Automobilarbeiter*. Frankfurt a. M.:
    Peter Lang.
Leroy, Pieter (2001) : La sociologie de l'environnement en Europe: Évolution, champs d'action
    et ambivalences. *Natures Sciences Sociétés* 9 (1): 29–39.
Leroy, Pieter und Nico Nelissen (1999): *Social and Political Sciences of the Environment: Three
    Decades of Research in the Netherlands*. Utrecht: International Books.
Linne, Gudrun und Michael Schwarz (Hrsg.) (2003): *Handbuch Nachhaltige Entwicklung*. Opla-
    den: Leske+Budrich.
Luhmann, Niklas (1986): *Ökologische Kommunikation: Kann die moderne Gesellschaft sich auf öko-
    logische Gefährdungen einstellen?* Opladen: Westdeutscher Verlag.
Luley, Horst und Engelbert Schramm (2000): *Regionale Ansätze nachhaltigen Wirtschaftens in
    Deutschland. Inhaltliche Problemfelder der BMBF-Modellprojekte und Vernetzungsbedarf in
    der Förderinitiative*. Frankfurt a. M.: ISOE Materialien.
Markham, William T. 2008. *Environmental Organizations in Modern Germany: Hardy Survivors in
    the Twentieth Century and Beyond*. New York: Berghahn Books.
Marx, Karl (1972 [1867]): *Das Kapital*. Berlin: Dietz Verlag.
Marx, Karl (2009 [1844]): *Ökonomisch-Philosophische Manuskripte*. Frankfurt a. M.: Suhrkamp.
MAUSS, Revue du (2001): *Chassez le naturel … Ecologisme, naturalisme et constructivisme*. Paris:
    La Dèvoucerte.
Meadows, Donella H., Dennis L. Meadows, Jørgen Randers und William W. Behrens (1972):
    Die Grenzen des Wachstums: Bericht des Club of Rome zur Lage der Menschheit. Stuttgart:
    Deutsche Verlags Anstalt.
Minsch, Jürg (1998): *Institutionelle Reformen für eine Politik der Nachhaltigkeit in Deutschland*.
    Berlin: Springer.
Mol, Arthur P. J. (2006): From Environmental Sociologies to Environmental Sociology? A Com-
    parison of U.S. and European Environmental Sociology. *Organization and Environ-
    ment* 19 (1): 5–27.
Mol, Arthur P. J. und David A. Sonnenfeld (Hrsg.) (2000): *Ecological Modernisation around the
    World: Perspectives and Critical Debates*. London: Frank Cass.
Moscovici, Serge (1968): *Essai sur l'histoire humaine de la nature*. Paris: Flammarion.
Müller-Brandeck-Bocquet, Gisela (1996): Die *Institutionelle Dimensioin der Umweltpolitik. Eine
    vergleichende Untersuchung zu Frankreich, Deutschland und der Europäischen Union*. Ba-
    den-Baden: Nomos.
Müller, Wilfried (1995): *Der ökologische Umbau der Industrie. Beiträge zur sozialwissenschaftlichen
    Umweltforschung*. Münster: Lit Verlag.

Murphy, Raymond (1995): Sociology as if Nature did not Matter: An Ecological Critique. *British Journal of Sociology* 46 (4): 688–707.

Nebelung, Andreas, Angelika Poferl und Irmgard Schultz (Hrsg.) (2001): *Geschlechterverhält-nisse, Naturverhältnisse*. Leverkusen: Leske+Budrich.

Newig, Jens, Jan-Peter Voß und Jochen Monstadt (Hrsg.) (2008): *Governance for Sustainable Development*. London: Routledge.

Pardo, Mercedes (1999) : *Sociología y medioambiente: estado de la cuestión*. Madrid: Fundacion Fernando de los Rios.

Paucke, Horst und Adolf Bauer (1979): Um*weltprobleme: Herausforderung der Menschheit*. Berlin: Dietz.

Poferl, Angelika, Karin Schilling und Karl-Werner Brand (1997): *Umweltbewußtsein und All-tagshandeln*. Opladen: Leske + Budrich.

Radkau, Joachim (2000): *Natur und Macht*. München: Beck.

Radkau, Joachim und Frank Uekötter (2003): *Naturschutz und Nationalsozialismus*. Frankfurt a. M.: Campus.

Redclift, Michael und Graham Woodgate (1994): Sociology and the Environment: Discordant Discourse? In: Redclift, Michael und Ted Benton (Hrsg.), *Social Theory and the Global Environment*. London: Routledge, 51–67.

Renn, Ortwin und Michael Zwick (1997): *Risiko und Technikakzeptanz*. Berlin: Springer.

Reusswig, Fritz, Gotthard Bechmann, Karl-Werner Brand, Eckart Hildebrand, Andreas Metzner, Günter Warsewa und Peter Wehling (1997): Selbstverständnis und Aufgabengebiete der Sektion ‚Soziologie und Ökologie'. *Soziologie* 26 (2): 76–81.

Roth, Roland und Dieter Rucht (2008): *Die sozialen Bewegungen in Deutschland seit 1945*. Frankfurt a. M.: Campus.

Rootes, Christopher (2007): *Environmental Protest in Western Europe*. Oxford: Oxford University Press.

Rucht, Dieter und Jochen Roose (2001): Institutionalisierter Protest. *WZB Mitteilungen* 42: 38–42.

Sagladin, Wadim und Iwan Frolow (1982): *Globale Probleme der Gegenwart*. Berlin: Dietz.

Schildt, Axel und Arnold Sywottek (1993): *Modernisierung im Wiederaufbau: Die westdeutsche Gesellschaft der 50er Jahre*. Bonn: Dietz.

Schmidt, Alfred (1971): *Der Begriff der Natur in der Lehre von Karl Marx*. Frankfurt am Main: Europäische Verlagsanstalt.

Schneidewind, Uwe, Maria Goldbach, Dirk Fischer und Stefan A. Seuring (2003): *Symbole und Substanzen: Perspektiven eines interpretativen Stoffstrommanagements*. Marburg: Metropolis.

Schumacher, Ernst F. (1973): *Small is beautiful: Economics as if People Mattered*. New York: Harper & Row.

Serbser, Wolfgang (Hrsg.) (2004): *Humanökologie: Ursprünge – Trends – Zukünfte*. München: Oekom.

Ullrich, Otto (1979): *Weltniveau: In der Sackgasse des Industriesystems*. Berlin: Rotbuch Verlag.

van den Daele, Wolfgang (1996): Soziologische Beobachtung und ökologische Krise. In: Diekmann, Andreas und Carlo C. Jaeger (Hrsg.), *Umweltsoziologie*. Opladen: Westdeutscher Verlag, 420–440.

van Koppen, Kris und William T. Markham (Hrsg.) (2007): *Protecting Nature: organizations and networks in Europe and the USA*. Cheltenham, UK: Edward Elgar.

Voss, Martin und Birgit Peuker (Hrsg.) (2006): *Verschwindet die Natur? Die Akteur-Netzwerk-Theorie in der umweltsoziologischen Diskussion*. Bielefeld: Transcript.

Weidner, Helmut (1995): *25 Years of Modern Environmental Policy in Germany: Treading a Well-Worn Path to the Top of the International Field*. Berlin: Wissenschaftszentrum Berlin für Sozialforschung.

Weingart, Peter (2003): *Wissenschaftssoziologie*. Bielefeld: Transcript.

Wiesenthal, Helmut (1995): Zwischen Gesellschaftsdiagnose und Handlungsappell: Das schwierige Projekt der Umweltsoziologie. *Soziologische Revue* 18 (3): 369–378.

Wippermann, Carsten, Marc Calmbach und Silke Kleinhückelkotten (2008): *Umweltbewusstsein in Deutschland 2008. Ergebnis einer repräsentativen Bevölkerungsumfrage*. Berlin: Umweltbundeamt (UBA).

Zimpelmann, Beate, Gerhardt, Udo und Eckart Hildebrandt (1992): *Die neue Umwelt der Betriebe: Arbeitspolitische Annäherung an einen betrieblichen Umweltkonflikt*. Berlin: Sigma.

Aktuelle Entwicklungen in der nordamerikanischen Umweltsoziologie

Riley E. Dunlap

Einleitung

Die Beschäftigung mit Umweltproblemen ist grundsätzlich ein interdisziplinäres Unterfangen, und zwar sowohl in den Sozial- als auch in den Naturwissenschaften. Dennoch wird die zentrale Rolle der Sozialwissenschaften im Allgemeinen und der Soziologie im Besonderen erst langsam erkannt (vgl. Brewer and Stern 2005). Diese Erkenntnis rührt vom steigenden Bewusstsein her, dass Umweltprobleme soziale Probleme sind: Sie sind das Ergebnis menschlichen Handelns und werden als problematisch angesehen, weil sie wiederum Menschen und andere Lebewesen beeinflussen (Dunlap 2007). Es ist daher nicht überraschend, dass Soziologen in den letzten 30 Jahren immer größeres Interesse an Umweltthemen entwickelt haben, und dass sich die Umweltsoziologie in Nordamerika fest etablieren konnte.

Auch wenn es einzelne soziologische Versuche im Rahmen von Forschungen zu urbanen Problemen und der Bedeutung von Naturressourcen bereits vor 1970 gab, hat sich die Umweltsoziologie erst als Reaktion auf die öffentliche Debatte zu Umweltproblemen herausgebildet. Zu Beginn wurden vorwiegend die sozialen Reaktionen auf Umweltprobleme in den Fokus genommen, anstatt die Probleme an sich zu analysieren. Mit der steigenden Aufmerksamkeit für Umweltthemen, begannen einige Autoren über die Betrachtung des gesellschaftlichen Bewusstseins für Umweltprobleme hinaus zu gehen, und die zugrunde liegenden Beziehungen zwischen modernen Industriegesellschaften und den biophysikalischen Umwelten, die sie umgeben, zu untersuchen. Das Ergebnis war die Entstehung der Umweltsoziologie als eigenes Forschungsfeld (vgl. Buttel 1987, Dunlap und Catton 1979). Während die Umweltsoziologie in den letzten drei Jahrzehnten Höhen und Tiefen erlebte (Dunlap und Catton 1994), erfährt sie momentan eine Zeit des lebendigen Wachstums, intellektueller Vitalität und zunehmender Sichtbarkeit und Anerkennung in der Soziologie insgesamt.

In der Vergangenheit habe ich ausführlich die Entwicklung der Umweltsoziologie nachgezeichnet (Dunlap 1997, 2002, 2007, Dunlap und Catton 1979, 1983, 1994, 2002), in diesem Beitrag hingegen möchte ich mein Hauptaugemerk auf die *aktuelle* Situation in den USA richten. Um die gegenwärtigen Debatten in einen Kontext zu rücken, möchte ich jedoch kurz die Entwicklung des Feldes von einer ‚Soziologie der Umwelt' (*sociology of environmental issues*) zu einer komplexen Umweltsoziologie skizzieren.

Von der Soziologie der Umwelt zur Umweltsoziologie

Dass die Soziologie erst relativ spät, in den 1960er und 1970er Jahren, die Bedeutung von Umweltproblemen erkannte, führten Catton und ich (Catton and Dunlap 1978, 1980) auf zwei miteinander zusammenhängende Ursachen zurück. Zum Einen ist die amerikanische Soziologie (wie fast alle westlichen Soziologien) in einer Zeit entstanden, in der Ressourcenreichtum, technologischer Fortschritt und ökonomisches Wachstum als selbstverständlich galten. Aus dieser Perspektive heraus war man blind für die Möglichkeit ökologischer Grenzen. Soziologen und Soziologinnen wie auch andere Gesellschaftsmitglieder betrachteten die moderne, industrielle Gesellschaft als frei von jeglichen ökologischen Beschränkungen.

Zum anderen gab es neben diesem kulturellen Weltbild, in dem die moderne Soziologie entstand, einige weitere Barrieren gegenüber ökologischen Bedingungen, die auf der nachhaltigen Wirkung von Durkheims anti-reduktionistischem Tabu beruhten. Zwar war Durkheims Auffassung, dass soziale Tatsachen ausschließlich durch andere soziale Tatsachen erklärt werden müssten (im Gegensatz zu biologischen, geographischen und psychologischen Faktoren) sinnvoll zur Abgrenzung und Legitimierung der Soziologie als einem neuen Forschungsgebiet (Järvikoski 1996), in den 1970er Jahren war sie aber zu einem sehr restriktiven und veralteten Tabu geworden. Auch wenn der Antireduktionismus wichtig war zur Korrektur von biologischen Erklärungen von Rassen- und Geschlechterunterschieden, so führte er doch dazu, dass die Mainstream-Soziologie die Möglichkeit der Erforschung ökologischer Grenzen des Wachstums ausklammerte (Catton and Dunlap 1980). Generell gilt, dass das Erbe der soziologischen Ablehnung ökologisch-deterministischer Erklärungen von kulturellen Differenzen dazu führte, dass die Soziologie die zu analysierende „Umwelt" als *soziale* Umwelt begriff und nicht als die biophysikalische (Dunlap and Catton 1983).

Daher ist es nicht verwunderlich, dass die ersten soziologischen Arbeiten zu Umweltfragen ihren Fokus auf die Entwicklung des gesellschaftlichen Bewusstseins über Umweltprobleme und die Reaktion auf diese richteten. Viele Studien zur öffentlichen Meinung über Umweltthemen sowie zu Umweltorganisationen und ihren Mitgliedern entstanden (Dunlap and Catton 1979). Mit der Zeit rückten die Rolle der Medien und der Umweltaktivisten bei der Konstruktion von Umwelt als ein soziales Problem mehr und mehr in den Mittelpunkt der Aufmerksamkeit (Albrecht und Mauss 1975). Zur Analyse von Umweltproblemen wurden Perspektiven verschiedener spezieller Soziologien verknüpft, wie die der Soziologie sozialer Bewegungen, der Öffentlichkeitsforschung, der Sozialpsychologie und der Politischen Soziologie. Catton und ich bezeichneten diese Arbeiten als „Soziologie der Umwelt". Diese Arbeiten stellten in den 1970er Jahren die vorherrschende Strömung soziologischer Forschungen zur Umweltthematik dar.

Die „Energiekrise" von 1973–74 weckte schließlich das soziologische Interesse für die Auswirkungen von knappen (Energie-)Ressourcen. Ebenso verstärkte die Enthüllung von Schadstoffkontamination das Bewusstsein, dass „die Umwelt" mehr als ein weiteres soziales Problem war. Beides, Ressourcenmangel und Schadstoffkontamination, zeigten, dass Umweltbedingungen tatsächlich gesellschaftliche Konsequenzen haben, und diese Bedingungen offensichtlich durch menschliches Handeln verursacht werden. Ab den 1980er Jahren gab es eine ausdifferenzierte und durchdachte Umweltsoziologie, die sich über das Studium gesellschaftlicher Umweltbeziehungen definierte (Dunlap und Catton 1979). Eine zunehmende Anzahl an Soziologinnen und Soziologen hatte Durkheims Tabu, Umweltfaktoren mit sozialen Faktoren zu verbinden, ignoriert und stattdessen begonnen, genau die Relationen zwischen beiden Seiten zu erforschen. Obgleich ein großer Teil der Forschungen von Umweltsoziologen weiterhin Perspektiven der Sozialpsychologie, der Soziologie der sozialen Bewegungen, der Politischen Soziologie, der Ungleichheitsforschung und anderer Bereiche mit einbezieht, sind Studien, die die Behandlung von Umweltkonditionen als „Variablen" in ihre empirischen Analysen mit einfließen lassen, heute normal geworden. Zudem gibt es zwischen den verschiedenen Forschungsrichtungen keine klaren Grenzen, weshalb es sinnvoll ist, alle soziologischen Arbeiten zu Umweltthemen als konstituierende Elemente für die Umweltsoziologie zu betrachten, wie es bereits Buttel (1987) zwei Jahrzehnte zuvor angemahnt hatte.

Der Fokus des vorliegenden Textes richtet sich auf aktuelle soziologische Analysen zu Ursachen von Umweltproblemen, und deren sozialen Auswirkungen sowie potentiellen Lösungsansätzen. Unberücksichtigt lasse ich dabei die ständig zunehmenden Arbeiten zu Umwelteinstellungen und -verhalten, Umweltschutz als soziale Bewegung, und die Vielzahl an Studien, die die soziale Konstruiertheit von Umweltproblemen untersuchen (oft mit der Betonung der Rolle der Aktivisten, Wissenschaftler sowie der Medien). Ich glaube zweifellos, dass auch die letztgenannten Themen wie die Bemühungen Umwelteinstellungen auf internationaler Ebene zu erklären (Dunlap und York 2008) oder die Analyse der aufkommenden antiökologischen Gegenbewegungen, von Bedeutung sind. Gleichwohl sind es jedoch die Ursachen, Auswirkungen und Lösungen von Umweltproblemen, die zur Zeit die bestimmenden Themen in der amerikanischen Umweltsoziologie sind.

Erklärungsansätze für die Ursachen von Umweltproblemen

Da die Umweltsoziologie als Antwort auf die zunehmende Beschäftigung mit Umweltproblemen entstand, ist es nicht verwunderlich, dass das zentrale Anliegen die Erklärung der Ursachen von Umweltzerstörung war und, die Frage warum diese Zerstörungen den modernen Industriegesellschaften inhärent zu sein scheinen. Frühere Arbeiten beinhalteten oftmals eher simplifizierende Analysen und Betrachtungen von Umweltzerstörungen, in denen zum Teil monokausale Erklärungen angebracht wurden, wie z. B. die einseitige Erklärung durch Bevölkerungswachstum bei Paul Ehrlich oder der technologischen Entwicklung bei Barry Commoner. Der ökologische Komplex bzw. das POET Modell mit dem Fokus auf die Relationen zwischen Bevölkerung (*Population*), (sozialer) Organisation, Umwelt (*Environment*) und Technologie (POET) wurde benutzt, um die Grenzen konkurrierender Erklärungen aus der Soziologie der Umwelt und deren eng gefasste Foki zu verdeutlichen (Dunlap und Catton 1983).

Eine in diesem Zusammenhang bedeutende Untersuchung stammt von Allan Schnaiberg (1980), der eine überzeugende kritische Betrachtung des Zusammenhangs von Bevölkerungswachstum, technologischen Entwicklungen und materialistisch orientierten Konsumenten als Hauptquellen der Umweltzerstörung darlegte. Schnaibergs Modell der „Tretmühle der Produktion" (*treadmill of production*) stützt sich auf neomarxistische und andere politökonomische Annahmen und bietet eine differenzierte Alternative, die den inhärenten Bedarf nach Wachstum von marktorientierten Unternehmen, nach dem Ersetzen kostspieliger Arbeitskraft durch hoch entwickelte Technologien, sowie nach der zwangsläufigen Steigerung von Ressourcen für die Investition in expandierende Produktionsprozesse hervorhebt. Weiterhin zeigt er auf, wie eine starke Koalition aus Kapital, Staat und Arbeit zur Unterstützung des kontinuierlichen Wachstums entsteht, die es für Umweltschützer schwer, wenn nicht gar unmöglich macht, die „Tretmühle" aufzuhalten.

Aufgrund der vom Tretmühlen-Modell angebotenen Analyse, wie und warum zunehmende Umweltzerstörung unweigerlich von der Expansion des Kapitalismus begleitet wird, wurde es durch seine inhärente „Augenscheinvalidität" (*face validity*) für Umweltsoziologen anschlussfähig (Gould et al. 2008). Trotz seiner Attraktivität stellte sich heraus, dass das Modell insbesondere auf der Makroebene empirisch schwer zu überprüfen ist, sodass es primär zur Analyse lokalen Widerstands gegen Tretmühlenprozesse (*treadmill processes*) verwendet wird (Buttel 2004). Das Modell wurde beispielsweise zur Erklärung des ausbleibenden Erfolgs lokaler Recyclingprogramme und Umweltkampagnen benutzt (Gould et al. 1996, Weinberg et al. 2000, Pellow 2002). Im Fall von Recycling führte es sogar zu einer Widerlegung der These ökologischer Modernisierung (Scheinberg 2003). Der Reiz des Tretmühlen Modells beruht auf der Vorstellung, dass das Wachstum des Kapitalismus besonders auf nationaler und globaler Ebene mit einem steigenden Niveau an Umweltzerstörung begleitet wird (York 2004).

Für Analysen auf der Makroebene bedarf es jedoch genauerer Untersuchungen über die Zusammenhänge zwischen ökonomischen Prozessen und Umweltzerstörung, um die Gültigkeit der Annahmen des Tretmühlenmodells zur unausweichlichen Beziehung zwischen Umwelt und Wirtschaft zu überprüfen. Zwei Möglichkeiten dieser Analyse bieten Freudenburg (2005) und Grant und seine Kollegen (Grant et al. 2002, Grant und Jones 2003). Ersterer zeigt auf, wie Teilbereiche der amerikanischen Industriewirtschaft, oftmals sogar nur einzelne Anlagen innerhalb eines industriellen Bereichs, für enorme Umweltverschmutzungen verantwortlich sind. Grant und seine Kollegen legen zudem dar, dass große chemische Anlagen und jene, die Tochtergesellschaften anderer Unternehmen sind, zur unverhältnismäßigen Freisetzung von Schadstoffen beitragen. Darüber hinaus wirft die wachsende Anerkennung der Bedeutung des individuellen Konsums in gegenwärtigen Gesellschaften (Carolan 2004, Shove und Warde 2002, Spaargaren 2003, Yearley 2005) Fragen über die bisher unerforschte Rolle des Konsumverhaltens im Tretmühlenmodell auf.

Zum besseren Verständnis der Beziehung zwischen ökonomischer Globalisierung und Umweltzerstörung wurde es notwendig, in das Tretmühlenmodell eine andere politökonomische Perspektive – die Weltsystemtheorie (WST) – zu integrieren. Laut Wallerstein (1974) bildete sich das moderne Weltsystem im frühen 15. Jahrhundert heraus und umfasst drei strukturelle Positionen: Zentrum, Semiperipherie und Peripherie. Während die Systemstruktur seit der Entstehung stabil geblieben ist, wandelte sich über die Zeit die Position, die Nationen jeweils innehatten. Nationen im Zentrum zielen darauf ab, sich auf profitable Produktionen zu spezialisieren, während periphere Nationen vorwiegend Rohstoffe und billige Arbeit sowohl für Staaten im Zentrum als auch zunehmend für semiperiphere Staaten (Burns et al. 2003) zur Verfügung stellen. Obwohl in der ursprünglichen Formulierung der Theorie Umweltthemen keine Erwähnung fanden, ziehen diese zunehmend die Aufmerksamkeit der WST Forscher und Forscherinnen auf sich (Roberts und Grimes 2002). Stephen Bunker, der mit der Anwendung der WST auf ökologische Fragen in seinem bahnbrechenden Werk über die Rohstoffgewinnung im Amazonas-Gebiet (Bunker 1985) Pionierarbeit leistete, verwies auf die Schwierigkeiten als auch auf die Leistungen bei der Zusammenführung der Erkenntnisse des Tretmühlenmodells mit denen der WST (Bunker 2005). Obwohl die Zeit reif ist, den Ideen Bunkers zu folgen, ignorieren auf der einen Seite viele Weltsystemtheoretiker die Erkenntnisse des Tretmühlenmodells (Roberts und Grimes 2002), genau wie die Vertreter des Tretmühlenmodells andererseits die Annahmen der WST weiterhin unbeachtet lassen (Gould et al. 2008).

Unter der wachsenden Anzahl von Arbeiten zu Umweltthemen innerhalb der Weltsystemtheorie seit den 1990er Jahren fanden sich unter anderem langfristige historische Studien zur Umweltzerstörung (Chew 2001) und der Rolle ökologischer Faktoren in der Entwicklung des Kapitalismus (Moore 2003), empirische Studien zum Verhältnis zwischen der Position einzelner Länder im Weltsystem, zum nationalen Niveau der Entwaldung (Burns et al. 2003), zum CO_2 Ausstoß (Roberts und Grimes 1997) oder zum nationalen Fußabdruck (Jorgenson und Burns 2007). Diese großräumigen und Länder vergleichenden Studien, die typischerweise mit Ergebnissen aufwarten, die zeigen, dass die Länder in den Zentren des Weltsystems unverhältnismäßig stark zur Umweltzerstörung beitragen, ergänzen die eher eng fokussierten Analysen zum Export von schadstoffhaltigen Abfällen und umweltschädlichen Industriezweigen (Frey 2001, 2003) vom Zentrum in die Peripherie und den Export von natürlichen Rohstoffen von der Peripherie in die Länder der Zentren (Bunker 1985, 2005). Schließlich zeugt die Arbeit von Barbosa (2000) davon, wie das kapitalistische Weltsystem nicht nur die Ausbeutung des brasilianischen Amazonasgebietes vorantreibt, sondern auch Bemühungen es zu schützen, behindert.

Vertreter und Vertreterinnen der WST haben grundlegende Erkenntnisse über die Ursachen von Umweltzerstörung, insbesondere über die Verschlechterung in den ärmeren Nationen aufgrund ihrer benachteiligten Position auf dem Weltmarkt, geliefert. Sie müssten jedoch für die Erklärung verschiedener Formen von Umweltzerstörung mehr darlegen, als nur den signifikanten Einfluss der Weltsystemposition in einer Regressionsgleichung. Studien, die Muster von Umweltzerstörungen innerhalb verschiedener Sektoren des Weltsystems untersuchen (Burns et al. 2003), und die die Beeinträchtigungen ausländischer Investitionen auf die Umweltqualität in weniger entwickelten Staaten in den Blick nehmen (Jorgenson 2007), bieten erste Versuche in diese Richtung. Es bedarf aber weiterer Arbeiten über weniger entwickelte Nationen, um zu erklären wie ihre Mitwirkung im kapitalistischen Weltsystem die Tretmühleprozesse mit antreiben (z. B. durch Privatisierung von Bodenschätzen). Weiterhin sollte die Rolle internationaler Institutionen wie der Weltbank im expandierenden globalen Kapitalismus mehr in den Fokus genommen werden, insbesondere wenn dies unter dem „Deckmantel" der nachhaltigen Entwicklung geschieht (Goldman 2005). Neueste Bemühungen diese Prozesse nachzuvollziehen, bietet Rice (2008) mit einem konzeptionellen „Schirm" für die oben angeführten Ansätze.

Es mutet ironisch an, dass sich in der Abwendung von Schnaiberg und anderen Soziologen von den Perspektiven Paul Ehrlichs und Barry Commoners (siehe oben), eine neue Alternative zum Tretmühlenmodell und zur WST ausdrücklich auf die IPAT-Formel (Umweltbeeinflussung als Funktion von Bevölkerung, Technologie und Wohlstand) stützt, die aus den Arbeiten der beiden Ökologen hervorgegangen ist. IPAT ist ähnlich wie das POET-Modell von soziologischen Humanökologen entwickelt worden und wurde bereits von den ersten Umweltsoziologen angewandt (Dunlap und Catton 1994). Folglich ist das davon abgeleitete STIRPAT-Modell (Stochastic Impacts by Regression on Population, Affluence and Technology) von Dietz und Rosa (1994) fest in dem verankert was Buttel (1987) die Perspektive der „Neuen Humanökologie" in der Umweltsoziologie nannte (vgl. Benton 2001 für einen Überblick der Arbeiten der Neuen Humanökologie).

Gegenüber dem IPAT-Modell liefert das STIRPAT Model eine statistisch genauere Methode für die empirische Untersuchung der relativen Einflüsse potentieller Ursachen der Umweltzerstörung, einschließlich zentraler politisch-ökonomischer Variablen (York et al. 2003 b). Eine frühe STIRPAT-Analyse zum CO_2-Ausstoß einzelner Länder belegte, dass sich mit Hilfe der Faktoren Bevölkerung und Wohlstand die länderspezifischen Unterschiede sehr gut erklären lassen (Dietz and Rosa 1997). Dadurch wurde dieser meist umstrittenen neo-Malthusianischen Perspektive einiges Gewicht verliehen (z. B. Catton 1980, 1987). Eine neuere und verbesserte STIRPAT-Untersuchung der Unterschiede des ökologischen Fußabdrucks verschiedener Länder zeigte erneut, dass Bevölkerungsgröße und Altersverteilung wichtige Einflussgrößen länderspezifischer Fußabdrücke sind, auch wenn Umweltbedingungen wie Landmasse und Breitengrad (Klimaunterschiede reflektierend) sowie ökonomische Variablen wie Wohlstand eine große Rolle spielen (York et al. 2003a).

Während das STIRPAT-Modell bedeutende Einblicke in die Ursachen von Umweltverschmutzung ermöglicht, bedarf es nichtsdestotrotz weiterer kritischer Betrachtungen und Verbesserungen dieses Modells (z. B. weil die starke Betonung der Bevölkerungsdynamik nach Ansicht einiger anderer Umweltsoziologen nur wenig aussagt, siehe z. B. Spaargaren et al. 2006). Das Modell sollte daher eher als ein breitgefächerter Orientierungsrahmen – mit besonderem Fokus auf der ökologischen Einbettung von Gesellschaften – als eine kohärente theoretische Perspektive verstanden werden (Dietz und Rosa 1994). Der Grad inwieweit eine „ökologische Theorie" direkt auf *Homo sapiens* angewendet werden kann, bleibt eine problematische und umstrittene Angelegenheit (z. B. Freese 1997). Eine Stärke des STIRPAT Modells ist es, eine unzählige Reihe von Variablen einzubeziehen, einschließlich der aus alternativen theoretischen Perspektiven hervorgegangenen. Dennoch erscheint die Auswahl der Einflussvariablen über die Indikatoren Bevölkerung und Wohlstand jedoch oft als *ad hoc* (vgl. Dietz und Rosa 1997 mit York et al., 2003a, 2003b). Dies ist insofern bedeutsam, als dass wir mit unterschiedlichen in das Modell einfügten Variablen jeweils verschiedene Schlussfolgerungen aus den Untersuchungen ableiten können, wie beispielsweise von Shandra et al. (2004) dargelegt. Zukünftige Arbeiten mit STIRPAT werden möglicherweise von den Konzepten des „gesellschaftlichen Metabolismus" und der „Kolonialisierung der Natur" von Fischer-Kowalski und ihren Kollegen und Kolleginnen ebenso profitieren (siehe hierzu auch der Beitrag von Fischer-Kowalski et al. in diesem Band), wie von den detaillierten Längsschnitt-studien über Umweltbelastungen in speziellen Nationen, in denen die Konzepte Anwendung finden (Fischer-Kowalski und Haberl 2007).

Es ist grundsätzlich jedoch nicht überraschend, dass sich die Studien, wenn sie ein unterschiedliches Sample an Ländern sowie unterschiedliche Indikatoren aus einer Vielzahl von Einflussvariablen nutzen, hinsichtlich ihrer Ergebnisse und Schlussfolgerungen variieren. Zudem gibt es fundamentale Unterschiede in den Logiken zum Beispiel zwischen Jorgenson (2003), der die Position im Weltsystem als Hauptein-flussfaktor für den ökologischen Fußabdruck von Ländern heranzog, und York et al. (2003a) deren Bemühungen mit Hilfe einer großen Auswahl an Variablen die Unter-schiede nationaler Fußabdrücke so umfassend als möglich zu erklären suchen.

Die gegenwärtig rasante Entwicklung theoretisch und empirisch anspruchsvoller Analysen zu Ursachen der Umweltzerstörung, besonders quantitative länderver-gleichende Studien, weist allgemein jedoch darauf hin, dass sich das umweltsozio-logische Wissen rapide weiterentwickelt. Wir können daher klare Fortschritte bei der Entwicklung des Verständnisses der Ursachen von Umweltzerstörung fest-stellen, insbesondere wenn Vertreter unterschiedlicher theoretischer Perspektiven beginnen sich mit ähnlichen Themen auseinanderzusetzen. Von den ersten Bemü-hungen bis zur Herausarbeitung der Hauptursachen der Umweltverschmutzung hat die Umweltsoziologie einen langen Weg hinter sich (Dunlap und Catton 1983, Schnaiberg 1980).

Die Bedeutung von Umweltproblemen

Wie bereits oben erwähnt, etablierte sich die Umweltsoziologie in der Zeit der Ener-giekrise 1973–1974. Daher überrascht es nicht, dass die Bedeutung von realen und potentiellen sozialen Auswirkungen durch Energieknappheit und anderen Roh-stoffen in dieser Phase besonders herausgestellt wurde. Die Auswirkungen auf die verschiedenen Lebensbereiche, von regionaler Migration bis zu Konsum- und Le-bensstilfragen, wurden in der Folge untersucht. Ein Schwerpunkt lag dabei auf der Erforschung von Verteilungsfragen, sowohl hinsichtlich der Energieknappheit, als auch hinsichtlich der Entwicklung neuer Strategien zum besseren Umgang damit (Rosa et al. 1988). Eine allgemeine Erkenntnis war, dass die Probleme und der Umgang mit ihnen häufig regressive Folgen hatten, sprich, die unteren sozioökonomischen Schichten unverhältnismäßig stark die steigenden Energiekosten tragen mussten (Schnaiberg 1975).

Verteilungsfragen sind ein anhaltendes Thema in der Umweltsoziologie, auch wenn Forscher und Forscherinnen graduell ihre Aufmerksamkeit auf die Verteilung der Belastung durch Umweltrisiken verschoben haben (von Luft- und Wasserverschmutzung bis hin zu Giftmüll). Zahlreiche Studien haben gezeigt, dass untere sozioökonomische Schichten und Minderheiten disproportional stark Umweltgefährdungen ausgesetzt sind (Brulle und Pellow 2006). Die Anaylse der Bedeutung des Einkommens und der Ethnizität wurde damit zu einer wichtigen Aufgabenstellung (Szasz und Meuser 2000). Obwohl Untersuchungen zur disproportionalen Belastung für Minderheiten durch Umweltgefährdungen dazu beitrugen, das Thema Umweltrassismus (*environmental racism*) auf die Agenda zu bringen und gleichsam Bemühungen nach mehr Umweltgerechtigkeit (*environmental justice*) anzuregen (Pellow und Brulle 2005), so bleibt doch festzuhalten, dass noch viele methodologische Herausforderungen bewältigt werden müssen, damit Forscher in der Lage sind, überzeugendes Belegmaterial für Umweltungerechtigkeit zu liefern (Bevc et al. 2007, Saha und Mohai 2005; siehe hierzu auch den Beitrag von Elvers in diesem Band). Neue innovative Forschungen, die mit Techniken wie Geographischen Informationssystemen (GIS) arbeiten, legen nahe, dass das derzeitige Niveau der ungleichen Belastung von Minderheiten durch Umweltgefährdungen eher in einem komplexen historischen Prozess der Rassensegregation begründet liegt, und nicht nur einfach im Rassismus gegenwärtiger Standortentscheidungen (Downey 2005, 2006).

Der internationalen Gerechtigkeitsfrage wurde die Aufmerksamkeit der Umweltsoziologie in größerem Umfang zu Teil. So untersuchte bereits die WST-Forschung Prozesse, die mit dem oben beschriebenen Konzept des ökologisch ungleichen Austauschs erfasst werden. Dazu gehören z. B. der Export von Sondermüll und industrieller Schmutzfracht von reichen in arme Nationen, die Ressourcenausbeutung der „Dritten Welt" durch multinationale Unternehmen, sowie den überproportionalen Beitrag der reichen Nationen an vielen globalen Problemen (Rice 2008). Die scheinbare Gewissheit über die disproportionalen Auswirkungen von Umweltproblemen auf periphere Nationen und die unteren Schichten in den meisten Nationen, stellte Ulrich Beck mit seiner These zur Riskogesellschaft (1986) in Frage. Stattdessen machte er deutlich, dass moderne Umweltgefährdungen sich schichtunabhängig auswirken (Marshall 1999).

Soziologinnen und Soziologen haben sich nicht auf die Untersuchung der Auswirkungen der Verteilung von Umweltproblemen beschränkt, sondern setzen sich auch mit technologischen Risiken auseinander. Untersuchungen von Gemeinden, die technologischen oder anthropogenen Gefährdungen ausgesetzt sind, liefern zum Teil umfassende Schilderungen verschiedener Konsequenzen von ökologischen als auch technologischen Risiken und geben Hinweise auf unterschiedliche (soziale) Reaktionsmuster. Offensichtlich bewirken Naturkatastrophen wie Überschwemmungen, Wirbelstürme und Erdbeben auch eine „therapeutische Reaktion". Gemeinschaften wachsen in den Bemühungen zusammen den Opfern zu helfen, den Schaden zu reparieren und das Leben wie es vor der Katastrophe war wiederherzustellen. Technologisch verursachte Katastrophen (insbesondere bei toxischen Auslösern) haben hingegen einen zersetzenden Effekt auf das Leben der Gemeinschaft (Freudenburg 1997, Kroll-Smith et al. 2002). Obwohl eine vermeintliche Gefahr vielleicht nur einige Bewohner betrifft, erzeugen die damit verbundenen Ungewissheiten bei der Erkennung und Einschätzung solcher Gefahren oftmals einen heftigen Konflikt zwischen den verschiedenen Gruppen der Gemeinschaft (Shriver und Kennedy 2005). In vielen Fällen führen diese Konflikte langfristig zu einer Auflösung von Gemeinden und zur Traumatisierung der Opfer (Kroll-Smith et al. 2002).

Selbst wenn eine allgemeine Einigkeit unter den Einwohnern über die Auswirkungen der Katastrophe besteht, kann es trotzdem zu lang andauernden sozioökonomischen Schäden der Gemeinschaft und zu physischer Belastung für ihre Bewohnerschaft kommen, wie dies z. B. die Längsschnittstudie über die Auswirkungen der Ölteppichs 1989 in Exxon Valdez, Alaska illustriert (Picou et al. 2004). In der Folgezeit solcher Katastrophen sind es drei Faktoren, die eine Erholung von Gemeinden verhindern und damit zur langfristigen psychologischen Belastung sowie zum Schaden der Gemeinschaft beitragen:

1.   Wahrnehmung von staatlichem Versagen,
2.   Unsicherheit bezüglich der mentalen und physischen Gesundheit der Opfer,
3.   Unklarheit über die sich hinziehenden Rechtsstreitigkeiten (Marshall et al. 2004).

Für die Ankläger von Cordova, Alaska war der Rechtstreit, der auf die Ölkatastrophe von Exxon Valdez folgte, die Hauptursache für den psychologischen Stress und den Schaden der Gemeinschaft (Picou et al. 2004).

In letzter Zeit wird behauptet, dass die sozialpsychologische Trennung zwischen natürlichen und technologischen Katastrophen ihren empirischen Bezug verliert, im Besonderen seit der jüngsten Entdeckung eines dritten Katastrophentypus – dem Terrorismus (Marshall et al. 2003, Picou und Marshall 2007, Webb 2002). Tatsächlich zeigt sich aber die Verwischung der Typen auch am Beispiel des Hurrikans Katrina, der sowohl als Naturkatastrophe (Sturmflutschäden an der Golfküste), als auch als technologische Katastrophe (gebrochene Deichsysteme verursachten Überschwemmungen in New Orleans), als auch als ein Fall von Umweltungerechtigkeit (Menschen mit geringerem Einkommen waren unverhältnismäßig mehr von den steigenden Fluten in New Orleans betroffen als andere) bewertet werden kann. Diese Uneindeutigkeiten erfordern auch neue Perspektiven in der Risiko- und Katastrophensoziologie. Die Vielzahl von soziologischen Forschungen zum Hurrikan Katrina kann dazu einen Anstoß liefern (Luft 2008). Allgemein ist anzunehmen, dass Umweltsoziologinnen und Umweltsoziologen mit der Zunahme von Belastungen des Menschen durch Umweltgefährdungen und technologische Katastrophen ihre

Aufmerksamkeit stärker den Ursachen und Auswirkungen von Umweltzerstörungen widmen werden. Diese Vermutung liegt nahe, wenn zukünftig auch die weniger entwickelten (semi-peripheren und peripheren) Nationen stärker durch Prozesse des industriellen Wachstums und/oder der Ressourcenausbeutung gekennzeichnet sein werden.

Die Lösung von Umweltproblemen

Umweltsoziologen haben sich früher mehr auf die Ursachen und Auswirkungen von Umweltproblemen konzentriert, als auf deren Lösungen. Dies hat sich jedoch in den letzten zehn Jahren gewandelt. Heberlein (1974) wies auf die Präferenz für die *technologische Lösung* von Umweltproblemen in den USA hin, und analysierte dann die relativen Stärken und Schwächen eines voluntaristischen und eines *regulativen Ansatzes*. Andere Soziologen (vgl. Dunlap et al. 1994) ermittelten später drei komplexe Typen von *sozialen Lösungen*, die in Policy-Ansätzen impliziert sind und mit verschiedenen Mitteln auf Verhaltensänderungen zielen: (1) kognitive (oder Wissens-) Lösungen, d. h., die Verbesserung der Informationsbasis, (2) strukturelle Lösungen, die Gesetze und Verordnungen umfassen, (3) verhaltensbasierte Lösungen, die auf Anreizen und abschreckenden Maßnahmen beruhen. Neben verschiedenen Strängen der Verhaltensforschung hat die Umweltsoziologie in den 1970er und 1980er Jahren eine Vielzahl an Studien zur Evaluierung der Effektivität dieser verschiedenen Strategien durchgeführt. Im Fokus standen hierbei insbesondere Energieeinsparungen (Rosa et al. 1988). Soziologische Analysen untersuchten das Ausmaß, in dem der Energiekonsum durch Faktoren wie die Hausbauweise und das Verkehrssystem beeinflusst wird, und verwiesen damit auf die Grenzen von Lösungen durch Bildungs- und Informationsprogramme (Lutzenhiser 1993, Shove and Warde 2002). Die Veränderung des „regulativen Klimas" in den letzten Jahrzehnten hat zu einem neuen Interesse an voluntaristischen Ansätzen der Umweltpolitik geführt.

Bis in die 1990er Jahre wuchs das soziologische Interesse an der Umweltpolitik. Umweltsoziologinnen und Umweltsoziologen aus Nordeuropa machten Umweltverbesserungen innerhalb ihrer Länder zum Gegenstand ihrer Forschungen. Die These der ökologischen Modernisierung wurde entwickelt. Sie baut auf dem Modell der industriellen Ökologie auf, das besagt, dass die industrielle Modernisierung sowohl eine expansive Produktion mit steigendem materiellem Input erlaubt, als auch gleichzeitig eine Verringerung des Verschmutzungsoutputs innerhalb der kapitalistischen Produktionsweise möglich macht. Befürworter der ökologischen Modernisierung bewegten sich jedoch schrittweise über technologisch geprägte Erklärungen des ökologischen Fortschritts hinaus. Neue Formen der Zusammenarbeit von Regierungen, Industrie und Zivilgesellschaft werden als die Institutionalisierung einer „ökologischen Rationalität" verstanden, die nicht nur die Auswüchse traditioneller ökonomischer Entscheidungsprozesse mildert, sondern auch die Entwicklung hin zu einem „grünem Kapitalismus" vorantreibe. Dieser würde dann eine produktive Verbindung vom Streben nach Umweltschutz und der Macht des Marktes möglich machen (z. B. Mol und Spaargaren 2000, Mol und Sonnenfeld 2000). Weil die Annahme der mutmaßlichen Unausweichlichkeit der kapitalistischen Expansion mit der derzeit hegemonialen, neoliberalen, ökonomischen Ideologie kompatibel ist, ist die ökologische Modernisierungstheorie (*ecological modernisation theory*, EMT) zu einem führenden Ansatz innerhalb der Umweltsoziologie, insbesondere in Europa, geworden. In den USA hingegen gibt es bisher kaum Anzeichen für Ansätze die mit der Theorie der ökologischen Modernisierung übereinstimmen. Die USA sind eher ein Hemmnis hinsichtlich ökologischer Reformen auf internationale Ebene (Jacques 2008) geworden, was US-amerikanische Wissenschaftlicher und Wissenschaftlerinnen dann eher skeptisch gegenüber der EMT stimmte (Buttel 2006).

Befürworter der EMT sehen die Verbindung zwischen Kapitalismus und Umweltqualität nicht nur anders als Anhänger der politischen Ökonomie, sie haben mit ihren Bemühungen, Prozesse der Umweltverbesserung zu analysieren, zu einer grundlegenden Änderung traditioneller Lehrmeinungen über Umweltzerstörung in der Umweltsoziologie beigesteuert (Buttel 2003). Kritik über die Gültigkeit der EMT wurde von amerikanischen Wissenschaftlern aus unterschiedlichen theoretischen Perspektiven geäußert. Kritisiert wurden vor allem methodische Ungenauigkeiten und den daraus entstehenden Einschränkungen für die empirische Forschung. Die Kritik richtet sich auch gegen den engen Fokus auf den institutionellen Wandel, der nicht die Umweltverbesserungen an sich thematisiert. Stattdessen wäre es wichtig nicht nur besondere Pflanzen oder vereinzelte Vorzeigeindustrien zur Demonstration von Umweltverbesserungen zu analysieren, sondern Probleme der Generalisierbarkeit jenseits des europäischen Rahmens zu thematisieren und das Versagen zu erkennen, dass Umweltverbesserungen in europäischen Ländern durch den Tatbestand ermöglicht werden, dass ärmere Länder als Versorgungsbasis und Müllhalde benutzt werden (Bunker 1996, Goldman 2002, Schnaiberg et al. 2002, York 2004, York und Rosa 2003).

Auch wenn es anfänglich so aussah, als ob die Kritik an der ökologischen Modernisierungstheorie ernstzunehmende Debatten und Fragen nach der Anwendung der Theorie außerhalb Nordeuropas hervorrufen könnten (Mol und Spaargaren 2002), haben sich Hauptvertreter der ökologischen Modernisierungsthese auf eine postmoderne Position zurückgezogen und auf die „Grenzen empirischer Forschung" in theoretischen Auseinandersetzungen verwiesen (Mol und Spaargaren 2005: 94). Nimmt man jedoch die aktuelle Zunahme an länderübergreifenden umweltsoziologischen Forschungen zum Maßstab, dann scheint es in der Tat so zu sein, dass theoretische Diskussionen durchaus gelöst werden können, denn die Verallgemeinerung theoretischer Aussagen liegt für die Diskutanten darin sich über Kernvariablen, passende Maßeinheiten und sinnvolle Stichproben zu einigen, um dann theoretisch erarbeitete Hypothesen zu testen – so wie es von Fisher und Freudenburg (2001) vorgeschlagen wurde. Bis jetzt waren es zum größten Teil nordamerikanische Forscher und Forscherinnen, die länderübergreifend die ökologische Modernisierungsthese testeten. Die vorläufigen Ergebnisse können bestenfalls als durchwachsen bezeichnet werden. Fishers und Freudenburgs (2004) These, dass es bedingt Unterstützung für die Beobachtung von ökologischen Modernisierungstendenzen in den USA gibt, hatte in der Folge eine Debatte über die Angemessenheit ihrer methodologischen Analyse zur Folge (York und Rosa 2006, Fisher und Freudenburg 2006). Weiterhin haben Untersuchungen über die Existenz einer ökologischen *Kuznets Kurve*, einer zentralen Erwartung der EMT, widersprüchliche Ergebnisse generiert (Burns et al. 2003, Ehrhardt-Martinez et al. 2002, Fischer-Kowalski und Amann 2001, Roberts und Grimes 1997, Rudel 1998, York et al. 2003a, 2003b). Die ökologische Kuznets Kurve beschreibt eine umgekehrte U-förmige Beziehung zwischen Wohlstand und Umweltzerstörung – Umweltzerstörung steigt demzufolge in wirtschaftlich prosperierenden Nationen an, fällt aber mit Erreichung eines vernünftigen Maßes an Wohlstand ab. Länderübergreifende Studien konnten nicht belegen, dass die Sorge der Bevölkerung reicher Länder um die Umwelt höher ist, als die anderer Länder, eine These sowohl der ökologischen Kuznets-Kurve als auch der EMT (Dunlap und York 2008).

Trotz der fragwürdigen Bestätigungen für die These ökologischer Modernisierung, glaube ich, dass es sich lohnt an diesem Thema weiter zu arbeiten, vor allem in den USA. Während die zeitgenössische US-Umweltpolitik, die wohl eher als ökologische *Demodernisierung* verstanden werden kann, für die EMT eine große Anomalie darstellt, kann die Theorie möglicherweise Wissen darüber generieren, warum und wie bestimmte lokale Regierungen und vereinzelte Konzerne in den USA Schritte entsprechend der Erwartungen der EMT vornehmen (Jacques et al. 2008). Allgemein ist die EMT zu einer größeren Strömung innerhalb der aktuellen Umweltsoziologie geworden, die zu einem besseren Verständnis von „ökologischer Reformen" (Buttel 2003) und von „environmental governance" (Davidson und Frickel 2004, Frickel und Davidson 2004) beitragen will und dabei Themen, die einst der Politik- und Wirtschaftswissenschaft zugeschrieben wurden, aufgreift.

Den vielleicht wichtigsten soziologischen Beitrag jenseits der EMT leisten Forschungen die von Befürwortern der *World Civil Society*-Perspektive (WCS) durchgeführt wurden. Hierzu zählen Untersuchungen, die komplexe quantitative Methoden wie zum Beispiel Ereignisdatenanalysen benutzen, um die Ausbreitung von Umweltbewusstsein zu messen. Um die Rolle von zwischenstaatlichen Organisationen, von transnationalen NGOs, von internationalen Verträgen und ähnlichen Institutionen (*vehicles of diffusion*) bei der Verbreitung und Förderung von Umweltqualität oder „Umweltregimen" zu betonen, haben Vertreter der WCS-Perspektive die Verbreitung bestimmter nationalstaatlicher Gesetzgebungen und Institutionen auf globale Ebene dokumentiert (vgl. Meyer et al. 1997, Frank et al. 2000). Kritisiert wurde, dass diese WCS-Forschung zwar institutionelle und politische Veränderungen dokumentiert, aber nicht die tatsächlichen Veränderungen der Umwelteigenschaften prüft (Buttel 2000). Eine kürzlich erschienene Studie konnte hingegen zeigen, dass die Errichtung eines globalen „Umweltregimes" für die Abnahme der CO_2 und FCKW Emissionen verantwortlich ist (Schofer und Hironaka 2005). Während für die globalen Emissionen von FCKW eine Abnahme festgestellt wurde, was nicht zuletzt auf die Existenz ökonomischer und attraktiver technologischer Alternativen zu FCKW zurück zu führen ist, konnte hinsichtlich CO_2 Emissionen lediglich eine Verlangsamung der *Wachstumsrate* konstatiert werden.

Allgemein legen die Erkenntnisse über den globalen ökologischen Fußabdruck die Notwendigkeit nahe, Umweltzerstörung auf allen Ebenen zu verringern (Wackernagel et al. 2004). Eine bloße Verlangsamung des Anstiegs von Zerstörung ist vermutlich ungenügend, um die Möglichkeit eines „overshoot" (Catton 1980) zu vermeiden. Es ist weiterhin unklar, ob sich die globale Verbreitung von einem „Umweltregime", wie es von Befürwortern der WCS-These gefordert wird (ähnlich wie die EMT's mit ihren Trends zu ökologischer Modernisierung, Mol 2001), als ausreichend erweisen wird, um weitere Umweltzerstörung aufzuhalten (Goldman 2002). Dies ist insbesondere wichtig, da die USA, einst Pionierin in Fragen des Umweltschutzes, zum größten Hindernis eines globalen Umweltregimes geworden ist (Jacques et al. 2008). Gerade in Zeiten rascher Industrialisierung von Ländern wie China und Indien wäre solch ein Regime notwendiger denn je.

Abschließende Bemerkungen

Wie dieser Überblick über die wichtigsten Strömungen der Umweltsoziologie gezeigt haben soll, ist die soziologische Subdisziplin in den USA nicht nur gut etabliert, sondern sie erlebt aktuell eine Phase intellektuellen Wachstums. Das Verstehen der Ursachen von Umweltzerstörung ist heute mehr denn je Gegenstand der Forschung. Ausgeklügelte und differenzierte empirische Analysen können sowohl Aufschluss über die (relative) Nützlichkeit von Ansätzen geben – vor allem über solche, die aus der politischen Ökonomie und der Humanökologie stammen – als auch zur Erklärung der Haupteinflüsse der Umweltzerstörung beitragen. Mit der Internationalisierung der Umweltsoziologie wurde gleichzeitig eine Debatte über die Unvermeidbarkeit von Umweltzerstörung angestoßen. Die Befürworter der EMT (ergänzt durch den WCS-Ansatz) argumentieren, dass erhebliche Fortschritte durch die Modernisierung der Industriegesellschaften erreicht werden können, und dass die Umweltsoziologie Prozessen der Umweltinnovation und der Umweltreformen mehr Aufmerksamkeit schenken muss.

Während wir lebendige theoretische Debatten zwischen den Befürwortern der verschiedenen Perspektiven erwarten können, liegt unsere Hoffnung darin, dass derweil Anstrengungen unternommen werden, um genaue empirische Studien zu erarbeiten, die helfen, Ungereimtheiten und Widersprüche aus dem Weg zu räumen. Ein gutes Beispiel hierfür sind die Arbeiten von Robert et al. (2004), die mit einem umfangreichen Erklärungsmodell die verschiedenen Schlussfolgerungen der WST Analyse (Roberts 1996) und der WCS-Analyse (Frank 1999) über die wesentlichen Einflussfaktoren, die Nationen dazu bewegen, internationale Umweltabkommen zu unterzeichnen, zusammenführen konnten. Ähnlich verhält es sich mit den Arbeiten von Shandra (2008), die verschiedene konzeptuelle Perspektiven bezüglich ihrer Nützlichkeit Abholzungsprozesse zu erklären untersuchte. Sie schlägt vor, WCS, WST und die Theorie der ökologischen Modernisierung, die zwar auch alle für sich genommen nützlich sind, im Hinblick auf eine mögliche Integration zu untersuchen, um bessere Erklärungen zu erarbeiten. Will die Umweltsoziologie sinnvolle Beiträge zur Lösung der enormen Probleme durch Umweltzerstörung, denen sich die Menschheit im 21. Jahrhundert gegenüber sieht, beitragen, so muss eine solide Grundlage an theoretischem, aber auch empirisch gesichertem Wissen entwickelt werden.

Weiterführende Literatur

Dunlap, Riley E. (2010): The Maturation and Diversification of Environmental Sociology: From Constructivism and Realism to Agnosticism and Pragmatism. In: Redclift, Michael und Graham Woodgate (Hrsg.), *International Handbook of Environmental Sociology*. 2. Auflage, Cheltenham, UK: Edward Elgar, 15–32.

Dunlap, Riley E., Frederick H. Buttel, Peter Dickens und August Gijswijt (Hrsg.) (2002): *Sociological Theory and the Environment: Classical Foundations, Contemporary Insights*. Lanham, MD: Rowman & Littlefield.

Harper, Charles L. (2008): *Environment and Society: Human Perspectives on Environmental Issues*. 4. Auflage. Upper Saddle River, NJ: Pearson Prentice Hall.

McCright, Aaron M. und Riley E. Dunlap (2010): Anti-Reflexivity: The American Conservative Movement's Success in Undermining Climate Science and Policy. *Theory, Culture and Society* 26 (2-3): 100–133.

Redclift, Michael und Graham Woodgate (Hrsg.) (2010): *International Handbook of Environmental Sociology*. 2. Auflage. Cheltenham, UK: Edward Elgar.

Zitierte Literatur

Albrecht, Stan L. und Armond L. Mauss (1975): The Environment as a Social Problem. In: Mauss, Armond L. (Hrsg.), *Social Problems as Social Movements*. Philadelphia, PA: Lippincott, 566–605.

Barbosa, Luis C. (2000): *The Brazilian Amazon Rainforest*. Lanham, MD: University Press of America.

Beck, Ulrich (1986): *Risikogesellschaft: Auf dem Weg in eine andere Moderne*. Frankfurt a. M.: Suhrkamp.

Benton, Ted. (2001): Environmental Sociology: Controversy and Continuity. *Sosiologisk Tidsskrift* 9 (1): 5–48.

Bevc, Christine A., Brent K. Marshall und J. Steven Picou (2007): Environmental Justice and Toxic Eposure: Toward a Spatial Model of Physical Health and Psychological Well-Being. *Social Science Research* 36 (1): 48–67.

Brewer, Gary D. und Paul C. Stern (Hrsg.) (2005): *Decision Making for the Environment: Social and Behavioral Science Research Priorities*. Washington, D.C.: National Academies Press.

Brulle, Robert J. und David Naguib Pellow (2006): Environmental Justice: Human Health and Environmental Inequalities. *Annual Review of Public Health* 27: 103–124.

Bunker, Stephen G. (1985): *Underdeveloping the Amazon: Extraction, Unequal Exchange, and the Failure of the Modern State*. Urbana: University of Illinois Press.

Bunker, Stephen G. (1996): Raw Material and the Global Economy: Oversights and Distortions in Industrial Ecology. *Society and Natural Resources* 9 (4): 419–430.

Bunker, Stephen G. (2005): How Ecologically Uneven Development Put the Spin on the Treadmill of Production. *Organization & Environment* 18 (1): 38–54.

Burns, Thomas J., Edward L. Kick und Byron L. Davis (2003): Theorizing and Rethinking Linkages Between the Natural Environment and the Modern World System: Deforestation in the Late 20th Century. *Journal of World-System Research* 9 (2): 357–390.

Buttel, Frederick H. (1987): New Directions in Environmental Sociology. *Annual Review of Sociology* 13: 465–488.

Buttel, Frederick H. (2000): World Society, the Nation-State, and Environmental Protection: A Comment on Frank, Hironaka, and Schofer. *American Sociological Review* 65 (1): 117–121.

Buttel, Frederick H. (2003): Environmental Sociology and the Explanation of Environmental Reform. *Organization & Environment* 16 (3): 306–344.

Buttel, Frederick H. (2004): The Treadmill of Production: An Appreciation, Assessment, and Agenda for Research. *Organization & Environment* 17 (3): 323–336.

Buttel, Frederick H. (2006): Globalization, Environmental Reform, and U.S. Hegemony. In: Spaargaren, Gert, Arthur P. J. Mol and Frederick H. Buttel (Hrsg.), *Governing Environmental Flows: Global Challenges to Social Theory*. Cambridge, MA: MIT Press, 157–184.

Carolan, Michael S. (2004): Ecological Modernization Theory: What About Consumption? *Society & Natural Resources* 17 (3): 247–260.

Catton, William R., Jr. (1980): *Overshoot: The Ecological Basis of Revolutionary Change*. Urbana: University of Illinois Press.

Catton, William R., Jr. (1987): Homo Colossus and the Technological Turn-Around. *Sociological Spectrum* 6 (2): 121–147.

Catton, William R., Jr. und Riley E. Dunlap (1978): Environmental Sociology: A New Paradigm. *The American Sociologist* 13 (4): 41–49.

Catton, William R., Jr. und Riley E. Dunlap (1980): A New Ecological Paradigm for Post-Exuberant Sociology. *American Behavioral Scientist* 24 (1): 15–47.

Chew, Sing C. (2001): *World Environmental Degradation: Accumulation, Urbanization and Deforestation 3000 B.C.—A.D. 2000*. Lanham, MD: Altamira Press.

Davidson, Debra J. und Scott Frickel (2004): Understanding Environmental Governance. *Organization & Environment* 17 (4): 471–492.

Dietz, Thomas und Eugene A. Rosa (1994): Rethinking the Environmental Impacts of Population, Affluence and Technology. *Human Ecology Review* 1 (2): 277–300.

Dietz, Thomas und Eugene A. Rosa. (1997): Effects of Population and Affluence on CO_2 Emissions. *Proceedings of the National Academy of Sciences* 94 (1): 175–179.

Dietz, Thomas und Paul C. Stern. (Hrsg.) (2002): *New Tools for Environmental Policy*. Washington, D.C.: National Academies Press.

Downey, Liam (2005): The Unintended Significance of Race: Environmental Racial Inequality in Detroit. *Social Forces* 83 (3): 971–1008.

Downey, Liam (2006): Using Geographical Information Systems to Reconceptualize Spatial Relationships and Ecological Context. *American Journal of Sociology* 112 (2): 567–612.

Dunlap, Riley E. (1997): The Evolution of Environmental Sociology: A Brief History and Assessment of the American Experience. In: Redclift, Michael und Graham Woodgate (Hrsg.), *The international Handbook of Environmental Sociology*. Cheltenham, U.K.: Edward Elgar, 21–39.

Dunlap, Riley E. (2002): Environmental Sociology: A Personal Perspective on Its First Quarter Century. *Organization and Environment* 15 (1): 10–29.

Dunlap, Riley E. (2007): Sociology of the Environment. In: Ritzer, George (Hrsg.), *The Blackwell Encyclopedia of Sociology*, Vol. 4. Malden, MA: Blackwell, 1417–1422.

Dunlap, Riley E. und William R. Catton, Jr. (1979): Environmental Sociology. *Annual Review of Sociology* 5: 243–273.

Dunlap, Riley E. und William R. Catton, Jr. (1983): What Environmental Sociologists Have in Common (Whether Concerned with ‚Built' or ‚Natural' Environments). *Sociological Inquiry* 53 (2-3): 113–135.

Dunlap, Riley E. und William R. Catton, Jr. (1994): Struggling with Human Exemptionalism: The Rise, Decline and Revitalization of Environmental Sociology. *The American Sociologist* 25 (1): 5–30.

Dunlap, Riley E. und William R. Catton, Jr. (2002): Which Functions of the Environment Do We Study? A Comparison of Environmental and Natural Resource Sociology. *Society and Natural Resources* 15 (3): 239–249.

Dunlap, Riley E., Loren A. Lutzenhiser und Eugene A. Rosa (1994): Understanding Environmental Problems: A Sociological Perspective. In: Bürgenmeier, Beat (Hrsg.), *Economy, Environment, and Technology*. Armonk, NY: M.E. Sharpe, 27–49.

Dunlap, Riley E. und Richard York (2008): The Globalization of Environmental Concern and the Limits of the Post-Materialist Explanation: Evidence from Four Cross-National Surveys. *Sociological Quarterly* 49 (3): 529–563.

Ehrhardt-Martinez, Karen, Edward M. Crenshaw und J. Craig Jenkins (2002): Deforestation and the Environmental Kuznets Curve: A Cross-National Investigation of Intervening Mechanisms. *Social Science Quarterly* 83 (1): 226–243.

Fischer-Kowalski, Marina und Christof Amann (2001): Beyond IPAT and Kuznets Curves: Globalization as a Vital Factor in Analyzing the Environmental Impact of Socio-Economic Metabolism. *Population and Environment* 23 (1): 7–47.

Fischer-Kowalski, Marina und Helmut Haberl (Hrsg.) (2007): *Ecological Transitions and Global Change*. Cheltenham, UK: Edward Elgar.

Fisher, Dana R. und William R. Freudenburg (2001): Ecological Modernization and Its Critics: Assessing the Past and Looking Toward the Future. *Society & Natural Resources* 14 (8): 701–709.

Fisher, Dana R. und William R. Freudenburg (2004): Postindustrialization and Environmental Quality: An Empirical Analysis of the Environmental State. *Social Forces* 83 (1): 157–188.

Fisher, Dana R. und William R. Freudenburg (2006): Ecological Efficiency, Disproportionality and Methodological Precision: On the Importance of Linking Methods to Theory. *Social Forces*, URL: http://socialforces.unc.edu/epub/rejoinders/FisherFreudenburgRejoinder_FINAL.pdf.

Frank, David John (1999): The Social Bases of Environmental Treaty Ratification, 1900–1990. *Sociological Inquiry* 69 (4): 523–550.

Frank, David John, Ann Hironaka und Evan Schofer (2000): The Nation-State and the Natural Environment over the Twentieth Century. *American Sociological Review* 65 (1): 96–116.

Freese, Lee (1997): Environmental Connections. Supplement 1 (Part B) to *Advances in Human Ecology*. Greenwich, CT: JAI Press.

Frey, R. Scott (2001): The Hazardous Waste Stream in the World-System. In: Frey, R. Scott (Hrsg.), *The Environment and Society Reader*. Needham Heights, MA: Allyn and Bacon, 106–120.

Frey, R. Scott (2003): The Transfer of Core-Based Hazardous Production Processes to the Export Processing Zones of the Periphery: The Maquiladora Centers of Northern Mexico. *Journal of World-System Research* 9 (2): 317–354.

Freudenburg, William R. (1997): Contamination, Corrosion and the Social Order: An Overview. *Current Sociology* 45 (1): 41–57.

Freudenburg, William R. (2005): Privileged Access, Privileged Accounts: Toward a Socially Structured Theory of Resources and Discourses. *Social Forces* 84 (1): 88–114.

Frickel, Scott und Debra J. Davidson (2004): Building Environmental States: Legitimacy and Rationalization in Sustainability and Governance. *International Sociology* 19 (1): 89–110.

Goldman, Michael (2002): Review of Globalization and Environmental Reform by A. P. J. Mol. *Contemporary Sociology* 31 (6): 727–728.

Goldman, Michael (2005): *Imperial Nature : The World Bank and Struggles for Social Justice in the Age of Globalization*. New Haven, CT: Yale University Press.

Gould, Kenneth A., David N. Pellow und Allan Schnaiberg (2008): *The Treadmill of Production*. Boulder, CO: Paradigm Publishers.

Gould, Kenneth A., Allan Schnaiberg und Adam S. Weinberg (1996): *Local Environmental Struggles: Citizen Activism in the Treadmill of Production*. New York: Cambridge University Press.

Grant, Don und Andrew W. Jones (2003): Are Subsidiaries More Prone to Pollute? New Evidence from the EPA's Toxics Release Inventory. *Social Science Quarterly* 84 (1): 162–173.

Grant, Don Sherman, II, Andrew W. Jones und Albert J. Bergesen (2002): Organizational Size and Pollution: The Case of the U.S. Chemical Industry. *American Sociological Review* 67 (3): 389–407.

Heberlein, Thomas A. (1974): The Three Fixes: Technological, Cognitive and Structural. In: Field, Donald R., James C. Barron und Burl F. Long. (Hrsg.), *Water and Community Development: Social and Economic Perspectives*. Ann Arbor, MI: Ann Arbor Science, 279–296.

Jacques, Peter, Riley E. Dunlap und Mark Freeman (2008): The Organization of Denial: Conservative Think Tanks and Environmental Scepticism. *Environmental Politics* 17 (3): 349–385.

Jarvikoski, Timo (1996): The Relation of Nature and Society in Marx and Durkheim. *Acta Sociologica* 39 (1): 73–86.

Jorgenson, Andrew K. (2003): Consumption and Environmental Degradation: A Cross-National Analysis of the Ecological Footprint. *Social Problems* 50 (3): 374–394.

Jorgenson, Andrew K. (2007): Does Foreign Investment Harm the Air We Breathe and the Water We Drink? A Cross-National Study of Carbon Dioxide Emissions and Organic Water Pollution in Less-Developed Nations, 1975–2000. *Organization & Environment* 20 (2): 137–156.

Jorgenson, Andrew K. und Thomas J. Burns (2007): The Political-Economic Causes of Changes in the Ecological Footprints of Nations, 1999–2001: A Quantitative Investigation. *Social Science Research* 36 (2): 371–394.

Kroll-Smith, Steven, Stephen R. Couch und Adeline G. Levine (2002): Technological Hazards and Disasters. In: Dunlap, Riley E. und William Michelson (Hrsg.), *Handbook of Environmental Sociology*. Westport, CT: Greenwood Press, 295–328.

Luft, Rachel E. (2008): After Katrina: A Second Generation of Books. *Sociological Inquiry* 78 (2): 258–263.

Lutzenhiser, Loren (1993): Social and Behavioral Aspects of Energy Use. *Annual Review of Energy and the Environment* 18: 247–289.

Marshall, Brent K. (1999): Globalization, Environmental Degradation, and Ulrich Beck's Risk Society. *Environmental Values* 8 (2): 253–275.

Marshall, Brent K., J. Steven Picou und Duane Gill (2003): Terrorism as Disaster: Selected Commonalities and Long-Term Recovery for 9/11 Survivors. *Research in Social Problems and Public Policy* 11: 73–96.

Marshall, Brent K., J. Steven Picou und Jan Schlichtmann (2004): Technological Disasters, Litigation Stress and the Use of Alternative Dispute Resolution Mechanisms. *Law & Policy* 26 (2): 289–307.

Meyer, John W., David John Frank, Ann Kironaka, Evan Schofer und Nancy Brandon Tuma (1997): The Structuring of a World Environmental Regime, 1870–1990. *International Organization* 51 (4): 623–651.

Mol, Arthur P. J. (2001): *Globalization and Environmental Reform*. Cambridge, MA: MIT Press.

Mol, Arthur P. J. (2006): From Environmental Sociologies to Environmental Sociology? A Comparison of U.S. and European Environmental Sociology. *Organization & Environment* 19 (1): 28–45.

Mol, Arthur P. J. und David A. Sonnenfeld (Hrsg.) (2000): *Ecological Modernisation Around the World: Perspectives and Critical Debates*. Essex, UK: Frank Cass & Co.

Mol, Arthur P. J. und Gert Spaargaren (2000): Ecological Modernization Theory in Debate: A Review. *Environmental Politics* 9 (1): 17–49.

Mol, Arthur P. J. und Gert Spaargaren (2002): Ecological Modernization and the Environmental State. In: Mol, Arthur P. J. und Frederic H. Buttel (Hrsg.), *The Environmental State Under Pressure*. Boston: JAI Press, 33–52.

Mol, Arthur P. J. und Gert Spaargaren (2005): From Additions and Withdrawals to Environmental Flows: Reframing Debates in the Environmental Social Sciences. *Organization & Environment* 18 (1): 91–107.

Moore, Jason W. (2003): *The Modern World System* as Environmental History: Ecology and the Rise of Capitalism. *Theory and Society* 32 (32): 307–377.

Pellow, David Naguib (2002): *Garbage Wars: The Struggle for Environmental Justice in Chicago*. Cambridge, MA: MIT Press.

Pellow, David Naguib und Robert J. Brulle (Hrsg.) (2005): *Power, Justice, and the Environment: A Critical Appraisal of the Environmental Justice Movement*. Cambridge, MA: MIT Press.

Picou, J. Steven und Brent K. Marshall (2007): Katrina as Paradigm-Shift: Reflections on Disaster Research in the Twenty-First Century. In: Brunsma, David, David Overfelt und J. Steven Picou (Hrsg.), *The Sociology of Katrina: Perspectives on a Modern Catastrohe*. Lanham, MD: Rowman & Littlefield, 1–20.

Picou, J. Steven, Brent K. Marshall und Duane Gill (2004): Disaster, Litigation and the Corrosive Community. *Social Forces* 84 (4): 1497–1526.

Rice, James (2008): Ecological Unequal Exchange: Consumption, Equity, and Unsustainable Structural Relationships with the Global Economy. *International Journal of Comparative Sociology* 48 (1): 43–72.

Roberts, J. Timmons (1996): Predicting Participation in Environmental Treaties: A World-System Analysis. *Sociological Inquiry* 66 (1): 38–57.

Roberts, J. Timmons und Peter E. Grimes (1997): Carbon Intensity and Economic Development 1962–1991. *World Development* 25 (2): 191–198.

Roberts, J. Timmons und Peter E. Grimes (2002): World-System Theory and the Environment: Toward a New Synthesis. In: Dunlap, Riley E., Frederic H. Buttel, Peter Dickens und August Gijswijt (Hrsg.), *Sociological Theory and the Environment*. Boulder, CO: Rowman and Littlefield, 167–194.

Roberts, J. Timmons, Bradley C. Parks und Alexis A. Vasquez (2004): Who Ratifies Environmental Treaties and Why? Institutionalism, Structuralism and Participation by 192 Nations in 22 Treaties. *Global Environmental Politics* 4 (3): 22–64.

Rosa, Eugene A., Gary E. Machlis und Kenneth M. Keating. (1988): Energy and Society. *Annual Review of Sociology* 14: 149–172.

Rudel, Thomas K. (1998): Is There a Forest Transition? Deforestation, Reforestation, and Development. *Rural Sociology* 63 (4): 533–552.

Saha, Robin und Paul Mohai (2005): Historical Context and Hazardous Waste Facility Siting: Understanding Temporal Patterns in Michigan. *Social Problems* 52 (4): 618–648.

Scheinberg, Anne S. (2003): The Proof of the Pudding: Urban Recycling in North America as a Process of Ecological Modernization. *Environmental Politics* 12 (1): 49–75.

Schnaiberg, Allan (1975): Social Syntheses of the Societal-Environmental Dialectic: The Role of Distributional Impacts. *Social Science Quarterly* 56 (1): 5–20.

Schnaiberg, Allan (1980): *The Environment: From Surplus to Scarcity*. New York: Oxford University Press.

Schnaiberg, Allan, David N. Pellow und Adam Weinberg (2002): The Treadmill of Production and the Environmental State. In: Mol, Arthur P. J. und Frederick H. Buttel (Hrsg.), *The Environmental State Under Pressure*. Boston: JAI Press, 15–32.

Schofer, Evan und Ann Hironaka. (2005): The Effects of World Society on Environmental Protection Outcomes. *Social Forces* 84 (1): 25–45.

Shandra, John M., Bruce London, Owen P. Whooley und John B. Williamson (2004): International Nongovernmental Organizations and Carbon Dioxide Emissions in the Developing World: A Quantitative Cross-National Analysis. *Sociological Inquiry* 74 (4): 520–545.

Shove, Elizabeth und Alan Warde (2002): Inconspicuous Consumption: The Sociology of Consumption, Lifestyles, and the Environment. In: Dunlap, Riley E., Frederick H. Buttel, Peter Dickens und August Gijswijt (Hrsg.), *Sociological Theory and the Environment*. Boulder, CO: Rowman and Littlefield, 230–251.

Spaargaren, Gert (2003): Sustainable Consumption: A Theoretical and Environmental Policy Perspective. *Society & Natural Resources* 16 (8): 687–701.

Spaargaren, Gert, Arthur P. J. Mol und Frederick H. Buttel (Hrsg.) (2006): *Governing Environmental Flows: Global Challenges to Social Theory*. Cambridge, MA: MIT Press.

Szasz, Andrew und Michael Meuser (2000): Unintended, Inexorable: The Production of Environmental Inequalities in Santa Clara County, California. *American Behavioral Scientist* 43 (4): 602–632.

Webb, Gary R. (2002): Sociology, Disasters, and Terrorism: Understanding Threats of the New Millennium. *Sociological Focus* 35 (1): 87–95.

Weinberg, Adam S., David N. Pellow und Allan Schnaiberg (2000): *Urban Recycling and the Search for Sustainable Community Development*. Princeton, NJ: Princeton University Press.

Wallerstein, Emmanuel (1974): *The Modern World-System I*. New York: Academic.

Yearley, Steven (2005): The Sociology of the Environment and Nature. In: Calhoun, Craig, Chris Rojek und Bryan Turner (Hrsg.), *The SAGE Handbook of Sociology*. Thousand Oaks, CA, London, UK: Sage, 314–326.

York, Richard (2004): The Treadmill of (Diversifying) Production. *Organization & Environment* 17 (3): 355–362.

York, Richard und Eugene A. Rosa (2003): Key Challenges to Ecological Modernization Theory. *Organization & Environment* 16 (3): 273–288.

York, Richard und Eugene A. Rosa (2006): Societal Processes and Carbon Dioxide (CO_2) Emissions: Comment on 'Post Industrialization and Environmental Quality: An Empirical Analysis of the Environmental State. *Social Forces*, URL: http://socialforces.unc.edu/. Stand: 18. August 2010.

York, Richard, Eugene A. Rosa und Thomas Dietz (2003a): Footprints on the Earth: The Environmental Consequences of Modernity. *American Sociological Review* 68 (2): 279–300.

York, Richard, Eugene A. Rosa und Thomas Dietz (2003b): STIRPAT, IPAT and ImPACT: Analytic Tools for Unpacking the Driving Forces of Environmental Impacts. *Ecological Economics* 46 (3): 351–365.

Übersetzung aus dem Englischen von Franziska Werner und Claas Pollmanns

Theoretische Zugänge und methodische Herausforderungen

Gesellschaftliche Naturverhältnisse als Rahmenkonzept

Egon Becker, Diana Hummel und Thomas Jahn

Einleitung

Neben der Umweltsoziologie beschäftigen sich noch viele andere Wissenschaften mit den komplexen Beziehungen zwischen Gesellschaft und Natur. Zahlreiche disziplinäre und interdisziplinäre Forschungsansätze, theoretische Vorstellungen und Gegenstandsbestimmungen konkurrieren und koexistieren. Für die einen zeigt sich darin eine Perspektivenvielfalt, die der Komplexität des Gegenstands angemessen ist und die Möglichkeiten eröffnet, in kooperativen Forschungsvorhaben komplementäre Erkenntnisse zu gewinnen. Für andere ist der „Pluralismus konkurrierender Paradigmen" Ausdruck einer postmodernen Beliebigkeit, die akademische Rivalitäten und Ausschlussmechanismen legitimiert. Immer wieder werden Hoffnungen geweckt, ein übergreifendes Rahmenkonzept könne die Beliebigkeit eindämmen, die sich mit dieser Vielfalt ausbreitet. Die Kritiker des Pluralismus können dafür ein starkes Argument ins Feld führen: Wenn sich die Forschungen über die Beziehungen zwischen Gesellschaft und Natur in einem breiten Spektrum unverträglicher Konzepte verorten, dann ist nicht nur ein Vergleich ihrer jeweiligen Ergebnisse problematisch, es lässt sich auch nur schwer beurteilen, welchen wissenschaftlichen Fortschritt sie erbringen.

Doch ein allgemein anerkanntes Rahmenkonzept („common frame of reference"), welches die Beziehungen zwischen Gesellschaft und Natur wissenschaftlich zugänglich macht, und auf das sich auch die Umweltsoziologie beziehen könnte, ist nicht in Sicht – und es wäre illusionär darauf zu hoffen. Auf dem Markt der Ideen konkurrieren zahlreiche plausible Vorschläge,[1] die einzelne Probleme und Aspekte besonders hervorheben und von anderen abstrahieren. In einem *Rahmen* sollte Platz sein für Unterschiedliches (beispielsweise für Probleme, Objekte oder Theorien in unterschiedlichen gesellschaftlichen und wissenschaftlichen Kontexten). Ein Rahmen sollte möglichst allgemein formuliert sein, damit er durch Besonderes ausgefüllt werden kann und es möglich ist, dem Besonderen einen Platz im Allgemeinen zuzuweisen. Als *Konzept* ist ein Rahmen begrifflich verfasst und muss daher relativ abstrakt formuliert sein, damit er sich für unterschiedliche Fälle empirisch konkretisieren lässt.

---

1   Recht instruktiv ist das von Elinor Ostrom (2007) vorgeschlagene Rahmenkonzept für die Global Change Forschung, das sich explizit auf eine große Zahl empirischer Fallstudien bezieht und sich am Konzept der *Social-Ecological Systems (SES)* orientiert.

Rahmenkonzepte enthalten Festlegungen, sie begrenzen und wählen aus: Bestimmte Begriffe passen in das eine Konzept und in ein anderes nicht; bestimmte Aussagen sind in dem einen Konzept möglich, in einem anderen fehlen dafür die sprachlichen oder begrifflichen Mittel. In den internationalen Diskussionen über die Beziehungen zwischen Gesellschaft und Natur bleibt weitgehend unklar, inwieweit die konkurrierenden Rahmenkonzepte tatsächlich unverträgliche theoretische oder methodische Vorstellungen enthalten. Es herrscht terminologische und konzeptionelle Verwirrung. Gleiche Vorstellungen werden unterschiedlich bezeichnet, verschiedene tragen den gleichen Namen. Man spricht in verschiedenen Sprachen über das Gleiche – und merkt es nicht; und man glaubt über das Gleiche zu sprechen – und redet aneinander vorbei. Selten wird allerdings die Frage gestellt, wie ein Konzept verfasst sein müsste, das in einem breiten Spektrum theoretischer und methodischer Ansätze integrative Wirkungen zu entfalten vermag.

Wir bezweifeln, dass die existierenden Ansätze tatsächlich so unverträglich sind, wie das oft behauptet wird. Die Vielfalt der konkreten Problembezüge und Kontexte verdeckt oft das allgemeine Konzept, das erst durch Abstraktion von den konkreten Fällen sichtbar wird. Am Beispiel des Konzepts der *gesellschaftlichen Naturverhältnisse* (kurz: gnV-Konzept)[2] werden wir zeigen, wie verschiedene konzeptionelle Varianten innerhalb eines gemeinsamen Rahmens ausgearbeitet werden können und welche Bedingungen dafür erfüllt sein sollten. Dazu ist es aber nötig, zu präzisieren, was unter einem Rahmenkonzept zu verstehen ist. An dem gnV-Konzept wird seit über 20 Jahren gearbeitet und es bildet den Rahmen für viele thematisch recht unterschiedliche empirische Projekte und theoretische Studien in der sozial-ökologischen Forschung, in der Umweltsoziologie und in der Humanökologie (siehe dazu die Beiträge von Götz und Hummel in diesem Band). Die ersten Formulierungen des Konzepts bezogen sich kritisch auf den Wissensstand und den politisch-intellektuellen Kontext der 1980er und 1990er Jahre (Jahn 1991, Jahn und Wehling 1998). Doch seitdem hat sich sowohl das wissenschaftliche Wissen als auch der gesellschaftliche Kontext stark verändert – und dementsprechend auch das gnV-Konzept (Becker und Jahn 2003, 2006, Hummel 2008). Mehrere Varianten haben sich herausgebildet (Görg 1999, 2003, Köhler 2008), die sich in einem dynamischen wissenschaftlichen Feld mit offenen politischen Bezügen weiterentwickeln. Sie ließen sich leicht und mit Gewinn auf theoretische und methodische Probleme von Umweltsoziologie, Human- und Kulturökologie beziehen oder in Forschungsfeldern und internationalen Verbünden wie *Sustainability Science* und *Global Change Research* nutzen.

Wir rekonstruieren im Folgenden die Entstehung dieses Konzeptes und seine Funktion als theoretischer Rahmen für empirische Projekte. Anhand dieses Beispiels zeigen wir, dass zwischen den konkurrierenden Ansätzen viel mehr Gemeinsamkeiten bestehen, als es auf den ersten Blick erscheint. Unsere These ist, dass es für eine Reihe von Ansätzen einen formal definierten gemeinsamen *kognitiven Kern* gibt und dass sie ähnliche Forschungsperspektiven verfolgen. Dieser *Kern* wird al-

---

2   In dem Akronym *gnV* steht g für ‚gesellschaftlich', n für ‚natürlich' und V für die Beziehungsmuster zwischen gesellschaftlichen und natürlichen Entitäten.

lerdings unterschiedlich interpretiert und ausgestaltet sowie in unterschiedlichen Kontexten verortet (vgl. dazu die Kapitel zur „ökologischen Frage" sowie zum „kognitiven Kern des Rahmenkonzepts" unten). Mit Hilfe des wissenschaftstheoretischen Begriffs eines kognitiven Kerns (Stegmüller 1973) werden wir das gnV-Konzept präzisieren, seine möglichen Funktionen im Forschungsprozess genauer bestimmen sowie das Verhältnis zwischen Rahmenkonzept und einer Theorie gesellschaftlicher Naturverhältnisse zu klären versuchen.

Idee und Konzept der gesellschaftlichen Naturverhältnisse

Als *gesellschaftliche Naturverhältnisse* bezeichnen wir die dynamischen Beziehungsmuster zwischen Mensch, Gesellschaft und Natur. Sie gehen aus den kulturell spezifischen und historisch variablen Formen und Praktiken hervor, in und mit denen Individuen, Gruppen und Kulturen ihre Verhältnisse zur Natur gestalten und regulieren. Das Spektrum derartiger Formen und Praktiken ist breit. Es reicht von der Ausbeutung natürlicher Ressourcen bis zur ästhetischen Naturbetrachtung, von physikalischen Messungen bis zu umweltpädagogischen Freizeitaktivitäten. Dementsprechend existiert auch ein breites Spektrum an Perspektiven, theoretischen Zugängen, Themen und Problemen – von der Analyse globaler Stoff- und Energieströme bis zur Untersuchung von Naturmythen und Gesellschaftsbildern. Im gnV-Konzept muss zwar die Vielfalt der Perspektiven und Themen berücksichtigt werden, doch theoretisch relevant ist diese Vielfalt nur dann, wenn sie geordnet und pragmatisch auf ein überschaubares Format verkleinert wird. Denn nur so werden Einheit und Differenz in der Vielfalt erkennbar und die Besonderheiten des Konzepts können im Diskurs über die Beziehungen zwischen Mensch, Gesellschaft und Natur hervorgehoben werden.

Beziehungen als Zentralreferenz

Eine erste konzeptuelle Ordnung dieses Diskurses ergibt sich daraus, dass die Aufmerksamkeit systematisch auf *Beziehungen* zwischen Gesellschaft und Natur gerichtet wird: Es geht einerseits um die Frage, wie gesellschaftliche und natürliche Elemente, Strukturen und Prozesse durch identifizierbare Praktiken und Mechanismen miteinander verbunden werden; andererseits wird auch nach den Wechselwirkungen zwischen natürlichen und gesellschaftlichen Prozessen gefragt. Diese Perspektive auf Wechselbeziehungen zwischen Gesellschaft und Natur legt die *Zentralreferenz* der Forschungen fest, also jenen Bereich der Welt, der mit dem Konzept erfasst werden soll. Wer sich in seiner wissenschaftlichen Arbeit darauf bezieht definiert sich zugleich als Teil einer großen *scientific community*, die weltweit über viele akademische Bereiche und Forschungsfelder zerstreut ist.

Materielle und symbolische Beziehungsaspekte

Eine entscheidende Frage ist es dann aber, welche Beziehungsformen herausgeho-
ben werden und wie man diese Beziehungen inhaltlich bestimmen und klassifizieren kann. Dazu wird im gnV-Konzept analytisch zwischen stofflich-materiellen und
kulturell-symbolischen Beziehungsaspekten unterschieden. Diese Unterscheidung
betont einerseits die Materialität sämtlicher Naturverhältnisse, andererseits berücksichtigt sie deren Einbettung in symbolische Ordnungen, Deutungszusammenhän-
ge und soziale Konstruktionen (siehe auch den Beitrag von Brand in diesem Band).
   Ähnliche Unterscheidungen werden auch in anderen Ansätzen vorgenommen,
zum Beispiel in der Wiener Sozialen Ökologie (Fischer-Kowalski et al. 1997, Fischer-
Kowalski und Weisz 2003; siehe auch den Beitrag von Fischer-Kowalski et al. in diesem Band), in der Theorie reflexiver Modernisierung (Beck und Lau 2004) oder in der
Akteur-Netzwerk-Theorie (Latour 2010; Voss und Peuker 2006; siehe dazu auch den
Beitrag von Peuker in diesem Band). Dabei wird meistens zwischen materiellen und
sozial konstruierten Beziehungsformen unterschieden – oder auch von materiellen
und symbolischen Konstruktionen gesellschaftlicher Naturverhältnisse gesprochen.
Betont werden soll durch diese Terminologie, dass auch die materiellen Aspekte
nicht einfach in einer deutungsunabhängigen Realität gegeben sind, sondern als
Ergebnis sozialer und kognitiver Konstruktionen interpretiert werden müssen.

Basale gesellschaftliche Naturverhältnisse

Für die Frankfurter Soziale Ökologie[3] hat sich eine bewusste Einengung des Spektrums möglicher Themen und Probleme als recht fruchtbar erwiesen: die Konzentration auf *basale gesellschaftliche Naturverhältnisse.* Sie werden als ‚basal' bezeichnet,
weil sie sowohl für die individuelle als auch für die gesellschaftliche Reproduktion
und Entwicklungsfähigkeit unverzichtbar sind. Misslingt deren Regulation, kann
das räumlich, zeitlich und sozial weit reichende Krisen auslösen: Arbeit und Produktion, Landnutzung und Ernährung, Sexualität und Fortpflanzung, Hygiene und
Krankenversorgung, Fortbewegung und Mobilität sind Beispiele für basale gesellschaftliche Naturverhältnisse. Sie sind sowohl in traditionellen als auch in modernen Gesellschaften unabdingbare Voraussetzungen dafür, dass der gesellschaftliche
Lebensprozess intergenerativ fortsetzbar ist. Zugleich bilden sie den Kontext für jene
verschlungenen Prozesse, in denen menschliche *Grundbedürfnisse* befriedigt und der
Zugang zu lebenswichtigen Gütern und Dienstleistungen geregelt wird. Auch vitale Grundbedürfnisse (wie Atmen, Essen und Trinken, Schutz vor Hitze und Kälte,

---

3   Damit sind die am Frankfurter Institut für sozial-ökologische Forschung (ISOE) seit über 20 Jah-
    ren laufenden empirischen Forschungen und theoretische Studien gemeint sowie ein davon
    mitgeprägter Diskussionszusammenhang, der weit über das ISOE hinausreicht (vgl. neuerdings
    z. B. Berghöfer et al. 2010, Kruse 2010, Mölders 2010). Im ISOE wird *Soziale Ökologie* als trans-
    disziplinäre Wissenschaft und als eine kritische Theorie gesellschaftlicher Naturverhältnisse
    verstanden (Becker und Jahn 2006)

Schlafen und Sexualität) sind hochgradig kulturell und ökonomisch geprägt und strukturiert, sie haben immer eine physische und eine kulturelle Seite. Zu ihrer Befriedigung brauchen die Menschen sauerstoffreiche und schadstoffarme Luft zum Atmen, sauberes Trinkwasser und genügend Wasser für die Landwirtschaft, Lebensmittel in ausreichender Menge und Qualität, Unterkunft und Schutz vor Hitze und Kälte, Möglichkeiten der Fortbewegung und des Transportes – und zu all dem wird viel Energie benötigt, die nicht unbegrenzt verfügbar ist. Ein großer Teil der Weltbevölkerung kann die vitalen Grundbedürfnisse nur unzureichend befriedigen, was die Daten über die globale Wasserkrise und die fehlende Ernährungssicherheit dramatisch belegen.

Bei der Bestimmung basaler gesellschaftlicher Naturverhältnisse wird eine anthropologische Voraussetzung gemacht: Ausgegangen wird von vitalen Grundbedürfnissen. Doch der Mensch wird anthropologisch als ein *Natur- und Kulturwesen* bestimmt, dessen vitale Bedürfnisse nur in kulturell geformter und somit in subjektiv und gesellschaftlich interpretierter Form existieren (Hummel und Becker 2006). Ohne Arbeit und Produktion sowie geeigneten Transport- und Kommunikationssystemen lassen sich diese vergesellschafteten Bedürfnisse nicht befriedigen. Und dementsprechend sollten basale gesellschaftliche Naturverhältnisse immer als real existierende Einheiten betrachtet werden, deren materielle und symbolische Aspekte nicht willkürlich voneinander zu trennen sind.

Dabei erweist sich die Reflexion der Kategorie Geschlecht[4] als unverzichtbar, denn gesellschaftliche Naturverhältnisse werden durch Geschlechterverhältnisse strukturiert und strukturieren diese. Geschlecht bzw. Geschlechterdifferenz stellt ein basales Ordnungsmuster von Gesellschaften dar, das individuelle und kollektive Wahrnehmungen, Deutungen, Unterscheidungen und Bewertungen prägt. Bedürfnisse und alltägliche Praktiken beispielsweise sind stets auf Menschen als geschlechtliche Wesen bezogen. Im gnV-Konzept wird Geschlecht relational verstanden: *Geschlechterverhältnisse* im Sinne eines pluralen Verständnisses der Beziehungen zwischen den Geschlechtern. Die Kategorie Geschlecht fungiert dabei gewissermaßen als *eye opener*, um geschlechtsspezifische und weitere soziale Differenzierungen und Ungleichheiten in den analytischen Blick zu nehmen (Schultz et al. 2006; siehe auch den Beitrag von Katz und Hofmeister in diesem Band).

Die Bindung an Grundbedürfnisse gibt dem Konzept der gesellschaftlichen Naturverhältnisse darüber hinaus eine *normative Orientierung*: Die basalen gesellschaftlichen Naturverhältnisse sollten so reguliert werden, dass alle Menschen ihre Grundbedürfnisse befriedigen können. Diese normative Idee ist eng verbunden mit Gerechtigkeitsvorstellungen, wie sie derzeit im Diskurs über nachhaltige Entwicklung formuliert und intensiv diskutiert werden (Ekard 2005; Ott und Döring 2008). Von den basalen gnV gibt es auch starke Verbindungen zum Diskurs über *Transdisziplinarität*, in dem der Bezug der Forschung auf lebensweltliche Problemlagen (Jahn

---

4   ‚Kategorie' verstehen wir hier in einem doppelten Sinn: als kognitiv/diskursives Ordnungsmuster einerseits und als Wirklichkeits- bzw. Existenzform andererseits. „Daseiende Kategorien" hat das Marx einmal genannt.

2008) besonders betont wird. Dadurch öffnet sich das gnV-Konzept zu einem breiten Spektrum möglicher Anwendungen. Für die in Frankfurt ausgearbeitete *Soziale Ökologie* ist dieser Bezug auf lebensweltlichen Problemlagen und das Herausarbeiten möglicher gesellschaftlicher Lösungen konstitutiv.

Regulationen und Transformationen

Basale gesellschaftliche Naturverhältnisse müssen so gestaltet und reguliert werden, dass der gesellschaftliche Lebensprozess intergenerativ fortsetzbar ist, andernfalls bricht eine Gesellschaft zusammen (Diamond 2005). In diesem Sinne bezieht sich *Regulation* im engeren Sinne auf das Ziel, menschliche Grundbedürfnisse zu befriedigen. Diese Sichtweise ist insofern normativ, als sie ohne Vorstellungen davon, was *gelingende* Regulation, Reproduktion und Entwicklung ist, nicht auskommt. Vorgezeichnet werden dadurch sowohl Gestaltungsziele und Sollwerte als auch Charakteristika von Störungen. Ein derartiges Regulationsverständnis lässt recht unterschiedliche fachwissenschaftliche und theoretische Ausgestaltungen zu, die von einem engen technisch-kybernetischen Verständnis bis zu politisch-ökonomischen Regulationstheorien reichen (Hummel und Kluge 2006).

Eine stark politisch-ökonomisch orientierte Variante des gnV-Konzepts ist dadurch entstanden, dass es im Rahmen der Theorie post-fordistischer Regulationsweisen ausgearbeitet und auf aktuelle politische Probleme (zum Beispiel internationale Konflikte über den Schutz genetischer Vielfalt) bezogen wurde (Görg 2003). Die Stärke dieser Theorie liegt darin, dass sie die Reproduktion der Kernstruktur kapitalistischer Gesellschaften in einem komplexen und konfliktreichen Geflecht sozialer Auseinandersetzungen und Definitionskämpfen, institutionalisierten Praktiken und politisch-ökonomischen Regimes verortet und auch ökonomische Globalisierungsprozesse ins Visier nimmt. Unterscheidet man auch hier wieder zwischen materiellen und symbolischen Aspekten, dann verschiebt sich der Fokus, und die materiell-stoffliche Seite der Regulationsprobleme rückt stärker ins Blickfeld. Dies bedeutet aber, dass das politisch-ökonomische Regulationskonzept erweitert und verändert werden muss. Denn die in der gesellschaftlichen Realität existierenden Regulationen der materiell-stofflichen Interaktionen zwischen Gesellschaft und Natur *misslingen* in vielen Fällen, wodurch Regulationsprobleme zweiter Ordnung entstehen, also Regulationen von Regulationen nötig werden. Solche Fälle stehen im Zentrum des sozial-ökologischen Regulationskonzeptes (Hummel und Kluge 2006).

Die Regulationen basaler gesellschaftlicher Naturverhältnisse erfolgen durch das Aufeinandertreffen und Zusammenwirken einer Vielzahl heterogener und konfliktreicher Praktiken und Interessen zahlreicher Akteure. Es handelt sich um Beziehungsmuster, bei denen ebenso wie bei anderen Beziehungen zwischen materiellen und symbolischen Aspekten unterschieden werden muss: Die stofflich-energetischen *Regulationen* (zum Beispiel technische Verfahren industrieller Produktion oder landwirtschaftlicher Anbaumethoden) sind mit vielfältigen kulturellen *Symbolisierungen* (Deutungen, Wertorientierungen, Zukunftsentwürfen) verknüpft und darüber wiederum in gesellschaftliche Kommunikationen eingebunden. In diesem symbolischen Kontext werden die Bedeutung der jeweiligen Regulationsmuster sowie deren Abhängigkeit von gesellschaftlichen Normen und Machtstrukturen bestimmt. Dabei geht es vor allem um wissenschaftliche Deutungen, Erklärungen und Konstruktionen von Natur. In modernen Gesellschaften werden die materiellen Regulationen von Naturverhältnissen immer stärker abhängig von wissenschaftlichen Modellierungen und technischen Leitbildern. Daher lassen sich gesellschaftliche Naturverhältnisse auch als symbolisch vermittelte und sozial konstruierte stofflich-energetische Regulationsmuster analysieren. Diese Untersuchungsperspektive ist für die Frankfurter Soziale Ökologie zentral, sie wird aber auch von anderen Ansätzen eingenommen.

Es ist so aber nicht eindeutig festgelegt, wo das zu regulierende Beziehungsgeflecht tatsächlich lokalisiert ist und wie es untersucht werden soll. Gesellschaftliche Naturverhältnisse bilden sich sowohl direkt durch das Zusammenwirken individueller Handlungen heraus, als auch vermittelt durch Institutionen und ausdifferenzierte Funktionssysteme. In jedem Fall handelt es sich um historisch veränderliche Beziehungsformen, die in unterschiedlichen Handlungsbereichen sowohl zur ‚äußeren' Natur als auch zur körperlichen und psychischen Verfassung der Individuen aufgebaut werden. So bilden sich auf verschiedenen Ebenen und in unterschiedlichen funktionalen Bereichen spezifische, kulturell eingespielte *Regulationsmuster* heraus, die wiederum auf komplizierte Weise zusammenwirken:

- Auf der Mikroebene individuellen Handelns und *individueller Bedürfnisbefriedigung* sind die Regulationsmuster noch eng verknüpft mit der Leiblichkeit der Menschen und psycho-physischen Prozessen (z. B. Mangelgefühlen, Wahrnehmungsweisen, Motivationen, Identitätsvorstellungen). Es handelt sich hier um kulturell geprägte Formen individueller Bedürfnisbefriedigung. Diese wiederum verlaufen nicht unabhängig von alltagskulturellen Praktiken der Lebensführung und den in sie eingelassenen Normen.

- Auf einer mittleren Ebene gesellschaftlicher *Organisationen und Institutionen* sind die Regulationsmuster stark auf den gesellschaftlichen Bedarf bezogen und durch gesellschaftliche Versorgungssysteme (zum Beispiel für Wasser, Energie und Lebensmittel) sowie durch Technostrukturen (zum Beispiel für Fortbewegung oder Kommunikation) bestimmt. Die Formen der Bedürfnisbefriedigung hängen hier einerseits von der Verfügbarkeit lebensnotwendiger Güter sowie den Zugangs- und Nutzungsmöglichkeiten der Technostrukturen ab; sie werden andererseits von kulturellen Symbolsystemen, kognitiven Modellen, Machtstrukturen und Eigentumsverhältnissen geprägt.

- Auf der Makroebene gesamtgesellschaftlicher Strukturen und Prozesse verdichten und stabilisieren sich die Regulationsmuster *gesellschaftlicher Reproduktion* und sozialer Integration. Produktions-, Eigentums- und Geschlechterverhältnisse bilden als übergreifende Regulationsordnungen die Dispositive des Bedürfnisprozesses und seiner Kontexte. Hier werden die Formen geprägt, in denen gesellschaftliche Naturverhältnisse auf der mittleren und auf der Mikroebene regulierbar sind, und hier wird der Raum möglicher Regulationen begrenzt.

Auf jeder Ebene prägen sich gesellschaftliche Naturverhältnisse aus, mit denen ganz unterschiedliche Veränderungen der physischen und organischen Umwelt verknüpft sein können. Die Regulationsmuster auf den verschiedenen Ebenen müssen wiederum zusammenwirken, was gelingen oder misslingen kann. Bei dem misslingenden Zusammenwirken der Regulationen auf verschiedenen Ebenen entstehen ebenfalls komplexe Regulationsprobleme zweiter Ordnung.

Die zeitlichen und räumlichen Veränderungen der Regulationsmuster auf den verschiedenen Ebenen lassen sich als sozial-ökologische *Transformationen* beschreiben (Becker und Jahn 2000, Kluge und Hummel 2006). Was sie vorantreibt ist umstritten: Sind es intentional nur schwer beeinflussbare Prozesse des globalen Wandels (z. B. Klimaveränderungen, ökonomische Globalisierung oder technologische Innovationen) oder aus intentionalem aber unkoordiniertem Handeln heterogener Interessengruppen hervorgehende gesellschaftliche Veränderungen auf der lokalen oder regionalen Ebene? Der technologische Wandel gilt zu Recht als eine bestimmende Triebkraft sozial-ökologischer Transformationen. Doch wie kommt er zustande? Derartige Fragen wurden in den vergangenen Jahren in zahlreichen Forschungsvorhaben aufgegriffen und empirisch bearbeitet.

Die ökologische Frage und die Krise der gesellschaftlichen Naturverhältnisse

An der Idee und am Konzept der gesellschaftlichen Naturverhältnisse finden sich noch viele Spuren ihrer Entstehungsgeschichte. Die Idee ist vor etwa 20 Jahren in einem spezifischen politisch-intellektuellen Klima entstanden, das heute so nicht mehr existiert. Es war geprägt von den Erfahrungen und Debatten der damaligen Ökologie-, Frauen und Alternativbewegungen und seine Dynamik wurde von den dort aufgeworfenen politischen und theoretischen Fragen bestimmt. Zu diesem Klima sind auch die zahlreichen Varianten marxistischer, feministischer und ökologischer Kritiken an Naturzerstörung und menschenverachtenden Produktionsweisen, patriarchalischen Herrschaftsverhältnissen, blindem Fortschrittsglauben und objektivistischen Erkenntnisvorstellungen zu rechnen.

Frankfurter Geschichten

In Frankfurt bildete dieses Klima einen Kontext für intellektuelle Zirkel, universitäre Arbeitsgruppen, einzelne Wissenschaftlerinnen und Wissenschaftler und linke Zeitschriftenprojekte. In diesem Kontext wurden auch die von den ‚neuen sozialen Bewegungen' (Brand 1982) aufgeworfenen theoretischen Fragen diskutiert und in die Auseinandersetzungen mit der Tradition der Frankfurter Kritischen Theorie eingebracht. Die ökologische Krise erwies sich dabei als theoretische Provokation, denn sie stellte die Autonomie des Sozialen infrage, erforderte einen neuen Blick sowohl auf die entwickelten kapitalistischen und ‚realsozialistischen' Gesellschaften als auch auf die Entwicklungsgesellschaften und Schwellenländer Asiens, Afrikas und Lateinamerikas. Die kritische Theorie schien diesen Blick zu versperren oder zu verzerren. Vorstellungen von einer Erneuerung und Aktualisierung der Gesellschaftstheorie lagen damals gewissermaßen in der Luft (Jahn 1991, Görg 1992). Ähnliche Konstellationen gab es auch in anderen Städten (z. B. in Berlin, Hannover, Freiburg, München und Wien) – allerdings mit lokal recht unterschiedlichen politischen und theoretischen Grundorientierungen. Die politischen Unterschiede brachen in den Debatten vor und während der Gründung der Partei *Die Grünen* heftig auf (Kluge 1984); das Spektrum theoretischer Vorstellungen reichte von einer stark ethisch geprägten Ökophilosophie, über ökologische Systemtheorien bis hin zu neo-leninistischen Ideologien. In Frankfurt fokussierte die Arbeit an einer kritischen Theorie gesellschaftlicher Naturverhältnisse zahlreiche Aktivitäten. Trotz vieler Differenzen im Detail und manchen akademischen Eifersüchteleien war dieser lokale Entstehungskontext *politisch* geprägt, *philosophisch* aufgeklärt und *wissenschaftskritisch* orientiert.

Ein neuer Blick und eine alte Frage

Die Idee einer kritischen Theorie gesellschaftlicher Naturverhältnisse wurde aber nicht nur von ihrem lokalen politisch-intellektuellen Entstehungskontext geprägt, sondern sie reflektierte auch die weltweiten Krisendiskurse, die seit den 1970er Jahren um das gestörte Verhältnis der Menschen zur Natur kreisen. Eine Serie großtechnischer Umweltkatastrophen (wie die Reaktorunfälle in Harrisburg und Tschernobyl oder die Chemieunfälle in Bhopal und Seveso) stießen diese Diskurse an, alarmierende Publikationen, beispielsweise die Studie für den *Club of Rome* über *Die Grenzen des Wachstums* (Meadows et al. 1972), haben sie argumentativ gestärkt; politische Protestbewegungen gaben ihnen weltweit Schärfe und Brisanz. Diese Diskurse haben sich zwar stark verändert, doch brisant und wissenschaftlich herausfordernd sind sie bis heute geblieben.

Sichtbare und messbare Veränderungen von Boden, Wasser und Luft durch menschliche Aktivitäten sind schon lange zu Chiffren einer tief greifenden *ökologischen Krise* geworden. Zunächst richtete sich der Blick auf lokale und regionale Umweltprobleme. Doch nach und nach rückten Klimaänderungen durch den anthropogenen Treibhauseffekt und die weltweit zu beobachtenden Veränderungen der Biodiversität ins Zentrum eines global-ökologischen Diskurses. Die Krise ermöglicht und erzwingt einen neuen Blick sowohl auf die Gesellschaft insgesamt als auch auf deren einzelne Funktionssysteme: Welchen Anteil haben sie an den Krisenursachen und inwieweit sind sie in der Lage, mit ihren jeweiligen Mitteln und Möglichkeiten die Krise zu bewältigen oder wenigstens einzudämmen? Bündeln lässt sich diese neue Sichtweise in der *ökologischen Frage*: Welche menschlichen Aktivitäten verbinden die Gesellschaft mit der Natur und welche natürlichen Vorgänge setzen diesen Aktivitäten Grenzen oder gefährden gesellschaftliche Reproduktion und Entwicklung? Diese Frage wurde in den vergangenen dreißig Jahren in unzähligen Varianten formuliert und in vielen Einzelwissenschaften aufgegriffen – selbstverständlich auch von der Soziologie. Mit der Studie von Ulrich Beck (1986) zur *Risikogesellschaft* und der von Niklas Luhmann (1986) zur *Ökologischen Kommunikation* wurde eine Kontroverse über ein angemessenes soziologisches Verständnis der ökologischen Frage eröffnet, die bis heute nicht abgeschlossen ist. Im Konzept der gesellschaftlichen Naturverhältnisse wird die ökologische Frage dadurch repräsentiert, dass zum einen die *Beziehungen* zwischen Gesellschaft und Natur ins Zentrum gerückt werden und zum anderen die Gefährdungen materieller und symbolischer *Regulationen* Bezugspunkte der Forschung bilden.

Der kognitive Kern des Rahmenkonzepts

Mit der Konzentration auf Beziehungen zwischen Gesellschaft und Natur wird die Zentralreferenz der Forschungen festgelegt und damit zugleich deren Erkenntnisobjekt definiert; die analytische Unterscheidung zwischen materiellen und symbolischen Aspekten ermöglicht es, Beziehungsmuster mehrperspektivisch zu beschreiben. Damit sind zugleich *konstitutive Bedingungen* der Theoriebildung vorgezeichnet. Ansätze, bei denen diese Bedingungen zugleich als Leitlinien der Forschungsarbeit fungieren, besitzen ein hohes Maß an Familienähnlichkeiten, sie können einer *scientific community* zugerechnet werden, die sich ihrer Gemeinsamkeiten noch nicht bewusst geworden ist.

Mit der Auszeichnung basaler gesellschaftlicher Naturverhältnisse wird zugleich eine spezifische Sicht auf sozial-ökologische Problemlagen und Krisenbereiche vorgegeben, die sich insbesondere auf misslingende Regulationen richtet. Es handelt sich hier um eine konzeptionelle Ausarbeitung, die zwar für die Frankfurter Soziale Ökologie zentral ist, die aber nicht von allen Ansätzen geteilt werden, die sich am gnV-Konzept orientieren.

Die konstitutiven Bedingungen enthalten eine Reihe *formaler Operationen* wie ,Unterscheiden' und ,Verbinden', die nach unserer Auffassung den *kognitiven Kern* des Konzepts der gesellschaftlichen Naturverhältnisse allgemein definieren, der dann in verschiedenen Varianten inhaltlich interpretiert werden kann. Mit einem ,Kern' verbindet man zu Recht die Vorstellung von etwas Festem, das auch bei Veränderungen des Kontextes relativ stabil bleibt. Gerade die Stabilität des Kerns garantiert, dass Veränderungen der Problem- und Praxisbezüge möglich werden, die nicht zu Beliebigkeit führen. Verortet man den kognitiven Kern in einem spezifischen wissenschaftlichen Kontext, dann kann daraus ein *Rahmenkonzept* für empirische Forschungen und theoretische Studien hervorgehen.

Der kognitive Kern einer Theorie gesellschaftlicher Naturverhältnisse

In der strukturalistischen Wissenschaftstheorie versteht man unter dem ‚Kern' einer physikalischen Theorie eine formale mathematische Struktur, beispielsweise ein System von Differenzialgleichungen in der Newton'schen Mechanik (Stegmüller 1979: 752). In soziologischen oder biologischen Theorien ist eine derartige mathematische Kernstruktur wohl kaum zu finden. Allerdings gibt es auch bei ihnen formale Strukturen, die nicht einfach durch Abstraktionen aus der Menge inhaltlicher Aussagen über Sachverhalte entstehen. Im Falle der Theorie gesellschaftlicher Naturverhältnisse geht diese Struktur aus einer Reihe formaler Operationen hervor. Wir definieren daher den Kern der Theorie als ein abstraktes Gebilde, das durch derartige Operationen erzeugt und strukturiert wird.

Eine Theorie gesellschaftlicher Naturverhältnisse ist allerdings mehr als eine abstrakte Struktur. Sie soll vielmehr neue Erkenntnisse über bestimmte Bereiche der Realität ermöglichen und ordnen. Deshalb ist die abstrakte Struktur auf jene Realitätsbereiche zu beziehen, über die Erkenntnisse gesucht werden. So bekommt der formale Kern eine empirische Referenz. Durch die Auszeichnung der dynamischen Beziehungsmuster zwischen Gesellschaft und Natur als *Zentralreferenz* wurde für sämtliche Varianten einer Theorie gesellschaftlicher Naturverhältnisse dafür eine Vorentscheidung getroffen. Auf diese Weise werden die formalen Operationen sowohl inhaltlich interpretiert als auch in Beziehung zur Realität gesetzt. So wird eine auch empirisch gehaltvolle Theorie möglich. In diesem Sinne besitzt die Theorie gesellschaftlicher Naturverhältnisse einen kognitiven Kern, der durch die formalen Operationen des Unterscheidens und Verbindens von gesellschaftlichen und natürlichen Aspekten eines realen Sachverhaltes einerseits, von materiellen und symbolischen Beziehungsaspekten andererseits erzeugt wird. Über diese Theorie zu verfügen, bedeutet, die formalen Operationen konkret an dem zu untersuchenden realen Sachverhalt auszuführen (siehe exemplarisch für Mobilität und Fortbewegung als basales gesellschaftliches Naturverhältnis Bergmann und Jahn 2008).

Der kognitive Kern kann auf verschiedene Weise durch *intendierte Problembezüge* erweitert werden, die jeweils eine spezifische Interpretation der formalen Struktur bedeuten.[5] Im Falle der Frankfurter Sozialen Ökologie erfolgen die Erweiterungen durch die basalen Naturverhältnisse und durch das Regulationskonzept. Durch die Verbindung mit der Idee und dem Konzept von *Transdisziplinarität* wird die Menge intendierter Problembezüge stark vergrößert. Es geht nicht allein um das bessere Verstehen sozial-ökologischer Probleme, sondern auch um das Erforschen alternativer Handlungsoptionen, die Wege aus den als problematisch erachteten Zuständen und Prozessen eröffnen (siehe auch den Beitrag von Stauffacher in diesem Band).

---

5   Die insgesamt für eine Theorie vorgesehenen empirischen Referenzen bezeichnet man in der strukturalistischen Wissenschaftstheorie als Menge der *intendierten Anwendungen* (Stegmüller 1973). Deren Festlegung bedeutet immer auch eine inhaltliche Interpretation des formalen Kerns der Theorie. Für eine Theorie der gesellschaftlichen Naturverhältnisse, die eine transdisziplinäre Forschungsperspektive vorzeichnet, ist es sinnvoller von einem *intendierten Problembezug* zu sprechen.

Allein schon deshalb ist es nötig, den kognitiven Kern einer Theorie der gesellschaftlichen Naturverhältnisse und die mit ihm festgelegten Leitlinien der Forschung möglichst genau zu umreißen. Andernfalls besteht die Gefahr, dass sich die Theorie in einer heterogenen Vielfalt von Themen und Problemen auflöst.

Rahmenkonzepte für Gesellschafts-Natur-Beziehungen

Ein Rahmenkonzept für empirische Forschungen und theoretische Studien entsteht dadurch, dass der kognitive Theoriekern in einem spezifischen wissenschaftlichen Kontext verortet wird. Ein Rahmenkonzept ist daher etwas anderes ist als eine Theorie: Eine Theorie umfasst Erkenntnisse und Hypothesen über einen bestimmten Realitätsbereich; ein Rahmenkonzept legt Fragestellungen sowie begriffliche und methodische Bedingungen für Forschungs- und Erkenntnisprozesse fest. Wenn wir hier von einem *Konzept* der gesellschaftlichen Naturverhältnisse (*gnV-Konzept*) sprechen, dann ist immer dessen Funktion als *Rahmen* für empirische und theoretische Studien gemeint.

Durch die Vielzahl möglicher Kontexte entsteht so eine Vielzahl möglicher Rahmenkonzepte mit dem gleichen kognitiven Kern. Rahmenkonzepte haben gewisse funktionale Ähnlichkeiten mit Paradigmen, jedoch ist ihre Reichweite und konsensbildende Kraft geringer: Der kognitive Kern legt die Zentralreferenz der Forschungsarbeiten fest und bestimmt das Gegenstandsverständnis; er strukturiert und begrenzt Begriffe, zeichnet die Konstruktion von Hypothesen vor und macht Wertprämissen und theoretische Vorentscheidungen transparent. Der jeweilige wissenschaftliche und gesellschaftliche Kontext gibt Problembezüge, mögliche Anwendungen und Forschungsziele vor. Rahmenkonzepte besitzen eine mehr oder weniger hohe Selektivität: Bestimmte Begriffe passen in das eine Konzept und in ein anderes nicht; bestimmte Aussagen sind in dem einen Konzept möglich, in einem anderen fehlen dafür die sprachlichen oder begrifflichen Mittel. Sinnvolle Rahmenkonzepte sollten ein Forschungsprogramm enthalten, das in unterschiedlichen Einzelvorhaben bearbeitet werden kann.

Differenzierungen und konzeptionelle Veränderungen

Die Zentralreferenz des gnV-Konzepts (die dynamischen Beziehungsmuster zwischen Gesellschaft und Natur) zieht die Frage nach sich, wie Beziehungen zwischen Gesellschaft und Natur überhaupt zu einem Gegenstand wissenschaftlicher Erkenntnis werden, das heißt wie sie kategorial erfasst, theoretisch gedacht und wissenschaftlich untersucht werden können. Bei den materiellen und symbolischen Beziehungsaspekten gibt es Kontroversen darüber, welchem Aspekt der Vorrang gebührt. Die Begründung basaler gesellschaftlicher Naturverhältnisse durch Grundbedürfnisse wird nicht allgemein geteilt. Ebenso wenig die mit dem sozialökologischen Regulationsmodell verbundene Differenzierung von Regulationsebenen. Entlang der verschiedenen Streitlinien haben sich die verschiedenen Varianten des gnV-Konzepts herausgebildet.

Operationen des Unterscheidens und Verbindens

Die Zentralreferenz einer Theorie gesellschaftlicher Naturverhältnisse legt nicht eindeutig fest, wie in einem konkreten sozial-ökologischen Problemfeld zwischen natürlichen und gesellschaftlichen Aspekten unterschieden wird, denn das ist auf mehrere Weisen möglich: Alltägliche Vorstellungen, wissenschaftliche Gebietsaufteilungen, ontologische Setzungen, sprachtheoretische Differenzkriterien usw. können als gesellschaftliche Unterscheidungspraktiken fungieren.

Derartige Unterscheidungspraktiken werden aber auch in zahlreichen philosophischen, kulturwissenschaftlichen und soziologischen Studien zum Thema gemacht und dabei die Voraussetzungen und Folgen bestimmter Unterscheidungen (oder deren Auflösung) analysiert. Im Zentrum steht oft die Kritik dichotomisierender Unterscheidungen, zum Beispiel die kategoriale Trennung von Körper und Geist, Natur und Kultur und ähnlichem in der cartesianischen Tradition. Doch Untersuchungen zum *Verbinden* sind selten. Sie finden sich eher in der Geschichte des *ganzheitlichen Denkens* (Gloy 1996), in organizistischen Naturauffassungen (Leibniz, Whitehead), in der romantischen Naturphilosophie (Schelling), im objektiven Idealismus Hegels oder im modernen, wissenschaftlich inspirierten Holismus (Capra). Die für eine Theorie gesellschaftlicher Naturverhältnisse zentrale Frage wird selten gestellt: Durch welche gesellschaftlichen Praktiken werden die kategorial als verschieden beschriebenen Bereiche der Gesellschaft und der Natur und deren materiellen und symbolischen Aspekte miteinander verbunden? Eine erste Antwort bekommt man schon durch die Beobachtung, dass gesellschaftliche Praktiken nie homogene und undifferenzierte Groß-Entitäten (wie beispielsweise ‚Natur‘ oder ‚Gesellschaft‘) miteinander verbinden, sondern dass immer nur einzelne naturale und soziale Elemente auf unterschiedlichen Ebenen prozesshaft miteinander verknüpft und vernetzt sind. Zu den Operationen des Unterscheidens und Verknüpfens kommt daher noch die des *Gliederns* (oder Differenzierens) hinzu.

Wir haben den kognitiven Kern des Konzepts der gesellschaftlichen Naturverhältnisse durch Operationen des Unterscheidens und Verbindens definiert – und zwar bezogen sowohl auf die Beziehungen zwischen Gesellschaft und Natur als auch auf die materiellen und symbolischen Aspekte dieser Beziehungen. Für eine weitere Bestimmung kann man von einer logischen Banalität ausgehen: Zu jeder Relation gehören wenigstens zwei unterscheidbare Entitäten (Relata) zwischen denen die fragliche Relation besteht oder hergestellt wird. Unterscheidbarkeit setzt also voraus, dass zwischen den Entitäten (Gesellschaft und Natur) unterschieden werden kann. Logisch betrachtet gehört zu jeder Beziehung eine Operation der *Unterscheidung*. Aus einer philosophischen Perspektive müsste die Unterscheidung in einem ontologischen oder epistemologischen Kontext erfolgen. So wird beispielsweise bis heute von vielen Philosophen immer noch aristotelisch unterschieden: Einer Sphäre des Geborenen (Natur) wird eine Sphäre des von Menschen Gemachten (Kultur und Technik) gegenübergestellt. Aus einer soziologischen Perspektive stellt sich die Frage etwas anders: Mit welchen gesellschaftlichen oder kulturellen Praktiken kann zwischen Gesellschaft und Natur unterschieden werden – und was sind die Folgen derartiger Unterscheidungen?

Dualismus, Naturalismus und Kulturalismus im Konzept der gesellschaftlichen Naturverhältnisse

Es ist zwar evident, dass zu jeder Beziehung eine Unterscheidung gehört. Heftig umstritten ist allerdings, dass zu jeder Unterscheidung auch eine Beziehung gehört, wenn sie nicht zu einem Dualismus führen soll. „Eine Unterscheidung wird zum Dualismus wenn ihre Bestandteile so unterschieden werden, dass ihre charakteristische Beziehung zueinander letztlich unverständlich wird. Descartes' Dualismus ist, wie immer, das Paradigma" (Brandom 2000: 852).

Für eine Theorie gesellschaftlicher Naturverhältnisse ist jeder Dualismus unerträglich, denn je nach Betrachtungsperspektive lassen Dualismen die zu erfassenden Beziehungsmuster entweder in der Gesellschaft oder in der Natur verschwinden. Ein *Dazwischen* gibt es nicht. Von einem strikt dualistischen Standpunkt betrachtet, erscheint die Theorie als gegenstandslos. Von einem solchen Standpunkt aus sind nur noch zwei sich gegenseitig ausschließende Bestimmungen der Beziehungen möglich: *Naturalisierung der Gesellschaft* oder *Vergesellschaftung der Natur* (Eder 1988: 27), was einer symbolischen Zweiteilung der Welt entspricht. Dementsprechend spaltet sich aus dualistischer Perspektive der Diskurs in ein *naturalistisches* und ein *kulturalistisches* Lager.

Für das Begreifen der Beziehungsmuster ist es offensichtlich nicht gleichgültig wie und mit welchen Praktiken unterschieden wird, denn von der getroffenen Unterscheidung hängt es ab, welche charakteristischen Beziehungen überhaupt begreifbar und welche Verbindungen praktisch realisierbar sind. Im gnV-Konzept muss so unterschieden werden, dass die charakteristischen Beziehungen freigelegt und erkennbar werden. Die Operation ‚Unterscheiden' impliziert in diesem Fall eine Operation ‚Verbinden'. Beide sind voneinander abhängig und bedingen sich gegenseitig: Unterscheidungen markieren eine *Differenz* als Voraussetzung einer Relation; und die Operation ‚Verbinden' markiert eine *Relation* als Voraussetzung einer Differenz. Die Frage ist dann, ob es eine übergreifende *Einheit* gibt, in der sich die Abhängigkeiten zwischen den beiden Operationen bestimmen lässt: ‚Einheit in der Differenz' – garantiert durch das Zusammenwirken der Relationen; oder ‚Differenz in der Einheit' – garantiert durch das Spiel der Differenzen.

An diesem Punkt trennen sich die philosophischen Wege und scheiden sich die Geister: Der eine Weg führt in die Welt des *dialektischen Denkens* und folgt einer Traditionslinie, die von Hegel zu Marx und über die *Dialektik der Aufklärung* (Horkheimer und Adorno 1987) bis zur *Negativen Dialektik* (Adorno 1966) führt und sich danach in mehrere Richtungen verzweigt. Gesucht wird in dieser Welt nach einer „gesellschaftlichen Vermittlung der Natur und der naturhaften Vermittlung der Gesellschaft" (Schmidt 1962: 59). An die Figur einer *dialektischen Vermittlung* von Gesellschaft und Natur wird später im Diskurs über gesellschaftliche Naturverhältnisse immer wieder angeknüpft werden (Görg 2003: 25–60). Die andere Welt ist vom relationalen Prozessdenken geprägt, wie es sich in der Quantentheorie, in der Allgemeinen Systemtheorie und in der Ökologie entwickelt hat. Dieser Weg führt schließlich in die Welt komplexer adaptiver Systeme (Mainzer 1997), in der sich der internationale Diskurs über *Coupled Human and Natural Systems* (Liu et al. 2007) und über *Social-Ecological Systems* (Norberg und Cumming 2008; Folke 2006) entfaltet. Die Beziehungsmuster werden hier oft durch eine Koevolution natürlicher und sozialer Systeme beschrieben.

Begriffliche Unterscheidungen und soziale Bewertungen

Die *Unterscheidbarkeit* von Gesellschaft und Natur (beziehungsweise von Kultur und Natur) ist keine metaphysisch-ontologische Voraussetzung sondern eine historisch-kulturelle. Man kann das mit Hacking (2006) auch eine historisch-ontologische Prämisse nennen. Denn gerade dann wenn es um die *Beziehungen* zwischen Gesellschaft und Natur geht, müssen derartige Unterscheidungen historisch und gesellschaftlich möglich sein, das heißt, es müssen entsprechende gesellschaftliche Unterscheidungspraktiken existieren. Deren Existenz gilt für viele Soziologen als Kennzeichen moderner Gesellschaften (Beck und Lau 2004).

In der gesellschaftlichen Wirklichkeit sind Unterscheidungen zumeist mit *Bewertungen* und Hierarchisierungen verknüpft. Der Geist sei höher zu bewerten als der Körper (oder umgekehrt) wird gesagt, Kultur sei bedeutsamer als die Natur, und Männer wichtiger als Frauen. Es gibt ganz offensichtlich dualisierende und hierarchisierende soziale Mechanismen. Viele Unterscheidungspraktiken sind mit sozialen Mechanismen der Entwertung sowie der Diskriminierung und Exklusion einer Seite des Unterschiedenen verbunden. Gerade deshalb sollte man sorgfältig unterscheiden: zwischen den Praktiken der Unterscheidung und dem dadurch sozial etablierten Unterschied, zwischen binärer Unterscheidung und Dichotomie, zwischen begrifflichem Dualismus und kultureller oder politischer Bewertung.

Materielle und symbolische Beziehungsformen

Jede Explikation des Konzepts der gesellschaftlichen Naturverhältnisse muss die „charakteristischen Beziehungen" (Brandom) zwischen den komplexen und in sich gegliederten Bereichen des Gesellschaftlichen und des Natürlichen genauer bestimmen. Diesen Beziehungen wird im Diskurs in der Regel eine relative Dauerhaftigkeit zugesprochen. Thematisiert werden nicht singuläre und rasch verschwindende Relationen zwischen gesellschaftlichen und natürlichen Entitäten, sondern relativ dauerhafte *Beziehungsmuster*. Genau das ist gemeint, wenn wir von gesellschaftlichen Natur*verhältnisse*n sprechen.

Die Beziehungsmuster zwischen Gesellschaft und Natur können auf zwei verschiedene Weisen verstanden werden: Entweder als *Begriffsverhältnisse*, wie eine sozialkonstruktivistische Lesart nahelegt, oder als *Wirklichkeitsverhältnisse*, also als Relationen in einer raum-zeitlichen Wirklichkeit, ähnlich den Produktionsverhältnissen bei Marx. Das Konzept der gesellschaftlichen Naturverhältnisse kann in beide Richtungen ausgelegt werden. Wie immer man sich hier entscheidet – sozialkonstruktivistisch oder realistisch – man gerät rasch in ein zerklüftetes epistemisches Terrain. Und auch dann, wenn man den realistischen Weg einschlägt, bleibt offen, ob die Wirklichkeitsverhältnisse durch *kausale Relationen* konstituiert sind oder ob auch andere charakteristische Beziehungsmuster eine Rolle spielen – beispielsweise Deutungen, *symbolische Beziehungen*, soziale Konstruktionen und alltägliche Kommunikationen.

Genau hierauf bezieht sich die für das gnV-Konzept konstitutive Voraussetzung, bei den Beziehungsmustern zwischen materiellen und symbolischen Aspekten zu unterscheiden. Auch hier wird wiederum auf die logische Operation des *Unterscheidens* verwiesen, und auch hier muss man wiederum nach der dazu komplementären Operation des *Verbindens* fragen. Die analytische Unterscheidung impliziert zwei Beschreibungsweisen und Sprachspiele: (1) kausale Beschreibungen durch Ursachen und (2) Deutungen durch Gründe. Es ist allerdings nicht möglich, jeweils eine der Beschreibungen auf die andere zu reduzieren (Habermas 2005: 155 ff). Es besteht hier eine gewisse Ähnlichkeit mit der Unterscheidung zwischen Hardware und Software bei Computern oder zwischen neuronalen Prozessen und Bewusstseinsvorgängen. Derartige Analogien werden oft benutzt, um die analytische Unterscheidung und mögliche Verbindungsformen zu erläutern.

Die analytische Unterscheidung zwischen materiellen und symbolischen Aspekten reflektiert in abstrakter Weise die unterschiedlichen Beschreibungssprachen und Sprachspiele der Natur- und der Geisteswissenschaften, die nicht vollständig ineinander übersetzbar sind (Janich 2009). Daraus wird oft ein ontologischer Fehlschluss gezogen: „Natur ist das, was die Naturwissenschaften mit ihren Mitteln untersuchen und in ihrer Sprache beschreiben." Da man das Analoge auch für die Sozialwissenschaften sagen kann, ergibt sich die Unterscheidung zwischen Natur und Gesellschaft aus dem Unterschied zweier Wissenschaftskulturen. Es wird dann auch oft behauptet, die Naturwissenschaften würden materiell-energetische Prozesse untersuchen, die Sozialwissenschaften kulturell-symbolische. Aus dem ersten ontologischen Fehlschluss folgt dann ein zweiter: Natur sei materiell, Gesellschaft sei symbolisch verfasst – man landet also wieder beim klassischen Dualismus. Bei einer solchen Argumentation fällt die Unterscheidung Natur/Gesellschaft mit der von materiell/symbolisch zusammen und der Weg für naturalistische oder kulturalistische Reduktionen ist frei.

Die Frankfurter *Soziale Ökologie* ist als eine *kritische Theorie* gesellschaftlicher Naturverhältnisse konzipiert. Das bedeutet nicht nur, sie als eine Form von Gesellschafts- und Wissenschaftskritik zu verstehen, es geht vielmehr auch darum durch eine *doppelseitige Kritik* naturalistische und kulturalistische Reduktionen und Fehlschlüsse zurückzuweisen. Bei dieser Kritik wird auf Unterscheidungen zurückgegriffen, die nicht mit den Unterschieden in den Gegenstandsbestimmungen der Natur- bzw. der Sozialwissenschaften zusammenfallen. Dann kann man die Unterscheidung Natur/Gesellschaft und die von materiell/symbolisch als Unterscheidungen in verschiedenen Dimensionen eines gegliederten Komplexes ansehen.

Gesellschaftliche Naturverhältnisse als Systemzusammenhang

Seit längerer Zeit gibt es Versuche, die gesellschaftlichen Naturverhältnisse als *Systemzusammenhang* zu begreifen (Becker 2011). Das ist eine interessante Erweiterung des kognitiven Kerns des gnV-Konzepts, die zugleich auf neue Problembezüge und Anwendungen angelegt ist und Anschlussmöglichkeiten an die internationalen Diskurse über *Social-Ecological Systems* (SES) eröffnet (Berkes et al. 2003). Eine Erweiterung ist deshalb nötig, weil die bisher diskutierten konstitutiven Operationen des Unterscheidens und Verbindens nicht ausreichen, um gesellschaftliche Naturverhältnisse als System darzustellen. Hierfür ist es nämlich zusätzlich noch nötig, darüber zu entscheiden, wie die zu verbindenden Entitäten *gegliedert* und *begrenzt* werden. Erst dann kann sinnvoll von einem sozial-ökologischen *System* gesprochen werden. Versucht man die gesellschaftlichen Naturverhältnisse als Systemzusammenhang zu begreifen, dann kommen zu den konstitutiven Operationen Unterscheiden und Verbinden noch zwei weitere hinzu: Gliedern und Begrenzen. Erweitert man den kognitiven Kern auf diese Weise und verortet ihn in den verschiedenen systemwissenschaftlichen Kontexten (z. B. im Kontext komplexer Systeme) dann wird eine neue Serie von Rahmenkonzepten möglich, in denen wiederum verschiedene Theorievarianten ausgearbeitet werden können.

Begreift man gesellschaftliche Naturverhältnisse als Systemzusammenhang, dann bezieht man das stark gesellschaftstheoretisch geprägte gnV-Konzept auf ein mathematisch definiertes Systemkonzept. Beide sind zwar miteinander verwandt, entstammen aber unterschiedlichen wissenschaftlichen Kontexten. Ihre Verbindung ist keineswegs problemlos möglich, denn sie verändert auch die verbundenen Konzepte, was oft übersehen wird. Eine Erweiterung des kognitiven Kerns des gnV-Konzepts um die Operationen *Gliedern* und *Begrenzen* hat aber noch weitere Konsequenzen: Systeme sind als eine räumlich, zeitlich oder funktional begrenzte Menge von *Elementen* mit einer darüber definierten Menge von *Relationen* definiert. Daher müssen komplexe Phänomene und Objekte in bestimmten Realitätsbereichen und Organisationsebenen so gegliedert und begrenzt werden, dass sie sich als *Elemente* einer Menge definieren lassen. Das ist keineswegs unproblematisch, denn diese Definition setzt voraus, dass die Elemente bezüglich bestimmter Merkmale gleich sind, was immer eine Abstraktion bedeutet: Faktisch Ungleiches wird als mengenlogisch Gleiches behandelt. Das heißt, es werden nur diejenigen Merkmale berücksichtigt, die verschiedenen Objekten gemeinsam sind. Andere Merkmale werden demgegenüber als bedeutungslos angesehen.

Für die Konstruktion sozial-ökologischer Systeme ist es entscheidend, die Elemente zunächst mittels der Leitunterscheidung Natur/Gesellschaft zu klassifizieren.

Diese Operation zeichnet ‚natürliche' und ‚gesellschaftliche' Elemente aus. Praktisch wird man aber immer auf Elemente stoßen, die sich sowohl als ‚natürlich' als auch als ‚gesellschaftlich' klassifizieren lassen. Wir nennen sie in Anlehnung an Bruno Latour ‚hybride' Elemente (oder *Hybridobjekte*). Gesellschaftliche, natürliche und hybride Elemente lassen sich jeweils zu Mengen zusammenfassen und verschiedenen logischen Ebenen zuordnen, die zugleich als Organisationsebenen des Systems anzusehen sind. Die hybriden Elemente bilden eine Schnittmenge zwischen den ausgewählten gesellschaftlichen und natürlichen Elementen. Auf welcher logischen Ebene zwischen ‚gesellschaftlich' und ‚natürlich' unterschieden werden soll ist keineswegs einfach zu beantworten. Welchem Sachverhalt wird der Merkmalskomplex ‚gesellschaftlich' oder ‚natürlich' attestiert? Sind es beobachtbare Phänomene und Gegenstände (Müllhalden, Kläranlagen, Landschaften, …), Menschen und menschliche Aktivitäten an denen zwischen ‚gesellschaftlich' und ‚natürlich' unterschieden wird? Mittels welcher Praktiken erfolgen diese Unterscheidungen? Wie wird die Systemgrenze bestimmt, d. h. welche Elemente und Relationen werden dem System zugerechnet – und welche nicht?

Anders als bei Latour (2010) werden durch die systemische Erweiterung des kognitiven Kerns des gnV-Konzepts Hybridobjekte auf operative Weise eingeführt. Denn was als *hybrid* klassifiziert wird hängt von den Unterscheidungspraktiken ab. Bei Hybridobjekten ist die Verschränkung materiell-energetischer und kulturell-symbolischer Aspekte besonders klar zu sehen. Diese Gegenstandsklasse sperrt sich dem Entweder-Oder des Dualismus; sie ist aber auch widerständig gegenüber naturalistischen oder kulturalistischen Reduktionsstrategien (Latour 1995). Hybridobjekte spielen daher in der sozial-ökologischen Forschung eine besondere Rolle, besonders dort, wo man Latour zu folgen versucht.

Entscheidend für eine Systemkonstruktion ist aber, wie die Elemente auf den verschiedenen logischen Ebenen miteinander verbunden werden, wie sich also die Menge der Relationen ebenenübergreifend konstituiert. Daraus entstehen *Muster von Verbindungen,* die sich oft als Netzwerke darstellen lassen und deren *Topologie* den Systemtypus festlegt. Die Frage ist, ob die Relationen bereits auf der logischen Ebene der Elemente definiert werden oder erst auf der Ebene von Klassen, die gleichartige Elemente zusammenfassen. Hier liegt der Ursprung des vertrackten Skalen- oder Ebenenproblems (*problem of scale*): Wie beeinflussen und bedingen sich Prozesse und Strukturen wechselseitig, die auf verschiedenen räumlichen, zeitlichen oder sozialen Skalen definiert sind? Es spricht vieles dafür, dass die als ‚Elemente' identifizierten Objekte selbst wiederum aus relationierten Elementen bestehen. Daher werden sozial-ökologische Systeme oft als hierarchische Systeme konzipiert. Doch dann stellt sich die Frage, was eine Ebene auszeichnet. Handelt es sich hier lediglich um das Resultat einer logischen Typisierung – oder muss man eine eigene *Ontology of Levels* (Emmeche et al. 1997) ausarbeiten?

Auch auf die Frage, wie die Relationen klassifiziert werden sollen, gibt es verschiedene Antworten: Wirkungen und Wechselwirkungen (‚Interaktionen'), topologische Lagebeziehungen, Deutungen und Bedeutungszuschreibungen, Flüsse von Materie, Energie und Information. Bei all diesen Vorschlägen handelt es sich um verschiedene Varianten der Unterscheidung materieller und symbolischer Aspekte von Beziehungsmustern. Betrachtet man nur Stoff- und Energieflüsse, dann lassen sich die Beziehungsmuster als Netze gerichteter Graphen darstellen. Damit kann der kognitive Kern des Konzepts der gesellschaftlichen Naturverhältnisse in eine mathematische Form gebracht werden. Der Preis dafür ist das Ausblenden symbolischer Aspekte.

Eine Neufassung des gnV-Konzepts, bei der die hier aufgeworfenen Fragen bearbeitet werden, hat gerade erst begonnen. Hat man den kognitiven Kern des Konzepts in dem skizzierten Sinne erweitert und verändert, dann wird die Liste der möglichen und intendierten Problembezüge immer länger. Als besonders fruchtbar hat es sich erwiesen, die über Grundbedürfnisse bestimmten basalen Naturverhältnisse als Systemzusammenhänge zu reformulieren und durch *Versorgungssysteme* (Hummel 2008) zu repräsentieren: Versorgungssysteme für Wasser, Nahrung und Energie besitzen eine hybride Struktur, sind also im Überschneidungsbereich von Gesellschaft und Natur angesiedelt und können zwischen Natur und Gesellschaft ‚vermitteln' – allerdings nicht im Sinne einer dialektischen Begriffsvermittlung sondern durch ihre materielle und symbolische Prozessdynamik.

Vorteile des Rahmenkonzepts

Für die Untersuchung von Gesellschafts-Natur-Beziehungen hat das etwas sperrige Konzept der gesellschaftlichen Naturverhältnisse eine Reihe von Vorteilen gegenüber anderen Rahmenkonzepten:

- Das Konzept ist *rekonstruktiv,* denn es ermöglicht es, unterschiedliche Konzepte von einer theoretischen Perspektive aus zu vergleichen.
- Es ist *reflexiv,* denn es legt Voraussetzungen und Vorannahmen frei, die jeweils bei der Festlegung einer Zentralreferenz gemacht werden.
- Es ist *prozessual* verfasst, denn es zeichnet in einem konkreten sozial-ökologischen Problembereich vor, wie durch eine Abfolge von Unterscheidungen, Verknüpfungen und Abgrenzungen sozial-ökologische System- und Handlungszusammenhänge strukturiert werden.
- Es ist *kritisch* angelegt, denn es ermöglicht eine doppelseitige Kritik naturalistischer und kulturalistischer Reduktionen sowie dualistischer Konstruktionen.
- Es ist *transdisziplinär,* denn konkrete sozial-ökologische Krisenphänomene und Problemlagen bilden den Ausgangspunkt und das Ziel der Forschung.
- Es ist *systemorientiert,* denn es bezieht sich auf systemische Probleme und Risiken und kann auf die Konstruktion komplexer sozial-ökologischer Systeme bezogen werden.

Weiterführende Literatur

Becker, Egon und Thomas Jahn (Hrsg.) (2006): *Soziale Ökologie: Grundzüge einer Wissenschaft von den gesellschaftlichen Naturverhältnissen*. Frankfurt a. M.: Campus.
Fischer-Kowalski, Marina und Helga Weisz (1999): Society as Hybrid between Material and Symbolic Realms: Towards a Theoretical Framework of Society-nature Interaction. *Advances in Human Ecology* 8: 215–251.
Görg, Christoph (2003): *Regulation der Naturverhältnisse: Zu einer kritischen Theorie der ökologischen Krise*. Münster: Westfälisches Dampfboot.

Zitierte Literatur

Adorno, Theodor W. (1966): *Negative Dialektik*. Frankfurt a. M.: Suhrkamp.
Beck, Ulrich und Christoph Lau (Hrsg.) (2004): *Entgrenzung und Entscheidung*. Frankfurt a. M.: Suhrkamp.
Beck, Ulrich (1986): *Risikogesellschaft: Auf dem Weg in eine andere Moderne*. Frankfurt a. M.: Suhrkamp.
Becker, Egon (2011): Social-ecological Systems as Epistemic Objects. In: Glaser, Marion Gesche Krause, Beate Ratter und Martin Welp (Hrsg.), *Human-Nature Interactions in the Anthropocene: Potentials of Social Ecological Systems Analysis*. London: Routledge.
Becker, Egon und Thomas Jahn (2006): *Soziale Ökologie: Grundzüge einer Wissenschaft von den gesellschaftlichen Naturverhältnissen*. Frankfurt a. M.: Campus.
Becker, Egon und Thomas Jahn (2003): Umrisse einer kritischen Theorie gesellschaftlicher Naturverhältnisse. In: Böhme, Gernot und Alexandra Manzei (Hrsg.), *Kritische Theorie der Technik und der Natur*. München: Fink, 91–112.
Becker, Egon und Thomas Jahn (2000): Sozial-ökologische Transformationen: Theoretische und methodische Probleme transdisziplinärer Nachhaltigkeitsforschung. In: Brand, Karl-Werner (Hrsg.), *Nachhaltigkeit und Transdisziplinarität*. Berlin: Analytica, 68–84.
Berghöfer, Uta, Ricardo Rozzi und Kurt Jax (2010): Many Eyes on Nature: Diverse Perspectives in the Cape Horn Biosphere Reserve and Their Relevance for Conservation. *Ecology and Society* 15 (1): 18. URL: http://www.ecologyandsociety.org/vol15/iss1/art18/.
Bergmann, Matthias und Thomas Jahn (2008): Transdisciplinary Integration in Sustainability Research: The Case of CITY:mobil. In: Hirsch Hadorn, Getrud, Holger Hoffmann-Riem, Susette Biber-Klemm, Walter Grossenbacher-Mansuy, Dominique Joye, Christian Pohl, Urs Wiesmann und Elisabeth Zemp (Hrsg.), *Handbook of Transdisciplinary Research*. Dordrecht: Springer, 57–68.
Brand, Karl-Werner (1982): *Neue soziale Bewegungen: Entstehung, Funktion und Perspektive neuer Protestbewegungen*. Opladen: Westdeutscher Verlag.
Brandom, Robert B. (2000): *Expressive Vernunft: Begründung, Repräsentation und disskursive Festlegung*. Frankfurt a. M.: Suhrkamp.
Diamond, Jared (2005): *Kollaps: Warum Gesellschaften überleben oder untergehen*. Frankfurt a. M.: Fischer.
Eder, Klaus (1988): *Die Vergesellschaftung der Natur: Studien zur sozialen Evolution der praktischen Vernunft*. Frankfurt a. M.: Suhrkamp.
Ekard, Felix (2005): *Das Prinzip Nachhaltigkeit: Generationengerechtigkeit und globale Gerechtigkeit*. München: Beck.
Emmeche, Claus, Simo Koppe und Frederik Stjernfelt (1997): Explaining Emergence: Towards an Ontology of Levels. *Journal for General Philosophy of Science* 28 (1): 83–119.

Fischer-Kowalski, Marina und Helga Weisz (1999): Society as Hybrid Between Material and Symbolic Realms: Towards a Theoretical Framework of Society-nature Interaction. *Advances in Human Ecology* 8: 215–251.

Fischer-Kowalski, Marina, Helmut Haberl, Walter Hüttler, Harald Payer, Heinz Schandl, Verena Winiwarter und Helga Zangerl-Weisz (1997): *Gesellschaftlicher Stoffwechsel und Kolonisierung von Natur: Ein Versuch in Sozialer Ökologie.* Amsterdam: Gordon & Breach Verlag Fakultas.

Folke, Carl (2006): Resilience: The Emergence of a Perspective for Social-cological Systems Analyses. *Global Environmental Change* 16 (3): 253–267.

Gloy, Karen (1996): *Das Verständnis der Natur: Die Geschichte des ganzheitlichen Denkens.* München: Beck

Görg, Christoph (1992): *Neue soziale Bewegungen und kritische Theorie.* Wiesbaden: Deutscher Universitätsverlag.

Görg, Christoph (1999): *Gesellschaftliche Naturverhältnisse.* Münster: Westfälisches Dampfboot.

Görg, Christoph (2003): *Regulation der Naturverhältnisse: Zu einer kritischen Theorie der ökologischen Krise.* Münster: Westfälisches Dampfboot.

Habermas, Jürgen (2005): *Zwischen Naturalismus und Religion: Philosophische Aufsätze.* Frankfurt a. M.: Suhrkamp.

Hacking, Ian (2006): *Historische Ontologie.* Zürich: Chronos.

Horkheimer, Max und Theodor W. Adorno (1987 [1944]): Dialektik der Aufklärung: Philosophische Fragmente. In: Horkheimer, Max, *Gesammelte Schriften, Bd. 5.* Frankfurt a. M.: Fischer, 11–290.

Hummel, Diana (Hrsg.) (2008): *Population Dynamics and Supply Systems: A Transdisciplinary Approach.* Frankfurt a. M.: Campus.

Hummel, Diana und Egon Becker (2006): Bedürfnisse. In: Becker, Egon und Thomas Jahn (Hrsg), *Soziale Ökologie.* Frankfurt a. M.: Campus, 198–210.

Hummel, Diana und Thomas Kluge (2006): Regulationen. In: Becker, Egon und Thomas Jahn (Hrsg): *Soziale Ökologie,* Frankfurt a. M.: Campus, 248–258.

Jahn, Thomas (2008): Transdisziplinarität in der Forschungspraxis. In: Bergmann, Matthias und Engelbert Schramm (Hrsg.), *Transdisziplinäre Forschung: Integrative Forschungsprozesse verstehen und bewerten,* Frankfurt a. M.: Campus, 21–37.

Jahn, Thomas und Peter Wehling (1998): Gesellschaftliche Naturverhältnisse – Konturen eines theoretischen Konzepts. In: Brand, Karl-Werner (Hrsg.), *Soziologie und Natur: Theoretische Perspektiven.* Opladen: Leske + Budrich, 75–93

Jahn, Thomas (1991): *Krise als Gesellschaftsform: Umrisse eines sozial-ökologischen Gesellschaftskonzepts.* Frankfurt a. M.: Verlag für Interkulturelle Kommunikation

Janich, Peter (2009): *Kein neues Menschenbild: Zur Sprache der Hirnforschung.* Frankfurt a. M.: Suhrkamp

Janowicz, Cedric (2008): *Zur Sozialen Ökologie urbaner Räume: Afrikanische Städte im Spannungsfeld von demographischer Entwicklung und Nahrungsversorgung.* Bielefeld: transcript.

Kluge, Thomas (Hrsg.) (1984): *Grüne Politik: Der Stand einer Auseinandersetzung.* Frankfurt a. M.: Fischer.

Kluge, Thomas und Diana Hummel (2006): Transformationen. In: Becker, Egon und Thomas Jahn, *Soziale Ökologie.* Frankfurt a. M.: Campus, 259–266.

Köhler, Bettina (2008): Gesellschaftliche Naturverhältnisse, Politische Ökologie und ökologisch-feministische Sichtweisen. *Das Argument* 50 (6): 850–857.

Kruse, Sylvia (2010): *Vorsorgendes Hochwassermanagement im Wandel: Ein sozial-ökologisches Raumkonzept für den Umgang mit Hochwasser.* Wiesbaden: VS-Verlag.

Latour, Bruno (2010 [2005]): *Eine neue Soziologie für eine neue Gesellschaft: Einführung in die Akteur-Netzwerk-Theorie.* Frankfurt a. M.: Suhrkamp.

Latour, Bruno (1995 [1991]): *Wir sind nie modern gewesen: Versuch einer symmetrischen Anthropologie.* Berlin: Akademie Verlag.

Liu, Jianguo, Thomas Dietz, Stephen Carpenter, Marina Alberti, Carl Folke, Emilio Moran, Alice N. Pell, Peter Deadman, Timothy Kratz, Jane Lubchenco, Elinor Ostrom, Zhiyun Ouyang, William Provencher, Charles Redman, Stephen H. Schneider und William W. Taylor (2007): Complexity of Coupled Human and Natural Systems. *Science* 317: 1513–1516.

Luhmann, Niklas (1986): *Ökologische Kommunikation: Kann die moderne Gesellschaft sich auf ökologische Gefährdungen einstellen?* Opladen: Westdeutscher Verlag.

Mainzer, Klaus (1997): *Thinking in Complexity.* Heidelberg: Springer

Meadows, Dennis, Donella Meadows, Erich Zahn und Peter Milling (1972): *Die Grenzen des Wachstums: Bericht des Club of Rome zur Lage der Menschheit.* Stuttgart: DVA.

Mölders, Tanja (2010): *Gesellschaftliche Naturverhältnisse zwischen Krise und Vision: Eine Fallstudie im Biosphärenreservat Mittelelbe.* München: Oekom.

Norberg, Jon and Graeme S. Cumming (Hrsg.) (2008): *Complexity Theory for a Sustainable Future.* New York: Columbia University Press.

Ostrom, Elinor (2007): A Diagnostic Approach for Going Beyond Panaceas. *Proceedings of the National Academy of Science (PNAS)* 104 (39): 15181–15187.

Ott, Konrad und Ralf Döring (2008): *Theorie und Praxis starker Nachhaltigkeit.* Marburg: Metropolis.

Schmidt, Alfred (1962): *Der Begriff der Natur in der Lehre von Marx.* Frankfurt a. M.: Europäische Verlagsanstalt.

Schultz, Irmgard, Diana Hummel und Doris Hayn (2006): Geschlechterverhältnisse. In: Becker, Egon und Thomas Jahn (Hrsg.), *Soziale Ökologie.* Frankfurt a. M.: Campus, 224–235.

Stegmüller, Wolfgang (1979): *Hauptströmungen der Gegenwartsphilosophie: Eine kritische Einführung.* Stuttgart: Kröner.

Stegmüller, Wolfgang (1973): *Theorie und Erfahrung: Theorienstrukturen und Theoriendynamik.* Berlin: Springer.

Voss, Martin und Birgit Peuker (Hrsg.) (2006): *Verschwindet die Natur? Die Akteur-Netzwerk-Theorie in der umweltsoziologischen Diskussion.* Bielefeld: transcript.

Zur sozialmetabolischen Transformation von Gesellschaft und Soziologie

Marina Fischer-Kowalski, Andreas Mayer und Anke Schaffartzik

Einleitung

Es war eine gewagte Ansage, schon 1997 im *International Handbook of Environmental Sociology* im Beitragstitel gesellschaftlichen Stoffwechsel als „rising conceptual star" zu bezeichnen (Fischer-Kowalski 1997). Die Autorin hat sich allerdings in der Folge nicht blamiert – heute gehört der gesellschaftliche Stoffwechsel zur *mode de parler* in der Umweltdebatte,[1] und die Erhebung und Publikation entsprechender Indikatoren zu den gesetzlich vorgesehenen Statistiken der Europäischen Unionsmitglieder, Japans und einer zunehmenden Zahl von Ländern weltweit. Gesellschaftlicher Stoffwechsel ist metaphorisch ein bestechendes Konzept, da es – was vielen Leuten einleuchtet, aber von der Soziologie nicht unbedingt so goutiert wird – an das Bild des individuellen Organismus anschließt und analog erzählt, das gesellschaftliche System nähme Nahrung zu sich, verdaue sie, wandle einen Teil davon in Aktivität um und scheide den Rest aus. Für den Organismus gilt: Nimmt er mehr Nahrung zu sich, als er für seine Aktivitäten benötigt, baut er immer mehr Masse auf, und braucht demzufolge auch immer mehr Nahrung, um jede seiner Zellen zu reproduzieren, was nicht allen erstrebenswert erscheint (viele würden ihre Fettzellen lieber abbauen). Während das *Input*, die Nahrung, als appetitlich und begehrenswert angesehen wird, wirkt das *Output*, die Ausscheidungen von Abfällen und Emissionen, als unappetitlich und schädlich (siehe hierzu auch den Beitrag von Krohn et al. in diesem Band). Aus diesem Bild allein schon ergibt sich die zentrale *message*, die das Stoffwechsel-Paradigma für die Umweltdebatte bereit hält: dass nämlich ein System, das man füttert, nicht daran zu hindern ist, Ausscheidungen von sich zu geben, die sich in der Masse proportional zum Input verhalten, und zum Beispiel stinken.[2] Der umweltpolitische Versuch, das System am hinteren Ende zuzustopfen („Verringerung von Abfällen und Emissionen"), muss scheitern.

Der Gebrauch des Ausdrucks „gesellschaftlicher Stoffwechsel" geht unseres Wissens auf Marx zurück. Er spricht vom „Stoffwechsel zwischen Mensch und Natur", bewerkstelligt durch gesellschaftliche Arbeit, als notwendige Bedingung mensch-

---

1   Bis hin zur reflektierenden Betrachtungen eines Sloterdijk (2009)
2   Hier liegt schon eine Schwierigkeit des Verständnisses, weniger von Umwelt- als von Sozialwissenschaftlern. Viele Sozialwissenschaftler scheinen nämlich überzeugt davon, dass Nahrung (oder Rohstoffe) in Energie umgewandelt wird, und als Materie damit verschwindet – was natürlich keineswegs der Fall ist. Hier mangelt es häufig an einfachen physikalischen Grundkenntnissen.

licher Existenz (Marx 1972).[3] Gesellschaften reproduzieren sich und die in ihnen lebenden Menschen, indem sie der Natur Rohstoffe entnehmen, sie zu Nahrung und anderen Produkten *verarbeiten* und sie letztendlich in der Form von Abfällen und Emissionen wieder an die Natur zurückgeben. Diese materiellen und energetischen Austauschbeziehungen zwischen Gesellschaft und Natur nennen wir gesellschaftlicher Stoffwechsel, wobei wir diesem Begriff allerdings einen systemisch und operational viel präziseren Gehalt geben.

Auch nach Marx hat es durchaus Soziologen gegeben, die sich mit dem gesellschaftlichen Stoffwechsel beschäftigten, ohne die Sache so zu nennen. Es gab immer wieder Ansätze zu energetischen Kulturtheorien, angefangen von Herbert Spencer (1862), dem späteren Gründer der britischen Gesellschaft für Soziologie Patrick Geddes (1884), dem Max Weber zu einem heftigen Verriss (1909) provozierenden Wilhelm Ostwald (1909), Frederick Soddy (1912, 1922), bis zur frühen Schlüsselfigur der *ecological anthropology* Leslie White (1949). Zu den modernsten und beeindruckendsten dieser Arbeiten zählen wahrscheinlich Fred Cottrell's soeben wieder aufgelegtes Buch *Energy and Society* (1955, 1970, 2009) sowie die Schriften von Rolf Peter Sieferle (1982, 1991, 2006). Letzterer hat auch, ähnlich wie der Kulturanthropologe Maurice Godelier (1984), in historischer Analyse Natur und Gesellschaft als zwei sich wechselseitig beeinflussende Systeme mit jeweils eigener Dynamik konzeptualisiert, die strukturell in einem co-evolutionären Prozess gekoppelt sind.

Das Paradigma des gesellschaftlichen Stoffwechsels und seine epistemologischen Grundlagen

Ein theoretisches Modell von gesellschaftlichem Stoffwechsel benötigt bestimmte epistemologische Voraussetzungen: eine realistische ontologische Grundhaltung, einen nicht-reduktionistischen Umgang mit naturalen und sozialen Prozessen, die Verwendung einer metatheoretischen Struktur, die quer über die *great divide* akzeptiert wird, und eine konsistente Gesellschaftstheorie. Auf Grund solcher Vorüberlegungen konzipieren wir Gesellschaft auf einer operativen Ebene als kommunikativ geschlossen, hingegen materiell und energetisch als offenes System. Strukturell betrachtet, ist Gesellschaft die Kopplung eines kulturalen Systems mit biophysischen Elementen. Innerhalb dieser sozialen Organisationsform reproduziert sich die menschliche Population kulturell und biophysisch. Kulturales und naturales System sind co-evolutionär aufeinander bezogen, das heißt beide Systeme entwickeln sich erstaunlich unabhängig voneinander (ein wesentlicher Grund für anthropogene Umweltprobleme), aber bleiben interdependent. Um den notwendigen materiellen

---

3   Marx hat sich auch an anderen Stellen mit Störungen des gesellschaftlichen Stoffwechsels beschäftigt, zum Beispiel damit, dass durch die Lieferung von Nahrungsmitteln an im Zuge kapitalistischer Entwicklung anwachsende Städte dem agrarisch genutzten Boden Nährstoffe entzogen werden, die dann schädlicherweise in Abwässern und Flüssen landen. Diese Überlegung hat John B. Foster (1999) dazu veranlasst, Marx als frühen Umweltsoziologen zu reklamieren, der sich über die „metabolic rift" Sorgen macht.

und energetischen Stoffwechsel zwischen Natur und Gesellschaft aufrecht zu erhalten, greifen Gesellschaften gezielt in Natursysteme ein, um sie so zu verändern,
dass sie für sie nützlicher sind als in ihrem ursprünglichen Zustand. Beispiele dafür
wären Ackerbau, Viehzucht oder die Gentechnik. Wir haben für diese Art Naturbe-
ziehung den Begriff Kolonisierung von Natur geprägt.

Interdisziplinäre Ansätze wie eine Theorie des gesellschaftlichen Stoffwechsels
müssen sich im Rahmen einer metatheoretischen Struktur bewegen, die in den beteiligten wissenschaftlichen Disziplinen gebräuchlich ist, sodass man sich beim *soft
coupling* an formale Homologien halten kann. Die einzige Metatheorie, die unserer Meinung nach dafür in Frage kam, ist die allgemeine Systemtheorie im Gefolge
der Neufassungen durch Maturana und Varela (1975). Sie findet sich – wenn auch
mit Variationen – in einer breiten Palette von Anwendungen, und hat gezeigt, dass
man sie quer über den great divide von Natur- und Sozialwissenschaften versteht
und akzeptiert. Die wichtigste Leistung besteht wohl darin, ein System nicht als
Menge von Elementen zu verstehen, sondern als operativ geschlossenes (autopoeti-
sches) Geschehen der Selbstreproduktion, das Grenzen gegenüber seinen Umwelten
aufrechterhält. Eine solche Konzeption bedeutet zugleich, dass das System durch
Eingriffe von außen nie voll steuerbar oder kontrollierbar ist. Andererseits ist eine
solche Systemkonzeption offen gegenüber Quantifizierungen und gut kompatibel
mit verschiedenen modernen Modellierungsansätzen (siehe hierzu auch den Beitrag
von Simon in diesem Band).

Schließlich benötigt eine Konzeption von Gesellschafts-Natur-Interaktion auch
noch eine geeignete Gesellschaftstheorie, und aus der oben genannten Entscheidung zugunsten einer systemischen Metatheorie lag es nahe, an Niklas Luhmann
(1986) und seine Konzeption von Gesellschaft als System rekursiver Kommunikation
anzuschließen. Aber die Grundidee Luhmanns, soziale Systeme als Systeme rekursiver Kommunikation aufzufassen, hebt sie völlig aus dem naturalen Bezug heraus.
Für Luhmann gehört sogar der Mensch zur Umwelt, er ist nicht Teil sozialer Systeme, anders als in den meisten übrigen soziologischen Theorien, die Gesellschaft als
Verbindung einer Population mit einem sozialen Regelsystem zeichnen. Es gelingt
Luhmann allerdings, mit dieser Reduktion des Sozialen auf rekursive Kommunikation ein hohes Maß an Konsistenz und innerer Geschlossenheit zu erzielen, die
es erleichtert, an ähnlich geartete Theorien über naturale Systeme anzudocken (vgl.
Luhmann 1986, 1997). Paradoxerweise könnte gerade die Selbstbeschränkung dieser
Theorie auf Kommunikationsprozesse die interdisziplinäre Kooperation begünstigen: Nichts steht der disziplinübergreifenden Theoriebildung nämlich mehr im
Wege, als wenn von beiden Seiten im Brustton der fachlichen Überzeugung dieselben Gegenstände völlig unterschiedlich konzeptualisiert werden, und diese Gefahr
ist zwischen einer Soziologie á la Luhmann und z. B. humanbiologischen Ansätzen
kaum gegeben. Eines kann allerdings mit der Luhmannschen Theorie nicht gelingen: zu erklären, wie soziale Systeme naturale Systeme real beeinflussen können.
Wenn ein soziales System als System rekursiver Kommunikation aufgefasst wird,
also anders gesagt, als ein symbolisches System, muss man Zusatzannahmen dafür
haben, wie denn dieses symbolische System materielle Realitäten verändern kann.

Man braucht ein Bindeglied zwischen diesem System rekursiver Kommunikation und der naturalen Wirklichkeit, ein Bindeglied, das energetisch und materiell einwirken kann auf die naturale Wirklichkeit. Ein solches Bindeglied muss ja wohl der Mensch als Hybridwesen[4] eines kultural geprägten Bewusstseins und eines naturalen Gesetzmäßigkeiten unterliegenden Körpers sein. Er ist einerseits in der Lage, zu kommunizieren, Kommunikation zu „verstehen" und sich durch Symbole, Zeichen, „Sinn" und Kommunikation „bewegen" zu lassen, und andererseits in der Lage, energetisch-materiell zu funktionieren, raum-zeitliche Realitäten zu verändern, als Akteur aufzutreten (vgl. Sieferle 1997b). Neben Menschen kommen auch noch andere solche hybriden Bindeglieder in Frage, die kommunikativ geprägt oder empfänglich und zugleich biophysisch real sind (wie z. B. Haustiere und Computer, „Technologie", oder noch weitergehend Artefakte aller Art). In unseren theoretischen Arbeiten tendieren wir also dazu, soziale Systeme allgemein und Gesellschaft im Besonderen als strukturelle Koppelung zwischen einem nach Luhmann gefassten sozialen System und bestimmten biophysischen Strukturen aufzufassen (vgl. Fischer-Kowalski und Weisz 1999). Nach unseren Erfahrungen bietet ein solches Modell eine gute Ausgangsposition dafür, Interaktionsprozesse von sozialen mit naturalen Systemen darzustellen.

Abbildung 1 skizziert, wie eine so verstandene menschliche Gesellschaft sich gegenüber naturalen Systemen verhält, und wie naturale Systeme auf Gesellschaft zurückwirken.

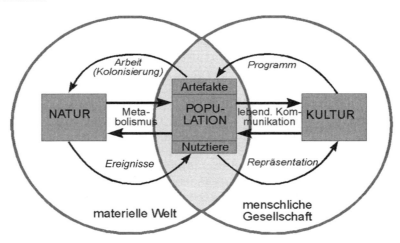

Abbildung 1   Epistemologisches Modell von Gesellschaft-Natur-Interaktionen

Kultur und Natur sind hier zwei Wirkungszusammenhänge, die nach je eigenen Gesetzmäßigkeiten funktionieren. Phänomene innerhalb des naturalen Wirkungs-

---

4   Siehe hierzu die Begriffswahl von Latour (1998)

zusammenhangs sind raum-zeitlich strukturiert und gehorchen jenen Regeln, die von den Naturwissenschaften beschrieben werden. Die Phänomene des kulturalen Wirkungszusammenhangs folgen anderen Gesetzmäßigkeiten, beispielsweise jenen der Grammatik. Beide „Welten" unterliegen dabei evolutionären Mechanismen. Das Besondere an dieser Darstellungsform besteht darin, dass es sich zwar um ein cartesisches dyadisches Modell handelt (hier naturale, hier kulturale Regelkreise), aber nicht dichotom ist. Dass Elemente natural geregelt sind, schließt keineswegs aus, dass sie zugleich kultural geregelt sind und umgekehrt. Und über das Zusammenwirken, oder Überlappen, naturaler und kulturaler Regelungen werden bestimmte Annahmen gemacht.

Die direkteste Verbindung zwischen der menschlichen Gesellschaft und der materiellen Welt wird über Metabolismus, Stoffwechsel, hergestellt. Ohne Atmen, Trinken, Energiezufuhr keine lebende menschliche Population, keine Nutztiere, keine funktionsfähigen Artefakte. Das wichtigste analoge Bindeglied auf der anderen Seite, zwischen der menschlichen Population und Kultur, ist Kommunikation. In jenem allgemeinen Sinn, den Luhmann diesem Begriff unterlegt, schließt dies neben personaler Kommunikation auch Marktprozesse, politische Entscheidungen oder Rechtsverhältnisse ein. Ohne Kommunikation kein Zusammenhang der menschlichen Akteure und keine kohärente kulturale Orientierung von Handeln. Abgesehen von Metabolismus und Kommunikation (den Verbindungen mit den kürzesten Rhythmen, könnte man vielleicht sagen: wenn sie unterbrochen werden, ist das gesellschaftliche System sehr schnell nicht mehr reproduktionsfähig) finden sich in Abbbildung 1 noch weitere, weitläufigere Kopplungsmechanismen. Einerseits werden „Ereignisse", die ihren Ursprung in naturalen Vorgängen haben, von den hybriden biophysischen Strukturen registriert und kulturell repräsentiert, also zum Beispiel erzählt, oder wissenschaftlich codiert, und finden so auf inkrementelle Weise Eingang in gesellschaftlich objektiviertes Sinnverständnis und Wissen. In der anderen Richtung wirkt Kultur als handlungsleitendes Programm, sowohl instrumentell-analytisch als auch normativ. So zeitigt Kultur, vermittelt über menschliche Handlungen, technisierte oder nicht technisierte Arbeitsprozesse, in der Natur Wirkungen, was wiederum über Ereignisse erfahrbar wird.

Auf dieser Grundlage lässt sich nun die eigentliche sozialökologische Aufgabe präzisieren. Sie besteht darin, die zwischen dem kulturalen und dem naturalen Geschehen vermittelnden Elemente und Prozesse in einer Weise zu spezifizieren, dass daraus ein klares und empirisch realisierbares Forschungsprogramm entsteht, welches zu den eingangs genannten Problemlösungen beizutragen vermag. Als Kernstück dieser Forschung betrachten wir die mit sozialen Systemen verkoppelten biophysischen Strukturen und ihre Dynamik. Die biophysischen Strukturen von Gesellschaft, die „Hybride" in der Terminologie Latours, sind es, die in unmittelbare Interaktion mit naturalen Systemen, oder anders gesagt, der natürlichen Umwelt, treten, auf diese einwirken und von dieser beeinflusst werden. Die als Pfeile dargestellten Verbindungen (Abb.1) kann man als sozialökologische und umweltsoziologische Forschungsfragen interpretieren: Wie ist der gesellschaftliche Stoffwechsel beschaffen, wie verändert er sich? Mit welchen kolonisierenden Interventionen wird in die naturalen Systeme eingegriffen, auf welche dauerhaften Arbeitsleistungen lässt die Gesellschaft sich da ein und macht sich abhängig von deren Funktionieren? Welche naturalen Ereignisse haben welchen materiellen Impact, werden wie wahrgenommen und wie gesellschaftlich repräsentiert? Wie sehen die Programme aus, die den Umgang mit naturalen Systemen steuern sollen, und wie verändern sie sich? Und schließlich: Was sind die entscheidenden Kommunikationsprozesse (Eigentum und Preise? Rechtsvorschriften? Soziale Bewegungen und Medien?), die hier Einfluss ausüben?

Gesellschaftlicher Stoffwechsel und Transitionen zwischen sozial-metabolischen Regimes

Gesellschaftlicher Stoffwechsel beschreibt also die Prozesse des energetischen und materiellen Austauschs von sozialen Systemen mit ihrer natürlichen Umwelt. Wie sie das tun, welche biophysischen Bestände sie dabei aufbauen, und welche und wie große energetische und materielle Flüsse sie dafür in Gang setzen, hängt von den Technologien und der Lebensweise dieser sozialen Systeme ab. Cluster solcher Technologien/Lebensweisen kann man Subsistenzweisen (Adam Smith 1776), Produktionsweisen (Marx 1972) oder auch sozial-metabolische Regimes (Sieferle 1997b) nennen. Sieferle lieferte eine moderne universalgeschichtliche Darstellung sozial-ökologischer Transformationen, deren Logik auf Energieträgern und deren Verfügbarmachung aufbaut und die sich daraus ergebenden gesellschaftlichen Merkmale beschreibt. Entlang dieser Theorie lässt sich die Menschheitsgeschichte als Abfolge von unterschiedlich organisierten aber auf Solarenergie basierenden Regimes (Jäger und Sammler sowie Agrargesellschaften unterschiedlicher Komplexität) und schließlich einem sich auf fossile Energieträger stützenden Regime (Industriegesellschaft) beschreiben (Sieferle 2004, Fischer-Kowalski und Haberl 2007). Während die anderen Regimes viele Jahrtausende währten, hat das letztere Regime infolge der schrittweisen Erschöpfung der fossilen Energiereserven eine bei weitem geringere Lebensdauer. Welches nächste Regime folgen wird, ist schwer absehbar (vgl. z. B. Leggewie und Welzer 2009, Giddens 2009, Tainter 2007). Ein genaueres Verständnis dieser sozialmetabolischen Regimes ist nicht nur von historischem Interesse (vgl. Krausmann und Fischer-Kowalski 2010), sondern auch außerordentlich hilfreich, um die gegenwärtige globale Dynamik zu verstehen und weitere Entwicklungen vorherzusehen. Die verschiedenen sozialmetabolischen Regimes sind einerseits dadurch gekennzeichnet, dass sie mit einer bestimmten evolutionären Logik[5] aufeinander

---

5   Womit wir hier keinesfalls eine Logik des „Fortschritts" meinen, sondern eine evolutionäre Logik in dem Sinne, dass unter bestimmten Rahmenbedingungen (wie günstige Klimaverhältnisse, Seltenheit von großen Naturkatastrophen, Ressourcenverfügbarkeit und eine bestimmte menschliche Bevölkerungsdichte) ältere Regimes gegenüber jüngeren Konkurrenznachteile haben und daher schrittweise zurückgedrängt werden. Dies gilt sowohl für die Konkurrenz zwischen Jägern und Sammlern mit agrarischen Regimes, als auch für das industrielle Regime gegenüber den agrarischen (vgl. dazu zum Beispiel Crosby 1986).

folgen, andererseits koexistieren sie global, gewissermaßen als Gleichzeitigkeit des Ungleichzeitigen (Bloch 1973). Heute lebt global noch die Hälfte der Menschen unter mehr oder weniger agrargesellschaftlichen Bedingungen, und das, was „Entwicklung" genannt wird, kann gut als Transition vom agrarischen zu einem industriellen Regime verstanden werden (Fischer-Kowalski und Haberl 2007).

Den Stoffwechsel von sozioökonomischen Systemen, gleich welcher Regimes, kann man nach dem in Abbildung 2 skizzierten Grundmodell darstellen.

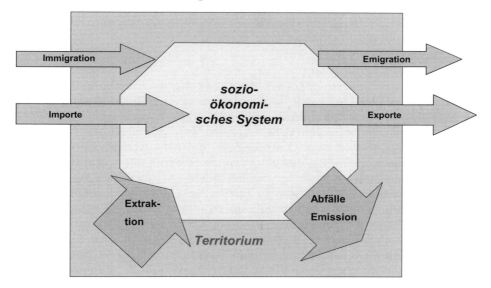

Abbildung 2   Biophysische Flüsse in und aus sozioökonomischen Systemen

Wir gebrauchen hier den Begriff „sozioökonomische Systeme" zur Kennzeichnung einer bestimmten Klasse von sozialen Systemen. Während nach unserem Verständnis alle sozialen Systeme „hybrid" sind, also auch biophysische Strukturelemente haben, dienen manche dieser Systeme dazu, menschliche Populationen auf einem bestimmten Territorium zu reproduzieren.[6] Zu dieser Klasse von sozialen Systemen gehören *communities* von Jägern und Sammlern ebenso wie Dorfgemeinschaften, Haushalte, Städte oder Nationalstaaten.[7] Für alle sozioökonomischen Systeme lassen sich die in Abbildung 3 genannten biophysischen Strukturelemente („Bestände") und die zugehörigen Flüsse beschreiben.

---

6   Genauere theoretische Diskussion zu diesen Begriffen siehe Fischer-Kowalski und Erb (2006).

7   Nicht zu dieser Klasse von sozialen Systemen gehören z. B. Industriebetriebe: ihre Funktion besteht in erster Linie darin, Güter für einen Markt zu erzeugen, und sie müssen die dafür erforderlichen Produktionsfaktoren (wie physisches und monetäres Kapital sowie Arbeitskraft) reproduzieren.

BESTÄNDE	FLÜSSE
Bevölkerung (nach Alter, Geschlecht strukturiert)	natürliche Reproduktion Wanderungen Lebenszeit/Arbeitszeit
andere biophysische Bestände (Infrastruktur, Vieh, dauerhafte Güter)	energetisches Input/Output materielles Input/Output
Territorium (nach verschiedenen Merkmalen strukturiert)	Nutzung von Wasser Aneignung von pflanzlicher Primärproduktion

Abbildung 3   Biophysische Strukturelemente von sozioökonomischen Systemen und die zugehörigen Flussgrößen

Für die empirische Forschung ist es wichtig, die Grenzen solcher Systeme sehr genau zu bestimmen. Welche menschliche Population, welches Territorium und welche anderen biophysischen Bestände sind einem bestimmten sozioökonomischen System zuzurechnen, genau in dem definitorischen Sinn, dass sie durch dieses System reproduziert werden (müssen)? Entscheidend dafür ist letztlich immer das kommunikative Selbstverständnis des betreffenden Systems selbst, das in aller Regel aber mit anderen sozialen Systemen ausgehandelt und geteilt werden muss: keine *community* kann ihre Mitglieder und ihr Territorium ganz allein bestimmen – solche Definitionen bedürfen der Anerkennung durch andere soziale Systeme.[8]

Wie in Abbildung 2 verdeutlicht, reproduziert aber kein sozioökonomisches System seine Bestände (Menschen, Tiere und Artefakte) lediglich lokal, innerhalb und mithilfe der Naturressourcen des eigenen Territoriums.[9] Die Bevölkerung selbst verändert sich meist nicht nur durch biologische Reproduktion, sondern auch durch Wanderungen, durch Immigration und Emigration. Ebenso werden Güter und Nutztiere von anderen sozialen Systemen importiert und in andere exportiert. Je nach betrachteter Systemebene, und je nach dem sozialmetabolischen Regime, spielt die Entnahme aus dem lokalen (oder zum Beispiel nationalen) Territorium eine unterschiedlich große Rolle. Während unter modernen industriellen Bedingungen Nationalstaaten mindestens drei Viertel ihrer materiellen Resources aus dem nationalen Territorium beziehen,[10] liegt dieser Anteil bei modernen Städten viel niedriger.

---

8   Auf theoretischer und operationaler Ebene, mit vielen empirischen Beispielen, haben wir diese Fragen ausführlich in einem *Researcher's Guide for Local Studies* (Singh et al. 2010) abgehandelt, herunterzuladen unter http://uni-klu.ac.at/socec/inhalt/1818.htm. Ein Territorium kann im Übrigen durchaus saisonal variieren!

9   Das Territorium selbst ist natürlich nicht abgeschlossen gegenüber seiner natürlichen Umwelt – Flüsse treten ein und aus, die Atmosphäre (mit allen möglichen darin befindlichen Partikeln) tauscht sich aus, Niederschläge fallen, Wildtiere und Pflanzen wandern ein und aus, und Energie strahlt ein und strahlt ab. Aber diese prinzipiell offenen Austauschprozesse liegen außerhalb des hier betrachteten Systemrahmens. Ökologen neigen hingegen dazu, sich in der Festlegung der Systemgrenzen ihrer Untersuchungen an naturalen Grenzen zu orientieren (zum Beispiel das Einzugsgebiet eines Flusses). Für die Untersuchung der Interaktion zwischen sozialen und naturalen Prozessen werfen solche (aus sozialer Sicht willkürlichen) Systemgrenzen aber große methodische Probleme auf.

10   In Gewichtseinheiten gerechnet; in Energieeinheiten kann es durchaus weniger sein.

Ein traditionelles Agrardorf kann aber durchaus fast 100 % seiner Ressourcen, materiell wie energetisch, aus seinem eigenen Territorium gewinnen. Ähnlich große Unterschiede kann man auf der Ouput-Seite (für Güter ebenso wie für Abfälle und Emissionen) beobachten. Es lässt sich jedenfalls allgemein sagen, dass in ausdifferenzierten, komplexeren Systemen die peripheren *communities* immer als Quelle von Ressourcen für die zentralen dienen, das heißt materiell immer mehr exportieren als importieren, während die zentralen überwiegend von Importen (und wenig von lokaler Entnahme) leben.[11] Wie immer aber die quantitativen Verhältnisse liegen, ist es bei der Untersuchung von lokalen Naturverhältnissen immer wichtig, sich die sozialmetabolische Rolle der betroffenen sozialen Einheit im Rahmen regionaler beziehungsweise sogar globaler Arbeitsteilung zu vergegenwärtigen, wenn man über mögliche Entwicklungsdynamiken Aussagen treffen möchte.

Population, Wohlstand und der Stoffwechsel sozialer Systeme

Während in den Diskussionen der Sechziger- und Siebzigerjahre der rapide Anstieg der Weltbevölkerung vielen als wichtigste Herausforderung für die Zukunft der Menschheit galt (vgl. Ehrlich und Ehrlich 1972) und diese sich ja tatsächlich im 20. Jahrhundert vervierfachte, ist es heute der steigende Ressourcenverbrauch, in energetischen und materiellen Einheiten, der die Grenzen unseres Planeten herausfordert. Dieser hängt von der Größe der menschlichen Population ab,[12] ist aber auch eng an das Einkommen (BIP) und den Entwicklungsstatus – der Transition von einem agrarischem zu einem industriellen Regime – von Gesellschaften gekoppelt. Während im Verlauf des 20.Jahrhunderts der globale Ressourcenverbrauch sich fast verzehnfachte (vgl. Abbildung 10), sind die globalen metabolischen Raten – also die pro-Kopf-Verbrauchswerte – auf das Doppelte (Material) bzw. Dreifache (Energie) gestiegen (siehe Abb.4).[13]

---

11   Was Energie anlangt, hat sich unter industriellen Verhältnisse global ein neues komplexes Muster herausgebildet, in dem es wenige Regionen gibt, in denen Fossilenergie entnommen und dann an alle Zentren weltweit exportiert wird, die es weiter in die Peripherie verteilen.

12   Bereits in den 1960er Jahren hatte Barry Commoner die Grundlagen für eine einfache, aber sehr aussagekräftige Formel gelegt, in der er Umweltauswirkungen (I) als ein gemeinsames Resultat von Bevölkerungsgröße (P) mal Wohlstandsniveau (A) mal eingesetzter Technologie (T) betrachtete. Ehrlich und Holdren formalisierten dann diese Zusammenhänge mit der IPAT-Formel (Commoner 1971, Ehrlich und Holdren 1972).

13   Hier zeigt sich auch eine interessante Systemdynamik: Bis zum Ende des Zweiten Weltkriegs gab es nur einen mäßigen Anstieg der metabolischen Raten, der dann einem rapiden Wachstum Platz machte, welches mit der ersten Ölkrise (1973) beendet wurde. In den Industrieländern hält diese Stagnation weiter an, aber die Welt-Durchschnittwerte sind seit etwa 2000 wieder rapide am Steigen, was auf die Aufholprozesse in China, Brasilien und Indien zurückzuführen ist (vgl. Krausmann und Fischer-Kowalski 2010).

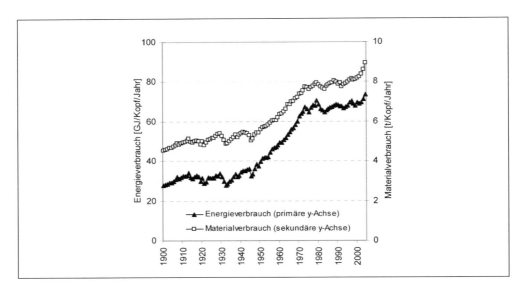

Abbildung 4   Metabolische Raten: Der globale pro Kopf-Verbrauch von Material
               und Energie von 1900 bis 2005 (Quelle: Krausmann et al. 2009).

Der durchschnittliche globale Materialverbrauch stieg von rund 4,5 Tonnen pro
Kopf und Jahr auf rund 9 Tonnen, der Energieverbrauch stieg von 45 GJ auf 85 GJ
pro Kopf. Diese Weltdurchschnittswerte sind Resultat hochgradig variabler metabolischer Raten sowohl zwischen als auch innerhalb von einzelnen Ländern, die
um den Faktor 10 oder mehr auseinander liegen können (Fischer-Kowalski und
Haberl 2007). Krausmann et. al (2008) sind in einer Analyse der Triebfaktoren für
den globalen Ressourcenverbrauch zu dem Ergebnis gekommen, dass zwei von einander unabhängige Faktoren wesentlichen Einfluss auf die Höhe der metabolischen
Raten eines Landes haben: Der Entwicklungsstatus (Entwicklungs- oder Schwel-
lenland gegenüber industrialisierten Ländern, gemäß UNO-Definition) sowie die
Bevölkerungsdichte.

Abbildung 5 zeigt den Einfluss von Entwicklungsstatus und Bevölkerungsdichte
auf den Materialverbrauch[14] pro Kopf, jeder Faktor führt unabhängig voneinander
in etwa zu einer Verdoppelung der jeweiligen metabolischen Rate. Das sozialmetabolische Regime der Industrieländer bringt pro Kopf eine Verdoppelung des Ressourcenverbrauchs mit sich. In dicht besiedelten Industrieländern wie beispielsweise
den zentraleuropäischen Ländern oder Japan liegt die metabolische Rate mit rund
13 Tonnen pro Kopf um die Hälfte niedriger als in dünn besiedelten Industrienationen wie den skandinavischen Ländern, USA, Kanada oder Australien, wiewohl sich

---

14   Gemessen als DMC, also *domestic material consumption*, das ist die inländische Extraktion von
      Material plus die Importe, minus die Exporte

Einkommen und materieller Wohlstand nicht wesentlich voneinander unterscheiden. Das gleiche Muster zeigt sich für die Entwicklungs- und Schwellenländer. In den meisten Südostasiatischen Ländern mit einer hohen Bevölkerungsdichte entfallen auf einen einzelnen Bewohner lediglich knapp über 5 Tonnen pro Jahr, in dünn besiedelten Ländern wie jenen des lateinamerikanischen Kontinents liegt dieser Wert mit etwa 12 Tonnen/Kopf wesentlich höher.

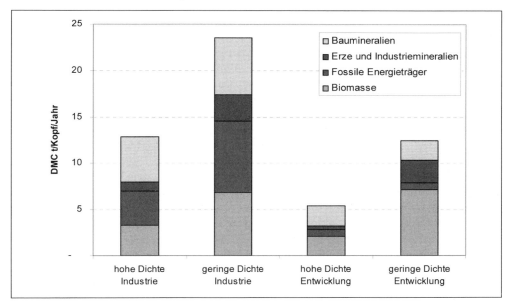

Abbildung 5   Metabolische Raten nach Entwicklungsstatus und Bevölkerungsdichte[15] (Quelle: SEC Database)

Was sind die Gründe für die unterschiedlichen metabolischen Raten, wieso wirkt eine hohe Bevölkerungsdichte offenbar limitierend auf den Ressourcenverbrauch? Wir vermuten, in dicht besiedelten Gebieten ist ein höherer materieller Wohlstand mit geringeren Inputs an Material und Energie möglich, da die Kapazität von Infrastruktur besser genutzt werden kann, und sich Transportwege verkürzen. Außerdem gilt auch im internationalen Maßstab, dass Extraktionsprozesse von Ressourcen, die mit großen Material- und Energieaufwendungen verbunden sind (wie Bergbau, oder Viehwirtschaft), eher in dünn- als in dicht besiedelten Gebieten stattfinden.

Diese oben angeführten Argumente treffen auch zu, verlegt man die Analyse von der Makro- auf die Mesoebene – in diesem Fall auf Städte. Das Bild von Städten als Ressourcen schluckende und Müll sowie Emissionen ausspuckende Menetekel ist seit der frühen Industrialisierung allgegenwärtig. Noch heute weisen Vertreter des

---

15   Hohe Bevölkerungsdichte ist definiert als größer denn 50 Einwohner pro km2

ökologischen Fußabdrucks darauf hin, dass Städt auf riesige Flächen produktiven Hinterlandes angewiesen und somit nicht nachhaltig sind (Rees und Wackernagel 1996). Mit der Zuwanderung in Städte ändern sich häufig auch die Konsummuster hin zu mehr tierischer Nahrung, und die höheren Einkommen in Städten führen auch zu einem höheren materiellen Wohlstand. Zudem zeigen Lenzen et. al (2004) in Anlehnung an Alberti (1996), dass mit steigenden Einkommen lokale Verschmutzungsprobleme in Städten sich zu globalen Effekten verlagern (siehe auch Wilkinson et al. 2007, sowie Holdren et al. 2000, die noch ergänzen, dass diese Umweltauswirkungen verzögert eintreten), wodurch die Befürwortung von gesellschaftlichen Regelungsmechanismen erschwert wird. Allerdings bieten Städte auch die Möglichkeit, effizient (beispielsweise bei der Raumwärme) und Ressourcen schonend Wohn- und Lebensraum sowie Transportmöglichkeiten zur Verfügung zu stellen.

Seit 2010 lebt mehr als die Hälfte der Weltbevölkerung in Städten, 2050 werden dies mehr als zwei Drittel sein (United Nations 2009). Der mit steigender Bevölkerungsdichte sinkende Materialverbrauch pro Kopf bietet in einem Prozess zunehmender Urbanisierung Chancen für eine Senkung des Material- und Energieverbrauchs. Allerdings zeigt Abbildung 5 auch, dass die mit Verstädterung verbundene industrielle Entwicklung gleichzeitig den Ressourcenverbrauch erhöht. Wie mit diesen Chancen, aber auch Herausforderungen unter sozialen, ökologischen und ökonomischen Aspekten umgegangen wird, daran wird eine Transition in ein anderes sozialmetabolisches Regime zu bewerten sein.

Neben dem maßgeblichen Einfluss auf die metabolischen Raten prägt die Bevölkerungsdichte auch das metabolische Profil einer Ökonomie, also das typische Muster im Material- und Energieverbrauch. In dünn besiedelten Ländern ist – sofern diese Gebiete nicht unfruchtbar oder schwer zugänglich sind – freie Landfläche für die weitflächige Ausbeutung natürlicher Ressourcen vorhanden. Diese Länder spezialisieren sich auf die Extraktion mineralischer Ressourcen oder fossiler Energieträger (wie beispielsweise Argentinien, Kanada, Länder der ehemaligen Sowjetunion oder die Staaten des mittleren Ostens), oder auf Biomasseproduktion wie den Anbau von verschiedenen Feldfrüchten oder die Haltung von Weidetieren (u. a. Argentinien, Neuseeland oder Brasilien). Diese Güter werden nicht nur auf dem nationalen Markt abgesetzt, sondern vor allem auf dem Weltmarkt angeboten. Länder hingegen, in denen nicht der Produktionsfaktor Land, sondern eher menschliche Arbeitskraft reichlich vorhanden ist, zeigen eine andere Form der Integration in den Weltmarkt, wie Eisenmenger et. al (2007) in einer vergleichenden Studie von lateinamerikanischen mit südostasiatischen Ländern zeigen. Die Länder der ersten Gruppe setzen vor allem auf den Export natürlicher Ressourcen, jene der zweiten Gruppe spezialisieren sich auf Manufaktur und Export von Halb- und Fertigprodukten. Daneben gibt es Länder, die überhaupt kaum in den Weltmarkt integriert sind (wie viele afrikanische Länder). Insgesamt die höchste Welthandelsaktivität zeigen die Industrieländer (Abbildung 6). Was man aber an den ökonomischen Daten, die Handelsgüter in Geld ausdrücken, nicht sehen kann, erkennt man hier: Dass nämlich die Industrieländer global die eigentlichen „Senken" für Ressourcen darstellen. Für ihren Konsum fließen sie aus der ganzen Welt zusammen. Während die Industrieländer (abgesehen von den USA) monetär ausgeglichene Handelsbilanzen aufweisen, verschlingen sie materiell um die Hälfte mehr importierte Waren, als sie exportieren.[16]

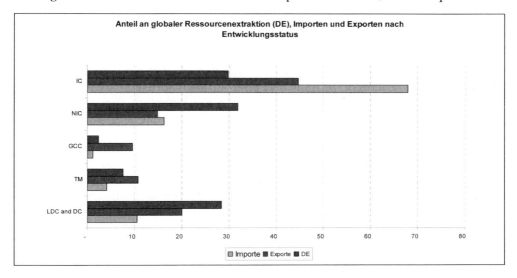

Abbildung 6   Verteilung der im Jahr 2000 global extrahierten und gehandelten Materialien (gemessen in Tonnen) auf Länder gemäß ihrem Entwicklungsstatus nach UN Klassifikation.[17]

Immer mehr? Arbeitszeit und Umweltauswirkungen

Die Ausmaße dieser internationalen Arbeitsteilung eindrucksvoll vor Augen geführt bekommt, wer dem Hafen in Rotterdam einen Besuch abstattet. Der größte Tiefseehafen Europas verzeichnete im Jahr 2009 einen Güterumschlag von 385 Millionen Tonnen. Für Waren aus aller Welt ist dieser Hafen der „point of entry" in die Europäische Union, deren Exporte von hier aus wiederum zu ihren Käufern verschifft werden. Doch das emsige Treiben im Rhein-Maas-Delta verdeutlicht nicht nur, wie sehr die industrialisierten Länder der Europäischen Union von Importen zur Deckung ihrer (materiellen) Bedürfnisse abhängig sind. Zugleich werden wir in diesem Hafen Zeugen des veränderten Verhältnisses zwischen menschlicher Arbeitskraft und gesellschaftlichem Metabolismus. Wer in Rotterdam nämlich nach Dockarbeitern Ausschau hält, die unermüdlich Schiffe be- und entladen, wird ent-

---

16   Dabei ist das noch eine Unterschätzung: das Gewicht der gehandelten Waren wird bei Grenzübertritt gemessen. Um diese Waren herzustellen, bedurfte es im Herstellerland noch erheblicher zusätzlicher materieller Aufwendungen (sogenannte indirekte Material- und Energieflüsse), die hier nicht aufscheinen (vgl. Munoz 2009, Weisz 2007).

17   Die Daten stammen aus der SEC Database (http://www.uni-klu.ac.at/socec/inhalt/3812.htm) sowie Steinberger et al. (2010).

täuscht: Diese Arbeit wird längst zum großen Teil maschinell erledigt. Arbeitsplätze gibt es vor allem an Monitoren und Computern, mit Hilfe derer Kräne und Beförderungsbänder gesteuert und überwacht werden. Durchschnittlich kann jeder der ca. 60.000 Arbeiter im Hafen von Rotterdam so fast 26 000 kg Fracht pro Arbeitstag befördern – eine Arbeitsleistung, die niemals möglich wäre, wenn er dieses Gewicht mit eigener Körperkraft bewegen müsste. Innerhalb der Industriegesellschaft hat sich der Charakter menschlicher Arbeitskraft, die, wie wir schon unter Rückgriff auf Marx angeführt haben, den gesellschaftlichen Stoffwechsel bewerkstelligt, also offensichtlich dramatisch verändert. Durch die Maschinisierung körperlicher Arbeit können mittlerweile Energie und Material in einem Ausmaß mobilisiert werden, das noch zu Beginn der industriellen Phase undenkbar gewesen wäre. In der Analyse des Verhältnisses zwischen Gesellschaft und Umwelt ist diese Entwicklung hochgradig relevant, da es diese Mobilisierung von Energie und Material ist, die die Umweltauswirkungen menschlicher Gesellschaften maßgeblich bestimmt. Gleichzeitig hat die Maschinisierung von Arbeit auch bedeutet, dass menschliche Arbeitszeit effizienter in die physikalische Arbeit übersetzt werden kann, die in der Reproduktion von Gesellschaft benötigt wird. Die Wechselwirkungen zwischen Arbeitszeit und gesellschaftlichen Umweltauswirkungen gehören ins Zentrum umweltsoziologischer Forschung.

Ebenso, wie die Größe und Beschaffenheit des Stoffwechsels variieren kann, so unterscheiden sich auch die Formen der damit verbundenen Arbeit. Dabei sei vorausgeschickt, dass wir Arbeit als planvollen Vorgang verstehen, der Gegenstand sozialer Verteilung (Arbeitsteilung) sein kann. Arbeit als planvoller Vorgang wird dann quantitativ wirklich bedeutsam, wenn nicht nur relativ direkt der organische Stoffwechsel der einzelnen Mitglieder der Gesellschaft bedient, sondern in die natürliche Umwelt gestaltend eingegriffen wird. Diese gestalterischen Eingriffe bezeichnen wir als „gesellschaftliche Kolonisierung natürlicher Prozesse" (Fischer-Kowalski und Haberl 1993, Haberl und Zangerl-Weisz 1997, Fischer-Kowalski und Haberl 1998). Beschrieben wird hiermit die dauerhafte und gezielte Beeinflussung natürlicher Systeme mit dem Ziel, bestimmte Leistungen dieser Systeme für die Gesellschaft längerfristig nutzbar zu machen. In der Landwirtschaft beispielsweise wird permanent Arbeit eingebracht, gerodet, gepflügt und gedüngt, um das Ökosystem in einem Zustand zu halten, der es schließlich ermöglicht, zu ernten. Die Kolonisierungsarbeit hängt stark mit dem jeweiligen sozial-kulturellen System zusammen. Ob eine Gesellschaft ihren Energiebedarf durch das Sammeln von Feuerholz oder durch den Bau und die Aufrechterhaltung von Atomkraftwerken befriedigt, schlägt sich in all ihren sozialen und kulturellen Institutionen nieder. Das soziale System muss sich jeweils so organisieren, dass es die benötigte Kolonisierungsarbeit dauerhaft erbringen kann. Im Falle der Industriegesellschaft schließt das auch Sicherheitsvorkehrungen, gesetzlichen Regelungen, Steuern und Abgaben mit ein. Gesellschaften müssen also ihre Arbeitsteilung, ihre Ressourcenaufwendungen, ihr Zeitmanagement dementsprechend ausrichten. Neben der intendierten Gestaltung der Umwelt gehen mit kolonisierenden Tätigkeiten auch nicht-intendierte Umweltauswirkungen einher. Sie können verallgemeinernd als proportional zum Produkt aus der Energieintensität und der Umwandlungseffizienz der kolonisierenden Arbeit aufgefasst werden. Je energetisch wirksamer die im naturalen System verrichtete menschliche Arbeit ist, desto leichter und schneller wird das System tiefgreifend verändert. Je mehr Energie effektiv in die Umweltveränderung investiert wird, desto mehr Schaden kann angerichtet werden.

Umweltwirkungen von menschlichen Gesellschaften kommen jedoch nicht nur durch direkte Einwirkung auf die Natur zustande. Die z. B. durch Landwirtschaft, Bergbau oder andere Formen der Energie- und Ressourcen-Gewinnung gewonnen Ressourcen werden in Güter und Dienstleistungen einerseits, Abfälle und Emissionen andererseits umgewandelt. Diese Güter und Dienstleistungen werden von Personen/Haushalten mittels Geld gekauft, das sie in der Regel dadurch erwerben, dass sie Arbeitszeit verkaufen. Systemisch gesehen lässt sich diesbezüglich davon sprechen, dass das Personen- und Haushaltssystem die menschliche Arbeitszeit produziert. Indem Kinder geboren und aufgezogen werden, für Ernährung, Schlaf, Regeneration, Gesundheit und Pflege gesorgt wird, wird menschliche Lebenszeit und Arbeitsvermögen innerhalb des Systems der Haushalte produziert und reproduziert. Während also das Wirtschaftssystem als Maschine zur Gelderzeugung aufgefasst werden kann, handelt es sich bei den Haushalten in diesem Kontext um Zeiterzeugungsmaschinen. Dementsprechend muss Arbeit nicht nur in ihrer Funktion der physischen Einwirkung auf die Natur, sondern eben auch im wirtschaftlichen Kontext des Tausches von Zeit gegen Güter verstanden werden.

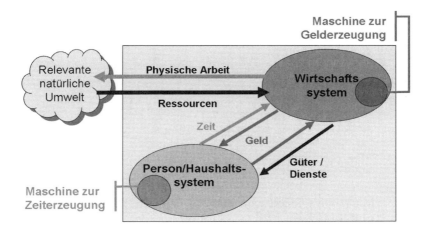

Abbildung 7   Die innergesellschaftliche Koppelung von Zeit- und Geldkreisläufen

Menschliche Arbeitszeit ist auf zweierlei Art und Weise mit der Einwirkung auf die natürliche Umwelt verknüpft. Zum einen dadurch, dass physische Arbeit verübt wird, die unmittelbare Umweltauswirkungen hat. Zum anderen ist der Austausch von Zeit gegen Geld ein grundlegender Mechanismus des Konsum- und dadurch auch des Produktionsantriebs.[18] Ist die Arbeitszeit also eventuell jene Stellschraube, über die sich die Umweltauswirkungen industrialisierter Gesellschaften reduzieren lassen? Zumindest scheint das Gedankenexperiment „Ökologisierung von Arbeit" ein attraktives zu sein: Wissenschaftliche Überlegungen dazu, ob die Reduktion von Arbeitszeit nicht gleichzeitig dazu beitragen könne, Gesellschaften nachhaltiger und glücklicher zu machen, gibt es einige (z. B. O'Hara 1993, Hayden 1999, Schor 2005). Wir greifen im Folgenden das Beispiel des Industrialisierungsprozesses in England (Sieferle et al. 2006) heraus, um den Zusammenhang zwischen Arbeitszeit und der Mobilisierung von Material und Energie zu beleuchten. Daran anschließen werden auch wir ein Gedankenexperiment zu den Möglichkeiten gesellschaftlicher Steuerung von Umweltauswirkungen mittels Arbeitszeit unternehmen.

Bis in die erste Hälfte des 20. Jahrhunderts hinein war in England der Anstieg im Materialeinsatz auch mit einem Anstieg von Arbeitszeit verbunden (Abb. 7). Ähnliches trifft auch für den Primärenergieeinsatz zu. Ab Mitte des 20. Jahrhunderts jedoch steigt der Materialeinsatz weiter an, die Arbeitszeit aber geht zunächst zurück und stagniert dann. Die Quantität menschlicher Arbeit scheint unter modernen Bedingungen nicht mehr direkt mit dem Materialverbrauch und den damit verbundenen Umwelteffekten zusammenzuhängen.

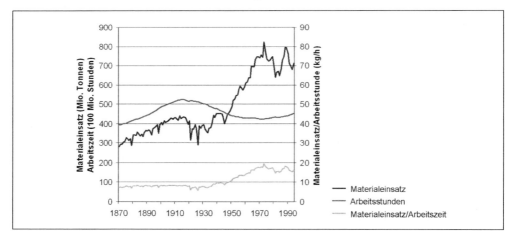

Abbildung 8   Materialintensität von Arbeitsstunden (Darstellung nach Schandl und Schulz 2002, für Großbritannien 1870–2000).

Von einem ähnlichen Erkenntnisinteresse geleitet haben Hayden und Shandra (2009) den Zusammenhang zwischen durchschnittlichen Arbeitsstunden pro Angestelltem und Ökologischem Fußabdruck, als Maß für Umweltauswirkungen, für 45 Länder

---

18   Eine detaillierte Schilderung dieses Zusammenhangs als „Work-and-Spend-Cycle" findet sich bei Schor (1995).

im Jahr 2000 untersucht. Sie postulieren auf Grundlage ihrer Ergebnisse eine positive Korrelation, entsprechend derer mehr Arbeitszeit mit einem höheren Ökologischen Fußabdruck verbunden ist.

Die beobachteten Entwicklungen sprechen dafür, dass die geleistete Arbeitszeit vor allem auf indirektem Weg, über die innergesellschaftliche Kopplung von Zeit, Geld, Konsum und Produktion, Umweltauswirkungen hat. Diese Beobachtung wurde in der Fachliteratur bereits als *rebound effect* beschrieben (Hertwich 2005): Technischer Fortschritt bringt Zugewinne an Arbeitsproduktivität und an Energie- und Materialeffizienz mit sich. Die Effizienzgewinne aber werden in eine Ausdehnung der Produktion (bei gleichbleibenden Material- und Energiekosten) bzw. einen Anstieg des Konsums (auf Grund eines Anwachsens der Kaufkraft) umgesetzt. Die ursprünglich möglichen Einsparungen werden kompensiert oder sogar überkompensiert, so dass der Energie- und Materialverbrauch weiterhin steigt (vgl. dazu auch das *Jevons' Paradox* in der Rezeption durch Dietz et al. 2007).

Ist also die industrielle Gesellschaft – analog zu Schors „Work-and-Spend-Cycle" (1995) – in einem Hamsterrad aus Arbeit und Konsum gefangen? Ist ein „immer mehr" an Arbeit und Umweltauswirkungen unausweichlich? Oder besteht die Möglichkeit, mittels arbeitszeitpolitischer Maßnahmen darauf hinzuwirken, dass sich der gesellschaftliche Verbrauch an Material und Energie verringert?

Unser Gedankenexperiment nimmt darin seinen Ausgang, dass Produktivitätszuwächse nicht nur den effizienteren Einsatz von Arbeitskraft, sondern auch von Material und Energie ermöglichen. Der effizientere Einsatz von Arbeitszeit bedeutet, dass ein Gut in gleicher Quantität und Qualität, aber mit weniger Zeitaufwand produziert werden kann. Wenn die Arbeitszeit im Maße dieser Produktivitätszuwächse reduziert würde, könnten Lohneinkommen (und vermutlich auch Gewinne) auf gleichem Niveau gehalten werden. Die Kaufkraft würde weiter ansteigen. Die zuvor beschriebenen Zeit-Geld-Konsum Kreisläufe jedoch wären gebremst: Produktionsseitig wäre kein zusätzlicher Anreiz zur Expansion gegeben. Dann könnte der effizientere Einsatz von Material und Energie voll als Reduktion des Material- und Energieverbrauchs zum Tragen kommen, und ein *rebound effect* bliebe aus. Zugleich würde die Lebensqualität der Arbeitnehmer durch ein Mehr an frei verfügbarer Zeit erhöht.[19] Konkretisieren wir dieses gedankliche Experiment: Zwischen 1980 und 2000 ist es in den Ländern der EU-15 zu einem Anstieg der Arbeitsproduktivität von 2–3 Prozent jährlich gekommen. Über diese 20 Jahre hinweg hat sich die Arbeitsproduktivität nahezu verdoppelt. Wäre dieser Zuwachs an Arbeitsproduktivität in eine Verringerung der Arbeitszeit übersetzt worden, hätte diese rein rechnerisch halbiert werden können. Bei rund 1600 Arbeitsstunden pro Jahr und Beschäftigtem hätte die Reduktion von drei Prozent bereits im ersten Jahr 48 Arbeitsstunden weniger und somit eine zusätzliche Woche Urlaub bedeutet, bei

---

19   Anhand mehrerer Umfragen in den USA zeigt Juliet Schor, dass eine Mehrzahl der Arbeitnehmer, vor die Wahl einer weiteren Einkommenssteigerung oder einer verringerten Arbeitszeit gestellt, letzterer den Vorzug geben (Schor 2004).

gleichem Einkommen, ohne dass dabei ein Anstieg der Kaufkraft zu zusätzlichem Energie- und Materialverbrauch geführt hätte.

Obwohl er offensichtlich eine zentrale Rolle spielt, gibt es systematische Untersuchungen zu dem Zusammenhang zwischen Arbeitszeit und Umweltauswirkungen kaum (vgl. auch Hayden und Shandra 2009). Wenn die Umweltsoziologie gesellschaftliche Eingriffe in die Natur sowohl als physische Prozesse (Metabolismus, Kolonisierung) als auch als Produkte gesellschaftlicher Steuerung denkt, entsteht hier die Möglichkeit, aus der Wissenschaft heraus fundierte Vorschläge für eine nachhaltigere Gesellschaft zu machen, die sich durch weniger Umweltbelastung und mehr Lebensqualität auszeichnet.

Kann die Soziologie die notwendige Transition in eine nachhaltigere, „low carbon" Gesellschaft wissenschaftlich unterstützen?

Inzwischen wird auch von maßgeblichen Soziologen die Vorstellung geteilt, dass künftiges menschliches Wohlergehen auf diesem Planeten unter erträglichen Klimabedingungen massive Veränderungen gesellschaftlicher Naturverhältnisse voraussetzt (Beck 2010, Giddens 2009, Leggewie und Welzer 2009) – eine neuerliche „Great Transformation" (Polanyi 1957, Potsdam memorandum 2007). Aber ist die Soziologie mit den nötigen konzeptuellen und methodischen Mitteln ausgestattet, eine solche große Transition angemessen zu verstehen? Uns erscheint es durchaus angebracht, diese notwendige gesellschaftliche Transformation auf eine Ebene mit den bisherigen „revolutionären" gesellschaftlichen Veränderungen zu stellen (Abb. 9).

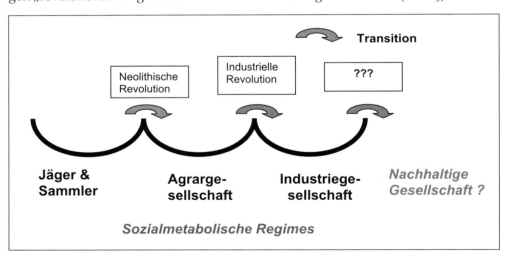

Abbildung 9   Transition zu nachhaltiger(er) Gesellschaft als revolutionäre Veränderung des sozialmetabolischen Regimes (Quelle: Sieferle et al. 2006, verändert nach Fischer-Kowalski et al. 2010)

Als „revolutionär" gelten solche Veränderungen nicht in erster Linie deshalb, weil an diesen Übergängen politische Revolutionen stattfinden, sondern weil sie tiefgreifende gesellschaftliche Veränderungen sowohl voraussetzen wie auslösen. Diese tiefgreifenden Veränderungen betreffen die demographischen Verhältnisse, die ökonomischen Organisationsformen, die Herrschaftsverhältnisse und natürlich Technologien und Infrastrukturen. Die Soziologie ist gewissermaßen ein Kind der letzten dieser Transitionen, der industriellen Revolution, und sie hat viel dazu beigetragen, sie besser zu verstehen – auch wenn sie aus heutiger Sicht die Bedeutung des Wandels der energetischen Basis von Gesellschaft, und damit aller übrigen Naturverhältnisse (vgl. Becker und Jahn 2006), nicht ausreichend wahrgenommen hat.

Genau diese industrielle Revolution hat aber eine Zunahme der globalen Größenordnung des gesellschaftlichen Metabolismus ermöglicht und herbeigeführt, die nun die Schranken der Tragfähigkeit unseres Planeten herausfordert.

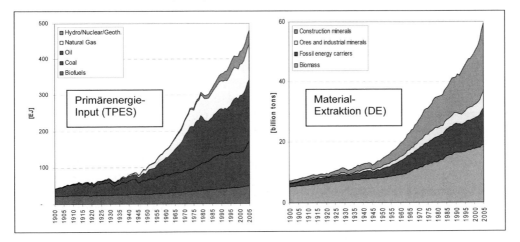

Abbildung 10 Die Zunahme des energetischen und materiellen gesellschaftlichen Stoffwechsels auf globaler Ebene (Quelle: Krausmann et al. 2009)

Die jährliche Zufuhr von Primärenergie an die Menschheit hat sich im Laufe des letzten Jahrhunderts fast verzehnfacht, die globale Entnahme von Materialien ist auf das Siebenfache gestiegen.[20] Dieser explosive Anstieg hält derzeit unvermindert an (Abbildung 10). Während in der ersten Phase der industriellen Transformation, im „Mutterland" England ebenso wie in den Folgestaaten, der Stoffwechsel in etwa gleichem Maße wie die gleichzeitig ausgelöste demographische Explosion zunimmt, folgt in einer zweiten Phase, bei gleichzeitiger Abschwächung des Bevölkerungswachstums, der Übergang zu einem *American way of life*, gekennzeichnet durch eine

---

20 Damit zusammenhängende „explosive" Prozesse im Laufe des 20. Jahrhunderts siehe McNeill (2000)

Verdreifachung des pro-Kopf Energie- und Materialverbrauchs. In den industriellen Kernländern bleibt dieser hohe pro-Kopf-Verbrauch seit der ersten Ölkrise (1973) bis heute etwa stabil, während die Entwicklungsländer (insbesondere die sog. *emergent economies* wie China oder Brasilien, vgl. Romero-Lankao et al. 2008) zu diesem Niveau langsam aufschließen. Dies treibt den globalen Stoffwechsel weiter an, während die sich im Hintergrund entwickelnden systemischen Stabilisierungstendenzen politisch ignoriert und technologisch nicht genutzt wurden.

Problematisch und längerfristig unhaltbar sind nicht nur das Wachstum dieses Ressourcenverbrauchs, sondern auch die dabei stattfindenden Strukturveränderungen. Der gesellschaftliche Stoffwechsel war immer schon kohlenstoff-basiert. Um die Wende zum 20. Jahrhundert bestanden allerdings drei Viertel aus Biomasse, also pflanzlichen Nahrungsmitteln (direkt für menschliche Nahrung, oder indirekt, zur Ernährung der Nutztiere) und Holz.[21] Der darin enthaltene Kohlenstoff wird durch Verdauung und Verbrennung in CO_2 umgewandelt, welches dann allerdings durch neuerliches Pflanzenwachstum der Atmosphäre auch wieder entzogen wird – es gilt also als „klimaneutral".[22] Heute findet sich neben der gestiegenen Biomassenutzung ein Viertel an fossilen Energieträgern (energetisch gesehen sogar die Hälfte), deren Kohlenstoff direkt zur Anreicherung der Atmosphäre mit dem klimaverändernden CO_2 führt. In Industrieländern macht CO_2 mehr als 80 % aller Abfälle und Emissionen, in Masseneinheiten gemessen, aus (World Resources Institute (WRI) 2004). Den gesellschaftlichen Stoffwechsel so zu verändern, dass substantiell weniger CO_2 Emissionen dabei entstehen, ist also bei weitem keine marginale Veränderung.[23]

Notwendig ist eine tiefgreifende sozialmetabolische Transition, mit den sie notwendigerweise begleitenden Veränderungen in Ökonomie, Technologie und Gesellschaft. Es kann der Versuch gemacht werden, eine solche Transition mittels Einsicht und Vernunft herbeizuführen, oder sie wird von den naturalen Verhältnissen erzwungen werden – wohl am wahrscheinlichsten beides. Was kann dabei die Aufgabe der Soziologie sein?

Drei Reaktionsstrategien erscheinen uns ungeeignet. Die eine besteht in *cocooning*: die Soziologie grenzt weiterhin gesellschaftliche Naturverhältnisse aus ihrem Aufgabengebiet aus und fokussiert ausschließlich auf kulturale und diskursive Prozesse. Die andere findet sich in der Aufrecherhaltung eines kontrafaktischen Fortschrittsglaubens, wie ihm viele ökologische Modernisierungstheorien anhängen. Und die dritte besteht in der Überzeugung von der unentrinnbaren Gewalt des Kapitalismus, Menschen wie Natur seinem Zwang zur Kapitalakkumulation zu

---

21   In Abbildung 10 wird als Indikator für Energieverbrauch TPES, also *total primary energy supply*, verwendet. Dieser Indikator schließt die Nahrungsenergie für Menschen und Tiere nicht ein. Daher ist der Biomasse-Anteil entsprechend geringer.

22   Wie neuere Forschung zeigt, ist das nur zum Teil berechtigt, da die Erzeugung von Nahrung mit Veränderungen der Landnutzung verbunden ist (v. a. Abholzung), die die Speicherkapazität für Kohlenstoff in der Vegetation verringert.

23   Zum Vergleich: das vielfach umweltpolitisch bekämpfte Verpackungsmaterial macht gerade 2,5 % des gesellschaftlichen Materialverbrauchs aus.

unterwerfen. Hermetisch gedacht kann man dann eben nichts machen, bis jemand den Kapitalismus stürzt.

Es gibt aber Anzeichen dafür, dass Soziologen den *Cocoon* verlassen und die Natur(wissenschaften) ernst nehmen (vgl. zum Beispiel Giddens 2009). Darüber hinaus entstehen Ansätze einer paradigmatischen Veränderung, die der frühen Maxime von Catton und Dunlap (1978) Folge leisten und beginnen, den *human exemptionalism* aufzulösen, wie Latours Theorie der Hybride (Latour 1998), der hier präsentierte sozialmetabolische Ansatz, oder auch theoretisch vielleicht weniger tiefgreifende, aber empirisch fruchtbare Arbeiten über die sozialen Determinanten des ökologischen Fußabdrucks (Dietz et al. 2007). Es wird auch nicht unwichtig sein, dass die Soziologie ihre manchmal arrogante Grundhaltung gegenüber technologischen Innovationen relativiert, wenn sie die Größe der Herausforderung erkennt. Solange kein Ersatzplanet in Aussicht ist, und keine neue Energiequelle vergleichbarer Dichte und Bequemlichkeit, wird die Menschheit wohl den Pfad in Richtung einer Solarenergiegesellschaft einschlagen müssen – das wird eine ganz andere Gesellschaft sein, und wahrscheinlich mit einer anderen Soziologie.

Weiterführende Literatur

Becker, Egon und Thomas Jahn (Hrsg.) (2006): *Soziale Ökologie. Grundzüge einer Wissenschaft von den gesellschaftlichen Naturverhältnissen.* Frankfurt a. M.: Campus.

Fischer-Kowalski, Marina und Helmut Haberl (2007): *Socioecological Transitions and Global Change: Trajectories of Social Metabolism and Land Use.* Cheltenham, UK: Elgar.

Fischer-Kowalski, Marina, Fridolin Krausmann, Julia K. Steinberger und Robert U. Ayres (2010): *Towards a Low Carbon Society: Setting targets for a reduction of global resource use.* Vienna: IFF Social Ecology (Social Ecology Working Paper; 115).

Sieferle, Rolf P., Fridolin Krausmann, Heinz Schandl und Verena Winiwarter (2006): *Das Ende der Fläche: Zum gesellschaftlichen Stoffwechsel der Industrialisierung.* Köln: Böhlau.

Zitierte Literatur

Adriaanse, Albert, Stefan Bringezu, Allen Hammond, Yuichi Moriguchi, Eric Rodenburg, Donald Rogich und Helmut Schütz (1997): *Resource Flows: The Material Basis of Industrial Economies.* Washington DC: World Resources Institute.

Alberti, Marina (1996): Measuring Urban Sustainability. *Environmental Impact Assessment Review* 16 (4-6): 381–424.

Beck, Ulrich (2010): Climate for Change, or How to Create a Green Modernity? *Theory, Culture & Society* 27 (2-3): 254–266.

Becker, Egon und Thomas Jahn (Hrsg.) (2006): *Soziale Ökologie. Grundzüge einer Wissenschaft von den gesellschaftlichen Naturverhältnissen.* Frankfurt a. M.: Campus.

Bloch, Ernst (1973): *Erbschaft dieser Zeit.* Franfurt a. M.: Suhrkamp.

Catton, William R., Jr. und Riley E. Dunlap (1978): Environmental Sociology: A New Paradigm. In: *The American Sociologist* 13 (1): 41–49.

Commoner, Barry (1971): *The Closing Circle: Nature, Man and Technology.* New York: Alfred Knopf.

Cottrell, Fred (1955): *Energy and Society. The Relation between Energy, Social Change, and Economic Development*. New York: McGraw-Hill.

Crosby, Alfred W. (1986): *Ecological Imperialism. The Biological Expansion of Europe, 900–1900*. Cambridge: Cambridge University Press.

Dietz, Thomas, Eugene A. Rosa und Richard York (2007): Driving the Human Ecological Footprint. *Frontiers in Ecology and the Environment* 5 (1): 13–18.

Ehrlich, Paul R. und John P. Holdren (1972): Closing Circle: Commoner, B. *Science and Public Affairs-Bulletin of the Atomic Scientists* 28 (5): 16–27.

Ehrlich, Paul R. und Anne H. Ehrlich (1972): *Bevölkerungswachstum und Umweltkrise: Die Ökologie des Menschen*. Frankfurt a. M.: Fischer.

Eisenmenger, Nina, Heinz Schandl und Jesus Ramos-Martin (2007): Transition in a Contemporary Context: Patterns of Development in a Globalizing World. In: Fischer-Kowalski, Marina und Helmut Haberl (Hrsg.), *Socioecological Transitions and Global Change: Trajectories of Social Metabolism and Land Use*. Cheltenham, UK: Elgar, 179–222.

Eurostat (2007): *Economy Wide Material Flow Accounts and Resource Productivity. EU15. 1970–2004*. Luxembourg: European Statistical Office.

Fischer-Kowalski, Marina (1997): Society's Metabolism: On the Childhood and Adolescence of a Rising Conceptual Star. In: Redclift, Michael und Graham R. Woodgate (Hrgs.), *The International Handbook of Environmental Sociology*. Cheltenham, UK: Elgar, 119–137.

Fischer-Kowalski, Marina und Karl-Heinz Erb (2006): Epistemologische und konzeptuelle Grundlagen der Sozialen Ökologie. *Mitteilungen der Österreichischen Geographischen Gesellschaft* 148: 33–56.

Fischer-Kowalski, Marina und Helmut Haberl (1993): Metabolism and Colonization: Modes of Production and the Physical Exchange between Societies and Nature. *Innovation: The European Journal of Social Sciences* 6 (4): 415–442.

Fischer-Kowalski, Marina und Helmut Haberl (1998): Sustainable Development: Socio-Economic Metabolism and Colonization of Nature. *International Social Science Journal* 158 (4): 573–587.

Fischer-Kowalski, Marina und Helmut Haberl (2007): *Socioecological Transitions and Global Change: Trajectories of Social Metabolism and Land Use*. Cheltenham, UK: Elgar.

Fischer-Kowalski, Marina, Fridolin Krausmann, Julia K. Steinberger und Robert U. Ayres (2010): *Towards a Low Carbon Society: Setting targets for a reduction of global resource use*. Vienna: IFF Social Ecology (Social Ecology Working Paper; 115).

Fischer-Kowalski, Marina und Helga Weisz (1999): Society as a Hybrid Between Material and Symbolic Realms. Toward a Theoretical Framework of Society-Nature Interaction. *Advances in Human Ecology* 8: 215–251.

Foster, John B. (1999): Marx's Theory of Metabolic Rift: Classical Foundations for Environmental Sociology. *American Journal of Sociology* 105 (2): 366–405.

Geddes, Patrick (1997 [1884]): *Civics as Applied Sociology*. Leicester, UK: Leicester University Press.

Giddens, Anthony (2009): *The Politics of Climate Change*. Cambridge: Polity.

Godelier, Maurice (1984): *L'idéel et le matériel. Pensée, économies, societés*. Paris: Fayard.

Godelier, Maurice (1990): *Natur, Arbeit, Geschichte: Zu einer universalgeschichtlichen Theorie der Wirtschaftsformen*. Hamburg: Junius.

Grübler, Arnulf (1998): *Technology and Global Change*. Cambridge: Cambridge University Press.

Haberl, Helmut und Helga Zangerl-Weisz (1997): Kolonisierende Eingriffe: Systematik und Wirkungsweise. In: Fischer-Kowalski, Marina, Helmut Haberl, Walter Hüttler, Harald Payer, Heinz Schandl, Verena Winiwarter und Helga Zangerl-Weisz (Hrgs.), *Gesellschaftlicher Stoffwechsel und Kolonisierung von Natur: Ein Versuch in Sozialer Ökologie*. Amsterdam: Fakultas, 129–148.

Hayden, Anders (1999): *Sharing the Work, Sparing the Planet: Work Time, Consumption, and Ecology*. London: Zed Books.

Hayden, Anders und John M. Shandra (2009): Hours of Work and the Ecological Footprint of Nations: An Exploratory Analysis. *Local Environment* 14 (6): 575–600.

Hertwich, Edgar G. (2005): Consumption and the Rebound Effect: An Industrial Ecology Perspective. *Journal of Industrial Ecology* 9 (1-2): 85–98.

Holdren, John, Kirk R. Smith, T. Kjellstrom, David G. Streets und Xiaodong Wang (2000): Energy, the Environment, and Health. In: Goldemberg, José (Hrsg.), *World Energy Assessment*. New York: United Nations Development Program, Bd. 3, 61–110.

Krausmann, Fridolin und Marina Fischer-Kowalski (2010): Gesellschaftliche Naturverhältnisse: Globale Transformationen der Energie- und Materialflüsse. In: Sieder, Reinhard und Ernst Langthaler (Hrsg), *Globalgeschichte 1800–2010*. Wien: Böhlau, Bd. 1, 38–66.

Krausmann, Fridolin, Marina Fischer-Kowalski, Heinz Schandl und Nina Eisenmenger (2008): The Global Socio-metabolic Transition: Past and Present Metabolic Profiles and their Future Trajectories. *Journal of Industrial Ecology* 12 (5/6): 637–656.

Krausmann, Fridolin, Simone Gingrich, Nina Eisenmenger, Karl-Heinz Erb, Helmut Haberl, und Marina Fischer-Kowalski (2009): Growth in Global Materials Use, GDP and Population during the 20th Century. *Ecological Economics* 68 (10): 2696–2705.

Latour, Bruno (1998 [1991]): *Wir sind nie modern gewesen: Versuch einer symmetrischen Anthropologie*. Frankfurt a. M.: Fischer.

Leggewie, Claus und Harald Welzer (2009): *Das Ende der Welt, wie wir sie kannten. Klima, Zukunft und die Chancen der Demokratie*. Frankfurt a. M.: Fischer.

Lenzen, Manfred, Christopher Dey und Barney Foran (2004): Energy Requirements of Sydney Households. *Ecological Economics* 49 (3): 375–399.

Luhmann, Niklas (1986): *Ökologische Kommunikation: Kann die moderne Gesellschaft sich auf ökologische Gefährdungen einstellen?* Opladen: Westdeutscher Verlag.

Luhmann, Niklas (1997): *Die Gesellschaft der Gesellschaft*. Frankfurt a. M.: Suhrkamp.

Matthews, Emily, Christof Amann, Marina Fischer-Kowalski, Stefan Bringezu, Walter Hüttler, René Kleijn, Yuichi Moriguchi, Christian Ottke, Eric Rodenburg, Don Rogich, Heinz Schandl, Helmut Schütz, Ester van der Voet, und Helga Weisz (2000): *The Weight of Nations: Material Outflows from Industrial Economies*. Washington, DC: World Resources Institute.

Marx, Karl (1972 [1867]): *Das Kapital*, Band 1. Berlin: Dietz.

Maturana, Humberto R. und Francisco G. Varela (1975): *Autopoietic Systems: A Characterization of the Living Organization*. Urbana-Champaign, IL: University of Illinois Press.

McNeill, John R. (2000): *Something New under the Sun: An Environmental History of the Twentieth Century*. London: Allen Lane.

O'Hara, Bruce (1993): *Working Harder isn't Working: How we can Save the Environment, the Economy and our Sanity by Working Less and Enjoying Life more*. Vancouver: New Star.

Ostwald, Wilhelm (1909): *Energetische Grundlagen der Kulturwissenschaften*. Leipzig: Dr. Werner Klinkhardt Verlag.

Polanyi, Karl (1957): *The Great Transformation: The Political and Economic Origins of Our Time*. Boston: Beacon Press.

Potsdam memorandum (2007): A Global Contract for the Great Transformation. Executive Summary of the main conclusions from the *Symposium Global Sustainability: A Nobel Cause* in Potsdam, 8.-10. Oktober. URL: http://www.nobel-cause.de/Potsdam%20Memorandum_eng.pdf.

Rees, William und Mathis Wackernagel (1996): Urban Ecological Footprints: Why Cities cannot be Sustainable – And why they are a Key to Sustainability. *Environmental Impact Assessment Review* 16 (4–6): 223–248.

Romero-Lankao, Patricia, Douglas Nychka und John L. Tribbia (2008): Development and Greenhouse Gas Emissions Deviate from the ,Modernization' Theory and ,Convergence' Hypothesis. *Climate Research* 38 (1): 17–29.

Schandl, Heinz und Niels B. Schulz (2002): Changes in the United Kingdom's Natural Relations in Terms of Society's Metabolism and Land-Use from 1850 to the Present Day. *Ecological Economics* 41 (2): 203–221.

Schor, Juliet B. (1995): Can the North Stop Consumption growth? Escaping the Cycle of Work and Spend. In: Glyn, Andrew and Vinit Bhaskar (Hrsg.), *The North the South and the Environment*. London: Earthscan, 68–84.

Schor, Juliet B. (2005): Sustainable Consumption and Worktime Reduction. *Journal of Industrial Ecology* 9 (1-2): 37–50.

Sieferle, Rolf P. (1982): *Der unterirdische Wald. Energiekrise und Industrielle Revolution*. München: Beck.

Sieferle, Rolf P. (1991a): *Natur. Ein Lesebuch*. München: Beck.

Sieferle, Rolf P. (1997b): *Rückblick auf die Natur: Eine Geschichte des Menschen und seiner Umwelt*. München: Luchterhand.

Sieferle, Rolf P. (2004): Nachhaltigkeit: Eine Utopie? *Gaia* 13 (1): 40–41.

Sieferle, Rolf P., Fridolin Krausmann, Heinz Schandl und Verena Winiwarter (2006): *Das Ende der Fläche: Zum gesellschaftlichen Stoffwechsel der Industrialisierung*. Köln: Böhlau.

Singh, Simron J., Lisa Ringhofer, Willi Haas, Fridolin Krausmann, Christian Lauk und Marina Fischer-Kowalski (2010): *Local Studies Manual: A Researcher's Guide for Investigating the Social Metabolism of Rural Systems*. Vienna: IFF Social Ecology (Social Ecology Working Paper No. 120).

Sloterdijk, Peter (2009): *Du mußt Dein Leben ändern: Über Anthropotechnik*. Frankfurt a. M.: Suhrkamp.

Smith, Adam (1776): *An Inquiry into the Nature and Causes of the Wealth of Nations*. Dublin: Whitestone.

Soddy, Frederick (1912): *Matter and Energy*. London: Williams and Norgate.

Soddy, Frederick (1922): *Cartesian Economics: The Bearing of Physical Science Upon State Stewardship*. London: Hendersons.

Spencer, Herbert (1862): *First Principles*. London: Williams and Norgate.

Steinberger, Julia K., Fridolin Krausmann und Nina Eisenmenger (2010): Global Patterns of Material Use: A Socioeconomic and Geophysical Analysis. *Ecological Economics* 69 (5): 1148–1158.

Tainter, Joseph A. (2007): *The Collapse of Complex Societies*. Cambridge: Cambridge University Press.

United Nations, Department of Economic and Social Affairs, Population Division (2009): *World Population Prospects: The 2008 Revision*. CD-ROM Edition.

Weber, Max (1909): „Energetische" Kulturtheorien. *Archiv für Sozialwissenschaft und Sozialpolitik* 29: 375–398.

Weisz, Helga, Fridolin Krausmann, Nina Eisenmenger, Helmut Schütz, Willi Haas und Anke Schaffartzik (2007): *Economy-wide Material Flow Accounting. A Compilation Guide*. Luxembourg: Eurostat.

White, Leslie A. (1949): Energy and the Evolution of Culture. In: White, Leslie A. (Hrsg.), *The Science of Culture: A Study of Man and Civilization*. New York: Grove Press, 363–393.

Wilkinson, Paul, Kirk R. Smith, Michael Joffe und Andrew Haines (2007): A Global Perspective on Energy: Health Effects and Injustices. *The Lancet* 370 (9591): 965–978.

World Resources Institute (WRI), World Resources (1996–97): *A Guide to the Global Environment*. URL: www.wri.org/wri/wr-96-97/ei_txt5.html.

Systemtheorie und Umweltsysteme

Karl-Heinz Simon

Einleitung: Historischer und wissenschaftstheoretischer Kontext

Systemtheoretische Konzeptionen gewannen gegen Mitte des 20. Jahrhunderts Einfluss in nahezu allen Wissenschaftsbereichen („systems everywhere" – von Bertalanffy), ausgelöst, so die Hypothese, durch eine zunehmende Komplexität der sozio-technischen und gesellschaftlichen Entwicklungen. Vorläufer waren bereits in der klassischen Philosophie (Überlegungen zu Ganzheiten seit der klassischen griechischen Philosophie) sowie mit den Systematisierungsvorschlägen in der Philosophie Hegels zu finden. Mit der Organisationslehre von Bogdanov und, diesem vorausgehend, den Klassikern der Gesellschaftstheorie, wie etwa Spencer und Comte, kamen Konzepte in die Diskussion, die auch heute noch Themen bestimmen und Lösungsvorschläge ansprechen, etwa zum Verhältnis von Steuerbarkeit und evolutionärer Veränderungen. In geradezu prophetischer Weise hatte bereits Lambert in einem interessanten Entwurf aus dem Jahre 1782 wichtige Grundsätze einer Systemtheorie zusammen gefasst. Bereits in diesen „Fragmenten" war insbesondere auf die Zweckbestimmtheit aller Systemabgrenzung hingewiesen worden und auf die Bedeutung der Unterscheidung verschiedener Systemtypen, etwa solchen, die ihren Gegenstand über die Existenz „mechanischer Kräfte" bestimmen, und solchen, die „durch die Kräfte des Verstandes ihre Verbindung erhalten" (Lambert 1782 – hier zitiert nach Händle und Jensen 1974: 95). Die Hauptimpulse kamen dann im 20. Jahrhundert aus Biologie und Technik, insbesondere mit der Herausbildung der Allgemeine Systemlehre (Ludwig von Bertalanffy) und der Kybernetik (Norbert Wiener) ab den 1940er Jahren. Müller (1996) hat die Entwicklung umfassend dargestellt. Die wichtigsten, für die sozialwissenschaftliche Anwendung relevanten Arbeiten aus den frühen Jahren der Entwicklung der Systemtheorie sind zudem bei Walter Buckley (1968) zusammen getragen.

Von Bertalanffy entwickelt die allgemeine Systemtheorie um damit auf die für ihn offensichtlichen „struktureller Ähnlichkeiten" zwischen ansonsten separaten Anwendungsbereichen (wie Technik und Biologie) zu reagieren. Ein Beispiel sind exponentielle Wachstumsvorgänge, die sowohl in der Wirtschaft, in der Zellbiologie oder in Ökosystemen eine Rolle spielen. Der eigentliche Einsatzbereich der Theorie wird, im Rückgriff auf Überlegungen von Weaver (1948), bei Phänomenen gesehen, die als „organisierte Komplexität" beschrieben werden können, im Unterschied zu einer „unorganisierten Komplexität", wie sie z. B. zur Beschreibung des Verhaltens einer großen Anzahl gleichartiger Objekte (z. B. Gasmoleküle) in der Thermodynamik auf der Grundlage von Wahrscheinlichkeitsrechnungen angewendet wird. Bei

der „organisierten Komplexität" geht es hingegen um Organisation, Zielgerichtet-
heit und individuelle Eigenschaften einer Vielfalt unterschiedlicher Objekte.

Zusammenfassend sind es nach Bertalanffy (1968: 37) folgende Ziele seiner allgemeinen Systemlehre, die zentral erscheinen: In den sozial- und naturwissenschaftlichen Disziplinen ist eine Tendenz erkennbar, die auf eine Integration zuläuft, und
diese kann von einer allgemeinen Systemtheorie realisiert werden. Solch ein Ansatz
kann ein wichtiges Mittel sein, um Exaktheit in den nicht-physikalischen Wissenschaften zu garantieren. Indem ein solcher Ansatz Prinzipien bereitstellt, die „vertikal" durch die Einzeldisziplinen gültig und anwendbar sind, trägt er zum Ziel einer
Einheit der Wissenschaften bei. Dies kann dann auch einen positiven Beitrag zur
Integration in der wissenschaftlichen Ausbildung liefern.

Entgegen den Bestrebungen, die Systemtheorie auf mathematisch formulierba-
re Gegenstände zu beschränken, hat bereits von Bertalanffy eingewandt, dass die
„Systemidee" auch dann ihren Wert behält, wenn keine mathematisch-axiomatische
Abbildungsmöglichkeit besteht. Und mit Bezug zur Soziologie erklärt er: „[W]e
may not have satisfactory system concepts in sociology; the mere insight that social entities are systems rather than sums of social atoms, or that history consists
of systems [...] called civilizations obeying principles general to systems, implies a
reorientation in the fields concerned" (Bertalanffy 1968: 22 f). Er hat so bereits früh
darauf hingewiesen, dass auch soziale und kulturelle Phänomene in einer allgemeinen Systemtheorie behandelt werden können und durch eine Einbeziehung in ein
übergreifendes, systemisches Theorieschema Erklärungsmöglichkeiten gesteigert
werden können.

Eine einflussreiche Definition von „System" stammt von Hall und Fagen aus den
1950er Jahren. Von ihnen wird ausgeführt, dass es sich bei einem System um eine
Menge von Objekten handelt, zusammen mit Beziehungen zwischen den Objekten und ihren Attributen (Hall und Fagen 1956). Die Objekte werden auch „Teile"
oder „Komponenten" genannt. Es werden neben physischen Objekten auch „abstrakte Objekte" verstanden, etwa solche, mit denen sich die Mathematik beschäftigt. Als Attribute werden die Eigenschaften der Objekte bezeichnet, wobei die von
Hall und Fagen gewählten Beispiele alle der Naturwissenschaft und Technik entnommen sind. Die eigentliche, ein System ausmachende Kategorie, sind die Beziehungen (*relationships*), die die einzelnen Komponenten verknüpfen und zusammen
halten, wobei hier sowohl an materiell-energetische Verknüpfungen (Komponente A ist von einer Versorgungsleistung durch Komponente B abhängig), als auch
an nicht materiell-energetische Beziehungen gedacht ist (Komponente C übt Macht
über Komponente D aus). Eine weitere zentrale Kategorie wird mit dem Begriff der
„Umwelt" eingeführt, und diese wird für ein gegebenes System definiert als Menge
all derjenigen Objekte, bei denen Änderung der Attribute das System beeinflussen, oder deren Attribute durch eine Veränderung des Systems beeinflusst werden.
Wichtig ist noch zu vermerken, dass Hall und Fagen auch über menschen-gemachte
Systeme reden, und dort der *Zweck* der Zusammenstellung gegenüber natürlichen
Systemen hinzutreten muss. Die Grenzen dieser „axiomatischen Sicht" auf Systeme
werden dort offensichtlich, wo nicht mehr unmittelbar auf der Hand liegt wie der

Analysegegenstand selbst (das System) aus einer Vielfalt vorfindlicher Phänomene herausgelöst wird, wo also Systemgrenzen aus welchen Gründen gezogen werden.

Aspekte einer Systemmethodologie

Bereits in den frühen Überlegungen zur Systemtheorie wurde die System/Umwelt-Unterscheidung auch mit einem Komplexitätsgefälle gleichgesetzt: Die Umwelt eines Systems weist stets mehr Varietät auf, als das System selbst, was eine stete Herausforderung für den Systemerhalt bedeutet, aber auch eine Quelle für Veränderungs- oder Anpassungsprozesse darstellt. Daraus hatte Ashby sein Gesetz der „requisit variety" abgeleitet, das für Steuerungsfragen besonders wichtig ist, und das besagt, dass auf Varietät (die Vielzahl von möglichen Ereignissen in der Umwelt des Systems) nur mit entsprechender Varietät auf der Systemseite reagiert werden kann (Ashby 1956). Daraus abgeleitet werden vielfältige Überlegungen zum „Varietätsmanagement" abgeleitet. Eine umfangreiche Sammlung von „Gesetzeshypothesen" hat Probst (1988) zusammen gestellt.

Ein Problem der Arbeit mit Systemen ist es, wie eine Systemabgrenzung oder Systemidentifikation vorgenommen wird. Einige Ansätze (z. B. *System Dynamics*) plädieren dafür, möglichst auch Umweltbedingungen einzubeziehen, wenn diese für das Systemgeschehen relevant sind. Andere Vorschläge arbeiten eher mit dem Kriterium der Intensität der Interaktion, d. h. die Binnenkontakte sind dadurch gekennzeichnet, dass sie immer intensiver ausgeprägt sind, als die Kontakte zur Umwelt. Diese Ansätze definieren aber auch die Systemumwelt stets mit Bezug auf das betrachtete System, und beziehen sich auf die Interaktionen zwischen System und Umwelt. Es kann aber auch die Umwelt ohne (substantielle) Kontakte zum betrachteten System definiert werden, wobei dann von einer materiellen Betrachtungsebene auf eine symbolische gewechselt wird und lediglich durch den Erkenntnisakt eine Beziehung hergestellt wird.

In der Entwicklung der Systemtheorie können verschiedene „Paradigmen" unterschieden werden, die gegenüber der Definition von Hall und Fagen, die ja eher eine „Binnensicht" auf Systeme entwickelten, stärker die erkenntnistheoretische Verortung thematisieren. So standen Ganzheiten im Vordergrund (Burkamp 1929) bevor auf die *Input-Output*-Beziehungen fokussiert und damit System-Umwelt-Beziehungen in den Mittelpunkt gestellt wurden. In neuerer Zeit ist eine Hinwendung zu Selbstorganisation und Autopoiesis zu finden (Luhmann 1984), mit jeweils erheblichen Auswirkungen auf die Sicht auf den Gegenstandsbereich und die wissenschaftstheoretischen Fundamente.

Erkenntnistheoretisch lassen sich die Ansätze dahingehend unterscheiden, ob sie Systeme als „reale Gegenstände" sehen, die mit geeigneten Mitteln adäquat abgebildet werden können, oder als „Konstruktionen", mit völlig anderen Qualitätsmaßstäben. Oftmals spiegelt diese Unterscheidung die zwischen einer physikalisch-materiellen Umwelt und die einer kulturell-immateriellen Sozialwelt wider; in neueren Theorien ist diese Dichotomie allerdings mehr und mehr in Frage gestellt (etwa bei Bühl 1990). Bei von Bertalanffy war noch die Idee einer Einheit der Wissenschaft dominant, unterstützt durch Systemtheorie, allerdings stark an naturwissenschaftlichen Methodenanforderungen (bis hin zur Mathematisierung) orientiert.

Spätestens mit dem Auftreten des Konstruktivismus in der Systemtheorie und der *Second-order* Kybernetik (Vorarbeiten bei von Foerster 1985; zusammenfassende Darstellung bei Degele 1997) melden sich in den Sozialwissenschaften verstärkt Ansätze zu Wort, die mit der Kategorie des „Beobachters" arbeiten, und die versuchen, in einer eher „kulturalistischen" Grundhaltung, Abstand zu Systemtheorien zu gewinnen, die auch soziale Gegebenheiten anhand materieller Substrate in der Wirklichkeit abbilden wollen.

Bereits C. West Churchman hat die Systemtheorie in diese Richtung entwickelt, wenn er nicht Systemdefinitionen an den Anfang seiner Analysen stellte, sondern, hauptsächlich an Problemlösungen interessiert, die vielfältigen, zum Teil konfligierenden Perspektiven (etwa die verschiedener Interessengruppen) in den Mittelpunkt stellte und Systemidentifikation und Lösungsvorschläge in einem Zusammenspiel der beteiligten Akteure entwickelt hat (Churchman 1981).

Die Besonderheit einer systemtheoretischen Herangehensweise wird von Autoren wie Gregory Bateson in einem Erklärungsprinzip gesehen, das „kybernetische Erklärung" genannt wird (Batson 1980). Es geht dabei dann nicht mehr um die Ausweisung der kausalen Zusammenhänge, in denen Ursachen auf Wirkungen bezogen werden, sondern Phänomene werden „über Einschränkungen (erklärt), die sie im Unterschied zu ihrer Umwelt konstituieren" (Baecker 2002: 85). Selbstreferenz, Selbstorganisation und andere Konzepte, die Geschlossenheit und Rückbezüglichkeiten betonen, gewinnen damit an Bedeutung. Dies war allerdings bereits im Motiv des Regelkreises angelegt, in dem anfängliche Ursachen für Veränderungen im zyklischen Geschehen „verschwinden" beziehungsweise bedeutungslos werden.

Niklas Luhmann hat in diesem Zusammenhang dann das Augenmerk auf „funktionale Äquivalente" als den eigentlichen Gegenstand der Systemtheorie gelegt (Luhmann 1970). „Sie [die Systemtheorie – KHS] weitet das Denken in linearen Kausalitäten aus durch eine vergleichende Methode. Problemlösung erfordert im Denken und Handeln gleichermaßen […] Orientierung an Alternativen. Die Problematik des Denkens besteht […] aus einer Konkurrenz verschiedener Möglichkeiten. […] Diesen Bedarf an Vergleichsmöglichkeiten kann die funktionale Methode befriedigen. […] Der Gewinn, den die funktionale Methode einbringt, besteht […] nicht in der Gewissheit der Verknüpfung spezifischer Ursachen mit spezifischen Wirkungen, sondern in der Fixierung eines abstrakten Bezugsgesichtspunktes, nämlich des ‚Problems', von dem aus verschiedene Möglichkeiten des Handelns, äußerlich ganz unterschiedlich anmutende soziale Tatbestände als funktional äquivalent behandelt werden können" (Luhmann 1970: 35)

In einer systemtheoretischen „Binnenbetrachtung" spielen, neben den zentralen Konzepten wie Objekt, Verknüpfung, Umwelt, auch Begriffe wie Zustände und Verknüpfungen, Zweckorientierung, Emergenz neuer Eigenschaften, Systemdynamiken und Systembewertungen eine wichtige Rolle (vgl. Bühl 1990). Wichtige Begriffe sind auch: (1) Varietät, als Maß für die Anzahl unterschiedlicher Zustände, die ein

System annehmen kann, (2) Einschränkungen oder *Constraints*, als Maß für die Beschränkung der Varietät bzw. der Freiheitsgrade eines Systems, (3) Selbstorganisation, als ein „spontaner" Prozess der Entstehung von Organisation der Komponenten ohne Kontrolle von Seiten der Umwelt des Systems oder eines anderen externen Systems.[1]

Immer geht es darum, eine umfassendere Sicht auf Phänomene sicherzustellen, als eine, die lediglich an Teilaspekten und isolierten Komponenten ansetzt und interessiert ist. Insbesondere geht es hier auch darum, den sog. „Umwelt-Trugschluss" zu vermeiden, indem anerkannt wird, dass jedes Problem „seine ‚Umwelt' hat, mit der es unauflöslich verknüpft ist" (Churchman 1981: 45). Diese Forderung nach „Ganzheitlichkeit" ist nach Churchman als „regulative Idee" zu verstehen; es wird also eine Zielrichtung formuliert, ohne dass das Ziel selbst in der Regel (vollständig) erreichbar ist.

Ausgewählte soziologische Systemtheorien

In der Soziologie waren bereits bei den Klassikern (wie bei Spencer oder insbesondere auch Sorokin 1965) systemtheoretische Theorieelemente zentral. Bei Pitirim Sorokin war es die Suche nach einem Verständnis sozio-kultureller Entwicklungen mit dem Phänomen der Ausbildung identifizierbarer Entwicklungsstufen, die eine Vielzahl von Besonderheiten unter einem erkennbaren Paradigma zusammenfassen, angetrieben durch innere Dynamiken und Beschränkungen. In einer moderneren Fassung würden hier explizit Prinzipien der Selbstorganisation die Grundlage der Analyse hergeben.

Von Talcott Parsons wurde eine Systematik eingebracht, die funktionale Erfordernisse für den Bestand (und die Entwicklungsfähigkeit) von sozialen Entitäten im Detail analysiert hat (Parsons 1978, Luhmann 2002). Parsons, dessen Ansatz (nicht ganz zutreffend) als „strukturfunktionalistischer" Ansatz bezeichnet wird, hat eine soziologische Systemtheorie als allgemeine Handlungstheorie entworfen und in zahlreichen Fallstudien angewendet (Parsons und Platt 1990). Er stellt die Grundfunktionen in den Mittelpunkt seines Theorieentwurfs, die erfüllt sein müssen, um den Bestand eines (sozialen) Systems zu garantieren. Die vier Grundfunktionen, die im sogenannten AGIL-Schema zusammengefasst sind, sind (A) *Adaptation*, (G) *Goal Attainment*, (I) *Integration* und (L) *Latency* (Aufrechterhaltung von Strukturen und Wertmustern). Diese vier Funktionen sind auf verschiedenen Ebenen gleichermaßen, aber inhaltlich unterschiedlich ausgestaltet, wiederzufinden und jeweils unterschiedlichen Teilsystemen, die für die Funktionserfüllung verantwortlich sind, zugeordnet. Auf der Ebene des allgemeinen Handlungssystem sind diese die vier Teilsysteme Verhaltenssystem (für A), Persönlichkeitssystem (für G), Kulturelles System (für L) und Soziales System (für G). Innerhalb des sozialen Systems sind dies

---

1   Zahlreiche hilfreiche Definitionen sind im Principia Cybernetica Web zu finden, URL: http://pespmc1.vub.ac.be/DEFAULT.html

Wirtschaft (für A), Politik (für G), Kultur (für L) und Gemeinwesen (für I). In einem gewissen Sinne werden hier fraktale Strukturelemente sichtbar, die sich auf verschiedenen Betrachtungsebenen gleich arrangiert wiederholen. Mit der oben erwähnten zentralen Aufgabe, die der Systemabgrenzung, ergeben sich für den Ansatz schwerwiegende Herausforderungen. Es handelt sich um ein analytisches Schema, dem nur zum Teil direkt empirische Sachverhalte als Begründung zugrunde liegen.

Umweltbeziehungen sind in diesem Ansatz eher nebensächlich und werden eher als Voraussetzungen einbezogen, die erfüllt sein müssen, dass Handlungen möglich sind. Es erfolgt eine Anpassung an Außenbedingungen und es werden „langfristige Gleichgewichte mit externen ökologischen Bedingungen" gesucht werden (vgl. Luhmann 2002: 28 f.). Parsons hat in einem späteren Werk (Parsons 1978) allerdings genauer die Bedingungen menschlicher Existenz analysiert und dabei stärkeren Wert auf eine genaue Beschreibung von Interdependenzen zwischen Systemfunktionen und Umweltbedingungen gelegt.

Andere Autoren, wie Parra-Luna haben – ausgehend von der Kybernetik – detailliertere Funktionsanalysen vorgelegt und haben dabei Performanzkriterien formuliert, in welchem Ausmaß bestimmte Funktionen erfüllt sein müssen, damit Systeme effizient wirken können (Parra-Luna 2000). Soziale Systeme werden hier als solche verstanden, die direkt der Erfüllung bestimmter konkreter Funktionen dienen (wie z. B. das Gesundheitswesen). Er schlägt zur Beurteilung sechzehn „grundlegende Dimensionen" vor, die er in genetische, funktionale und behaviorale Funktionen unterteilt, um strukturelle Voraussetzungen, und solche, die die Interaktion und das Systemverhalten betreffen, zu unterscheiden. Ausführlich werden zudem eine Vielzahl von Kriterien definiert, um die „Systemqualität" einschätzen zu helfen, durchaus auch in einem normativen Sinne der Lebensqualität in einer Gesellschaft oder der Defizite, die vom Standpunkt der Systemanalyse her benannt werden können.

Der Ansatz von J. G. Miller, die sogenannte „Living Systems Theory" kombiniert Strukturüberlegungen (acht Ebenen, von der biologischen Zelle bis zum supranationalen System auf Weltebene) mit 20 elementaren Funktionen, die sowohl energie- und stoffbezogene, als auch informationsbezogene Funktionen umfassen. Beispiele sind Hülle (*boundary*), Materialzuführung (*ingestor*), Material- und Energiespeicher (*storage*), Kommunikationsnetzwerk (*channel and net*) sowie Informationswandler (*decoder, output transducer*). Auch hier dient diese Struktur dazu, in konkreten Analysen Lücken zu identifizieren (fehlende Funktionserfüllung oder Ineffizienzen) oder das Augenmerk auf einzelne Komponenten und deren Performanz zu richten. Beispiele für Analysen dieser Art reichen von Telekommunikationssystemen, über pädagogische Ansätze bis hin zur Analyse der Interaktion in großen sozialen Verbänden, wie auch Regierungsorganisationen (Miller 1978). Unter einer strikt soziologischen Perspektive würde aber sein Konzept von Gesellschaft kritisch zu hinterfragen sein, weil nicht zu erkennen ist, welche Besonderheit sozialen Phänomenen in diesem Ansatz zuerkannt wird.

Eine Vielzahl weiterer Systemansätze sind in der Diskussion (eine Auswahl bei Simon 2002) und zum Teil mit einem umfangreichen Fundus an Anwendungsbeispielen dokumentiert (Flood und Jackson 1991, Mingers und Gill 1997).

In neuerer Zeit wird mit Arbeiten von Buckley eine Verbindung zwischen Diskursen in der Kybernetik und der Theorie sozialer Systeme gesucht, bei der das Konzept der Adaptation im Mittelpunkt steht. „Starting with an adaptive system in a changing environment – species, psychological system, social system – we note that such a system is ‚sensitive‘ to its external environment and internal milieu" (Buckley 1998: 19). Hinsichtlich der Interaktion mit der Umwelt führt Buckley weiter aus: „An important question is how the information about the environment comes to be mapped in certain ways to the system's organization and behavior, for example, by the way of tropisms, instincts, individual learning, group study, and planning" (ebd.). Diese Liste zeigt bereits die Vielfalt unterschiedlicher Interaktionsmöglichkeiten eines „soziokulturellen" Systems mit der Umwelt, mit der Notwendigkeit, unterschiedliche Theoriebestandteile zusammen zu führen, sei es als biologische Interaktion (Nahrungszufuhr, Instinkte) oder Lernprozesse oder planerisches Handeln, letztere dann eher auf der Ebene symbolischer oder sinn-gesteuerter Aktionen .

Adaptive Systeme, ganz gleich ob biologische, psychologische oder soziokulturelle, müssen nach Buckley (1998: 81) über folgende Möglichkeiten verfügen:

1. über einen gewissen Grad an „Plastizität" und „Beeinflussbarkeit" gegenüber der Umwelt des Systems, so dass ein konstanter Austausch stattfinden kann;
2. eine Quelle oder einen Mechanismus für Vielfalt („Varietätspool"), wie etwa Mutationen, neue Ideen, sich verändernde Interaktionsmuster, um damit auf Veränderungen und Sachzwänge in der Umwelt eingehen zu können;
3. ein Satz von Auswahlkriterien, anhand dessen das System bestimmen kann, welche Anpassungsmaßnahmen taugen und welche nicht (z. B. natürliche Selektion, Versuch und Irrtum, empirische Tests für Ideen und soziale Errungenschaften);
4. ein Arrangement, um die erfolgreichen Maßnahmen zu erhalten und weitergeben zu können (Vererbung, Bildung, Sozialisation).

Umweltsysteme

Die Beschreibung und Analyse von Umweltsystemen fußt weitgehend auf Konzepten der Ökologie und der Ökosystemwissenschaften, als derjenigen Fachgebiete, die auf Beziehungsgefüge und die Interaktion von natürlichen und biologischen (und sozialen) Komponenten setzen. Grundlage einer systemischen Sicht auf Umweltzusammenhänge bilden Stoff- und Energieflüsse, Stoffkreisläufe (insbesondere auch Wasser), aber auch Konkurrenzbeziehungen und Räuber-Beute-Beziehungen.

Bezogen auf eine Definition von Ökosystem zeigen Breckling und Müller (1997) zwei mögliche Herangehensweisen auf, die sie aber sinnvoller Weise als nebeneinander anzuwenden, beziehungsweise sogar miteinander zu verwenden, ansehen: Einmal der Fokus auf reale, räumliche Ausschnitte der Umwelt, zum anderen die Abbildung der Interaktionen, der Funktionalität im abstrakten Modell. Sie weisen darauf hin, dass in jedem Fall ein Beobachter aufgrund einer spezifischen Fragestellung das zu untersuchende System „definiert". Damit kann mit einer einheitlichen Vorgehensweise eine große Zahl unterschiedlicher Phänomene analysiert werden: „So können unter ökosystemaren Gesichtspunkten so unterschiedliche Fragen untersucht werden wie die globale Entwicklung des organismischen Einflusses auf die Chemie der Atmosphäre oder die Dynamik der Interaktionsmuster in einem Teich. In beiden Fällen stehen die Beziehungen der Organismen untereinander und zu ihrer Umwelt im Mittelpunkt des Interesses" (1997: 8).

Nicht jedes „Leben-Umwelt-Gebilde" wird damit bereits zum Gegenstand der Systemtheorie. Von Klötzli (1993) wird z. B. gefordert, dass emergente Eigenschaften ausgebildet werden. Das sind solche, die auf der Ebene der das System konstituierenden Komponenten nicht auftreten, jedoch auf der „höheren" Systemebene maßgeblich zur Spezifizität des Gesamtsystems beitragen (vgl. Müller et al. 1997).

Breckling und Müller (1997) nennen folgende Anforderungen damit von einem Ökosystem gesprochen werden kann:

- „Ökosysteme sind räumlich abgrenzbar. Die Abgrenzung kann entlang einer Oberfläche oder eines Gradienten erfolgen, oder sie kann anhand von Differenzen in der Intensität und Geschwindigkeit von Prozessen festgelegt werden.
- Ökosysteme können zeitlich abgegrenzt werden.
- Die Relationen innerhalb der Ökosysteme müssen geschlossener sein und intensiver ablaufen als die Prozesse mit der Umgebung. Die internen Wirkungsgefüge sind stärker miteinander verknüpft als die externen.
- Ökosysteme verfügen über die Fähigkeit zur Selbstregulation und Selbstorganisation.
- Ökosysteme besitzen emergente Eigenschaften, die den Teilen nicht zukommen" (1997: 8).[2]

Mit welcher Komplexität man bei der Analyse von Ökosystemen konfrontiert ist, zeigt eine Auflistung bei Breckling und Müller zu „einigen Biotopfaktoren". Sie unterscheiden neben den anthropogenen Faktoren (z. B. Landnutzungsänderungen) nicht weniger als zehn Faktorengruppen (von geologischen, topographischen und geomorphologischen, über klimatologische und hydrologische, bis hin zu geochemischen und sedimentologischen Faktoren). Ergänzt werden diese noch um Stoffeinträge und -austräge sowie um „geosystemare Instabilitäten", mit denen Extremereignisse wie Wald- und Steppenbrände oder Vulkanausbrüche berücksichtigt werden.

---

2   Die oben angesprochene Wichtigkeit der Systemabgrenzung wird auch in diesen Anforderungen sichtbar. Es sei darauf hingewiesen, dass immer im Auge behalten werden muss, dass die Definition quasi schwankt zwischen der Konstatierung objektiv vorhandener Systeme und ihrer feststellbaren Eigenschaften und der oben genannten erkenntnistheoretischen Forderung, immer im Auge zu behalten, dass aufgrund von Analysezielen oder Problemsichten eine Systemdefinition vorgenommen wird. Hier wird eine Art Paradoxon sichtbar, das vielleicht gerade die Systemmethode charakterisiert, und als „auszuhalten" von verschiedenen Autoren benannt wird.

Als Versuch einer generell verwendbaren Darstellungsweise hat Howard T. Odum eine einheitliche Beschreibungssprache vorgeschlagen, die eingesetzt werden kann, sowohl die Gegebenheiten in natürlichen Systemen zu beschreiben, als auch technische Aspekte der Nutzung von Ressourcen für den Menschen. Das zentrale Analysekonzept ist das der *Emergy*, das sowohl quantitative (Energiemengen) als auch qualitative Eigenschaften (Entropiestufen) von Energieflüssen kombiniert.

Ausgehend von Fallstudien aus der Ökologie schlägt C. S. Holling vor, stärker die dynamischen Aspekte des ökosystemaren Geschehens zu betrachten und er identifiziert vier Stufen in der längerfristigen Entwicklung von Ökosystemen. So wechseln sich Phasen der Erneuerung (mit einer Dominanz von Pioniergesellschaften), solche der Saturierung, der Zerstörung und der Reorganisation ab. Als Grundmodell identifiziert er ein zyklisches Aufeinanderfolgen der verschiedenen Stufen, zeigt aber z. B. im Hinblick auf soziale Systeme, dass, etwa im Hinblick auf eine Veränderung hin zu einer nachhaltigen Entwicklung, Zyklen verlassen werden können, und sich auf einem neuen Niveau die dynamischen Zusammenhänge ausbilden (Gunderson und Holling 2002).

Wenn hier auf eine eher „ganzheitliche" Beschreibungsebene gewechselt wird, dann betonen Holling u. a. die Abhängigkeit von spezifischen Erklärungsmustern (insbesondere welche Vorstellungen von Stabilität und Gleichgewicht vorherrschen) von sogenannten Weltsichten oder Naturvorstellungen (*caricatures of nature*), die von erheblicher Bedeutung dafür sind, welche Maßnahmen für Problemlösungen vorgeschlagen werden und welche Erfolgskriterien angewendet werden. Unterschieden werden (i) eine „flache" (*flat*) Natur, in der aufgrund fehlender innerer Gesetzmäßigkeiten vielfältige zukünftige Entwicklungspfade gleich wahrscheinlich sind, (ii) eine „ausgeglichene" (*balanced*) Natur, in der Gleichgewichtsniveaus und Stabilisierungsprozesse dominieren, (iii) eine „resiliente" (*resilient*) Natur, in der Stabilisierungsvorgänge mit einem großen Verhaltensspektrum einhergehen sowie (iv) eine „anarchische" (*anarchic*) Natur, die quasi als unkontrollierbar angesehen wird.

Verknüpfungen von sozialen und ökologischen Komponenten

Für die Umweltsoziologie von besonderem Interesse sind Systemansätze mit Bezug zur Sozialökologie oder sozial-ökologischen Forschung. Bereits in der Begründung eines *Human Dimensions Programme on Global Environmental Change* waren Konzepte für die Interaktion einer Anthroposphäre und der Umwelt vorgestellt worden (Stern et al. 1996), in denen unterschiedliche Wirkungspfade thematisiert wurden. Sie waren dort zweigeteilt. Zum einen in die durch den Menschen ausgelösten Veränderungen der Umwelt, zum anderen in die Rückwirkungen der (veränderten) Umwelt auf den Menschen. Ergänzt wurden diese Wirkungspfade durch Hinweise auf die Eigendynamiken, die in den beiden „Sphären" (Anthroposphäre und Umweltsysteme) am Wirken sind und die zum Teil zu unerwarteten Reaktionen führen (z. B. aufgrund von Schwellenwerten, die erst überschritten sein müssen, bevor Reaktionen sichtbar werden). Systemtheoretisch interessant ist in diesem Zusammenhang auch das von Heinz von Foerster eingeführte Konzept der „nicht-trivialen Maschine" (Foerster 1985: 21).

Die beiden Wirkungspfade können exemplarisch am Problem den Klimawandels konkretisiert werden: Das Thema „Mitigation", also die Vermeidung von Treibhausgasemissionen, ist dann eindeutig dem Wirkungspfad „Einflüsse des Menschen auf die Umwelt" zuzuordnen. Das Thema „Adaptation", also die Anpassung an Klimaveränderungen, ist dem Wirkungspfad „Einflüsse der Umwelt auf die menschlichen Lebensbedingungen" zugeordnet.

Von Interesse für die Umweltsoziologie sind insbesondere auch Überlegungen, wie die Interaktion von sozialen Systemen[3] und Umweltgegebenheiten zu erfassen ist, insbesondere auch die Veränderung sozialer Systeme, ausgelöst durch Rückwirkungen aus der veränderten Umwelt. Die Ansätze unterscheiden sich insbesondere hinsichtlich der Art und Weise, wie die Beziehung zwischen sozialen und ökologischen Sachverhalten operationalisiert wird. Ausgangspunkt sind in der Regel einfache Wirkungsdiagramme, in denen lediglich die Tatsache, dass eine Beziehung besteht, beschrieben wird. Es kommt aber dann im nächsten Schritt darauf an, dass näher bestimmt wird, ob etwa der angenommene Wirkungspfad eine Kausalbeziehung (im Sinne direkter Input-Output-Beziehungen) meint, oder ob vielmehr Korrelationen gemeint sind, und damit nunmehr gegenseitige Irritationen abgebildet werden und nicht direkte Kontrollbeziehungen. Welcher Beziehungstyp gewählt wird, hängt wiederum eng von der Theorie der Gegenstandsbereiche ab, ob etwa eine „realistische" oder eine „konstruktivistische" Position gewählt wird.

Baccini konzipiert seine Form der Systemanalyse aus einem eher versorgungstechnischen Blickwinkel (Baccini und Bader 1996). Er stellt den Metabolismus (im Sinne einer Stoffumwandlung im Dienste der Systemerhaltung, wenn etwa Primärenergie in Elektrizität umgewandelt wird, als notweniger Energieträger zur Aufrechterhaltung von Produktion oder Versorgung) in den Mittelpunkt, und analysiert mit Hilfe dieses zentralen Konzeptes Produktions- und Verbrauchssektoren. Die Systemabgrenzung ergibt sich dabei entweder durch Identifikation eines Produktionssektors (z. B. der Papierindustrie) oder durch Isolierung einer räumlichen Einheit (einer Region, einer Stadt) mit Fokussierung auf diejenigen Stoff- und Energieumwandlungen, die unter dem Gesichtspunkt der Umweltbelastung von besonderem Interesse sind.

Eine exemplarische Analyse anhand einer künstlichen Region Metaland unterscheidet z. B. die Sektoren Ernähren, Wohnen und Arbeiten sowie Transportieren und Kommunizieren. Die Systembeschreibung selbst ist diejenige eines Input-Output-Systems: Außerhalb der Region liegende Ressourcen werden in das System (mit den genannten Sektoren) eingeführt; Abfallstoffe (z. B. Treibhausgase und Luftschadstoffe) werden aus der Region ausgeführt. Innerhalb des Systems werden

---

3   Wobei im Auge behalten werden muss, dass „soziales System" hier als Sammelbegriff verwendet wird, der sowohl direkte Interaktion, Versorgungssysteme wie auch makrosoziologische Phänomene umfasst. Welche Ebene jeweils in den genaueren Blick genommen wird bedingt zum Teil die Unterschiede zwischen den Systemtheorien und Systemmethoden.

dann vielfältige Verknüpfungen zwischen den Sektoren dargestellt, z. B. auch im Hinblick auf eine Aufteilung nach Versorgung, Konsum und Entsorgung. Es sei noch erwähnt, dass die Stoffflüsse anhand ausgewählter Leitsubstanzen modelliert werden (wie z. B. Kohlenstoff, Phosphor); zugrunde liegen aber in der Regel Massenbilanzen der umgesetzten Gütermengen.

Beispielhaft wurde bereits in der Studie von Donella und Dennis Meadows zu den Grenzen des Wachstums (Meadows et al. 1972) eine ganzheitliche Sicht auf die Umweltprobleme versucht, die nach obiger Klassifikation wohl eher mit Resilienzideen arbeitet. Die dabei verwendete Methodologie (*system dynamics*) war ursprünglich für Managementanwendungen konzipiert worden (Forrester 1961), bald aber auf die Analyse unterschiedlicher Problembereiche (Stadtentwicklung, Ökosysteme, Weltmodelle) verallgemeinert worden. In geradezu paradigmatischer Weise werden Systeme anhand von Komponenten und deren Beziehungen zueinander beschrieben, wobei als Besonderheit hinzukommt, dass Rückkopplungsschleifen als wichtige Grundeinheiten zur Beschreibung von Dynamiken identifiziert werden, die entweder Wachstumsprozesse auslösen (positive Rückkopplung) oder zum (Fließ-) Gleichgewicht führen (negative Rückkopplung). Dabei war von vorneherein daran gedacht, „eine gemeinsame Grundlage zu finden, die die Naturwissenschaften und die Geisteswissenschaften vereinigen" (Forrester 1972: 14). Dennis Meadows et al. weisen darauf hin, dass es zwar immer Phasen geben kann (und muss), in denen positive Rückkopplungen überwiegen, und damit Wachstums- und Veränderungsprozesse dominieren, dass diese Phasen aber (zumindest in der Welt des „Materiellen") durch solche abgelöst werden müssen, in denen negative Rückkopplungen zur Begrenzung und Zielorientierung führen.

Von soziologischer Seite wird allerdings davor gewarnt, vorschnell eine „Gleichordnung zwischen sozialen Systemen und Ökosystemen" vorzunehmen. Zu unterschiedlich seien die begrifflichen Zugangs- und Beobachtungsweisen in beiden Bereichen (Japp und Krohn 1997). Das sieht Walter Bühl (1990) völlig anders. Er plädiert dafür, von vorne herein „soziale Systeme als ökologische Systeme" zu begreifen, denn er meint, dass die Entgegensetzung von ‚Mensch' und ‚Natur' Ausfluss einer ‚Sonderstellungsanthropologie" sei, die es endlich zugunsten der einen komplexen und dynamischen Ökologie zu überwinden gilt (siehe hierzu auch den Beitrag von Dunlap in diesem Band). Als Strukturmerkmale einer solchen Systemtheorie sieht Bühl:

- Zum einen werden diese Systeme keine zentrale Steuerungsinstanz haben, sondern sie werden durch „begrenzende Faktoren" kontrolliert, die zum im System verteilt vorkommen und auf verschiedene Medien verteilt vorkommen: „… sowohl der Energieaustausch selbst wie auch die unterschiedlichsten physikalischen, chemischen, biologischen und sozialen Signale (dienen) der Information und Kontrolle" (Bühl 1990:36).
- Zweitens werden die Kontrollbeziehungen nicht-hierarchisch sein, ausgeprägt als „horizontale Interaktionsbeziehungen und Nachbarschaftsverhältnissen" (ebd.).

- Schließlich müssen die Systeme als lose bzw. variabel gekoppelt verstanden werden, mit großer Wandlungsfähigkeit und dynamischer Vielfalt.

Im Beispiel der *system dynamics* Anwendungen wird von „strikten Kopplungen" ausgegangen, und die Beziehungen zwischen den Systemkomponenten (auch der „disziplinenübergreifenden") werden eher als Input-Output-Beziehungen modelliert. So sind z. B. in den Weltmodellen der Meadows Kopplungen zwischen Umweltqualität und Bevölkerungsentwicklung zu finden, die vor einem anderen Theoriehintergrund sicherlich mit mehr Komplexität (und Freiheitsgraden) beschrieben werden müssten.

Eine Spielart der neueren soziologischen Systemtheorie arbeitet mit dem Konzept Autopoiesis (Maturana). Luhmann hat darauf fußend (aber, durchaus in Opposition zum Original von Maturana, eigenständig auf soziale Systeme umgearbeitet) umfangreiche Analysen der modernen Gesellschaft vorgelegt. Autopoiesis bezeichnet hierbei die Eigenschaft von Systemen, sich selbst auf der Grundlage systemeigener Operation „herzustellen" und zu reproduzieren. Damit wird zum einen darauf verwiesen, dass diejenigen Komponenten, die die Eigenheit des jeweiligen Systems ausmachen, so nicht in der Umwelt des Systems vorhanden sind, sondern erst unter Verwendung externer Komponenten produziert werden müssen. „Autopoietische Systeme können ihre Strukturen nicht als Fertigprodukte aus ihrer Umwelt beziehen. Sie müssen sie durch eigene Operationen aufbauen und das erinnern – oder vergessen" (Luhmann 2008: 13). Bezogen auf die Soziologie lautet Luhmanns Vorschlag, die Besonderheit sozialer Systeme nicht als handelnde Menschen, Rollenträger, oder ähnliches zu sehen, sondern als aus Kommunikationen bestehend zu konzeptionalisieren. „Unter Gesellschaft soll das umfassendste System sinnhafter Kommunikation verstanden werden" (Luhmann 1986: 62).

Bezogen auf die moderne Gesellschaft stehen die Eigenlogiken und Eigendynamiken der verschiedenen Funktionssysteme der Gesellschaft (Wirtschaft, Wissenschaft etc.) im Vordergrund. Diese bearbeiten je spezifische Probleme und unterhalten je spezifische Außenkontakte, die aber in der Regel nicht zu einer direkten Einflussnahme von Umweltgegebenheiten auf das innere Systemgeschehen führen, sondern über Relevanzfilter laufen, die bestenfalls dazu führen, dass die Systeme durch Umwelteinflüsse zu eigenem Handeln angeregt werden. Diese Beziehungen werden in der Regel als „strukturelle Kopplungen" begrifflich gefasst. Mit dieser Konzeption werden verschiedene Motive, die die Besonderheiten des Systemansatzes ausmachen, kombiniert und neu geordnet: Einerseits die Betonung des Ganzheitlichen (in einer entmythologisierten Weise der Eigenständigkeit und Abgeschlossenheit) – andererseits die Neufassung der Interaktion mit der Umwelt, hier als selektive Nutzung von Angeboten aus der Umwelt verstanden, gefiltert durch die jeweiligen Systemcharakteristika.

Bei Luhmann (1986) sind von einer strikt gesellschaftstheoretischen Perspektive her beispielhaft die Abhängigkeiten und Hemmnisse beschrieben, in die „die Gesellschaft" eingebunden ist und die dazu führen, dass nur verzögert und (oftmals) unberechenbar auf Umweltveränderungen reagiert wird. Im Hinblick auf Umweltprobleme erläutert Luhmann diesen Sachverhalt: „Es geht [wenn von ökologischer Gefährdung gesprochen wird – Einfügung KHS] nicht um die vermeintlich objektiven Tatsachen; dass die Ölvorräte abnehmen, die Flüsse zu warm werden, die Wälder absterben, der Himmel verdunkelt und die Meere verschmutzen. Das alles mag der Fall sein, oder nicht der Fall sein, erzeugt als nur physikalischer, chemischer oder biologischer Tatbestand jedoch keine gesellschaftliche Resonanz, solange nicht darüber kommuniziert wird. Es mögen Fische sterben oder Menschen, [...] die Durchschnittstemperaturen mögen sinken oder steigen; solange darüber nicht kommuniziert wird, hat dies keine gesellschaftlichen Auswirkungen" (1986: 63). Wichtig dabei ist, im Auge zu behalten, dass hier „gesellschaftliche Resonanz" angesprochen wird, also konsequent auf einer sehr spezifischen Systemebene argumentiert wird. Das schließt z. B. nicht aus, dass persönliche Betroffenheiten zu direkteren Antworten führen können auch zu Aktionen „der neuen sozialen Bewegungen" (Luhmann 1996). Aber dies hat dann eben im Kontext der Luhmannschen Systemtheorie noch keine gesellschaftliche Veränderung zur Folge.

Mit dem Konzept der strukturellen Kopplung werden elementare Anhängigkeiten zwischen Systemen und Umweltbedingungen beschrieben. Dabei handelt es sich eher um notwendige Bedingungen und nicht um Kausalbeziehungen. Die gegenseitige Einflussnahme wird dabei als für einen hinreichend langen Zeitraum oder dauerhaft stabil gesehen, ist aber auf die Eigenleistung der beteiligten Systeme angewiesen. Diese müssen, je nach ihrer eigenen Struktur, Irritationen aus der Verknüpfung aufgreifen und in systemimmanentes Agieren umformen. Lippuner (2010: 5) hat eine aus vier Komponenten bestehende „Hierarchie" vorgestellt, um die Beziehungen zwischen Umweltveränderungen und gesellschaftlichen Reaktionen beschreiben zu können. Zwischen der (natürlichen) Umwelt und der Gesellschaft sind dabei organische und psychische Komponenten zwischen geschaltet, die jeweils durch strukturelle Kopplungen verknüpft sind. Damit wird vermieden, dass Veränderungen in der Umwelt als direkt gesellschaftlich relevant ausgewiesen werden, wie dies etwa Sorokin (1975) für ein in der Umweltdiskussion nunmehr prominentes Thema[4] versucht hat. Zwischengeschaltet sind vielmehr eine Reihe von Relevanzfiltern und Interpretationsprozessen. Damit wird z. B. die Sichtweise abgelehnt, dass eine Nahrungsmittelverknappung in einer Region direkt zu *gesellschaftlichen* Reaktionen führt, unabhängig davon, dass Individuen und vielleicht sogar die Bevölkerung direkt betroffen sind. Gesellschaft ist in diesem Theoriekontext eben ein darüber hinaus reichendes System, dass nur eingeschränkt von den betroffenen Individuen abhängig ist. „Im Verhältnis von Bewusstseinssystemen [den beteiligten und/oder betroffenen Individuen – KHS] und Gesellschaftssystem ist [...] mit einer Resonanzschwelle zu rechnen, die sehr scharf seligiert. Was immer an ‚ökologischem Bewusstsein' in einem Bewusstsein empirisch vor sich gehen mag: von

---

4   So wird unter dem Themenschwerpunkt „Umwelt und Sicherheit" die Gefährdung menschlicher Lebensgrundlagen, wie z. B. die Nahrungsmittelbereitstellung, thematisiert, vor allem auch im Zusammenhang mit dem Klimawandel (s. Homer-Dixon und Blitt 1998).

da bis zu einer gesellschaftlich wirksamen Kommunikation ist es ein weiter Weg"
(Luhmann 1986: 64).

Zusätzliche Komplikationen sind durch die Ausdifferenzierung der modernen
Gesellschaft gegeben (Schimank 2007). Eine Diagnose der Gesellschaftstheorie sagt
aus, dass im Zuge der Entwicklung eine Ausdifferenzierung verschiedener Teilsysteme stattgefunden hat, die die internen Systembeziehungen vervielfältigen. Wenn
die Diagnose zutrifft, dass Funktionssysteme wie Wirtschaft, Wissenschaft, Recht,
Politik und andere mehr nunmehr die Basisstruktur der Moderne ausmachen, mit
der zusätzlichen Eigenschaft, dass diese jeweils auf bestimmte Funktionserfüllun-
gen, mit einer je eigenen Logik und eigenen Relevanzkriterien zugeschnitten sind,
dann bedeutet dies, dass weitere Resonanzschwellen zu berücksichtigen sind, wenn
Umweltprobleme bearbeitet werden sollen. Für Luhmann sind „die wichtigsten
Teilsysteme der Gesellschaft [...] heute auf jeweils eine, für sie spezifische und nur
für sie vorrangige Funktion eingestellt. Dieses Formprinzip erklärt den gewaltigen
Leistungs- und Komplexitätszuwachs der modernen Gesellschaft; und es erklärt
zugleich die Probleme der Integration, das heißt der geringen Resonanzfähigkeit
sowohl zwischen den Teilsystemen der Gesellschaft als auch im Verhältnis des Gesellschaftssystems zu seiner Umwelt" (1986: 74).

Damit erfolgte eine Umstellung von direkten Input-Output-Beziehungen auf vielfältige „weichere" Kopplungen, die die Eigenverantwortung der beteiligten Teilsysteme betonen.

In diesem Zusammenhang ist insbesondere auch die Frage der Steuerbarkeit, z. B.
in Richtung zielgerichteter Problemlösungen, zu stellen. Die eher von der (technischen) Kybernetik inspirierten Ansätze entwickeln „optimistische" Steuerungsideen
auf der Grundlage der Analyse von Regelkreisen und Zielabweichungen. Andere, mit einer Vorstellung von Evolution als zentralem Entwicklungskonzept, sehen
(„pessimistisch") eher Zufälligkeiten und Unsicherheiten im Zusammenhang mit
Einflussmöglichkeiten. Dies wurde ausführlich im Problemkontext der „Prävention"
von Martin Hafen untersucht (Hafen 2005).

Im Ansatz von Frederic Vester, dem sogenannten „Sensitivitätsmodell" (Vester
und von Hesler 1980), wird ein von *System Dynamics* inspirierter Modellierungs-
und Simulationsansatz verfolgt, der auf der Grundlage einer soliden Analyse der
Strukturen eines Problemzusammenhangs zu Problemlösungen beitragen will. Es
wird hervorgehoben, dass die „Kenntnis der einzelnen Daten" nicht ausreicht, solange nicht die „Vernetzung der Daten" in den Blick genommen wird, denn erst
dann ließen sich „Rückschlüsse auf die Reaktion eines Systems auf die Eingriffe der
Menschen in das System ziehen". Viele der Kriterien, die Vester für die Gestaltung
auch sozio-technischer Systeme heranzieht, sind der Ökologie entnommen. So betont er z. B. die Relevanz der Vielfalt, der geschlossenen Kreisläufe, der effektiven
Ausnutzung der Energie sowie der Erhaltung der Fähigkeit zur Selbstorganisation.
Er hat die Erkenntnisse zudem in acht „biokybernetischen Grundregeln" zusam-
mengefasst (Vester 1983). Die am ausführlichsten dokumentierte Anwendung des
Ansatzes ist in einem Projekt über die Region Untermain zu finden (Vester und von
Heseler 1980). Dort werden die einzelnen Analyse- und Interpretationsschritte aus-

führlich beschrieben, die von der Ermittlung der relevanten, am Systemgeschehen beteiligten Variablen, über die Beschreibung der Zusammenhänge, der Operationalisierung, dem Aufbau eines System- und Simulationsmodells, bis hin zur Analyse von Eingriffsmöglichkeiten reichen. Eine Besonderheit des Ansatzes ist es, dass hier die Möglichkeiten der Strukturanalyse ausgereizt werden und eine Vielzahl an Bewertungskriterien dokumentiert sind, die z. B. Aussagen über die Stabilität treffen, mit Maßen wie z. B. „Stabilität aus Vernetzung" oder „Stabilität aus Irreversibilität" (Vester und von Heseler 1980).[5]

Von Bossel stammt der Vorschlag, bei der Umgestaltung von Systemen in Richtung Nachhaltigkeit eine Korrespondenz zwischen Eigenschaften der Umwelt und Eigenschaften des Systems zugrunde zu legen (Bossel 1999). Er kommt bei der Analyse verschiedener Versorgungsbereiche und aufgrund allgemeiner systemtheoretischer Überlegungen zu einem Satz von „Orientoren", mit denen kurz- und längerfristige Herausforderungen an den Bestand und die Weiterentwicklung von Systemen thematisiert werden. Als Hauptherausforderung nennt er die „Lebens- und Entwicklungsfähigkeit" des betrachteten Systems, und diese wird durch Dimensionen wie Effizienz, Sicherheit, Handlungsfreiheit und Wandlungsfähigkeit beschrieben. Damit wird z. B. darauf reagiert, dass die Umwelt stets Überraschungen bereit hält, auf die kurzfristig durch geeignete Reaktionen, aber auch langfristig durch Strukturbildung, geantwortet werden muss. Ergänzt werden die genannten Dimensionen durch Überlegungen zu normalen Umweltbedingungen, an die das System durch Entwicklung angepasst ist, sowie ein „moralisches" Prinzip zur Berücksichtigung anderer Systeme und deren Lebens- und Entwicklungsfähigkeit.

Einige der oben genannten Theorieelemente wurden im Metabolismus-Konzept aufgegriffen und verfeinert (vgl. Fischer-Kowalski 1997; siehe hierzu auch den Beitrag von Fischer-Kowalski et al. in diesem Band). Die Interaktion wird dabei als die zwischen Umweltsystemen und einem kulturellen System beschrieben; als Vermittlungsglied wird die „Bevölkerung" eingesetzt, in der natürliche („materielle") und kulturelle („symbolische") Eigenschaften zusammen gebracht werden. Ursprünglich hatte Rolf Peter Sieferle (1997) die Grundstruktur dieser Modellvorstellung formuliert. Unter „Natur" versteht er ein „ökologisch geordnetes System" dem „sämtliche materiellen Elemente der Wirklichkeit gehören, sofern es sich nicht um Menschen handelt". Die „Kultur" wird als „Ensemble derjenigen Informationen (eingeführt), die im menschlichen Nervensystem und anderen Informationsträgern gespeichert sind" (Sieferle 1997: 38). Die (physische) menschliche Population wird hier als Schnittstelle zwischen „der Sphäre der Natur und der Kultur" eingeführt. Dort erfolgt die Umsetzung von symbolischen Informationen in materielle Funktionen.

Fischer-Kowalski hat in diesem Schema den Gesichtspunkt des Metabolismus besonders hervor gehoben, als „a process of material and energetic reproduction of the material compartments of society" und diese Prozess gehen weit über das hinaus,

---

5   Die technischen Methoden im zitierten Bericht sind zugegebenermaßen veraltet. Die Vorgehensweise bei der Systemanalyse einer Region mit den vielfältigen Verknüpfungen und die Strukturanalysen ist aber nach wie vor aktuell.

was auf der Ebene der menschlichen Körperfunktionen abläuft" (Fischer-Kowalski 1997: 20). Unter den materiellen Komponenten versteht sie sowohl die menschlichen Organismen, diejenigen physikalischen Objekte, die zusammenfassend als Artefakte beschrieben werden (Gebäude, Maschinen, Güter), die von Menschen gehaltenen Tiere (Haustiere und Nutztiere) sowie die in menschliche Aktivitäten einbezogene Pflanzenwelt. Unter Berücksichtigung dieser Überlegungen wird das Schema von Sieferle um konkrete Wirkungspfade ergänzt, um den Komplex der „Arbeit", die natürliche Ressourcen ausnutzt und umwandelt, und um den Komplex der „Erfahrungen", die aus den Widerständen der materiellen Umwelt gewonnen werden. Diese grobe Ausdifferenzierung bietet dann Raum für speziellere, detailliertere Analysen der einzelnen Eingriff- und Feedbackprozesse.

Ausblick

Das was unter *Systems Movement* zusammengefasst wurde (Mattessich) weist eine große Vielfalt an Problembezügen, methodischen Hilfsmitteln, Theoriebestandteilen und unterschiedlichen Bezügen sowohl zur gesellschaftswissenschaftlichen als auch umweltwissenschaftlichen Seite auf. Nachdem in der Anfangszeit natur- und sozialwissenschaftlich orientierte Ansätze nebeneinander bestanden, die lediglich terminologische Gemeinsamkeiten aufwiesen, wird in jüngerer Zeit versucht, mit einem *System of Systems Methodologies* eine übergreifenden Methodenansatz in den Blick zu nehmen, der – je nach spezifischer Problemlage – passende Ansätze auswählt und diese insbesondere im Hinblick auf die eigentlichen Arbeitsschritte und die Einbeziehung verschiedener Akteure konkretisiert. Eine ähnliche Systematisierung ist auf der Seite der Umweltsystemforschung noch nicht zu beobachten.

Dadurch, dass stärker ein Augenmerk auf die eigentlichen Arbeitsvorgänge bei der Systemforschung gerichtet wird, mit Einbeziehung von Erkenntnissen zu partizipativen Verfahren und interdisziplinären integrativen Bewertungsansätzen (*Assessments*), lässt sich vielleicht die Reserviertheit, die besonders in der nordamerikanischen Umweltsoziologie gegenüber Systemansätzen besteht, zumindest teilweise überwinden.

Weiterführende Literatur

Baecker, Dirk (Hrsg.) (2005): *Schlüsselwerke der Systemtheorie*. Wiesbaden. VS Verlag.
Bossel, Hartmut (1994): *Modelling and Simulation*. Wiesbaden: Peters und Vieweg.
Fischer-Kowalski, Marina und Helmut Haberl (Hrsg.) (2007): *Socioecological Transitions and Global Change*. Cheltenham, UK: Elgar.
Flood, Robert L. und Norma R. A. Romm (Hrsg.) (1996): *Critical Systems Thinking: Current Research and Practice*. London: Plenum Press.
Luhmann, Niklas (2002): *Einführung in die Systemtheorie*. Heidelberg: Carl Auer Verlag.

Zitierte Literatur

Ashby, W. Ross (1956): *An Introduction to Cybernetics.* London: Chapman and Hall.

Baccini, Peter und Hans-Peter Bader (1996): *Regionaler Stoffhaushalt: Erfassung, Bewertung und Steuerung.* Heidelberg: Spektrum.

Baecker, Dirk (2002): *Wozu Systeme?* Berlin: Kadmos.

Baecker, Dirk (Hrsg.) (2005): *Schlüsselwerke der Systemtheorie.* Wiesbaden. VS Verlag.

Banathy, Bela H. (2000): *Guided Evolution of Society: A Systems View.* New York: Kluwer.

Bertalanffy, Ludwig von (1968): *General Systems Theory: Foundations, Development, Applications.* London: Penguin.

Bossel, Hartmut (1999): *Indicators for Sustainable Development: Theory, Method, Applications. A Report to the Balaton Group.* Winnibeg: IISD.

Breckling, Broder und Felix Müller (1997): Der Ökosystembegriff aus heutiger Sicht. In: Fränzle, Otto, Felix Müller und Winfried Schröder (Hrsg.), *Handbuch der Umweltwissenschaften.* Landsberg: Ecomed, II-2.2.

Bruckmeier, Karl und Karl-Heinz Simon (1996): Systemtheorien und Selbstorganisationsprinzipien: Einige Überlegungen zur Interaktion von Sozial- und Naturwissenschaften. In: Mathes, Karin, Broder Breckling und Klemens Ekschmitt (Hrsg.), *Systemtheorie in der Ökologie.* Landsberg: Ecomed, 25–34.

Buckley, Walter (Hrsg.) (1968): *Modern Systems Research for the Behavioral Scientist.* Chicago: Aldine.

Bühl, Walter L. (1990): *Sozialer Wandel im Gleichgewicht.* Stuttgart. Enke.

Burkamp, Wilhelm (1929): *Die Struktur der Ganzheiten.* Berlin: Junker und Dünnhaupt.

Churchman, C. West (1981): *Der Systemansatz und sein „Feinde".* Bern: Paul Haupt.

Degele, Nina (1997): Zur Steuerung komplexer Systeme: Eine soziokybernetische Reflexion. *Soziale Systeme* 3 (1): 81–99.

Fränzle, Otto Felix Müller und Winfried Schröder (Hrsg.) (1997): *Handbuch der Umweltwissenschaften: Grundlagen und Anwendungen der Ökosystemforschung.* Landsberg. Ecomed.

Fischer-Kowalski, Marina (1997): *Society's Metabolism.* Wien: Schriftenreihe Soziale Ökologie, No. 46.

Flood, Robert L. und Michael C. Jackson (Hrsg.) (1991): *Critical System Thinking: Directed Readings.* Chichester: Wiley.

Foerster, Heinz von (1985): *Sicht und Einsicht: Versuch einer operativen Erkenntnistheorie.* Braunschweig: Vieweg und Sohn.

Forrester, Jay W. (1961): *Industrial Dynamics.* Cambridge. MA: MIT Press.

Forrester, Jay W. (1972): *Grundzüge einer Systemtheorie.* Wiesbaden: Gabler.

Gunderson, Lance H. und Clawrence Holling (Hrsg.) (2002): *Panarchy: Understanding Transformations in Human and Natural Systems.* Washington, DC: Island Press.

Hall, A. D. und R. E. Fagen (1956): Definition of system. *General Systems* 1 (1): 18–28.

Hafen, Martin (2005): *Systemische Prävention: Grundlagen für eine Theorie präventiver Maßnahmen.* Heidelberg: Carl Auer-Verlags.

Holling, Clawrence S. (Hrsg.) (1978): *Adaptive Environmental Assessment and Management.* Chichester: Wiley.

Japp, Klaus P. und Wolfgang Krohn (1997): Soziale Systeme und Ökosysteme. In: Fränzle, Otto, Felix Müller und Winfried Schröder (Hrsg.), *Handbuch der Umweltwissenschaften.* Landsberg: Ecomed, II-3.5.

Kanatschnig, Dieter (1992): *Vorsorgeorientiertes Umweltmanagement: Grundlagen einer nachhaltigen Entwicklung von Gesellschaft und Wirtschaft.* New York: Springer.

Klötzli, Frank A. (1993): *Ökosysteme: Aufbau, Funktionen, Störungen.* Stuttgart: UTB.

Lambert, Johann Heinrich (1782): Drei Abhandlungen zum Systembegriff. In: Händle, Frank und Stefan Jensen (Hrsg.): *Systemtheorie und Systemtechnik.* München: Nymphenburger Verlagshandlung.

Lippuner, Roland (2010): Die Abhängigkeit unabhängiger Systeme: Zum Begriff der strukturellen Kopplung in Luhmanns Theorie sozialer Systeme, URL: www.uni-jena.de/unijenamedia/Bilder/faculties/chgeo/inst_geogr/Sozialgeographie/Texte+Lippuner/Strukturelle_Kopplung.pdf. Stand: 1. November 2010.

Luhmann, Niklas (1970): Funktionale Methode und Systemtheorie. In: Luhmann, Niklas (Hrsg.), *Soziologische Aufklärung, Bd 1.* Opladen: Westdeutscher Verlag, 31–53.

Luhmann, Niklas (1984): *Soziale Systeme. Grundriss einer allgemeinen Theorie.* Frankfurt a. M.: Suhrkamp.

Luhmann, Niklas (1986): *Ökologische Kommunikation. Kann die moderne Gesellschaft sich auf ökologische Gefährdungen einstellen?* Opladen: Westdeutscher Verlag.

Luhmann, Niklas (2002): *Einführung in die Systemtheorie.* Heidelberg: Carl Auer Verlag.

Luhmann, Niklas (2008): *Soziologische Aufklärung 6. Die Soziologie und der Mensch.* Wiesbaden: VS Verlag.

Mattessich, Richard (1978): *Instrumental Reasoning and Systems Methodology.* Dordrecht: Reidel.

Meadows, Donella H., Dennis L. Meadows, Jørgen Randers und William W. Behrens (1972): *Die Grenzen des Wachstums: Bericht des Club of Rome zur Lage der Menschheit.* Stuttgart: Deutsche Verlags Anstalt.

Miller, James G. (1978): *Living Systems.* New York: McGraw-Hill.

Mingers, John und Anthony Gill (Hrsg.) (1997): *Multimethodology: The Theory and Practice of Combining Management Science Methodologies.* Chichester: Wiley.

Müller, Klaus (1996): *Allgemeine Systemtheorie: Geschichte, Methodologie und sozialwissenschaftliche Heuristik eines Wissenschaftsprogramms.* Opladen: Westdeutscher Verlag.

Müller, Felix, Broder Breckling, M. Bredemeier, Volker Grimm, H. Malchow, S. N. Nielsen und E. W. Reiche (1997): Emergente Ökosystemeigenschaften. In: Fränzle, Otto, Felix Müller und Winfried Schröder (Hrsg.), *Handbuch der Umweltwissenschaften.* Landsberg: Ecomed, III-2.5.

Odum, Howard T. (1994): *Ecological and General Systems: An Introduction to Systems Ecology.* Niwot: University Press of Colorado.

Parra-Luna, Francisco (2000): A Model for Measuring the Performance of Social systems. In: Parra-Luna, Francisco (Hrsg.), *The Performance of Social Systems.* New York: Kluwer, 89–118.

Parsons, Talcott (1978): *Action Theory and the Human Condition.* New York: Free Press.

Parsons, Talcott und Gerald M. Platt (1990): *Die amerikanische Universität: Ein Beitrag zur Soziologie der Erkenntnis.* Frankfurt a. M.: Suhrkamp.

Probst, Gilbert J. B. (1981): *Kybernetische Gesetzeshypothesen als Basis für die Gestaltungs- und Lenkungsregeln im Management.* Bern: Haupt.

Schimank, Uwe (2007): *Theorien gesellschaftlicher Differenzierung.* Wiesbaden: VS Verlag.

Sieferle, Rolf Peter (1997): Kulturelle Evolution des Gesellschaft-Natur-Verhältnisses. In: Fischer-Kowalski, Marina, Helmut Haberl, Walter Hüttler, Harald Payer, Heinz Schandl, Verena Winiwarter und Helga Zangerl-Weisz (Hrsg.), *Gesellschaftlicher Stoffwechsel und Kolonisierung von Natur.* Amsterdam: Fakultas, 37–53.

Simon, Karl-Heinz (2002): Konkurrierende Ansätze der Systemforschung. In: Sommerlatte, Tom (Hrsg.), *Angewandte Systemforschung: Ein interdisziplinärer Ansatz.* Wiesbaden. Gabler, 48–67.

Sorokin, Pitirim A. (1962): *Social and Cultural Dynamics, Vol IV.* New York: The Bedminster Press.

Sorokin, Pitirim A. (1975): *Hunger as a Factor in Human Affairs*. Gainesville: The University Presses of Florida.

Stern, Paul C., Oran R. Young und Daniel Druckman (Hrsg. 1992): *Global Environmental Change: Understandig the Human Dimension*. Washington: National Academy Press.

Vester, Frederic und Alexander von Hesler (1980): *Sensitivitätsmodell*. Frankfurt a. M.: Regional Planungsgemeinschaft Untermain.

Vester, Frederic (1983): *Ballungsräume in der Krise*. Stuttgart: DVA.

Zur Umweltsoziologie der Netzwerke und Flows

Arthur P. J. Mol und Gert Spaargaren

Einleitung

Die sogenannte Soziologie der Netzwerke und Flows[1] entstand in der zweiten Hälfte der 1990er Jahre. An der Entwicklung dieser neuen Soziologie waren verschiedene Sozialwissenschaftler beteiligt unter anderem Manuel Castells, Saskia Sassen, John Urry und Ulrich Beck. Selbstverständlich unterscheiden sich diese und andere Autoren untereinander hinsichtlich ihrer Begrifflichkeiten und Vorstellungen darüber wie eine neue Gesellschaftstheorie für das 21. Jahrhundert auszusehen hat. Aber alle stimmen in ihren Betrachtungen darin überein, den soziologischen Fokus auf die zentrale Rolle von Netzwerken und Flows zu legen. Daher ist für die Entwicklung einer Soziologie der Netzwerke und Flows die Verschiebung der Betrachtung weg von (National-)Staaten und Gesellschaften als zentrale Einheiten und Konzepte der Analyse hin zu Netzwerken sowie zu Kapital-, Menschen-, Geld-, Informations-, Bilder-, oder Warenflüssen entscheidend. Oder wie Castells (2009: 18) es ausdrückt: „Ultimately, the traditional notion of society may have to be called into question". Netzwerke und Flows bilden die eigentliche und die neue Architektur der globalen Moderne. Folglich ist eine Soziologie der Netzwerke und Flows eng verbunden mit Globalisierungsprozessen und beinhaltet dabei den Wandel vom „methodologischen Nationalismus" hin zum methodologischen Kosmopolitismus (Beck 2003).

Dieser Beitrag wird zunächst die Idee der Soziologie der Netzwerke und Flows, unter besonderer Berücksichtigung der Arbeiten von Manuell Castells und John Urry darlegen.[2] Dabei liegt der Schwerpunkt des Textes auf der Betonung der Relevanz sowie den Operationalisierungen einer Netzwerke-und-Flow-Perspektive (*networks-and-flow perspective*) für die Umweltsozialwissenschaften. Die wichtigsten Theoretiker der Soziologie der Netzwerke und Flows haben die Umwelt in ihren Betrachtungen bisher kaum berücksichtigt, sodass sowohl konzeptionell als auch inhaltlich noch viel zu tun ist für eine Umweltsoziologie der Netzwerke und Flows. In diesem Beitrag soll es um den Stand der Forschung innerhalb dieser theoretischen Perspektive gehen. Ziel ist es zu zeigen, wie die Umweltsoziologie der Netzwerke

---

[1]   Sofern es sich um spezielle Flüsse bestimmter Materien (Geld, Information etc.) handelt wird „flows" ins Deutsche übersetzt, ansonsten wird das englische „Flows" beibehalten (Anmerkung der Übersetzerin).

[2]   Selbstverständlich gibt es noch eine Vielzahl anderer Autorinnen und Autoren, die dazu beigetragen haben diese neue Perspektive zu entwickeln, mit ihren je eigenen Terminologien, Schwerpunktsetzungen und Foci. Siehe dazu Bauman (2003), Rifkin (2007), Graham und Marvin (2001), Kaufman (2002), Kesselring (2006) oder Sassen (2006).

und Flows gestaltet ist, welche Möglichkeiten sie für die Analyse sozialer Dynamiken im Zusammenhang mit Umweltveränderungen in einer globalen Moderne anbietet, und wie sie die Forschungsagenda der Umweltsoziologie im 21. Jahrhunderts beeinflusst.[3]

Soziologie der Netzwerke und Flows

Für John Urry ist Manuel Castells Trilogie über das Aufkommen der Netzwerkgesellschaft der beste Ansatz zur Analyse einer vernetzten Moderne. Nichtsdestotrotz hat Urry (2000, 2003) es sich zur Aufgabe gemacht das von Castells bereitgestellte Konzept weiter auszuarbeiten und zu verfeinern. Zwar entwickeln beide Autoren ihre Analysen von Zeit und Raum in vielerlei Hinsicht ähnlich, aber die für Castells Arbeit zentrale Dichotomie zwischen dem Raum der Flows (*space of flows*) und dem Raum des Ortes (*space of place*) verwendet Urry nicht. Stattdessen schlägt er vor, dass man sich räumlichen Mustern unter Zuhilfenahme von drei Modalitäten annähern sollte. Diese sind *erstens* die Region (als geographisch verdichtetes Objekt), *zweitens* global integrierte Netzwerke (mit mehr oder weniger stabilen, dauerhaften und vorhersagbaren Beziehungen zwischen verschiedenen Knotenpunkten), und *drittens* das was Urry globale Strömungen (*global fluids*) nennt. Räumliche Muster zeichnen sich nicht durch feste Grenzen und stabile Beziehungen aus, sondern durch hohe Flexibilität, Dynamik und Unberechenbarkeit. Netzwerke und Flows innerhalb dieser drei Kategorien haben teilweise sozialen, materiellen oder technischen Charakter. Manchmal gebraucht Urry auch die Bezeichnung *scapes* um auf die Funktion von Netzwerken als sozio-technische Infrastrukturen hinzuweisen: „Networks of machines, technologies, organizations, texts and actors that constitute various interconnected nodes along which flows can be relayed" (Urry 2000: 35). Im Vergleich zum Konzept menschlicher Akteure besteht die Stärke des Konzepts der Netzwerksysteme im Zusammenhang mit der Größe der Netzwerke, ihrer Dichte und ihren Beziehungen zu anderen Netzwerken. Als ‚große soziotechnische Systeme' entwickeln sie Dynamiken, die z. B. als Pfadabhängigkeiten, Lock-In-Effekte oder mit dem Begriff Vergangenheitskosten (*sunk costs*) beschrieben werden können. Sie spielen vor allem in der Soziologie der (groß-)technologischen Systeme eine bedeutende Rolle. Damit ist Urry's Soziologie der Flows stark an die (komplexe) Systemtheorie angelehnt, aber mit einer moderaten Rolle menschlicher Aktivitäten und mit nicht-menschlichen, jedoch akteursähnlichen Qualitäten ausgestatteten Aktanten oder Hybriden.

Die Soziologie der Netzwerke und Flows umfasst *vier* wichtige Innovationen für die Umweltsozialwissenschaften. *Erstens*, mit Castells Einführung des Raums der Flows im Gegensatz zum Raum des Ortes, wurde eine neue Form der Raum-

---

3   Die folgenden Abschnitte basieren zum Teil auf unseren früheren theoretischen Studien zu
      Netzwerken und Flows (vgl. Mol und Spaargaren 2005, 2006, Spaargaren und Mol 2008, Mol
      2008, Mol 2010a).

Zeit-Organisation von Praktiken vorgestellt, die die Globalisierung umfassend mitberücksichtigt. Globalisierung wird nicht mehr bloß als ein Anheben desselben Prozesses auf ein höheres Level verstanden, noch als etwas, das eine zusätzliche Ebene in unsere Analysen hinzufügt. Da die Globalisierung soziale Prozesse grundsätzlich verändert, bedarf es einer neuen Gesellschaftstheorie. Mit ihrem Plädoyer für eine Soziologie der Globalisierung baut die Soziologie der Netzwerke und Flows auf Arbeiten von einer Vielzahl gegenwärtiger Soziologen und Politikwissenschaftler auf (vgl. Giddens 1997, Bauman 2000, Held and McGrew 2000, Urry 2003, Beck 2003, Sassen 2008). *Zweitens*, hebt die Soziologie der Netzwerke und Flows die scharfe Trennung zwischen der sozialen und materiellen Welt, zwischen den Informations- und Geldflüssen und den materiellen Flüssen sowie zwischen institutioneller Infrastruktur und technisch-materieller Infrastruktur auf. Innerhalb der Soziologie der Netzwerke und Flows ist es insbesondere John Urry, der versucht – stark angelehnt an die Akteur-Netzwerk-Theorien von Latour und Callon und deren Neuinterpretation durch Mol und Law (1994) –, die Dichotomie zwischen Sozialem und Materiellem zu überwinden (bzw. zu beseitigen). Damit geht er weit über die konventionellen Schemata der Umweltsoziologie hinaus, die im Allgemeinen bei der Behauptung verbleiben, dass soziale Systeme als Systeme eine materielle Grundlage haben sollten und, dass die materiellen Bedingungen eine Bedeutung für soziale Praktiken und institutionelle Entwicklungen besitzen (Latour 2001). Hybride, Aktanten, Attraktoren (*attractors*) und sozio-technologische Systeme sind die Schlüsselbegriffe, die auf die nachlassende Dichotomie zwischen Sozialem und Materiellen hinweisen und zu deren Analyse sie nützlich sind. Natur, Klima und Umwelt sind dabei Mitspieler und Mitgestalter der sozio-materiellen Realität in der reflexiven Moderne. *Drittens*, die prognostizierte Trennung zwischen den konventionellen Kategorien Staat, Markt und bürgerliche Gesellschaft wurde verworfen zu Gunsten jeglicher Formen hybrider Gebilde, die zwischen und über diesen Subsphären auftreten. Netzwerke und Flows, *scapes* und sozio-materielle Infrastrukturen können nicht mehr richtig verstanden werden, wenn sie in Beziehung gebracht werden mit dem Grundmodell der (National-)Staaten, die im Kontext (globaler) Märkte und in einer mehr oder weniger entwickelten Zivilsphäre agieren (Alexander 2006). Daher tauchen neue Konzepte von Staaten (Netzwerkstaaten), Märkten (Netzwerkfirmen) und zivilgesellschaftlichen Akteuren (insbesondere INGOs, *International Nongovernmental Organizations*) in den Sozialwissenschaften auf und regen dazu an, über die Vorstellung von Gesellschaft hinaus zu denken – in der Gesellschaft als eine sozial, national und geographisch begrenzte Einheit begriffen wird (Urry 2000). *Viertens* folgt daraus, dass durch die Entwicklung einer Soziologie der Flows, Vorstellungen von Steuerung, Herrschaft, Management und Kontrolle radikal in Frage gestellt werden. Insbesondere in Urrys (2003) Arbeiten werden Fragen zu Politik, Macht und Management im Lichte der sich abzeichnenden globalen Komplexität und dem Verschwinden von Handlungsfähigkeit konventioneller Art, neu betrachtet. Während Autoren wie Beck (2003), Sassen (2008) oder Castells (2009) weniger drastisch und direkt in ihrer Abrechnung mit der in globale Prozesse eingebundenen Macht der Nationalstaaten und lokalen Organisationen sind, initiiert die Soziologie der Netzwerke und Flows eine lebhafte Debatte über die ‚Macht zu regieren', sowohl von staatlichen als auch von nicht-staatlichen Akteuren und Behörden (Spaargaren et al. 2006, Spaargaren und Mol 2008, Mol 2010b).

Netzwerke, Flows und die Umwelt

In dem Versuch eine umweltsoziologische Theorie der Netzwerke und Flows zu entwickeln, müssen wir die generellen Aussagen von Castells, Urry und Sassen mit einigen Kernaspekten und Beiträgen der Umweltsozialwissenschaften verbinden. Ein Großteil der Literatur zu Flows in den Sozialwissenschaften betont die Flows von Kapital, Geld, Bildern, Informationen und Menschen (Reise, Migration) und analysiert diese aus verschiedenen Perspektiven: ökonomische Entwicklung, Herrschaft und Kontrolle, kulturelle Diversität oder Demokratie. Eine Umweltsoziologie der Flows sollte ihren Fokus auf umweltrelevante soziale und materielle Flows legen und dabei eine explizit ökologische Interpretation der Netzwerke-und-Flows-Perspektive entwickeln. Diese ökologische Interpretation muss sich in zweierlei Hinsicht von der generellen Soziologie der Flows unterscheiden: (i) sie analysiert Informations-, Kapital-, Waren- und Personenflüsse aus ökologischer Rationalität heraus (also Umweltinformationen, grüne Produkte, grüne Investmentfonds, nachhaltige Managementkonzepte oder Umweltzertifizierungen); und (ii) sie analysiert Umweltflows als solche, das heißt: Energie, Wasser, Müll, Biodiversität, CO_2-Emissionen, Rohstoffe, Schadstoffe u. Ä. Dieser Fokus auf Umweltflows in ihrer klassisch materiellen Formulierung hat sich in den Umweltwissenschaften und einigen anderen Bereichen der Umweltforschung durchgesetzt, wie zum Beispiel in der (historisch) materiellen Flow-Analyse nach Fischer-Kowalski et al. (1999, vgl. auch Mol und Tran Thi My Dieu 2006; siehe hierzu auch den Beitrag von Fischer-Kowalski et al. in diesem Band), der Industrieökologie (vgl. van Koppen und Mol 2002, siehe hierzu auch den Beitrag von Huber in diesem Band), oder auch in dem soziologischen Ansatz der ‚additions and withdrawals', der Ende der 1970er Jahren von Allan Schnaiberg (1980) formuliert wurde. Die ökologische Version der Soziologie der Netzwerke und Flows beginnt mit dem direkten und systematischen Fokus auf die eigentlichen ökologischen (Informations-) Flows und dem Analysieren dieser vor dem Hintergrund tiefgreifender Veränderungen in der reflexiven Moderne. Der systematische Schwerpunkt auf die ‚Umweltsphäre' ist für die Ausarbeitung und Spezifizierung theoretischer Konzepte der Soziologie der Netzwerke und Flows förderlich.

Castells, Urry, Sassen und die meisten anderen Theoretiker und Theoretikerinnen, die an der Entwicklung der neuen Soziologie der Netzwerke und Flows beteiligt sind, haben bisher die umfassende Bedeutung von Umweltveränderungen, in den beiden zuvor erwähnten unterschiedlichen Arten, nicht berücksichtigt. Umweltflows werden neben andere Formen von ‚Flows' gestellt, die Gegenstand soziologischer Analysen sind bzw. sein werden. Diese anderen Flows werden jedoch nicht im Hinblick auf ihre Bedeutung und ihren (potentiellen) Beitrag zu Steuerung, Zerstörung oder Neugestaltung von Umwelt beurteilt. Ebenso wenig fordern diese Autoren, dass das Set der materiellen Flows, normalerweise Gegenstand der Umweltsozialwissenschaften, eine spezielle sozialwissenschaftliche Betrachtung erhält. Informationen, Kapital, Touristen, Abfall, Finanzen und Migranten werden auf ähnliche Weise analysiert, konzeptualisiert und verstanden. Jedoch behaupten wir, dass es eine Notwendigkeit für eine weitaus spezifischere ökologische Gesellschaftstheorie der Netzwerke und Flows gibt, die auf den allgemeinen bisherigen Konzeptualisierungen aufbaut und sie gleichzeitig versucht hinsichtlich der ökologischen Netzwerke und Flows zu präzisieren und zu operationalisieren. Erst in jüngeren Arbeiten, beginnen Soziologen und Soziologinnen innerhalb der Netzwerke-und-Flows-Perspektive ökologische Sachverhalte mit den Kernaussagen ihrer Theorien zu verbinden.

Zur Illustration wollen wir nun zeigen, inwieweit Castells und Sassen in ihren Analysen auf Umweltveränderungen und die Rolle von ENGOs (*Environmental Nongovernmental Organization*) eingehen, und wie sie sich, erst seit kurzem, wichtigen Fragen der Umweltsoziologie widmen. Nicht anders als viele politische Ökonomen und neomarxistische Umweltsozialwissenschaftler erläutert Castells in seinen früheren Arbeiten Ungleichheiten und Macht im Verhältnis zu Umweltveränderungen meist im Kontext einer simplen Dichotomie: Ortsgebundene Umweltbewegungen versuchen sich den allgegenwärtigen Akteuren des Raums der (ökonomischen) Flows zu widersetzen (Castells 1996, 1997). Umwelt und Natur spielen in den früheren Versionen seiner Theorie hauptsächlich als negative Nebeneffekte des Raums der Flows eine Rolle. In seinem Hauptwerk kommt seine Betrachtung der Umweltveränderungen und ENGOs ihrem Wesen näher durch die Neuformulierung der konventionellen Ansichten der Umweltökonomie ('externe Effekte') und ihre Kombination mit dem traditionellen 'Protestansatz' der Umweltsoziologie (soziale Bewegungen organisieren Widerstand gegen die Moderne). In seinen aktuelleren Arbeiten (z. B. Castells 2009) schafft er konzeptionell Platz für eine globalisierte Umweltbewegung, die auch auf den Raum der Flows einwirken kann. Seitdem (E)NGOs und andere zivilgesellschaftliche Akteure und Organisationen sich immer stärker auf globaler Ebene vernetzen und speziell seitdem das moderne Machtspiel über Kommunikation funktioniert, wird ihre (symbolische) Macht ökologische Rationalitäten (*ecological rationalities*) in die Ziele globaler Netzwerke zu verankern als bedeutend beurteilt. Diese zivilgesellschaftlichen Akteure entwickeln sich zu Schlüsselakteuren für die Bewältigung des Wandels, der Programme und Normen, die die Netzwerkgesellschaft ausmachen und verändert sie auch in Bezug auf globale Umweltveränderungen. In den neueren Arbeiten von Saskia Sassen (2006) wird ebenfalls den ENGO-Netzwerken, als konstruktive Teile der, wie sie es nennt, globalen Versammlung (*Assemblage*), eine große Machtposition zu gesprochen. Diese globale Umweltbewegung konstruiert eine neue Form der Autorität, die ein wesentlicher Bestandteil des globalen Netzwerks der Gesellschaft geworden ist. Ähnlich wie bei Vertretern der ökologischen Modernisierungsschule wird der konzeptionelle Raum für die Eingliederung von Umweltideen, -rationalitäten, und -interessen in die dominierenden ökonomischen Praktiken und Prozesse in Begriffen (des Raums) der Flows (wieder-) beschrieben (Mol 2008, 2010c).

Aufbauend auf diesen jüngst artikulierten Umweltthemen und -konzepten innerhalb der Soziologie der Netzwerke und Flows, sprechen wir uns für die Entwicklung einer Theorie aus, die Netzwerke und Flows mit Umweltfragen und Betrachtungen in systematischer Weise verbindet. Eine solche Erarbeitung, muss Umweltrisiken und Umweltreformen deutlich ansprechen, sie in den Raum des Ortes sowie in den Raum der Flows konzeptualisieren und gleichzeitig die besondere Abhängigkeit und Wechselwirkung beider Ebenen betonen. Ortsgebundener ökologischer Widerstand und der Schutz durch lokale NGOs und Kommunen stehen sich zur Seite in der Artikulierung von Umweltthemen im internationalen Handel, bei direkten Auslandsinvestitionen, in globalen Zertifizierungssysteme wie dem ISO 14000, bei transnationalen Unternehmen und Netzwerken von Interessengruppen (*advocacy networks*), in weltweiten epistemischen Gemeinschaften (solche wie die zu Wassermanagement oder Klimawandel) usw. Umweltmacht und Umweltveränderungen werden hauptsächlich anhand der zentralen Achse der Glokalisierung analysiert, die die Dynamiken des „Raums des Ortes" mit denen des „Raums der Flows" in nicht-trivialer, sondern in umfassender und systematischer Weise verknüpft. Nur mit einer solchen Interpretation bewegen sich Fragen und Analysen zur ökologischen Steuerung und Verbesserung über eine rein defensive Position des ‚Vorwerfens' eines Eindringens in die und der Verletzung der Umwelt lokaler Orte durch globale Netzwerke und Flows, hinaus. Der ‚Raum der Flows' mit seiner Wechselbeziehung zum Raum des Ortes wird so zu einer wichtigen analytischen Kategorie für das Bewahren und Betonen von Natur und Umwelt, und eröffnet ein Set neuer *scapes*, Netzwerke, Schnittstellen und Strategien für eine ökologische Neugestaltung.

Doppelte Hybridisierung

Um Strategien zur Verbesserung von Umweltveränderungen aus der Perspektive einer Soziologie der Netzwerke und Flows zu verstehen, werden herkömmliche konzeptionelle und theoretische Kategorien und Begrenzungen als Herausforderungen angesehen und neue Hybride gebildet. Wir wollen zwei Hybridisierungen hervorheben, die besondere Relevanz für die Umweltsoziologie haben.

Erstens, die klassische Trennung zwischen Staat, Markt und zivilgesellschaftlichen Akteuren und Institutionen löst sich zunehmend auf und erscheint für die Betrachtung von Umweltflows obsolet. Wenn etwa transnationale Unternehmen mit einer offensiven Umweltstrategie in einer ‚*low-governance-arena*' (z. B. Afrika südlich der Sahara) arbeiten, kann es passieren, dass sie wie regierungsähnliche Vertreter agieren, um die Flows aus einer breiteren als nur der ökonomischen Perspektive her zu regulieren. Es lässt sich demnach beobachten, dass Marktakteure sich wie Staaten verhalten. Ebenso geschieht dies anders herum: Staaten kaufen und bemühen sich um ‚grüne Produktflüsse' und entwickeln ihre grüne Energiepolitik hin zu mehr Liberalisierung und Privatisierung. Schließlich scheinen die strikten empirischen Trennungen zwischen Märkten und Staaten mit ihren Systemrationalitäten auf der einen Seite, und der Zivilgesellschaft (NGO-Akteure, Bürger, Konsumenten) mit

ihrer breiteren Rationalität (Habermas 1981) auf der anderen Seite an Bedeutung verloren zu haben. Zivilgesellschaftliche Akteure arbeiten ferner zunehmend innerhalb
des ‚offiziellen' Systems und werden demzufolge Teil dessen. Hier zeigt sich, dass
nicht-staatliche Umweltorganisationen, im Namen ökologischer Verantwortung und
Glaubwürdigkeit, wie multinationale Unternehmen agieren (*World Wide Fund for
Nature*, WWF), und dabei verschiedene Vereinbarungen in direkten Verhandlungen zwischen NGOs und Marktakteuren eingehen (vgl. Pattberg 2005, Oosterveer
2007). Nicht selten füllen nicht-staatliche Akteure die Lücken, die bei Institutionen
des Staates und des Marktes offen bleiben, da sie den Belastungen der Globalisierung nicht standhalten können (z. B. im Naturschutz in Entwicklungsländern oder
bei der ökologischen Kennzeichnung von Holz- und Fischprodukten). Diese Formen
der Hybridisierung zeigen wichtige Kontinuitäten zu solchen Ideen und deren weiteren Radikalisierungen auf, die die Ansichten der früheren Umweltsoziologie prägten (z. B. politische Modernisierung, Governance und Subpolitik). Wir haben hier
den Bedarf an Konzepten aufgezeigt, um die traditionellen Kategorien von Staat,
Markt und Zivilgesellschaft für eine Neuordnung der Umwelt zu überschreiten (z. B.
Spaargaren und Mol 2008, Mol 2010b).

Die Umweltsoziologie der Netzwerke und Flows betont und konzeptualisiert
diese sich verschiebenden Grenzen und schenkt besonders den hybriden Arrangements im Feld der (globalen) Neugestaltung der Umwelt Aufmerksamkeit. Diese
Arrangements können im Sinne spezifischer Verbindungen von globalen Netzwerken mit einem Schaft (*scape*) um einzelne Umweltflows herum, interpretiert werden.
Wichtige Fragen in diesem Kontext sind z. B.: Wo und wann werden Formen der
hybriden Arrangements sichtbar? Was sind die Eigenschaften des Netzwerkes und
von *scapes* in hybriden Arrangements z. B. im Sinne von Infrastrukturausprägungen,
Macht, Inklusion oder Exklusion? Wie hängen hybride Arrangements mit der Globalisierung zusammen? Was sind die Folgen dieser hybriden Arrangements für die
Steuerung von Umweltflows im Sinne von ökologischer Effektivität und Demokratie?

Hybridisierung in der Soziologie der Netzwerke und Flows macht Sinn im
Kontext der allgemein verwendeten Dichotomie zwischen dem Sozialen und dem
Materiellen. In der Tradition der mittlerweile gut etablierten Schule der Akteur-
Netzwerk-Theorie (siehe hierzu auch den Beitrag von Peuker in diesem Band), kriti-
siert Urry die Mainstream-Soziologie – insbesondere die Theorie der Strukturierung
von Anthony Giddens – für die Überbewertung von Handlung gegenüber (technolo-
gischen) Strukturen. Wenn zum Beispiel das „System Auto" („*system of automobility*",
Urry 2008) auf dem (ökologischen) Spiel steht, ist der beste Weg für die zukünftige
Entwicklung, dieses Systems als ein *hybrides* zu verstehen in dem materielle und
soziale Entitäten sinnvollerweise nicht mehr von einander getrennt werden können.

Diese anspruchsvolle Betrachtungsweise der Hybridisierung kann zwar durchaus in Arbeiten zu sozialen Feldern wie Arbeitsbeziehungen, Schulausbildung oder
Gender vernachlässigt werden; aber nicht beim Bearbeiten des ökologischen Feldes. Seit ihrer Gründung beschäftigen sich die Umweltsoziologie und andere Umweltsozialwissenschaften mit den Wechselwirkungen zwischen Gesellschaft und
Natur sowie den Konzeptualisierungen des Sozialen und Materiellen. Von Beginn

an diskutierte die Umweltsoziologie diese Themen ebenso mithilfe der so genannten HEP-NEP Unterscheidung, die von Riley Dunlap und William Catton entwickelt wurde (Catton and Dunlap 1978a+b). Dieses Plädoyer von Catton und Dunlap für ein neues ökologisches Paradigma wurde von einigen Umweltsoziologen aus Europa und den USA kritisiert, da die Soziologie – bzw. Sozialwissenschaften im Allgemeinen – nicht mit der Ökologie oder den Naturwissenschaften vermischt werden sollten (Schnaiberg 1980, Spaargaren 1997). Der Appell für die Trennung der Aufgabenbereiche zwischen Sozial- und Naturwissenschaften lässt sich auch in der Strukturierungstheorie von Giddens wiederfinden. Giddens (1984: 18) bezeichnet den Versuch, die Erklärung von sozialen Phänomenen immer noch mit an den Naturwissenschaften angelehnten Methoden zu versuchen, als hoffnungslos.

Mit der Entstehung der Soziologie der Netzwerke und Flows hat sich innerhalb der Umweltsoziologie die anhaltende Debatte über die Beziehung zwischen dem Sozialen und Materiellen radikalisiert und eine neue Richtung bekommen. John Urry – in dieser Hinsicht in Übereinstimmung mit Ulrich Beck – argumentiert, dass einige der klar definierten und oft verwendeten ‚Analyseeinheiten' der zeitgenössischen Soziologie nur gültig sind in Bezug auf Gesellschaften aus der Phase der ersten oder ‚einfachen Moderne'. Schlüsselkonzepte wie der Nationalstaat oder die Umwelt scheinen unter den Bedingungen der zweiten, reflexiven oder globalen Moderne einen Großteil ihrer Gültigkeit verloren zu haben. Das Konzept von Umwelt bzw. Natur kann in der zweite Moderne nicht länger isoliert von der Gesellschaft behandelt werden, weil es genauso „in die Gesellschaft eingezogen ist" wie die Gesellschaft in die Natur. Die Idee der Natur als etwas außerhalb der Gesellschaft gelegenes ist obsolet geworden. Beck (1986, 2003) folgend lässt sich erst von einer Weltrisikogesellschaft, als etwas direkt vor unseren Augen Entstehendes, sprechen, wenn erkannt wird, dass Gesellschaft und Umwelt in der reflexiven Moderne auf viele verschiedene Weisen miteinander zusammenhängen. Krebserregende Farbstoffe im Kinderspielzeug, die Vogelgrippe oder der Klimawandel stellen alle den überholten Charakter (oder zumindest den begrenzten Nutzen) des soziologischen Konzeptes von ‚Natur' – isoliert von den sozialen Praktiken, Netzwerken, Institutionen und Akteuren, unter Beweis. Mit dieser zweiten, von der Soziologie der Netzwerke und Flows vorgeschlagenen Form der Hybridisierung, tritt der Appell für ein neues interdisziplinäres, ökologisches Paradigma wieder in die Debatte innerhalb der Umweltsoziologie ein. Jedoch in veränderter Form verglichen mit der von Dunlap angebotenen klassischen Formulierung aus den 1970er und 1980er Jahren (siehe hierzu auch die Beiträge von Dunlap und Lange in diesem Band). Das Plädoyer für ein Neues Ökologisches Paradigma baut nun nicht mehr auf eine gemeinhin darwinistisch inspirierte Version der Humanökologie auf, sondern fußt stattdessen auf den sogenannten *complexitiy sciences*. Für Urry (2003) sind nicht mehr die klassischen Begrifflichkeiten wie das ‚*Web of Life*' oder Grenzen der Tragfähigkeit zentral, sondern ‚Chaos', ‚Iteration' oder ‚*tipping points*'.

Macht und Ungleichheit

Letztendlich verändert die Gesellschaftstheorie der Netzwerke und Flows die Konzeptualisierung von Macht und Ungleichheit. Mit der Gesellschaftstheorie der Netzwerke und Flows, hängen diese weder nur mit dem Besitz von Kapital, wie es in den neomarxistischen Studien bestimmend war, noch nur mit dem Staat zusammen, wie es die allgemein anerkannte Auffassung in den meisten politikwissenschaftlich ausgerichteten Schulen war. Zusätzlich zu diesen ,konventionellen' Kategorien von Macht und Ungleichheit definiert die Soziologie der Netzwerke und Flows neue Ungleichheiten hinsichtlich des Zugangs: ob man Teil der Hauptnetzwerke und -flows oder von ihnen ausgeschlossen ist. Gruppen, Personen, Städte und Regionen in oder in der Nähe von zentralen Knotenpunkten globaler Netzwerke gelegen, haben Zugang zu den „Kernflows", sie gehören damit zu den Reichen und Mächtigen. Nach Rifkin (2007) sind es die Zugänge zu Informationsflüssen via Internet und Geldflüssen sowie die Fähigkeiten von Menschen zur weltweiten Mobilität, die die besser gestellten Menschen, Gruppen, Städte und Regionen von ihren marginalisierten Äquivalenten unterscheiden. Der ,Zugang zu' und die ,Inklusion in' betrifft sowohl den direkten Zugang und die Inklusion also auch die Fähigkeit die *scapes* und Infrastrukturen aufzubauen, um die mobilen Flows im Sinne von Geschwindigkeit, Richtung und Intensität usw. teilweise zu beeinflussen. Castells (2004) fragt danach, wer die Macht und die Möglichkeiten hat die Politikziele in die Netzwerke einzuschleusen und die Schalttafeln zwischen den Netzwerken für seine Ziele zu bedienen. Im Anschluss an diesen analytischen Weg kann eine Umweltsoziologie der Netzwerke und Flows mit zwei Operationalisierungen von Macht und Ungleichheit arbeiten. Damit werden die Bedingungen für den Zugang zu den Umweltflows, *scapes* und Netzwerken berücksichtigt, die die gegenwärtigen strategischen Umweltflows strukturieren. Und es werden ausführlich die Konsequenzen für Gruppen, Akteure und Organisationen analysiert, denen der Zugang vorenthalten wird bzw. die es nicht schaffen Verbindungen zwischen den relevanten globalen Netzwerken zu etablieren. Diese Operationalisierung würde die konventionellen Umweltflow-Studien in ganz andere Richtungen lenken, als die der gegenwärtig dominierenden naturwissenschaftlichen Perspektive auf Flows (zum Beispiel materielle Flowanalysen, Industrieökologie etc.). Es wäre also einer Bereicherung für die derzeitigen Forschungen zu „additions-and-withdrawals", da Macht und Ungleichheit direkter mit den Flows verbunden werden können (siehe dazu die Diskussion bei Mol und Spaargaren 2005). Macht befindet sich nicht nur in den sozialen Praktiken der Produktion und Konsumption, sondern auch in den „additions and withdrawals" selbst. Zweitens, Macht und Ungleichheit in einer Umweltsoziologie der Netzwerke und Flows können in Beziehung gebracht werden zu den Kapital-, Informations-, Bilder- und Personenflüssen, die die Neugestaltung der Umwelt strukturieren, bedingen und ermöglichen. Macht und Ungleichheiten in Beziehung zu nicht-ökologischen und nicht-materiellen Flows beeinflussen die Abläufe der Neugestaltung der Umwelt. Jene mit Zugang zu und partieller Kontrolle von den Schlüsselökonomien und Informationsflüssen gelten in der neuen vernetzten Weltordnung als dominant, im Gegensatz zu lokalen Akteuren außerhalb der Hauptschnittstellen der globalen Netzwerke.

Macht innerhalb der Soziologie der Netzwerke und Flows bedeutet nicht mehr Regierung, sondern Governance. Verschiedene Machtbereiche und Autoritäten bringen unterschiedlichste Akteurskonstellationen auf vielfachen Ebenen zusammen. Diese neuen Formen der Governance (Tatenhove et al. 2002) sind weniger staatlich gebunden und kontrolliert und sie sind gleichzeitig weniger formal, vorhersagbar und lenkbar verglichen mit Macht und Politik aus der Zeit der einfachen Moderne (1900–1980) (Beck 2003, Held 1995). Wie es insbesondere Ulrich Beck klarstellt, diese veränderlichen Dynamiken von Macht und Ungleichheit bedeuten nicht zwangsläufig Machtverlust der Staaten im Sinne eines Nullsummenspiels. Neue Felder von Macht eröffnen sich und werden mit neuen Akteuren (z. B. durch ENGOs) gefüllt. Castells (2007) fasst die Argumente zur Macht in der globalen Netzwerkgesellschaft so zusammen, in dem er diese Macht zunehmend um die Artikulierung des Globalen und Lokalen herum konstruiert, und sie über Netzwerke und nicht einzelne Einheiten organisiert sieht.

Empirische Studien aus der Perspektive der Soziologie der Flows

Selbstverständlich sind für die Entwicklung von neuen theoretischen Erkenntnissen empirischen Studien unerlässlich. Empirie ist zum einen wichtig, um die Anwendbarkeit der neuen Erkenntnisse nachzuweisen und um zu überprüfen, ob sie wirklich Neues beinhalten. Sie sind gewinnbringend für zusätzliche Verfeinerungen und Operationalisierungen von theoretischen Konstrukten und Konzepten, die aus einem ganz anderen Feld als dem der konventionellen Umweltsozialwissenschaften kommen.

Zunehmend gibt es empirische Studien, die aus der Perspektive der Soziologie der Netzwerke und Flows Umweltveränderungen in den Blick nehmen. Peter Oosterveer et al. haben die Perspektive der Soziologie der Netzwerke und Flows in einer Reihe von Studien zu Lebensmitteln, Lebensmittelhandel und die Kennzeichnung von Lebensmitteln verwendet (Oosterveer 2006, 2007, 2008, Bush und Oosterveer 2007), um zu erforschen wie die Umwelt in globale Lebensmittelflüsse involviert ist und sie transformiert, und was dies für das Umweltmanagement und die *Governance of food* (Regulierung von Lebensmitteln) bedeutet. Arthur Mol und Kollegen haben diese Soziologie angewandt, um die Strukturierung und Veränderung der ökologischen Dimension durch globale und lokale Netzwerke und Flows bei den Olympischen Spielen in Peking 2008, der Weltausstellung in Shanghai 2010 und beim Handel und Investment von Bioöl zu analysieren (Mol 2007, 2010b+c, Mol und Zhang 2011). Luciana Presas untersuchte aus dieser Perspektive die Begrünung von globalen Bürohäusern mit dem Schwerpunkt auf materielle und nicht-materielle Flows (Presas 2005, Presas und Mol 2006). Kris van Koppen hat erforscht wie mit Hilfe der Soziologie der Netzwerke und Flows der Erhalt der Biodiversität in transeuropäischen Netzwerken zu Naturschutz und bedrohten Arten konzeptualisiert und verstanden werden (van Koppen 2006). John Urry und andere (Urry 2008, Kingsley and Urry 2009) haben die Mobilität mit dem Auto und das „System Auto" unter anderem in Relation zu ihren ökologischen Folgen untersucht. Zudem finden sich auf sozialwissenschaftlichen Konferenzen zunehmend Beiträge, die das Potential dieser neuen soziologischen Perspektive auf neue Themen beziehen (z. B. städtische Netzwerke in Umweltgovernance, neue Mobilitäten sozialer Bewegungen, Kohlemarkt).

Hier ist nicht der Platz diese empirischen Studien genauer und in Gänze zu besprechen. Wichtig für uns ist es zu betonen, dass (i) es bisher nur wenige und umfassende empirische Studien aus dieser Perspektive gibt; (ii) die empirischen Studien aus der Soziologie der Netzwerke und Flows eher jüngerer Herkunft sind, aber ein wachsendes Interesse in den Umweltsozialwissenschaften hervorrufen; (iii) der zusätzliche interpretative Wert dieser neuen Perspektive nach wie vor überprüft werden muss.

Epilog

Unsere theoretischen Erläuterungen zur Umweltsoziologie der Netzwerke und Flows können noch keine systematische und kohärente Theorie liefern. Wir stehen erst am Anfang zu verstehen, wie die Prozesse der Veränderung und Neugestaltung der Umwelt in der globalen Netzwerkgesellschaft untersucht werden können. Eine neue soziologische Perspektive macht frühere Beträge und Ansichten daher nicht obsolet. Aber die Soziologie der Netzwerke und Flows, in ihren unterschiedlichen Formen und Varianten, zeigt uns, dass Programme zum Klimawandel und der Neugestaltung der Umwelt mit den Dynamiken der Globalisierung der heutigen Zeit zusammen gebracht und gedacht werden müssen. Die aufgeführten Darstellungen geben uns zumindest eine Idee davon, entlang welcher Linien man die Entwicklung neuer Perspektiven oder sozialer Theorien bezüglich ökologischer Veränderung und Neugestaltung beginnen kann, die den neuen sozialen Konstellationen gerecht werden. Neue Konstellationen, in denen Staat und Gesellschaft nicht mehr die konventionellen Einheiten der Analyse sind. Es bedarf noch umfassender theoretischer Arbeit und Debatten bevor wir von einer annähernd kohärenten Umwelttheorie der Flows in einer vernetzten globalen Moderne sprechen können.

Weiterführende Literatur

Urry, John (2000): *Sociology beyond Societies: Mobilities for the Twenty First Century*. London: Routledge.

Spaargaren, Gert, Arthur P. J. Mol und Frederick H. Buttel (Hrsg.) (2006): *Governing Environmental Flows: Global Challenges to Social Theory*. Cambridge, MA: MIT Press.

Rau, Henrike (2010): (Im)mobility and Environment-Society Relations: Arguments for and Against the Mobilisation of Environmental Sociology. In: Gross, Matthias und Harald Heinrichs (Hrsg.), *Environmental Sociology: European Perspectives and Interdisciplinary Challenges*. Dordrecht: Springer, 237–254.

Mol, Arthur P. J. (2010): Sustainability as Global Attractor: The Greening of the 2008 Beijing Olympics. *Global Networks* 10 (4): 510–528.

Zitierte Literatur

Alexander, Jeffrey C. (2006): *The Civil Sphere*. Oxford: Oxford University Press.

Bauman, Zygmunt (2003): *Flüchtige Moderne*. Frankfurt a. M.: Suhrkamp.

Beck, Ulrich (1986): *Risikogesellschaft: Auf dem Weg in eine andere Moderne*. Frankfurt a. M.: Suhrkamp.

Beck, Ulrich (2003): *Macht und Gegenmacht im globalen Zeitalter: Neue weltpolitische Ökonomie*. Frankfurt a. M.: Suhrkamp.

Bush, Simon R. und Peter Oosterveer (2007): The Missing Link: Intersecting Governance and Trade in the Space of Place and the Space of Flows. *Sociologia Ruralis* 47 (4): 384–399.

Castells, Manuel (2003): *Das Informationszeitalter (3 Bände): I. Der Aufstieg der Netzwerkgesellschaft, II. Die Macht der Identität, III. Jahrtausendwende*. Wiesbaden: VS Verlag.

Castells, Manuel (2004): Informationalism, Networks, and the Network Society: A Theoretical Blueprint. In: Castells, Manuel (Hrsg.), *The Network Society: A Cross-Cultural Perspective*. Cheltenham, UK: Edward Elgar, 3–45.

Castells, Manuel (2009): *Communication Power*. Oxford: Oxford University Press.

Catton, William R. und Riley E. Dunlap (1978a): Environmental Sociology: A New Paradigm. *The American Sociologist* 13 (1): 41–49.

Catton, William R. und Riley E. Dunlap (1978b): Paradigms, Theories, and the Primacy of the HEP-NEP Distinction. *The American Sociologist* 13 (4): 256–259.

Fischer-Kowalski, Marina und Helga Weisz (1999): Society as a Hybrid between Material and Symbolic Realms. *Advances in Human Ecology* 8: 215–251.

Giddens, Anthony (1984 [1976]): *Interpretative Soziologie*. Frankfurt a. M.: Campus.

Giddens, Anthony (1997): *Jenseits von links und rechts: Die Zukunft radikaler Demokratie*. Frankfurt a. M.: Suhrkamp.

Graham, Simon und Simon Marvin (2001): *Splintering Urbanism, Networked Infrastructures, Technological Mobilities and the Urban Condition*. London: Routledge.

Habermas, Jürgen (1981): *Theorie des kommunikativen Handels*. Frankfurt a. M.: Suhrkamp.

Held, David (1995): *Democracy and the Global Order*. Cambridge, UK.: Polity Press.

Held, David und Anthony McGrew (2000): *The Global Transformation Reader*. Cambridge, U.K.: Polity Press.

Kaufman, Vincent (2002): *Re-Thinking Mobility: Contemporary Sociology*. Aldershot, UK: Ashgate.

Kesselring, Sven (2006): Pioneering Mobilities: New Patterns of Movement and Motility in a Mobile World. *Environment and Planning A* 38(2): 269–279.

Kingsley, Dennis und John Urry (2009): *After the Car*. Cambridge: Polity.

Latour, Bruno (2001 [1999]): *Das Parlament der Dinge: Für eine politische Ökologie*. Frankfurt a. M.: Suhrkamp.

Mol, Annemarie und John Law (1994): Regions, Networks and Fluids: Anemia and Social Typology. *Social Studies of Science* 24 (4): 641–671.

Mol, Arthur P. J. und Tran Thi My Dieu (2006): Analysing and Governing Environmental Flows. The Case of Tra Co tapioca Village, Vietnam. *NJAS Wageningen Journal of Life Sciences* 53 (3-4): 301–317.

Mol, Arthur P. J. (2007): Boundless Biofuels? Between Vulnerability and Environmental Sustainability. *Sociologia Ruralis* 47 (4): 297–315.

Mol, Arthur P. J. (2008): *Environmental Reform in the Information Age: The Contours of Informational Governance*. Cambridge, UK: Cambridge University Press.

Mol, Arthur P. J. (2010a): Social Theories of Environmental Reform: Towards a Third Generation. In: Gross, Matthias und Harald Heinrichs (Hrsg.), *Environmental Sociology: European Perspectives and Interdisciplinary Challenges*. Heidelberg: Springer, 19–38.

Mol, Arthur P. J. (2010b): Environmental Authorities and Biofuel Controversies. *Environmental Politics* 19 (1): 61–79.

Mol, Arthur P. J. (2010c): Sustainability as Global Attractor. The Greening of the 2008 Beijing Olympics. *Global Networks* 10 (4): 510–528.

Mol, Arthur P. J. und Gert Spaargaren (2005): From Additions and Withdrawals to Environmental Flows: Reframing Debates in the Environmental Social Sciences. *Organization & Environment* 18 (1): 91–107.

Mol, Arthur P. J. und Gert Spaargaren (2006): Towards a Sociology of Environmental Flows: A New Agenda for Twenty-first-century Environmental Sociology. In: Spaargaren, Gert, Arthur P. J. Mol und Frederick H. Buttel (Hrsg.), *Governing Environmental Flows: Global Challenges for Social Theory*. Cambridge, MA: MIT Press, 39–83.

Mol, Arthur P. J. und Lei Zhang (2011): Sustainability as Global Norm: The Greening of Mega-events in China. In: Hayes, Graeme und John Karamichas (Hrsg.), *Mega-events and Civil Societies: Environment and Globalisation, Accommodation and Resistance*. London: Palgrave-Macmillan.

Oosterveer, Peter (2006): Environmental Governance of Global Food Flows: The Case of Labelling Strategies. In: Spaargaren, Gert, Arthur P. J. Mol und Frederick H. Buttel (Hrsg.), *Governing Environmental Flows: Global Challenges for Social Theory*. Cambridge, MA: MIT Press, 267–301.

Oosterveer, Peter (2007): *Global Governance of Food Production and Consumption*. Cheltenham: Edward Elgar.

Oosterveer, Peter (2008): Governing Global Fish Provisioning: Ownership and Management of Marine Resources. *Ocean & Coastal Management* 51 (12): 797–805.

Pattberg, Philip (2005): The Institutionalization of Private Governance: How Business and Nonprofit Organizations agree on Transnational Rules. *Governance: An International Journal of Policy, Administration, and Institutions* 18 (4): 589–610.

Presas, Luciana M. S. (2005): *Transnational Buildings in Local Environments*. Aldershot: Ashgate.

Presas, Luciana M. S. und Arthur P. J. Mol (2006): Greening Transitional Buildings: Between Global Flows and Local Places. In: Spaargaren, Gert, Arthur P. J. Mol und Frederick H. Buttel (Hrsg.), *Governing Environmental Flows. Global Challenges for Social Theory*. Cambridge, MA: MIT, 303–326.

Rifkin, Jeremy (2007 [2000]): *Access. Das Verschwinden des Eigentums: Warum wir weniger besitzen und mehr ausgeben werden*. Frankfurt a. M.: Campus.

Sassen, Saskia (2008 [2006]): *Das Paradox des Nationalen: Territorium, Autorität und Rechte im globalen Zeitalter*. Frankfurt a. M.: Suhrkamp.

Schnaiberg, Allan (1980): *The Environment: From Surplus to Scarcity*. Oxford: Oxford University Press.

Sonnenfeld, David A. und Arthur P. J. Mol (2002): Globalization and the Transformation of Environmental Governance: An Introduction. *American Behavioral Scientist* 45 (9): 1318–1339.

Spaargaren, Gert (1997): *The Ecological Modernization of Production and Consumption: Essays in Environmental Sociology*. Unpublished Dissertation. Wageningen: Wageningen University.

Spaargaren, Gert, Arthur P. J. Mol und Frederick H. Buttel (Hrsg.) (2006): *Governing Environmental Flows: Global Challenges to Social theory*. Cambridge MA: MIT Press.

Spaargaren, Gert und Arthur P. J. Mol (2008): Greening Global Consumption: Redefining Politics and Authority. *Global Environmental Change* 18 (3): 350–359.

Tatenhove, Jan van, Bas Arts und Pieter Leroy (2002): *Political Modernization and the Environment*. Dordrecht: Kluwer.

Urry, John (2000): *Sociology beyond Societies: Mobilities for the Twenty First Century*. London: Routledge.

Urry, John (2003): *Global Complexity*. Cambridge, U.K.: Polity Press.

Urry, John (2008): Governance, Flows and the End of the Car System? *Global Environmental Change* 18 (3): 343–349.

van Koppen, Kris und Arthur P. J. Mol (2002): Ecological Modernization of Industrial Systems. In: Lens, Piet, Look Hulshoff Pol, Peter Wilderer and Takashi Asano (Hrsg.), *Water Recycling and Resource Recovery in Industry: Analysis, Technologies, and Implementation*. Wageningen: IWA Publishing, 132–158.

van Koppen, Kris (2006): Governing Nature? On the Global Complexity of Biodiversity Conservation. In: Spaargaren, Gert, Arthur P. J. Mol und Frederick H. Buttel (Hrsg.), *Governing Environmental Flows: Global Challenges to Social Theory*. Cambridge MA: The MIT Press, 187–219.

Übersetzung aus dem Englischen von Franziska Werner

Akteur-Netzwerk-Theorie und politische Ökologie

Birgit Peuker

Einleitung

Die Akteur-Netzwerk-Theorie (ANT) ist ein Ansatz aus der Wissenschafts- und Technikforschung. Ihre Hauptvertreter sind Michel Callon, Bruno Latour und John Law.[1] ANT ist eine dynamische Theorierichtung und kann in unterschiedliche Phasen eingeteilt werden. Die *erste Phase* bilden die sogenannten Laborstudien, bei denen mittels ethnographischer Methoden die wissenschaftliche Erkenntnisproduktion in einem naturwissenschaftlichen Labor detailliert beobachtet wurde (vgl. Latour und Woolgar 1986). In der *zweiten Phase*, der Phase der klassischen Akteur-Netzwerk-Theorie, wurden die wesentlichen Konzepte anhand der Untersuchung der Konstruktionsprozesse von Wissenschaft und Technik (*technoscience*) gemeinsam entwickelt. Die *dritte Phase* ist die Phase der Post-ANT-Ansätze (engl. *After-ANT*) (vgl. Law und Hassard 1999), zu der auch die politische Ökologie Latours gehört und die ihren Gegenstandsbereich auf alle „modernen" Phänomene ausweitet.

Die Akteur-Netzwerk-Theorie ist im wissenssoziologischen Paradigma der Wissenschaftssoziologie und im konstruktivistischen Paradigma der Techniksoziologie zu verorten. Die politische Ökologie von Latour stellt – wie auch die anderen Ansätze der Post-ANT – eine Weiterentwicklung der Grundgedanken der Akteur-Netzwerk-Theorie dar. Sie ist im Umkreis der Diskussionen zur zweiten Moderne anzusiedeln (vgl. Beck 1986, 2008).

Die Akteur-Netzwerk-Theorie und die politische Ökologie Latours sind für die Umweltsoziologie aus zwei Gründen interessant. *Zunächst* wird die Trennung zwischen Natur und Gesellschaft dekonstruiert und darüber hinaus mit dem Konzept der Akteur-Netzwerke ein alternativer Analyserahmen angeboten. *Des Weiteren* wird in der politischen Ökologie Latours eine Programmatik für die Bearbeitung der Risiko- und Umweltproblematik offeriert. Diese besteht im Kern in der Forderung nach einer Ausweitung demokratischer Beteiligungsverfahren auch auf nichtmenschliche Wesen.

In der deutschsprachigen Rezeption ist die Akteur-Netzwerk-Theorie vor allem dafür bekannt, dass sie die Unterscheidung zwischen Menschen und Nichtmenschen nivelliert.[2] Auch nichtmenschlichen Entitäten wird Handlungsfähigkeit bzw. Aktivi-

---

1   Weitere Autoren, die mehr oder weniger der Akteur-Netzwerk-Theorie zugerechnet werden können, sind Madeleine Akrich, Joan Fujimura, Donna Harraway, Marianne de Laet, Annemarie Mol, Andrew Pickering, Susan Leigh Star, Isabelle Stengers, Steve Woolgar.

2   Zur deutschsprachigen Rezeption in Bezug auf umweltsoziologische Fragestellungen vgl. Brand (2006), Holzinger (2004) und die Beiträge in Voss und Peuker (2006). Die Rezeption in der Tech-

tät (*agency*) zugestanden. Aus diesem Grund werden menschliche und nichtmenschliche Akteure unter dem gemeinsamen Begriff „Aktant" gefasst – einem Begriff aus der Semiotik. Auf diesen Aspekt bezieht sich auch die oft angeführte Hauptkritik: Die Aktivität der Dinge könne nur durch Naturwissenschaftler festgestellt werden, die Akteur-Netzwerk-Theorie sei keine Soziologie mehr (vgl. Collins und Yearley 1992a: 309 ff.). Jedoch möchte sich die Akteur-Netzwerk-Theorie auch nicht als soziologischer Ansatz verstanden wissen. Sie beansprucht, ein neues Paradigma der Soziologie aufzustellen. Dabei grenzt sie sich explizit von sozialkonstruktivistischen Ansätzen ab (vgl. Latour und Woolgar 1986: 281). Ihr Konstruktivismus bezieht sich nicht nur auf die Sozialdimension, sondern bezieht materielle Entitäten mit ein. In dem neuen Paradigma wird der Gesellschaftsbegriff abgelehnt und der Begriff des Sozialen neu definiert. Das Soziale wird im „Ziehen von Verbindungen" zwischen Entitäten aller Art verortet, damit besteht das Soziale nur in der Neuordnung der Verbindungen und nicht in dem, was versammelt wird (vgl. Latour 2005: 4 ff., Latour 1999b: 19.). Das Studium dieser Verbindungen und später das Studium von Kontroversen wird nun zum Gegenstand der neuen Wissenschaft (vgl. Callon und Latour 1981: 300, Latour 1987: 140 f.). Die Struktur der Verbindungen und Relationen wird auch als „heterogenes Netzwerk" beschrieben. Da der Netzwerkbegriff jedoch einige Missverständnisse barg, wurden auch alternative Namen für den Ansatz vorgeschlagen wie „Soziologie der Übersetzung" (*sociology of translation*) (Callon 1986) oder „Soziologie der Assoziationen" (*sociology of associations*) in Absetzung zur Soziologie des Sozialen (*sociology of the social*) (Latour 2005: 9).

Die Grundkonzeption der Akteur-Netzwerk-Theorie leitet sich aus ihrer praxistheoretischen Perspektive ab. Die Theoriebildung kreist um die Problematik, wie aus kontextabhängigen und situationsgebundenen Praktiken, die im Prinzip mehrdeutig und instabil sind, stabile Strukturen entstehen können (siehe hierzu den Beitrag von Brand in diesem Band). Die Grundstruktur der Argumentation von den Laborstudien über die klassische Akteur-Netzwerk-Theorie bis zur politischen Ökologie Latours besteht aus fünf aufeinander aufbauenden Schritten. (1) Der erste Schritt besteht darin, stabile Strukturen auf einen langwierigen und kostenintensiven Konstruktionsprozess zurückzuführen, in dem sich unterschiedliche Aktanten zu Netzwerken zusammenfügen. (2) Zentral ist dabei die These, dass bei diesem Konstruktionsprozess vor allem materielle Entitäten eine entscheidende Rolle spielen. Sozialbeziehungen werden durch nichtmenschliche Entitäten, insbesondere materielle (d. h. stoffliche) Entitäten gestützt (Latour 1992).[3] (3) Diese These wird weiter fortgetrieben, indem behauptet wird, dass die Aktanten drei Eigenschaften in sich vereinen: sie sind zugleich sozial, materiell und diskursiv. Dies wird durch das Argument begründet, dass etwas zu erkennen heißt, es gleichzeitig zu erschaffen.

---

niksoziologie bezog sich dabei vor allem auf den Aktantenstatus der Technik, vgl. dazu Schulz-Schaeffer (2000) und Joerges (1995). Hier besteht eine Weiterentwicklung im Ansatz des verteilten Handelns bei Rammert und Schulz-Schaeffer (2002).

3 Latour bezieht sich zur Veranschaulichung auf Primaten, die ihre Sozialbeziehungen beständig aushandeln müssen und deswegen nicht zur Konstruktion größerer sozialer Zusammenhänge fähig sind (Latour 2005: 196 f., Latour 1986: 274 ff.).

Damit wird von der Akteur-Netzwerk-Theorie Epistemologie mit Ontologie gleichgesetzt. (4) Eine weitere hierauf aufbauende Annahme aus der politischen Ökologie
Latours ist, dass zwar die Phänomene zugleich sozial, materiell und diskursiv sind,
aber nur der „moderne Beobachter" zwischen diesen drei Eigenschaften trennt. Dies
habe Konsequenzen für den Aufbau heterogener Netzwerke, der dadurch beschleunigt und rücksichtsloser werden würde. Gleichzeitig wird in einem (5) letzten Schritt,
die moderne Beobachtung einem normativen Urteil unterworfen: als autoritäre Haltung, die vermieden werden sollte. Die moderne Beobachtungsperspektive sei blind
gegenüber der Kontingenz des Sozialen. Dadurch behindere sie Kontroversen und
Transformationsprozesse. In der politischen Ökologie Latours wie auch in anderen
Ansätzen der Post-ANT verschiebt sich die Aufmerksamkeit von der Beschreibung
der Konstruktion stabiler Netzwerke (insbesondere wissenschaftlich-technischer
Netzwerke) zur Instabilität von Kontroversen. Statt Stabilität als das Resultat eines
koordinierten Zusammenwirkens zu begreifen, werden nun die Unsicherheiten und
Transformationen in den Konstruktionsprozessen betont, innerhalb dessen mehr
oder weniger stabile Strukturen herauskristallisieren.

Die klassische Akteur-Netzwerk-Theorie und das Konzept der Akteur-Netzwerke

Die erste wesentliche Leistung der Akteur-Netzwerk-Theorie für die Umweltsoziologie ist die Kritik an der Trennung zwischen Natur und Gesellschaft. Gleichzeitig
bietet sie mit dem Konzept der Akteur-Netzwerke eine Möglichkeit, die Verflechtungen von natürlichen und sozialen Elementen zu untersuchen.

Zunächst wurde die Trennung zwischen Natur und Gesellschaft von der Akteur-
Netzwerk-Theorie als eine analytische Trennung kritisiert. Sie sei für die Untersuchung wissenschaftlich-technischer Netzwerke hinderlich. Natur und Gesellschaft
wären selbst Phänomene, die erklärt werden müssten, und könnten darum nicht angeführt werden, um andere Phänomene zu erklären. Sie seien nicht erklärende, sondern zu erklärende Variablen (vgl. Latour 1987: 93 ff. u. 143 ff.). Diese Kritik wurde
in der politischen Ökologie fortgetrieben. Die Trennung zwischen Natur und Gesellschaft wurde als moderne Ideologie entlarvt, die direkt für die Umweltproblematik
verantwortlich sei. Nur durch eine Nivellierung der Unterscheidung sei eine Bearbeitung der Umweltproblematik möglich (vgl. Latour 2001: 33 f., Latour 1999a: 362 f.).

Die Kritik an der Trennung zwischen Natur und Gesellschaft ist für die Umweltsoziologie im Rahmen der Realismus-Konstruktivismus-Debatte interessant.
Hier wurde die Frage diskutiert, ob die Umweltprobleme wirklich bestehen oder nur
die Sensibilität in der Bevölkerung zugenommen hat (vgl. Conrad 1998: 34 f., Krohn
und Krücken 1993). Mit der Akteur-Netzwerk-Theorie lässt sich darauf antworten,
dass die Frage falsch gestellt ist und von einer falschen Alternative ausgegangen
wird. Es ist nicht richtig entweder *die* Natur oder *die* Gesellschaft für bestimmte
Phänomene verantwortlich zu machen. Vielmehr sind Elemente aus beiden Bereichen als Ursachen anzuführen. Da für die Stabilität von Sozialbeziehungen nicht-

menschliche Wesen mobilisiert werden, sind die zu erklärenden Phänomene sowohl auf soziale Beziehungen als auch auf natürliche Elemente zurückzuführen. Die Folgen existieren damit auch unabhängig von den Sozialbeziehungen und sind mithin real. Damit eröffnet die ANT einen dritten Weg zwischen Risikoobjektivismus und Risikosubjektivismus.

Doch inwiefern kann die Akteur-Netzwerk-Theorie ihr Versprechen einlösen, die Umweltproblematik angemessen zu analysieren? Mit dem Konzept der Akteur-Netzwerke sollen die Verflechtungen von natürlichen und sozialen Elementen untersucht werden. Für den Begriff des Akteur-Netzwerkes wurden im Laufe der Theorieentwicklung mehrere Synonyme (mit teilweise leicht verschobenen Bedeutungsgehalt) entwickelt, wie Verbündeter, Mittler, Aktant, Quasi-Objekt und Hybrid. Die Forderung, die Aktivität von Menschen und nichtmenschlichen Entitäten gleichberechtigt zu behandeln, ist Ausdruck des sogenannten „erweiterten Symmetrieprinzips". Dieses baut auf dem ersten Symmetrieprinzip von David Bloor auf. Bloor stellte für die Wissenschaftssoziologie die Forderung auf, Aussagen unabhängig davon zu untersuchen, ob sie wahr oder falsch seien, und ihre Entstehung auf die gleichen Ursachen zurückzuführen (vgl. Bloor 1991: 7 ff.).

Ein Akteur wird erst durch ein Netzwerk hervorgebracht. Der Prozess, in dem dies geschieht, wird als „Übersetzung" (*translation*) bezeichnet. In diesem Prozess werden die einzelnen Netzwerkkomponenten aufeinander ausgerichtet. Da die Netzwerkkomponenten sowohl materielle, soziale als auch diskursive Eigenschaften tragen, wird das Netzwerk auch heterogenes Netzwerk charakterisiert. Es ist von einem sozialen Netzwerk, bei dem als Elemente nur soziale Einheiten auftauchen können, zu unterscheiden (vgl. Peuker 2010).

Callon (1986) unterteilt den Prozess der Übersetzung in vier Phasen (vgl. Callon 1986: 203 ff.). In der Phase der Problematisierung (*problematization*) wird ein Problem definiert, so dass unterschiedliche Akteure davon betroffen sein könnten. In der darauffolgenden Phase (*interessement)* wird bei unterschiedlichen Akteuren das Interesse an der Lösung dieses Problems hergestellt und konkurrierende Problematisierungen zurückgedrängt. In der dritten Phase (*enrolment*) werden die Akteure zum koordinierten Zusammenhandeln gebracht, indem ihnen unterschiedliche Rollen eingeschrieben werden. Diese Koordination kann soweit perfektioniert werden, dass das koordinierte Zusammenwirken der verschiedenen Akteure als ein einziger handelnder Akteur erscheint. Dieser Akteur kann dann für weitere Netzwerkbildungsprozesse in einer vierten Phase (*mobilization)* angeworben werden.

Ein Akteur-Netzwerk ist, wenn seine Elemente vollständig aufeinander ausgerichtet sind, eine *Black Box*. Die Entstehungsbedingungen bzw. die innere Funktionsweise ist nicht mehr sichtbar. Hierbei wird ein weiterer Aspekt der Übersetzung deutlich: ein Akteur tritt vor allem aus Zuschreibungen hervor, indem seine Netzwerkeinbettung nicht mit beachtet wird. Nach Callon ist dies auf die Phase der Mobilisierung beschränkt. Bei Latour jedoch wurde diese Zuschreibung ursprünglich als Übersetzungsprozess aufgefasst. Diese Konzeption des Übersetzungsprozesses ist zunächst in Bezug auf wissenschaftliche Aussagen entwickelt worden. So bezeichnet Latour als einen Akteur bzw. Aktanten, das, was mit ihm später geschieht (vgl.

Latour 1987: 59). Fakten (Black Boxes in diesem Fall) entstehen aus einem Rückbezug durch Wissenschaftler (das heißt andere Aktanten), welche die sozialen Bedingungen von Aussagen (*statements*) nicht mit beachten. Aus unterschiedlichen Rückbezügen entsteht dabei eine Übersetzungskette, innerhalb derer ein „Fakt" zirkuliert.

Demnach können begrifflich zwei Übersetzungsprozesse unterschieden werden: die Übersetzung bei der Netzwerkproduktion (das vier-Phasen-Modell von Callon) und die Übersetzung bei der Netzwerkausbreitung (die Übersetzungskette). Im Laufe der Theorieentwicklung wurde sich eher auf die letztere Bedeutung von Übersetzung bezogen. Ein Aktant ist nun das, was er anderen für ihre Bewegung anbietet (vgl. Latour 1996: 373, Latour 1999b: 18).

Ein weiterer zentraler Begriff ist der der *Inversion der Übersetzung* (vgl. Callon 1995: 50 ff., Latour 1987: 93 ff.). Als Inversion der Übersetzung wird der Umschwung beschrieben, durch den ein Netzwerk als Aktant erscheint. Ein Beispiel für eine solche Inversion der Übersetzung führt Latour (1987) anhand der Unterscheidung von Natur und Gesellschaft an: Eine wissenschaftliche Aussage, die in den wissenschaftlich-technischen Netzwerken als umstrittene Aussage zirkuliert, erscheint nach der Inversion der Übersetzung als ein Fakt und damit als direkte Aussage der Natur, und nicht mehr nur als eine Behauptung einiger weniger Wissenschaftler (vgl. Latour 1987: 93 ff., Latour und Woolgar 1986: 293 f.). Durch die Inversion der Übersetzung wird eine Asymmetrie etabliert, da dem Prozess der Netzwerkproduktion ein vorläufiger Endpunkt gesetzt wird. In die Konstruktion der Black Box gehen nur bestimmte Stimmen ein und nicht alle.

Die konzeptuelle Fassung dieser Asymmetrie war zu Beginn der Theorieentwicklung der Akteur-Netzwerk-Theorie noch deutlicher. Die Konstruktion wissenschaftlicher Fakten wurde dabei zunächst mit den Repräsentationsmechanismen in der Politik verglichen. Der Wissenschaftler setzt sich als Sprecher für nichtmenschliche Wesen, so wie der politische Repräsentant für die Interessen der von ihm repräsentierten Interessengruppe (vgl. Callon und Latour: 1981). Jeder Repräsentant spricht im Namen anderer Interessen und übt damit Macht aus.[4] Die Figur des Sprechers wurde aber in der weiteren Theorieentwicklung fallengelassen. Dies geschah mehr oder weniger in Reaktion auf die Kritik am „Machiavellismus" der Akteur-Netzwerk-Theorie (vgl. Law 1999: 4 f., Fujimura 1992: 170 ff., Mol und Law 1994: 650 ff., Star 1991: 27 ff., Haraway 1995: 188 f. F14). Diese Kritik besteht darin, dass der Netzwerkaufbau so beschrieben werde, als könnte ein einzelnes Subjekt durch geschicktes Taktieren die Welt neu definieren.

In seinem 1987 erschienenen Buch *Science in Action* beschreibt Latour, wie sich diese Asymmetrien durch das gesamte wissenschaftlich-technische Netzwerk ziehen (Latour 1987: 215 ff.). Forscher vor Ort sammeln flächendeckend Daten und bringen Bruchstücke von Proben in Forschungszentren, welche diese sichten, sortieren und an besser ausgestattete Labore weiterleiten. In einer „Kaskade der Zusammenfassung" werden diese Proben immer weiter zu Repräsentationen eines Ausschnittes

---

4   In einer ersten begrifflichen Fassung wurde das Etablieren einer Black Box auch als „im Namen anderer zu sprechen" bezeichnet (Callon und Latour 1981).

der Welt verdichtet. So wird es wie bei einer Landkarte möglich, dass für Menschen, die nie an diesen Orten waren, diese ihnen dennoch vertraut erscheinen (vgl. Latour 1987: 247 ff.). Über eine Distanz hinweg können so weit entfernte Gebiete kontrolliert werden (vgl. Law 1986). Mit dem Begriff *Centers of Calculation*, womit diese Knotenpunkte im Netzwerk der Forschungszentren bezeichnet werden, wird in der klassischen Akteur-Netzwerk-Theorie diese soziale Dimension von Machtverhältnissen angesprochen. Ein weiterer Begriff für die Kennzeichnung einer Machtasymmetrie ist der „Obligatorische Durchgangspunkt" (*Obligatory Point of Passage (OPP)*) (vgl. Callon 1986: 203 ff., Latour 1987: 129 f.). Um zum Beispiel eine molekularbiologische Aussage in Frage zu stellen, ist ein Labor unabdingbar – eben obligatorisch –, um seine eigenen Interessen zu verfolgen (vgl. Latour 1987: 79 ff.).

Im Laufe der Theorieentwicklung verloren Asymmetrien in und zwischen Netzwerken an Zentralität. Im Zuge der normativen Forderung nach einer Gleichbehandlung, wurden Unterschiede in der Stabilität zunehmend auf einzelne Entitäten und nicht mehr auf Netzwerke bezogen. Die Unterscheidung zwischen Repräsentant und Repräsentierten in der klassischen Akteur-Netzwerk-Theorie findet sich noch in der Unterscheidung zwischen *mediatoren* und *intermediaries* (das was beim Transport gleich bleibt) in der Post-ANT wieder (vgl. Latour 2005: 37 ff.). Damit wird zwischen stabilen und weniger stabilen Entitäten unterschieden. Erkennbar ist hier der Wechsel zwischen mehr oder weniger stabilen Netzwerken in der klassischen Akteur-Netzwerk-Theorie (vgl. insbesondere Latour 1987) und mehr oder weniger stabilen Entitäten in der Post-ANT. Hinzu kommt, dass selbst die Stabilität von Entitäten situationsabhängig gesetzt wird, sie verhalten sich einmal als *mediatoren* und einmal als *intermediarie* (vgl. Latour 2005: 39 f.). Mit der Überleitung von Handeln zu Agency wird nun Wachstum (bzw. *Trial-and-Error*-Prozesse) der Planung (bzw. koordiniertes Handeln) vorgezogen, der Analyse von Asymmetrien eine Absage erteilt und damit bereits verfestigte und stabilisierte Netzwerke ignoriert. Zwar werden Machtverhältnisse bei Latour (2005) thematisiert, sie werden jedoch nicht in die Gesamtkonzeption einbezogen. Macht ist nun nur noch das Potential einer jeden Entität und nicht eine Asymmetrie.

Die Konzeption der Akteur-Netzwerke ist für die Umweltsoziologie interessant, da hierdurch nicht nur die Funktionstüchtigkeit einer Technik, sondern auch ihre sozialen und ökologischen Folgen thematisiert werden können. Weiterführend stellt sich die Frage, inwiefern die Akteur-Netzwerk-Theorie in der Lage ist, aus der Konzeption der Akteur-Netzwerke ein empirisch umsetzbares Programm zu entwickeln. Die spezifische Methode, welche die Akteur-Netzwerk-Theorie für die Untersuchung anbietet, bezeichnet sie als *Following the Actors*. Anspruch ist es, die vielfältigen Stimmen der Akteure ernst zu nehmen. Unter Einsatz von vor allem ethnographischen Methoden, gehen Beobachter vielseitigen Verknüpfungen nach, welche die Akteure eingehen. Dies soll durch ein symmetrisches Beschreibungsvokabular, welches nicht a priori festlegt, wer in welcher Weise aktiv ist, ermöglicht werden (vgl. Latour 1987: 202 ff., Latour 2000: 348 ff.).

Zwei methodische Probleme stellen sich hier der Akteur-Netzwerk-Theorie: *Erstens* verweist sie nur darauf, dass nichtmenschliche Akteure aktiv sind, sie kann aber nicht feststellen wer genau und inwiefern an Handlungsvollzügen teilnimmt. *Zweitens* verweist sie zwar auf die Verflechtungen zwischen menschlichen und nicht-menschlichen Wesen, kann aber nicht sagen, in welcher Weise sie miteinander verflochten sind.

Zu Erstens. Die frühe Hauptkritik an der Akteur-Netzwerk-Theorie bestand darin, dass es nicht Aufgabe der Sozialwissenschaftler sein könne, die Aktivität nichtmenschlicher Wesen zu untersuchen, sondern die der Naturwissenschaftler. Die Akteur-Netzwerk-Theorie könne ihren eigenen Anspruch, die Aktivität nicht-menschlicher Wesen zu untersuchen, methodisch nicht einlösen (vgl. Collins und Yearley 1992a: 312 ff., Gingras 1995: 128 ff.). Callon und Latour antworteten darauf, dass sie nur die Rolle der Natur bei der Schließung wissenschaftlicher Kontroversen wieder stark machen wollten (vgl. Callon und Latour 1992). Latour (2005) wies dann selbst auf die Schwierigkeiten hin, die Aktivität nichtmenschlicher Wesen zu studieren, da deren Handlungsmode inkommensurabel mit sozialen Verbindungen sei (vgl. Latour 2005: 74). Die Lösung einiger Post-ANT-Ansätze besteht in der Mobilisierung neuer literarischer Formen. Die Sprache der Dinge wird hier imaginiert, indem multiperspektivische Geschichten erzählt werden (vgl. Law 2002, Law 2004). In den Laborstudien wurde die Aktivität der Dinge durch den Begriff der Inskriptionen erfasst. Inskriptionen sind zum Beispiel die Aufzeichnung von Messwerten oder die Beschriftung von Proben. Die Aktivität der Dinge war demnach schon von Beginn an symbolvermittelt (vgl. auch die Kritik bei Schmidgen 2008). Die Akteur-Netzwerk-Theorie fordert damit zwar, die Aktivität des Materialen zu betrachten, es gelingt ihr aber nur, diese über Symbole und Diskurse, also über die Sprache der Menschen zu beobachten.

Darüber hinaus ist die Frage nach dem Akteur auch eine Frage nach den Grenzen der Netzwerke. Welche Akteure sollen in die Beobachtung mit aufgenommen werden? Trotz des Postulates, den Akteuren zu folgen, und damit die Zuschreibung der beobachteten Akteure zu übernehmen, sieht Latour (2005) die Entscheidung beim Forscher liegen, auch wenn hierüber, auf Grund der Unsicherheit darüber, wer handelt, in letzter Konsequenz nicht entschieden werden könne. Weiterhin wird die Untersuchung der Kontroverse über die Verteilung von Aktivitäten vom Forscher abgebrochen und zwar an einer Stelle, die ihm selbst am plausibelsten erscheint (vgl. Latour 2005 56 f. insb. 60 f.). Damit werden von der Akteur-Netzwerk-Theorie keine methodischen Kriterien für die Eingrenzung des Untersuchungsgegenstandes und der Erhebung der Daten benannt. Es wird selbst kein Übersetzungsmechanismus zwischen empirischen Daten und Theorie angegeben.

Zu Zweitens. Mit dem Begriff der Übersetzung wird zwar ein Konzept für die Wechselbeziehung zwischen menschlichen und nichtmenschlichen Wesen vorgelegt. Das elaborierte Modell von Callon trat aber im Laufe der Theorieentwicklung in den Hintergrund. Es wird nun ein weniger ausgearbeiteter Begriff von Übersetzung gebraucht, der sich eher auf die gegenseitigen Transformationsprozesse zwischen den Entitäten eines Netzwerkes bezieht. Es wird damit zwar die Untersuchung von Relationen gefordert, aber nicht bestimmt, was Relationen sind.

Politische Ökologie

Die politische Ökologie Latours baut auf den Einsichten der Akteur-Netzwerk-Theorie auf. Sie wendet deren Begrifflichkeiten, die spezifisch für die Beschreibung von wissenschaftlich-technischen Netzwerken entwickelt wurden, auf die Beschreibung der modernen Gesellschaft an und unternimmt damit den Versuch, den Gültigkeitsbereich ihrer Konzepte auszuweiten. Da auch die politische Ökologie die Begriffe Natur, Gesellschaft, Wissenschaft und Politik als unzulänglich verwirft, stellt sie sich der Aufgabe, diese umzuformulieren. Bei der Neudefinition des Bereiches Politik ist dieses Unterfangen auf die Forderung ausgerichtet, die Partizipationsmöglichkeiten an politischen Entscheidungsprozessen auch auf nichtmenschliche Wesen auszuweiten. *Das Parlament der Dinge* (Latour 2001) kann damit als der Entwurf eines politischen Programms gelesen werden, der einen Vorschlag für den Umgang mit der Risiko- und Umweltproblematik enthält. Hierin ist ein zweiter Beitrag der Akteur-Netzwerk-Theorie für die Umweltsoziologie zu verorten, der auch in der deutschsprachigen Rezeption auf Resonanz stieß (vgl. Greif 2005, Lorenz 2008, Pelfini 2006, Groß 2006).

Mit der Ausweitung des Gegenstandsbereiches wechselt Latour in der politischen Ökologie zugleich die Perspektive. Anstatt von Netzwerken und Entitäten spricht Latour nun von Kollektiven bzw. Natur-Kulturen und von „riskanten Verwicklungen". Das Kollektiv wird als „Versammlung" aufgefasst (Latour 2005: 1 ff.), in der nicht zwischen Natur und Gesellschaft getrennt, aber auch keine Einheit zwischen Natur und Gesellschaft hergestellt wird (vgl. Latour 2001: 81). Aus diesem Grund spricht Latour auch von Natur-Kulturen, um nicht nur auf die enge Verbindung von Natur und Kultur hinzuweisen, sondern auch darauf – dies zeigt der Plural an –, dass es deren mehrere gibt und in unterschiedlicher Größe gibt (vgl. Latour 1998: 143). In Hinblick auf die bereits bestehenden Schwierigkeiten in der klassischen Akteur-Netzwerk-Theorie, zwischen unterschiedlichen Netzwerken zu unterscheiden, ist dieser Plural interessant. Aus diesem Grund wurde der Begriff später nur noch im Singular verwandt (vgl. Latour 2001: 291).

Mit dem Begriff der „riskanten Verwicklung" im Gegensatz zu den „kahlen Objekten" (vgl. Latour 2001: 37 ff.) verweist er darauf, dass Objekte in Kollektive eingebunden sind. Durch die Einbindung in ein Kollektiv, ist jedoch die Existenzweise des Objektes noch nicht endgültig festgelegt. Es hat unterschiedliche Seinsweisen, dies wird als „Multiplizität" bezeichnet (vgl. Latour 2005: 118, Law 2002: 2 f.). Diese Unbestimmtheit ist das, was das Risiko bei Innovationen ausmacht. Damit folgt Latour der Auffassung, die auch bei einigen Ansätzen in der Risikosoziologie vorhanden ist, dass jede Veränderung risikovoll ist und Risiken mithin positiv zu bewerten sind (vgl. Wildavsky 1993a, Bonß 1995, Krohn und Krücken 1993: 35 ff.). Jede Einbindung eines neuen Objektes hat Auswirkungen auch auf das Gesamtkollektiv. Die Integration vollzieht sich konfliktreich bzw. es bestehen Kontroversen über die Form ihrer Einbindung. Die Untersuchung von Kontroversen rückt damit in den Mittelpunkt.

Das Programm der politischen Ökologie gewinnt Latour wiederum aus einer Kritik an der Trennung zwischen Natur und Gesellschaft. Er dekonstruiert diese

Unterscheidung nicht mehr nur als historisch kontingent, er greift die Unterscheidung selbst an. Die These von Latour ist, dass die moderne Trennung zwischen Natur und Gesellschaft zu gesellschaftlichen Praktiken führte, welche die Umweltproblematik erst hervorbrachten. Diese Praktiken bestehen in einer Blindheit gegenüber den Folgen. Diese Gedankenfigur ist nicht neu. Schon andere Theoretiker und Theoretikerinnen kritisierten, dass essentialistische Auffassungen zu einer realen Herrschaft über Mensch und Natur führen (vgl. zum Beispiel Adorno und Horkheimer 1997).

Die Konstellation von Natur und Gesellschaft in der Moderne beschreibt Latour (1998) als *moderne Verfassung*. Mit der begrifflichen Trennung sind zwei von einander unterschiedene Praktiken verbunden: die *Praktik der Vermittlung* und die *Praktik der Reinigung*. In der Praktik der Vermittlung werden Menschen und Nichtmenschen miteinander zu einem Kollektiv verwoben, in der Praktik der Reinigung jedoch die einzelnen Artefakte als entweder zur Natur gehörend oder als zur Gesellschaft gehörend dargestellt. Obwohl die Entitäten sowohl natürlich als auch gesellschaftliche sind – weswegen sie auch als Hybride oder Quasi-Objekte bezeichnet werden – besteht die Blindheit darin, die gesellschaftlichen bzw. ökologischen Folgen von politischen Entscheidungen bzw. wissenschaftlichen Erkenntnisprozessen auszublenden (vgl. Latour 2001).

Latour fordert, die Trennung zwischen der politischen Repräsentation und der Repräsentation von Fakten aufzuheben. Die „Ordnung der Dinge" soll in einem umfassenden demokratischen Prozess abgestimmt werden, der alle Elemente eines Kollektivs anhört und in einer geordneten Kontroverse zusammenbindet. Damit unternimmt Latour keinerlei Bewertung von Technik und Technikinnovation, er zielt hingegen auf Prinzipien, die Technikentwicklung bewertbar und politisch entscheidbar machen sollen. Die Ablehnung der Unterscheidung zwischen Natur und Gesellschaft zielt damit auch auf eine geänderte gesellschaftliche Praktik: eine neue Verfassung, die er als „kollektives Experimentieren" oder auch „fortschreitende Komposition einer gemeinsamen Welt" (*progressive composition of one common world*) (Latour 2005: 254) bezeichnet.

Die neue Verfassung trennt er in zwei einbeziehende Gewalten – *Perplexität* und *Konsultation* – und in zwei ordnende Gewalten – *Hierarchisierung* und *Institution*. Die einbeziehende Gewalt, stellt sich der Frage, wer zum Kollektiv gehört und wer nicht („Wie viele sind wir?"). Perplexität schärft die Sensibilität für das Auftreten neuer Phänomene bzw. Entitäten, die *Propositionen* genannt werden, bei allen bereits in das Kollektiv einbezogenen Akteuren, während die Konsultation die unterschiedlichen Perspektiven hört und sammelt, die von dem Einbezug dieser Entität betroffen sein könnten. Die ordnende Gewalt, stellt sich der Frage nach der Ordnung der einbezogenen Entitäten („Können wir zusammenleben?"), setzt sie zueinander in Beziehung (*Hierarchisierung*) und beendet die Diskussion über den Charakter und die Stellung der jeweils einbezogenen Entität (*Institution*) (vgl. Latour 2001: 127 ff., Latour 2005: 253 ff.). Mit dieser neuen Verfassung und der Neukonzeption der Politik will Latour die Wissenschaft von der Politik befreien (vgl. Latour 2000: 34). Normative Forderungen, wie sie in der Politik gestellt werden, sollen nicht mehr mittels

Fakten legitimiert werden. Vielmehr sollte man sich bewusst sein, dass jede Erforschung von etwas gleichzeitig Politik bedeutet und demnach einer allumfassenden Kontroverse zugeführt werden muss (vgl. Latour 2005: 256). Wissenschaft ist damit gleichzeitig Politik, aber nicht als Legitimation bestimmter Interessen, wie in der alten Verfassung, sondern als demokratischer Prozess. Latours Konzept liest sich als Plädoyer für Beteiligungsverfahren im Technikentwicklungsprozess, in denen nur ausgewählte Interessengruppen ihre Meinung kundgeben dürfen, ohne letztendlich an den Entscheidungsprozessen zu beteiligt zu sein.

An dieser Stelle stellt sich ebenfalls die Frage nach der Umsetzbarkeit des Programms. Inwiefern ist es Akteuren, die nicht in ihrem eigenen Namen sprechen können, möglich, ihre Interessen in Abstimmungsprozesse mit einzubringen? Diese Frage stellt sich parallel zur Problematik der empirischen Untersuchung nichtmenschlicher Aktivität. Nichtmenschliche Wesen werden im Prinzip immer noch durch Menschen repräsentiert (vgl. Greif 2005, Ashmore et al. 1994). Der methodische Ansatzpunkt der politischen Ökologie bezieht sich auf die Untersuchung von Kontroversen. Sie verweisen auf unterschiedliche Seinsweisen des jeweiligen Objektes, auch wenn sie sprachlich vermittelt sind. Weiterhin ist weder ein Interessenkonflikt zwischen Menschen, noch zwischen Natur und Menschen vorgesehen. Der Zusammenbau der Welt vollzieht sich friedlich.

Diskussion: Methodische Probleme und konzeptuelle Leerstellen

Die Leistungen der Akteur-Netzwerk-Theorie und der Politischen Ökologie ziehen gleichzeitig methodische Probleme und konzeptuelle Leerstellen nach sich, die im Folgenden zusammenfassend erörtert werden. Diese betreffen (1) einen nicht-klassischen Handlungsbegriff, (2) die gemeinsame Analyse von Natur und Gesellschaft, (3) die Vernachlässigung von Machtasymmetrien, (4) die Bearbeitung des Realismus-Konstruktivismus-Problems und (5) die antiautoritäre Grundhaltung der Akteur-Netzwerk-Theorie.

Erstens. Eine Leistung der Akteur-Netzwerk-Theorie ist es, gesellschaftliche Phänomene auf die konkreten Orte und die konkreten Akteure zurückzuführen, welche diese produzieren (vgl. hierzu ebenso Gill 2008). Der Begriff des Aktanten und des Akteur-Netzwerkes ermöglicht es der Umweltsoziologie, den systemischen Charakter von Risiken auf verteiltes Handeln zurückzuführen. Damit kann sowohl das Verantwortungsproblem als auch die Folgen menschlicher Intervention thematisiert werden. Da ein Aktant dadurch definiert ist, was aus ihm folgt bzw. was er anderen Aktanten für ihre Aktivitäten anbietet (vgl. Callon und Latour 1992: 350), und die Folgen sich bis in die Ferne fortsetzen können, ist jedes Handeln riskant. Da ein Aktant zugleich ein Netzwerk ist, ist Verantwortung nie zurechenbar. Das Problem der Folgen und das Problem der Verantwortung werden damit zwar thematisiert aber zugleich für unlösbar erklärt. Diese Verschiebung in das Ungewisse ist damit ebenso eine Schwäche der Akteur-Netzwerk-Theorie. In Einzelstudien ließe sich jeweils nur die Unlösbarkeit spezifischer Probleme nachweisen.

Diese Schwäche wird weiterhin durch zwei Leerstellen verschärft. So werden *zunächst* durch die Akteur-Netzwerk-Theorie zwar unterschiedliche Risikodefinitionen zugelassen, die materiell konstituierten Risiken werden jedoch als noch unvollständige Einbindung eines Objektes in ein Kollektiv aufgefasst. Damit wird zum Beispiel die Möglichkeit, eine Technikinnovation abzulehnen, ausgeblendet (vgl. ebenso die Kritik bei Keller und Lau 2008: 330). Es ist demnach notwendig, unterschiedliche Risikodefinitionen auch als unterschiedlich materiell konstituiert zu begreifen, in dem Sinne, dass eine Innovation in bestimmten gesellschaftlichen Bereichen positive in anderen Bereichen wiederum negative Auswirkungen hat. *Weiterhin* erfolgt aus der Dekonstruktion gesellschaftlicher Phänomene auf unterschiedliche örtlich und zeitlich begrenzte Positionen kein Rückbezug auf die Struktur ihres Zusammenhanges, obwohl bereits verfestigte Netzwerkstrukturen bestehen (vgl. die Kritiken bei Gingras 1995: 138 f., Kneer 2008: 266 f., Keller und Lau 2008: 324 f.). Zwar können unterschiedliche Akteurspositionen beschrieben werden, es wird aber kein Kriterium für ihren Vergleich angegeben.

Eine Lösung wäre, die Aktivität unterschiedlichen Akteurspositionen auf die Struktur der Gesamtgesellschaft (bei Latour das Gesamtkollektiv) zurückzubeziehen, um sie einerseits voneinander zu unterscheiden und andererseits miteinander vergleichen zu können. Damit stellt sich die Forderung, das Kollektiv als intern strukturiert aufzufassen, das heißt als konflikthafter aber aufeinander bezogener Zusammenhang unterscheidbarer Akteurs-Netzwerke.

Zweitens. Eine weitere Leistung der Akteur-Netzwerk-Theorie besteht darin, die Unterscheidung zwischen Natur und Gesellschaft zu „entnaturalisieren". Damit wird die Rolle materieller Entitäten an gesellschaftlichen Zusammenhängen wieder sichtbar. Ihnen wird in einer Kontroverse die Funktion zugeschrieben, die Interpretationen ein Stück weit einzudämmen und damit Strukturen zu stabilisieren.

In der klassischen Akteur-Netzwerk-Theorie wurde ein Aktant noch durch spezifische heterogene Netzwerke – den wissenschaftlich-technischen Netzwerken – hervorgebracht. In der politischen Ökologie ist das Gesamtkollektiv für die Integration eines Aktanten verantwortlich. Mit der Einführung des Kollektivbegriffs wird die Analyse der Verwobenheit unterschiedlicher Elemente ausgeweitet. Alles erscheint mit allem vernetzt. Ebenso verliert die spezifische Funktion materieller Entitäten ihre Bedeutung. Dieser Bedeutungsverlust des Materiellen wird noch durch Latours Diktum über die Bedeutung von Kontroversen verstärkt: das Soziale, so Latour, erscheine nur, wenn sich die Verbindungen auflösen (vgl. Latour 2005: 247 ff.). Damit kann die Funktion materieller Objekte nicht mehr untersucht werden.

Die Dekonstruktion einer Unterscheidung wie zum Beispiel die zwischen Natur und Gesellschaft bedeutet noch nicht, dass sie nicht weiterhin gesellschaftlich wirkmächtig ist (vgl. die Kritiken bei Shapin 1988: 541 ff., Weber 2003: 90). Die Möglichkeit zwischen unterschiedlichen Netzwerken zu unterscheiden wird aus der Hand gegeben (vgl. die Kritik bei Kneer 2008: 295 ff.). Anstatt ihre eigenen Erkenntnisse zeitlich und örtlich bestehender Arrangements gesellschaftstheoretisch einzuordnen, verallgemeinert die Akteur-Netzwerk-Theorie die Prinzipien eines gesellschaftlichen Teilbereiches auf die Gesamtgesellschaft (vgl. ebenso die Kritik bei Lindemann 2009).

Drittens. Das in der klassischen Akteur-Netzwerk-Theorie präsente spezifische Machtkonzept wird in der Folge der Post-ANT-Ansätze und der politischen Ökologie Latours verwässert. Wie bereits oben diskutiert wurde Macht zunächst als Asymmetrie konzeptualisiert, die im Übersetzungsprozess zwischen Repräsentant und Repräsentierten etabliert wird. Diese Unterscheidung findet sich bei Latour (2005) in der Unterscheidung zwischen *mediator* und *intermediaries* wieder, nur dass diese Rollen von der jeweiligen Entität situationsspezifisch angenommen werden.

Der Begriff „Centers of Calculations", der die zentralen Knoten im Netzwerk bezeichnete, auf den alle anderen Elemente und Verbindungen ausgerichtet sind, wird nun durch den Begriff „Ologoptica" ersetzt (vgl. Latour 2005: 173 f.). Bezeichnete dieser Begriff demnach vormals einen spezifischen Typus eines Elementes in einem Netzwerk, wird er nun zur Eigenschaft aller Punkte. Weiterhin wird das Verhältnis von Mikro- und Makroebene nun nicht mehr als reale Überbrückung durch den Prozess des Black Boxings gefasst, sondern nur noch als Konstrukt der Akteure (vgl. Latour 2005: 184 f.). Letztendlich schlägt Latour vor, statt von Macht oder Asymmetrien nun von Standards zu sprechen. Diesen wird nun die Funktion zugeschrieben, Kontroversen zu stabilisieren (vgl. Latour 2005: 228 f.).

Jedoch besitzt das Machtkonzept der klassischen Akteur-Netzwerk-Theorie bereits im Kern eine entscheidende Schwäche: durch den Gedanken, dass jeder Bezug auf einen Sachverhalt, diesen stärkt, ist Widerstand gegen Netzwerke nicht mehr denkbar. Eine Folge davon ist, dass die Kontroversen um den Status von Entitäten, die in der politischen Ökologie Latours in den Mittelpunkt rücken weniger als Konflikt zwischen unterschiedlichen Interessen gedacht werden. Vielmehr werden sie als friedlicher Austausch zwecks Aufbaus einer gemeinsamen Welt gesehen. Der Begriff einer „negativen Auswirkung" muss erst noch in die Konzeption der Akteur-Netzwerke Eingang finden.

Viertens. Eine Leistung der Akteur-Netzwerk-Theorie, auf die auch die politische Ökologie Latours aufbaut, ist ihre Antwort auf das Realismus-Konstruktivismus-Problem. Fakten werden etabliert, indem sie in der materiellen Umwelt verankert werden. Die Welt wird ihnen angeglichen, so dass sie wahr erscheinen. Epistemologie und Ontologie werden von Latour explizit in eins gesetzt (vgl. Latour 2001: 59). Zentral ist dabei die Erkenntnis, dass soziale Akteure Objekte nicht nur unterschiedlich wahrnehmen, sondern diese in unterschiedlicher Weise beherbergen und ihnen damit unterschiedliche Existenzweisen zugestehen (vgl. Latour 2005: 117). Ein Nachteil, der aus dieser Konzeption entspringt, ist, dass damit eine Außenposition nicht mehr gedacht werden kann (vgl. die Kritiken bei Lee und Brown 1994, Gingras 1995 oder Weber 2003). Zur Verteidigung dieser Konzeption muss darauf verwiesen werden, dass das Spezifische an dem Ansatz der Akteur-Netzwerk-Theorie nicht in einer einfachen Addition von Natur und Gesellschaft besteht. Mit der Ausweitung des Gegenstandsbereiches auch auf nichtmenschliche Aktivitäten ist gleichzeitig eine Beschränkung verbunden: eine Begrenzung auf bestimmte Phänomene bzw. einen spezifischen Ausschnitt von Netzwerkverbindungen. Heterogene Netzwerke der Stabilität liegen in einem Raum des Nichtwissens oder des Unbestimmten. Die Integration von Objekten und Fakten wird als Wachstum begriffen. Auch die

Technikinnovation vollzieht sich eher in Form einer langsamen Disziplinierung. Die Unterscheidung zwischen Natur und Gesellschaft wird in das Innen des Kollektivs verschoben, das Außen bleibt nun das Unbestimmte, was nicht mehr erkennbar ist (vgl. Latour 2005: 242). Es tritt nur als Ereignis oder Überraschung auf (vgl. Latour 2001: 113), als Spuren, die erst noch im Kollektiv stabilisiert werden müssen. Dies zeigt, dass das Außen nicht als eine Struktur gesehen wird. Damit wird eine alte Blindheit (über das Verhältnis von Natur und Gesellschaft) gegen eine neue (die Struktur des Außen) eingetauscht. Nur das hat Einfluss auf die Gesellschaft, was auch gesellschaftlich erkannt wird (siehe auch die Kritik in Lindemann 2009: 116).

Die Gleichsetzung von Epistemologie und Ontologie ist jedoch nicht konsequent durchgehalten. Es werden implizit Ausnahmen zugelassen. Zumindest an zwei Konzeptionen wird deutlich, dass es auch Beobachtungen geben kann, die nicht sofort materielle Auswirkungen nach sich ziehen. Nimmt man *zunächst* den Ansatz der Akteur-Netzwerk-Theorie ernst, kann nicht mehr zwischen Wissenschaft und Ideologie unterschieden werden (vgl. die Kritiken bei Collins und Yearley 1992b: 372 ff., Kenshur 1996: 294 f.). Latours Konzeption der „modernen Verfassung" wird in der Rezeption jedoch als moderne Ideologie beschrieben (vgl. Kneer 2008: 272, FN6, Keller und Lau 2008: 322). Dies widerspricht den Intentionen Latours: Die „moderne Verfassung" sei keine Illusion und er wäre kein Aufklärer der wahren Verhältnisse. Vielmehr fordere er nur auf, zwei offensichtliche Bereiche zusammen zu betrachten (vgl. Latour 1998). Laut seiner eigenen Konzeption hat die „moderne Verfassung" aber Auswirkungen, die nicht unmittelbar aus der Konstruktion der Entitäten folgen. Er sieht die Auswirkungen eher in einer Beschleunigung der Ausbreitung heterogener Netzwerke. *Weiterhin* werden die Methode und der begriffliche Apparat der Akteur-Netzwerk-Theorie als „Infrasprache" gekennzeichnet, die keinerlei Auswirkungen auf den Gegenstand der Beobachtung haben soll. Die Infrasprache soll es ermöglichen, die Position und das Potential unterschiedlicher Akteure darzustellen, ohne dieser Darstellung eine Erklärung hinzuzufügen, welche die Perspektive der Akteure überschreitet (vgl. Latour 1996: 376 ff., Latour 2005: 173 f.) Diese zwei Beispiele zeigen, dass von der Akteur-Netzwerk-Theorie offensichtlich Wissensformen angenommen werden, die nicht durch heterogene Netzwerke gestützt werden.

Die Dekonstruktion der Unterscheidung zwischen Natur und Gesellschaft führt durch die Gleichsetzung von Epistemologie und Ontologie auch zu einer Ablehnung der Unterscheidung zwischen Subjekt und Objekt, die kennzeichnend ist für jegliche Erkenntnisproblematik. Dass die Ineinssetzung ein Fehlschluss ist, lässt sich an unterschiedlichen Darstellungen der modernen Verfassung zeigen (vgl. Latour 1998: 70 Abb. 4): Einmal steht der materiellen Realität das Subjekt gegenüber, ein andermal die Gesellschaft. Damit wird die Problematik, wie die Welt zu erkennen sei (Subjekt-Objekt-Problematik) mit dem Problem, wie in Sozialbeziehungen physische Objekte einbezogen sind (Verhältnis von Natur und Gesellschaft), gleichgesetzt (vgl. die Kritik bei Kneer 2008: 273 f.). Dies führt reflexiv auf den eigenen Ansatz gewendet in ein Paradox. So erneuert Latour (2005) den Anspruch der Akteur-Netzwerk-Theorie, einen dritten Weg zwischen Konstruktivismus und Realismus einschlagen zu wollen: „When we say that a fact is constructed, we simply mean that we account for the solid objective reality by mobilizing various entities whose assemblage could fail" (ebenda: 91). Haben sich die Akteur-Netzwerk-Theoretiker jemals die Frage gestellt, welche materiellen Dinge bzw. welche Netzwerke sie mobilisieren, damit ihre Theorie wahr werde? Damit erkennt sie die Konstruktivität ihres eigenen Ansatzes nicht an (vgl. die Kritiken bei Collins und Yearley 1992a: 317 ff., Kenshur 1996: 295, Schaffer 1991: 175 ff., Gingras 1995: 126, Schüttpelz 2008, Shapin 1988: 546, zu einer eher konstruktiven Kritik vgl. Neyland 2006).

Um Epistemologie und Ontologie voneinander zu trennen, muss nicht nur zwischen voneinander abgrenzbaren Netzwerken unterschieden werden, die auch in Konkurrenz zueinander treten können, sondern ebenso zwischen unterschiedlich langen Netzwerken. Dieser Gedanke ist theorieimmanent bereits angelegt, jedoch wurde sich im Laufe der Theorieentwicklung weniger auf die Herstellung von Stabilität als auf die Bereiche der Instabilität bezogen. Wie gezeigt, wurden Stabilitätseffekte als situative Effekte aufgefasst und die Stabilität der modernen Netzwerke normativ als schlecht diskreditiert.

Fünftens. Eine weitere Leistung der Akteur-Netzwerk-Theorie und der politischen Ökologie Latours besteht in der antiautoritären Grundhaltung. Für einige Analysten, die diese Werte teilen, mag diese konsequent durchgehaltene Werthaltung reizvoll erscheinen. So ist es selbsterklärter Anspruch, den Ausgeschlossenen wieder eine Stimme zu verleihen, sowohl den ausgeschlossenen Menschen/Laien als auch den nichtmenschlichen Dingen (vgl. Latour 2005: 40 f.). Experten sollen damit nicht mehr im Namen anderer sprechen dürfen, sondern nur ihre Stimmen mittels der zur Verfügung gestellten „Infrasprache" dokumentieren.

Eine Folge davon ist, dass die Unterscheidung zwischen Stabilität und Instabilität normativ aufgeladen wird. Instabilität wird höher bewertet als Stabilität, da Stabilität mit Autorität in Verbindung gebracht wird. Dies führt zu einer Vermischung von normativer Forderung mit der Deskription: da an Konstruktionsprozessen alle gleichermaßen beteiligt sein sollen, werden die bereits ablaufenden Prozesse – trotz bestehender gesellschaftlicher Ungleichheiten – so beschrieben, als ob schon alle gleichermaßen an den Konstruktionsprozessen beteiligt seien. Damit hält die Akteur-Netzwerk-Theorie alles für veränderbar (weil dies so sein soll) und ignoriert die Präsenz bereits verfestigter Netzwerkstrukturen (weil diese nicht sein dürfen). Gestützt wird diese Konsequenz ebenso durch die bereits diskutierte Grundfigur der Akteur-Netzwerk-Theorie, dass etwas zu erkennen heißt, es gleichzeitig zu erschaffen. An dieser Stelle folgt daraus, dass wer von der Macht spricht, Macht gleichzeitig ausübt.

Um Wissenschaft und Politik voneinander zu trennen, muss – folgt man der feministischen Wissenschaftstheorie – diese normative Grundhaltung explizit gemacht werden. Nur hierdurch ist eine Trennung von Wissenschaft und Politik überhaupt möglich. Nur indem die Position, von der aus man spricht, offen gelegt wird, wird es den Rezipienten möglich, sich reflexiv darauf zu beziehen.

Ausblick und Schluss

Die Leistung der Akteur-Netzwerk-Theorie ist, dass sie trotz ihrer konstruktivistischen Konzeption der materiellen Realität einen großen Stellenwert zuschreibt. Dies gelingt ihr dadurch, dass Erkennen mit Verwirklichen gleichgesetzt wird. Unterschiedliche Perspektiven sind damit unterschiedliche Seinsweisen. Es wird jedoch keine Methode angegeben, wie dieses Forschungsprogramm methodisch fundiert umgesetzt werden kann, das heißt, es gibt zwar Methoden zur Erzeugung von Datenmaterial, aber keine Anweisung, wie dieses in Verbindung zu den theoretischen Kategorien steht. Es wird kein Übersetzungsprinzip angegeben.

In der Theorieentwicklung von der Akteur-Netzwerk-Theorie zur politischen Ökologie Latours führt die Kritik an der Moderne zu einer Verschiebung der Forschungsperspektive. Die Infragestellung universalen Wissens führt zu einer Ablehnung etablierter Unterscheidungen. Das Augenmerk wird nun auf die Beobachtung von Prozessen und die Etablierung von Verbindungen gelegt. Stabile Netzwerkstrukturen und Machtstrukturen verschwinden aus dem Blickfeld.

Dies führt zur folgenschweren Ineinssetzung und Ablehnung von verschiedenen „modernen" Unterscheidungen: der Unterscheidung von Epistemologie und Ontologie, von Subjekt und Objekt sowie von Natur und Gesellschaft. Damit entsteht ein blinder Fleck: Die Akteur-Netzwerk-Theorie lehnt Unterscheidungen ab, führt selbst aber welche ein – wie die zwischen Akteur und Netzwerk sowie Stabilität und Instabilität. Diese Unterscheidungen werden als Nichtunterscheidungen naturalisiert und behauptet, sie wären transparent zu ihrem Gegenstand, womit ihre Konstruktivität verdunkelt wird. Die Akteur-Netzwerk-Theorie beansprucht damit für ihre eigenen Kategorien nicht dieselbe Konstruktivität wie bei den Ansätzen, die sie kritisiert.

Zu den Möglichkeiten, die genannten Leerstellen und Schwächen der Akteur-Netzwerk-Theorie zu umgehen, gehört *erstens*, dass die Vorannahmen explizit gemacht und theoretische von empirischen Begriffen unterschieden werden. *Zweitens* müssten Netzwerkbildungsprozesse unter Beachtung bereits verfestigter Netzwerkstrukturen betrachtet werden. Dies kann durch eine Analyse der historischen Situation gelingen. *Drittens* sollte das Problem der Vermittlung zwischen empirischen Datenmaterial und theoretischen Begriffen anerkannt und die Grenzen des eigenen Ansatzes herausgestellt werden. Weiterhin sollte *viertens* die antiautoritäre Werthaltung benannt und ihr Einfluss auf die empirische Deskription transparent gemacht werden.

Um die Schwächen der ANT zu umgehen – so das allgemeine Fazit – müsste Begriffsarbeit geleistet werden, die sich nicht an der Ideologiekritik, als Kritik an der Unterscheidung zwischen Natur und Gesellschaft, aufhält. Wichtiger wäre es, die Begriffe für die weitere empirische Forschung zu operationalisieren und die Setzung von Asymmetrien als zentrales theorieimmanentes Konzept wiederzubeleben.

Weiterführende Literatur

Belliger, Andréa und David J. Krieger (Hrsg.) (2006): *ANThology: Ein einführendes Handbuch zur Akteur-Netzwerk-Theorie*. Bielefeld: transcript.
Latour, Bruno (2010 [2005]): *Eine neue Soziologie für eine neue Gesellschaft: Einführung in die Akteur-Netzwerk-Theorie*. Frankfurt a. M.: Suhrkamp.
Kneer, Georg, Markus Schroer und Erhard Schüttpelz (Hrsg.) (2009): *Bruno Latours Kollektive. Kontroversen zur Entgrenzung des Sozialen*. Frankfurt a. M.: Suhrkamp.
Law, John und John Hassard (Hrsg.) (1999): *Actor Network Theory and After*. Oxford, Malden: Blackwell.
Peuker, Birgit (2010): *Der Streit um die Agrar-Gentechnik. Perspektiven der Akteur-Netzwerk-Theorie*. Bielefeld: transcript.

Zitierte Literatur

Adorno, Theodor W. und Max Horkheimer (1997 [1944]): *Dialektik der Aufklärung. Philosophische Fragmente*. Frankfurt a. M.: Fischer.
Ashmore, Malcolm, Robin Wooffitt und Stella Harding (1994): Humans and Others, Agents and Things. *American Behavioural Scientist* 37(6): 733–740.
Beck, Ulrich (1986): *Risikogesellschaft. Auf dem Weg in eine andere Moderne*. Frankfurt a. M.: Suhrkamp.
Beck, Ulrich (2008): *Weltrisikogesellschaft. Auf der Suche nach der verlorenen Sicherheit*. Frankfurt a. M.: Suhrkamp.
Bloor, David (1991): *Knowledge and Social Imagery*. Chicago: University of Chicago Press.
Bonß, Wolfgang (1995): *Vom Risiko. Unsicherheit und Ungewißheit in der Moderne*. Hamburg: Hamburger Edition.
Brand, Karl-Werner (Hrsg.) (2006): *Von der Agrarwende zur Konsumwende? Die Kettenperspektive*. Ergebnisband 2. München: Oekom-Verlag.
Callon, Michel (1986): Some Elements of a Sociology of Translation: Domestication of the Scallops and the Fishermen of St. Brieuc Bay. In: Law, John (Hrsg.), *Power, Action and Belief. A New Sociology of Knowledge?* London: Routledge & Kegan Paul, 196–230.
Callon, Michel (1995). Four Models for the Dynamics of Science. In: Jasanoff, Sheila, Gerald E. Markle, James C. Peterson und Trevor J. Pinch (Hrsg.), *Handbook of Science and Technology Studies*. A Thousand Oaks: Sage, 29–63.
Callon, Michel und Bruno Latour (1981): Unscrewing the Big Leviathan: How Actors Macro-Structure Reality and How Sociologists Help Them to Do so. In: Knorr-Cetina, Karin und Aaron V. Cicourel (Hrsg.), *Advances in Social Theory and Methodology. Toward an Integration of Micro and Macro Sociologies*. Boston: Routledge & Kegan Paul, 277–303.
Callon, Michel und Bruno Latour (1992): Don't Throw the Baby out With the Bath School. A Reply to Collins and Yearley. In: Pickering, Andrew (Hrsg.), *Science as Practice and Culture*. Chicago: University of Chicago Press, 343–368.
Collins, Harry M. und Steven Yearley (1992a). Epistemological Chicken. In: Pickering, Andrew (Hrsg.), *Science as Practice and Culture*. Chicago: University of Chicago Press, 301–326.
Collins, Harry M. und Steven Yearley (1992b): Journey Into Space. In: Pickering, Andrew (Hrsg.), *Science as Practice and Culture*. Chicago: University of Chicago Press, 369–389.
Conrad, Jobst (1998): Umweltsoziologie und das soziologische Grundparadigma. In: Brand, Karl-Werner (Hrsg.), *Soziologie und Natur. Theoretische Perspektiven*. Opladen: Leske + Budrich, 33–52.

Fujimura, Joan H. (1992): Crafting Science: Standardized Packages, Boundary Objects, and ‚Translation'. In: Pickering, Andrew (Hrsg.), *Science as Practice and Culture*. Chicago: University of Chicago Press, 168–211.

Gill, Bernhard (2008): Über Whitehead und Mead zur Akteur-Netzwerk-Theorie. Die Überwindung des Dualismus von Geist und Materie – und der Preis, der dafür zu zahlen ist. In: Kneer, Georg, Schroer, Markus und Erhard Schüttpelz (Hrsg.), *Bruno Latours Kollektive. Kontroversen zur Entgrenzung des Sozialen*. Frankfurt a. M.: Suhrkamp, 47–75.

Gingras, Yves (1995): Following Scientists Through Society? Yes, but at Arms Length! In: Buchwald, Jed Z. (Hrsg.), *Scientific Practice. Theories and Stories of Doing Physics*. Chicago: University of Chicago Press, 123–148.

Greif, Hajo (2005): *Wer spricht im Parlament der Dinge? Über die Idee einer nicht-menschlichen Handlungsfähigkeit*. Paderborn: Mentis.

Groß, Matthias (2006): Kollektive Experimente im gesellschaftlichen Labor. Bruno Latours tastende Neuordnung des Sozialen. In: Voss, Martin und Birgit Peuker (Hrsg.), *Verschwindet die Natur? Die Akteur-Netzwerk-Theorie in der umweltsoziologischen Diskussion*. Bielefeld: Transcript, 165–181.

Haraway, Donna (1995): *Die Neuerfindung der Natur. Primaten, Cyborgs und Frauen*, Frankfurt a. M.: Campus.

Holzinger, Markus (2004): *Natur als sozialer Akteur. Realismus und Konstruktivismus in der Wissenschafts- und Gesellschaftstheorie*. Opladen: VS Verlag.

Joerges, Bernward (1995): Prosopopoietische Systeme. Probleme konstruktiver Technikforschung. In: Halfmann, Jost, Gotthard Bechmann und Werner Rammert (Hrsg.), *Technik und Gesellschaft. Jahrbuch 8: Theoriebausteine der Techniksoziologie*. Frankfurt a. M., New York: Campus, 31–48.

Keller, Reiner und Christoph Lau (2008): Bruno Latour und die Grenzen der Gesellschaft. In: Kneer, Georg, Schroer, Markus und Erhard Schüttpelz (Hrsg.), *Bruno Latours Kollektive. Kontroversen zur Entgrenzung des Sozialen*. Frankfurt a. M.: Suhrkamp, 306–338.

Kenshur, Oscar (1996): The Allure of the Hybrid. Bruno Latour and the Search for a New Grand Theory. In: Gross, Paul R., Norman Levitt und Martin W. Lewis (Hrsg.), *The Flight From Science and Reason*. New York: New York Academy of Sciences, 288–297.

Kneer, Georg (2008): Hybridizität, zirkulierende Referenz, Amoderne? Eine Kritik an Bruno Latours Soziologie der Assoziationen. In: Kneer, Georg, Markus Schroer und Erhard Schüttpelz (Hrsg.), *Bruno Latours Kollektive. Kontroversen zur Entgrenzung des Sozialen*. Frankfurt a. M.: Suhrkamp, 261–305.

Krohn, Wolfgang und Georg Krücken (1993): Risiko als Konstruktion und Wirklichkeit. Eine Einführung in die sozialwissenschaftliche Risikoforschung. In: Krohn, Wolfgang und Georg Krücken (Hrsg.), *Riskante Technologien: Reflexion und Regulation*. Frankfurt a. M.: Suhrkamp, 9–44.

Latour, Bruno (1986): The Power of Association. In: Law, John (Hrsg.), *Power, Action and Belief. A New Sociology of Knowledge?* London: Routledge & Kegan Paul, 264–280.

Latour, Bruno (1987): *Science in Action. How to Follow Scientists and Engineers Through Society*. Cambridge: Harvard University Press.

Latour, Bruno (1992): Where are the Missing Masses? The Sociology of a Few Mundane Artifacts. In: Bijker, Wiebe E. und John Law (Hrsg.), *Shaping Technology/Building Society. Studies in Sociotechnical Change*. Cambridge; MA: MIT Press, 225–258.

Latour, Bruno (1996): On Actor-Network Theory. A Few Clarifications. *Soziale Welt* 47(4): 369–381.

Latour, Bruno (1998 [1991]): *Wir sind nie modern gewesen. Versuch einer symmetrischen Anthropologie*. Frankfurt a. M.: Fischer.

Latour, Bruno (1999a): Ein Ding ist ein Thing. Eine philosophische Plattform für eine Linkspartei. In: Fricke, Werner (Hrsg.), *Jahrbuch Technik und Gesellschaft 1999/2000. Was die Gesellschaft bewegt.* Bonn: Dietz, 357–368.

Latour, Bruno (1999b): On Recalling ANT. In: Law, John und John Hassard (Hrsg.), *Actor Network Theory and After.* Oxford: Blackwell, 15–25.

Latour, Bruno (2000): *Die Hoffnung der Pandora. Untersuchungen zur Wirklichkeit der Wissenschaft.* Frankfurt a. M.: Suhrkamp.

Latour, Bruno (2001 [1999]): *Das Parlament der Dinge. Für eine politische Ökologie.* Frankfurt a. M.: Suhrkamp.

Latour, Bruno (2005): *Reassembling the Social: An Introduction to Actor-Network-Theory.* Oxford: Oxford University Press.

Latour, Bruno und Steven Woolgar (1986 [1979]): *Laboratory Life: The Construction of Scientific Facts.* Princeton: Princeton University Press.

Law, John (1986): On the Methods of Long-distance Control: Vessels, Navigation and the Portuguese Route to India. In: Law, John (Hrsg.), *Power, Action and Belief. A New Sociology of Knowledge?* London: Routledge & Kegan Paul, 234–263.

Law, John (1999): After ANT: Complexity, Naming and Topology. In: Law, John und John Hassard (Hrsg.), *Actor Network Theory and After.* Oxford: Blackwell, 1–14.

Law, John (2002): *Aircraft Stories. Decentering the Object in Technoscience.* Durham, London: Duke University Press.

Law, John (2004): *After Method. Mess in Social Science Research.* London, New York: Routledge.

Law, John und John Hassard (Hrsg.) (1999): *Actor Network Theory and After.* Oxford, Malden: Blackwell.

Lee, Nick und Steve Brown (1994): Otherness and the Actor Network: The Undiscovered Continent. *American Behavioral Scientist* 37 (6): 722–790.

Lindemann, Gesa (2009): Bruno Latour: Von der Wissenschaftsforschung zur Expertokratie. In: Gießmann, Sebastian (Hrsg.), *Politische Ökologie.* Bielefeld: Transcript, 113–118.

Lorenz, Stephan (2008): Von der Akteur-Netzwerk-Theorie zur prozeduralen Methodologie. Kleidung im Überfluss. In: Stegbauer, Christian (Hrsg.), *Netzwerkanalyse und Netzwerktheorie. Ein neues Paradigma in den Sozialwissenschaften.* Wiesbaden: VS-Verlag. S. 579–588.

Mol, Annemarie und Law, John (1994): Regions, Networks and Fluids: Anaemia and Social Topology. *Social Studies of Science* 24 (4): 641–671.

Neyland, Daniel (2006): Dismissed Content and Discontent. An Analysis of the Strategic Aspects of Actor-Network Theory. *Science, Technology and Human Values* 31(1): 29–51.

Peuker, Birgit (2010): Akteur-Netzwerk-Theorie (ANT). In: Stegbauer, Christian und Roger Häußling (Hrsg.), *Handbuch Netzwerkforschung.* Wiesbaden: VS-Verlag, 325–335.

Pelfini, Alejandro (2006): Bruno Latours politische Ökologie als Beitrag zu einer reflexiven ökologischen Modernisierung. In: Voss, Martin und Birgit Peuker (Hrsg.), *Verschwindet die Natur? Die Akteur-Netzwerk-Theorie in der umweltsoziologischen Diskussion.* Bielefeld: Transcript, 151–164.

Rammert, Werner und Info Schulz-Schaeffer (2002): Technik und Handeln: Wenn soziales Handeln sich auf menschliches Verhalten und technische Abläufe verteilt. In: Rammert, Ingo und Werner Schulz-Schaeffer (Hrsg.), *Können Maschinen handeln? Soziologische Beiträge zum Verhältnis von Mensch und Technik.* Frankfurt a. M.: Campus, 11–64.

Schaffer, Simon (1991): The Eighteenth Brumaire of Bruno Latour. *Studies in History and Philosophy of Science* 22 (1): 174–192.

Schmidgen, Henning (2008): Die Materialität der Dinge? Bruno Latour und die Wissenschaftsgeschichte. In Kneer, Georg; Markus Schroer und Erhard Schüttpelz (Hrsg.), *Bruno Latours Kollektive. Kontroversen zur Entgrenzung des Sozialen.* Frankfurt a. M.: Suhrkamp, 15–46.

Schulz-Schaeffer, Ingo (2000): Akteur-Netzwerk-Theorie. Zur Koevolution von Gesellschaft, Natur und Technik. In: Weyer, Johannes (Hrsg.), *Soziale Netzwerke. Konzepte und Methoden der sozialwissenschaftlichen Netzwerkforschung*. München, Wien: Oldenbourg, 187–209.

Schüttpelz, Erhard (2008): Der Punkt des Archimedes. Einige Schwierigkeiten des Denkens in Operationsketten. In: Kneer, Georg, Markus Schroer und Erhard Schüttpelz (Hrsg.), *Bruno Latours Kollektive. Kontroversen zur Entgrenzung des Sozialen*. Frankfurt a. M.: Suhrkamp, 234–258.

Shapin, Steven (1988): Following Scientists Around. *Social Studies of Science* 18 (3): 533–550.

Star, Susan Leigh (1991): Power, Technologies and the Phenomenology of Conventions: On Being Allergic to Onions. In: Law, John (Hrsg.), *A Sociology of Monsters. Essays on Power, Technology and Domination*. London: Routledge, 26–56.

Voss, Martin und Birgit Peuker (Hrsg.) (2006): *Verschwindet die Natur? Die Akteur-Netzwerk-Theorie in der umweltsoziologischen Diskussion*. Bielefeld: transcript.

Weber, Jutta (2003): *Umkämpfte Bedeutungen: Naturkonzepte im Zeitalter der Technoscience*. Frankfurt a. M.: Campus.

Wildavsky, Aaron (1993): Vergleichende Untersuchung zur Risikowahrnehmung: Ein Anfang. In: Bayrische Rück (Hrsg.), *Risiko ist ein Konstrukt. Wahrnehmungen zur Risikowahrnehmung*, München: Knesebeck, 191–211.

Umweltsoziologie und der praxistheoretische Zugang

Karl-Werner Brand

Einleitung: Zur Attraktivität praxistheoretischer Ansätze

In der Soziologie standen seit jeher handlungs- und strukturtheoretische Zugänge in Konkurrenz zueinander. Wurden in der Gründungsphase der Soziologie diese gegensätzlichen Positionen von der an unterschiedlichen Handlungsorientierungen ansetzenden „verstehenden Soziologie" Max Webers und der an funktionalen Integrationsmechanismen moderner und vormoderner Gesellschaften orientierten Soziologie Emile Durkheims markiert, so reproduzierte sich diese Frontstellung in den nachfolgenden Theoriedebatten immer wieder aufs Neue. So erwächst dem in den 1950er Jahren dominanten struktur-funktionalistischen Ansatz Talcott Parsons im Gefolge der antiautoritären Protestbewegungen der 1960er Jahre zunächst zwar ein nicht minder strukturalistisch geprägter, statt an Ordnungs- nun aber an Herrschafts- und Konfliktfragen orientierter neomarxistischer Gegenspieler. Seit den 1970er Jahren verschieben sich die Akzente in der Soziologie aber doch generell in Richtung alltagsnahe, interaktionsorientierte Forschungsansätze. Theoretische und methodische Innovationen kommen nun vor allem aus den Feldern des symbolischen Interaktionismus, lebensweltlich orientierter Alltagstheorien, dramaturgischer und ethnomethologischer Ansätze. In den 1980er Jahren gewinnen dann auch aus der Ökonomie re-importierte Theorien des rationalen Wahlhandelns (Rational Choice; siehe dazu auch den Beitrag von Liebe und Preisendoerfer in diesem Band) an Bedeutung. Auch Netzwerkanalysen setzen primär an der Mikro- und Mesoebene sozialer Interaktionen und Beziehungsmuster an. Dem steht, zumindest in Deutschland, die einflussreiche Schule der von Niklas Luhmann geprägten funktionalistischen Systemtheorie gegenüber.

Nun ist Soziologie sicher eine „multiparadigmatische Wissenschaft" (Ritzer 1975). Dass handlungs- und strukturtheoretische Ansätze gleichwohl nicht einfach beziehungslos nebeneinander, sondern fast zwangsläufig in Konkurrenz zueinander stehen, hängt mit dem Anspruch der Soziologie zusammen, typische Muster, Regelmäßigkeiten und Entwicklungsdynamiken sozialen Lebens erfassen und erklären zu wollen. Versuchen die einen, die Entstehung und strukturelle Verfestigung typischer Muster sozialen Lebens aus der Handlungs- und Interaktionsperspektive individueller Akteure zu erschließen, so versuchen die anderen zu zeigen, wie aus der Eigendynamik institutionell verfestigter struktureller oder systemischer Prozesse spezifische individuelle Handlungs-, Bewertungs- und Interaktionsmuster erwachsen. Beides reflektiert Alltagserfahrungen von gesellschaftlicher Realität. Menschen beeinflussen und verändern mit ihrem Handeln die soziale und materielle Umwelt, in der sie sich bewegen. Sie tun dies zugleich aber in einem sozial vorstrukturierten Kontext, der nicht nur das jeweilige Spektrum von Denk- und Handlungsmöglichkeiten vorgibt, sondern dem man sich – insbesondere in unteren Lagen der Gesellschaft – auch in vielerlei Hinsicht ohnmächtig ausgeliefert fühlt.

Für die Soziologie bleibt der Gegensatz von handlungs- vs. strukturtheoretischen Perspektiven somit ein theoretischer ‚Stachel im Fleisch'. Beide Perspektiven, die Strukturierung sozialen Lebens durch individuelles oder kollektives Handelns, wie dessen Präformierung durch institutionelle Strukturen und Entwicklungsdynamiken müssen, so scheint es, theoretisch miteinander verknüpft werden, um befriedigende Erklärungen der Formen und Entwicklungsmuster sozialen Lebens liefern zu können. Praxistheoretische Ansätze bieten eine solche Option. In den frühen 1980er Jahren waren es vor allem Pierre Bourdieu und Anthony Giddens, die das praxistheoretische – ursprünglich von Karl Marx (1969: 5 ff) als Gegensatz zur idealistischen Philosophie postulierte – Forschungsprogramm soziologisch neu ausformulierten.[1] Die zentrale theoriestrategische Entscheidung von Bourdieu und Giddens lag darin, den „Ort des Sozialen" nicht in individuellen Handlungen, normativen Ordnungen, mentalen Strukturen oder rekursiven kommunikativen Prozessen, sondern in „sozialen Praktiken" zu verankern.

Der Gewinn dieser praxistheoretischen Ansätze besteht zum einen in der Möglichkeit, Handlungsprozesse auf der Mikroebene durch die Analyse sozial ‚strukturierter' wie sozial ‚strukturierender' Praktiken systematisch mit Entwicklungen auf der Makroebene zu verzahnen. Damit werden auch die mit dem praktischen Tun zwangsläufig verbundenen körperlichen Dimensionen und Ausdrucksformen des Sozialen wieder in die soziologische Analyse mit einbezogen. Das bietet zum anderen auch Ansatzpunkte für die Lösung eines zweiten, konstitutiven Theorieproblems der Soziologie, das mit der Umweltproblematik, mit den global immer drängender werdenden ökologischen Problemen, eine zunehmende Brisanz erlangt: die Frage nach der theoretischen Re-Integration ‚materieller' (technischer und naturaler) Dimensionen gesellschaftlichen Lebens in den Gegenstandsbereich der Soziologie. Aus diesem waren biologische, klimatische und physisch-geographische Sachverhalte in der ersten Hälfte des 20. Jahrhunderts, im Prozess der Konsolidierung der Soziologie als spezieller Disziplin des ‚Sozialen', allerdings gerade erst systematisch ausgegrenzt worden waren (Groß 2006). Die Soziologie tut sich mit der Materialität gesellschaftlichen Lebens deshalb schwer.

In der neu entstehenden Umwelt-, Wissenschafts- und Techniksoziologie der 1980er und 1990er Jahre dominierten so zunächst auch sozialkonstruktivistische Ansätze, die gegenüber dem „objektivistischen" Technik- und Wissenschaftsverständnis in Stellung gebracht wurden. Im Rahmen der Mitte der 1990er Jahre einsetzenden

---

1   Bourdieu und Giddens sind nicht die einzigen, die an einer solchen neuen, an sozialen Praktiken orientierten Reformulierung gesellschaftstheoretischer Konzepte arbeiteten. Hier lassen sich, je nach theoretischer Perspektive, sehr heterogene Vorläufer, Autoren und Diskussionsstränge zusammenführen – z. B. Michel Foucault, Judith Butler oder Charles Taylor, Erving Goffman und Harold Garfinkel, Wittgensteinsche, Heideggersche oder pragmatistische Philosophietraditionen (vgl. Reckwitz 2003, Schatzki et al. 2001).

Nachhaltigkeitsdebatte gewannen allerdings nach und nach Ansätze an Bedeutung, die nicht nur die „soziale Konstruktion" von Umweltproblemen, sondern auch die Interaktionsdynamik von sozialen, technischen und ökologischen Prozessen in den Blick nahmen, um die komplexe Genese sozial-ökologischer Problemlagen verstehen und geeignete Ansatzpunkte für eine sozial- und umweltverträglichere Entwicklung identifizieren zu können. Das erforderte nicht nur neue Formen der inter- und transdisziplinären Forschung (siehe dazu auch den Beitrag von Stauffacher in diesem Band), sondern auch neue theoretische Modelle, die es erlauben, technische wie biophysische Elemente systematisch in das ‚Soziale' zu integrieren. Als provokantester Ansatz dieser Art gilt die „Akteur-Netzwerk-Theorie" (siehe dazu auch den Beitrag von Peuker in diesem Band). Sozial-ökologische wie system- und komplexitätstheoretische Modelle stellen andere Varianten integrativer, anti-dualistischer Ansätze der Analyse von Gesellschaft-Natur-Dynamiken dar, die ihre Stärken jedoch alle in der – unterschiedlich konzipierten – interdisziplinären Verknüpfung sozial- und naturwissenschaftlicher Ansätze und Forschungsbefunde haben (siehe dazu die Beiträge von Becker et al., von Fischer-Kowalski et al. sowie von Simon in diesem Band). Am konsequentesten schließen praxistheoretische Modelle der ‚Integration des Materiellen in das Soziale' an genuin soziologische Diskussionsstränge an.

Für umweltsoziologische Fragestellungen haben beide Problemdimensionen, die Verknüpfung der Handlungs- und Strukturebene wie die Integration materieller Elemente und Strukturen in soziale Handlungskontexte eine zentrale Bedeutung. Das betrifft insbesondere die Frage nach den Veränderungsmöglichkeiten nicht oder wenig nachhaltiger Praktiken gesellschaftlicher Naturnutzung. Das kann sich auf Fragen der Veränderung von Konsum- und Produktionsmustern, auf Probleme der Umsteuerung der Energieversorgung von fossilen auf regenerative Energieträger wie auf Probleme der Entwicklung umweltverträglicherer Praktiken der Land- und Gewässernutzung beziehen. In den folgenden Abschnitten wird erstens, mit Blick auf Fragen der Veränderungsmöglichkeit alltagsnaher Konsumpraktiken, das theoretische Ausgangsproblem, die meist unverbunden nebeneinander stehenden Erklärungsansätze auf der strukturellen, der individuellen und der Lebensstilebene umrissen. Im zweiten Schritt wird die praxistheoretische Antwort auf die Erklärungsdefizite der herkömmlichen sozialwissenschaftlichen Umweltforschung anhand einiger prominenter Vertreter – und anhand der integrierenden, zentralen Theoriebausteine dieses Ansatzes vorgestellt. Damit diese Darstellung nicht im Theoretisch-Abstrakten verbleibt, sollen in einem dritten Schritt, anhand des Fallbeispiels der „Agrarwende" und ihrer Effekte im Bio-Bereich, die Stärken dieses Ansatzes noch einmal illustriert, aber auch typische Schwachstellen benannt werden.

Strukturelle Faktoren, individuelle Faktoren, Lebensstile: Konkurrierende Erklärungsperspektiven sozial-ökologischer Transformationsprozesse

Ein Blick auf die empirischen Befunde zum Umweltverhalten sowie zu generellen Parametern der Entwicklung ökologischer Problemlagen in Deutschland zeigt Verwirrendes. Auf der einen Seite tut sich im Kleinen sehr viel. Lokale Agenda 21-Initiativen haben eine beeindruckende Fülle an Modellen und Ansätzen zur Förderung nachhaltiger Entwicklung hervorgebracht. Der Bio-Konsum hat sich zu einem Selbstläufer entwickelt. Fast alle Kommunen setzten inzwischen auf einen umweltfreundlichen Mobilitätsmix. Die Nutzung regenerativer Energien im privaten wie im öffentlichen Wohnungsbau boomt wie nie zuvor. Gleichwohl zeigen zentrale ökologische Parameter im Ernährungs-, Wohn- oder Mobilitätsbereich in Deutschland, wie in anderen europäischen Ländern, trotz partieller Fortschritte keine wirkliche Trendwende (vgl. Statistisches Bundesamt 2010, WWF 2007). Die Frage ist, warum Beobachtungen auf der individuellen Handlungsebene so deutlich den Befunden auf der Makroebene widersprechen.

Eine Erklärung wäre, dass Verhaltensänderungen der Endverbraucher überhaupt einen wesentlich geringeren Umwelteffekt haben als technologische Veränderungen entlang der Produktionskette (Huber 2004; siehe hierzu auch den Beitrag von Huber in diesem Band). Ein anderes, ebenfalls eher systemisches Argument wäre, dass die stofflichen und energetischen Implikationen des Konsumverhaltens, insbesondere in den symbolisch weniger stilisierten Aspekten des „normalen" Alltagskonsums, durch sozio-technische Strukturen und Versorgungssysteme in hohem Maße vorstrukturiert sind (Southerton et al. 2004), so dass „verantwortlichem" oder „politischem Konsum" eine wesentlich geringere Rolle zukommt als meist unterstellt (Brand 2008). Ein drittes Argument verweist auf die von kapitalistischen Marktdynamiken, politischen Entscheidungen, technischen Entwicklungen und kulturellen Erwartungsstandards gleichermaßen vorangetriebene Ausdifferenzierung globaler Produktions-, Distributions- und Konsumtionsketten wie sie der *Systems of Provision*-Ansatz beschreibt (Brand 2009, Fine und Leopold 1994). Der Konsum einzelner Güter oder Dienstleistungen ist danach im Wesentlichen durch die strukturelle Dynamik solcher *Systems of Provision* geprägt (siehe dazu auch den Beitrag von Hummel in diesem Band).

Diesen strukturellen Argumenten werden in der Umweltverhaltensforschung üblicherweise individuelle Faktoren gegenüber gestellt. Umweltpsychologische Ansätze versuchen, je nach theoretischem Modell, kausale Zusammenhänge zwischen subjektiven Problemwahrnehmungen, Einstellungen, Werten, Normen, Motivationen oder wahrgenommenen Verhaltenskonsequenzen auf der einen, individuellem Umweltverhalten auf der anderen Seite zu identifizieren und daraus entsprechende Ansatzpunkte für Motivierungs- und Aktivierungsstrategien abzuleiten (Jackson 2005, Matthies 2005). In ökonomischen Handlungstheorien werden Entscheidung für oder gegen umweltfreundliches Verhalten auf ‚rationale' Kosten-Nutzen-Kalkulationen zurückgeführt, die umweltfreundliches Verhalten eher im *low cost*-Bereich erwarten lassen (Diekmann 1996). Insgesamt erscheint aus individueller Handlungsperspektive die viel zitierte „Kluft zwischen Umweltbewusstsein und Umwelthandeln" (de Haan und Kuckartz 1996, Kollmus und Agyeman 2002) und auch der immer wieder konstatierte Patchwork-Charakter des Umweltverhaltens (Reusswig 1994) – auch wer ein hohes Umweltbewusstsein hat, praktiziert nur in Teilbereichen ein konsequenteres Umweltverhalten – nicht weiter erstaunlich (siehe dazu auch den Beitrag von Liebe und Preisendörfer). Individuelle Akteure müssen nicht nur sehr unterschiedliche Präferenzen und Interessen unter einen Hut bringen; sie haben meist auch nur unzureichende und widersprüchliche Informationen, sind mit gegenläufigen Handlungsanreizen konfrontiert (hohe Preise, schlechtes Angebot, infrastrukturelle Hemmnisse, Gruppennormierungen etc.) und verstricken sich, insbesondere im Rahmen der Nutzung kollektiver Umweltgüter, typischerweise in „ökologisch-soziale Dilemmata" (Ernst 1997).

Soziologen kritisieren wiederum, zumindest im Mainstream, die individualistischen und ökonomistischen Annahmen dieser Erklärungsversuche. Sie betonen die soziale und kulturelle Einbettung umweltrelevanten Handelns und unterstreichen die symbolisch-distinktive Bedeutung von Konsum und Lebensstilen (Bourdieu 1982, Reusswig 1994, Opaschowski 2001). Das Lebensstil-Konzept wird in der Soziologie allerdings unterschiedlich verwendet. Ein zentraler Konfliktpunkt ist die Frage, wie eng Lebensstile mit sozio-ökonomischen Lebens- oder Klassenlagen verknüpft sind (wie bei Pierre Bourdieu) bzw. inwieweit Individualisierungsprozesse die reflexive Gestaltung eigener Lebensstile nicht nur ermöglichen sondern auch erfordern (wie bei Anthony Giddens und Ulrich Beck). Grundsätzlich lassen sich zumindest in den westlichen Industrieländern Bevölkerungsgruppen mit ähnlicher Lebensauffassung und Lebensweise identifizieren, die sich im „sozialen Raum" (Bourdieu) der jeweiligen Gesellschaft unterschiedlich positionieren lassen. Angehörige dieser Gruppen teilen grundlegende Wertorientierungen, haben ähnliche Geschmackspräferenzen und Konsumstile, ähnliche Einstellungen zu Arbeit, Familie und Freizeit, aber auch zu Umwelt und Politik. In den 1980er und 1990er Jahren wurden in Deutschland in einer ganzen Reihe empirischer Studien solche Lebensstil- und Milieu-Typologien erarbeitet (z. B. Flaig et al. 1993, Schulze 1992, Vester et al. 1993, 1995), die zum einen wesentliche Verschiebungen in den Formen sozialer Ungleichheit, zum anderen eine breite Ausdifferenzierung neuer Lebensstile aufgezeigt haben. Was ihre ökologischen Implikationen betrifft, so wurde dies soziologisch vor allem unter dem Blickwinkel diskutiert, welche zentralen Verhaltensmotive in den verschiedenen Lebensstilen die besten Anschlussmöglichkeiten für umweltfreundliches Verhalten bieten (vgl. Rink 2002, BMU 2009) und wie Mobilisierungskampagnen für nachhaltige Mobilität, Wohnen oder Ernährung auf diese Lebensstilgruppen zugeschnitten werden können (siehe dazu auch die Beiträge von Götz und Rückert-John in diesem Band). Die Erwartungen in solche zielgruppenspezifischen Diffusionsstrategien sind gleichwohl meist überzogen (Lange 2005).

Strukturelle Ursachen (inkl. systemischer, sozio-technischer Abhängigkeiten), individuelle Faktoren und Lebensstile stehen somit meist unverbunden als Erklärungsversuche für die insgesamt – zumindest bisher – doch sehr bescheidenen Effekte der „Ökologisierung" von Konsummustern und Alltagspraktiken neben- und oft genug auch gegeneinander. Das ist eine für das Verständnis wie die gezielte Förderung sozial-ökologischer Transformationsprozesse unbefriedigende Situation. Die Frage ist, inwieweit praxistheoretische Ansätze eine systematischere Verknüpfung dieser konkurrierenden Teilperspektiven ermöglichen.

Der praxistheoretische Zugang: Spektrum und Grundannahmen praxistheoretischer Ansätze

Praxistheoretische Ansätze stellen eher eine heterogene theoretische Strömung als ein konsistentes Theoriegebäude dar (vgl. Ebrecht und Hillebrandt 2004, Hörning und Reuter 2004, Reckwitz 2003, Schatzki et al. 2001). Ihre Abgrenzung gegenüber anderen theoretischen Zugängen ist fließend und wird von verschiedenen Autoren unterschiedlich vorgenommen. Gleichwohl lassen sich eine Reihe gemeinsamer theoretischer Grundannahmen identifizieren. Stellen für Praxistheoretiker die in bestimmten Konstellationen (oder Feldern) miteinander verknüpften sozialen Praktiken den Kern, die Basiskategorie des ‚Sozialen' dar, so teilen sie auch ein Verständnis solcher Praktiken „… as embodied, materially mediated arrays of human activity centrally organized around shared practical understanding. (…) Practice theorists typically believe, further, that bodies and activities are ‚constituted' within practices" (Schatzki 2001: 2). Die jeweiligen Ansätze unterscheiden sich jedoch – zum Teil sehr erheblich – darin, wie diese Grundannahmen interpretiert und miteinander verknüpft werden und wie sich daraus ein bestimmtes Verständnis gesellschaftlicher Zusammenhänge und Entwicklungsdynamiken ergibt. Um sowohl das Grundkonzept als auch die Spannbreite praxistheoretischer Ansätze deutlich zu machen, sollen im Folgenden fünf typische Vertreter bzw. Positionen dieses Theoriefelds skizziert werden. Dazu zählen, als ‚Gründerväter' der neueren, praxistheoretischen Debatte in der Soziologie, Pierre Bourdieu und Anthony Giddens. Beide Autoren versuchen, wenn auch in unterschiedlicher Weise, die Handlungs- und Strukturebene im Konzept körperlich verankerter sozialer Praktiken miteinander zu verknüpfen. Bei den Vertretern der nachfolgenden, zweiten Welle der Praxistheorie wird das Konzept sozialer Praktiken im Hinblick auf die materielle Praxis-Dimensionen erweitert. Zugleich setzt eine systematische Reflexion auf die Besonderheit praxistheoretischer Zugänge ein, die auf die Integration heterogener Ansätze praxistheoretischen Denkens und die Schaffung eines eigenständigen theoretischen Profils zielt. Für diesen integrativen Reflexionsprozess spielen die Arbeiten von Theodore Schatzki und Andreas Reckwitz eine zentrale Rolle. Für Forschungen zu nachhaltigem Konsum haben die praxistheoretisch orientierten Arbeiten von Elizabeth Shove eine ähnliche Bedeutung erlangt. Als letzte Variante wird hier der pragmatistische Zugang skizziert, der nicht nur in der Wissenschafts- und Technikforschung eine gewisse Bedeutung erlangt hat, sondern auch einen zentralen Aspekt sozialer Praktiken, ihre Kreativität und die darin verankerte Möglichkeit rekursiven Lernens, in den Vordergrund rückt; dazu zählen u. a. Karl Hörning, Andrew Pickering, Werner Rammert oder Matthias Groß. Für jeden dieser Ansätze sollen, zumindest stichwortartig, auch deren Implikationen für die skizzierten umweltsoziologischen Fragestellungen aufgezeigt werden.

Insgesamt wird deutlich, dass sich dieses Feld praxistheoretischer Ansätze entlang der beiden Achsen (a) „Handlung – Struktur" und (b) „Sinn – Materialität" auffächern lässt. Handlung wird praxistheoretisch dabei primär als „Routine", Struktur meist als „Feld" interpretiert. Sinn wird vorrangig als „impliziter Sinn" verstanden – entweder mit strukturalistischen Akzenten, im Sinne kultureller Codes oder Wissensordnungen, oder mit pragmatistischem Akzent, im Sinne kreativer Problemlösungen oder eines polyphonen *doing culture*. Materialität umfasst sowohl die Körperlichkeit sozialer Routinen als auch ihre Verknüpfung mit Artefakten, technischen Systemen und naturalen (bio-physischen) Gegebenheiten. Abbildung 1 bietet einen ersten Überblick über die Verortung der hier diskutierten Autoren und Positionen in diesem Feld.

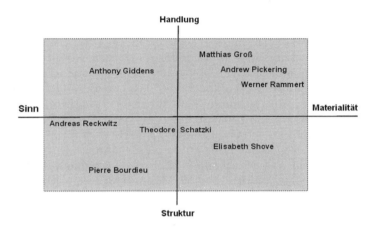

Abbildung 1   Das Feld praxistheoretischer Ansätze

Pierre Bourdieus „praxeologischer" Ansatz

Pierre Bourdieus Ansatz zielt auf die Überwindung des Dualismus zwischen einem voraussetzungslosen Subjektivismus und einem strukturdeterministischen Objektivismus soziologischer Analysen (Bourdieu 1979, 1982, 1987). Als Mittel dazu dient ihm ein spezifischer Praxisbegriff, der Strukturen und Handeln rekursiv miteinander verknüpft. Die Praxis folgt, so Bourdieu, ihrer eigenen Logik, die sich von der Logik der Theorie unterscheidet. Sie ist im „praktischen Sinn" verankert, der das Handeln in den verschiedenen sozialen Feldern eher unbewusst, aus einem „Gespür" für die jeweiligen „Regeln des Spiels" heraus steuert. Dieser „praktische Sinn" erwächst aus der dynamischen Wechselwirkung zwischen den objektiven Strukturen des „Feldes" und dem „Habitus", der inkorporierten sozialen Struktur.

Ausgangspunkt ist Bourdieus Verständnis der sozialen Welt als mehrdimensionaler „sozialer Raum". Dieser wird durch das relationale Gefüge sozialer Positionen und Lagen, die über eine ungleiche Ausstattung mit ökonomischen, sozialen und kulturellen Kapitalien verfügen sowie durch die historische Ausdifferenzierung von *Praxisfeldern* (Wirtschaft, Politik, Kunst, Religion, Wissenschaft etc.) strukturiert. Die verschiedenen Praxisfelder folgen jeweils eigenen „Spielregeln". In allen wird aber mit unterschiedlichen Kapitalausstattungen um einen bestimmten „Einsatz" gekämpft, wobei es nach Bourdieu letztlich immer darum geht, Kapital unterschiedlicher Art zu akkumulieren und die eigene Position im Machtgefüge des Feldes zu verbessern. Die Akteure, die sich an diesem „Spiel" beteiligen, müssen wissen, um welche Einsätze es geht, welche Zugangsvoraussetzungen zu erbringen und wie die Spielregeln beschaffen sind. Das Wissen darüber sowie das grundsätzliche Interesse am „Spiel" wird durch den *Habitus*", durch die im Verlauf des Sozialisationsprozesses inkorporierte Struktur des Feldes und die damit geschaffenen Handlungsdispositionen vermittelt. Diese „strukturierten Dispositionen" werden von Bourdieu als typische Denk-, Wahrnehmungs-, Bewertungs- und Handlungsschemata beschrieben, die mit spezifischen Positionen im sozialen Raum verknüpft sind. Als „inkorporierte Sozialität" wird der Habitus vor allem am Körper, dessen Bewegungs- und Ausdrucksformen festgemacht. Der Habitus ist aber nicht nur passiv „einverleibte" objektive Struktur, sondern er ist auch ein aktives, generierendes Prinzip, der die sozialen Praktiken hervorbringt und es den Akteuren ermöglicht, sich mit einer gewissen Selbstverständlichkeit im Feld zu bewegen.

Nach Bourdieu setzt Praxis nicht nur einen „praktischen Sinn" voraus, sondern ist auch mit einer kulturellen Symbolisierung dieses Sinns verbunden. Die für eine bestimmte Position relevanten Kapitalien (kulturelles, soziales, ökonomisches Kapital) werden „mithilfe soziokultureller Praktiken bewertet, so dass symbolisches Kapital – verstanden als symbolische Macht – entsteht" (Hillebrandt 2009: 383 f). Dieses „symbolische Kapital" wird gesellschaftlich „als Prestige institutionalisiert und als Sinn für Distinktion und Unterscheidung inkorporiert" (ebd.). Dieser „Sinn für Distinktion" grenzt bestimmte *Lebensstile* voneinander ab, die in entsprechenden kulturellen Praktiken, im Musikkonsum, im Kleidungsstil, im Ernährungs- und Freizeitverhalten zum Ausdruck kommen. Praxisformen und deren Dynamiken sind deshalb aus Bourdieus Perspektive methodisch vor allem kultursoziologisch, mithilfe ethnographischer Methoden zu entschlüsseln.

Welche Aufschlüsse liefert dieser praxeologische Zugang für die Probleme der sozial-ökologischen Transformation von Alltagspraktiken? Eine erste Schlussfolgerung ist, dass „Umwelthandeln" nicht kausal durch Faktoren wie Wissen, Einstellungen, Werte, Bedürfnisse, Handlungsziele, Zweck-Mittel-Kalkulation etc. erklärt werden kann, da Handeln einem impliziten, inkorporierten „praktischen Sinn" folgt. Das heißt auch, dass rein abstraktes Wissen über ökologische Gefährdungslagen, z. B. über die Folgen des Klimawandels, solange folgenlos bleibt, als es nicht in ein kontextspezifisches „praktisches Wissen" integriert ist. Eine zweite Folgerung ist, dass umweltrelevante Aspekte des Handelns (z. B. Material- und Energieverbrauch etc.) nicht gesondert, sondern nur als Teil umfassenderer sozialer Praktiken zu betrachten sind. Versuche der Beeinflussung umweltrelevanter Verhaltensaspekte durch Informationsstrategien, normative Appelle oder monetäre Anreize scheitern, wenn sie die Einbettung dieser Verhaltensaspekte in die jeweiligen Praktiken (der Ernährung, des Wohnens, Arbeitens, sich Kleidens, der Kindererziehung etc.) und deren Verortung im sozialen Feld nicht berücksichtigen.

Bourdieus Annahme einer strukturellen Homologie zwischen Habitus und sozialem Feld setzt darüber hinaus eine „Passung" zwischen veränderten (Umwelt) Praktiken und veränderten Feld-Konstellationen voraus – zumindest dann, wenn neue, umweltverträglichere Verhaltensmuster habituellen Charakter annehmen sollen. Eine solche Homologie muss nun allerdings keineswegs immer vorliegen. Während gegen sein Theoriemodell häufig der Vorwurf der „zirkulären Reproduktion" (Struktur → Habitus → Struktur) erhoben wird, insistiert Bourdieu darauf, dass Wandel ein konstitutives Element seines Ansatzes darstellt (Bourdieu 1989: 395 ff). Habitus und Feld können, insbesondere in Krisensituationen, durch veränderte Erwartungs- und Anspruchsniveaus auseinander brechen, so dass reflexive Handlungsprinzipien ein stärkeres Gewicht erlangen. Generell gilt, dass sich der Habitus nur in Relation zum jeweiligen Praxisfeld aktualisieren kann, aufgrund der für dieses Feld konstitutiven Spannungen, Gegensätze und Auseinandersetzungen aber auch einer ständigen Veränderung unterliegt (ebd.: 406 f).

Bourdieu lenkt die Aufmerksamkeit nicht zuletzt auf den Macht-, Ungleichheits- und Distinktionsaspekt, der alle Auseinandersetzungen um neue, umweltfreundlichere Praktiken durchzieht. Aus Bourdieus Sicht wäre es eine grobe Verkennung der Tatsachen, die Verbreitung nachhaltiger Alltagspraktiken z. B. von der moralischen Verpflichtung von Unternehmen auf Prinzipien „nachhaltigen Wirtschaftens" oder von der generellen Diffusion bestimmter Lebensstile (z. B. der Lifestyle of Health and Sustainability, LOHAS) zu erwarten. Soziale Praktiken und deren Symbolisierung bewegen sich vielmehr in einem relationalen Feld, in dem durch den Einsatz des jeweils verfügbaren Kapitals und mittels Distinktionsstrategien um die Verbesserung der eigenen Position im „sozialen Raum" gekämpft wird. Diese exklusive Betrachtung gesellschaftlicher Entwicklungen aus der Brille feldspezifischer Interessenkämpfe und ihrer ‚Übersetzungen' in symbolische Macht stellt zugleich aber auch die spezifische Engführung des Bourdieuschen Ansatzes dar.

Anthony Giddens strukturationstheorisches Praxiskonzept

Anthony Giddens Strukturationstheorie öffnet den Blick für andere Optionen (Giddens 1979, 1988, 1990). Er bricht mit dem traditionellen, strukturalistisch geprägten Ausgangspunkt der Bourdieuschen Analyse. Er bricht gleichermaßen mit dem klassischen, normorientierten Verständnis sozialer Ordnung. An die Stelle der „Ordnungsfrage", der Frage nach den Bedingungen der intersubjektiven Koordination individuellen Handelns, tritt bei ihm die Frage nach den Bedingungen der Reproduktion und Repetitivität sozialer Handlungsmuster über Raum und Zeit hinweg. Wie Bourdieu sieht er die Lösung im Konzept „sozialer Praktiken", die durch implizites Wissen angeleitet und in körperlichen Routinen verankert sind. Routineförmige soziale Praktiken werden von einem „praktischen Bewusstsein" geleitet (das entspricht Bourdieus „praktischem Sinn"). Zum praktischen Bewusstsein zählt Giddens auch ein permanent stattfindendes reflexives *monitoring of action*, das die flexible, situationsadäquate Anwendung der Regeln des Alltagshandelns sicherstellen soll. Daneben verankert Giddens soziales Handeln aber auch in einem „ontologischen Sicherheitsstreben", das das Handeln auf eine grundsätzliche, unbewusste Weise beeinflusst sowie im „diskursiven Bewusstsein". Mit Hilfe dieses Bewusstseins benennen Akteure Gründe für ihr Handeln oder reflektieren über notwendig werdende Veränderungen sozialer Praktiken. Diskursive Reflexion dient den über die alltägliche, situative Handlungsanpassung hinausgehenden Erfordernissen der Bewältigung von Krisen oder der notwendigen Anpassung an veränderte Handlungskontexte; es umfasst auch bewusste Erfolgskontrolle und reflektiertes Lernen.

Im routineförmigen Handeln wird das Soziale zugleich „strukturiert" und reproduziert. Umgekehrt ermöglichen und begrenzen Strukturen soziales Handeln, was Giddens als „Dualität der Struktur" bezeichnet. Handeln und Strukturen sind rekursiv aufeinander bezogen. Unter sozialen Strukturen versteht Giddens zum einen sinnstiftende und normative „*Regeln*", zum anderen autoritative und allokative „*Ressourcen*", die den sozialen Akteuren die (ungleich verteilte) Macht verleihen, durch ihr Handeln „Spuren in der Welt zu hinterlassen". Existieren soziale Strukturen aber nur im Vollzug sozialer Praktiken, so impliziert dies, dass Regeln und Machtstrukturen im „praktischen Bewusstsein" und in körperlichen Handlungsroutinen verankert sein müssen. Die dauerhafte Institutionalisierung sozialer Strukturen setzt wiederum die Entkopplung sozialer Praktiken aus unmittelbaren Interaktionskontexten durch *time-space distantiation*, durch das „Binden" von Praktiken über Raum und Zeit hinweg, voraus. Das hat einen Nebeneffekt: Je komplexer soziale Beziehungen miteinander verknüpft sind, desto mehr nicht-intendierte Handlungsfolgen treten auf, die die strukturellen Rahmenbedingungen sozialen Handelns verändern.

Vormoderne und moderne Gesellschaften unterscheiden sich wesentlich im Ausmaß dieser *time-space distantiation*. Giddens begreift den Prozess der Modernisierung als zunehmende Lösung (*disembedding*) sozialer Beziehungen aus raum-zeitlich lokalisierten Interaktionskontexten sowie als Restrukturierung der „entleerten", dekontextualisierten Zeit- und Raumbezüge durch abstrakte, symbolische Ordnungen (z. B. Geld) und technisch-wissenschaftliche Expertensysteme. Diese Enttraditionalisierung verschafft dem diskursiven Bewusstsein (gegenüber dem praktischen) einen wachsenden Stellenwert. Vertrauen in abstrakte Ordnungen und Expertensysteme muss nun aktiv hergestellt werden, was in „Risikogesellschaften" zu einem zentralen Problem wird (Beck 1986). Auch auf individueller Ebene lässt die Radikalisierung von disembedding-Prozessen die persönliche Biographie zunehmend zu einem reflexiven Projekt werden (Giddens 1996). Diese Diagnose deckt sich mit Ulrich Becks Individualisierungstheorie.

Giddens und Bourdieus Ansätze ähneln sich in vielerlei Hinsicht, insbesondere im Konzept der Rekursivität von Struktur und Handeln sowie in der Verortung des Sozialen in sozialen Praktiken, die vom „praktischen Bewusstsein" bzw. vom „praktischen Sinn" gesteuert werden. Unterschiede zeigen sich insbesondere darin, dass Giddens das rekursive Verhältnis von Struktur und Handeln nicht von den Strukturen des „Feldes" sondern primär von den Handlungsroutinen und ihrer raum-zeitlichen Bindung her erschließt. Routinen, implizites Wissen und praktisches Know-how werden zwar in Sozialisationsprozessen vermittelt, die den Stempel ungleicher gesellschaftlicher Strukturen tragen. Giddens Fokus liegt aber nicht auf Machtkämpfen in widersprüchlich strukturierten, historisch sich verändernden Feldern. Im Vordergrund steht bei ihm vielmehr der Aspekt der durch die jeweiligen institutionellen Strukturen (Regeln und Ressourcen) eröffneten Handlungschancen – und um deren Veränderung im Rahmen globalisierter, spätmoderner Bedingungen. Diesem Interesse entspricht die Aufwertung reflexiv-diskursiver Elemente in seinem Theoriemodell. Ökologisch modifizierte Konsumpraktiken werden so aus Giddens Perspektive nicht mehr vorrangig als Ausdruck lagespezifischer, inkorporierter Handlungs- und Distinktionsstrategien im Kampf um symbolische Macht gedeutet; sie lassen sich vielmehr als – mehr oder weniger reflexive – Anpassung an veränderte Kontextbedingungen, als *life politics*, als Versuche einer befriedigenden, Unsicherheit reduzierenden Gestaltung des eigenen Lebens verstehen.

Giddens wird deshalb in Abbildung 1 auch im linken oberen, dem Handlungspol nahe stehenden Quadranten verortet, Bourdieu dagegen im linken unteren Quadranten, weil er die strukturelle Prägung praktischen Handelns betont. Beide beziehen die Materialität gesellschaftlichen Lebens nur unter dem Aspekt der Körperlichkeit sozialer Praktiken in ihre Theoriemodelle mit ein, finden sich deshalb in der linken Hälfte des praxistheoretischen Felds. Die Vertreter der zweiten Welle praxistheoretischer Ansätze versuchen dagegen zum einen, ‚Materialität' in umfassenderer Weise in das Konzept sozialer Praktiken zu integrieren; zum anderen geht es ihnen um eine Klärung und Weiterentwicklung der praxistheoretischen Perspektive im Verhältnis zu anderen Zugängen.

Theodore Schatzki: Das Verständnis des Sozialen als „practice-arrangement nexuses"

Für den Sozialtheoretiker Theodore Schatzki (1996, 2002) ist der Begriff des Praxisfelds (*field of practices*) der Dreh- und Angelpunkt praxistheoretischer Zugänge. Mit anderen Vertretern dieses Ansatzes teilt er die Aufwertung der „Körperlichkeit" und des „praktischen Verstehens" als zentraler Elemente sozialer Praktiken. Er weist allerdings auch der materiellen Vermittlung sozialer Praktiken einen konstitutiven Stellenwert für das Verständnis des „Sozialen" zu. Schatzki begreift soziales Leben, „menschliche Koexistenz", als Teil eines ständig im Fluss befindlichen *Zusammenhangs von Praktiken und materiellen Arrangements* (Schatzki 2002). Unter „materiellen Arrangements" versteht er den Zusammenhang von Menschen, Artefakten, Organismen und physischen Teilen der Natur, die in spezifischer Weise miteinander verknüpft sind, unterschiedliche Positionen im Gefüge einnehmen und dadurch auch unterschiedliche Bedeutungen und Identitäten besitzen. Diese Einheiten können in verschiedener Weise miteinander verknüpft sein bzw. aufeinander einwirken: als „kausaler" Wirkungszusammenhang, als „präfigurierender", zukünftige Entwicklungspfade kanalisierender Zusammenhang, als „konstitutive" Voraussetzung dafür, dass bestimmte Praktiken überhaupt stattfinden können, sowie als ein für die involvierten menschlichen Akteure sinnvoller, „verstehbarer" Zusammenhang (Schatzki 2010: 139 ff). Bedeutung erlangen solche „Arrangements" allerdings nur im praktischen Tun. Die im Kontext sozialer Praktiken (z. B. im Rahmen von Koch-praktiken, politischen Praktiken, Sportpraktiken etc.) miteinander verbundenen Aktivitäten sieht Schatzki im Anschluss an Wittgenstein aber nicht nur durch den inkorporierten „praktischen Sinn" gesteuert, sondern durch einen mehrdimensio-nalen Komplex von (a) *practical understanding*, (b) *explicit rules* und (c) *teleoaffectivity* (Schatzki 1996, 1997). Letzteres rückt die affektive Orientierung an Zielen und Din-gen in den Vordergrund, die einem im Kontext bestimmter Praktiken als ‚wichtig' und ‚richtig' erscheinen. Diese mehrdimensionale Strukturierung des Handelns im Rahmen sozialer Praktiken weist dem individuellen Handeln eine größere Autono-mie zu als Bourdieus oder Giddens Praxis-Konzepte.

Solche *practice-arrangement nexuses*, wie sie Schatzki (2010) beispielsweise an einer Pferdefarm in der Bluegrass Region von Kentucky erläutert, sind wieder Teil weiterer Netzwerke, die Regierungen, Finanzmärkte oder Landwirtschaftssyste-me umfassen. Soziale Phänomene werden als Ausschnitte solcher ausgreifenden, miteinander vernetzten Gewebe von *practice-arrangement nexuses* verstanden. Jedes ihrer Elemente ist dabei einem ständigen Wandel unterworfen, aus dem sich eine durch die Geschichte lokaler Verknüpfungen von sozialen und materiellen Elemen-ten präfiguierte, aber keineswegs determinierte Entwicklung ergibt, die für die *agency* der verschiedenen Komponenten der *practice-arrangement*-Zusammenhänge hinreichend Spielräume lässt. Ein solches Verständnis von sozialem Wandel ver-zichtet auf herkömmliche, soziologische „Strukturbegriffe". Auch strukturierte Machtgefüge (wie die Bourdieuschen „Felder") oder systemische Eigendynamiken (z. B. des Weltmarkts) tauchen in diesem Vokabular nicht auf und werden in die Begrifflichkeit eines evolutionär fließenden Prozesses der Netzwerkverknüpfungen und Rekonfigurationen sozio-materieller Zusammenhänge aufgelöst. Das weist Par-allelen zur Akteur-Netzwerk-Theorie auf. Die zentrale Differenz besteht darin, dass Schatzki das Konzept des materiellen Arrangements mit dem der sozialen Praktiken verbindet. Nur in der „praktischen" Verknüpfung der verschiedenen menschlichen und nicht-menschlichen Elemente wird für ihn die Besonderheit des sozialen Le-bens erkennbar.

Schatzki nimmt im Feld der praxistheoretischen Ansätze (Abbildung 1) deshalb eine Mittelposition ein. Materiell verknüpfte und körperlich verankerte Praktiken organisieren sich, seinem Verständnis zufolge, um ein sinnhaftes, „praktisches Ver-ständnis" der jeweiligen Handlungssituationen und Handlungskontexte. Da seine Analyse zugleich am Begriff des Praxisfeldes ansetzt, das als netzwerkartiges Ge-füge von Praktiken und materiellen Arrangements verstanden wird, wird er dem unteren, eher strukturell geprägten Feld praxistheoretischer Ansätze zugeordnet (auch wenn die feldspezifische, „strukturelle" Präfiguration sozialer Praktiken die Möglichkeit autonomen Handelns für Schatzki keineswegs ausschließt).

Elisabeth Shove verfolgt einen ähnlichen Ansatz auf der Ebene von Alltag und Konsum (Shove 2003, Shove et al. 2007). Ihr Interesse zielt auf die Frage, wie sich „Normalitätsstandards" bestimmter Konsumpraktiken in der Verknüpfung von neuen Geräten, Techniken und Materialien, von ökonomischen Interessen und poli-tischen Regulierungsinstanzen, von infrastrukturellen Systemen, sozialen Alltagsarrangements und kulturellen Erwartungsstandards ko-evolutionär herausbilden. Die sozio-technischen Kopplungen weisen dabei je nach Gegenstandsbereich (Einführung von Klimaanlagen, Waschmaschinen und Convenience-Produkten; Verbreitung von Automobilität etc.) andere Muster und Dynamiken auf. Daraus ergibt sich die methodische Forderung, die für die jeweiligen Handlungsfelder typischen sozio-materiellen Verknüpfungen und Konsumdynamiken zu rekonstruieren, um effektive Ansatzpunkte für eine Veränderung von Konsumpraktiken identifizieren zu können.

Andreas Reckwitz: Praxistheorie als kulturtheoretisches Programm

Andreas Reckwitz (2000, 2006) schließt, was das Verständnis sozialer Praktiken als zentraler „Ort" des Sozialen und als kleinste Einheit soziologischer Analyse betrifft, unmittelbar an Bourdieu, Giddens und Schatzki an. Soziale Praktiken werden von ihm „als routinisierte Formen köperlicher ‚performances' und sinnhafter Verstehensleistungen begriffen, welche in der Praxis untrennbar aneinander gekoppelt auftreten" (Reckwitz 2004: 318). Die soziale Welt setzt sich aus solchen miteinander verflochtenen Praktiken zusammen, die sich ihrerseits zu differenzierten, mehr oder weniger institutionalisierten Komplexen, Feldern oder Clustern sozialer Praktiken verknüpfen, zu Praktiken des Regierens oder des Wirtschaftens, zu sozialen Milieus und Subkulturen. Wie Schatzki sieht Reckwitz die Materialität sozialer Praktiken nicht nur in deren Körperlichkeit, sondern auch in Artefakten verankert. „In sozialen Praktiken werden nicht nur Artefakte auf kompetente Weise ‚angewandt', diese Artefakte stellen (…) als ‚materiale Kultur' auch (die) Voraussetzung dar, dass bestimmte Praktiken, das heißt Bewegungs- und Verstehensformen, entstehen und reproduziert werden können" (Reckwitz 2004: 322). Das schließt lose an Bruno Latours Verständnis von Technik als „Härter" der Gesellschaft an (Latour 1991). „Soziale Praktiken gewinnen ihre relative Reproduktivität in der Zeit und im Raum durch ihre materiale Verankerung in den mit dem inkorporierten Wissen ausgestatteten Körpern (…) und in den Artefakten, in denen sich (…) Praktiken über Raum und Zeit hinweg verankern lassen" (Reckwitz 2003: 291). Die Artefakte erhalten in Reckwitz praxistheoretischem Konzept allerdings keinen eigenen Subjektstatus. Anders als bei Schatzki wird ihnen keine eigene Handlungsträgerschaft zugesprochen. Als „Materialisierung des Sozialen und Kulturellen" sind sie für ihn vielmehr nur als Gegenstände des „sinnhaften Gebrauchs" im Rahmen sozialer Praktiken von Interesse (ebd.).

Hier wird die Besonderheit des Ansatzes von Reckwitz erkennbar: er interpretiert die Praxistheorie konsequent kulturtheoretisch. Kulturtheoretische Ansätze sieht er – im Gegensatz zu strukturalistischen, normativistischen oder individualistisch-rationalen Ansätzen – durch die gemeinsame Annahme charakterisiert, dass die „soziale Welt ihre Gleichförmigkeiten über sinnhafte Wissensordnungen, über kollektive Formen des Verstehens und Bedeutens, durch im weitesten Sinne symbolische Ordnungen" erhält (Reckwitz 2003: 287). In kritischer Auseinandersetzung mit „mentalistischen" (z. B. Alfred Schütz oder Claude Lévi-Strauss) und „textualistischen" Varianten der Kulturtheorie (z. B. poststrukturalistischen und radikal-konstruktivistschen Ansätzen) arbeitet er dann sein eigenes, praxistheoretisches Verständnis der Kulturtheorie heraus. Dieses „begreift die kollektiven Wissensord-nungen der Kultur" als ein implizites, „praktisches Wissen, ein Können, ein Know-how, ein Konglomerat von Alltagstechniken" (Reckwitz 2003: 289).

In jüngeren Arbeiten versucht Reckwitz diese kulturtheoretisch-praxeologische Interpretation des Sozialen mit einer an Foucault orientierten, diskurstheoretischen Perspektive zu verknüpfen (Reckwitz 2006). Diskurse werden als eine spezifische Art von Praktiken verstanden, deren Besonderheit darin besteht, dass sie „Praktiken der Repräsentation" darstellen. Zu „Diskursen" werden kommunikative Praktiken nicht schon unter dem Gesichtspunkt der *face-to-face* Kommunikation, auch nicht allein unter dem Gesichtspunkt der Herstellung schriftlicher Texte oder ihres Ge-brauchs, sondern erst unter dem Gesichtspunkt *wie* bestimmte Zusammenhänge als sinnhafte Entitäten in öffentlichen Texten oder Reden *dargestellt* werden – z. B. wie Ehepartner in der bürgerlichen Ehe des 19. Jahrhunderts ihre Geschlechterrol-len sehen oder was heute als ‚richtige' Ernährung verstanden wird. Die kulturellen Codes, denen diese Diskurse folgen, strukturieren das Spektrum dessen, was histo-risch jeweils als „denkbar und sagbar" gilt. Sie legen damit aber auch fest, „was in so genannten nichtdiskursiven Praktiken über kurz oder lang praktikabel und was nicht praktikabel wird" (Reckwitz 2008: 193). Diskurse und soziale Praktiken gelten Reckwitz insofern als zwei Seiten einer Medaille: als aneinander gekoppelte, von denselben kulturellen Codes strukturierte Bestandteile einer umfassenderen „Pra-xis/Diskursformation". Methodisch impliziert dieses Konzept die forschungsprag-matische Verknüpfung von sinnrekonstruierenden Verfahren der ethnographischen Beobachtung sozialer Praktiken, der Diskurs- und der historischen Kontextanaly-se – letzteres um Diskurse in ihrer Verknüpfung mit nichtdiskursiven Praktiken begreifen zu können. Das ist ein auch für umweltsoziologische Analysen attraktives Forschungsprogramm.

Jedes spezielle Feld von Praxis/Diskursformationen (Politik, Wirtschaft, Wissen-schaft, Partnerschaft etc.) hat, so Reckwitz, immer auch einen bestimmten „Subjek-tivierungseffekt", d. h. es bringt bestimmte Identitäten und Subjektformen hervor (Reckwitz 2006: 39 f). Individuen werden von Reckwitz nur als Träger solcher his-torisch sich verändernder Subjektkulturen betrachtet. Das gilt für die Praxistheorie zwar ganz generell. Für sie „sind die Subjekte in allen ihren Merkmalen Produk-te historisch und kulturell spezifischer Praktiken und sie existieren nur innerhalb des Vollzugs sozialer Praktiken" (Reckwitz 2003: 296); das ist aber keineswegs immer – insbesondere nicht bei Schatzki – mit einer derart konsequenten „Dezen-trierung des Subjekts" verbunden, wie bei Reckwitz. Bei ihm bringt die jeweils herr-schende Praxis/Diskursformation die für eine bestimmte Gesellschaft typischen und „akzeptablen" Formen der Subjekthaftigkeit hervor – so etwa die spezifische Form von utilitaristischer Rationalität und emotionaler Intimität der bürgerlichen Moder-ne. Praxis/Diskursformationen werden von Reckwitz allerdings nicht als homogene Einheiten betrachtet. Im Anschluss an Foucault begreift Reckwitz die aus diesen For-mationen erwachsenden Subjektkulturen vielmehr als heterogene, widersprüchliche kulturelle Felder, in denen die Codes unterschiedlicher Praxis/Diskursformationen miteinander konkurrieren. Subjektkulturen sind somit immer auch kulturell um-kämpfte Räume für die Akzeptanz oder Nichtakzeptanz bestimmter Subjektfor-men. Das lässt sich sinnvoll in die Analyse der Transformation von Lebensstilen und der kulturellen Auseinandersetzung um die Definition neuer, „nachhaltiger Wohlstandsmodelle" einbringen.

Reckwitz wird in Abbildung 1 aufgrund seines kulturtheoretischen Verständ-nisses sozialer Praktiken und historischer Praxis/Diskursformationen dem linken, an „Sinn" und kollektiven Wissensordnungen orientierten Spektrum des Felds praxistheoretischer Ansätze zugeordnet. Er bezieht zwar technische und naturale Elemente in seine Analyse sozialer Praktiken mit ein, thematisiert diese jedoch vom Pol der sinnhaften Strukturierung gesellschaftlicher Praxiszusammenhänge aus. Da seine Analyse darüber hinaus deutliche poststrukturalistische Züge aufweist und Subjektivität, die spezifische Form individuellen Handelns, nur als Produkt gesell-schaftlicher Praxis/Diskursformationen in den Blick gerät, wird Reckwitz im linken unteren Quadranten verortet.

Die strukturelle Färbung seines Ansatzes wird allerdings nicht nur durch die Annahme der widersprüchlichen Verknüpfung unterschiedlicher kultureller Codes in den einzelnen Praxisfeldern gebrochen. Reckwitz betont auch die in den sozialen Praktiken selbst angelegte „Unberechenbarkeit", die dem inhärenten „Konservatis-mus" routinisierter Praktiken ein „anarchisches" Element und eine „Offenheit für kulturellen Wandel" hinzufügt (Reckwitz 2003: 294 ff). Diese Offenheit sieht Reck-witz (a) in den „Überraschungen des Kontextes", (b) in der „Zeitlichkeit" des prakti-schen Handelns, die immer mit Zukunftsungewissheit und Sinnverschiebungen der Praktiken einhergehe, (c) in der nur losen und oft widersprüchlichen Koppelung von Praxiskomplexen sowie (d) in der Überschneidung verschiedener Wissensformen innerhalb der einzelnen Subjekte begründet. Diese Offenheit sozialer Praktiken für sozialen Wandel schafft den Anschluss für pragmatistische Ansätze innerhalb des praxistheoretischen Felds, die hier als letzte Position skizziert werden sollen.

Kreative, praktische Problemlösungen: Der pragmatistische Ansatz

Pragmatismus in der Tradition von Charles S. Peirce, William James, John Dewey und George H. Mead sowie die Praxistheorien überschneiden sich in mehrfacher Hinsicht (Hörning 2004, Schubert 2009). In beiden Strömungen steht das praktische Handeln im Mittelpunkt. Beide gehen davon aus, dass Kriterien für ‚richtige' Erkenntnis wie für ‚richtiges' Handeln nicht von einem externen (in der ‚reinen' Vernunft oder in den empirischen ‚Objekten' liegenden) Standpunkt aus, sondern nur aus der prakti-schen Auseinandersetzung mit der Welt gewonnen werden können. Beide teilen die Einsicht, dass wir immer schon „in die Welt verwickelt" sind (Bourdieu), dass sich unsere Wirklichkeitsdeutungen, unsere Wahrheits- und Angemessenheitskriterien aus dieser praktischen „Verwicklung" speisen – und das heißt im Normalfall aus dem „praktischen Bewusstsein" unhinterfragter Überzeugungen und Handlungsroutinen. Nicht zuletzt teilen beide den Anspruch, die unfruchtbaren Dualismen zwischen Subjekt und Objekt, Realismus und Idealismus, Individuum und Struktur durch die Annahme eines im praktischen Handeln verankerten, rekursiven Prozesses der wechselseitigen Konstitution von Subjekt und Objekt, von individuellem Handeln und gesellschaftlichen Strukturen, zu unterlaufen. Dass diese theoretische Verwandtschaft mit dem Pragmatismus in den bisher diskutierten praxistheoretischen Ansätzen trotzdem nur wenig erkennbar ist, hat vermutlich mit der Selbstreferentialität soziologischer Theoriedebatten und der Dominanz strukturalistischer oder poststrukturalistischer Ansätze zu tun, auf die sich Bourdieu, Giddens und Reckwitz kritisch beziehen.

Die Besonderheit des Pragmatismus liegt demgegenüber darin, dass er weniger die Handlungsroutinen, die ‚inkorporierten' gesellschaftlichen Strukturen, als vielmehr das *kreative, experimentelle Handeln* bei der Entwicklung praktischer Problemlösungen betont (Joas 1992). Stehen bei Peirce, James und Dewey zunächst Fragen der pragmatistischen, auf die experimentelle Lösung praktischer Probleme bezogene Reformulierung des Erkenntnisprozesses im Vordergrund, so wird diese Perspektive in der *Chicago School of Sociology* und dem daraus hervorgehenden Symbolischen Interaktionismus auch auf genuin soziologische Fragestellungen übertragen. Grundlegend ist dabei „die Vorstellung der zirkulären Prozesshaftigkeit des Handelns" (Schubert 2009: 348 f): Ausgangspunkte sind die in der Lebenswelt immer schon gegebenen Bedeutungen und Handlungsgewohnheiten. Im Handlungsprozess entstehen aber ständig Handlungshemmungen, Probleme und Konflikte, die die bisher unhinterfragten Annahmen und Routinen herausfordern. Wenn diese Handlungsblockaden nicht mehr durch eingespielte Handlungsmuster bewältigt werden können und daraus Unsicherheiten oder Krisenerfahrungen erwachsen, werden unter Rückgriff auf kulturelle Handlungsrepertoires neue Lösungen experimentell erprobt. Wenn sich diese bewähren, werden sie wiederum habitualisiert und institutionalisiert. „Soziale Ordnung" wird aus dieser Perspektive als – immer nur vorübergehend – stabilisiertes Ergebnis kommunikativer Verhandlungs- und Rekonstruktionsprozesse verstanden, „sozialer Wandel" als historisch offener Prozess der kollektiven Bewältigung von Problemlagen, die sich immer wieder als nicht intendierte Folgen der komplexen Verknüpfung lokaler, situativer Problemlösungen ergeben (Joas 1992).

Für das praxistheoretische Verständnis umweltsoziologischer Fragen verschiebt diese pragmatistische Perspektive die Aufmerksamkeit von reproduktiven auf konstruktive, problemlösungsbezogene Aspekte sozialer Praktiken. Das Bemühen um Problemlösungen – seien dies Antworten auf Herausforderungen, die sich mit der ökologischen Veränderungen von Alltagspraktiken, mit der durch ökologische Folgeprobleme erzwungenen Umstellung landwirtschaftlicher Bewirtschaftungsformen oder mit der Renaturierung industriell genutzter und verseuchter Böden stellen – ist immer eine in ihrer Grundstruktur experimentelle, für Lernprozesse offene Interaktion mit den verschiedenen Faktoren oder Elementen, die für die jeweilige Problemsituation von Bedeutung sind. Für die Wissenschafts- und Techniksoziologie haben Andrew Pickering (1995) und Werner Rammert (2007) dieses

Modell der „experimentellen Interaktivität" nutzbar gemacht. Pickering verdeutlicht dies anhand von Laborexperimenten, die einen *dance of agency* zeigen, der in der ständigen Wechselwirkung von Widerstand und Anpassung sowohl die Intentionalitätsstrukturen des Subjekts als auch das (von uns erfahrene) Objekt ständig verändert. Rammert (1999) zeigt an einem Beispiel des Umgangs mit Überschwemmungen am Brahmaputra, dass sich sowohl die traditionellen Praktiken der einheimischen, bengalischen Bewohner der Flusslandschaft als auch die der westlichen Wasserbauingenieure, bei allen Differenzen, plausibel mit dem Prinzip der „experimentellen Interaktivität" beschreiben lassen. Eine ähnliche Ausrichtung verfolgt das von Groß, Hoffmann-Riem und Krohn (2005) entwickelte Konzept des „Realexperiments", das anhand einer Reihe unterschiedlicher Fallbeispiele zeigt, dass „rekursives Lernen" einen zentralen Stellenwert für ökologische Gestaltungsprozesse in modernen Risiko- und Wissensgesellschaften besitzt (vgl. auch Groß 2010).

Was die Verortung dieser Ansätze im praxistheoretischen Feld (Abbildung 1) betrifft, so lassen sie sich eindeutig dem rechten, oberen Quadranten zuordnen. Zum einen verknüpfen sie die Herausbildung sozialer Praktiken theoretisch mit der experimentellen, interaktiven Suche nach Lösungen für handlungspraktische Probleme. Diese ‚experimentelle Interaktivität' bezieht zum anderen aber auch die materiellen Gegebenheiten als Ko-Agenten konstitutiv in den wechselseitigen Formierungsprozess von Subjektivität und Objektivität, in die Stabilisierung wie die Restrukturierung sozialer Praktiken mit ein.

Basisannahmen des praxistheoretischen Zugangs

Die knappe Rekonstruktion des heterogenen Spektrums praxistheoretischer Ansätze beansprucht keineswegs, die unterschiedlichen Positionen in diesem Feld erschöpfend zu markieren. Die Intention war vielmehr, anhand einiger zentraler Vertreter die integrierenden theoretischen Grundannahmen, aber auch die konzeptionelle Auffächerung dieses Theoriefelds deutlich zu machen. Diese integrierenden Basisannahmen sollen noch einmal stichwortartig resümiert werden (vgl. Abbildung 2):

1. „Soziale Praktiken" werden als elementare Einheit des Sozialen gesehen. Gesellschaftliche Phänomene wie Sprache, Deutungssysteme, Handlungsrationalitäten, Normen, aber auch Organisationen und soziale Strukturen werden als Elemente, Hervorbringungen oder Verknüpfungen unterschiedlicher „Felder sozialer Praktiken" betrachtet.

2. Soziale Praktiken stellen eine koordinierte Einheit von Aktivitäten dar, die durch ein „inkorporiertes", kollektiv geteiltes „praktisches Verstehen" und Know-how in mehr oder weniger routinisierter Weise organisiert wird. Dem Körper wird dabei eine zentrale, vermittelnde Rolle zwischen Geist/Sinn, Aktivitäten und sozialen Prozessen zugesprochen. Reproduktion und Transformation sozialen Lebens beruht auf der erfolgreichen *performance* dieses „inkorporierten" Wissens.

3. Soziale Praktiken werden in neueren praxistheoretischen Ansätzen darüber hinaus auch als materiell (technisch und natural) vermittelte Verknüpfung von Aktivitäten – als *practice-arrangement nexuses* – gesehen, wenn auch die Handlungsfähigkeit (agency) der involvierten technischen und naturalen Elemente unterschiedlich interpretiert wird.

4. Die Festlegung auf soziale Praktiken als Basiseinheit soziologischer Analyse legt ein „dezentriertes" Verständnis von Subjektivität, Rationalität und Normativität nahe (Reckwitz) – was autonome Handlungsfähigkeit nicht ausschließt.

5. Die relational miteinander verknüpften, mehr oder weniger institutionalisierten Felder sozialer Praktiken entwickeln sich in einem durch konkurrierende ‚Praxislogiken' und ‚kulturelle Codes' sowie durch die ungleiche Verteilung von Ressourcen und Macht strukturierten ‚sozialen Raum'. (Dieser ‚strukturierte' Macht- und Konfliktaspekt bleibt allerdings bei Schatzki wie bei den pragmatistischen Ansätzen unterbelichtet.)

6. „Sozialer Wandel" wird als weitgehend ungesteuertes Produkt der Dynamik sozialer Praktiken, ihrer Verknüpfungen und Nebenfolgen gesehen. Wandel wird u. a. auf die im Gefüge sozialer Praktiken und Wissensordnungen sich überlappenden unterschiedlichen sozialen Logiken, auf die symbolischen Kämpfe um Kapitalien und Positionen im jeweiligen Feld, auf evolutionäre Verschiebungen in den *practice-arrangement nexuses* sowie auf die Offenheit und Kreativität sozialer Praktiken zurückgeführt. Letzteres wird angesichts permanenter ‚Überraschungen des Kontextes' als eine zentrale Voraussetzung für ‚erfolgreiches' praktisches Handeln betrachtet und ermöglicht auch gezieltes, experimentelles Lernen im Umgang mit Technik und Natur.

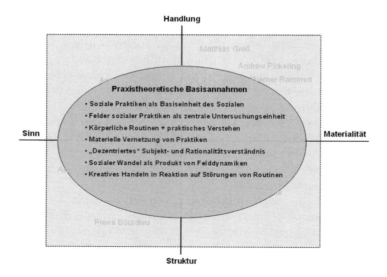

Abbildung 2   Basisannahmen des praxistheoretischen Zugangs

Was dieser Zugang für die umweltsoziologische Forschung bedeutet, wurde bei den einzelnen Autoren immer wieder angedeutet. Unterschiedliche Ansätze setzten dabei unterschiedliche Akzente. Gemeinsam ist allen, dass sie die jeweilige Form und Verknüpfung sozialer Praktiken in den unterschiedlichen Praxisfeldern zum Ausgangspunkt der Untersuchung machen. Die zentrale methodische Herausforderung besteht dann zum einen darin, den „praktischen Sinn" zu rekonstruieren, der die in den verschiedenen Handlungsfeldern miteinander verknüpften Praktiken integriert und der im Normalfall zur Reproduktion bestehender, strukturell verfestigter Muster der Umwelt- und Naturnutzung führt. Zum anderen geht es darum, die – durch historische Pfadabhängigkeiten vorstrukturierten – Prozesse der Rekonfiguration von Praktiken und Praxisfeldern zu untersuchen, die sich als Reaktion auf die Erschütterung eingespielter Handlungsroutinen ergeben, sei es als Folge von Umweltkatastrophen, von medial dramatisierten Umweltrisiken oder skandalisierten Umweltpraktiken. Dabei brechen die in den etablierten Diskurs/Praxisformationen implizierten Widersprüche auf und bieten den im kulturellen Repertoire vorhandenen heterodoxen Positionen und Praktiken bessere Durchsetzungschancen. Inwieweit sich in diesen Auseinandersetzungen umweltfreundlichere sozio-materielle Praxis-Arrangements herausbilden und strukturell stabilisieren können, ist dann eine offene, von vielen Kontextbedingungen abhängige Frage.

Der Nutzen praxistheoretischer Perspektiven: Fallbeispiel „Agrarwende"

Um diese Skizze des praxistheoretischer Zugangs zu umweltsoziologischen Fragestellungen nicht im Abstrakten zu belassen, soll diese Forschungsperspektive abschließend in Bezug auf ein Fallbeispiel diskutiert werden – die 2001 in Reaktion auf den ersten BSE-Fall in Deutschland proklamierte „Agrarwende". Einen zentralen Stellenwert für diesen vergleichsweise radikalen Kurswechsels in der deutschen Agrar- und Verbraucherpolitik besaß die geplante starke Ausweitung des Öko-Sektors in Produktion, Handel und Konsum (von 3 Prozent auf 20 Prozent innerhalb von zehn Jahren). Dem diente u. a. die Einführung eines neuen, an EU-Standards orientierten staatlichen Bio-Siegels im September 2001. Was waren die Ergebnisse? Diese Frage verfolgte eine interdisziplinäre Studie, die die Veränderung von Handlungsorientierungen und Handlungspraktiken in diesem Bereich entlang der gesamten Akteurskette, von den Landwirten über die Lebensmittelverarbeitung und den Handel bis hin zu den Konsumenten mit einem multiperspektivischen Theorie- und Methodenansatz untersuchte (vgl. Brand 2006a, 2006b)?

1.   Die Politik der Agrarwende hat „Bio" deutlich aufgewertet. Damit hat sich auch der Markt für Bio-Produkte erheblich dynamisiert. Seit 2003 wächst dieser Markt kontinuierlich mit zweistelligen Wachstumsraten von 10–20 Prozent; erst die Finanz- und Wirtschaftskrise 2009 brachte einen gewissen Einbruch. Wie die Konsumentenbefragungen gezeigt haben, wurde das mit der Einführung des neuen Bio-Siegels und den begleitenden Öffentlichkeitskampagnen

verfolgte Ziel einer die „Agrarwende" begleitenden „Konsumwende" allerdings nur sehr partiell erreicht. Günstiger gewordene Bio-Produkte wurden
meist nur in bestehende Konsumpraktiken eingebaut.

2. Als entscheidender Motor für die Dynamisierung des Bio-Markts hat sich das
    neue staatliche Bio-Siegel erwiesen. Mit seiner Einführung sollte die verwir-
    rende Vielfalt von Öko-Verbandslabel beseitigt und eindeutige, staatlich ga-
    rantierte Mindeststandards gesichert werden. Wie sich zeigte, veränderte es
    zugleich aber auch die gesamte Struktur des Bio-Markts. Traditionell wurde
    diese Branche – neben dem Direktvertrieb – durch zwei Vertriebsketten ge-
    prägt: (a) durch die kleine, weltanschaulich geprägte, regional orientierte Bio/
    Naturkost-Kette und (b) die großbetriebliche Kette der konventionellen Le-
    bensmittelwirtschaft, die seit den 1990er Jahren eigene Bio-Marken, wenn auch
    mit marginalem Stellenwert, aufgebaut hatte. Im alternativen Naturkostsek-
    tor führte die Aufwertung von „Bio" nun *zum einen* zu einem beschleunigten
    Wachstum von Bio-Supermärkten, die die kleinen Naturkostläden sukzessive
    vom Markt verdrängen. Die vergleichsweise hohen Gewinnspannen, die sich
    abzeichnenden hohen Wachstumsraten sowie die mit dem staatlichen Bio-Sie-
    gel ermöglichte Ausweitung der Beschaffungsmärkte für Bio-Rohstoffe ließen
    den Bio-Markt *zum anderen* aber auch für den konventionellen Lebensmitte-
    leinzelhandel attraktiv werden. Insbesondere der massive Einstieg der Dis-
    counter löste eine erhebliche Dynamik am Bio-Markt aus, der sowohl von der
    Beschaffungs- wie von der Käuferseite her die vorher klar markierten Grenzen
    zwischen den beiden Ketten auflöste.

3. Was die Landwirte betrifft, so hat sich durch die Ausweitung der Beschaf-
    fungsmärkte die Wettbewerbssituation verschärft. Vom konventionellen Han-
    del werden Betriebe bevorzugt, die größere Einheiten in möglichst gleicher
    Qualität liefern können. Das setzt die wertorientierten, eher kleinbäuerlichen
    Strukturen des Öko-Landbaus unter Druck und erzwingt auch in diesem
    Bereich Ökonomisierungs- und Differenzierungsprozesse. Die gesellschaftli-
    che Aufwertung von „Bio" und die rasche Expansion des Bio-Markts gingen
    deshalb im traditionellen Öko-Sektor nur mit einer sehr moderaten Auswei-
    tung einher. Der wachsende Bio-Markt in Deutschland wird vor allem von
    ausländischen Anbietern bedient. Insgesamt erzeugte die neue Dynamik des
    Bio-Markts einen Anpassungsdruck an die Strukturen der konventionellen
    Lebensmittelwirtschaft.

Welchen Beitrag könnte die praxistheoretische Perspektive zum (besseren) Verständnis der skizzierten Ergebnisse liefern? Übersetzt man die Ergebnisse der Studie in
ein praxistheoretisches Vokabular, so geht es bei der „Agrarwende"-Programma-
tik – im Rückgriff auf erprobte, bislang aber gesellschaftlich marginalisierte Bio-
Praktiken – um die kulturelle Re-Codierung der Qualität von Lebensmitteln („nur
die hinter ‚Bio' stehenden Produktionsbedingungen garantieren ‚wirkliche' Qualität
von Lebensmitteln") wie um die Reorganisation der mit diesen neuen Qualitätskriterien verknüpften sozio-materiellen Konstellationen im Rahmen von Produktions-,

Distributions- und Ernährungspraktiken. Aus praxistheoretischer Perspektive interessiert dann vorrangig, wie sich die öffentliche Debatte und die diversen Maßnahmen der „Agrarwende"-Politik auf die einzelnen Praxisfelder ausgewirkt haben, ob Handlungsroutinen aufgebrochen werden konnten, wie dies reflektiert wurde, ob und wie neue Elemente in Handlungspraktiken eingefügt und diese auch ihrem „impliziten Sinn" nach umstrukturiert wurden – und welche neue Ambivalenzen und Widersprüchlichkeiten sich daraus ergeben haben (auch in der Verknüpfung mit anderen Praxisfeldern). Darüber hinaus interessieren die symbolischen Kämpfe, die Auf- und Abwertungen der ökologischen und konventionellen Praktiken in den verschiedenen Praxisfeldern (Produktion, Handel, Konsum/Lebensstile) sowie die damit verbundenen Verschiebungen in ihrem relationalen Gefüge. Abbildung 3 ersucht diesen praxistheoretischen Fokus auf die „Agrarwende" mit Blick auf das Praxisfeld häuslicher Ernährung zu visualisieren. Für die Bio-Landwirtschaft oder den Bio-Handel würde das jeweils etwas anders aussehen.

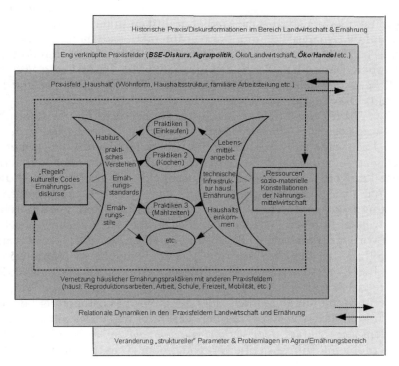

Abbildung 3   Praxistheoretische Perspektive auf die „Agrarwende": Praxisfeld häusliche Ernährung

Liegt die Stärke des praxistheoretischen Zugangs in der detaillierten ethnografischen Beschreibung der Verschiebungen und Restrukturierungen im unmittelbaren

Praxisfeld häuslicher Ernährung (oder anderer Felder), so tun sich diese Ansätze offenbar etwas schwerer mit Faktoren, die sowohl für das Zustandekommen der „Agrarwende"-Politik, als auch für ihren (begrenzten) wirtschaftlichen Erfolg von entscheidender Bedeutung waren: (a) öffentliche Risikodiskurse, (b) Politikprozesse und (c) Marktdynamiken.

Die massenmediale Skandalisierung von BSE und der damit verbundenen landwirtschaftlichen Produktionspraktiken war die entscheidende Ursache für den kurzfristigen Zusammenbruch des Rindfleischmarkts und die Delegitimierung überkommener politischer Regulierungspraktiken. Sie führten auch auf der individuellen Handlungsebene zum Bewusstwerden von Widersprüchen – z. B. zwischen dem Bedürfnis nach preiswertem Fleischkonsum (= Massentierhaltung) und der Empörung über nicht „artgerechte" Formen der Tierhaltung. Im Anschluss an Reckwitz lässt sich zwar die Resonanz bestimmter Risikodiskurse durch die Analyse impliziter Wissensformen und widersprüchlicher kultureller Codes verständlich machen. Praxistheoretische Ansätze können Diskurse auch als Kämpfe um symbolisches Kapital oder als spezifische Medienpraktiken untersuchen. Ihr Fokus liegt aber nicht auf der Analyse kommunikativer Interaktionsdynamiken, auf der Frage, wie spezifische Problemrahmungen in öffentlichen Definitionskämpfen sozial konstruiert werden. Darauf haben sich diskursanalytische Ansätze und Verfahren unterschiedlicher Art spezialisiert (siehe hierzu den Beitrag von Keller und Poferl in diesem Band). Die Praxistheorie bleibt in dieser Hinsicht diffus.

Ähnliches gilt für die Analyse der durch die Einführung des staatlichen Bio-Labels in Gang gesetzten Marktdynamik. Ökonomische, an der Logik des Markts orientierte Theorieinstrumente liefern hierfür eingängigere Erklärungen als praxistheoretische Ansätze. Dasselbe trifft auf die Ebene politischer Verhandlungen, Koalitionsbildungen, Governance und Steuerung zu. Ob und inwieweit die durch Skandale und Krisendiskurse geöffneten *windows of opportunity* Chancen für die Durchsetzung neuer politischer Rahmenbedingungen bieten, warum es also, auf die „Agrarwende" bezogen, möglich war, eine „grüne" Agenda durchzusetzen und zumindest vorübergehend neue, durchsetzungsfähige Koalitionen zu schmieden, lässt sich mithilfe der üblichen, an strategischem Handeln orientierten politikwissenschaftlichen Untersuchungsansätze differenzierter diskutieren als im Rahmen praxistheoretischer Ansätze.

Damit wird noch einmal deutlich, dass der Fokus praxistheoretischer Forschungen auf den komplexen, feldspezifischen Verknüpfungen des alltäglichen „Tuns" liegt, auf dem *doing culture, doing technology, doing nature,* auf der Analyse routinisierter wie problemlösungsorientierter, von einem „praktischen Verstehen" geleiteter sozialer Praktiken. Wie Giddens, Bourdieu und Reckwitz zeigen, lassen sich aus praxistheoretischer Perspektive zwar auch anspruchsvolle Makro-Theorien der Modernisierung formulieren. Sobald der Ansatz empirisch wird, ist er allerdings zwangsläufig auf ethnografische Studien überschaubarer Praxisfelder beschränkt. Hier entfaltet er seine größte Stärke – auch und vor allem im Einbezug der ‚materiellen' Arrangements in soziale Praxisgefüge. In diesem Bereich bietet die praxistheoretische Perspektive auch die größten Lösungspotentiale für die theoretischen

Dilemmata, die sich aus den isoliert, an einzelnen Faktoren ansetzenden Erklärungs-versuchen der Widersprüche und Ambivalenzen sozial-ökologischer Transforma-tionsprozesse ergeben (siehe zweiter Abschnitt oben) Diese Vorteile kommen bei der Analyse massenmedialer Diskursdynamiken, aber auch von institutionellen und or-ganisationsspezifischen Entwicklungslogiken (Markt, Politik, internationale Regime etc.) offensichtlich sehr viel weniger zur Geltung. Auch „strukturelle" Weiterungen in den Makrobereich bleiben meist unscharf oder werden nur abstrakt, nach sehr unterschiedlichen Strukturmodellen, auf der gesellschaftstheoretischen Ebene for-muliert – wobei es keine Rolle spielt, ob der Strukturbegriff dann, wie bei Schatzki, durch ein netzwerktheoretisches Vokabular ersetzt wird. Will der praxistheoretische Ansatz seinen Kern nicht preisgeben, so muss er zwar darauf insistieren, dass insti-tutionelle Strukturen permanent „gemacht", in der komplexen Vernetzung sozialer Praktiken und Praxisfelder tagtäglich reproduziert und zugleich verändert werden. Das beugt jedem Struktur-Objektivismus vor. Auf empirischer Ebene ist dieses weit-gespannte, von alltäglichen Routinehandlungen bis zu historischen Verschiebungen globaler, sozio-materieller Praxiskonstellationen reichende Forschungsprogramm gleichwohl kaum einzulösen. Methodisch liegt seine Stärke vielmehr in der detail-lierten Analyse der Entstehung, Stabilisierung und Veränderung sozialer Praktiken im Gefüge spezifischer Praxisfelder. Die ökologische Transformation solcher Praxis-gefüge, sei es im Ernährungs-, Energie-, Wohn- oder Mobilitätsbereich, im Bereich von Landnutzungs- oder Gewässerregulierungspraktiken, stellt insofern ein ideales Anwendungsfeld praxistheoretischer Ansätze dar.

Weiterführende Literatur

Hörning, Karl und Julia Reuter (Hrsg.) (2004): *Doing Culture. Neue Positionen zum Verhältnis von Kultur und sozialer Praxis*. Bielefeld: transcript.

Reckwitz, Andreas (2003): Grundelemente einer Theorie sozialer Praktiken: Eine sozialtheo-retische Perspektive. *Zeitschrift für Soziologie* 32 (4): 282–301.

Schatzki, Theodore, Karin Knorr-Cetina und Eike von Savigny (Hrsg.) (2001*): The Practice Turn in Contemporary Theory*. London: Routledge.

Schatzki, Theodore (2010): Materiality and Social Life. *Nature and Culture* 5 (2): 123–149.

Shove, Elizabeth (2003): *Comfort, Cleanliness and Convenience: The Social Organisation of Normality*. London: Berg.

Zitierte Literatur

Beck, Ulrich (1986): *Risikogesellschaft. Auf dem Weg zu einer anderen Moderne*. Frankfurt a. M.: Suhrkamp.

Bourdieu, Pierre (1979): *Entwurf einer Theorie der Praxis auf der ethnologischen Grundlage der kabylischen Gesellschaft*. Frankfurt a. M.: Suhrkamp.

Bourdieu, Pierre (1982): *Die feinen Unterschiede: Kritik der gesellschaftlichen Urteilskraft*. Frank-furt a. M.: Suhrkamp.

Bourdieu, Pierre (1987): *Sozialer Sinn: Kritik der theoretischen Vernunft*. Frankfurt a. M.: Suhrkamp.

Bourdieu, Pierre (1989): Antworten auf einige Einwände. In: Eder, Klaus (Hrsg.), *Klassenlage, Lebensstil und kulturelle Praxis*. Frankfurt a. M.: Suhrkamp, 395–410.

Brand, Karl-Werner (Hrsg.) (2006a): *Die neue Dynamik des Bio-Markts: Folgen der Agrarwende im Bereich Landwirtschaft, Handel, Konsum und Ernährungskommunikation*. München: Oekom Verlag.

Brand, Karl-Werner (Hrsg.) (2006b): *Von der Agrarwende zur Konsumwende? Die Kettenperspektive*. München: Oekom Verlag.

Brand, Karl-Werner (2008): Konsum im Kontext: Der „verantwortliche Konsument" – ein Motor nachhaltigen Konsums? In: Lange, Hellmuth (Hrsg.), *Nachhaltigkeit als radikaler Wandel: Die Quadratur des Kreises?* Wiesbaden: VS Verlag, 71–93.

Brand, Karl-Werner (2009): „Systems of Provision" und nachhaltiger Konsum – Erklärungskraft eines systemischen Ansatzes. In: Weller, Ines (Hrsg.), *Systems of Provision & Industrial Ecology: Neue Perspektiven für die Forschung zu nachhaltigem Konsum*, Artec-paper Nr. 162. Universität Bremen, 9–40.

de Haan, Gerd und Udo Kuckartz (1996): *Umweltbewusstsein: Denken und Handeln in Umweltkrisen*. Opladen: Westdeutscher Verlag.

Diekmann, Andreas (1996): Homo Ökonomicus: Anwendungen und Probleme der Theorie rationalen Handelns im Umweltbereich. In: Diekmann, Andreas und Carlo C. Jäger (Hrsg.), *Umweltsoziologie*. Sonderheft 36 der Kölner Zeitschrift für Soziologie und Sozialpsychologie. Opladen: Westdeutscher Verlag, 89–118.

Ebrecht, Jörg und Frank Hillebrandt (Hrsg.) (2004): *Bourdieus Theorie der Praxis: Erklärungskraft, Anwendung, Perspektive*. Wiesbaden: VS Verlag.

Ernst, Andreas (1997): *Ökologisch-soziale Dilemmata: Psychologische Wirkmechanismen des Umweltverhaltens*. Weinheim: Beltz.

Featherstone, Mike (1991): *Consumer Culture and Postmodernism*. London: Sage.

Fine, Ben und Ellen Leopold (1994): *The World of Consumption*. London: Routledge.

Flaig, Berthold, Thomas Meyer und Jörg Ueltzhöffer (1993): *Alltagsästhetik und politische Kultur: Zur ästhetischen Dimension politischer Bildung und politischer Kommunikation*. Bonn: Dietz.

Giddens, Anthony (1979): *Central problems in social theory: Action, structure and contradiction in social analysis*. London: Macmillan.

Giddens, Anthony (1988): *Die Konstitution der Gesellschaft: Grundzüge einer Theorie der Strukturierung*. Frankfurt a. M., New York: Campus.

Giddens, Anthony (1990): *The Consequences of Modernity*. Cambridge, MA: Polity Press.

Giddens, Anthony (1996): Leben in einer posttraditionalen Gesellschaft. In: Beck, Ulrich, Anthony Giddens und Scott Lash (Hrsg.), *Reflexive Modernisierung. Eine Kontroverse*. Frankfurt a. M.: Suhrkamp, 113–194

Groß, Matthias (2006): *Natur*. Bielefeld: transcript.

Groß, Matthias, Holger Hoffmann-Riem und Wolfgang Krohn (2005): *Realexperimente: Ökologische Gestaltungsprozesse in der Wissensgesellschaft*. Bielefeld: transcript.

Groß, Matthias (2010): *Ignorance and Surprise: Science, Society and Ecological Design*. Cambridge, MA: The MIT Press.

Hillebrandt, Frank (2009): Praxistheorie. In: Kneer, Georg und Markus Schroer (Hrsg.), *Handbuch soziologische Theorien*. Wiesbaden: VS Verlag, 369–394.

Hörning, Karl (2004): Soziale Praxis zwischen Beharrung und Neuschöpfung: Ein Erkenntnis- und Theorieproblem. In: Hörning, Karl und Julia Reuter (Hrsg.), *Doing Culture: Neue Positionen zum Verhältnis von Kultur und sozialer Praxis*. Bielefeld: transcript, 19–39.

Hörning, Karl und Julia Reuter (Hrsg.) (2004): *Doing Culture. Neue Positionen zum Verhältnis von Kultur und sozialer Praxis*. Bielefeld: transcript.

Huber, Josef (2004): *New Technologies and Environmental Innovation*. Cheltenham: Edward Elgar.

Jackson, Tim (2005): *Motivating Sustainable Consumption: a review of the evidence on consumer behaviour and behavioural change: A report to the Sustainable Development Research Network.* London: Policy Studies Institute.

Joas, Hans (1992): *Die Kreativität des Handelns.* Frankfurt a. M.: Suhrkamp.

Kollmuss, Anja und Julian Agyeman (2002): Mind the Gap: Why do People act Environmentally and what are the Barriers to Pro-environmental Behavior? *Environmental Education Research* 8 (3): 239–260.

Lange, Hellmuth (2005): Lebensstile – der sanfte Weg zu Nachhaltigkeit? In: Michelsen, Gerd und Jasmin Godemann (Hrsg.), *Handbuch Nachhaltigkeitskommunikation: Grundlagen und Praxis.* München: Oekom, 160–172.

Latour, Bruno (1991): Technology is Society Made Durable. In: Law, John (Hrsg.), *A Sociology of Monsters: Essays on Power, Technology and Domination.* London: Routledge, 103–131.

Marx, Karl (1969 [1888]): Thesen über Feuerbach. In: *MEW*: Band 3, Berlin: Dietz Verlag.

Matthies, Ellen (2005): Wie können PsychologInnen ihr Wissen besser an die PraktikerIn bringen? Vorschlag eines neuen integrativen Einflussschemas umweltgerechten Alltagshandelns. *Umweltpsychologie* 9 (1): 62–81.

Opaschowski, Horst (2001): *Deutschland 2010. Wie wir morgen leben und arbeiten: Voraussagen der Wissenschaft zur Zukunft unserer Gesellschaft.* Hamburg: Germa Press Verlag.

Pickering, Andrew (1995): *The Mangle of Practice: Time, Agency and Science.* Chicago: The University of Chicago Press.

Rammert, Werner (1999): Weder festes Faktum noch kontingentes Konstrukt: Natur als Produkt experimenteller Interaktivität. *Soziale Welt* 50 (3): 281–296.

Rammert, Werner (2007): *Technik – Handeln – Wissen: Zu einer pragmatistischen Technik- und Sozialtheorie.* Wiesbaden: VS Verlag.

Reckwitz, Andreas (2000): *Die Transformation der Kulturtheorien – Zur Entwicklung eines Theorieprogramms.* Weilerswist: Velbrück.

Reckwitz, Andreas (2003): Grundelemente einer Theorie sozialer Praktiken: Eine sozialtheoretische Perspektive. *Zeitschrift für Soziologie* 32 (4): 282–301.

Reckwitz, Andreas (2004): Die Entwicklung des Vokabulars der Handlungstheorien: Von den zweck- und normorientierten Modellen zu den Kultur- und Praxistheorien. In: Gabriel, Manfred (Hrsg.), *Paradigmen der akteurszentrierten Soziologie.* Wiesbaden: VS Verlag, 303–328.

Reckwitz, Andreas (2006): *Das hybride Subjekt.* Weilerswist: Velbrück.

Reckwitz, Andreas (2008): Praktiken und Diskurse. In: Kalthoff, Herbert, Stefan Hirschauer und Gesa Lindemann (Hrsg.), *Theoretische Empirie – Zur Relevanz qualitativer Forschung.* Frankfurt a. M.: Suhrkamp, 188–209.

Reusswig, Fritz (1994): *Lebensstile und Ökologie. Gesellschaftliche Pluralisierung und alltagsökologische Entwicklung unter besonderer Berücksichtigung des Energiebereichs.* Frankfurt a. M.: Verlag für interkulturelle Kommunikation.

Rink, Dieter (Hrsg.) (2002): *Lebensstile und Nachhaltigkeit: Konzepte, Befunde und Potentiale.* Opladen: Leske + Budrich.

Ritzer, George (1975): Sociology: A Multiple Paradigm Science. *The American Sociologist*, Vol. 10 (3): 156–167.

Schatzki, Theodore (1996): *Social Practices: A Wittgensteinian Approach to Human Activity and the Cocial.* Cambridge, MA: Cambridge University Press.

Schatzki, Theodore (1997): Practices and Actions: A Wittgensteinian approach to human activity and the social. *Philosophy of the Social Sciences* 27 (3): 283–308.

Schatzki, Theodore (2001): Introduction. In: Schatzki, Theodore, Karin Knorr Cetina und Eike von Savigny (Hrsg.), *The Practice Turn in Contemporary Theory.* London: Routledge, 1–14.

Schatzki, Theodore (2002): *The Site of the Social: A Philosophical Account of the Constitution of Social Life and Change*. University Park, PA: The Pennsylvenia State University Press.

Schatzki, Theodore (2010): Materiality and Social Life. *Nature and Culture* 5 (2): 123–149.

Schatzki, Theodore, Karin Knorr Cetina und Eike von Savigny (Hrsg.) (2001): *The Practice Turn in Contemporary Theory*. London: Routledge.

Schubert, Hans-Joachim (2009): Pragmatismus und Symbolischer Interaktionismus. In: Kneer, Georg und Markus Schroer (Hrsg.), *Handbuch soziologische Theorien*. Opladen: VS Verlag, 345–367.

Schulze, Gerhard (1992): *Die Erlebnisgesellschaft. Kultursoziologie der Gegenwart*. Frankfurt a. M.: Campus.

Shove, Elizabeth (2003): *Comfort, Cleanliness and Convenience: The Social Organisation of Normality*. London: Berg.

Shove, Elizabeth, Matthew Watson, Martin Hand und Jack Ingram (2007): *The Design of Everyday Life*. Oxford: Berg.

Southerton, Dale, Heather Chappels and Bas van Vliet (Hrsg.) (2004): *Sustainable Consumption: The Implications of Changing Infrastructures of Provision*. Cheltenham: Edward Elgar.

Statistisches Bundesamt (2010): *Nachhaltige Entwicklung in Deutschland: Indikatorenbericht 2010*. Wiesbaden.

Umweltbundesamt (Hrsg.) (2009): *Umweltbewusstsein und Umweltverhalten der sozialen Milieus in Deutschland*. Dessau.

Vester, Michael, Peter von Oertzen, Heiko Geiling, Thomas Hermann und Dagmar Müller (1993): *Soziale Milieus im gesellschaftlichen Strukturwandel: Zwischen Integration und Ausgrenzung*. Köln: Bund-Verlag.

Vester, Michael, Michael Hofmann und Irene Zierke (Hrsg.) (1995): *Soziale Milieus in Ostdeutschland: Gesellschaftliche Strukturen zwischen Zerfall und Neubildung*. Köln: Bund-Verlag.

World Wide Fund for Nature (WWF) (2007): *Europe 2007: Gross Domenstic Product and Ecological Footprint*. Brussels, URL: http://www.footprintnetwork.org/images/uploads/europe_2007_gdp_and_ef.pdf. Stand: 05.09.2010.

Umweltdiskurse und Methoden der Diskursforschung

Reiner Keller und Angelika Poferl

Einleitung

Die häufig international vergleichend ansetzende Analyse von Umwelt-, Risiko- und Technikdiskursen – beispielsweise des Klimawandel-Diskurses – bildet einen wichtigen Bestandteil umweltsoziologischen Forschens. Dabei ist eine eindeutige disziplinäre Zuordnung kaum möglich. Umweltdiskursforschung entfaltet sich in Überschneidungszonen zwischen Soziologie, Politikwissenschaften, Medienwissenschaften und Sprachwissenschaften. Die Analyse solcher ‚Umweltdiskurse' zielt auf verschiedene Ebenen der gesellschaftlich-diskursiven Konstruktion der Umwelt-Wirklichkeit. Sehr grundlegend nimmt sie die konfliktreichen Prozesse der diskursiven Strukturierung von gesellschaftlichen Naturverhältnissen, Umweltproblemen und Gestaltungsmodellen im Medium des Wissens und in gesellschaftlichen Auseinandersetzungen in den Blick. Spezifischer untersucht sie die Dimensionen und Karrieren thematisch abgrenzbarer Diskurse, fragt nach den Akteuren, Prozessen, Katalysatoren und Hindernissen des *Agenda Settings*, nach Erklärungen für die nach wie vor sehr unterschiedlichen gesellschaftlichen Resonanzen von ‚Umweltthemen' und nach den institutionellen Folgen von wirksamen oder gescheiterten gesellschaftlichen Kämpfen um die Anerkennung von Umweltproblemen. Gerade weil die Diskussion über Umweltprobleme stark von (wissenschaftlichem) Wissen (und Nichtwissen) abhängig ist bzw. sich um die Frage der Herstellung, Anerkennung und Folgen von entsprechenden Wissensbeständen dreht, bietet sich ein diskursorientierter Zugang an. Der nachfolgende Beitrag erläutert zunächst die wichtigsten Ausgangskontexte der Umweltdiskursforschung. Im Anschluss daran werden theoretische Grundpositionen und grundlegende methodische Schritte vorgestellt. Ein folgender knapper Überblick verdeutlicht Vorgehensweisen und wichtige Ergebnisse der Umweltdiskursforschung. Abschließend werden zukünftige Fragen und Problemstellungen skizziert.

Ausgangssituation und Hintergründe

Der im Folgenden benutzte Begriff der ‚Umweltdiskurse' umfasst die Untersuchung von Diskursen über menschliche Naturverhältnisse, die Risiken und Chancen von alten und neuen Technologien, die Zerstörung natürlicher Lebensgrundlagen u. a. m. Entsprechende gesellschaftspolitische Debatten und Konflikte lassen sich in den westlich-kapitalistischen Ländern spätestens seit Anfang der 1960er Jahre beobachten. Um die Wende zu den 1970er Jahren gewinnen sie stark an gesellschaftlicher Resonanz, nicht zuletzt angestoßen durch den Bericht des *Club of Rome* über die „Grenzen des Wachstums" und die erste Ölkrise. Auch das enorm gestiegene Wohlfahrtsniveau in den westlichen Nachkriegsgesellschaften – einhergehend mit postmaterialistischen Werteinstellungen – spielt dafür eine wichtige Rolle. Hinzu kommen die in einigen westlichen Ländern sehr aktive Anti-AKW-Bewegung sowie die in ihrem Kontext entstehenden breiteren Umweltbewegungen und Grünen Parteien. *Last but not least* tragen auch internationale Konferenzen – allen voran: die *United Nations Conference on the Human Environment* in Stockholm 1972 – , institutionelle Probleme im Umgang mit den neuen Müll-Folgen des Wohlstandswachstums sowie großkatastrophische Ereignisse – die Fast-Havarie von *Three Miles Island* oder die Freisetzung von Giftgasen im indischen Bhopal 1984, die enorme Todesopfer forderte – dazu bei, dass Umweltthemen in den Medien dauerhafte Präsenz erreichen und sich die Zivilgesellschaft zunehmend engagiert. So entsteht ein dichtes Geflecht an engagierten Akteuren und aufgegriffenen Anlässen, um das Thema ,Umwelt' auf die öffentlichen Agenden der westlichen Industriegesellschaften zu setzen und dort zu halten. Dabei wird schnell deutlich, dass die Resonanzen des Themas und die Art und Weise, wie ,Umweltprobleme' gesellschaftlich verhandelt werden, sich sehr stark von Land zu Land unterscheiden. Während dies zunächst in Forschungen über soziale Bewegungen als Frage nach den historischen Traditionen und aktuellen politischen Gelegenheitsstrukturen diskutiert wird (siehe dazu auch die Beiträge von Brand sowie Markham in diesem Band), setzt Ende der 1980er und Anfang der 1990er Jahre sowohl international wie auch im deutschen Sprachraum eine vergleichende sozialwissenschaftliche Analyse von Umwelt- und Risikodiskursen ein. Diese Studien fragten nicht nur nach den sozialen Bewegungen, sondern nahmen umfassendere Akteurskonstellationen und in gesellschaftlichen Arenen verhandelte Probleme sowie Problemlösungen in den Blick.[1] Insbesondere die soziologische Diskussion über divergierende gesellschaftliche Risikolagen, -wahrnehmungen und -bearbeitungen lieferte wichtige Bezugsrahmen für solche Forschungen. Zu den wichtigsten Beiträgen gehörten dabei sicherlich Ulrich Beck (1986) mit seiner 1986 erschienenen Zeitdiagnose der „Risikogesellschaft", die systemtheoretischen Reflexionen von Niklas Luhmann (1986) aus dem selben Jahr zur „Ökologischen Kommunikation", die bereits 1984 erschienen organisationssoziologischen Analysen von Charles Perrow über „Normale Katastrophen" und die Beiträge der *Cultural Theory* von Mary Douglas und Aaron Wildawski zum Zusammenhang von „Risk and Culture" aus dem Jahre 1982 (siehe hierzu auch den Betrag von Sellke

---

1 ·   Vgl. dazu allgemein Lau (1989) sowie Eder (1988, 1996). Zur Analyse von „Ozon-Diskursen" siehe Litfin (1994), zu Diskursen über Sauren Regen in Großbritannien und den Niederlanden Hajer (1995), zu Mülldebatten in Deutschland und Frankreich Keller (2009), zum Klimadiskurs Viehöver (1997), zur „Ökologischen Kommunikation in Deutschland" Brand et al. (1997), zur Diskussion über Gentechnologie Gottweis (1998), zu US-amerikanischen Diskursen über Nuklearenergie Gamson und Modigliani (1989), die verschiedenen Beiträge in Darrier (1999), die empirischen Studien von Yearley zur Globalisierung entlang der Klima- und Ozondebatten, zu sozialen Bewegungen, Kontroversen um die Bohrplattform Brent Spar (z. B. Yearley 1992, 1996, 2009).

und Renn im vorliegenden Band). So erklärte beispielsweise die Cultural Theory in der Tradition Emile Durkheims die unterschiedliche Resonanz von Umwelt- und Risikothemen durch verschiedene sozialstrukturelle Organisationsmuster, die mit jeweils spezifischen Weltsichten einhergehen würden (vgl. Keller und Poferl 1998). Zwei weitere Forschungszweige müssen hier erwähnt werden: die kommunikationswissenschaftliche Medienforschung und die meist psychologisch verankerte Risikokommunikationsforschung. Die kommunikationswissenschaftliche Medienforschung untersucht(e) Themenkonjunkturen der Umweltdebatte und wies u. a. je nach Standpunkt der Protagonisten nach, dass ‚zu viel' oder ‚zu wenig' über Umweltthemen in den deutschen Massenmedien berichtet werde. Während die einen beklagten, Nachrichtenwerte würden das Negative, den Skandal, die Übertreibung in der Berichterstattung begünstigen und deswegen die Umweltproblematik übertreiben, sahen die anderen eine ungenügende, der Komplexität der Phänomene nicht angemessene ereignisbezogene und flüchtige Berichtskultur am Werke (vgl. zum Überblick Keller 1997). Die Risikokommunikationsforschung untersucht(e) das Verhältnis von Anlage und Inhalten medialer und organisatorischer Kommunikationsprozesse und die Rezeption dieser Kommunikationen durch die Bürger und Bürgerinnen. Sie konstatierte dabei Nimby-Phänomene (*not in my backyard*), ‚übertriebene' Angstorientierungen, mangelnde argumentative Rationalitäten, unterschiedliche Risikoeinschätzungen durch Experten und Laien u. v. a. mehr.[2] Die Diskursforschung nimmt zu solchen Forschungsperspektiven eine deutlich andere Position ein, die weiter unten vorgestellt wird.

Folgt man den vorliegenden englischsprachigen Überblickswerken zur soziologischen Umweltforschung und einigen exponierten Beiträgen wichtiger Protagonisten der Umweltsoziologie, dann zeigt sich schnell eine sehr ambivalente Einschätzung der Diskursperspektive. So weist Dunlap (2010, siehe dazu auch den Beitrag von Dunlap in diesem Band) darauf hin, die europäische Umweltsoziologie folge tendenziell einer stärkeren konstruktivistischen und nunmehr agnostizistischen Perspektive, welche sich auf symbolisch-ideelle und kulturelle Bereiche der Umweltthematik konzentriere. Sie würde damit insgesamt die tatsächlichen materialen Umweltprobleme ausblenden, wenn nicht gar diskreditieren und die materiale Ebene der Interaktionsprozesse zwischen Mensch bzw. menschlichen Gesellschaften und ihren natürlichen Umwelten ignorieren. Sie arbeite dadurch den ‚Bremsern' und ‚Leugnern' der Umweltprobleme in die Hände. Umgekehrt sei die Analyse der entsprechenden materialen Prozesse und ihrer sozio-materiellen Verflechtungen ein Schwerpunkt der nordamerikanischen umweltsoziologischen Forschung. In der Einschätzung Dunlaps ist das der wünschenswerte Ansatz, und deswegen der einzige, der tatsächlich für sich beanspruchen könne, ‚Umweltsoziologie' im umfassenden Wortsinne zu betreiben. Entsprechend finden sich sowohl

---

2   Siehe hierzu auch die zahlreichen Arbeiten zur Risikokommunikation und Wahrnehmung der 1991–2008 bestehenden Programmgruppe Mensch-Umwelt-Technik (MUT) am Forschungszentrum Jülich, insbesondere diejenigen von Peter Wiedemann und Hans Peter Peters (zum Überblick Ruhrmann 2003).

in der aktuellen Version des *International Handbook of Environmental Sociology* (Redclift und Woodgate 2010) sowie wie auch im *Handbook of Environmental Sociology* (Dunlap und Michelson 2002) keine Beiträge, ja mitunter nicht einmal kleinste Hinweise auf die soziologischen Forschungen über Umweltdiskurse. Umgekehrt stellt der Rekurs auf den Diskursbegriff und die sozialkonstruktivistische Perspektive eines der Hauptargumente in der Vorstellung der „Environmental Sociology" bei Hannigan (2007: 53 ff.) dar, einem (allerdings) kanadischen Soziologen. Belege für die Bedeutung der Diskursperspektive in der Umweltforschung finden sich neben den in Fußnote 1 erwähnten Studien auch bei Cox (2010), Feindt und Oels (2005), Hajer und Versteeg (2005), Keller (2005: 279 ff.), MacNaghten und Urry (1998), Poferl (2004) und vielen anderen.

Der vorliegende Beitrag formuliert in dieser Diskussionslage ebenfalls ein klares Votum für die Berücksichtigung von Diskursen. Es kann unseres Erachtens nicht darum gehen, das Label der „Umweltsoziologie" nur für Analysen der ‚materialen gesellschaftlichen Umweltbeziehungen' zu reservieren. Wenn wir mit dem Rekurs auf die Ebene der symbolischen Ordnungen, des Wissens, der „gesellschaftlichen Konstruktion der Wirklichkeit" (Peter Berger und Thomas Luckmann) an klassische soziologische Positionen anschließen, die sich bis auf Karl Marx zurückverfolgen lassen, dann deswegen, weil die symbolische Konstituiertheit menschlicher Weltverhältnisse auch und gerade für das Erkennen, Behaupten und Prozessieren von Materialitäten von grundlegender Bedeutung ist. Dass das Argument der ‚Konstruiertheit' im politischen Konflikt auch gegen Umweltanliegen eingesetzt werden kann, reicht nicht aus, die Forschungsperspektive der Diskursforschung insgesamt zu diskreditieren, ganz genauso wie der Nachweis fehlerhafter naturwissenschaftlicher Szenarien in der Klimaforschung nicht die naturwissenschaftliche Analyse der Problematik insgesamt ad absurdum führt. Im Gegenteil kann die Diskursforschung entsprechende Positionierungen zum Anlass nehmen, ihre Analyseperspektiven weiter zu schärfen. Umweltdiskurse sind gesellschaftliche Realität, tatsächliche menschliche, organisatorische, institutionelle Praxis und also soziologischer Untersuchungsgegenstand – ebenso wie die davon ausgehenden Effekte für die menschlichen Naturverhältnisse.

Theoretische Grundlagen und Perspektiven der Diskursforschung

In den Sozialwissenschaften besteht ein Grundkonsens darüber, dass die Beziehungen der Menschen zur Welt durch kollektiv erzeugte symbolische Sinnsysteme oder Wissensordnungen vermittelt werden. In Analysen der gesellschaftlichen Bedeutung von Wissen und symbolischen Ordnungen haben in den letzten Jahrzehnten die Begriffe des *Diskurses*, der *Diskurstheorie* und der *Diskursanalyse* enorm an Bedeutung gewonnen.[3] Dies gilt vor allem für die breite Rezeption der Arbeiten von

---

3   Siehe hierzu die Einführungen von Howarth (2001) und Keller (2010) sowie die dort angegebene
     weiterführende Literatur.

Michel Foucault, der in seinem 1969 erschienenen Buch „Archäologie des Wissens" Diskurse als Praktiken definierte, die das erzeugen, von dem sie sprechen, und der ein anschließendes umfangreiches Programm der Untersuchung „diskursiver Formationen" vorschlug. In nachfolgenden Arbeiten betonte er den diskursiven Nexus von Wissen und Macht sowie die Bedeutung diskursiver Kämpfe um die Deutung von Situationen, Handlungsweisen, Problemlagen (Keller 2008). Zwar theoretisch anders begründet, aber im Gegenstandsbezug durchaus mit ähnlichen Forschungsinteressen richteten auch wichtige Vertreter des Symbolischen Interaktionismus ihr Augenmerk auf die Analyse gesellschaftlicher Definitionskonflikte, vor allem in öffentlichen Arenen und mit Blick auf die „Karriere" sozialer Probleme (Schetsche 1996) im gesellschaftlichen „Diskursuniversum" – ein Begriff, mit dem die pragmatistischen Begründer dieser Theorie die Ebenen, Inhalte und Prozesse des von sozialen Kollektiven in ihrer Praxis des Zeichengebrauchs erzeugten Sinnhorizontes bezeichneten (Keller 2005: 66 ff.).

Im Zentrum der Diskurstheorien und der daran anschließenden Diskursforschung steht die Analyse soziokultureller Strukturierungen und institutioneller Regulierungen von Aussagepraktiken und deren performative, Wirklichkeit konstituierende Macht. Während *Diskurstheorien* theoretische Grundlagenperspektiven auf die diskursiven Prozesse der sprach- bzw. zeichenförmige Konstitution des ‚Welt-Wissens' entwickeln, konzentriert sich die sozialwissenschaftliche Diskursforschung auf deren empirische Untersuchung. Mit dem Begriff der Diskursanalyse wird in diesen Zusammenhängen allerdings keine spezifische Methode, sondern eine *Forschungsperspektive* auf besondere, eben als Diskurse begriffene Forschungsgegenstände bezeichnet. Was darunter konkret verstanden wird und welche Forschungsziele damit verbunden werden, hängt von der disziplinären und theoretischen Einbettung ab. Trotz der Heterogenität diskursanalytischer und -theoretischer Ansätze können vier Merkmale als kleinste gemeinsame Nenner der Verwendung des Diskursbegriffs festgehalten werden:
Sozialwissenschaftliche Diskurstheorien und Diskursanalysen

1. beschäftigen sich mit dem tatsächlichen Gebrauch von Sprache und anderen Symbolformen in gesellschaftlichen Praktiken;
2. betonen, dass im praktischen Zeichengebrauch der Bedeutungsgehalt von Phänomenen als ‚Wissen' sozial konstruiert und diese damit in ihrer gesellschaftlichen Realität konstituiert werden;
3. unterstellen, dass sich einzelne Sprach- bzw. Aussageereignisse als Teile einer umfassenderen Diskursstruktur verstehen lassen, und gehen
4. davon aus, dass die entsprechenden diskursiven Strukturierungen der Produktion, Zirkulation und Transformation von gesellschaftlichen Wissensordnungen rekonstruierbaren Prozessen des Deutens und Handelns unterliegen.

Die Konjunktur diskursorientierter Theoriebildungen und Forschungen zeigt sich eindrucksvoll in verschiedenen sozial- und geisteswissenschaftlichen Disziplinen, beispielsweise in Geschichts-, Sprach-, Literatur- und Politikwissenschaften oder der

Soziologie (vgl. Keller u. a. 2010, 2011). Der Bezug auf den Begriff „Diskurs" erfolgt dann, wenn sich die theoretischen Perspektiven und die Forschungsfragen auf die materiale Konstitution und Konstruktion von Welt im konkreten Zeichengebrauch, auf zugrunde liegende Strukturierungen der Bedeutungs(re)produktion und auf die gesellschaftlichen Effekte dieser Prozesse beziehen. Diskurse lassen sich als soziohistorische Versuche verstehen, verbindliche Wissens- und Praxisordnungen in sozialen Kollektiven zu institutionalisieren. Diskurstheorien bzw. Diskursanalysen sind wissenschaftliche Unternehmungen zur Untersuchung der damit angesprochenen Prozesse.

Bezieht man diese Perspektive auf das Feld der Umwelt- und Risikodiskursforschung, dann werden damit mehrere Aspekte von Umweltproblemen betont: So geht es erstens darum, dass solche Probleme, ihre Wahrnehmung, Leugnung und Bearbeitung in Gestalt von Zeichen und Wissen in Erscheinung treten. D. h. sie werden sprachlich, bildlich, auch im Rückgriff auf Messwerte usw. entfaltet, und es handelt sich immer um Aussagen, die Wahrheits- und Richtigkeitsansprüche aufstellen, verbunden mit normativen bzw. moralischen Urteilen sowie Einschätzungen von Handlungsdringlichkeiten, -zuständigkeiten u. a. mehr. Die Art und Weise, wie Umweltprobleme im Gebrauch von Zeichen und Symbolen ‚konstruiert' werden, liegt auch den gesellschaftlichen Maßnahmen (institutioneller, organisatorischer, infrastruktureller, praktischer Art) zugrunde, die zu ihrer Bearbeitung ergriffen (bzw. nicht ergriffen) werden. Die Rede von der *diskursiven Konstruktion der Umweltwirklichkeit* (vgl. Poferl 2004) bedeutet keine Leugnung ihrer tatsächlichen Realität, sondern richtet ihre Aufmerksamkeit auf Formen, Inhalte, Praktiken und Prozesse, in denen Umweltprobleme auf den gesellschaftlichen Agenden in Erscheinung treten. Eine Diskursperspektive einzunehmen, bedeutet zudem – und darauf hat vor allem Michel Foucault aufmerksam gemacht – , eine Sensibilisierung dafür, dass solche diskursiven Konstruktionen von Wirklichkeit immer machtdurchsetzte Prozesse sind. Tatsächlich lässt sich im Anschluss an Foucault (oder wenn man will: Friedrich Nietzsche, an den Foucault anschließt) ‚Wissen' nicht ‚der Macht' gegenübersetzen. Wissen, d. h. die Behauptung einer bestimmten Art und Weise der Wirklichkeit, ist selbst unmittelbar mit Machtwirkungen ausgestattet, Macht und Wissen bilden einen fest verknoteten Komplex. Mit anderen Worten: es handelt sich hier um einen ‚Einsatz' in gesellschaftlichen Problematisierungskämpfen, in denen unterschiedliche – und unterschiedlich interessierte – Akteure oder Akteurskonstellationen miteinander in Konkurrenz um die ‚richtige' Definition der Umweltsituation treten.

Diskursperspektiven nehmen also – und hier trifft sich der Foucaultsche Ansatz mit der soziologischen Tradition des Symbolischen Interaktionismus – gesellschaftliche Auseinandersetzungen in unterschiedlichen Arenen, zwischen unterschiedlichen Akteuren in den Blick, die ihrerseits auf sehr verschiedene Ressourcen (des Wissens, des Einflusses, des Entscheidungsvermögens) rekurrieren. Gleichzeitig bewahren sie davor, hier vorschnell eindeutige pauschale Interessenlagen und ‚Verschwörungen' zu unterstellen; vielmehr betrachten sie die Bestimmung von Interessen und ihrer Verfolgung selbst als Teil der diskursiven Prozesse.[4] Schließlich sensibilisieren Diskursperspektiven dafür, dass die Bestimmung von Problemen und Lösungen in vielfach verflochtenen und verschachtelten gesellschaftlichen Aushandlungsprozessen stattfindet, deren Ergebnisse oder Effekte selten von einzelnen Beteiligten kontrolliert werden. Begriffe wie „Nachhaltigkeit" oder „Umweltfreundlichkeit" beispielsweise werden sehr unterschiedlich mit Bedeutung und Praxis gefüllt, und gerade die Analyse der entsprechenden ‚praktisch-diskursiven Füllungen' liefert einen wichtigen Beitrag zur gesellschaftlichen Selbstreflexion darüber, wie weit die Umweltproblematik in das gesellschaftliche Institutionengefüge und damit in die „raum-zeitlichen Strukturierungen" (Anthony Giddens) des Sozialen eingebaut ist bzw. wie sie dazu beiträgt, dieses zu verändern.

Zu den Mechanismen, über die entsprechende raum-zeitliche und soziale Strukturierungen die gesellschaftliche Umweltwirklichkeit beeinflussen, gehören sicherlich Infrastrukturen oder „Dispositive" (Michel Foucault), etwa Gesetze, Grenzwertfestlegungen, Forschungseinrichtungen, Technikentwicklungen, Produktkennzeichnungen, Nachweisverfahren, Steuerinstrumente und Kontrollapparate. Dazu gehören auch die Formen der Umwelt-Gouvernementalität, d. h. die Art und Weise, wie das Handeln der Einzelnen in Bezug auf Umweltfragen orientiert, angeleitet wird, bis hin zur Konstitution des Selbstverhältnisses als ‚umweltfreundlicher Bürger', der positive bzw. negative Umwelteffekte seines Tuns bei all seinen Handlungen in Rechnung stellt (Poferl 2004).[5] Alles in allem wird damit deutlich, dass eine so verstandene soziologische Diskursperspektive keineswegs nur ‚Sprachverwendung', ‚Rhetorikanalyse' oder ‚bloßes Geplapper' untersucht, sondern gerade die verschlungenen Verwicklungen zwischen Sagen (dem Sagen als Tun) und dem Tun sowie den darin eingewobenen Gegenständlichkeiten in den Blick nimmt. Obwohl dies bislang wenig diskutiert ist, bestehen hier deutliche Anschlusspunkte zur Akteur-Netzwerk-Theorie (siehe dazu auch den Beitrag von Peuker in diesem Band). Zudem wird hier ein breiter Rückgriff auf weitere Ansätze der qualitativen Sozialforschung möglich, die bislang in der umweltsoziologischen Forschung noch nicht in ihrem tatsächlichen Potential genutzt wird, um beispielsweise über ethnographische Analysen von Alltagswirklichkeiten und organisatorischen Kontexten die vielfältigen Brüche und Übersetzungen in den Blick zu nehmen, die sich hinter den Programmatiken und Praktiken der ‚Nachhaltigkeit', des ‚Umweltschutzes' usw. verbergen. Der Diskursbegriff wird damit auf die Analyse gesellschaftlicher Wissensverhältnisse und Wissenspolitiken bezogen.

---

4   Damit wird die Notwendigkeit der sozioökonomischen Analyse von Produktions- und Konsumptionslogiken unter den Bedingungen real existierender Wirtschaftssysteme keineswegs bestritten.

5   Der Begriff der „Gouvernementalität" geht ebenfalls auf Michel Foucault zurück, der damit neuzeitliche ‚Regierungsformen' bezeichnet, die wesentlich auf die Selbstanleitung der Einzelnen zu spezifischen Verhaltensweisen setzen (vgl. Keller 2008 und die dort angegebene Literatur). Neuere sozialwissenschaftliche Untersuchungen haben vor allem die gouvernementale Maxime des „unternehmerischen Selbst" (Bröckling 2007) in den Blick genommen. In Verbindung mit Umweltfragen beziehen sich Beiträge in Darier (1999) auf das Konzept der Gouvernementalität.

Aus der Sicht einer solchen Diskursperspektive erübrigt sich letztlich die häufig gestellte politikwissenschaftliche Frage *Does Discourse Matter?* (Feindt und Oels 2005). Den Hintergrund dieser Fragestellung bildet in den Politikwissenschaften der Gegensatz zwischen dem ‚Argumentieren' und dem ‚Verhandeln' (Prittwitz 1996). Verhandeln ist demnach eine Art der Problembearbeitung, bei der Interessen und (Macht-)Ressourcen wie Mehrheiten, Koalitionenbildungen, gesetzliche und/oder finanzielle Druckmittel etc. eine wichtige Rolle spielen. Dem ist das ‚Argumentieren' gegenübergestellt, bei dem es um den Austausch von Gründen, Begründungen, also um argumentativ hergestellte Lösungen geht. In diesem, an die Habermasschen Positionen (s. u.) erinnernden Ansatz spielt ‚der Diskurs' dann eine Rolle, wenn Argumente eine Veränderung von Verhandlungsergebnissen bewirken. Aus Sicht der hier verfolgten allgemeinen Diskursperspektive sind Diskurse natürlich immer relevant, weil sie die grundlegende Art und Weise der Welt- und Problemsicht (einschließlich gesehener und nicht gesehener Handlungsmöglichkeiten) konstituieren.

Sozialwissenschaftliche Diskurstheorien und Diskursanalysen unterscheiden sich in ihrer Bezugnahme auf Sprach- bzw. Zeichengebrauch von den sozialwissenschaftlichen Beschäftigungen mit Sprache in der *Sprachsoziologie* oder der ethnomethodologisch bzw. sprachpragmatisch fundierten *Konversationsanalyse*. Sie interessieren sich weder für sozialstrukturelle Formungen der Sprachkompetenz noch für den Sprachgebrauch als Handlungsform oder -vollzug, wie dies etwa die aus der Konversationsanalyse hervorgegangene allgemeinere Sprachgebrauchsforschung, die *discourse analysis,* auch dann tut, wenn sie sich in mikroanalytischer Ausrichtung auf die situierte Sprachverwendung, deren kognitive Grundlagen und soziale Kontexteinbettung bezieht. Und im Unterschied zur mitunter als Diskurstheorie etikettierten *Diskursethik* von Jürgen Habermas geht es schließlich nicht um die Formulierung von Idealbedingungen für Argumentationsprozesse. Aufgrund der häufigen Erwähnung der Diskursethik bzw. von Prozessen der *Deliberation* im Rahmen umweltsozialwissenschaftlicher Forschungen soll hier die Abgrenzung zur letzteren noch etwas deutlicher ausgeführt werden.

Im Rahmen seiner „Theorie des kommunikativen Handelns" entwickelte Habermas (1981) die sprachphilosophisch fundierte Idee einer „idealen Sprechsituation", in welcher der Gebrauch von Sprache an verschiedenen „Geltungsansprüchen" (insbesondere der Wahrheit, Authentizität, normativen Richtigkeit) ausgerichtet ist. „Diskurse" im Habermasschen Verständnis sind dann besondere, zur Klärung spezifischer Probleme des Wissens, der Moral oder des Selbstverhältnisses eingerichtete ‚Diskussionsarrangements', in denen expliziter als im Alltag auf die Einhaltung der Geltungsansprüche durch besondere Verfahren geachtet wird. Dieses Diskursverständnis hat im deutschsprachigen Raum in Gestalt von Mediationsverfahren und Konsensgesprächen, im angelsächsischen Raum im pragmatistischen Begriff der Deliberation eine große Breitenwirkung entfaltet. Aus einer diskursorientierten Perspektive im hier vertretenen Sinne werden jedoch entsprechende Diskussionsveranstaltungen als Gegenstand der Untersuchung, nicht als Weg zur Problemlösung in den Blick genommen und im Hinblick auf die sich in ihnen und durch sie entfaltenden diskursiven Mechanismen untersucht (Keller und Poferl 2000).

Im Feld der sozialwissenschaftlichen Diskursforschung existieren mehrere Ansätze, die sich hinsichtlich ihrer theoretischen Grundlagen und methodischen Vorgehensweisen mehr oder weniger voneinander unterscheiden.[6] Zu den wichtigsten zählen zweifellos die Untersuchungen, die sich unmittelbar auf Michel Foucault und dessen grundlegende Arbeiten – insbesondere die *Ordnung der Dinge* (im Original 1966), die *Archäologie des Wissens* (im Original 1969) und die *Ordnung des Diskurses* (im Original 1972) – beziehen (Foucault 1974a, 1974b, 1988).[7] Foucault hatte darin vorgeschlagen, verschiedene Dimensionen diskursiver Formationen in den Blick zu nehmen, beispielsweise die Art und Weise der Begriffsbildung und der Positionierung gegenüber anderen Diskursen, auch die Zulassung und Qualifizierung von Sprechern u. a. m. Dabei konturiert er den Diskursbegriff in zweierlei Hinsicht: Einerseits insistiert er gegen die herkömmliche Ideengeschichte auf der Diskontinuität und Materialität der gesellschaftlichen Erzeugung von Wissen durch die Verwendung von Sprache. Gleichzeitig verweist er auf die empirische, diskursiv regulierte Sprachverwendung in Aussageereignissen bzw. konkreten Äußerungen als Schlüssel zur Analyse der Diskurse. Unausgearbeitet blieben dabei jedoch der Stellenwert sozialer Akteure und das forschungspraktische Vorgehen. Entsprechend nehmen die nachfolgend genannten Ansätze spezifische Weiterführungen der Foucaultschen Anregungen vor.

Ein zweiter, eher sprachwissenschaftlich ausgerichteter Schwerpunkt versteht sich als Kritische Diskursanalyse (im Anschluss an Norman Fairclough und Ruth Wodak in Großbritannien sowie Siegfried Jäger in Deutschland). Unter dem Etikett der *Critical Discourse Analysis (CDA)* bzw. der *Kritischen Diskursanalyse* arbeiten diese Autor und Autorinnen an Verknüpfungen von linguistischen und sozialwissenschaftlichen Perspektiven. Dabei steht neben den wissenschaftlichen Interessen gleichwertig das Ziel einer emanzipatorischen Aufklärung durch Sprach-, Ideologie- und Praxiskritik und daran anschließende Verbesserungsvorschläge (Fairclough 1995, Chouliaraki und Fairclough 1999, Wodak und Meyer 2001, Jäger 2009).

Seit Mitte der 1980er Jahre haben drittens die PolitikwissenschaftlerInnen Chantal Mouffe und Ernesto Laclau Beiträge zu einer postmarxistischen und poststrukturalistischen Diskurstheorie vorgelegt. Sie knüpfen an Überlegungen Foucaults, stärker noch an Louis Althussers Ideologietheorie, Antonio Gramscis Hegemoniekonzept sowie an Jacques Lacans Subjekttheorie an. Laclau und Mouffe entfalten die Diskurstheorie als allgemeine Sozialtheorie der Konstruktion von individuellen und kollektiven Identitäten. Demnach existiert ,das Soziale' bzw. die Gesellschaft immer und notwendig als symbolische (Sinn-)Ordnung. Diese symbolischen Ordnungen umfassen sowohl konkrete, materiale Objekte, Praktiken und Subjektpositionen für menschliche Akteure. Die Beziehungen zwischen diesen Elementen werden durch Bedeutungszuschreibungen hergestellt; jede soziale Praxis ist eine Praxis der Sinn(re)

---

6   Neben den nachfolgend erwähnten Ansätzen wichtig sind Diskursperspektiven des Symbolischen Interaktionismus, der Bourdieuschen Theorie der Praxis oder der Cultural Studies. Vgl. dazu Keller (2010, 2005).

7   Vgl. einige Beiträge in Keller et al. (2010a, 2010b), Bublitz et al. (1999), Kendall und Wickham (1999) sowie Bührmann et al. (2007).

produktion. Diskurse sind Systeme von Differenzbildungen, d. h. von internen und außenbezogenen Abgrenzungen, die vorübergehend gesellschaftlich-institutionell stabilisiert wurden. Solche Prozesse der Sinnfestschreibung erfolgen in Praktiken der ‚Artikulation' durch gesellschaftliche Akteure; letztere können dadurch Diskurse stabilisieren, herausfordern und verändern. Die Diskurstheorie von Laclau und Mouffe mündet in eine Theorie des Politischen als dem gesellschaftlichen Arrangement von Artikulationspraktiken (vgl. Laclau und Mouffe 1991, Torfing 1999, Howarth 2001, Nonhoff 2007).

Mit dem Begriff der *Wissenssoziologischen Diskursanalyse* (Keller 2005) ist schließlich eine neuere, im deutschsprachigen Raum entfaltete und inzwischen breit rezipierte Perspektive der Diskursforschung bezeichnet, die ihren Ausgangspunkt in der soziologischen Wissenstheorie von Peter Berger und Thomas Luckmann nimmt und von dort aus einen Brückenschlag zwischen symbolisch-interaktionistischen Ansätzen der Diskursforschung und der Diskurstheorie von Foucault vorschlägt. Die WDA beschäftigt sich mit diskursiven Prozessen und Praktiken der Produktion und Zirkulation von Wissen auf der Ebene der institutionellen Felder und öffentlichen Arenen der Gegenwartsgesellschaften. Diskurse werden dabei als analytisch abgrenzbare und strukturierte Ensembles von Praktiken und Wissen (Deutungen) verstanden. Die eingearbeitete pragmatische Zeichentheorie des Wissens von Alfred Schütz, der Zeichengebrauch nicht als Sprechen analysiert, sondern als ‚Wissensverwendung' bzw. ‚Deuten', trägt dazu bei, die Diskursforschung stärker auf die Wissensanalyse hin zu profilieren. Gleichzeitig erlaubt sie den Anschluss an soziologische Akteurskonzepte, methodische Reflexionen und Analysestrategien der qualitativen Sozialforschung (Keller 2010, vgl. zu Anwendungen Keller und Truschkat 2011).

Vorgehensweisen und Methoden

Die Diskursperspektive formuliert zunächst ein je nach theoretischer Ausgangslage unterschiedlich akzentuiertes Forschungsprogramm. Anschließende methodische Umsetzungen müssen einerseits Konsistenz gegenüber diesem methodischen Programm aufweisen; andererseits richten sie sich immer auch nach den konkreten Fragestellungen; insgesamt folgen sie den Standards der empirischen Sozialforschung, sei es in ihrer quantitativen oder qualitativen Variante. So nutzen beispielsweise Umweltdiskursforschungen, die sich auf Medienberichterstattungen richten, vielfach Möglichkeiten der Korpuslinguistik bzw. der quantifizierenden (Inhalts-)Analyse, um Themenkonjunkturen und Veränderungen über Jahrzehnte oder im Ländervergleich anhand eines umfangreichen Datenkorpus zu analysieren (z. B. Grundmann und Krishnamurthy 2010, Ruhrmann 2001). Dies kann dann über Häufigkeitsauszählungen geschehen, und stärker noch über die Untersuchung von Korrelationen zwischen Begriffen, die zur Grundlage von Interpretationen werden. Stärker qualitativ setzen dagegen Untersuchungen an, die sich auf der Grundlage unterschiedlicher Datenformate (etwa Interviews, Dokumente, Beobachtungen) mit der diskursiven Konstitution der Wissensverhältnisse, deren raum-zeitlicher und sozialer Entfaltung sowie den Verflechtungen von Akteuren oder den komplexen Konjunkturen von Debatten beschäftigten (z. B. Hajer 1995, Keller 2009, Keller et al. 2010).

Jedes empirische Projekt der Diskursforschung bedarf zunächst einer Forschungsfrage und, unmittelbar daran anschließend, einer Klärung seiner diskurstheoretischen und damit auch -begrifflichen Grundlagen: Was soll je spezifisch unter einem Diskurs verstanden werden? Welche Analysekategorien werden in den Blick genommen? Welche Daten und Vorgehensweisen sind dafür geeignet? Die Knappheit von Ressourcen, aber mitunter auch die (Un-)Möglichkeiten des Datenzugangs zwingen zu Einschränkungen im Forschungsprozess. Im Zentrum des Vorgehens stehen überwiegend textförmige Daten, d. h. ‚natürliche‘ Aussageereignisse bzw. deren Protokolle. Durch die digitalisierte Verfügbarkeit einiger Dokumentsorten (wie Zeitungstexte bestimmter Verlage, für bestimmte Zeiträume; in jüngerer Zeit: Internetquellen wie Chat-Foren, Homepages von Verbänden usw.) werden manche Fragestellungen erleichtert; schwer zugängliche Dokumente – beispielsweise historische Texte, nicht-öffentliche Protokolle – zwingen dagegen zu umfangreicheren Archiv-Recherchen. Im Vorgehen müssen verschiedene Entscheidungen getroffen werden: Dazu zählen insbesondere das Problem der Eingrenzung von Untersuchungszeiträumen und -gegenständen, die Fragen der Eingrenzung und des Zusammenhangs des auszuwertenden Materials und das Problem der Zuordnung von Dokumenten/Praktiken bzw. einzelnen Inhalten zu Diskursen. Welche Auswertungsstrategie ist angemessen, um im Hinblick auf die verfolgten Fragestellungen begründete Aussagen über den oder die spezifisch interessierenden Diskurs(e) zu treffen? Wann ist alles Wichtige erfasst? Schließlich muss eine Einschätzung über den untersuchten Diskurs und den Stellenwert der Ergebnisse formuliert werden.

Wie die Arbeit am einzelnen Dokument vollzogen wird, ob beispielsweise sequenzanalytische Vorgehensweisen, die Methode der dokumentarischen Interpretation oder Verfahren kontrollierter Kategorienbildung zum Einsatz kommen, und wie sie mit Beschreibungen formaler Strukturen sowie externen Kontextdaten verknüpft werden, muss im Zusammenhang der spezifischen Fragestellung und der anvisierten Tiefenschärfe einer Untersuchung entschieden werden (Keller 2010, zur Kategorienbildung siehe auch Strauss und Corbin 1996). So bedarf eine historisch große Zeiträume umfassende Studie anderer Zugangsweisen als die synchron angelegte Beschäftigung mit aktuellen Diskursereignissen; das Vorgehen bei der Analyse umfangreicher Textdokumente (beispielsweise Sachbücher) erfordert einen anderen methodischen Ansatz als die Auswertung von Flugblättern, Printmedientexten, Diskussionsprotokollen oder Filmen.

Die erhobenen Daten dienen einerseits der Informationsgewinnung – beispielsweise über wichtige Ereignisse und Akteure in einem interessierenden Diskursfeld –; andererseits können an ihnen wichtige Elemente oder Dimensionen eines Diskurses herausgearbeitet werden, die nicht einfach auf der Oberflächenebene vorliegen bzw. durch die Nacherzählung der Inhalte eines Textes oder Interviews zutage gefördert werden. Beispiele dafür wären die genaue Rekonstruktion der Übersetzungsprozesse, die bestimmte Konzepte (etwa dasjenige der ‚Nachhaltigkeit‘) im Prozess ihrer diskursiven Verwendung durchlaufen, oder auch die Beziehungen zwischen verschiedenen argumentativen Bestandteilen einer Diskursposition. Deswegen müssen sich Diskursanalysen auf Detailanalysen einer mehr oder weniger großen Menge einzelner Aussageereignisse stützen. Deren Feinanalyse ist ein interpretativer Akt, der auf den Kompetenzen des bzw. der Forschenden beruht. Sie kann im Regelfall nicht alle Daten des Korpus einbeziehen, sondern muss eine systematisch reflektierte und begründete Auswahl von Texten oder Textteilen innerhalb des Korpus treffen. Dabei sollte auf eine gewisse Breite, aber auch Vergleichbarkeit der aus dem Korpus ausgewählten Daten geachtet werden: Ein Flugblatt kann nicht unvermittelt neben ein Sachverständigengutachten gestellt werden; eine Nachrichtenmeldung oder ein Kommentar unterscheiden sich beträchtlich von einer mehrseitigen journalistischen Reportage. Für diesen Schritt der kontrollierten Verdichtung des zu analysierenden Datenmaterials stehen mehrere Kriterien zur Verfügung. Dazu zählen die reflektierte Orientierung an Schlüsseltexten, -passagen, -akteuren und -ereignissen, deren Stellenwert aus dem Datenmaterial selbst herausgearbeitet werden kann. Weitere Selektionskriterien wären die Abdeckung des relevanten Akteurs- oder des massenmedialen Meinungsspektrums.

Mit den Fragen nach dem *inhaltlichen was* und *wie* sind die Wissens- bzw. Bedeutungsdimensionen einer Aussage bzw. eines Diskurses sowie die Modi ihres Erscheinens angesprochen. Die Verwendung von Sprache – Begriffe (Kategorien), Klassifikationen, Verbildlichungen (Graphiken), Metaphern, Argumente, Akteursmarker, Handlungsmarker usw. – verweist immer auf einen Bedeutungshorizont oder -kontext, in dem sie Sinn macht. Jede Verwendung von Sprache (und allgemeiner: Zeichen) legt also eine *spezifische* Existenz von weltlichen Phänomenen nahe. Die Erschließung der Wissensdimension muss die ursprünglichen Aussagen mehr oder weniger stark zergliedern, analytisch verdichten und typisieren. Zur Analyse der Deutungs- bzw. Wissensbausteine eines Diskurses gibt es zahlreiche Vorschläge, beispielsweise als ,Deutungsmuster', *story line* und ,Interpretationsrepertoire', als ,Schemata', *frames, framing and reasoning devices*, als ,narrative Strukturen', ,Tropen' und ,Topik', ,leere Signifikanten', ,Klassifikationen', ,Subjektpositionen' oder ,Phänomenstrukturen'. Die sozialwissenschaftliche Diskursforschung ist keine reine Textforschung: sie interessiert sich für den sozialen Zusammenhang von Sprach- bzw. Zeichengebrauch und Bedeutungsproduktion als Grundlage der Objektivierung gesellschaftlicher Wissensvorräte, also immer auch für Kontexte, Praktiken, Infrastrukturen, Akteure, Objekte, also all das, was Foucault unter dem Begriff des Dispositivs versammelt.

Dabei kann von der Frage ausgegangen werden, *wer wie wo* und für *wen* eine Aussage produziert. Festgehalten werden Positionen und Relationen von Aussageproduzenten und -rezipienten; die institutionellen *Settings* und deren Regeln; inszenierte und ,naturwüchsige' Ereignisse, die zu Anlässen für die Aussagenproduktion werden (z. B. Katastrophen); mediale Kontexte ihres Erscheinens (z. B. Fachbücher, populärwissenschaftliche Bücher, Zeitungen, Diskussionen, Fernsehreportagen, Internet u. a. m.); allgemeinere gesellschaftliche Kontexte (ökonomische, wissenschaftliche, soziokulturelle Konjunkturen); schließlich auch bestehende Machtkonstellationen eines diskursiven Feldes.

Mit den erwähnten Konzepten sind zunächst nur Anhaltspunkte der Wissensanalyse für die sozialwissenschaftliche Diskursforschung benannt. Doch wie kann man sich die konkrete Arbeit am Datenmaterial vorstellen? Für die aufeinander folgenden und bezogenen Auswahlschritte von Einzeldaten zur Feinanalyse in qualitativ orientierten Diskursanalysen bieten sich Hilfestellungen der *Grounded Theory* (Strauss und Corbin 1996) an. Zunächst spielen dabei vor allem *das theorieorientierte Sampling* und die Prinzipien der minimalen bzw. maximalen Kontrastierung eine wichtige Rolle. Dabei geht es darum, die Erhebung und Auswahl der für die Feinanalyse heranzuziehenden Dokumente aus dem Forschungsprozess selbst heraus zu begründen: Man beginnt mit einem ‚bedeutsam erscheinenden‘ Dokument, analysiert es und sucht dann innerhalb des Datenkorpus (bzw. im Rahmen einer folgenden Datenerhebung) nach einem dazu stark unterschiedlichen (maximale Kontrastierung) oder vergleichsweise ähnlichen (minimale Kontrastierung) Diskursereignis. Der Auswahlprozess wird durchgeführt, bis zusätzliche Analysen keinen Erkenntnisgewinn über das Gesamtkorpus bzw. die daran gestellten Forschungsfragen mehr ergeben. Die Ergebnisse der Detailanalysen werden dann zu Gesamtaussagen über den oder die Diskurse aggregiert.

Für die Einzelanalyse sind weitere Vorschläge der Grounded Theory hilfreich. Dazu zählen die Konzepte des *Kodierens,* der *Kommentare* und der *Memos.* Deren Einsatz erfolgt nicht in freier Assoziation, sondern bezogen auf die jeweiligen forschungsleitenden Frageinteressen. Die verschiedenen Strategien der (qualitativen) *Kodierung* zielen auf die begriffliche Verdichtung einzelner Textpassagen innerhalb von Dokumenten und auf die Gewinnung von Kategorien aus dem Material heraus. In *Kommentaren* kann festgehalten werden, nach welchen Gesichtspunkten ein bestimmtes Teilergebnis formuliert wurde. Als *Memos* werden mehr oder weniger umfangreiche Notizen während des Untersuchungsprozesses bezeichnet, in denen festgehalten wird, was bezüglich einer spezifischen Textpassage oder einer Kodierung an weiteren Überlegungen, Ideen, Geistesblitzen und Hypothesen entsteht. Verschiedene Software-Programme zur qualitativen Datenanalyse (AtlasTi, MaxQDA, Prospero u. a. m.) können in der Diskursforschung eingesetzt werden; allerdings handelt es sich dabei um Hilfsmittel zur Daten- und Ergebnisverwaltung – sie übernehmen nicht die wissenschaftliche Analyseleistung der Forschung. Letztlich bleibt auch bei dieser Form des Softwareeinsatzes die direkte Auseinandersetzung mit dem Datenmaterial die Grundlage des Untersuchungsprozesses.

(Zwischen-)Ergebnisse der Umweltdiskursforschung

Die Soziologie und die Politikwissenschaften haben sich in vielen Einzeluntersuchungen mit der Entwicklung und den gesellschaftlichen Effekten von Umwelt- und Risikodiskursen beschäftigt, aber bislang keine wirklichen Bilanzen ihrer Ergebnisse vorgelegt. Als gut belegt gelten können gewiss die Mechanismen der massenmedialen Umweltberichterstattung (Keller 1997, Ruhrmann 2001) oder die allgemeinen Karriereverläufe und Konjunkturen von Umwelt- und Risikothemen im Zusammenspiel von politischen, wissenschaftlichen und zivilgesellschaftlichen Arenen und Agenden (vgl. für Risikodiskurse Keller 2003, für Klimadiskurse beispielsweise Weingart et al. 2002, für die Karriere sozialer Probleme allgemein Schetsche 1996). Einige wichtige Einzelstudien der Umweltdiskursforschung sollen hier kurz erläutert werden:[8]

Litfin (1994) analysierte in einer detaillierten Fallstudie die Verhandlungen, die zum Montrealer Protokoll über Maßnahmen zum Schutz der Ozonschicht führten. Der Beschluss von Montreal gilt als erstes globales Abkommen zur Bekämpfung von Umweltproblemen. Entgegen verschiedenen offiziellen Lesarten der Verhandlungsprozesse und des Abschlussprotokolls zeigt Litfin, dass die festgelegten Bestimmungen schädigender Substanzen und die ausgehandelten Vorgehensweisen keineswegs aus einer unter Gesichtspunkten wissenschaftlichen Faktenwissens zwangsläufigen Problemanalyse resultierten. Vielmehr können die Aushandlungen als beständige Abstimmungsprozesse zwischen ‚Interessen‘ und ‚Wissen‘ beschrieben werden, in denen keine dieser beiden Größen unverändert bleibt, und in der ‚Wissensagenten‘ bzw. *knowledge broker* eine zentrale Rolle spielen. Litfin konstatiert für den Ablauf der Verhandlungsprozesse insbesondere eine Dominanzverschiebung zwischen verschiedenen Diskursen, an deren Ende der vorher weniger bedeutsame ‚Vorsorge-Diskurs‘ eine Vorrangstellung erhält.

Hajer (1995) untersuchte die politischen Auseinandersetzungen über das Problem des Sauren Regens in Großbritannien und den Niederlanden. Für Großbritannien stellt er die Konkurrenz zwischen einem traditional-pragmatischen und einem ‚ökomodernistischen‘ Diskurs fest, in deren Auseinandersetzung nach und nach zwar das Bestehen eines Problems ‚Saurer Regen‘ öffentlich-politisch anerkannt wird. Die politischen Regulationsmuster greifen jedoch auf eine traditionelle *end-of-pipe* Lösungsstrategie (Rauchgasentschwefelung, Katalysatoren, Aufbereitungsanlagen für Gülle) zurück. Demgegenüber kann für die niederländische Beschäftigung mit dem Problem des Sauren Regens kaum von einer Kontroverse gesprochen werden.

Tatsächlich wird sofort und unisono die Existenz eines entsprechenden Handlungsbedarfs anerkannt; kontrovers sind dann jedoch die Mittel der Schadensbekämpfung. Hier stehen sich zwei Varianten apokalyptischer Warnungen gegenüber – ein zu schnelles Handeln gefährde das Wachstum, ein zu zögerliches Handeln gefährde die Umwelt. Im Endergebnis werden ebenfalls regulatorische Maßnahmen mit end-of-pipe-Charakter beschlossen. Hajer interpretiert diese Diskrepanz zwischen diskursiver Problemkonstitution und beschlossenen Maßnahmen als Resultat der ‚Mikro-Mächte‘ des Beharrungsvermögens der industriegesellschaftlichen Institutionen.

---

8   Vgl. neben den hier diskutierten und den bereits erwähnten Studien auch Myerson und Rydin (1996), Dryzek (1997), Harré et al. (1999), zu Saurem Regen Roqueplo (1986), zu Klimadiskursen Ulbert (1996), Viehöver (2003), Heinrichs und Peters (2006), Peters und Heinrichs (2008), Doulton und Brown (2007), Szerszynski (2010), zum Ozon Grundmann (1999), zum Asbest u. a. Chateauraynaud und Torny (1999), zum Müll Viehöver (2000), zur Debatte über Genfood Gill (2003) sowie insgesamt weitere Hinweise in Keller (2009).

In seiner Untersuchung öffentlicher Diskussionsprozesse über die Bewältigung des Müllproblems in Deutschland und Frankreich konnte Keller (2009) zeigen, dass in Deutschland zwei Diskurse um die angemessene Problemdefinition konkurrierten. Diese Diskurse wurden als strukturkonservativer Diskurs einerseits, als kulturkritischer Diskurs andererseits bezeichnet. Beide Diskurse benutzten zu Mobilisierungszwecken katastrophische Szenarien, sei es der Wachstumsgefährdung, sei es der Umweltzerstörung. Die Mobilisierungserfolge des kulturkritischen Diskurses zwangen seinen Gegenpart nach und nach zur Integration von Elementen der kulturkritischen Problemdefinition in die eigene Diskursposition. In Frankreich stellte sich die öffentliche Debatte über das Müllproblem von Beginn an als Präsenz eines hegemonialen, durch den Staat formulierten Diskurses dar, der ritualistisch die Problemkontrolle verkündete und gleichzeitig für Missstände zivilgesellschaftliche Akteure verantwortlich machte (siehe dazu auch den Beitrag von Krohn et al. in diesem Band). In beiden Ländern wurden schließlich vergleichbare ,end-of-pipe' ansetzende Maßnahmenbündel beschlossen, wobei die deutschen Regulierungen deutlich ,strenger' ausfielen. Ähnlich wie die Niederlande in der Studie von Hajer spielte hier Deutschland auf der europäischen Ebene die Rolle des ,Antreibers'. Vermittelt über die EU wurde im Falle des Sauren Regens Großbritannien, im Falle des Müllproblems Frankreich zu eigenen Maßnahmen gezwungen.

Herbert Gottweis (1998) hat sich in vergleichender Perspektive mit Diskursen und Regulationspolitiken in Bezug auf die Gentechnologie beschäftigt. Die Diskurskonstellationen in Großbritannien, Deutschland und Frankreich haben sehr unterschiedliche Regulierungsweisen der Gentechnologie erzeugt. In Großbritannien und Deutschland hätten – so Gottweis – aufgrund der spezifischen diskursiven Konstellation die sozialen Bewegungen einen vergleichsweise stärkeren Einfluss auf die Dringlichkeit einer Regulierung ausgeübt. Dies sei in Frankreich keineswegs der Fall gewesen. Gleichzeitig habe die starke Polarisierung zwischen Gegnern und Befürwortern in Deutschland ein hohes Misstrauensverhältnis zwischen den Protagonisten erzeugt. Demgegenüber sei die Basis für Verhandlungen in Großbritannien sehr viel besser gewesen. Hinter diesen kulturellen Differenzen stünden unterschiedliche Meta-Narrationen über das Verhältnis von Staat und Gesellschaft. In allen drei Ländern seien jedoch neue Regulationssysteme entstanden, die sich um den *Master-Signifier* des Vorsorgeprinzips organisierten und die Praxis der Gentechnologie stabilisierten. Gleichwohl sind die öffentlichen Debatten nicht abgeschlossen.

Aus vergleichbaren Analysen und den darin rekonstruierten Positionierungen in diskursiven Auseinandersetzungen sind verschiedene ,Typologien von Umweltdiskursen' entwickelt worden, die sich teilweise überschneiden, zum Teil aber auch sehr stark voneinander abweichen (vgl. neben den gerade erwähnten Studien auch Poferl 1997 sowie den Überblick in Hannigan 2007: 36 ff). Dryzek (1997) hatte beispielsweise vier, in sich wiederum ausdifferenzierte Diskurse (*survivalism, environmental problem solving, sustainability, green radicalism*) beschrieben. Hannigan (2007: 38 ff) identifiziert die zu unterschiedlichen Zeitpunkten der Karriere des Umweltthemas einsetzenden Diskurstypen des *Arcadian, Ecosystem/Ecological* und *Environmental Justice*-Diskurses. Mit dem Begriff Arcadian werden Diskurse bezeichnet, die sich auf die ästhetischspirituellen Qualitäten von Natur richten, der Ökosystem-Diskurs problematisiert die menschliche Zerstörung natürlicher Gleichgewichte bzw. die schädlichen Effekte menschlicher Lebensweisen auf die Ökosysteme, und der in jüngerer Zeit datierte Umweltgerechtigkeits-Diskurs macht vor allem die ungleiche soziale Betroffenheit durch Umweltschädigungen und -zerstörungen zum Thema.

Solche Typologien geben sicherlich einen wichtigen Einblick in die Verfasstheit der umweltpolitischen Auseinandersetzungen. Dennoch bilden sie allenfalls einen Zwischenstand der Umweltdiskursforschung, der sich je nach Problem und Kontext freilich völlig anders darstellen und entwickeln kann. Sie ändern sich sowohl im Zeitverlauf und auch in Abhängigkeit von den verfolgten Frageinteressen. In unterschiedlichen gesellschaftlichen Arenen und beispielsweise nach Sprach- und Kulturräumen geschiedenen Öffentlichkeiten können ganz andere Diskurse eine Rolle spielen bzw. rekonstruiert werden. Auch das relative Gewicht, die von den Diskursen ausgehenden Effekte sind wohl von sehr unterschiedlicher Art. Deswegen ist die Erstellung solcher Typologien sicherlich nicht das abschließende Ziel der Umweltdiskursforschung, sondern eher ein Anlass, nach dem warum und den Effekten ihrer je unterschiedlichen Gestalt, ihres Vorkommens, Fehlens oder auch ihrer völligen Andersheit in bestimmten Kontexten nachzugehen.

Aus der Zusammenschau von Einzeluntersuchungen geraten weitere Grunderkenntnisse über Umweltdiskurse in den Blick, die nicht in den genannten Typenbildungen aufgehen: eine vergleichsweise klar strukturierte Landkarte beteiligter Akteure, institutioneller Felder und eingenommener Sprecherpositionen; mehr oder weniger komplexe Profilierungen einzelner Diskursstränge, Kontroversen und Konfrontationen; eine begrenzte Zahl verflochtener oder oppositioneller Deutungsmuster für Technik, Natur, Ökonomie, Konsum, Politik, Moral, Verantwortung; ein enges Spektrum von pro/contra-Positionierungen und Lösungsstrategien. Gleichzeitig finden sich Hinweise auf den Wandel in und durch Umweltdiskurse im Verlauf der letzten 50 Jahre. So verändert sich, bezogen auf die bundesrepublikanische Lage, der Umweltdiskurs mit seinen Subdiskursen:

- im Übergang vom Bewegungs- zum Institutionendiskurs in den 1990er Jahren, das heißt von der dominierenden „Mobilisierung von unten" zur zunehmenden „Mobilisierung von oben" (was u. a. mit veränderten Mobilisierungspraxen einher geht);
- durch zunehmende und abnehmende gesellschaftliche Resonanzen, den Einbau neuer Leitideen (wie derjenigen der „Nachhaltigkeit", die als leere Chiffre oder „leerer Signifikant" mit unterschiedlichen Konnotationen versehen wird);
- durch den Einbau von immer neuen Referenzereignissen, die als Belege oder Widerlegungen von Bedrohungs- oder Beschwichtigungsszenarien konfiguriert werden können;
- durch den Aufbau neuer Deutungsmuster (wie demjenigen des erst Anfang der 1970er Jahre sich breit durchsetzenden prinzipiellen „großtechnischen Risikos" oder seit Ende der 1980er Jahre spezifischen Varianten der „Nachhaltigkeit"),

die Verschiebungen auf der Ebene von Ursachen, Problembeschreibungen und Folgen mit sich bringen

- oder auch durch die permanente Ausdifferenzierung von Teildiskursen.
- Umwelt- und Risikodiskurse verändern sich jedoch nicht nur selbst, sondern sie verändern auch die diskursive Arena, die sie betreten, und darüber hinaus die weiteren umgebenden Diskurslandschaften. Dies zeigt sich beispielsweise in der Bezugnahme auf Klimaschutz beziehungsweise allgemeiner auf die Umweltsorge, die in die unterschiedlichsten politischen, aber auch ökonomischen Diskurse eingesickert ist.

Zu den wichtigsten weiter ausgreifenden Effekten von Umwelt- und Risikodiskursen gehören:

- neuartige Verflechtungen von uneindeutigem wissenschaftlichen Wissen und politischer Entscheidung (siehe dazu auch den Beitrag von Wehling in diesem Band), die sich als „Subpolitisierung" (Ulrich Beck) und ‚politische Schließung' von Entscheidungsprozessen vor dem Hintergrund widerstreitender Expertenaussagen und Wissensbestände beschreiben lassen;
- die Ausbildung neuer Sprecherpositionen und Wissensproduzenten (Erweiterungen des Kreises legitimer Sprecher durch umweltorientierte Parteien, NGOs, Organisationseinheiten in Verwaltungen und Verbänden, Expertisierungen der Laien; Experten und Gegenexperten etc.) und die sich damit einstellende Veränderung der bestehenden Diskurslandschaft;
- die Multiplikation von Diskursarenen, in denen über Umweltthemen diskutiert wird (beispielsweise in Konsensuskonferenzen, bei Bürgeranhörungen, im Rahmen von Technikfolgenabschätzungen, internationalen Konferenzen);
- die Transnationalisierung und Globalisierung der Diskurse angesichts globaler Bedrohungsszenarien und grenzüberschreitender Umweltzerstörungen (Bsp.: Tschernobyl, Klimadebatte);
- der Aufbau, Umbau, Abbau von Infrastrukturen der Problembearbeitung und die Adressierung von Verantwortlichkeiten in Politik, Ökonomie, Zivilgesellschaft.

Ausblick

Der vorangehende Beitrag hatte zum einen allgemeine Ansätze, Grundannahmen und Vorgehensweisen der Diskursforschung zum Thema. Zur weiteren Vertiefung muss an dieser Stelle auf die angegebene Literatur verwiesen werden. Es ist hier auch nicht der Ort, über die Reichweite, die Tiefenwirkung oder gar den (Miss-)Erfolg der Umwelt- und Risikodiskurse zu urteilen. In den risikogesellschaftlichen Handlungsfeldern ist das Verhältnis zwischen (herausfordernden) Diskursen und etablierten institutionellen Praktiken weder als komplette Transformation existierender Strukturen einer erst-modernen kapitalistischen Industriegesellschaft noch als deren unverändertes Weiterbestehen angemessen bestimmt. Zwischen der Positionierung neuer Gegenstände auf der öffentlichen Agenda sowie in institutionellen Settings und der Neukonfiguration gesellschaftlicher Reproduktionsverhältnisse unter kapitalistischen Marktbedingungen bestehen komplexe Beziehungen. So sind eine Vielzahl entsprechender Infrastrukturen entstanden, angefangen bei der Neuorientierung wissenschaftlicher Forschungsprogramme auf „Nachhaltigkeit" über die Schaffung von Ministerien, Kommissionen und internationalen Regimen bis hin zu den bekannten Öko-Zertifikaten, die in bestehende institutionelle Praktiken eingelagert beziehungsweise mit ihnen verknüpft werden. Die vorliegenden Untersuchungen der diskursiven Auseinandersetzungen um die Transformation gesellschaftlicher Definitionsverhältnisse im Bereich der Umwelt-, Wissenschafts- und Technikpolitiken belegen zwar eine vergleichsweise große Trägheit bestehender institutioneller Arrangements und beugen dadurch einer naiven Überschätzung – etwa angesichts schneller Verbreitungen eines entsprechenden „Vokabulars" – der Machtwirkungen neuer Diskurse vor. Sie zeigen jedoch auch und vor allem, wie solche Dispositive herausgefordert, ihrer Fraglosigkeit enthoben und unter Rechtfertigungsdruck gesetzt werden, sich also insgesamt einem Prozess der Delegitimierung ausgesetzt sehen, aus dem sie verändert hervorgehen. Das muss nicht gleichbedeutend mit einer weitreichenden (globalen) gesellschaftlichen „Lösung der Umweltfrage" des 21. Jahrhunderts sein, aber als eine herausgehobene Form des „Wandels" lassen sich die entsprechenden Entwicklungen durchaus bestimmen.

Insgesamt kann hier nicht von einem abschließenden und erschöpfenden Erkenntnisstand ausgegangen werden. Vielmehr stellen sich der sozialwissenschaftlichen Umweltdiskursforschung aktuell und zukünftig vielfältige Aufgaben, die hier abschließend kurz erwähnt werden sollen. So ist sicherlich auch weiterhin mit Karrieren neuartiger Umweltthemen zu rechnen, und die scheinbar institutionelle weitgehend durchgesetzten Programme der ‚Nachhaltigkeit' und der ‚Umweltfreundlichkeit' bedürfen durchaus diskursanalytischer Beobachtung, um zu analysieren und gegebenenfalls kritisch zu beurteilen, welche diskursiven Übersetzungs- und Rekonstruktionsprozesse solche Konzepte in unterschiedlichen sozialen, organisatorischen, gesellschaftlichen Kontexten durchlaufen. Ein Desiderat der Forschung ist sicherlich auch die fehlende Synthesearbeit in bereits erforschten Diskursfeldern, etwa bezogen auf die vielfach untersuchten Klimadiskurse (siehe dazu auch den Beitrag von Viehöver in diesem Band). Hier wiederum können exemplarisch Prozesse der Transnationalisierung und Globalisierung von Diskurslandschaften beobachtet werden. Die empirische Diskursforschung kann zur ‚realistischen Einschätzung' der Folgen der „Weltrisikogesellschaft" (Ulrich Beck, 2007) beitragen, die weit davon entfernt scheint, sich in eine solidarisch handelnde ‚Weltgefahrengemeinschaft' zu verwandeln. Schließlich kann die Umweltdiskursforschung weiter an Tiefenschärfe gewinnen, um die Prozesse des diskursiven Prozessierens von Umweltthemen im 21. Jahrhundert zu untersuchen. Dazu zählen Fragen nach den eingesetzten Dispositiven und deren Folgen oder nach den komplexen Verhältnissen von diskursiv konstituierten Umweltverantwortlichkeiten und der Komplexität menschlicher Lebensführungen. Korpusbasierte und quantifizierend vorgehende

Themen- oder Inhaltsanalysen bilden eher Oberflächenprozesse ab, deren Interpretation vielfach genauerer qualitativer Einzelfallstudien bedarf. Neben der ‚Toolbox' der qualitativen Sozialforschung bietet hier die allgemeine Diskursforschung selbst breite Angebote, die um Anschlüsse an die sozialwissenschaftliche Wissenschaftsforschung oder die Aktor-Netzwerk-Theorie ergänzt werden können.

Weiterführende Literatur

Sonderheft des *Journal of Environmental Policy & Planning* 2005, 7 (3), zum Thema „Discourse Analysis in Environmental Policy Making".
Dryzek, John S. (1997): *The Politics of the Earth – Environmental Discourses*. Oxford: University Press.
Hajer, Maarten A. (1995): *The Politics of Environmental Discourse*. Oxford: University Press.
Keller, Reiner (2009 [1998]): *Müll: Die gesellschaftliche Konstruktion des Wertvollen*. Wiesbaden: VS-Verlag.
Keller, Reiner, Andreas Hirseland, Werner Schneider und Willy Viehöver (Hrsg.) (2010/2011): *Handbuch Sozialwissenschaftliche Diskursanalyse*. 2 Bde. Wiesbaden: VS-Verlag
Yearley, Steven (1996): *Sociology, Environmentalism, Globalization*. London: Sage.

Zitierte Literatur

Beck, Ulrich (1986): *Risikogesellschaft: Auf dem Weg in eine andere Moderne*. Frankfurt a. M.: Suhrkamp.
Beck, Ulrich (2007): *Weltrisikogesellschaft. Auf der Suche nach der verlorenen Sicherheit*. Frankfurt a. M.: Suhrkamp.
Brand, Karl-Werner, Klaus Eder und Angelika Poferl (1997): *Ökologische Kommunikation in Deutschland*. Opladen: Westdeutscher Verlag.
Bröckling, Ulrich (2007): *Das unternehmerische Selbst*. Frankfurt a. M.: Suhrkamp.
Bublitz, Hannelore, Andrea D. Bührmann, Christine Hanke und Andrea Seier (Hrsg.) (1999): *Das Wuchern der Diskurse. Perspektiven der Diskursanalyse Foucaults*. Frankfurt a. M.: Campus.
Bührmann, Andrea D., Rainer Diaz-Bone, Encarnación Gutiérrez Rodriguez, Gavin Kendall, Francisco J. Tirado und Werner Schneider (Hrsg.) (2007): Von Michel Foucaults Diskurstheorie zur empirischen Diskursforschung. Schwerpunktheft des *Forums Qualitative Sozialforschung* 8 (2) [online verfügbar].
Chateauraynaud, Francis und Torny Didier (1999): *Les sombres précurseurs. Une sociologie pragmatique de l'alerte et du risque*. Paris: Éditions de l'EHSS.
Chouliaraki, Lilie und Norman Fairclough (1999): *Discourse in Late Modernity. Rethinking Critical Discourse Analysis*. Edinburgh: Edinburgh University Press.
Cox, Robert (2010): *Environmental Communication and the Public Sphere*. Second Edition. Thousand Oaks: Sage.
Darier, Éric (Hrsg.) (1999): *Discourses of the Environment*. London: Wiley-Blackwell.
Douglas, Mary und Aaron Wildavsky (1982): *Risk and Culture*. Oxford: Blackwell.
Doulton, Hugh und Katrina Brown (2007): *‚Ten years to prevent catastrophe'? Discourses of climate change and international development in the UK press*. Tyndall Centre Working Paper No. 111. Norwich: Tyndall Centre for Climate Change Research.

Dryzek, John S. (2005 [1997]): *The Politics of the Earth: Environmental Discourses.* Oxford: Oxford University Press.

Dunlap, Riley E. (2010): The Maturation and Diversification of Environmental Sociology: From Constructivism and Realism to Agnosticism and Pragmatism. In: Redclift, Michael R. und Graham Woodgate (Hrsg.), *The International Handbook of Environmental Sociology, Second Edition.* Cheltenham, UK: Edward Elgar, 15–32.

Dunlap, Riley E. und William Michelson (Hrsg.) (2002): *Handbook of Environmental Sociology.* Westport: Greenwood Press.

Eder, Klaus (1988): *Die Vergesellschaftung der Natur.* Frankfurt a. M.: Suhrkamp.

Eder, Klaus (1996): The Institutionalisation of Environmentalism: Ecological Discourse and the Second Transformation of the Public Sphere. In: Lash, Scott, Bronislaw Szerszynski und Brian Wynne (Hrsg.): *Risk, Environment & Modernity. Towards a New Ecology.* London: Sage: 203–223.

Fairclough, Norman (1995): *Critical Discourse Analysis.* London: Longman.

Feindt, Peter H. und Angela Oels (2005): Does Discourse Matter? Discourse Analysis in Environmental Policy Making. Introduction to the Special Issue. *Journal of Environmental Policy & Planning* 7 (3): 1–13.

Foucault, Michel (1974a [1966]): *Die Ordnung der Dinge.* Frankfurt a. M.: Suhrkamp.

Foucault, Michel (1974b [1972]): *Die Ordnung des Diskurses.* München: Hanser.

Foucault, Michel (1988 [1969]): *Archäologie des Wissens.* Frankfurt a. M.: Suhrkamp.

Gamson, William A. und Andre Modigliani (1989): Media discourse and public opinion on nuclear power: a constructionist approach. *American Journal of Sociology* 95 (1): 1–37.

Gill, Bernhard (2003): *Streitfall Natur. Weltbilder in Technik- und Umweltkonflikten.* Wiesbaden: Westdeutscher Verlag.

Gottweis, Herbert (1998): *Governing Molecules. The Discursive Politics of Genetic Engineering in Europe and the United States.* Cambridge: University Press.

Grundmann, Reiner und Ramesh Krishnamurthy (2010): The Discourse of Climate Change: A Corpus-based Approach. *Critical Approaches to Discourse Analysis across Disciplines* 4 (2) [Online-Journal; im Erscheinen].

Habermas, Jürgen (1981): *Theorie des kommunikativen Handelns.* 2 Bde. Frankfurt a. M.: Suhrkamp.

Hajer, Maarten A. (1995): *The Politics of Environmental Discourse.* Oxford: University Press.

Hajer, Maarten und Wytske Versteeg (2005): A Decade of Discourse Analysis of Environmental Politics: Achievements, Challenges, Perspectives. *Journal of Environmental Policy & Planning* 7 (3): 175–184.

Hannigan, John (2007): *Environmental Sociology.* London: Routledge.

Harré, Rom, Jens Brockmeier und Peter Mühlhäusler (1999): *Greenspeak. A Study of Enviromental Discourse.* London: Sage.

Heinrichs, Harald und Hans Peter Peters (2006): Media Communication, Citizens and Transnational Risks: The Case of Climate Change and Coastal Protection. In: Richter, Ingo K., Sabine Berking und Ralf Müller-Schmid (Hrsg.): *Risk Society and the Culture of Precaution.* Basingstoke: Palgrave Macmillan, 229–252.

Howarth, David (2001): *Discourse.* Buckingham: Open University Press.

Jäger, Siegfried (2009 [1993]): *Kritische Diskursanalyse.* Duisburg: Unrast.

Keller, Reiner (1997): *Die Umweltberichterstattung im Spiegel der Medienforschung.* In: Brand, Klaus-Werner, Klaus Eder und Angelika Poferl (Hrsg.), Ökologische Kommunikation in Deutschland. Opladen: Westdeutscher Verlag, 62–72.

Keller, Reiner (2003): Distanziertes Mitleiden. Katastrophische Ereignisse, Massenmedien und kulturelle Transformation. *Berliner Journal für Soziologie* 13 (4): 395–414.

Keller, Reiner (2011 [2005]): *Wissenssoziologische Diskursanalyse. Grundlegung eines Forschungs-programms.* Wiesbaden: VS Verlag.

Keller, Reiner (2008): *Michel Foucault.* Konstanz: UVK.

Keller, Reiner (2009 [1998]): *Müll – Die gesellschaftliche Konstruktion des Wertvollen.* Wiesbaden: VS-Verlag.

Keller, Reiner (2010 [2003]): *Diskursforschung. Eine Einführung für SozialwissenschaftlerInnen.* Wiesbaden: VS-Verlag.

Keller, Reiner, Andreas Hirseland, Werner Schneider, und Willy Viehöver (Hrsg.) (2010 [2003]): *Handbuch Sozialwissenschaftliche Diskursanalyse, Band 2: Forschungspraxis.* Wiesbaden: VS Verlag.

Keller, Reiner, Andreas Hirseland, Werner Schneider, und Willy Viehöver (Hrsg.) (2011 [2001]): *Handbuch Sozialwissenschaftliche Diskursanalyse, Band 1: Theorien und Methoden.* Wiesba-den: VS-Verlag.

Keller, Reiner und Angelika Poferl (1998): Vergesellschaftete Natur – Öffentliche Diskurse und soziale Strukturierung. Eine kritische Auseinandersetzung mit der Cultural Theory. In: Brand, Karl-Werner (Hrsg.), *Soziologie und Natur. Theoretische Perspektiven.* Opladen: Leske & Budrich, 117–144.

Keller, Reiner und Angelika Poferl (2000): Habermas Fightin' Waste. Problems of Alternative Dispute Resolution in the Risk Society. *Journal for Environmental Policy & Planning* 2 (1): 55–67.

Keller, Reiner und Inga Truschkat (Hrsg.) (2011): *Wissenssoziologische Diskursanalyse: Anwendungen Bd. 1.* Wiesbaden: VS Verlag.

Kendall, Gavin und Gary Wickham (1999): *Using Foucault's Methods.* London: Sage.

Lau, Christoph (1989): Risikodiskurse. Gesellschaftliche Auseinandersetzungen um die Defi-nition von Risiken. *Soziale Welt* 40 (3): 418–436.

Litfin, Karen (1994): *Ozone Discourses. Science and politics in global environmental cooperation.* New York: Columbia University Press.

Luhmann, Niklas (2008 [1986]): *Ökologische Kommunikation. Kann die moderne Gesellschaft sich auf ökologische Gefährdungen einstellen?* Wiesbaden: VS-Verlag.

Macnaghten, Phil und John Urry (1998): *Contested Natures.* London: Sage.

Myerson, George und Yvonne Rydin (1996): *The Language of the Environment. A New Rhetoric.* London: Routledge.

Nonhoff, Martin (Hrsg.) (2007): *Diskurs – radikale Demokratie – Hegemonie.* Bielefeld: transcript.

Perrow, Charles (1992 [1984]): *Normale Katastrophen. Die unvermeidbaren Risiken der Großtechno-logie.* Frankfurt a.M, New York: Campus Verlag.

Peters, Hans Peter und Harald Heinrichs (2008): Legitimizing Climate Policy: The „Risk Con-struct" of Global Climate Change in the German Mass Media. *International Journal of Sustainability Communication* 3 (1) 14–36.

Poferl, Angelika (1997): Der strukturkonservative Risikodiskurs. Eine Analyse der Tschernobyl „media story" in der Frankfurter Allgemeinen Zeitung. In: Brand, Klaus-Werner, Klaus Eder und Angelika Poferl (Hrsg.), *Ökologische Kommunikation in Deutschland.* Opladen: Westdeutscher Verlag, 106–154.

Poferl, Angelika (2004): *Die Kosmopolitik des Alltags. Zur ökologischen Frage als Handlungsproblem.* Berlin: Edition Sigma.

Prittwitz, Volker v. (Hrsg.) (1996): *Verhandeln und Argumentieren. Dialog, Interessen und Macht in der Umweltpolitik.* Opladen: Leske & Budrich.

Redclift, Michael R. und Graham Woodgate (Hrsg.) (2010): *The International Handbook of Envi-ronmental Sociology.* Cheltenham, UK: Edward Elgar.

Ruhrmann, Georg (2001): ‚Medienrisiken'. Medialer Risikodiskurs und die Nachhaltigkeits-debatte. *Zeitschrift für Umweltpolitik und Umweltrecht* 24 (2): 263–284.

Ruhrmann, Georg (2003): Risikokommunikation. In: Bentele, Günter, Hans-Bernd Brosius
    und Otfried Jarren (Hrsg.): *Öffentliche Kommunikation. Handbuch Kommunikations- und
    Medienwissenschaft.* Wiesbaden: Westdeutscher Verlag, 539–549.
Schetsche, Michael (1996): *Die Karriere sozialer Probleme. Eine soziologische Einführung.* München:
    Oldenbourg.
Strauss, Anselm und Juliette Corbin (1996): *Grounded Theory: Grundlagen Qualitativer Sozialfor-
    schung.* Weinheim: Juventa.
Szerszynski, Bronislaw (2010): Reading and Writing the Weather. Climate Technics and the
    Moment of Responsibility. *Theory, Culture & Society* 27 (2-3): 9–30.
Torfing, Jacob (1999): *New Theories of Discourse. Laclau, Mouffe and Zizek.* Oxford: Blackwell.
Viehöver, Willy (1997): *‚Ozone Thieves‘ and ‚Hot House Paradise‘. Epistemic Communities as Cultural
    Entrepreneurs and the Reenchantment of the Sublunar Space.* Dissertation, Florenz: European
    University Institute (EUI).
Viehöver, Willy (2000): Political Negotiation and Co-operation in the Shadow of Public Dis-
    course. *European Environment* 10 (6): 277–292.
Viehöver, Willy (2010 [2003]): Die Wissenschaft und die Wiederverzauberung des sublunaren
    Raumes. Der Klimadiskurs im Licht der narrativen Diskursanalyse. In: Keller, Reiner,
    Andreas Hirseland, Werner Schneider, und Willy Viehöver (Hrsg.), *Handbuch Sozialwis-
    senschaftliche Diskursanalyse. Bd. 2: Exemplarische Anwendungen.* Wiesbaden: VS Verlag:
    233–270.
Weingart, Peter, Anita Engels und Petra Pansegrau (2002): *Von der Hypothese zur Katastrophe.*
    Opladen: Leske + Budrich.
Wodak, Ruth und Michael Meyer (Hrsg.) (2001): *Methods of Critical Discourse Analysis.* London:
    Sage.
Yearley, Steven (1992): *The Green Case: A Sociology of Environmental Arguments, Issues and Politics.*
    London: Routledge.
Yearley, Steven (1996): *Sociology, Environmentalism, Globalization.* London: Sage.
Yearley, Steven (2009 [2004]): *Cultures of Environmentalism: Empirical Studies in Environmental
    Sociology.* Houndmills: Macmillan.

Umweltsoziologie und Rational-Choice-Theorie

Ulf Liebe und Peter Preisendörfer

Einleitung

Die Frage nach den Ursachen von Umweltproblemen, d. h. warum Menschen in vielen Bereichen ihre natürlichen Lebensgrundlagen gefährden, wird in der sozialwissenschaftlichen Umweltforschung im Lichte unterschiedlicher Theorieperspektiven beantwortet. Die vier wichtigsten sind: (1) Marxistische und neomarxistische Theoriepositionen sehen die Tretmühle der kapitalistischen Produktion mit dem eingebauten Zwang zu wirtschaftlichem Wachstum, mit immer schnelleren Produkt- und Konsumzyklen und mit der Ausbeutung der Schwellen- und Entwicklungsländer im Globalisierungsprozess als den Hauptgrund für die Zerstörung der natürlichen Lebensgrundlagen (grundlegend Schnaiberg und Gould 1994). (2) Vertreter funktionalistischer und systemtheoretischer Theorien folgen der Idee der funktionalen Differenzierung, betonen die Eigenlogik der verschiedenen gesellschaftlichen Teilsysteme, deren begrenzte Steuerungsfähigkeit aufgrund bereichsspezifischer Codes, und behaupten fundamentale Schwierigkeiten im Umgang mit Umweltproblemen, weil diese Querschnittscharakter in dem Sinne haben, dass sie in unterschiedliche Subsysteme hineinreichen (grundlegend Luhmann 1986). (3) Interaktionistische Theorievarianten melden sich in der Umweltdebatte vor allem mit konstruktivistischen Argumenten dergestalt zu Wort, dass es Umweltprobleme und -risiken nicht an sich gibt, diese vielmehr stets erst im sogenannten gesellschaftlichen Diskurs entstehen und mehr oder weniger inszeniert und sozial konstruiert werden (grundlegend Douglas und Wildavsky 1983, siehe dazu auch den Beitrag von Keller und Poferl in diesem Band). (4) Schließlich stimmen Anhänger der Rational-Choice-Theorie (RCT) darin überein, dass es sich bei Umweltproblemen um emergente Effekte handelt, die – nicht selten als unbeabsichtigte Nebenfolgen – im Geflecht des Handelns eigeninteressierter rationaler Akteure entstehen (grundlegend zur RCT allgemein Coleman 1990, speziell zur RC-basierten Umweltforschung Preisendörfer 2004, Liebe und Preisendörfer 2010).

Ausgehend von der Einschätzung, dass im Spektrum dieser vier Theorierichtungen eine RC-Perspektive am ehesten wertvolle Einsichten bringt und auch am ehesten Ansatzpunkte für praktisches Handeln aufzeigt, besteht das Anliegen des vorliegenden Beitrags darin, einen Einblick in die sich auf den RC-Ansatz stützende Umweltforschung zu vermitteln. Dazu werden im nächsten Abschnitt zunächst Grundlagen und Basisannahmen der RCT skizziert. Darauffolgend wird anhand zweier Beispiele (Verkehrsmittelwahl zum Arbeitsplatz und Kauf langlebiger Konsumgüter) das Muster von RC-Erklärungen individuellen Umwelthandelns vorgeführt. RC-Erklärungen kollektiver Umwelteffekte (am Beispiel der Überfischung der Meere) und gesellschaftlicher Bewertungen von Umweltmaßnahmen (am Beispiel einer Wasserpflanze in einem See in Schweden) werden dann das Thema im vorletzten Abschnitt sein. Ein kurzer Schlussabschnitt resümiert den Beitrag.

Grundlagen von Rational-Choice-Erklärungen

RC ist ein Forschungsprogramm im Spektrum des methodologischen Individualismus. Hiernach werden kollektive Phänomene mit Hilfe von Annahmen über das Handeln individueller Akteure erklärt, wobei „individuelle Akteure" auch korporative Einheiten wie Organisationen oder Nationalstaaten sein können. Eine Systematisierung von RC-Erklärungen bietet das in Abbildung 1 dargestellte Makro-Mikro-Makro-Modell (Coleman 1986). Dieses benennt drei zentrale Schritte, die bei einer Erklärung kollektiver Phänomene zu absolvieren sind (u. a. Coleman 1990, Esser 1996, Hedström und Swedberg 1998):

1. der „Makro-Mikro-Übergang" (Logik der Situation/Situationsmechanismus), d. h. es ist zu erklären, wie die gesellschaftlichen und andere Rahmenbedingungen auf der Makroebene von individuellen Akteuren wahrgenommen und eingeschätzt werden,
2. die „zielgerichtete Handlung auf der Mikroebene" (Logik der Selektion/Handlungsmechanismus), d. h. wie treffen individuelle Akteure eine Handlungsauswahl bei gegebenen Wünschen, Überzeugungen, Handlungsrestriktionen und Wahrnehmungen der Rahmenbedingungen,
3. der „Mikro-Makro-Übergang" (Logik der Aggregation/Transformationsmechanismus), d. h. wie mündet das Zusammenspiel individueller Handlungen in ein kollektives Phänomen auf der Makro-Ebene.

Dieses dreistufige Modell hat den Charakter einer Heuristik, die lediglich vorgibt, wie Forscher/-innen bei der Erklärung kollektiver Phänomene vorgehen sollten. Es liegt dann an den Forscher/-innen selbst, für die einzelnen Erklärungsschritte geeignete inhaltliche Überlegungen anzustellen. Obwohl viele Anwendungen der RCT auf die Erklärung individuellen Handelns abzielen (im Umweltbereich z. B. auf Recycling- oder Energiesparverhalten), muss betont werden, dass die Erklärung kollektiver Effekte das Hauptanliegen der RCT ist. Diese Effekte erstrecken sich im Umweltbereich nicht zuletzt auch auf globale ökologische Probleme wie den Verlust von Biodiversität, die Überfischung der Meere oder den Treibhauseffekt.

RC ist keine einzelne Theorie, sondern eine Theoriefamilie mit mehreren Varianten (für Übersichten Hedström und Swedberg 1996, Hechter und Kanazawa 1997, Voss und Abraham 2000). Mindestens die drei folgenden Kriterien sind allerdings allen Varianten gemeinsam: „(1) Den Ausgangspunkt bilden Akteure. (2) Die Akteure können zwischen mindestens zwei Alternativen wählen. (3) Die Theorie enthält eine Entscheidungsregel, die angibt, welche Handlung ein Akteur ausführen wird" (Diekmann 1996: 91). Vor allem bei der Entscheidungsregel, die den Kern der Handlungstheorie auf der Mikroebene bildet, wird die Vielfalt an Varianten der RCT sichtbar. In sehr allgemeiner Form wird stets davon ausgegangen, dass Akteure, gegeben ihre Handlungsmöglichkeiten und Restriktionen, ihre Interessen bestmöglich verwirklichen wollen. Restriktionen können sowohl monetär (z. B. Einkommen) als auch nicht-monetär (z. B. Zeit) sein. „Bestmöglich" schließt maximierende Entscheidungsregeln wie die Maximierung des subjektiv erwarteten Nutzens sowie nicht-maximierende Regeln wie *satisficing* in (einigen) Modellen begrenzter Rationalität ein (Simon 1979, Rubinstein 1998).

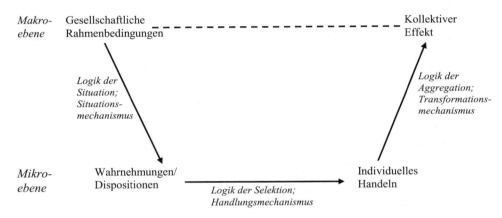

Abbildung 1   Makro-Mikro-Makro-Modell als allgemeine Erklärungsheuristik

Elementare Varianten von RC, am deutlichsten sichtbar beim idealisierten Modell des Homo oeconomicus, unterstellen eigeninteressierte Akteuren, die mit einem Set an Präferenzen ausgestattet sind und, bei gegebenen Restriktionen, ihren Nutzen maximieren. Hierbei erfüllen die Präferenzen gewisse Rationalitätskriterien (Axiome). Zentral ist, dass Präferenzen in eine Rangfolge überführt werden können. Zum Beispiel wird davon ausgegangen, dass Präferenzen transitiv sind, d. h. wenn ein Akteur x gegenüber y bevorzugt und y gegenüber z, dann bevorzugt er auch x gegenüber z. Solche Axiome ermöglichen es, Präferenzen in einer Nutzenfunktion darzustellen. Es ist ein generelles Primat von RC-Erklärungen, Handlungsänderungen über Änderungen in den Restriktionen zu erklären. Werden Handlungsänderungen über Präferenzänderungen erklärt, besteht die Gefahr tautologischer Argumentation und eine Tendenz zur Immunisierung.

Geht man davon aus, dass die Wahrscheinlichkeiten, mit denen einzelne Handlungskonsequenzen eintreten, objektiv gegeben sind (Lotterien), dann handelt es sich um Situationen, in denen Entscheidungen unter Risiko gefällt werden (*expected utility*). Die sogenannte SEU-Theorie befasst sich hingegen mit Situationen unter Unsicherheit, in denen Akteure die Wahrscheinlichkeiten nicht kennen und selbst bilden. Allerdings gibt es wiederum mehrere RC-Varianten, die mit unterschiedlichen Konzeptionen von *subjective expected utility* arbeiten (Schoemaker 1982 für einen Überblick). Diese reichen von einer axiomatiscch begründeten SEU-Theorie, die auf Savage (1954) zurückgeht und eine Erweiterung der oben genannten expected utility Theorie ist, bis hin zu Varianten, wie sie vorrangig in der sozialpsychologischen und soziologischen Forschung angewendet werden (Diekmann und Voss 2004). Bei letzteren werden, was theoretisch wenig anspruchsvoll ist, die Nutzenwerte und Eintrittswahrscheinlichkeiten von Handlungskonsequenzen empirisch ermittelt, miteinander multipliziert und über die Konsequenzen aufaddiert. Ein Akteur wählt jene Handlung, die den größten Nettonutzen (Nutzen abzüglich Kosten) erzielt. Diese Herangehensweise liegt – mit einer Reihe von Erweiterungen – auch der *Theorie geplanten Handelns* (Ajzen 1991) zu Grunde, die vor allem in der Sozialpsychologie zur Erklärung individuellen Handelns bzw. individueller Handlungsintentionen eingesetzt wird (siehe hierzu auch den Beitrag von Götz in diesem Band).

Ein, je nach Untersuchungsgegenstand, eher leichtes oder aber eher schwieriges Unterfangen bei RC-Erklärungen ist der Übergang von der Mikro- zur Makro-Ebene (Logik der Aggregation/Transformationsmechanismus). Mitunter genügt es, die individuellen Handlungsentscheidungen aufzusummieren und Raten/Quoten zu berechnen (etwa den prozentualen Anteil der Autonutzer in einer Population). Allerdings gibt es oft komplexere Beziehungen. Zum Beispiel können Akteure ihre Handlungsentscheidung davon abhängig machen, wie viele andere bereits eine bestimmte Handlungsalternative gewählt haben. Mit solchen Überlegungen befassen sich Schwellenwertmodelle (*threshold models* oder *models of critical mass*, Schelling 1978, Granovetter 1978, Oliver et al. 1985). Im Rahmen dieser Modelle wird angenommen, dass kritische Schwellenwerte, ab denen Akteure handeln, in der Population unterschiedlich verteilt sind. Die Modelle bieten u. a. eine Erklärung für die Entstehung und Ausbreitung von (Umwelt-)Protesten. Bei der Frage, wie die individuellen subjektiven Schwellenwerte zustande kommen, scheint eine Kombination mit der SEU-Theorie sinnvoll, denn ein Schwellenwert „is simply that point where the perceived benefits to an individual of doing the thing in question [...] exceed the perceived costs" (Granovetter 1978: 1422).

Der Mikro-Makro-Übergang ist auch Bestandteil der *Spieltheorie*, die sich mit Situationen strategischer Interdependenz befasst (Diekmann 2009 für eine Einführung). In solchen Situationen ist das Handlungsergebnis für einen Akteur nicht nur von der eigenen Entscheidung, sondern auch von den Entscheidungen der anderen Akteure abhängig. Hierfür lassen sich zahlreiche Anwendungen finden, etwa die *Bereitstellung kollektiver Güter*, von deren Nutzung (im Unterschied zu privaten Gütern) niemand ausgeschlossen werden kann. Im Umweltbereich kann ein Akteur durch sein individuelles Verhalten zum Umweltschutz beitragen, aber der Umfang des Umweltschutzes (die kollektive Umweltqualität) wird auch maßgeblich davon beeinflusst, welches Verhalten die anderen Akteure zeigen. Da jeder von einer verbesserten Umweltqualität profitiert, besteht ein Anreiz, den eigenen Beitrag zurückzuhalten und von den Beiträgen der anderen zu profitieren (Trittbrettfahren bzw. *free riding*). Wenn alle so denken, wird das kollektive Gut nicht bereitgestellt. Dieses Auseinanderfallen von individueller Rationalität auf der einen Seite (Zurückhalten des eigenen Beitrages zum Umweltschutz) und kollektiver Rationalität auf der anderen Seite (Interesse am kollektiven Gut einer verbesserten Umweltqualität) wird als *soziales Dilemma* bezeichnet. In solchen Dilemmasituationen ist das kollektive Ergebnis (z. B. eine Verschlechterung der Umweltqualität) die unbeabsichtigte Folge des absichtsvollen Handelns individueller Akteure (Zurückhaltung des eigenen Beitrags).

In der Tat lassen sich die meisten Umweltprobleme als soziale Dilemmata charakterisieren und mit dem Instrumentarium der nicht-kooperativen Spieltheorie analysieren. Ein Spiel umfasst allgemein mindestens zwei Spieler/Akteure, zwei Strategien/Handlungsalternativen und eine Auszahlungsfunktion, die den Handlungsergebnissen Nutzenwerte zuordnet. Das Nash-Gleichgewicht (benannt nach dem 1928 geborenen Mathematiker John F. Nash) ist das am meisten angewandte Lösungskonzept für Spiele. Es erfordert eine Strategiekombination, bei der keiner der Spieler einen Anreiz hat, von seiner Strategie abzuweichen, solange die Gegenspieler bei ihrer Strategie bleiben (mehr dazu im Abschnitt über die Erklärung kollektiver Umwelteffekte). Das Nash-Gleichgewicht beinhaltet den Handlungsmechanismus „Wahl der Gleichgewichtsstrategie" und den Transformationsmechanismus „Auszahlungsvektor für die Kombination der Gleichgewichtsstrategien aller Akteure" (Diekmann und Voss 2004: 23).

Die RCT bietet die Möglichkeit und das Instrumentarium, eine Vielzahl von umweltrelevanten Phänomenen in ihrer speziellen (Anreiz-)Struktur zu erfassen und individuelle sowie kollektive Handlungsergebnisse zu erklären. Es sei an dieser Stelle explizit darauf hingewiesen, dass Anomalien einiger Grundannahmen von RC-Erklärungen existieren, die auch eine Verletzung von Axiomen der Erwartungsnutzentheorie beinhalten. Diese zum Teil massiven Anomalien haben Kritik an dem Forschungsprogramm hervorgerufen. Sie sind aber gleichzeitig auch Anstoß für die Weiterentwicklung der Theorie. Dies mit der Intention, Erklärungen für theoriekonträre Regelmäßigkeiten zu finden und in den Theoriekanon zu integrieren. Dennoch ist es in der praktischen Arbeit oft möglich, auch mit einfachen RC-Modellen, bei denen einige Annahmen nicht zutreffen, zu empirisch tragfähigen Hypothesen zu gelangen.

Mit Blick auf empirische Anwendungen der RCT, insbesondere der „soziologischen" SEU-Theorie, ist es nicht zwingend erforderlich, wahrgenommene Wahrscheinlichkeiten und Präferenzen für Handlungskonsequenzen direkt zu erheben. Hier können auch auf Annahmen beruhende Brückenhypothesen genutzt werden (Kelle und Lüdemann 1998, Opp und Friedrichs 1996). Dies gilt auch für den Situationsmechanismus, also die Verbindung zwischen der „objektiven" Situation und den Wahrnehmungen der Akteure (Esser 1998). Prinzipiell ist die RC-Theoriefamilie für viele Spezifikationen offen, die Aspekte wie altruistische Motive, soziale Anreize und routiniertes Handeln berücksichtigen können. Im Einzelfall müssen sich empirische Anwendungen daran messen lassen, inwieweit geeignete Messkonzepte für die theoretischen Konzepte angewandt werden, die theoriegeleiteten Hypothesen eine Bestätigung finden und neue bzw. überraschende Erkenntnisse hervorgebracht werden. Von der theoretischen Anlage her haben diesbezüglich mathematisch begründete RC-Varianten wie die Spieltheorie aufgrund ihrer Stringenz klare Vorzüge. Soziologisch und sozialpsychologisch orientierte Anwendungen laufen mitunter Gefahr, das Primat, Handlungsentscheidungen über Restriktions- und nicht über Präferenzänderungen zu erklären, aus dem Auge zu verlieren.

Erklärung individuellen Umwelthandelns

Die Herangehensweise und Reichweite von RC-Erklärungen individuellen Umwelthandelns soll an zwei Beispielen verdeutlicht werden: an der Verkehrsmittelwahl zum Arbeitsplatz und am Kauf langlebiger Gebrauchsgüter. Vorab ist anzumerken, dass diese Beispiele mit der Aufsummierung individueller Entscheidungen den einfachsten Transformationsmechanismus implizieren, um kollektive Effekte zu erklären (in den einschlägigen Arbeiten wird dies in der Regel gar nicht mehr erwähnt). Beide Beispiele sind also nicht auf die Mikroebene individueller Handlungen beschränkt.

SEU-Theorie und Verkehrsmittelwahl zum Arbeitsplatz

Die Erklärung der Verkehrsmittelwahl, das erste Beispiel, wird im Rahmen der SEU-Theorie konzipiert und in Tabelle 1 dargestellt. Dabei bilden die im vorhergehenden Abschnitt angesprochenen SEU-Varianten aus der Sozialpsychologie und Soziologie den Bezugspunkt (Brüderl und Preisendörfer 1995, Bamberg und Schmidt 2003, Best 2009). Im Beispiel berücksichtigt der Akteur lediglich zwei Handlungsalternativen, um den Weg zum Arbeitsplatz zurückzulegen: Nutzung des privaten PKWs (Auto) und Nutzung des öffentlichen Nahverkehrs (Bus). Diese Alternativen sind mit Konsequenzen verbunden, die einerseits mit Bewertungen und andererseits mit subjektiv wahrgenommenen Eintrittswahrscheinlichkeiten versehen sind. Als Handlungskonsequenzen werden die Schnelligkeit (Zeit bis zum Erreichen des Arbeitsplatzes), Bequemlichkeit (u. a. Sitzkomfort), Kosten (u. a. Benzinpreise/ Bustarife) und Umweltfreundlichkeit (Umweltbelastung) der Verkehrsmittel in Betracht gezogen. Den Bewertungen (*B*) in Tabelle 1 lässt sich entnehmen, dass für den Akteur die Schnelligkeit am wichtigsten ist, gefolgt von der Bequemlichkeit, der Umweltfreundlichkeit und den Kosten. Die Gewichtung mit den subjektiven Eintrittswahrscheinlichkeiten (*p*) ergibt für die zwei Alternativen folgende Rangfolge (*p* x *B*): das Auto liegt bei der Schnelligkeit, Bequemlichkeit und den Kosten vor dem Bus, während der Bus einen höheren Wert bei der Umweltfreundlichkeit erzielt. Die aufsummierten Werte der einzelnen Konsequenzen pro Alternative ($\sum p$ x B) ergeben einen höheren SEU-Wert für das Auto als für den Bus. Der Akteur wird in diesem Beispiel also für den Weg zum Arbeitsplatz den eigenen PKW und nicht den öffentlichen Nahverkehr nutzen.

Das Beispiel veranschaulicht die Offenheit der SEU-Theorie für beliebige Handlungskonsequenzen bzw. Nutzenkomponenten. So könnte berücksichtigt werden, wie wichtig dem Akteur eine positive Meinung von Freunden und Bekannten ist und für wie wahrscheinlich eine positive Sanktionierung bei beiden Alternativen eingeschätzt wird. Solche weit gefassten bzw. offen gehaltenen RC-Erklärungen bergen jedoch, neben Problemen der Messung von Präferenzen und Wahrscheinlichkeiten, eine Gefahr von tautologischen Argumenten und trivialen Erkenntnissen. Kritiker sehen in Erklärungen wie in Tabelle 1 überwiegend Ad-hoc-Argumente. Handlungsalternativen, Präferenzen und Restriktionen würden vom Forscher mehr oder weniger willkürlich gesetzt und könnten vom selbstberichteten bzw. beobachteten Verhalten empirisch nicht getrennt werden (siehe zum damit verbundenen Problem der Kausalität auch den Beitrag von Best in diesem Band). Der Akteur nimmt das Auto für den Weg zur Arbeit, weil sie schnell und bequem dorthin gelangen möchte. Zudem könnte man diesen Befund für trivial halten (wir wissen bereits, dass Akteure möglichst schnell und bequem an ihr Ziel gelangen wollen und das Fortbewegungsmittel entsprechend wählen). Die Offenheit der Theorie führt aus Sicht ihrer Kritiker dazu, dass sie letztlich leer und nicht mehr falsifizierbar sei, d. h. nicht mehr empirisch abgelehnt werden könne (am Ende finde sich stets eine stichhaltige RC-Erklärung, wenn die Nutzenfunktion entsprechend angepasst und erweitert werde).

Tabelle 1   Anwendung der SEU-Theorie auf die Verkehrsmittelwahl für den Weg zum Arbeitsplatz

Alternativen	Konsequenzen	Bewertung der Konsequenzen B	Subjektive Eintrittswahr-scheinlichkeiten p	p x B	$\sum$ p x B
Auto	Schnelligkeit	0,9	0,8	0,72	
	Bequemlichkeit	0,7	0,6	0,42	1,60
	Kosten	0,4	0,7	0,28	
	Umweltfreundlichkeit	0,6	0,3	0,18	
Bus	Schnelligkeit	0,9	0,6	0,54	
	Bequemlichkeit	0,7	0,4	0,28	1,54
	Kosten	0,4	0,6	0,24	
	Umweltfreundlichkeit	0,6	0,8	0,48	

Anmerkungen: Die Bewertung der Konsequenzen und die subjektiven Eintrittswahrscheinlichkeiten könnten empirisch in einer Befragung z. B. mit Skalen von null bis zehn erfasst werden, wobei null „überhaupt nicht wichtig"/ „ganz und gar unwahrscheinlich" und zehn „sehr wichtig"/„ganz sicher" bedeuten.

Demgegenüber argumentieren Befürworter des skizzierten SEU-Zugangs (ausführlich Opp 1999), dass Nutzenargumente (Handlungskonsequenzen) nach bestimmten Kriterien, aber nicht willkürlich, ausgewählt werden. Ein Kriterium lautet: Sie müssen für die fragliche Handlungsentscheidung von Bedeutung sein. Darüber hinaus wird ihre Relevanz empirisch zu untermauern versucht, was unabhängig vom fraglichen Handeln geschieht und somit gegen Zirkularität spricht. Erklärungen sind dann nicht trivial, wenn sie konkurrierende Hypothesen generieren. Nicht zuletzt kann auch argumentiert werden, dass das Beispiel in Tabelle 1 für praktische Zwecke durchaus aufschlussreich ist. Die ermittelte Rangfolge der Handlungskonsequenzen gibt Hinweise für Entscheidungsträger. Verkehrspolitische Interventionsprogramme sollten demnach ihren Fokus stärker auf Maßnahmen der Infrastruktur (Schnelligkeit, Bequemlichkeit) als auf den relativen Preis der Verkehrsmittel legen. Im Endeffekt muss wohl von Studie zu Studie entschieden werden, inwieweit der/die Forscher/-in die angeführten Kritikpunkte entkräften kann.

Subjektive Diskontraten und der Kauf langlebiger Gebrauchsgüter

Beim Kauf langlebiger Gebrauchsgüter, dem zweiten Beispiel, bilden Zeitpräferenzen (*time preferences*) bzw. subjektive Diskontraten (*time discounting* und *discount rates*) den theoretischen Mittelpunkt (Frederick et al. 2002 für einen Überblick). Umweltschonende Produkte wie energieeffiziente Waschmaschinen, Kühlschränke und Fernseher werden nicht gekauft, wenn Personen eine starke Präferenz für gegenwärtige Konsummöglichkeiten haben. Denn der Kauf solcher Güter beinhaltet eine Abwägung zwischen den Anschaffungskosten (dem Kaufpreis) und den längerfristigen Verbrauchskosten (den Energiekosten). Das *discounted utility model* (zuerst Samuelson 1937) macht die Annahme, dass alle Motive zeitbezogener Auswahlentscheidungen (*intertemporal choices*) durch die Diskontrate (*discount rate*) als Bestandteil der Diskontierungsfunktion (*discount function*) abgebildet werden; diese Funktion enthält das relative Gewicht, das ein Akteur zum Zeitpunkt t seinem Wohlbefinden zum Zeitpunkt $t + x$ beimisst. Hohe Diskontraten zeigen eine geringe Zukunftsorientierung bzw. starke Gegenwartspräferenz an. Das ist z. B. der Fall, wenn eine Person einen Kühlschrank kauft, der (bei ausreichender Lebenszeit des Geräts) im Anschaffungspreis günstiger ist als ein vergleichbares Gerät, aber in den Verbrauchskosten höher liegt. Eine Anomalie des discounted utility model ist der oftmals beobachtbare Umstand, dass Individuen zeitinkonsistente Präferenzen bzw. im Zeitverlauf sich ändernde/abnehmende Diskontraten haben. Das wird als hyperbolisches Diskontieren (*hyperbolic discounting*) bezeichnet und repräsentiert eine Überbewertung unmittelbarer Gewinne.

In der Tat zeigen etliche Studien, dass Personen Diskontraten haben, die teilweise weit über dem Marktzinssatz liegen (Hausman 1979, Gately 1980, Ruderman et al. 1987, Diekmann 2001). Tabelle 2 gibt ein Beispiel, das der Studie von Gately (1980) entnommen ist. Die Schätzung der impliziten Diskontraten beruht auf realen Verkaufsdaten von Kühlschränken dreier Hersteller. Verglichen werden jeweils zwei Geräte pro Hersteller, die sich bei sonst identischen Leistungsmerkmalen lediglich im Anschaffungspreis und den Verbrauchskosten (Energieeffizienz) unterscheiden. Die Diskontraten variieren zwischen 45 Prozent und 300 Prozent, wobei von einer Produktlebensdauer von zehn Jahren ausgegangen wird. Sie illustrieren zudem den stabilen Befund, dass die subjektiven Diskontraten erheblich über den Zinsraten am Markt liegen.

Tabelle 2   Implizite Diskontraten für Kühlschränke mit hoher gegenüber niedriger Energieeffizienz

Hersteller	Anschaffungskosten	Effizienz	Monatliche Verbrauchskosten und die Diskontrate			
			3,8 Cent/kWh	Diskontrate	10 Cent/kWh	Diskontrate
Sears	$ 478	Hoch	$ 4,00	45 %	$ 10,50	120 %
	$ 444	Niedrig	$ 5,30		$ 13,90	
Whirlpool	$ 485	Hoch	$ 4,00	130 %	$ 10,50	300 %
	$ 473	Niedrig	$ 5,30		$ 13,90	
General Electric	$ 518	Hoch	$ 3,80	45 %	$ 9,90	125 %
	$ 475	Niedrig	$ 5,40		$ 14,30	

Anmerkungen: Die Daten stammen aus Gately (1980), Table 1 (S. 373) und Table 2 (S. 374). Die Berechnung der Diskontraten beruht auf einer angenommenen Lebensdauer der Produkte von zehn Jahren (dazu ausführlich Gately 1980).

Belege für hyperbolisches Diskontieren liefern Studien aus dem Bereich der Neuroökonomik *(neuroeconomics)*. Diese relativ junge Disziplin zielt auf eine Verbindung von Neuro- und Wirtschaftswissenschaften und möchte die *black box* der Abläufe bei individuellem Entscheidungsverhalten öffnen (Camerer et al. 2005 für einen Überblick). Dazu werden derzeit überwiegend bildgebende Verfahren eingesetzt, vor allem die funktionelle Magnetresonanztomographie *(functional magnetic resonance imaging,* fMRI). Die fMRI ermittelt Veränderungen in der Durchblutung im Gehirn, wenn Probanden eine (Experimental-)Aufgabe ausführen. Diese Veränderungen, so die Annahme, lassen sich auf neuronale Aktivitäten zurückführen *(blood oxygen level dependency effect,* BOLD *effect* bzw. BOLD *signal)*. McClure et al. (2004) haben die fMRI in einer Studie eingesetzt, in der Probanden eine Reihe von monetären Gewinnoptionen bewerten sollten. Diese Optionen hatten die Form von „Gewinn in Höhe von x mit einer Zeitverzögerung von t" und „Gewinn in Höhe von x^* mit einer Zeitverzögerung von t^*", wobei $x < x^*$ und $t < t^*$. Die monetären Gewinne variierten zwischen $5 und $40 und die Zeitverzögerung zwischen zwei und vier Wochen. Der wesentliche Befund ist, dass Zeitdiskontierung von zwei neuronalen Systemen beeinflusst wird. Alle Auswahlentscheidungen aktivieren kognitive Prozesse (Bereiche des *lateralen präfrontalen* und *posterioren parietalen Kortex)*; allerdings werden bei Optionen mit unmittelbaren Gewinnen zusätzlich affektive Prozesse relevant (Bereiche des *paralimbischen Kortex)*. Zudem zeigt das Gehirn mehr Aktivität, wenn Probanden zeitverzögerte gegenüber unmittelbar verfügbaren Optionen wählen. Während das discounted utility model rationale Entscheidungen gut abbildet, können mit Methoden der Neurowissenschaften die vermuteten affektiven, automatisch-spontanen Prozesse im Falle des hyperbolischen Diskontierens ein Stück weit aufgedeckt werden.

Erklärung kollektiver Umwelteffekte

Zwei Beispiele für RC-Erklärungen, die genuin auf kollektive Umwelteffekte abzielen, sollen etwas ausführlicher vorgestellt werden. Zum einen handelt es sich um eine Anwendung der Spieltheorie zur Analyse des Problems der Überfischung als soziales Dilemma. Zum anderen geht es um den gesellschaftlichen Wert von kollektiven Umweltgütern und die Bewertung von konkreten Umweltmaßnahmen.

Spieltheorie und die Analyse sozialer Dilemmata

Bei der Anwendung der Spieltheorie zur Analyse des Problems der Überfischung der Meere (Flüsse, Seen etc.) wird davon ausgegangen, dass eine Situation strategischer Interdependenz vorliegt. Das Ergebnis des Handelns eines jeden Fischers, seine Fangmenge, ist demnach davon abhängig, wie viele Fische die anderen Fischer dem Fanggebiet entnehmen. Mithin handelt es sich bei Fischbeständen meist um sogenannte *Allmende-Güter*, eine Form kollektiver Güter, bei der jeder das Gut nutzen kann (kein Nutzungsausschluss), sich aber die Konsummöglichkeiten für alle reduzieren, wenn jemand eine Einheit konsumiert (Rivalität im Konsum wie bei privaten Gütern). In dieser Konstellation steckt das Potenzial für die bekannte Tragik der Allmende – das Problem der Übernutzung von Allmende-Ressourcen (*tragedy of the commons*, Hardin 1968).

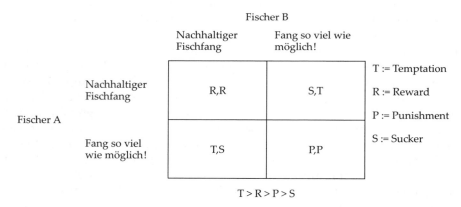

Abbildung 2   Problem der Überfischung als Gefangenendilemma

Abbildung 2 betrachtet den vereinfachten Fall zweier Fischer und konzipiert die soziale Situation, das Allmende-Problem, als ein sogenanntes Gefangenendilemma (es gibt auch alternative Modelle mit anderen Implikationen, siehe Kollock 1998, Diekmann 2009). Die Darstellung in Matrixform und diesbezügliche Analysen lassen sich problemlos auf jede beliebige Anzahl von Fischern erweitern. Zunächst ist festzuhalten: Es gibt zwei Spieler (Fischer A und B), die jeweils zwei Handlungsalternativen haben („Nachhaltiger Fischfang" und „Fang so viel wie möglich!") und in Abhängigkeit von der Strategiewahl beider Spieler bestimmte Auszahlungen erhalten (Nutzenwerte T, R, P oder S). Der erste Nutzenwert pro Zelle bezieht sich auf Fischer A, der zweite auf Fischer B. Bei diesen Nutzenwerten ist lediglich die relative Rangfolge und nicht die absolute Größe relevant (ordinale Präferenzen); es können also beliebige Zahlenwerte für T, R, P und S gewählt werden, solange die Rangfolge $T > R > P > S$ erhalten bleibt.

Was passiert in dieser sozialen Situation? Fischer A wird als rationaler Akteur, der seine Auszahlung maximieren möchte, überlegen, dass es (a) für ihn besser ist, so viel wie möglich zu fangen, wenn Fischer B nachhaltig fischt (Fischer A erhält die Auszahlung T – Temptation, d. h. die Versuchung, nicht kooperativ zu handeln – im Vergleich zur Auszahlung R – Reward, d. h. die Belohnung für beidseitig kooperatives Handeln) und dass es zudem (b) für ihn besser ist, so viel wie möglich zu fangen, wenn auch Fischer B die Option „Fang so viel wie möglich!" wählt (Fischer A erhält die Auszahlung P – Punishment, d. h. die Bestrafung für nicht-kooperatives Handeln, die größer ist als S – Sucker, d. h. der Dumme, der kooperiert, wenn der andere defektiert und ihn damit ausbeutet). Folglich ist es für Fischer A besser die Strategie „Fang so viel wie möglich!" zu wählen, egal welche Strategie Fischer B wählt. „Fang so viel wie möglich!" ist damit eine sogenannte strikt dominante Strategie; sie bringt Fischer A immer eine höhere Auszahlung als die andere verfügbare Strategie. Man kann sich leicht klarmachen, dass diese Situation für Fischer B identisch ist. Da beide Fischer eine dominante Strategie haben, ist die Strategiekombination („Fang so viel wie möglich!", „Fang so viel wie möglich!") das Nash-Gleichgewicht. Kein Spieler/ Fischer hat einen Anreiz, von dieser Gleichgewichtsstrategie einseitig abzuweichen (sie würden sich jeweils schlechter stellen). Das Fanggebiet wird also im Endergebnis überfischt, und langfristig werden Fischarten aussterben (P,P).

Beide Fischer haben aber ein Interesse daran, dass das Fanggebiet als Einkommensquelle erhalten bleibt. Sie würden eigentlich das Ergebnis („Nachhaltiger Fischfang", „Nachhaltiger Fischfang") bevorzugen. Folgt man Vilfredo Pareto (1848–1923, italienischer Soziologie und Ökonom) und seinem Vorschlag für ein Wohlfahrtskriterium, dem sogenannten *Pareto-Optimum*, dann wäre aus gesellschaftlicher Sicht das Ergebnis (R,R) tatsächlich optimal. Denn eine Situation ist Pareto-optimal, wenn sich keine Person besser stellen kann, ohne eine andere Person schlechter zu stellen. Bei einer einseitigen Abweichung von (R,R) würde sich zwar ein Fischer besser stellen (T>R), aber gleichzeitig würde der andere schlechter gestellt (S<R). Ausgehend vom Nash-Gleichgewicht (P,P) wäre demnach eine Pareto-Verbesserung (R,R) möglich, bei der beide Fischer eine höhere Auszahlung erzielen und die Gesamtwohlfahrt steigt. Hierin liegt das soziale Dilemma: Obwohl beide Fischer lieber das Ergebnis (R,R) hätten, was kollektiv rational wäre, führen die individuell rationalen Handlungen zum „tragischen Ergebnis" (P,P).

Für einige Autor/-innen, am prominentesten Elinor Ostrom, ist die Analyse sozialer Dilemmata als Gefangenendilemma zu pessimistisch. In der Tat gibt es lokale und sogar globale Beispiele, in denen Allmende-Probleme durch Selbstorganisation und -verwaltung überwunden und natürliche Ressourcen nachhaltig genutzt werden. Diese reichen von Hochgebirgsweiden und -wäldern im Dorf Törbel, Schweiz, über Bewässerungsgebiete (Huerta) in der Umgebung der Stadt Valencia, Spanien, und den Hummerfang im Bundesstaat Maine, USA, bis hin zum Montrealer Protokoll über den Verzicht auf Stoffe (v. a. FCKW), die zu einem Abbau der Ozonschicht führen (Ostrom 1990, Dietz et al. 2003). Ostrom identifiziert auf der Basis diverser Fallstudien institutionelle Faktoren, die eine nachhaltige Nutzung von Ressourcen begünstigen. Dazu gehören u. a. eine genaue Bestimmung der Personen, die die Ressource nutzen dürfen, die Möglichkeit, das Handeln der Nutzer zu kontrollieren, und die Verfügbarkeit von angemessenen Sanktionen bei Regelverstößen.

Es sei aber erwähnt, dass auch aus spieltheoretischer Sicht die Entstehung spontaner Kooperation bzw. eine nachhaltige Nutzung kollektiver Ressourcen erklärt werden kann, wenn wiederholte Interaktionen bzw. Spiele betrachtet werden. Dann können sich unter geeigneten Voraussetzungen (etwa wenn die Wahrscheinlichkeit künftigen Aufeinandertreffens hinreichend hoch ist) bedingt kooperative Nash-Gleichgewichtsstrategien und das Pareto-Optimum einstellen (Axelrod 1987). Weitaus schwieriger ist zu erklären, warum in experimentellen Studien zum Gefangenendilemma und zu Kollektivgutspielen ein beachtlicher Anteil an Personen bereits in einmaligen Dilemma-Situationen kooperiert (Ledyard 1995, Camerer 2003, Sturm und Weimann 2006 für Überblicksarbeiten). Modelle im Spektrum der sogenannten *behavioral game theory*, die neben materiellen Auszahlungen auch Aspekte wie Fairness und Reziprozität berücksichtigen, liefern Erklärungen für kooperatives Handeln auch in nicht-wiederholten Interaktionen (u. a. Fehr und Schmidt 1999, Bolton und Ockenfels 2000). Hier hat sich ein Forschungsfeld entwickelt, das sowohl theoretisch als auch empirisch ausgerichtet ist und Erkenntnisse aus unterschiedlichen Disziplinen integriert (Diekmann 2008).

Die spieltheoretische Modellierung sozialer Dilemmata (ob als Gefangenendilemma oder in der Form anderer Spiele) ist auf der einen Seite etwas abstrakt und oftmals empirisch unzutreffend. Auf der anderen Seite sollte aber nicht vergessen werden, dass mit spieltheoretischen Modellen (a) nach wie vor der strukturelle Kern zahlreicher Umweltprobleme angemessen beschrieben werden kann, (b) grundsätzlich erklärt werden kann, wie es zu Umweltproblemen kommt, obwohl alle in einer intakten Umwelt leben möchten, und (c) gleichzeitig Lösungswege aus Dilemma-Situationen aufgezeigt werden können.

Kosten-Nutzen-Analyse und die Bewertung von Umweltmaßnahmen

Der Kollektivgut-Charakter einer intakten Umwelt führt in vielen Fällen dazu, dass das Gut in einer sub-optimalen Menge bereitgestellt wird. Dies auch, weil der Wert von Umweltressourcen oder Umweltzuständen meist nicht bekannt ist und schon gar nicht in Marktpreisen beziffert wird. Was ist Menschen ein Waldgebiet in ihrer Region wert? Welche Wertschätzung gibt es für einen sauberen und naturbelassenen Fluss? Lohnt sich der Verzicht auf eine neue Autobahn zugunsten des Landschaftsschutzes? Im Rahmen einer überlegten (umwelt-)politischen Entscheidungsfindung muss erst einmal festgestellt werden, welchen Wert Umweltressourcen besitzen und wie konkurrierende Handlungsalternativen von den Bürger/-innen im Lichte unterschiedlicher Kriterien (wozu auch der Umweltschutz gehört) beurteilt werden. In vielen Industrie- und zunehmend auch Schwellen- und Entwicklungsländern wird hierbei auf das Instrumentarium der Kosten-Nutzen-Analyse von Umweltmaßnahmen zurückgegriffen. Damit bedient man sich wohlfahrtstheoretischer Konzepte.

Die Grundidee ist einfach (Freeman III 2003, Liebe 2007): Man möchte mit geeigneten Methoden auf empirischem Weg herausfinden, welche Wertschätzung involvierte Akteure für eine Umweltveränderung haben. Besitzen die Akteure kein einklagbares Recht auf eine Umweltverbesserung, dann soll ihre *willingness to pay*, d. h. ihre maximale Zahlungsbereitschaft bzw. die (als Wohlfahrtsmaß fungierende) kompensierende Variation ermittelt werden. Was sind die Individuen maximal bereit, von ihrem Einkommen abzugeben, damit die angedachte Maßnahme zur Umweltverbesserung realisiert wird (und ihr ursprüngliches Nutzenniveau erhalten bleibt)? (Analog kann auch gefragt werden, was den Individuen maximal gezahlt werden müsste, damit sie eine Umweltverschlechterung akzeptieren, wenn sie kein einklagbares Recht auf das Ausbleiben der Verschlechterung haben; dies wäre die *willingness to accept*, d. h. die maximale Entschädigungsforderung.) Die individuellen Zahlungsbereitschaften können dann aufsummiert und den Kosten der Maßnahme gegenübergestellt werden.

In der empirischen Umsetzung wird in Umfragen ein sogenannter hypothetischer Markt errichtet. Das bedeutet: Informationen über die zu bewertende Maßnahme sind zu geben (das Gut ist genau zu beschreiben), es muss gesagt werden, wer die Maßnahme durchführt (z. B. eine staatliche Behörde), und es ist anzugeben, in welcher Form für die Durchführung bezahlt werden soll (z. B. Finanzierung über Steuern). Die in der aktuellen Forschungspraxis wichtigsten umfragebasierten Bewertungsmethoden sind die *Kontingente Bewertung* (*contingent valuation*, Bateman et al. 2002) und *Choice-Experimente* (*choice experiments*, Bennett und Blamey 2001). Bei der ersten Methode werden die Befragten direkt nach ihrer Zahlungsbereitschaft für eine Umweltmaßnahme bzw. ein Umweltgut gefragt, entweder mit einer offenen Abfrage, mit der Vorgabe eines konkreten Zahlungsbetrags oder mit einer Auswahl vorgegebener Zahlungsbeträge. Bei der zweiten Methode werden die Attribute eines Umweltgutes genau beschrieben, die wiederum in ihren Ausprägungen variieren können. Die Befragten wählen dann aus mindestens zwei Alternativen, die sich in den Ausprägungen der verschiedenen Attribute unterscheiden, die Alternative aus, die sie bevorzugen. Die jeweiligen Kosten der Alternativen sind ein Attribut neben anderen, nicht-monetären Attributen; deshalb spricht man von einer indirekten Messung der Zahlungsbereitschaft.

Carlsson und Kataria (2008) haben im Rahmen einer Kosten-Nutzen-Analyse ein Choice-Experiment eingesetzt, um Managementprogramme im Umgang mit der „Europäischen Seekanne" (Nymphoides peltata), einer gelblütigen Wasserpflanze im See Väringen, Mittelschweden, zu bewerten. Die Pflanze hat sich so stark ausgebreitet, dass es einerseits ökologisch bedenklich ist und andererseits Erholungsmöglichkeiten für Seebesucher eingeschränkt werden. Bisher ist es nicht gelungen, auf biologischem oder technischem Weg die Ausbreitung der Pflanze zu stoppen. Mithin muss die Pflanze per Hand (mechanisch) entfernt werden. Für Entscheidungsträger in der Region stellt sich nun die Frage, in welchen Teilen des Sees, wenn überhaupt, und damit in welchem Umfang ein Managementprogramm zur Kontrolle der Pflanze aufgelegt werden soll. Deshalb wurden im Jahr 2005 in der Gemeinde Lindesberg, die den See Väringen einschließt, 273 Personen schriftlich befragt. Tabelle 3 zeigt ein Beispiel für ein Choice-Set aus der Befragung. Die Choice-Sets wurden mit einem experimentellen Design ausgewählt, das sicherstellt, dass bei der Auswertung der Effekt für jedes einzelne Attribut (z. B. die Kosten) unabhängig vom Effekt der anderen Attribute ermittelt werden kann. Jeder Befragte hat sieben solcher Sets bewertet. Zuvor wurde noch gefragt, ob die Respondenten überhaupt eine Kontrolle der Wasserpflanze wünschen. Das haben 61 Prozent bejaht, und diese Teilgruppe hat dann die Choice-Sets beantwortet. Die restlichen 39 Prozent hatten grundsätzlich keine Wertschätzung für die Zurückdrängung der Pflanze.

Tabelle 3   Choice-Experiment zum Umgang mit einer „lästigen" Wasserpflanze in einer schwedischen Gemeinde

Managementalternativen zur Kontrolle der Wasserpflanze „Europäische Seekanne" im See Väringen		
	Alternative 1	Alternative 2
Kontrolle der Wasserpflanze an folgenden Stellen	Kanu-Strecke	Wohngebiet nahe Frövi am See und Bootsplatz
Kontrolle der Wasserpflanze an den verbleibenden Stellen	40 %	40 %
Jährliche Zusatzkosten für den Haushalt	150 SEK	500 SEK
Ihre Auswahl	☐	☐

Anmerkungen: Das Beispiel stammt aus Carlsson und Kataria (2008), eigene Übersetzung. Im Jahr 2005 entsprach 1 Euro ca. 9 SEK (Schwedische Kronen). Das Choice-Experiment hat sechs Attribute: vier mit zwei Ausprägungen – Kontrolle (ja/nein) im Wohngebiet nahe Frövi am See, an der Badestelle, an der Kanustrecke, am Bootsplatz; ein Attribut mit vier Ausprägungen – Kontrolle an den restlichen Stellen im See zu 0 %, 40 %, 80 %, 100 %; ein Attribut mit fünf Ausprägungen – jährliche Kosten für den Haushalt in Höhe von 0, 150, 320, 500, 750 SEK.

Auf der Basis von multivariaten Analysen lassen sich konkrete Zahlungsbereitschaften für jedes Attribut und für komplette Managementprogramme (Alternativen) berechnen (dazu ausführlich Carlsson und Kataria 2008). Wie viel Geldeinheiten sind die Bewohner im Durchschnitt jährlich bereit aufzugeben, damit eine bestimmte Stelle des Sees von der Pflanze befreit wird? Dies ist die sogenannte *Grenzrate der Substitution*. Beschränkt auf die Personengruppe mit positiver Wertschätzung zeigen die Ergebnisse, dass den Bewohnern der Gemeinde Lindesberg die Badestelle am wichtigsten ist (Zahlungsbereitschaft für deren Säuberung: 545 SEK pro Haushalt und Jahr), gefolgt vom Bootsplatz (204 SEK), dem Wohngebiet (198 SEK) und der Kanustrecke (110 SEK). Für die Säuberung von jeweils 1 Prozent der restlichen Fläche beträgt die Wertschätzung 3 SEK. Erwartungsgemäß ist die Zahlungsbereitschaft umso höher, je näher der Haushalt am See wohnt. Um im gesamten Seegebiet (ca. 100 ha) die Pflanze zu kontrollieren, was eine Pflege zweimal pro Jahr bedeuten würde, errechnen Carlsson und Kataria Kosten in Höhe von 2.800.000 SEK. Bei 10.000 Haushalten in der Gemeinde müsste jeder Haushalt 280 SEK zahlen. Von dieser Summe würden 50 Prozent für die oben genannten vier spezifischen Stellen im See benötigt und 50 Prozent für die verbleibenden Stellen. In der Tat reichen die berechneten Zahlungsbereitschaften (unter Berücksichtigung der Haushalte ohne Wertschätzung für die Zurückdrängung der Pflanze) aus, um die Kosten für die vier spezifischen Stellen zu decken; allerdings nicht für die verbleibenden Stellen. Auf Gemeindeebene könnte man demnach ein Programm empfehlen, das sich auf die vier spezifischen Stellen konzentriert; ein Managementprogramm für die restlichen Stellen des Sees wäre nicht lohnend.

Die Ausführungen sollten verdeutlicht haben, warum Bewertungsstudien in vielen Ländern zum Einsatz kommen und sich auf Themen wie Wasser- und Luftqualität, Erholungsmöglichkeiten, Schutz von Naturlandschaften und Schutz von gefährdeten Tier- und Pflanzenarten erstrecken (Carson 2000). Jedoch gibt es auch eine Reihe von methodischen Problemen, die bei der monetären Bewertung von Umweltgütern diskutiert werden: u. a. die hohe Komplexität der Auswahlentscheidung, die Rolle des Zahlungsvehikels, der Umgang mit „Protestantworten" (u. a. Antwortverweigerungen aufgrund von grundsätzlichen Vorbehalten gegenüber einer Monetarisierung der Natur) und die zu erwartende Divergenz zwischen hypothetischer und realer Zahlungsbereitschaft.

Einige Autoren sind ohnehin davon überzeugt, dass nicht Geldgrößen wie Einkommen und Vermögenswerte, sondern die Lebenszufriedenheit ein besseres Maß für die individuelle und gesellschaftliche Wohlfahrt ist. Dies ist Gegenstand der *Happiness-Forschung*, die ihre Wurzeln in der Psychologie und Soziologie hat und sich in der Ökonomik zunehmender Beliebtheit erfreut (Frey und Stutzer 2002a, 2002b für Überblicksarbeiten). Diese Forschung bietet neben einem eigenen Akteurmodell auch einen alternativen Zugang zur Bewertung von Umweltgütern (*Lebenszufriedenheitsansatz*), wobei die Frage im Mittelpunkt steht, wie sich Veränderungen der Umweltqualität auf die individuelle und aggregierte Lebenszufriedenheit auswirken (Welsch 2007, Frey et al. 2010). Dabei ist es üblich, die Lebenszufriedenheit direkt in Umfragen zu messen (z. B. im Eurobarometer: „Sind Sie insgesamt gesehen mit dem Leben, das Sie führen, sehr zufrieden, ziemlich zufrieden, nicht besonders zufrieden oder überhaupt nicht zufrieden?"). Verfügt man ferner über Informationen zur Betroffenheit von Umweltbelastungen (inwieweit Befragte z. B. von Luftverschmutzung betroffen sind) und zum Einkommen, können monetäre Werte (Wohlfahrtsmaße) bei konstanter Lebenszufriedenheit berechnet werden.

Schlussbemerkungen

Vor allem mit der Ausgangskonzeption eines dreistufigen Erklärungsschemas, mit einer stringent ausgearbeiteten basalen Handlungstheorie und mit Modellen der mathematischen Spieltheorie stellt RC ein Instrumentarium bereit, das aus der sozialwissenschaftlichen Umweltforschung inzwischen nicht mehr wegzudenken ist. Hinzu kommen methodische Innovationen wie die Contingent-Valuation-Methode oder Choice-Experimente (zur monetären Bewertung kollektiver Güter), die für eine rationale und überlegte Umweltpolitik hilfreich sein können. Es sollte zudem deutlich geworden sein, dass das RC-Programm flexibel und an vielen Stellen erweiterungs- und ausbaufähig ist. Solche Erweiterungen wurden in den obigen Ausführungen angedeutet mit den Hinweisen u. a. auf die Neuroökonomik, die behavioral game theory und die Happiness-Forschung. Nicht zuletzt die Tatsache, dass eine RC-Sicht auf Umwelthandeln, Umweltprobleme und Umweltgüter in vielen Fällen konkrete politische Schlussfolgerungen nahelegt, unterscheidet diesen Ansatz von konkurrierenden Theoriepositionen, insbesondere von (wie im einleitenden Abschnitt angesprochen) systemtheoretischen Rekonstruktionen oder konstruktivistischen Argumentationsmustern. Systemtheoretische und konstruktivistische Ansätze mögen mit ihren Diagnosen zum Teil richtig liegen, aber diesen Diagnosen fehlt weitgehend der Handlungsbezug.

Was speziell den politischen Handlungsbezug anbelangt, verdient abschließend noch folgender Wandlungsprozess explizit Erwähnung: Nachdem die Protagonisten des Umweltschutzes (sei es im grün-alternativen Milieu, im Lager der Globalisierungsgegner oder auch in der konventionellen politischen Arena) lange Zeit eine dezidierte Kontraststellung gegen markwirtschaftlich-ökonomisches Denken und damit (zumindest implizit) auch gegen RC-Positionen bezogen haben, hat sich dies in den zurückliegenden Jahren deutlich verändert. Fast wie selbstverständlich plädieren „Umweltschützer/-innen" heutzutage für ökonomische Anreizinstrumente wie Öko-Steuern, Natur- neben Kurtaxen, Emissionszertifikate, und Ähnliches. Neue Technologien werden nicht mehr von Anfang an kritisch gesehen, sondern zum Teil mit Vehemenz im Rahmen von Effizienzstrategien gefordert. In der Tat dürfte es für die Erhaltung unserer natürlichen Lebensgrundlagen im Endergebnis und längerfristig hilfreich sein, der Leitidee einer „ökologischen Wirtschafts- und Gesellschaftsordnung" zu folgen – mit einer angemessenen Bewertung der knappen Umweltressourcen und mit politisch beeinflussten Anreizstrukturen, die es auch für „rationale Egoisten" angebracht erscheinen lassen, umweltorientiert und ressourcenschonend zu handeln. Der Umweltschutz ist zu wichtig, als dass man ihn allein „altruistischen Motivationen", die in der Realität zweifellos vorkommen, überantworten kann.

Weiterführende Literatur

Coleman, James S. (1991 [1990]): *Grundlagen der Sozialtheorie*. 3 Bände. München: Oldenbourg.
Diekmann, Andreas (2009): *Spieltheorie: Einführung, Beispiele, Experimente*. Reinbek: Rowohlt.
Freeman III, A. Myrick (2003): *The Measurement of Environmental and Resource Values. Theory and Methods*. Washington, DC: Resources for the Future.

Ostrom, Elinor (1999 [1990]): *Die Verfassung der Allmende: Jenseits von Staat und Markt*. Tübingen: Mohr.
Schelling, Thomas C. (1978): *Micromotives and Macrobehavior*. New York: Norton.

Zitierte Literatur

Ajzen, Icek (1991): The Theory of Planned Behavior. *Organizational Behavior and Human Decision Processes* 50 (2): 179–211.
Axelrod, Robert (1987 [1984]): *Die Evolution der Kooperation*. München: Oldenbourg.
Bamberg, Sebastian und Peter Schmidt (2003): Incentives, Morality, or Habit? Predicting Students' Car Use for University Routes with the Models of Ajzen, Schwartz, and Triandis. *Environment and Behavior* 35 (2): 264–285.
Bateman, Ian J., Richard T. Carson, Brett Day, Michael Hanemann, Nick Hanley, Tannis Hett, Michael Jones-Lee, Graham Loomes, Susana Mourato, Ece Özdemiroglu, David W. Pearce, Robert Sugden und John Swanson (2002): *Economic Valuation with Stated Preference Techniques. A Manual*. Cheltenham: Edward Elgar.
Bennett, Jeff und Russell Blamey (Hrsg.) (2001): *The Choice Modelling Approach to Environmental Valuation*. Cheltenham: Edward Edgar.
Best, Henning (2009): Organic Farming as a Rational Choice: Empirical Investigations in Environmental Decision Making. *Rationality and Society* 21 (2): 197–224.
Bolton, Gary E. und Axel Ockenfels (2000): ERC: A Theory of Equity, Reciprocity, and Competition. *American Economic Review* 90 (1): 166–193.
Brüderl, Josef und Peter Preisendörfer (1995): Der Weg zum Arbeitsplatz: Eine empirische Untersuchung zur Verkehrsmittelwahl. In: Diekmann, Andreas und Axel Franzen (Hrsg.), *Kooperatives Umwelthandeln*. Zürich: Rüegger, 69–88.
Camerer, Colin F. (2003): *Behavioral Game Theory: Experiments in Strategic Interactions*. Princeton: Princeton University Press.
Camerer, Colin F., George Loewenstein und Dražen Prelec (2005): Neuroeconomics: How Neuroscience Can Inform Economics. *Journal of Economic Literature* 43 (1): 9–64.
Carlsson, Fredrik und Mitesh Kataria (2008): Assessing Management Options for Weed Control with Demanders and Non-Demanders in a Choice Experiment. *Land Economics* 84 (3): 517–528.
Coleman, James S. (1986): Social Theory, Social Research, and a Theory of Action. *American Journal of Sociology* 91 (6): 1309–1335.
Coleman, James S. (1990): *Foundations of Social Theory*. Cambridge, MA: Belknap Press.
Diekmann, Andreas (1996): Homo ÖKOnomicus. Anwendungen und Probleme der Theorie rationalen Handelns im Umweltbereich. In: Diekmann, Andreas und Carlo C. Jaeger (Hrsg.), *Umweltsoziologie*. Sonderheft 36 der Kölner Zeitschrift für Soziologie und Sozialpsychologie. Opladen: Westdeutscher Verlag, 89–118.
Diekmann, Andreas (2001): Umweltbewusstsein und Ökonomie des Energiesparens. In: Stockmann, Reinhard und Julia Urbahn (Hrsg.), *Umweltberatung und Nachhaltigkeit*. Berlin: Erich Schmidt Verlag, 22–30.
Diekmann, Andreas (2008): Soziologie und Ökonomie: Der Beitrag experimenteller Wirtschaftsforschung zur Sozialtheorie. *Kölner Zeitschrift für Soziologie und Sozialpsychologie* 60 (3): 528–550.
Diekmann, Andreas (2009): *Spieltheorie. Einführung, Beispiele, Experimente*. Reinbek: Rowohlt.

Diekmann, Andreas und Thomas Voss (2004): Die Theorie rationalen Handelns. Stand und Perspektiven. In: Diekmann, Andreas und Thomas Voss (Hrsg.), *Rational-Choice-Theorie in den Sozialwissenschaften*. München: Oldenbourg, 13–29.

Dietz, Thomas, Elinor Ostrom und Paul C. Stern (2003): The Struggle to Govern the Commons. *Science* 302: 1907–1912.

Douglas, Mary und Aaron Wildavsky (1983): *Risk and Culture. An Essay on the Selection of Technological and Environmental Dangers*. Berkeley: University of California Press.

Esser, Hartmut (1996): *Soziologie. Allgemeine Grundlagen*. Frankfurt a. M.: Campus.

Esser, Hartmut (1998): Why are Bridge Hypotheses Necessary? In: Blossfeld, Hans-Peter und Gerald Prein (Hrsg.), *Rational Choice Theory and Large-Scale Data Analysis*. Boulder: Westview Press, 94–111.

Fehr, Ernst und Klaus M. Schmidt (1999): A Theory of Fairness, Competition, and Cooperation. *The Quarterly Journal of Economics* 114 (3): 817–868.

Frederick, Shane, George Loewenstein und Ted O'Donoghue (2002): Time Discounting and Time Preference: A Critical Review. *Journal of Economic Literature* 40 (2): 351–401.

Freeman III, A. Myrick (2003): *The Measurement of Environmental and Resource Values. Theory and Methods*. Washington DC: Resources for the Future.

Frey, Bruno S. und Alois Stutzer (2002a): *Happiness and Economics. How the Economy and Institutions Affect Well-Being*. Princeton: Princeton University Press.

Frey, Bruno S. und Alois Stutzer (2002b): What Can Economists Learn from Happiness Research? *Journal of Economic Literature* 40 (2): 402–435.

Frey, Bruno S., Simon Luechinger und Alois Stutzer (2010): The Life Satisfaction Approach to Environmental Valuation. *Annual Review of Resource Economics* 2: 139–160.

Gately, Dermot (1980): Individual Discount Rates and the Purchase and Utilization of Energy-Using Durables: Comment. *Bell Journal of Economics* 11 (1): 373–74.

Granovetter, Mark (1978). Threshold Models of Collective Behavior. *American Journal of Sociology* 83 (6): 1420–1443.

Hardin, Garrett (1968): The Tragedy of the Commons. *Science* 162: 1243–1248.

Hausman, Jerry A. (1979): Individual Discount Rates and the Purchase and Utilization of Energy-Using Durables. *Bell Journal of Economics* 10 (1): 33–54.

Hechter, Michael und Satoshi Kanazawa (1997): Sociological Rational Choice Theory. *Annual Review of Sociology* 23: 191–214.

Hedström, Peter und Richard Swedberg (1996): Rational Choice, Empirical Research, and the Sociological Tradition. *European Sociological Review* 12 (2): 127–146.

Hedström, Peter und Richard Swedberg (1998): Social Mechanisms: An Introductory Essay. In: Hedström, Peter und Richard Swedberg (Hrsg.), *Social Mechanisms. An Analytical Approach to Social Theory*. Cambridge: Cambridge University Press, 1–31.

Kelle, Udo und Lüdemann, Christian (1998): Bridge Assumptions in Rational Choice Theory: Methodological Problems and Possible Solutions. In: Blossfeld, Hans-Peter und Gerald Prein (Hrsg.), *Rational Choice Theory and Large-Scale Data Analysis*. Boulder: Westview Press, 112–125.

Kollock, Peter (1998): Social Dilemmas: The Anatomy of Cooperation. *Annual Review of Sociology* 24: 183–214.

Ledyard, John O. (1995): Public Goods: A Survey of Experimental Research. In: Kagel, John und Alvin Roth (Hrsg.), *Handbook of Experimental Economics*. Princeton: Princeton University Press, 111–194.

Liebe, Ulf (2007): *Zahlungsbereitschaft für kollektive Umweltgüter: Soziologische und ökonomische Analysen*. Wiesbaden: VS Verlag.

Liebe, Ulf und Peter Preisendörfer (2010): Rational Choice Theory and the Environment: Variants, Applications, and New Trends. In: Gross, Matthias und Harald Heinrichs (Hrsg.), *Environmental Sociology: European Perspectives and Interdisciplinary Challenges*. Berlin: Springer, 141–157.

Luhmann, Niklas (1986): *Ökologische Kommunikation*. Opladen: Westdeutscher Verlag.

McClure, Samuel M., David I. Laibson, George Loewenstein und Jonathan D. Cohen (2004): Separate Neural Systems Value Immediate and Delayed Monetary Rewards. *Science* 306: 503–507.

Oliver, Pamela, Gerald Marwell und Ruy Teixeira (1985): A Theory of the Critical Mass. I. Interdependence, Group Heterogeneity, and the Production of Collective Action. *American Journal of Sociology* 91 (3): 522–556.

Opp, Karl-Dieter (1999): Contending Conceptions of the Theory of Rational Action. *Journal of Theoretical Politics* 11 (2): 171–202.

Opp, Karl-Dieter (2009): Das individualistische Erklärungsprogramm in der Soziologie. Entwicklung, Stand und Probleme. *Zeitschrift für Soziologie* 38 (1): 26–47.

Opp, Karl-Dieter und Jürgen Friedrichs (1996): Brückenannahmen, Produktionsfunktionen und die Messung von Präferenzen. *Kölner Zeitschrift für Soziologie und Sozialpsychologie* 48 (3): 546–559.

Ostrom, Elinor (1990): *Governing the Commons. The Evolution of Institutions for Collective Action*. Cambridge, MA: Cambridge University Press.

Preisendörfer, Peter (2004): Anwendungen der Rational-Choice-Theorie in der Umweltforschung. In: Diekmann, Andreas und Thomas Voss (Hrsg.), *Rational-Choice-Theorie in den Sozialwissenschaften*. München: Oldenbourg, 271–287.

Rubinstein, Ariel (1998): *Modeling Bounded Rationality*. Cambridge, MA: MIT Press.

Ruderman, Henry, Mark D. Levine und James E. McMahon (1987): The Behavior of the Market for Energy Efficiency in Residential Appliances Including Heating and Cooling Equipment. *The Energy Journal* 8 (1): 101–24.

Samuelson, Paul A. (1937): A Note on Measurement of Utility. *The Review of Economic Studies* 4 (2): 155–161.

Savage, Leonard J. (1954): *The Foundations of Statistics*. New York: Wiley.

Schelling, Thomas C. (1978): *Micromotives and Macrobehavior*. New York: Norton.

Schnaiberg, Allan und Kenneth A. Gould (1994): *Environment and Society. The Enduring Conflict*. New York: St. Martin's Press.

Schoemaker, Paul J. H. (1982): The Expected Utility Model: Its Variants, Purposes, Evidence and Limitations. *Journal of Economic Literature* 20 (2): 529–563.

Simon, Herbert A. (1979): Rational Decision Making in Business Organizations. *American Economic Review* 69 (4): 493–513.

Sturm, Bodo und Joachim Weimann (2006): Experiments in Environmental Economics and Some Close Relatives. *Journal of Economic Surveys* 20 (3): 419–457.

Voss, Thomas und Martin Abraham (2000): Rational Choice Theory in Sociology: A Survey. In: Quah, Stella R. und Arnaud Sales (Hrsg.), *The International Handbook of Sociology*. A Thousand Oaks: Sage, 50–83.

Welsch, Heinz (2007): Environmental Welfare Analysis: A Life Satisfaction Approach. *Ecological Economics* 62 (3-4): 544–551.

Methodische Herausforderungen: Umweltbewusstsein, Feldexperimente und die Analyse umweltbezogener Entscheidungen

Henning Best

Einleitung

Der Analyse umweltbezogener Entscheidungen kommt in der sozialwissenschaftlichen Umweltforschung eine hohe Bedeutung zu. Dieser besondere Stellenwert der Entscheidungsanalyse ergibt sich aufgrund von Prämissen des struktur-individualistischen Paradigmas, in dem Umweltprobleme wie saurer Regen, Luftverschmutzung oder der Klimawandel als häufig unintendierte kollektive Folgen individuellen Handelns verstanden werden können (vgl. Coleman 1995). Hieraus folgt unmittelbar eine große Bedeutung der Handlungs- und Entscheidungsanalyse für die Praxis: Wenn Umweltprobleme eine kollektive Folge individueller Entscheidungen mit Umweltbezug sind (siehe hierzu auch den Beitrag von Liebe und Preisendörfer in diesem Band), führt auch der Weg in eine nachhaltigere Gesellschaft über die Handlungsentscheidungen von individuellen (bzw. korporativen) Akteuren. Um weiteren Schaden an der Umwelt (und damit auch den menschlichen Lebensgrundlagen) zu vermeiden, ist es notwendig, Strukturen und Rahmenbedingungen zu etablieren, die umweltfreundliches Verhalten fördern und umweltschädliches Verhalten sanktionieren. Um fehlerhafte Anreizstrukturen zu vermeiden, müssen solche Interventionen jedoch auf ein detailliertes Verständnis der Gründe für menschliches Verhalten aufbauen. Ein Beispiel für eine schlecht geplante Intervention berichten Baltas und Xepapadeas (2001): Um das Verkehrsaufkommen – genauer die Zahl der Autos – in der Athener Innenstadt zu reduzieren, führte die Stadtverwaltung die Regel ein, dass an bestimmten Wochentagen nur noch Autos mit einer ungeraden Nummer, an anderen Tagen nur solche mit einer geraden Nummer die Innenstadt befahren durften. Baltas und Xepapadeas (2001: 175) bewerten den Erfolg der Maßnahme jedoch negativ: „given the inefficiencies of the public transport system, many Athenians were motivated to purchase a new passenger car and to keep the old car as well in order to have both an odd and an even number plate."

Dieser Aufsatz möchte dazu beitragen die entscheidungstheoretisch orientierte Umweltforschung zu verbessern und zu erleichtern, indem methodische Probleme, die sich bei der quantitativ-empirischen Analyse umweltbezogener Entscheidungen ergeben, diskutiert werden. Zwar ist die sozialwissenschaftliche Umweltforschung letztlich mit den gleichen oder ähnlichen methodischen und methodologischen Herausforderungen konfrontiert wie andere sozialwissenschaftliche Forschungsrichtungen – beispielsweise der Etablierung einheitlicher Messinstrumente für

zentrale Variablen und der Kumulation von Forschungsergebnissen oder der unverzerrten Schätzung kausaler Effekte. Diese allgemeinen Probleme sollen in diesem
Beitrag jedoch konkret in Bezug auf die Umweltsoziologie diskutiert werden. Da
in der Umweltsoziologie die Untersuchung des Einflusses von Umweltbewusstsein
auf Umweltverhalten einen hohen Stellenwert einnimmt, gehen wir zunächst auf
methodische Probleme ein, die sich bei der Operationalisierung umweltbezogener
Einstellungen ergeben. Eine angemessene und möglichst standardisierte Operationalisierung des Umweltbewusstseins ist erstens zentral für die Kumulation von
Forschungsergebnissen, und bildet zweitens die Grundlage einer validen Analyse
der Einstellungs-Verhaltens-Relation bzw. des Einflusses von Umweltbewusstsein
auf Handlungsentscheidungen. Da jedoch, ausgehend von empirisch gut bestätigten Prämissen der Theorie rationalen Handelns, nicht nur die Umwelteinstellungen,
sondern insbesondere auch Handlungsoptionen und die sich hierdurch ergebende
Anreizstruktur von erheblicher Bedeutung für das Umweltverhalten ist, widmet
sich der zweite Teil dieses Beitrages Forschungsdesigns, die besonders gut geeignet sind, den Effekt von Handlungsoptionen und strukturellen Randbedingungen
auf Handlungsentscheidungen zu untersuchen. Wir argumentieren, dass natürliche
Experimente in der Kausalanalyse deutliche Vorteile bieten und schlagen vor, experimentelle Designs, insbesondere Designs mit *Pre-* und *Post-Treatment*-Beobachtung,
verstärkt zu verwenden. Schließlich stellen wir kurz zwei statistische Verfahren vor
(*propensity-score-matching* und *fixed-effects* Panelregression) die besonders vorteilhaft
sind, um kausale Effekte unverzerrt zu schätzen.

Messung und Operationalisierung von Umweltbewusstsein

Die Untersuchung umweltbezogener Einstellungen und Werthaltungen gehört
ohne Zweifel zu den Kernbereichen der Umweltsoziologie. Aufbauend auf klassische Studien (vgl. z. B. Buttel und Flinn 1976, Catton und Dunlap 1978, Maloney
und Ward 1973, van Liere und Dunlap 1980) hat sich ein sehr breites Forschungsfeld
entwickelt. Es existiert eine nahezu unüberschaubare Zahl an Studien zu Verbreitung und Entwicklung des Umweltbewusstseins in der Bevölkerung, zur Variation
zwischen sozio-ökonomischen Gruppen und zum Zusammenhang zwischen Umweltbewusstsein und Umweltverhalten (siehe z. B. die Meta-Analysen von Bamberg
und Möser 2007, Hines et al. 1986). Aus einer entscheidungstheoretischen Perspektive ist Umweltbewusstsein insbesondere als Einflussfaktor auf Entscheidungen mit
Umweltbezug interessant. Um diesen Einfluss korrekt modellieren und die Ergebnisse verschiedener Studien miteinander vergleichen zu können, müssen jedoch
gewisse Ansprüche an die Messung und Operationalisierung des Umweltbewusstseins erfüllt sein.

Trotz, ggf. auch aufgrund der großen Zahl an Studien zu Umweltbewusstsein
und weiteren Einstellungen mit Umweltbezug ist eine erhebliche Uneinheitlich-
keit in Definition, Messung und Operationalisierung von Umweltbewusstsein zu
konstatieren. In diesem Sinne kritisieren Schultz et al. (2005) den Mangel an klarer

konzeptueller Sprache, der sich ihrer Ansicht nach daraus ergibt, dass viele Autoren nicht klar zwischen Umweltbewusstsein, Umweltwerten, Umwelteinstellungen, einer ökologischen Weltsicht etc. unterscheiden (ebd.: 458).[1] Bamberg (2003: 21) argumentiert in die gleiche Richtung und berichtet, Autoren würden den Begriff „environmental concern" sehr unspezifisch verwenden; die Bedeutung erstrecke sich auf „the whole range of environmentally related perceptions, emotions, knowledge, values, attitudes, and behaviors". Eine schwerwiegende Folge dieser begrifflichen Verwirrung ist, dass bis jetzt kein Konsens hinsichtlich der Messung und Operationalisierung von Umweltbewusstsein besteht und sich keine einheitlichen Standardskalen durchsetzen konnten. Vielmehr ist eine Tendenz zu idiosynkratischen Skalen zu erkennen. Dies lässt sich beispielsweise auf Basis eines Literaturüberblicks von Dunlap und Jones (2002) zeigen. Die Autoren schätzen, dass „several hundred varying operational definitions" (S. 493) verwendet werden. Diese Operationalisierungen unterscheiden sich sowohl hinsichtlich der betrachteten Gegenstandsbereiche („substantive issues") als auch hinsichtlich der Spezifizität der Einstellung („specificity of the attitude"). Dies wiederum führt zu einer Situation, in der erstens erhebliche Unterschiede in den empirischen Ergebnissen auftreten, zweitens aber nicht valide beurteilt werden kann, ob die gefundenen Unterschiede substanziell oder lediglich artifiziell sind (d. h., durch die Messung produziert). Selbstverständlich wird hierdurch kumulative Forschung deutlich erschwert.

Um diesem Problem entgegenzuwirken, werden wir im Folgenden kurz die Struktur umweltbezogener Kognitionen diskutieren und Skalen zur Messung vorstellen. Hierbei konzentrieren wir uns auf Skalen, bei denen – trotz der oben genannten Heterogenität – erstens eine gewisse Verbreitung zu erkennen ist und die zweitens international anschlussfähig erscheinen: Die NEP-Skala und eine Skala des allgemeinen Umweltbewusstseins in der Tradition der tripartiten Einstellungstheorie. Zwar kann es ausgehend von Ajzen und Fishbeins (1977) Korrespondenzpostulat – Einstellungen sollten auf der gleichen Abstraktionsebene gemessen werden wie Verhalten – sinnvoll sein, zusätzlich spezifische Skalen für einzelne Gegenstandsbereiche zu entwickeln. Diese sollten jedoch nach unserer Auffassung nur zusätzlich zu einer der generellen Skalen verwendet werden, um eine bessere Vergleichbarkeit der Ergebnisse zu ermöglichen.

NEP

Die international bei Weitem am häufigsten verwendete Skala (vgl. Dunlap et al. 2000, Hawcroft und Milfont 2010, Stern et al. 1995) ist die Skala zur Messung des Neuen Ökologischen Paradigmas (NEP, *new environmental paradigm*). Sie geht auf Arbeiten von Dunlap und Van Liere (1978) zurück und wurde von Dunlap et al. (2000) überarbeitet (siehe hierzu den Beitrag von Dunlap in diesem Band). Bei der

---

1   Die von Schultz et al. diskutierten englischen Begriffe sind „environmental concern", „environmental beliefs", „attitudes" und „worldviews".

Skala ist zu bedenken, dass sie keine Einstellungen im engeren Sinne (der Einstellungstheorie) misst, sondern die Akzeptanz einer „ökologischen Weltsicht" (*worldview*, siehe Dunlap et al. 2000: 426). Daher werden in der NEP-Skala keine Items zu spezifischen Umweltaspekten verwendet. Vielmehr schlagen Dunlap et al. 15 Items zu generellen Überzeugungen hinsichtlich der Mensch-Umwelt- bzw. Gesellschaft-Umwelt-Relation vor. Items wie „Die Menschen haben das Recht, die natürliche Umwelt an ihre Bedürfnisse anzupassen" oder „Das Gleichgewicht der Natur ist sehr empfindlich und leicht zu stören" sind exemplarisch für die Ausrichtung der Skala (siehe Tabelle 1 für eine vollständige Liste der Items). Dunlap et al. fassen das NEP als ein mehrdimensionales Konstrukt auf, das aus den Facetten „Grenzen des Wachstums", „Gleichgewicht der Natur", „Anthropozentrismus", „Umweltkrise" und „Menschliche Besonderheit (human exemptionalism)" besteht. Mit einem Alpha von 0,78 (eigene Erhebung) bzw. 0,83 (Dunlap et al. 2000) weist die Skala eine zufriedenstellende interne Konsistenz auf. Trotz der weiten Verbreitung der NEP-Skala sind auch kritische Stimmen zu beachten: So kritisieren Stern et al. (1995), dass die NEP nicht ausreichend theoretisch fundiert sei und insbesondere Bezüge zur Einstellungstheorie vermissen lasse. Andere Autoren wiederum stellen die Eindimensionalität der Skala in Frage (z. B. Bechtel et al. 2006; Hunter und Rinner 2004; Xiao und Dunlap 2007). Trotz der verschiedentlich geäußerten Kritik sind wir der Auffassung, dass die NEP-Skala ein interessanter Vorschlag zur Messung umweltbezogener Kognitionen ist – unter anderem aufgrund der weiten Verbreitung. Bei Anwendung und Interpretation sollte jedoch unbedingt beachtet werden, dass das NEP keine Einstellung im engeren Sinne ist; in diesem Sinne kritisieren Dunlap et al. (2000: 428), dass die NEP-Skala in der angewandten Forschung beliebig als Einstellungs-, Werte-, Überzeugungs- oder Weltsicht-Skala eingesetzt wurde. Stern et al. (1995) untersuchen das NEP in Verbindung mit anderen Umweltkognitionen (Werte und Einstellungen) und argumentieren, das NEP bestehe aus grundlegenden Überzeugungen („primitive beliefs") hinsichtlich der Erde und Mensch-Umwelt-Beziehungen. Vor dem Hintergrund anerkannter Modelle der Einstellungsstruktur (Eagly und Chaiken 1998: 284 f, Rokeach 1968, Stern und Dietz 1994) verorten sie das NEP in einem hierarchischen Einstellungsmodell mit Werten als Antezedenten des NEP und dem NEP als Antezedent (spezifischerer) Einstellungen. Wie schon Rokeach (1968) führen sie aus, dass grundlegende Überzeugungen auf der Basis korrespondierender Werte entstehen und gleichzeitig als Grundlage für Einstellungen dienen (Stern und Dietz 1994: 67). Eagly und Chaiken (1998: 289) bemerken zusätzlich, dass die Einbettung von Kognitionen in ein passendes Cluster weiterer Kognitionen höherer bzw. niedrigerer Ordnung die Stärke und Stabilität dieser Kognitionen erhöht. Um dieser Annahme gerecht zu werden, kann es interessant sein, das NEP (und/oder postmaterialistische Werte) in empirischen Studien ggf. auch zusätzlich zu Einstellungen im engeren Sinne zu erheben. Hinzu kommt, dass die NEP-Skala eine der wenigen Skalen ist, die einen direkten Vergleich der eigenen Ergebnisse mit dem internationalen Forschungsstand ermöglichen.

Tabelle 1   Items und Häufigkeiten zur NEP-Skala

		Anteile in %					N	r
		++	+	0	-	--		item-total
1.	Wir nähern uns der Höchstzahl an Menschen, die die Erde ernähren kann.	21.12	35.08	25.55	14.94	3.3	1847	0.36
2.	Die Menschen haben das Recht, die natürliche Umwelt an ihre Bedürfnisse anzupassen.	6.51	12.43	36.98	29.01	15.07	1858	0.54
3.	Wenn Menschen in die Natur eingreifen, hat das oft katastrophale Folgen.	46.05	33.17	17.82	2.47	0.48	1863	0.42
4.	Der menschliche Einfallsreichtum wird dafür sorgen, dass wir die Erde NICHT unbewohnbar machen.	8.33	26.14	30.41	28.08	7.03	1848	0.60
5.	Die Umwelt wird von den Menschen ernsthaft missbraucht.	44.4	36.41	15.66	2.52	1.02	1865	0.53
6.	Es gibt genügend natürliche Rohstoffe auf der Erde – wir müssen nur herausfinden, wie man sie nutzbar machen kann.	25.07	32.58	22.76	15.14	4.46	1863	0.31
7.	Pflanzen und Tiere haben das gleiche Recht zu leben wie die Menschen.	53.29	28.3	12.63	4.76	1.02	1869	0.35
8.	Das Gleichgewicht der Natur ist stabil genug, um mit der Einwirkung der Industriestaaten zurecht zu kommen.	1.72	4.77	15.55	43.91	34.05	1865	0.64
9.	Trotz unserer besonderen Fähigkeiten sind wir Menschen noch immer den Gesetzen der Natur unterworfen.	57.14	33.21	8.1	0.97	0.59	1864	0.34
10.	Die so genannte „Umweltkrise" wird stark übertrieben.	3.59	11.56	21.95	32.66	30.25	1868	0.61
11.	Die Erde ist wie ein Raumschiff: Es gibt nur begrenzt Platz und Ressourcen.	35.94	35.61	18.27	8.41	1.78	1856	0.51
12.	Die Menschen sind dazu bestimmt, über die übrige Natur zu herrschen.	2.85	6.07	16.22	32.92	41.94	1862	0.57
13.	Das Gleichgewicht der Natur ist sehr empfindlich und leicht zu stören.	47.42	35.5	12.62	3.49	0.97	1862	0.48

	Anteile in %					N	r item-total
	++	+	0	-	--		
14. Mit der Zeit werden die Menschen genug über die Natur lernen, um sie kontrollieren zu können.	3.75	13.03	27.08	38.02	18.12	1865	0.56
15. Wenn alles so weitergeht wie bisher, steuern wir auf eine große Umweltkatastrophe zu.	40.87	35.57	15.43	6.75	1.39	1867	0.58

Fragetext: Im Folgenden sehen Sie eine Reihe von Aussagen zum Verhältnis zwischen Mensch und Umwelt. Zu diesen Aussagen kann man unterschiedlicher Meinung sein. Uns interessiert Ihre Meinung. Bitte kreuzen Sie zu jeder Aussage an, in welchem Maße Sie zustimmen oder nicht zustimmen.

Antwortskala: Stimme voll und ganz zu (++), stimme weitgehend zu (+), teils/teils (0), stimme eher nicht zu (-), stimme überhaupt nicht zu (--)

Chronbachs alpha=0,78. Ungerade Items sind vor der Skalenbildung umzupolen.
Quelle: Eigene Erhebung, Köln 2007 (vgl. Best 2009a)

Allgemeines Umweltbewusstsein

In vielen umweltsoziologischen Studien – und das gilt trivialerweise besonders bei der Analyse umweltbezogener Entscheidungen – steht jedoch nicht das Umweltbewusstsein an sich im Zentrum der Aufmerksamkeit, sondern es dient in erster Linie als Erklärungsfaktor für Verhalten; zentral ist dann mit anderen Worten die Einstellungs-Verhaltens-Relation. Bedenkt man das von Ajzen und Fishbein (1977) aufgestellte Korrespondenzpostulat, lässt sich nachvollziehbar argumentieren, dass das oben besprochene *New Ecological Paradigm* aufgrund seines hohen Abstraktionsniveaus für diesen Zweck nicht optimal ist. Hierfür sind Einstellungsskalen besser geeignet. Eine der häufiger verwendeten Skalen zur Messung allgemeiner Umwelteinstellungen bzw. des „allgemeinen Umweltbewusstseins" ist die von Maloney und Ward (1973) entwickelte *ecology scale* und hiervon abgeleitete Skalen (vgl. Dunlap und Jones 2002). Maloney und Ward haben eine Skala vorgeschlagen, die auf der klassischen tripartiten Einstellungstheorie basiert und zwischen affektiven, kognitiven und konativen Einstellungsdimensionen differenziert (vgl. allgemein Ajzen 1989, Breckler 1984, Liska 1974, 1984, Rosenberg und Hovland 1960). Die affektive Facette der Umwelteinstellung beschreibt emotionale Betroffenheit von Umweltproblemen (z. B. Angst, Wut oder Hoffnung). Kognitive Elemente bezeichnen die rationale Einsicht in die faktische Existenz von Umweltproblemen und die konative Facette bezieht sich auf eine generelle Handlungsbereitschaft (im Gegensatz zu tatsächlichem Verhalten).

Die im Folgenden näher vorgestellte deutschsprachige Skala (vgl. Diekmann und Preisendörfer 2000) verwendet zwar in Teilen Items, die identisch mit NEP-Items sind, ist jedoch konzeptionell sehr unterschiedlich zu der NEP-Skala (für eine generelle Diskussion siehe Preisendörfer und Franzen 1996). So sind Einstellungen insbesondere durch ihre evaluative Eigenschaft zu charakterisieren, wobei die affektive Einstellungskomponente eine zentrale Rolle spielt: „Attitudes express passions and hate, attractions and repulsions, likes and dislikes" (Eagly und Chaiken 1998: 269). Dies ist einer der Kernunterschiede zur NEP-Skala, welche aufgrund ihrer anderen Ausrichtung affektive Aspekte nicht berücksichtigt. Zudem sind tripartite Einstellungsskalen gut mit breit akzeptierten (analytischen) Definitionen von Umweltbewusstsein kompatibel. Beispielsweise definierte der Rat von Sachverständigen für Umweltfragen (1978) das Umweltbewusstsein als „Einsicht in die Gefährdung der natürlichen Lebensgrundlagen des Menschen durch diesen selbst, verbunden mit der Bereitschaft zur Abhilfe" und beschreibt damit, wenn auch unter Vernachlässigung der affektiven Komponente, die Struktur von Umwelteinstellungen.

Im deutschsprachigen Raum erscheint uns die von Diekmann und Preisendörfer (2000: 104) vorgelegte Skala zur Messung des allgemeinen Umweltbewusstseins als besonders empfehlenswert. Die Empfehlung für diese Skala hat im Wesentlichen vier Gründe: Erstens wird sie (oder eine sehr ähnliche Skala) in der neueren umweltsoziologischen Forschung recht häufig verwendet (z. B. Best 2008; 2009a; Braun und Franzen 1995; Diekmann und Preisendörfer 1998; Franzen 1995; Liebe und Preisendörfer 2007), so dass es möglich ist, Ergebnisse verschiedener Studien miteinander zu vergleichen.[2] Zweitens ist die Skala konzeptionell an die Skala von Maloney und Ward (1973) angelehnt und ermöglicht damit Anschluss an die internationale Diskussion. Drittens ist die Skala in empirischen Anwendungen erprobt und mit nur neun Items in Umfragen gut handhabbar. Damit erfüllt sie, viertens, am ehesten die Voraussetzungen dafür, sich als Standard zur Messung von Umweltbewusstsein im deutschsprachigen Raum durchzusetzen. Wie Maloney und Ward fassen auch Diekmann und Preisendörfer Umweltbewusstsein als eine umweltbezogene Einstellung auf, die aus einer affektiven, einer kognitiven und einer konativen Komponente besteht (Tabelle 2 gibt eine Übersicht über die Items der Skala). Die Items 1–3 messen hierbei die emotionale Betroffenheit von Umweltproblemen, Items 4–6 stehen für die rationale Einsicht in die Tatsache, dass ein Umweltproblem existiert und die Items 7–9 erfassen die grundsätzliche Bereitschaft, Umweltprobleme durch individuelle oder kollektive Handlungen zu bekämpfen. Die interne Konsistenz der Skala ist mit einem Alpha von 0,81 (eigene Berechnungen) bzw. 0,75 (Diekmann und Preisendörfer 2000) zufriedenstellend und mit einer Test-Retest-Korrelation von 0,89 kann die Skala als reliabel angesehen werden.[3]

---

2   Ursprünglich wurde die Skala in den Studien „Umweltbewusstsein in Deutschland", die im Auftrag des BMU zweijährlich durchgeführt werden, verwendet. Ab 2002 wurden leider sukzessive einzelne Items ersetzt, so dass mittlerweile nur noch vier Items der Skala verwendet werden (und damit erstens als Referenzpunkt für andere, bundesweite Studien dienen können, und zweitens die Untersuchung von Zeittrends erlauben).

3   Zur Berechnung der Test-Retest-Reliabilität befragte der Autor ein studentisches Sample von 60 Personen zweimal im Abstand von 14 Tagen (Universität zu Köln und Universität Chemnitz).

Tabelle 2 Items und Häufigkeiten zur Skala des allgemeinen Umweltbewusstseins (Diekmann und Preisendörfer)

		Anteile in %					N	r item-total
		++	+	0	-	--		
1.	Es beunruhigt mich, wenn ich daran denke, unter welchen Umweltverhältnissen unsere Kinder und Enkelkinder wahrscheinlich leben müssen	41.68	35.35	16.38	5.3	1.3	1850	0.67
2.	Wenn wir so weitermachen wie bisher, steuern wir auf eine Umweltkatastrophe zu	40.51	36.98	15.94	5.86	0.7	1844	0.76
3.	Wenn ich Zeitungsberichte über Umweltprobleme lese oder entsprechende Fernsehsendungen sehe, bin ich oft empört und wütend	25.96	36.45	29.55	5.98	2.06	1841	0.62
4.	Es gibt Grenzen des Wachstums, die unsere industrialisierte Welt schon überschritten hat oder sehr bald erreichen wird	27.16	43.93	20.96	6.75	1.2	1837	0.68
5.	Derzeit ist es immer noch so, dass sich der größte Teil der Bevölkerung wenig umweltbewusst verhält	34.04	45.09	16.31	4.12	0.43	1845	0.49
6.	Nach meiner Einschätzung wird das Umweltproblem in seiner Bedeutung von vielen Umweltschützern stark übertrieben	2.55	9.82	26.25	36.77	24.62	1844	0.59
7.	Es ist immer noch so, dass die Politiker viel zu wenig für den Umweltschutz tun	28.93	40.83	23.26	6.22	0.76	1849	0.63
8.	Zugunsten der Umwelt sollten wir alle bereit sein, unseren derzeitigen Lebensstandard einzuschränken	25.78	41.51	25.51	6	1.19	1850	0.69
9.	Umweltschutzmaßnahmen sollten auch dann durchgesetzt werden, wenn dadurch Arbeitsplätze verloren gehen	9.07	24.92	41.04	17.92	7.06	1842	0.55

Fragetext: Im Folgenden sehen Sie eine Reihe von Aussagen. Bitte kreuzen Sie auch hier zu jeder Aussage an, in welchem Maße Sie zustimmen oder nicht zustimmen.

Antwortskala: Stimme voll und ganz zu (++), stimme weitgehend zu (+), teils/teils (0), stimme eher nicht zu (-), stimme überhaupt nicht zu (--)

Cronbachs alpha=0,81, Test-Retest-Korrelation=0,89 (zwei Wochen Abstand, n=60)
Item 6 ist vor der Skalenbildung umzupolen.

Quelle: Eigene Erhebung, Köln 2007 (vgl. Best 2009a)

Spezielles Umweltbewusstsein

Während es im Fall der ökologischen Weltsicht oder des allgemeinen Umweltbewusstseins noch relativ einfach ist, ein Messinstrument zur allgemeinen Verwendung zu empfehlen, fällt ein solcher Ratschlag für spezielle, d. h. gegenstandsspezifische Umwelteinstellungen schwer. Dies liegt einerseits an der Vielfalt an Gegenstandsbereichen – so kann es je nach Fragestellung von Interesse sein, Einstellungen zum Abfallrecycling, zur Mobilität, zum Artenschutz, der Landwirtschaft oder vielen anderen Handlungsbereichen zu erheben, gerade auch vor dem Hintergrund der Argumente von Ajzen und Fishbein (1977). Andererseits erschwert der heterogene Forschungsstand die Durchsetzung von standardisierten Messinstrumenten. Bis sich ein solcher Standard abzeichnet, erscheint es daher sinnvoll, erstens individuell in anderen Studien Messinstrumente zu recherchieren und weiter zu verwenden. Zweitens ist es empfehlenswert, immer auch das allgemeine Umweltbewusstsein, wie oben vorgeschlagen, mit zu erheben und entsprechende Ergebnisse zu berichten. Hierdurch wird ein Ergebnisvergleich nicht nur mit anderen Studien zum selben Gegenstandsbereich, sondern auch über Bereiche hinweg ermöglicht und kumulative Forschung erleichtert.

Kausalanalyse und die Identifikation von Treatment-Effekten

Zwar ist eine zuverlässige und möglichst standardisierte Messung zentraler Variablen wie des Umweltbewusstseins von elementarer Bedeutung für das Studium umweltbezogener Entscheidungen, sie allein ist jedoch nicht hinreichend für eine valide Prüfung kausaler Hypothesen über die Wirkung verschiedener Einflussfaktoren auf umweltbezogene Entscheidungen. Einerseits ist zu bedenken, dass der Einfluss des Umweltbewusstseins auf Umwelthandeln nur mittelmäßig stark ist (Bamberg und Möser 2007, Hines et al. 1986) und Einstellungsänderungen allein folglich nicht ausreichen werden, um weitere Schädigung der Umwelt zu vermeiden. Ausgehend von empirisch gut bestätigten Hypothesen auf Basis der Rational-Choice-Theorie sind es vielmehr Handlungsoptionen und weitere strukturelle Randbedingungen, die – vermittelt über subjektiv wahrgenommene Handlungskosten – das Umwelthandeln entscheidend beeinflussen. Andererseits ist die Prüfung von Kausalaussagen wie zum Beispiel „Eine Erhöhung der Mineralölsteuer verringert den Autoverkehr" mit Querschnittsdaten und klassischen Regressionsmodellen oder gar mit bivariaten Methoden recht fehleranfällig. Moderne statistische Verfahren wie *propensity score matching* oder *fixed-effects*-Regressionen (siehe die Ausführungen unten) können im Verbund mit geeigneten Forschungsdesigns helfen, kausale Effekte unverzerrt zu schätzen. Im Folgenden werden wir zunächst kurz auf zwei Varianten experimenteller Designs eingehen, die geeignet sind, die kausale Wirkung geänderter Randbedingungen zu erfassen bzw. Interventionen zu evaluieren und im Anschluss kurz angemessene statistische Modellierungen diskutieren.

Forschungsdesign: Natürliche Experimente mit und ohne pre-treatment-Beobachtung

Viele wichtige Kausalhypothesen in der Umweltsoziologie beziehen sich auf die Wirkung veränderter Randbedingungen: Steuer- und Gebührenerhöhungen, neue gesetzliche Regelungen, Veränderungen von Grenzwerten oder Veränderungen in der Gelegenheitsstruktur der Akteure, wie zum Beispiel eine Umstellung der Wertstoff-Abholung oder eine Erhöhung der Taktfrequenz im öffentlichen Personenverkehr. In vielen dieser Fälle bietet es sich an, zur Evaluation der Maßnahme, und damit gleichzeitig zur Prüfung einer Kausalhypothese über die Wirkung der veränderten Randbedingungen (allgemeiner auch: Intervention, Treatment), ein sogenanntes natürliches Experiment durchzuführen (vgl. zu Experimenten und kausaler Inferenz auch das exzellente Buch von Shadish et al. 2002). Natürliche Experimente bieten, ähnlich wie Laborexperimente, den Vorteil eines definierten Treatments, sind aber im Gegensatz zum Laborexperiment nicht randomisiert und das Treatment wird in der Regel nicht kontrolliert vom Forscher gesetzt, sondern von dritter Seite implementiert. Wir werden an dieser Stelle zunächst den Fall eines einfachen nicht-randomisierten Experiments[4] mit Studien- und Kontrollgruppe und Nach-Treatment-Beobachtung (Posttest) diskutieren. Das Design eines solchen Feldexperiments lässt sich als

$$
\begin{array}{ccc}
NR: & X & O_1 \\
\hline
NR: & & O_2
\end{array}
$$

darstellen, wobei X das experimentelle Treatment bezeichnet und O die Beobachtung des Verhaltens beziehungsweise die Befragung der Teilnehmerinnen und Teilnehmer. Somit gibt es eine Gruppe von Teilnehmern, die dem Treatment ausgesetzt war – die sogenannte Studiengruppe – und eine zweite Gruppe – die Kontrollgruppe – die dem Treatment nicht ausgesetzt wurde (bzw. bei denen sich die Randbedingungen nicht verändert haben).[5] *NR* schließlich bedeutet, dass die Zuweisung zu Studien- und Kontrollgruppe nicht zufällig erfolgt ist.

Experimente dieser Art sind in der sozialwissenschaftlichen Literatur zu umweltbezogenen Maßnahmen besonders häufig zu finden. So untersuchen beispielsweise Derksen und Gartrell (1993), Guagnano et al. (1995) oder Best (2009b) den Effekt von Wertstoff-Sammelsystemen auf die Beteiligung am Hausmüll-Recycling auf Basis eines einstufigen natürlichen Experimentes. Der augenscheinliche Vorteil dieser De-

---

4 Experimente, bei denen die Zuweisung zu Studien- und Kontrollgruppe nicht zufällig erfolgt, bezeichnet man als Quasi-Experiment, wenn das Treatment vom Forscher gesetzt wird und als natürliches Experiment, wenn das Treatment durch Veränderungen von Randbedingungen ohne Einflussmöglichkeit des Forschers vorliegt. In diesem Beitrag verwenden wir die beiden Begriffe synonym.

5 Eine Variante dieses Designs liegt vor, wenn mehrere Studiengruppen mit unterschiedlicher Treatmentstärke beobachtet werden. Typische Anwendungen sind z. B. die Evaluation von Gesetzesänderungen mit unterschiedlich strikten Auflagen in verschiedenen Staaten/Bundesstaaten. In solchen Situationen wird der Kausaleffekt über die Varianz des Treatments identifiziert.

signs ist, dass sich – so hofft man zumindest – der Effekt der Maßnahme aus einem Vergleich zwischen O_1 und O_2 ablesen lässt. Allerdings ist die kausale Inferenz in nicht-randomisierten Experimenten – und damit auch im natürlichen Experiment – so deutlich erschwert, dass Shadish et al. (2002: 116) sogar von einem „weak design" sprechen. Grund hierfür ist insbesondere die fehlende Randomisierung, also die nicht-zufällige Zuweisung der Probanden in Studien- und Kontrollgruppe. In Kombination mit dem Fehlen einer Vor-Treatment-Beobachtung kann zunächst nicht unterschieden werden, ob Unterschiede zwischen O_1 und O_2 auf dem Treatment beruhen oder ob sie auf Unterschiede zwischen den Gruppen zurückgehen und daher lediglich Selektionsprozesse widerspiegeln. Folglich kann der Treatment-Effekt nicht unverzerrt geschätzt werden und kausale Inferenz ist letztlich nicht möglich. Eine gewisse Abhilfe kann erreicht werden, indem Studien- und Kontrollgruppe möglichst ähnlich gewählt werden (z. B. zwei ähnliche Stadtteile bzw. Orte) und gleichzeitig versucht wird, den Treatment-Effekt von Selektionseffekten mittels propensity-score matching zu bereinigen (siehe unten für eine Diskussion von Matchingverfahren).

Wesentlich bessere Voraussetzungen für die Prüfung von Kausalhypothesen lassen sich mit einem zweistufigen Quasi-Experiment schaffen. Hier werden sowohl in der Studien- als auch in der Kontrollgruppe bereits vor der Intervention Befragungen bzw. Beobachtungen durchgeführt. Es ergibt sich somit als experimentelles Design:

NR: O_1 X O_2

NR: O_1 O_2

Auf Basis dieses Designs (und möglicher Erweiterungen mit mehreren Kontrollgruppen oder mehr als zwei Beobachtungszeitpunkten) ist eine wesentlich bessere Schätzung des kausalen Effekts von X möglich. Zwar sind auch hier Verzerrungen durch Selektion in die (nicht-randomisierte) Studien- und Kontrollbedingung zu erwarten, sie können jedoch wesentlich leichter kontrolliert werden. Vergleicht man statt der einfachen Ergebnisse der post-treatment-Beobachtung (O_2) die Unterschiede zwischen O_1 und O_2 zwischen Studien- und Kontrollgruppe (sogenannte *differences-in-differences*), werden Unterschiede in den Startbedingungen zwischen Studien- und Kontrollgruppe (beispielsweise eine initial unterschiedliche Autonutzung oder unterschiedliche ausgeprägte Beteiligung am Wertstoff-Recycling) automatisch herausdifferenziert und hierdurch die mögliche Verzerrung des Kausaleffekts von X verringert. Allerdings ist zu beachten, dass differences-in-differences – gerade, wenn sie auf Basis von Aggregatwerten berechnet werden – nicht alle Probleme des Quasi-Experimentes lösen können. Insbesondere eine möglicherweise differentielle Wirkung der Intervention in Studien- und Kontrollgruppe kann hierbei nicht erkannt werden.

In natürlichen Experimenten, wie sie sich in der Umweltsoziologie anbieten, werden experimentelle Pre- und Posttest-Designs vergleichsweise selten verwendet (siehe aber Bamberg et al. 2008; Best 2009a). Ein Grund hierfür mag sein, dass Planung, Beantragung und Durchführung eines Forschungsprojektes in der Regel viel

Zeit in Anspruch nehmen, Veränderungen der strukturellen Rahmenbedingungen, die als Treatment im Experiment aufgefasst werden können, jedoch die Aufmerksamkeit der wissenschaftlichen Gemeinschaft nicht früh genug erregen. Hiervon unabhängig ist ein Design mit Pre- und Post-Treatment-Beobachtung dem zuvor geschilderten Design ohne Pretest deutlich überlegen und sollte bevorzugt eingesetzt werden. Dennoch sollten auch hier geeignete statistische Verfahren zur Kontrolle von Selektionseffekten und unbeobachteter Heterogenität verwendet werden. Einerseits bietet sich die Verwendung des bereits oben erwähnten propensity-score-matchings an, andererseits kann, da pro Proband mehrere Beobachtungen vorliegen, auch auf Verfahren der Panelregression zurückgegriffen werden.

Auswertungsverfahren: Kausale Inferenz mit propensity-score matching und Panelregression

Auch wenn in Rahmen dieses Beitrags kein vollständiger Überblick über propensity-score-matching oder fixed-effects-Regression gegeben werden kann, soll in diesem Abschnitt zumindest eine kurze Einführung in die Grundgedanken und die Mechanik der Verfahren gegeben werden.

Die grundlegende Idee des propensity-score-matchings ist es, der Studiengruppe unter Zuhilfenahme statistischer Verfahren eine Vergleichsgruppe gegenüber zu stellen, die in Bezug auf zentrale Hintergrundvariablen eine möglichst große Ähnlichkeit aufweist. Hierdurch soll auch in nicht-randomisierten Versuchsplänen eine unverzerrte Schätzung kausaler Effekte ermöglicht werden (vgl. für Einführungen z. B. Caliendo und Kopeinig 2008; Gangl 2010; Morgan und Harding 2006). Während in randomisierten Experimenten die Probanden erstens nicht selbst beeinflussen können, ob Sie dem Treatment ausgesetzt werden und zweitens durch die Randomisierung eine asymptotische Gleichverteilung der Eigenschaften der Probanden in Studien- und Kontrollgruppe gewährleistet werden kann, ist in Quasi-Experimenten eine solche Kontrolle nicht möglich. Hier können sich Probanden gegebenenfalls in die Studiengruppe selektieren (etwa durch Meldung zu einem Programm oder Umzug in ein bestimmtes Gebiet) und es ist anzunehmen, dass sich Studien- und Kontrollgruppe hinsichtlich sozio-ökonomischer und weiterer Eigenschaften unterscheiden (Hintergrundvariablen Z). Folglich sind Z und die Wahrscheinlichkeit des Auftretens der Treatmentbedingung T korreliert. Besteht zudem eine Korrelation zwischen Z und der abhängigen Variable Y (z. B. der Autonutzung), wird der kausale Effekt des Treatments verzerrt geschätzt. Um dies zu verhindern, wurde in klassischen Matchingverfahren versucht, aus der Kontrollgruppe diejenigen Personen auszuwählen, die auf einer oder wenigen zentralen Variablen den Mitgliedern der Studiengruppe entsprachen. Ein matching hinsichtlich mehrerer Variablen, d. h., in einem mehrdimensionalem Merkmalsraum, ist auf einem direkten Wege schlechterdings kaum möglich. Rosenbaum und Rubin (1983) konnten jedoch zeigen, dass es zur Vergleichsgruppenbildung und zur unverzerrten Schätzung des Treatment-Effekts ausreichend ist, eine geeignete Linearkombination der Hintergrundvariablen Z zu bilden und auf Basis dieses propensity-scores zu matchen. Hierdurch wird der oben angesprochene mehrdimensionale Merkmalsraum auf eine Dimension reduziert und das matching deutlich vereinfacht. Üblicherweise wird der propensity-score auf Basis einer Logit- oder Probitregression berechnet, welche auf Basis von Z die Wahrscheinlichkeit vorhersagt, Mitglied der Studiengruppe zu sein. Zentral für den Erfolg des matchings ist hierbei, dass erstens das Zuweisungsmodell korrekt spezifiziert ist (hierfür bedarf es einer theoretischen Begründung für den Einschluss von Variablen in das Modell, also theoretischer Annahmen über die Selektionsprozesse) und zweitens ein möglichst großer Anteil des Wertebereichs des propensity scores sowohl in der Studien- als auch in der Kontrollgruppe empirisch abgedeckt ist (sog. *common support*; hierfür ist es hilfreich, wenn die Kontrollgruppe bereits mit Bedacht gewählt wurde).

Für das nun folgende eigentliche matching stehen verschiedene Verfahren zur Verfügung (vgl. zu den Verfahren Caliendo und Kopeinig 2008; Gangl 2010). Beliebt ist das *nearest-neighbor-matching*, bei dem pro Studiengruppenteilnehmer ein oder mehrere Kontrollgruppenteilnehmer gezogen werden[6], deren *propensity-score* dem Studiengruppenteilnehmer möglichst ähnlich ist (ggf. wird das nearest-neighbor-matching mit einem Schwellenwert kombiniert, den die Differenz in den propensity scores nicht überschreiten darf). Eine Alternative ist das *kernel-matching*, bei dem die Verteilung der propensity-scores in der Kontrollgruppe mittels Gewichtung der Verteilung in der Studiengruppe angepasst wird. Beide Verfahren sollten, gegeben eine korrekte Spezifizierung des Zuweisungsmodells, gleichermaßen geeignet sein, um kausale Inferenz auf der Basis nicht randomisierter Experimente zuzulassen.

Somit steht und fällt der Erfolg des propensity-score-matchings einerseits mit der Adäquatheit der theoretischen Annahmen über die Selektionsprozesse, andererseits aber auch mit dem Vorhandensein und der Messqualität der Hintergrundvariablen in den Daten: Sind zentrale Variablen nicht im Datensatz oder wurden sie fehlerhaft gemessen, kann auch nicht angemessen für sie adjustiert werden.

Im Fall von zweistufigen natürlichen Experimenten steht jedoch ein alternatives Verfahren zur Identifikation von Treatment-Effekten zur Verfügung: Da die Pre- und Post-Treatment-Beobachtungen an den gleichen Individuen vorgenommen wurden, liegt letztlich eine Paneldatenstruktur (mit zwei Panelwellen) vor und es können entsprechende Regressionsverfahren verwendet werden. Gerade die *fixed-effects* Panelregression ist für die hier diskutierte Problemstellung besonders geeignet (vgl. für eine detaillierte Beschreibung Allison 2009, Angrist und Pischke 2009, Brüderl 2010, Wooldridge 2003). Regressionsmodelle für Querschnittsdaten, wie die OLS-Regression, versuchen einen Kausaleffekt letztlich aus dem Vergleich bedingter, gruppenspezifischer Erwartungswerte zu erschließen (z. B. die erwartete, d. h. mittlere Autonutzung in der Studiengruppe im Vergleich zu der mittleren Autonutzung der Kontrollgruppe). Da sich die Probanden üblicherweise jedoch nicht nur hinsichtlich des Treatments *T*, sondern auch noch hinsichtlich weiterer Hintergrund-

---

6   Die Ziehung erfolgt mit zurücklegen, d. h. ein Mitglied der Kontrollgruppe kann auch mehrfach, bei verschiedenen Studiengruppenteilnehmern, gezogen werden.

variablen Z unterscheiden, ist der kausale Effekt, wie schon mehrfach beschrieben, verzerrt, wenn die Hintergrundvariablen mit T und Y korreliert sind. Zwar kann versucht werden, möglichst viele der Hintergrundvariablen in die Regressionsgleichung aufzunehmen und hierdurch die Verzerrung zu verringern. Aufgrund des Fehlens von Variablen oder einer nicht vollständig angemessenen Parametrisierung des Modells, wird dieser Ausgleich jedoch meist nicht optimal gelingen und ein nicht beobachteter Fehlerterm verbleiben (unbeobachtete Heterogenität).

In der fixed-effects-Regression wird der oben beschriebene Vergleich bedingter Mittelwerte (der so genannte *between*-Vergleich) durch einen Vergleich der selben Personen zu verschiedenen Zeitpunkten ersetzt (der *within*-Vergleich). Wir werden sehen, dass der Wechsel von einem between- zu einem within-Modell es erlaubt, den Effekt zeitkonstanter unbeobachteter Heterogenität herauszurechnen, ohne dass die Hintergrundvariablen spezifiziert oder auch überhaupt nur gemessen werden müssen. Zudem erlaubt die Panelregression die explizite Kontrolle zeitveränderlicher Kovariaten. Hierdurch ist es möglich, auch auf der Basis eines nicht-randomisierten natürlichen Experimentes kausale Effekte gültig zu identifizieren. Die Logik des Verfahrens kann leicht durch einen Blick auf die Regressionsgleichungen verstanden werden. Ein einfaches between-Regressionsmodell für Paneldaten kann als

$$y_{it} = \alpha + \mathbf{x}'_t \hat{a} + u_t \, , i = 1,\ldots, N, t = 1,\ldots, K$$

geschrieben werden, wobei i ein Personenindex und t ein Zeitindex ist (es liegt ja pro Person und Zeitpunkt eine Messung vor). Y beschreibt damit die Ausprägung der abhängigen Variablen einer bestimmten Person zu einem bestimmten Zeitpunkt, und $\mathbf{x}$ ist ein Vektor von unabhängigen Variablen, der im einfachsten Fall lediglich die Treatmentvariable enthält, aber auch durch weitere Variablen wie das Umweltbewusstsein ergänzt werden kann. β ist ein Vektor mit den zugehörigen Regressionskoeffizienten und α die Regressionskonstante. Alle nicht beobachteten oder nicht in das Modell aufgenommenen Einflüsse auf Y, also auch die Hintergrundvariablen Z, befinden sich im Fehlerterm u. Für die Panelregression wird der Fehlerterm u in zwei Komponenten zerlegt: In eine personenspezifische *zeitkonstante* Fehlerkomponente α_i, die Eigenschaften der Probanden enthält (personenspezifische Heterogenität wie Geschlecht oder Bildung, die Wohnungsgröße, das Wohnumfeld etc.) und eine weitere personenspezifische Komponente ε_i, welche nicht explizit spezifizierte *zeitveränderliche* Störgrößen enthält. Die Regressionsgleichung verändert sich somit zu

$$y_{it} = \mathbf{x}'_{it}\beta + \alpha_i + \varepsilon_{it},$$

wobei die ursprüngliche Konstante in den zeitkonstanten Fehlerterm α_i mit aufgenommen wurde. Der entscheidende Schritt ist nun, dass die Regressionsgleichung weiter in zwei Teile zerlegt werden kann: Eine between-Gleichung, welche die Unterschiede zwischen Personen beschreibt, und eine within-Gleichung, in der die Veränderungen der Personen über die Zeit modelliert werden. Die between-Gleichung ergibt sich als

$$\bar{y}_i = \bar{\mathbf{x}}_i'\boldsymbol{\beta} + \alpha_i + \bar{\varepsilon}_i,$$

beschreibt also die über die Zeitpunkte gemittelten Parameter der Probanden. Zieht man diese Gleichung von der vorherigen ab, ergibt sich das within-Modell

$$y_{it} - \bar{y}_i = (\mathbf{x}_{it} - \bar{\mathbf{x}}_i)'\boldsymbol{\beta} + (\varepsilon_{it} - \bar{\varepsilon}_i).$$

Da die between-Regression die zeitkonstanten Unterschiede zwischen Personen vollständig erfasst, und sie von der Gleichung abgezogen wurde, bleibt lediglich die within-Variation übrig, also die Veränderung der Probanden über die Zeit. Im Rahmen der fixed-effects Panelregression wird lediglich diese within-Variation verwendet, d. h., die oben gezeigte Regressionsgleichung geschätzt. Wesentlich ist nun, dass durch die within-Transformation die personenspezifische, zeitkonstante unbeobachtete Heterogenität, die ja in dem Term α_i erfasst war, nicht mehr in der Gleichung enthalten ist; sie wurde durch die Differenzbildung herausgerechnet. Damit können auch die Schätzer für β, also auch für den Treatment-Effekt, nicht mehr von dieser unbeobachteten Heterogenität verzerrt werden. Unterschiede zwischen Studien- und Kontrollgruppe in der Zusammensetzung nach Geschlecht, sozialem Status oder Eigenschaften des Wohnviertels behindern die valide Schätzung des Treatment-Effektes nun nicht mehr. Zudem bietet sich im Rahmen der Panel-Regression die Möglichkeit, weitere wichtige Fragesellungen wie nach dem Zusammenhang zwischen Einstellung und Verhalten besser zu spezifizieren, da untersucht werden kann, inwieweit tatsächlich eine intra-individuelle Veränderung des Umweltbewusstseins zu einer Veränderung des Umweltverhaltens beiträgt. Für die letztgenannten Fragestellungen wären Daten aus einer Panelbefragung mit mehr als zwei Wellen wünschenswert.

Zusammenfassung und Ausblick

Wir haben in diesem Beitrag versucht, zwei wichtige methodische Probleme der umweltsoziologischen Handlungs- und Entscheidungsanalyse zu diskutieren und mögliche Lösungsansätze aufzuzeigen. Erstens haben wir argumentiert, dass die gängige Praxis, Umweltbewusstsein ad hoc zu operationalisieren und Messverfahren zu verwenden, die nicht standardisiert sind, zu einer unbefriedigenden Situation führt und die Kumulation von Forschungsergebnissen erschwert. Wir haben vorgeschlagen, je nach Forschungsfrage auf die NEP-Skala von Dunlap et al. (2000) oder die Skala des allgemeinen Umweltbewusstseins von Diekmann und Preisendörfer (2001) zurück zu greifen und spezifische Umwelteinstellungen lediglich ergänzend zu erheben. Zweitens haben wir ausgeführt, dass zur Analyse des Einflusses sich verändernder Randbedingungen und Handlungsoptionen auf das Umweltverhalten natürliche Experimente besonders geeignet sind. Hierbei muss unbedingt eine geeignete Kontrollgruppe vorgesehen werden und nach Möglichkeit sollte eine Befragung bzw. Beobachtung vor und nach der Intervention erfolgen. Zur Analyse der

so gewonnenen Daten sollte, um eine möglichst unverzerrte Schätzung des Treatment-Effektes zu gewährleisten, auf propensity-score-matching oder fixed-effects
Panelregression zurückgegriffen werden. Beide Verfahren sind geeignet, Selek-
tionseffekte und, im Fall der Panelregression, auch unbeobachtete Heterogenität zu
berücksichtigen.

Auch wenn man diese Punkte als zentrale Probleme erachtet, sind doch noch weitere Schwierigkeiten bei der Analyse umweltbezogener Entscheidungen zu beachten,
die aus Platzgründen in diesem Beitrag nicht behandelt werden können. Im praktischen Anwendungsfall sollte beispielsweise immer über mögliche Effekte des sozial
erwünschten Antwortverhaltens und, in Verbindung hiermit, über den Unterschied
zwischen selbstberichtetem und tatsächlichem (beobachtetem) Verhalten nachgedacht werden. Idealerweise könnte eine Kombination von Befragung, Beobachtung
und weiteren nicht-reaktiven Verfahren angewendet werden. Zudem stellt sich bei
vielen Handlungen mit Umweltbezug, die zum alltäglichen Repertoire der Akteure
gehören (etwa Mülltrennung, Haushaltsenergienutzung oder das Mobilitätsverhalten), das Problem der Handlungsroutinen (vgl. Camic 1992). Ausgehend von Theorien der bedingten Rationalität und neueren Entwicklungen der Handlungstheorie
(z. B. das Modell der Frame-Selektion, vgl. Esser 2000; 2002; Kroneberg 2005) kann
nicht angenommen werden, dass Akteure sich vor jeder einzelnen Handlung neu
entscheiden. Vielmehr werden, je nach Situation, zuvor abgespeicherte Skripte auf-
gerufen und angewendet.[7]

Dank

Ich danke Volker Ludwig und Ulf Liebe für Hinweise zu einer früheren Version des
Manuskriptes.

Weiterführende Literatur

Dunlap, Riley E. und Robert Emmet Jones (2002): Environmental Concern: Conceptual and
    Measurement Issues. In: Dunlap, Riley E. und William Michelson (Hrsg.), *Handbook of
    Environmental Sociology*. Westport: Greenwood Press, 482–524.
Bamberg, Sebastian und Guido Möser (2007): Twenty Years after Hines, Hungerford, and
    Tomera: A New Meta-analysis of Psycho-social Determinants of Pro-environmental
    Behaviour. *Journal of Environmental Psychology* 27 (1): 14–25.
Shadish, William R., Thomas D. Cook, und Donald T. Campbell (2002): *Experimental and Quasi-
    experimental Designs for Generalized Causal Inference*. Boston: Houghton Miffin.
King, Gary, Robert O. Keohane und Sidney Verba (1994): *Designing Social Inquiry. Scientific
    Inference in Qualitative Research*. Princeton: Princeton University Press.

---

7   Ein Beispiel, wie man mit Handlungsroutinen im Kontext der Untersuchung der Autonutzung
     vorgehen kann, findet sich bei Davidov (2007).

Zitierte Literatur

Ajzen, Icek (1989): Attitude Structure and Behavior. In: Pratkanis, Anthony R., Stephen J. Breckler und Anthony G. Greenwald (Hrsg.), *Attitude Structure and Function*. Hillsdale, NJ: Lawrence Erlbaum Associates, 241–274.

Ajzen, Icek, und Martin Fishbein (1977): Attitude-Behavior Relations: A Theoretical Analysis and Review of Empirical Research. *Psychological Bulletin* 84 (5): 888–918.

Allison, Paul D. (2009): *Fixed Effects Regression Models*. A Thousand Oaks: Sage.

Angrist, Joshua D. und Jörn-Steffen Pischke (2009): *Mostly Harmless Econometrics*. Princeton, NJ: Princeton University Press.

Baltas, Nicholas C. und Anastasios Xepapadeas (2001): Car Replacement and Environmental Policy in the EU: The Case of Greece. In: Paraskevopoulos, Christos C., Andreas A. Kintis und Alexander J. Kondonassis (Hrsg.), *Globalization and the Political Economy of Trade Policy*. Toronto: APF Press, 173–192.

Bamberg, Sebastian, Eldad Davidov und Peter Schmidt (2008): Wie gut erklären „enge" oder „weite" Rational-Choice-Versionen Verhaltensveränderungen? Ergebnisse einer experimentellen Interventionsstudie. In: Diekmann, Andreas, Klaus Eichner, Peter Schmidt und Peter Voss (Hrsg.), *Rational Choice: Theoretische Analysen und empirische Resultate. Festschrift für Karl-Dieter Opp zum 70. Geburtstag*. Wiesbaden: VS Verlag, 143–169.

Bamberg, Sebastian (2003): How does Environmental Concern Influence Specific Environmentally related Behaviors? A New Answer to an Old Question. *Journal of Environmental Psychology* 23 (1): 21–32.

Bamberg, Sebastian und Guido Möser (2007): Twenty Years after Hines, Hungerford, and Tomera: A new Meta-Analysis of Psycho-social Determinants of Pro-environmental Behaviour. *Journal of Environmental Psychology* 27 (1): 14–25.

Bechtel, Robert B., Victor Corral-Verdugo, Masaaki Asai und Alvaro Gonzalez Riesle (2006): A Cross-Cultural Study of Environmental Belief Structures in USA, Japan, Mexico, and Peru. *International Journal of Psychology* 41 (2): 145–151.

Best, Henning (2008): Die Umstellung auf ökologische Landwirtschaft. Empirische Analysen zur Low-Cost-Hypothese des Umweltverhaltens. *Kölner Zeitschrift für Soziologie und Sozialpsychologie* 60 (2): 314–338.

Best, Henning (2009a): Kommt erst das Fressen und dann die Moral? Eine feldexperimentelle Überprüfung der Low-Cost-Hypothese und des Modells der Frame-Selektion. *Zeitschrift für Soziologie* 38 (2): 131–151.

Best, Henning (2009b): Structural and Ideological Determinants of Household Waste Recycling: Results from an Empirical Study in Cologne, Germany. *Nature and Culture* 4 (2): 167–190.

Braun, Norman und Axel Franzen (1995): Rationalität und Umweltverhalten. *Kölner Zeitschrift für Soziologie und Sozialpsychologie* 47: 231–248.

Breckler, Stephen J. (1984): Empirical Validation of Affect, Behavior, and Cognition as Distinct Components of Attitude. *Journal of Personality and Social Psychology* 47 (6): 1191–1205.

Brüderl, Josef (2010): Kausalanalyse mit Paneldaten. In: Wolf, Christof und Henning Best (Hrsg.), *Handbuch der sozialwissenschaftlichen Datenanalyse*. Wiesbaden: VS Verlag, 963–994.

Buttel, Frederick H. und William L. Flinn, 1976: Environmental Politics: The Structuring of Partisan and Ideological Cleavages in Mass Environmental Attitudes. *The Sociological Quarterly* 17 (4): 477–490.

Caliendo, Marco und Sabine Kopeinig (2008): Some Practical Guidance for the Implementation of Propensity Score Matching, *Journal of Economic Surveys* 22 (1): 31–72.

Camic, Charles (1992): The Matter of Habit. In: Zey, Mary (Hrsg.), *Decision Making: Alternatives to Rational Choice Models*. Newbury Park: Sage, 185–232.

Catton, William R. und Riley E. Dunlap (1978): Environmental Sociology: A New Paradigm. *The American Sociologist* 13 (1): 41–49.

Coleman, James S. (1995): *Grundlagen der Sozialtheorie. Band 1: Handlungen und Handlungssysteme.* München: Oldenbourg.

Davidov, Eldad (2007): Explaining Habits in a New Context: The Case of Travel-Mode Choice. *Rationality and Society* 19 (3): 315–334

Derksen, Linda und John Gartrell (1993): The Social Context of Recycling. *American Sociological Review* 58 (3): 434–442.

Diekmann, Andreas und Peter Preisendörfer (1998): Umweltbewußtsein und Umweltverhalten in Low- und High-Cost-Situationen: Eine empirische Überprüfung der Low-Cost-Hypothese. *Zeitschrift für Soziologie* 27 (6): 438–453.

Diekmann, Andreas und Peter Preisendörfer (2001): *Umweltsoziologie. Eine Einführung.* Reinbek: Rowohlt.

Dunlap, Riley E. und Robert Emmet Jones (2002): Environmental Concern: Conceptual and Measurement Issues. In: Dunlap, Riley E. und William Michelson (Hrsg.), *Handbook of Environmental Sociology.* Westport, Co: Greenwood Press, 482–524.

Dunlap, Riley E. und Kent D. Van Liere (1978): The „New Environmental Paradigm": A Proposed Measuring Instrument and Preliminary Results, Journal of Environmental Education 9/1978: 10–19.

Dunlap, Riley E., Kent D. van Liere, Angela G. Mertig und Robert Emmet Jones (2000): Measuring endorsement of the new ecological paradigm: A revised NEP scale. *Journal of Social Issues* 56 (3): 425–442.

Eagly, Alice H. und Shelly Chaiken (1998): Attitude Structure and Function. In: Gilbert, Daniel T., Susan T. Fiske und Gardner Lindzey (Hrsg.), *The Handbook of Social Psychology.* Volume I. Oxford: Oxford University Press, 269–322.

Esser, Hartmut (2000): Soziologie. *Spezielle Grundlagen. Band 3: Soziales Handeln.* Frankfurt a. M.: Campus.

Esser, Hartmut (2002): In guten wie in schlechten Tagen? Das Framing der Ehe und das Risiko zur Scheidung. Eine Anwendung und ein Test des Modells der Frame-Selektion. *Kölner Zeitschrift für Soziologie und Sozialpsychologie* 54 (1): 27–63.

Franzen, Axel (1995): Trittbrettfahren oder Engagement? Überlegungen zum Zusammenhang zwischen Umweltbewusstsein und Umweltverhalten. In: Diekmann, Andreas und Axel Franzen (Hrsg.), *Kooperatives Umwelthandeln.* Zürich: Rüegger, 133–149.

Gangl, Markus (2010): Nichtparametrische Schätzung kausaler Effekte mittels Matchingverfahren. In: Wolf, Christof und Henning Best (Hrsg.), *Handbuch der sozialwissenschaftlichen Datenanalyse.* Wiesbaden: VS Verlag, 931–961.

Guagnano, Gregory A., Paul C. Stern und Thomas Dietz (1995): Influences on Attitude-Behavior Relationships. A Natural Experiment with Curbside Recycling. *Environment and Behavior* 27 (5): 699–718.

Hawcroft, Lucy J. und Taciano L. Milfont (2010): The Use (and Abuse) of the New Environmental Paradigm Scale Over the Last 30 Years: A Meta-Analysis. *Journal of Environmental Psychology* 30 (2): 143–158.

Hines, Jody M., Harold R. Hungerford und Audrey Tomera (1986): Analysis and Synthesis of Research on Responsible Environmental Behavior: A Meta-Analysis, The Journal of Environmental Education 18: 1–8.

Hunter, Lori M. und Leslie Rinner (2004): The Association Between Environmental Perspective and Knowledge and Concern With Species Diversity. *Society and Natural Resources* 17: 517–532.

King, Gary, Robert O Keohane und Sidney Verba (1994): *Designing Social Inquiry. Scientific Inference in Qualitative Research*. Princeton: Princeton University Press.

Kroneberg, Clemens (2005): Die Definition der Situation und die variable Rationalität der Akteure. Ein allgemeines Modell des Handelns. *Zeitschrift für Soziologie* 34 (5): 344–363.

Liebe, Ulf und Peter Preisendörfer (2007): Zahlungsbereitschaft für kollektive Umweltgüter: Theoretische Grundlagen und empirische Analysen am Fallbeispiel der Wertschätzung biologischer Vielfalt im Wald. *Zeitschrift für Soziologie* 36 (5): 326–345.

Liska, Allen E. (1974): Emergent issues in the attitude-behavior consistency controversy. *American Sociological Review* 39 (2): 261–272.

Liska, Allen E. (1984): A Critical Examination of the Causal Structure of the Fishbein/Ajzen Attitude-Behavior Model. *Social Psychology Quarterly* 47 (1): 61–74.

Maloney, Michael P. und Michael P. Ward (1973): Ecology: Let`s Hear from the People; An Objective Scale for the Measurement of Ecological Attitudes and Knowledge. *American Psychologist* 28: 583–586.

Morgan, Stephan L. und David J. Harding (2006): Matching Estimators of Causal Effects. Prospects and Pitfalls in Theory and Practice. *Sociological Methods & Research* 35 (1): 3–60.

Preisendörfer, Peter und Axel Franzen (1996): Der schöne Schein des Umweltbewusstseins: Zu den Ursachen und Konsequenzen von Umwelteinstellungen in der Bevölkerung. In: Diekmann, Andreas und Carlo C. Jaeger (Hrsg.), *Umweltsoziologie*. Opladen: Westdeutscher Verlag, 219–244.

Rat von Sachverständigen für Umweltfragen (1978): *Umweltgutachten 1978*. Bonn: Bundestagsdrucksache 8/1978.

Rokeach, Milton (1968): *Believes, Attitudes, and Values*. San Francisco: Jossey-Bass.

Rosenbaum, Paul R., und Donald B. Rubin (1983): The Central Role of the Propensity Score in Observational Studies for Causal Effects. *Biometrika* 70: 41–55.

Rosenberg, Morris J. und Carl I. Hovland (1960): Cognitive, affective and behavioral components of attitudes. In: Hovlland, Carl I. und Morris J. Rosenberg (Hrsg.), *Attitude organization and change*. New Haven: Yale University Press, 1–14.

Schultz, P. Wesley, Valdiney V. Gouveia, Linda D. Cameron, Geetika Tankha, Peter Schmuck und Marek Franek (2005): Values and their relationship to environmental concern and conservation behaviour. *Journal of Cross-Cultural Psychology* 36 (4): 457–475.

Shadish, William R., Thomas D. Cook und Donald T. Campbell (2002): *Experimental and quasi-experimental designs for generalized causal inference*. Boston: Houghton Miffin Company.

Stern, Paul C. und Thomas Dietz (1994): The value basis of environmental concern. *Journal of Social Issues* 50 (3): 65–84.

Stern, Paul C., Thomas Dietz und Gregory A. Guagnano (1995): The New Environmental Paradigm in social psychological perspective. *Environment and Behavior* 27 (1): 723–745.

Van Liere, Kent D. und Riley E. Dunlap (1980): The Social Bases of Environmental Concern: A Review of Hypotheses, Explanations and Empirical Evidence. *Public Opinion Quarterly* 44: 181–197.

Wooldridge, Jeffrey M. (2003): *Introductory Econometrics: A Modern Approach*. Mason: Thomson.

Xiao, Chenyang und Riley E. Dunlap (2007): Validating a Comprehensive Model of Environmental Concern Cross-Nationally: A U.S.-Canadian Comparison. *Social Science Quarterly* 88 (2): 471–493.

Umweltsoziologie und Transdisziplinarität

Michael Stauffacher

Einleitung

Transdisziplinarität ist in den letzten Jahren vor allem im Rahmen der Umwelt- und Nachhaltigkeitswissenschaft aber auch in der Technologiefolgenabschätzung, der Forschung zur Nord-Süd-Thematik sowie im Bereich der Gesundheitswissenschaften breit diskutiert und fortlaufend weiterentwickelt und spezifiziert worden. Im wesentlichen wird mit dem Begriff der Transdisziplinarität insbesondere im deutschsprachigen Europa eine Art der Forschung bezeichnet, die von konkreten gesellschaftlichen Problemen ausgeht, in der Bearbeitung wissenschaftliche Disziplinen wie auch die Grenzen der Wissenschaft überwindet, einen wechselseitigen Lernprozess von Hochschule und Praxis anstrebt und zur Problemlösung bzw. -transformation beitragen soll. Der vorliegende Beitrag fasst die wesentlichen Elemente der internationalen Diskussion um Transdisziplinarität knapp zusammen und macht sie für die Umweltsoziologie nutzbar. Illustriert werden diese Überlegungen mit einigen Beispielen aus meinen konkreten Forschungserfahrungen. Ich wähle einen betont persönlichen Bezug, um zu zeigen, wie wichtig aus meiner Sicht der konkrete Forschungsprozess, das Lernen am Fall ist. Fähigkeiten und Kenntnisse der Transdisziplinarität müssen in der persönlichen Auseinandersetzung zwischen praktischem Tun und theoretischer Reflexion angeeignet werden. Diese persönliche Sicht wird ergänzt, um eine kritische Diskussion aus Sicht der Wissenschaftssoziologie. Der Fokus liegt dabei auf der für die Forschenden in der Transdisziplinarität entstehenden Rollenkonflikte. Zum Schluss werde ich einige Folgerungen für die stärkere Berücksichtigung von Transdisziplinarität im Rahmen der Umweltsoziologie ziehen.

Entwicklung und Bedeutung(en) von Transdisziplinarität

Ich skizziere in einem ersten Schritt, wie der Begriff der Transdisziplinarität entstanden ist und welche Bedeutung er insbesondere im deutschsprachigen Raum in den letzten zehn Jahren erhalten hat. Es kann dabei im Rahmen dieses Artikels nicht um Vollständigkeit gehen, es sollen vielmehr einige wesentliche Meilensteine in der Entwicklung der Begrifflichkeit systematisch herausgeschält und so auf zentrale Literatur verwiesen werden, die die vorliegenden Ausführungen gezielt vertiefen lassen.

In der Diskussion um den Begriff wird meist die Erfindung bzw. erstmalige Verwendung auf Jantsch (1972) zurückgeführt. Es ging Jantsch primär um die Reformation des Hochschulsystems eigentlich aber umfassender auch die der gesamten

Gesellschaft. Für Jantsch war die Ausrichtung an Zielen der außerwissenschaftlichen Welt und hier insbesondere der Wirtschaft und Politik ein zentrales und bestimmendes Element wie auch die aktive Rolle von Universitäten in Prozessen der Planung für die gesellschaftliche Entwicklung. Mittelstrass (1992) ergänzte diese Gedanken insbesondere um einen konkreten Problembezug, den er einforderte als primäres Merkmal von Transdisziplinarität (vgl. Typ A, Tabelle 1). Auf dieser theoretischen Ebene entwickelt insbesondere im französisch und spanischsprachigen Raum Nicolescu (1996) den Begriff der Transdisziplinarität als primär inner-wissenschaftlichen Begriff auch heute noch weiter (vgl. Typ B, Tabelle 1).

In den 1990er Jahren erlebte der Begriff der Transdisziplinarität eine Weiterentwicklung insbesondere im Bereich der Umwelt- bzw. Nachhaltigkeitsforschung. Eine intensive Auseinandersetzung erfolgte im Rahmen des Schweizerischen Schwerpunktprogramms Umwelt (SPPU, vgl. Balsiger und Kötter 2000, Häberli und Grossenbacher-Mansuy 1998, Defila und Di Guilio 1999, Roux 1997). Dabei entstand insbesondere auch eine gezielte Erweiterung um den Einbezug außerwissenschaftlicher Akteure in die konkrete Forschungspraxis (vgl. Typ C, Tabelle 1). Dies vor allem weil in der ersten Phase des Programms die fehlende praktische Relevanz und Umsetzung kritisiert worden war (Roux 1997, Häberli und Grossenbacher-Mansuy 1998). In Deutschland wurden diese Diskussionen im Rahmen der sozial-ökologischen Forschung aufgenommen und systematisch weiterentwickelt (vgl. Becker und Jahn 2000). Diese Diskussionen kulminierten in der Organisation einer ersten internationalen Konferenz zur Transdisziplinarität im Jahr 2000 in Zürich (Häberli et al. 2000, Scholz et al. 2000). Es fand sich eine breite Gruppe von Forschenden weit über die Umweltforschung hinaus, auch aus der Gesundheitswissenschaft, der Technologiefolgenabschätzung und insbesondere der Nord-Süd-Forschung, die über die Grenzen der Wissenschaft hinaus gehen wollten und eine problembezogene Wissensintegration an den Schnittstellen von Hochschule, Gesellschaft und Technik forderten (vgl. Typ C, Tabelle 1).

Eine wichtige Erweiterung bzw. Spezifizierung fanden die Diskussionen durch Roland W. Scholz, der den Begriff *mutual learning* (wechselseitiges Lernen) prägte und auch zu einem zentralen Element der Tagung machte (Scholz 1998, Scholz et al. 2000, Scholz 2001, vgl. Typ C, Tabelle 1). Scholz hatte mit Kollegen und Kolleginnen an der ETH Zürich seit 1993 die „transdisziplinäre Fallstudie" entwickelt, jährliche Großprojekte durchgeführt und insbesondere Methoden der Wissensintegration entwickelt (Scholz und Tietje 2002). Wert gelegt wurde dabei auf eine vom konkreten Fall ausgehende Problemdefinition und die fortlaufende Kooperation mit Praxisakteuren über die gesamte Projektzeit (Scholz 1998). Die Betonung der Wechselseitigkeit des Lernens von Wissenschaft und Praxis verweist auf die bestehende Differenz in den Rollen von Wissenschaft und Nicht-Wissenschaft, die im Rahmen von Transdisziplinarität projektbezogen aber mit unterschiedlichen Zielen und Interessen für eine bestimmte Zeit zusammen arbeiten, danach aber wieder in ihren eigenen Kontext zurückkehren (Scholz und Marks 2001). Es soll eine Perspektivenerweiterung erzielt werden, unterschiedliche Sichtweisen auf ein gesellschaftlich diskutiertes Problem aufgezeigt, kontrastiert und wenn möglich synthetisiert werden.

Tabelle 1   Drei Typen von Definitionen von Transdisziplinarität als Kombination unterschiedlicher Dimensionen (abgeändert aus Pohl und Hirsch Hadorn 2006)

	Typ A (z. B. Jantsch 1972, Mittelstrass 1992)	Typ B (z. B. Nicolescu 1996)	Typ C (z. B. Häberli und Grossenbacher-Mansuy 1998, Scholz 1998)
Überschreiten und Integrieren disziplinärer Paradigmen	X	X	X
Partizipative Forschung			X
Orientierung an lebensweltlichen Problemen	X	X	X
Universelle Einheit des Wissens		X	

An dieser Tagung wurden auch die Bezüge von Transdisziplinarität mit dem sogenannten Modus 2 der Wissensproduktion bzw. zum Konzept des sozial robusten Wissens diskutiert (Gibbons und Nowotny 2001; vgl. auch Gibbons et al. 1994, Nowotny et al. 2004, bzw. zur Kritik Shinn 2002, Weingart 1997). Der Modus 2 der Wissensproduktion ist transdisziplinär, auf die Lösung von Problemen ausgerichtet, steht in einem realen Weltzusammenhang und benutzt „Robustheit" als wichtiges Qualitätskriterium. „Sozial robust" bezeichnet dabei solches Wissen, das nicht nur im Labor, sondern auch außerhalb valid ist, das unter Einbezug eines erweiterten Kreises von Expert(inn)en aber auch sogenannten Laien produziert wird sowie durch die breite Beteiligung der Gesellschaft in der Entstehung auch weniger kontrovers sein soll (Nowotny 2000). Zwei immer noch wichtige Publikationen entstanden im Umfeld bzw. Nachgang dieser ersten internationalen Transdisziplinaritätskonferenz (Klein 2001, Brand 2000).

Die Diskussion um die Transdisziplinarität kam damit in eine neue Phase, einerseits wurde in immer mehr Anwendungsgebieten empirisch geforscht (u. a. Kulturlandschaftsforschung in Österreich, Sozial-Ökologische Forschung in Deutschland, verschiedene nationale Forschungsprogramme sowie das Nationale Forschungszentrum Nord-Süd in der Schweiz). An der ETH Zürich wurde die transdisziplinäre Fallstudie weiterhin jährlich durchgeführt, stetig weiter entwickelt und im Rahmen eines internationalen Netzwerkes (ITdNet, vgl. http://www.uns.ethz.ch/translab/itdnet) auch in Österreich, Deutschland und insbesondere in Schweden erfolgreich umgesetzt. Die Bemühungen des ITdNet, insbesondere um eine methodische Weiterentwicklung, mithin eine Verwissenschaftlichung wie die Entwicklung entsprechender universitärer Bildungsangebote fanden Niederschlag in einer Sonderausgabe des *International Journal of Sustainability in Higher Education* (vgl. Scholz et al. 2006, Stauffacher et al. 2006, Muhar et al. 2006).

Anderseits fand auch auf einer wissenschaftsphilosophischen bzw. -theoretischen Metaebene eine Reflektion der Stärken und Schwächen, der Grenzen und Möglichkeiten von Transdisziplinarität statt (Balsiger 2005; Becker und Jahn 2006, Hirsch Hadorn et al. 2006). Es setzte eine eigentliche Professionalisierung und Institutionalisierung ein, das td-net (*transdisciplinary net*)[1] entwickelte Gestaltungsprinzipien (Pohl und Hirsch Hadorn 2006) und stellte ein Handbuch (Hirsch Hadorn et al. 2008) zusammen. Verschiedene Bücher beschäftigten sich mit Management- und Organisationsfragen (Mogalle 2001, Defila et al. 2006), die Thematik der Evaluation wurde aufgenommen und Handreichungen hierzu wie erste konkrete empirische Studien wurden publiziert (Bergmann et al. 2005, Defila und Di Giulio 1999, Loibl 2005, Klein 2008, Walter et al. 2008).

Aktuell existieren verschiedenste Initiativen auf nationaler und internationaler Ebene (vgl. z. B. die jährlichen Konferenzen des td-net sowie dessen Transdisziplinaritäts-Preis, das ITdNet erfuhr eine globale Ausweitung mit neuen Mitgliedern aus den USA und Südafrika). Speziell hervorzuheben ist in Deutschland die Universität Leuphana Lüneburg, wo es zur Besetzung einer ersten Professur für transdisziplinäre Nachhaltigkeitsforschung kam und Transdisziplinarität in vielen Bereichen von Lehre und Forschung eine zentrale Bedeutung einnimmt (Schneidewind 2010). Es bestehen aber immer noch terminologische Unsicherheiten (siehe als Illustration dazu die Einträge in Wikipedia zu Transdisziplinarität bzw. *transdisciplinarity*), da einerseits Transdisziplinarität in anderen Kontexten weiterhin als innerwissenschaftliche Aufgabe (z. B. im Sinne einer perfektionierten Interdisziplinarität in Bezug auf Mittelstrass 1992) verstanden wird oder andererseits der Begriff der Interdisziplinarität im Sinne des deutschsprachigen Transdisziplinaritätsverständnisses um den Einbezug der Gesellschaft ergänzt wird (insbesondere im französischsprachigen Teilen der Welt vgl. Darbellay und Paulsen 2008, aber auch in den USA vgl. Frodeman et al. 2010). Weiter gibt es auch eine Reihe anderer Begriffe, die in den letzten Jahrzehnten eingeführt wurden und sich in ihrer Bedeutung teilweise mit derjenigen von Transdisziplinarität überschneiden. Dazu gehört z. B. die post-Normale Wissenschaft oder das Konzept der *Triple Helix* (für einen systematischen Vergleich vgl. Hessels und van Lente 2008; zur Abgrenzung der Transdisziplinarität von diesen alternativen Ansätzen vgl. Scholz 2011). Dies führt immer wieder zu Verwirrung, die aber wohl im kompetitiven Umfeld der Wissenschaft nicht zu verhindern ist, da sich viele Wissenschaftler(innen) mit eigenen Begrifflichkeiten positionieren wollen. In meiner Erfahrung muss man sich frühzeitig und aktiv um die Klärung der benutzten Begrifflichkeiten zu Beginn eines Gesprächs, Vortrages oder Projektes bemühen, um allfällige Missverständnisse zu vermeiden, was sich aber meist als problemlos darstellt.

Auf dieser terminologischen Grundlage werde ich nun einige Problempunkte der Transdisziplinarität diskutieren, dabei insbesondere die Rolle der Wissenschaft in solchen Projekten reflektieren und mögliche Beiträge der (Umwelt)Soziologie aus-

---

[1]   Das td-net ist entstanden aus einer Aktivität der Schweizerischen Akademischen Gesellschaft für Umweltforschung (SAGUF). Siehe http://www.transdisciplinarity.ch.

loten. Dies dient mir danach dazu einige Schlussfolgerungen für verstärkte Bezüge zwischen Umweltsoziologie und Transdisziplinarität abzuleiten.

Das kritische Verhältnis von Wissenschaft und Gesellschaft in der Transdisziplinarität aus Sicht der Wissenschaftssoziologie

Ich werde hier auf die Diskussionen aus der Perspektive der Systemtheorie Luhmanns eingehen, die insbesondere durch Peter Weingart, Sabine Maasen und Alfons Bora im Zusammenhang mit generellen Fragen zur Rolle von Wissenschaft in gesellschaftlichen Entscheidungsprozessen aufgeworfen werden (vgl. für eine erste Übersicht Bogner et al. 2010). Wiederum kann es nicht darum gehen, eine vollständige Übersicht dieses breiten wissenschaftssoziologischen Forschungsstandes zu präsentieren, sondern um eine Herausarbeitung der für die Entwicklung der Transdisziplinarität aus meiner Sicht zentralen Elemente. Damit wird gleichzeitig auch eine der möglichen Beiträge einer sich aktiv in die Diskussion um Transdisziplinarität einbringenden (Umwelt)Soziologie illustriert. Wobei diese aus meiner Überzeugung und Erfahrung nie aus einer rein beobachtenden, kritisierenden, sondern immer aus einer konkret in transdisziplinäre Projekte mitarbeitenden Perspektive erfolgen sollte, da sie sonst der Spezifität von Transdisziplinarität nicht gerecht werden kann.

Weingart (vgl. z. B. Weingart 1997, Weingart und Lentsch 2008) hat sich immer wieder kritisch mit Verlautbarungen von neuen Formen der Wissenschaft auseinandergesetzt und – aus meiner Sicht durchaus mit Recht – auf deren normativen und oft eher Wunschcharakter verwiesen. Im Weiteren hat er aus seiner differenzierungstheoretischen Sicht auch immer wieder gezeigt, dass solche neuen Formen der Wissensproduktion meist eher als wissenschaftliche Politikberatung zu verstehen sind, die die Grenze zwischen Wissenschaft und Politik nicht aufheben, sondern neu gestalten. Im Extremfall trieb er die Interpretation so weit, Transdisziplinarität und anderen stärker interaktiv ausgerichteten Formen der Wissensproduktion, ihre Wissenschaftlichkeit per se abzusprechen und sie als Teil des politischen Systems zu bezeichnen – klassische Grenzarbeit, um Wissenschaft von Nicht-Wissenschaft abzugrenzen (*boundary work* vgl. Gieryn 1983). Ich stimme insoweit zu, dass die Rolle, die Wissenschaftler(innen) in transdisziplinären Projekten innehaben, kritisch zu reflektieren ist (ich komme auf diesen Punkt weiter unten noch zurück). Ich gehe weiter auch mit Weingart einig, dass wir als Wissenschaftler(innen) eine legitimierte Rolle in der Gesellschaft genießen, die aufgrund unserer langjährigen Ausbildung und Erfahrung auch spezifische Aufgaben mit sich bringt und der Sorge getragen werden muss.

Maasen (vgl. z. B. Maasen und Lieven 2006, Maasen und Weingart 2005) zeigt mit empirischen Analysen, wie Forschende in transdisziplinären Projekte mit unterschiedlichsten Anforderungen kämpfen, mit verschiedensten Rollen konfrontiert werden. Sie arbeitete heraus wie die Forschenden in solchen Projekten nicht nur für die eigentliche wissenschaftliche Qualität (*soundness*), sondern auch für die Nützlichkeit der erzielten Resultate, deren Anwendbarkeit in realen Kontexten verantwortlich sind – aus ihrer Sicht eine Überforderung, die sich auch in vielfältigen Konflikten innerhalb der Projektteams niederschlage. Aus meiner eigenen Erfahrung kann ich dieser Analyse weitgehend zustimmen, die stete persönliche Herausforderung epistemischer wie organisatorisch-sozialer Art ist in transdisziplinären Projekten immanent und eine stete Begleiterin. Nichtsdestotrotz glaube ich aufgrund unserer vielfältigen eigenen Projekte zeigen können, dass solche Projekte durchaus erfolgreich durchzuführen sind. Maasen schließt mit der Behauptung, dass Transdisziplinarität ein Kind der aktuellen Gesellschaft, mithin des Neoliberalismus sei, indem Forschende für alles selber verantwortlich und auch verstärkt abhängig von externer Finanzierung seien. Transdisziplinäre Projekte als neo-liberale Form der Wissenschaft zu verstehen, scheint mir persönlich abwegig, da die Mehrzahl dieser Projekte explizit einen Anti-neoliberalen Anspruch hat und insbesondere das Gemeinwohl, eine zukunftsorientierte Entwicklung für die Gesellschaft, wie auch eine demokratische Gestaltung der Wissensproduktion anstreben.

Einen weiteren kritischen Punkt hat Bora (vgl. z. B. Bora 2010) in Anlehnung an die Arbeiten von Stichweh (1994) mehrfach detailliert herausgearbeitet: die Sicherung der wissenschaftlichen Qualität von transdisziplinären Projekten. Er betont, dass wissenschaftliche Qualität im Wissenschaftssystem innerhalb von etablierten Disziplinen gesichert wird. Da eine Disziplin Transdisziplinarität mit spezifischer und breit anerkannter Methodologie fehlt, kann somit auch die wissenschaftliche Qualität aus seiner Sicht nicht geprüft bzw. garantiert werden. Diese Kritik trifft eine der zentralen Schwachstellen der Transdisziplinarität. Dies hat aber nicht nur mit der von Bora angeführten fehlenden Disziplin zu tun, sondern insbesondere auch mit der auch von Maasen herausgearbeiteten Doppelanforderung: Transdisziplinarität tritt mit dem Anspruch an, neben wissenschaftlicher Erkenntnis auch einen konkreten Nutzen für die Gesellschaft zu erzielen, zu Lösung bzw. Transformation von aktuellen gesellschaftlichen Problemen beizutragen. Somit stellt sich die Qualitätsfrage auch auf zwei Ebenen: Praxiserfolg und wissenschaftliche Qualität. Auf der ersten Ebene bestehen in der Zwischenzeit einige Ansätze und (wenige) empirische Untersuchungen, wie der ‚Erfolg' überprüft werden kann (Defila und Di Guiglio 1999, Bergmann et al. 2005, Walter et al. 2007). Auf der zweiten Ebene ist noch Grundlagenarbeit zu leisten, wobei sich in der Schweiz eine Arbeitsgruppe der Schweizerischen Akademischen Gesellschaft für Umweltforschung (SAGUF) aktuell mit diesem Thema auseinandersetzt (vgl. Stauffacher et al. 2009). In einem ersten Schritt hat die Arbeitsgruppe unterschiedliche Möglichkeiten unterschieden: so ist es möglich, wie auch Bora impliziert, die wissenschaftliche Qualität mit klassischen disziplinären Kriterien zu prüfen. Das gilt für viele transdisziplinär Forschende, die z. B. in inhaltsbezogenen bzw. disziplinären Zeitschriften publizieren und somit durch das entsprechende *Peer Review* geprüft werden. Dies wird natürlich der geleisteten Arbeit nicht vollumfänglich gerecht. Transdisziplinarität generiert über die eng wissenschaftlich bzw. disziplinär verwertbaren Erkenntnisse hinaus viele weitere im Bereich der praktischen Anwendung wie zur Gestaltung der Prozesse, die damit nicht geprüft und anerkannt werden. Darum wäre eine weitere Möglichkeit, dass sich die langsam entstehende Transdisziplinaritätsgemeinschaft selber maßgeschneiderte Kriterien erarbeitet, ihre eigenen Zeitschriften lanciert, sich mithin ‚diszipliniert'.

Die gesamte Qualitätsdiskussion muss auch vor dem Hintergrund der grundsätzlichen Stellung von Transdisziplinarität im universitären System gesehen werden. Die zusätzlichen Anforderungen durch den zu erzielenden Praxisnutzen und die damit verbundenen Aufwendungen finden im klassischen Bewertungssystem über referierte Fachpublikationen keinen Niederschlag. Sie schlagen sich sogar direkt negativ nieder, da aufgrund eines Nullsummenspiels der verfügbaren Zeit und intellektuellen Kapazitäten Forschende in transdisziplinären Projekten weniger zum wissenschaftlichen Publizieren kommen. Dies – zusammen mit einem gewissen Beharrungsvermögen bzw. konservativen Grundhaltung des universitären Systems – führt zu eigentlichen universitären Karriereproblemen für Forschende, die den Weg der Transdisziplinarität verfolgen. Die oben angeführte Leuphana Universität Lüneburg ist hier eine der wenigen Ausnahmen, die explizit solche Personen sucht und fördert.

Die sich in der Wissenschaftssoziologie durchziehende Behauptung, dass Transdisziplinarität eher nicht wissenschaftlich oder allenfalls wissenschaftliche Beratung ist, beruht aus meiner Sicht auch auf einem falschen Verständnis des Verhältnisses von Grundlagen- und so genannter angewandter Forschung (vgl. in diesem Sinn auch Stokes 1997, Freudenburg 2006) oder eben Forschung im Rahmen eines transdisziplinären Projektes. In transdisziplinären Projekten wird neues Wissen – auf nachvollziehbare Weise – produziert. Meine Erfahrung aus solchen problemorientierten Forschungsprojekten zeigt immer wieder, dass man auf ganz neuartige Phänomene stößt, innovative Fragen aufwirft, die einer vertieften theoretischen Weiterentwicklung wie empirischen Prüfung bedürfen. Ich behaupte gar, dass dadurch auch die ‚reine' Wissenschaft auf neuartige Fragen gebracht wird, die methodisch anspruchsvoll und erkenntnistheoretisch neuartig sind. Dies steht ganz analog zu der von Kurt Lewin (1946) entwickelten *Experimentellen Aktionsforschung*. Lewin betonte, dass komplexe, gesellschaftlich relevante Probleme, für deren Lösung psychologisches Wissen benötigt wird, prinzipiell auch in der komplexen, realweltlichen Situation zu erforschen sind und nicht ausschließlich unter Laborbedingungen. Der ‚schmutzigen' Anwendung kommt mithin in der wissenschaftlichen Weiterentwicklung eine wichtige (komplementäre) Rolle zu. Um dieses Potenzial einzulösen, muss sich Forschung in transdisziplinären Kontexten aber auf ihre eigentliche Rolle der Wissensgenerierung und Annäherung an die Wahrheit über die Anwendung bewährter und nachvollziehbarer Methoden besinnen.

Rolle der Wissenschaft im Rahmen transdisziplinärer Projekte aus eigener Erfahrung

Ich möchte diese primär theoretischen Ausführungen hier ergänzen um meine eigenen Erfahrungen in konkreten Projekten. Meine Erfahrungen zeigen ein breites Feld an möglichen Rollen, die im Rahmen eines transdisziplinären Projektes von mir bzw. anderen Forschenden im Team im Laufe eines Projektes eingenommen werden (vgl. auch Mieg et al. 1996, Mieg 2003, Mieg 2006, Pohl et al. 2010, Truffer et al. 2003):

- Den gesamten Prozess initiieren, planen, steuern und prüfen, Netzwerke mit der Praxis aufbauen und pflegen (wechselseitiges Lernen von Wissenschaft und Praxis ermöglichen)
- Unterstützung/Anleitung von Studierenden (transdisziplinäre Fallstudie als Lehrveranstaltung auf Masterebene gewährleisten)
- Übersetzung zwischen unterschiedlichen Denkstilen und Wissenschaftsgemeinschaften; Wissen von unterschiedlichen Disziplinen, von Wissenschaft und Praxis kontrastieren, in Beziehung setzen, differenzieren, integrieren und synthetisieren
- Projektanträge schreiben, forschen, an Konferenzen präsentieren, wissenschaftliche Artikel und Buchbeiträge verfassen (klassisch wissenschaftliches – auch disziplinäres – Arbeiten garantieren)
- Moderation bzw. in ausgesuchten Fällen auch Mediation zwischen unterschiedlichen Werten/Interessen der Teilnehmenden (während diesen Aufgaben selber eine weitgehend neutrale und steuernde Rolle innehabe)
- Den Prozess fortlaufend kritisch reflektieren (z. B. Fragen der Macht bzw. von spezifischen Interessen prüfen)

Diese unterschiedlichen Rollen – vom Projektmanager, über den Dozierenden, Übersetzer, wissenschaftlichen Analysten, Moderator oder Mediator bis hin zum kritisch Reflektierenden – haben im Rahmen eines transdisziplinären Projektes ändernde Bedeutung, wobei sich deren Gewichtung über den Prozessverlauf wie zwischen verschiedenen Projekten deutlich unterscheidet. So gibt es durchaus Phasen, in denen die ‚klassische‘ wissenschaftliche Arbeit dominant ist, zu anderen Zeitpunkten wird man sich insbesondere mit organisatorischen Fragen auseinandersetzen oder versuchen einen wechselseitigen Lernprozess zwischen Wissenschaft und Praxis mit einem Stakeholder-Workshop konkret auszulösen.

Nicht zu unterschätzen ist aber auch die Rolle, welche von Seiten der Praxispartner der Wissenschaft zugewiesen wird. In meiner persönlichen Erfahrung aus vielen transdisziplinären Projekten wird eine klare Rollenteilung auch von unseren Praxispartnern aus Verwaltung, Industrie und Zivilgesellschaft dominant so gesehen, bzw. sogar aktiv eingefordert: „mischen Sie sich bitte nicht in politische Entscheidungen ein", „wir sind primär an Ihren wissenschaftlichen Resultaten interessiert, die Interpretation möchten wir aber mitgestalten". In Extremfällen kann sich dies aber durchaus auch so äußern: „liefern Sie uns die Legitimation zu unseren bereits erfolgten Entscheidungen" – auch wenn dies mir persönlich gegenüber noch nie so explizit gesagt geworden ist. Dies entspricht dem klassischen Druck hin zu einer Politisierung von Wissenschaft (vgl. Maasen und Weingart 2005, Weingart und Lentsch 2008). Mit diesem Druck umzugehen, eine stete Balance zwischen wissenschaftlicher Distanz und partnerschaftlichem Engagement zu finden, ist eine große Herausforderung der Transdisziplinarität. Sich von Auftragsforschung und reiner

Beratung abzugrenzen, mithin die Unabhängigkeit der Forschung auch im Rahmen von transdisziplinären Projekten einzufordern (ausführlicher hierzu Scholz 2011), erfordert eine konstante Reflexion und Vergewisserung über die eigene Rolle der Wissenschaft in solchen Prozessen.

Rolle von Umweltsoziologie in der Umweltforschung: Sind Elemente von Transdisziplinarität sichtbar?

Kontrastierend zu diesen Ausführungen interessiert mich hier in einem nächsten Schritt, wie die Rolle der Umweltsoziologie im Umgang mit Umweltproblemen gesehen wird, wo sich die Umweltsoziologie situiert in diesem Spannungsfeld von Wissenschaft und Gesellschaft. Das heißt, welche Rolle der Umweltsoziologie zugesprochen wird, ob diese primär als eine beschreibende oder kritische Analyse liefernd oder direkt in der Problemtransformation mitwirkend verstanden wird. Spannend und erhellend ist in diesem Zusammenhang die Lektüre einschlägiger Hand- und Lehrbücher der Umweltsoziologie.

Die Bilanz der Lektüre ist aus meiner Perspektive relativ ernüchternd: meist wird die Rolle nicht explizit bearbeitet bzw. im klassischen Selbstverständnis der Soziologie abgehandelt. So betonte Huber (2001: 328) dass „[d]ie Wissenschaft […] den umweltproblem-feststellenden analytischen Part" spielt. Diekmann und Jäger (1996: 13) sehen diese Aufgabe auch, betonen aber noch eine weitere im Bereich der Beratung: „Von der Umweltsoziologie wird von den einen erwartet, dass sie im Sinne einer kritischen, aufklärerischen Tradition Wissen hervorbringt, das die Reflexion über gesellschaftliche Entwicklungen und Grundlagen postindustrieller Produktion und Lebensweise stimuliert. Andere, eher orientiert am Modell der Politikberatung, stellen an die Umweltsoziologie den Anspruch, zur praktischen Lösung ökologischer Probleme beizutragen.". Ortwin Renn (1996: 50) ergänzt dies um eine deutlich differenziertere Perspektive: „Umweltsoziologie soll und muss sich auch bei der Zieldiskussion und der Frage der Wünschbarkeit von ökologisch motivierten Reformen zu Wort melden: nicht als Besserwisser oder unparteiischer Schiedsrichter, sondern als Mahner für ein differenziertes Gesellschaftsbild, in dem mechanische Lösungen nicht den gewünschten Effekt haben werden. Vor allem sollten sie auf diskursive Verfahren der Urteilsbildung Wert legen, denn nur so lassen sich die unterschiedlichen Weltbilder und Wertorientierungen zu einem kollektiv verbindlichen Konsens führen". Einige Jahre später zieht sich Diekmann (zusammen mit Preisendörfer 2001: 193) zur Diskussion um eine nachhaltige Entwicklung eher wieder auf die klassische Position zurück: „Als Diskussionsbeobachter bemühen sich Soziologen, die unterschiedlichen „Diskursvarianten" offen zu legen und deren Bindung an gesellschaftliche Interessenslagen aufzuzeigen." John Hannigan (2006) widmet ein gesamtes Kapitel der Rolle von Wissenschaft und Wissenschaftler(innen) und diskutiert dabei unter anderem Konzepte der Konstruktion von sozialen Problemen (Aronson 1984), internationaler Wissensgemeinschaften (Haas 1992) wie der *regulatory science* (Jasanoff 1990). Erstaunlicherweise äußert sich Hannigan aber nicht explizit zur Rolle der Umweltsoziologie in diesem Zusammenhang, verbleibt somit auch in der traditionellen analytisch-reflexiven Rolle. Einen deutlich anderen Zugang wählen King und McCarthy (2009). Schon im Vorwort legen sie ihre Vision dar, dass Soziologie ein eigentlicher Startpunkt für sozialen Wandel sein kann. Die entsprechenden Kapitel im Buch, die sich dann konkret mit Transformationen auseinandersetzen, lassen aber für die Umweltsoziologie außer der Analyse des Problems und der Darlegung des „richtigen Wegs", um dieses zu überwinden, keine weiteren Aufgaben sichtbar werden. Eine detaillierte Diskussion über die Rolle(n) der Soziologie in solchen gesellschaftlichen Transformationsprozessen bleibt aus. In der neusten Publikation zur Umweltsoziologie (Groß und Heinrichs 2010a) schließlich zeigt sich in mehreren Beiträgen eine deutlich andere Gewichtung: So betonen sowohl Reusswig (2010), Stauffacher (2010), Rau (2010) in ihren Beiträgen wie auch Groß und Heinrichs (2010b) im abschließenden Kapitel, dass die distanzierte Beobachterposition alleine nicht mehr genügen kann und die Umweltsoziologie ins Abseits führt bzw. dort belässt. Umweltsoziologie soll sich laut diesen Autoren aktiv einbringen in die Diskussion um die Definition von Umweltproblemen, der Gestaltung von entsprechenden politischen Maßnahmen, konkreten Experimenten und deren Umsetzung.

Welchen Beitrag leiste ich als (Umwelt)Soziologe im Rahmen von transdisziplinären Projekten?

Um die Beziehung zwischen Umweltsoziologie und Transdisziplinarität weiter auszuloten, lege ich hier meine eigenen Erfahrungen an dieser Schnittstelle dar. Ich stütze die Ausführungen auf meine Erfahrungen als Soziologe, der seit 1993 an transdisziplinären Projekten aktiv mitarbeitet. Die Projekte (vgl. Tabelle 2) umfassen Fragen zur nachhaltigen Regional- und Stadtentwicklung, den Überlebensstrategien traditioneller Industriebranchen im ländlichen Raum, den Überlegungen zu einem fairen Standortsuchprozess für die Lagerung radioaktiver Abfälle und den vielschichtigen Herausforderungen der aktuellen Transformationen im Energiebereich. Ich versuche hier herauszuarbeiten, was meine spezifischen Beiträge als Soziologe waren. Diese primär selbstbezogenen Ausführungen erweitern die weiter oben präsentierte Diskussion zur Reflektion der Rolle von Wissenschaftler(innen) in der Transdisziplinarität.

Die oben schon mehrfach angesprochene transdisziplinäre Fallstudie der ETH Zürich bildet meinen konkreten Praxisbezug. Um einen ersten Einblick in die inhaltliche Breite zu geben, verweise ich auf die in Tabelle 2 dargestellten Themen unserer transdisziplinären Fallstudien seit 1994. Die Themen haben jeweils einen klaren Bezug zu Umwelt- und Nachhaltigkeitsfragen, da unsere institutionelle Verortung im Bereich der Umweltwissenschaften an der ETH liegt. Die Breite ergibt sich auf der anderen Seite aus einer Grundcharakteristik unserer transdisziplinären Fallstudie: vom Fall ausgehen, eine gemeinsame Problemdefinition mit Praxisakteuren vornehmen, Praxisakteure fortlaufend in den Forschungsprozess einbeziehen.

Tabelle 2   Transdisziplinäre Fallstudien 1994–2010 und die Anzahl der beteilig-
              ten Personen aus Wissenschaft und Praxis

Jahr	Fallregion und Inhaltsschwerpunkt	Studierende, Dozierende	Praxis
1994	Berner Seeland: nachhaltige Landwirtschaft	138	164
1995	Stadt Zürich: Umnutzung Industrieareal Sulzer-Escher Wyss	128	135
1996	Stadt Zürich: Stadtentwicklung „Zentrum Zürich Nord"	173	75
1997	Region Klettgau: Bodenmanagement	140	206
1998	Region Klettgau: Regionalentwicklung	108	144
1999	Schweizerische Bundesbahnen: Ökoeffizienz	94	74
2000	Schweizerische Bundesbahnen: Gütertransport	78	121
2001	Appenzell Ausserrhoden: Landschaftsentwicklung	69	122
2002	Appenzell Ausserrhoden: Zukunft traditioneller Branchen	56	91
2003	Stadt Basel: Freizeitverkehr	90	212
2004	Stadt Basel: Stadt- und Bahnhofsentwicklung	80	250
2006	Nidwalden: Lagerung radioaktiver Abfälle	39	80
2008	Schweiz-Schweden: Lagerung radioaktiver Abfälle	20	80
2009	Urnäsch: Energiestrategien kleiner Gemeinden	25	100
2010	Appenzell Ausserrhoden: Herausforderungen im Energie-bereich	25	120

Meine Beiträge als Soziologe oder eher breiter als Sozialwissenschaftler an den
Schnittstellen von Natur- und Sozialwissenschaften wie Wissenschaft und Gesellschaft waren insbesondere methodischer Natur, da jedes dieser Projekte unterschiedlichste Interaktionsformen mit Praxisakteuren erforderte. Hierbei stellten
insbesondere Fragen der Interviewtechnik bzw. Fragebogenerstellung und -gestal-
tung oder zur Planung und Durchführung von Fokusgruppen ein wichtiges Thema
dar. Neben der rein technischen Ebene der optimierten Anwendung solcher Methoden beinhaltete dies aber weiter auch die kritische Reflektion der Gültigkeit der
durch solche Verfahren erhobenen Daten sowie die Vermittlung einer methoden-
kritischen Auseinandersetzung, die dann meist über die sozialwissenschaftlichen
Erhebungen hinausgriff und auch analoge Fragen in Bezug auf naturwissenschaftliche Analysen aufzuwerfen half. Diese Reflexionsebene ist ein zentraler Beitrag,
der durch die Umweltsoziologie geleistet werden kann. Auf inhaltlicher Ebene lassen sich exemplarisch am ehesten folgende zwei Beispiele anfügen. (i) Die Einführung des Lebensstilkonzeptes im Rahmen einer Studie zu Freizeitverkehr, um die
verschiedenen Einflüsse durch bebaute Umwelt, persönliche Verhaltensweise und
gesellschaftliche Prägungen zu integrieren. (ii) Der Einbezug der gesellschaftlich-
historischen Ebene in der Diskussion um die (individuelle) Risikowahrnehmung im
Rahmen der Langzeit-Lagerung von radioaktiven Abfällen.

   Was schon aus dieser kurzen Aufstellung sichtbar wird, ist die Absenz von ‚klassischen' umweltsoziologischen Ansätzen, am ehesten sichtbar sind Ansätze zur Empirie von Umweltbewusstsein und -verhalten (Dunlap et al. 2002, Diekmann und

Preisendörfer, 2001). Dies ist insbesondere auf die spezifische Vorgehensweise im Rahmen unserer transdisziplinären Fallstudien zurück zu führen: wir starten vom Fall und nicht von einer theoretischen Perspektive, stellen somit die Wissenschaft vom Kopf auf die Füße (Scholz und Stauffacher 2009). Die gemeinsam mit Praxisakteuren definierte Problemstellung muss danach auf bestehende Wissenschafts- und Theorieansätze rückbezogen bzw. übersetzt werden (vgl. Becker und Jahn 2000), wobei man nie im Vorneherein weiß bzw. bestimmen kann, in welchem theoretischen Bezug man sich wieder finden wird.

In den letzten Jahren haben unsere sozialwissenschaftlichen Beiträge eine neue Richtung genommen, indem wir unter anderem versuchen, die Rolle von Beteiligungsverfahren in gesellschaftlichen Entscheidungsprozessen zu reflektieren (Krütli et al. 2010) und dabei stark auf unseren eigenen Erfahrungen im Einbezug der breiten Bevölkerung in transdisziplinären Projekten zurückgreifen. Diskutiert haben wir diesen Einbezug in der Beziehung zu Gerechtigkeitsfragen und somit im Zusammenspiel von Verteilungs- und Verfahrensgerechtigkeit (Krütli 2009). Bezüglich der Beteiligung unterschiedlicher Akteure an gesellschaftlichen Entscheidungsprozessen habe ich auch den Bezug von unserer transdisziplinären Fallstudie zur soziologischen Diskussion um den Neokorporatismus hergestellt (Stauffacher 2010). Ich habe dabei gezeigt, dass in einem breiten Verständnis des Begriffes, transdisziplinäre Projekte durchaus als neokorporatistische Aushandlungsprozesse verstanden werden können, wenn auch deutlich erweitert um Akteure aus der Zivilgesellschaft wie auch aus der Wissenschaft. Wegen dem internationalen Charakter vieler Umweltprobleme und insbesondere deren Regulation haben wir auch die Rolle von internationalen Wissensgemeinschaften (*epistemic communities* vgl. Haas 1992) in solchen Aushandlungsprozessen zwischen Wissenschaft, Gesellschaft und Politik analysiert (Stauffacher und Moser 21010). Dabei haben wir uns natürlich immer wieder mit der Rolle der Wissenschaft ganz allgemein und insbesondere in politischen Entscheidungen zu Fragen der Technik und Umwelt auseinandersetzen müssen. All dies illustriert aus meiner Sicht gut das oben dargelegte Verhältnis von Transdisziplinarität und disziplinärer Wissensgeneration: diese ist möglich, lässt sich aber aufgrund des primären Problembezugs nicht auf eine eindeutige theoretische Richtung festlegen, sondern wird immer wieder Brüche beinhalten.

Schlussfolgerungen zu (Umwelt)Soziologie und Transdisziplinarität

Ich möchte zum Abschluss die Bedeutung der Transdisziplinarität für die (Umwelt) Soziologie betonen. Transdisziplinarität könnte der Umweltsoziologie helfen sich in der Forschung zu nachhaltiger Entwicklung und Umweltthemen allgemein gegen die breite Dominanz der Natur- und Ingenieurwissenschaften durchzusetzen und so aus ihrem Randdasein heraus zu treten. Umgekehrt hat die Umweltsoziologie einiges zu bieten, was aktuell im Rahmen der Entwicklung der Transdisziplinarität noch zu wenig genutzt wird.

Die Umweltsoziologie muss sich in meiner Überzeugung (verstärkt) aktiv einbringen in transdisziplinäre Projekte. Dies nicht zuletzt um zu verhindern, dass sie in verschiedenen umstrittenen und aktuellen Themen sonst weiterhin eine Randposition innehat und ihren Einfluss nicht geltend machen kann. Dies wird exemplarisch in der Klimaforschung sichtbar, wo die sozialwissenschaftliche Sicht primär von der Ökonomie bestimmt wird. Damit geraten Fragen des gesellschaftlichen Wandels, der Bedeutung von unterschiedlichen Kulturen wie Problematiken der Ungleichheit und Macht in den Hintergrund, bleiben ausgeblendet. Dies hat einerseits mit der stärkeren quantitativen und Modellierungsausrichtung der Ökonomie zu tun, die sich einfacher in die naturwissenschaftliche Klimaforschung integrieren lässt, aber andererseits auch sehr viel mit dem immer noch dominanten Selbstverständnis der Soziolog(in)en als primär reflektierend-kritische Beobachter gesellschaftlicher Zustände (vgl. im ähnlichen Sinn Reusswig 2010).

Ein verstärkter Einbezug der (Umwelt)Soziologie in die aktuelle Nachhaltigkeitsforschung erfordert mehr als eine politische Einforderung derselben. Es ist ein anderer disziplinärer Habitus notwendig, der Engagement in gesellschaftlichen Entscheidungsprozessen nicht als Verstoß gegen das wissenschaftliche Ethos versteht. Engagement, das wie oben dargelegt, die Balance hält mit der eigentlichen primären Aufgabe der Wissensproduktion von uns Wissenschaftler(innen) in solchen Projekten. Im Weiteren erfordert dies auch eine Offenheit in inhaltlicher Hinsicht, indem vom Problem und nicht von lieb gewonnenen theoretischen Steckenpferden ausgegangen wird. Forschung in transdisziplinären Projekten erfordert anspruchsvolle theoretische Arbeit, aber in einem konkreten Problemkontext.

Die Soziologie hätte auch Wichtiges beizutragen zur Entwicklung der Transdisziplinarität. Gerade die vielschichtigen Erkenntnisse der Soziologie zur Rolle der Wissenschaft in der Gesellschaft, der Bedeutung unterschiedlicher Disziplinen oder generell verschiedener Epistemiken in der Wissensgenerierung sowie der Gefahr einer Instrumentalisierung von Forschung bzw. der Technokratisierung gesellschaftlicher Entscheidungen durch die Wissenschaft täten der aktuellen Umwelt- und Nachhaltigkeitsforschung nur gut.

Aufgrund meiner eigenen Tätigkeit im Rahmen der transdisziplinären Fallstudie an der ETH Zürich beobachtete ich eine zunehmende Akzeptanz und Nachfrage nach Wissen und Erfahrungen im Bereich der Transdisziplinarität auch von Seiten der traditionellen ‚harten' (Natur)Wissenschaften. Entsprechende Anstrengungen aus der Soziologie bzw. der Umweltsoziologie an den Universitäten scheinen mir leider aktuell aber immer noch in weiter Ferne.

Weiterführende Literatur

Becker, Egon und Thomas Jahn (Hrsg.) (2006): *Soziale Ökologie: Grundzüge einer Wissenschaft von den gesellschaftlichen Naturverhältnissen*. Frankfurt a. M.: Campus.

Hirsch Hadorn, Gertrude, Holger Hoffmann-Riem, Susette Biber-Klemm, Walter Grossen-bacher-Mansuy, Dominique Joye, Christian Pohl, Urs Wiesmann und Elisabeth Zemp (Hrsg.) (2008): *Handbook of Transdisciplinary Research*. Heidelberg: Springer.

Klein Thompson, Julie, Walter Grossenbacher-Mansuy, Rudolf Häberli, Alain Bill, Roland W. Scholz und Myrtha Welti (Hrsg.) (2001): *Transdisciplinarity: Joint Problem Solving among Science, Technology, and Society. An effective Way for Managing Complexity*. Basel: Birkhäuser.

Scholz, Roland W. (2011): *Environmental Literacy in Science and Society: From Knowledge to Decisions*. Cambridge: Cambridge University Press.

Groß, Matthias und Harald Heinrichs (2010a) (Hrsg.): *Environmental Sociology: European Perspectives and Interdisciplinary Challenges*. Dordrecht: Springer.

Zitierte Literatur

Aronson, Naomi (1984): Science as claims-making: implications for social problems research. In: Schneider, Joseph W. und John W. Kitsuse (Hrsg.), *Studies in the Sociology of Social Problems*. Norwood, NJ: Ablex, 1–30.

Balsiger Philipp W. (2005): *Transdisziplinarität. Systematisch-vergleichende Untersuchung disziplinenübergreifender Wissenschaftspraxis*. München: Fink.

Balsiger, Philipp W. und Rudolf Kötter (2000): Transdisziplinäre Forschung – Ein Erfahrungsbericht zum Schwerpunktprogramm Umwelt (SPPU) des Schweizerischen Nationalfonds. In: Brand, Karl-Werner (Hrsg.), *Nachhaltige Entwicklung und Transdisziplinarität*. Berlin: Analytica, 181–194.

Becker, Egon und Thomas Jahn (2000): Sozial-ökologische Transformationen. Theoretische und methodische Probleme transdisziplinärer Nachhaltigkeitsforschung. In: Brand, Karl-Werner (Hrsg.), *Nachhaltige Entwicklung und Transdisziplinarität*. Berlin: Analytica, 68–84.

Bergmann, Matthias, Bettina Brohmann, Esther Hoffmann, M. Céline Loibl, Regine Rehaag, Engelbert Schramm und Jan-Peter Voss (2005): *Qualitätskriterien transdisziplinärer Forschung. Ein Leitfaden für die formative Evaluation von Forschungsprojekten*. Frankfurt a. M.: Institut für sozial-ökologische Forschung (ISOE).

Bergmann, Matthias, Thomas Jahn, Tobias Knobloch, Wolfgang Krohn, Christian Pohl und Engelbert Schramm (2010): *Methoden transdisziplinärer Forschung: Ein Überblick mit Anwendungsbeispielen*. Frankfurt a. M.: Campus Verlag.

Bogner, Alexander, Karen Kastenhofer und Helge Torgersen (2010): Inter- und Transdisziplinarität – zur Einleitung in eine anhaltend aktuelle Debatte. In: Bogner, Alexander, Karen Kastenhofer und Helge Torgersen (Hrsg.), *Inter- und Transdisziplinarität im Wandel? Neue Perspektiven auf problemorientierte Forschung und Politikberatung*. Baden-Baden: Nomos, 7–21.

Bora, Alfons (2010): Wissenschaftliche Politikberatung und die disziplinären Grundlagen der Wissenschaft. In: Bogner, Alexander, Karen Kastenhofer und Helge Torgersen (Hrsg.), *Inter- und Transdisziplinarität im Wandel? Neue Perspektiven auf problemorientierte Forschung und Politikberatung*. Baden-Baden: Nomos, 25–55.

Brand, Karl-Werner (Hrsg.) (2000): *Nachhaltige Entwicklung und Transdisziplinarität. Besonderheiten, Probleme und Erfordernisse der Nachhaltigkeitsforschung*. Berlin: Analytica.

Darbellay, Fréderic und Theres Paulsen (Hrsg.) (2008) : *Le défi de l'Inter- et Transdisciplinarité: Concepts, méthodes et pratiques innovantes dans l'enseignement et la recherche [Herausforderung Inter- und Transdisziplinarität: Konzepte, Methoden und innovative Umsetzung in Lehre und Forschung]*. Lausanne: Presses Polytechniques et Universitaires Romandes.

Defila, Rico und Antonietta Di Giulio (1999): Transdisziplinarität evaluieren – aber wie? Evaluationskriterien für inter- und transdisziplinäre Forschung. *Panorama* Sondernummer 99, URL: http://www.ikaoe.unibe.ch/forschung/ip/Sondernummer.Pano.1.99.pdf. Stand: 29.09.2010.

Defila, Rico, Antonietta Di Giulio und Michael Scheuermann (2006): *Forschungsverbundmanagement. Handbuch für die Gestaltung inter- und transdisziplinärer Projekte*. Zürich: vdf.

Diekmann, Andreas und Carlo C. Jäger (Hrsg.) (1996): *Umweltsoziologie. Sonderheft 36 der Kölner Zeitschrift für Soziologie und Sozialpsychologie*. Opladen: Westdeutscher Verlag.

Diekmann, Andreas und Peter Preisendörfer (2001): *Umweltsoziologie. Eine Einführung*. Hamburg: Rowohlt.

Dunlap, Riley E., Frederick H. Buttel, August Gijswijt und Peter Dickens (Hrsg.) (2002): *Sociological Theory and the Environment: Classical Foundations, Contemporary Insights*. Lanham, MD: Rowman & Littlefield.

Frodeman, Robert, Julie Thompson Klein und Carl Mitcham (Hrsg.) (2010): *Oxford Handbook on Interdisciplinarity*. Oxford: Oxford University Press.

Freudenburg, William R. (2006): Environmental Degradation, Disproportionality, and the Double Diversion: Reaching Out, Reaching Ahead, and Reaching Beyond. *Rural Sociology* 71 (1): 3–32.

Gibbons, Michael, Camille Limoges, Helga Nowotny, Simon Schwartzman, Peter Scott und Martin Trow (1994): *The New Production of Knowledge. The Dynamics of Science and Research in Contemporary Societies*. London: Sage.

Gibbons, Michael und Helga Nowotny (2001): The potential of transdisciplinarity. In: Klein Thompson, Julie, Walter Grossenbacher-Mansuy, Rudolf Häberli, Alain Bill, Roland W. Scholz und Myrtha Welti (Hrsg.) (2001), *Transdisciplinarity: Joint Problem Solving Among Science, Technology, and Society. An Effective Way for Managing Complexity*. Basel: Birkhäuser, 67–80.

Gieryn, Thomas F. (1983): Boundary-work and the demarcation of science from non-science: strains and interests in professional ideologies of scientists. *American Sociological Review* 48 (6): 781–795.

Groß, Matthias und Harald Heinrichs (Hrsg.) (2010a): *Environmental Sociology: European Perspectives and Interdisciplinary Challenges*. Dordrecht: Springer.

Groß, Matthias und Heinrichs, Harald (2010b): Moving Ahead: Environmental Sociology's Contribution to Inter- and Transdisciplinary Research. In: Groß, Matthias und Harald Heinrichs (Hrsg.), *Environmental Sociology: European Perspectives and Interdisciplinary Challenges*. Dordrecht: Springer: 347–351.

Haas, Peter M. (1992). Introduction: Epistemic Communities and International Policy Coordination. *International Organization* 46 (1): 1–35.

Häberli, Rudolf und Walter Grossenbacher-Mansuy (1998): Transdisziplinarität zwischen Förderung und Überforderung: Erkenntnisse aus dem SPP Umwelt. *Gaia* 7 (3): 196–213.

Häberli, Rudolf, Roland W. Scholz, Alain Bill und Myrtha Welti (Hrsg.) (2000): *Transdisciplinarity: Joint Problem-Solving Among Science, Technology and Society. Workbook I: Dialogue Sessions and Idea Market*. Zürich: Haffmans Sachbuch Verlag.

Hannigan, John (2006): *Environmental Sociology*. London: Routledge.

Hessels, Laurens K. und Harro van Lente (2008): Re-thinking New Knowledge Production: A Literature Review and a Research Agenda. *Research Policy* 37(4): 740–760.

Hirsch Hadorn, Gertrude, David Bradley, Christian Pohl, Stephan Rist und Urs Wiesmann (2006): Implications of Transdisciplinarity for Sustainability Research. *Ecological Economics* 60(1), 119–128.

Hirsch Hadorn, Gertrude, Holger Hoffmann-Riem, Susette Biber-Klemm, Walter Grossenbacher-Mansuy, Dominique Joye, Christian Pohl, Urs Wiesmann und Elisabeth Zemp (Hrsg.) (2008): *Handbook of Transdisciplinary Research*. Heidelberg: Springer.

Huber, Joseph (2001). *Allgemeine UmweltSoziologie*. Wiesbaden: Westdeutscher Verlag.

Jantsch, Eric (1972). Inter- and Transdisciplinary University: A Systems Approach to Education and Innovation. *Higher Education* 1(1): 7–37.

Jasanoff, Sheila (1990). *The Fifth Branch: Science Advisers as Policymakers*. Cambridge, MA: Harvard University Press.

King, Leslie und Deborah McCarthy (2009): *Environmental Sociology: From Analysis to Action*. Lanham, MD: Rowman & Littlefield.

Klein Thompson, Julie (2008) Evaluation of Interdisciplinary and Transdisciplinary Research: A Literature Review. *American Journal of Preventive Medicine* 35 (2): 116–123.

Klein Thompson, Julie, Walter Grossenbacher-Mansuy, Rudolf Häberli, Alain Bill, Roland W. Scholz und Myrtha Welti (Hrsg.) (2001): *Transdisciplinarity: Joint Problem Solving among Science, Technology, and Society. An effective Way for Managing Complexity*. Basel: Birkhäuser.

Krütli, Pius (2009): *Radioactive Waste Management: Justice and Decision-Making Processes in Repository Siting for Nuclear Waste*. ETH Zürich: Unpublished PhD Thesis.

Krütli, Pius, Michael Stauffacher, Thomas Flüeler und Roland W. Scholz (2010): Functional-dynamic Public Participation in Technological Decision Making: Site Selection Processes of Nuclear Waste Repositories. *Journal of Risk Research* 13 (7): 861–875.

Lewin, Kurt (1946): Action Research and Minority Problems. *Journal of Social Issues* 2(4): 34–46.

Loibl, Marie Céline (2005): Empfehlungen zur Evaluation transdisziplinärer Forschung. *Gaia* 14 (4): 351–353.

Maasen, Sabine und Olivier Lieven (2006): Transdisciplinarity: a new mode of governing science? *Science and Public Policy* 33 (6): 399–410.

Maasen, Sabine und Peter Weingart (Hrsg.) (2005): *Democratization of Expertise? Exploring Novel Forms of Scientific Advice in Political Decision-Making*. Dordrecht: Springer.

Mieg, Harald A., Roland W. Scholz und Jürg Stünzi (1996): Das Prinzip der modularen Integration: Neue Wege von Führung und Wissensintegration im Management von Umweltprojekten. *Organisationsentwicklung* 15(2): 4–15.

Mieg, Harald A. (2003): Interdisziplinarität braucht Organisation! *Umweltpsychologie* 7 (2): 32–52.

Mieg, Harald A. (2006): System experts and decision making experts in transdisciplinary projects. *International Journal of Sustainability in Higher Education* 7(3): 341–351.

Mittelstraß, Jürgen (1992): Auf dem Weg zur Transdisziplinarität. *Gaia* 5 (1): 250.

Mogalle, Marc (2001): *Management transdisziplinärer Forschungsprozesse*. Basel: Birkhäuser Verlag.

Muhar, Andreas, Ulli Vilsmaier, Michaela Glanzer und Bernd Freyer (2006): Initiating Transdisciplinarity in Academic Case Study Teaching: Experiences from a Regional Development Project in Salzburg, Austria. *International Journal of Sustainability in Higher Education* 7 (3): 293–308.

Nicolescu, Basarab (1996): *Transdisciplinarity/La transdisciplinarité, manifesto*, Rocher Publishing House, Transdisciplinarity series: Monaco.

Nowotny, Helga (2000). Wissenschaft und Gesellschaft: Eine neue Beziehung: Keine Angst vor der Agora. *Bulletin ETH Zürich*. 277 (April): 8–12.

Nowotny, Helga, Peter Scott und Michael Gibbons (2004 [2001]): *Wissenschaft neu denken: Wissen und Öffentlichkeit in einem Zeitalter der Ungewißheit*. Weilerswirst: Vebrück.

Pohl, Christian und Gertrude Hirsch Hadorn (2006): *Gestaltungsprinzipien für die transdisziplinäre Forschung*. München: Oekom.

Pohl, Christian, Stephan Rist, Anne Zimmermann, Patricia Fry, Ghana S. Gurung, Flurina Schneider, Chinwe Ifejika Speranza, Boniface Kiteme, Sébastian Boillat, Elvira Serrano, Gertrude Hirsch Hadorn und Urs Wiesmann (2010): Researchers' Roles in Knowledge Co-production: Experience from Sustainability Research in Kenya, Switzerland, Bolivia and Nepal. *Science and Public Policy*, 37(4): 267–281, URL: http://www.envphil.ethz.ch/people/pohlc/papers/Pohl_et_al_2010.pdf. Stand: 29.09.2010.

Rau, Henrike (2010): (Im)mobility and Environment-society Relations: Arguments for and Against the ‚Mobilisation' of Environmental Sociology. In: Groß, Matthias und Harald Heinrichs (Hrsg.), *Environmental Sociology: European Perspectives and Interdisciplinary Challenges*. Dordrecht: Springer, 237–254.

Renn, Ortwin (1996): Rolle und Stellenwert der Soziologie in der Umweltforschung. In: Diekmann, Andreas und Carlo C. Jäger (Hrsg.), *Umweltsoziologie, Sonderheft 36 der Kölner Zeitschrift für Soziologie und Sozialpsychologie*. Opladen: Westdeutscher Verlag, 28–58.

Reusswig, Fritz (2010): The New Climate Change Discourse: A Challenge for Environmental Sociology. In: Groß Matthias und Harald Heinrichs (Hrsg.), *Environmental Sociology: European Perspectives and Interdisciplinary Challenges*. Dordrecht: Springer: 39–57.

Roux, Michel (1997): Gemeinsames Forschen von Praxis und Wissenschaft für eine nachhaltige Entwicklung. *Gaia* 6 (2): 153–156.

Schneidewind, Uwe (2010): Ein institutionelles Reformprogramm zur Förderung transdisziplinärer Nachhaltigkeitsforschung. *Gaia* 19 (2): 122–128.

Scholz, Roland W. (1998). Synopse: Nachhaltige Regionalentwicklung – Der Klettgau, eine Region im Umbruch. In: Scholz, Roland W., Sandro Bösch, Lucio Carlucci und Jenny Oswald (Hrsg.), *Nachhaltige Regionalentwicklung: Chancen der Region Klettgau*. Zürich: Rüegger, 13–24.

Scholz, Roland W. (2001). The Mutual Learning Sessions. In: Klein Thompson, Julie, Walter Grossenbacher-Mansuy, Rudolf Häberli, Alain Bill, Roland W. Scholz und Myrtha Welti (Hrsg.) (2001), *Transdisciplinarity: Joint Problem Solving among Science, Technology, and Society. An effective Way for Managing Complexity*. Basel: Birkhäuser, 117–129.

Scholz, Roland W. (2011). *Environmental Literacy in Science and Society: From Knowledge to Decisions*. Cambridge, U.K.: Cambridge University Press.

Scholz, Roland W., Rudolf Häberli, Alain Bill und Myrta Welti (Hrsg.) (2000): *Transdisciplinarity: Joint Problem-Solving among Science, Technology and Society. Workbook II: Mutual Learning Sessions*. Zürich: Haffmans Sachbuch Verlag.

Scholz, Roland W. und David Marks (2001): Learning about Transdisciplinarity: Where are we? Where have we been? Where should we go? In: Klein Thompson, Julie, Walter Grossenbacher-Mansuy, Rudolf Häberli, Alain Bill, Roland W. Scholz und Myrtha Welti (Hrsg.) (2001), *Transdisciplinarity: Joint Problem Solving among Science, Technology, and Society. An effective Way for Managing Complexity*. Basel: Birkhäuser: 236–252.

Scholz, Roland W., Harald A. Mieg und Jenny E. Oswald (2000): Transdisciplinarity in groundwater management: Towards mutual learning of science and society. *Water, Air, and Soil Pollution* 123 (1-4): 477–487.

Scholz, Roland W. und Michael Stauffacher (2009): Von einer Wissenschaft für die Gesellschaft zu einer Wissenschaft mit der Gesellschaft. *Psychologische Rundschau* 60 (4): 242–244.

Shinn, Terry (2002): The Triple Helix and New Production of Knowledge: Prepackaged Thinking on Science and Technology. *Social Studies of Science* 32 (4): 599–614.

Stauffacher, Michael (2010): Beyond Neocorporatism?! Transdisciplinary Case Studies as a Means for Collaborative Learning in Sustainable Development. In: Groß, Matthias und

Harald Heinrichs (Hrsg.), *Environmental Sociology: European Perspectives and Interdisciplinary Challenges*. Dordrecht: Springer: 201–216.

Stauffacher, Michael, Alexander Walter, Daniel J. Lang, Arnim Wiek und Roland W. Scholz (2006): Learning to Research Environmental Problems from a Functional Socio-cultural Constructivism Perspective: The Transdisciplinary Case Study Approach. *International Journal of Sustainability in Higher Education* 7 (3): 252–275.

Stauffacher, Michael, Patricia Fry, Andreas Kläy, Michel Roux und Antonio Valsangiacomo (2009): Umweltforschung an den Schnittstellen von Mensch und Umwelt sowie Wissenschaft und Gesellschaft. *Gaia* 18 (4): 340–342.

Stauffacher, Michael und Corinne Moser (2010): A New „Epistemic Community" in Nuclear Waste Governance? Theoretical Reflections and Empirical Observations on some Fundamental Challenges. *Catalan Journal of Communication and Cultural Studies* 2(2): 197–211.

Stichweh, Rudolf (1994): *Wissenschaft, Universität, Professionen: Soziologische Analysen*. Frankfurt a. M.: Suhrkamp.

Stokes, Donald E. (1997): *Pasteur's Quadrant: Basic Science and Technological Innovation*. Washington, D.C.: Brookings Institution.

Truffer, Bernhard, Christine Bratrich, Jochen Markard, Armin Peter, Alfred Wüest und Bernhard Wehrli (2003): Green Hydropower: The Contribution of Aquatic Science Research to the Promotion of Sustainable Electricity. *Aquatic Sciences* 65 (2): 99–110.

Walter, Alexander I, Sebastian Helgenberger, Arnim Wiek und Roland W. Scholz (2007): Measuring Social Effects of Transdisciplinary Research Projects. Design and application of an evaluation method. *Evaluation and Program Planning* 30 (4): 325–338.

Weingart, Peter (1997): From ‚Finalization' to ‚Mode 2': Old Wine in New Bottles? *Social Science Information* 36 (4): 591–613.

Weingart, Peter und Justus Lentsch (2008): *Wissen, Beraten, Entscheiden: Form und Funktion wissenschaftlicher Politikberatung in Deutschland*. Weilerswist: Velbrück.

Modernisierung, Innovation und Nachhaltigkeit

Ökologische Modernisierung und Umweltinnovation

Joseph Huber

Der Begriff der ökologischen Modernisierung

Ökologische Modernisierung ist ein Leitbild des Umwelthandelns und ein systemisch-evolutiver Ansatz der Umweltforschung. Der Ansatz hat sich in den 1980er und 1990er Jahren herausgebildet, zunächst in diversen Einzelaspekten, die sich nach und nach zu einer modernisierungstheoretisch fundierten Entwicklungslehre zusammenfügten. So wurde die Bezeichnung ökologische Modernisierung bei Martin Jänicke zunächst in einer politikwissenschaftlichen Perspektive verwendet, im Sinne neuer Institutionen und Instrumente der staatlichen Umweltpolitik (vgl. Jänicke und Jacob 2006: 10 ff). Andere Beiträge richteten sich im Kontext der Erforschung der neuen sozialen Bewegungen und der Wertwandelforschung auf die Verbreitung von Formen des Umweltbewusstseins (idealistisch-neuromantische versus materialistisch-utilitaristische Einstellungen). Dies verband sich mit industriellen Innovations- und Strukturwandeltheorien sowie mit Überlegungen der Umweltökonomik, die darauf abzielten, bisher externalisierte Umweltfaktoren künftig in ökonomischen Produktionsmodellen zu internalisieren (vgl. Huber 2011: 286 ff, von Prittwitz 1993). Diese Arbeiten wurden in den Folgejahren europa- und weltweit rezipiert und entwickelten sich zu einem eigenständigen Paradigma (Mol et al. 2009, Andersen und Massa 2000, Mol und Sonnenfeld 2000).

Der Ansatz der ökologischen Modernisierung geht davon aus, dass Ökonomie und Ökologie, Industrie und Natur, nicht zwangsläufig Gegensätze zu sein brauchen. Sie lassen sich so weit miteinander in Einklang bringen, wie es gelingt, die Steigerung der Ressourcen- und Senkenproduktivität zu einer ebensolchen Wohlstandsquelle zu machen wie die bisherige Arbeitsproduktivität. Anstatt Rohstoffe, Energieträger und die Umweltmedien Boden, Wasser und Luft zu verschleißen, kommt es darauf an, sie immer effizienter und naturverträglicher zu nutzen. Der Schlüssel dazu wird in neuen Technologien gesehen, insbesondere in erneuerbarer sauberer Energie, neuen Materialien, neuen Produktionsweisen und Praktiken. Industrielle Entwicklung stößt an jeweilige ökologische Grenzen des Wachstums, bringt zugleich aber auch Mittel und Wege hervor, um diese Grenzen zu verschieben, anders gesagt, um die ökologische Tragekapazität der Geo- und Biosphäre für den Menschen zu erhöhen.

Entwicklungs- und Modernisierungstheorie als Grundlage

Ökologische Modernisierung steht im Kontext soziologischer Entwicklungs- und Modernisierungstheorie. Modernisierung bezeichnet dabei den transsäkularen Übergang aus traditionalen in moderne Gesellschaften (Parsons 1972). Parsons greift hier, wie schon Darwin, Marx und Freud, auf das sozialevolutive Grundmodell der drei Entwicklungsstufen nach Morgan zurück (primitive → traditionale → moderne Kulturen).

Soziologische Modernisierungstheorie bewegt sich im Spannungsfeld zwischen kulturalistischen und materialistischen Ansätzen. Unter den kulturalistischen Ansätzen kommt den Arbeiten von Georg Simmel, Max Weber und Werner Sombart eine besondere Bedeutung zu, insbesondere dem Konzept der *Rationalisierung* von Mensch und Gesellschaft nach Weber. Unter materialistischen Theorierichtungen werden hier jene verstanden, die in anderen Zusammenhängen auch als ökonomistisch, produktivistisch oder technizistisch bezeichnet werden. Eine bedeutende Rolle spielen hier verschiedene Beiträge von Marx, im Besonderen das Basis-Überbau-Modell mit dem Primat der Produktivkraftentwicklung und der damit verbundenen Produktionsverhältnisse. Für Modernisierungstheorie neuerlich von Bedeutung wurde im Anschluss hieran die Weltsystemtheorie nach Immanuel Wallerstein (1974, 1979).

Ein nicht-marxistischer materialistischer Ansatz ist die technikdeterministische Theorie sozialen Wandels nach Ogburn (1922, 1969), die ihrerseits die Theorie der ‚post-industriellen' Gesellschaft nach Bell (1975) beeinflusste: Neuentwicklungen auf technisch-industriellem Gebiet induzieren Veränderungen und Anpassungsbedarf bei hergebrachten Strukturen in Wirtschaft, Staat, Gesellschaft und der nachzüglerischen Kulturentwicklung (*cultural lag*). Die sich ergebenden Neuanpassungen bedeuten gesellschaftlichen Strukturwandel mit dem Aufstieg neuer und dem Niedergang alter Strukturkomponenten, mit sozialstrukturellen Gewinnern und Verlierern.

Man kann sagen, dass in der Modernisierungstheorie im eigentlichen Sinne kulturalistische und materialistische Elemente von Beginn an eine vergleichbar bedeutende, aufeinander verweisende Rolle gespielt haben (Harrison 1991, Eisenstadt 1987, 2006). Dies gilt bereits für die Wirtschafts- und Kultursoziologie nach Weber und Sombart, auch für die sozioökonomische Entwicklungs- und Innovationstheorie nach Joseph Schumpeter (1934, 1939).

Die Modernisierungstheorie der Nachkriegsjahrzehnte – seit damals explizit so genannt – stellte im Zeichen der Entkolonialisierung speziell auf das Verhältnis von Industrieländern und Entwicklungsländern ab (Bendix 1969). Die daran geknüpfte Wettlauf-Rhetorik um „fortgeschritten" sein oder Nachzügler sein, um aufholen und überholen, mag unter einzelnen Aspekten als ‚naiv' und apologetisch kritisierbar sein, zum Beispiel die unterstellte Unabhängigkeit nationaler Einzelentwicklungen oder die Ausblendung von Entwicklungskrisen und misslingenden Modernisierungsprozessen. Auf westlicher Seite war die Systemwettbewerbs-Rhetorik des Kalten Kriegs ideologisch ebenso überpointiert wie auf Seiten des Ostblocks. Dennoch beruhte bereits dieses ideologisch ‚naive' Modernisierungsmodell auf einem systemisch-evolutiven Verständnis, demzufolge Kultur- und Politikprozesse, darin einbegriffen Wissens-, Nationalstaats- und Elitenbildung, und Innovationen im Bereich von Wissenschaft und Technik, Wirtschaft, Verwaltung und Rechtsordnung im Modernisierungsprozess wechselseitig aufeinander bezogen sind. Solche Aspekte wurden in der späteren *Neo-Modernisierungstheorie* ausdifferenziert, so bei Eisenstadt und Rokkan, u. a. im Konzept der *multiplen Modernen* (1973, siehe auch Flora et al. 1999), oder bei Tiryakian (1998) und bei Zapf unter dem Begriff der *weitergehenden Modernisierung* (1994, 1991, 1969).

Inzwischen hat die Theorieentwicklung faktisch dahin geführt, Weltsystemtheorie und Modernisierungstheorie partiell miteinander zu verbinden. Die neomarxistischen Über- und Unterentwicklungs-, Verelendungs- und Zusammenbruchstheoreme der Weltsystemtheorie wurden gleichsam stillgelegt. Dafür sind realgeschichtlich und empirisch fundierbare Aspekte wie interdependente Entwicklung, ungleiche und ungleichzeitige Entwicklung sowie ungleicher Tausch durch ungleiche Positionierung in transnationalen Wertschöpfungsketten übernommen worden (Huber 2011: 135 ff.).

Etwas sinngemäß Ähnliches geschah mit dem Begriff der *reflexiven Modernisierung* nach Beck (1986; 1991). Der Blick auf Modernisierungsprozesse war bei Beck fundamentalkritisch voreingestellt, zumindest ambivalent zwischen Kulturpessimismus und neuerlichen Fortschrittsperspektiven. Die kritischen bis pessimistischen Elemente wurden in der Rezeption des Beck'schen Begriffs der reflexiven Modernisierung eher stillschweigend fallen gelassen. Geblieben ist das modernisierungstheoretische Grundmodell, demzufolge der Fortschritt der Gesellschaft inzwischen kaum noch durch Ablösung von traditionalen Struktur- und Funktionskomponenten erfolgt als vielmehr durch die selbstbezügliche Ersetzung moderner Komponenten durch noch modernere. Von der ehedem prononcierten Modernisierungskritik bleibt die heute weitgehend unkontroverse Feststellung, dass Wachstum und Entwicklung wie zuvor nicht weitergehen können und sie also anders, eben in ökologisch angepasster und auch unter sozialen und kulturellen Aspekten neuerlich readaptierten Weise weitergehen müssen. So gewendet passt der Begriff der reflexiven Modernisierung nahtlos zum Konzept ökologischer Modernisierung, zum Beispiel, altindustrielle Schornsteinindustrien durch weitergehend modernisierte saubere Technologien zu ersetzen.

Bei Marx findet sich die Formulierung von der immerwährenden Notwendigkeit des Stoffwechsels zwischen Mensch und Natur, bewerkstelligt durch gesellschaftliche Arbeit. In Anknüpfung an Petty sah Marx die Erde als Mutter, die Arbeit als Vater des materiellen Reichtums. Die Arbeitsmittel sind dabei Gradmesser der menschlichen Produktivkraft und des Entwicklungsniveaus der gesellschaftlichen Verhältnisse (Marx-Engels-Werke 23: 58; 192–198). Man kann darin eine Grundlegung umweltsoziologischen Entwicklungsdenkens sehen (Groß 2001: 33–38).

Marx stand mit seiner Betrachtung des Stoffwechsels zwischen Mensch und Natur zu seiner Zeit nicht alleine. Es herrschte diesbezüglich ein allgemeiner Einfluss der damaligen Naturforschung (Haeckel's Oecologie-Lehre wurde 1866, der erste Band von *Das Kapital* 1867 publiziert) sowie naturwissenschaftlicher Evolutionstheorie und historischer Sozialanthropologie. An diesen Fundus haben spätere Richtungen angeknüpft, darunter mit den 1920er Jahren die Chicagoschule der Humanökologie, oder urbanen Sozialökologie, nach Park und Burgess. Eine Denkfigur von Park ist die der kultivierten ,kompetitiven Kooperation', die Menschen in ihrem Existenzkampf um Land und Ressourcen eingehen (zu den genannten Richtungen Groß 2001: 63–168).

Zu verwandten Ansätzen gehören die *cultural ecology* nach Steward (1972) und der *cultural materialism* nach Harris (2001; 1996). Harris zufolge bestimmt sich das Entwicklungsniveau von Kulturen nach dem Entwicklungsstand ihrer Produktivkräfte (soziale Organisation von Arbeit und Technik). Die Völker oder Nationen mit der höheren Produktivkraft sind gegenüber Wettbewerber-Populationen im Vorteil. Sie tendieren dazu, ihre ökologische Nische, das heißt den Stoffwechsel in ihrem Umweltraum, bis an die Grenzen der Tragekapazität auszuschöpfen und womöglich durch Raubbau zu überschreiten (zum Beispiel in Form der Ausrottung der Mammuts durch steinzeitliche Jäger oder, immer wieder, durch großflächige Waldvernichtung). Dann erfährt die betreffende Kultur entweder einen Niedergang oder sie entwickelt sich weiter durch erfindungsreiche Aufstufung ihrer Produktivkräfte und Fortentwicklung der Produktionsverhältnisse.

In dieser Weise erklärt sich die neolithische Revolution als Übergang von primitiven Sammler- und Jägerkulturen zu traditionalen Gesellschaften mit sesshaftem Ackerbau, Handwerk, Siedlungs- und Staatenbildung – und so lassen sich heute auch die industrielle Revolution und ökologische Modernisierung in industriell weiter fortgeschrittenen Industrienationen erklären. In innovativ aufstufenden Entwicklungsprozessen ändern sich nicht nur Kultur und gesellschaftliche Organisation der betreffenden Nationen, sondern es findet zugleich eine aktive Umgestaltung ihrer natürlichen Umwelt statt, eine *ökologische Transformation* des betreffenden geo- und biosphärischen Umweltraumes (Bennett 1976). In politischer und praktischer Absicht verbindet sich damit das Ziel, der Gesellschaft mehr Ressourcen und Senken auf dauerhaft tragbare Weise verfügbar zu machen und damit eine höhere ökologische Tragekapazität, mehr Wohlstand und mehr kulturelle Freiheitsgrade zu erlangen.

Im faktischen Anschluss an diese Betrachtungsweise befinden sich heute die Theorien des *industriellen Metabolismus*, also des industriellen Stoffwechsels, nach Ayres (Ayres und Ayres 1996, Ayres und Simonis 1994, Bourg und Erkman 2003) und des *gesellschaftlichen Metabolismus* nach Fischer-Kowalski (1998, 1999). In ihrer Anwendung richten sich diese Ansätze auf produktlebenszyklische Ökobilanzen sowie Material- und Energieflussanalysen (Bringezu 2004, Weisz 2006; siehe hierzu auch den Beitrag von Fischer-Kowalski et al. in diesem Band).

Vor dem dargelegten Hintergrund besteht eine charakteristische Spannung zwischen konservierendem Naturschutz und modernisierendem Umweltschutz. Naturschützer tendieren dazu, einen bestimmten Naturzustand zum ökologischen Maßstab zu erklären, den sie erhalten oder wieder herbeiführen möchten. Naturschutz ist insofern konservativ und normativ. Ökologische Modernisierung verhält sich dagegen entwicklungspolitisch fortschrittlich und ergebnisoffen. Es gibt kein ökologisches Urmeter, lediglich fortgesetzte Evolution, die aus menschlicher Sicht vorteilhaft oder nachteilig verläuft. Die Umweltethik ökologischer Modernisierung ist gemäßigt anthropozentrisch, nicht bio- oder ökozentrisch. Ökologische Modernisierung zielt auf eine dauerhaft tragfähige Ko-Evolution von Mensch und Natur. Dies schließt eine aktive Nutzung und Umgestaltung der Naturumwelt durch den Menschen mit ein.

Die Schlüsselrolle von technologischen Umweltinnovationen

Im Spannungsfeld zwischen kulturalistischen und materialistischen Betrachtungsweisen steht ökologische Modernisierung weder für das eine noch das andere, sondern für die wechselseitige systemisch-evolutive Ergänzung und Begrenzung beider. Modernisierung ist soziologisch gesehen ein multifunktionaler Entwicklungsprozess. Er beinhaltet, inter-relational und ko-direktional rückgekoppelt, das Zusammenwirken von Faktoren aus praktisch allen gesellschaftlichen Subsystemen, darunter kulturelle Wandlungsprozesse in Bezug auf Werte und Verhaltensnormen, Weltanschauung und Wissenschaft, Erziehung und Persönlichkeitsbildung, Ausdrucks- und Lebensstile, Nationenentwicklung, Massenkommunikation und Politik sowie instrumentelle Funktionen der Institutionen- und Ordnungsbildung und der Entwicklung von Märkten und Finanzwirtschaft, Industrien, Technik und Infrastrukturen.

Im interdependenten Zusammenwirken dieser Bereiche sind es jedoch ausschließlich die letztgenannten Funktionen – die Welt der Arbeit und der Technik, die Prozesse materieller Produktion und Konsumtion – die den gesellschaftlichen Metabolismus effektiv bewerkstelligen und damit die tatsächliche Schnittstelle zwischen Gesellschaft und Natur bilden. Umweltprobleme können verschiedenste soziale Ursachen haben, darunter die schiere Größe einer Bevölkerung und der Entwicklungsstand ihrer Produktivkräfte, auch lastenabwälzendes Eigennutzstreben, konsumeristisches Verhalten, Mangel an Bewusstsein und politischer Willensbildung, fehlende oder schlechte Gesetze, oder mangelnde Investitions- und Zahlungsbereitschaft. Aber Umweltbewusstsein und Umweltethik ändern den industriellen Metabolismus *per se* so wenig wie ordnungsrechtliche und finanzielle Instrumente der Umweltpolitik dies per se tun. Diese Dinge erhalten ihren Sinn und erzielen ihre Wirkung nur insoweit wie sie in veränderten Stoffnutzungen, in einem veränderten industriellen Metabolismus resultieren – und was diese Veränderung ausmacht, ist die technologische Entwicklung, sind neue Produktionsweisen, Infrastrukturen, Produkte und Praktiken, die dazu beitragen, den Druck auf ökologische Ressourcen und Senken abzumildern und eine tragfähige Ko-Evolution von Mensch und Natur zu ermöglichen.

Technologische Innovation als Dreh- und Angelpunkt ökologischer Modernisierung entspringt von daher nicht einer ideologischen Präferenz, sondern der geo- und biosphärischen Realität des gesellschaftlichen Metabolismus. Der Technologie- oder Produktivkraftentwicklung kommt in der sozialen Evolution nicht unbedingt ein ,Primat' zu. Aber die Entwicklung von technologischen Umweltinnovationen stellt *ökologisch* einen ‚Imperativ' dar, zumal unter Bedingungen einer Weltbevölkerung von 8–12 Milliarden Menschen, die alle ein Recht auf hohen Konsumstandard reklamieren.

Die ökologische Schlüsselrolle der Technologie macht umweltorientiertes Wirtschaften, Umweltrecht, Umweltpolitik und Umweltbewusstsein keinesfalls entbehrlich. Technische Systeme sind soziale Systeme, eingebettet in und abhängig von einer Vielzahl gesellschaftlicher Bedingungen. Technische Entwicklung ist *Teil* der gesellschaftlichen Entwicklung (Mumford 2006, 2003). Einmal als soziales Subsystem vorhanden, folgt die technisch-industrielle Entwicklung pfadabhängig zwar endogenen Impulsen, bleibt aber stets auch konditioniert und determiniert durch ko-relationale und ko-direktionale Impulse aus anderen gesellschaftlichen Subsystemen (Sartorius und Zundel 2005: 10–49, Huber 2011: Buch I). Zu diesen gehören das preisbasierte Wirtschaftssystem (Märkte und Finanzen), das rechtsbasierte Ordnungssystem (öffentliche Verwaltung und privates Management), die politische Meinungs- und Willensbildung, die Entwicklung der Lebensweise und der Lebensstile, der Wissens- und Wertebasis. Ökologische Modernisierung interessiert sich weniger für moderne Naturwissenschaft und Technik an und für sich als vielmehr für das systemisch-evolutive Zusammenwirken aller dieser gesellschaftlichen Faktoren in der Herbeiführung ökoinnovativer Readaptionen im ko-evolutiven Verhältnis von Mensch und Natur.

Mit den 1980er und 1990er Jahren hat sich eine Reihe von umwelttechnologischen Neuentwicklungen herausgebildet. Dazu gehören *saubere Technologien* (Jackson 1993, Kirkwood und Longley 1995), die *Substitution* von Gefahrstoffen (Ahrens et al. 2005, Anastas und Warner 1998 sowie Anastas und Williamson 1998), *Ecodesign* als umweltgerechte Maschinenkonstruktion und Produktgestaltung (Charter und Tischner 2001, Umweltbundesamt 2000, Paton 1994), im Besonderen auch *Bionik* (Nachtigall 1998, von Gleich 1998), sowie eine ökologisch erweiterte Produktverantwortung von Herstellern und Händlern im Rahmen des *Recyclings* und sekundärrohstofflicher *Kreislaufwirtschaft* (OECD 2001). Auch fortgeschrittene Methoden der verbleibenden Abfall-, Abgas- und Abwasserbehandlung sind hier zu nennen. Als *nachgeschaltete* Maßnahmen entsprechen sie zwar nicht dem ökoinnovativen Idealbild des *integrierten* Umweltschutzes, bleiben letztlich aber in gewissem Ausmaß unabdingbar.

Als Beispiele für Umweltinnovationen im Sinne eines oder mehrerer dieser Entwicklungsstränge mögen folgende dienen:

- erneuerbare Energien auf der Basis von Sonne, Wind, Wasser und Erdwärme
- elektrochemische Brennstoffzellen anstelle der umweltbelastenden heißen Verbrennung in Motoren und Feuerungsanlagen, in vielfältigen Anwendungen von Kraftwerken und Industrieanlagen bis zu Fahrzeugantrieben
- ‚saubere Kohle' (CO_2-Sequestrierung) als historische Übergangstechnologie in zentralen Großkraftwerken, die der Erzeugung von Elektrizität, Wärme und Wasserstoff zugleich dienen können
- Nachwachsende Rohstoffe in Verbindung mit neuen biokatalytischen Prozessen als Ausgangsstoffe für die Phytochemie in teilweiser Ersetzung der Petro-

chemie, auf Dauer weniger zur Erzeugung von Biokraftstoffen als vielmehr für eine Vielzahl chemischer Produkte, darunter Kunststoffe und Fasern
- Anwendungen der Gentechnik als ‚weiße' Gentechnik in der chemischen und metallurgischen Materialverarbeitung, als ‚graue' Gentechnik in Bergbau, Abfall-, Abgas- und Abwasserbehandlung und Altlastensanierung, und als ‚grüne' Gentechnik in der Landwirtschaft
- Anwendungen der Nanotechnik und Mikromechatronik zur Reduzierung von Material- und Energiebedarfen und Senkenbelastungen
- sonare, optoelektronische, mikrofluidische Mess-, Analyse- und Regeltechnik, die bisherige Risikosubstanzen substituieren und die Qualität und Effizienz der Produktion steigern (für weitere Beispiele siehe Huber 2004, Gleich und Gößling-Reisemann 2008, OECD 2010).

Umweltinnovationen wie die hier genannten schaffen Umweltprobleme und ökologische Grenzen des Wachstums nicht aus der Welt. Ihre Bedeutung liegt jedoch darin, dass sie die zur Verfügung stehenden Spielräume erheblich ausweiten können durch Steigerung der *Ökoeffizienz* und durch Verbesserung der *qualitativen* Umweltverträglichkeit der Stoffnutzungen im Sinn einer *metabolischen Konsistenz* oder *Ökoeffektivität* wie nachstehend erläutert.

Nachhaltigkeit durch Ökoeffizienz und metabolische Konsistenz

Mit dem weltweiten Einsetzen des Nachhaltigkeitsdiskurses im Rio-Prozess (seit der UN-Konferenz für Umwelt und Entwicklung 1992) stellte sich die Frage, wie sich *ökologische Modernisierung* und *Nachhaltigkeit* zueinander verhalten. Dazu lässt sich sagen, dass es sich zwar um verschiedene Diskursstränge handelt, sie jedoch miteinander vereinbar sind und sich in bestimmten Aspekten ineinander übersetzen lassen, so, wie man das auch von anderen Umweltdiskursen sagen kann, zum Beispiel dem zu den *Grenzen des Wachstums* der 1970er Jahre mit den Ansätzen des qualitativen, entkoppelten und organischen Wachstums, oder dem *Risikodiskurs* der 1980er Jahre, oder dem Diskurs der *Industrial Ecology*, einem amerikanisch geprägten Ansatz mit wirtschafts- und ingenieurwissenschaftlichem Schwerpunkt, der sich zeitgleich und inhaltlich überlappend mit dem europäisch geprägten Diskurs der ökologischen Modernisierung entwickelt hat (Socolow et al. 1994, Graedel und Allenby 1995, Isenmann und von Hauff 2007).

Das Konzept der nachhaltigen Entwicklung postuliert mit dem so genannten *magischen Dreieck,* in der weiteren industriellen Entwicklung (1) wirtschaftliche, (2) ökologische und (3) soziale und kulturelle Belange miteinander in Einklang zu bringen (von Hauff und Kleine 2009). Die drei durchaus im Konflikt miteinander liegenden Zielhorizonte wurden in Nachhaltigkeitsregeln niedergelegt und empirisch in Nachhaltigkeitsindikatoren erfasst (Kopfmüller et al. 2001, Grunwald und Kopfmüller 2006, Renn et al. 2007). Was speziell den ökologischen Aspekt angeht, wurden eine Reihe von sogenannten Umwelt-Managementregeln aufgestellt, insbesondere,

(a) dass sich die Bevölkerungsentwicklung in Einklang mit der ökologischen Trage-kapazität befindet, (b) dass der Verbrauch nicht-erneuerbarer ökosensitiver Res-sourcen wie insbesondere fossiler Energie minimiert und langfristig beendet wird, (c) dass der Verbrauch erneuerbarer Ressourcen und die Belastung der Umwelt-medien ihre jeweilige Regenerationsrate nicht übersteigen, und man (d) sich hierbei den technischen Fortschritt zunutze macht. Die Schnittstellen zwischen nachhaltiger Entwicklung und ökologischer Modernisierung ergeben sich aus den Punkten (b), (c) und (d). In die Arbeit der Brundtland-Kommission (WCED 1987), deren Report für den weiteren Nachhaltigkeitsdiskurs maßgeblich wurde, sind bereits wesentliche Komponenten der Theorie ökologischer Modernisierung mit eingeflossen.

Im Versuch, die ökologischen Nachhaltigkeitsziele zu konkretisieren, bildeten sich nach 1992 zunächst zwei Perspektiven unter den Begriffen *Suffizienz* und *Effizienz* heraus (Wuppertal-Institut 1996). Suffizienz meint dabei konsumtive Genügsamkeit. Man möchte die vorherrschende Lebensweise im unmittelbaren und übertragenen Wortsinn ‚de-materialisieren‘ zugunsten nicht-materieller Selbstverwirklichungs-ziele (Schmidt-Bleek 1993; 1997, Scherhorn 1997, Scherhorn und Weber 2002). Damit sind kommunitäre, kulturelle und geistige Entwicklungshorizonte gemeint. We-niger sei mehr. Eine solche Einstellung findet sich vor allem im Milieu der sozia-len Bewegungen und der Nichtregierungs-Organisationen, traditionell auch in den Kirchen, und ebenso im Bildungsbürgertum. Freilich erzeugt auch eine bescheidene Lebensweise unter den Bedingungen der modernen Industriegesellschaft materiell einen großen ökologischen Fußabdruck. Selbst wenn es möglich wäre, durch sehr genügsames Verhalten die Ressourcen- und Senkenbelastung um die Hälfte zu ver-ringern, so würde dies bei den gegebenen Produktionsweisen kein Strukturproblem lösen und die Frist bis zum ‚ökologischen Weltuntergang‘ lediglich verdoppeln. Die Bevölkerungsmehrheit in den Industrieländern will von Konsumverzicht ohnedies nichts wissen, noch weniger die nachholend industrialisierenden Nationen in den Schwellen- und Entwicklungsländern. Sie alle fordern nachdrücklich die Aufstu-fung ihres materiellen Wohlstands.

Die Effizienzstrategie demgegenüber, als gesteigerte Effizienz von Material-, Energie- und Senkennutzungen in den industriellen Produktions- und Verbrauch-sprozessen, ist per se ein wichtiger Aspekt ökologischer Modernisierung (von Weiz-säcker et al. 1995, 1999). Das wurde von den vorwiegend utilitaristisch eingestellten Eliten in Staat und Industrie schnell verstanden (Fussler 1999). Der Effizienzansatz wurde zu ihrem ökologischen Anknüpfungspunkt. Auch Vertreter eines Suffizienz-Standpunktes denken häufig, eine Effizienzstrategie würde ihren Zielen ebenfalls dienen. Damit verbinden sich jedoch unrealistische Erwartungen bezüglich einer durch Effizienzsteigerung erreichbaren Verringerung der Umweltintensität weite-ren Wirtschaftswachstums. Effizienzsteigerung vollzieht sich im Rahmen techno-logiezyklischer und produktlebenszyklischer Lernkurven. Drei Aspekte werden hier verkannt:

Erstens dient gesteigerte Effizienz kaum einer Wachstums- und Volumenverrin-gerung der betreffenden Systeme, sondern im Gegenteil der stabilisierten Fortset-zung ihrer Strukturentwicklung und ihres Volumenwachstums. Effizienzsteigerung

führt damit zu Rebound-Effekten. Das prototypische Beispiel dafür sind effizientere Motoren. Sie führen nicht zu weniger Benzinverbrauch, sondern zu größeren
Motoren und Autos, die noch mehr Kilometerleistung erbringen und den Verkehr
und Aktionsradius der Menschen ausweiten. Ein anderes Beispiel bietet die Steigerung der Stoffumlaufeffizienz durch die Verwertung von Verpackungen (Kreislaufwirtschaft). Dies hat nur bei Einführung in den 1990ern für wenige Jahre zu einer
Minderung geführt, danach aber wieder zu einem neuerlichen starken Wachstum
des Verpackungsaufkommens. In analoger Weise lässt sich prognostizieren, dass die
erhöhte Wärmedämmung von Gebäuden nicht zu weniger Verbrauch von Heizener-
gie, sondern zu größeren Wohn- und Büroflächen führen wird (soweit dem nicht die
Grundstückspreise einen Riegel vorschieben).

Zweitens stößt jede Effizienzsteigerung im Verlauf der jeweiligen Lernkurve an
lebenszyklische Grenzen. Ein Grenznutzen wird erreicht. Weitere Effizienzsteigerungen sind dann kaum mehr möglich und erfordern einen unverhältnismäßig großen Aufwand.

Drittens kann Effizienzsteigerung Fortschritt am falschen Objekt sein, wenn es
sich um ökologisch grundsätzlich problematische Dinge handelt, zum Beispiel die
Nutzung von Schwermetallen, organischen Lösemitteln oder Verbrennungsmotoren.
Eine forcierte Effizienzsteigerung bleibt in solchen Fällen grundsätzlich problematisch, zumal wenn dadurch Anstrengungen zur Erschließung ökoinnovativer Alternativen die nötigen Mittel vorenthalten bleiben. So stehen zum Beispiel die sehr
großen Summen, die weiterhin in die Exploration und Erschließung von Erdöl- und
Erdgasfeldern fließen, in keinem Verhältnis zum relativ geringen Entwicklungsauf-
wand der Konzerne für erneuerbare Energien. Der Löwenanteil der Forschungs- und
Entwicklungsmittel für Antriebsaggregate in der Automobil-, Schiffs- und Flugzeug-
industrie fließt weiterhin in herkömmliche Verbrennungsantriebe, während man
zum Beispiel in Elektroantriebe mit interner oder externer Stromversorgung nur
zögerlich größere Summen investiert.

Erst mit einem Übergang von alten zu neuen Technologiepfaden und Produktlinien findet Ökoinnovation in einem qualitativen Sinne statt, nicht nur als Mengen-
minderung der Umweltbelastung, indem neue Technologien in der Regel effizienter
sind als ihre Vorläufer, sondern als qualitative Restrukturierung der Ressourcen-,
Energie- und Senkennutzung, was zu einem ökologisch besser angepassten industriellen Metabolismus führt. In diesem Sinne war es erforderlich, die Perspektiven der Suffizienz und der Effizienz um eine dritte Strategie zu erweitern. Im
Rahmen des gegebenen Sprachspiels wurde sie ökologische *Konsistenz*, oder auch
metabolische Konsistenz genannt (Huber 1995: 123 ff., 2004: 27–36). Andere Autoren
haben dasselbe als *eco-effectiveness* bezeichnet (Rossi 1997, Frei 1999, Braungart und
McDonough 2002: 103–117).

Die Verbindung von metabolischer Konsistenz und Ökoeffizienz durch technologische Umweltinnovationen bildete von Beginn an das Kernstück ökologischer Modernisierung. Seit den 2000er Jahren sind Prozesse der technologisch-industriellen
Innovation im Allgemeinen und der Umweltinnovation im Besonderen zu einem
eigenen Forschungsstrang geworden (Klemmer et al. 1999, Weber und Hemmels-

kamp 2005, Olsthoorn und Wieczorek 2006). Im Hinblick auf die Erreichbarkeit der
Ziele ökologischer Nachhaltigkeit, speziell auch in der Klimapolitik, ist ökologische
Modernisierung durch technologisch-industrielle Innovation zum regierungsoffizi-
ellen Credo in den fortgeschrittenen Industriestaaten geworden (BMU/UBA 2008a+b,
OECD 2010, WDR 2010: 287 ff).

Ökologische Modernisierung vollzieht sich in Lebenszyklen

Für die Analyse und Gestaltung von Prozessen ökologischer Modernisierung sind
Lebenszyklusansätze von zentraler Bedeutung. Zum einen ist das Modell des *Systemlebenszyklus* im Anschluss an Schumpeter von Bedeutung, zum anderen das Modell des *Produktlebenszyklus* (Rubik 2002, Huber 2008a). Ökologische Modernisierung
vollzieht sich im Rahmen solcher System- und Produktlebenszyklen.

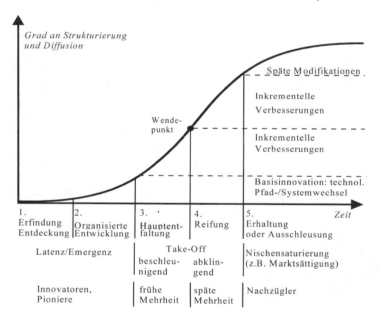

Abbildung 1   Modell des Systemlebenszyklus

Das Modell des Systemlebenszyklus ist in Abbildung 1 wiedergegeben. Es beschreibt
den Lebenszyklus von Systemen, zum Beispiel die Entwicklung und Ausbreitung
von technologischen Innovationen, industriellen Infrastrukturen oder Produktarten
von ihrer Erfindung und verschiedenen Stadien ihrer Entwicklung bis zur Reife und
zum Erreichen eines Erhaltungszustands, gegebenenfalls auch ihres Niedergangs
(Nakicenovic und Grübler 1991, Modis 1994).

Die konstitutiven Eigenschaften von Systemen und ihr Entwicklungspotenzial bestimmen sich naturgemäß zu Beginn, nicht am Ende ihres Lebenszyklus. Bei einem biologischen Organismus geschieht dies durch seinen genetischen Code und durch frühes, in späteren Anschlüssen fortgesetztes Lernen. Ähnlich bei neuen Technologien und den mit ihnen verbundenen Umweltbelastungen: Ihr Entwicklungspotenzial wird weitgehend in den frühen Strukturierungs-Stadien festgelegt, also in der konzeptionellen Phase von Konstruktion und Systemdesign sowie den sukzessiven Stadien von Forschung und Entwicklung. Damit begründet sich eine zunehmende Pfadabhängigkeit der weiteren systemischen Strukturentfaltung. Einmal auf ihren Entwicklungspfad gesetzt und ihren Take-Off absolvierend, bleibt später, nach Überschreiten des Wendepunktes eines Lebenszyklus bzw. einer Lernkurve, nicht mehr allzu viel zu beeinflussen, außer geringen inkrementellen Verbesserungen anlässlich jeweils neuer Generationen oder Varianten der betreffenden Produktart sowie, produktlinienmäßig, einigen Prozentpunkten Material- und Energieeinsparung in der Fabrik und einigen Prozentpunkten durch umweltbewusstes Verbraucherverhalten.

In einem Lebenszyklus kann man den Aspekt der *strukturellen Entwicklung* einer Sache unterscheiden von ihrer *Ausbreitung (Diffusion)* in einer Population, zum Beispiel der Ausbreitung und Marktdurchdringung von Windkraftanlagen in einem Land. Unter diesem Aspekt liefert die soziologische Diffusionstheorie wichtige Beiträge auch zur ökologischen Modernisierung (Kemp 1997: 317 ff.). Die wichtigsten Kriterien, von denen die Übernahme oder Zurückweisung einer neuen Sache abhängt, sind nach Rogers (1995: 210 ff) die erwartbaren Vor- und Nachteile für die Übernehmer (*advantage*); die vorausgehende Beobachtbarkeit der Vor- und Nachteile (*observability*) und die Möglichkeit, die neue Sache selbst auszuprobieren (*trialability*); sodann die Komplexität oder Einfachheit einer neuen Sache (*complexity*), sowie, noch wichtiger, die Anschlussfähigkeit und möglichst reibungslose Einfügbarkeit der neuen Sache in schon vorhandene Strukturen (*compatibility*). Diese Kriterien konvergieren mit dem Low-Cost-Theorem der Rational-Choice-Theorie des Umweltverhaltens (siehe hierzu den Beitrag von Liebe und Preisendörfer in diesem Band). Demzufolge werden umweltorientierte Verhaltensweisen umso eher übernommen, je weniger Umstellungsaufwand sie verursachen, und umso weniger akzeptiert, je mehr Umstellungsaufwand sie mit sich bringen (Dieckmann und Preisendörfer 2001: 117 f).

Abbildung 2 zeigt das zweite Lebenszyklusmodell, den Produktlebenszyklus. Im Prinzip handelt es sich um ein Modell der vertikalen Arbeitsteilung oder, wie es ökonomisch heißt, der Wertschöpfungskette (*value chain*). Man kann ebenso gut von der Angebot-Nachfrage-Kette sprechen (*supply chain*). In industriell-ökologischen Zusammenhängen liegt dieses Modell der sogenannten *Life Cycle Analysis* zugrunde, im Sinne der Analyse von Produktlinien und der Erstellung darauf bezogener Ökobilanzen. Bei diesen geht es darum, die Umweltwirkungen eines Produktes entlang der vertikalen Produktionskette zu erfassen, *from cradle to grave*, soll heißen, von der Rohstoffgewinnung und Materialverarbeitung über die Produktion und Produktnutzung bis zur Ausschleusung und Abfallbehandlung.

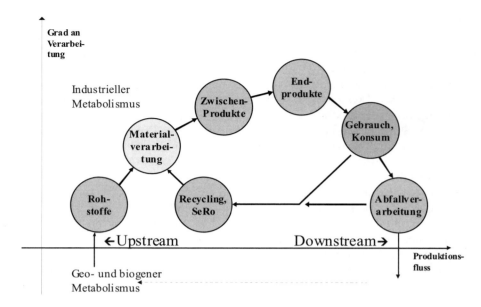

Abbildung 2   Modell des Produktlebenszyklus (value chain, supply chain)

In ökologischer Hinsicht ist die Erkenntnis bedeutsam, dass Produktionen, die am Anfang der Kette stehen, in der Regel einen größeren Umweltimpakt besitzen als Schritte der Endfabrikation und des Endverbrauchs im weiteren Verlauf. Evident ist dies im Hinblick auf die Gewinnung und Verarbeitung von Primärenergieträgern, Rohstoffen und Grundprodukten in Bergbau, Landwirtschaft, Schwerindustrie, chemischer Industrie und Energiewirtschaft, zum Teil auch der Bau- bzw. Baustoffindustrie. Die betreffenden Produktionsschritte fallen regelmäßig sehr umweltintensiv aus, während die Fertigung von Komponenten und Endprodukten im Vergleich deutlich weniger Umweltwirkungen mit sich bringen. Der ökologische Fußabdruck und Materialrucksack einer gesamten Produktlinie entsteht überwiegend *upstream*, nicht *downstream*. Es gibt von dieser Faustregel allerdings eine wichtige Ausnahme, und zwar Energieaggregate wie zum Beispiel Motoren, Heizanlagen oder Elektrogeräte in Büro und Haushalt. Ihr laufender Gebrauch verursacht durchweg einen hohen Primärenergieverbrauch sowie entsprechend hohe Emissionen. Insofern sind Energieaggregate analog zu Kraftwerken grundsätzlich upstream zu klassifizieren.

Für Politiken der ökologischen Modernisierung folgt daraus, dass sie mit Vorrang zu Beginn, nicht im späteren Verlauf oder am Ende von Lebenszyklen ansetzen. Das heißt zum einen, sie müssen die Erforschung, Entwicklung und Markteinführung von systemischen Ökoinnovationen fördern, nicht inkrementelle Produktmodifikationen und Effizienzsteigerungen bei etablierten Technologien. Zum anderen muss dies vorrangig in den vorgenannten Industrien am Anfang der Produktionskette erfolgen, weniger bei Konsumgütern oder im privathaushaltlichen Endverbrauch (Ausnahme Energieaggregate).

Vor dem Hintergrund der System- und Produktlebenszyklen erklärt sich das *ökologische Konsumparadox*. Es besteht darin, dass der massenhafte Anspruch auf einen hohen Konsumstandard tatsächlich eine Haupttriebfeder des fortgesetzten Wachstums der industriellen Produktion und der gewaltigen Umsätze des industriellen Metabolismus ist, dass aber der unmittelbare Beitrag der Endnutzer und Konsumenten zur Realisierung des industriellen Metabolismus im Rahmen ihres Verbraucherverhaltens und ihrer Haushaltsführung vergleichsweise gering ausfällt. Das hat seinen Grund darin, dass der Großteil der Umweltwirkungen entlang der Produktionskette – und damit die großen ökologischen Fußabdrücke und Materialrucksäcke der Konsumgesellschaft – bereits auf den Produktionsstufen zu Beginn der Kette realisiert werden, außerdem, dass die Umwelteigenschaften von Produkten in den frühen Entwicklungs- und Produktionsstadien eines Innovations- und Diffusionszyklus determiniert werden, während der Konsument auf diese Dinge keinen direkten Einfluss hat.

Endnachfrage hat eine selektive Funktion. Sie kann dadurch einen wichtigen Rückkopplungseffekt auf das Angebot von umweltverträglicheren Produkten ausüben (OECD 2002, Spaargaren 2003, Spaargaren und Mol 2008). Der Verbraucher kann außerdem sein Verhalten ändern, etwa zu Hause weniger heizen. Aber heizen muss man, und dies mit einer Anlage wie es sie zu kaufen gibt. Man kann sanfter, vielleicht auch weniger Auto fahren, aber man muss es mit Autos tun, wie die Industrie sie herstellt. Die Untersuchung der Umweltwirkungen von Lebensstilen und die Förderung umweltbewussten Verbraucherverhaltens und ökologischer Haushaltsführung sind Themen, die der Soziologie von Haus aus nahe liegen (Schubert 2000, Rink 2002). Sie leisten ihren Beitrag zum Verständnis industrieller Produktions- und Konsumprozesse. Da sie jedoch am Ende der Produktionsketten und Lebenszyklen ansetzen, können sie zur effektiven Veränderung des gesamten industriellen Metabolismus letztlich nicht allzu viel beitragen.

Des Weiteren ergibt sich aus dem system- und produktlebenszyklischen Zusammenhang eine hervorgehobene Rolle für das so genannte *Chain Management*, einer Komponente von unternehmerischen Umweltmanagementsystemen. Sowohl bei der Technologie- und Produktinnovation als auch aufgrund ihrer Position in Wertschöpfungsketten fungieren bestimmte industrielle Produzenten von Endprodukten (zum Beispiel Möbel-, Textil-, Automobil- oder Computerhersteller) oder große Handelshäuser als Schlüsselakteure. In der Chain-Management-Analyse werden sie auch als ‚fokale Akteure' bezeichnet, ein der Akteur-Netzwerk-Theorie nach Callon und Latour entlehnter Begriff (siehe dazu auch den Beitrag von Peuker in diesem Band). Fokale Akteure besitzen Nachfragemacht upstream ebenso wie Angebotsmacht downstream.

Fokale Akteure befinden sich in der einflussreichen Position, Chain Management entlang der Zulieferketten zu betreiben. Weder Vorproduzenten noch Konsumenten noch eine nicht-zentralplanerische Regierung sind dazu imstande. Die Nachfrage der Konsumenten kann nichts nachfragen, was es nicht gibt; die großen Schlüsselproduzenten und Schlüsselhändler können dies sehr wohl. Sie können mit ihren Zulieferern sprechen und verhandeln, Bedingungen stellen, darunter auch ökologische Anforderungen an Vorleistungen. Zum Beispiel können Hersteller und Händler von Textilien ökologische Vorgaben bezüglich der Baumwollproduktion machen, Möbelhersteller bezüglich der Forstwirtschaft. Auf diesem Weg können sie im Rahmen ihrer ökologischen Unternehmensführung einen bestimmenden Einfluss auf die Umwelt- und Gesundheitseigenschaften der Vorprodukte ausüben – und gegebenenfalls auch Innovationen, die es noch nicht gibt, verlangen oder in Kooperation entwickeln (Wolters 2003, Seuring 2004a+b).

Nationale Entstehung und internationale Verbreitung von Umweltinnovationen

In Anbetracht des zurückliegenden Globalisierungsschubes ist es bemerkenswert, wie sehr Prozesse ökologischer Modernisierung weiterhin nationalstaatlichen Bedingungen unterliegen (Sonnenfeld und Mol 2002: 1457, Huber 2008b: 363 f). Ökoinnovation findet im Segment von höherwertigen und Spitzentechnologien statt (Grupp 1998). Dazu braucht es das Vorhandensein eines eingespielten *nationalen Innovationssystems* (Nelson 1992). In diesem ist Mehrebenen-Governance von Bedeutung (de Prado 2007), das heißt die planvolle projektbezogene Zusammenarbeit von Forschung und Entwicklung, Gesetzgebung, Ministerien und anderen Behörden, Verbänden, Unternehmen und Investoren. Ein Beispiel für eine nationale Innovationsstrategie zum Zweck ökologischer Modernisierung bietet das *Transition Management* (Loorbach 2007). Es ist darauf gerichtet, die Ausschleusung alter Industrien und umweltschädlicher Praktiken zum einen und die Entwicklung und Verbreitung von Umweltinnovationen zum anderen in einem nationalen Politikzyklus unter Beteiligung aller relevanten Akteure voranzutreiben.

Es sind kreative Autoren, Erfinder und Entwickler, die Ökoinnovationen konzipieren. Sie stehen in kulturellen Kontexten und sozialen Milieus, die dem förderlich sind. Aber der Boden für die *praktische industrielle Umsetzung* von Ökoinnovationen wird durch Umweltgesetzgebung bereitet. Die mit Abstand wichtigsten Faktoren, von denen die Umweltperformance von Nationen, Sektoren oder Einzelunternehmen abhängt, sind empirischen Befunden von Esty und Porter zufolge strikte Umweltstandards und ihre Befolgung durch alle Beteiligten in einem rechtsstaatlichen Regelvollzug frei von Korruption (Esty und Porter 2005: 412). Über vergleichbare Resultate berichten Jacob et al. (2005: 229 ff). Dass anspruchsvolle strikte Umweltstandards die wichtigste Voraussetzung für das Entstehen von Ökoinnovationen darstellen, war zuvor bereits von Ashford sowie Porter dargelegt worden (Ashford et al. 1985, Ashford 2005, Porter und van der Linde 1995).

Umweltstandards und die Kontrolle ihrer Einhaltung sind wirksam, weil sie faktisch nichts anderes als Performancestandards darstellen. Im Vergleich dazu führen zum Beispiel behördliche Prüf- und Genehmigungsverfahren oder das Gebot der Implementierung eines bestimmten Standes der Technik zu weniger guten Ergebnissen. Johnstone resümiert seine Untersuchungen hierzu wie folgt: „While a technology-based standard will provide little incentive to innovate, a perform-ance-based measure will provide strong incentives for innovation und diffusion of technologies which achieve given environmental standards at lower financial cost" (Johnstone 2005: 22).

Die betreffende Gesetzgebung, Regulierung und die damit betrauten Behörden sind Teil einer nationalstaatlichen Ordnung. Eine partielle Ausnahme davon macht die Europäische Union. Speziell auf den Gebieten Umwelt und Landwirtschaft folgt die nationale Gesetzgebung heute zu 80 Prozent Verordnungen und Direktiven der EU, im Bereich Verkehr zu 65 Prozent (Plehwe 2007). Gleichwohl sind die Pioniere und Champions ökologischer Modernisierung weiterhin nationale Akteure, einzel-ne *Pionierländer* und *Pionierunternehmen*, die *nationale Leitmärkte* schaffen.

Leitmärkte sind unabdingbar für den Übergang von Forschung und Entwick-lung zur breiteren Markteinführung. Ein Leitmarkt entsteht, wo es erstmalig gelingt, eine Innovation in genügend großem und wachsendem Ausmaß einzuführen und damit das *dominant design* und die produktbezogenen Standards vorzugeben, mit denen die Innovation nachfolgend im In- und Ausland übernommen wird (Beise und Rennings 2005a+b, Jacob et al. 2005).

Leitmärkte entstehen durch Pionierunternehmen in Pionierländern (Jänicke 2005). Ein Beispiel bietet der Mobilfunk. Er entwickelte sich auf der Stufe eines Massen-marktes zuerst in Skandinavien. Die dortigen Unternehmen wurden globale Markt-führer. US-Unternehmen, auf der Basis großer heimischer Leitmärkte, dominieren bis heute weite Bereiche der Entwicklung und Verbreitung von Hard- und Software. Japan und japanische Unternehmen bildeten in den 1970er Jahren den Leitmarkt für Entschwefelungstechnologie. Dänemark war in den 1980ern das Pionierland für Windkraft. Gelegentlich bestehen zwei oder mehrere nationale Leitmärkte par-allel. Das war zum Beispiel bei KFZ-Abgaskatalysatoren der Fall, wo Japan dicht gefolgt von den USA zu den Pionierländern gehörte. In ähnlicher Weise bildeten Deutschlund und die USA in den 1980ern die Leitmärkte für phosphatfreie, zeolith- und silikat-basierte Waschmittel.

Sobald sich die Funktionsfähigkeit und die Vorteile einer Ökoinnovation auf einem Leitmarkt erwiesen haben, greifen die oben genannten Diffusionsmecha-nismen. Regierungen und Unternehmen anderer Länder erwägen die Übernahme der betreffenden Innovation. Zum Beispiel bildeten Schweden und Finnland in den 1980ern die Leitmärkte für chlorfreien Zellstoff (Jacob et al. 2005: 45). Andere In-dustrieländer mit Papier- und Zellstoffindustrie, besonders die USA und Kanada, auch Österreich und Deutschlund, übernahmen die betreffenden Verfahrensinnova-tionen innerhalb weniger Jahre, gefolgt von Schwellenländern wie Brasilien sowie Entwicklungsländern in Südostasien.

Ein anderes Beispiel ist das deutsche Erneuerbare-Energien-Gesetz (EEG) aus dem Jahre 2000. Es fördert die Verbreitung von Windkraft, Solarenergie, Biogas und anderen erneuerbaren Energiequellen dadurch, dass die Elektrizität aus solchen An-lagen jederzeit zu einem bestimmten Preis von Netzbetreibern aufgekauft werden muss. Wie weit alle der geförderten erneuerbaren Energien tatsächlich Energien der Zukunft sein werden, bleibt abzuwarten. Auch ist das Gesetz mit seinem Vertragszwang und administrierten Preisen ordnungsrechtlich nicht unproblematisch (was der monopolistischen Struktur des Energiesektors geschuldet sein mag). Gleichwohl hat das Gesetz einen Boom erneuerbarer Energien und die Entwicklung einer Vielzahl von energietechnischen Innovationen und neuen Unternehmen hervorgerufen. Diese expandieren auch international, ebenso wie ausländische Unternehmen in Deutschland davon profitieren. Bis Ende 2006 hatten 47 Nationalstaaten rund um den Globus das EEG-Modell übernommen.

Ein weiteres solches Beispiel ist das japanische Toprunner-Programm seit 1999. Es handelt sich um ein amtliches Benchmarking des Brennstoff- und Stromverbrauchs von Energieaggregaten. Nachzügler müssen die durch die Vorreiter gesetzte Benchmark innerhalb von fünf Jahren erreichen. Andernfalls werden ihnen Einschränkungen auferlegt bis hin zum Marktausschluss. Auch das erinnert an Leistungswettbewerb in einer zentral-administrativen Planwirtschaft, aber es hat sich bisher als erfolgreich erwiesen im Hinblick auf die Steigerung der Energieeffizienz. Japan ist heute auf diesem Gebiet nicht zufällig führend.

Es sind Unternehmen, sowohl innovative Startups als auch etablierte Großunternehmen, die in industriellen Innovationsprozessen die tragende Rolle spielen. So verschieden Leitmärkte jeweils sein mögen, sie beruhen stets auf dem Zusammenspiel zwischen wettbewerbsfähigen national verankerten Unternehmen und jeweiligen staatlichen Instanzen auf der Grundlage einer explizit ausformulierten Politikagenda (Jacob et al. 2005: 229 ff). Die Regierung kann förderliche Bedingungen herstellen, aber es sind die Unternehmen, die darüber entscheiden, ob, wie und wann Ökoinnovationen entwickelt werden (Levy und Newell 2005: 329 ff). Unternehmen tragen auch zur internationalen Verbreitung von Ökoinnovationen wesentlich bei, etwa durch Auslandsverkäufe, transnationale Koproduktionen, Joint Ventures im Ausland, ausländische Subunternehmen, Outsourcing, grenzüberschreitende Forschung und Entwicklung sowie Lizenzvergaben (Giroud 2003: 55 ff).

Kurz gefasst ergibt sich folgendes Modell der nationalen Vorreiterentwicklung und nachfolgenden internationalen Verbreitung von Ökoinnovationen: Neue Technologien oder Umweltpraktiken sowie betreffende Gesetzgebungen werden in einem Land und von Unternehmen dieses Landes entwickelt und implementiert, und werden dann von anderen Nationen und Unternehmen übernommen *soweit* sie das dazu erforderliche Entwicklungsniveau erreicht haben und über die nötigen Kapazitäten und Mittel verfügen (vgl. auch Tews und Jänicke 2005).

Die damit angesprochene Einschränkung ist nicht unerheblich. Innovationen sind im Weltsystem nicht überall gleichermaßen anschlussfähig. Pionierländer sind in aller Regel fortgeschrittene Industrieländer. Auch die frühen Übernehmer befanden sich bisher in der Triade Nordamerika-Westeuropa-Japan. Neue Industrieländer, darunter Brasilien, Indien, China, Türkei, Mexiko, Südafrika, schließen zu den bisherigen Industriestaaten zwar auf. Dennoch stehen der Verbreitung von Umweltinnovationen auch in neuen Industrieländern noch gewisse Barrieren entgegen. Dies gilt umso mehr für all jene Länder, die von den Vereinten Nationen als Entwicklungsländer und am wenigsten entwickelte Länder klassifiziert werden. Hier kommen klassische Modernisierungsfaktoren, Aspekte der ungleichen und ungleichzeitigen Entwicklung innerhalb und zwischen Nationalstaaten, neuerlich zum Tragen (Steinbach 1999, MacKinnon und Cumbers 2007).

Sachs (2003) beschreibt das heutige Weltsystem als technologisches Drei-Stufen-Modell. Es lässt sich dahingehend ergänzen, dass jede Entwicklungsstufe auch mit bestimmten sozialen und ökologischen Problemen *und* Problemlösungskapazitäten einhergeht. Die oberste Stufe wird von den *core innovators* gebildet, den am weitesten fortgeschrittenen Industrienationen. In der mittleren Stufe befinden sich die heute so genannten *emerging economies* als Technologieübernehmer, oft auch als Re-Exporteure. Sie holen auf durch hohe Wachstumsraten und steigende Kapitalintensität. Auf der unteren Stufe befinden sich die am wenigsten entwickelten Länder als technologisch Ausgeschlossene. Obwohl die emerging economies inzwischen stark aufgeholt haben, auch auf dem Gebiet von Forschung und Entwicklung, beheimaten die alten Industrieländer noch immer 98 Prozent der 1.000 größten Technologieunternehmen. Das sind jene, die am meisten in Forschung und Entwicklung investieren, die meisten Patente erwerben und Lizenzen vergeben, und die größten Umsätze mit hochtechnologischen Gütern und Diensten machen (OECD 2006: 32, iwd 2007/2: 4). Dabei stellen sie nur 15 Prozent der Weltbevölkerung, während die Technologieübernehmer der neuen Industrieländer 65 Prozent, und die am wenigsten entwickelten technologisch Ausgeschlossenen 20 Prozent repräsentieren. Letztere mögen Hochtechnologie in Einzelfällen verwenden, zum Beispiel Mobilfunk oder photovoltaisch betriebene Pumpen für Brunnen und Bewässerungsanlagen. Aber sie verfügen noch nicht über die Kapazitäten, um solche Technologien herzustellen, geschweige selbst zu entwickeln.

Sobald ein Unternehmen oder eine Nation zur Gruppe der hochtechnologischen Innovatoren gehört, hängt ihre weitere Zukunft in erster Linie von ihrer *endogenen* Innovationsfähigkeit ab (Açemoglu et al. 2002). Forschungs- und humankapitalintensive Hochtechnologienationen haben keine Perspektive nachholender Entwicklung wie sie sachkapitalintensive neuindustrielle Länder und arbeitsintensive Entwicklungsländer noch besitzen. Schwellen- und Entwicklungsländer können dabei in gewissem Ausmaß auch auf Möglichkeiten des *Leapfrogging* und *Tunneling-through* setzen. Leapfrogging bedeutet, industrielle Entwicklungsstadien zu überspringen und direkt den neuesten Stand der Technik zu übernehmen, zuletzt zum Beispiel Mobilfunk ohne zuvor ein Festnetz aufgebaut zu haben, oder Elektrobogen-Öfen in der Stahlerzeugung ohne zuvor ältere Verfahren genutzt zu haben. Als Ergebnis solchen Überspringens ist Entwicklungsländern unter Umständen ein Tunneling-through möglich. Dieser Ausdruck ist abgeleitet vom Modell ökologischer Kuznets-Kurven, inverser U-Kurven, die einen gleichsam ‚Berg'-förmigen Verlauf nehmen. Sie beschreiben die spezifische Umweltintensität (als Ressourcenverbauch, Energieaufwand, Senkenbelastung) pro Einheit Wirtschaftsprodukt. Die betreffenden Koeffizienten steigen mit zunehmendem Wirtschaftswachstum und industrieller Entwicklung zuerst an. Ab Erreichen eines gewissen Entwicklungsniveaus stabilisieren sie sich und gehen hernach, bei noch weiter fortschreitender Entwicklung, wieder zurück (Shafik und Bundyopadhyay 1992, WDR 1992, Selden und Song 1994, Grossman und Krueger 1995, Harbaugh et al. 2000). Länder in nachholender Ent-

wicklung müssen nicht denselben ‚Berg' an Ressourcenverschleiß und Umweltzerstörung wie die Vorläufernationen wiederholen, sondern können diesen Berg
‚untertunneln' mithilfe neuerer Technologien, die ökoeffizienter und metabolisch
konsistenter sind als altindustrielle Vorläufertechnologien (Goldemberg 1998, Munasinghe 1999).

Die tatsächlichen Erfahrungen mit Überspringen und Untertunneln sind gemischt
(Ho 2005, 2007). Es gibt bestimmte Modernitätsmerkmale, von deren Vorhandensein
Ausmaß und Tempo eines möglichen Überspringens und Untertunnelns abhängen.
So erleben zum Beispiel auch asiatische Schwellenländer einen zunehmenden Mangel an Fachkräften und Hochqualifizierten. Schulbildung und Berufsausbildung
erfordern über viele Jahre hinweg großen personellen und finanziellen Aufwand.
Das lässt sich weder ‚überspringen' noch ‚untertunneln'. Dies gilt in sinngemäßer
Weise auch für die Herausbildung moderner Denkweisen und Lebenseinstellungen,
für hinreichende nationale Integration, leidlich rechtsstaatlich funktionierende und
nicht allzu korrupte Regierungseinrichtungen und Märkte u. a. m. Überspringen
und untertunneln ist nur so weit möglich wie solche Funktionsbedingungen moderner Gesellschaften erreicht worden sind (Perkins 2003, World Bank 2008: 51–92).

In Anbetracht der weiterhin erheblichen Entwicklungsunterschiede innerhalb
und zwischen Nationen im Weltsystem ist nicht zu erwarten, Ökoinnovationen und
neueste Umweltpraktiken würden sich, ausgehend von fortgeschrittenen Leitmärk-
ten, ohne weiteres in alle Länder des Weltsystems verbreiten. Ein Land ohne hinreichende kulturelle Kohärenz und nationalstaatliche Stabilität, ohne die nötigen
institutionellen Kapazitäten und finanziellen Mittel, und ohne die erforderliche Eli-
tenkooperation in Staat und Gesellschaft im Sinne einer *state-society synergy* nach
Evans (1995) kann neueste Technologien nicht erfolgreich übernehmen.

Der größere Teil der Nationen hat die nötigen Kapazitäten inzwischen erlangt.
Die technologisch Ausgeschlossenen bilden eine kleiner werdende Minderheit. So
besteht – trotz aller Schwierigkeiten, Strukturwandelkonflikte und wiederkehren-
der Entwicklungskrisen – die begründete Hoffnung, dass ökologische Modernisierung sich letzlich auf globaler Ebene realisieren wird. Andererseits ist festzustellen,
dass wichtige Ökoinnovationen, zum Beispiel Durchbrüche in Richtung nicht-fos-
siler Energie und sauberer Fahrzeugantriebe, gerade in Hochtechnologieländern
jahrzehntelang immer wieder verschleppt worden sind. Ökologische Modernisierung, wie alle systemischen Innovationen, benötigt Zeit, vielleicht mehr Zeit als
angesichts des sich weiter aufbauenden Problemdrucks in Form von Klimawandel,
Biodiversitätsverlusten, Frischwasserverknappung, Bodendegradation und Wüs-
tenbildung einräumbar erscheint. Fortgeschrittene ebenso wie weniger entwickelte Länder modernisieren sich im Zeithorizont von Jahrzehnten und Generationen.
Auch die fortgeschrittenen Industrienationen befinden sich heute in einem noch frühen Stadium ökologischer Modernisierung.

Weiterführende Literatur

Mol, Arthur P. J., David A. Sonnenfeld und Gert Spaargaren (Hrsg.) (2009): *The Ecological Modernisation Reader. Environmental Reform in Theory and Practice*. New York: Routledge.
Mol, Arthur P. J. und David A. Sonnenfeld (Hrsg.) (2000): *Ecological Modernization around the World: Perspectives and Debates*. London: Frank Cass Publishers.
Huber, Joseph (2004): *New Technologies and Environmental Innovation*. Cheltenham, UK: Edward Elgar.
Huber, Joseph (2011): *Allgemeine Umweltsoziologie*, aktual. Neuauflage. Wiesbaden: VS Verlag.

Zitierte Literatur

Açemoglu, Daron, Philippe Aghion und Fabrizio Zilibotti (2002): *Distance to Frontier, Selection, and Economic Growth*. Cambridge, MA: National Bureau of Economic Research Working Papers, No. 9066.
Ahrens, Andreas, Angelika Braun, Arnim von Gleich, Kerstin Heitmann und Lothar Lißner (2005): *Hazardous Chemicals in Products und Processes. Substitution as an Innovative Process*. Heidelberg: Physica.
Anastas, Paul T. und John C. Warner (1998): *Green Chemistry. Theory und Practice*. Oxford: Oxford University Press.
Anastas, Paul T. und Tracy C. Williamson (1998): *Green Chemistry. Frontiers in Benign Chemical Synthesis und Processes*. Oxford: Oxford University Press.
Andersen, Mikael Skou und Ilmo Massa (2000): Introduction: Ecological Modernization. *Journal of Environmental Policy und Planning* 2 (4): 265–267.
Ashford, Nicholas A. (2005): Government und Environmental Innovation in Europe und North America. In: Weber, Matthias und Jens Hemmelskamp (Hrsg.), *Towards Environmental Innovation Systems*. Heidelberg: Springer, 159–174.
Ashford, Nicholas A., Christine Ayers und Robert F. Stone (1985): Using Regulation to Change the Markets for Innovation. *Harvard Environmental Law Review* 9 (2): 419–466.
Ayres, Robert U. und Leslie W. Ayres (1996): *Industrial Ecology. Towards Closing the Materials Cycle*. Cheltenham: Edward Elgar.
Ayres, Robert U. und Udo Ernst Simonis (Hrsg.) (1994): *Industrial Metabolism. Restructuring for Sustainable Development*. Tokyo: United Nations University Press.
Beck, Ulrich (1986): *Risikogesellschaft: Auf dem Weg in eine andere Moderne*. Frankfurt a. M.: Suhrkamp.
Beck, Ulrich (1991): Der Konflikt der zwei Modernen. In: Zapf, Wolfgang (Hrsg.), *Die Modernisierung moderner Gesellschaften*. Frankfurt a. M.: Campus, 40–53.
Beise, Marian und Klaus Rennings (2005a): Lead Markets und Regulation. A Framework for Analyzing the International Diffusion of Environmental Innovation. *Ecological Economics* 52 (1): 5–17.
Beise, Marian und Klaus Rennings (2005b): Indicators for Lead Markets of Environmental Innovation. In: Horbach, Jens (Hrsg.), *Indicator Systems for Sustainable Innovation*. Heidelberg: Physica, 71–94.
Bell, Daniel (1975 [1973]): *Die nachindustrielle Gesellschaft*. Reinbek: Rowohlt.
Bendix, Reinhard (1969): Modernisierung in internationaler Perspektive. In: Zapf, Wolfgang (Hrsg.), *Theorien des sozialen Wandels*. Köln: Kiepenheuer & Witsch, 505–512.

Bennett, John W. (1976): *The Ecological Transition. Cultural Anthropology und Human Adaptation*. New York: Pergamon.

BMU/UBA (Bundesministerium für Umwelt Berlin/Umweltbundesamt Dessau) (2008a): *Instrumente zur Förderung von Umweltinnovationen*, durchgeführt vom Zentrum für Europäische Wirtschaftsforschung Mannheim und der Forschungsstelle für Umweltpolitik der Freien Universität Berlin, Projekt 20614 132/01.

BMU/UBA (Bundesministerium für Umwelt Berlin/Umweltbundesamt Dessau) (2008b): *Innovationsdynamik und Wettbewerbsfähigkeit Deutschlunds auf grünen Zukunftsmärkten*, durchgeführt vom Fraunhofer-Institut für System- und Innovationsforschung Karlsruhe, Borderstep Berlin und VDI Technologiezentrum Düsseldorf, Projekt 20614 132/05.

Bourg, Dominique und Suren Erkman (Hrsg.) (2003): *Perspectives on Industrial Ecology*. Sheffield: Greenleaf Publishing.

Braungart, Michael und William McDonough (2002): *Cradle to Cradle: Remaking the way we make things*. New York: North Point Press.

Bringezu, Stefan (2004): *Erdlandung: Navigation zu den Ressourcen der Zukunft*. Stuttgart: Hirzel.

Charter, Martin und Ursula Tischner (Hrsg.) (2001): *Sustainable Solutions: Developing Products und Services for the Future*. Sheffield: Greenleaf.

de Prado, César (2007): *Global Multi-Level Governance*. Tokyo: UN University Centre.

Diekmann, Andreas und Peter Preisendörfer (2001): *Umweltsoziologie*. Reinbek: Rowolt.

Eisenstadt, Shmuel N. (2006): *Die großen Revolutionen und die Kulturen der Moderne*. Wiesbaden: VS Verlag.

Eisenstadt, Shmuel N. (Hrsg.) (1987): *Patterns of Modernity*. Vol.1 *The West*, London: Frances Pinter. Vol.2 *Beyond the West*. Washington Square, N.Y.: New York University Press.

Eisenstadt, Shmuel N. und Stein Rokkan (Hrsg.) (1973): *Building States und Nations*. Beverly Hills, London: SAGE Publications.

Esty, Daniel C. und Michael E. Porter (2005): National Environmental Performance: An Empirical Analysis of Policy Results und Determinants. *Environment und Development Economics* 10 (4): 391–434.

Evans, Peter B. (1995): *Embedded Autonomy: States und Industrial Transformation*. Princeton, NJ: Princeton University Press.

Fischer-Kowalski, Marina (1998): Society's Metabolism. The Intellectual History of Material Flow Analysis, part I: 1860–1970. *Journal of Industrial Ecology* 2 (1): 61–78.

Fischer-Kowalski, Marina und Walter Hüttler (1999): Society's Metabolism. The Intellectual History of Material Flow Analysis, part II: 1970–1998. *Journal of Industrial Ecology* 2 (4): 107–136.

Flora, Peter, Stein Kuhnle und Derek Urwin (Hrsg.) (1999): *State Formation, Nation-building, and Mass Politics in Europe. The theory of Stein Rokkan*. Oxford: Oxford University Press.

Frei, Michael (1999): *Öko-effektive Produktentwicklung. Grundlagen, Innovationsprozess, Umsetzung*. Wiesbaden: Gabler.

Fussler, Claude (1999): *Die Öko-Innovation. Wie Unternehmen profitabel und umweltfreundlich sein können*. Stuttgart: Hirzel.

Giroud, Axèle (2003): *Transnational Corporations, Technology und Economic Development*. Cheltenham: Edward Elgar.

Goldemberg, José (1998): Leapfrog Energy Technologies. *Energy Policy* 26 (10): 729–741.

Graedel, Thomas E. und Braden R. Allenby (1995): *Industrial Ecology*. Englewood Cliffs, NJ: Prentice Hall.

Groß, Matthias (2001): *Die Natur der Gesellschaft. Eine Geschichte der Umweltsoziologie*. Weinheim: Juventa.

Grossman, Gene M. und Alan B. Krueger (1995): Economic Growth and the Environment. *Quarterly Journal of Economics* 110 (2): 353–377.

Grunwald, Armin und Jürgen Kopfmüller (2006): *Nachhaltigkeit*. Frankfurt a. M.: Campus.

Grupp, Hariolf (1998): *Foundations of the Economics of Innovation: Theory, Measurement und Practice*. Cheltenham: Edward Elgar.

Harbaugh, William T., Arik Levinson und David M. Wilson (2000): *Reexamining the Empirical Evidence for an Environmental Kuznets Curve*. Cambridge, MA: National Bureau of Economic Research Working Papers No. W7711.

Harris, Marvin (1996): Cultural Materialism. In: Levinson, David und Melvin Ember (Hrsg.), *Encyclopedia of Cultural Anthropology*. New York: Henry Holt & Co, 277–281.

Harris, Marvin (2001 [1979]): *Cultural Materialism. The Struggle for a Science of Culture*. Walnut Creek: Altamira Press.

Harrison, David (1991 [1988]): *The Sociology of Modernization und Development*. London: Routledge.

Ho, Peter (2005): Greening Industries in Newly Industrialising Countries: Asian-style Leapfrogging? *International Journal of Environment und Sustainable Development* 4 (3): 209–226.

Ho, Peter (2007): *Greening Industries in Newly Industrializing Economies. Asian-style Leapfrogging*. London: Kegan Paul.

Huber, Joseph (1995): *Nachhaltige Entwicklung*. Berlin: edition sigma.

Huber, Joseph (2004): *New Technologies und Environmental Innovation*. Cheltenham, UK: Edward Elgar.

Huber, Joseph (2008a): Technological Environmental Innovations in a Chain-analytical und Life-cycle-analytical Perspective. *Journal of Cleaner Production* 16 (18): 1980–1986.

Huber, Joseph (2008b): Pioneer Countries und the Global Diffusion of Environmental Innovations. *Global Environmental Change* 18 (2008): 360–367.

Huber, Joseph (2011): *Allgemeine Umweltsoziologie*, aktual. Neuauflage. Wiesbaden: VS Verlag.

Isenmann, Ralf und Michael von Hauff (Hrsg.) (2007): *Industrial Ecology. Mit Ökologie zukunftsorientiert wirtschaften*. Heidelberg: Spektrum.

Jackson, Tim (Hrsg.) (1993): *Clean Production Strategies. Developing Preventive Environmental Management in the Industrial Economy*. Boca Raton, FL: Lewis Publishers.

Jacob, Klaus, Marian Beise, Jürgen Blazejczak, Dietmar Edler, Rüdiger Haum, Martin Jänicke, Thomas Loew, Ulrich Petschow und Klaus Rennings (2005): *Lead Markets for Environmental Innovations*. Heidelberg: Physica Verlag.

Jänicke, Martin (2005): Trend Setters in Environmental Policy. The Character and Role of Pioneer Countries. *European Environment* 15 (2): 129–142.

Jänicke, Martin und Klaus Jacobs (Hrsg.) (2006): *Environmental Governance in Global Perspective*. Berlin: Freie Universität Berlin, ffu report 01-2006.

Johnstone, Nick (2005): The Innovation Effects of Environmental Policy Instruments. In: Horbach, Jens (Hrsg.), *Indicator Systems for Sustainable Innovation*. Heidelberg: Physica, 21–41.

Kemp, René (1997): *Environmental Policy und Technical Change. A Comparison of the Technological Impact of Policy Instruments*. Cheltenham: Edward Elgar.

Kirkwood, Ralph C. und Anita J. Longley (Hrsg.) (1995): *Clean Technology und the Environment*. London: Chapman & Hall.

Klemmer, Paul, Ulrike Lehr und Klaus Löbbe (1999): *Umweltinnovationen. Anreize und Hemmnisse*. Berlin: Analytica.

Kopfmüller, Jürgen, Volker Brandl und Juliane Jörissen (2001): *Nachhaltige Entwicklung integrativ betrachtet. Konstitutive Elemente, Regeln, Indikatoren*. Berlin: edition sigma.

Levy, David L. und Peter J. Newell (Hrsg.) (2005): *The Business of Global Environmental Governance*. Cambridge, MA: The MIT Press.

Loorbach, Derk (2007): *Transition Management. New Mode of Governance for Sustainable Development*. Utrecht: International Books.

MacKinnon, Danny und Andrew Cumbers (2007): *An Introduction to Economic Geography: Globalisation, Uneven Development und Place*. Harlow: Pearson.

Modis, Theodore (1994 [1992]): *Die Berechenbarkeit der Zukunft. Warum wir Vorsagen machen können*. Basel: Birkhäuser Verlag.

Mol, Arthur P. J. und David A. Sonnenfeld (Hrsg.) (2000): *Ecological Modernization around the World. Perspectives und Debates*. London: Frank Cass Publishers.

Mol, Arthur P. J., David A. Sonnenfeld und Gert Spaargaren (Hrsg.) (2009): *The Ecological Modernisation Reader. Environmental reform in theory und practice*. Milton Park, UK, New York: Routledge.

Mumford, Enid (2003): *Redesigning Human Systems*. Hershey, PA: IRM Press.

Mumford, Enid (2006): The Story of Socio-technical Design. *Information Systems Journal* 16 (4): 317–342.

Munasinghe, Mohan (1999): Is Environmental Degradation an Inevitable Consequence of Economic Growth? Tunneling through the Environmental Kuznets curve. *Ecological Economics* 29 (1): 89–109.

Nachtigall, Werner (1998): *Bionik. Grundlagen und Beispiele*. Berlin: Springer.

Nakicenovic, Nebojsa und Arnulf Grübler (Hrsg.) (1991): *Diffusion of Technologies und Social Behavior*. Berlin: Springer.

Nelson, Richard R. (1992): *National Innovation Systems. A Comparative Study*. Oxford: University Press.

OECD (2001): *Extended Producer Responsibility. A Guidance Manual for Governments*. Paris: OECD Publications.

OECD (2002): *Towards Sustainable Household Consumption? Trends und Policies in OECD Countries*. Paris: OECD Publications.

OECD (2006): *Going for Growth 2006 Edition. Economic Policy Reforms*. Paris: OECD Publishing.

OECD (2010): *Eco-Innovation in Industry. Enabling Green Growth*. Paris: OECD Publications.

Ogburn, William F. (1969): *Kultur und sozialer Wandel. Ausgewählte Schriften*. Neuwied: Luchterhand.

Ogburn, William F. (1922): *Social Change, with Respect to Culture und Original Nature*. New York: B. W. Huebsch.

Olsthoorn, Xander und Anna J. Wieczorek (Hrsg.) (2006): *Understanding Industrial Transformation. Views from different disciplines*. Heidelberg, Berlin: Springer.

Parsons, Talcott (1972): *Das System moderner Gesellschaften*. München: Juventa.

Paton, Bruce (1994): Design for Environment. In: Socolow, Robert, Clinton Andrews, Frans Berkhout und Valerie Thomas (Hrsg.), *Industrial Ecology und Global Change*. Cambridge: Cambridge University Press, 349–358.

Perkins, Richard (2003): Environmental Leapfrogging in Developing Countries: A Critical Assessment and Reconstruction. *Natural Resources Forum* 27 (3): 177–188.

Plehwe, Dieter (2007): European Law und national Legislation. *Mitteilungen des Wissenschaftszentrum Berlin* 117: 7–11.

Porter, Michael E. und Claas van der Linde (1995): Green and Competitive: Ending the Stalemate. *Harvard Business Review* 73 (7): 120–134.

Renn, Ortwin, Jürgen Deuschle, Alexander Jäger und Wolfgang Weimer-Jehle (2007): *Leitbild Nachhaltigkeit*. Wiesbaden: VS Verlag.

Rink, Dieter (Hrsg.) (2002): *Lebensstile und Nachhaltigkeit*. Opladen: Leske+Budrich.

Rogers, Everett M. (1995 [1971]): *Diffusion of Innovations*. New York: The Free Press.

Rossi, Mark (1997): *Moving beyond Eco-Efficiency: Examining the Barriers und Opportunities for Eco-Effectiveness.* Santa Barbara, CA: Proceedings of the Greening of Industry Network Annual Conference.

Rubik, Frieder (2002): *Integrierte Produktpolitik.* Marburg: Metropolis Verlag.

Sachs, Jeffrey (2003): The Global Innovation Divide. In: Jaffe, Adam B., Josh Lerner und Scott Stern (Hrsg.), *Innovation Policy und the Economy.* Cambridge, MA: MIT Press, 131–141.

Sartorius, Christian und Stefan Zundel (Hrsg.) (2005): *Time Strategies, Innovation und Environmental Policy.* Cheltenham: Edward Elgar.

Scherhorn, Gerhard (1997): Revision des Gebrauchs. In: Schmidt-Bleek, Friedrich (Hrsg.), *Öko-intelligentes Produzieren und Konsumieren.* Basel: Birkhäuser Verlag, 25–55.

Scherhorn, Gerhard und Christoph Weber (Hrsg.) (2002): *Nachhaltiger Konsum.* München: Oekom Verlag.

Schmidt-Bleek, Friedrich (Hrsg.) (1997): *Öko-intelligentes Produzieren und Konsumieren.* Basel: Birkhäuser Verlag.

Schmidt-Bleek, Friedrich (1993): *Wieviel Umwelt braucht der Mensch? MIPS, das Maß für ökologisches Wirtschaften,* Basel: Birkhäuser Verlag.

Schubert, Karoline (2000): *Ökologische Lebensstile.* Frankfurt a. M.: Peter Lang.

Schumpeter, Joseph (1934 [1911]): *Theorie der wirtschaftlichen Entwicklung.* Berlin: Duncker & Humblot.

Schumpeter, Joseph (1939): *Business Cycles.* Vol.1., New York: McGraw-Hill Book Company.

Selden, Thomas M. und Daqing Song (1994): Environmental Quality and Development: Is There a Kuznets Curve for Air Pollution Emissions? *Journal of Environmental Economics und Management* 27 (2): 147–152.

Seuring, Stefan (2004a): Integrated Chain Management und Supply Chain Management. *Journal of Cleaner Production* 12 (8-10): 1059–1071.

Seuring, Stefan (2004b): Industrial Ecology, Life Cycles, Supply Chains. *Business Strategy und the Environment* 13 (5): 306–319.

Shafik, Nemat und Sushenjit Bundyopadhyay (1992): *Economic Growth und Environmental Quality: Time-Series und Cross-Country Evidence.* Washington, DC: The World Bank.

Socolow, Robert, Clinton Andrews, Frans Berkhout und Valerie Thomas (Hrsg.) (1994): *Industrial Ecology und Global Change.* Cambridge. University Press.

Spaargaren, Gert (2003): Sustainable Consumption: A Theoretical and Environmental Policy Perspective. *Society and Natural Resources* 16 (3): 687–701.

Spaargaren, Gert und Arthur Mol (2008): Greening Global Consumption: Redefining Politics and Authority. *Global Environmental Change* 18 (3): 350–359.

Steinbach, Josef (1999): *Uneven Worlds. Theories, Empirical Analysis und Perspectives to Regional Development.* Würzburg: DWV Schriften zur Wirtschaftsgeographie.

Steward, Julian H. (1972): *Theory of Cultural Change: The Methodology of Multilinear Evolution.* Chicago: University of Illinois Press.

Tews, Kerstin und Martin Jänicke (Hrsg.) (2005): Die Diffusion umweltpolitischer Innovationen im internationalen System. Wiesbaden: VS Verlag.

Tiryakian, Edward A. (1998): Neo-Modernisierung. In: Müller, Klaus (Hrsg.), *Postsozialistische Krisen.* Opladen: Leske+Budrich, 31–52.

Umweltbundesamt (Hrsg.) (2000): *Was ist EcoDesign? Ein Hundbuch für ökologische und ökonomische Gestaltung.* Frankfurt a. M.: form praxis verlag.

von Gleich, Arnim (Hrsg.) (1998): *Bionik. Ökologische Technik nach dem Vorbild der Natur.* Stuttgart: Teubner.

von Gleich, Arnim und Stefan Gößling-Reisemann (Hrsg.) (2008): *Industrial Ecology. Erfolgreiche Wege zu nachhaltigen industriellen Systemen.* Wiesbaden: Vieweg und Teubner.

von Hauff, Michael und Alexandro Kleine (2009): *Nachhaltige Entwicklung. Grundlagen und Umsetzung*. München: Oldenbourg.

von Prittwitz, Volker (Hrsg.) (1993): *Umweltpolitik als Modernisierungsprozess*. Opladen: Leske+Budrich.

von Weizsäcker, Ernst-Ulrich und Amory und Hunter Lovins (1995): *Faktor Vier. Doppelter Wohlstand, halbierter Naturverbrauch*. München: Droemer, Knaur.

von Weizsäcker, Ernst-Ulrich und Jan-Dirk Seiler-Hausmann (Hrsg.) (1999): *Ökoeffizienz. Management der Zukunft*. Berlin: Birkhäuser Verlag.

Wallerstein, Immanuel (1974): *The Modern World-System*. New York: Academic Press.

Wallerstein, Immanuel (1979): *The Capitalist World-Economy*. New York: Cambridge University Press.

WCED (World Commission on Environment und Development) (1987): *Our Common Future ('Brundtland-Report')*. Oxford: University Press.

WDR (World Development Report) (1992): *Development und the Environmen*. Washington, DC: The World Bank.

WDR (World Development Report) (2010): *Development und Climate Change*. Washington, DC: The World Bank.

Weber, Matthias und Jens Hemmelskamp (Hrsg.) (2005): *Towards Environmental Innovation Systems*. Berlin: Springer.

Weisz, Helga, Fridolin Krausmann, Christof Amann, Nina Eisenmenger, Karl-Heinz Erb, Klaus Hubacek und Marina Fischer-Kowalski (2006): The Physical Economy of the European Union: Cross-country Comparison und Determinants of Material Consumption. *Ecological Economics* 58 (4): 676–698.

Wolters, Teun (Hrsg.) (2003): *Transforming International Product Chains into Sustainable Production. The Imperative of Sustainable Chain Management*. Special issue of *Greener Management International* 43, Sheffield: Greenleaf Publishing.

World Bank (2008): *Global Economic Prospects. Technology Diffusion in the Developing World*. Washington, DC: The World Bank.

Wuppertal-Institut (Hrsg.) (1996): *Zukunftsfähiges Deutschlund. Ein Beitrag zu einer global nachhaltigen Entwicklung*. Basel: Birkhäuser Verlag.

Zapf, Wolfgang (Hrsg.) (1969): *Theorien des sozialen Wandels*. Köln: Kiepenheuer & Witsch.

Zapf, Wolfgang (1991): Modernisierung und Modernisierungstheorien. In: Zapf, Wolfgang (Hrsg.), *Die Modernisierung moderner Gesellschaften*. Frankfurt a. M.: Campus, 23–39.

Zapf, Wolfgang (1994): *Modernisierung, Wohlfahrtsentwicklung und Transformation*. Berlin: Edition Sigma.

Ökosystemdienstleistungen in soziologischer Perspektive

Jens Jetzkowitz

Einleitung: Wie können wir Natur, Umwelt und Landschaft angemessen in Wert setzen?

Anfang der 1990er Jahre erfüllte das Trinkwasser in New York City nicht mehr die von der US-amerikanischen Umweltschutzagentur (EPA) festgelegten Qualitätsstandards. Die Stadt musste dringend etwas tun. Eine Wasserfiltrierungsanlage sollte gebaut werden, für 6 bis 8 Milliarden Dollar. Hinzu sollten Betriebskosten von rund 300 Millionen Dollar pro Jahr kommen. Eine ordentliche Investition stand also an, die nicht nur einmalig den Haushalt belastete, sondern auch in Zukunft den finanziellen Handlungsspielraum der Stadt einzuschränken drohte. Gute Haushälter prüfen alternative Lösungen, bevor sie solche Einschränkungen in Kauf nehmen. In New York fragten sie nach den Ursachen für die schlechte Wasserqualität. Dadurch wurde ihre Aufmerksamkeit auf größere, ökologische Zusammenhänge gelenkt. Denn New Yorks Trinkwasser kommt aus den Catskill Mountains, einem Mittelgebirge nordöstlich der Stadt. Dort hatten die Böden ihre natürliche Filterfähigkeit infolge von Abwassereinleitungen und von Kunstdünger- und Pestizideinsatz in der Landwirtschaft eingebüßt. Warum nicht die Ursachen bekämpfen anstatt sich auf die Folgen einzurichten? Wenn sich die Böden im Wassereinzugsgebiet der Stadt regenerieren könnten, würde letztlich die Stadt selbst profitieren. Eine elegante Lösung zeichnete sich damit für das Trinkwasserproblem ab – und eine kostengünstige zugleich, denn die ökologische Integrität des Ökosystems in den Catskills wiederherzustellen, war schon für die einmalige Investition von 1 bis 1,5 Milliarden Dollar zu haben. So wurde ökologisch investiert (vgl. Chichilnisky und Heal 1998), und New York und sein Trinkwasser wurden zum Paradebeispiel für einen neuen Ansatz in den Bemühungen um eine nachhaltige Gesellschaftsentwicklung. Im Zentrum dieses Ansatzes steht der Begriff der Ökosystemdienstleistungen (engl. *ecosystem services*, zuweilen auch *environmental services*), in dem zwei Vorstellungswelten verknüpft werden, die bislang als unvereinbar angesehen: Ökologie und Ökonomie. Die Absorptions- und Filterfunktionen des Bodens als „Dienstleistung" eines Ökosystems zu betrachten, war Ende der 1990er Jahre eine kühne Metapher (vgl. Weinrich 1976).

Bis heute wird der Begriff der Ökosystemdienstleistungen gerne anhand der Geschichte aus New York City erläutert. Schließlich läuft sie sowohl für ökologisch engagierte als auch für wirtschaftsfreundliche Zeitgenossen auf ein Happy End hinaus: Aus Wirtschaftlichkeitserwägungen wird ein Ökosystem renaturiert. Damit wird allen klar, dass ökologische und wirtschaftliche Vernunft nicht notwendigerweise im Widerspruch stehen müssen. Die Vertreter der beiden Lager finden darin einen Grund, sich gegenseitig anzuerkennen (vgl. Quasthoff 1981: 288, Rath 1981). In Frage steht allerdings, wie belastbar der Begriff ist. Sicherlich macht er darauf aufmerksam, dass die Gesellschaft in ökosystemische Zusammenhänge eingebettet ist, die ihre Existenz bedingen und denen daher auch ein ökonomischer Wert zuzumessen ist. Wie muss aber ein solcher Wert berechnet werden? Soll er sich an den Erfordernissen des Wirtschaftssystems ausrichten und zum Ausdruck bringen, was unterschiedliche Nutzungsformen von Natur, Umwelt und Landschaft kosten? Oder sollen ökologische Kriterien ausschlaggebend sein und die zu berechnenden Werte der Wirtschaft dort Grenzen aufzeigen, wo sie Ökosystemdienstleistungen zu zerstören droht? Solche grundsätzlichen Fragen bewegen die Diskussion auch noch 15 Jahre nach ihrem Beginn (vgl. Norgaard 2010). Es scheint also um eine fundamentale Strukturentscheidung zu gehen, wenn um die Deutung des Begriffes „Ökosystemdienstleistungen" gerungen wird.

Aktualität, Ergebnisoffenheit und mögliche Reichweite machen diese Diskussion besonders attraktiv für eine soziologische Betrachtung. Zwar ist sie bislang dominiert von Wirtschaftswissenschaftlern, Ökologen und Praktikern. Eine soziologische Reflexion kann sich aber aus den eigenen Traditionssträngen anregen lassen. Im Ergebnis führt das zu einer Perspektive, die jenseits von Happy-End-Rhetorik oder Apokalyptik bewertet, was der Begriff zu einer nachhaltigen Gesellschaftsentwicklung beitragen kann. Das scheint umso wichtiger zu sein, als sich bereits erste konzeptuelle Veränderungen im Umwelt- und Naturschutz abzeichnen, die durch ihn angeregt sind. Beispielsweise unterstützt das deutsche Bundesumweltministerium seit 2007 finanziell die vom Umweltprogramm der Vereinten Nationen (UNEP) geleitete internationale Initiative „The Economics of Ecosystems and Biodiversity (TEEB) study", die unter anderem auch Geschäftsmodelle mit Biodiversität unterstützen soll (vgl. TEEB 2010).

Der Begriff der Ökosystemdienstleistungen: Hintergründe zur Entstehung und zum Stand der Diskussion

Die Wirtschaft ist an allem Schuld. Dass Wälder gerodet, Flächen versiegelt und Gewässer verschmutzt werden und dass sich das Klima erwärmt und Arten schneller von der Erde verschwinden als in vorindustriellen Zeiten – all das sind Folgen der Wirtschaftspraxis, die sich ausgehend von Europa seit etwa 250 Jahren global etabliert hat. So oder ähnlich lauteten die Urteile, als Ende der 1960er und Anfang 1970er Jahre die moderne Gesellschaft als Verursacher von Umweltproblemen in die öffentliche Diskussion geriet. Verstärkt wurde diese Haltung durch Bücher wie Barry Commoners *The Closing Circle* (1971) und die von Dennis L. Meadows und seinen Mitarbeitern erarbeitete Studie *The Limits to Growth* (1972), die auf die ökologischen Grenzen einer am Wachstumsideal ausgerichteten Gesellschafts- und Wirtschaftsentwicklung hinwiesen.

Einer Wirtschaftsordnung, die laut ihren Vordenkern dann am besten funktioniert, wenn alle Beteiligten möglichst konsequent ihre eigenen Interessen verfolgen, war schnell und kompromisslos das Freisetzen von Hemmungslosigkeit attestiert. Aber auch ein differenzierter Blick konnte nicht übersehen, dass sich die kapitalistische Marktwirtschaft auf Prinzipien stützt, die Naturzerstörungen und Umweltverschmutzungen bedingen. Vorrangig war dabei nicht einmal die Fokussierung auf das Privateigentum als grundlegender rechtlicher Institution, sondern die Vorstellung, dass Wirtschaftprozesse am besten über Märkte koordiniert werden, auf denen dann Geld als ein verallgemeinertes symbolisches Medium fungiert (vgl. Parsons 1980). Im Licht dieses Mediums entwickelte sich ein starker Anreiz, alles – jedes Fleckchen, jedes Ding und jedes Ereignis – als Objekt zu sehen, das auf Märkten getauscht werden kann. Auch das, was Gesellschaften notwendig brauchen, um ihre zukünftige Existenz zu gewährleisten, bildet keine Ausnahme. Saubere Luft zum Atmen, gesundes Wasser zum Trinken, die Fruchtbarkeit von Böden oder der Lebensraum für Tiere und Pflanzen – all das schien durch die kapitalistische Marktwirtschaft grundlegend bedroht zu sein, wenn z. B. Industrieunternehmen Luft, Wasser und Böden als kostenlose Speicher für ihre Abfallstoffe verwenden wollten und sich um andere Lebewesen nicht scherten.

Vor diesem Hintergrund erwartete eine zunehmend kritische Zivilgesellschaft von der Politik, dass sie die Regeln für wirtschaftliches Handeln ändere und mit Verboten und Verordnungen für umweltverträgliche Produktionsweisen und den Schutz von Natur und Landschaft sorgte. Gleichzeitig appellierte sie an Wertvorstellungen wie die von einem unversehrten Leben und von Gesundheit und bemühte sich, Bürger, die sich noch nicht mit Fragen des Natur- und Umweltschutzes beschäftigt hatten, zu überzeugen und somit sukzessive mehr und mehr gesellschaftlichen Einfluss zu gewinnen. Die Ökonomie in Gestalt der kapitalistischen Marktwirtschaft galt als Gegner, der in die Schranken gewiesen werden musste.

Diese Frontstellung von wirtschaftlicher und ökologischer Vernunft hatte lange Bestand. Sie ist nicht nur von den Vertretern des Natur- und Umweltschutzes gepflegt worden, sondern auch von Seiten der Wirtschaft und der Wirtschaftswissenschaften (vgl. Hampicke 1992: 16–22). Ein Wandel zeichnete sich erst Ende der 1980er bzw. Anfang der 1990er Jahre ab, als die Vereinten Nationen begannen, die Idee der nachhaltigen Entwicklung als Leitbild zu propagieren. Nachhaltig entwickelt sich eine Gesellschaft, die – so die berühmte Formulierung – „die Bedürfnisse der Gegenwart erfüllt, ohne die Fähigkeit zukünftiger Generationen zu beschädigen, sich ihre eigenen Bedürfnisse zu erfüllen" (World Commission on Environment and Development 1987), und zwar durch die integrierte Berücksichtigung wirtschaftlicher, sozialer und ökologischer Zusammenhänge.

Der Begriff der Ökosystemdienstleistungen gewinnt in diesem Umfeld an Plausibilität (vgl. Gómez-Baggethun et al. 2010: 1213 f.). Er hat sich aus der insbesondere von Ökologen vorgetragenen Idee entwickelt, dass menschliche Gesellschaften in Ökosysteme eingebettet seien und deren Funktionskreisläufe nutzten. Die Wortkombination „ecosystem services" wird erstmals von Paul R. Ehrlich und Anne Ehrlich (1981) verwendet, Walter E. Westman hatte vorher einen 1977 in *Science* publizierten Artikel mit der Frage überschrieben „Wie viel sind die Dienstleistungen der Natur wert?" und darin Beispiele für die geldwerte Messung der aus Ökosystemfunktionen generierten Nutzen diskutiert (Westman 1977). Paul R. Ehrlich, Anne H. Ehrlich und John P. Holdren (1977: 621) sprechen im gleichen Jahr in ihrem Buch *Ecoscience* von den „„öffentlichen Dienstleistungen' des globalen Ökosystems" (vgl. Mooney und Ehrlich 1997). Der ersten systematischen Anwendung des Begriffs durch Paul R. Ehrlich und Harold A. Mooney (1983) ist gleichsam die Genugtuung anzumerken, eine Sprache gefunden zu haben, um die Dramatik des durch die moderne Gesellschaft verursachten Artensterbens allgemeinverständlich zu kommunizieren. So schreiben sie: „Die meisten Versuche, andere Organismen für die verloren gegangenen einzusetzen, waren in unterschiedlichem Ausmaß erfolglos und die Aussichten, dass in absehbarer Zukunft die Erfolgsraten steigen, sind nicht groß. Versuche, die verloren gegangenen Dienstleistungen durch andere Mittel bereitzustellen, neigen auf lange Sicht dazu, zu teuren Misserfolgen zu werden" (Ehrlich und Mooney 1983: 248).

Mit dem Kontext des Begriffes verändern sich auch die Anforderungen, die an ihn gestellt werden. Indem das Konzept der Ökosystemdienstleistungen seinen Hinweischarakter – Gómez-Baggethun et al. (2010: 1213) sprechen von einem pädagogischen Grundprinzip – verliert und zu einer ökonomischen Kategorie wird, werden weiterführende Erläuterungen ebenso notwendig wie Abgrenzungen von anderen Begriffen. Das wird deutlich an der ersten ausführlichen Definition des Begriffs, die Gretchen Daily (1997: 3) vorlegte. Demnach bezeichnen *„Ökosystemdienstleistungen* (…) die Bedingungen und Prozesse, durch die natürliche Ökosysteme und die Arten, die sie ausmachen, menschliches Leben stützen und vollziehen. Sie erhalten die biologische Vielfalt und die Herstellung von *Ökosystemgütern*, wie z. B. Fisch und Meeresfrüchte, Viehfutter, Holz, Biokraftstoffen, Naturfasern sowie viele Arzneimittel, Industrieprodukte und deren Ausgangsstoffe. Ernte und Handel dieser Güter bilden einen ebenso bekannten wie wichtigen Teil der menschlichen Wirtschaft. Zusätzlich zur Güterproduktion erfüllen Ökosystemdienstleistungen die eigentlichen lebenserhaltenden Funktionen, wie etwa Reinigung, Abfallverwertung und Erneuerung, und sie gewähren auch viele immaterielle ästhetische und kulturelle Wohltaten." Mit der Unterscheidung von Gütern und Dienstleistungen ist es freilich nicht genug. Wenn die verschiedenen Beiträge und Leistungen der Natur für die Existenz von Gesellschaften gemessen und bewertet werden sollen, dann müssen sie klar und eindeutig definiert und z. B. auch von ökologischen Strukturen und Prozessen sowie von Ökosystemfunktionen unterschieden werden (Groot et al. 2002). Wie solche Abgrenzungen vorgenommen werden können, welche konkreten Ökosystemdienstleistungen es gibt und wie diese zu definieren sind, ist bis heute Gegenstand der wissenschaftlichen Diskussion.

In der wohl bekanntesten Studie, die auf dem Konzept der Ökosystemdienstleistungen aufbaut, dem *Millennium Ecosystem Assessment* (MA), wurde beispielsweise eine sehr weite Definition zugrunde gelegt. „Ökosystemdienstleistungen sind", so heißt es dort (MA 2005: V), „was Menschen an Nutzen aus Ökosystemen gewinnen." Die Studie wurde 2001 von den Vereinten Nationen in Auftrag gegeben. Als sie 2005 publiziert wurde, präsentierte sie einen systematischen Überblick über die Auswirkungen globaler Umweltveränderungen auf Ökosystemdienstleistungen und das durch diese erzeugte menschliche Wohl. Dabei wurden die insgesamt 31 Ökosystemdienstleistungen in vier Klassen eingeteilt und danach unterschieden, ob sie als Versorgungs-, Regulierungs- oder kulturelle Dienstleistungen direkt auf Menschen wirken oder als grundlegende Trägerdienstleistungen andere Dienstleistungen aufrecht erhalten (vgl. Abb. 1).

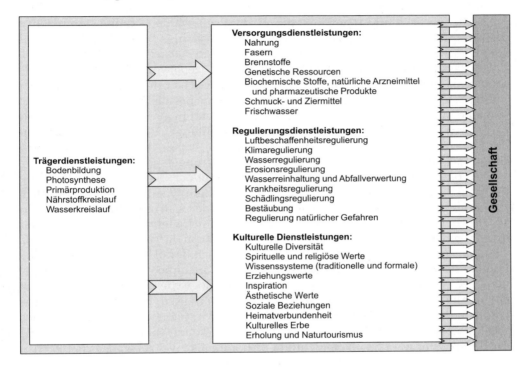

Abbildung 1 Ökosystemdienstleistungen gemäß MA (2005: 40).

Dass – wie in der MA (2005: 40) selbst betont wird – viele der aufgeführten Ökosystemdienstleistungen mit anderen verquickt sind und folglich nicht scharf voneinander getrennt werden können, ist ein wesentlicher Kritikpunkt. Denn eine Klassifikation, die die faktische Komplexität von Ökosystemen nicht auf eindeutig definierbare Objekte reduzieren kann, führt zwangsläufig zu Doppelungen bei der ökonomischen Bewertung von Gütern und Dienstleistungen (vgl. Hein et al. 2006, Boyd und Banzhaff 2007, Wallace 2007, Fisher et al. 2009). Beispielsweise würde die MA-Klassifikation bei der Bewertung einer Parzelle atlantischen Regenwaldes in Brasilien dazu anleiten, einen ökologisch intakten Flusslauf sowohl aufgrund seines Beitrags zum Nährstoffkreislauf (als Trägerdienstleistung), aufgrund seines Fischreichtums (Nahrung als Versorgungsdienstleistung), aufgrund seines Beitrags zur Wasserregulierung (Regulierungsdienstleistung) als auch aufgrund seines Potenzials für Naturtourismus (kulturelle Dienstleistung) zu berücksichtigen. Da zumindest die Versorgung mit Fisch als Nahrungsmittel an die Trägerdienstleistung des Nährstoffkreislaufs gekoppelt ist, würde die Doppelzählung jede Bilanzierung verfälschen und etwa zu Fehlern bei der Berechnung der Wertschöpfung führen. Das ist insbesondere dann von Übel, wenn eine ökonomische Bewertung der Regenwaldparzelle als Grundlage für Kosten-Nutzen-Analysen gedacht ist, die schließlich politische Entscheidungsträger über die mit der Regenwaldabholzung verbundenen Risiken informieren sollen. Denn wer mit falschen Zahlen hantiert und unrealistische Entscheidungsszenarien entwickelt, verliert seine Glaubwürdigkeit.

Um das zu vermeiden, schlagen z. B. Fisher et al. (2009) vor, Ökosystemdienstleistungen als ökologische Phänomene zu definieren, welche von Menschen direkt oder indirekt genutzt werden können. Im oben genannten Beispiel ist der Nährstoffkreislauf eine intermediäre Dienstleistung, die Fischreichtum als Enddienstleistung des ökologisch intakten Flusses bedingt. Um Doppelzählungen zu vermeiden, wird nur der Nutzen, den Menschen aus dieser Enddienstleistung – hier in Form von Nahrung – ziehen, zur Grundlage ökonomischer Bewertungen gemacht.

Die kontroversen Diskussionen über das Konzept der Ökosystemdienstleistung, die aktuell – und vermutlich auch in der weiteren Zukunft – den wissenschaftlichen Diskurs bestimmen, sind allerdings nicht allein der Klärung wirtschaftswissenschaftlicher Detailfragen geschuldet. Sie erklären sich vielmehr aus Weltanschauungsfragen und ethischen Standpunkten, die gleichsam durch zwei konkurrierende Glaubensgemeinschaften getragen werden, nämlich der ökologischen Ökonomik und der neoklassischen Umweltökonomik (vgl. Knorring 1997: 10–12). Das Konzept der Ökosystemdienstleistungen wurde in der ökologischen Ökonomik entwickelt, einem alternativen Strang der Wirtschaftswissenschaften, der sich in den 1980er Jahren bildete, um Ökologie und Ökonomik zu verknüpfen (vgl. Røpke 2004, Røpke 2005). „Wieder zu verknüpfen", sagen ökologische Ökonomen und betonen, dass die Ausdifferenzierung von Ökologie und Ökonomik als zwei spezialisierten Wissenschaften, die sich Ende des 19. Jahrhunderts vollzog, eine korrekturbedürftige Fehlentwicklung des Wissenschaftssystems darstellt (vgl. Costanza et al. 2001: 21–92). Faktisch geht es darum, dass die Ökonomik von der Ökologie lernen muss, welche Beschränkungen menschliches Wirtschaften in einer nicht-wachsenden biophysischen Welt zu berücksichtigen hat.[1] Was sich ausgehend von dieser Idee gebildet hat, ist mehr eine Bewegung als eine etablierte Wissenschaftsdisziplin. In der deutschen Übersetzung des Lehrbuchs zur ökologischen Ökonomik von Costanza et al. (2001: 60) wird das folgendermaßen beschrieben: „Die Ökologische Ökonomik bildet kein geschlossenes – allgemein geteiltes – Paradigma festgefügter Prämissen und

---

1   Ein direkter Vorläufer ist die Theorie stationären Wirtschaftens von Herman Daly (1973). Laut Daly (1973: 152) befindet sich eine Wirtschaft in einem stabilen, stationären Zustand, „in der die gesamte Bevölkerung und der gesamte Bestand materiellen Wohlstands auf den Niveaus, die gewünscht werden, durch ‚minimalen' Materialdurchsatz konstant gehalten werden". Dass die Stoff- und Energieflüsse nicht wachsen, heißt allerdings nicht, starren, unbeweglichen Wirtschaftsstrukturen das Wort zu reden. Daly (1987) unterscheidet zwischen (quantitativem) Wachstum einerseits und andererseits Entwicklungen, die Stoff- und Energieflüsse optimieren.

Theorien, sondern sie steht vielmehr für das Streben der Ökonom/innen, Ökolog/innen und anderen Wissenschaftler/innen, voneinander zu lernen, neue Arten des gemeinsamen Denkens zu erkunden und die Entwicklung und Anwendung von neuen wirtschafts- und umweltpolitischen Strategien zu fördern. Bis heute ist die Ökologische Ökonomik hinsichtlich der vertretenen Konzeptionen bewusst pluralistisch angelegt, auch wenn einzelne Vertreter das eine dem anderen Paradigma vorziehen (Norgaard 1989)."

Dem Bewegungscharakter der ökologischen Ökonomik entsprechend, bemühen sich ihre Vertreter, auch die so genannte neoklassische Umweltökonomik[2] in die Diskussion zu ziehen (vgl. Costanza et al. 1991). Mit dem Begriff der Ökosystemdienstleistungen ist das im Prinzip auch gelungen. Dass gesellschaftliche Existenzbedingungen nicht nur abstrakt, sondern ganz konkret von der Erhaltung (und Restaurierung) von Ökosystemfunktionen abhängen und Umweltschutzmaßnahmen sich wirtschaftlich rechnen können, ist eine ebenso fundamentale wie triviale Einsicht, die durch weltanschauliche und ethische Standpunkte kaum zu verzerren ist. Außerdem wählen sowohl die ökologische Ökonomik als auch die neoklassische Umweltökonomie im Konzept der Ökosystemdienstleistungen einen anthropozentrischen Zugang, um die von der modernen Gesellschaft erzeugten ökologischen Gefährdungen zu bearbeiten. Damit enden aber bereits schon die weltanschaulichen Gemeinsamkeiten. In der neoklassischen Umweltökonomik sind ökologische Grenzen oder Ressourcenbeschränkungen kein zentrales Thema. Gesellschaften berauben sich nicht dadurch ihrer Existenzgrundlagen, dass sie diese als Ressourcen zum Gegenstand von Tauschhandeln machen. Im Gegenteil, sie gefährden sich, weil sie ihre Existenzgrundlagen nicht oder nicht ausreichend in Wirtschaftsprozesse einbeziehen. Wenn die – in der Sprache der Wirtschaftswissenschaften – durch jeden Tausch erzeugten negativen Konsequenzen nicht als Kosten externalisiert werden können, sondern internalisiert werden müssen, dann wird alles gut. Das bedarf einer Erläuterung (vgl. Endres 2000: 1–34).

Was die kapitalistische Marktwirtschaft bewegt, sind Gewinne und Verluste von Geld. In Geld bemisst sich der Tauschwert von Gütern und Dienstleistungen. Nur was etwas kostet, hat unter diesen Prämissen auch einen Wert. Nun ist die Luft, die Menschen zum Atmen brauchen, ein für alle frei zugängliches, öffentliches Gut. Niemand zahlt für Luft. Luft hat keinen Preis. Zwar verdienen in Luftkurorten Kliniken, Kurhotels und anhängige Versorgungsbetriebe Geld damit, dass Menschen in ihnen atmen. Entscheidend sind hier aber die besonderen Qualitäten der Luft, die für be-

---

2   Der Begriff der Neoklassik trägt eine deutliche Ambivalenz in sich. Als Sammelbegriff fasst er lose und unverbindlich verschiedene Theorieansätze der Wirtschaftswissenschaften zusammen, die zumindest die folgenden fünf Elemente teilen: (methodologischen und normativ-politischen) Individualismus, Utilitarismus, die Annahme rationalen individuellen Handelns, das Tauschparadigma und die Annahme, dass sich knappe Ressourcen aufgrund des Marktmechanismus optimal auf konkurrierende Nutzungsmöglichkeiten verteilen (vgl. Hampicke 1992: 30–33). Zugleich wird „Neoklassik" aber auch gebraucht, um sich von vermeintlich verfehlten Wirtschaftstheorien abzugrenzen, die realitätsfern und umwelt- und naturschutzfeindlich seien und zu allem Unglück auch noch die herrschende Meinung – so würden es Juristen sagen – der Wirtschaftswissenschaften repräsentieren (vgl. Cortekar et al. 2006: 80–102).

stimmte Krankheiten bestimmte therapeutische Dienstleistungen ermöglichen. Solche besonderen Qualitäten der Luft sind nicht überall zu finden. Sie sind knapp. Wer von ihnen profitieren will, muss sich in die jeweiligen Luftkurorte begeben. Anhand des Preises, den Patienten (oder ihre Krankenversicherungen) für den Aufenthalt bezahlen, setzt sich der Bedarf, der an diesen Luftqualitäten besteht, mit der Knappheit der Orte, an denen sie vorzufinden sind, in Beziehung. Reine Atemluft hingegen kann verbraucht werden, ohne dass dies jemanden etwas kostet. Sie steht nicht nur zum Atmen zur Verfügung, sondern auch als Speicher für Emissionen von Kohlenstoffdioxid, Schwefeloxiden, Stickstoffoxiden, Kohlenwasserstoffen etc. Wer z. B. ein neues Auto kauft, zahlt für das Material, die in das Produkt eingegangene Arbeit und das mit dem Produkt verbundene Prestige. Nicht im Preis berücksichtigt ist, dass das Auto zukünftig Luft als Träger für seine Schadstoffemissionen nutzen wird. Die Emissionen sind keine fixe Größe. Bei der Kaufentscheidung ließe sich durchaus ins Kalkül ziehen, dass verschiedene Modelle mehr Schadstoffe emittieren als andere. Noch aber werden die Kosten, die aus der Schadstoffemission entstehen, externalisiert, d. h. auf andere übertragen, die nicht an dem Autokauf teilnehmen. So werden die durch Luftverschmutzung bedingten Kosten für Atemwegserkrankungen den Krankenversicherern aufgebürdet. Für die Schwefeloxide in der Luft, die den sogenannten sauren Regen bedingen, kommen unter anderem diejenigen auf, deren Wälder geschädigt werden. Kohlendioxid und andere Gase tragen zum so genannten Treibhauseffekt und damit zur globalen Klimaerwärmung bei und erzeugen insbesondere bei zukünftigen Generationen Kosten, um etwa die Schäden zunehmend extremer Wetterlagen zu beseitigen und sich an die wandelnden klimatischen Bedingungen anzupassen.

Dass Autofahrer die Luft mit ihren Autoabgasen kostenlos verschmutzen können, stellt sich aus Sicht der neoklassischen Umweltökonomik als Marktversagen dar. Denn im idealtypischen Marktmodell der Neoklassik muss der Käufer eines Gutes die durch seine Kaufentscheidung erzeugten Knappheitsfolgen selber tragen. Der Automarkt aber muss faktisch nicht berücksichtigen, dass auch Luft eine knappe Ressource ist, die ebenfalls optimal auf konkurrierende Nutzungsmöglichkeiten verteilt werden muss. Märkte, in denen die Teilnehmer nicht für die Kosten gerade stehen müssen, die sie durch ihre Entscheidungen erzeugen, gelten als suboptimal bzw. ineffizient. Um dies zu korrigieren, stellt sich die neoklassische Umweltökonomie als zentrales Problem, die vom Marktgeschehen externalisierten Kosten in dasselbige einzuführen. „Optimal" heißt dabei pareto-optimal (benannt nach dem italienischen Soziologen und Ökonomen Vilfredo Pareto). Die Preise des Automarktes müssen die Schadstoffemissionen der Autos berücksichtigen, damit auch Luft so auf die konkurrierenden Nutzer verteilt wird, dass keine Änderung zugunsten einer Luftnutzungsform möglich ist, die nicht mindestens einen der anderen Luftnutzer schlechter stellt.

Auf der Grundlage solcher Analysen entwickelt die neoklassische Umweltökonomik Instrumente, die der Internalisierung externer Effekte dienen und den Verursacher von Umweltproblemen und ökologischen Gefährdungen belasten sollen, so dass er von seinem schädlichen Tun ablässt oder dafür bezahlt. Während also die ökologische Ökonomik die Natur als äußeres Begrenzungskriterium für Wirtschaftsprozesse in den Blick nimmt, ist es das Anliegen der neoklassischen Umweltökonomik, die Natur so weit als möglich zu ökonomisieren. Eine intakte Umwelt muss dafür, wie das Beispiel mit der Luftverschmutzung zeigt, zu einer knappen Ressource erklärt werden, an die verschiedene Nutzungsansprüche gestellt werden. Was aus dem Konzept der Ökosystemdienstleistungen werden kann, wie es den gesellschaftlichen Umgang mit Natur verändern wird, wird sich im spannungsreichen Diskurs dieser beiden Glaubensrichtungen herausbilden.

Der Begriff der Ökosystemdienstleistungen in der gesellschaftlichen Praxis

Was Begriffe bedeuten, lässt sich allein dadurch erschließen, dass wir uns ihre möglichen Konsequenzen vor Augen führen (vgl. Peirce 1985). An dieser Maxime orientieren wir uns im Folgenden, konzentrieren uns aber in diesem Kapitel auf die bereits beobachtbaren Konsequenzen.

Zahlungen für Ökosystemdienstleitungen

„Zum Gelde drängt, am Gelde hängt doch alles", heißt es frei nach Goethes „Faust". Auch mit dem Begriff der Ökosystemdienstleistungen ist das nicht anders. Wenn wir ökologische Phänomene (oder Funktionen) als Dienstleistungen bezeichnen und diese Redeweise ökonomische Relevanz haben soll, stellt sich im Kontext einer kapitalistischen Marktwirtschaft sofort die Frage: Wer zahlt für die Dienstleistung? Und daran hängt wiederum die Frage, wer das Geld erhält. Zwar werden die Dienstleistungen von ökologischen Systemen erbracht. Aber weder kann eine Regenwaldparzelle Dollar dafür entgegen nehmen, dass sie Kohlenstoff bindet, noch kann ein Bienenschwarm seine Bestäubungstätigkeiten auf dem Arbeitsmarkt anbieten. Zahlungen für Ökosystemdienstleistungen, im Englischen *Payments for ecosystem services* (PES), werden zwischen denen getauscht, die Ökosystemdienstleistungen anbieten können, weil sie Nutzungsrechte – von einem Stück Land, von Fischgründen oder anderem – besitzen, und denen, die für diese Dienstleistungen zahlen. Folgt man Wunders (2005: 3) Definition, dann ist eine Zahlung für eine Ökosystemdienstleistung „eine freiwillige Transaktion, bei der eine klar definierte Ökosystemdienstleistung (oder eine Landnutzung, die voraussichtlich die Dienstleistung sichert) ‚gekauft' wird durch (zumindest einen) Dienstleistungsnehmer von (zumindest einem) Dienstleistungserbringer, und zwar nur dann, wenn der Dienstleistungserbringer die Leistungserbringung auch sicherstellt (Bedingtheit)."

So verstanden, sind PES finanzielle Anreize, um Ökosystemdienstleistungen zu erhalten oder wiederherzustellen (siehe hierzu auch den Beitrag von Hiß in diesem Band). Sie bieten den Schutz von Natur, Umwelt und Landschaft als eine Geschäftsmöglichkeit an, anstatt ihn als Zwang zu verordnen oder auf eine bewusste moralische Einsicht zu setzen. Wie diese Anreize funktionieren, zeigen Engel et

al. (2008: 664 f., vgl. auch Abb. 2): Bei ökologisch adäquaten Bewirtschaftsfor-
men können Manager von Ökosystemen (wie z. B. Land- und Forstwirte, Fischer,
Landbesitzer, Leiter von Naturreservaten) oft weniger Profite machen als bei konventionellen bzw. ökologisch bedenklichen. So könnte etwa der Eigentümer einer
Regenwaldparzelle seinen Ertrag deutlich steigern, wenn er den Wald abholzt und
in Weideland umwandelt. Seine Ertragssteigerung basiert in diesem Fall z. B. darauf,
dass er Kosten, die aus dieser Umwandlung für andere entstehen (z. B. durch die
Störung des Wasserkreislaufs, den Verlust an Biodiversität und an CO_2-Speicher-
kapazität), nicht in seine Kosten-Nutzen-Rechnung aufnehmen muss. Anstatt den
Parzelleneigentümer durch Verbote, Strafzahlungen oder Steuern mehr oder weniger verbindlich dazu zu zwingen, auf die Umwandlung des Waldes in Weide zu
verzichten, werden durch PES starke Anreize entwickelt, den Regenwald zu erhalten.
Zahlen sollen die Nutzer der am Regenwald hängenden Ökosystemdienstleistungen.

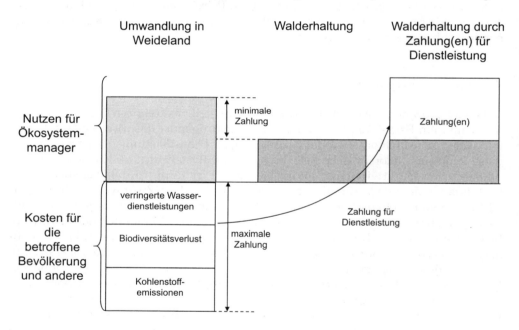

Abbildung 2   Die Logik von Zahlungen für Ökosystemdienstleistungen (vgl. Engel
et al. 2008: 665).

Wie PES organisiert werden – wer Käufer und wer Verkäufer ist, ob für eine Ökosystemdienstleistung gezahlt wird oder für mehrere oder für eine bestimmte Form
des Land- oder Wassermanagements, ob die Zahlungen daran geknüpft sind, dass
eine bestimmte Maßnahme durchgeführt wird bzw. unterbleibt oder ob beim Nachweis eines bestimmten Managementerfolges gezahlt wird –, kann sehr verschieden

sein. Ordnung in die verschiedenen Schemata von PES bringt Wunder (2005: 7 f.), indem er unterscheidet, ob (a.) die Käufer im öffentlichen oder privaten Interesse agieren, (b.) ein Leistungsgewinn oder eine Einschränkung von Nutzungsmöglichkeiten das Ziel ist oder (c.) für Produkte oder für Flächen bzw. geschützte Ressourcen gezahlt wird. Entlang dieser Unterscheidung können einige Beispiele die Vielfalt bestehender PES-Schemata illustrieren. Im öffentlichen Interesse zahlen für Ökosystemdienstleistungen in der Regel staatliche Organisationen. So zahlt etwa das Land Brandenburg landwirtschaftlichen Unternehmen Geld, wenn diese bestimmte Maßnahmen durchführen, die dem Gewässerschutz, Biotopschutz, Biodiversitätserhalt etc. dienen (vgl. Woidke 2007). Vergleichbare Agrarumweltprogramme gibt es nicht nur in anderen deutschen Bundesländern und anderen EU-Ländern, sondern ebenso in der Schweiz oder den USA (vgl. z. B. Claassen et al. 2008, Bosshard et al. 2010). Im privaten Interesse zahlen vor allem Firmen, wie z. B. das Pharmazieunternehmen Merck, das dazu mit der Nichtregierungsorganisation InBIO in Costa Rica (Costa Rican Asociacion Instituto Nacional de Biodiversidad) eine Vereinbarung geschlossen hat, um aus geschützten Wäldern des Landes Proben von Pflanzen, Insekten und Mikroorganismen für pharmazeutische Produkte entnehmen zu dürfen (vgl. Zebich-Knos 1997). PES können darauf angelegt sein, die Nutzung von Ressourcen für einen bestimmten Zeitraum oder andauernd zu begrenzen (bzw. ganz darauf zu verzichten). So handelt z. B. das „Columbia River Basin Water Transaction (CRBWT) Program" den Anrainern des Columbia River und seiner Zuflüssen im Westen der USA Wasserentnahmerechte ab, um einen konstanten Wasserfluss insbesondere auch in Sommermonaten zu garantieren und die dadurch bedingten Ökosystemdienstleistungen sicher zu stellen (vgl. Garrick et al. 2009). Wenn PES hingegen Ökosystemdienstleistungen wieder herstellen, bedingen sie einen Zugewinn, wie z. B. bei Wiederaufforstungsprojekten in durch Entwaldung degenerierten Landschaften (vgl. z. B. Kairo 2008). Sowohl solche Projekte als auch das CRBWT-Programm stehen für die PES-Schemata, die für Flächen bzw. geschützte Ressourcen zahlen. Eine grundlegend andere Möglichkeit besteht darin, dass Produkte, bei deren Herstellung der Erhalt von anderen Ökosystemdienstleistungen gepflegt wird, zertifiziert und mit einem höheren Preis belegt werden. In diesem Sinne fungieren die höheren Preise, die Verbraucher von zertifizierten Biolebensmitteln zahlen, als Zahlungen für Ökosystemdienstleistungen.

Die Beispiele verdeutlichen die Vielfalt der bereits bestehenden PES-Schemata. Ihre Klassifikation kann sicher weiter verfeinert werden (vgl. Wunder 2007: 51), z. B. entlang der Frage, welche PES über Märkte ausgetauscht werden und welche über bilaterale Vereinbarungen zwischen Anbietern und Käufern. In beiden Fällen kann die Transaktion freiwillig sein. Sie gilt aus ökonomischer Perspektive als fair, wenn der vom Käufer angebotene Preis vom Verkäufer akzeptiert wird. Als effizient gelten PES, wenn für den Preis ein Maximum an Ökosystemdienstleistungen gesichert wird, die Land- bzw. Ressourcennutzung nachhaltig ist und die Erträge, die der Eigentümer aus einer nicht-nachhaltigen Nutzung erwirtschaften könnte, – Ökonomen bezeichnen dies als Opportunitätskosten – gedeckt sind (vgl. Pagiola 2005). Diese Kriterien verdienen allerdings eine ausführliche kritische Diskussion. Denn zum einen kann von einer freiwilligen und fairen Transaktion keine Rede sein, wenn Käufer und Verkäufer von Ökosystemdienstleistungen beispielsweise ihre Geschäfte auf der Grundlage unterschiedlicher Kenntnisstände über die Sache, unterschiedlicher Machtpositionen und Einflussmöglichkeiten abschließen (vgl. Kosoy und Corbera 2009: 1223 f.). Zum anderen ist zu fragen, auf welche Dauer Verträge zwischen Käufern und Verkäufern von Ökosystemdienstleistungen abgeschlossen werden. Vertragslaufzeiten von beispielsweise 25 Jahren können zunächst als ausreichend erscheinen, wenn ein Käufer einen spezifischen Lebensraum für eine Tierart schützen will und den Verkäufer zu einer extensiven Bewirtschaftung seiner Wiesen verpflichtet. Für die Regeneration eines Moores ist ein solcher Zeitraum vielleicht nicht ausreichend. PES-Schemata müssen also im Hinblick auf die ökologischen Zielsetzungen evaluiert werden. Ebenso stellt sich auch die Frage, was nach Ablauf der Verträge passiert, ob die Gesellschaft dann beispielsweise auf die betreffende Ökosystemdienstleistung verzichten kann oder neue Verträge aushandeln muss, die sie vielleicht mit deutlich höheren Kosten belasten oder einen Nutzungswandel einer Fläche zur Folge haben, der wiederum nachteilige ökologische Effekte haben kann. Eine nachhaltige Planung von PES muss solche Szenarien durchdenken.

Die Veränderung von Verfügungsrechten

Nicht nur mit Geldzahlungen wird versucht, Menschen zu Verhaltensweisen anzuregen, die Umweltprobleme vermeiden und Ökosystemdienstleistungen erhalten. Die Veränderung von Eigentums- bzw. Verfügungsrechten ist ein anderer Ansatz, um dieses Ziel zu erreichen, der zwar nicht aus dem Begriff der Ökosystemdienstleistungen abgeleitet ist, heute aber als sinnvolle Ergänzung rezipiert wird. Die Idee zu diesem Ansatz stammt aus der so genannten neuen Institutionenökonomik, einem sich ab Mitte der 1970er Jahre entwickelnden Strang der Wirtschaftswissenschaften, der wieder ins Bewusstsein rief, dass wirtschaftliche Tauschprozesse in gesellschaftliche Zusammenhänge eingebunden sind, die diese ermöglichen oder behindern können. Zentral sind dabei Institutionen, d. h. Regeln, die in sozialen Situationen, wie z. B. beim Tauschhandel, gelten und deren Kenntnis die Handelnden wechselseitig voraussetzen können und müssen (vgl. Vatn 2005: 86–109).

Institutionen regeln unter anderem, welche Rechte jemand an einem Gut oder an einer Dienstleistung hat. Die Allmende beispielsweise gilt als eine solche Institution, die in der vormodernen Landwirtschaft weit verbreitet war und für die von vielen Bauern gemeinsam genutzte Wiesen- oder Waldparzelle steht. Sie ist ein häufig verwendetes Beispiel, seit der Biologe Garret Hardin (1968) anhand der Allmende das Problem verdeutlichte, dass knappe Ressourcen, die gemeinschaftlich genutzt werden, häufig übernutzt werden. Für jeden Nutzer sei es nämlich ökonomisch rational, möglichst viel aus einer Allmende herauszuholen, weil für mögliche Schäden ja nicht er allein, sondern die Gemeinschaft aufkomme. „Die Tragik der Allmenden", so der Titel von Hardins Aufsatz, ist seitdem sprichwörtlich geworden, bringt die Formulierung doch zum Ausdruck, dass sich Umweltprobleme nicht lösen lassen, indem Umweltgüter oder Ökosystemdienstleistungen in gemeinschaftliches Eigentum überführt werden (vgl. Radkau 2000: 90 ff., Diekmann und Preisendörfer 2001: 77 ff., siehe hierzu auch den Beitrag von Liebe und Preisendörfer in diesem Band). Zugleich hat Hardins Aufsatz einen wegweisenden Denkanstoß für die neue Institutionenökonomik geliefert. Denn im Anschluss an seine Analyse stellt sich die Frage, ob sich Umweltprobleme bzw. die Probleme der Übernutzung von natürlichen Ressourcen durch veränderte Verfügungsrechte lösen lassen. Die neue Institutionenökonomik konnte in der Auseinandersetzung mit dieser Frage an Überlegungen von Ronald Coase anschließen, insbesondere an seinen Aufsatz über „Das Problem der sozialen Kosten" (Coase 1960). Darin macht Coase darauf aufmerksam, dass externe Effekte von Wirtschaftsprozessen kaum zu internalisieren sind, wenn Verfügungsrechte nicht klar zugewiesen sind.

Im Kontext dieser Diskussionen stehen Bemühungen, die Möglichkeiten, wie Verfügungsrechte über Ressourcen organisiert werden können, zu typisieren. Dabei lassen sich im Anschluss an Ostrom (1990) und Bromley (1989, 1991) vier verschiedene Eigentumsregime unterscheiden, je nach dem, wem die Ressource gehört und wer sie nutzen kann bzw. wer von der Nutzung ausgeschlossen wird (vgl. Vatn 2005: 261–267, Hanna et al. 1995). Demnach gelten Ressourcen, die allen gehören und von deren Nutzung sich niemand ausschließen lässt (wie z. B. Luft), als niemandes Eigentum und frei zugänglich. Wenn eine Ressource von einem Staat kontrolliert wird, der Nutzung und Zugang regelt, steht sie unter einem staatlichen oder öffentlichen Eigentumsregime (in Deutschland z. B. der Wasserhaushalt). Von Gemeinschaftseigentum ist hingegen zu sprechen, wenn eine Ressource einer Gruppe von Nutzern gehört, die unter sich Nutzung und Zugang aushandeln (in Deutschland z. B. die Jagd, die der sich aus den Flächeneigentümern einer Gemeinde zusammensetzenden Jagdgenossenschaft gehört). In Privateigentum befinden sich Ressourcen, die einem privaten Eigentümer gehören, der Nutzung und Zugang regelt (z. B. Landwirtschaftsflächen).

An diese Unterscheidung anknüpfend ist herauszustellen, dass sich die Übernutzung natürlicher Ressourcen nicht über den vermeintlichen Königsweg der Privatisierung vermeiden lässt. Insbesondere durch die Arbeiten von Ostrom (1990) ist geklärt, dass auch gemeinschaftliche oder öffentliche Eigentumsregime pfleglich und nachhaltig Ressourcen bewirtschaften, wenn sie durch starke Institutionen getragen werden. Missmanagement von Ökosystemdienstleistungen kann daraus entstehen, dass sie bzw. das Land oder Gewässer, aus dem sie hervorgehen, mit unklaren, unvollständigen oder nicht sanktionierten Eigentumsregimen verbunden sind oder die Regime inadäquat sind. An Hardins Beispiel verdeutlicht (vgl. Hanna et al. 1995: 17): Wird eine Weide als eine frei zugängliche Ressource gemanagt, sind die für die Ökosystemdienstleistung „Nahrungsproduktion" zu erwartenden Ergebnisse im Vergleich zu den Mitteln wenig effizient. Weniger Vieh auf der Weide würde zu einer höheren Milch- und Fleischproduktion führen. Weil mit einem anderen Eigentumsregime einige Nutzer besser gestellt wären, ohne dass andere benachteiligt würden, lässt sich aus ökonomischer Sicht für eine Veränderung der Verfügungsrechte plädieren. Nach der gleichen Idee ist der Emissionsrechte-

handel als ein umweltpolitisches Instrument entwickelt worden: Der freie Zugang
als ein inadäquates Eigentumsregime für Luft wird auf politischen Beschluss durch
ein staatliches Eigentumsregime ersetzt. Die Luft, die fortan als Träger für Schadstoffemissionen genutzt werden kann, wird durch die Definition von Emissions-
obergrenzen verknappt. Wer Schadstoffe emittieren will oder muss, kann gegen
entsprechendes Entgelt Nutzungsrechte erwerben und diese – sollten sie nicht benötigt werden – auch weiter verkaufen. Beispielsweise hat die Europäische Union
seit 2005 ein System zum Handel mit Emissionszertifikaten etabliert, das eine pfleg-
liche Bewirtschaftung und sukzessive Reduktion der Luftverschmutzung zum Ergebnis haben soll (vgl. Voß 2007). Ob mit diesem Instrumentarium eine wirksame
Begrenzung von Schadstoffemissionen erreicht werden kann, ist allerdings noch
nicht erwiesen. Erfahrungen aus anderen Versuchen, Umweltprobleme über die
Veränderung von Verfügungsrechten und die Etablierung eines Marktmechanismus
zu lösen, mahnen zur Vorsicht, wenn nicht zu Skepsis. Sie geben Anlass zu der Erwartung, dass neue Märkte eigene externe Effekte produzieren anstatt die externen
Effekte der anderen zu internalisieren (vgl. Schnaiberg 2005).

Ökosystemdienstleistungen im Lichte soziologischer Theorien: Chancen und Risiken des Begriffs der Ökosystemdienstleistungen

Nicht allein, was derzeit faktisch aus dem Begriff der Ökosystemdienstleistungen
folgt, ist von Interesse, um den Begriff zu verstehen. Zu bedenken ist auch das, was
folgen könnte, wenn sich der Begriff als *der* Schlüssel zur Konzeption von Natur-
Gesellschafts-Beziehungen etabliert. Dazu hilft es, verschiedene Beobachtungen soziologisch einzuordnen. Beginnen wir mit der These, dass sich die Wahrnehmung
von ökologischen Phänomenen ändert, wenn sie in eine ökonomische Bewertung
münden soll. Kosoy und Corbera (2009) formulieren sie, anknüpfend an Marx'
(1962: 85 ff) Begriff des Warenfetisch. Sie machen darauf aufmerksam, dass die Beobachtung ökologischer Phänomene in zumindest drei Hinsichten reduziert wird,
sobald sie im Zuge der Konstruktion von PES-Schemata als handelbare Ökosystemdienstleistungen bestimmt werden: Zum einen wird die Komplexität ökologischer
Systeme reduziert auf standardisierte Einheiten von Ökosystemdienstleistungen, die
fachgerecht gemessen und gehandelt werden können. Zweitens wird die Vielfalt von
Möglichkeiten, eine spezifische Mensch-Natur-Beziehung zu bewerten, auf einen
einzigen, nämlich ökonomischen Wert reduziert. Drittens werden gesellschaftliche
Ungleichheiten ausgeblendet und sämtliche sozialen Umstände, die den Handel mit
Ökosystemdienstleistungen begleiten, auf die Freiheit des Individuums reduziert,
sich für oder gegen eine Geschäftsbeziehung zu entscheiden (vgl. Kosoy und Corbera
2009: 1231–1234). Dabei steht nicht prinzipiell die Reduktion von ökologischer, ökonomischer und sozialer Komplexität in der Kritik. Fraglich ist vielmehr, ob die Reduktionen, die derzeit bei der Konstruktion von PES-Schemata vorgenommen werden,
auch dem Ziel der ökologischen Ökonomik dienen, die gesellschaftliche und wirtschaftliche Entwicklung an ökologischen Begrenzungen auszurichten. Die Frage ist

aus soziologischer Perspektive berechtigt. Denn Reduktionen können sich verselbst-
ständigen. Sobald sie einmal Bestandteile eines Ordnung erzeugenden Verfahrens
werden, das – zumindest nominell – auf den Zweck ausgerichtet ist, Ökosystemdienstleistungen zu erhalten, wirken sie sich bestimmend auf alle nachfolgenden
Strukturbildungen aus. Wie sich ein solcher Prozess der gesellschaftlichen Ordnungsbildung vollzieht und warum er sich verselbstständigt, hat bereits Max Weber
(1980: 122 ff) exemplarisch in seiner Bürokratietheorie beschrieben. Die Welt zu beherrschen, indem sie in nachvollziehbare Größen aufgeteilt und entsprechend vorgegebener Regeln verwaltet wird, hat wesentliche Vorteile gegenüber anderen Formen
der Herrschaftsausübung. Die Welt wird berechenbarer, nicht nur für diejenigen,
die Herrschaft ausüben, sondern auch für die Beherrschten, die sich ihrerseits auf
das Regelwerk einstellen können. Nicht Willkür oder leblos gewordene Traditionen
bestimmen das gesellschaftliche Leben, sondern eine an Vernünftigkeitskriterien
ausgerichtete Bewertung der Verhältnisse. Das aufklärerische Potential gesellschaftlicher Rationalisierungsprozesse kann allerdings umschlagen (vgl. Horkheimer und
Adorno 1988). Um die Welt berechenbar zu halten, werden die Verhältnisse in bereits
bestehende, vorgefertigte Schemata eingepasst, die das Individuelle und Eigentüm-
liche nicht mehr würdigen. Was als Besonderes angeboten werden kann, definiert
der Markt, dem sich das Subjekt zu unterwerfen hat. Dass diese Mechanismen nicht
nur in der sozialen Welt wirksam sind, sondern auch in der biophysischen, ist nicht
von der Hand zu weisen. Werden ökologische Phänomene mit Hilfe des Begriffs der
Ökosystemdienstleistungen einer rein ökonomischen Rationalisierung überantwortet, wird zwangsläufig ausgeblendet, was sie zu etwas Einzigartigem macht. Denn
etwas zu messen und zu bewerten, heißt, es vergleichbar zu machen. Und was vergleichbar ist, ist nicht einzigartig und kann ersetzt werden. Verselbstständigt sich die
ökonomische Logik der kapitalistischen Marktwirtschaft bei der Bewertung von ökologischen Phänomenen, wird sie wohl letztlich eher die Uniformierung von Natur
und Landschaft fördern als eine Vernetzung von Einzigartigkeiten (vgl. Scott 1998).

Nun ist allerdings festzuhalten, dass die Ökonomisierung nicht erst durch Zahlungen für Ökosystemdienstleistungen eingeleitet wird. Der Sündenfall ist die
Erkenntnis selbst. Sobald ökologische Phänomene im Begriff der Ökosystemdienstleistungen als ökonomisch relevante Größen beschrieben werden, verändert sich,
wie sie erscheinen. Daraus folgt allerdings nicht, dass PES-Schemata ohne Wirkung
auf die Objekte bleiben, für die gezahlt wird. Welche Wirkungen sich daraus wie
entfalten, lässt sich realistisch erst abschätzen, wenn die betreffenden Wirtschaftsprozesse in ihren jeweiligen gesellschaftlichen Kontexten betrachtet werden. Dass
der ökonomische Blick in natürlichen Gegebenheiten anderes erkennt als beispielsweise der ökologische oder künstlerische, haben wir bereits betont. Im Medium
Geld vollzieht sich aber nicht nur die Nivellierung von Besonderheiten. Zugleich
ist zu sehen, dass eine Zahlung auch ein subjektives Urteil zum Ausdruck bringt.
Sie steht nicht für die Bedeutung, die eine spezifische Ökosystemdienstleistung
für die Existenz einer Gesellschaft hat, sondern objektiviert die Gefühle, die ein
Subjekt ihr gegenüber entwickelt. Denn indem für einen Gegenstand Geld gezahlt
wird, so schreibt Georg Simmel (1989: 62), „zeigt sich, dass derselbe nicht nur für

mich, sondern auch an sich, d. h. auch für einen anderen, etwas wert ist". In der Kombination dieser beiden Effekte liegt die enorme Allokationskraft des Geld- und Marktmechanismus' begründet (vgl. auch Parsons 1982: 313–316). Durch Geld wird kommunizierbar, dass etwas einen Wert hat, und zwar abgelöst von allen subjektiven Bindungen und individuellen Motiven. Ressourcen lassen sich mobilisieren, ohne dass auf besondere Umstände Rücksicht genommen wird und werden muss. Will man die Wirkungen von PES abschätzen, ist neben dieser Ambivalenz des Geld- und Marktmechanismus' noch ein weiterer Aspekt zu berücksichtigen. Geld wirkt als ein Medium, das sich gegen Macht, Einfluss und Wertbindungen tauschen lässt (Parsons 1980). Seit beispielsweise der Öko-Landbau ein ernstzunehmendes Wirtschaftspotenzial entwickelt hat, wächst auch seine Basis an Unterstützern, die sich für seine Ziele einsetzen, was es wiederum für Politiker attraktiv macht, sich für die Interessen des Öko-Landbaus einzusetzen und dessen Wertvorstellungen öffentlich zur Sprache zu bringen. Dass sich gesellschaftliche Teilbereiche über diese symbolisch generalisierten Medien koordinieren, kann zur Verstärkung bestehender Ungleichheiten führen, zugleich aber auch Wandlungsprozesse in einem Teilbereich in andere vermitteln. Wenn etwa über die Neustrukturierung der PES, mit denen die EU landwirtschaftliche Betriebe subventioniert, diskutiert wird, lassen sich die wirtschaftlichen Erfolge des Öko-Landbaus in der Politik nicht mehr rundheraus ignorieren. Dass sie adäquat berücksichtigt werden, ist freilich nicht garantiert.

Was kann aber die Ökonomisierung ökologischer Phänomene so lenken, dass sie nicht die Uniformierung der Landschaft und den Verlust von Arten- und Ökosystem-Vielfalt fördert? Die gesellschaftlichen Strukturelemente, die aus soziologischer Perspektive eine solche positive Lenkungsfunktion erfüllen können, finden in der ökonomischen Diskussion über Ökosystemdienstleistungen keine systematische Berücksichtigung. Gemeint ist die soziokulturelle Einbettung wirtschaftlichen Handelns. Diese ist zwar sowohl aus sozialtheoretischer Perspektive beschrieben (vgl. Granovetter 1985) als auch in ihrer Bedeutung für wissenschaftliche Reflexion wirtschaftlichen Handelns hervorgehoben (vgl. Mischel 1997). In der Diskussion über den Begriff der Ökosystemdienstleistungen wird sie aber bislang nicht thematisiert. Vielleicht spielt dabei eine Rolle, dass der Begriff einen kulturellen Bias hat. Das Konzept stammt aus der US-amerikanisch bestimmten Diskussion über Umwelt- und Naturschutz und ist in Europa vor allem in den nördlichen Gesellschaften rezipiert worden. Vielleicht ist in diesen eher calvinistisch-protestantisch geprägten Wissenschaftskulturen die Vorstellung plausibler, dass Natur, Umwelt und Landschaft am besten im Rahmen einer „guten Haushälterschaft" (*stewardship*) zu schützen sind? Vielleicht ist dagegen in Kulturlandschaften wie denen Zentraleuropas mit vielfältigeren, sich zum Teil überlagernden Nutzungstraditionen der Dienstleistungscharakter von Natur eher eine Selbstverständlichkeit? Die kulturellen Deutungsrahmen für die Rezeption des Begriffs „Ökosystemdienstleistungen" aufzuzeigen, könnte der internationalen Verständigung über das Konzept mehr Klarheit verschaffen.

Darüber hinaus stellen sich Fragen nach der soziokulturellen Einbettung aber auch, wenn über PES-Schemata berichtet wird, insbesondere, wenn sie verglichen werden. Auch hier schweigen ökonomische Untersuchungen (vgl. z. B. Wunder et al.

2008), obwohl es kulturell bedingt höchst unterschiedliche Zurechnungen von Verantwortung für Umwelt- und Naturschutz auf Staat, Zivilgesellschaft und Wirtschaft gibt und, darauf aufbauend, unterschiedliche institutionelle Regelungen (vgl. z. B. Münch 1992). Dass die neoklassische Umweltökonomik sich nicht für die Gründe und Motive, die wirtschaftliches Handeln antreiben und legitimieren, interessiert, ließe sich schnell mit dem Verweis auf deren Modellplatonismus nachvollziehen (vgl. Albert 1965). Dass sich aus der ökologischen Ökonomik keine Ambitionen in diese Richtung entwickelt haben, ist schwerer zu verstehen. Offensichtlich ist der Reiz stark, nach Mechanismen zu suchen, die hinter dem Rücken der Handelnden wirken und die man nur günstig beeinflussen muss, um Umwelt und Natur zu schützen. Inspiriert durch die neue Institutionenökonomik wird nach Institutionen geforscht, die wirksam die Nutzung von Ökosystemdienstleistungen sichern. Dabei hat schon Granovetter (1985: 487) betont, dass „Handelnde sich nicht verhalten und entscheiden als wären sie Atome, die außerhalb sozialer Kontexte stehen. Und sie kleben auch nicht sklavisch an einem Drehbuch, das ihnen geschrieben wurde aufgrund der spezifischen Schnittmenge sozialer Kategorien, durch die sie zufälligerweise gekennzeichnet sind. Ihre Versuche, zielgerichtet zu handeln, sind statt dessen in konkrete bewegliche Systeme sozialer Beziehungen eingebettet." Anstatt selbstbezüglich in den Vorstellungswelten der ökonomischen Theorien Mechanismen zu entwerfen, die vermeintlich effektiv Natur, Umwelt und Landschaft schützen, wäre es vor diesem Hintergrund angeraten, danach zu fragen, warum Menschen bestimmte Institutionen zum Erhalt von Ökosystemdienstleistungen mittragen und warum andere abgelehnt werden. Die Legitimität von Institutionen lässt sich nur durch ergebnisoffene deliberative und partizipative Prozesse herstellen (vgl. Habermas 1992). Nur wenn Menschen Gründe haben, sich an Regeln zu halten und diese auch selbstbestimmt zu verändern, sind Institutionen letztlich stabil. Auch wenn die Versuchung groß ist, durch Abkürzungsverfahren wie PES oder die Veränderung von Verfügungsrechten ohne größere Diskussionen zum Erfolg zu kommen, wird sich eine Gesellschaft kaum gegen den Willen derer, die sich als ihr Souverän betrachten sollen, auf eine nachhaltige Entwicklung einlassen. Weder das Insistieren von Experten auf ökologische Zwänge noch die Konstruktion von Marktzwängen kann die gleiche Überzeugungskraft entfalten wie das bessere Argument.

Schluss: Den Teufel mit dem Beelzebub austreiben?

Im Sommer 2006 trat der Chemiker Paul Crutzen mit der Idee an die Öffentlichkeit, dem globalen Klimawandel durch gigantische Schwefel-„Injektionen" in die Stratosphäre zu begegnen. Von verschiedenen Orten aus sollten große Mengen Schwefel mit Hilfe von Ballons in zehn bis 50 Kilometer Höhe über der Erdoberfläche gebracht und dort zu Schwefeldioxid verbrannt werden. Durch die chemische Reaktion entstünde, so Crutzen (2006), eine Hülle aus Sulfat-Partikeln, die die einfallende Sonnenstrahlung reflektieren und damit die Erwärmung der Erde abmildern könne. Paul Crutzen ist nicht Irgendwer. 1995 hat er den Nobelpreis bekommen, und zwar für seine Beiträge zum Verständnis der chemischen Prozesse, die das Ozonloch erzeugen. Da er sich also höchste Verdienste bei der Erforschung der Klimaproblematik erworben hat, findet sein Diskussionsbeitrag Zuhörer. Dabei eröffnet er diesen eine interessante Kosten-Nutzen-Abwägung: Als Kosten veranschlagt er 25 bis 50 Millionen US-Dollar pro Jahr, umgerechnet also 25 bis 50 Dollar pro Bürger in den reichsten Ländern der Erde. Der Nutzen hingegen sei gewaltig. Zehntausende Menschen pro Jahr weniger würden ihr Leben infolge von Klimawandelfolgen verlieren und die gesellschaftlichen Verhältnisse könnten so bleiben, wie sie sind. Was Crutzen uns also vorschlägt, ist eine Art Tauschgeschäft der möglichen Zukünfte. Um die aktuellen Macht- und Eigentumsverhältnisse sowie die derzeitige territoriale Aufteilung des Erdballs auch in Zukunft zu sichern, müssten wir bereit sein, die aus der Maßnahme folgende Versauerung der Wasserressourcen auf der Erdoberfläche und damit destruktive Konsequenzen in einem Großteil der Ökosysteme in Kauf zu nehmen.

Ökonomische Bewertungen, wie sie durch den Begriff der Ökosystemdienstleistungen ins Werk gesetzt werden, dienen dem Vergleich von verschiedenen Zuständen oder Entwicklungen. Sie sollen Spielräume ausloten und Entscheidungen darüber vorbereiten, wie unsere Gesellschaften zukunftsfähig zu gestalten sind. Was eine wünschenswerte Zukunft ist, lässt sich dabei aber nicht als Konsens unterstellen. Die intersubjektive Verständigung über Zukunftsentwürfe und über das, was aus ihnen folgen soll, ist durch nichts zu ersetzen. Gleichwohl lässt sich am Beispiel von Crutzens Vorschlag verdeutlichen, dass nicht jeder Zukunftsentwurf legitim ist. Nicht jedes Szenario muss ernsthaft diskutiert werden. Wenn es nicht den Anspruch erheben kann, das Wohl der Menschheit (vgl. Jetzkowitz 2010: 258 ff) in den Blick zu nehmen, ist es ohne Bedeutung, auch wenn es im Gewand eines rationalen Kosten-Nutzen-Kalküls erscheint. Andererseits sind auch Maßnahmen prekär, die darauf ausgerichtet sind, das Verhalten von Menschen zu verändern, ohne deren Einverständnis eingeholt zu haben. Der Einsatz von Abkürzungsmechanismen wird nicht dadurch legitim, dass er im Sinne der guten Sache entwickelt wurde. Was nicht im womöglich kontroversen Austausch von Argumenten geprüft wurde, zu dem auch alle Betroffenen einen gleichberechtigten Zugang hatten, kann letztlich keine Anerkennung beanspruchen.

Metaphern wie die der Ökosystemdienstleistungen verändern unsere Sicht der Dinge. Ob die veränderte Sicht eine Bereicherung oder eine Plage darstellt, wird sich in der Auseinandersetzung erst noch erweisen. Soziologische Beiträge können noch Einfluss darauf nehmen, wohin die Reise geht.

Dank

Für kritische Hinweise und Kommentare danke ich Kirsten Dietrich, Kristin Nicolaus und Sarah Schomers. Englischsprachige Zitate wurden von mir ins Deutsche übersetzt.

Weiterführende Literatur

Costanza, Robert, John Cumberland, Herman Daly, Robert Goodland und Richard Norgaard (2001): *Einführung in die ökologische Ökonomik*. Stuttgart: Lucius & Lucius.

Endres, Alfred (2000): *Umweltökonomie*. 3. Aufl. Stuttgart: Kohlhammer.

Smelser, Neil J. und Richard Swedberg (Hrsg.) (2005): *The Handbook of Economic Sociology*. Princeton, NJ: Princeton University Press.

Ulrich, Peter (2008): *Integrative Wirtschaftsethik. Grundlagen einer lebensdienlichen Ökonomie*. Bern: Haupt Verlag.

Vatn, Arild (2005): *Institutions and the Environment*. Cheltenham, UK: Edward Elgar.

Zitierte Literatur

Albert, Hans (1965): Modell-Platonismus. Der neoklassische Stil des ökonomischen Denkens in kritischer Beleuchtung. In: Topitsch, Ernst (Hrsg.), *Logik der Sozialwissenschaften*. Köln Berlin: Kiepenheuer & Witsch, 406–434.

Bosshard, Andreas, Felix Schläpfer und Markus Jenny (2010): *Weissbuch Landwirtschaft Schweiz: Analysen und Vorschläge zur Reform der Agrarpolitik*. Bern: Haupt Verlag.

Boyd, James und Spencer Banzhaff (2007): What are Ecosystem Services? The Need for Standardized Environmental Accounting Units. *Ecological Economics* 63 (2-3): 616–626.

Bromley, Daniel W. (1989): *Economic Interests and Institutions: The Conceptual Foundations of Public Policy*. Oxford: Blackwell.

Bromley, Daniel W. (1991): *Environment and Economy: Property Rights and Public Policy*. Oxford: Blackwell.

Chichilnisky, Graciela und Geoffrey Heal (1998): Economic Returns from the Biosphere. *Nature* 391: 629–630.

Claassen, Roger, Andrea Cattaneo und Robert Johansson (2008): Cost-effective Design of Agri-environmental Payment Programs: U.S. Experience in Theory and Practice. *Ecological Economics* 65 (4): 737–752.

Coase, Ronald H. (1960): The Problem of Social Cost. *Journal of Law and Economics* 3 (1): 1–44.

Commoner, Barry (1971): *The Closing Circle: Nature, Man, and Technology*. New York: Knopf.

Cortekar, Jörg, Jörg Jasper und Torsten Sundmacher (2006): *Die Umwelt in der Geschichte des ökonomischen Denkens*. Marburg: Metropolis.

Costanza, Robert, Herman E. Daly und Joy A. Bartholomew (1991): Goals, Agenda and Policy Recommendations for Ecological Economics. In: Costanza, Robert (Hrsg.) *Ecological Economics: The Science and Management of Sustainability*. New York: Columbia University Press, 1–20.

Costanza, Robert, John Cumberland, Herman Daly, Robert Goodland und Richard Norgaard (2001): *Einführung in die ökologische Ökonomik*. Stuttgart: Lucius & Lucius.

Crutzen, Paul J. (2006): Albedo Enhancements by Stratospheric Sulfur Injections: A Contribution to Resolve a Policy Dilemma? *Climatic Change* 77 (3-4): 211–219

Daily, Gretchen C. (1997): Introduction: What are Ecosystem Services? In: Daily, Gretchen C. (Hrsg.), *Nature's Services: Societal Dependence on Natural Ecosystems*. Washington, DC: Island Press, 1–10.

Daly, Herman E. (1973): The Steady State Economy: Toward a Political Economy of Biophysical Equilibrium and Moral Growth. In: Daly, Herman E. (Hrsg.), *Toward a steady state economy*. San Francisco: Freeman, 149–174.

Diekmann, Andreas und Peter Preisendörfer (2001): *Umweltsoziologie. Eine Einführung*. Reinbek: Rowohlt.

Ehrlich, Paul R. und Anne H. Ehrlich (1981): *Extinction: The Causes and Consequences of the Dissapearance of Species*. New York: Random House.

Ehrlich, Paul R. und Harold A. Mooney (1983): Extinction, Substitution, and the Ecosystem services. *BioScience* 33 (4): 248–254.

Ehrlich, Paul R., Anne H. Ehrlich und John P. Holdren (1977): *Ecoscience: Population, Resources, Environment*. San Francisco: Freeman.

Endres, Alfred (2000): *Umweltökonomie*. 3. Aufl. Stuttgart: Kohlhammer.

Engel, Stefanie, Stefano Pagiola und Sven Wunder (2008): Designing Payments for Environmental Services in Theory and Practice: An Overview of the Issues. *Ecological Economics* 65 (4): 663–674.

Fisher, Brendan, R. Kerry Turner und Paul Morling (2009): Defining and Classifying Ecosystem Services for Decision Making. *Ecological Economics* 68 (3): 643–653.

Garrick, Dustin, Mark A. Siebentritt, Bruce Aylward, C. J. Bauer und Andrew Purkey (2009): Water Markets and Freshwater Ecosystem Services: Policy Reform and Implementation in the Columbia and Murray-Darling Basins. *Ecological Economics* 69 (2): 366–379.

Gómez-Baggethun, Erik, Rudolf de Groot, Pedro L. Lomas und Carlos Montes (2010): The History of Ecosystem Services in Economic Theory and Practice: From Early Notions to Markets and Payment schemes. *Ecological Economics* 69 (6): 1209–1218.

Granovetter, Mark (1985): Economic Action and Social Structure: The Problem of Embeddedness. *American Journal of Sociology* 91 (3): 481–510.

Groot, Rudolf S. De, Matthew A. Wilson und Roelof M. J. Boumans (2002): A Typology for the Classification, Description and Valuation of Ecosystem Functions, Goods and Services. *Ecological Economics* 41 (3): 393–408.

Habermas, Jürgen (1992): *Faktizität und Geltung. Beiträge zur Diskurstheorie des Rechts und des demokratischen Rechtsstaats*. Frankfurt a. M.: Suhrkamp.

Hampicke, Ulrich (1992): *Ökologische Ökonomie. Individuum und Natur in der Neoklassik*. Opladen: Westdeutscher Verlag.

Hanna, Susan, Carl Folke und Karl-Göran Mäler (1995): Property Rights and Environmental Resources. In: Hanna, Susan und Mohan Munaginghe (Hrsg.), *Property Rights and the Environment*. Washington, D.C.; Beijer International Institute of Ecological Economics and the World Bank, 15–29

Hardin, Garret (1968): The Tragedy of the Commons. *Science* 162 (3859): 1243–1248.

Hein, Lars, Kris van Koppen, Rudolf S. de Groot und Ekko C. van Ierland (2006): Spatial Scales, Stakeholders and the Valuation of Ecosystem Services. *Ecological Economics* 57 (2): 209–228.

Horkheimer, Max und Theodor W. Adorno (1988 [1944]): *Dialektik der Aufklärung. Philosophische Fragmente*. Frankfurt a. M.: Fischer.

Jetzkowitz, Jens (2010): „Menschheit", „Sozialität" und „Gesellschaft" als Dimensionen der Soziologie. Anregungen aus der Nachhaltigkeitsforschung. In: Albert, Gert, Rainer Greshoff und Rainer Schützeichel (Hrsg.), *Dimensionen und Konzeptionen von Sozialität*. Wiesbaden: VS Verlag, 257–268.

Kairo, James G. (2008): Experiences with PES in Kenya. In: Holopainen, Jani und Marieke Wit (Hrsg.), *Financing Sustainable Forest Management*. Wageningen: Tropenbos International, 107–111.

Knorring, Ekkehard von (1997): Umweltschutz als politische Aufgabe. Ein leitbildorientierter Überblick. In: Stengel, Martin und Kerstin Wüstner (Hrsg.) *Umweltökonomie: Eine interdisziplinäre Einführung*. München: Franz Vahlen, 7–33.

Kosoy, Nicolás und Esteve Corbera (2009): Payments for Ecosystem Services as Commodity Fetishism. *Ecological Economics* 69 (6): 1228–1236.

Marx, Karl (1962 [1867]): *Das Kapital. Kritik der politischen Ökonomie. Erster Band. Buch I: Der Produktionsprozess des Kapitals* (Marx-Engels Werke, Band 23). Berlin: Dietz.

Meadows, Dennis L., Donella H. Meadows, Jørgen Randers, William W. Behrens III. (1972): *The Limits to Growth. A Report for the Club of Rome's project on the Predicament of Mankind.* New York: Universe Books.

Millennium Ecosystem Assessment (2005): *Ecosystems and Human Well-being: A Framework for Assessment.* Washington, DC: Island Press. Verfügbar über: http://www.millenniumassessment.org/documents/document.356.aspx.pdf. Stand 26.8.2010.

Mischel, Kenneth (1997): Webs of Significance: Understanding Economic Activity in its Cultural Context. *Review of Social Economy* 55 (1): 67–84.

Mooney, Harold A., und Paul R. Ehrlich (1997): Ecosystem Services: A Fragmentary History. In: Daily, Gretchen C. (Hrsg.), *Nature's Services: Societal Dependence on Natural Ecosystems.* Washington, DC: Island Press, 11–19.

Münch, Richard (1992): Gesellschaftliche Dynamik und politische Steuerung: Die Kontrolle technischer Risiken. In: Bußhoff, Heinrich (Hrsg.), *Steuerbarkeit und Steuerungsfähigkeit. Beiträge zur Grundlagendiskussion.* Baden-Baden: Nomos, 81–105.

Norgaard, Richard B. (1989): The Case for Methodological Pluralism. *Ecological Economics* 1 (1): 37–57.

Norgaard, Richard B. (2010): Ecosystem Services: From Eye-opening Metaphor to Complexity Blinder. *Ecological Economics* 69 (6): 1219–1227.

Ostrom, Elinor (1990): *Governing the Commons: The Evolution of Institutions for Collective Action.* Cambridge: Cambridge University Press.

Pagiola, Stefano (2005): *Assessing the Efficiency of Payments for Environmental Services Programs: A Framework for Analysis.* Washington, D.C: The World Bank.

Parsons, Talcott (1980): *Zur Theorie der sozialen Interaktionsmedien.* Opladen: Westdeutscher Verlag.

Parsons, Talcott (1982 [1964]): Evolutionary Universals in Society. In: Talcott Parsons, *On Institutions and Social Evolution. Selected Writings.* Chicago: The University of Chicago Press, 296–326.

Peirce, Charles S. (1985 [1878]): *Über die Klarheit unserer Gedanken.* Frankfurt a. M.: Vittorio Klostermann.

Quasthoff, Uta M. (1981): Zuhöreraktivitäten beim konversationellen Erzählen. In: Schröder, Peter, und Hugo Steger (Hrsg.), *Dialogforschung. Jahrbuch 1980 des Instituts für deutsche Sprache.* Düsseldorf: Schwann, 287–313.

Radkau, Joachim (2000): *Natur und Macht. Eine Weltgeschichte der Umwelt.* München: Beck.

Rath, Rainer (1981): Zur Legitimation und Einbettung von Erzählungen in Alltagsdialogen. In: Schröder, Peter und Hugo Steger (Hrsg.), *Dialogforschung. Jahrbuch 1980 des Instituts für deutsche Sprache.* Düsseldorf: Schwann, 265–286.

Røpke, Inge (2004): The Early History of Modern Ecological Economics. *Ecological Economics* 50 (3-4): 293–314.

Røpke, Inge (2005): Trends in the Development of Ecological Economics from the Late 1980s to the Early 2000s. *Ecological Economics* 55 (2): 262–290.

Schnaiberg, Allan (2005): The Economy and the Environment. In: Smelser, Neil J. und Richard Swedberg (Hrsg.), *The Handbook of Economic Sociology.* Princeton: Princeton University Press, 703–725.

Scott, James C. (1998): *Seeing Like a State: How Certain Schemes to Improve the Human Condition Have Failed.* New Haven: Yale University Press.

Simmel, Georg (1989 [1907]): *Philosophie des Geldes* (Georg Simmel Gesamtausgabe, Band 6). Frankfurt a. M.: Suhrkamp.

TEEB, 2010: History of TEEB, URL: http://www.teebweb.org/AboutTEEB/Background/HistoryofTEEB/tabid/1247/Default.aspx. Stand: 7.10.2010.

Vatn, Arild (2005): *Institutions and the Environment*. Cheltenham, UK: Edward Elgar.

Voß, Jan-Peter (2007): Innovation Processes in Governance: The Development of ‚Emissions Trading' as a New Policy Instrument. In: *Science and Public Policy* 34 (5): 329–343.

Wallace, Ken J. (2007): Classification of Ecosystem Services: Problems and Solutions. *Biological Conservation* 139 (3-4): 235–246.

Weber, Max (1980 [1921]): *Wirtschaft und Gesellschaft: Grundriss der verstehenden Soziologie*. Tübingen: Mohr.

Weinrich, Harald (1976): Semantik der kühnen Metapher. In: Weinrich, Harald, *Sprache in Texten*. Stuttgart: Klett, 295–316.

Westman, Walter E. (1977): How Much are Nature's Services Worth? *Science* 197 (4307): 960–964.

Woidke, Dietmar, 2007: *Richtlinie des Ministeriums für Ländliche Entwicklung, Umwelt und Verbraucherschutz (MLUV) des Landes Brandenburg zur Förderung umweltgerechter landwirtschaftlicher Produktionsverfahren und zur Erhaltung der Kulturlandschaft der Länder Brandenburg und Berlin (KULAP 2007) vom 20.11.2007*, URL: http://www.bravors.brandenburg.de. Stand: 30.09.2010.

World Commission on Environment and Development (1987): *Report of the World Commission on Environment and Development: Our Common Future, Chapter 2: Towards Sustainable Development*, URL: http://www.un-documents.net/ocf-02.htm. Stand: 26.08.2010.

Wunder, Sven (2005): *Payments for Environmental Services: Some Nuts and Bolts*. CIFOR Occasional Paper No. 42. Bogor, Indonesia: Center for International Forestry Research.

Wunder, Sven (2007): The Efficiency of Payments for Environmental Services in Tropical Conservation. *Conservation Biology* 21 (1): 48–58.

Wunder, Sven, Stefanie Engel und Stefano Pagiola (2008): Taking Stock: A Comparative Analysis of Payments for Environmental Services Programs in Developed and Developing Countries. *Ecological Economics* 65 (4): 834–852.

Zebich-Knos, Michele (1997): Preserving Biodiversity in Costa Rica: The Case of the Merck-INBio Agreement. *Journal of Environment & Development* 6 (2): 180–186.

Nachhaltige Mobilität

Konrad Götz

Einleitung

Die Mobilitätsforschung – also die Forschung zu Bewegung und Beweglichkeit im Raum – hat eine erstaunliche Entwicklung hinter sich: von einer im Maschinenzeitalter zunächst ingenieurs- und wirtschaftswissenschaftlich geprägten Technikforschung hat sie sich im späten 20. Jahrhundert zu einem interdisziplinären Forschungsfeld weiterentwickelt. Dabei spielen sozialwissenschaftliche empirische Methoden und Ergebnisse eine immer wichtigere Rolle (vgl. z. B. Schöller et al. 2007). Probleme des Umweltschutzes und der Nachhaltigkeit sind ins Zentrum des Erkenntnisinteresses gerückt. Im 21. Jahrhundert entdeckt die Soziologie schließlich, dass sie das Thema Mobilität und Verkehr allzu lange vernachlässigt hat. Mit dem begrifflichen Rahmen *Mobilities* beginnt sie eine nachholende Entwicklung und widmet sich nun allen Phänomenen, die im weitesten Sinne mit Mobilität zu tun haben.

Im nachfolgenden Beitrag geht es zunächst um einen adäquaten Begriff von Mobilität und um eine Definition nachhaltiger Mobilität. Danach werden exemplarisch wichtige Entwicklungsstufen der sozialwissenschaftlichen Verkehrs- und Mobilitätsforschung nachgezeichnet. Dabei wird auf den Zusammenhang von Lebensstilen und Mobilität ausführlich eingegangen, bevor am Ende die Zukunftsaufgabe einer nachhaltigkeitsorientierten, sozialwissenschaftlichen Mobilitätsforschung skizziert wird.

Vom Verkehr zu Mobilität

Zunächst müssen Mobilität und Verkehr unterschieden werden. Schon der Ausdruck Verkehr hat mehrere Bedeutungen: Erstens bedeutet Verkehren ‚Umgang miteinander haben', also Interaktion, Geselligkeit, Austausch bis hin zur Sexualität. Zweitens ist Verkehr seit dem 18. Jahrhundert gleichbedeutend mit Handels-, Waren- und kaufmännischem Verkehr. Drittens bedeutet Verkehr im modernen Sinne das System der Transportmittel, -wege und -leistungen (Ritter et al. 2001: 704). Verkehr hat also eine interaktive, eine ökonomische und eine auf Transport bezogene Bedeutungsdimension. ‚Verkehr' verdichtet in einem Wort sowohl die auf Fortbewegung und Transport angewiesenen Austauschbeziehungen des Marktes und der Bürger untereinander (Verkehr, um Handel zu betreiben) und die Interaktions- und Kommunikationsbeziehungen des geselligen Verkehrs der Personen, Leiber, Geschlechter. In diesem weit reichenden, sozio-ökonomischen Sinne umreißt der Begriff Verkehr ein Feld, in dem Mobilsein eine Frage der sozialen Integration, der Partizipation und der Reproduktion ist.

In der modernen Bedeutungsvariante reduziert sich Verkehr auf Transport und kennzeichnet die zweckrationalen Aktivitäten zur Bewegung von Gegenständen und Personen mit Hilfe von Verkehrsmitteln und der zugehörigen Infrastruktur. Der moderne Begriff nimmt eine systemisch-funktionale Perspektive ein, die das Ganze, das Netz, die Effektivität und Rationalität im Blick hat. Verkehr in diesem Sinne ist Kernelement jedes wirtschaftlichen Prozesses, der über die Subsistenzwirtschaft hinausgreift: Der Ausbau der Kanäle als Wasserstraßen, die Anlage befestigter Chausseen, die Expansion des Streckennetzes der Eisenbahn und der Anstieg der Transportkapazitäten waren zentrale Voraussetzungen und Bestandteile des gesellschaftlichen Transformationsprozesses, der schließlich zum Sprung der industriellen Revolution führte. Das Mobilwerden und das Mobilsein der Massen sowie die Entstehung von Eisenbahn-Verkehrsknotenpunkten in den Städten waren Teil eines Urbanisierungsprozesses, ohne den die Auflösung der dörflich-feudalen Strukturen nicht möglich gewesen wäre (vgl. Wehler 1995: 68–75).

Die Schaffung von Verkehrsnetzen, die Indienstnahme und der Ausbau des Verkehrssystems waren und sind gesellschaftliche Machtfaktoren und Herrschaftsmittel. In der Phase der europäischen Industrialisierung war das Verkehrssystem nicht nur *Mittel* zur Steigerung der Produktivität der Gesamtwirtschaft, sondern wurde bald zum wichtigsten Sektor. So war der Eisenbahnbau der Leit- und Führungssektor im Deutschen Bund/Preußen bzw. in der Boomphase des Deutschen Reichs (ebd.: 71).

Während der Begriff Verkehr die Transportmittel und das Transportsystem meint, bezeichnet ‚Mobilität' (aus dem lateinischen *mobilitas* bzw. *mobilis* = beweglich) das Potential der Beweglichkeit, „den Seins-Zustand der Beweglichkeit" (Rammler 2001). Beweglichkeit und Bewegung sind grundlegende Bedingungen der Wahrnehmung und der Entwicklung des Denkens und somit der gesamten Individuation. Mit Hilfe von Bewegungen nimmt das Kleinkind „Transformationen des Wahrnehmungsfeldes" vor. Es leistet „Wahrnehmungsaktivität" (Piaget 1971: 33–38). Zum Beispiel können die dreidimensionalen Eigenschaften von Objekten nur durch Perspektivenwechsel, also Bewegung, erlernt werden. Motorik als räumlicher Umgang mit Objekten ist eine entscheidende Bedingung der späteren Objektrepräsentation durch innere Bilder. Räumliche Vorstellungen sind nichts anderes als „verinnerlichte Handlungen" (ebd.: 527). Also Handlungen im Raum, die Beweglichkeit voraussetzen.

Die Soziologie hatte lange Zeit einen Blick auf Mobilität, der den physischen Raum nicht einschloss: Soziale Mobilität etwa bezeichnet „die Bewegungen von Individuen oder Kollektiven im sozialen Raum, d. h. zwischen allen nur denkbaren sozialen Positionen, Rangabstufungen und Schichten" (Ritter et al. 2001: 2). Kulturelle Mobilität bezeichnet die „Wanderung von Kulturelementen (Wörtern, Ideen, Geräten usw.)" (Bernsdorf 1969: 710). Schließlich meint Mobilität – und jetzt ist der physische Raum zumindest als objektive Grundlage mitgedacht – Prozesse der Migration und der Wanderung. Einen sehr allgemeinen, aber auf das Subjekt bezogenen Mobilitätsbegriff schlägt Peter Franz vor: „Ganz allgemein kann man Mobilität definieren als den Wechsel eines Individuums zwischen den definierten Elementen eines Systems" (Franz 1984: 24).

Während bis in die frühen 1990er Jahre die räumliche Mobilität ein Randthema der Sozialwissenschaften bleibt und sich nicht einmal eine Bindestrich-Soziologie des Verkehrs etablieren kann, ändert sich das Bild mit dem Beginn der öffentlich geförderten Mobilitätsforschung. Die Wissenschaften beginnen, Mobilität in zahlreichen interdisziplinären Projekten besser zu verstehen und die Soziologie beginnt, sich selbst neu zu definieren. Wichtige Erkenntnisse sind:

- Mobilität ist nicht das Gleiche wie Verkehr: Eine Definition von Udo Becker lautet: „Mobilität beschreibt die Bedürfnisaspekte von Ortsveränderungen: (Realisierte) Mobilität ist eine Bewegung nach einer individuellen Entscheidung für ein gesellschaftliches Angebot, das ein Bedürfnis abdeckt. Mobilität steht also immer für Bedürfnisse. […] Für jede Mobilität sind Ressourcen, Instrumente, Hilfsmittel notwendig. Verkehr wird definiert als Menge aller Instrumente, die wir für obige Mobilität brauchen, also für alle Verkehrsmittel […], für Verkehrswege, Verkehrsregeln, Verkehrsinfrastrukturen etc. Man kann sogar beide Begriffe verknüpfen: Verkehr ist das Instrument, das Mobilität ermöglicht" (Becker 2003: 3).
- Die zweite Erkenntnis lautet, dass Mobilität zugleich räumliche, soziale und soziokulturelle Beweglichkeit sei (Jahn und Wehling 1996).
- Noch weiter gehen die Protagonisten des Diskurses um ‚Mobilities'. Sie schlagen einen pluralen Mobilitätsbegriff vor, der alle sozialen Beziehungen auf Abstände, Entfernungen und Relationen bezieht und damit – analog zu einer Systemtheorie der dynamischen Relationen von Elementen – alle Phänomene der sozialen Welt durch die Brille von ‚Mobilities' sehen kann. Die virtuelle Welt der Kommunikation wird dabei ausdrücklich einbezogen (vgl. Urry 2007).

Betrachtet man resümierend den sinnvollen Kern der disziplinären und interdisziplinären Definitionen, dann wird greifbar, dass Mobilität eine Bedeutungsspanne hat, die nicht nur räumliche, sondern auch subjektive, soziale und gesellschaftliche Phänomene einbezieht. Biologische und physikalische können hinzugefügt werden. Diese breite Bedeutungsspanne weist darauf hin, dass Mobilität eines jener Hybridphänomene ist, das zwischen Natur und Gesellschaft, Symbolischem und Materiellem, zwischen Sozialem und Stofflichem verortet werden muss. Es ist damit eines der Phänomene, die im Forschungskonzept der sozial-ökologischen Forschung „gesellschaftliche Naturverhältnisse" genannt werden (siehe dazu auch den Beitrag von Becker et al. in diesem Band).

Entwicklungsstufen der Mobilitätsforschung

Sozialwissenschaftliche Arbeiten zur Entstehung von Verkehr sind in den 1970er und 1980er Jahren eher eine Seltenheit. Die Ingenieurwissenschaftler des Tief-, Hoch-

und Motorenbaus sowie die prognostisch orientierten Planungswissenschaften liefern die entscheidenden Bausteine für das wachsende Verkehrssystem, das sich bald nicht mehr auf den Schienen-, sondern auf den motorisierten Individualverkehr konzentriert. Während der Wirtschaftswunderzeit ist das herrschende Mobilitätsleitbild direkt mit dem Wohlstandsmodell eines linearen Wachstums verknüpft. Seine Vorbilder holt es sich zum einen aus der Nazizeit mit dem ‚Volkswagen' und dem Bau von Autobahnen, zum anderen aus den USA mit der Idee einer Tin-Lizzy (Ford T-Modell) vor jeder Haustüre. In dieser Phase geht es verkehrspolitisch darum, die Infrastruktur so auszubauen, dass sie dem steigenden Individualverkehr mit dem Auto gerecht wird. Die aus heutiger Sicht kaum noch nachvollziehbare Verkehrspolitik der 1970er Jahre, deren Folgen in den deutschen Städten noch heute besichtigt werden können, ist Ergebnis des damaligen Ansatzes der autogerechten Stadt.

Die damit verbundenen wissenschaftlichen Zugangsweisen waren den Erkenntnis- und Gestaltungsinteressen der Raumplanung, der Ökonomie und der (Bau-) Ingenieurwissenschaften verpflichtet. Wenn deren Methoden aus soziologischer Sicht kritisiert werden (vgl. Wehling 1998), dann muss aber auch konstatiert werden, dass die Sozialwissenschaften das Thema Verkehr lange Zeit ignoriert haben.[1] Die Planungswissenschaften hatten bei der Erhebung belastbarer Daten einfach keine Partner in den Sozialwissenschaften, also erarbeiteten sie sich ihre sozialstatistischen Modelle selbst. Wer sich schon einmal über die Terminologie der zum Teil heute noch gebräuchlichen Verkehrsmodelle gewundert hat, muss sich darüber im Klaren sein, dass sich die Verkehrsplanung mathematischer Formeln bedient, „die in Analogie zu Fließvorgängen in Leitungen oder zum Anziehungsverhalten zwischen Himmelskörpern entwickelt wurden. Der fließende Verkehr wird mit Strom oder Wasser verglichen, die Kraft, die den Verkehr zum Fließen bringt (die Anziehungskraft zwischen Nutzungen), mit der Gravitationskraft" (Füsser 1997: 84). Die ‚Verkehrserzeugung' im ‚Quellgebiet', also einer räumlichen Einheit, aus der heraus Verkehr entsteht, wird mit Hilfe sozial-struktureller Daten des Gebiets errechnet: Einwohnerzahl, Zahl der Arbeits- und Ausbildungsplätze sowie Verkehrsinfrastruktur. Und es ist ja zunächst auch plausibel, dass eine bestimmte Anzahl Jugendlicher im schulpflichtigen Alter in Raum A und die Position einer Schule in Raum B zu der Annahme eines Verkehrsstroms zwischen Raum A und B führen. Aber ebenso klar ist auch, dass derartige Modelle nicht mehr gut funktionieren können, wenn es z. B. um das eigensinnige Verhalten von Subjekten bei Spontanfahrten in der Freizeit geht.

Gegenüber diesem Stand gibt es heute einen erheblichen Erkenntnisfortschritt. Das hat seine Ursache nicht nur darin, dass die Soziologie den Raum für sich entdeckt hat (vgl. etwa Löw 2001), sondern auch darin, dass sozialwissenschaftliche Methoden dringend benötigt werden, wenn es um die Lösung von Problemen der Mobilität und des Verkehrsverhaltens geht. Denn es handelt sich bei diesen Aktivitäten um soziales Handeln.

---

1   Zu den Ursachen innerhalb der akademischen Soziologie vgl. Spiegel (1976).

Nebenfolgen des Verkehrswachstums

Bereits in den 1970er Jahren werden die ökologischen und sozialen Folgen des zunehmenden Privatverkehrs immer deutlicher sichtbar. Die sich zugleich andeutende Selbstblockade des Verkehrssystems bildet ein Bedrohungsszenario, auf das reagiert werden muss. Zwar ist der Begriff Nachhaltigkeit noch nicht in aller Munde. Aber schon jetzt wird deutlich, dass die Automobilität nicht nur schleichend das Gemeinschaftsgut Atemluft vergiftet, sondern auch, dass die autogerechte Planung für Menschen ohne Auto die Beweglichkeit einschränkt, denn Fußgängerwege und öffentlicher Nahverkehr werden unter die Erde verlegt, damit der Autoverkehr oben ungehindert durchfahren kann. Straßenbahnen und Bahnstrecken werden zurückgebaut. Im Jahr 1970 sterben 19.000 Menschen bei Straßenverkehrsunfällen. Bei einem Drittel des gegenwärtigen Autobestandes gibt es also 15.000 Tote mehr als heute. James Dean und Grace Kelly rasen in den Tod. Alle, auch die Mittelschichten, die Arbeitnehmer und Arbeiterinnen wollen an dem großen Abenteuer Auto teilhaben, es besitzen, zeigen, putzen, fahren und den erreichten Lebensstandard symbolisieren. Die Autoindustrie erforscht mit großem Aufwand und durchaus erfolgreich die technischen Möglichkeiten zur Verbesserung des Insassenschutzes, und der Gesetzgeber führt die Gurtpflicht ein. Damit beginnt eine Spirale aus Leistung und Sicherheitsmaßnahmen. Mit jedem neuen Fahrzeug wird die Beschleunigung besser, aber es soll auch die Sicherheit erhöht werden. Da sich mit zunehmender Crash- und Innenraumsicherheit das Gewicht erhöht, muss die Leistung exorbitant gesteigert werden, wenn die Höchstgeschwindigkeiten und die Beschleunigung ebenfalls erhöht werden sollen. Das sind nämlich die Siegkriterien nicht nur im Autoquartett der Kinder, sondern auch in den Tests der Fachzeitschriften für Erwachsene, wie z. B. ‚Auto, Motor und Sport'. Die Menschen nutzen das Auto nicht nur, um von A nach B zu kommen, sie fahren es aktiv und gerne, sie fahren es schnell und risikoreich, sie begehren und sie emotionalisieren es. Der symbolische Nutzen des Autos ist groß und sein Anteil am Wohlstand in Deutschland auch. Aber die ‚Nebenfolgen' können nicht mehr übersehen werden. Zum 100. Geburtstag des Automobils wird zwar viel gejubelt. Aber es erscheinen auch Denkschriften, die die dunkle, die alptraumhafte Seite des Automobils ins Zentrum rücken (Bode et al. 1986):

- die Zerstörung von historischen Städten und ihren gewachsenen Strukturen, wie z. B. das Zubetonieren der Nahe in Idar-Oberstein oder die Zerschneidung Stuttgarts durch die Bundesstraße 14;
- die Versiegelung von Landschaft durch immer mehr Autobahnen und deren riesige Verbindungskreuze, wie z. B. der achtspurige Ausbau der A5 bei Frankfurt am Main;
- die ca. 250.000 jährlich mit dem Auto ‚erlegten' Wildtiere und die unzähligen beim sogenannten *Roadkill* getöteten Kleinlebewesen;
- der Verkehrslärm als Ursache von Krankheit, aber auch als Mechanismus, der soziale Segregation schafft, weil ganze Wohnviertel dem Verkehr geopfert und

als attraktive Wohnräume aufgegeben und benachteiligten Gruppen übergeben werden, wie z. B. der Alleenring in Frankfurt am Main;
- und nicht zuletzt der den Klimawandel mitverursachende Kohlendioxid-Aus-
stoß, an dem der Straßenverkehr einen Anteil von 15–17 Prozent hat.

Je mehr Gefahren und Umweltprobleme durch die Massenmotorisierung zum
Thema werden, desto klarer wird, dass sie nicht allein durch technische und gesetzliche Maßnahmen gelöst werden können. Die deutsche Gesellschaft baut einen
wichtigen Teil ihres Wohlstands und ihres Grundkonsenses auf der zentralen Rolle
der Automobilindustrie auf. Sie nährt die Illusion, dass Hypermobilität, also die
Möglichkeit, jeden Ort der Welt jederzeit aufsuchen zu können, zum Kern dieses
Wohlstands und des damit verbundenen Freiheitsverständnisses gehört. Auf dieser
Grundlage kann sie politisch nicht so einfach eine Kehrtwende in Richtung Ver-
kehrsreduktion beschließen. Aber kritische Akteure beginnen zu fragen, was der
Motivhintergrund und die gesellschaftlichen Folgen dieser nicht einfach transport-
rational, sondern auch emotional und symbolisch bedingten Nachfrage ist. Die erste
sozialwissenschaftliche Arbeit dazu ist das inzwischen zum Klassiker gewordene
Buch *Zur sozio-ökonomischen Bedeutung des Automobils* (Krämer-Badoni et al. 1971).
Zum Thema Freizeit wird ausgeführt: „Die Massenmobilisierung bewirkt […], dass
jene, die eigentlich Erholung ‚suchen' wollten, einen wachsenden Teil ihrer Freizeit
im Auto zubringen, damit beschäftigt, in den dichten Kolonnen sich auf das vor
ihnen fahrende Auto zu konzentrieren" (ebd.: 17). Hinsichtlich dessen, was heute
Flächenverbrauch genannt wird, heißt es lapidar: „jedes Auto benötigt drei Stell-
plätze: einen bei der Wohnung, einen am Arbeitsplatz und einen ‚draußen'. Von
diesen Stellplätzen stehen jeweils zwei leer." (ebd.: 18). Im gleichen Jahrzehnt legt
der Sachverständigenrat der Bundesregierung sein Gutachten zu ‚Auto und Umwelt' vor (SRU 1973). Die erste Ölkrise und der *Club of Rome* mit seiner Studie zu den
Grenzen des Wachstums weisen auf das drohende Ende der fossilen Ressourcen hin
(Meadows et al. 1972).

Heute, fast 40 Jahre später, hat sich diese frühe Warnung als weitsichtig erwiesen.
Die Forschungsergebnisse zu *Peak Oil* zeigen, dass der Höhepunkt der Ölförderung
überschritten ist und dass weitere Quellen dieser Ressource nur mit hohen gesellschaftlichen Kosten erschlossen werden können. Wie zur Illustration demonstrieren
British Petrol und die anderen Beteiligten der Katastrophe am Golf von Mexiko, was
‚Kosten' wirklich bedeutet. Es ist eine Fallstudie dazu, dass die auf Öl basierende
globale Mobilität nicht zukunftsfähig ist. Das von April bis Juni 2010 *live* vor unseren
Augen aus dem Bohrloch sprudelnde Öl und die hilflose Technik demonstrierten
fünf Monate lang, was ‚Nebenfolgen' in einer Risikogesellschaft sind. Die Machtlo-
sigkeit von isoliert vor sich hin werkelnden und offenbar ratlosen Technikern, aber
auch die Tatsache, dass hier über nichts anderes als über das mechanische Verstop-
fen eines Bohrloches nachgedacht wird, machen überdeutlich, dass es eben nicht um
ein technisches Problem geht. Die in ihren Beschränkungen gefangene Technik ist
bloß der verlängerte und hier amputierte Arm gesellschaftlicher Entscheidungen,
die Risiken sozusagen im Normalmodus hervorbringen, ohne sie zu beherrschen.

Das sind die Kennzeichen einer Risikogesellschaft, wie sie Beck (1986) herausgearbeitet hat. Aber die Entscheidungen werden nicht ohne das Zutun der Nachfrager getroffen, die Automobile, Flüge und die faszinierende Möglichkeit einer jederzeit möglichen, weltweiten Mobilität haben wollen.

Sustainable Mobility

Während es in der Frühphase der Verkehrsökologie noch um den Schutz einer *Um-Welt* zu gehen scheint, die ein Phänomen außerhalb von uns selbst sei, etwas, dem wir altruistisch helfen müssten, lernen wir in der Phase der Nachhaltigkeit, dass es um komplexe Zusammenhänge gesellschaftlicher und natürlicher Faktoren geht, auf deren Funktionieren die Menschen angewiesen sind. Im Zentrum stehen die natürlichen Lebensgrundlagen der Menschheit bzw. das, was heute als *Ecosystem Services* bezeichnet wird (Costanza et al. 1997). Mit dem Entstehen einer wissenschaftlichen Definition von *Sustainability* setzt sich international die schwierige und große Kompromisse erfordernde Erkenntnis durch, dass es nicht mehr nur um Umweltschutz geht, sondern dass die Schritte dorthin immer auch ökonomisch bezahlbar oder sogar ökonomisch profitabel, zudem sozial gerecht – und wir fügen hinzu: soziokulturell vielfältig – gestaltet werden müssen.

Der auf einem solchen integrierten Nachhaltigkeitsverständnis beruhende Begriff von Mobilität verlangt für ein zukunftsfähiges Mobilitätssystem laut einer EU-Definition Folgendes:

Diese Art von Mobilität

- „allows the basic access and development needs of individuals, companies and societies to be met safely and in a manner consistent with human and ecosystem health, and promotes equity within and between successive generations;
- is affordable, operates fairly and efficiently, offers choice of transport mode, and supports a competitive economy, as well as balanced regional development;
- limits emissions and waste within the planet's ability to absorb them, uses renewable resources at or below their rates of generation, and, uses non-renewable resources at or below the rates of development of renewable substitutes while minimising the impact on the use of land and the generation of noise" (European Union Council of Ministers of Transport 2001).

Sehr viel knapper dagegen Udo Becker: „Nachhaltige Mobilitätsentwicklung bedeutet, dass wir (Ortsveränderungs-)Bedürfnisse aller heute Lebenden fair und gerecht messen, berücksichtigen und ermöglichen müssen – aber mit weniger Aufwand, mit weniger Risiken, mit weniger Verkehr (wegen künftiger Bedürfnisse) […] Nachhaltige Mobilität ist bedürfnisgerechte Mobilität mit weniger Verkehr" (Becker 2003: 4).

Sozialwissenschaften untersuchen die Nichtnachhaltigkeit der Mobilität

Warum treten die Sozialwissenschaften jetzt verstärkt auf den Plan? Unterstellt man Beckers Kurzdefinition, dann haben sie eine analytische, eine normative und eine Interventionsaufgabe: Sie erforschen, welche Barrieren der notwendigen Entkoppelung von Bedürfniserfüllung und Verkehrsaufwand entgegenstehen. Sie untersuchen, um welche Bedürfnisse es geht, wie diese motiviert sind und wie diese von Wünschen, Emotionen und Affekten abgegrenzt werden können. Sie stellen wissenschaftliche Kriterien zur Verfügung, was fair und gerecht bedeutet. Und bezogen auf Interventionen erarbeiten sie – und das ist nur in interdisziplinärer Kooperation möglich – Instrumente und Methoden, wie Individuen und soziale Gruppen zu einer Verhaltensveränderung gebracht werden können und wie ein gesellschaftlicher Transformationsprozess eingeleitet, begleitet und bewertet werden kann. Dies kann nur in Zusammenarbeit mit den Nachbardisziplinen Politik-, Planungs- und Kommunikationswissenschaften wirksam gelingen. Dazu gibt es eine internationale Diskussion, an der sich unter Einbeziehung von Modellierungsmethoden z. B. Köhler et al. (2009) mit „A transition model for sustainable mobility" beteiligen, ebenso Banister et al. (2007), die sich in dem Artikel „Making sustainable transport politically and publicly acceptable: Lessons from the EU, USA and Canada" mit internationalen Akzeptanzfaktoren auseinandersetzen. Die Sozialwissenschaften haben die nicht ganz einfache Aufgabe, ihr gesamtes Theorie- und Methodenrepertoire mit allen drei Analyse-Ebenen – der Mikro-, der Meso- und der Makroebene – in die Mobilitätsforschung einzubringen und Bedingungen der Transformation zu nachhaltiger Mobilität zusammen mit anderen Disziplinen zu erforschen.

Die Makroanalyse erforscht die gesellschaftlichen Bedingungen und Dynamiken der Entstehung und Veränderung des Mobilitätssystems. Die Mikroanalyse untersucht die Entscheidungsgründe, die Individuen hinsichtlich der Verkehrsmittelwahl treffen. Die Mesoebene untersucht die institutionellen oder auch die gruppenspezifischen Prozesse, die nicht nachhaltige Verhaltensweisen bedingen, verfestigen oder lockern. Beispielhaft werden nachfolgend einige zentrale Beiträge zu allen drei Ebenen der sozialwissenschaftlichen Forschung zu nachhaltiger Mobilität in Kurzform dargestellt.

Mobilität als Verkehrsverhalten

Wichtigste Grundlage der Bewertung, ob Maßnahmen etwas bewirken und ob sie Einfluss auf Entscheidungen haben, sind zuallererst gute Daten über das Verkehrsverhalten. Die entsprechende Methodik entwickelte die Firma *Socialdata* schon in den 1970er Jahren mit dem sogenannten KontiV-Design, das seither immer weiterentwickelt wurde (vgl. z. B. Sozialforschung Bróg 1977). Die Nutzung der unterschiedlichen Verkehrsmittel wird darin auf der Grundlage von Haushaltsbefragungen entlang eines Stichtages erhoben. Eine Methode, die sich in optimierter Form bis heute gehalten hat (vgl. MID 2008). Innovativ ist, dass neben der Wahl des Autos und des ÖPNV auch die Nutzung des Fahrrads und die Entscheidung für das Zufuß-gehen erfragt werden. Das Maß *Modal Split*, also die Verteilung der verschiedenen Verkehrsmittel auf zurückgelegte Wege und Entfernungen, wird zu einem zentralen Indikator für Stabilität oder Veränderungen der Verkehrsmittelwahl, also auch für die Wirksamkeit von Maßnahmen für nachhaltige Mobilität.

Die detaillierte Analyse der Verkehrsverhaltensdaten wird überwiegend nicht von Soziologen, sondern von sozialwissenschaftlich aufgeklärten Planerinnen und Planern geleistet. Sie untersuchen allein soziodemographische Unterschiede, die sich aus dem Geschlecht, der Lebensphase, dem Einkommen und der Haushaltsgrö-ße ergeben und nennen diese Faktoren „Bestimmungsgründe des Verkehrsverhal-tens" (Holz-Rau 1990). Dabei sind die geschlechtsspezifischen Analysen besonders ergiebig. Die Planerin und Forscherin Gisela Stete findet heraus: Der persönliche Pkw-Besitz liegt bei Frauen erheblich niedriger als bei Männern. Der Anteil von Wegen „im Rahmen der Haus- und Familienarbeit" ist fast doppelt so hoch wie bei Männern. Frauen legen erheblich mehr Wege zu Fuß zurück als Männer, diese sitzen wiederum weitaus häufiger als Selbstfahrer hinter dem Lenkrad eines Autos als Frauen, während die Frauen einen höheren Anteil an Auto-Mitfahrten aufweisen (Stete und Klinkhart 1997). Der Hinweis, hinter der Variable Geschlecht verberge sich tatsächlich gesellschaftlich ungleich verteilte Formen von Arbeit, liegt nahe. Daraus ziehen die Autorinnen den Schluss, dass Geschlecht und spezifische Lebenssituation kombiniert untersucht werden müssen, was sie denn auch tun.

Diese und andere Analysen von Planerinnen und Planern gehen weit über eine raumdeterministische Ableitung des Verkehrsverhaltens hinaus. Und es wird ge-rade bei den geschlechtsspezifischen Analysen deutlich, dass die gesellschaftliche Arbeitsteilung, die Machtgefüge und die Arrangements zwischen den Geschlechtern sich auch in der Mobilität und im Verkehrsverhalten widerspiegeln. Was aus einer autozentrierten Perspektive als Benachteiligung der Frauen interpretiert werden könnte, wird in der nachhaltigkeitsorientierten und gendersensiblen Planung posi-tiv gewendet: Wenn es wichtige Gruppen gibt, die mehr als andere zu Fuß gehen und wenn dieses Verhalten unterstützt werden soll, dann ist es wichtig, deren Be-dürfnisse in der Planung zu berücksichtigen.

Verkehrsmittelwahlentscheidungen: Rational-Choice-Theorie und Theory of Planned Behaviour

Die Argumentation der Rational-Choice-Theorie (RCT) ist in sich sympathisch illu-sionslos, weil sie die Interessengeleitetheit und die Nutzenorientierung menschli-chen Handelns in den Mittelpunkt ihrer Überlegungen stellt. Die auf Umweltfragen spezialisierte empirische Sozialforschung hat früh mit der These gearbeitet, dass umweltschädliches Verhalten individuell rational ist. Umweltrelevante, allgemein verfügbare, kostenlose Güter wie z. B. Luft würden nach den Gesetzen der Allmende genutzt (siehe hierzu auch die Beiträge von Best sowie Liebe und Preisendörfer in diesem Band). Allmende sind kollektive Weiden, die den Bauern gemeinsam gehören. Jeder Bauer handelt für sich rational, wenn er außer Kuh 1 noch Kuh 2 und weitere Kühe auf dieser Wiese weiden lässt. Das gilt für jeden einzelnen anderen Bauern auch. Insgesamt wird das Kollektivgut aber so durch Überweidung geschädigt: „Es gibt einen Widerspruch zwischen individueller Rationalität und den Nebenfolgen im Aggregat. [...] Hieraus ergibt sich die zentrale Überlegung, dass Individuen subjektiv rational handeln, die Nebenfolgen ihres Handelns jedoch ignorieren – also externalisieren –, sodass die aggregierten Nebenfolgen zu einem nicht gewünschten Ergebnis führen: der Vernichtung oder schweren Schädigung eines Kollektivguts" (Friedrichs 1995: 2). Die generelle Annahme ist also, dass es für Individuen keinen rationalen Grund gibt, sich umweltfreundlich zu verhalten. So leitet auch Franzen (1997) den Bericht über die Befunde zu den Ursachen der Verkehrsmittelwahl ein. Die Annahme der Rational-Choice-Theorie im Feld der Mobilität ist, dass Zeit, Kosten und Bequemlichkeit und nicht etwa Umwelteinstellungen die drei Einflussgrößen sind, die die Verkehrsmittelwahl bestimmen. Diese Hypothese überprüft Franzen anhand der Daten der Umweltbewusstseinsstudie des Umweltbundesamtes. Tatsächlich stellt sich heraus, dass allgemeine Umwelteinstellungen die Verkehrsmittelwahl nicht beeinflussen. Allerdings findet Franzen zusätzlich heraus, dass spezifische Umwelteinstellungen zum Thema Verkehr mit dem Verkehrsverhalten korrelieren, dass dieser Zusammenhang aber nicht kausal interpretiert werden könne. Seine Analysen über den Einfluss exogener Faktoren führen zu dem Ergebnis, dass sowohl die Verkehrsmittelwahl als auch spezifische Einstellungen von einer unbekannten Drittvariable beeinflusst werden. Aus den Befunden wird der Schluss gezogen, dass Kommunikationskampagnen, die durch den Appell an Umwelteinstellungen die Autonutzung reduzieren sollen, keinen Sinn hätten und letztlich Geldverschwendung seien. Zugleich wird aber auch auf die Grenzen des Befundes hingewiesen. In anderen Bereichen jenseits der Verkehrsmittelwahl – Franzen nennt als Beispiel die Akzeptanz von politischen Maßnahmen – hätten spezifische Umwelteinstellungen durchaus einen kausalen Einfluss.

Die Ergebnisse der Forschungen auf Basis der Rational-Choice-Theorie sind zwar plausibel, aber was auffällt, ist die Begrenztheit der Rational-Choice-Perspektive. Identitätskonzepte ebenso wie Spaß-, *Thrill*- und *Escape*-Motive der Verkehrsmittelnutzung können nicht in den Blick genommen werden. Dazu müsste der Nutzenbegriff stark erweitert werden. Diese Position eines erweiterten Verständnisses von Rationalität vertritt Wiesenthal (1987). Bei dieser Variante der RCT werden „weder Nutzenmaximierung noch ein utilitaristisches Akteursbild unterstellt. Was Maßstab des Handlungserfolges ist, sei es Eigennutz oder Nächstenliebe, ist innerhalb der theoretischen Grundausstattung offen gelassen. Es geht zunächst nur um die Angemessenheit von Mitteln für gegebene Ziele. [...] So ist mit der Selbstbeschränkung des RC-Konzepts, das ökonomische Nutzenmaximierung nur noch als *eine* Rationalitätsprämisse unter mehreren behandelt, ein außerordentlich großes Feld von thematisierbaren Phänomenen zugänglich geworden" (Wiesenthal 1987: 443). Ob allerdings ein Rationalitätskonzept so erweitert werden kann, dass auch das Irrationale, also der Affekt oder die Emotionalität Bestandteil sein kann, wäre zu diskutieren.

Die sozialpsychologische *Theory of Planned Behaviour* (vgl. Fishbein und Ajzen 1975) bewegt sich in ihrem Mikrobezug sozusagen in der Nachbarschaft der RCT. Auch sie versucht, am Untersuchungsgegenstand des Individuums die Ursachen des Verhaltens zu ergründen. „Sie nimmt an, dass sich Verhalten durch die Verhaltensintention, d. h. die Absicht, etwas zu tun oder nicht zu tun, vorhersagen lässt. Die Intention repräsentiert die motivationalen Faktoren, die auf das Verhalten Einfluss haben" (Bamberg und Schmidt o. J.: 1). Die Theorie nimmt weiter an, „dass die Intention, ein Verhalten auszuführen, 1. durch die Einstellung der Person gegenüber dem auszuführenden Verhalten und 2. durch subjektive Normen, d. h. Überzeugungen der Person, ob die soziale Umwelt erwartet, die in Frage stehende Verhaltensweise auszuführen oder nicht, bestimmt wird". Das Modell wird auch auf den Bereich der Mobilität angewandt. Tatsächlich stellt sich heraus: Befragte, die eine positive Haltung zu einem Verkehrsmittel haben und davon ausgehen, ihr soziales Umfeld wünsche, dass sie es benutzen, bewegen sich signifikant häufiger damit (Bamberg und Schmidt 1993: 31): Wer das Fahrrad als Fortbewegungsmittel schätzt, zudem von Menschen umgeben ist, die diese Auffassung teilen und wollen, dass man Rad fährt, ist öfters damit unterwegs als andere. Das klingt fast trivial, rückt aber Motive und soziale Normen ins Zentrum des Interesses. In einem wichtigen Integrationsschritt verknüpft hier die Psychologie ihre Befunde zur motivational-subjektiven und sozialen Dimension mit der räumlichen. Da sie auf die Annahme eines generell rationalen Verhaltens verzichtet, kann sie Aktivitäten, die von der Rational-Choice-Theorie als Verzerrung interpretiert werden, in ihr Modell integrieren: „Objektive raumstrukturelle Merkmale" werden danach subjektiv bewertet und „objektive sozioökonomische Merkmale des Haushalts" (Bamberg 2001: 131) werden durch individuelle Motive zu Präferenzen. In der Verkopplung mit der Theorie des geplanten Verhaltens entsteht so ein „Erklärungsmodell aktionsräumlichen Verhaltens" (ebd.).

Die gesellschaftliche Perspektive: Spiralendynamik der Motorisierung sowie Technik- und Mobilitätsleitbilder

Während die Sozialpsychologie ihre Modelle und Theorien am Individuum, also auf der Mikroebene entwickelt und sie mit statistischen Methoden verallgemeinert, wählt die Systemtheorie einen gesellschaftstheoretischen Makrozugang zum Phänomen Mobilität. Kuhm (1997) analysiert in seiner Studie *Moderne und Asphalt* den sozio-technischen Zusammenhang einer sich selbst verstärkenden Spiralendynamik der Automobilisierung. Kern der Argumentation ist ein techniksoziologischer Zugang, der die Subjekt-Objekt-Dualität von Mensch und Technik hinter sich lässt. In Abgrenzung zu einer Techniksoziologie, die Technik als Werkzeug-Objekt konstruiert, stellt er fest, dass die sozialen Beziehungen immer stärker mit Technik unmittelbar verbunden sind. „Die Abhängigkeit der Verwendung des Automobils von seiner Vernetzung zum großtechnischen System wurde recht schnell zum Motor von Veränderungen und Neuentwicklungen. Auf jeder beliebigen Etappe der Expansion des Automobilverkehrs entstanden neue Probleme, die etwa Haftungsfragen oder die Leistungsfähigkeit der Infrastruktur oder die Notwendigkeit des Aufbaus technischer Laienkompetenzen betrafen" – und die gelöst wurden. Entscheidende Erkenntnis dieser Betrachtung: Das technische System nimmt Einfluss auf andere Subsysteme und verändert damit selbst seine Rahmenbedingungen. „Erst die Rückkoppelung der ‚harten' technisch-materiellen Komponenten zu den sozialen Systemen von Politik, Ökonomie, Recht, Wissenschaft und Erziehung in den Industriegesellschaften sowie zu Institutionen dieser Systeme gewährleistet den mehr oder weniger problemlosen Einsatz des Automobils im Alltag" (Kuhm 1997: 177). Kuhm spricht deshalb von einer „schrauben- oder spiralenförmigen Dynamik der Automobilisierung [...], durch die – wenn die Partizipation an und die Integration in eine automobile Lebensweise gelingt – auf jeweils höherem Entwicklungsniveau ein wachsendes Spektrum von Nutzungsmöglichkeiten und -formen hervorgerufen wird, das seinerseits die weitere quantitative Zunahme der Motorisierung evoziert" (ebd.). Was die Theorie Kuhms für die anderen sozialwissenschaftlichen Mikro- und Meso-Analyseebenen interessant macht, ist die Erkenntnis: Kennzeichnend für derartige eigendynamische Prozesse sei „die Erzeugung der den Prozess tragenden Handlungsmotivationen in und durch den Prozess selbst" (Mayntz und Nedelmann 1987: 657). Und: es werden durch die mit der Gesellschaft verwobene Technik neue Wirklichkeiten hergestellt, die ein Sich-außerhalb-Stellen nicht mehr ermöglichen. Diese techniksoziologische Argumentation, die Technik nicht als Objekt, sondern als eine das Soziale strukturierende, durch Handlungen und Strukturen vorangetriebene Eigendynamik begreift, erscheint sinnvoll. Die gesamte Argumentation gilt auch für ein anderes Techniksystem: das Internet bzw. die gesamte vernetzte Mikroelektronik. Das Werkzeug-Bild von Technik wird hier zu Recht verabschiedet. Sowohl durch die Verkehrs- als auch durch die Kommunikationstechnik entstanden und entstehen neue Verkehrsformen im sozialen und technischen Sinne des Wortes. Beispielsweise die zunehmenden Pendel-Familienbeziehungen oder die Fernpendler-Arbeitsbeziehungen werden erst durch neue Verkehrsmittel und den damit verbundenen Infrastrukturen zur Option und durch die neuen Kommunikationsmittel erträglich. Es entstehen also neue Lebens- und Arbeitsweisen, die erst durch diese Techniken aufgezeigt und dann durch kombinierte Technik- und Sozialstrukturen gestaltet werden. Dieser theoretische Zugang stellt zugleich auch konventionelle Vorstellungen von politischer Steuerung in Frage. Tatsächlich handelt es sich bei den sich vernetzenden Sozio-Techniksystemen um einen Politikmodus ohne Politiker, in dem das sozio-technische System seine Rahmenbedingungen selbst gestaltet und in dem die Politik nur das nachvollzieht, was ohnehin geschieht.

Das klingt zwar – wie so häufig in der Systemtheorie – nach einem hermetischen System. Wenn aber diese Systemdynamik auch nur in der Tendenz richtig beschrieben ist, verwundert es nicht, dass ein vom Automobil geprägtes Konsum-, Planungs- und Technikleitbild bis Ende des 20. Jahrhunderts zum Maßstab auch alternativer Verkehrskonzepte zu werden drohte. In ihrem Buch mit dem weitsichtigen Titel *Das Ende des Automobils* und der Einführung des Begriffs ‚Rennreiselimousine' bringen Canzler und Knie (1994) diese Problematik auf den Punkt. Heute zeichnet sich ein Leitbildwandel ab (auf den weiter unten noch einmal eingegangen wird).

Motive des Mobilitätsverhaltens

Die tieferliegenden Bedürfnisse, Wünsche und Motive zu analysieren, die hinter den transportrationalen Gründen der Mobilität liegen, ist Aufgabe der Psychologie. Sie hat dies zum einen in Form von psychoanalytischen Deutungen versucht. In diesen wird argumentiert, die spezifische Art aggressiver und wettbewerbsorientierter Automobilnutzung sei regressive Kompensation von Pseudo-Identität (vgl. Hilgers 1992 und 1997). Dass hier letztlich triebtheoretisch von verdrängten Persönlichkeitsanteilen ausgegangen wird, erscheint heute, im Zuge einer vollständigen Offenlegung, aber auch Vermarktung von Lust- und Spaßmotiven, nicht mehr zeitgemäß. Anders argumentiert eine eher phänomenologische Psychologie zum Erlebnischarakter des Fahrens. Auch hier geht es um Identität, aber nicht im kompensatorischen Sinne: Kompetenz, Kontrollbedürfnisse und fahrdynamische Aspekte werden ebenso genannt wie Leiblichkeit und Sinnlichkeit als *Flow*-Erleben, Thrill und Erregung, schließlich Eskapismus, Hedonismus, Abenteuer (Dick 2004).

Lebensstile und Mobilität

Mit den beschriebenen Ansätzen, die allesamt wichtige Einzeldimensionen von Mobilität bzw. der Ursachen des Verkehrsverhaltens aufdecken, wird deutlich, wo das Defizit liegt. Wichtig wäre auch in diesem Forschungsfeld eine „Meso-Ebene der soziologischen Analyse zwischen den übergreifenden Makro-Strukturen der Gesellschaft und den Mikro-Aktionen der individuellen Akteure" (Esser 1996: 112). Es geht um eine Forschungsperspektive, die eine mittlere Ebene der sozialen Konfiguration einnimmt, ohne subjektive und emotionale Antriebe zu vernachlässigen. Eine Perspektive, die mit den genannten phänomenologischen Befunden der Psychologie vereinbar, aber dennoch zur quantifizierenden Aggregation in der Lage ist, ohne auf kausal-linearen Modellannahmen zu beruhen. Denn diese Art von Kausalität kennt die Rückkoppelung des Verhaltens nicht. Die Tatsache nämlich, dass nicht nur Einstellungen das Verhalten bestimmen, sondern dass Erfahrungen auch auf Einstellungen wirken und sie prägen können (Dick 2004: 106). Eine solche mittlere Perspektive müsste die Erkenntnisse zu Individualisierung und Pluralisierung der Lebensformen aufnehmen – und als Sozialstruktur ernst nehmen, und sie muss in der Lage sein, hermeneutisch verstehende Methoden mit statistisch-schließenden zu verbinden. Schließlich muss ein solcher Zugang die Vielfalt der Motive, Orientierungen und Wünsche erfassen und abbilden, zugleich aber auch die ,harte' Seite des Verkehrsverhaltens im Raum. Das nachfolgend dargestellte Forschungskonzept der Mobilitätsstile hat den Anspruch, dies zu leisten. Es integriert Methoden der sozialwissenschaftlichen Lebensstilanalyse und Methoden der Verkehrsverhaltensforschung. Methodisch beruht es auf der Kombination qualitativ-verstehender und quantitativ-standardisierter Methoden, die sich gegenseitig ergänzen.

Mobilitätsstile in der Stadt

Entwickelt wird das Konzept der Mobilitätsstile am Beispiel der beiden Städte Freiburg und Schwerin (vgl. Götz et al. 1997). Methodisch grundlegend sind je 100 Tiefeninterviews in den Städten in Kombination mit Verkehrstagebüchern der befragten Personen, die 14 Tage geführt werden, um auch Routinen und Verhaltensprogrammen auf die Spur zu kommen. Die quantifizierenden und standardisierten Untersuchungen erheben auf Basis von je einer 1.000er-Stichprobe sowohl allgemeine Lebensstil- als auch Mobilitätsorientierungen. Dabei handelt es sich um Einstellungen, Motive und Bewertungen bezogen auf alle Formen der Fortbewegung, also auf das Auto, den öffentlichen Verkehr, das Fahrrad und das Zufußgehen. Die anschließend durchgeführten Faktorenanalysen sind besonders instruktiv. Durch die multivariate Analyse des Zusammenhangs von Orientierungen gelingt es, motivationale Hintergründe des Verkehrsverhaltens zu identifizieren, die bisher noch nicht repräsentativ untersucht worden sind. Beispielhaft hier einige der Faktoren, die sich auf das Auto beziehen:

- Der Faktor mit der stärksten Varianzaufklärung lautet in beiden Städten: „Bekenntnis zu Risiko und Aggression beim Autofahren" und bezeichnet einen Motivzusammenhang aus Begeisterung für hohe Geschwindigkeiten, Aggression gegenüber anderen Verkehrsteilnehmern und dem gewollten Ausleben von Affekten im Straßenverkehr.
- Bei den Faktorenanalysen, die sich nicht nur auf die Teilstichprobe der Autonutzerinnen und Autonutzer, sondern auf alle Befragten beziehen, lautet der Faktor mit der stärksten Varianzaufklärung in Freiburg: „Das Auto als Bedingung von Unabhängigkeit und Flucht aus dem Alltag".
- Der Faktor mit der zweitstärksten Varianzaufklärung in Freiburg und der stärksten in Schwerin lautet: „Das Auto als Bedingung des Dazugehörens". Er kennzeichnete die Empfindung, ohne Auto sei man nicht Teil der Gesellschaft, es gehöre zum Leben einfach dazu und sei ein Mittel der sozialen Integration.

Die auf den Faktorenanalysen basierenden Clusteranalysen bringen verschiedene Typologien hervor, von denen eine Lösung mit fünf Segmenten am plausibelsten erscheint. Für Freiburg wird folgende Typologie erarbeitet:

- Die risikoorientierten Autofans (20 %)
- Die statusorientierten Automobilen (15 %)
- Die traditionell Naturorientierten (24 %)
- Die ökologisch Entschiedenen (17 %)
- Die traditionell Häuslichen (24 %)

In Schwerin wird eine 4er-Typologie als am sinnvollsten erachtet:

- Die aggressiven Autofahrerinnen und Autofahrer (18 %)
- Die verunsicherten Statusorientierten (38 %)
- Die mobilen Erlebnisorientierten (12 %)
- Die unauffälligen Umweltbesorgten (32 %)[2]

Im Unterschied zu den meisten anderen Typologien wird die Trennschärfe der einzelnen Typen nicht nur als intern vermessene Abstände in der Zustimmung zu den Einstellungs-Items, sondern anhand eines methodisch getrennt erhobenen Verhaltens-Kriteriums geprüft. Dieser Indikator ist das Verkehrsverhalten, das als abhängige Variable erst nach der Berechnung und Auswahl der Typologie berechnet wird. Es gehört zum Forschungskonzept der Mobilitätsstile, dass die Erhebung des Verkehrsverhaltens in Anlehnung an Methoden der Verkehrswissenschaften geschieht. Das Ergebnis zeigt einen erstaunlich hohen Zusammenhang zwischen Orientierungen und Verhalten. So sitzen beispielsweise die *Ökologisch Engagierten* nur bei zehn Prozent aller Fahrten am Steuer eines Autos, die *Risikoorientierten Autofahrer* dagegen bei 56 Prozent aller Fahrten (Anteil der männlichen Befragten: 90 Prozent). Die *Traditionell Naturorientierten* (67 Prozent Frauen) gehen bei 43 Prozent aller Wege zu Fuß, während die *Statusorientierten Automobilen* dies nur bei vier Prozent aller Wege praktizieren. Das ist eine erstaunlich hohe Varianzaufklärung, die so nicht erwartet worden ist.

Mobilitätsstile in der Freizeit

In einem Projekt im Auftrag des Umweltbundesamtes wird das Konzept der Mobilitätsstile auf Freizeitmobilität und -verkehr angewandt. Auch in dieser Studie wird eine Typologie erarbeitet. Als Konsequenz aus der wissenschaftlichen Kritik an der rein deskriptiven Verwendung von Lebensstilorientierungen beim Konzept der Mobilitätsstile (vgl. Hunecke 2000) wird nun die Hypothese schärfer formuliert: Ausgangspunkt ist, dass Verkehrsverhalten in der Freizeit (auch) von allgemeinen Lebensstilorientierungen abhängt, die also keinen direkten Bezug zu Verkehrsmitteln und Fortbewegung aufweisen. Die Integration des Verkehrsverhaltens bedeutet wiederum, dass eine auf drei Stichtage bezogene Wegeerhebung durchgeführt wird, wobei die Liste der Wegezwecke auf 33 erweitert wird. Das Verkehrsverhalten wird erst nach Erstellung der Clusteranalyse, typspezifisch, ausgewertet. Folgende Mobilitätsstilgruppen werden herausgearbeitet.

Benachteiligte: Dabei handelt es sich um einen Typus mit instrumenteller Arbeitseinstellung, bei dem ansonsten auffällt, dass lebensstilspezifische Orientierungen kaum ausgeprägt sind, außer der Zustimmung zu dem Item: „Ich trinke gerne mit meinen Freunden einen über den Durst". Es dominieren niedrige Schulabschlüsse und geringe Haushaltsnettoeinkommen. Die Gruppe hat den größten Anteil an Arbeitern, Sozialhilfeempfängern und Arbeitslosen.

---

2   Zur ausführlichen Beschreibung der Mobilitätsstile vgl. Götz et al. (1997: 81–122).

Modern-Exklusive: Die Angehörigen dieser Gruppe identifizieren sich stark mit ihrem Beruf, sie weisen aber auch eine deutliche Familienorientierung auf. Sie glauben zu wissen, was gerade angesagt ist, sie befassen sich intensiv mit Geldanlagen und mit Informations- und Kommunikationstechnologien. Zunächst überraschend, aber angesichts der Diskussion um die LoHaS (*Lifestyle of Health and Sustainability*) einleuchtend: Die Gruppe zeigt Engagement für soziale Gerechtigkeit und Ökologie. Die Gruppe hat die stärkste Technikaffinität aller Cluster. Mittlere bis höhere Bildungsabschlüsse und überdurchschnittliche Haushaltsnettoeinkommen sind leicht überdurchschnittlich vertreten. Die Gruppe hat mit 63 Prozent den höchsten Anteil an Vollzeiterwerbstätigen und liegt damit um 15 Prozent über dem Durchschnitt. Etwa zwei Drittel leben in einer Paar- oder Familienkonstellation (zwölf Prozent über dem Durchschnitt), 40 Prozent haben Kinder im Haushalt, das ist ein um zehn Prozent höherer Anteil als der Durchschnitt.

Fun-Orientierte: In dieser Gruppe stehen individualistische Spaß-, Erlebnis- und Risikoorientierungen im Vordergrund. Sie hat ein sehr starkes und positives Verhältnis zu moderner Technik, aber auch einen starken (Peer-)Gruppenbezug. Es gibt eine deutliche Abneigung gegenüber verwandtschaftlichen und nachbarschaftlichen Bindungen und man steht zu seiner Ich-Bezogenheit. Jüngere sind hier deutlich überrepräsentiert. Die Gruppe weist den größten Anteil an Personen in Ausbildung, aber auch an Selbständigen auf. Überdurchschnittlich vertreten sind mit einem ca. Zwei-Drittel-Anteil höchste Bildungsabschlüsse und Singles.

Belastete-Familienorientierte: Kennzeichnend für diese Gruppe ist, dass die Familie als Sinngebung erlebt wird. Die Gruppe zeigt zudem eine häusliche, nahräumliche Orientierung und einen starken Nachbarschaftsbezug. Die Repräsentant/innen leiden unter Problemen mangelnder Abgrenzung zwischen Arbeit, Hausarbeit und Freizeit. Sie fühlen sich überlastet und überfordert. Fast zwei Drittel der Angehörigen dieser Gruppe sind Frauen. Es gibt den höchsten Anteil an Teilzeiterwerbstätigen. 70 Prozent, was den Durchschnitt um 14 Prozent übersteigt, leben in einer Paar- oder Familienkonstellation. Bei nahezu der Hälfte leben Kinder im Haushalt, bei fast einem Drittel sind es sogar zwei und mehr Kinder, sie liegen damit um zwölf Prozent über dem Mittelwert.

Traditionell-Häusliche: Bezeichnend ist der überdurchschnittlich starke Wunsch nach Sicherheit und Vermeidung aller Risiken. Hinsichtlich des Konsums gibt es eine Präferenz für Langlebigkeit und Naturnähe. Ansonsten gilt die Orientierung an traditionellen Werten und Tugenden. Es gibt starke Vorbehalte gegenüber moderner Technik. 56 Prozent dieser Gruppe sind Frauen. Überrepräsentiert sind Ältere, Nichterwerbstätige. 58 Prozent dieser Gruppe sind Rentner/innen (Gesamtstichprobe: 25 Prozent). Überdurchschnittlich viele sind verwitwet (27 Prozent; gesamt: 15 Prozent). Es dominieren niedrige Schulabschlüsse (71 Prozent Volks-/Hauptschule; Gesamtstichprobe: 54 Prozent) und geringe Haushaltsnettoeinkommen bzw. Renten.

Freizeitverkehrsverhalten

Die Varianzaufklärung dieser auf allgemeinen Lebensstilorientierungen beruhenden Studie ist nicht ganz so hoch wie in der auf Mobilitätsorientierungen beruhenden ersten Studie. Das entspricht der Erkenntnis der Sozialpsychologie, dass gegenstandsnahe Orientierungen das Verhalten besser erklären als allgemeine Einstellungen und Orientierungen. Dennoch sind auch in dieser Studie die Verhaltensunterschiede in den Gruppen signifikant. Vergleicht man die Freizeitverkehrsleistung (also die für Freizeitzwecke gefahrenen Entfernungen), so wird deutlich: Spitzenreiter sind die *Fun-Orientierten* mit ca. 82 Freizeitkilometern pro Woche, während die *Belasteten-Familienorientierten* mit ca. 52 Kilometern und die *Traditionell-Häuslichen* mit ca. 51 Kilometern in der Woche im Mittelfeld liegen. Die *Benachteiligten* haben mit 37 Kilometern die mit Abstand geringste Freizeitverkehrsleistung.

In diesem Projekt werden die Ergebnisse erstmals mit einem Modell der Umweltbelastungen gekoppelt (vgl. Abbildung 1). In Zusammenarbeit mit dem Öko-Institut werden dabei die Ergebnisse zum Verkehrsverhalten mit einem Emissionsmodell verbunden und so lebensstilspezifische Belastungsprofile erarbeitet (vgl. Götz et al. 2003: 191 ff.). Auch dieser Ansatz ist von anderen Forschern aufgenommen und weiterentwickelt worden (vgl. MOBILANZ 2008).

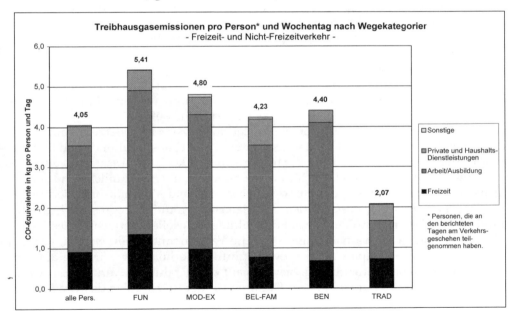

Abbildung 1   Treibhausgasemissionen pro Person und Wochentag nach Wegekategorie (Freizeit und Nicht-Freizeitverkehr). Quelle: Götz et al. 2003.

Nachfolgeforschungen zu Mobilitätsstilen

Die Publikation des Ansatzes der Mobilitätsstile löst bis heute eine ganze Kette ähnlicher Studien aus. Nur einige können hier benannt werden. Lanzendorf (2000) bezieht sich in seiner Dissertation zur Freizeitmobilität auf Mobilitätsstile. Er bezieht verschiedene Varianten der Raumstruktur als Einflussgröße des Verhaltens mit ein, verankert aber sein Handlungsmodell in der Rational-Choice-Theorie. Es wird eine Stichprobe von 1.000 Personen in fünf Stadtteilen in Köln befragt. Ziel ist es, neue Erkenntnisse zur Reduzierung des Freizeitverkehrs am Wochenende zu gewinnen. Marcel Hunecke (2000) fundiert seine Studie zu Mobilitätsstilen mit dem aus der Umweltpsychologie stammenden Norm-Aktivations-Modell. Er befragt 550 Personen in Bochum und zieht Schlüsse hinsichtlich Interventionsmaßnahmen zur Förderung einer nachhaltigen Alltagsgestaltung. Fliegner (2002) lehnt sich in seiner Dissertation an das ISOE-Modell der Mobilitätsstile an und benutzt in seiner quantitativen Untersuchung weitgehend die gleichen Statements. Untersuchungsgebiet ist die Stadt Halle, in der ca. 500 Personen befragt werden. Ziel der Studie ist die Eruierung der Potentiale für die Abschaffung des eigenen Autos und der Nutzung von *Car-Sharing*-Angeboten. Wichtigste Neuerung ist seine Einbeziehung der „Wohnstandortwahl als mobilitätsvorgelagerte Rahmenbedingung" und die Entwicklung eines „Entkoppelungsindex", der die Chancen einer Autoreduzierung als Maßzahl darstellt. Weiterhin wird der Forschungsansatz der Mobilitätsstile auf die Region Südschwarzwald angewandt, um Zielgruppenpotentiale für einen flexiblen Nahverkehr und für das Car-Sharing zu eruieren (vgl. Schubert und Zahl 2004). Zuletzt wird das Konzept im Auftrag der Vereinigung Schweizerischer Verkehrsingenieure auf Freizeitmobilität in Schweizer Agglomerationen angewandt (Götz und Ohnmacht 2010). Ergebnis ist nicht nur ein Zielgruppenmodell für den Freizeitverkehr, sondern auch Strategien zur Ökologisierung desselben.

Die Daten dieser Studie werden aber nicht nur dazu verwendet, ein ganzheitliches Modell zum besseren Verständnis von Freizeit-Lebensstilen und Mobilität zu erarbeiten. Sie dienen auch dazu, die häufig von Kritikern des Ansatzes geäußerte Hypothese zu prüfen, dass tatsächlich ganz andere, nämlich räumliche und sozialstrukturelle Einflussfaktoren hinter den Lebensstil- und Mobilitätsorientierungen stehen. Dazu werden die verschiedenen Variablen per multiple Regression in ihrem Einfluss auf die umweltrelevante Automobilnutzung isoliert betrachtet. Die Variablen, die – voneinander unabhängig – auf die Verkehrsmittelwahl wirken, weisen eine erstaunliche Komplexität auf. Eine signifikant erhöhende Wirkung auf die abhängige Variable Autonutzung, bezogen auf den gefahrenen Verkehrsaufwand in Kilometern, haben die folgenden Faktoren (in der Reihenfolge des Grades der Varianzaufklärung):

- zwei Mobilitätsorientierungen: die emotionale Autoaffinität und die emotionale ÖPNV-Abneigung,
- Geschlecht: männlich,

- das Vorhandensein eines Autos im Haushalt (bekannt aus der Verkehrsforschung),
- nur eine Freizeitpräferenz, die Indikator für Lebensstilorientierungen ist: ‚Ehrenamtliche Aktivitäten‘,
- eine Wohnortgröße von 50.000–100.000 Einwohnern.

Den Verkehrsaufwand mit dem Auto senken:

- der Besitz eines ÖPNV-Abos,
- die Zurückweisung der Mobilitätsorientierung: ‚Auto als Symbol der sozialen Integration‘,
- ein Alter von unter 18, was wegen der Führerscheinaltersgrenze trivial ist,
- ein Wohnort im Zentrum einer Agglomeration, was durchaus als entscheidungsabhängig interpretiert werden kann,
- die Mobilitätsorientierungen Genuss des Fahrradfahrens, der ÖPNV-Nutzung und des Zufußgehens (vgl. Götz und Ohnmacht 2010).

Diese Vielfalt räumlicher, sozialstruktureller, lebensstil- und einstellungsbezogener Faktoren belegt, dass einzeldisziplinäre Folgerungen nicht sinnvoll sind. Soll das Mobilitäts-System in Richtung Nachhaltigkeit transformiert werden, muss dies auf den Erkenntnissen von Sozial-, Planungs- und Verkehrswissenschaften unter Einbeziehung von Erkenntnissen der Kommunikation und des *Change Management* aufbauen. In diese Richtung geht die Forschung zum integrierten Mobilitätsmanagement. Kommunikation, Marketing und Information, also die Beeinflussung der sogenannten weichen Faktoren, sind hier wichtige Steuerungsinstrumente (vgl. Schreiner 2008). Noch darüber hinaus geht das Konzept der Mobilitätskultur, das nicht nur die Paradigmen der Planung, die wichtigsten handelnden Akteure, sondern auch die städtischen Diskurse und soziokulturellen Gruppen mit ihrer Mobilität in die Betrachtung einbezieht (Götz und Deffner 2009).

Fasst man die Ergebnisse der sozialwissenschaftlichen Mobilitätsforschung und ihrer Berücksichtigung in der Verkehrsforschung zusammen, dann ist das wichtigste Ergebnis ein Perspektivenwechsel von der Technik und Ökonomie hin zu den Bedürfnissen und Verhaltensweisen von Menschen und sozialen Gruppen. Das führt in der Konsequenz zum Vorschlag einer technikoffenen, nicht mehr auf eine Fahrzeuggattung festgelegte Mobilität: Sie muss sozial differenziert, an unterschiedliche Bedürfnisse und Wünsche angepasst, multioptional und umweltfreundlich sein.

Die Zukunft der Mobilitätsforschung

Im Zuge eines bisher noch kaum richtig verstandenen, tiefgreifenden gesellschaftlichen Wandels deutet sich gegenwärtig an, dass die Befunde und Ergebnisse der nachhaltigkeitsorientierten, sozialwissenschaftlichen Mobilitätsforschung Eingang in zentrale Entscheidungsinstanzen finden. Objektiv geht es um den Abschied von fossilen Brennstoffen und um eine angemessene Reaktion auf die Klimakrise. Sozial geht es um den demographischen Wandel und um ein niedrigeres Einkommen. Soziokulturell gibt es Anzeichen eines Wandels der Lebensstile, mit dem verbunden ist, dass sich die Einstellungen zum Thema Mobilität grundlegend ändern. Es ist sehr wahrscheinlich, dass, wie bei bestimmten Lebensstilgruppen schon länger, das eigene Auto nicht mehr das wichtigste Symbol der sozialen Integration und des Status sein wird. Stattdessen werden die elektronische Vernetzung, die sozialen Netzwerke und die verschiedenen Arten, im virtuellen Raum unterwegs zu sein, wichtiger und beeinflussen das Verhältnis zum materiellen Raum.

Angesichts dieses sozio-technischen Wandels ist es konsequent, dass die Soziologie nun ihren Blick auf das Thema verbreitert. Mit dem Diskurs über „Mobilities" werden die Grenzen eines neuen Mobilitätsbegriffs sehr weit gesteckt (vgl. Sheller und Urry 2006). Die Zeitschrift *Mobilities*, die die Diskussion bündelt, stellt dies auf ihrer Website folgendermaßen dar: „Mobilities examines both the large-scale movements of people, objects, capital, and information across the world, as well as more local processes of daily transportation, movement through public and private spaces, and the travel of material things in everyday life. Recent developments in transportation and communications infrastructures, along with new social and cultural practices of mobility, present new challenges for the coordination and governance of mobilities and for the protection of mobility rights and access. This has elicited many new research methods and theories relevant for understanding the connections between diverse mobilities and immobilities".[3]

Offenbar handelt es sich hier nicht nur um eine sozialwissenschaftliche Mobilitätsforschung, sondern um ein Forschungsprogramm, mit dem künftige Aktivitäten einer neu verstandenen Soziologie dynamischer Systeme umrissen werden. Nachhaltige Mobilität ist hier nur eines von vielen Forschungsfeldern.

Ob allerdings mit einer durch Mobilitäten, Immobilitäten, Relationen und Distanzen erneuerten Soziologie tatsächlich, wie es die Autoren und Autorinnen unterstellen, gleich ein neues Paradigma gesetzt wird, kann erst der Rückblick aus der Zukunft erweisen. Paradigmenwechsel können nicht per Intention durchgesetzt werden. Sicher ist aber, dass die Komplexitätssteigerung, die sich die Soziologie mit einer solchen Perspektivenerweiterung einhandelt, nicht von ihr allein bearbeitet werden kann. Sie muss die Frage beantworten, ob sie weiterhin analytische Distanz wahren oder ob sie sich wirklich in das Handgemenge um Lösungen für die Zukunft einmischen will. Wenn sie den neuen Mobilitätsbegriff auch empirisch und praktisch Wirklichkeit werden lassen will, dann kann sie das erfolgreich nur in einer produktiven Kooperationen mit anderen Disziplinen der Mobilitätsforschung in transdisziplinären Forschungszusammenhängen leisten (vgl. dazu Bergmann und Schramm 2008).

---

3 Online-Präsenz der Zeitschrift *Mobilities*, URL: http://www.tandf.co.uk/journals/RMOB. Stand: 18. August 2010.

Weiterführende Literatur

Bourdieu, Pierre (1974): *Sozialer Sinn*. Frankfurt a. M.: Suhrkamp.

Canzler, Weert, Vincent Kaufmann und Sven Kesselring (2008): *Tracing Mobilities: Towards a Cosmobilitan Perspektive*. Aldershot, UK: Ashgate.

Giddens, Anthony (1995): *Die Konstitution der Gesellschaft*. Frankfurt a. M.: Campus.

Kuhm, Klaus (1997): *Moderne und Asphalt: Die Automobilisierung als Prozess technologischer Integration und sozialer Vernetzung*. Pfaffenweiler: Centaurus.

Otte, Gunnar (2004): *Sozialstrukturanalyse mit Lebensstilen*. Wiesbaden: VS Verlag.

Zitierte Literatur

Bamberg, Sebastian (2001): Erklärungsmodell aktionsräumlichen Verhaltens. In: Flade, Antje und Sebastian Bamberg (Hrsg.), *Mobilität und Verkehr, Ansätze zur Erklärung und Beeinflussung des Mobilitätsverhaltens*. Darmstadt: Institut Wohnen und Umwelt, 117–159.

Bamberg, Sebastian und Peter Schmidt (1993): Verkehrsmittelwahl: Eine Anwendung der Theorie geplanten Verhaltens. *Zeitschrift für Sozialpsychologie* 24 (1): 25–37.

Bamberg, Sebastian und Peter Schmidt (o. J.): *Determinanten der Verkehrsmittelwahl: Eine Anwendung der Theory of Planned Behaviour*. Gießen: unveröffentlichtes Manuskript.

Banister, David, John Pucher und Martin Lee-Gosselin (2007): Making sustainable transport politically and publicly acceptable: lessons from the EU, USA and Canada. In: Rietveld, Piet und Roger Stough (Hrsg.), *Institutions and Sustainable Transport: Regulatory Reform in Advanced Economies*. Cheltenham, UK: Edward Elgar, 17–50.

Beck, Ulrich (1986): *Risikogesellschaft: Auf dem Weg in eine andere Moderne*. Frankfurt a. M.: Suhrkamp.

Becker, Udo (2003): *Was ist Nachhaltige Mobilität?* URL: ftp://www.htlwien10.at/UZSB/Zusatzmaterial/Nachhalt_Mobil.pdf. Stand: 28. September 2010.

Bergmann, Matthias und Engelbert Schramm (Hrsg.) (2008): *Transdisziplinäre Forschung: Integrative Forschungsprozesse verstehen und bewerten*. Frankfurt a. M.: Campus.

Bernsdorf, Wihelm (Hrsg.) (1969): *Wörterbuch der Soziologie*. Frankfurt a. M.: Fischer.

Bode, Peter M., Sylvia Hamberger und Wolfgang Zängl (1986): *Alptraum Auto. Eine hundertjährige Erfindung und ihre folgen*. Katalog zur gleichnamigen Ausstellung im Münchner Stadtmuseum, 23. Januar bis 27. April 1986. München: Raben.

Canzler, Weert und Andreas Knie (1994): *Das Ende des Automobils. Fakten und Trends zum Umbau der Autogesellschaft*. Heidelberg: C. F. Müller.

Costanza, Robert, Ralph d'Arge, Rudolf de Groot, Stephen Farber, Monica Grasso, Bruce Hannon, Karin Limburg, Shahid Naeem, Robert V. O'Neill, Jose Paruelo, Robert G. Raskin, Paul Sutton und Marjan van den Belt (1997): The Value of the World's Ecosystem Services and Natural Capital. *Nature* 387: 253–260.

Dick, Michael (2004): Fahren: Die unterschätzte Erlebnisdimension. In: Schiefelbusch, Martin (Hrsg.), *Erfolgreiche Eventverkehre: Analysen und Fallstudien*. Mannheim: MetaGIS Infosysteme, 101–114.

Esser, Hartmut (1996): *Soziologie. Allgemeine Grundlagen*. Frankfurt a. M.: Campus.

European Union Council of Ministers of Transport (2001): *Strategy for Integrating Environment and Sustainable Development into the Transport Policy*. Brüssel: Council Resolution-2340th Council meeting. Presse 131. Nr. 7587/01.

Fishbein, Martin und Icek Ajzen (1975): *Belief, Attitude, Intention and Behavior: An Introduction to Theory and Research*. Reading: Addison-Wesley.
Fliegner, Steffen (2002): *Car Sharing als Alternative? Mobilitätsstilbasierte Potenziale zur Autoabschaffung*. Mannheim: MetaGIS.
Franz, Peter (1984): *Soziologie der räumlichen Mobilität. Eine Einführung*. Frankfurt a. M.: Campus.
Franzen, Axel (1997): Umweltsoziologie und Rational Choice: Das Beispiel der Verkehrsmittelwahl. *Umweltpsychologie* 1 (2): 40–51.
Friedrichs, Jürgen (1995): *Das Kollektivgut-Problem als integrativer Ansatz in der Umweltforschung*. Vortrag auf dem Workshop Theoretische Ansätze und Probleme des Förderschwerpunktes Stadtökologie des Bundesministers für Bildung, Wissenschaft, Forschung und Technologie, Köln: 24./25.11.1995.
Füsser, Klaus (1997): *Stadt, Strasse und Verkehr. Ein Einstieg in die Verkehrsplanung*. Wiesbaden: Vieweg.
Götz, Konrad und Timo Ohnmacht (2010): Life Styles and Mobility: What are the Results? In: Grieco, Margret und John Urry (Hrsg.), *Mobilities: New Perspectives on Transport and Society*. Farnham, UK: Ashgate.
Götz, Konrad und Jutta Deffner (2009): Eine neue Mobilitätskultur in der Stadt – praktische Schritte zur Veränderung. In: Bundesministerium für Verkehr, Bau- und Stadtentwicklung (Hrsg.), *Urbane Mobilität. Verkehrsforschung des Bundes für die kommunale Praxis*. Bremerhaven: Wirtschaftsverlag NV, 39–52.
Götz, Konrad, Willi Loose, Martin Schmied und Steffi Schubert (2003): *Mobilitätsstile in der Freizeit: Minderung der Umweltbelastungen des Freizeit- und Tourismusverkehr*. Berlin: Erich Schmidt Verlag.
Götz, Konrad, Thomas Jahn und Irmgard Schultz (1997): *Mobilitätsstile: Ein sozial-ökologischer Untersuchungsansatz*. Frankfurt a. M.: Forschungsbericht Stadtverträgliche Mobilität Band 7.
Hilgers, Micha (1997): *Ozonloch und Saumagen. Motivationsfragen der Umweltpolitik*. Stuttgart: Hirzel.
Hilgers, Micha (1992): *Total abgefahren. Psychoanalyse des Autofahrens*. Freiburg: Herder.
Holz-Rau, Christian (1990): *Bestimmungsfaktoren des Verkehrsverhaltens: Analyse bundesweiter Haushaltsbefragungen und modellierende Hochrechnung*. Schriftenreihe des Instituts für Verkehrsplanung und Verkehrswegebau, No. 22, Berlin: Technische Universität Berlin.
Hunecke, Marcel (2000): *Ökologische Verantwortung, Lebensstile und Umweltverhalten*. Heidelberg: Asanger.
Jahn, Thomas und Peter Wehling (1996): *A Multi-Dimensional Concept of Mobility: A New Approach to Urban Transportation Research and Planning*. Paper presented at the Conference on Urban Ecology. Leipzig 25.–29. Juni.
Köhler, Jonathan, Lorraine Whitmarsh, Björn Nykvist, Michel Schilperoord, Noam Bergman und Alex Haxeltine (2009): A Transitions Model for Sustainable Mobility. *Ecological Economics* 68 (12): 2985–2995.
Krämer-Badoni, Thomas, Herbert Grymer und Marianne Rodenstein (1971): *Zur sozio-ökonomischen Bedeutung des Automobils*. Frankfurt a. M.: Suhrkamp.
Kuhm, Klaus (1997): *Moderne und Asphalt. Die Automobilisierung als Prozess technologischer Integration und sozialer Vernetzung*. Pfaffenweiler: Centaurus.
Lanzendorf, Martin (2000): *Freizeitmobilität: Unterwegs in Sachen sozial-ökologischer Mobilitätsforschung*. Trier: Geographische Gesellschaft.
Löw, Martina (2001): *Raumsoziologie*. Frankfurt a. M.: Suhrkamp.
Mayntz, Renate und Birgitta Nedelmann (1987): Eigendynamische soziale Prozesse. Anmerkungen zu einem analytischen Paradigma. *Kölner Zeitschrift für Soziologie und Sozialpsychologie* 39 (4): 648–668.

Meadows, Dennis L., Donella H. Meadows, Jørgen Randers und William W. Behrens III. (1972): *Grenzen des Wachstums: Bericht des Club of Rome zur Lage der Menschheit.* Stuttgart: Deutsche Verlags-Anstalt.

MID 2008: Mobilität in Deutschland. Bonn und Berlin, URL: http://www.mobilitaet-in-deutschland.de/. Stand: 29. September 2010.

MOBILANZ (2008): *Möglichkeiten zur Reduzierung des Energieverbrauches und der Stoffströme unterschiedlicher Mobilitätsstile durch zielgruppenspezifische Mobilitätsdienstleistungen.* Endbericht unter URL: http://eco.psy.ruhr-uni-bochum.de/mobilanz/Bochum/. Stand: 27. September 2010.

Piaget, Jean (1971): *Die Entwicklung des räumlichen Denkens beim Kinde.* Stuttgart: Klett.

Rammler, Stephan (2001): *Mobilität in der Moderne. Geschichte und Theorie der Verkehrssoziologie.* Berlin: Edition Sigma.

Ritter, Joachim, Karlfried Gründer und Gottfried Gabriel (Hrsg.) (1971–2001): *Historisches Wörterbuch der Philosophie,* 10 Bände. Basel: Schwabe.

SRU – Sachverständigenrat für Umweltfragen (1973): *Auto und Umwelt.* Stuttgart: Kohlhammer.

Schöller, Oliver, Weert Canzler und Andreas Knie (Hrsg.) (2007): *Handbuch der Verkehrspolitik.* Wiesbaden: VS Verlag.

Schreiner, Martin (2008): Mobilitätsmanagement. In: Apel, Dieter, Helmut Holzapfel, Folkert Kiepe, Michael Lehmbrock und Peter Müller (Hrsg.), *HKV – Handbuch der kommunalen Verkehrsplanung.* Bonn: Economica, Abs. 3.1.3.2.

Schubert, Steffi und Bente Zahl (2004): Mobil im südlichen Schwarzwald. Zielgruppenspezifische Empfehlungen und Umsetzungsstrategien: „Was Kunden wünschen". *Landauf Landab* 2: 3–7.

Sheller, Mimi und John Urry (Hrsg.) (2006): *Mobile Technologies of the City.* New York: Routledge.

Sozialforschung Brög (Hrsg.) (1977): *Kontinuierliche Erhebung zum Verkehrsverhalten, KONTIV 76.* München: Unveröffentlichter Endbericht.

Spiegel, Erika (1976): *Zur gegenwärtigen Situation der Verkehrssoziologie in der Bundesrepublik, Stadt, Region, Land.* Aachen: Schriftenreihe des Instituts für Stadtbauwesen der RWTH Aachen, No. 36.

Stete, Gisela und Stefanie Klinkhart (1997): *Mobilität von Frauen in der Region Stuttgart. Folgerungen für den Regionalverkehrsplan.* Stuttgart: Schriftenreihe des Verbands Region Stuttgart, No. 8.

Urry, John (2007): *Mobilities.* Oxford: Polity Press.

Wehler, Hans-Ulrich (1995): *Deutsche Gesellschaftsgeschichte 1849–1914.* München: C.H. Beck.

Wehling, Peter (1998): *Sozial-ökologische Mobilitätsforschung und Strategisches Mobilitätsmanagement: Neue Ansätze für Verkehrswissenschaft und -planung.* Frankfurt a. M.: Forschungsberichte Stadtverträgliche Mobilität, No. 12.

Wiesenthal, Helmut (1987): Rational Choice: Ein Überblick über Grundlinien, Theoriefelder und neuere Themenakquisition eines sozialwissenschaftlichen Paradigmas. *Zeitschrift für Soziologie* 16 (6): 434–449.

Nachhaltige Ernährung

Jana Rückert-John

Problemhintergrund

Ernährung hat grundlegende Bedeutung für die Gesellschaft. Diese Aussage klingt banal, denn Hunger und Durst gehören in der Wohlstandsgesellschaft längst nicht mehr zu den alltäglichen Erfahrungen wie noch vor einigen Jahrzehnten. Ernährung erscheint in westeuropäischen Industrieländern als Selbstverständlichkeit und ihre existenzielle Bedeutung ist nahezu vergessen. Wurde Ernährung bis in die 1960er Jahre in Deutschland noch vorrangig unter dem Fokus von Nahrungssicherung diskutiert, so hat die Thematisierung von Ernährung in den letzten Dekaden eine deutliche Veränderung erfahren. Im westlichen Kontext geht es heute weniger um die Grundsicherung der Ernährung der Bevölkerung. Die ausreichende mengenmäßige Verfügbarkeit an Nahrungsmitteln ist für die große Mehrheit der Bevölkerung als Problem gelöst. Ebenso ist es heute Normalität, dass räumliche und zeitliche Restriktionen des Essens weitestgehend außer Kraft gesetzt sind. Dazu gehört auch, dass in urbanen Zentren der westlichen Welt nahezu rund um die Uhr gegessen werden kann.

Die Probleme der Ernährung resultieren heute vor allem aus den Folgen der industrialisierten und globalisierten Produktion, Verarbeitung und Distribution von Nahrungsmitteln. Diese unterliegen globalpolitischen Regulierungen der Handelsfreiheit sowie der Kontrolle von Sicherheitsstandards und werden begleitet von westlichen Lebens- und Ernährungsstilen, die sich immer stärker in Richtungen wie Genuss oder Gesundheit ausdifferenzieren. Paradoxerweise wirft heute nicht mehr der Mangel Probleme und Fragen auf, sondern vielmehr der Nahrungswohlstand. So erscheint Ernährung in vielen Formen als problematisch, da sie unter anderem sozialstaatliche Sicherungssysteme durch gesundheitliche Folgen überlastet. Daneben birgt aber auch die industrielle Nahrungsproduktion, beispielsweise die Massentierhaltung mir ihrer Klimabelastung, enorme Probleme und Risiken.

Westliche Industrieländer wie Deutschland sind heute deshalb mit dem Problem des Überlebens im Überfluss konfrontiert. Fehlernährung stellt sich heute weniger als Problem von Unterernährung, denn als Problem von Überernährung dar. Dieser Fokuswechsel könnte leicht als weltvergessene Wohlstandsdebatte missverstanden werden, wenn nicht klar wäre, dass der Hunger der Welt, die industrialisierte und globalisierte Lebensmittelproduktion und Anzeichen von Fehlernährung in der westlichen Welt aufeinander verweisen. Die Problematisierung von Ernährung und das Nachdenken über Alternativen bezeichnet kein solitäres Phänomen. Angestoßen und begleitet wurde diese Entwicklung von grundsätzlichen Debatten um ökologische, ökonomische und soziale Folgen von Gesellschaft im Rahmen des Diskurses nachhaltiger Entwicklung.

Dieser Beitrag klärt im Folgenden, wie sich die Debatte um nachhaltige Ernährung entwickelt hat und welches ihre bestimmenden Inhalte und Themen sind. Die Erörterungen konzentrieren sich vor allem auf die Frage, wie Veränderungen von Ernährungspraktiken unter Prämissen der Nachhaltigkeit möglich sind. Damit wird im Beitrag der Schwerpunkt auf Konsumprozesse der Ernährung gelegt. Zum einen wird hierbei der Verbraucher in den Mittelpunkt der Betrachtungen gerückt, dem in diesem Prozess eine wichtige Rolle zugeschrieben wird. Zum anderem werden dadurch die (Kontext-) Bedingungen einer nachhaltigeren Ernährung beleuchtet, welche die Möglichkeiten des Verbrauchers entscheidend beeinflussen.

Entwicklung der Debatte nachhaltiger Ernährung in Deutschland

Seit der zweiten Hälfte der 1990er Jahre erfolgt in der deutschsprachigen Nachhaltigkeitsdebatte eine stärkere Orientierung an Handlungs- und Bedürfnisfeldern wie Verkehr, Bauen, aber auch Konsum und Ernährung. Das Handlungs- und Bedürfnisfeld der Ernährung wird in der Debatte als Netzwerk verstanden, welches von einer produktionskettenübergreifenden Perspektive ausgeht. Während traditionell unter Ernährung die Handlung und allenfalls deren gesundheitliche Wirkungen verstanden werden, bezieht das nachhaltige Verständnis Tätigkeiten und Wirkungen entlang des gesamten Lebenszyklus von Lebensmitteln über die Vorproduktion, Erzeugung, Verarbeitung, Vermarktung bis zum Konsum und der Abfallentsorgung in die Begriffsbestimmung mit ein (Hofer 1999, Bundesregierung 2002). Mit Blick auf die Konsumprozesse der Ernährung lassen sich die Phasen des Einkaufs und der Lagerung, der Zubereitung und des Verzehrs sowie der Entsorgung unterscheiden (vgl. Herde 2005).

Ernährungskonzepte, die diese Ideen einer nachhaltigen Ernährung implizieren, gibt es schon seit Anfang der 1980er Jahre in Deutschland. Sie wurden durch umwelt- und entwicklungspolitische Debatten angeregt und können damit als Vorläufer der Debatte nachhaltiger Ernährung gelten. Dazu lassen sich die Vollwert-Ernährung (Koerber et al. 2004), die Ernährungsökologie (Spitzmüller et al. 1993) und die ökologische Ernährungskultur (UGB und SÖL 2001) zählen. Auch wenn mit diesen Konzepten noch nicht explizit auf Nachhaltigkeit rekurriert wird, so entsprechen viele ihrer Teilaspekte dem Nachhaltigkeitsgedanken.

Seit Ende der 1990er Jahre entstehen in Deutschland im Zuge des Rio-Nachfolgeprozesses nationale Nachhaltigkeitsstudien, von denen einige Studien Bezüge zum Thema Ernährung aufweisen. Hierzu zählen vor allem die Studien „Nachhaltiges Deutschland – Wege zu einer dauerhaft umweltgerechten Entwicklung" (1998) und „Nachhaltige Entwicklung in Deutschland. Die Zukunft dauerhaft umweltgerecht gestalten" (2002) des Umweltbundesamtes, „Zukunftsfähiges Deutschland" von BUND & Misereor im Auftrag des Wuppertal-Instituts (1997) und die Strategie der Bundesregierung „Perspektiven für Deutschland" aus dem Jahre 2002. Die politischen Studien adressieren vor allem die Verbraucher und Verbraucherinnen, die angehalten werden, „eine Politik mit dem Einkaufskorb" zu betreiben. So sollten entsprechend den Empfehlungen des Rates für Nachhaltige Entwicklung (2005) in einen nachhaltigen Warenkorb gesunde Lebensmittel gehören, vor allem Bio-Pro- dukte und Produkte regionaler Herkunft. Zudem sollten Produkte in Mehrwegver- packungen, mit geringem Vorverarbeitungsgrad und aus fairem Handel bevorzugt werden, wobei auch die Saisonalität der Produkte zu berücksichtigen ist. Fleisch und Fisch sollten weniger konsumiert und bewusst ausgewählt werden. Die Ver- braucher werden in derartigen Studien als „Motor des Strukturwandels" gesehen (Bundesregierung 2002) und damit nicht zum „letzten Glied" in der Ernährungs- kette degradiert, sondern zum „entscheidenden Faktor" aufgewertet (Tappeser et al. 1999a). Empfehlungen und Appelle dieser Art haben in den letzten Jahren die Idee der Nachhaltigkeit und einer nachhaltigeren Ernährung populärer gemacht, was sich nicht zuletzt in der Erfindung von LOHAS, *Lifestyles of Health and Sustainability*, und dem entsprechenden Käufersegment niederschlägt (vgl. www.lohas.de).

Diese politischen Verlautbarungen wurden in den 1990er Jahren durch konzep- tionelle Studien ergänzt, die dem wissenschaftlichen Diskurs entstammen und wesentlich zur begrifflichen Klärung und Operationalisierung einer nachhaltigen Ernährung beigetragen haben. Hierzu zählen unter anderem die Studie „Nachhal- tige Entwicklung im Handlungsfeld Ernährung" von Zöller und Stroth (1999), ein Diskursprojekt der Akademie für Technikfolgenabschätzung in Baden-Württem- berg, die Studie „Ernährung und Nachhaltigkeit. Entwicklungsprozesse – Proble- me – Lösungsansätze" von Kurt Hofer (1999) sowie die Studie „Globalisierung in der Speisekammer" vom Öko-Institut Freiburg (Tappeser et al. 1999a, 1999b). Die Schwerpunkte dieser Studien liegen hauptsächlich im Bereich der Landwirtschaft und der Lebensmittelverarbeitung. In der Studie des Öko-Instituts gibt es eine Hin- wendung zum Endverbraucher und auch eine separate Betrachtung zu Großver- brauchern, den Einrichtungen und Betrieben der Außer-Haus-Verpflegung (AHV).

Probleme und Ziele nachhaltiger Ernährung

Im politischen und wissenschaftlichen Diskurs wird davon ausgegangen, dass Er- nährung in westlichen Industrieländern mit allen Prozessen entlang der Wertschöp- fungskette – von der Produktion bis zum Konsum – nicht nachhaltig ist. Das wird vor allem an gesundheitlichen, ökologischen und sozialen Problemen sowie öko- nomischen Lasten deutlich, die mit westlichen Ernährungsstilen verbunden sind. Mit Blick auf die Konsumenten finden diese Probleme vor allem ihren Ausdruck in der Zunahme verschiedener ernährungsassoziierter Erkrankungen, wie Adipositas und Herz-Kreislauf-Erkrankungen, die auch als Wohlstandskrankheiten bezeichnet werden. Hervorgerufen werden diese Belastungen durch einen erhöhten Konsum tierischer Lebensmittel, insbesondere Fleisch, Fleischwaren und Eier, welche zwar die Aufnahme von Proteinen, Fetten, und Kohlenhydraten, nicht jedoch die von Vitaminen, Mineralien und Ballaststoffen garantieren (Koerber und Kretschmer

2000: 40). Hinzu kommen Nahrungsmittelskandale, die unter den Stichworten BSE, Acrylamid und Gammelfleisch Ernährungs- und Gesundheitsrisiken anzeigen. Die Folgen ernährungsassoziierter Krankheiten sind eine erhöhte Sterblichkeit und steigende Kosten im Gesundheitssystem. Eine ungesunde Ernährung überlastet nachweislich die sozialstaatlichen Sicherungssysteme und verschärft die Probleme ihrer Finanzierbarkeit (Kohlmeier et al. 1993). Die Kosten für Adipositas und adipositasabhängige Krankheiten werden auf 15 bis 20 Milliarden Euro jährlich und damit auf fünf bis sechs Prozent aller Krankheitskosten geschätzt.[1]

Neben den direkten Auswirkungen auf den Menschen ist Ernährung ökologisch problematisch, da sie direkt und indirekt ein Fünftel des gesamten Materialumsatzes und Primärenergieverbrauchs Deutschlands umfasst (BUND und Misereor 1997). Davon werden rund vier Fünftel des Energieeinsatzes und die Hälfte der Materialintensität zur Lebensmittelbereitstellung durch Landwirtschaft und Ernährungsindustrie aufgewendet und der übrige Anteil zur Zubereitung in Privat- und Großhaushalten. Generell steigt der Stoff- und Energieumsatz mit wachsender Kontrolle der biotischen Eigenzeiten – von Wachstum bis Verfall – und größerer Verarbeitungstiefe von Lebensmitteln wie tiefgekühlten Fertiggerichten (Hofer 1999: 49). Die hohe Nachfrage nach Fleisch wird als Auslöser für die bedeutenden Umweltprobleme in der Tierhaltung gesehen. In Deutschland werden etwa 80 Prozent der pflanzlichen Produktion als Futtermittel zur Fleischerzeugung und in der Milchwirtschaft verwendet. Die Fleischproduktion trägt mit 42 Prozent des Anteils im Bedürfnisfeld Ernährung wesentlich zum Treibhauseffekt bei (UBA 1998: 171).

Zudem wird eine mangelnde Wertschätzung von Nahrungsmitteln nicht zuletzt aufgrund stetig sinkender Lebensmittelausgaben deutscher Haushalte über die letzten Jahrzehnte beklagt. Der Anteil der Ausgaben für Nahrungsmittel am Gesamteinkommen der Privathaushalte in Deutschland lag 1970 noch bei cirka 25 Prozent; im Jahre 2002 betrug dieser nur noch cirka 12,5 Prozent (Knickel 2002: 88). Damit weist Deutschland EU-weit den niedrigsten Prozentwert auf, der zudem vier Prozentpunkte unter dem Durchschnitt liegt (UBA 2002: 110). Die „schnelle Küche" fördere „eine Entfremdung der Menschen, vor allem auch der heute lebenden Kinder der Industrienationen, von der Landwirtschaft und den Rohprodukten" (Tappeser et al. 1999a: 6). Hiermit gehe ein Verlust an natürlichem Geschmackssinn und die Fähigkeit Essen eigenständig zuzubereiten, ohne auf Fertigprodukte zurückzugreifen einher. Die internationale Vereinigung Eurotoques beklagt, dass 80 Prozent der 20- bis 35-Jährigen heutzutage nicht mehr „richtig kochen" können.

Vor diesem Problemhintergrund konzentrierte sich die wissenschaftliche und politische Debatte (vgl. Hofer 1999, Zöller und Stroth 1999, Erdmann et al. 2003, Herde 2005, Brunner und Schönberger 2005, Bundesregierung 2002, Rat für Nachhaltige Entwicklung 2005) zunächst auf die Bestimmung von Zielen und Kriterien einer nachhaltigen Ernährung, womit auch eine definitorische Klärung verbunden war. Auffällig ist, dass ökologische Ziele hierbei die Debatte dominieren. So haben

---

1   Siehe hierzu die Webseite der *Deutschen Adipositas Gesellschaft* unter: http://www.adipositas-gesellschaft.de/ [letzter Zugriff am 7.09.2010].

sich auf der Produktebene als zentrale Kriterien vor allem der ökologische Anbau, die regionale Herkunft, die Saisonalität und der *Fair-Trade*-Gedanke durchgesetzt. Zudem kann bemerkt werden, dass eine Konkretisierung der Ziele in Bezug auf Ernährungspraktiken selten integrativ und vielmehr additiv erfolgen (Brunner et al. 2007: 11). Konzepte, die auch soziale und kulturelle Dimensionen einbeziehen sind eher selten. Eberle et al. (2006: 1) haben eine Definition vorgeschlagen, die dieser umfassenden Perspektive gerecht wird. Eine nachhaltige Ernährung ist „bedarfsgerecht und alltagsadäquat, sozialdifferenziert und gesundheitsfördernd, risikoarm und umweltverträglich". Auffällig ist weiterhin, dass die Thematisierung von Konsumprozessen der Ernährung sich häufig nur auf die privaten Haushalte bezieht. Die Großverbraucher, die sogenannten Großhaushalte, finden nur selten Beachtung (Rückert-John 2007).

Umsetzungsstrategien nachhaltiger Ernährung

Seit Beginn der 2000er Jahre erhielt die Debatte um nachhaltige Ernährung in Deutschland durch Projekte im Rahmen des Förderschwerpunkts „Sozial-ökologische Forschung" (SÖF) des Bundesministeriums für Bildung und Forschung (BMBF) und des Bundesprogramms „Ökologischer Landbau" des Bundesministeriums für Ernährung, Landwirtschaft und Verbraucherschutz (BMELV) neue Impulse. Im Rahmen des letztgenannten Programms standen vor allem konsumrelevante Fragen der Förderung des Absatzes insbesondere ökologischer Produkte im Vordergrund. Mit dieser Engführung der Forschung gerieten jedoch andere Nachhaltigkeitsaspekte häufig nicht in den Blick. Da Motivallianzen bzw. Bio-Mehrwerte wie Regionalität oder Fairness häufige Kaufargumente der Verbraucher sind und zur Stärkung des Absatzes beitragen, werden diese in neueren Forschungsprojekten nun explizit thematisiert und beforscht (Zander und Hamm 2009, Rückert-John et al. 2010).

Die Projekte der sozial ökologischen Forschung mit dem Schwerpunkt zukunftsfähige Landwirtschaft und Ernährung untersuchten Prozesse sozial-ökologischer Transformation (vgl. Brand 2006, Eberle et al. 2006, Antoni-Komar et al. 2008). Ging es anfänglich stärker um Versuche, den komplexen Begriff nachhaltiger Ernährung auf eine Definition festzulegen und Teilziele einer nachhaltigen Ernährung zu bestimmen (Operationalisierung), ist im späteren Verlauf der Debatte ein stärkere Fokussierung auf Umsetzungsprozesse festzustellen. Für die Forschung war die hiermit vollzogene Umstellung der Frage vom WAS zum WIE bedeutsam. Projekte des Förderschwerpunkts der SÖF „Vom Wissen zum Handeln" (seit 2008) gehen von einer expliziten Verbraucherperspektive aus und untersuchen Blockaden des individuellen Handelns für einen nachhaltigen Konsum. Als potenzielle Gelegenheiten für eine Umstellung auf nachhaltige Konsum- und Ernährungsmuster werden unter anderem bestimmte Lebensereignisse – wie zum Beispiel die Geburt eines Kindes oder auch Krankheiten – erkannt (Schäfer et al. 2007). Mit Blick auf die Umstellung von Ernährungsmustern gilt es jedoch, Ernährung als soziale Praxis zu begreifen, die trotz Wandel im Alltagskontext eine relativ starke Beharrlichkeit aufweist, da diese frühzeitig sozialisiert wird (Brunner et al. 2007, Rückert-John 2010). Versuche, einen Wandel nicht-nachhaltiger Ernährungspraxen anzustoßen, benötigen deshalb einen langen Atem und erzielen selten eine durchschlagende Wirkung. So beträgt beispielsweise der Anteil von Bio-Produkten am Gesamtlebensmittelumsatz immer noch weniger als fünf Prozent, wenngleich eine viel größere Zahlungsbereitschaft vieler Konsumentinnen und Konsumenten bekundet wird. Um dieses Phänomen zu verstehen, muss zunächst der soziale Charakter von Ernährung geklärt werden, um dann Potenziale und Ansätze eines Wandels aufzuzeigen.

Ernährung als soziales Phänomen

Ernährung ist eine Praxis, die weit mehr umfasst als die bloße Aufnahme von Nahrungsmitteln. Vielmehr handelt es sich dabei um eine vielfältige Aneignung der Umwelt, die im engeren Sinne beispielsweise die Unterscheidung des Essbaren vom Nichtessbaren, die Vor- und Zubereitung, die Art des Verzehrs, die damit verbundenen Körperzustände und auch die Ausscheidung umfasst. Im weiteren Sinne betrifft Ernährung auch Landbau, Ökonomie, rechtliche Regelungen und kulturelle Unterscheidungen. Essen kommt darüber hinaus für die Gemeinschaftsbildung und deren Erhalt eine enorme Bedeutung zu: Familien, Freundeskreise und Nachbarschaften erneuern sich beim Essen und beim Tausch von Nahrungsmitteln. Ernährung spielt auch für das kollektive Selbstverständnis eine wichtige Rolle, sei es als Teil des eigenen Wertekanons oder als symbolischer Vorrat für Abgrenzungen zu anderen. Beim Essen finden symbolisch Inklusion und Exklusion in den jeweiligen Arrangements ihren Ausdruck, werden die Grenzen der Gemeinschaft thematisiert, verändert und bestätigt. Ernährungspraxen – wie beispielsweise die Präferenz von Bio-Produkten oder auch von *Fast Food* – sind damit immer als Formen der Selbstbeschreibung, der eigenen Identität, zu verstehen. Hiermit eng verbunden ist eine weitere soziale Funktion von Essen und Ernährung. Bereits Thorstein Veblen stellte 1899 in seiner „Theorie der feinen Leute" den demonstrativen Charakter des Konsums heraus, zu dem eben auch der Verzehr gehört. Einen nachhaltigen Ernährungsstil zu praktizieren, verschafft somit bestimmten Werten und Normen besondere Geltung, die auch von anderen als diese erkannt und heute als Statussymbol wahrgenommen werden. Damit wird deutlich, dass das Ernährungsverhalten als individuelle Verwirklichung kollektiver Rollenerwartungen zu verstehen ist. Ernährungspraxen sind somit immer Ausdruck kollektiver Muster und Wertgeltungen. Hierbei auszumachende soziale Unterscheidungsmerkmale sind beispielsweise das Geschlecht, das Alter, der Bildungsgrad, das Einkommen, der Berufsstatus und der Migrationshintergrund.

Selbst wenn die hier sichtbar werdenden kulturellen Formen von Ernährungspraxen letztlich alle im physischen Nahrungsbedürfnis gründen sollten, was einer zu starken Reduktion gleich käme, so haben die etablierten Formen der Ernährungspraxen längst ganz andere Funktionen übernommen, die allein soziale Zwecke erfüllen. Ernährungsstile, die eine starke Fast-Food- und Fleisch-Orientierung gepaart mit einem geringen Interesse an reflektierenden Fragen zu den Kosten der Ernährung aufweisen, sind eben deshalb häufig nicht mit einer gesünderen und umwelt-verträglicheren Ernährung vereinbar (Hayn 2005).

Sozialisation von Ernährungsmustern und -praxen

Die mit den Ernährungspraxen verbundenen sozialen Erwartungen sind Gegen-stand von Sozialisation, wobei Ernährungssozialisation als primäre Form weiterhin bevorzugt im Kontext der Familie stattfindet. Hierbei wird nicht nur vorgegeben was, wie, in welcher Menge und wann gegessen werden kann, sondern auch, wer etwas bevorzugt essen oder meiden sollte. Denn die Familienangehörigen werden als Personen hinsichtlich ihres Körpers und ihrer geschlechtlichen Attribute beob-achtet und es werden entsprechende Rollenerwartungen kommuniziert (Rückert-John und John 2009). Die Sozialisation, die immer auch als Erziehung beobachtet werden kann, vermittelt neben diesen und vielen anderen Aspekten auch eine grundsätzliche kulinarische Kompetenz und Intelligenz (Dollase 2006). Es ist beim Essen eben nicht nur damit getan, satt zu werden, sondern vielmehr entsprechend den Erwartungen satt zu werden. Sozialisation vermittelt diese Erwartungen in ständiger Wiederholung und tradiert damit vorhandene Ernährungsmuster. Er-nährungsbezogene Erfahrungen in der Kindheit bestimmen deshalb den weiteren alimentären Lebensweg entscheidend mit. So werden zum Beispiel Vorstellungen über die Notwendigkeit und den Inhalt „richtiger Mahlzeiten" über Generationen hinweg vermittelt. Ebenso kann die elterliche Betonung des Mittagessens als we-sentliche Mahlzeit oder auch die Vernachlässigung dieser im späteren Leben bei den Kindern Wirkungen zeitigen. Konditioniert werden ebenso geschmackliche Vorlieben aber auch Abneigungen sowie allgemeine Vorstellungen über das Essen, wie die Wertschätzung von Lebensmitteln (Brunner et al. 2007). Da beginnend mit der frühkindlichen Nahrungsaufnahme sich Ernährungsmuster herausbilden, wei-sen diese sozialen Praxen eine besonders starke Kontinuität und Beharrlichkeit auf. Sozialisation und so auch das Ernährungsverhalten sind darüber hinaus von den gesellschaftlichen Bedingungen bestimmt. Trotz Globalisierung und der im Westen fast unbegrenzten Verfügbarkeit an Nahrungsmitteln, sind deren Auswahl und Konsumptionsmöglichkeiten doch immer begrenzt. Die Region entscheidet so über die Realisierung von Ernährungsstilen mit, denn die damit einhergehenden Erwar-tungen an richtiges Essen konditionieren von sich aus das Angebot des Lebensmit-telhandels, wie dieser wiederum mit seinem spezifischen Angebot die Realisierung von Ernährungsstilen begrenzt.

Lösungsansätze und Strategien einer nachhaltigeren Ernährung

Im Folgenden sollen Lösungsansätze und Strategien einer nachhaltigeren Er-nährung diskutiert werden, die der aktuellen sozial-ökologischen Forschung mit Schwerpunkt Ernährungskonsum entstammen. Als erstes wird die Ernährungsstil-Typologie vorgestellt, die im Rahmen des „Ernährungswende"-Projekts (Eberle et al. 2006, Hayn 2005) entwickelt wurde und Alltagsarrangements der Ernährung einen zentralen Stellenwert bei der Entwicklung von Strategien für sozial-ökologische Transformationen im gesellschaftlichen Handlungsfeld Umwelt-Ernährung-Gesundheit beimisst (Eberle et al. 2006). Des Weiteren sollen Lebensereignisse als Gelegenheitsfenster für eine Umstellung auf nachhaltige Konsummuster (Schäfer und Bamberg 2008, Brunner et al. 2006), insbesondere der Ernährung thematisiert werden. Darüber hinaus geht es um Ansätze einer nachhaltigen Ernährung in der Außer-Haus-Verpflegung (Rückert-John 2007, Rückert-John et al. 2010). Das Projekt „Von der Agrarwende zur Konsumwende?" (Brand 2006), welches entlang der Ernährungskette – vom Produzenten bis hin zum Konsumenten – die Effekte der Agrarwende für die Verbreitung nachhaltiger Ernährungsmuster untersuchte, soll in diesem Kontext lediglich erwähnt werden (siehe dazu auch den Beitrag von Brand in diesem Band). Wichtige Beiträge zur Erforschung insbesondere regionaler Ansätze einer nachhaltigen Ernährung leisteten die Projekte „Ossena – Ernährungsqualität als Lebensqualität" (Antoni-Komar et al. 2008) und „Regionaler Wohlstand" (Schäfer 2007).

Ernährungsstile und Strategien nachhaltiger Ernährung

Strategien zur Förderung einer nachhaltigeren Ernährung setzen häufig entweder auf der Seite der Angebote an oder legen den Schwerpunkt auf Beratung und Aufklärung der Konsumenten und Konsumentinnen. Die Einstellungen und Orientierungen der Konsumenten sowie ihre alltäglichen Handlungsrestriktionen und -zwänge werden dabei meist unzureichend berücksichtigt. Häufig orientiert sich eine Differenzierung des Konsum- und Ernährungsverhaltens an klassischen Schichtmodellen und der Analyse soziodemographischer Merkmale (wie Alter, Geschlecht, Bildung, Einkommen). Im Rahmen des „Ernährungswende" Projektes wurde die Ernährung der Konsumenten und Konsumentinnen in ihrem jeweiligen Alltagskontext ins Zentrum gestellt (Hayn 2005). Untersucht wurde die Einbettung von Ernährungspraktiken in sozio-kulturelle und alltägliche Zusammenhänge, um mögliche Handlungsspielräume und -möglichkeiten aus Sicht der Konsumenten für eine Ernährungswende zu identifizieren und an diesen ansetzende Strategien zu entwickeln. Hierbei wurde deutlich, dass Strategien zur Förderung einer nachhaltigeren, gesünderen Ernährung nur dann erfolgreich sein können, wenn sie am Alltag der Konsumenten ansetzen. Hierzu wurden das konkrete Ernährungshandeln der unterschiedlichen Konsumenten, ihre Orientierungen und Einstellungen sowie ihre spezifischen Handlungsbedingungen und -möglichkeiten mit Hilfe des sozialökologischen Lebensstilansatzes untersucht. Die Lebensstilforschung zeichnet sich vor allem dadurch aus, dass unterschiedliche Lebensphasen und -situationen, Unterschiede in der Sozialstruktur als auch individueller Normen, Werte und Handlungsweisen berücksichtigt werden. Die sich hierbei ergebenden komplexen Muster bilden eine Vielfalt von Lebens- und Ernährungsstilen ab. Auf Basis der erhobenen

Daten, die einer repräsentativen Befragung im Jahre 2004 entstammen, wurden sieben Ernährungsstile identifiziert, die sich im Lebensphasenmodell des Instituts für sozial-ökologische Forschung (ISOE) verorten lassen. Die Ernährungsstile lassen sich entsprechend ihres Interesses an Fragen der Ernährung unterscheiden und beschreiben (siehe ausführlicher Hayn 2005). Zur ersten Gruppe, die ein geringes Interesse an Fragen der Ernährung aufweist, zählen die desinteressierten *Fast-Fooder*, die Billig- und Fleisch-EsserInnen und die freudlosen Gewohnheitsköche.

Die *desinteressierten Fast-Fooder* (zwölf Prozent) zeichnen sich durch ein ausgeprägtes Desinteresse an Ernährungs- und Gesundheitsfragen sowie einer Flexibilisierung und Enthäuslichung des Essens aus. Feste Essensrhythmen haben eine geringe Bedeutung; die desinteressierten Fast-Fooder haben wenig Interesse am Kochen. Wenn Mahlzeiten selbst zubereitet werden, ist es diesen Personen wichtig, dass es schnell geht und der Aufwand gering ist. Essen außer Haus hat dagegen einen hohen Stellenwert. Ein Drittel der desinteressierten Fast-Fooder ist jünger als 25 Jahre, nur wenige sind über 45 Jahre. Es handelt sich um einen Ernährungsstil der Vorfamilienphase. Jüngere Singles und Paare sowie Männer sind überdurchschnittlich vertreten. Dominierendes Motiv der *Billig- und Fleisch-EsserInnen* (13 Prozent) ist, dass Ernährung preiswert und unkompliziert sein muss. Auch hier spielt Gesundheit nur eine untergeordnete Rolle, das Lust-Motiv steht beim Essen im Vordergrund. Typisch für diese Personen ist die Auflösung von Ernährungsroutinen, womit der Bedeutungsverlust von gemeinsamen Mahlzeiten und einer starken Hinwendung zu Fertigprodukten einhergeht. Fleisch ist das präferierte Nahrungsmittel, da es einfach zubereitet werden kann. Der Billig- und Fleischesser ist in der mittleren Altersgruppe anzutreffen, das Durchschnittalter liegt bei 38 Jahren. Dieser Stil ist jedoch auch bei den 46- bis 60-Jährigen und den unter 25-Jährigen verbreitet. Personen mit mittleren und geringen Einkommen überwiegen und überdurchschnittlich viele sind arbeitslos. Die *freudlosen Gewohnheitsköche* (17 Prozent) haben ein gering ausgeprägtes Ernährungsbewusstsein und fest verankerte Ernährungsgewohnheiten. Essen ist mit Pflichterfüllung verbunden, weniger mit Genuss und Freude. Der Ernährungsalltag ist geprägt von häufigen gemeinsamen häuslichen Mahlzeiten und täglichem Kochen, wenigen Außer-Haus-Mahlzeiten und seltener Verwendung von *Convenience*-Produkten. Die freudlosen Gewohnheitsköche sind überdurchschnittlich häufig übergewichtig. Das Durchschnittalter dieses Ernährungsstils liegt bei über 67 Jahren. Über die Hälfte der Personen ist verheiratet, ein Drittel ist verwitwet. Die überwiegende Mehrzahl befindet sich im Ruhestand oder war nie erwerbstätig, wie zum Beispiel Hausfrauen.

Neben diesen drei vorgestellten Ernährungsstilen lassen sich vier weitere identifizieren, die ein mittleres bis hohes Interesse an Fragen der Ernährung aufweisen. Hierzu zählen die fitnessorientierten Ambitionierten, die gestressten AlltagsmanagerInnen, die ernährungsbewussten Anspruchsvollen und die konventionellen Gesundheitsorientierten. Mit neun Prozent bilden die *fitnessorientierten Ambitionierten* das kleinste Segment der Typologie. Sie zeichnen sich durch das starke Bedürfnis aus, mit einer hochwertigen und disziplinierten Ernährung die Leistungsfähigkeit und Fitness des Körpers zu erhalten. Bio-Lebensmittel werden in überdurchschnittlichem Maße bevorzugt, aber auch gesundheitsfördernde Produkte werden nachgefragt. Der Preis ist dabei zweitrangig, denn ein entsprechend hohes Einkommen ist vorhanden. Fitnessorientierte Ambitionierte finden sich überwiegend bei Paaren sowie bei Haushalten in der Familienphase. Das Durchschnittsalter liegt bei 45 Jahren. Mittlere und höhere Bildungsabschlüsse überwiegen, viele arbeiten als Freiberufler und Selbstständige und in vielen Haushalten sind beide Partner berufstätig. Kennzeichnend für den Ernährungsstil der *gestressten Alltagsmanagerlnnen* (16 Prozent) sind Konflikte zwischen den hohen Ansprüchen an die Ernährung und den Anforderungen des familiären und beruflichen Alltags. Allzu häufig ist der Anspruch regelmäßig, abwechslungsreich und mit frischen Zutaten für die Familie zu kochen mit den knappen zeitlichen und personellen Ressourcen nicht vereinbar. Entlastung durch Convenience-Lösungen sowie Auslagerung von Versorgungstätigkeiten kollidieren häufig mit den Ansprüchen und übersteigen oft auch die finanziellen Möglichkeiten. Insgesamt weist dieser Ernährungsstil den deutlichsten geschlechtsspezifischen Charakter auf: Etwa drei Viertel sind Frauen. Der Ernährungsstil ist zudem an die Familienphase gebunden, denn in vier von fünf Haushalten leben Kinder. Grundlegend für den Ernährungsstil der *ernährungsbewussten Anspruchsvollen* (13 Prozent) ist ein ausgeprägtes Ernährungsbewusstsein, was sich in einer großen Sensibilität für Fragen der Ernährung im Zusammenhang mit Gesundheit äußert. Geachtet wird auf Qualität, Frische und Regionalität der Lebensmittel. Bio-Lebensmittel werden in starkem Maße nachgefragt, synthetische Zusatzstoffe strikt abgelehnt. Ein Augenmerk liegt auf Genuss und kommunikativer Esskultur. Das hohe Bildungsniveau, aber auch vergleichsweise hohe Einkommen sind die Voraussetzungen für die Praktizierung dieses Ernährungsstils, der weder an eine bestimmte Lebensphase noch an ein bestimmtes Alter gebunden ist. Mit 20 Prozent bilden die *konventionellen Gesundheitsorientierten* das größte Segment der Typologie. Sie zeichnen sich durch eine hohe Wertschätzung von gutem Essen und ein starkes Interesse an Fragen der Ernährung aus. Gekocht wird gerne und reichlich. Die konventionellen Gesundheitsorientierten sind eine Gruppe von „neuen Alten", deren Freude am Essen „vom Kampf mit den Pfunden" geschmälert wird. Das Durchschnittsalter dieses Ernährungsstils ist mit 63 Jahre etwas geringer als bei den freudlosen Gewohnheitsköchen. Die Personen beider Ernährungsstile befinden sich in der gleichen Lebensphase, der Nachfamilienphase, sie unterscheiden sich jedoch hinsichtlich ihrer Ernährungsorientierungen und ihres Ernährungsverhaltens.

Das Potenzial der vorgestellten Ernährungsstile besteht vor allem darin, die Interdependenzen handlungsleitender Einstellungen und Orientierungen zu betrachten, um den Ernährungsalltag der Konsumenten und Konsumentinnen zu verstehen. Hiermit werden Motive des Ernährungsverhaltens, Bedürfnisse und Alltagsarrangements in ihrer Vielfalt aufgezeigt, an die Strategien einer nachhaltigeren Ernährung anknüpfen können. Zudem geben die Ernährungsstile aber auch Auskunft darüber, welche Barrieren und Hemmnisse für einen nachhaltigeren Ernährungsstil bestehen (Hayn 2005: 288). So können Strategien einer nachhaltigeren Ernährung bei den letzten drei genannten Ernährungsstilen an das Interesse für

Ernährungs- und Gesundheitsfragen anschließen. Bei den Ernährungsstilen mit geringem Interesse sollten nach Hayn (2005) Allianzen mit anderen Motiven (z. B. Vereinfachung) hergestellt oder Angebote entwickelt werden, mit denen vorhandene Barrieren und Hemmnisse abgebaut werden können, wie zum Beispiel Bio-Angebote in der Außer-Haus-Verpflegung (hierauf wird im Weiteren noch näher eingegangen).

Biografische Umbrüche als Chance nachhaltiger Ernährung

Auch biografische Umbrüche und bestimmte Lebensereignisse bieten Chancen für eine Umstellung von Ernährungspraxen. Die anfänglich im Familienhaushalt und später auch im außerhäuslichen Kontext gemachten Ernährungserfahrungen sowie die weiteren alimentären Lebensphasen bündeln sich unter lebensgeschichtlicher Perspektive in der Ernährungsbiografie (Brunner et al. 2006). Statusveränderungen und Umbrüche im Lebenslauf, die Geburt von Kindern, Heirat, Gründung eines gemeinsamen Haushaltes, Arbeitslosigkeit, aber auch schwerwiegende und folgenreiche Erkrankungen können eine Reflexion bisheriger Routinen anregen und Veränderungen von Ernährungspraktiken in Richtung Nachhaltigkeit zur Folge haben (Eberle et al. 2006, Brunner et al. 2006). Auch Lebensereignisse und -phasen haben dann einen sozialisierenden Einfluss auf bestehende Ernährungspraxen. Sind in der Phase der Kindheit Ernährungsmuster noch recht stabil, so verändern sich mit der Pubertät, in der die Ablösung der Jugendlichen von der Herkunftsfamilie beginnt und außerfamiliäre Bezugsgruppen an Bedeutung gewinnen, auch die Ernährungspraktiken. Erste gravierende Unterschiede im Ernährungsverhalten zwischen den Jugendlichen weisen auf Geschlechterdifferenzen: Bei den Jungen dient Alkohol der geschlechtlichen Initiation, bei den Mädchen ist es die Aufnahme von Diätpraktiken (Setzwein 2004). Askese, Essensverweigerung oder die Präferenz einer bestimmten Ernährungsweise in der Pubertät, wie Vegetarismus, kann auch als Protest gegenüber familiär praktizierten Ernährungsformen zum Beispiel in Form von Ablehnung fleischlastiger Ernährung verstanden werden.

In einem späteren Lebensabschnitt kann die Geburt von Kindern eine Ernährungsumstellung mit sich bringen. Der Mahlzeitenrhythmus ändert sich, der Ernährungsalltag erfährt eine deutlichere Strukturierung und häufig werden auch verstärkt nachhaltige Produkte wie Bio-Produkte nachgefragt. Eltern, aber besonders Mütter, sind in der Phase der Schwangerschaft und den ersten Monaten nach der Geburt des Kindes aufgeschlossener und sensibilisierter für eine nachhaltige und gesunde Ernährung (Herde 2007, Brunner et al. 2006). Herde (2007) konnte in ihrer explorativen Studie feststellen, dass junge Eltern häufiger nachhaltige Lebensmittel kaufen, wie zum Beispiel Bio-Produkte, saisonale und regionale Produkte sowie frische Produkte. Hierbei lassen sich jedoch Unterschiede hinsichtlich soziodemographischer Merkmale, wie Bildung und Einkommen feststellen. Eine Sensibilisierung für Fragen der Ernährung des Kindes muss jedoch nicht zwingend mit Veränderung der Ernährungspraxen der Eltern einhergehen. In der Absicht, dem

Kind das beste Essen angedeihen zu lassen, können sich andere Familienmitglieder hierbei auch mit ihren Ernährungspräferenzen zurück nehmen (Brunner et al. 2006).

Außerdem können folgenreiche ernährungsassoziierte oder auch andere Erkrankungen mit Ernährungsumstellungen verbunden sein. Dies konnte unter anderem bei Krankheiten beobachtet werden, die maßgeblich durch Umwelteinflüsse verursacht sind, wie Neurodermitis (Sehrer 2004, Brunner et al. 2006). Die Krankheiten können Anstoß zur Veränderung routinierter oder auch ungesunder Ernährungspraxen geben. Die Betroffenen weisen zumeist ein höheres Umweltbewusstsein auf und sind stärker sensibilisiert für den Kauf „natürlicher" Produkte, die frei von künstlichen Zusatzstoffen sind. Bei dieser Gruppe ist auch ein verstärkter Konsum von Bio-Produkten zu beobachten.

Auch der Eintritt in die Phase des Altersruhestandes, die mit veränderten zeitlichen Mustern verbunden ist, kann Potenziale für veränderte Ernährungspraktiken bieten, wenn zum Beispiel mehr Zeit in die Zubereitung und das Kochen aufwendiger Mahlzeiten investiert wird. Brunner et al. (2006) konnten feststellen, dass in der Gruppe der RuheständlerInnen vor allem auf den Einkauf in kleineren, übersichtlichen Läden mit persönlichen Kontakt Wert gelegt wird. Zudem werden regionale Produkte präferiert; dies weniger aus ökologischen Motiven, sondern eher um Arbeitsplätze in der Region zu erhalten und wegen ihrer Produktqualität. Ernährungsumstellungen können vornehmlich bei Rentnern beobachtet werden, die auf den Erhalt der Funktionstüchtigkeit ihres Körpers und ihres Geistes im hohen Alter bedacht sind.

Der Blick auf Umbruchsituationen im Lebenslauf bietet Anknüpfungspunkte für Veränderungen hin zu einer nachhaltigeren Ernährung. Diskontinuierliche Ernährungsbiografien scheinen damit potentiell mehr Anschlüsse für einen Wandel der Ernährungspraxen bereit zu halten. Das bedeutet jedoch gleichzeitig, dass bei einem erneuten Wechsel der Passagen, Veränderungen in beiderlei Richtungen möglich sind. So kann das Heranwachsen der Kleinkinder zu Kindern und später zu Jugendlichen auch mit einer Vernachlässigung des Bio-Konsums einhergehen. Bei aller individuellen Verantwortung bei der Gestaltung des eigenen Lebens dürfen die weiteren gesellschaftlichen Bedingungen, die Gelegenheiten ermöglichen oder eingrenzen, nicht außer Acht gelassen werden. Das stellt wiederum jeden vor die Wahl einer einfachen Akzeptanz des Vorgefundenen oder einer aktiven und unter Umständen anstrengenden Suche nach besseren Alternativen.

Nachhaltige Ernährung in der Außer-Haus-Verpflegung (AHV)

Nachhaltige Veränderungen im Bereich des Ernährungskonsums fokussieren mehrheitlich die Privathaushalte und hiermit die Individualkonsumenten. Damit werden häufig die Potenziale der Einrichtungen der AHV, die sogenannten Großverbraucher oder Großhaushalte, für eine nachhaltige Ernährung vernachlässigt. Dies verwundert, denn gegenwärtig werden in Deutschland rund 28 Prozent aller Lebensmittelausgaben für den Außer-Haus-Verzehr[2] getätigt (GfK 2010). Hinzu kommt, dass in den letzten Jahrzehnten ein stetiges Wachstum des AHV-Marktes zu verzeichnen war (ZMP 2008). Gerade die Gemeinschaftsverpflegung ist aus Nachhaltigkeitsperspektive auch deshalb von Bedeutung, weil hier vergleichsweise große Einspar- und Veränderungspotenziale bestehen (Piorkowsky 1997). Im Zuge des Diskurses nachhaltiger Ernährung ist in den letzten Jahren eine stärkere Hinwendung auch zu den Großverbrauchern, den Einrichtungen und Betrieben der AHV zu beobachten. Diese Orientierung wurde einerseits angeregt durch politische Kampagnen (wie zum Beispiel „Bio kann jeder!"), andererseits durch neue Präferenzen der Gäste. Auch die Einrichtungen und Betriebe der AHV müssen sich den Herausforderungen einer nachhaltigen Ernährung stellen, um eine stetige Nachfrage nach ihrem Angebot zu sichern und zukünftig am Markt zu bestehen.

Hierbei stellt sich die Frage, wie es den Einrichtungen und Betrieben der AHV gelingt, eine nachhaltigere Ernährung zu organisieren. Dieser Frage wurde in zwei Projekten im Zeitraum von 2003 bis 2010 nachgegangen, die den Einsatz von Bio-Produkten in insgesamt 32 Organisationen der AHV mit Hilfe eines qualitativen Designs untersuchten (Rückert-John et al. 2005, Rückert-John 2007, Rückert-John et al. 2010). Standen beim ersten Projekt die Erfolgsfaktoren des Bio-Einsatzes und nachhaltiger Ernährung im Vordergrund, ging es beim zweiten vorrangig um Hemmnisse, die an gescheiterten Fällen des Bio-Einsatzes untersucht wurden. Auf der Grundlage eines systemtheoretisch angeleiteten Organisationsmodells (Rückert-John 2007) wurde die Küche im Kontext der jeweiligen Organisation als eine Abteilung von anderen verortet. Zudem wurden hiermit relevante Themen, die mit der Umsetzung einer nachhaltigen Ernährung verbunden sind, identifiziert. Hierzu gehört zum Beispiel der Einsatz nachhaltiger Produkte, das Preismanagement, die Beschaffung oder die Gäste-Kommunikation.

Auf der Grundlage der empirischen Ergebnisse der Studien kann eingeschätzt werden, dass die Bedingungen einer nachhaltigeren Ernährung in der AHV sehr vielfältig und komplex sind. Als anschlussfähiges Ziel nachhaltiger Ernährung hat sich in den untersuchten Organisationen eine gesunde, qualitativ hochwertige und umweltverträgliche Ernährung durchgesetzt. Häufig wird in einer weiterführenden Perspektive auch das Ziel der Förderung von Ernährungskompetenz genannt. Dieses wird als Bedingung der Akzeptanz einer nachhaltigeren Ernährung gesehen und offensiv vor allem in Einrichtungen der Gemeinschaftsverpflegung sowie auf indirekte Weise auch in der Gastronomie verfolgt. Zu bemerken ist, dass diese Ziele jeweils in spezifischer Weise organisationale Anschlüsse aufweisen und in der Gesamtprogrammatik der Organisation verankert sind. Konzepte nachhaltiger Ernährung haben nur Chancen auf Erfolg, wenn sie kompatibel mit den Zwecken

---

2   Unter Außer-Haus-Verzehr werden alle Esshandlungen verstanden, die außerhalb der eigenen Wohnung stattfinden, wobei die Nahrungsmittel und Getränke nicht von zu Hause mitgenommen werden (Gedrich et al. 2000). Eine grundsätzliche Unterscheidung von Betrieben und Einrichtungen der AHV kann in Individualverpflegung (IV) wie Restaurants, Imbisse oder Systemgastronomie und Gemeinschaftsverpflegung (GV) wie Kantinen in Krankenhäusern, Altenheimen und Hochschulmensen vorgenommen werden.

der Organisation sind. Die sich in der Küchenprogrammatik bündelnden Zwecke fokussieren alle Entscheidungen, die bei der Umsetzung einer nachhaltigeren Ernährung in der Organisation anfallen.

Kriterien einer nachhaltigen Produktauswahl leiten sich deshalb unmittelbar aus den Zielen nachhaltiger Ernährung her. Bevorzugt werden oder wurden von den Einrichtungen und Betrieben der AHV vor allem Produkte aus ökologischer Anbau- und Verarbeitungsweise. Zudem legen die Küchen Wert auf die regionale Herkunft und die Saisonalität der Produkte. Das Kriterium des fairen Handels wird nicht nur auf Entwicklungsländer, sondern auch auf den heimischen Kontext bezogen und drückt sich hier in der Bereitschaft aus, faire Erzeugerpreise zu zahlen. Öko-Produkte gelten in vielen Betrieben und Einrichtungen der AHV nicht (mehr) unhinterfragt als nachhaltige Produkte. Gerade im Zuge der Globalisierung des Öko-Marktes geraten diese Produkte in Verdacht, nicht nachhaltig zu sein. Öko-Produkte, die von räumlichen und zeitlichen Restriktionen entkoppelt sind widersprechen deshalb den Grundsätzen der Nachhaltigkeit. Zudem wird den Kontrollinstanzen häufig nicht vertraut. Diese Störung des Bio-Einsatzes wird durch die Hinzunahme des Kriteriums der Regionalität versucht zu lösen. Bio-Produkte aus der Region werden in der Gästekommunikation mit Geschichten und Personen verbunden. Vertrauen lässt sich ergänzend zum Vertrauen in Labels auf Personen gründen. Regionalität findet hierbei auch Anschluss an Traditionen und Handwerklichkeit. Alle genannten Produkteigenschaften werden für sich genommen mit Nachhaltigkeit assoziiert. Durch Motivallianzen dieser Attribute können sie sich wechselseitig verstärken. Dieser Zirkel nachhaltiger Attribute (Rückert-John 2010) bietet aber auch die Möglichkeit, einzelne Qualitäten zurückzustellen und diese nicht mehr aktiv zu verfolgen. Gerade im Fall des gescheiterten Bio-Einsatzes, zum Beispiel aufgrund mangelnder Nachfrage der Gäste, wurden als Lösung häufig die Suspendierung von Bio und die Umstellung der Kommunikation auf Regionalität favorisiert.

Auch die Gäste-Kommunikation ist so unmittelbar mit den Zielen nachhaltiger Ernährung verknüpft. Diese treten als Themen der Kommunikation in Erscheinung. Unterschiede lassen sich vor dem Hintergrund spezifischer struktureller Bedingungen der Organisationen und deren Zwecksetzungen ausmachen. Die Kommunikationsstrategien sind jedoch allesamt auf die Sicherung der Akzeptanz nachhaltiger Ernährung und der Annahme des Speisenangebots durch die Gäste orientiert. Hierbei geht es auch um die Schaffung einer Mehrpreisakzeptanz der Gäste für die in der Regel teureren nachhaltigen Produkte. Damit wird implizit ein Anspruch an die Gäste mitformuliert, sollen sie doch das nachhaltige Essensangebot durch ihren Zuspruch goutieren. In vielen Organisationen aber ist dieser Zuspruch nicht ausreichend oder bleibt gar aus, was sich vor allem in der geringen Bereitschaft, die höheren Preise zu zahlen, ausdrückt. Aber auch ein geringes Ernährungswissen der Gäste und ihre vage Vorstellung von der Bedeutung der Bioqualität der Angebote werden moniert. Lösungen lassen sich in einer Anspruchsexpansion seitens der Köche ausmachen, die insbesondere die kulinarische Kompetenz der Gäste verlangt und soweit diese nicht vorhanden ist, tendenziell durch pädagogisierende Aufklärungsarbeit aufzubauen versucht. Dafür werden Themen- und Motivkoalitionen in der Gästekommunikation genutzt.

Die Etablierung des nachhaltigen Angebots entscheidet sich nicht nur im Gästebereich und bei der Produktqualität. Auch die Umstände der Belieferung und die Definition von Preisstrategien spielen hierbei eine wichtige Rolle. Ebenso haben externe Umstände einen Einfluss auf die Etablierung von nachhaltigen Angeboten in der AHV, wie die Bewältigung der Zertifizierungsauflagen, die Unterstützung durch übergeordnete Organisationsstrukturen oder politische Vorgaben. Im thematischen Vergleich der Fälle ergeben sich bereichsübergreifend ähnliche Problemgenerierungen und -lösungen. Deutlich wird dabei die gegenseitige Abhängigkeit der Bereiche – wie des Produkt- und Preisprogramms sowie der Gästekommunikation –, die sich immer konkret in unterschiedlichen Problemkonstellationen darstellen. Als wichtige Bedingung einer Strategie nachhaltiger Ernährung lässt sich deren koordinierte Einführung festhalten. Zentral ist eine Reflexion darüber, wieso überhaupt nachhaltige Produkte, wie Bio-Produkte, in der AHV-Organisation eingeführt werden sollten, welche Ziele damit in und für die Organisation verfolgt werden und mit welchen strukturellen Belastungen zu rechnen ist, um zu deren Bewältigung ausreichend Ressourcen zur Verfügung zu haben.

Weiterführende Literatur

Brunner, Karl-Michael und Gesa Schönberger (Hrsg.) (2005): *Nachhaltigkeit und Ernährung. Produktion – Handel – Konsum*. Frankfurt a. M.: Campus
Brunner, Karl-Michael, Sonja Geyer, Marie Jelenko, Walpurga Weiss und Florentina Astleithner (2007): *Ernährungsalltag im Wandel. Chancen für Nachhaltigkeit*. Berlin: Springer.
Rückert-John, Jana (2007): *Natürlich Essen. Kantinen auf dem Weg zur nachhaltigen Ernährung*. Frankfurt a. M.: Campus.

Zitierte Literatur

Antoni-Komar, Irene, Reinhard Pfriem, Thorsten Raabe und Achim Spiller (Hrsg.) (2008): *Ernährung, Kultur, Lebensqualität: Wege regionaler Nachhaltigkeit*. Marburg: Metropolis.
Brand, Karl-Werner (Hrsg.) (2006): *Von der Agrarwende zur Konsumwende? Die Kettenperspektive*. München: Oekom.
Brunner, Karl-Michael, Sonja Geyer, Marie Jelenko, Walpurga Weiss und Florentina Astleithner (2007): *Ernährungsalltag im Wandel. Chancen für Nachhaltigkeit*. Berlin: Springer.
Brunner, Karl-Michael, Cordula Kropp und Walter Sehrer (2006): Wege zu nachhaltigen Ernährungsmustern. In: Brand, Karl-Werner (Hrsg.), *Die neue Dynamik des Bio-Markts. Folgen der Agrarwende im Bereich Landwirtschaft, Verarbeitung, Handel, Konsum und Ernährungskommunikation*. München: Oekom, 145–196.
Brunner, Karl-Michael und Gesa Schönberger (Hrsg.) (2005): *Nachhaltigkeit und Ernährung. Produktion – Handel – Konsum*. Frankfurt a. M.: Campus.
BUND und Misereor (1997): *Zukunftsfähiges Deutschland. Ein Beitrag zu einer global nachhaltigen Entwicklung*. Basel, Boston, Berlin.

Bundesregierung (2002): *Perspektiven für Deutschland. Unsere Strategie für eine nachhaltige Entwicklung.* Berlin.

Dollase, Jürgen (2006): *Kulinarische Intelligenz.* Wiesbaden: Tre Torri.

Eberle, Ulrike, Doris Hayn, Regine Rehaag und Ulla Simshäuser (Hrsg.) (2006): *Ernährungswende. Eine Herausforderung für Politik, Unternehmen und Gesellschaft.* München: Oekom.

Erdmann, Lorenz, Sven Sohr, Siegfried Behrendt und Rolf Kreibich (2003): *Nachhaltigkeit und Ernährung. Institut für Zukunftsstudien und Technologiebewertung (IZT).* Berlin: Werkstattbericht Nr. 57.

Gedrich, Karl, Ina Binder und Georg Karg (2000): Außer-Haus-Verzehr. In: DGE (Deutsche Gesellschaft für Ernährung) (Hrsg.), *Ernährungsbericht 2000.* Bonn, 37–51.

GfK (Gesellschaft für Konsumforschung) (2010): *Savory Food when Watching TV; Sweet when Using PC.* (Press releases June 4, 2010), URL: http://www.gfk.com/group/press_information/press_releases/004973/index.en.html, Stand 29.09.2010.

Hayn, Doris (2005): Ernährungsstile. Über die Vielfalt des Ernährungshandelns im Alltag. *Kritischer Agrarbericht* 2005, 284–288.

Herde, Adina (2005): *Kriterien für eine nachhaltige Ernährung auf Konsumentenebene.* Discussion paper Nr. 20/05. Zentrum für Technik und Gesellschaft. Technische Universität Berlin

Hofer, Karl (1999): *Ernährung und Nachhaltigkeit. Entwicklungsprozesse – Probleme – Lösungsansätze.* Arbeitsbericht der Akademie für Technikfolgenabschätzung Baden-Württemberg Nr. 135.

Knickel, Karlheinz (2002): *Nachhaltige Nahrungsmittelproduktion: Szenarien und Prognosen für die Landwirtschaft bis 2030. Handlungsbedarf und Langfriststrategien für die Umweltpolitik.* Hg. Umweltbundesamt. Texte 18/02. Berlin.

Koerber, Karl von, Thomas Männle und Claus Leitzmann (2004): *Vollwert-Ernährung – Konzeption einer zeitgemäßen und nachhaltigen Ernährung.* 10. Auflage. Stuttgart: Haug Verlag.

Kohlmeier, Lenore, Anja Kroke, Jörg Pötzsch, Martin Kohlmeier und Karl Martin (1993): *Ernährungsabhängige Krankheiten und ihre Kosten.* Schriftenreihe des Bundesministeriums für Gesundheit. Band 27. Baden-Baden.

Piorkowsky, Michael Burkhard (1997): Haushaltsökonomie. In: Kutsch, Thomas, Michael Burkhard Piorkowsky und Manfred Schätzke (Hrsg.), *Einführung in die Haushaltswissenschaften.* Stuttgart: Ulmer.

Rat für nachhaltige Entwicklung (2005): Der nachhaltige Warenkorb. Ein Wegweiser zum zukunftsfähigen Konsum, 3. Auflage, Berlin.

Rückert-John; Jana (2010): Semantik der Natürlichkeit als sichernder Sinnhorizont des Nahrungsmittelkonsums. In: Soeffner, Hans-Georg (Hrsg.), *Unsichere Zeiten: Herausforderungen gesellschaftlicher Transformationen. Verhandlungen des 34. Kongresses der Deutschen Gesellschaft für Soziologie in Jena 2008.* CD-Rom. Wiesbaden: VS-Verlag für Sozialwissenschaften.

Rückert-John, Jana, René John und Jan Niessen (2010): *Verstetigung des Angebots von Öko-Lebensmitteln in der Außer-Haus-Verpflegung: Analyse von Gründen für den Ausstieg und Ableitung präventiver Maßnahmen.* Universität Hohenheim. http://orgprints.org/17824.

Rückert-John, Jana und René John (2009): Essen macht Geschlecht. Zur Reproduktion der Geschlechterdifferenz durch kulinarische Praxen. *aid, Ernährung im Fokus* 9 (5): 174–179.

Rückert-John, Jana (2007): *Natürlich Essen. Kantinen auf dem Weg zur nachhaltigen Ernährung.* Frankfurt a. M.: Campus.

Schäfer, Martina, Adina Herde und Cordula Kropp (2007): Life Events as Turning Points for Sustainable Nutrition. In: Lahlou, Saadi und Sophie Emmert (Hrsg.), *SCP Cases in the Field of Food, Mobility and Housing.* Paris, France: Proceedings of the Sustainable Consumption Research Exchange (SCORE), 115–129.

Schäfer, Martina und Sebastian Bamberg (2008): *Breaking Habits: Linking Sustainable Consumption Campaigns to Sensitive Life Events.* Proceedings: Sustainable Consumption and Production:

Framework for Action, 10–11 March 2008, Brussels, Belgium. Conference of the Sustainable Consumption Research Exchange (SCORE!) Network. URL: http://www.lifeevents.de/media/pdf/publik/Schaefer_Bamberg_SCORE.pdf. Stand: 29.09.2010.

Schäfer, Martina (Hrsg.) (2007): *Regionaler Wohlstand. Zukunftsfähiger Wohlstand – Der Beitrag der ökologischen Land- und Ernährungswirtschaft zu Lebensqualität und nachhaltiger Entwicklung.* Marburg: Metropolis Verlag

Sehrer, Walter (2004): *Krankheit als Chance für nachhaltige Ernährungsumstellungen.* Diskussionspaper Nr. 5. BMBF-Forschungsprojekt „Von der Agrarwende zur Konsumwende". München: Münchner Projektgruppe für Sozialforschung.

Setzwein, Monika (2004): *Ernährung – Körper – Geschlecht. Zur sozialen Konstruktion von Geschlecht im kulinarischen Kontext.* Wiesbaden: VS Verlag.

Spitzmüller, Eva-Maria, Kristine Pflug-Schönfelder und Claus Leitzmann (1993): *Ernährungsökologie. Essen zwischen Genuss und Verantwortung.* Heidelberg: Haug Verlag.

Tappeser, Beatrix, Alexandra Baier, Frank Ebinger und Manuela Jäger (1999a): *Globalisierung in der Speisekammer – Band 1: Wege zu einer nachhaltigen Entwicklung im Bedürfnisfeld Ernährung.* Hg. Öko-Institut. Freiburg.

Tappeser, Beatrix, Birgit Dette und Ralf Jülich (1999b): *Globalisierung in der Speisekammer – Band 2: Landwirtschaft und Ernährung im internationalen Kontext.* Hg. Öko-Institut. Freiburg.

UBA (Umweltbundesamt) (2002): *Nachhaltige Entwicklung in Deutschland. Die Zukunft dauerhaft umweltgerecht gestalten.* Berlin.

UBA (Umweltbundesamt) (1998): *Nachhaltiges Deutschland – Wege zu einer dauerhaft-umweltgerechten Entwicklung.* 2. durchgesehene Auflage. Berlin.

UGB (Verband für unabhängige Gesundheitsberatung e. V.) und SÖL (Stiftung Ökologie und Landbau (Hrsg.) (2001): *Vollwert-Ernährung und Öko-Landbau. Eine Einführung in die ökologische Agrar- und Esskultur.* Bad Dürkheim: Eigenverlag SÖL.

Zander, Katrin und Ulrich Hamm (2009): Informationsverhalten und ethische Werte ökologischer Lebensmittel. In: Mayer, Jochen, Thomas Alföldi, Florian Leiber, David Dubois, Padruot Fried, Felix Heckendorn, Edna Hillmann, Peter Klocke, Andreas Fredi Strasser, Marcel von der Heijden und Helga Willer (Hrsg.), *Werte – Wege – Wirkungen: Biolandbau im Spannungsfeld zwischen Ernaehrungssicherung, Markt und Klimawandel.* Berlin: Verlag Dr. Köster, 340–341.

ZMP (Zentrale Markt- und Preisberichtsstelle) (2008): Essen außer Haus. *Mafo Briefe*, Januar 2008.

Zöller, Katharina und Ursula Stroth (1999): *Nachhaltige Entwicklung im Handlungsfeld Ernährung.* Arbeitsbericht der Akademie für Technikfolgenabschätzung Baden-Württemberg Nr. 134.

Naturverhältnisse, Geschlechterverhältnisse, Nachhaltigkeit

Sabine Hofmeister und Christine Katz

Einleitung

Die Kategorie Geschlecht ist eine eher marginale Perspektive der Umweltsoziologie. Ein Blick auf die Publikationen der letzten zehn Jahre in den gängigen deutschsprachigen wissenschaftlichen Journalen für umweltsoziologische Arbeiten verweist unmissverständlich auf den weiterhin schweren Stand geschlechterbezogener Forschungen: Lediglich eine Handvoll Beiträge thematisiert bei der Untersuchung von Natur-/Umwelt-Gesellschaftsbeziehungen Geschlechteraspekte.

Den Hintergrund für die schwierige Beziehung zwischen (Umwelt-)Soziologie, Geschlechterforschung und Nachhaltigkeitswissenschaften bilden mindestens drei Brüche in und zwischen den Disziplinen:

- die Auslassung der Kategorie „Natur" in der Soziologie oder deren theoretische Unbestimmtheit – mit der Folge, dass sich ein konsistenter, vermittlungstheoretischer Ansatz in der Umweltsoziologie (noch) nicht etablieren konnte (Brand 1998, Schultz 2001),
- die vielfältige und widersprüchliche Weise, in der die Kategorie „Geschlecht" in die Soziologie eingegangen ist (Aulenbacher et al. 2006, Bereswill 2008) – mit den Folgen, dass sie zunächst eine eher randständige, additive, statt Theorien konstituierende Bedeutung hatte und dass ökologische Krisenphänomene selten im Fokus soziologischer Geschlechterforschung stehen (Jungkeit et al. 2002),
- die anhaltende Exklusion oder (bestenfalls) Marginalisierung von Erkenntnissen und Methoden sozialwissenschaftlicher Geschlechterforschung in den natur- und technikbezogenen (Umwelt-)Wissenschaften (Schiebinger 1993, Orland und Scheich 1995, Katz 2006, Lucht und Paulitz 2008).

Die Umweltsoziologie tut sich noch immer schwer damit, natur- und technikwissenschaftliche Erkenntnisse und Diskurse in die Wissenschaft vom „Sozialen" einzulassen. In den 1970er und 1980er Jahren wurde Umweltsoziologie zunächst auf die Reflexion eines neuen sozialen Phänomens eingeengt – Umweltbewusstsein im Kontext aufscheinender ökologischer Krisenphänomene und Politisierung des Naturthemas (Groß und Heinrichs 2010). Eine Gefahr der Verkürzung in die andere Richtung deutet sich im ersten deutschsprachigen Lehrbuch zur *Allgemeinen Umweltsoziologie* an (Huber 2001), das die Disziplin als Systemwissenschaft einführt und „Umwelt" physisch materiell versteht. Basierend auf einer Konkretion von „Umwelt"

als geo- und biosphärische Naturumwelt, befasst sich Huber mit den gesellschaftlichen Bedingungen des Stoffwechsels Mensch/Gesellschaft – Natur (Huber 2001: 13).
In diesem „ko-evolutiven" Grundverständnis wird das der Umweltsoziologie eigene
Dilemma, zwischen Realismus und Konstruktivismus, zwischen naturalistischen
und kulturalistischen/soziozentrischen Ansätzen navigieren zu müssen, sichtbar:
Indem eine „Naturumwelt" behauptet und deren Existenz in einer (essentialistisch
verstandenen) Geo- und Biosphäre verortet wird, schält sich im Effekt eine naturalistische Auffassung vom Gegenstand der Umweltsoziologie heraus. Das Grundproblem der Umweltsoziologie – entweder auf „Natur" oder auf das „Soziale" zu
reduzieren (Brand 1998) –, ist damit nicht gelöst. Das „Ringen" um ein „Denken
aus der Mitte" (Kropp 2002) wird z. B. bei Huber (2001: 25 f.) mit Verweis auf eine
„ko-evolutive Entwicklung" lediglich umgangen, nicht aufgelöst (siehe hierzu den
Beitrag von Fischer-Kowalski et al. in diesem Band). Im Rahmen der sozial-ökologischen Forschung (siehe hierzu den Beitrag von Becker et al. in diesem Band) wird
dieses Dilemma explizit benannt und bearbeitet, wobei die hierbei notwendig werdende „Übersetzungsarbeit" (Schultz 2001) auf Basis feministischer Theorieansätze
zur Umweltforschung besondere Potentiale mitbringt.

Ebenso kompliziert wie das Verhältnis der Soziologie zur physischen Umwelt/
„Natur" stellt sich jenes zu „Geschlecht" dar. So zeigt Bereswill (2008), dass die Integration der Kategorie „Geschlecht" in die Soziologie brüchig und widerständig
verlaufen ist: von einer anfänglichen Marginalisierung der Geschlechterperspektive
ist sie zu einer entscheidenden Achse in der Analyse gesellschaftlicher Ungleichheitsverhältnisse avanciert. Die Gründe dafür werden entlang des soziologischen
Naturdiskurses verständlich: Wird „Geschlecht" als eine körperlich erkennbare,
natürliche Unterscheidung zwischen Frauen und Männern gesehen, so gerät es zu
einer quasi vorsozialen „Natur"-Kategorie. Die Deutung von „Natur" als vorge-
sellschaftliche, als „… unberührte Außen- oder naturalisierte Innenwelt" (Poferl
2001: 14), wird gewissermaßen in der soziologischen Sicht auf „Geschlecht" gespie-
gelt, das (als biologisches) ebenso aus der soziologischen Theoriebildung ausge-
spart blieb (ebd.). Erst die Frage nach der sozialen Dimension von Geschlecht – nach
Weiblichkeit-Männlichkeit als ein kulturelles Symbolsystem, das eingebettet in die
Annahme von einer „naturgegebenen" Zweigeschlechtlichkeit das Soziale strukturiert – eröffnet eine gesellschaftstheoretische Perspektive (ebd.). Die Deutung von
Gesellschaft, die durch Herrschafts- und Machtverhältnisse entlang der Geschlechterverhältnisse gestaltet ist, macht „Geschlecht" per se zu einer kritischen Kategorie,
die nicht bruchlos und widerstandsfrei in das Spektrum soziologischer Theorien
eingebunden werden kann. Bereswill (2008) weist darauf hin, dass durch feministische Wissenschaft „… die Soziologie in Frage gestellt (wurde), ihre blinden Flecken
aufgedeckt und Konzepte verworfen und weiter entwickelt (wurden)" (ebd.: 98). Die
normative, parteiliche Perspektive auf Gesellschaft, die mit der aus der politischen
Frauenbewegung hervorgegangenen Geschlechterforschung in die Soziologie einge-
tragen worden ist, macht „Geschlecht" als soziologische Kategorie „verdächtig", zum
anderen jedoch auch potentiell „theoriekreativ" (Poferl 2001: 14).

Mögen also die Widerstände in der Soziologie gegenüber den Kategorien „Natur" und „Geschlecht" den Hintergrund für die Hemmnisse bilden, die Themenfelder in einem Forschungskonzept zusammenzuführen, so tragen sie zugleich dazu bei, dass ein kreatives Potential in eben dieser Verbindung entsteht. Allerdings blockieren auch die Widerstände, Ausblendungen und Marginalisierungen, die die Umweltsoziologie im Rahmen der traditionell natur- und technikwissenschaftlich geprägten Umweltforschung erfährt, die Forschung in dieser Verbindung. So weist Schultz (2001) darauf hin, dass die Umweltsoziologie (noch) keineswegs erkenntnisleitend in die Umweltwissenschaften integriert sei, dass „soziale" Fragestellungen eher additiv nachgestellt statt eingebunden werden, und dass Umweltsoziologie ein „bisher undefiniertes und randständiges Forschungsfeld innerhalb der Umweltforschung" (ebd.: 27 f.) geblieben sei. Dies gilt erst recht für eine durch die wissenschaftskritische Erkenntnisperspektive der Geschlechterforschung „aufgeladene" Soziologie, die sich normativ positioniert und als Ungleichheitsforschung ausgebildet hat. Gerade diese normative Perspektive jedoch bildet den Kern der seit Anfang der 1990er Jahre entstehenden Nachhaltigkeitswissenschaften, im Rahmen derer die Chance und die Notwendigkeit, Nachhaltigkeits- und Geschlechterforschung zusammenzuführen, erkannt und partiell auch genutzt wird (Hofmeister und Mölders 2006).

Im Folgenden werden wir zunächst retrospektiv vor allem die politischen aber auch wissenschaftlichen Entwicklungsstränge und Positionen des Themenfelds Geschlecht, Natur und Nachhaltigkeit beleuchten, um hierauf aufbauend die verschiedenen konzeptionellen Zugänge der Forschungen dazu systematisierend in den Blick zu nehmen. Wir stellen anschließend verschiedene Ansätze zur theoretischen und analytischen Verknüpfung von gesellschaftlichen Geschlechter- und Naturverhältnissen und deren Beitrag, geschlechtercodierte Herrschaftsverhältnisse im Kontext der Natur-Kultur-Dichotomie aufzubrechen, vor. Wir schließen mit einer kurzen Synthese und einem Ausblick auf Herausforderungen für das Forschungsfeld.

Geschlechterverhältnisse und Nachhaltigkeit: Entwicklungsstränge und Positionen

Ausgangspunkt feministischer Aufmerksamkeit gegenüber Natur- und Umweltthemen waren verschiedene z. T. miteinander verflochtene Erkenntnisse: Zum einen fußen sie auf den emanzipatorischen Bewegungen der späten 1960er und 1970er Jahre, im Rahmen derer (neo)liberale Wirtschaftstheorien und Politikansätze, Weltwachstumsmodelle und Entwicklungskonzepte sowie Wissenschafts- und Techniksysteme in den westlichen Industrieländern der Kritik unterzogen wurden. Zum anderen basieren sie auf der Erfahrung zunehmender Naturzerstörung und ihrer ungleichen Folgen für die Lebensverhältnisse von Frauen und Männern im Norden und Süden.[1]

---

1   Die folgenden Ausführungen basieren zum Teil auf Hofmeister et al. (2002).

Die politischen und wissenschaftlichen Debatten zu Geschlechterverhältnissen, Natur und Nachhaltigkeit wurzeln in den (internationalen) Friedens-, Frauen- und Umweltbewegungen, wobei der umweltbezogene Diskurs deutlich weniger Einfluss hatte als der entwicklungs- und frauenpolitische (z. B. Wichterich 1992). Zu Beginn, in den 1970er Jahren, wurden Frauen zunächst als direkt Betroffene und Opfer von Umweltveränderungen betrachtet. Entwicklungspolitisch bedeutete dies eine Umorientierung auf die Basisbedürfnisse ärmster Bevölkerungsschichten, weg vom reinen Kapital- und Technologietransfer (Thorn 2002). Frauen wurden als äußerst produktive, bislang vernachlässigte Ressource „entdeckt", was den Impuls für die Etablierung des Ansatzes *Women in Development* (WID) in der Entwicklungspolitik gab. Mit ihm sollte ungenutztes „Humankapital" in Entwicklungsprogramme integriert und die (frauen)politische Blindheit überwunden werden. Ende der 1980er Jahre im Vorfeld des Weltgipfels in Rio de Janeiro wurde der WID-Ansatz sukzessive zu *Women – Environment – Development* (WED) ausgebaut (Dankelmann und Davidson 1988)[2]; Frauen galten nun als privilegierte Umweltmanagerinnen. Feministische Entwicklungssoziologen/innen kritisierten diese Funktionalisierung von Frauen erst für Entwicklungs-, dann für Umweltbelange (Braidotti et al. 1994, Harcourt 1994, Wichterich 1992, 2004).

Auf der Weltfrauenkonferenz in Nairobi (1985), auf der erstmalig die Verbindung von Frauen- mit Umweltfragen thematisch ins öffentliche Bewusstsein rückte (Shiva 1988, Braidotti et al. 1994), hat das internationale Frauennetzwerk DAWN (*Development Alternatives with Women for a New Era*)[3] den *Empowerment*-Ansatz eingeführt und die Machtbildung für benachteiligte soziale Gruppen, die gesellschaftliche Transformation bestehender (geschlechts-)hierarchischer Strukturen, die Abkehr von wachstumsorientierten Zivilisationsmodellen und eine grundlegende Neukonturierung bestehender Entwicklungsverständnisse gefordert. Auf den Umweltkontext bezogen bedeutete dies, Frauen nicht nur die Verantwortung für den Schutz und einen schonenden Umgang mit den natürlichen Ressourcen zuzuweisen, sondern dies untrennbar mit einem Mehr an Verfügungsgewalt und Einflussmöglichkeiten bei politischen und wirtschaftlichen Entscheidungen zu verbinden. DAWN hat im Vorfeld zur UN-Konferenz 1992 in Rio de Janeiro den *Livelihood*-Ansatz als Gegenentwurf zu *Sustainable Development* eingebracht, der sich jedoch nicht durchsetzen konnte.

Anknüpfend an den o. g. frauenpolitischen *Empowerment*- und den *Entitlement*-Ansatz von Amartya Sen (1981) zielt *Livelihood* auf die alltägliche Überlebenssicherung in der unmittelbaren natürlichen und sozialen Umwelt, setzt also auf lokaler Ebene an, statt auf eine Makrostrategie zu bauen. Es richtet sich damit gegen die Effizienzphilosophie der Weltbank und das entwicklungspolitische Konzept von WED (Davidson und Dankelmann 1990).

---

2   Später wurde aus WED der *Women-Environment-Sustainable Development*-Ansatz.
3   DAWN besteht aus Studentinnen, Wissenschaftlerinnen und Aktivistinnen vorwiegend aus Südländern, die sich seit 1984 im Bereich feministischer Forschung zu globalen Umweltbeziehungen engagieren, mit dem Ziel, eine globale Theorie über die Interdependenzen zwischen Makroökonomie und der Alltagsrealität von Frauen zu entwickeln (DAWN 1985).

Die UN-Konferenz in Rio gilt als Meilenstein in Bezug auf die Mobilisierung und Platzierung feministischer Inhalte und frauenpolitischer Forderungen im Kontext von Umwelt und Entwicklung. Erstmalig wurde dort offiziell anerkannt, dass die globale ökologische Krise und die soziale Situation von Menschen zwei Seiten ein und derselben Medaille sind – zudem über die jeweilige gesellschaftliche Ordnung der Geschlechter miteinander verwoben. Keine der nachfolgenden Konferenzen konnte eine ähnliche Wirkung entfalten. Zehn Jahre später, auf dem zweiten Weltgipfel in Johannesburg, wurde das neue Selbstbewusstsein der internationalen Frauennetzwerke und der Frauen-NGOs aus den Südländern sichtbar, ebenso die damit verbundenen Positionskämpfe und Abgrenzungsbemühungen gegenüber einer als westlich dominiert begriffenen Weltfrauensolidarität. Die jeweils eigenen Ausgangslagen und Problemperspektiven überwogen, internationale gemeinsam getragene Anliegen gab es kaum (Thorn 2002). Zudem wurde deutlich, wie sehr sich die Forderungen und Prioritätensetzungen zwischen Afrikaner/innen, Europäer/innen und US-Amerikaner/innen, Lateinamerikaner/innen und Asiat/innen, zwischen Nord und Süd und West und Ost unterscheiden und teilweise unversöhnlich gegenüberstehen.

Das primäre Ziel der Lobbyarbeit von internationalen Frauennetzwerken, Frauenrechte zu globalisieren und alternative Ökonomie- und Gesellschaftsmodelle zu konzipieren, muss bislang als gescheitert betrachtet werden. Es gelang zwar im Rahmen der UN-Konferenzen, das Menschen- und Frauenrechtsparadigma in den Entwicklungsansatz einzubringen. Dies ist jedoch dem ökonomischen Effizienzprinzip der Weltbank untergeordnet (von Winterfeld und Petersen 2009: 28).

Heute gelingt es internationalen Frauennetzwerken offenbar schlechter, sich mit gemeinsamen Positionen in die zentralen Diskurse zum Verhältnis von Nachhaltigkeit und wirtschaftlicher Globalisierung einzubringen. Eine kohärente Verknüpfung von Nachhaltigkeit und Geschlechtergerechtigkeit im Kontext der Entwicklungszusammenarbeit steht weiterhin aus (Wichterich 2004). Einerseits werden Frauen- und Geschlechteraspekte z. B. im Bereich der UN-Klimaverhandlungen und zur Biodiversitätskonvention zunehmend berücksichtigt, andererseits ist die politische Wirksamkeit offensichtlich gering. Auf diesen Zuwachs des *Gender Speech* bei gleichzeitig faktischer Abnahme der realpolitischen Bedeutung frauenpolitischer Themen (von Winterfeld und Petersen 2009: 29) reagiert nun die UN: Zur Schließung der Gender-Implementierungslücke ist eine Reform ihrer Gender-Architektur geplant (ebd.).

Die visionäre Kraft für alternative Konzepte, Strategien und Strukturen für einen geschlechtergerechten Umbau weltwirtschaftlicher und globalökologischer Anliegen scheint derzeit zu fehlen, auch wenn die Präsenz von Frauen in internationalen Gremien gewachsen ist. Anders, nämlich in Form zunehmender Aktivitäten, stellt sich die Lage in Bezug auf Projekte der Entwicklungszusammenarbeit im internationalen Kontext oder bilateral und im Bereich von Wissenschaft und Forschung zu *Gender and Environment* oder *Nature Management* dar. Inwiefern die dabei generierten neuen Erkenntnisse wiederum in politische Debatten einmünden und dazu beizutragen vermögen, diese zu „gendern", ist jedoch offen.

In Deutschland waren zunächst weder ökologische Themen innerhalb der Frauenbewegung noch Geschlechterfragen innerhalb der Umweltbewegung „große

Themen" (Hofmeister et al. 2002). Eine Wende leitete der Kongress „Frauen und Ökologie" ein, der 1986 von der Partei der Grünen aus Anlass der internationalen Weltfrauenkonferenz 1985 in Nairobi vorbereitet wurde. Nach der Reaktorkatastrophe in Tschernobyl im April 1986, kam es zu einer unerwartet hohen Beteiligung von Frauen, die verschiedene grundlegende Positionen zu dem Thema Frauen und Ökologie ausführlich und z. T. auch kontrovers diskutierten (DIE GRÜNEN im Bundestag/AK Frauenpolitik 1987, Hofmeister 2006).

Ansätze feministischer (Natur-)Wissenschafts- und Technikkritik, die ab den 1980er Jahren vorwiegend von US-amerikanischen Forscherinnen entwickelt wurden, prägten und prägen vor allem in Europa wesentlich die Diskussion um Geschlechterverhältnisse, Natur und Nachhaltigkeit (Bleier 1984, Harding 1986, Keller 1986, Hubbard 1990, Schiebinger 2000). In Deutschland wie im angloamerikanischen Raum liegen mittlerweile zahlreiche Forschungsergebnisse zu Methoden, Inhalten und Strukturen der Naturwissenschaften vor (Schiebinger 2000, Wiesner 2002, Ebeling und Schmitz 2006, Mauss und Petersen 2006, von Winterfeld 2006, Lucht und Paulitz 2008). Verschiedene Ansätze zur feministischen Naturwissenschaftskritik wurden von frauenpolitisch aktiven Netzwerken und kritischen Naturwissenschaftler/innen aufgegriffen (z. B. FiNUT seit 1972) und verstärkt z. B. für eine Kritik an der gestaltungsrelevanten Deutungshoheit der Natur- und Umweltwissenschaften genutzt (Scheich 1993, Haraway 1995, Weller 2004, Katz und von Winterfeld 2006, Schultz 2006, Weber 2006).

Im Zusammenhang mit den Naturwissenschaften rückten auch die Technikwissenschaften mit ihrem als androzentrisch identifizierten epistemologischen und methodologischen Selbstverständnis sowie ihrem vermeintlich wertneutralen konzeptuellen Bezugsrahmen und den soziokulturellen Folgen ins Zentrum der feministischen Kritik (Saupe 2002, Paulitz 2008). Das Interesse an feministischer Technikforschung (im Kontext der Umweltdebatte) war einerseits motiviert von den konstant niedrigen Frauenanteilen in Studium und Forschung (z. B. Collmer 1997) und zum anderen von der Frage, wie (Risiko)Technologien und technisches Handeln mit (potentiell) hohem Kontroll-, Veränderungs- und Zerstörungspotenzial vergeschlechtlicht sind (Theweleit 1980, Faulkner 2001). Der Großteil der internationalen feministischen Technikforschung (in und zu den Ländern des Südens) schließt an die Kritiken der westlichen Modernisierungs- und Entwicklungs- und Wachstumsvorstellungen an und reflektiert die damit einhergehenden Ausgrenzungen und Abwertungen weiblicher Lebenskontexte (Harding 2008). Auffällig ist, dass die Frage, inwieweit der dominante ökologische Modernisierungsdiskurs mit seinem Fokus auf Grünem Unternehmertum, Emissionshandel, technologischen Innovationen neue Maskulinisierungstendenzen aufweist, bislang kaum behandelt wird.

Ein weiterer Diskursstrang, der wesentlich auf die politischen und forschungsrelevanten Entwicklungen im Bereich Geschlechterverhältnisse, Natur und Nachhaltigkeit einwirkte, ist die feministische Kritik an Ökonomie sowie an einem auf Erwerbsarbeit verkürzten Begriff von Arbeit. Erklärungsansätze zu genderdifferenten Naturnutzungs- und Bewirtschaftungsformen (Leach 1991, Sachs 1996), zu „Vorsorgendem Wirtschaften" (u. a. Biesecker et al. 2000), „weiblichen" Arbeits- und

Wirtschaftsformen (u. a. Bennholdt-Thomsen und Mies 1997) und zu „Frauenökonomie" (Lachenmann 2001) wurden z. T. heftig debattiert. Essentialistische „ökofeministische" Sichtweisen einer auf das biologische Geschlecht zurückführbaren besonderen Beziehung von Frauen zu Natur und Umwelt stießen und stoßen bis heute auf z. T. massive Kritik.[4] So wurde die naturalistische „Wir-Frauen-Kategorie" vor allem durch schwarze nichtwestliche Frauen zurückgewiesen. Ein weiterer Kritikpunkt bezieht sich auf die bereits am WED-Ansatz von vielen internationalen feministischen Wissenschaftlerinnen und Aktivistinnen bemängelte kostenlose Indienstnahme von Frauen für Artenschutz und sparsame Ressourcennutzung, ohne dass ihnen gleichermaßen Besitz- und Zugangsrechte zu den Ressourcen und damit Entscheidungsmacht über ihre Nutzung zuerkannt werden (Jackson 1993, Braidotti et al. 1994). Umweltverantwortung wird so implizit und explizit an Privathaushalte – für deren Bewirtschaftung mehrheitlich noch immer Frauen zuständig sind – oder/und direkt an Frauen übertragen („Feminisierung der Umweltverantwortung").

In Deutschland waren diese Ausblendungen und Spannungsverhältnisse in Bezug auf die Rolle von Naturwissenschaft und Technik und ihrer entkontextualisierten Problembeschreibungen und -bearbeitungen einerseits und hinsichtlich der Verteilung von Fürsorgeaufgaben, Verantwortung und Entscheidungsmacht sowie bezogen auf die unterschiedlichen „Betroffenheiten" von Umweltfolgen andererseits, wesentliche Ansatzpunkte für eine kritische, Geschlechterverhältnisse reflektierende Auseinandersetzung mit gesellschaftlichen Naturbeziehungen und ihrer nachhaltigen Gestaltung (AG Frauen 1997, Schultz 1999). Die Forderungen nach geschlechterdisaggregierten Daten zum Natur-, Umwelt- und Ressourcenverbrauch, nach kontextbezogenen, alltagsrelevanten und sozialstrukturellen Untersuchungen im Rahmen der Umweltforschung, nach Möglichkeiten, Alltagserfahrung und -praxis in die Forschung einzubeziehen, und nach geschlechtersensibler und -gerechter Konzeption von Umweltschutzmaßnahmen waren zentrale Eckpunkte einer „feministische Umweltforschung" (Schultz und Weller 1995, Weller et al. 1999). Trotz frühzeitiger wissenschaftstheoretischer Fundierung (u. a. Scheich und Schultz 1987) standen anfangs vor allem Einzeluntersuchungen im Mittelpunkt (Schultz und Weiland 1991, Buchen et al. 1994, Schultz und Weller 1995). Mittlerweile hat sich das Themenspektrum erheblich erweitert (Katz 2006, Schäfer et al. 2006).[5]

---

4 Dem „Ökofeminismus" – in den USA in den 1970er Jahren am Institut für Soziale Ökologie (Vermont) als ein Versuch entwickelt, linke politische Theorie für feministische und ökologische Themen zu öffnen –, der nie eine homogene Strömung war, wird man mit einem grundsätzlichen Essentialismusvorwurf allerdings nicht gerecht. Zunächst gab es kein Theoriegebäude, aber die gemeinsam getragene These eines konzeptionellen Zusammenhangs zwischen der Unterdrückung von Frauen und Natur als Bestandteil des patriarchalen kapitalistischen Systems westlicher Prägung (Mellor 1997).

5 Inwieweit sich diese Forschungsaktivitäten und die daraus hervorgegangenen Erkenntnisse in Politiken niederschlagen, kann an dieser Stelle nicht diskutiert werden. Hierzu bedarf es umfassender Analysen, die noch ausstehen. Wie oben für soziologische und umweltbezogene Wissenschaftsbereiche beschrieben, findet sich die wechselseitige Nicht-zur-Kenntnisnahme bzw. der gegenseitige Ausschluss von jeweils Natur- oder Geschlechteraspekten auch auf der politischen Ebene: Bis auf wenige Ausnahmen befassen sich feministische Politiken im deutschsprachigen Raum derzeit kaum mit Umwelt – umgekehrt umweltpolitische Initiativen kaum mit

International sind Forschungen im Bereich Natur, *Gender* und Nachhaltigkeit noch immer vor allem mit Landnutzungsfragen im Kontext von Entwicklungs- und Agrarsoziologie gekoppelt.[6] Sie sind stark auf Fallstudien sowie häufig auf die Lebensverhältnisse in Ländern „des Südens" bezogen. Eine erste Sichtung einiger großer internationaler Tagungen zu Gesellschafts-Natur-/Umweltbeziehungen wie der *European Sociological Association* (ESA) in Lissabon 2009, der *Society for Human Ecology* 2009 oder der 4. *Christina Konferenz zu Gender, Nature and Culture* in Helsinki 2010 bestätigt nicht nur diese Einschätzung, sondern verdeutlicht die generelle Randständigkeit von Genderforschung zu diesem Themenkomplex.

Eine umfassende kritische und systematisierende Analyse des gesamten Forschungsfeldes – anknüpfend an die ersten Ansätze hierzu (Hofmeister et al. 2002, Schön et al. 2002, Weller 2004) – steht allerdings mit Blick auf die Weiterentwicklung der Forschungen zu diesem Bereich dringend an.

Konzeptionelle Zugänge im Kontext Geschlechter-, Naturverhältnisse und Nachhaltigkeit

Ausgehend von den im Rahmen der sozial- und kulturwissenschaftlichen Geschlechterforschung entwickelten analytischen und theoretischen Perspektiven auf Geschlecht, werden die im Bereich Geschlechterverhältnisse, Natur und Nachhaltigkeit gewählten Forschungszugänge im Folgenden systematisiert. Wir wollen damit sowohl die konzeptionelle Vielfalt in diesem Themenfeld aufzeigen als auch die intensive Verschränkung mit der sozialwissenschaftlichen Genderforschung deutlich und angehende Transformationen, Weiterentwicklungen sichtbar machen. Die Zugänge sind weder als chronologische Entwicklungen zu verstehen noch bauen sie per se inhaltlich aufeinander auf. Sie sind vielmehr auf unterschiedlichen Erkenntnisebenen angesiedelt, stehen somit eher nebeneinander und werden forschungspraktisch z. T. „vermischt". Sie weisen daher notwendigerweise Überschneidungen und Ambivalenzen auf.

Geschlecht als identitätspolitische Differenzkategorie

Sozialwissenschaftliche Erhebungen zum Umweltbewusstsein bescheinigen Frauen umfassendere Problemsichten, ein größeres Maß an umweltverträglichem Verhal-

---

Geschlechterfragen (Hofmeister et al. 2002, Mranz 2006). Ausnahmen stellen die feministische Naturwissenschafts- und Technikbewegung dar (www.Finut.net, www.koryphaee.at) und die (wenigen) NGOs und Institutionen, die sich diesem Bereich zuordnen (z. B. www.genanet.de, www.wecf.org).

6 Im deutschsprachigen Raum fokussiert die Genderforschung zur landwirtschaftlichen Ressourcennutzung auf die geschlechterhierarchischen Arbeits- und Eigentumsverhältnisse und Familienstrukturen (Schmitt 2005). Die Wechselwirkung von Natur- und Geschlechterverhältnissen in der landwirtschaftlichen Praxis wird bislang kaum thematisiert.

ten und eine größere Handlungsbereitschaft für Umweltbelange (Southwell 2000, Empacher et al. 2001). Die Schlussfolgerung, dass Frauen die „besseren Umweltschützerinnen" seien, ist jedoch uneindeutig, da sich Männer in den gleichen strukturellen Verhältnissen ähnlich umweltbewusst verhalten wie Frauen. Die Zuständigkeit für die Versorgungsarbeit hat beispielsweise einen höheren Erklärungswert für das Umweltbewusstsein als die Geschlechterzugehörigkeit (Empacher und Hayn 2001). Werden Daten geschlechterdisaggregiert erhoben, aber nicht kontextualisiert, Machtverhältnisse nicht mit bedacht, erzeugen sie Fehlinterpretationen (Schön et al. 2002, Weller 2004). So besteht die Gefahr einer Bestätigungsforschung, die zur Verfestigung von Geschlechterbildern und Rollenklischees beiträgt, statt diese ebenso wie die Bedingungen, Prozesse und Bedeutung ihres Zustandekommens kritisch in Frage zu stellen. Die Kritik an identitätspolitisch ausgerichteter Geschlechterforschung bezieht sich daher auf die Reichweite (Mikroebene), auf die Aussagekraft ihrer Erkenntnisse und die anti-emanzipatorische Wirkung der davon abgeleiteten politischen Maßnahmen (Kurz-Scherf 2002, Becker-Schmidt 2006). Viele der Arbeiten im Bereich der genderorientierten Nachhaltigkeits- und Umweltforschung, die identitätspolitisch – und im Sinne eines *Empowerment* der betroffenen Akteure – angelegt sind, thematisieren das strukturelle Bedingungsgefüge mit (Empacher und Hayn 2001, Katz et al. 2003b, Weller 2004).[7]

„Geschlecht" als Identitätskategorie ist stark verbunden mit der ersten Welle (Gleichheitsparadigma, Friedan 1963, Tong 1989, Dietzen 1993) und der zweiten Welle (Differenzparadigma) der Frauenbewegung.[8] Beide beschreiben die Unterdrückung und Ausgrenzung von Frauen aus vielen gesellschaftlichen Bereichen als ein durchgängiges patriarchales Merkmal, das mit einer generellen Inferiorisierung und systematischen Benachteiligung von Frauen und Weiblichkeit zusammenhängt.

Beim Gleichheitsparadigma soll Gleichheit zwischen den Geschlechtern durch die Anpassung an männlich geprägte Werte und Normen erreicht werden. Zum Themenfeld Geschlecht, Natur und Nachhaltigkeit sind sowohl auf der politisch-operationalen Ebene als auch im Bereich von Wissenschaft und Forschung viele Projekte und Maßnahmen ex- oder implizit diesem Paradigma verhaftet (z. B. die klassische Frauenförderung). In diese Richtung gehen z. B. die Maßnahmen und Forschungen zur Benachteiligung und/oder zum Ausschluss von Frauen aus den männlich dominierten Arbeitsfeldern im naturbezogenen und ingenieurstechnischen

---

7 Auch im Kontext des Politikkonzepts *Gender-Mainstreaming* entwickeln sich zunehmend Forschungen, die Geschlechterdifferenzen und Exklusionsprozesse in den Bereichen Natur- und Umweltschutz (Katz et al. 2003a, Mayer et al. 2003) sowie in der Waldwirtschaft (Hehn et al. 2010), zu Flächenpolitik und Stadtentwicklung (Evers und Hofmeister 2010), zur Klimaforschung (Bauriedl 2010) sowie zu Karrierewegen und -chancen von Umwelt- und Nachhaltigkeitswissenschaftlerinnen (Katz et al. 2003b), zu Inklusions- und Exklusionsprozessen in Umwelt- und Nachhaltigkeitspolitiken (Buchholz 1999, Katz und Mölders 2004, www.genanet.de) und zu Gender-Aspekten bei der Konzeptualisierung und Institutionalisierung umwelt- und nachhaltigkeitspolitischer Maßnahmen (u. a. Röhr et al. 2004, Weller 2004) in den Blick nehmen.

8 Die Einteilung in drei Wellen bzw. Paradigmen ist Frey und Dingler (2001) entnommen (auch Tong 1989). Sie sind nicht als chronologische Abfolge sich gegenseitig ablösender Phasen zu lesen, sondern kamen und kommen bis heute nebeneinander vor; stark essentialistische Ansätze treten zusehends in den Hintergrund.

Bereich (www.finut.net, Stand 12.08.10)[9] und zur gezielten Förderung von Frauen auf diesen Feldern (Thiem 2006). Eine Studie zur Analyse der Situation von Wissenschaftlerinnen, die sich in diesen Querschnittsfeldern weiterqualifizieren (Katz et al. 2003b) verdeutlicht das damit verbundene Dilemma: „Geschlecht" als kritische Analysekategorie macht einerseits die Glasdecke für Frauen sichtbar, auch in ihrem Gewordensein und ihrer strukturellen Verfasstheit. Die Bedingungen und Verhältnisse werden jedoch andererseits insbesondere in Bezug auf die unsichtbare Norm männlicher Arbeitswelten (biografisch und strukturell) hin eingeordnet und gedeutet. Die abgeleiteten Forderungen und Maßnahmen sind identitätspolitisch ausgerichtet und trotz struktureller Veränderungsintention meist anpassungsstrategisch gestaltet. Identitätspolitik will über die Setzung eines mit bestimmten Eigenschaften versehenen Kollektivsubjekts „Frauen" die Politik fundieren (Knapp 2001b: 81). Dieser auf Gleichstellung und somit an einer männlichen Norm ausgerichteten Politik werden Konzepte gegenüber gestellt, die auf der Selbstbestimmung und Autonomie von Frauen bestehen – jenseits patriarchaler Normen (Daly 1991, Benhabib 1995). Ausgangspunkt dieses Differenzansatzes ist die prinzipielle Gleichheit aller Frauen mindestens in Bezug auf Unterdrückungserfahrung. Die Differenz zu den Männern wird biologisch wie auch sozialisationsbedingt argumentiert. Die daraus resultierende Homogenität qua Zugehörigkeit zu einer Genusgruppe begründet eine weibliche Identität, die als oftmals besseres Gegenmodell zur männlichen konzipiert ist. Das allerdings würde – so die Kritik – lediglich umgekehrt den Herrschaftsgestus essentialistisch von männlich nach weiblich verschieben.

Das Differenzparadigma bezogen auf den Umgang mit natürlichen Ressourcen wurde zunächst im internationalen Kontext im Rahmen sog. ökofeministischer Ansätze und aus der Perspektive von Betroffenheit und Unterordnung konzeptualisiert (Merchant 1987, Mies 1988, Shiva 1988).[10]

„Geschlecht" als identitätspolitische Kategorie beruft sich auf eine homogene Genusgruppe Frauen. Im globalen Kontext geriet genau dieses Postulat frühzeitig ins Kreuzfeuer der Kritik, ausgelöst von afroamerikanischen Feministinnen, Frauen aus dem Süden und postkolonialen Kritikansätzen. Sie haben deutlich aufgezeigt, wie stark sich die Lebensentwürfe, die geschlechtlich relevanten Realitäten und Erfahrungen von Frauen Nord und Süd unterscheiden und eine Subsumierung unter die Universalie „weiße Mittelstandsfrau" dieser Vielfalt nicht gerecht zu werden vermag (hooks 1981, Mohanty 1991). Infolge der Einsicht, dass nicht einzig „Geschlecht" Iden-

---

9   Bereits frühzeitig wurde in der feministischen Technikforschung allerdings dafür plädiert, die rein auf Chancengleichheit ausgerichtete Forschungsperspektive zu überschreiten, hin zu den gesellschaftlichen Bedingungen für Frauen im Ingenieurwesen (Arbeitssituationen, Sozialisationsbedingungen) (z. B. Cockburn 1983, McIlwee und Robinson 1992).

10   Die meisten der nationalen und internationalen Arbeiten zu Gender, Natur und Nachhaltigkeit, insbesondere zur Untersuchung von Umweltfolgen, von Ressourcenmanagement bzw. Landnutzung (Buchen et al. 1994, Schultz und Weller 1995, Cummings et al. 2002, www.colby.edu/personal/t/thtieten/susdevwom.html), oder solche auf der Schnittfläche von Wissenschaft und Praxis (Politikberatung) (Mayer et al. 2003, Katz und Thiem 2010) und im Bereich Methodenentwicklung (Schultz et al. 2001, Weller et al. 2003) lassen sich einem sozialisationsbedingten Differenzparadigma zuordnen.

tität festlegt, sondern zusätzlich andere Kategorien konstituierend wirken, rückte die Differenz innerhalb der Gruppen „Männer" und „Frauen" in den Blick. Politisch geht es in der dritten Welle (Heterogenitätsparadigma) um die Anerkennung und Einbeziehung von Vielfalt, insbesondere in der Position des Subaltern – das wegen seines Anderssein Unterdrückten. (Spivak 1988, Frey und Dingler 2001). Problematisiert wird aus feministischer Sicht daran zum einen die Gefahr der unterschiedslosen Beliebigkeit jeglicher, weil per se anerkennenswerter, Differenz (des Unterdrückers ebenso wie der Unterdrückten) (Fraser 1996). [11] Zum anderen reproduziert eine solche Position letztlich das, was sie überwinden will: Weil kein Außerhalb der Gesellschaft existiert, und dies das Subaltern gerade zum unterdrückten Anderen gemacht hat, ist und bleibt es ein Produkt genau jener androzentrischen Herrschaftsordnung (Klinger 1997). Da mehrere unterworfene Positionierungen existieren, müssen Ungleichheit und Unterdrückung stets im Zusammenspiel und in Überschneidung mehrerer Strukturkategorien begriffen werden, was als Intersektionalität[12] in die feministischen Theorien Einzug gehalten hat (Winker und Degele 2009).

Mit dem Aufkommen postmoderner, poststrukturalistischer Diskurse über Geschlecht wurde im Rahmen dieser dritten Welle Identität als Entität, die gesamte Geschlechterordnung als androzentrisch in Frage gestellt: Sex ebenso wie *Gender* und damit die Zweigeschlechtlichkeit wurden als Konstruktionen entlarvt (z. B. Butler 1991, Lorber und Farrel 1991, Hirschauer 1992). Nach Villa (2008: 264) ist Identität demnach „vor allem eine Frage der wechselseitigen Beziehung zwischen (sozialen, ökonomischen, kulturellen) Kontexten und deren individueller Aneignung und Gestaltung". Subjekte – und damit Identität – sind prozesshaft und instabil. Geschlechtsidentität ist ein Effekt von Machtverhältnissen, ist Norm und Zwang gleichermaßen und wird darüber zur politischen Kategorie.

Die Probleme mit einer solchen „Auflösung" abgrenzbarer Identität und Subjekthaftigkeit für die Geschlechterforschung und einer Politik gerechter Geschlechterverhältnisse liegen auf der Hand (Benhabib 1995, Frey und Dingler 2001, Knapp 2001a, Villa 2008):

- das Spannungsverhältnis zwischen dem Verständnis von „Identität im Prozess" und der realen Situation der Zweigeschlechtlichkeit (wir untersuchen Männer und Frauen),
- das Spannungsverhältnis zwischen dem Verständnis von „Identität im Prozess" und der empirischen Faktizität „realer" Diskriminierungssituationen für Frauen,
- die Unbestimmbarkeit des Akteurs kollektiver frauenpolitischen Forderungen (in wessen Namen?) und ihren Adressatinnen (für wen?).

---

11   Abgelehnt wird vehement ein Verständnis von Differenzen, das epistemologisch in Relativismus und politisch in Indifferenz mündet (Haraway 1997, Harding 2006).

12   Genauer: „Intersektionalität" beschreibt die Überschneidung verschiedener Ursachen von Ab-/Aufwertungen, z. B. durch Rasse, Ethnie, Geschlecht, Alter. Der Ansatz wurde von Crenshaw (1989) in Zusammenhang mit postkolonialen und Rassismustheorien entwickelt.

Die postmodernen und poststrukturalistischen geschlechtertheoretischen Ansätze
haben bislang eher wenig in naturbezogene, nachhaltigkeitsorientierte Forschungsfelder Eingang gefunden. In neueren Arbeiten wird gezeigt, wie bei professionellen
Umweltakteuren die Anerkennung eines Subjektstatus von Natur mit identitätskon-
stituierenden Kategorien, z. B. Autonomie, in der Naturgestaltungspraxis zusammenwirken und welche Geschlechtercodes dabei greifen (Katz 2010 b, c).

Geschlecht als epistemologische Kategorie

In naturwissenschafts- und technikkritischen Ansätzen verbinden sich die imma-
nente Kritik an disziplinären Theorien, die auf Infragestellung des Objektivitäts-
und (Geschlechts-) Neutralitätsanspruchs (natur)wissenschaftlicher Erkenntnisse
und deren Re-Kontextualisierung fokussiert[13], mit der Kritik an der Trennung von
Wissenschaft und Politik: Indem gesellschaftliche Geschlechter- und Naturverhältnisse naturalisiert und enthistorisiert werden, erscheinen soziale Ungleichheits- und
Herrschaftsverhältnisse als „naturgegeben" und unhintergehbar. Die Forschungsansätze können unterschieden werden in wissenschaftstheoretische Arbeiten und Arbeiten zur historischen und soziologischen Wissenschafts- und Technikforschung.[14]
Im Mittelpunkt steht die Frage nach den Konzeptualisierungen von Natur, nach den
Begriffen und Vorstellungen von Natur in Verbindung mit der darin eingeschriebenen Geschlechtermetaphorik (Katz und von Winterfeld 2006, von Winterfeld 2006,
Bauriedl 2010: 196 ff.). Gefragt wird, wie die zwei dichotomen Konstruktionen, Kultur vs. Natur und männlich vs. weiblich, miteinander verbunden sind.[15] Zwei grundlegend verschiedene Positionen prägen diesen Diskurs:

1. ein essentialistisch naturalistisches Argumentationsmuster, in dem die Kritik
    an Wissensgenerierung und Technikentwicklung identitätslogisch festgemacht
    wird an der biologischen Verschiedenheit „männlicher" und „weiblicher" Ge-
    genstandsbezogenheit und der Umgangsweise mit Natur (im deutschsprachi-
    gen Raum: „Ökofeminismus");
2. eine gesellschaftstheoretisch fundierte, auf die kritische Theorie aufbauende
    Position, in der Geschlecht als eine historische soziale Strukturkategorie als

13   In der Biologie siehe dazu die Arbeiten von Scheich (1995), in der Physik Götschel (2008), in der
      Mathematik Blunck und Pieper-Seier (2008), in der Chemie Buchholz (2006), in der Mikrobiologie
      und Genetik Mauss (2008) und MWK (1997) sowie in der Ökologie Jungkeit et al. (2002). Für einen
      Teilüberblick siehe Ebeling und Schmitz 2006.
14   Keller (1995) unterscheidet für die Geschlechterforschung in den Naturwissenschaften drei Di-
      mensionen: *Women in Science* (Leistungen von Frauen in den Naturwissenschaften), *Science of
      Gender* (naturwissenschaftliche Konstruktionen von Geschlechterdifferenzen) und *Gender in
      Science* (Geschlechterideologie in naturwissenschaftlicher Theoriebildung) (Katz 2006). In der
      Perspektive auf Geschlecht als epistemologischer Kategorie sind v. a. die zweite und dritte Di-
      mension von Interesse. Hofmeister et al. (2002) nennen außerdem die feministische (Wissen-
      schafts- und Technik-)Folgenforschung.
15   Diese Frage wurde früh von Ortner (1974) aufgeworfen und insbesondere von Merchant (1987) in
      historischer Perspektive ausgearbeitet.

natur- und technikwissenschaftliche Erkenntnisse prägend herausgearbeitet wird; und umgekehrt: in der Natur- und Technikwissenschaften entlang der Achse Geschlecht als gesellschaftliche Herrschaftsverhältnisse legitimierende und reproduzierende Institutionen erkannt werden.

Beiden Diskurssträngen liegt eine wissenschaftskritische Diskussion zugrunde, die dichotomes Denken in gegenläufigen und einander ausschließenden Kategorien (männlich-weiblich, öffentlich-privat, Kultur-Natur, rational-irrational, produktiv-reproduktiv etc.) kritisiert, indem sie die diesen Denkstrukturen inhärenten Hierarchisierungen und deren Funktion, den abgewerteten Pol (Natur, Frau, Reproduktion) unsichtbar zu machen, aufdeckt. In dieser Perspektive auf Wissenschaft – die sowohl auf die historisch sozialen Prozesse der Wissensgenerierung als auch auf die Erkenntnisse als solche gerichtet ist –, gelingt es, gesellschaftliche Natur- und Geschlechterverhältnisse zusammen zu denken und deren Gleichursprünglichkeit zu theoretisieren (Scheich 1993). Indem die Orte der Verschiebung und Neuordnung der Pole – der Beziehungen zwischen Kultur und Natur, Männlichem und Weiblichem, (öffentlicher) Produktions- und (privater) Reproduktionssphäre – historisch aufgesucht werden, wird die konstitutive Rolle der (Natur)Wissenschaften in diesen Prozessen in kritischer Absicht entdeckt (ebd., Schiebinger 2000).

Die Grundannahme der essentialistischen Strömungen des ökofeministischen Diskurses – in Deutschland insbesondere durch den Subsistenzansatz (vgl. von Werlhof et al. 1983, Mies 1988) repräsentiert – ist die der (biologisch) stärkeren Bindung „der Frau" an „die Natur", von der aus die These eines „weiblichen", empathischen Gegenstandsbezugs und Naturumgangs entfaltet wird.[16] In wissenschaftstheoretischer Perspektive wird darauf hingewiesen, dass die konstruierte „Frau = Natur"-Identität dazu dient, die Ausgrenzung von Frauen aus dem Vergesellschaftungsprozess zu legitimieren und abzusichern (Scheich 1993, Scheich und Schultz 1987).[17]

---

16 In Gilligans (1984) „Ethic of Care" wird auf die besondere Befähigung von Frauen abgehoben, soziale Verantwortung und Fürsorgeaufgaben zu übernehmen, weil sie nach anderen ethischen Verhaltensregeln handeln würden als Männer. Problematisiert daran wird nicht nur die Umkehrung (und damit strukturelle Beibehaltung) einer identitätslogischen Frau-Mann-Argumentation, sondern auch die dahinter stehende Annahme, dass es eine universale Frauenethik der Fürsorge geben könnte, die dem Spektrum an Erfahrungs- und Erkenntnisvielfalt von Frauen mit unterschiedlichem Lebensalter, aus unterschiedlichen kulturellen, sozialen und ethnischen Kontexten überhaupt nicht gerecht werde (z. B. Benhabib 1995).

17 Doch ungeachtet der Kritik blieb dieser Ansatz nicht wirkungslos. Insbesondere seine Anschlussfähigkeit an entwicklungspolitische Diskurse, in deren Rahmen die These von der „Hausfrauisierung" formuliert sowie politisch mit den Postulaten Konsumverzicht von Frauen und Stärkung der Subsistenzarbeit verknüpft wurde, löste eine vergleichsweise breite Rezeption des „Ökofeminismus" aus. In Bezug auf die politischen Implikationen des Konzepts konnten feministische Umweltwissenschaftlerinnen zeigen, dass und wie sich ökofeministische Ideen verbinden und vereinnahmen lassen: Im Ökologiezeitalter werden die „dem weiblichen Geschlecht nach wie vor zugewiesenen ‚Reproduktionsarbeiten' mit einer globalen, ökologischen und gattungsgeschichtlichen Dimension (aufgeladen)" (Schultz 1996: 200). Für den Zugriff umwelt- und entwicklungspolitischer Konzeptionen auf die in dieser Weise feminisierte Umweltverantwortung prägte Wichterich (1992) den Terminus „Mütterlichkeitskonzept der Umweltpolitik".

In gesellschaftstheoretischer Perspektive, in der die Naturalisierung gesellschaftlicher Geschlechterverhältnisse abgelehnt wird, wird die Rolle der (Natur)Wissenschaften in kritischer Absicht sichtbar gemacht: Indem diese sich auf eine sozial und historisch entkontextualisierte Objektivität berufen, fungieren sie als Transformatorinnen von Ideologie in Abstraktion (Scheich 1995). Haraway (1995) eröffnet eine neue Sichtweise auf ein nicht instrumentelles Naturverhältnis und einen radikal anderen, partialen Objektivitätsanspruch, in dem es konstruktiv um die „Sichtbarkeit und Verkörperung von Wissen sowie das Einräumen einer zurechenbaren Position" (Hammer und Stieß 1995: 25) als Ausgangspunkt geht.[18] Wissen ist damit lokal, begrenzt, materiell, unvollständig und inhomogen, also situiert; Wissenschaft wird zum sozialen Prozess, in dem sich Macht und Wissen, repressive und produktive Wirkungen wechselseitig bedingen, die erkennenden Subjekte mit ihren Wahrheitsansprüchen jeweils partiale Perspektiven einnehmen und Verantwortungen aushandeln (Katz 2006: 210). Für Forschungen zum gesellschaftlichen Natur- und Geschlechterverhältnis ist die damit verbundene Neuausrichtung wissenschaftlicher Erkenntnisproduktion von zentraler Bedeutung, weil dadurch vermittlungsorientierte, nicht herrschaftsförmige Möglichkeiten für die Gestaltung des Verhältnisses zwischen Forschenden und Beforschten, zwischen Subjekt und Objekt, eröffnet werden (vgl. Katz et al. 2001, 2010a, Kropp 2002).

Der Prozess des Verwebens von Natur- und Geschlechterverhältnissen findet in den Naturwissenschaften durch ihre Theorien, Konzeptualisierungen und Methoden hindurch statt. Die Materialisierung (natur)wissenschaftlicher Erkenntnisse in Technologie wiederum sichert den Zugriff auf die Ressourcen „Frau" und „Natur". Allerdings führte die Entwicklung der (Natur)Wissenschaften paradoxerweise zur Auflösung der Kategorie „Geschlecht" als gesellschaftliche Verhältnisse absichernde: Infolge der wissenschaftlich-technischen Aneignung der (generativen) Reproduktionsfunktionen in der *TechnoScience* geht die materielle Grundlage, die bislang zur Legitimation gesellschaftlicher Geschlechterverhältnisse gedient hatte, verloren (Scheich 2001). „Geschlecht" steht nur noch für eine imaginäre Realität. Diese natur- und technikwissenschaftliche Erosion der Geschlechter- und der Kultur-Natur-Trennung (durch Informations- und Biotechnologien) wird insbesondere von Haraway (1995, 1997) theoretisiert und ambivalent interpretiert: Einerseits hat der instrumentelle Zugriff auf Natur eine neue Qualität erreicht mit der Folge, dass die technologische Kontrolle alles Lebendigen zunimmt. Andererseits werden die Grundannahmen der Moderne (einschließlich der modernen Wissenschaft), deren Kern die Natur-Kultur-Dichotomie ist, durch Hybridisierungen durchkreuzt. In dieser Implosion und den grundlegenden Grenzverschiebungen zwischen Technik und Natur, zwischen Menschen und Tieren sowie zwischen Männern und Frauen

---

18   Die Gestaltungsmacht von Frauen als „Grenzfiguren an der Schnittstelle zwischen Natur und Kultur", deren Wissen „nicht auf Identität und Abgrenzung, sondern auf Verkörperung, innerer Differenz und Verbundenheit (...) über die Grenzen hinweg beruht" (Hammer und Stieß 1995: 30), verweist auf deren besondere Aufgabe, das „Erzählen von Naturgeschichten" im Prozess der stattfindenden wissenschaftlichen „Neuerfindung der Natur" in emanzipatorischer Weise mit dem Ziel eines nicht instrumentellen Naturumgangs (mit)zugestalten.

erkennt Haraway Chancen für (subversive) Neuordnungen historisch gewordener Konfigurationen, somit auch für eine grundlegende Neuordnung der Geschlechterverhältnisse (ebd.). Diese Position ist umstritten: So weist Becker-Schmidt (1998) auf die in dieser Argumentation verschwindende Unterscheidung zwischen der Wirksamkeit von wissenschaftlich generierter Realität und gesellschaftlich konstituierten Verhältnissen hin; vernachlässigt wird, dass Dichotomien die Resultate realer gesellschaftlicher Trennungsprozesse und sozialer Konflikte sind (ebd.).

Entlang der vielfältigen und ineinander verflochtenen Diskurse, in denen die Kategorie „Geschlecht" kritisch analytisch auf (Natur)Wissenschaft und Technikentwicklung angewendet wird, schälen sich zwei Erkenntnisachsen heraus: Einerseits wird – jenseits des postulierten Objektivitäts- und Universalitätspostulats – sichtbar, dass und wie Natur- und Technikwissenschaften an der Konstitution von Gesellschaft beteiligt sind. Indem sie Geschlechterdifferenzen als „natürliche" hierarchisch konstruieren, tragen sie wesentlich dazu bei, Macht- und Herrschaftsverhältnisse zu legitimieren, zu stabilisieren und zu erneuern. Andererseits wurden und werden durch Anwendung der Kategorie „Geschlecht" neue Erkenntnisse darüber generiert, dass und wie „Geschlecht" an der Konstitution gesellschaftlicher (Natur)Verhältnisse teilhat. Das aus diesem Forschungsfeld resultierende Verständnis über die Verbindung zwischen den beiden Dichotomien Kultur vs. Natur und männlich vs. weiblich gibt wesentlich Aufschluss über eine sich entlang dieser Ungleichheitsachsen strukturierende (moderne) Gesellschaft, die Frauen und Natur als eine (einzige) Ressource durch Abwertung vereinnahmt. „Geschlecht" kann somit als eine die Vermittlungszusammenhänge zwischen Natur und Gesellschaft strukturierende Kategorie genutzt werden (Mölders 2010) und als solche in die Debatten um Gesellschaft-Natur-Beziehungen und nachhaltige Entwicklung eingehen.

Geschlecht als Strukturkategorie

Als Strukturkategorie gilt Geschlecht als ein „Platzanweiser" innerhalb gesellschaftlicher Strukturzusammenhänge, das Geschlechterverhältnis als ein Vergesellschaftungsprozess (Bauhardt 2007: 303). Abstrahiert vom Individuum wird Geschlecht als geschichtlich und gesellschaftlich konstituiert begriffen und damit als Bestandteil von Gesellschaft gedacht (Becker-Schmidt und Knapp 1995). In dieser Perspektive können das Wechselspiel zwischen subjektiver und objektiver Realitätsentwicklung, Verhalten und Verhältnissen sowie intersubjektive Beziehungen und ihre gesellschaftliche Institutionalisierung erforscht werden.

Entscheidend für diesen analytischen Zugang ist die im Rekurs auf die feministische Theorieentwicklung erfolgte Differenzierung zwischen biologischem Geschlecht, „Sex", und Gender,[19] dem sozialen Geschlecht. Sie geht auf die US-amerikanische Debatte zurück, in der auf die Differenzierung der Geschlechter auf Grund-

---

19   Der Begriff *Gender* hat als Anglizismus Eingang in die deutschsprachigen Debatten gefunden. Synonym dazu wird im deutschsprachigen Raum auch „Geschlechterverhältnis(se)" verwendet.

lage biologischer Unterschiede, d. h. aufgrund äußerer Geschlechtsmerkmale und der damit verbundenen Fixierung der sexuellen Geschlechterdifferenz, mit einer kategorialen Abgrenzung von „Sex" zu *Gender* reagiert wurde (Becker-Schmidt 1993: 38). Der Begriff *Gender* erlaubt, biologistische Begründungen für soziale Zuweisungen zurückzuweisen (Knapp 2001b) – was als „weiblich" oder „männlich" festgelegt wird, ist durch gesellschaftliche Machtmechanismen geprägt und in Herrschaftsstrukturen eingebettet.

„Geschlecht" als Strukturkategorie problematisiert Herrschaftsbeziehungen wie sie in Zusammenhang mit geschlechtsspezifischer Arbeits- und Aufgabenteilung und in der Hierarchisierung zwischen Erwerbs- und Versorgungssphäre auftreten. Ausgehend von der zentralen Bedeutung der Integration der drei Dimensionen Ökonomie, Soziales und Ökologie im Leitbild Nachhaltige Entwicklung – und basierend auf den frühen Ansätzen der Frauenforschung zu „Hausarbeit" und zur „doppelten Vergesellschaftung von Frauen"[20] – beruht ein konzeptioneller Zugang in Forschungen zu Geschlecht, Natur und Nachhaltigkeit auf der Parallelsetzung der Leistungen ökologischer Systeme mit sozial weiblichen Leistungen in der Gesellschaft. Eingebettet ist dieser Ansatz in den Diskurs zur Produktions-Reproduktions-Differenz und zu den in dieses Differenzverhältnis eingeschriebenen Hierarchisierungen und deren Bedeutung für Geschlechterungleichheit und -ungerechtigkeit. Basis ist die Kritik an Trennungen, Polarisierungen und Dichotomisierungen in der Moderne: Hierarchisierungen kaschieren den Kontext sozialer Strukturierung, in dem Geschlechterverhältnisse und gesellschaftliche Reproduktionszusammenhänge in einem abgewertet und ausgeblendet sind. Durch Dichotomisierungen werden somit die Bezogenheiten und Abhängigkeiten zwischen den dissoziierten Elementen verdeckt und Vermittlungen unsichtbar (Becker-Schmidt 1998). Kritik an der Gliederung des Denkens durch Zweiteilungen ist also Erkenntnis- und Gesellschaftskritik zugleich (ebd. mit Verweis auf Adorno).

In der Nachhaltigkeitsdebatte findet dieser Diskurs seinen Ausdruck in der feministischen Ökonomiekritik in sozial-ökologischer Perspektive. Die zugrunde liegende These, dass die sich im Gegensatzverhältnis zur Natur wähnenden modernen Gesellschaften ihren spezifischen Entwicklungsmodus im Trennungsverhältnis Produktion vs. Reproduktion konstituieren (Biesecker und Hofmeister 2006, 2010), wird in zahlreichen Arbeiten aufgegriffen. Sie dient bspw. der Kritik an der herrschenden Logik der Marktökonomie und ihrer Ein- und Auswirkungen auf das gesellschaftliche Geschlechterverhältnis (symbolisch und strukturell) als Ausgangspunkt und der Suche nach anderen, nachhaltigen Ansätzen des Wirtschaftens, nämlich in der

---

     Darin angelegt ist das Gesamtsystem der Beziehungen zwischen den Geschlechtern und die Frage nach damit verbundenen gesellschaftlichen Ungleichheiten.

20   Vgl. für die deutschsprachige Debatte insbesondere Becker-Schmidt (2008), Beer (1990) und von Werlhof (1978). Einen früheren Überblick über die englischsprachige Diskussion geben Himmelweit und Mohun (1977). Zur Verbreiterung dieser Debatten hin zu Ansätzen einer eigenständigen feministisch ökonomischen Theorie siehe Kuiper und Sap (1995). Eine gründliche Auswertung sowohl der englischsprachigen als auch der deutschen Debatte findet sich bei Hoppe (2002: 152 ff.). Zur Bedeutung ökonomiekritischer Forschung für die internationale Nachhaltigkeits- und Globalisierungsdebatten siehe Gottschlich (2004) und Wichterich (2004: 9 ff.).

Einheit von Produzieren und „Reproduzieren" – als eine vorsorgende Ökonomie (Biesecker et al. 2000). In raum- und regionalwissenschaftlichen Forschungen im Kontext der Nachhaltigkeitswissenschaften werden die strukturellen geschlechtercodierten Herrschaftszusammenhänge in unterschiedlichen Handlungsfeldern entlang der Trennung der Kategorien „Reproduktion" und „Produktion" aufgedeckt und in ihren gesellschaftlichen Bedeutungen kritisch analysiert (Hofmeister und Scurrell 2006, Forschungsverbund ‚Blockierter Wandel?' 2007, Kruse 2010, Mölders 2010).

Auf Basis dieses konzeptionell theoretischen Zugangs wird deutlich, dass und wie die vorfindbaren Differenzen in Bezug auf die Wahrnehmung von und den Umgang mit Natur und Umwelt mit gesellschaftlichen Strukturen verbunden sind, die wiederum Bedingung und Ergebnis von geschlechtlich markierten Zuweisungsprozessen darstellen, also nicht durch biologische (Geschlechter)Differenzen erklärt werden können. „Geschlecht" als Strukturkategorie verweist auf die Vermitteltheit von symbolischen mit materiellen Aspekten hierarchischer Natur- und Geschlechterverhältnisse (Katz 2010a, Mölders 2010). Geschlechterverhältnisse sind somit konstitutiv für alle institutionellen Arrangements in der Gesellschaft – für Bildungs-, Gesundheitssysteme, Arbeitsmärkte ebenso wie für die Institutionen der Umwelt- und Nachhaltigkeitsgovernance –, allerdings ohne, dass sie thematisiert werden. Die Kategorie „Geschlecht" wird jedoch nicht nur in umwelt- und nachhaltigkeitswissenschaftlichen Analysen der Bedingungs- und Bedeutungskontexte von (individuellem und gesellschaftlichem) Handeln produktiv, sondern sie fordert zugleich zu politischen Maßnahmen heraus, die auf Strukturveränderungen und auf die für ein Empowerment von marginalisierten Bevölkerungsgruppen notwendigen Bedingungen zielen. So wird deutlich, dass Gleichberechtigung und Gleichbehandlung nicht zwangsläufig zu mehr (Geschlechter)Gerechtigkeit führen, sondern, dass ungleiche Macht- und Gestaltungsmöglichkeiten in alle gesellschaftlichen Bereiche strukturell eingelassen sind und von diesen (wieder) hervorgebracht werden. Konzepte und Instrumente, wie das Gender-Mainstreaming[21] und das *Gender Impact Assesment* (GIA)[22] verbinden die individuelle Handlungsebene mit dem strukturellen Bedingungsgefüge (und Erfordernissen) und tragen zur Entwicklung einer systematischen Analyse von *Gender*-Bezügen in allen gesellschaftlichen Politikbereichen und Institutionen bei.

---

21   Als Top-Down Instrument sollte Gender Mainstreaming auf jeder institutionellen Ebene verankert werden und dafür Sorge tragen, dass in allen Politikbereichen – z. B. bei Gesetzesvorhaben oder Haushaltsvorgaben – im Vorfeld nach den Auswirkungen für Männer und Frauen gefragt wird. Das Instrument wurde 2001 von der bundesdeutschen Politik sowie explizit auch von der Umweltpolitik aufgegriffen. Vielfältige Aktivitäten im Bundesministerium für Umwelt und Reaktorsicherheit (BMU) und im Umweltbundesamt (UBA) wurden eingeleitet (Hofmeister et al. 2002, Brouns et al. 2003, Fischer et al. 2006, www.genanet.de, Stand 12.08.10).

22   Das Verfahren *Gender Impact Assesment* (GIA) geht auf einen niederländischen Ansatz zurück und wurde maßgeblich durch das Institut für sozial-ökologische Forschung in Frankfurt a. M. im Blick auf Naturwissenschaft und Technikentwicklung prototypisch ausgearbeitet (Schultz et al. 2006).

Geschlecht als Prozesskategorie

Mit der Verschiebung der Perspektive weg von Geschlechterunterschieden[23] hin zu Verhältnisbestimmungen gerieten zusehends die „Prozesse der Unterscheidung" in den Fokus. Gefragt wird, wie Geschlechtlichkeit und Geschlechterhierarchien auf individueller, struktureller und symbolischer Ebene hergestellt, reproduziert und verändert werden. Als Impulsgeberin fungierte die (de-)konstruktivistische Einsicht, dass das Klassifikationsprinzip der (Zwei-)Geschlechtlichkeit Bestandteil einer reflexiven sozialen Praxis ist, in der soziale Rollen/Aufgaben und Verhaltensweisen geschlechtstypisch zugewiesen bzw. interpretiert werden (Hagemann-White 1984, Hirschauer 1993, Gildemeister und Wetterer 1992). Die Sinnhaftigkeit einer Differenzierung von Sex und *Gender* wurde damit zweifelhaft, und als biologistisch verworfen (Lorber 1999). Geschlecht ist nichts, was wir haben oder sind, sondern wird in sozialer Wechselwirkung mit allen Interaktionspartner/innen und den strukturellen Bedingungen immer wieder aufs Neue ausgehandelt. Es ist aktives *Doing Gender* (Hagemann-White 1984, West und Zimmerman 1987) und ein performatives Ereignis (Butler 1991, Maihofer 2004).

Beeinflusst ist diese theoretische Perspektive vom symbolischen Interaktionismus (Blumer 1969), den darauf rekurrierenden ethnomethodologischen Arbeiten von Garfinkel (1967) sowie zu den Konstruktionsregeln der Herstellung von Geschlechterdifferenz (Kessler und McMenna 1978) und der Interaktionstheorie von Goffman (z. B. 1994). Insbesondere Hagemann-White (1984) hat dazu beigetragen, dass diesbezügliche Untersuchungen in die deutschsprachige soziologische Diskussion aufgenommen wurden.

Die Perspektive auf die Konstruiertheit auch vermeintlicher Gewissheiten hat nicht nur die Diskussion um den Status von Subjekt- und Identitätsbegriffen dynamisiert, sondern auch den Rahmen möglicher Fragestellungen erheblich erweitert: Zum einen rücken damit alle Aspekte von Gesellschaft mit ihren sozialen Praktiken als Momente und Orte von Vergeschlechtlichungsprozessen ins Licht. Zum anderen geraten andere Differenzierungskategorien (z. B. Ethnie, Klasse) ins Visier und betonen deren Überschneidung, Durchkreuzung und konstitutive Verwobenheit mit der Kategorie „Geschlecht" (Haraway 1995, Mouffe 1998).

Inwieweit *Doing Gender* mit *Doing Nature* verwoben ist, also Geschlechtlichkeit über die Bedeutungszuschreibungen von Natur mit hergestellt wird und beide Konstruktionen zur gegenseitigen Abstützung von hierarchisierenden Setzungen, Zuweisungen und Ausgrenzungen herangezogen werden, ist ein langwährendes und aufgrund neuerer Entwicklungen in der Ethologie und Humanbiologie aktuelles

---

23   Ausgangspunkt ist, dass die Geschlechterdifferenz als hierarchische konzipiert ist, was sich zuvorderst in einer Form der Arbeitsteilung ausdrückt, die ein *sameness taboo* (Wetterer 2008: 128) institutionalisiert. Die historische Ethnologie hat gezeigt, dass das Theorem der Gleichursprünglichkeit von Distinktion und Disparität nicht universell gültig ist: So sind in manchen Kulturen die Geschlechterbeziehungen trotz der Existenz multipler Geschlechtlichkeit asymmetrisch (Lenz und Luig 1995, Lorber 1999, Schröter 2002).

Thema feministischer Forschung im naturwissenschaftlichen Bereich .[24] Zur Verhält-
nisbestimmung von Natur und Gesellschaft gibt es bislang nur vereinzelt Arbeiten
aus dieser Perspektive, so z. B. zum *Doing Gender* im Naturschutzdiskurs, d. h. zu
dessen Verschränkung mit der symbolischen Geschlechterordnung (Weber 2006,
Lucht und Weber 2006) oder zum Zusammenwirken von Natur- und Geschlechterkonstruktionen bei professionell für Natur und Umwelt zuständigen Akteuren
(Katz 2010a, b, c).[25]

Wie sich die Bedeutungszuschreibungen von Arbeit und Geschlecht in professionellen Kontexten verflechten, wurde v. a. von Gildemeister (2008) und Wetterer (1995)
für verschiedene Berufsfelder untersucht. Dabei zeigt sich, dass die Vergeschlecht-
lichung von Berufsarbeit eng mit der gesellschaftlichen (Be-)Wertung der Geschlechter verbunden ist und Frauenbenachteiligung zur Folge hat (ebd.). Dass Männer in
Frauenberufen ihre Geschlechtszugehörigkeit betonen (können), Frauen in Män-
nerdomänen dagegen ihre tendenziell negieren, zeigen die Analysen von Heintz
et al. (1997). Wie dieser unterschiedliche Umgang mit der eigenen Geschlechterzugehörigkeit das *Gendering* von Berufskonzeptionen (z. B. Verantwortungsverteilung
und Bezahlung) stützt, welche wechselseitigen Bezüge zwischen der naturgestalten-
den Tätigkeit und Geschlechterkonzeptionen hergestellt werden, wo und wie Geschlechterhierarchien darüber reproduziert, wodurch sie brüchig werden, arbeiten
Katz und Mayer (2006), Katz (2010c) und Mayer (2010) für naturbezogene Berufsfelder im Forstbereich heraus.

Die Erforschung von „Geschlecht" als Konstruktion ist eng an mikrosoziologische und qualitative Untersuchungen geknüpft. Das gesellschaftskritische Potenzial
solcherart Erkenntnisse über individuelle Handlungspraktiken gilt als gering, wenn
diese nicht sozialstrukturell fundiert sind (bzgl. Ressourcen, Machtverhältnisse),
Strukturelles und Interpretatives also nicht aufeinander bezogen werden (Krüger
2006, Becker-Schmidt 2008). Zur Überwindung der vermeintlichen Unvereinbarkeit
von struktur- und handlungstheoretischen Ansätzen werden unterschiedliche Zugänge formuliert: Bilden (1991) erweitert die geschlechtlichen Aushandlungsprozesse um die Faktoren Macht und materielle Ressourcen, Becker-Schmidt (2008) verfolgt
die Perspektive der doppelten Vergesellschaftung, Kahlert (2006) will Struktur- und
Prozesskategorie konzeptionell über die Strukturationstheorie von Giddens zusammenführen (auch Braun 1995). In Forschungen zu Natur, *Gender* und Nachhaltigkeit
stecken die Ansätze zur theoriegeleiteten Verbindung der Mikro- und Makroebene erst in den Anfängen. Dennoch ist das Problem bewusst und wird reflektiert
(z. B. im Diskurs zur feministischen Umweltverantwortung, s. o.). In vielen Arbeiten
werden die zur individuellen Handlungsebene generierten Daten in einen größe-

---

24   Innerhalb der *Queer-Studies* existieren mittlerweile auch Ansätze, dekonstruktivistische Theo-
      rien zur Zwangsheterosexualität mit ökologischen Fragen zusammenzubringen (Mranz 2006).
      So wurden bspw. die Auswirkungen der Heteronormativität auf Landschaften untersucht
      (Mortimer-Sandilands 2005).
25   Auch in der feministischen Technikforschung gibt es einen Trend hin zur Untersuchung der
      Strukturen und zum Konstruktionsprozess, dem *Doing Science* (Matthies et al. 2001, Beaufays
      und Krais 2005) und seinen Ausschlussprozessen (Engler 2001).

ren gesellschaftsstrukturellen Zusammenhang gestellt (z. B. Eberle et al. 2006, Forschungsverbund ‚Blockierter Wandel?' 2007, Hehn et al. 2010).

Gesellschaftliche Geschlechter- und Naturverhältnisse: Verknüpfungsansätze

Die vorherigen Ausführungen dienten u. a. dazu, die verschiedenen analytischen
und theoretisch-konzeptionellen Zugänge und Erkenntnisebenen der Forschungen
im Themenfeld Natur, Geschlecht und Nachhaltigkeit zu systematisieren und auf-
zufächern. Gezeigt wurde, dass viele der Arbeiten von der Annahme einer androzentrischen Wirklichkeitskonstruktion als Kategorisierungsmerkmal der Moderne
ausgehen. Das ihr zugrunde liegende Denken in exkludierend funktionierenden,
geschlechtercodierten Dichotomien wird dabei als Mechanismus zur Herstellung
von Macht- und Herrschaftsverhältnissen in unterschiedlichen Handlungsfeldern
und sozialen Praktiken aufgedeckt. Es geht jedoch nicht nur darum, diese Herrschaftszusammenhänge im Natur-Gesellschaftsverhältnis auf den verschiedenen
(Mikro- und Makro-) Ebenen zu dekonstruieren, sondern insbesondere auch um
Möglichkeiten und Ansätze, die dichotome Struktur aufzubrechen und zu nachhaltigen gesellschaftlichen Naturverhältnissen beizutragen.

Im Folgenden wollen wir kurz auf einzelne solcher theoretischen Ansätze eingehen, die Natur- und Geschlechterverhältnisse konzeptionell vermitteln und mit
dem Anspruch verknüpfen, eine zukunftsverträgliche Gestaltung gesellschaftlicher Naturverhältnisse mit der Überwindung geschlechtercodierter Gegensatzkon-
struktionen zu verbinden, ohne dabei weder einseitig naturalistisch noch radikal
konstruktivistisch zu argumentieren. Die vorgestellten Ansätze sind bisher (noch)
wenig aufeinander bezogen. Einige werden zumindest im deutschen Sprachraum
nur unzureichend wahrgenommen und entsprechend selten als Theorierahmen in
der Forschung genutzt. Wir halten jedoch ihr wissenschaftliches Innovationspotential für groß und sehen hier Anschlüsse an die Nachhaltigkeitsforschung.

Wesentliches Kennzeichen des Ansatzes *Gender und Environment*, wie er am Institut für Sozial-ökologische Forschung in Frankfurt a. M. entwickelt und für den Theo-
rieansatz der gesellschaftlichen Naturverhältnisse weiter ausdifferenziert wurde, ist
mit Rekurs auf die Tradition marxistischer und (klassischer) Kritischer Theorie die
Zusammenführung der sozialwissenschaftlichen Geschlechterforschung mit der feministischen Naturwissenschafts- und Technikkritik unter Einbeziehung der Frage
nach der Gestaltungsmacht von Frauen in der Umweltforschung auf der politischen
und Alltagsebene (Scheich und Schultz 1987, Weller 2004). Der Ansatz versteht sich
als eine doppelseitige Kritik an der Naturalisierung von Geschlechterverhältnissen
einerseits und an ihrer Kulturalisierung andererseits und fußt auf einer dialektischen Differenzkonzeption von Sex und *Gender* (Schultz 2006). Vergeschlechtlich-
te Herrschaftszusammenhänge in „rational fundierter" Wissenschaft über Natur/
Umwelt sowie in davon abgeleiteten politischen Praktiken zu dekonstruieren, Forschungsfragen umweltproblemorientiert aus den Alltagsrealitäten zu generieren
und mit einem Empowerment der entscheidungsmarginalisierten Akteure des pri-

vaten Haushalts bzw. der Reproduktionssphäre zu verbinden, d. h. Wissen zu situieren und zu rekontextualisieren, ist das Hauptanliegen. Der Ansatz stärkt somit die herrschaftskritische Analyse der sog. naturbezogenen Faktenlage, erfordert die (Re-)Kontextualisierung von Wissenszusammenhängen sowie die alltagsorientierte Ausrichtung des Forschungsinteresses und impliziert eine stärkere Indienstnahme der Erkenntnisgewinnung für die gesellschaftliche Ermächtigung der betroffenen Akteure. Damit setzt er auch kritisch an der vermeintlichen Trennung von wissenschaftlicher Erkenntnis und politisch-praktischer Umsetzung an. [26]

Die im globalen Kontext prominenten ökofeministische Zugänge aus dem außereuropäischem Raum mit ihren z. T. ambitionierten Theorieentwürfen aus der Philosophie (Plumwood 1993) und der Soziologie (Mellor 1997, Biehl 1991) sowie die eher postmodern orientierten Arbeiten von Sturgeon (1997) oder Sandilands (1998) werden hierzulande noch wenig zur Kenntnis genommen (dazu Vinz 2005). Plumwood (1993) hat ausgehend von der Kritik an den geschlechtercodierten hierarchischen Dualismen der westlichen Wirklichkeitsordnung eine Perspektive entwickelt, in welcher Herrschaft als querverbunden betrachtet wird. Identität oder Wesenhaftigkeit wird danach quer zu Kategorien, wie „Klasse", „Rasse", „Gender", „Alter" usw., durch Animalisierung, Feminisierung und Naturalisierung hergestellt. Es besteht also eine Verknüpfung zwischen den dualistischen Paaren, sog. *linking postulates* (1993: 45), die implizit durch die relationalen Verweise innerhalb und zwischen den verschiedenen Dualismen kulturelle Identitäten konsolidiert. Jeder Versuch, Patriarchat, institutionellen Rassismus und die herrschaftsförmige Instrumentalisierung von Natur ausschließlich mit der Kategorie „Klasse" zu erklären, ist danach genauso reduktionistisch, wie die Umweltkrise auf das „gegenderte" Verhältnis von Vernunft vs. Natur zurückzuführen (ebd.). Plumwoods ökofeministischer Ansatz distanziert sich von Positionen der unkritischen Gleichheit, die auf einem weißen, männlichen, von der Mittelklasse geprägten, körperlosen Menschenbild beruhen. Sie folgt demgegenüber einer Methodologie, die gegen die Priorisierung einer Form der Unterdrückung gegenüber einer anderen argumentiert (Plumwood 1993: 1). Unter Bezugnahme auf die Androzentrismuskritik eröffnet dieser Ansatz Möglichkeiten, die Konstruktionen von Natur, die auf Ungleichheitsverhältnisse einwirken und diese wechselseitig (mit)konstruieren, als eingewobene Systeme der Unterdrückung zu analysieren. Er ist damit anschlussfähig an die neueren Trends in feministischer Theorie zur Intersektionalität.

In ihrem dezidiert nicht essentialistischen Ansatz *Feminist Environmentalism* argumentiert Agarwal (1992), dass die Verbindung zwischen Geschlecht und Natur auf einer spezifisch geschlechtercodierten, klassen- und machtabhängigen Organisation von Produktion, Reproduktion und Verteilung beruht. Um diese zu verstehen, sind Geschlechterverhältnisse kontextorientiert in ihrer Verbindung mit Umwelt-

---

26   Zahlreiche Projekte im Bereich Natur, *Gender* und Nachhaltigkeit sind zwischen Wissenschaft und politischer Praxis, z. B. in den Bereichen gendersensible Weiterbildung, Politikberatung und Gender Mainstreaming, angesiedelt (z. B. Hofmeister et al. 2002, Brouns et al. 2004, Fischer et al. 2006, Schultz et al. 2001, Katz und Thiem 2010).

managementstrategien mit Blick auf Gewohnheiten, gesetzliche Regeln und soziale Strukturen zu analysieren. Es geht darum zu bestimmen, wie Geschlechtlichkeit beim konkreten Management natürlicher Ressourcen hergestellt wird. Besonders wichtig ist ihr, Gender-Analysen stets ins Verhältnis zur internationalen Politik und Gerechtigkeitskonzepten (insbesondere Menschenrechten) zu setzen. Der Ansatz stellt somit eine Verknüpfung herrschaftskritischer *Gender*-Analysen in konkreten natur-/umweltrelevanten Produktions- und Reproduktionszusammenhängen mit politischen Regelungs- und Menschenrechtsansprüchen her. Dies findet sich im Forschungsfeld Geschlecht, Natur und Nachhaltigkeit bislang kaum (für erste Forschungszugänge in Deutschland siehe Friedrich et al. 2010).

Ausgehend von der zentralen These, dass die „ökologische" Krise und die „Krise der Reproduktionsarbeit" (Rodenstein et al. 1996) gleichursprünglich sind, wird in der Schnittfläche von ökologischer und feministischer Ökonomik im (Re)Produktivitätsansatz (Biesecker und Hofmeister 2006) der Weg zu einer nachhaltigen Entwicklung in der Überwindung einer in sich gespaltenen, abstrakten Ökonomie – einer in Wert gesetzten (Produktions-)Sphäre und einer abgewerteten, ökonomisch unsichtbaren (Reproduktions-)Sphäre – gesehen. Die nachhaltige Regulierung gesellschaftlicher Naturverhältnisse bedarf demnach der Zusammenführung durch die Kategorie „(Re)Produktivität", mit der alle Produktivitäten in ihrer Unterschiedenheit miteinander verbunden sind (Biesecker und Hofmeister 2006: 9). Was bisher als unhinterfragte Voraussetzung des Ökonomischen erscheint – die (Re)Produktivität des „Weiblichen" und des „Natürlichen" – ist als primäre Produktivität anzuerkennen. Produktion, Verteilung und Konsumtion von Gütern und Leistungen – Herstellung und Rückführung – sind auf jene sozial-ökologischen Qualitäten hin zu organisieren, die gegenwärtig erwünscht und mit Blick auf künftige Generationen vorzuhalten sind (ebd.). Der Ansatz eröffnet ein neues normatives Verständnis der Regulierung gesellschaftlicher Naturverhältnisse, nämlich über eine Reformulierung des Ökonomischen, die die integrative Betrachtung bisher getrennter Wirtschaftsbereiche und -prozesse impliziert und in eine vorsorgende Wirtschaftsweise einmündet (Biesecker und Hofmeister 2010, Hoppe 2002, Bauhardt und Çağlar 2010).[27]

Synthese und Ausblick

Die Entwicklung des Forschungsfeldes „Natur – Geschlechterverhältnisse – Nachhaltigkeit" fällt in die Phase der globalen „Umweltkrise" und frauenpolitischer Emanzipations- und Gerechtigkeitsbewegungen. Das Hauptinteresse gilt dabei der Frage nach dem Zusammenhang von Natur- und Geschlechterverhältnissen: Wie

---

[27] Beispielsweise hat diese Perspektive die Umwelt- und Naturschutzdiskurse um eine Sichtweise bereichert, die Schutz- und Nutzenkonzepte von „Natur" zu integrieren sucht (Mölders 2010, Kruse 2010) und dabei die in dieser Trennung eingeschriebene Geschlechtermetaphorik aufbricht (Katz 2010a). Wie sich die Geschlechtercodierung im Natur- und Tätigkeitsverständnis in verschiedenen Waldbewirtschaftungsansätzen entlang der Trennung der Kategorien Produktion und Reproduktion ändert, zeigen die Arbeiten von Katz (2010a, c) und Katz und Mayer (2006).

ist dieses Verhältnis konzipiert (hierarchisch, dialektisch, hybrid)? Welche Verbindungslinien kennzeichnen es? Wie werden die Über-/Unterordnungen in den Natur- und Geschlechterbeziehungen wechselseitig abgesichert? Welche Folgen entstehen für die jeweils gesellschaftlichen Geschlechter- und Naturverhältnisse und deren nachhaltigkeitsorientierte Gestaltung?

Wir haben gezeigt, dass in den Forschungen zu Geschlecht, Natur und Nachhaltigkeit auf vielfältige Art und Weise Verbindungslinien zwischen Naturbeherrschung einerseits und der Unterdrückung, Ausgrenzung und Abwertung des Weiblichen andererseits historisch nachgezeichnet, in Sprache, Begrifflichkeiten, Symbolen und ihren Bedeutungen als Einschreibungen der symbolischen Geschlechterordnung entlarvt werden. Die Arbeiten dekonstruieren die geschlechtermetaphorische Verfasstheit von Herrschaftslogiken, Rationalitätskonzepten, Strukturen und soziokulturellem Handeln und deren Verknüpfungen mit den Praktiken des Naturumgangs.

Kennzeichen und Resultat der Forschungen auf diesem Gebiet ist ein Richtungswechsel, weg von der Generierung von Gewissheiten, Eindeutigkeiten und Allgemeingültigkeiten hin zur Relevanz und Akzeptanz von Vielfalt als Differenz in Gleichheit, von Prozesshaftigkeit und Wandel, von Bezogenheiten, Vermittlung und Wechselseitigkeit sowie von Partialität, Situiertheit und Kontextualität. Geschlechterforschung in Zusammenhang mit Naturaspekten und Nachhaltigkeit hat damit die basalen Denkfiguren der Moderne wie die Subjekt- (und damit Identitäts-)Konzeption und die (wissenschaftlichen) Vorstellungen von Objektivität, Wertneutralität und Rationalität grundsätzlich erschüttert. Sie hat die einseitige Funktionslogik des herrschenden Arbeits-, Ökonomie- und Fortschrittsverständnisses identifiziert sowie neue Sichtweisen auf das Verhältnis von Natur und Gesellschaft, von Materialität und Diskursivität und den Umgang mit Differenz eröffnet, Brüche und Paradoxien aufgedeckt, verabsolutierte Wahrheiten, Universalismen und Vereindeutigungen in Frage gestellt. „Geschlecht" und andere vermeintlich „sichere" Kategorien und „Naturtatsachen" wurden als soziale Konstruktionen erkannt – verwoben mit gesellschaftskulturellen Praktiken und Machtverhältnissen und als konstitutiver Bestandteil eines Herrschaftszusammenhangs zwischen Idealisierung und Diffamierung, zwischen Kontrolle und Aneignung.

Forschungsarbeiten in diesem Bereich sind in doppelter Hinsicht mit Gegenüberstellungen von Materialismus und Diskursivität, vom Eigenen und Anderen sowie dem Umgang mit Differenz konfrontiert – subsumiert unter dem Essentialismus-Konstruktivismus-Dilemma: Essentialisierungen, Naturalisierungen werden in Bezug auf die innere Natur, auf das Sex-Gender-Verhältnis und die Frage von heteronormativer Geschlechterdifferenz sowie hinsichtlich der äußeren Natur als normative Kategorie problematisiert. Im wissenschaftlichen Diskurs zu Geschlecht, Natur und Nachhaltigkeit lässt sich in Bezug auf das Essentialismus-Konstruktivismus-Problem eine gewisse Tendenz zu einer „Sowohl-als-auch-Position" diagnostizieren, nämlich „Geschlecht" als Prozesskategorie zu begreifen, ohne damit zugleich jede Differenzposition aufzugeben. Die feministische Erkenntnis, dass Identität und Subjekt nicht als Entitäten begriffen werden können und damit als Adressaten/innen politischer Veränderungen und (Forderungen) „verloren" zu sein scheinen, weist dabei interessanterweise Parallelen zur Auseinandersetzung über die Begründung und Bestimmbarkeit der zu schützenden Natur im Naturschutzdiskurs auf. Auch hier hat sich das Verständnis vom Gegenstandsbezogenen (einem spezifischen Naturzustand) weg entwickelt, hin zum Prozesshaften. Denn „Natur" ist ebenso wie „Identität" prozesshaft. Es geht also hier wie dort mehr um Qualitäten als um Identitäten, mehr um das Gewordensein und Werden als um einen Zustand, weniger um das, was es ist oder wer wir sind (in Bezug auf kulturelle, ethnische, nationale oder eben geschlechtliche Zugehörigkeit), als vielmehr darum, wo wir hinwollen, was erreicht werden soll. Inwieweit die Idee einer Identität im Wandel und neue Verständnisse einer Natur als Prozess zu feministisch anregenden Verschiebungen des Essentialismus-Konstruktivismus-Dilemmas führen können, wäre wissenschaftlich weiter zu verfolgen.

Mittlerweile werden verschiedene Auswege aus diesem Dilemma diskutiert: Beispielsweise plädieren einige Autoren/innen dafür, essentialisierende Positionen stets kontextabhängig, d. h. in Relation zu denjenigen, die sie einnehmen, der Art und Weise, wie sie verwendet werden und der Frage, wo sie eingesetzt werden, zu analysieren (Fuss 1989, Benhabib 1995). Andere favorisieren, ein strategisch motiviertes Festhalten an essentialistischen Kategorien als Gegenentwurf zum Ansatz der Hybridität, um eine Verständigung auf gemeinsame Forderungen zu ermöglichen: Man sollte zumindest politisch so tun, als würde eine einheitliche Gruppe „Frauen" existieren (Klinger 1997, Kerner 1999). Wiederum andere (z. B. Müller 2008) sehen über den Anschluss an die postkolonialen emanzipatorischen Perspektiven auf Differenz und Vielfalt (Bhabha 1990, Hall 1994) einen Beitrag, Heterogenität anzuerkennen, ohne in die Homogenisierung (und Assimilierung) des Anderen zu fallen. Diese Ansätze für das Forschungsfeld Geschlecht, Natur und Nachhaltigkeit fruchtbar zu machen, ist eine weiterführende Aufgabe.

Geschlechterforschung verstand und versteht sich auch im Zusammenhang mit Natur- und Nachhaltigkeitsthemen als Teil einer gesellschaftlichen Veränderungspraxis und möchte ihre Erkenntnisse politisch verwerten. Sie hat das Ziel, herrschaftsförmige Schieflagen in den Geschlechter- und den gesellschaftlichen Naturverhältnissen abzubauen. Damit ist sie notwendigerweise grenzüberschreitend – vielleicht ein Grund dafür, dass sie i. e. S. keine paradigmatisierte Wissenschaft darstellt, aber auch dafür, dass ihr Innovationspotential besonders groß ist.

Weiterführende Literatur

Bauhardt, Christine (2004): Ökologiekritik: Das Mensch-Natur-Verhältnis aus der Geschlechterperspektive. In: Becker, Ruth und Beate Kortendiek (Hrsg.), *Handbuch Frauen- und Geschlechterforschung. Theorie, Methoden, Empirie*. Wiesbaden: VS Verlag, 277–282.
Hofmeister, Sabine (2010): Die Kategorie Geschlecht in der Nachhaltigkeitsforschung: Eine andere Perspektive auf nachhaltige Entwicklung. In: Riesen van, Kathrin und Bettina Jansen-Schulz (Hrsg.), *Vielfalt und Geschlecht – relevante Kategorien in der Wissenschaft*. Opladen: Budrich.

Katz, Christine (2006): Gender und Nachhaltigkeit: Neue Forschungsperspektiven. *Gaia* 15 (3): 206–214.

Littig, Beate (2001): *Feminist Perspectives on Environment and Society*. Harlow,UK: Pearson.

Schäfer, Martina, Irmgard Schultz und Gabriele Wendorf (Hrsg.) (2006): *Gender-Perspektiven in der Sozial-ökologischen Forschung. Herausforderungen und Erfahrungen aus inter- und transdisziplinären Projekten*. München: Oekom.

Zitierte Literatur

Agarwal, Bina (1992): The Gender and Environment Debate: Lessons from India. *Feminist Studies* 18 (1): 119–158.

AG Frauen des Forum Umwelt und Entwicklung (1997): *Zukunftsfähiges Deutschland. Zukunft für Frauen? Memorandum zur Wuppertal-Studie*. Bonn: Forum Umwelt und Entwicklung.

Aulenbacher, Brigitte, Mechthild Bereswill, Martina Löw, Michael Meuser, Gabriele Mordt, Reinhild Schäfer und Sylka Scholz (Hrsg.) (2006): *FrauenMännerGeschlechterforschung: State of the Art*. Münster: Westfälisches Dampfboot.

Bauhardt, Christine (2007): Feministische Verkehrs- und Raumplanung. In: Schöller, Oliver, Weert Canzler und Andreas Knie (Hrsg.), *Handbuch Verkehrspolitik*. Wiesbaden: VS Verlag, 301–319.

Bauhardt, Christine und Gülay Çağlar (Hrsg.) (2010): *Gender and Economics: Feministische Kritik der Politischen Ökonomie*. Wiesbaden: VS Verlag.

Bauriedl, Sybille (2010): Erkenntnisse der Geschlechterforschung für eine erweiterte sozialwissenschaftliche Klimaforschung. In: Bauriedl, Sybille, Michaela Schier und Anke Strüver (Hrsg.), *Geschlechterverhältnisse, Raumstrukturen, Ortsbeziehungen. Erkundungen von Vielfalt und Differenz im Spatial Turn*. Münster: Westfälisches Dampfboot, 194–216.

Beaufays, Sandra und Beate Krais (2005): Doing Science – Doing Gender. Die Produktion von WissenschaftlerInnen und die Reproduktion von Machtverhältnissen im wissenschaftlichen Feld. *Feministische Studien* 23 (1): 82–99.

Becker-Schmidt, Regina (1993): Geschlechterdifferenz – Geschlechterverhältnis: soziale Dimensionen des Begriffs ‚Geschlecht'. *Zeitschrift für Frauenforschung* 11 (1-2): 37–46.

Becker-Schmidt, Regina (1998): Trennung, Verknüpfung, Vermittlung: zum feministischen Umgang mit Dichotomien. In: Knapp, Gudrun-Axeli (Hrsg.), *Kurskorrekturen. Feminismus zwischen Kritischer Theorie und Postmoderne*. Frankfurt a. M.: Campus, 84–125.

Becker-Schmidt, Regina (2006): Theoretische und methodische Anmerkungen zu Sozialisation und Geschlecht. In: Bilden, Helga und Bettina Dasien (Hrsg.), *Sozialisation und Geschlecht*. Opladen: Budrich, 75–305.

Becker-Schmidt, Regina (2008): Doppelte Vergesellschaftung von Frauen: Divergenzen und Brückenschläge zwischen Privat- und Erwerbsleben. In: Becker, Ruth und Beate Kortendiek (Hrsg.), *Handbuch Frauen- und Geschlechterforschung. Theorie, Methoden, Empirie*. Wiesbaden: VS Verlag, 65–74.

Becker-Schmidt, Regina und Gudrun-Axeli Knapp (Hrsg.) (1995): *Das Geschlechterverhältnis als Gegenstand der Sozialwissenschaften*. Frankfurt a. M.: Campus.

Beer, Ursula (1990): *Geschlecht. Struktur. Geschichte. Soziale Konstituierung des Geschlechterverhältnisses*. Frankfurt a. M.: Campus.

Benhabib, Seyla (1995): *Selbst im Kontext: Kommunikative Ethik im Spannungsfeld von Feminismus, Kommunitarismus und Postmoderne*. Frankurt a. M.: Suhrkamp .

Bennholdt-Thomsen, Veronika und Mies, Maria (1997): Eine Kuh für Hillary. Die Subsistenz-perspektive. München: Frauenoffensive.

Bereswill, Mechthild (2008): „Geschlecht". In: Baur, Nina; Korte, Hermann; Löw, Martina; Schroer, Markus (Hrsg.), *Handbuch Soziologie*. Wiesbaden: VS Verlag, 97–116.

Bhabha, Homi K. (Hrsg.) (1990): *Nation and Narration*. London: Routledge.

Biel, Janet (1991): *Rethinking Eocfeminist Politics*. Boston: South End Press.

Biesecker, Adelheid und Sabine Hofmeister (2006): *Die Neuerfindung des Ökonomischen. Ein (re)produktionstheoretischer Beitrag zur Sozialen Ökologie*. München: Oekom.

Biesecker, Adelheid und Sabine Hofmeister (2010): Focus: (Re)Productivity. Sustainable relations both between society and nature and between the genders. *Ecological Economics* 69 (8): 1703–1711.

Biesecker, Adelheid, Maite Mathes, Susanne Schön und Babette Scurrell (Hrsg.) (2000): *Vorsorgendes Wirtschaften. Auf dem Weg in eine Ökonomie des Guten Lebens*. Bielefeld: Kleine.

Bilden, Helga (1991): Geschlechtsspezifische Sozialisation. In: Hurrelmann, Klaus und Dieter Ulich (Hrsg.), *Handbuch der Sozialisationsforschung*. Weinheim, Basel: Beltz, 279–301.

Bleier, Ruth (1984): *Science and Gender. A Critique of Biology and its Theories on Women*. New York: Pergamon Press.

Blumer, Herbert (1969): *Symbolic Interactionism: Perspective and Method*. Englewood Cliffs. New York: Prentice-Hall.

Blunck, Andrea und Irene Pieper-Seier (2008): Mathematik: Genderforschung auf schwierigem Terrain. In: Becker Ruth und Beate Kortendiek (Hrsg.), *Handbuch Frauen- und Geschlechterforschung. Theorie, Methoden, Empirie*. Wiesbaden: VS Verlag, 812–820.

Braidotti, Rosi, Ewa Charkiewicz, Sabine Häusler und Saskia Wieringa (Hrgs.) (1994): *Women, the Environment and Sustainable Development. Towards a Theoretical Synthesis*. London, New Jersey: Zed Books.

Brand, Karl-Werner (1998): Soziologie und Natur – eine schwierige Beziehung. Zur Einführung. In: Brand, Karl-Werner (Hrsg.), *Soziologie und Natur. Theoretische Perspektiven*. Opladen: Leske+Budrich, 9–29.

Braun, Kathrin (1995): Frauenforschung, Geschlechterforschung und feministische Politik. *Feminist. Studien* 13 (2): 107–117.

Brouns, Ellen, Juliane Grüning, Christine Katz, Marion Mayer und Tanja Mölders (2003): *Gender Mainstreaming – Relevanz und Herausforderung für Natur- und Umweltschutzverbände*. Vorstudie zur Erarbeitung von Grundlagen für ein umfassendes Gender Mainstreaming. Dokumentation des Deutschen Naturschutzrings (Hrsg.), URL: http://www.dnr.de/publikationen/veroeffentlichungen/dokumentationen/index.html. Stand 23.08.10).

Buchen, Judith, Kathrin Buchholz, Esther Hoffmann, Sabine Hofmeister, Ralf Kutzner, Rüdiger Olbrich und Petra van Rüth (Hrsg.) (1994): *Das Umweltproblem ist nicht geschlechtsneutral – Feministische Perspektiven*. Bielefeld: Kleine.

Buchholz, Kathrin (1999): „Frauen und Umwelt" – (K)ein Thema für eine lokale Agenda 21? In: Weller, Ines, Esther Hofmann und Sabine Hofmeister (Hrsg.), *Nachhaltigkeit und Feminismus: Neue Perspektiven – Alte Blockaden*. Bielefeld: Kleine, 121–132.

Buchholz, Kathrin (2006): Genderrelevanz und Genderaspekte von Chemikalienpolitik. In: Ebeling, Smilla und Sigrid Schmitz (Hrsg.), *Geschlechterforschung und Naturwissenschaften. Einführung in ein komplexes Wechselspiel*. Wiesbaden: VS Verlag, 139–160.

Butler, Judith (1991): *Das Unbehagen der Geschlechter*. Frankfurt a. M.: Suhrkamp.

Cockburn, Cynthia (1983): Caught in the Wheels: The High Cost of Being a Female Cog in the Male Machinery of Engineering. In: MacKenzie, Donald und Judy Wajcman (Hrsg.), *The Social Shaping of Technology*. Buckingham, Philadelphia: Open University Press, 126–133.

Collmer, Sabine (1997): *Frauen und Männer am Computer*. Wiesbaden: Westdeutscher Verlag.

Crenshaw, Kimberlé (1989): *Demarginalizing the Intersection of Race and Class. A Black Feminist Critique of Antidiscrimination Doctrine, Feminist Theory and Antiracist Politics.* University of Chicago Legal Forum: 139–167.

Cummings, Sarah, Henk van Dam und Minke Valk (2002): *Natural Resource Management and Gender. A Global Source Book.* Amsterdam: Royal Tropical Institute.

Daly, Mary (1991) [1978]: *Gyn/Ökologie. Eine Metaethik des Radikalen Feminismus.* München: Frauenoffensive.

Dankelmann, Irene und Joan Davidson (1988): *Women and the Environment in the Third World: Alliance for Future.* London: Earthscan Pubns Ltd.

Davidson, Joan und Irene Dankelmann (1990): *Frauen und Umwelt in den südlichen Kontinenten.* Wuppertal: Peter Hammer.

DAWN (Development Alternatives with Women for a New Era) (1985): *Development Crisis and Alternative Visions: Third World Women's Perspectives.* Stavanger: Monthly Review Press.

DIE GRÜNEN im Bundestag/AK Frauenpolitik (Hrsg.) (1987): *Frauen und Ökologie. Gegen den Machbarkeitswahn.* Dokumentation zum Kongress vom 03.-05.10.1986 in Köln. Köln: Kölner Volksblatt Verlag.

Dietzen, Agnes (1993): *Soziales Geschlecht. Soziale, kulturelle und symbolische Dimensionen des Gender-Konzepts.* Opladen: Westdeutscher Verlag.

Ebeling, Smilla und Sigrid Schmitz (Hrsg.) (2006): *Geschlechterforschung und Naturwissenschaften. Einführung in ein komplexes Wechselspiel.* Wiesbaden: VS Verlag.

Eberle, Ulrike, Doris Hayn, Regine Rehaag und Ulla Simshäuser (Hrsg.) (2006): *Ernährungswende – Eine Herausforderung für Politik, Unternehmen und Gesellschaft.* München: Oekom.

Empacher, Claudia und Doris Hayn (2001): Sind Frauen besser? Die Relevanz der Alltagsgestaltung für nachhaltiges Konsumverhalten. *Politische Ökologie* 19 (70): 37–39.

Empacher, Claudia, Doris Hayn, Stephanie Schubert und Irmgard Schultz (2001): *Analyse der Folgen des Geschlechterrollenwandels für Umweltbewusstsein und Umweltverhalten.* Im Auftrag des Umweltbundesamtes, Berlin: Unesco-Verbindungsstelle für Umwelterziehung.

Engler, Steffani (2001): *In Einsamkeit und Freiheit? Zur Konstruktion der wissenschaftlichen Persönlichkeit auf dem Weg zur Professur.* Konstanz: UVK.

Faulkner, Wendy (2001): The Technology Question in Feminism: A View from Feminist Technology Studies. *Women's Studies International Forum* 1 (24): 79–95.

Fischer, Karin, Juliane Grüning, Christine Katz, Marion Mayer und Anja Thiem (2006):*Vielfältig, kooperativ, geschlechtergerecht. Natur- und Umweltschutzverbände auf dem Weg.* Dokumentation des Deutschen Naturschutzrings e. V. (Hrsg.). Bonn: DNR.

Forschungsverbund ‚Blockierter Wandel?' (2007): *Blockierter Wandel? Denk- und Handlungsräume für eine nachhaltige Regionalentwicklung.* München: Oekom.

Fraser, Nancy (1996): Equality, Difference, and Radical Democracy. The United States Feminist Debates Revisted. In: Trend, David (Hrsg.), *Radical Democracy. Identity, Citizenship, and the State.* London, New York: Routledge, 197–208.

Frey, Regine und Johannes Dingler (2001): Wie Theorien Geschlechter konstruieren. In: *ALLES GENDER? ODER WAS? Theoretische Ansätze zur Konstruktion von Geschlecht(ern) und ihre Relevanz für die Praxis in Bildung, Beratung und Politik.* Dokumentation einer Fachtagung der Heinrich-Böll-Stiftung und des „Forum Männer in Theorie und Praxis der Geschlechterverhältnisse" am 9./10. März 2001 in Berlin. Berlin: HBS, 7–25.

Friedan, Betty (1963): *The Feminine Mystique.* New York: Dell Publishing.

Friedrich, Beate, Daniela Gottschlich, Annemarie Lindner, Tanja Mölders, Anna Szumelda und Jedrzej Sulmowski (2010): *Normative Verortungen und Vorgehen im Forschungsprozess: Das Nachhaltigkeitsverständnis im Forschungsprojekt PoNa.* PoNa-Paper 1, Lüneburg, URL: www.pona.eu. Stand 22.08.10.

Fuss, Diana (1989): *Essentially speaking. Feminism, nature und difference*. New York: Routledge.

Garfinkel, Harold (1973): Studien über die Routinegrundlagen von Alltagshandeln. In: Steinert, Heinz (Hrsg.), *Symbolische Interaktion. Arbeiten zu einer reflexiven Soziologie*. Stuttgart: Klett-Cotta, 280–293.

Gildemeister, Regine (2008): Doing Gender: Soziale Praktiken der Geschlechterunterscheidung. In: Becker Ruth und Beate Kortendiek (Hrsg.), *Handbuch Frauen- und Geschlechterforschung. Theorie, Methoden, Empirie*. Wiesbaden: VS Verlag, 137–145.

Gildemeister, Regine und Angelika Wetterer (1992): Wie Geschlechter gemacht werden. Die soziale Konstruktion der Zweigeschlechtlichkeit und ihre Reifizierung in der Frauenforschung. In: Knapp, Gudrun Axeli und Angelika Wetterer (Hrsg.), *Traditionen Brüche. Entwicklungen feministischer Theorie*. Freiburg: Kore, 75–81.

Gilligan, Carol (1984): *Die andere Stimme. Lebenskonflikte und Moral der Frauen*. München: Piper.

Goffman, Erving (1994): *Interaktion und Geschlecht*. Frankfurt a. M.: Campus.

Götschel, Helene (2008): Physik: Gender goes Physical – Geschlechterverhältnisse, Geschlechtervorstellungen und die Erscheinungen der unbelebten Natur. In: Lucht Petra und Tanja Paulitz (Hrsg.), *Recodierungen des Wissens. Stand und Perspektiven der Geschlechterforschung in Naturwissenschaft und Technik*. Frankfurt a. M.: Campus, 834–842.

Gottschlich, Daniela (2004): Kontextuelle Weltökonomie: Erweiterung von Kategorien aus feministischer Perspektive. In: Biesecker, Adelheid (Hrsg.), *Alternative Weltwirtschaftsordnung. Perspektiven nach Cancún*. Hamburg: VSA, 19–36.

Groß, Matthias und Harald Heinrichs (Hrsg.) (2010): *Environmental Sociology: European Perspectives and Interdisciplinary Challenges*. Dordrecht: Springer.

Hagemann-White, Carol (1984): *Sozialisation: weiblich – männlich?* Wiesbaden: Leske+Budrich.

Hall, Stuart (Hrsg.) (1994): *Rassismus und kulturelle Identität*. Hamburg: Argument.

Hammer, Carmen und Immanuel Stieß (1995): Einleitung. In: Haraway, Donna, *Die Neuerfindung der Natur. Primaten, Cyborgs und Frauen*. Frankfurt a. M.: Campus, 9–31.

Haraway, Donna (1995): *Die Neuerfindung der Natur: Primaten, Cyborgs und Frauen*. Frankfurt a. M.: Campus.

Haraway, Donna (1997): *Modest Witness@Second_Millenium. FemaleMan© MeetsOncoMouse^{TM} Feminism and Technoscience*. London: Routledge.

Harcourt, Wendy (1994): *Feminist Perspectives on Sustainable Development*. London: Zed Books.

Harding, Sandra (1986): *The Science Question in Feminism*. Ithaca: Cornell University Press.

Harding, Sandra (2006): *Science and Social Equality: Feminist and Postcolonial Issues*. Urbana, IL: University of Illinois Press.

Harding, Sandra (2008): Wissenschafts- und Technikforschung: Multikulturelle und postkoloniale Geschlechteraspekte. In: Becker Ruth und Beate Kortendiek (Hrsg.), *Handbuch Frauen- und Geschlechterforschung. Theorie, Methoden, Empirie*. Wiesbaden: VS Verlag, 305–314.

Hehn, Maria, Christine Katz, Marion Mayer und Till Westermayer (2010): *Abschied vom grünen Rock? Forstverwaltungen, waldbezogene Umweltbildung und Geschlechterverhältnisse im Wandel*. München: Oekom.

Heintz, Bettina, Eva Nadai, Regula Fischer und Hannes Ummel (Hrsg.) (1997): *Ungleich unter Gleichen: Studien zur geschlechtsspezifischen Segregation des Arbeitsmarktes*. Frankfurt a. M.: Campus.

Himmelweit, Susan und Simon Mohun (1977): Domestic Labor and Capital. *Cambridge Journal of Economics* 1 (1): 15–31.

Hirschauer, Stefan (1992): Konstruktivismus und Essentialismus. Zur Soziologie des Geschlechterunterschieds und der Homosexualität. *Zeitschrift für Sexualforschung* 5: 331–345.

Hirschauer, Stefan (1993): Dekonstruktion und Rekonstruktion. Plädoyer für die Erforschung des Bekannten. *Feministische Studien* 11 (2): 55–67.

Hofmeister, Sabine (2006): Feminismus und Ökologie. Die Hälfte des Himmels, nicht die Hälfte des Mülls. *Politische Ökologie* 24 (100): 38–40.

Hofmeister, Sabine, Verena Brinkmann, Silvia Kägi, Maria-Eleonora Karsten, Christine Katz, Tanja Mölders, Anja Thiem und Ines Weller (2002): *Dokumentation zum aktuellen Stand von Forschung und Diskussion zum Thema „Geschlechterverhältnisse und Nachhaltigkeit".* UBA-Abschlussbericht, URL: http://www.umweltdaten.de/publikationen/fpdf-l/2324. pdf. Stand 24.08.10.

Hofmeister, Sabine und Tanja Mölders (2006): Geschlecht als Basiskategorie der Nachhaltigkeitsforschung. In: Schäfer, Martina, Irmgard Schultz und Gabriele Wendorf (Hrsg.), *Gender-Perspektiven in der Sozial-ökologischen Forschung.* München: Oekom, 17–37.

Hofmeister, Sabine und Babette Scurrell (2006): Denk- und Handlungsformen für eine nachhaltige Regionalentwicklung. Annäherungen an ein sozial-ökologisches Raumkonzept. *Gaia* 15 (4): 275–284.

hooks, bell (1981): *Ain't I a woman.* Boston: South End Press.

Hoppe, Hella (2002): *Feministische Ökonomik. Gender in Wirtschaftstheorien und ihren Methoden.* Berlin: Sigma.

Hubbard, Ruth (1990): *The Politics of Women´s Biology.* New Brunswick: Rutgers University Press.

Huber, Joseph (2001): *Allgemeine Umweltsoziologie.* Wiesbaden: Westdeutscher Verlag.

Jackson, Cecile (1993): Environmentalism and Gender Interests in the Third World. *Development and Change* 24 (4): 649–677.

Jungkeit, Renate, Christine Katz, Ines Weber und Uta von Winterfeld (2002*): Natur-Wissenschaft-Nachhaltigkeit. Die Bedeutung ökologischer Wissenschaften im Nachhaltigkeitsdiskurs sowie deren Zusammenhang mit gesellschaftlichen Natur- und Geschlechtervorstellungen.* Wuppertal: Bericht des BMBF-Sondierungsprojektes 07 SOE 17.

Kahlert Heike (2006): Geschlecht als Struktur- und Prozesskategorie: Eine Re-Lektüre von Giddens´ Strukturationstheorie. In: Aulenbacher, Brigitte, Mechthild Bereswill, Martina Löw, Michael Meuser, Gabriele Mordt, Reinhild Schäfer und Sylka Scholz (Hrsg.), *Frauen-MännerGeschlechterforschung. State of the Art.* Münster: Westfälisches Dampfboot, 205–216.

Katz, Christine (2006): Gender und Nachhaltigkeit: Neue Forschungsperspektiven. *Gaia* 15 (3): 206–214.

Katz, Christine (2010a): Natur ist was man daraus macht! Naturvorstellungen von forstlichen Akteuren in der waldbezogenen Umweltbildung. In: Hehn Maria, Christine Katz, Marion Mayer und Till Westermayer (Hrsg.), *Abschied vom grünen Rock?* München: Oekom, 61–94.

Katz, Christine (2010b): Adequate Communicators? Constructions of Nature and Gender at Foresters doing environmental education (in Vorbereitung).

Katz, Christine (2010c): Case of intensive cultivating or co-designer? Concepts of forest nature and its gender references. Scand. Journal of For Res. (eingereicht).

Katz, Christine, Monika Wächter, Ivana Weber und Uta von Winterfeld (2001): Jenseits von Natur, Herrschaft und Geschlecht? *Gaia* 10 (3): 174–181.

Katz, Christine, Ellen Brouns, Juliane Grüning, Marion Mayer und Tanja Mölders (2003a): Geschlechteraspekte sehen und verstehen lernen. Gender Mainstreaming in Natur- und Umweltschutzorganisationen. *Robin Wood Magazin* 73 (3): 38–40.

Katz, Christine, Tanja Mölders und Sylvia Kägi (2003b): Aus-, Um-, Auf-Brüche: Forschungs- und Qualifizierungserfahrungen im Themenfeld „Gender und Nachhaltigkeit". *Feministische Studien* 21 (1): 137–147.

Katz, Christine und Tanja Mölders (2004): *Kritische Einschätzung der Nachhaltigkeitsstrategie aus der Geschlechterperspektive.* Positionspapier für die AG Frauen im Forum Umwelt und

Entwicklung und die Leitstelle genanet zum Fortschrittsbericht der Nationalen Nachhaltigkeitsstrategie, URL: www.genanet.de. Stand 18.08.10).

Katz, Christine und Uta von Winterfeld (2006): Im Schatten der Aufklärung. Zur Kontinuität der Natur- und Geschlechterkonstruktionen von Bacon bis Brundtland. In: Ernst, Waltraud und Ulrike Bohle (Hrsg.), *Naturbilder und Lebensgrundlagen. Konstruktionen von Geschlecht.* Hamburg: Lit, 194–232.

Katz, Christine und Marion Mayer (2006): MännerWeltWald – Natur- und Geschlechterkonstruktionen in Handlungsmustern von Waldakteuren/innen. In: Aulenbacher, Brigitte, Mechthild Bereswill, Martina Löw, Michael Meuser, Gabriele Mordt, Reinhild Schäfer und Sylka Scholz (Hrsg.), *FrauenMännerGeschlechterforschung. State of the Art.* Münster: Westfälisches Dampfboot, 241–253.

Katz, Christine und Anja Thiem (2010): „Doing Gender" at Environmental Organisations. *Communication, Participation, Cooperation, e-Journal* (eingereicht).

Keller, Evelyn Fox (1986): *Liebe, Macht und Erkenntnis. Männliche oder weibliche Wissenschaft?* München: Hanser.

Keller, Evelyn Fox (1995): Origin, history and politics of the subject called „Gender and Science". In: Jasanof, Sheila, Gerald E. Markle, James C. Peterson und Trevor J. Pinch (Hrsg.), *Handbook of Science and Technology Studies.* Thousand Oaks: Sage, 80–94.

Kerner, Ina (1999): *Feminismus, Entwicklungszusammenarbeit und Postkoloniale Kritik.* Hamburg: LIT Verlag.

Kessler, Suzanne und Wendy McMenna (1978): *Gender: An Ethnomethodological Approach.* Chicago: University of Chicago Press.

Klinger, Cornelia (1997): Liberalismus – Marxismus – Postmoderne. Der Feminismus und seine glücklichen oder unglücklichen ‚Ehen' mit verschiedenen Theorieströmungen im 20. Jahrhundert. *Politische Vierteljahresschrift* 38: 177–193.

Knapp, Gudrun-Axeli (2001a): Grundlagenkritik und stille Post. Zur Debatte um den Bedeutungsverlust der Kategorie Geschlecht. *Kölner Zeitschrift für Soziologie und Sozialpsychologie.* Sonderheft 41: 53–74.

Knapp, Gudrun-Axeli (2001b): Kein Abschied von Geschlecht. Thesen zur Grundlagendiskussion in der Frauen- und Geschlechterforschung. In: Hornung, Ursula, Gümen Sedef und Sabine Weilandt (Hrsg.), *Zwischen Emanzipationsvision und Gesellschaftskritik. (Re)Konstruktionen der Geschlechterordnung.* Münster: Westfälisches Dampfboot, 78–86.

Kropp, Cordula (2002): *„Natur". Soziologische Konzepte. Politische Konsequenzen.* Opladen: Leske+Budrich.

Krüger, Helga (2006): Strukturdaten und Selbstinterpretation. Warum es gerade in der Geschlechterforschung so wichtig ist, beide Ebenen der Analyse aufeinander zu beziehen. In: Aulenbacher Brigitte, Mechthild Bereswill, Martina Löw, Michael Meuser, Gabriele Mordt, Reinhild Schäfer und Sylka Scholz (Hrsg.), *FrauenMännerGeschlechterforschung. State of the Art.* Münster: Westfälisches Dampfboot, 122–136.

Kruse, Sylvia (2010): *Vorsorgendes Hochwassermanagement im Wandel. Ein sozial-ökologisches Raumkonzept für den Umgang mit Hochwasser.* Wiesbaden: VS Verlag.

Kuiper, Edith und Jolande Sap (Hrsg.) (1995): *Out of the Margin: Feminist Perspectives on Economics.* London: Routledge.

Kurz-Scherf, Ingrid (2002): Geschlechterdemokratie und Feminismus. Zur Notwendigkeit einer herrschaftskritischen Reformulierung eines Leitbegriffs. *Femina Politica* 2: 42–51.

Lachenmann, Gudrun (2001): Die geschlechtsspezifische Konstruktion von Umwelt in der Entwicklungspolitik. In: Nebelung, Andreas, Angelika Poferl und Irmgard Schultz (Hrsg.), *Geschlechterverhältnisse – Naturverhältnisse. Feministische Auseinandersetzungen und Perspektiven der Umweltsoziologie.* Opladen: Leske+Budrich, 247–269.

ronments: Understanding Natural Resource Manage-
            one. *IDS Bulletin* 22 (4): 17–24.
            nacht ohne Herrschaft. Geschlechterverhältnisse in nicht-
            nkfurt a. M.: Fischer.
            Opladen: Leske+Budrich.
            g.) (1991): *The Social Construction of Gender*. Newbury

            ur- und Geschlechterkonstruktionen im Naturschutz-
            ing von feministischer Umwelt- und Naturwissen-
            und Barbara Petersen (Hrsg.), *Das Geschlecht der Bio-*
            er, 93–117.
, Petra und Tanja Paulitz (Hrsg.) (2008): *Recodierungen des Wissens. Stand und Perspektiven der Geschlechterforschung in Naturwissenschaft und Technik*. Frankfurt a. M.: Campus.

Maihofer, Andrea (2004): Geschlecht als soziale Konstruktion – eine Zwischenbetrachtung. In: Urte Helduser, Daniela Marx, Tanja Paulitz und Katharina Pühl (Hrsg.), *Under Construction? Konstruktivistische Perspektiven in feministischer Theorie und Forschungspraxis.* Frankfurt a. M.: Campus, 33–43.

Matthies Hildegard, Ellen Kuhlmann, Maria Oppen und Dagmar Simon (2001): *Karrieren und Barrieren im Wissenschaftsbetrieb. Geschlechterdifferente Teilhabechancen in außeruniversitären Forschungseinrichtungen*. Berlin: Sigma.

Mauss, Bärbel (2008): Ursprung und Geschlecht. Paradoxien in der Konzeption von Geschlecht in Erzählungen der Molekularbiologie. In: Petra Lucht und Tanja Paulitz (Hrsg.), *Recodierungen des Wissens. Stand und Perspektiven der Geschlechterforschung in Naturwissenschaft und Technik*. Frankfurt a. M.: Campus, 13–230.

Mauss, Barbara und Barbara Petersen (Hrsg.) (2006): *Das Geschlecht der Biologie*. Mössingen-Talheim: Talheimer.

Mayer, Marion, Christine Katz, Ellen Brouns, Juliane Grüning und Tanja Mölders (2003) Gender Mainstreaming für Organisationen im Bereich von Umwelt- und Naturschutz – Ansätze, Hindernisse und Herausforderungen. *Zeitschrift für Frauenforschung und Geschlechterstudien* 21 (1): 102–111.

McIlwee, Judith S. und Gregg J. Robinson (1992): *Women in Engineering: Gender, Power and Workplace Culture*. Albany, NY: State University of New York Press.

Mellor, Mary (1997): *Feminism and Ecology*. Cambridge: Polity.

Merchant, Carolyn (1987 [1980]): *Der Tod der Natur. Ökologie, Frauen und neuzeitliche Naturwissenschaft*. München: Beck.

Mies, Maria (1988): *Patriachat und Kapital. Frauen in der internationalen Arbeitsteilung*. Zürich: Rotpunktverlag.

Mohanty, Chandra Talpade (1991): Under Western Eyes: Feminist Scholarship and Colonial Discourse. In: Mohanty, Chandra, Ann Russo und Lourdes Torres (Hrsg.), *Third World Women and the Politics of Feminism*. Bloomigton: Indiana University Press, 51–80.

Mölders, Tanja (2010): *Gesellschaftliche Naturverhältnisse zwischen Krise und Vision. Eine Fallstudie im Biosphärenreservat Mittelelbe*. München: Oekom.

Mortimer-Sandilands, Catriona (2005): Unnatural Passions? Notes Toward a Queer Ecology. *Invisible Culture: An Electronic Journal for Visual Culture* 9: Fall issue.

Mouffe, Chantal (1998): Für eine anti-essentialistische Konzeption feministischer Politik. *Deutsche Zeitschrift für Philosophie* 46 (5): 841–848.

Mranz, Gabriele (2006): *Nachhaltigkeitspolitik und Geschlecht. Untersuchung zu Geschlechterkonzeptionen, politischen Zielen und Strategien anhand eines Fallbeispiels in Deutschland*. Master Thesis. Wien: Rosa-Mayreder-College.

Müller, Christa (2008): Parteilichkeit und Betroffenheit: Frauenforschung als politische Praxis. In: Becker, Ruth und Beate Kortendiek (Hrsg.), *Handbuch Frauen- und Geschlechterforschung. Theorie, Methoden, Empirie.* Wiesbaden: VS Verlag, 332–335.

Orland, Barbara und Elvira Scheich (Hrsg.) (1995): *Das Geschlecht der Natur.* Frankfurt a. M.: Suhrkamp.

Ortner, Sherry B. (1974): Is Female to Male as Nature Is to Culture? In: Rosaldo Michelle Zimbalist und Loiuse Lamphere (Hrsg.), *Woman, Culture, and Society.* Stanford: Stanford University Press, 67-87.

Paulitz, Tanja (2008): Technikwissenschaften: Geschlecht in Strukturen, Praxen und Wissensformationen der Ingenieurdisziplinen und technischen Fachkulturen. In: Becker, Ruth und Beate Kortendiek (Hrsg.), *Handbuch Frauen- und Geschlechterforschung. Theorie, Methoden, Empirie.* Wiesbaden: VS Verlag, 779–790.

Plumwood, Val (1993): *Feminism and the Mastery of Nature.* London: Routledge.

Poferl, Angelika (2001): Doing Gender, Doing Nature? Einführende Bemerkungen zur Intention des Bandes. In: Nebelung, Andreas, Angelika Poferl und Irmgard Schultz (Hrsg.), *Geschlechterverhältnisse – Naturverhältnisse. Feministische Auseinandersetzungen und Perspektiven der Umweltsoziologie.* Opladen: Leske+Budrich, 9–17.

Rodenstein, Marianne, Stephanie Bock und Susanne Heeg (1996): Reproduktionsarbeitskrise und Stadtstruktur. Zur Entwicklung von Agglomerationsräumen aus feministischer Sicht. In: Akademie für Raumforschung und Landesplanung (Hrsg.), *Agglomerationsräume in Deutschland: Ansichten, Einsichten, Aussichten, Forschungs- und Sitzungsberichte.* Hannover: ARL, 26–50.

Röhr, Ulrike, Irmgard Schultz, Gudrun Seltmann und Immanuel Stieß (Hrsg.) (2004): *Klimapolitik und Gender. Eine Sondierung möglicher Gender-Impacts des europäischen Emissionshandelssystems.* Frankfurt a. M.: IKO.

Sachs, Carolyn (1996): *Gendered Fields.* Boulder: WestviewPress.

Sandilands, Catriona (1998): The good-natured feminist: Ecofeminism and democracy. In: Bell, David, Leesa Fawcett, Roger Keil und Peter Penz (Hrsg.), *Political Ecology: global and local.* London: Routledge, 158–240.

Saupe, Angelika (2002): *Verlebendigung der Technik. Perspektiven im feministischen Technikdiskurs.* Bielefeld: Kleine.

Schäfer, Martina, Irmgard Schultz und Gabriele Wendorf (Hrsg.) (2006): *Gender-Perspektiven in der Sozial-ökologischen Forschung. Herausforderungen und Erfahrungen aus inter- und transdisziplinären Projekten.* München: Oekom.

Scheich, Elvira und Irmgard Schultz (1987): *Soziale Ökologie und Feminismus.* Frankfurt a. M.: IKO.

Scheich, Elvira (1993): *Naturbeherrschung und Weiblichkeit. Denkformen und Phantasmen der modernen Naturwissenschaften.* Pfaffenweiler: Centaurus.

Scheich, Elvira (1995): Klassifiziert nach Geschlecht. Die Funktionalisierung des Weiblichen für die Genealogie des Lebendigen in Darwins Abstammungslehre. In: Orland, Barbara und Elvira Scheich (Hrsg.), *Das Geschlecht der Natur.* Frankfurt a. M.: Suhrkamp, 270-288.

Scheich, Elvira (2001): Frauen und Männer in der TechnoScience? Überlegungen zum Verhältnis von Wissenschaft und Gesellschaft. In: Nebelung, Andreas, Angelika Poferl, Irmgard Schultz (Hrsg.), *Geschlechterverhältnisse – Naturverhältnisse. Feministische Auseinandersetzungen und Perspektiven der Umweltsoziologie.* Opladen: Leske+Budrich, 75-101.

Schiebinger, Londa (2000): *Frauen forschen anders. Wie weiblich ist die Wissenschaft?* München: Beck.

Schmitt, Martina (2005): Rurale Frauen- und Geschlechterforschung. In: Beetz, Stephan, Kai Brauer und Claudia Neu (Hrsg.), *Handwörterbuch zur ländlichen Gesellschaft in Deutschland.* Wiesbaden: VS Verlag, 210–217.

Schön, Susanne, Dorothee Keppler und Brigitte Geißel (2002): Gender und Nachhaltigkeit. In: Balzer, Ingrid und Monika Wächter (Hrsg.), *Sozial-ökologische Forschung. Ergebnisse der Sondierungsprojekte aus dem BMBF-Förderschwerpunkt*. München: Oekom, 453–473.

Schröter, Susanne (2002): *FeMale. Über Grenzverläufe zwischen den Geschlechtern*. Frankfurt a. M.: Fischer.

Schultz, Irmgard (1999): Eine feministische Kritik an der Studie Zukunftsfähiges Deutschland. In: Weller, Ines, Esther Hoffmann und Sabine Hofmeister (Hrsg.), *Nachhaltigkeit und Feminismus. Neue Perspektiven – Alte Blockaden*. Bielefeld: Kleine, 99–109.

Schultz, Irmgard (2001): Umwelt- und Geschlechterforschung: eine notwendige Übersetzungsarbeit. In: Nebelung, Andreas, Angelika Poferl und Irmgard Schultz (Hrsg.), *Geschlechterverhältnisse – Naturverhältnisse. Feministische Auseinandersetzungen und Perspektiven der Umweltsoziologie*. Opladen: Leske+Budrich, 25–51.

Schultz, Irmgard (2006): The Natural World and the Nature of Gender. In: Davis, Kathy, Mary Evans und Judith Lorber (Hrsg.), *Handbook of Gender and Women's Studies*. London, Thousand Oaks, New Deli: Sage, 376–396.

Schultz, Irmgard und Monika Weiland (1991): *Frauen und Müll. Frauen als Handelnde in der kommunalen Abfallwirtschaft*. Frankfurt a. M.: IKO.

Schultz, Irmgard und Ines Weller (Hrsg.) (1995): *Gender und Environment. Ökologie und die Gestaltungsmacht der Frauen*. Frankfurt a. M.: IKO.

Schultz, Irmgard, Claudia Empacher, Doris Hayn und Diana Hummel (2001): *Gender in Research: Gender Impact Assessment of the specific programs of the Fifth Framework Program „Environment and Sustainable Development"* Brussels: (EUR 20019)

Schultz, Irmgard, Doris Hayn und Alexandra Lux (2006): Gender und Environment. In: Becker, Egon und Thomas Jahn (Hrsg.), *Soziale Ökologie. Grundzüge einer Wissenschaft von den gesellschaftlichen Naturverhältnissen*. Frankfurt a. M.: Campus, 434–446.

Sen, Amartya (1981): *Poverty and Famines. An Essay on Entitlement and Deprivation*. Oxford: Clarendon Press.

Shiva, Vandana (1988): *Staying alive. Women, Ecology and Development*. London: Zed Books.

Southwell, Mirjam (2000): Design for Sustainable Development: A Gendered Perspective. Conference Proceeding: International Summer Academy on Technology Studies: Strategies of a Sustainable Product Policy.

Spivak, Gayatri Chakravorty (1988): Can the Subaltern Speak? In: Nelson, Cary und Lawrence Grossberg (Hrsg.), *Marxism and the Interpretation of Culture*. Urbana: University of Illinois Press, 271–313.

Sturgeon, Noël (1997): *Ecofeminist Natures – Race, Gender, Feminist Theory and Political Action*. London: Routledge.

Theweleit, Klaus (1980): *Männerphantasien*. Reinbek bei Hamburg: Rowohlt.

Thiem, Anja (2006): Mentoring für Nachwuchswissenschaftlerinnen als hochschuldidaktische Maßnahme in der Universität Lüneburg. In: Jansen-Schulz, Bettina und Anne Dudeck (Hrsg.), *Hochschuldidaktik und Fachkulturen. Gender als didaktisches Prinzip*. Bielefeld: UVW, Webler, 133–143.

Thorn, Christiane (2002): Nachhaltigkeit hat (k)ein Geschlecht. Perspektiven einer gendersensiblen zukunftsfähigen Entwicklung. *Aus Politik und Zeitgeschichte* 33/34: 38–46.

Tong, Rosemarie (1989): *Feminist Thought. A Comprehensive Introduction*. London: WestviewPress.

Villa, Paula-Irene (2008): Poststrukturalismus: Postmoderne + Poststrukturalismus = Postfeminismus? In: Becker, Ruth und Beate Kortendiek (Hrsg.), *Handbuch Frauen- und Geschlechterforschung. Theorie, Methoden, Empirie*. Wiesbaden: VS Verlag, 262–266.

Vinz, Dagmar (2005): *Nachhaltigkeit und Gender – Umweltpolitik aus der Perspektive der Geschlechterforschung*, URL: http://web.fu-berlin.de/gpo/pdf/dagmar_vinz/vinz.pdf. Stand 12.8.2010.

Weber, Ivana (2006): *Die Natur des Naturschutzes. Wie Naturkonzepte und Geschlechtskodierungen das Schützenswerte bestimmen.* München: Oekom.

Weller, Ines (2004): *Nachhaltigkeit und Gender. Neue Perspektiven für die Gestaltung und Nutzung von Produkten.* München: Oekom.

Weller, Ines, Esther Hoffmann und Sabine Hofmeister (Hrsg.) (1999): *Nachhaltigkeit und Feminismus: Neue Perspektiven – Alte Blockaden.* Bielefeld: Kleine.

Weller Ines, Karin Fischer, Doris Hayn und Irmgard Schultz (Hrsg.) (2003): *Gender Impact Assessment der Angewandten Umweltforschung Bremen.* Universität Bremen: Abschlussbericht.

Werlhof von, Claudia (1978). Frauenarbeit: Der blinde Fleck in der Kritik der Politischen Ökonomie. *Beiträge zur feministischen Theorie und Praxis* 1: 18–32.

Werlhof von, Claudia, Maria Mies und Veronika Bennholdt-Thomsen (Hrsg.) (1983): *Frauen, die letzte Kolonie.* Reinbek: Rowohlt.

West, Candace und Don H. Zimmerman (1987): Doing Gender. *Gender und Society* 1: 125–151.

Wetterer, Angelika (1995): *Die soziale Konstruktion von Geschlecht in Professionalisierungsprozessen.* Frankfurt a. M.: Campus.

Wetterer, Angelika (2008): Konstruktion von Geschlecht: Reproduktionsweisen der Zweigeschlechtlichkeit. In: Becker, Ruth und Beate Kortendiek (Hrsg.), *Handbuch Frauen- und Geschlechterforschung. Theorie, Methoden, Empirie.* Wiesbaden: VS Verlag, 126–136.

Wichterich, Christa (1992): *Die Erde bemuttern. Frauen und Ökologie nach dem Erdgipfel in Rio.* Köln: Heinrich-Böll-Stiftung.

Wichterich, Christa (2004): *Überlebenssicherung, Gender und Globalisierung. Soziale Reproduktion und Livelihood – Rechte in der neoliberalen Globalisierung.* Wuppertal-Papers Nr. 141. Wuppertal, Wiesbaden: VS Verlag, 203–220.

Wiesner, Heike (2002): *Die Inszenierung der Geschlechter in den Naturwissenschaften. Wissenschafts- und Genderforschung im Dialog.* Frankfurt a. M.: Campus.

Winker, Gabriele und Nina Degele (2009): *Intersektionalität. Zur Analyse sozialer Ungleichheiten.* Bielefeld: transcript.

Winterfeld von, Uta (2006): *Naturpatriarchen. Geburt und Dilemma der Naturbeherrschung bei den geistigen Vätern der Neuzeit.* München: Oekom.

Winterfeld von, Uta und Barbara Petersen (2009): Besondere Betroffenheit oder kritische Analyse?: Zum Fachgespräch „Gender, Biodiversität und Klimawandel" der AG Frauen im Forum Umwelt und Entwicklung in Bonn. *Forum Umwelt und Entwicklung*: Rundbrief 2: 28–29.

Energie und Gesellschaft: Die soziale Dynamik der fossilen und der erneuerbaren Energien

Wolf Rosenbaum und Rüdiger Mautz

Energie und gesellschaftliche Entwicklung: Weltenergieentwicklung

Die in der natürlichen Umwelt enthaltene Energie zu nutzen, ist Grundlage der physischen Existenz der Menschheit; alle Fortschritte der Zivilisation setzen voraus, diese Energie effektiver zu erschließen (McNeill 2003, Sieferle 1997). Ein entscheidender Schritt gelang mit dem systematischen Ackerbau und der gezielten Züchtung von Nutzpflanzen und Nutztieren. Im Unterschied zu den Sammler- und Jägergesellschaften kultivierte man nun die Natur, um höhere und leichter verfügbare Energieerträge zu erreichen: Pflanzliche Lebensmittel für den Menschen, Futter für Fleisch- und Nutztiere; Wind und Wasser für Transporte und mechanische Arbeit. Trotz aller imponierenden Fortschritte, Energiequellen zu erschließen, waren die Agrargesellschaften nicht in der Lage, eine entscheidende Grenze zu überschreiten: Sie konnten immer nur auf die Energieerträge zurückgreifen, die im Rhythmus der jährlichen (beim Holz: der mittelfristigen) Vegetation nachwuchsen.

Erst der Industriegesellschaft gelang es, sich von diesen Fesseln der Agrargesellschaft zu befreien. Die neue, hochenergetische Gesellschaft griff auf die Kohle, d. h. die pflanzliche Energie zurück, die sich im Laufe der Wachstumsperioden von Jahrmillionen angesammelt hatte und nicht verbraucht worden war. Allein dieser Rückgriff auf die fossilen Energiespeicher ermöglichte den rasanten Anstieg des Produktionsvolumens, der Bevölkerung und des materiellen Wohlstandes in einer weltgeschichtlich unvergleichlich kurzen Zeit von nicht einmal 200 Jahren. Es entstand eine Zivilisation, die in ihrer soziökonomischen Struktur und in der Lebensweise ihrer Bevölkerung auf ständigem Wachstum basiert.

Im Laufe des 20. Jahrhunderts hat sich das Wachstum des Energieverbrauchs und der materiellen Produktion in den historischen Zentren der Industriegesellschaft – einem geografisch eng begrenzten Raum in Westeuropa und Nordamerika – weiter beschleunigt. Seit Mitte des 20. Jahrhunderts breitet sich diese hochenergetische dynamische Wirtschafts- und Lebensweise über den gesamten Globus aus. Hatte sich der Weltenergieverbrauch in den 100 Jahren zwischen 1800 und 1900 ungefähr verdreifacht, so ist er in den folgenden 90 Jahren, das heißt bis 1990 noch einmal um das 12,5fache angestiegen. Da die Weltbevölkerung im gleichen Zeitraum „nur" um das 3,3fache gewachsen ist (von 1,6 auf 5,3 Milliarden

---

*   R. Mautz hat das Kapitel „Die soziale Dynamik der erneuerbaren Energien im Stromsektor" geschrieben

Menschen), nahm der durchschnittliche Energieverbrauch pro Kopf erheblich zu (McNeill 2003: 22, 29), allerdings mit deutlichen Unterschieden zwischen den einzelnen Weltregionen. So liegt der jährliche Pro-Kopf-Energieverbrauch in den zumeist hoch industrialisierten OECD-Ländern mit 4,64 Tonnen Erdöläquivalent (toe) in 2007 weit über dem weltweiten Durchschnitt von 1,82 toe. Einsamer Spitzenreiter sind die USA mit 7,75 toe (Deutschland 4,03); in China liegt der Pro-Kopf-Verbrauch bei 1,48, in Indien bei 0,53 toe (IEA 2009a).

Seit Beginn des 21. Jahrhunderts haben sich erhebliche *Verschiebungen* in der Verteilung des Weltenergieverbrauchs vollzogen. So hat sich im Laufe der letzten Jahrzehnte das Wachstum des Energieverbrauchs in den entwickelten Volkswirtschaften abgeflacht. Aufgrund des starken Anstiegs in den *Schwellenländern* lag der Weltenergieverbrauch 2009 dennoch um 24 % über dem des Jahres 1999 (BP 2010). Während auf die OECD-Länder 1999 noch 58 % des Weltenergieverbrauchs fielen, waren es 2008 nur noch 48 % (BP 2010). Der Schwerpunkt des Energieverbrauchs wird sich in Zukunft stärker noch als bisher von den traditionellen industriellen Regionen in Nordamerika und Europa weg in den asiatisch-pazifischen Raum verlagern. Symptomatisch ist der gegenwärtig rasant steigende Energieverbrauch in *China*: Er war 2009 2,3mal so hoch wie 1999. Auf China entfallen derzeit bereits knapp 20 % des Weltenergieverbrauchs.

Energie und Gesellschaft: Energetische Gesellschaftstheorien

Einer der Gründungsväter der Soziologie, Herbert Spencer, hat in seinen *Principles of Sociology* von 1876 die Erschließung von Energie als grundlegende Voraussetzung für gesellschaftliche Entwicklungen herausgestellt. Der Mainstream des Faches folgte indessen dem „Soziologismus" von Weber und Durkheim, die es ablehnten, in soziologischen Argumentationen auf nicht-soziale Faktoren zurückzugreifen (Rosenbaum 1998, Scharping und Görg 1994). Fast ein Jahrhundert später hat der amerikanische Soziologe Cotrell (1955) den Faden wieder aufgenommen, ohne Resonanz im Fach.

Das heißt jedoch nicht, dass das Thema unbeachtet geblieben wäre. Mit ihm haben sich Chemiker (Ostwald, Soddy), Physiker (Mumford 1934, Lovins 1977), Biologen (Odum), Ökonomen (Carver, Georgescu-Roegen) und Anthropologen (White 1949, Adams 1975) befasst (Rosa 1988, Lutzenhiser 1998). Die genannten Autoren fragen nach dem Zusammenhang von Energieerschließung und dem zivilisatorischen Niveau von Gesellschaften. Häufig wurden – im Sinne des Evolutionismus – Entwicklungsstadien unterschieden, zum Beispiel von der Niedrig- zur Hochenergiegesellschaft. Mumford (1934) unterscheidet das vorindustrielle „ökotechnische" Stadium (Nutzung der Energie von Pflanzen, Holz, Wasser) von dem „paleo-technischen" Stadium der frühen Industriegesellschaft (Erschließung der Kohle) und dem darauf folgenden „neo-technischen" Stadium der Hochindustrialisierung (elektrische Energie durchdringt die gesamte Gesellschaft).

So sehr die meisten Autoren die zivilisatorischen Errungenschaften betonen, die der Überwindung der energetischen Schranken der Agrargesellschaften zu verdanken sind, so wenig waren sie blind gegenüber den Grenzen , die auch den Hochenergiegesellschaften gesetzt sind: mit der Energiewirtschaft unvermeidbar verbundene Umweltzerstörungen und vor allem das Versiegen der Energiequellen. Viele Autoren beriefen sich dabei auf ein physikalisches Grundgesetz: Den zweiten Hauptsatz der Thermodynamik, das Entropiegesetz. Inzwischen haben Physiker gezeigt, dass die im Entropiegesetz konstatierte unvermeidliche Energieentwertung nur für geschlossene Systeme gilt. Die Erde ist demgegenüber ein offenes System, durch das ständig von der Sonne zugeführte Energie fließt, die genutzt und gespeichert werden kann, bevor sie – als Wärme – in den Weltraum abfließt. Es kommt also für die Menschheit darauf an, mehr von dieser ständig durchfließenden Energie zu nutzen.

Einige der genannten Autoren (White 1949, Cotrell 1955, Adams 1975) beschreiben differenziert und anschaulich, auf welche Weise die verschiedensten Bereiche einzelner Gesellschaften mit dem jeweils vorherrschenden Energiesystem verflochten sind. Soziale, ökonomische und kulturelle Verhältnisse und Entwicklungen sind sowohl Folgen von Energiesystemen als auch Ursachen für deren Strukturen und Veränderungen. Wenn auch alle Autoren die Vielfalt der relevanten Variablen betonen, so stellen sie zumeist einzelne ins Zentrum ihrer Analysen: Geophysikalische Bedingungen (z. B. Vorhandensein bzw. Fehlen von Kohlevorkommen in verschiedenen Ländern); technologische Erfindungen (Dampfmaschine, Elektromotor, Verbrennungsmotor); sozioökonomische Entwicklungen (kapitalistische Produktionsverhältnisse); organisierte soziale Macht (Großunternehmen, Regierungen); soziokulturelle Prägungen der Gesellschaften (moderne westliche Weltbilder und Lebensstile) (Humphrey et al. 2002: 54).

Diese energetischen Zivilisations- und Gesellschaftstheorien tragen dazu bei, das Themenfeld „Energie und Gesellschaft" zu erschließen und die Vielfalt der möglichen analytischen Perspektiven herauszuarbeiten. Allerdings stellt sich die Frage, ob sich Energie tatsächlich als zentraler Indikator für Gesellschaftsentwicklungen eignet. Wahrscheinlich sind sozialwissenschaftliche Analysen, die primär von sozioökonomischen, soziopolitischen und soziokulturellen Strukturen ausgehen und das Energiethema in diese einbetten, soziologisch angemessener. Auch die Feststellung eines historischen Übergangs von Niedrigenergiegesellschaften zu Hochenergiegesellschaften bringt nicht allzu viel Erkenntnisgewinn. Vor allem verdeckt sie die – auch in energetischer Hinsicht – enormen Unterschiede zwischen den verschiedenen vorindustriellen Gesellschaften; und sie verdeckt die Differenzen zwischen hochenergetischen Gesellschaften mit sehr unterschiedlichen Energiesystemen, die sich darin ausdrücken, dass z. B. die USA und Kanada einen doppelt so hohen Pro-Kopf-Verbrauch an Energie haben wie andere entwickelte Gesellschaften – bei gleichem Lebensstandard.

Energie und Gesellschaft: Teilanalysen

Ergiebiger als die energetischen Gesellschaftstheorien sind die vor allem von Wirtschafts- und Technikhistorikern, vereinzelt auch von Politologen und Soziologen vorgelegten Untersuchungen zu einzelnen Energieträgern, ihrer Einführung und vor allem ihrer Folgen für die Strukturen und Entwicklungen von Gesellschaften (zum folgenden McNeill 2003, Debeir 1989, Smil 1994, 2010). Die Verfügung über heimische *Kohlevorkommen* war entscheidend für die industrielle Revolution in den Pionierländern England, USA und Deutschland. Der Einsatz von Kohle führte zu einer Expansion der Stahlproduktion, diese wiederum zum modernen Maschinenbau. Darüber hinaus revolutionierten die Dampflokomotive und das Dampfschiff den Güter- und Personentransport und ermöglichten, die inneren und die internationalen Wirtschaftsräume zu erschließen. Bisher eher randständige Regionen, in denen Kohle lagerte, entwickelten sich zu rasch expandierenden Wirtschaftsräumen: Mittelengland, das Ruhrgebiet, Oberschlesien, Saarland, das Gebiet zwischen dem Westen Pennsylvanias (Pittsburgh), Ohio und Illinois.

Überall bildeten sich um die Kohle und den Energie verschlingenden Stahl große kapitalistische Konzerne, die zu politisch und sozial übermächtigen Akteuren wurden. Da sich ihre Macht auch auf ihre Heimatstaaten übertrug, wurden sie von deren Regierungen nach Kräften gefördert.

Die Umwandlung der Energie der Kohle (und des fließenden Wassers) in *elektrische Energie* sowie deren Übertragung in Fernleitungsnetzen war mit weiteren wirtschaftlichen und sozialen Veränderungen verbunden, die sich seit der Wende zum 20. Jahrhundert vollzogen. Mit dem Elektromotor konnte die fossile Energie sich in der gewerblichen Produktion auch außerhalb der Großunternehmen (auf die der Einsatz der Dampfmaschine beschränkt blieb) und der schwerindustriellen Regionen durchsetzen. Damit war der Grundstein für die Ausbreitung der modernen mechanisierten Massenproduktion gelegt. Auch die sich im ersten Drittel des 20. Jahrhunderts ausbreitende Großchemie basiert auf dem Einsatz großer Strommengen. Nachdem bereits mit dem Kohleofen die fossile Energie die Privathaushalte erreicht hatte, bewirkte die Elektrifizierung tiefgreifende Veränderungen des außerbetrieblichen Alltags: elektrische Beleuchtung und später die zunehmende Ausstattung mit Elektrogeräten, mit Radio, Fernseher. Schließlich beruhte die Expansion der Großstädte wesentlich auf der Versorgung mittels Schiffs- und Bahntransporten sowie auf den modernen stromgetriebenen Verkehrssystemen von Straßen- und U-Bahnen.

Erst in der Form der Elektrizität konnte die fossile Energie tief in nahezu alle Bereiche der Gesellschaft eindringen. Mit ihr erweiterte sich die ökonomische und soziale Macht der über sie verfügenden Großkonzerne. Im Interesse der wirtschaftlichen Entwicklung bemühten sich die Regierungen, die Stromversorgung sicherzustellen und auszuweiten. Dazu wurden die Großkonzerne der Energiewirtschaft gefördert und mit Monopolrechten ausgestattet. In Bezug auf diesen Energiesektor kann man von einem staatsmonopolistischen kapitalistischen System sprechen, einem *network of power* (Hughes 1983). Im Laufe der ersten Hälfte des 20. Jahrhundert bildete sich mit der Elektrizitätswirtschaft der Prototyp eines „großen technischen Infrastruktursystems" heraus (Mayntz und Hughes 1988). Dieses System hat sich in den meisten Ländern derart verfestigt, dass es bisher auch durch die seit den 1980er Jahren betriebene Liberalisierung der Strommärkte nicht ernsthaft gefährdet worden ist (Teske 2005).

Die Energieform, die erst spät auf den Plan getreten ist und bis heute weltweit einen eher bescheidenen Beitrag zur Energieversorgung leistet – die *Kernenergie* – ist sozialwissenschaftlich am intensivsten untersucht worden (Radkau 1983, Koch-Arzberger 1997). Sie wurde nach einer Phase allseits geteilter Euphorie – Vision eines „Atomzeitalters" mit Energie im Überfluss – bald zum Gegenstand gesellschaftlicher Auseinandersetzungen, zum „sozialen Problem". Dies hat Sozialwissenschaftler auf den Plan gerufen. Vergleichbare soziale Konflikte hat es um die Verwendung von Kohle und die Ausbreitung der Elektrizität nicht gegeben. Im Protest gegen die Atomkraftwerke haben sich in vielen Ländern die Umweltbewegungen mit ihren neuartigen, provozierenden Aktionsformen gebildet, in einigen Ländern entscheidend zur Gründung grüner Parteien beigetragen (Brand 1985). In den Sozialwissenschaften schlug sich das in einer intensiven Debatte über die neuen sozialen Bewegungen nieder, über die Ursachen ihres Entstehens sowie über ihren Unterschied zu den traditionellen Arbeiterbewegungen.

Die gesellschaftlichen Widerstände und Konflikte um die Atomenergie lenkten zudem die Aufmerksamkeit von Soziologen auf ein bisher kaum behandeltes Thema: das Risiko, das zuvor ausschließlich technisch oder ökonomisch interpretiert wurde. Jetzt wurde die Vielzahl konkurrierender gesellschaftlicher Wahrnehmungen und Konstruktionen des Risikos – z. B. der Kernkraftwerke – herausgearbeitet (Bechmann 1993). Auch die sozialwissenschaftliche Technikfolgenabschätzung entstand aus den Debatten um die Kernenergie (Baron 1995): Es zeigte sich, dass man im großen Stil in diese Technologie eingestiegen war, ohne die möglichen Risiken zu prüfen (Rosa 1988). In einer bahnbrechenden organisationssoziologischen Arbeit legte Perrow (1988) dar, dass das Katastrophenpotenzial von Großtechnologien nicht primär in deren Größe begründet ist, sondern in einer engen Koppelung zwischen den einzelnen Elementen des Produktionsprozesses, die nur in bestimmten großtechnischen Systemen, wie z. B. der Kernkraft, anzutreffen ist. Das führt bei Störungen zu unbeherrschbaren Kettenreaktionen, wie im Fall Tschernobyl.

Die überaus großen Erwartungen, die überall in die Kernkraft gesetzt wurden, wurden bitter enttäuscht. In vielen Ländern widmeten die Regierungen ihrer Entwicklung hohe Aufmerksamkeit; später kostete sie ihre Verteidigung viel Kraft. Die OECD-Länder verwendeten in den Jahren zwischen 1974 und 2002 60 % aller Ausgaben für Energieforschung für die Kernenergie (IEA 2004). Derzeit liefert die Kernenergie dennoch nur 6 % der Weltprimärenergie und 14 % der Energie für die Stromerzeugung. Fast alle Anlagen stehen in den entwickelten Ländern. Es ist äußerst unwahrscheinlich, dass die Kernkraft in der Zukunft einen nennenswerten Beitrag zur Energieversorgung in den Schwellenländern leisten kann (in China trug sie 2007 1,9 %, in Indien 2,4 % zur Stromerzeugung bei [IAEA 2008]). Frankreich ist ein Sonderfall geblieben mit 76 % Stromerzeugung aus Kernkraft – das hat den französischen Steuerzahler viel Geld gekostet. Die geplanten und die im Bau befindlichen Anlagen, die Realisierungschancen haben, können in den entwickelten Ländern nicht die zu erwartenden Stilllegungen der kommenden Jahre ausgleichen; in den Schwellenländern können sie nicht Schritt halten mit dem Wachstum des Strombedarfs. Die Vision der Kernkraft ist an ihren technischen Problemen, an ihrer

Unwirtschaftlichkeit und an ihren ungelösten Sicherheits- und Endlagerungsproble-
men gescheitert. Anders als die Kohle oder das Öl ist die Atomenergie auch nicht mit
einer bahnbrechenden neuen Anschluss-Technologie verbunden.

Nach Kohle und Elektrizität war mit dem *Erdöl* als Grundpfeiler der Automobilisierung – ab den 1920er Jahren in den USA und nach dem Zweiten Weltkrieg in
Europa und Japan – eine weitere energieabhängige Umwälzung der Gesellschaften verbunden. Im Laufe einer sehr kurzen Zeit hat sich dadurch die Mobilität, vor
allem die individuelle Mobilität enorm gesteigert. Das veränderte tiefgreifend nicht
nur die Wirtschaftsstruktur, sondern vor allem auch den Alltag der Menschen: Be-
rufspendeln, Freizeitverhalten, Massentourismus. Die Stadtstrukturen veränderten
sich gravierend: Straßen durchschneiden die Städte, es entstanden große Traban-
tensiedlungen um die Städte herum sowie große Einkaufszentren am Stadtrand.
Mit der individuellen Automobilität wandelte sich auch das Leben auf dem Lande;
auch der Stadt-Land-Gegensatz hat sich – jedenfalls in den entwickelten Gesellschaften – deutlich verringert. Mit der Entwicklung von Öl zum weltweit wichtigsten
Energieträger traten die kapitalistischen Ölkonzerne auf den Plan. Inzwischen wird
der Ölmarkt der OECD-Länder von nur noch wenigen global agierenden Großkonzernen beherrscht; dazu kommen die staatsabhängigen Konzerne Russlands
und Chinas. Die kapitalistischen Ölkonzerne sind inzwischen mit den marktbeherrschenden Stromkonzernen verflochten und in die Öl und Strom verbrauchende
Großchemie eingestiegen (Gründinger 2006).

Die *internationale Politik* ist heute von der Sicherung der Energieversorgung bestimmt; in welchem Ausmaß dies der Fall ist, ist Gegenstand politikwissenschaftlicher Diskussionen (Humphrey et al. 2002:157, Mitchell 2000). Noch zu Beginn der
1950er Jahre war die Bundesrepublik aufgrund ihrer Kohleförderung energieautark.
Die damals notwendige Öleinfuhr (die 5 % der Primärenergie ausmachte) wurde
überkompensiert durch Steinkohleexporte. Heute müssen 70 % der Energieträger
importiert werden. Selbst Länder mit großen heimischen Vorkommen wie die USA,
die lange Zeit energieautark waren, sind auf erhebliche Energieimporte angewiesen
(31 % des Verbrauchs). Besonders beim Öl, das weltweit etwa ein Viertel des Energiebedarfs deckt, fallen die Orte des Verbrauchs und die der Förderung weit auseinander. Viele dieser Länder, die früher außerhalb des Interesses der internationalen
Politik lagen, sind heute in deren Zentrum gerückt.

In den entwickelten Gesellschaften verschiebt sich seit dem letzten Drittel des
20. Jahrhunderts der Schwerpunkt des Energieverbrauchs hin zu den *Privathaushalten*. Der Anteil des verarbeitenden Gewerbes ist in Deutschland von fast 50 %
noch zu Beginn der 1960er Jahre auf unter 30 % gefallen. Heute verbrauchen die
Privathaushalte fast 50 % des Energievolumens (in den USA fast 60 %); gut die Hälfte davon geht in Raumwärme und Elektrizität, den anderen Teil beansprucht das
Auto. Der Energiehunger ist also nicht mehr allein ein Charakteristikum der kapitalistischen Produktionsweise, sondern vor allem auch der modernen Lebensweise
(Ossing 1993, Lutzenhiser 1998, Heine et al. 2001, Rosenbaum 2007).

Es gibt inzwischen zahlreiche soziologische Untersuchungen zum Energiever-
halten der Verbraucher, die nicht nur wissenschaftliche Einsichten, sondern auch

Erkenntnisse für die Politik des Energiesparens bringen sollten (Reusswig 1994: 133, Shove 1997, Lutzenhiser 1998: 238). Dafür waren sie allerdings ernüchternd, weil sie die sehr engen Grenzen für eine gezielte politische Beeinflussung des energierelevanten Verhaltens offenbart haben. Zudem darf der große Anteil, den die Privathaushalte in den entwickelten Gesellschaften gegenwärtig am Energieverbrauch haben, auch nicht darüber hinweg täuschen, dass sie – selbst wenn sie sich ernsthaft bemühten – diesen nur begrenzt beeinflussen können: Der Wärmeverbrauch hängt wesentlich von der Bauweise ihrer Häuser ab, der Stromverbrauch von der Technik ihrer Haushaltsgeräte und der Benzinverbrauch von den Angeboten der Autohersteller. In der Politik hat sich inzwischen die Einsicht durchgesetzt, dass man viel mehr mit gesetzlichen Vorgaben für die Hersteller erreichen kann als mit Kampagnen zur Aufklärung und Beeinflussung der Verbraucher.

Die Interessen der Unternehmen tendieren überwiegend dahin, den Energieverbrauch zu steigern: Das gilt vor allem für die Stromversorger und die Mineralölindustrie, aber auch für die Automobilkonzerne, deren Produktionskonzepte vorrangig nicht auf Energiesparen ausgerichtet sind. Es gibt bisher nur vereinzelt Unternehmen und Stromversorger, die den Verbrauchern Dienstleistungen zum Energiesparen – und nicht zum Energieverbrauch – anbieten (Hennicke 2006).

Der Energiepfad der modernen Gesellschaften und seine Krise

Der zentrale Motor der modernen Industriegesellschaften ist das fossile großtechnische Energiesystem, das sich seit Mitte des 19. Jahrhunderts herauskristallisiert hat. Es ist in den entwickelten Industriegesellschaften fest verankert und wurde von den Schwellenländern im letzten Drittel des 20. Jahrhunderts übernommen. Der amerikanische Physiker Amory Lovins hat es als den *„harten" Energiepfad* bezeichnet und diesem einen – in ersten Ansätzen in der Realität bereits erkennbaren – „weichen" Energiepfad gegenübergestellt (Lovins 1977). Energiepfade sind für Lovins komplexe soziotechnische Systeme, die aus wechselseitig miteinander verflochtenen Elementen bestehen. Lovins unterscheidet dabei zwei Gruppen von Elementen: technologische Elemente und soziale Elemente. Die Energietechniken des harten Energiepfades beinhalten: fossile und atomare Energieträger, zentralisierte Produktionsanlagen, aufwendige Ferntransportsysteme, störanfällige Großtechnologien, hohe Energieumwandlungs- und Transportverluste, Ausrichtung auf Mengenwachstum. Die sozialen Elemente des harten Energiepfades sind: Oligopole von bürokratischen kapitalistischen Großkonzernen; große, in langlebigen Anlagen festgelegte Kapitalsummen; Ausbeutung von Abnehmern in asymmetrischen Marktverhältnissen; enge Verflechtungen mit Politik, Staatsverwaltungen und großen Gewerkschaften; energieintensive Lebensstile und Konsumgewohnheiten; Bagatellisierung der Umweltfolgen; imperialistische Energieaußenpolitik. Das Leitbild ist Wirtschaftswachstum durch wachsende Energiezufuhr. Dieser Energiepfad ist Teil eines obrigkeitlichen Wohlfahrts- und Versorgungsstaates, beherrscht von zentralisierten Bürokratien mit imperialistischen Ambitionen.

Der von Lovins propagierte „sanfte" Energiepfad ist in jeder Hinsicht das Gegenmodell: erneuerbare Energieträger, dezentrale Produktion durch kleine Unternehmen und Konsumenten, energieeffiziente Techniken, Energiesparen, Schonung der Umwelt, regionale oder nationale Energieautarkie. Der Übergang zum sanften Energiepfad ist für Lovins nicht nur wegen der Umweltfolgen des harten Energiepfades notwendig, sondern vor allem im Interesse von Demokratie und Weltfrieden.

Aus soziologischer Sicht lässt sich manches gegen Lovins Konzept einwenden (Morrison 1981). Insbesondere bleibt ungeklärt, ob es sich um in sich geschlossene Systeme aus zwingend wechselseitig aufeinander angewiesenen Elementen handelt – also „Pfade" – oder um idealtypische Konstruktionen der Extrempunkte eines Kontinuums von möglichen Verhältnissen der Energieproduktion. Es bleibt das Verdienst von Lovins, nachdrücklich auf die sozialen Gehalte und sozialen Konsequenzen von unterschiedlichen Energiesystemen in Gegenwartsgesellschaften hingewiesen zu haben. Die bisherigen historischen und soziologischen Arbeiten verbanden demgegenüber – im Sinne des Evolutionismus – unterschiedliche Energiesysteme mit historisch aufeinander folgenden Gesellschaftsformationen.

Bis Ende der 1960er Jahre war das Energiesystem der entwickelten Industriegesellschaften getragen von einem breiten sozialen Konsens. In dem Maße, in dem sich in den folgenden Jahrzehnten dieser Konsens auflöste, geriet der harte Energiepfad in die Krise. Die Kritik nannte zwei Grenzen der bisherigen Energiepraxis, die in naher Zukunft erreicht würden: die Erschöpfung der fossilen Energiequellen und die existenziellen Bedrohungen der Menschheit durch Umweltzerstörungen und Klimafolgen. Im Zusammenspiel von kritischen Naturwissenschaftlern und zivilgesellschaftlichen Bewegungen (Engels und Weingart 1997) gelang es, Bedrohungen von Pflanzen und Tieren, Risiken von Atomkraftwerken, Waldsterben, Meeresverschmutzungen, Großstadtsmog, Klimawandel ins Zentrum gesellschaftlicher Aufmerksamkeit zu rücken und die Akteure des Energiesystems in öffentliche Kontroversen zu zwingen. Konkrete Ereignisse wie das Ölembargo der OPEC-Staaten 1973 und Unfälle in Atomkraftwerken wirkten in diesen Debatten als Katalysatoren.

Diese „Politisierung" der Natur führte zugleich zu einer „Politisierung" der Natur- und Technikwissenschaften. Um die „harten Fakten" gibt es seitdem öffentlich ausgetragene Auseinandersetzungen zwischen wissenschaftlichen Gutachten und Gegengutachten, auf die sich die politischen Kontrahenten jeweils beziehen können (Bechmann und Beck 1997). So ist umstritten, für wie viele Jahre die Erdöl- und Gasvorkommen noch reichen; doch es scheint inzwischen wahrscheinlich, dass dem fossilen Energiesystem in absehbarer Zeit zumindest ein zentraler Brennstoff, das Öl, ausgehen wird. Zwischen den Experten war und ist teilweise immer noch strittig, in welchem Ausmaß die von den Industriegesellschaften ausgestoßenen Treibhausgase für den Klimawandel verantwortlich sind und welche Folgen das für die Menschheit haben wird. Doch öffentliche Meinung und Politik in vielen Ländern neigen inzwischen mehrheitlich denjenigen zu, die das für bedrohliche Folgen des fossilen Energiesystems halten (siehe hierzu den Beitrag von Reusswig in diesem Band).

Bemerkenswert ist, dass sich damit Überzeugungen durchgesetzt haben, die überwiegend durch keine Laienerfahrung fundiert werden können. Die unmittelbaren Erfahrungen der Menschen in den Zentren der entwickelten Gesellschaften legen vielmehr die Gegenposition nahe: In den Großstädten und Industrieregionen, die seit Beginn der Industrialisierung und der Einführung der Kohleheizung unter starker, teilweise unerträglicher und gesundheitsgefährdender Luftverschmutzung gelitten haben, hat sich in den letzten Jahrzehnten die Situation entscheidend verbessert. Zivilgesellschaftlichen Bewegungen und Wissenschaftlern ist es dennoch gelungen, ein anderes Koordinatensystem, in dem Erfahrungen und Informationen interpretiert werden, plausibel zu machen: Galten lange Zeit die Folgeschäden des fossilen Energiesystems als unvermeidliche und deswegen hinzunehmende Begleiterscheinungen des Wirtschaftswachstums und des Wohlstandes, so sehen dies viele Menschen inzwischen ganz anders: als Belege für die Notwendigkeit, einen alternativen Energiepfad einzuschlagen. Windräder, Sonnenkollektoren und Biogasanlagen werden jetzt nicht mehr als Basteleien von weltfremden Ökologen angesehen, sondern als zukunftsträchtige Alternative – obwohl diese Erneuerbaren bisher in den meisten Gesellschaften noch recht wenig zur Energieversorgung beitragen.

Ganz anders ist die Konstellation in den Schwellenländern Asiens, Lateinamerikas und des mittleren Ostens. Hier breitet sich der fossile Energieverbrauch mit außerordentlichem Tempo aus, weil rasche Industrialisierung und Massenmotorisierung zeitlich zusammenfallen – und dies in unkontrolliert wachsenden Megastädten. Die Umweltschäden, vor allem die Luftverschmutzungen, sind inzwischen dramatisch; die WHO geht davon aus, dass dort ca. 1 Milliarde Menschen unter stark gesundheitsschädlichen Schadstoffen in der Luft leiden (McNeill 2003: 98). Doch gibt es kaum wirksame Kritik an den Folgen des fossilen Energiesystems. Teils weil sie als unvermeidbare Begleiterscheinungen der Wirtschaftsentwicklung angesehen werden; teils weil von autoritären Regierungen zivilgesellschaftlicher Protest unterdrückt wird; teils weil in den Megastädten ein handlungsfähiges politisches Zentrum, an den sich solcher Protest wenden könnte, fehlt.

Erneuerbare Energien: Harter und sanfter Energiepfad in der Praxis

Wenn von einer Krise des traditionellen Energiepfades gesprochen werden kann, so handelt es sich zunächst um eine Legitimationskrise. In den meisten entwickelten Industriegesellschaften kritisieren zivilgesellschaftliche Organisationen, aber auch politische Parteien das bestehende Energiesystem. Regierungen und internationale Organisationen verabschiedeten Gesetze, Programme und Konventionen zum forcierten Ausbau der erneuerbaren Energien, um die CO_2-Emissionen zu reduzieren. Viele Expertengruppen haben gezeigt, dass die Stromproduktion in wenigen Jahrzehnten vollständig auf erneuerbare Energien umgestellt werden könnte.

Die Erneuerbaren haben jedoch bisher global ihren Anteil an der Energieproduktion nicht steigern können. Im Zeitraum von 1990 bis 2006 wuchsen sie im gleichen

Tempo wie der Primärenergieverbrauch, so dass ihr Anteil insgesamt im Jahr 2006 genauso groß war wie 1990 (12,7 %).[1]

In Bezug auf die Rolle der Erneuerbaren bei der Energieversorgung zeigt sich eine grundlegende Differenz zwischen den entwickelten Industriegesellschaften (den OECD-Ländern) und den Schwellen- und Entwicklungsländern. In den *Schwellen- und Entwicklungsländern* haben die Erneuerbaren zwar relativ hohe Anteile an der Energieversorgung – zwischen 14 % in China und 49 % in den afrikanischen Ländern (2006). Diese hohen Anteile beruhen allerdings fast ausschließlich auf den „alten" Erneuerbaren; darunter dominiert Holz (85 % in China, 97 % in Afrika), der Rest entfällt auf die Wasserkraft. Der Anteil dieser alten Erneuerbaren lässt sich in den meisten Ländern nur noch begrenzt steigern: Die Holzbestände werden schon jetzt vielfach übernutzt; große Wasserkraftanlagen sind sehr oft mit hohen sozialen und ökologischen Folgeschäden verbunden und inzwischen schwer durchsetzbar. Der Ausbau dieser traditionellen Erneuerbaren kann im Übrigen nicht Schritt halten mit dem wachsenden Energieverbrauch in diesen Ländern. Hinzu kommt, dass der Beitrag der „neuen" Erneuerbaren durchgängig außerordentlich niedrig ist: In China liegt er bei 0,2 % des Primärenergieverbrauchs, in anderen Ländern kaum wesentlich höher. Mit neuen Erneuerbaren sind gemeint: Windenergie, Photovoltaik, Solarthermie, Geothermie, Energie aus festen, flüssigen oder gasförmigen biologischen Quellen („Energiepflanzen", Pflanzenöle, Biogas, Deponie- und Klärgas). Dies alles heißt: Die großen Schwellenländer decken ihren stark wachsenden Energiebedarf nur zu einem geringen Teil mit (alten wie neuen) erneuerbaren Energien, sondern ganz überwiegend mit Kohle. Das hat dazu geführt, dass sich der Anteil der Kohle – dem klimaschädlichsten aller Energieträger – an der Weltenergieproduktion deutlich erhöht hat und damit die globale CO_2-Emission (Ramspeck 2008).

In den *OECD-Ländern* dominieren nach wie vor die fossilen Endenergieträger: Öl trägt gut ein Drittel zur Primärenergie bei, Kohle und Erdgas jeweils etwas über 20 %. Der Anteil der Erneuerbaren liegt hier mit 6,2 % (2006) deutlich niedriger als in den Schwellen- und Entwicklungsländern. Das beruht darauf, dass die traditionellen Erneuerbaren für die Deckung des sehr hohen Energiebedarfs schon lange nicht mehr viel hergeben. Innerhalb der Erneuerbaren hat Holz (mit 56 % im Durchschnitt der OECD-Länder) das größte Gewicht, gefolgt von Wasserkraft (32 %) und den neuen Erneuerbaren (12 %). Diese tragen mithin zwischen 1 % und 2 % zur Primärenergie in dieser Ländergruppe bei.

Innerhalb der großen OECD- und EU-Länder nimmt *Deutschland* eine spezifische Position ein. Lange Zeit lag hier der Anteil der Erneuerbaren deutlich unter dem der meisten Länder: 2005 lag er bei 5,8 % (der Endenergie), der EU-Durchschnitt

---

1   Die Zahlen im Text beruhen im Wesentlichen auf Statistiken des Bundesumweltministeriums (BMU 2009), der Internationalen Energieagentur (2009a, 2007) und von BP (2010). Werden die Anteile der Erneuerbaren auf die Endenergie bezogen, liegt der Anteil höher als beim Bezug auf die Primärenergie. In den Statistiken werden teilweise unterschiedlichen Methoden zur Berechnung des Energieäquivalents der erneuerbaren Energien verwendet. Die Zahlenangaben in den verschiedenen Passagen des Textes sind, da sie zum Teil aus unterschiedlichen Quellen stammen, nicht immer vollständig vergleichbar.

bei 8,5 %; inzwischen liegt er mit 8,9 % nur noch knapp unter dem EU-Niveau. Das frühere niedrige Niveau beruhte darauf, dass Holz und Wasser, die alten Erneuerbaren, eine vergleichsweise geringe Rolle spielten und auch heute noch spielen: Im Jahre 2009 bestreitet Holz 38 % des Gesamtaufkommens der Erneuerbaren (EU-Durchschnitt: 59 %), Wasser 6 % (EU-Durchschnitt 20 %). In dem gestiegenen Anteil der Erneuerbaren kommt zum Ausdruck, dass Deutschland zu den Pionierländern beim Ausbau und der politischen Förderung der *neuen* Erneuerbaren gehört. So befindet sich in Deutschland heute ein Großteil der in der EU verfügbaren Kapazitäten der neuen Erneuerbaren: bei der Windenergie 30 % der gesamten EU-Kapazität, bei der Solarthermie 40 %, bei der Fotovoltaik 56 % (2007); nur bei der Geothermie hat Deutschland mit 15 % der EU-Kapazität den zweiten Rang (BMU 2009). Beim Biodiesel verbraucht Deutschland 51 % des EU-Gesamtverbrauchs, beim Bioethanol 25 %. Auch bei der Produktion und Verwendung von Biogasen ist Deutschland in der EU führend.

Wie breit auch heute noch das Spektrum allein innerhalb der EU-Länder ist, zeigt das Beispiel *Großbritannien*. Sein Erneuerbaren-Anteil am Endenergieverbrauch lag 2005 bei 1,3 % (EU-Durchschnitt 8,5 %), 2009 bei 2,5 %. Das Land verfügt weder über nennenswerte Kapazitäten an alten Erneuerbaren (Holz, Wasser), noch hat es infolge der bisher eher ungünstigen gesellschaftlichen und politischen Förderbedingungen die neuen Erneuerbaren entscheidend ausgebaut.

Aufschwung und Krise der Biokraftstoffe

Biokraftstoffe spielen weltweit bis heute nur in wenigen Ländern eine Rolle; sie deckten 2008 lediglich 1 % der Nachfrage nach Ölprodukten ab (zum Folgenden Bukold 2009). Vorreiter und Ausnahmefall ist dabei *Brasilien*, wo bereits in den 1980er Jahren die Produktion von Bioethanol aus Zuckerrohr begonnen wurde; heute deckt Ethanol zwischen 40 und 50 % des Benzinbedarfs. Seit 2004 expandiert in den *USA* die Bioethanolproduktion (aus Mais). Gegenwärtig stammen 90 % des Bioethanols und 70 % aller Biokraftstoffe aus diesen beiden Ländern. Während Biodiesel weltweit nur ein Fünftel der Biokraftstoffe ausmacht, dominiert es in *Deutschland*. Hier wird 40 % des weltweit gehandelten Biodiesels (aus Raps) hergestellt.

Der Biokraftstoffsektor steht für eine – auch soziologisch – interessante Sonderentwicklung im Bereich der erneuerbaren Energien, weil der Einfluss von politischen und wirtschaftlichen Interessengruppen sowie die dadurch entstehenden Konfliktpotenziale hier in besonderer Weise virulent werden. So wurde der außerordentliche Boom der Biokraftstoffe nicht primär durch die Aktivitäten von Klima- und Umweltschützern ausgelöst, sondern geht vor allem auf die Agrarlobby sowie auf Biotechnikfirmen und Sicherheitspolitiker zurück, die die Abhängigkeit von Ölimporten reduzieren wollten (Furfani 2008). Die Umweltgruppen waren anfangs teils dafür, teils aber auch skeptisch; inzwischen lehnen sie einen weiteren Ausbau überwiegend ganz ab (Brand 2006). Getragen durch einen breiten Konsens der Parteien wurden Produktion und Verbrauch von Biokraftstoffen finanziell sehr stark gefördert und ihre Beimischung zu den fossilen Treibstoffen gesetzlich festgelegt. Unter dem Einfluss der Hauptproduktionsländer Deutschland und Frankreich erließ auch die EU entsprechende Richtlinien. Inzwischen ist der Boom weitgehend beendet und der Biokraftstoff in eine massive Krise geraten. Diese wurde zunächst ausgelöst durch die Reduzierung der ursprünglich sehr hohen staatlichen Förderungen. Zudem setzten sich in der Öffentlichkeit kritische Stimmen durch, die teils mit ethischen, teils mit ökonomischen Argumenten auf die Konkurrenz mit der Nahrungsmittelproduktion und auf die Preissteigerungen für Nahrungsmittel hinwiesen. Wesentlich zu der politischen Ernüchterung trug bei, dass sich die Energie- und damit CO_2-Bilanz für die amerikanische und europäische Produktion bei näherer Betrachtung als äußerst dürftig erwies (Bukold 2009, Wissenschaftlicher Beirat Agrarpolitik 2007, Umweltbundesamt 2006, FAO 2008). In den USA benötigt man drei Energieeinheiten fossiler Energie (für Düngung, Herbizide, Treibstoffe), um vier Energieeinheiten Ethanol zu erzielen. In den lateinamerikanischen und asiatischen Anbaugebieten würde eine Expansion der Rohstoffproduktion entweder in Konkurrenz zur Nahrungsmittelproduktion treten und die Preise hochtreiben oder zu weiteren Rodungen von Regenwald führen.

Die soziale Dynamik der erneuerbaren Energien im Stromsektor

Im Unterschied zum kriselnden Biokraftstoffsektor lässt die Entwicklung der erneuerbaren Energien im *Stromsektor* – zumindest in einigen europäischen Vorreiterländern – eine bereits länger anhaltende Wachstumsdynamik erkennen. Da sich an die „neuen" Erneuerbaren im Stromsektor von Beginn an besonders weitreichende energie- und umweltpolitische Erwartungen richteten – bis hin zur Frage eines fundamentalen Systemwandels im Bereich der Stromversorgung –, überrascht es nicht, dass sich zahlreiche sozialwissenschaftliche Untersuchungen mit diesen Entwicklungsprozessen befasst haben (z. B. Heymann 1995, Reiche 2002, 2004, Garud und Karnøe 2003, Byzio et al. 2002, Byzio et al. 2005, Jacobsson und Lauber 2006, Verbong und Geels 2007, Mautz 2007, Mautz et al. 2008, Bruns et al. 2008, Neukirch 2010).

Bemerkenswert ist, dass die bereits Ende der 1970er, Anfang der 1980er Jahre in zahlreichen Ländern (USA, Dänemark, Niederlande, Deutschland, Schweden, Kanada, Spanien, Italien) gestarteten Versuche, die heute prominenteste Technologie unter den erneuerbaren Energien, die *Windkraftnutzung*, mit gut ausgestatteten staatlichen Technologieförderungsprogrammen in einem gezielten Top-down-Prozess großtechnisch und in *einem* Entwicklungsschritt zu realisieren, letztlich scheiterten. Wie am Beispiel des deutschen, nach zahlreichen Misserfolgen Mitte der 1980er Jahre eingestellten GROWIAN-Projekts in exemplarischer Weise deutlich wurde, konnte die am großtechnischen Paradigma orientierte „Break-through"-Strategie weder auf eine bereits ausgereifte Technologie zurückgreifen noch bewirkte sie genügend Kontinuität und Rückkopplungen unter den am Innovationsprozess beteiligten Akteuren aus großindustriellen Technologie- und Energieversorgungsunternehmen (Neukirch 2010).

Entscheidend für die Entwicklung der Windkraftnutzung sowie der anderen Regenerativtechniken wie die Biogasnutzung oder die Fotovoltaik war vielmehr, dass in Vorreiterländern wie Dänemark oder Deutschland eine alternative und dezentrale Produzentenbasis für elektrischen Strom aus erneuerbaren Energien jenseits – und unabhängig – von den großen Stromkonzernen entstehen und sich im Lauf der Zeit verbreitern konnte. Schlüsselakteure waren zunächst Protagonisten aus der Ökologie- und Alternativbewegung, die an der Reaktivierung der bereits vorhandenen, aber nur in winzigen Nischen existierenden Techniken zur Erzeugung von Regenerativstrom maßgeblich beteiligt waren und diese zu Basistechnologien des von ihnen propagierten radikalen energiewirtschaftlichen Gegenentwurfs umdeuteten („Energiewende"). Die Tschernobylkatastrophe bewirkte bei etlichen Akteuren aus dem Umfeld der Umwelt- und Anti-AKW-Bewegung einen zusätzlichen Motivationsschub, um zivilgesellschaftlich getragene Windkraftprojekte („Bürgerwindprojekte") zu gründen oder mit Fotovoltaikanlagen auf dem Dach des eigenen Hauses zu experimentieren. Überdies begannen innovationsbereite Landwirte, sich für Windkraft- oder Biogasanlagen zu interessieren, was dazu beitrug, dass sich die Produzentenbasis für Regenerativstrom allmählich verbreiterte (Mautz et al. 2008).

Die Erfolge in Dänemark und Deutschland hatten allerdings eine zweite Ursache: einen grundlegenden Wandel der staatlichen Förderung der noch sehr jungen, aber umweltpolitisch zunehmend als relevant erachteten Branche der erneuerbaren Energien. Jetzt wurden die Mittel nicht mehr vorrangig in die Erforschung von Großanlagen gesteckt, sondern die in der Praxis bereits erprobten (Klein-)Anlagen sowie deren Betreiber gefördert und ihr Marktzugang gesetzlich unterstützt. Deutschland gilt als Vorreiter eines erfolgreichen Förderkonzepts, das neben Marktanreizprogrammen und gezielten Maßnahmen im Planungs- und Baurecht eine kostendeckende Einspeisevergütung für die Betreiber der relevanten Regenerativtechniken gesetzlich garantiert (Grundlage hierfür ist das in 2000 in Kraft getretene und in 2004 und 2008 novellierte Erneuerbare-Energien-Gesetz) (Reiche 2004, Bruns et al. 2008, Mautz et al. 2008).

Das betreiberorientierte Förderkonzept, wie es in Dänemark oder Deutschland in exemplarischer Weise entwickelt wurde, bildete die zwingende Voraussetzung dafür, dass sich eine vom regulativen Rahmen geschützte und expandierende *soziotechnische Nische* entwickeln konnte, in der sich die Produzentenbasis für den – über dem üblichen Marktpreis liegenden – Regenerativstrom im Laufe der Jahre erweitern und ausdifferenzieren konnte. Neben den ursprünglich dominierenden zivilgesellschaftlichen Betreibergemeinschaften und Landwirten sind es heute zahlreiche Unternehmen eines neuen energiewirtschaftlichen Mittelstands (z. B. Planungs-, Projektentwicklungs- und Betreiberfirmen) sowie (in Deutschland) Hunderttausende Eigenheimbesitzer mit eigener Fotovoltaikanlage, die den regenerativ erzeugten Strom ins Netz einspeisen. Die Nischendynamik wurde unterstützt von dezentralisierten Innovationsverläufen und Diffusionswegen innerhalb der sich herausbildenden Branchennetzwerke – eine Entwicklung, die von nischeninternen technologischen Lernkurven, etwa im Bereich der Leistungsstärke oder des energetischen Wirkungsgrads regenerativer Stromerzeugungstechniken begleitet war (und ist) und zum Teil von einem intensiven Hersteller-Anwender-Feedback vorangetrieben wird (Mautz et al. 2008). Das deutsche Beispiel zeigt, dass sich die skizzierte soziotechnische Nischendynamik auch auf politisch relevante Rückkopplungen zwischen Nischenakteuren und Politikakteuren erstrecken und zu sektoralen Governanceprozessen führen kann, die die Förderpolitik mehr oder weniger stark beeinflussen – etwa auf Basis von Advocacy-Koalitionen, die von den Protagonisten der erneuerbaren Energien gemeinsam mit Umweltpolitikern gebildet werden (Jacobsson und Lauber 2006). So haben die im internationalen Vergleich überaus starken Wachstumsraten der Fotovoltaik in Deutschland ihren Ursprung nicht zuletzt in der Entwicklung sektoraler Governancestrukturen, die sich in den 1990er Jahren infolge eines gelungenen Feedbacks zwischen zumeist zivilgesellschaftlichen Protagonisten der Solarenergienutzung einerseits und kommunalpolitischen Akteuren andererseits herausgebildet haben. Auf diese Weise gelang es im Verlauf von Bottom-up-Prozessen, den notwendigen Förderrahmen einer kostendeckenden Einspeisevergütung für Solarstrom zunächst auf kommunaler Handlungsebene auszuloten und gleichzeitig allgemeine gesetzliche Regelungen auf bundespolitischer Ebene zu präjudizieren (Mautz et al. 2008: 78).

Die *internationale Vorreiterfunktion* der Pionierländer Dänemark und Deutschland beruht nicht zuletzt darauf, dass hier erstens relativ früh ausgereifte Stromerzeugungstechniken entwickelt werden konnten und dass sich mit dem Einspeiseregelungsmodell zweitens ein in der Praxis bewährtes regulatives *Setting* zur Förderung der erneuerbaren Energien heraus kristallisierte. Die Übernahme bzw. Weiterentwicklung „reifer" Regenerativtechniken durch ausländische Herstellerfirmen und Energieversorgungsunternehmen sowie die – zumeist modifizierte – Adaption des Einspeiseregelungsmodells durch inzwischen 18 weitere EU-Staaten (BMU 2009: 59 f.) wurden zu wesentlichen Triebkräften eines europaweiten Ausbaus der erneuerbaren Energien, der – bei allen Unterschieden des jeweiligen Ausbautempos – nun nicht mehr auf die Bewältigung experimenteller Pionierphasen durch zivilgesellschaftliche Protagonisten angewiesen ist, sondern von zumeist kommerziell agierenden Unternehmen vorangetrieben wird. Besonders markant zeigt sich dies an der Mitte der 1990er Jahre einsetzenden expansiven Windkraftentwicklung in *Spanien*, was Neukirch (2010: 270) – in Abgrenzung von den Erfolgsbedingungen in den Pionierländern – von einem „spanischen Erfolgsmodell" sprechen lässt, gekennzeichnet durch die „Verwendung dänischer Technologie (…), anfangs zentrale Steuerung durch den Staatskonzern Endesa, Stromeinspeisegesetz, (…) zentrale Rolle der Energiekonzerne als Windparkbetreiber (staatlich und privat)".

In der Frage nach *relevanten Hindernissen* eines auf den erneuerbaren Energien beruhenden Systemwandels des Stromsektors konzentrieren sich einschlägige Studien insbesondere auf die folgenden zwei Aspekte: Erstens auf die Frage der von den erneuerbaren Energien ausgelösten Nutzungs- und Ansiedlungskonflikte; zweitens auf das Problem der Integration der Erneuerbaren in das Stromsystem.

Zwar erreichen die erneuerbaren Energien in einschlägigen Meinungsumfragen in der Regel hohe Akzeptanzwerte (Byzio et al. 2005: 18 f., BMU 2006: 26 ff.), doch stieß (und stößt) die Verbreitung der regenerativen Stromerzeugungstechniken – auch aus internationaler Sicht – nicht selten auf zum Teil massive Hindernisse durch protestierende Anwohner, die ihre Lebensqualität durch die Energieanlagen beeinträchtigt sehen (z. B. durch Lärm oder visuelle Störungen im Fall von Windparks; störende Gerüche von Biogasanlagen; Landschaftseingriffe durch Freiland-Solarstromanlagen; Mautz et al. 2008: 104 ff., Neukirch 2010: 243 ff., Verbong und Geels 2006: 1033). Dass sich hier neue Themen und Perspektiven der Umweltkonfliktforschung auftun, etwa in der Frage der Konfliktmoderation oder der frühzeitigen Beteiligung von Anwohnern oder bestimmten Interessengruppen an den Projektplanungen und -realisierungen, zeigt sich auch an den immer wieder aufbrechenden „innerökologischen Konflikten". Hier stehen sich in der Regel Klimaschützer aus der Umweltbewegung, die die erneuerbaren Energien offensiv unterstützen, und Naturschützer gegenüber, die im Interesse von Artenschutz- oder Biodiversitätszielen nicht selten bremsend und protestierend gegenüber konkreten Projektplanungen für Wind- oder Solarparks vorgehen (Mautz 2010; Mautz et al. 2008: 111 ff.; Byzio et al. 2005).

Mit der Verbreitung der erneuerbaren Energien stellte sich schnell die Frage ihrer *Integration* in das überkommene Stromsystem, das sich in den Industrieländern in den Bahnen des fossil-atomaren („harten") Energiepfads entwickelt hatte. Wobei es den Pionieren der Erneuerbaren nicht nur um eine ökotechnische Alternative zum Kohle- und Atompfad ging, sondern auch um die Durchsetzung eines sozialökonomischen Gegenmodells: antizentralistisch, getragen von einer Pluralität von Akteuren, teilweise gemeinwirtschaftlich und antikapitalistisch orientiert. Solange der produzierte Regenerativstrom nur eine marginale Größe darstellte, konnte er technisch ohne größere Probleme in das existierende Stromnetz aufgenommen werden. Das sozial-ökonomische Gegenmodell wurde zwar insbesondere von den deutschen Stromkonzernen von Beginn an bekämpft, doch konnten sie trotz ihrer energiepolitischen Machtstellung nicht verhindern, dass es sich in einer politisch geschützten soziotechnischen Nische weiter entfaltete. Mit wachsendem Anteil des Regenerativstroms nehmen die technischen Anforderungen seiner Netzintegration zu, da nun die Inkompatibilitäten zwischen der traditionellen, von zentralen Grundlastkraftwerken geprägten Systemlogik und einer expandierenden dezentralen sowie (im Fall von Wind- und Solarstrom) fluktuierenden Stromproduktion nicht mehr ohne weiteres netztechnisch aufgefangen werden können. Hier drohe, so der Sachverständigenrat für Umweltfragen mit Blick auf die deutsche Situation, ein den weiteren Ausbau der erneuerbaren Energien bremsender „Systemkonflikt" (SRU 2009) – womit die nicht nur in der Innovations- und Techniksoziologie, sondern auch in der sozialwissenschaftlichen Nachhaltigkeitsforschung diskutierte Fragen nach den Bedingungen des Wandels soziotechnischer Systeme unmittelbar praxisrelevant werden. Unter welchen soziokulturellen, institutionellen oder politischen Bedingungen, so lauten einige der Kernfragen des inzwischen viel diskutierten Mehrebenen-Ansatzes soziotechnischen Wandels, werden dominante soziotechnische Regimes wie das fossil-atomare Stromregime instabil und „anfällig" für Wandel? Unter welchen Bedingungen können Nischenentwicklungen solche Regimes erfolgreich herausfordern? Inwieweit werden Nischen im Verlaufe eines solchen Prozesses vom Regime adaptiert und integriert oder aber zu treibenden Kräften radikalen Systemwandels (z. B. Geels und Schot 2007, Schot und Geels 2008, Smith et al. 2010)? In diesem Spiel der auf Veränderung dringenden und der beharrenden Kräfte wird es nicht zuletzt von künftigen energiepolitischen Weichenstellungen abhängen, welche Transformationsvariante sich letztlich durchsetzen wird. So ist es mit Blick auf die deutsche Situation angesichts sich wieder verschärfender energiepolitischer Kontroversen weitgehend offen, ob sich langfristig das sozial-ökonomische Gegenmodell einer überwiegend auf dezentralem Weg zu erreichenden Vollversorgung mit Regenerativstrom oder aber das Integrationsmodell der Stromkonzerne durchsetzen wird, das bis auf weiteres auf einer Fortsetzung des Kohle- und Atompfads in Kombination mit einem verstärkten Ausbau zentralisierter Regenerativstromerzeugung (vor allem aus Offshore-Windparks sowie aus südeuropäischen bzw. nordafrikanischen solarthermischen Kraftwerken) beruht.

Perspektiven für die Erneuerbaren Energieträger

Die Internationale Energieagentur (IEA 2009a) prognostiziert ein Wachstum des Weltenergieverbrauchs bis 2030 um weitere 41 % gegenüber 2007 (wenn es nicht zu grundlegenden Veränderungen in der Energiepolitik kommt). In den OECD-Ländern wird danach der Verbrauch nur geringfügig wachsen; im Wesentlichen wird der Anstieg von China, aber auch von Indien und den Ländern des mittleren Ostens verursacht. Da der Anteil der fossilen Energieträger sich nach dieser Prognose nur geringfügig auf gut 80 % verringern würde, wären ein massiver Klimawandel und irreparable Schäden für die Erde unausweichlich (in Folge der Steigerung der Durchschnittstemperaturen um etwa 6°C). Das Alternativszenario der IEA geht davon aus, dass der Temperaturanstieg auf 2°C begrenzt werden muss. Der Energieverbrauch dürfte dann bis 2030 um höchstens 19 % gegenüber 2007 steigen. Die Hälfte des notwendigen Effekts könnte durch Effizienzsteigerungen erreicht werden (IEA 2009b). Dazu kämen andere nationale und internationale Maßnahmen zur Reduktion des Verbrauchs und vor allem der CO_2-Emissionen durch den Ausbau erneuerbarer Energien bei gleichzeitiger Verringerung des Anteils der fossilen Energieträger und durch technische Innovationen bei deren Einsatz. Um dieses Szenario zu verwirklichen, seien „radikale und koordinierte Aktionen der Politik in allen Regionen" unerlässlich.

Seit Jahren werden zahlreiche Experten-Berichte veröffentlicht, die zeigen, dass es keine ernsthaften technischen, aber auch keine wirtschaftlichen Barrieren für die Entwicklung einer Energieversorgung (vor allem der Stromversorgung) gibt, die überwiegend oder gar ausschließlich auf den *erneuerbaren Energien* beruht (Forschungsverbund Erneuerbare Energien 2010, SRU 2010, UBA 2010, World Watch Institute 2006, Stern 2006). Ein Teil dieser Studien und Berichte wurde von Regierungen in Auftrag gegeben; die Schlussfolgerungen wurden meist ausdrücklich begrüßt. Viele Länder legten Richtwerte für die Anteile der Erneuerbaren an der Energieversorgung fest; auch die EU verabschiedete entsprechende Ziele. Auf globaler Ebene forderte das Kyoto-Protokoll deutliche Reduktionen der CO_2-Emissionen. Die Interessenverbände der mit den Erneuerbaren verbundenen Industrien berichten über einen Boom der Investitionen in den Ausbau der Kapazitäten in vielen Ländern.

Doch die Statistiken über die Energiesysteme sprechen gegen einen solchen Optimismus. Nur in einigen entwickelten Ländern ist der Anteil der Erneuerbaren in den letzten Jahren deutlich gestiegen, in vielen anderen stagnierte er oder erhöhte sich nur geringfügig, nicht zuletzt deswegen, weil der Energieverbrauch insgesamt in der gleichen Zeit weiter gewachsen ist. Viel Aufmerksamkeit gilt dem Boom der Erneuerbaren (Wind, Fotovoltaik, Solarthermie) in China und Indien – doch noch stärker boomen dort die fossilen Energien und AKW-Projekte. Man darf zudem nicht übersehen, dass mit steigendem Energiebedarf der Anteil der alten Erneuerbaren (Holz, Wasser) vor allem in den Schwellenländern sinken wird; dies müssen die neuen Erneuerbaren erst einmal ausgleichen.

Die Erneuerbaren entfalten sich besonders in den beiden dominierenden Energieverbrauchsländern USA und China auf einer niedrigen Ausgangsbasis. Sie haben nur dann eine Chance, in absehbarer Zeit weltweit deutlich höhere Anteile an der Energieversorgung zu übernehmen, wenn gleichzeitig der Energieverbrauch erheblich reduziert wird und damit auf einen weiteren Ausbau fossiler Anlagen verzichtet werden kann. Die technischen Voraussetzungen für wesentliche Fortschritte in der Energieeffizienz sowie für eine Reduzierung des Energieverbrauchs sind längst verfügbar (Weizsäcker 2010).

Hier wie beim verstärkten Ausbau der erneuerbaren Energien liegen die Hemmnisse im sozial-ökonomischen, politischen und sozialen Bereich (Margolis 2006). Der harte Energiepfad ist fest verankert in der Macht der großen Strom-, Öl- und Automobilkonzerne und der von ihnen abhängigen Zulieferindustrien. Ihr Einfluss auf die Politik ist nach wie vor immens, darüber dürfen die öffentlichen Sympathiebekundungen der Politik für die Erneuerbaren nicht hinwegtäuschen. Das offenbart sich immer dann, wenn es auf internationaler Ebene um wirklich bindende Beschlüsse zum Klimaschutz geht. Noch immer geht der größte Teil der staatlichen Mittel für Energieforschung an die harten Energien (IEA 2004). Über direkte und indirekte Subventionen und Steuervorteile werden die traditionellen Energien weit stärker begünstigt als die erneuerbaren. Die Belastung der fossilen Energien mit einem Ausgleich für deren Klima- und Umweltfolgen – CO_2-Steuer, Emissionszertifikate – kommt nicht voran. Ein erheblicher Teil der Folgelasten aus der Atomenergie muss von den Steuerzahlern getragen werden. Dies alles gilt in besonderem Maße für die USA, in denen im letzten Jahrzehnt die politische Rückendeckung für die fossile Energiewirtschaft noch zugenommen hat und auch in der öffentlichen Meinung kaum Anzeichen für einen Umschwung zu erkennen sind.

Im Zentrum der Politik in den Schwellenländern steht das Bemühen um Wirtschaftswachstum und Sicherung der dafür notwendigen Energie. Die Erneuerbaren werden dazu in absehbarer Zeit voraussichtlich nur einen bescheidenen Beitrag leisten können. Für die Notwendigkeit und Möglichkeiten zum Energiesparen fehlt teils die Einsicht, vor allem aber auch das Know-how und genügend qualifizierte Fachkräfte. Im Übrigen haben die zentralen politischen Instanzen in großen Schwellenländern wie Indien und China nur begrenzte Mittel, in die Eigendynamiken des wirtschaftlichen Booms und die ihn tragende Energiepraxis steuernd einzugreifen.

Es gibt es durchaus auch Anzeichen eines Aufschwungs der Erneuerbaren. Sie deuten hin auf eine wachsende Dynamik und auf eine wachsende Unterstützerko-alition aus der Politik und aus daran beteiligten Unternehmen. Erfahrungen aus einzelnen Ländern lehren, dass nach dem Überspringen bestimmter Schwellen un-erwartete Entwicklungsschübe möglich sind. Richtet man allerdings den Blick auf die Energiesysteme weltweit und den Status der für die Zukunft vor allem entschei-denden neuen Energien darin, so ist große Skepsis angebracht. Derzeit stehen nach wie vor die stärksten sozialökonomischen, politischen und sozialen Kräfte hinter der Fortsetzung des fossil-atomaren Pfades – und bestenfalls für einen gebremsten Ausbau der Erneuerbaren.

Für die Sozialwissenschaften liegt hier ein gesellschaftspolitisch wichtiges und auch wissenschaftlich ergiebiges Forschungsfeld. Besonders Länder vergleichende Studien zur Identifizierung der den Ausbau der erneuerbaren Energien fördernden und hemmenden sozialen Konstellationen bieten sich an; hierzu gibt es nur wenige Arbeiten (Neukirch 2010: 12). Die vorhandene Literatur konzentriert sich zudem auf die Bedingungen in den entwickelten Gesellschaften, vergleichende Analysen zu den Schwellenländern wären vor allem angesichts von deren großen und weiter wachsenden Anteil am weltweiten Energieverbrauch dringend erforderlich.

Weiterführende Literatur

Bruns, Elke, Johann Köppel, Dörte Ohlhorst und Susanne Schön (2008): *Die Innovationsbiographie der Windenergie*. Münster: LIT Verlag.

Mautz, Rüdiger, Andreas Byzio und Wolf Rosenbaum (2008): *Auf dem Weg zur Energiewende: Die Entwicklung der Stromproduktion aus erneuerbaren Energien in Deutschland*. Göttingen: Universitätsverlag.

McNeill, John R. (2003): *Blue Planet. Die Geschichte der Umwelt im 20. Jahrhundert*. Frankfurt a. M.: Campus.

Petermann, Jürgen (Hrsg.) (2006): *Sichere Energie im 21. Jahrhundert*. Hamburg: Hoffmann und Campe.

Smil, Vaclav (2010): *Energy Transitions: History, Requirements, Prospects*. Santa Barbara, CA: Praeger.

Zitierte Literatur

Adams, Richard N. (1975): *Energy and Structure: A Theory of Social Power*. Austin, TX: University of Texas Press.

Baron, Waldemar (1995): *Technikfolgenabschätzung: Ansätze zur Institutionalisierung und Chancen der Partizipation*. Opladen: Westdeutscher Verlag.

Bechmann, Gotthard (Hrsg.) (1993): *Risiko und Gesellschaft*. Opladen: Westdeutscher Verlag.

Bechmann, Gotthard und Silke Beck (1997): Zur gesellschaftlichen Wahrnehmung des anthropogenen Klimawandels und seiner Folgen. In: Kopfmüller, Jürgen und Reinhard Coenen (Hrsg.), *Risiko Klima*. Frankfurt a. M.: Campus, 119–157.

BMU. Bundesministerium für Umwelt, Naturschutz und Reaktorsicherheit (Hrsg.) (2006): *Umweltbewusstsein in Deutschland 2006. Ergebnisse einer repräsentativen Bevölkerungsumfrage*. Berlin.

BMU (Hrsg.) (2009): *Erneuerbare Energien in Zahlen. Nationale und internationale Entwicklung*. Berlin.

BP (2010): *Statistical Review of World Energy*. June 2010.

Brand, Karl-Werner (Hrsg.) (1985): *Neue soziale Bewegungen in Westeuropa und den USA: Ein internationaler Vergleich*. Frankfurt a. M.: Campus.

Brand, Ruth (2006): Die Förderpolitik für Biokraftstoffe in Frankreich und der Bundesrepublik Deutschland im Vergleich. In: Bechberger, Michael und Danyel Reiche (Hrsg.), *Ökologische Transformation der Energiewirtschaft*. Berlin: Erich Schmidt, 23–40.

Bruns, Elke, Johann Köppel, Dörte Ohlhorst und Susanne Schön (2008): *Die Innovationsbiographie der Windenergie*. Münster: LIT Verlag.

Bukold, Steffen (2009): *Öl im 21. Jahrhundert*. Bd. 2, München: Oldenbourg.

Buttel, Frederick H. und Craig R. Humphrey (2002): Sociological Theory and Natural Environment. In: Dunlap, Riley und William Michelson (Hrsg.), *Handbook of Environmental Sociology*. Westpoint, CN: Greenwood Press, 33–69.

Byzio, Andreas, Hartwig Heine und Rüdiger Mautz, unter Mitarbeit von Wolf Rosenbaum (2002): *Zwischen Solidarhandeln und Marktorientierung. Ökologische Innovationen in selbstorganisierten Projekten*. Göttingen: Soziologisches Forschungsinstitut.

Byzio, Andreas, Rüdiger Mautz und Wolf Rosenbaum (2005): *Energiewende in schwerer See? Konflikte um die Offshore-Windkraftnutzung*. München: Oekom.

Cotrell, Fred (1955): *Energy and Society: The Relation between Energy, Social Change and Economic Development*. New York: McGraw-Hill.

Debeir, Jean-Claude, Jean-Paul Deléage und Daniel Hémery (1989): *Prometheus auf der Titanic. Geschichte der Energiesysteme*. Frankfurt a. M.: Campus.

Engels, Anita und Peter Weingart (1997): Die Politisierung des Klimas. In: Hiller, Petra und Georg Krücken (Hrsg.), *Risiko und Regulierung*. Frankfurt a. M.: Suhrkamp, 90–115.

FAO. Food and Agriculture Organization (2008): *Biofuels: Prospects, Risks and Opportunities*. Rome: FAO.

Forschungsverbund Erneuerbare Energien (2010): *Energiekonzept 2050*. Berlin.

Furfani, Antonio (2008): *Biofuels. Illusion or Reality. The European Experience*. Paris: Eds. Technip.

Garud, Raghu und Peter Karnøe (2003): Bricolage versus Breakthrough: Distributed and Embedded Agency in Technology Entrepreneurship. *Research Policy* 32 (2): 277–300.

Geels, Frank W. und Johan Schot (2007): Typology of Sociotechnical Transition Pathways. *Research Policy* 36 (3): 399–417.

Gründinger, Wolfgang (2006): *Die Energiefalle. Rückblick auf das Erdölzeitalter*. München: Beck.

Heine, Hartwig, Rüdiger Mautz und Wolf Rosenbaum (2001): *Mobilität im Alltag. Warum wir nicht vom Auto lassen*. Frankfurt a. M.: Campus.

Hennicke, Peter und Manfred Fischedick (2007): *Erneuerbare Energien. Mit Energieeffizienz zur Energiewende*. München: Beck.

Hennicke, Peter und Michael Müller (2006): *Weltmacht Energie. Herausforderung für Demokratie und Wohlstand*. Stuttgart: Hirzel.

Heymann, Matthias (1995): *Die Geschichte der Windenergienutzung 1890–1990*. Frankfurt a. M.: Campus.

Heymann, Matthias (1998): Signs of Hubris: The Shaping of Wind Technology Stiles in Germany, Denmark, and the United States, 1940–1990. *Technology and Culture* 39(4): 641–670.
Hughes, Thomas P. (1983): *Networks of Power: Electrification in Western Society, 1880–1930*. Baltimore, MD: Johns Hopkins University Press.
Humphrey, Craig R., Tammy Lewis und Frederick Buttel (2002): *Environment, Energy, and Society. A New Synthesis*. Belmont, CA: Wadsworth, Thomson Learning.
IAEA. International Atomic Energy Agency (2008): *Nuclear Power Reactors in the World*. Vienna: IAEA.
IEA. International Energy Agency (2009a): *Key World Energy Statistics*.
IEA (2009b): *World Energy Outlook*.
IEA (2007): *Renewables in Global Energy Supply: An IEA Facts Sheet*.
Jacobsson, Staffan und Volkmar Lauber (2006): The politics and policy of energy system transformation – explaining the German diffusion of renewable energy technology. *Energy Policy* 34: 256–276.
Koch-Arzberger, Claudia (1997): *Risikokonflikte. Der gesellschaftliche Streit um Kernkraft, Chemie, Rauchen und Aids*. Stuttgart: Wiehl.
Lovins, Amory B. (1977): *Soft Energy Paths: Towards a Durable Peace*. Cambridge, MA: Ballinger.
Lutzenhiser, Loren, Craig K. Harris und Marvin E. Olsen (2002): Energy, Society and Environment. In: Dunlap, Riley E. und William Michelson (Hrsg.), *Handbook of Environmental Sociology*. Westpoint, CN: Greenwood Press, 222–271.
Margolis, R. und J. Zuboy (2006): *Nontechnical Barriers to Solar Energy Use: Review of Recent Literature*. Golden, CO: National Renewable Energy Laboratory.
Mautz, Rüdiger (2007): The Expansion of Renewable Energies in Germany between Niche Dynamics and System Integration – Opportunities and Restraints. *Science, Technology & Innovation Studies* 3 (2): 113–131.
Mautz, Rüdiger (2010): Konflikte um die Offshore-Windkraftnutzung: Eine neue Konstellation der gesellschaftlichen Auseinandersetzung um Ökologie. In: Feindt, Peter H. und Thomas Saretzki (Hrsg.), *Umwelt- und Technikkonflikte*. Wiesbaden: VS Verlag, 181–197.
Mautz, Rüdiger, Andreas Byzio und Wolf Rosenbaum (2008): *Auf dem Weg zur Energiewende. Die Entwicklung der Stromproduktion aus erneuerbaren Energien in Deutschland*. Göttingen: Universitätsverlag.
Mayntz, Renate und Thomas P. Hughes (Hrsg.) (1988): *The Development of Large Technical Systems*. Frankfurt a. M.: Campus.
McNeill, John Robert (2003): *Blue Planet: Die Geschichte der Umwelt im 20. Jahrhundert*. Frankfurt a. M.: Campus.
Mitchell, John V. (1996): *The New Geopolitics of Energy*. London: Royal Institute of International Affairs.
Morrison, Denton und Dora Lodwick (1981): The Social Impacts of Soft and Hard Energy Systems: The Lovins' Claims as a Social Science Challenge. *Annual Review of Energy* 6: 357–378.
Mumford, Lewis (1934): *Technic and Civilization*. New York: Harcourt, Brace & World.
Neukirch, Mario (2010): *Die internationale Pionierphase der Windenergienutzung*. Diss. Sozialwissenschaften Göttingen.
Neukirch, Mario (2008): Energiewirtschaft und Windkraft: Eine Länder vergleichende Politikanalyse zur deutschen Offshore-Windenergie. *Ökologisches Wirtschaften* 2/2008: 43–46.
Ossing, Franz, Werner Polster, Claus Thomasberger und Klaus Voy (1993): Innere Widersprüche und äußere Grenzen der Lebensweise. In: Voy, Klaus, Werner Polster und Claus Thomasberger (Hrsg.), *Gesellschaftliche Transformationsprozesse und materielle Lebensweise*. Marburg: Metropolis, 357–430.

Perrow, Charles (1988): *Normale Katastrophen. Die unvermeidlichen Risiken der Großtechnologie.* Frankfurt a. M.: Campus.

Radkau, Joachim (1983): *Aufstieg und Krise der deutschen Atomwirtschaft 1945–1975.* Reinbek: Rowohlt.

Ramspeck, Sebastian (2008): Comeback eines Ladenhüters. Der jahrhundertealte Energieträger Kohle erfährt eine überraschende Renaissance. In: Follath, Erich und Alexander Jung (Hrsg.), *Der neue kalte Krieg. Kampf um Rohstoffe.* München: Goldmann, 109–116.

Reiche, Danyel (Hrsg.) (2002): *Handbook of Renewable Energies in the European Union.* Frankfurt a. M.: Peter Lang.

Reiche, Danyel (2004): *Rahmenbedingungen für erneuerbare Energien in Deutschland.* Frankfurt a. M.: Peter Lang.

Reusswig, Fritz (1994): *Lebensstile und Ökologie.* Frankfurt a. M.: IKO-Verlag.

Rosa, Eugene H., Gary E. Machlis und Kenneth M. Keating (1988): Energy and Society. *Annual Review of Sociology* 14: 149–172.

Rosenbaum, Wolf (1998): Soziologie der Sachverhältnisse als konzeptionelle Grundlage für die Umweltsoziologie. In: Brand, Karl-Werner (Hrsg.), *Soziologie und Natur. Theoretische Perspektiven.* Opladen: Leske + Budrich, 249–266.

Rosenbaum, Wolf (2007): Mobilität im Alltag – Alltagsmobilität. In: Schöller, Oliver, Weert Canzler und Andreas Knie (Hrsg.), *Handbuch Verkehrspolitik.* Wiesbaden: VS Verlag, 549–572.

Scharping, Michael und Christoph Görg (1994): Natur in der Soziologie. Ökologische Krise und Naturverhältnis. In: Görg, Christoph (Hrsg.), *Gesellschaft im Übergang.* Darmstadt: Wiss. Buchgesellschaft, 179–201.

Schot, Johan und Frank W. Geels (2008): Strategic Niche Management and Sustainable Innovation Journeys: Theory, Findings, Research Agenda, and Policy. *Technology Analysis & Strategic Management* 20 (5): 537–554.

Shove, Elizabeth (1997): Revealing the Invisible: Sociology, Energy and Environment. In: Redclift, Michael und Graham Woodgate (Hrsg.), *The International Handbook of Environmental Sociology.* Cheltenham, UK: Edward Elgar, 261–273.

Sieferle, Rolf Peter (1997): *Rückblick auf die Geschichte der Natur: Eine Geschichte des Menschen und seiner Umwelt.* München: Luchterhand.

Smil, Vaclav (1994): *Energy in World History.* Boulder, CO: Westview.

Smil, Vaclav (2010): *Energy Transitions: History, Requirements, Prospects.* Santa Barbara, CA: Praeger.

Smith, Adrian, Jan-Peter Voß und John Grin (2010): Innovation Studies and Sustainability Transitions: The Allure of the Multi-level Perspective and its Challenges. *Research Policy* 39 (4): 435–448.

SRU. Sachverständigenrat für Umweltfragen (2009): *Weichenstellung für eine nachhaltige Stromversorgung.* Thesenpapier. Berlin. URL: www.umweltrat.de.

SRU (2010): *100 % erneuerbare Stromversorgung bis 2050: klimaverträglich, sicher, bezahlbar.* Stellungnahme Nr. 15, Mai 2010. Berlin, URL: www.umweltrat.de.

Stern, Nicholas (2006): *Stern Review on the Economics of Climate Change.* Cambridge, UK: Cambridge University Press.

Teske, Sven (2005): *Whose Power is it Anyway? Report on European Energy Suppliers.* Amsterdam: Greenpeace.

UBA. Umweltbundesamt (Hrsg.) (2006): *Stellungnahme zu Biodiesel,* vom 1.9.2006.

UBA (Hrsg.) (2010): *Energieziel 2050: 100 % Strom aus erneuerbaren Quellen.* Dessau-Roßlau.

Verbong, Geert und Frank Geels (2007): The Ongoing Energy Transition: Lessons from a Socio-technical, Multi-level Analysis of the Dutch Electricity System (1960–2004). *Energy Policy* 35 (2)s: 1025–1037.

Wissenschaftlicher Beirat Agrarpolitik (2007): *Nutzung von Biomasse zur Energieversorgung*, November 2007.
White, Leslie (1949): *The Science of Culture*. New York: Farrar, Straus, Giroux.
Weizsäcker, Ernst-Ulrich von, Karlson Hargroves und Michael Smith (2010): *Faktor fünf. Die Formel für nachhaltiges Wachstum*. München: Droemer.
Worldwatch Institute and Center for American Progress (2006): *American Energy. The Renewable Path to Energy Security*. Washington.

Innovationspraktiken der Entsorgung von Müll und Abfall

Wolfgang Krohn, Holger Hoffmann-Riem und Matthias Groß

Einleitung

Die historische Entwicklung der Entsorgung von Hausmüll und Siedlungsabfällen reicht bis in die Entstehung der sesshaften Kulturen zurück. Nomaden können sich vom Müll wegbewegen, Siedler müssen den Müll wegbewegen. Bereits die großen Städte des Altertums – Rom war unter Augustus eine Millionenstadt – hatten große Infrastrukturprobleme zu lösen, um Exkremente, verbrauchtes Wasser, Küchenreste, Kadaver, Schutt und andere Feststoffe zu entsorgen. Selten gelang dies zufriedenstellend. Die Klagen über Geruchsbelästigungen, Verunreinigungen und Krankheitsgefährdungen begannen früh und endeten nie. Dennoch schaffte erst die Industrialisierung der westlichen Gesellschaften im 19. Jahrhundert eine Konstellation, in deren Folge die Städte und Länder gezwungen wurden, umfassend und nachhaltig die rechtlichen, technischen, organisatorischen und wissenschaftlichen Grundlagen einer Entsorgungswirtschaft aufzubauen. Der Aufbau großer Produktionstechnologien, die durch Eisenbahn und Schifffahrt weiträumig gewordenen Märkte für Rohstoffe und das rasante Wachstum der Städte hatten die traditionellen Wege der Wiederverwertung und Entsorgung teils völlig überlastet, teils funktionslos werden lassen.

Der Aufbau der städtischen Kanalisation für Abwässer und der zwangsgeregelten öffentlichen Müllabfuhr waren die wichtigsten Innovationen, die freilich die Probleme nur in die Flüsse, Vorfluter und offenen Deponieflächen verlagerten. Weitgehend ungelöst war auch der Umgang mit den anwachsenden Mengen an Fäkalien, die im 19. Jahrhundert überwiegend noch in Gruben zwischengelagert wurden, um dann in der Landwirtschaft ausgebracht zu werden. Als im letzten Drittel des 19. Jahrhunderts die Zusammenhänge zwischen den epidemischen Krankheiten wie Cholera und Typhus mit den kontaminierten Entsorgungsstoffen aufgedeckt wurden, wurde schrittweise die schwierige Trennung zwischen Frischwasserversorgung und Abwasserentsorgung umgesetzt.

Mit diesen technischen und organisatorischen Infrastrukturmaßnahmen wurde ein erstes industrielles Entsorgungsparadigma erreicht, dass etwa von der Wende zum 20. Jahrhundert bis in die 1950er Jahre Bestand hatte. Aus Sicht der Nutzer lässt es sich kurz so charakterisieren: Die zwangsweise und regelmäßige Abfuhr aller festen Stoffe sowie der Abfluss aller flüssigen über Rohrleitungen und Kanäle machte für Haushalte und Produzenten die Entsorgungsprobleme weitgehend unsichtbar, vor allem stanken die Städte nicht mehr. Dem Anblick von Rieselfeldern,

Vorflutern und Deponien war der Bürger nicht länger ausgesetzt. Die Versorgung mit hygienisch einwandfreiem Wasser wurde durch Grundwasserförderung, Kanalbauten und filternden Wasserwerken gewährleistet. Die scheinbare Dauerhaftigkeit dieses Systems wurde durch einen starken Glauben an die Selbstreinigungskräfte der Natur gestützt. Das prekäre ökologische Ungleichgewicht, das die industrielle Dynamik auf Seiten der Versorgung mit Rohstoffen, Wasser und Energie heraufbeschwor, schien auf Seiten der Entsorgung einigermaßen kontrollierbar zu sein.

Aus heutiger Sicht ist dieses Entsorgungsparadigma einer verstädterten und industrialisierten Gesellschaft allerdings nur das erste Beispiel einer langen Kette immer neuer technischer, organisatorischer und wissenschaftlicher Anläufe, die Probleme der ständig zunehmenden, in ihrer chemischen Zusammensetzung komplexer werdenden und in ihren ökologischen Auswirkungen erst allmählich durchschauten Mengen an Müll und Abfall zu lösen. Die folgende Darstellung rekonstruiert die Kette dieser Versuche, konzentriert sich dabei jedoch ganz auf die kommunale Entsorgung der Haushalte, den Siedlungsabfall. Industrieabfälle, Giftstoffe, strahlende Substanzen und andere Arten von Sondermüll bleiben außerhalb der Betrachtung, nicht weil sie unwichtig wären, sondern weil sie einer Überwachung und Regulierung unterliegen, die gesondert dargestellt werden müssten (siehe dazu auch den Beitrag von Bleicher und Groß in diesem Band).

Müll kann man nicht wegwerfen: Paradigmen der Müllentsorgung

Das geregelte Einsammeln von Siedlungsabfall und Ablagern in Deponien in städtischer Randlage galt lange als erfolgreiche Lösung mit ökonomisch vertretbarem Aufwand. Mit dem Beginn der Konsumgesellschaft der Nachkriegszeit wurde sichtbar, dass durch das bloße Wegwerfen die Dinge nicht wirklich verschwinden. Faktoren waren vor allem: Das durch die Neuausstattung der Haushalte bedingte Anwachsen zu entsorgender Altbestände, die Chemisierung der Produkte, die neuen Konsummuster der Produktverpackungen mit der entstehenden ‚Ex- und Hopp'-Mentalität (Herbold 2000: 143) und schließlich die knapp werdenden Kapazitäten an Deponiegelände im Siedlungsgürtel der Städte. Die Wirtschaftswunderzeit führte direkt in den Müllnotstand der 1970er Jahre. Zu dieser Zeit existierten auf dem Gebiet der damaligen Bundesrepublik über 50.000 Deponien. Sie wurden später als ‚wilde' oder ‚ungesicherte' Deponien bezeichnet, obwohl sie alle gesetzeskonform eingerichtet und betrieben wurden. Es ist die sekundäre Wildheit und Unsicherheit der ungebändigten Nebenfolgen, deren Potential an Belästigung und Gefährdung allmählich wahrgenommen wurde. Die Gesellschaft machte eine ebenso einfache wie grundlegende Erfahrung: Müll kann man nicht wegwerfen. Vor einer wirklichen ‚Entsorgung' – wenn es diese denn gibt – steht weit mehr als das Einsammeln und die Abfuhr. Der Müll verlangte nach immer mehr Fürsorge durch Vorbehandlung, Verdichtung und Verarbeitung, bedarf der pfleglichen Aufbewahrung in Deponiebauwerken und der Überwachung seines Lebenszyklus. Er wird schließlich vom Objekt ohne Wert zum wertvollen Sekundärrohstoff.

Diese Entwicklung ist ein gesamtgesellschaftlicher Lernprozess, an dem neue Technologien, erweiterte wissenschaftliche Erkenntnis über ökologische Probleme der Abbauprozesse, organisatorische Modelle von Bring-, Hol- und Sortiersystemen, rechtliche Regulierung der Produzentenverantwortung für die Rücknahme von Produkten und veränderte Wertvorstellungen in der Bevölkerung beteiligt sind. Man kann diesen Prozess als eine Abfolge von Paradigmen darstellen, in denen einerseits immer auf die negativen Erfahrungen der praktizierten Lösungen reagiert wird, und andererseits neue Technologien und Konzeptionen einer umweltgerechten Entsorgung Eingang finden. Der Übersicht wegen lassen sich diese paradigmatischen Phasen auf einer Zeitschiene anordnen, die zur groben Orientierung den Dekaden folgt, wobei die erste Phase den Vorlauf aus der Entwicklung aus dem 19. Jahrhundert aufnimmt. In der rechten Spalte sind jeweils zentrale Herausforderungen notiert, die zu einem neuen Paradigma führen.

Tabelle 1   Paradigmen der Entsorgung (aufbauend auf Groß et al. 2005: 178)

Zeit	Paradigma	Herausforderung
1900–1960	Müllkippen als örtliche Entsorgungszentren	Immer größere Deponieflächen für ständig anwachsende Müllmengen im knappen städtischen Siedlungsraum.
1960–1970	Zentralisierte, geordnete Deponie	Kompakte Deponiekörper und neue Stoffklassen machen Deponien zu ‚wilden' biochemischen Reaktoren mit Gefahren für Umwelt und Gesundheit
1970–1980	Integrierte hochtechnische Entsorgungssysteme (Verbrennungsanlagen und Deponiebauten)	Totaleinschluss entsorgter Stoffe gelingt technisch nicht und ist langfristig ein Irrweg. Wiederverwertung von Stoffen als Ausweg.
1980–1990	Sozio-technische Hol- und Bringsysteme	Aufbau eines ökonomischen Systems, in dem Herstellen, Sammeln und Wiederverwerten über Kosten reguliert wird.
1990–2000	Geschlossene Kreislaufwirtschaft und das Duale System Deutschland (DSD)	Das DSD verlagert die ‚Produzentenverantwortung' über versteckte Preise auf die Verbraucher. Problem der Optimierung der Entsorgung durch Selbstregulierung.
2000–2010	Stoffstromanalyse und Ressourcenmanagement	Rücknahmeverordnungen und Rohstoffverknappungen beginnen, die Wiederverwertung energetisch und stofflich ‚wertvoll' zu machen.
2010–2020	Aufbau von Märkten für Sekundärrohstollen; Deponien als Lagerstätten *(urban mining)*	Europäische Vereinheitlichung der Rahmenbedingungen einer Entsorgungswirtschaft

Am Ende einer Phase werden die Paradigmen nicht einfach abgebrochen, weil sie sich als völlig ergebnislos oder irreführend erwiesen hätten. Viele der Teilerkenntnisse fanden jeweils als ein erhärteter Bestand des ökologischen, technischen und sozialen Wissens Eingang in die weitere Entwicklung. Jedoch war dies niemals ein gradliniger Lernprozess. Denn die Vermehrung des Wissens beruht zu einem erheblichen Teil auf der Erkenntnis unerwarteter Langzeiteffekte, Unfällen und technischen Pannen und fehlgeschlagenen Experimenten. Bis heute hat kein Paradigma zu einem umfassenden und dauerhaften Erfolg geführt. Jedoch weiß man am Ende einer jeden Periode der Abfallbewirtschaftung deutlich besser, welche Techniken und Strategien man zu unterlassen hat. Die Entscheidung für ein neues Paradigma mit neuen Technologien und Regulationen vermeidet begangene Fehler, ist aber an neue Ungewissheiten über dessen Funktionsfähigkeit gebunden. Zum anderen kommt der Einfluss veränderter Werthaltungen hinzu. Es ist offensichtlich, dass durch all die Entwicklungsphasen hindurch das Entsorgungsproblem weder regional, noch europaweit und erst recht nicht global in nachhaltiger Weise gelöst worden ist.

Die ‚wilde' Deponierung und die ‚geordnete' Deponie

Der während der sogenannten Wirtschaftswunderzeit rasant ansteigende Konsum ließ die Abfallmengen enorm ansteigen. Hinzu kamen große Mengen an Bauschutt, an veralteten Wohnungssausstattungen und Geräten. Reparatur und Wiederverwertung wichen der Neuanschaffung. Am folgenreichsten war die schnelle Zunahme von Kunststoffen, insbesondere der Kunststoffverpackungen, weil sie die ‚Chemie' der Deponien veränderte. Müll im Überfluss ist das Komplement der Überflussgesellschaft (Galbraith 1970). Die in den Randlagen aller Orte eingerichteten ‚Müllkippen' wurden bereits in den 1950er Jahren zu klein, die Genehmigung neuer wurde wegen der beginnenden Besiedlung der Ortsränder und einer selbstbewusst gewordenen Bürgerschaft prekär. Die einsetzende Entsorgung synthetischer Stoffe trug dazu bei, dass die Müllmengen nicht nur quantitativ, sondern auch im Wortsinne explodierten. Vor allem durch das Wasserhaushaltsgesetz von 1960 wurden der Ausweisung neuer Deponieflächen enge Grenzen gesetzt, weil erkannt wurde, dass Müllkippen zur Verunreinigung beitrugen und eine Gefahr für das Grundwasser darstellten. In der Folge wurden „wilde Deponien" eingestellt. Ein entscheidendes Ziel war es, das Volumen des Mülls zu reduzieren und dadurch auch das Grundwasser vor Kontamination und Verschmutzung besser zu schützen.

Gezwungen durch den Entsorgungsnotstand, wurden in den 1970er Jahren drei technologische Alternativen verfolgt, deren Leistungsfähigkeit angesichts der neuen chemischen Stoffklassen allerdings recht unbekannt war. Die eine war die „zentrale, geordnete und verdichtete Deponie" (vgl. Herbold 2000), die zweite setzte auf eher dezentrale Kompostierung und Verrottung, die dritte auf Verbrennung. Mechanische, biochemische und thermische Müllbehandlung wurden in unterschiedlichen Anlagen realisiert die zum Teil Pilotcharakter hatten, um Hypothesen zu testen. Die Kosten für die Verbrennung waren dabei um ein Vielfaches höher als für die Verdichtung. Ein erheblicher Vorteil der Kompostierung war, dass die Kombination von Hausmüll und Klärschlamm eine schnelle Verrottung versprach, deren Volumenreduktion mit der Verbrennung konkurrieren konnte. Vorteile der Verbrennung waren die effiziente Bewältigung der stark anwachsenden Verpackungsfraktionen und die Aussicht auf den Verkauf der Abwärme.

Die kostengünstigste und auch verbreiteste Methode war die mechanische Komprimierung. Durch Verdichtung der Stoffe und eine darauf abgestimmte Vorsortierung wurde mehr Masse im Deponievolumen untergebracht. Die Deponien wurden zugleich größer ausgelegt, um ihre Anzahl der Deponien durch geeignete zentrale Lagen in den Siedlungsräumen gering zu halten. Sofern hierbei überhaupt Umwelterwägungen eine Rolle spielten, ging es um die Verringerung der Geruchsbelästigungen und die Vermeidung der Landschaftsverschandelung (vgl. Langer 1969). Immerhin schrieb das Wasserhaushaltsgesetz die Auswahl geeigneter Böden und die mechanische Verdichtung des Untergrundes vor. Die geordneten, komprimierten Deponien nahmen auch deswegen an Größe zu, weil die Ausweitung bestehender Anlagen politisch-administrativ weniger mühevoll war als die Ausweisung und Durchsetzung einer neuen Deponie. Trotz der Verbreitung der Deponien nahm in derselben Zeit auch die Entwicklung von Verbrennungsanlagen zu, die technisch gesehen anspruchsvoller aber bei weitem nicht ausgereift waren. Hinter ihr standen industrielle Betreiber der Kohle- und Stahlindustrie. Die Alternative der Kompostierung blieb hingegen eher randständig.

Retrospektiv erscheinen die Kontroversen über die ökonomischen, hygienischen und ästhetischen Unterschiede dieser technischen Alternativen vor allem sorglos. Erst mit der Gründung der Zeitschrift *Müll und Abfall* im Jahre 1969 entstand ein Organ, das half zwischen wissenschaftlicher Analyse und praktischen Erfahrungen zu vermitteln und das dazu beitrug, ein völlig neues Bild der Problematik der überraschenden Ablagerungen in den neuen Deponien zu entwerfen (Faulstich 2009). Im Zusammenhang mit der Auswertung der laufenden Deponiebetriebe entstand ein interdisziplinäres Forschungsfeld, in dem zum ersten Mal die Frage nach der Natur des Mülls gestellt wurde: nicht in ökonomischen Begriffen des nutzlosen Eigentums und in politischen der Vorsorge der Entsorgung, sondern in denen von Biologie und Chemie. Unter den analytischen Augen der Wissenschaftler verlor der Begriff Müll seine lebensweltliche Bedeutung als für jedermann wertloses Objekt, das es wegzuschmeißen gilt. Die Forschung entdeckte die Probleme seiner technischen Beherrschbarkeit. „Aufgrund der Vielstoffproblematik ist das ökologische Risiko, das von Abfällen ausgeht, jetzt und in Zukunft prinzipiell nicht kalkulierbar", heißt es in einer späteren Zusammenfassung (Hahn 1989: 2). Eine weitere wichtige Beobachtung war die Veränderung des Mülls über die Zeit, da er ständig mit neuen chemischen Substanzen angereichert wurde (vgl. Wallhäußer 1972). Schließlich wurde offensichtlich, dass die lokal gegebene unterschiedliche Zusammensetzung jeder Mülldeponie aus verschiedenen Müllfraktionen es erschwert, dass lokal gewonnene Wissen an anderer Stelle einzusetzen. Inhomogenität, zeitlicher Wandel und lokale Spezifität zeigten auf, dass „normaler Müll", der massenweise in Haushalten anfällt, Irregularität, Unvorhersehbarkeit und Unkontrollierbarkeit aufweist. Das Thema Haushaltsmüll wurde für die Wissenschaft zu einem ähnlich großen Problem wie die gefährlicheren, aber besser isolierten und verstandenen Sonderabfälle der chemischen und der Nuklearindustrie. Es dauerte entsprechend lang, bis die Forschung in der Lage war zu erkennen, was genau unbekannt ist.

Verhältnismäßig schnell wurde klar, dass eine laborexperimentelle Aufklärung der Prozessdynamik der Deponien nicht hinreichen würde, sondern dass die Deponiekörper selbst herangezogen werden mussten. Diese „Versuche an Realanlagen" (Wehking und Holzbauer 1989: 248) mussten allerdings ohne die für die Laborwissenschaft übliche Standardisierung und Kontrolle von Parametern auskommen, sondern müssen von vornherein die spezifischen Charakteristika jeder Anlage, ihres Inhalts, ihrer engeren geologischen und hydrologischen Umgebung, Einbettung in die Grundwasserkartierung und Siedlungsstruktur Rechnung tragen, um von dieser Basis aus ihre Betriebsweise, mittelfristige Prozessdynamik, Wahrscheinlichkeiten und Folgen des Fehlversagens und Probleme der Langzeitsicherung zu analysieren. „Gewissheit über das Deponieverhalten erhält man erst durch Messungen in der Betriebsphase und in der Nachsorgephase. Die Übertragung von Kenntnissen und Erfahrungen von einer Deponie auf die andere ist immer mit Vorsicht zu genießen" (Stief 1991: 33).

Ungewissheit bestand vor allem bei dem Problem des Sickerwassers. In den 1970er Jahren wurden bedenkliche Beobachtungen zu Verunreinigungen des Grundwassers infolge des Deponiebetriebes gemacht. Diese Beobachtungen überraschten, weil sie den Erwartungen an eine Umwandlung der abgelagerten Stoffe und an eine hemmende Abdichtung des Bodens widersprachen (Exler 1972: 103). Ein Zwischenergebnis jener Tage lautete: „Bis heute kann man die Zone der zu erwartenden Verunreinigungen unterhalb von Mülldeponien nur abschätzen [...]. Es bleibt daher auch in Fachkreisen ein gewisses Unbehagen, wenn die Rede auf mögliche Verunreinigungen von Oberflächen- und vor allem Grundwasser durch Abfalldeponien kommt" (Hantge 1975: 1). Es waren jedoch genau diese Fachkreise gewesen, die zuerst die Unbedenklichkeit des verdichteten Deponiebaus attestiert und daraus die für die Planungsbehörden anleitenden Regelungen abgeleitet hatten.

Ein erhoffter Abschluss der Forschung war offensichtlich an Beobachtungen gebunden, die sich aus neuen Installationen ergaben. Damit rückten diese in den Mittelpunkt. Damit wurde die Kaskade zwischen wissenschaftlich erprobtem, anerkanntem Wissen und seiner Implementierung in technischen Anlagen in ihrem Gefälle umgedreht.

Das Schlüsselproblem der Basisabdichtung der Deponien zog andere nach sich. Angenommen, die Abdichtung erfüllt alle Anforderungen ideal – was geschieht dann mit dem Wasser, das in die Deponie hineingerät? Zwei Theorien lagen hierzu im Wettstreit. Die eine warnte: „Erst nach einigen Jahren der Praxis ergeben sich vorher ungeahnte Schwierigkeiten, vor allem durch das Auftreten sehr konzentrierter Sickerwässer, die einer kostspieligen Aufbereitung bedürfen" (Hantge 1975: 2). Die andere Theorie sagte voraus, dass das kontaminierte Wasser, wenn es kontinuierlich zurückgeführt wird (Sickerwasserkreislaufführung), chemisch gesättigt oder chemisch inert werden und also keine weiteren Reaktionen eingehen würde. Zwischen der aufgebrochenen wissenschaftlichen Skepsis und der Deponiepraxis taten sich immer größere Differenzen auf. Während auf der einen Seite das Vertrauen in die rechtliche Ordnung der Deponierung sogar dazu führte, dass neue Wohnsiedlungen auf geschlossenen Deponien errichtet wurden, die wegen der Gesundheitsbelastungen später zu öffentlichen Skandalen führten, wurden die Stimmen der Experten leiser und vorsichtiger.

Zusammenfassend lässt sich festhalten, dass das Paradigma der zentralen, geordneten und komprimierten Deponie an sorgfältig ausgewählten Standorten aus ordnungspolitischer Sicht eine Lösung der bestehenden Probleme war, die mit den sogenannten wilden Deponien nicht zu erreichen gewesen wären. Jedoch erwies sich die technische Wissensbasis als äußerst unzulänglich. Die Überraschungen, ausgelöst durch die biochemischen Reaktionen im Deponiekörper und die Grundwasserbelastungen durch Sickerwasser, führten zu Konflikten, die immer schwieriger auszuhandeln waren. Die durch die Deponien in Gang gekommenen Untersuchungen führten letztendlich zu der Erkenntnis, dass die einfache Großdeponie aufgegeben und mit neuen Techniken der Kreislaufführung des Sickerwassers und der Abdichtung der Deponiebasis aufgerüstet werden müsse. Aus heutiger Sicht lässt sich festhalten, dass ein großer Teil des Forschungsaufwands dazu diente, Überzeugungsnaivitäten infrage zu stellen und durch seriöses Nichtwissen zu ersetzen.

Experimentaldeponien: Die Verknüpfung von Theorie und Praxis

In der nächsten Phase, die ungefähr die 1980er Jahre umfasst, ging es um eine bessere Organisation der Beziehungen zwischen Deponiepraxis und Forschung sowie einer methodischen Beobachtung zugänglicher Deponietechnologie. Das Paradigma „kontrollierte Deponiebautechnik" war gekennzeichnet durch die Zugänglichkeit der Deponien für die Datengewinnung, Kartierung der Einlagerungen, Eingriffsmöglichkeiten für Reparaturen bei auftretenden Schäden, Einplanung der technischen Nachrüstung gemäß dem Stand der Forschung und Durchplanung der Betriebsdauer und Nachsorge. Durch moderne Verbrennungsanlagen, stieg die Kontrollierbarkeit noch einmal an. Von wissenschaftlichen Experten wurde verstärkt gefordert, die Betriebsformen so zu organisieren, dass auch längerfristige und vergleichende Beobachtungen möglich werden würden.

Neue Gestaltungsideen wurden an den intensiven Umweltdiskurs in der BRD angepasst. In der engagierten Öffentlichkeit wie auch bei Stakeholdern konnten allenfalls solche Anlageplanungen Bestand haben, die dem kritischen Blick der wissenschaftlichen Gegenexperten standhielten. 1980 schlossen sich 15 Institute zur Arbeitsgemeinschaft ökologischer Forschungsinstitute (AGÖF) zusammen, sodass kritisch-technischer Sachverstand eine für alle Umweltinitiativen zugängliche Ressource wurde. Dies bedeutete für die Neuplanung von Anlagen das Ende aller auf bloße Kosteneffizienz reduzierten Planungen. Die Gegenexpertise entwickelte zudem Alternativkonzepte sowohl in technischer als auch in organisatorischer Hinsicht: Die an den Rand gedrängten Kompostierungs- und Rotteverfahren spielten wieder eine Rolle, Müllvermeidung und Recycling gewannen in der Diskussion an Bedeutung. Entsorgung wurde zu einem wissenschaftsbasierten, hochtechnologisierten und kostenintensiven Feld der Planung – ständig im Visier von Umweltschützern und lokalen Bürgerinitiativen. Skandale pflasterten den Weg dieser

Planungen. So wurden 1981 die Gesundheitsbelastungen und Umweltschäden der Deponie Münchehagen bei Hannover bekannt. Der Betrieb wurde 1983 eingestellt und es schlossen sich weithin beobachtete Verhandlungen über Sanierung und Entschädigung an, die erst 1997 abgeschlossen wurden. 1983 begann der Dioxinskandal der Mülldeponie Hamburg-Georgswerder, auf der Abfälle der Chemiefirma „Boehringer" abgelagert worden waren. Ebenfalls 1983 begann der Konflikt über die auf einer Giftmülldeponie errichtete Siedlung in Bielefeld-Brake, der mit einem totalen Abriss der Siedlung endete. Zeitgleich stellte sich heraus, dass die neuen Technologien der Müllverbrennungsanlagen nicht vor Dioxinbelastungen schützen, sodass mit der „Technischen Anleitung Luft 1986" neue Grenzwerte eingeführt werden mussten. Bereits 1984 beantragten die Grünen im Bundestag die Stilllegung aller Müllverbrennungsanlagen (Keller 2009: 100).

In diesem schwierigen Umfeld mussten Politik, Verwaltung und Wissenschaft einen Weg finden, das Entsorgungsproblem dem neuen Umweltbewusstsein und den gestiegenen Sicherheitserwartungen entsprechend anzupassen. Dies ging aber nur um den Preis, offen mit den ungelösten technischen Problemen umzugehen. Das hohe Ziel einer vorweg gegebenen technischen Verlässlichkeit musste relativiert werden durch das Prinzip der Reparierbarkeit. Reparierbarkeit setzt Beobachtbarkeit und Zugänglichkeit voraus. Die Möglichkeit der Reparatur kann dann definiert werden als Kontrolle bei Kontrollverlust. Bis zu diesem Zeitpunkt fehlte es jedoch vor allem „an der konsequenten und systematischen Sammlung von Kenntnissen über das Langzeitverhalten von abgelagerten Abfällen" (Schenkel 1980: 343), um Informationen wissenschaftlich auswerten und vergleichen zu können. Um das zu erreichen, wurden Langzeituntersuchungen an Deponien initiiert (ebd.). Ein weiterer Vorsatz war die Rückholbarkeit. Deponien sollten in Lagerhäuser mit wieder verwertbaren Sekundärrohstoffen umgewandelt werden. Die Wissenschaftler in den verantwortlichen Positionen des Umweltbundesamtes sahen den Ausweg aus der brisanten öffentlichen Kontroverse über zukunftsweisende Müllentsorgung nicht mehr in einer unglaubwürdig gewordenen Sicherheitsrhetorik, sondern in der Integration der Forschung in Planung und Betrieb der Deponien. Die Kompetenz der Forschung, kontrolliert zu beobachten und Überraschungen schnell zu analysieren, erschien als ein rationaler Ausweg. Jedoch war in der Öffentlichkeit die Bereitschaft für ein solches prozedurales Sicherheitskonzept oder Risikomanagement nicht vorhanden. Gerade weil in die Planung neuer Deponien hochtechnische Ausstattungen, ständige Kontrolle und Nachsorge integriert wurden, wurde der kritischen Grundhaltung Nahrung gegeben.

Eine der letzten Planungen für eine neue Hochtechnologie-Deponie war die Verbunddeponie des Kreises Herford und der kreisfreien Stadt Bielefeld. Sie begann Ende der 1980er Jahre und sollte den höchsten Ansprüchen mit Blick auf eingebaute Sicherheitsstandards, Kontrollierbarkeit, Reparierbarkeit und Flexibilität bei wechselnden Bedarfsanforderungen genügen. Jedoch gerade wegen des avancierten Anspruchs entflammte der Konflikt zwischen einerseits planenden Akteuren aus Wissenschaft, Technik, Verwaltung und Politik und andererseits kritischen Akteuren der Öffentlichkeit, Medien, Verbände und betroffenen Interessengruppen. Es ist

ein Dilemma solcher Planungen, entweder den Vorwurf auf sich zu ziehen, uner-
probte und riskante Technologien einzusetzen, oder nicht die neuesten technischen
Möglichkeiten auszunutzen. In Bielefeld wurde versucht, die Differenzen durch
‚Runde Tische‘, einen Ideenwettbewerb, Sichtung aller Alternativen zur Standortwahl
der Deponie, Aushandlung von technischen und organisatorischen Einzelheiten
und schließlich einer Art Bürgervertrag zur Betreibung der Müllverbrennungs-
anlage beizulegen, bis endlich die gesamte Planung zusammenbrach. Die in wenigen Jahren deutlich veränderten Randbedingungen der Vorsorgepolitik, sowie
ein zwischenzeitlicher politischer Machtwechsel in Bielefeld haben dazu geführt,
dass dieses Vorhaben schon bald als Beispiel einer ‚gigantomanischen‘ Fehlplanung
geführt wurde, obwohl es ebenso als Beispiel einer bürgernahen, sicherheitsbewuss-
ten und zukunftsorientierten Planung zählen könnte (Herbold et al. 2002).

Diese Phase war zwar begleitet von technischen Überraschungen, aber diese
wären überwiegend lösbar gewesen. Deutschland hätte vielleicht mit ‚sicheren‘ De-
ponien überzogen werden können. Jedoch gilt auch für dieses Hochtechnologie-
Paradigma, dass alle Unwägbarkeiten erst im Laufe der Zeit erkannt werden können.
Insbesondere bestehen für viele Deponien weder für die Betriebsphase, geschweige
denn für die Stilllegung und Nachsorgephase hinreichend genaue und verbindliche
Vorschriften für das Monitoring. In einem Sonderforschungsbereich der Technischen
Universität Braunschweig zielt ein Projektbereich darauf ab, „die physikalischen
Zusammenhänge in Deponien besser zu verstehen, die erzielten Erkenntnisse mit
Messungen an Deponien zu untermauern. [...] Dabei müssen z. T. neue Messsyste-
me entwickelt sowie die räumlichen und zeitlichen Messintervalle ermittelt werden"
(Ziehmann et al. 2003: 156–157). Es waren jedoch nicht die technischen und rechtli-
chen Mängel, die das Paradigma zu Fall brachten, sondern neue Wertvorstellungen,
die verstärkt auf Vermeidung und Wiederverwertung zielten.

Organisationale Aspekte in Entsorgungsnetzwerken

In den Phasen 4 und 5 (1980–2000) wurden in Deutschland Schritte zur grundlegenden Umgestaltung der Abfallwirtschaft unternommen. Grundlage war das neue
Leitbild der Wiederverwertung oder des Recycling, das in seiner idealen Form eine
völlige Abkehr vom Entsorgungsnotstand versprach. In der zweiten Phase kommt
als zusätzliches Leitbild das der Vermeidung hinzu, dem zufolge die Entstehung
von (noch nicht wieder verwertbarem) Müll bereits beim Produzenten reduziert
werden soll.

Diese Umgestaltung ist auch darauf zurückzuführen, dass die Bevölkerung auf
die technologischen Initiativen zur umwelt- und gesundheitspolitisch sicheren
Verbrennung und Deponierung von Müll überwiegend mit massiver Ablehnung
reagiert hatte. Die 1980er Jahre stellen den Höhepunkt des „gesellschaftlichen Diskurses" über Müll dar (Keller 2009: 123 ff.), der neue Organisationen wie „Das bessere Müllkonzept" (bundesweit gegründet 1988), Zeitschriften wie das *Müllmagazin*
(seit 1988) und zahlreiche lokale Initiativen zur Einführung von Müllvermeidung,

Sortierung, Kompostierung hervorbrachte. Es entstand ein neues Paradigma, das einen wichtigen sozialen Faktor positiv auszunutzen wusste: die Bereitschaft zur Müllsortierung. Wiederverwertung war nach dem Stand damaliger Sortiertechnologien nur machbar, wenn ihr eine Vorsortierung vorhergeht, bei der die wichtigsten Fraktionen wieder verwertbaren Mülls in den Haushalten und Sammelstellen getrennt erfasst wurden. Meinungsumfragen und Pilotprojekte ergaben, dass in der Bevölkerung eine breite Bereitschaft vorhanden war, an Systemen der getrennten Entsorgung sowohl im Bringverfahren (Sammelpunkte für Glas, Metalle, Papier) wie auch im Holverfahren (Grüne, Gelbe, Blaue, Braune und Graue Tonnen) mitzuwirken. Allerdings war die Kooperation der Haushalte eine unsichere Größe, die einerseits von der Ausgestaltung des Systems, andererseits von schwer steuerbaren sozialstrukturellen Faktoren abhängt. Da die Marktgängigkeit des sortierten Müllguts mindestens in der Anfangsphase stark von Verunreinigungen durch „Fehlwürfe" beeinträchtigt wurde, kam hier ein neuer sozialer Unsicherheitsfaktor ins Spiel, den die bisherigen Entsorgungssysteme nicht kannten. Schenkel (1985) entwarf ein Szenario, bei dem Faktoren wie beispielsweise die Beteiligung der Haushalte an der Sortierung, Aufbau von Recycling-Einrichtungen, Gebührenordnungen und politische Unterstützung für abfallarme und wieder verwendbare Produkte ineinander greifen. Jedoch war den kommunalen Planern durchaus bewusst, dass die Umstellung auf ein solches System erhebliche Risiken enthielt, die nicht in erster Linie auf technische Unsicherheiten, sondern auf der korrekten Einschätzung der Verhaltensbereitschaft der beteiligten Bevölkerung beruhten.

Der Abfall im Kreislauf

In der Phase des Recyclings wurde immer deutlicher, dass ohne eine entschiedene Verlagerung in Richtung Vermeidung keine nennenswerte Reduktion der Müllmengen erreicht werden kann. Während im Rahmen des ersten Abfallgesetzes von 1972 das Abfallproblem im Kern als technische Aufgabe der Entsorgung definiert wurde, die am Ende der Erzeugungskette von Müll ansetzte, sollte nun eine alternative Abfallwirtschaftskonzeption entwickelt werden, die in der Lage war, die Entstehung von Müll bereits bei der Herstellung von Produkten zu vermeiden. In den 1990er Jahren wurde die Müllproblematik in das Paradigma einer materiell geschlossenen Kreislaufwirtschaft eingebettet. Um das *end of pipe* – Prinzip zu durchbrechen und einer ökologischen, stoffstromorientierten Steuerung zum Durchbruch zu verhelfen, wurde eine Reihe von innovativen, gesetzgeberischen Zielvorgaben und politischen Instrumenten entwickelt. Der Einbau der Entsorgung in eine Kreislaufökonomie wird programmatisch bereits im Titel des 1994 verabschiedeten und 1996 in Kraft getretenen „Kreislaufwirtschafts- und Abfallgesetz" (KrW-/AbfG) angekündigt. Um die Kreislaufwirtschaft zu initialisieren, führte der Gesetzgeber folgende Zielvorgaben ein: Erstens soll das Kreislaufwirtschaftsgesetz den umweltpolitischen Paradigmenwechsel von der Nach- zur Vorsorge vollziehen. Dieser Wandel geht einher mit einer Verschiebung der Prioritäten, die nun bei der Müllvermeidung beginnen und über die Schritte der Trennung und Verwertung zur Entsorgung/ Deponierung führen. Zweitens möchte das Gesetz „Kreisläufe" im Wirtschaftssystem derart anleiten, dass Stoffe möglichst lange im Wirtschaftsgeschehen verbleiben, um den Zeitpunkt hinaus zu schieben, zu dem Stoffe endgültig Abfall werden. Drittens führte der Gesetzgeber das Prinzip der Produktverantwortung ein, der zufolge ein Teil der Entsorgungszuständigkeit von der öffentlichen Hand in die Privatwirtschaft verlagert wird (Schink 2000: 138). Wer Erzeugnisse entwickelt, herstellt, be- und verarbeitet oder vertreibt, trägt nach Maßgabe des Verursacherprinzips die Produktverantwortung.

Wenn die Kosten für die Entsorgung bei den Produzenten anfallen, so die Grundüberzeugung, entsteht ein Anreiz, Kosten durch Vermeidung oder Wiederverwertung zu sparen. Eine zweite Säule ist die im Gesetz vorgeschriebene, allerdings erst 1999 wirksam gewordene Verpflichtung zur Aufstellung von betrieblichen Abfallwirtschaftskonzepten bei Erzeugern von besonders überwachungsbedürftigen Abfällen. Diese sollen Auskunft über die betrieblichen Strategien geben, als internes Planungsinstrument dienen sowie auf Verlangen der zuständigen Behörde zur Auswertung für die Abfallwirtschaftsplanung vorgelegt werden (KrW-/ AbfG § 19). Politische Instrumente zur Umsetzung dieser Zielsetzungen sind die Rücknahmeverordnungen.

Als erste wurde 1991 die „Verpackungsverordnung" (VerpackV) verabschiedet, es folgten die Rücknahmeverordnungen für Altautos und Elektronikschrott. 1993 wurde mit der „Technischen Anleitung Siedlungsabfall" (TASi), auch der verbleibende Hausmüll und sonstige Restmüll in dieses Konzept eingebunden. Die TASi schreibt vor, dass spätestens ab Jahresmitte 2005 auf Deponien nur noch Siedlungsabfälle abgelagert werden durften, die durch in der Regel wärmetechnische Behandlung in Müllverbrennungsanlagen so weit vorbehandelt wurden, dass ihr Glühverlust bei maximal 5 Prozent liegt.[1] Dies ist zwar kein Beitrag zur Müllvermeidung, versteht sich aber insofern als Element einer nachhaltigen Entsorgungspolitik, als der Zukunft keine biochemischen Problemfelder übergeben werden sollen.

Jedoch bleibt fraglich, inwieweit es gelungen ist, diese Vorgaben – Vermeidungsvorrang, Einführung der Kreislaufwirtschaft und der Produktverantwortung – in geltendes Recht umzusetzen und einer ökologischen, stoffstromorientierten Steuerung im Abfallrecht zum Durchbruch verholfen zu haben. Aus juristischer und politikwissenschaftlicher Perspektive wird häufig darauf hingewiesen, dass man besonders hinsichtlich des Vermeidungsvorrangs weitgehend im Symbolischen stecken geblieben war. Vor allem wird immer wieder das Defizit herausgestellt, dass keine durchsetzbare gesetzliche Vermeidungspflicht angestrebt wurde und die Konkretisierung durch andere Regelungen ausblieb (Schink 2000: 109 f.). Das für die Umsetzung des Vermeidungsvorrangs erforderliche Verordnungsrecht blieb bis heute höchst selektiv und führte nicht zu ausreichenden Vermeidungsanreizen. Ohne konkrete Verpflichtungen musste der Vollzug ausbleiben (ebd.: 103).

---

1   Glühverlust bezeichnet den auf die Trockenmasse bezogenen Verlust, den eine Masse durch Verbrennung erfährt.

Ähnliche Implementierungsdefizite werden auch für die Produktverantwortung und die Verlagerung der Entsorgungsverantwortung geltend gemacht. Auch hierbei handle es sich lediglich um ‚Papiertiger‘, da die Paradigmenwechsel nur auf dem Papier stattgefunden haben, jedoch unter der Oberfläche sehr vieles beim alten geblieben ist. Vernachlässigt wird bei dieser Kritik jedoch der Umstand, dass der Erlass und die Instrumentierung der Verpackungsverordnung eine steuerungspolitische Innovation waren und eine neuartige Governance-Struktur ermöglichten, indem sie eine ordnungsrechtliche Intervention, wie sie in der Bundesrepublik üblich ist, mit der Option einer selbst organisierten, privatwirtschaftlichen Alternative verbindet, wie sie hauptsächlich im angelsächsischen Bereich Anwendung findet. Für die Bundesrepublik kündigte das neue Steuerungsmodell einen Paradigmenwechsel an (Petersen und Rid 1996: 7–8).

Die entsprechende Netzwerkstruktur zeichnet sich durch zwei sich wechselseitig ergänzende Elemente aus: Auf der einen Seite wurde mit der Verpackungsverordnung der Aufbau eines von der Wirtschaft selbst organisierten Systems zur Sammlung und Wiederverwertung von Verpackungen angeregt. Dazu wurde das „Duale System Deutschland" (DSD) gegründet („Grüner Punkt" und „Gelber Sack"), das neben die öffentliche Restmüllentsorgung trat. Zum ersten Mal wurde in Deutschland Müllentsorgung nicht mehr ausschließlich als eine öffentliche Aufgabe definiert und an staatliche Körperschaften delegiert, sondern zur Zielvorgabe eines privaten, zweiten Entsorgungssystems erklärt und an die Privatwirtschaft übertragen. Das Logo des „Grünen Punkts" kennzeichnet alle Verpackungen, die im Dualen System erfasst werden, wobei die Produzenten bereits im Voraus die Gebühr entrichten. Die entsprechenden Verordnungen sollten die Industrie dazu veranlassen, bestimmte Klassen von Produkten zurückzunehmen. Durch die Errichtung eines privatwirtschaftlichen Sammel- und Verwertungssystems, dem die Produkthaftung im Verpackungssektor übertragen wird, sollte die Selbstregulierung der Wirtschaft stimuliert werden. Auf der anderen Seite wurde für den Fall unzureichender Verwertungsbemühungen auf Seiten der Wirtschaft durch die VerpackV die Möglichkeit einer staatlichen Intervention vorgesehen. Beispielsweise hätte die Rücknahme im Laden die Einzelhandelsketten mit den Verwertungskosten der Verpackungsmaterialien belastet. Um dies zu verhindern, unterstützte der Einzelhandel den Aufbau eines privatwirtschaftlichen Verwertungssystems.

Mit diesen rechtlichen Regelungen initialisierte der Gesetzgeber ein deutschlandweites Experiment: Erstens setzte die Konzeption der Kreislaufwirtschaft die Mitarbeit von Abfallproduzenten in Industrie und Haushalten voraus. Während bis zu diesem Zeitpunkt weder die Produktionstechniken noch die Konsumstile, die ursächlich zum ständigen Anwachsen der Müllmengen führten, auf dem Prüfstand waren, wurden nun auch ökonomische Anreize und soziale Einstellungsmuster Gegenstand von politischer Regulierung (vgl. Brand et al. 2002). Zweitens wurde das innovative Instrument der politischen Kontextsteuerung eingeführt. In diesem Sinne stellt die Verpackungsverordnung eine Strategie der Kontextsteuerung dar, die über die Beeinflussung von Rahmenbedingungen wirtschaftlichen Handelns eine Internalisierung der Folgekosten von Verpackungsherstellung und -gebrauch in die Kostenrechnung ökonomischer Akteure erzwingen sollte. Gerade weil sie eine innerökonomische Lösung des Entsorgungsproblems vorsah und die Möglichkeit einer privatwirtschaftlichen Selbstorganisation eröffnete, war die VerpackV durchsetzungsfähig. Umweltpolitik generell zielte in dieser Ära darauf ab, verlässliche rechtliche Rahmenbedingungen zu schaffen. In Pilotprojekten wurde deutlich, dass das Umweltbewusstsein in Umweltverhalten überführt werden kann, wenn umsetzbare Angebote geschaffen und auch die entsprechenden regulativen und ökonomischen Randbedingungen für umweltgerechtes Verhalten eingerichtet werden. Unter dem Aspekt der politischen Steuerung interessiert vor allem die Frage, welche Möglichkeiten zur Optimierung des Dualen Systems genutzt wurden. Im Falle des Kreislaufwirtschaftsgesetzes ist es gelungen, in der Startphase eine wirkungsvolle Strategie der Kontextsteuerung zu implementieren, die den Aufbau des Dualen Systems ermöglicht hat. DSD wurde dann im weiteren Verlauf mit notorischen Durchsetzungsproblemen konfrontiert.

Als das DSD in Folge von Finanzierungslücken bereits 1993 an den Rand des Zusammenbruchs geriet, zeichnete sich ein weitreichender Wandel in den Verwertungszielen ab (vgl. Brand et al. 2002): von werkstofflicher zu rohstofflicher Verwertung. Der steuerungspolitische Impetus der VerpackV bestand jedoch darin, die gesammelten Stoffe, einschließlich der Kunststoffe, werkstofflich zu verwerten, d. h., die wiederaufbereiteten Plastikfraktionen zur Substitution von Neumaterial einzusetzen. Bereits 1992 war offensichtlich geworden, dass die Verwertung von Kunststoffverpackungen nicht gelang. Funde von DSD-Material in Frankreich, Asien und Osteuropa führten zu einer kritischen Berichterstattung in den Medien. Die Entsorgungswirtschaft und die neu gegründete GfR (Gesellschaft für Recycling mbH), die das Duale System ab diesem Zeitpunkt dominierten, optierten dafür, die zu bewältigenden Probleme der Verwertung großer Mengen vermischter Kunststoffabfälle durch verstärktes rohstoffliches Recycling zu lösen. Hierdurch wird zwar ein bestimmter Rohstoff effektiv durch einen Sekundärrohstoff ersetzt, aber das *downgrading* der werkstofflichen Qualität dieses Sekundärrohstoffs nicht aufgehalten. Diese Schließung zugunsten der rohstofflichen Verwertung wurde durch den Umstand begünstigt, dass auch der Bundesumweltminister diese Form als Verwertung im Sinne der Verpackungsordnung anerkannte. Das Beispiel zeigt, dass und auf welche Weise die privatwirtschaftlichen Regulierungsadressaten ihre Verhandlungsmacht nutzen und damit den steuerungspolitischen Impetus der VerpackV konterkarieren können. Als Alternative wären zu diesem Zeitpunkt Maßnahmen möglich gewesen, die solche Anreize der VerpackV, die auf Kosteninternalisierung zielen, durch material- und verwertungsspezifische Anreize ergänzt hätten wie zum Beispiel Kennzeichnungspflichten oder Abfallabgaben. Diese Möglichkeiten haben zwar den ursprünglichen Intentionen der VerpackV entsprochen, sie sind jedoch der parteipolitischen Konkurrenz und korporatistischer Verhandlungslogik zum Opfer gefallen. Dadurch, dass Wirtschaft und Politik nun auf die minderwertige rohstoffliche Verwertung als Lösung für alle Kunststoffe setzten, scheiterte auch der Versuch weitgehend, mit der Verwertung über das DSD ein Modell für die Kreislaufwirtschaft zu etablieren. Ein weiteres Indiz dafür, dass und auf wel-

che Weise sich wirtschaftliche Akteure die vagen Zielvorgaben des Kreislaufwirtschaftsgesetzes zunutze machen können, um die steuerungspolitischen Intentionen
der VerpackV von wirtschaftlichen Akteuren zu unterlaufen, stellt die energetische
Verwertung dar, die sich relativ früh durchsetzte – allerdings weniger, weil diese
Option dem Ziel der Wiederverwertung entsprach, sondern weil sie den beteiligten
Industriebranchen erhebliche Kostenvorteile versprach. Problematisch erwies sich
hier die Trennung zwischen der Verwertung und der Beseitigung von Müll. Das Ge-
setz versucht klarzustellen, dass die Unterscheidung nach dem „Hauptzweck" der
Maßnahme zu erfolgen hat, macht aber interpretationsoffene Angaben darüber, wie
„Art und Ausmaß der Verunreinigungen" den Hauptzweck erkennen lassen (KrW-/
AbfG § 3, Abs. 4). In der Praxis eröffnete dies in Verbindung mit geringfügigen
Verwertungsmaßnahmen dann die Möglichkeit, die große Masse an unsortierten
Kunststoffen den Zementwerken und Braunkohle-Energieerzeugern als Energieträ-
ger zuzuführen. Das Land Nordrhein-Westfalen hat gegen dieses Unterlaufen der
ökologischen Zielsetzungen durch die mit der Liberalisierung und Privatisierung
verbundene Suche nach kostengünstigen Schlupflöchern Bestimmungen erlassen.
Dies führte zu einer Klage vor dem Europäischen Gerichtshof. Kern der 2003 erfolgten Entscheidung war eine Option zugunsten eines europaweiten Wirtschaftswett-
bewerbs, in dem jede für den Zweck der Energieerzeugung angebotene Ware als
Wirtschaftsgut anzusehen ist. Diese weite Auslegung der thermisch-energetischen
Verwertung in sogenannten industriellen Mit-Verbrennungsanlagen ist nach Ansicht einiger Experten mit dem Kreislaufwirtschaftsgesetz nicht vereinbar (Paschlau
und Rindtorff 2003: 175).

Ein anders gelagerter Fall findet sich in den Mehrwegquoten bei Flüssigkeitsver-
packungen. Hier erwartete der Gesetzgeber, dass die gesetzliche Einführung von
Lizenzgebühren Müllvermeidung durch Mehrwegnutzung (Pfandflaschensyste-
me) begünstigen würde. Dieser Effekt trat nicht ein. Zu keiner Zeit stieg der Anteil
der Mehrwegverpackungen. 1997 rutschte dieser unter die vom Gesetzgeber vorgegebene 72 Prozent-Marke für Bier und Mineralwasser und kohlensäurehaltige
Erfrischungsgetränke und 1998 noch weiter auf 70,13 Prozent. Da für den Fall unzureichender Bemühungen auf Seiten der Wirtschaft die Interventionsdrohung der
VerpackV greift, kann der Staat die Pfandpflicht für Einwegverpackungen einführen.
Von dieser Möglichkeit machte der Gesetzgeber Gebrauch. Seit dem 1. Januar 2003
wird auf einen erheblichen Teil der Getränkeeinwegverpackungen eine Pfandge-
bühr erhoben.

Skeptiker hatten diese Entwicklung befürchtet, weil die Lizenzgebühren durch
den bereits im Voraus bezahlten Grünen Punkt völlig unauffällig auf den Endverbraucher abgewälzt werden konnten. Andere Szenarien sagten voraus, dass in der
umweltpolitisch entkoppelten, rein wirtschaftlichen Konkurrenz zwischen Mehr-
weg und Einweg keine Kostenvorteile für große flächendeckende Anbieter bestün-
den. Der Abwärtstrend für Mehrwegverpackungen wurde jedoch nur kurzfristig
nach Einführung des Pfandgeldes gestoppt, um sich seitdem kontinuierlich fort-
zusetzen. Dennoch zeigt dieses Beispiel, dass und auf welche Weise von den Erwartungen und ursprünglichen Intentionen des Gesetzgebers abweichende Effekte

im Rahmen der Governance-Struktur aufgefangen werden können und, dass das Duale System veränderten Rahmenbedingungen angepasst und neu justiert werden kann. Ein wesentlicher Aspekt der Kontextsteuerungsstrategie ist dabei, dass der Staat bei der Entwicklung konkreter Programme und Umsetzungsstrategien auf die Kooperation seiner Adressaten zurückgreifen kann, die allerdings bei der aggressiven Einwegstrategie der marktbeherrschenden Discounter nicht gegeben ist. Ob politisch durch weitere Maßnahmen wie etwa einer vom NABU geforderten Zusatzsteuer für Einwegverpackungen an dem Steuerungsmodell festgehalten werden kann, ist offen.

Ein weiterer Kritikpunkt war der potentielle Widerspruch zwischen der politisch intendierten Integration der Entsorgung in die wirtschaftliche Selbstregulierung (bei vorgegebenen Umweltstandards) und der wirtschaftlichen Monopolstellung des DSD. Haupteinwand der Kritiker war die geringe Kosteneffizienz des Dualen Systems. Zudem war die Lizenzvergabe an die Teilnehmer nicht wettbewerbsoffen, wobei auch diese Kritik die europäische Rechtslage berührte. Da es unwahrscheinlich erschien, allein unter dem Gesichtspunkt der nachhaltigen Vorsorge auch gegenüber europäischen Wettbewerbern das Monopol verteidigen zu können, wurde das DSD von politischer Seite gedrängt, seine Rechtsstellung zu ändern. Das ‚Selbsthilfesystem‘, das infolge der Kontextsteuerung der Verpackungsverordnung aufgebaut wurde, wurde 2004 aufgegeben zugunsten einer nun gewinnorientierten Aktiengesellschaft mit dem Ziel, neue Geschäftsfelder zu erschließen. Seitdem drängen konkurrierende Entsorgungsunternehmen auf den Markt. Damit wurde die Öffnung des Abfallrechts gegenüber dem Wettbewerbsrecht nach einer mehr als zehnjährigen Praxis erzwungen. Tatsächlich sind seitdem Mitbewerber erfolgreich in den Markt eingedrungen. Zugleich konnte nach dem Zusammenbruch des Monopols das Bezahlsystem der Produzenten durch den ‚Grünen Punkt‘ zunehmend von Trittbrettfahrern unterlaufen werden, die den Punkt aufdruckten ohne zu bezahlen. Hiergegen hat die Neufassung der Verpackungsverordnung, die am 1. Januar 2009 in Kraft trat, eine Meldepflicht für in den Verkehr gebrachte Verpackungsmengen eingeführt.

Auch wenn die Auflösung der Monopolstellung des DSD erreicht wurde, bleibt es immer noch marktbeherrschend. Die Bewertung der mit dem Dualen System erzielten Umsteuerungseffekte bei den Müllmengen fällt im Rückblick eher positiv aus. So kam eine Prognos-Studie zu dem Ergebnis, dass das Duale System zur Politik der nachhaltigen Entwicklung erheblich beigetragen habe (Kutzschbauch und Heiser 2003). Die von juristischer Seite hervorgehobenen Grenzfälle im Hinblick auf den Vermeidungsvorrang sind quantitativ unerheblich bei der Betrachtung der Stoffströme insgesamt. Dies betrifft vor allem die sehr hohe Steigerungsrate der Wiederverwertung bei den Fraktionen Glas, Papier, Kunststoff, Weißblech und Aluminium, bei denen die Vorgaben der Verpackungsverordnung zum Teil um über 50 Prozent übertroffen wurden. Die Verwertungsquoten liegen mit Ausnahme von Verbundstoffen inzwischen bei über 90 Prozent bis 167 Prozent (höher als 100 wegen der mitentsorgten undeklarierten Stoffe). Das Gutachten kam zu dem Ergebnis, dass der beste Weg der Optimierung weitere Investitionen in die Automatisierung der Sortierungs- und Veredelungstechnik in Verbindung mit einer Ausweitung der erfassten Wertstoffe wäre (Kutzschbauch und Heiser 2003). In den folgenden Jahren konnten die Quoten für die Wiederverwertung ausgebaut werden. Eine Erhebung für das Jahr 2007 ergab für Kunststoffe eine Quote von 96 %, wobei davon inzwischen immerhin 43 % werkstofflich verwertet wurden. Die Rücklaufquote für Altpapier liegt bei ca. 75 %, bei Bauschutt bei 88 % und beim Restmüll der Haushalte immerhin bei 60 % (Wendenburg 2009: 167).

Trotz der beeindruckenden Verwertungsquote wurde das übergeordnete umweltpolitische Ziel einer Verringerung der Entsorgungsmengen am Ort ihrer Produktion nicht erreicht. Zwar steht es noch auf der Agenda (auch auf der der Europäischen Union), aber der ökonomischen Elastizität scheinen hier enge Grenzen gesetzt zu sein. Dagegen hat der Aufbau von Sortier- und Aufbereitungstechnologien gezeigt, dass gesetzgeberische Vorgaben im Umweltbereich durchaus zu einer günstigen internationalen Positionierung in neuen Marktsegmenten beitragen können. Marktführerschaft besteht im gesamten Anlagebau sowie im Dienstleistungsbereich des Technologie- und Know-how-transfers. In Verbindung mit der Erwartung, dass in Europa durch vereinheitlichte Standards die Nachfrage steigen wird und weltweit Entsorgungsnotstände zu lösen sein werden, ergeben sich ökonomische Perspektiven, die wirtschaftspolitisch unterstützt werden. Ein Beispiel dafür ist das 2008 frei geschaltete und vom Bundesumweltministerium unterstützte Portal RETECH, eine Exportinitiative für Recycling und Effizienztechnik (Wendenburg 2009: 171).

Stoffstromanalyse und Ressourcenmanagement

Ist damit das politisch-wissenschaftliche Konzept der Einrichtung oder mindestens des Vorrangs einer Kreislaufwirtschaft eingelöst worden? Diese Frage führt in den letzten Teil unserer Analyse. Die Diskussionen in den 1990er Jahren haben im Zusammenhang mit den Beobachtungen der Wirkungsweise des neuen Paradigmas auch dessen theoretische Begründung nicht unberührt gelassen. Bereits in den 1990er Jahren wurden Kritiken laut, die an der wissenschaftlichen Grundlegung und technologischen Umsetzbarkeit der Kreislaufwirtschaft grundsätzliche Zweifel anmeldeten. Von wissenschaftlicher Seite wurde in Frage gestellt, ob die Prioritätensetzung – Vermeidung vor Wiederverwendung vor thermischer Entsorgung – umweltpolitisch überhaupt adäquat ist. ‚Kreislaufwirtschaft' erscheint in den Augen einiger Kritiker als eine eingängige politische Formel, die ihre ökologischen Probleme übertüncht. „Kreislaufwirtschaft kann es im wörtlichen Sinne nicht geben, da einem geschlossenen Kreislauf von Stoffen und Gütern naturwissenschaftliche und technische Grundsätze entgegenstehen" (Friege 1997: 4). So deutet sich wieder ein neues Paradigma, das einerseits den konsequenten Rückgriff auf die Ökobilanzierung im Stoffstrommanagement fordert und andererseits wirtschaftlich die Rückgewinnung von Rohstoffen in den Mittelpunkt setzt. Friege kritisierte, dass die Wiederaufbereitung von Materialien sich überhaupt nicht an den Grundlagen der erneuerbaren und nicht erneuerbaren natürlichen Ressourcen und am Ziel der Energieeinsparung orientiert, sondern an dem Prinzip des Kreislaufs um (fast) jeden ökologischen und ökonomischen Preis. Für eine am Stoffstrom-Management orientierte Ökonomie wäre verbindlich zu machen: Erstens die Erhaltung der Regenerationsrate erneuerbarer Ressourcen, zweitens die Bewahrung der natürlichen Aufnahme- und Abbaupotentiale für Stoffe und drittens Druck auf ökologisch orientierte Produktinnovationen mit Blick auf Verringerung nicht erneuerbaren Ressourcenverbrauchs. Für Friege steht bereits fest, „Das Leitbild der Kreislaufwirtschaft kann [...] allenfalls ein Bestandteil einer nachhaltig zukunftsverträglichen Entwicklung im Sinne der Agenda 21 sein" (Friege 2003: 13).

Ähnliche Einwände gegen die Überhöhung des Kreislaufprinzips wurden immer wieder geäußert. Das Papierrecycling, so wurde argumentiert, führe dazu, dass das im Überfluss vorhandene Schwachholz europäischer Wälder nicht mehr am Markt unterzubringen ist. Ökologisch sinnvoller wäre möglicherweise, die Holzwirtschaft zu stärken und Altpapier energetisch zu nutzen. Andererseits zeigt das Dauerbrenner-Thema des Vergleichs von Einweg- und Mehrwegverpackungen die Anfälligkeit der Bilanzierung für ideologische Überhöhungen. Ein weiterer Kritikpunkt war, dass durch Bio-Müll nicht nur Geruchsbelästigungen sondern auch schwerwiegende Hygieneprobleme durch Mikroorganismen entstehen können.[2]

Die Kritik an der Biotonne reiht sich ein in eine zunehmende Kritik an der gesamten Getrenntsammlung. Die enormen Erfolge der mit dem Dualen System entwickelten Sortier-, Aufbereitungs-, und Verwertungsanlagen werden dabei gar nicht in Frage gestellt, aber gerade sie wären heute auch leistungsfähig gegenüber nicht getrenntem Hausmüll. Die Haushalte könnten dann von dem immer komplizierter werdenden Aufwand befreit werden (freilich ihr ökologisches Gewissen dann auch nicht mehr durch das Sortieren von Müllfraktionen abgelten), der trotz aller Schulung gerade in städtischen Gebieten niemals zur Sortenreinheit geführt hat. Die technisch gewährleistete hohe Sortierleistung würde neben der Bequemlichkeit auch ökologisch-logistische Vorteile mit sich bringen, da die Mehrfachtransporte entfallen und die für die Wiederverwertung und energetische Nutzung jeweils sinnvollen Trennungen und Mischungen situationsgerecht erfolgen können. Bereits 2003 kündigte Paschlau das Ein-Tonnen-System an (Paschlau 2003: 464). Da die neue Verpackungsverordnung von 2009 die Kooperation zwischen Entsorgung über das Duale System und das gebührenfinanzierte öffentliche System verrechnungstechnisch erleichtert, sind solche Modelle heute tatsächlich wahrscheinlich geworden.

Einschneidende Änderungen der Entsorgungspolitik sind in absehbarer Zukunft jedoch nicht zu erwarten. Maßgeblich wird in den nächsten Jahren die nationale Umsetzung der Richtlinie 2008/98/EG des Europäischen Parlaments und des Rates vom 19. November 2008 sein. Für Deutschland sind die Auswirkungen verhältnismäßig gering, da es insgesamt eher darum geht, die hier erreichten technischen Sicherheitsstandards, Erfassungsformen und Wiederverwertungsquoten europa-

---

2   Vergleiche hierzu die Untersuchungen der Medizinischen Fakultät der Universität des Saarlandes mit einschlägigen Informationen zum Bio-Müll unter: http://scidok.sulb.uni-saarland.de/volltexte/2003/124/pdf/Diagnostische_Tabellen.pdf.

weit durchzusetzen. Die Richtlinie nimmt den Grundgedanken des Kreislaufwirt-
schafts- und Abfallgesetzes (KrW-/AbfG) einer Hierarchie der Entsorgungsziele auf
und differenziert in Artikel 4 die einzelnen Stufen: Vermeidung, Vorbereitung zur
Wiederverwendung, Recycling, sonstige Verwertung (insbes. energetische), Beseitigung. Es werden jedoch keine weitreichenden Schritte zur Vermeidung von Müll
vorgeschrieben. Tatsächlich muss in Europa mit einem erheblichen Zuwachs an
Müll und Abfall gerechnet werden, wenn die unterschiedlichen Industrialisierungs-
niveaus und Konsumniveaus berücksichtigt werden. Auch hinsichtlich des Vorrangs
der stofflichen vor der energetischen Verwertung sind die Bestimmungen moderat.
Es wird lediglich eine bestimmte Energie-Effizienz für Verbrennungsanlagen vorgeschrieben. Die Mitgliedsstaaten sind verpflichtet, bis 2015 für Papier, Metall, Kunststoffen und Glas getrennte Erfassungsformen einzuführen. Erwartet wird auch eine
Festlegung auf bis 2020 zu erreichenden Zielvorgaben für Abfallvermeidung sowie
das Erreichen von bestimmten Recycling-Quoten.

Urban Mining: Die Großstadt als verborgenes Rohstofflager

Gibt es Perspektiven für die Entsorgungspolitik über die durch die Vereinheitli-
chung in der Europäischen Union gesteckten Rahmenbedingungen hinaus? Die
Entwicklung scheint in erster Linie dadurch bestimmt zu sein, dass Abfall nicht
mehr nur in der Theorie der Kreislaufwirtschaft, sondern in der Praxis der Preise die
Qualitäten von Sekundärrohstoffen annimmt. Das sprechende Beispiel dafür war
das Altpapier. Die Preise stiegen im Jahr 2007 auf bis zu 100 € pro Tonne, um dann
im Jahr 2009 auf ca. 10 € zu fallen. Das Jahr 2010 verzeichnete jedoch wieder einen
Anstieg auf das alte Niveau verbunden mit der Erwartung weiter steigender Preise[3].
Je nach Preisniveau drängten private Entsorger in den Markt hinein oder schlichen
sich heraus. Gegen mehrere Klagen der kommunalen Entsorger setzten Firmen das
Recht durch, bei vorteilhaften Preisen eine Entsorgungskonkurrenz aufzubauen,
die sie jederzeit wieder aufgeben konnten. „Das geht so weit", konstatiert Bollmann
(2009: 172), „dass private Firmen ihre aufgestellten Tonnen nicht wieder abholten".
Ordnungspolitisch muss daher ein neuer Weg gefunden werden, das attraktive aber
konjunkturabhängige Feld der Gewinnung von Sekundärrohstoffen mit der öffentlichen Aufgabe einer stetigen und sicheren Entsorgung zu vereinbaren.

Ein neues Schlagwort, das die Größe des Marktes umreißt, heißt ,urban mining'.
Die Betrachtung der Großstadt als Bergwerk geht davon aus, dass praktisch ihr ge-
samter materieller Bestand aus Stoffen besteht, die längerfristig zur Entsorgung an-
stehen und auf die Anteile an wertvollen Rohstoffen geprüft werden müssen. Die
durch die Rücknahmeverordnungen vorgedachte Rücknahmepflicht wird dabei
überführt in einen Rücknahmemarkt, der bereits bei Schrott, Bauschutt und Papier
besteht und sich langfristig auf weitere Bereiche ausdehnen wird. Ein im Zusam-

---

3   Vergleiche das die Angaben auf der Website des Bundesverbands für Sekundärrohstoffe unter
     http://www.bvse.eu.

menhang mit der Entsorgung von Siedlungsabfall besonders markantes Vorhaben ist die Öffnung der bereits geschlossenen Deponien als Rohstoffquellen für Materialien, die im 20 Jahrhundert im Überfluss verbaut wurden und im 21. Jahrhundert knapp werden. Ein Pilotprojekt dafür ist in der Kreismülldeponie von Hechingen bei Stuttgart gestartet worden. Mit ca. 50 m tiefen Bohrungen werden Proben entnommen und analysiert – das ist in der Tat Bergbau in anthropogenen Minen. Für Rückschlüsse auf wirtschaftliche Nutzung ist es augenblicklich zu früh, aber vielleicht deutet sich hier ein neuer Paradigmenwechsel an. Er würde vor allem in einer kritischen Neubewertung der 'wilden Verbrennung' bestehen, die sich nach dem Greifen der TASi 2005 flächendeckend durchgesetzt und bereits heute mit Überkapazitäten zu kämpfen hat. Am Dortmunder Fraunhofer-Institut für Materialfluss und Logistik ist ein Szenario entwickelt worden, in dem alle Verbundmaterialien mit Transpondern ausgestattet werden, über die Informationen zugänglich bleiben. Dies macht natürlich nur Sinn, wenn die Zyklen der Wiederverwertung kurz beziehungsweise die Techniken der Zerlegung in wieder verwendbare Stoffe vorhanden sind (vgl. Rettenberger 2010, Steinwender 2010). Erneut deutet sich ein grundsätzliches Umdenken an, wenn es auch zu früh ist, um auf ein neues Paradigma in der Entsorgungspolitik und –technologie zu verweisen.

Die Zukunft des Mülls

Allgemein lässt sich sagen, dass die langfristige Entwicklung der Forschung über Müll und Abfall einen Fall darstellt, in dem der experimentelle Charakter von rekursiven Praktiken nicht per se als Anzeichen für eine Technologie in ihrem Frühstadium betrachtet werden braucht, sondern als ein essentielles Merkmal jeder technologischen Innovation (siehe dazu auch den Beitrag von Huber in diesem Band). Je besser die technischen Komponenten bekannt und die Verwendungskontexte durch rechtliche Regeln determiniert sind, desto genauer lassen sich die Beziehungen zwischen theoretischem Wissen und Nichtwissen und dem Aufbau und Betrieb einer praktischen Anlage abstimmen.

Weiterhin lässt sich feststellen, dass es im Feld der Entsorgungswirtschaft eine Tendenz von einem eher durch Zufall und von unerfreulichen Überraschungen bestimmten Lernprozess zu einer immer stärker institutionalisierten Strategie gibt. Dies umfasst den Aufbau von Beobachtungsmöglichkeiten wie der technologischen Kontrolle, den Aufbau von sozialer Akzeptanz und der ökologischen Angemessenheit und ökonomischen Leistungsfähigkeit eines Entsorgungssystems. Messverfahren, Dokumentation und wissenschaftliche Interpretation nehmen zu. Im Zuge der Institutionalisierung wächst die Anzahl der Akteure, die an Entwurf und Durchführung der Projekte beteiligt sind.

Die Innovationspraktiken, die von der wilden Deponie zu aktuellen Entwicklungen führte, wurden sowohl durch neue technische Optionen, wie durch die Veränderung sozialer Faktoren wie Akzeptanz und Protest, politischen Prioritäten und Organisationsstrukturen angereichert. Im Laufe der Entwicklung wächst das Spektrum an Handlungsoptionen aber auch das Nichtwissen. Wissen über Nichtwissen steht nicht am Anfang einer technologisch-organisatorischen Erprobung, sondern ergibt sich im Verlauf der Implementierung auf jeder Stufe der hier betrachteten Paradigmen. Die Auflösung des Nichtwissens in neue Lösungen ist immer mit der Erzeugung neuen Nichtwissens verbunden (siehe dazu auch den Beitrag von Wehling in diesem Band).

In der Abfallforschung und -wirtschaft treffen die Komponenten von Wissenschaft und Technik, von organisationalen Strukturen, von Politik und sozialen Bewegungen und von Einstellungen und Wahrnehmungen zusammen und stützen die Idee eines neuen Modus der Wissensproduktion in der Gegenwartsgesellschaft (Nowotny et al. 2004). Das bedeutet, dass Wissen in seinem Anwendungskontext generiert wird, indem heterogene Akteure hybride Foren bilden und dabei Interessen und Wertkonzepte mit Wissensbeständen und Forschungsmethoden verknüpfen. Wissenschaftliche Entdeckung und Erklärung werden gleichzeitig zum Teil und Antrieb einer komplexeren Logik von Innovation und Modernisierung.

Weiterführende Literatur

Hösel, Gottfried (1990): *Unser Abfall aller Zeiten. Eine Kulturgeschichte der Städtereinigung*. München: Jehle.
Kennedy, Greg (2007): *An Ontology of Trash: The Disposable and its Problematic Nature*. Albany: SUNY Press.
Kranert, Martin (Hg.) (2007): *Vom Abfall zur Ressource. 85. Abfallwirtschaftliches Kolloquium der Universität Stuttgart, Bd. 91*. München: Oldenbourg Industrieverlag.
Leonard, Annie (2010): *The Story of Stuff: Wie wir unsere Erde zumüllen*. Berlin: Econ Verlag.
Melosi, Martin V. (2005): *Garbage in the Cities. Refuse, Reform and the Environment*. Pittsburgh: University of Pittsburgh Press.
Pichtel, John (2005): *Waste Management Practices: Minicipal, Hazardous, and Industrial*. Baca Raton: CRC Press, Taylor&Francis.
Storm, Peter-Christoph (2009): *Umweltrecht. Mit besonderen Bezügen zum Immissionsschutz-, Abfall-, Naturschutz- und Wasserrecht*. Berlin: Schmidt.
Vaughn, Jacqueline (2009): *Waste Management: A Reference Handbook* (Contemporary World Issues). Santa Barbara: ABC-CLI.
Zeitschrift *Müll und Abfall. Fachzeitschrift für Abfall- und Ressourcenmanagement*. Berlin: Schmidt
Zeitschrift *Waste Management: International Journal of Integrated Waste Management, Science and Technology*. Oxford: Elsevier.

Literatur

Brand, Karl-Werner, Alexandra Göschl, Bernhard Hartleitner, Siegfried Kreibe, Christian Pürschel und Willy Viehöver (2002): *Nachhaltigkeit und abfallpolitische Steuerung. Der Umgang mit Kunststoffabfällen aus dem Verpackungsbereich*. Berlin: Analytica.
Ehrmann, Heike, Carl-Friedrich Elmer und Andreas Brenck (2006): Die Entsorgung von Haushaltsabfällen in Deutschland – Entwicklung und Perspektiven aus Verbrauchersicht. *Müll und Abfall* 38 (4): 178–185.

Exler, Hans-Joachim (1972): Ausbreitung und Reichweite von Grundwasserverunreinigungen im Unterstrom einer Mülldeponie. *Gas- und Wasserfach* 113: 101–112.

Faulstisch, Martin (2009): 40 Jahre Abfallwirtschaft – 40 Jahre „Müll und Abfall". *Müll und Abfall* 41 (4): 156–162

Friege, Henning (1997): Von der Abfallwirtschaft zum Management von Stoffströmen. *Müll und Abfall* 29 (1): 4–13.

Friege, Henning (2003): Abfallwirtschaft: Neue Sichtweisen und Techniken. *Umweltwissenschaften und Schadstoff-Forschung* 15 (4): 215–233.

Galbraith, John K. (1970): *Gesellschaft im Überfluss*. München: Droemer Knaur.

Groß, Matthias, Holger Hoffmann-Riem und Wolfgang Krohn (2005): *Realexperimente: Ökologische Gestaltungsprozesse in der Wissensgesellschaft*. Bielefeld: Transcript.

Hantge, Eberhard (1975): Mülldeponien und Schutz des Grund- und Oberflächenwassers. *Müll und Abfall* 7 (1): 1–4.

Herbold, Ralf (2000): *Technische Praxis und wissenschaftliche Erkenntnis. Soziale Bedingungen von Forschung und Implementation im Kontext der Wissensgesellschaft*. Hamburg: Libri Books on Demand.

Herbold, Ralf, Eckard Kämper, Wolfgang Krohn, Markus Timmermeister und Volker Vorwerk (2002): *Entsorgungsnetze: Kommunale Lösungen im Spannungsfeld von Technik, Regulation und Öffentlichkeit*. Baden-Baden: Nomos.

Keller, Reiner (2009 [1998]): *Müll – Die gesellschaftliche Konstruktion des Wertvollen. Die öffentliche Diskussion über Abfall in Deutschland und Frankreich*. Wiesbaden: VS Verlag.

Kranz, Margarete (2006): Die Ästhetik des Abfalls. *Volkskundlich-Kulturwissenschaftliche Schriften* 16 (1): 51–72.

Kutzschbauch, Kurt und Inge Heiser (2003): Abfallwirtschaft im Umbruch: Energie aus Abfall. *Müll und Abfall* 35 (9): 489–492.

Langer, Wilhelm. (1969): Die ungeordnete und die geordnete Ablagerung. *Stuttgarter Berichte zur Siedlungswirtschaft* 25: 5–31.

Nowotny, Helga, Peter Scott und Michael Gibbons(2004 [2001]): *Wissenschaft neu denken: Wissen und Öffentlichkeit in einem Zeitalter der Ungewissheit*. Weilerswist: Velbrück.

Paschlau, Helmut und Ermbrecht Rindtorff (2004): Verwertung von Hausmüll. Wohin führt die „gewerbliche Sammlung"? *Müll und Abfall* 36 (11): 534–539.

Paschlau, Helmut und Ermbrecht Rindtorff (2003): Die EuGH-Entscheidungen zur Abfall-Verbrennung und Abfall-Mitverbrennung und ihre Folgen. *Müll und Abfall* 35 (6): 264–276.

Petersen, Frank und Urban Rid (1996): *Abfallrecht. Textausgabe mit Einführung und Schlagwortverzeichnis*. Baden-Baden: Nomos.

Radde, Claus-André (2006): 1. Juni 2006 – Ein Jahr Umsetzung der Abfallablagerungsverordnung/TA-Siedlungsabfall. Eine Bestandsaufnahme aus Bundessicht. *Müll und Abfall* 38 (6): 284–289.

Rettenberger, Gerhard (2010): Urban Mining: Alternative Ressourcenquelle. Vortrag auf dem *Fachkongress für urbanen Umweltschutz*, Iserlohn. Info: http://urban-mining.com.

Schenkel, Werner (1980): Überlegungen zum Langzeitverhalten von Deponien. *Müll und Abfall* 12: 340–343.

Schenkel, Werner (1985): Was kann das Recycling von Abfällen leisten? *Der Städtetag: Zeitschrift für Praxis und Wissenschaft der kommunalen Verwaltung* 38 (6): 429–433.

Schink, Alexander (2000): Elemente symbolischer Umweltpolitik im Abfallrecht. In: Hansjürgens, Bernd und Gertrude Lübbe-Wolff (Hrsg.), *Symbolische Umweltpolitik*. Frankfurt a. M.: Suhrkamp, 102–143.

Stark, Sebastian C. (2009): *Der Abfallbegriff im europäischen und im deutschen Umweltrecht – Van de Walle überall?* Frankfurt a. M.: Peter Lang.

Steinwender, Frank (2010): Urban Mining: Chancen und Risiken aus der Sicht der Logistik. Vortrag auf dem *Fachkongress für urbanen Umweltschutz*, Iserlohn. Info: http://urban-mining.com.

Stief, Klaus (1977): Ablagerung von Abfällen – Stand der Technik und Entwicklungstendenzen. *Der Landkreis* 47: 331–334.

Stief, Klaus (1991): Haben Deponien für unbehandelte Sonderabfälle eine Zukunft? In: Stief, Klaus und Klaus-Peter Fehlau (Hrsg.), *Fortschritte der Deponietechnik 1990. Neue Anforderungen an die Abfallablagerung*. Berlin: Schmidt, 27–52.

Wallhäußer, Karl-Heinz (1972): Die Beseitigung von Kunststoffen in der geordneten Deponie. *Müll und Abfall* 4 (1): 14–19.

Wehking, Karl-Heinz und Ralf Holzhauer (1989): Normmüll: Eine neue Möglichkeit zur Optimierung der Entwicklung und des Testes von förder-, lager- und handhabungstechnischen Einrichtungen für die Entsorgungswirtschaft. *Müll und Abfall* 21 (5): 242–248.

Ziehmann, Gunnar, Kai Münnich, Andreas Haarstrick, Klaus Fricke und Dietmar C. Hempel (2003): Deponiemonitoring: Was? Wozu? Wo? Wie oft? Wie lange? Teil 1. *Müll und Abfall* 36 (4): 156–161.

Governance, Unsicherheit und Umweltmanagement

Flächeninanspruchnahme als Umweltproblem

Dieter Rink und Ellen Banzhaf

Einleitung: Herausforderung Flächeninanspruchnahme

Die ständig wachsende Wohn-, Siedlungs- und Verkehrsfläche ist Ausdruck der gesellschaftlichen Lebensweise. Sie macht einen Teil des gesellschaftlichen Naturverhältnisses aus und stellt eine Belastung für das ökologische System der Erde dar. Dies wurde aber erst relativ spät erkannt bzw. entsprechend thematisiert. Lange Zeit haben vielmehr Themen des Ressourcenverbrauchs (Wasser, Energie, Rohstoffe) sowie Belastungen (Luft, Wasser, Boden) im Mittelpunkt der umweltpolitischen Debatten gestanden. Die Flächeninanspruchnahme war demgegenüber ein vernachlässigtes Thema, übrigens auch in den Wissenschaften, nicht zuletzt in der Umweltsoziologie. Allerdings lässt sich der Ausgangspunkt aktueller politischer Debatten zur Flächeninanspruchnahme schon früher, vor allem in den Bemühungen um den Bodenschutz verorten. So wird bereits in der „Europäischen Bodencharta" aus dem Jahr 1972 darauf verwiesen, dass die Entwicklung städtischer Siedlungen so geplant werden müsse, damit die umliegenden Gebiete dadurch möglichst wenig Schaden erleiden. Ein dementsprechender Passus findet sich auch in der Welt-Boden-Charta von 1981, in der der Verbrauch erheblicher Bodenflächen für nicht-landwirtschaftliche Zwecke kritisch angemerkt wurde. Die Bundesregierung zog daraus in ihrer Bodenschutzkonzeption (1985) u. a. die Schlussfolgerung, eine Trendwende im sogenannten „Landverbrauch" herbeizuführen.

Größere umweltpolitische Bedeutung erlangte das Thema auf der Konferenz der Vereinten Nationen zu Umwelt und Entwicklung 1992 in Rio de Janeiro. In der Agenda 21, einem der zentralen Dokumente dieser Konferenz wurde in verschiedenen Kapiteln der Schutz des Bodens sowie eine umweltverträgliche Raumplanung und Flächennutzung gefordert. Dies war ein wichtiger Stimulus für nationale Aktivitäten, woraufhin auch die Bundesregierung mit ihren nachgeordneten Institutionen aktiv wurde. Mit den ebenfalls in den 1990er Jahren erfolgten Novellierungen des Baugesetzbuches (BauGB) und des Raumordnungsgesetzes (ROG) avancierte der sparsame Umgang mit Grund und Boden zum handlungspolitischen Grundsatz. Als Ziel wurde in dem 1998 erarbeiteten Entwurf eines „Umweltpolitischen Schwerpunktprogramms" der Bundesregierung eine Begrenzung der zusätzlichen Flächeninanspruchnahme auf 30 Hektar am Tag postuliert.

Flächeninanspruchnahme im Kontext von Nachhaltigkeit

Ein grundlegender Wandel der Debatte zur Flächeninanspruchnahme lässt sich erst nach der Jahrtausendwende, im Zuge der Veröffentlichung der Nationalen Nachhaltigkeitsstrategie der Bundesregierung, beobachten. Im Rahmen der deutschen Nachhaltigkeitsstrategie wurde die Reduktion der Flächeninanspruchnahme zu einem der sieben prioritären Handlungsfelder. Die rot-grüne Bundesregierung übernahm das 30-Hektar-Reduktionsziel in ihre Nachhaltigkeitsstrategie wodurch die Flächeninanspruchnahme von nun an in eine Reihe mit anderen Umweltproblemen gestellt. Die Umweltministerin von Nordrhein-Westfalen, Bärbel Höhn, erklärte sie 2004 gar zu einem der „größten Probleme der Zukunft" (vgl. BBSR 2009: 82). Die Aufnahme in die Nachhaltigkeitsstrategie kann als entscheidender Stimulus für vielfältige anschließende Aktivitäten in Deutschland gelten, etwa den „Dialog Fläche" (Rat für nachhaltige Entwicklung 2004), den Forschungsverbund REFINA (REFINA 2010) und andere. Im Zuge dessen fand das Ziel der Reduzierung der Flächeninanspruchnahme auch breiteren Eingang in das Regierungshandeln. So heißt es etwa im neuen Koalitionsvertrag (2009), dass durch die Stärkung der Innenentwicklung auch die Inanspruchnahme neuer Flächen für Verkehrs- und Siedlungszwecke reduziert werde.

Aspekte des Umweltproblems Flächeninanspruchnahme

Im Gegensatz zu anderen umweltpolitischen Themen gibt es bis heute keinen Konsens über die problematischen Aspekte der Flächeninanspruchnahme. Die öffentlichen und wissenschaftlichen Einschätzungen schwanken zwischen extremen Polen: Die eine Seite tituliert bereits die öffentliche Diskussion des Themas als unverantwortliche ‚Panikmache' mit wenig aussagekräftiger empirischer Fundierung. Schon der verbreitete Begriff ‚Flächenverbrauch' sei Ausdruck einer verzerrten Wahrnehmung der Wirklichkeit, da städtische Flächennutzungen nicht per se umweltschädlich einzustufen seien. Ebenfalls infrage gestellt wird die Zweckmäßigkeit des drastischen Reduktionsziels zur quantitativen Flächeninanspruchnahme. Gegen die politische Festlegung solcher Ziele sprechen sich etwa der Deutsche Städte- und Gemeindebund sowie die Verbände der Bau- und Wohnungswirtschaft aus. Sie argumentieren, dass eine Reduzierung des Siedlungsflächenangebots zu Bodenpreissteigerung führe, die Wettbewerbsfähigkeit mindere und Verteilungskonflikte verursache (vgl. Jörissen und Cönen 2007: 14 f.). Die andere Seite sieht Deutschland auf dem Weg zu einem ‚Land aus Beton' (Vorholz 2002: 19 f.) mit verheerenden Wirkungen für Mensch und Natur und verweist auf die unzureichende Abbildungsleistung ökologischer Beeinträchtigungen durch die amtliche Flächenstatistik (Siedentop 2005: 12 f.). So werden einige der Folgen, wie etwa die Frage, wie viele Tier- und Pflanzenarten ausschließlich auf Grund der Flächeninanspruchnahme in ihrem Überleben bedroht sind, nach wie vor sehr kritisch diskutiert (s. u.). Aufgrund der unterschiedlichen Positionen ist in diesem Feld in den letzten Jahren ein umweltpolitischer Konflikt entbrannt, dessen Linien allerdings nicht eindeutig verlaufen. So können z. B. Gegner des Flächenreduktionsziels die Flächenreduktion prinzipiell befürworten. Der Kern des Konfliktes liegt jedenfalls in der Konkurrenz um die begrenzte Ressource Fläche, die sich derweil auf Grund steigender Flächeninanspruchnahme durch Siedlung und Verkehr verschärft, obwohl die Bevölkerungszahl stagniert. Bemerkenswert daran ist, dass Individuen bzw. Haushalte zwar entscheidend zur Flächeninanspruchnahme beitragen (vgl. Abschnitt 4), aber auch von den negativen Folgen betroffen sind, diese jedoch meist nicht direkt dem Problem zuordnen (z. B. Grundsteuererhöhung). Dem gegenüber nehmen sie stärker die positiven Seiten wahr, z. B. in Form des „Wohnens im Grünen". Aus diesen Gründen betrachtet der hier vorgestellte Beitrag die Flächeninanspruchnahme als Umweltproblem.

Ziel dieses Beitrags ist es, den Konflikt um die Flächennutzung mit Hilfe der Betrachtung von Flächeninanspruchnahme für Siedlung und Verkehr zu beleuchten. Dazu wird nach einer Diskussion der Begrifflichkeit, die Flächeninanspruchnahme in Deutschland im Zeitverlauf dargestellt. Es folgt die Herstellung des Bezugs zur gesellschaftlichen Entwicklung, indem sozialer Wandel und insbesondere die Siedlungsentwicklung als treibende Kräfte der Flächeninanspruchnahme thematisiert werden. Anschließend werden die mit der Flächeninanspruchnahme verbundenen ökologischen, ökonomischen und sozialen Folgen behandelt. Die planerischen und (umwelt-)politischen Antworten auf das Problem sind Gegenstand des vorletzten Abschnittes. Der Beitrag endet mit einer abschließenden Einschätzung der Problembehandlung.

Die Genese des Begriffs „Flächeninanspruchnahme": Die Fläche als Zustand und als Prozess

Die Begriffe „Fläche" und „Boden" werden häufig synonym verwendet, obwohl damit zwei grundlegend unterschiedliche Bedeutungsinhalte verknüpft sind (Rösch et al. 2008: 4). Einerseits wird unter Fläche bzw. Boden die Oberfläche bzw. der physische Raum verstanden, der für menschliche Bedürfnisse und gesellschaftliche Aktivitäten wie Wohnen, Verkehr, Güterproduktion etc. Platz bietet. In dieser Hinsicht ist Fläche bzw. Boden ein Produktionsfaktor, an dem unterschiedliche Eigentums-, Verfügungs- und Zugangsrechte bestehen und dessen ökonomischer Wert sich u. a. im Bodenpreis ausdrückt. Andererseits ist jede Form der Flächennutzung untrennbar mit dem Umweltmedium „Boden" verbunden, welches die Basis für die Bereitstellung von Lebensmitteln, Lebensraum für Flora und Fauna, fossiler Energieträger und mineralischer Rohstoffe u. a. bildet (vgl. ebd.).

Im Zuge der wissenschaftlichen, politischen und öffentlichen Debatten wurden bzw. werden eine ganze Reihe von Begriffen gebraucht. Dazu gehören Landschaftsverbrauch, Zersiedelung, Versiegelung, Flächenverbrauch, mitunter Flächenfraß und schließlich Flächeninanspruchnahme. Im Zeitverlauf ist sowohl eine Differenzierung der Begrifflichkeit als auch eine zunehmende Objektivierung zu beobachten. „Landschaftsverbrauch" und „Zersiedelung" sind dabei eindeutig negativ gefärbte Begriffe. Sie lassen sich einem „sentimental-ästhetischen, tendenziell urbanisierungskritischen Standpunkt […] zuordnen, der gegen die zunehmende ‚Zersiedelung' der Landschaft Stellung bezieht" (BBSR 2009: 71). Mit „Flächeninanspruchnahme" tritt dagegen ein neutraler Begriff in die Debatte, der sich zunächst vor allem im wissenschaftlichen, aber zunehmend auch im politischen Sprachgebrauch eingebürgert hat. Der Terminus „Flächenverbrauch" kann zwischen den beiden vorgenannten Begriffen eingeordnet werden, „da der Begriff zwar nicht direkt abwertend zu verstehen ist, aber dennoch das ‚Aufbrauchen' von etwas suggeriert, obwohl es tatsächlich eher um eine Umwandlung oder Umwidmung geht" (ebd.). Betrachtet man die Debatte im Zeitverlauf, so lässt sich beobachten, dass der Begriff „Flächenverbrauch" zuerst und in deutlich konnotierender Weise gebraucht wurde. Der Begriff „Versiegelung" findet im wissenschaftlichen und politischen Diskurs zur Flächeninanspruchnahme Gebrauch, sehr häufig auch als Risiko verstärkender Faktor von Flutereignissen im Binnenland (ebd.). Ab dem Jahr 2002 ist eine deutliche Intensivierung der Debatte um die Flächeninanspruchnahme in Deutschland zu beobachten, die sich zum einen auf die Veröffentlichung der Nationalen Nachhaltigkeitsstrategie zurückführen lässt. Ein zentrales Ziel darin ist die Verringerung der Neuinanspruchnahme der Fläche auf 30 ha bis zum Jahr 2020. Dieses Dokument wird zentral für die Veränderung des „flächenpolitischen Klimas" in Deutschland verantwortlich gemacht. Zum anderen vermutet das BBSR (2009: 72) einen Zusammenhang mit der sogenannten „Jahrhundertflut" im Jahr 2002, die Diskussionen zum Thema „Versiegelung" hervorriefen und Forderungen nach einer Verringerung der Flächeninanspruchnahme bestärkten.

Begriffsverständnis

Unter Flächeninanspruchnahme soll im Folgenden ganz allgemein die Umwandlung bzw. Umnutzung freier Flächen (in der Regel landwirtschaftlich genutzter-, aber auch naturbelassener Flächen) in Siedlungs- und Verkehrsflächen verstanden werden. Die Flächeninanspruchnahme ist ein Prozess, der in einem bestimmten Zeitabschnitt abläuft. Die Siedlungs- und Verkehrflächen setzen sich aus Gebäude- und Freiflächen, Betriebsflächen (ohne Abbauland), Erholungsflächen sowie Verkehrsflächen zusammen und beinhalten damit sehr heterogene Flächennutzungsarten. Bei der Flächeninanspruchnahme wird folglich nicht die gesamte Fläche versiegelt, sondern jeweils ein nur grob quantifizierbarer und nur schwer qualifizierbarer Teil. Daher wird auch eine Unterscheidung zwischen einer „weiteren" und „engeren" Fassung des Begriffs vorgenommen, wobei es bei letzterem spezifisch um die Versiegelung geht (vgl. Syrbe 1999: 176 ff.).

Intensive und gebremste Flächeninanspruchnahme

Seit den 1960er Jahren hat sich in Westdeutschland ein relativ stärkeres Wachstum der Einwohnerzahlen des Umlandes gegenüber der Kernstadt vollzogen, vielfach kam es dabei auch zu absoluten Einwohner-Verlusten der Kernstädte. So konnten in den Stadtregionen seit den 1970er Jahren nahezu alle Gemeinden nicht nur ihre Bevölkerungszahl vergrößern, sondern auch ihre Siedlungsfläche zum Teil mehr als verdoppeln (BBR 2005: 89). Dies führte zu einer Kontinuität in der Expansion der Städte: „Die Suburbanisierung hat sich seit den 1980/90er Jahren in ihren quantitativen Ausmaßen und Reichweiten fortgesetzt, keineswegs dramatisch, jedoch stetig" (Brake et al. 2001: 9). In Ostdeutschland vollzog sich das Stadtwachstum zu DDR Zeiten, bezüglich der Siedlungsfläche ab Mitte der 1960er bis Anfang der 1980er Jahren an den Stadträndern bestehender Großstädte, durch das Schaffen sogenannter Großwohnsiedlungen in Plattenbauweise (Haase 2005, Banzhaf et al. 2007). In den 1990er Jahren verliefen die Prozesse der Suburbanisierung in den neuen Bundesländern besonders expansiv, wobei die Suburbanisierung dort auf Grund der anderen Ausgangs- und Rahmenbedingungen einen anderen Verlauf nahm. Sie setzte gleichzeitig mit der Suburbanisierung des Wohnens ein, die allerdings mehrheitlich nicht aus den klassischen Einfamilien-, sondern aus Mehrfamilienhäusern bestand. Etwa ab der Jahrtausendwende glichen sich die Entwicklungen in den alten und neuen Bundesländern insoweit an, als die selbstgenutzten Eigenheime zur dominanten Bauform wurden. Zugleich ist eine Trendwende in ganz Deutschland insofern zu beobachten, als die Suburbanisierungsprozesse deutlich abgebremster als zuvor ablaufen. Diese Abschwächung hat sich sowohl in den west- als auch in den ostdeutschen Stadtregionen mittlerweile verstetigt und ist in Abbildung 1 dargestellt (vgl. Jörissen und Cönen 2007: 9). Der Bautätigkeit wird durch den Stopp staatlicher Subventionen entgegen gewirkt. Hier ist vor allem das Ende der Eigenheimzulage zu nennen, die ab 1996 eine der größten staatlichen Subventionen in Deutschland darstellte. Mit ihr sollte die Schaffung von selbstgenutztem Wohnungseigentum gefördert werden. Im Jahr 2004 wendete der Staat dafür rund 11,4 Mrd. € auf. Ab 2006 strich die große Koalition diese finanzielle Unterstützung jedoch mit dem Gesetz zur Abschaffung der Eigenheimzulage. Die Verringerung wird jüngst auch in Zusammenhang mit den Folgen der Finanz- und Wirtschaftskrise gebracht, die zu einem Rückgang der Bautätigkeit führte. Im Gegensatz zum Verbrauch von Ressourcen oder Energie ist es in Deutschland bislang nicht flächendeckend gelungen, die Flächeninanspruchnahme von der Bevölkerungs- und Wirtschaftsentwicklung zu entkoppeln. So konnten für Bayern signifikante Korrelationen zwischen der Siedlungs- und Verkehrsflächenentwicklung und der Bevölkerungsentwicklung sowie der Wohnflächenentwicklung und dem Wachstum des Bruttoinlandsprodukts ermittelt werden. Im Gegensatz dazu ist für Baden-Württemberg keine Korrelation zwischen der Siedlungs- und Verkehrsflächenentwicklung sowie der Bevölkerungsentwicklung nachgewiesen worden (Job et al. 2003)

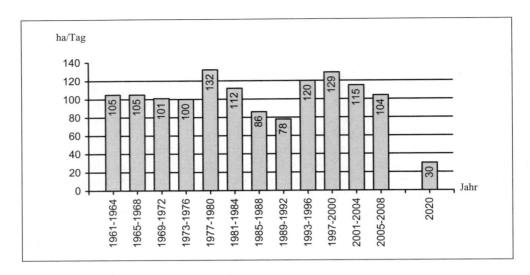

Abbildung 1   Anstieg der Siedlungs- und Verkehrsfläche (ha/Tag)[1]

Flächeninanspruchnahme und Wohnflächenentwicklung

Unklar ist bislang der Zusammenhang zwischen dem demographischen Wandel und dem damit verbundenen Bevölkerungsrückgang einerseits und der Zu-/Abnahme von neu in Anspruch genommener Fläche andererseits.

Bis Mitte der 1980er Jahre war insbesondere der Ausbau der Verkehrsinfrastruktur für die steigende Flächeninanspruchnahme verantwortlich, seitdem dominieren die Gebäude- und Freiflächen. Die Wohnflächen waren am Zuwachs dieser Kategorie in den letzten Jahren überproportional stark beteiligt. „Die Wohnfläche pro Einwohner hat sich in den letzten 50 Jahren fast verdreifacht und liegt heute bei über 40 m²/Kopf (Abb.2). Gründe für den steigenden Wohnflächenkonsum sind in erster Linie zunehmender Wohlstand, steigende Wohnansprüche sowie die wachsende Zahl der Haushalte bei abnehmender Haushaltsgröße" (Jörissen und Cönen 2007: 9).

---

1   Vor 1979 erhobene Daten sind jeweils zum 31.12. eines Jahres erfasst. Nach der Umstellung der Datengrundlage wurde jeweils ein Jahresdurchschnitt gebildet. Ab 1993 handelt es sich um Daten für Gesamtdeutschland (vorherige Daten umfassen nur die alten Bundesländer). Quellen: BfN (2008), sowie eigene Berechnung anhand der Daten des Statistischen Bundesamtes, URL: https://www-genesis.destatis.de/genesis/online , 20. Juli 2010.

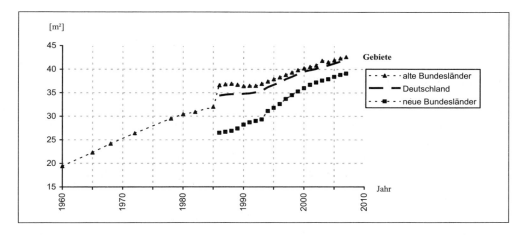

Abbildung 2   Wohnfläche (m²) pro Person, Quelle: Statistisches Bundesamt, Statistisches Jahrbuch[2]

Suburbanisierung und sozialer Wandel als primäre Treiber von Flächeninanspruchnahme

Die Flächeninanspruchnahme muss als komplexes Phänomen betrachtet werden, an dem eine Vielzahl von demographischen, sozialen, ökonomischen und politischen Faktoren beteiligt sind (vgl. auch BBSR 2009: 2 f.). Sie ist tief in unsere Lebensweise verankert, auch wenn sie nur wenig im Rahmen des Themas „Nachhaltige Lebensstile" behandelt wird (vgl. Rink 2002). Die gesellschaftliche Entwicklung ist mit der Flächeninanspruchnahme über die Erfüllung verschiedener Daseinsfunktionen verbunden, insbesondere durch Wohnen (Reproduktion), Mobilität (Verkehr), Versorgung und Konsum (Dienstleistungen) sowie Tourismus (Erholung). Außerdem müssen die Betriebsflächen (Produktion) als zusätzliche Funktion genannt werden. Soziale Prozesse wie das natürliche Bevölkerungswachstum, die Migration (hier vor allem Zuwanderung und Stadt-Umland-Wanderung), demographische Prozesse wie die Verkleinerung der Haushalte, die Alterung sowie die Entwicklung der Einkommen haben einen direkten Einfluss auf die Flächeninanspruchnahme, was in den letzten Jahrzehnten auch ein damit verbundenes Wachstum der Wohnfläche nach sich zog. Eher indirekt wirken die Pluralisierung der Familienformen und Lebensstile sowie die Veränderung der Wohnformen und Leitbilder des Wohnens. Über die Flächennutzung werden zugleich auch gesellschaftliche Differenzierungsprozesse beeinflusst, insbesondere über flächen- bzw. raumbezogene Eigentums-, Nutzungs- und Zugangsrechte. Flächennutzungspläne weisen Nutzungen zu und

---

2   Seit 2005 werden neue Länder inkl. Berlin und alte ohne Berlin geführt. Vorherige Angaben erfassten Berlin getrennt (Ost- und Westberlin)

sie vergeben damit – wenn auch häufig indirekt – gesellschaftlichen Akteuren ihren Platz im sozialen Raum.

A   Suburbanisierung als Treiber der Flächeninanspruchnahme

Als Haupttreiber der Flächeninanspruchnahme und somit der Suburbanisierung gilt der Eigenheimbau „auf der grünen Wiese". Wachsender Wohlstand, erweiterte Mobilität durch die Motorisierung großer Bevölkerungsgruppen, aber auch das wachsende Angebot von Bauland insbesondere in den Umlandgemeinden großer Städte befördern die Suburbanisierung. Hinzu kommt die politische Propagierung des Leitbilds vom Wohnen im eigenen Heim, das finanziell gefördert wurde. Zusätzlich greift die Suburbanisierung als *urban sprawl* auch in das entfernter gelegene Umland hinaus, und es wird im weiteren Hinterland ländlicher Raum zunehmend suburbanisiert (vgl. Couch et al. 2007). In Westdeutschland wurde diese Entwicklung durch eine stetige Zuwanderung befördert. Insbesondere Anfang der 1990er Jahre standen viele Städte unter hohem Zuwanderungsdruck, sowohl aus dem Ausland als auch aus den neuen Bundesländern. Allein in den vier Jahren von Beginn 1989 bis Ende 1992 nahm die Wohnbevölkerung in den alten Bundesländern um ca. vier Millionen Menschen (6 %) zu, bis zum Jahr 2000 wanderten dann noch einmal 1,6 Millionen Menschen in diesen Raum. Das führte in manchen Regionen zu immensen Spannungen auf dem Wohnungsmarkt und stimulierte den Wohnungsbau. Insbesondere die Verdichtungsgebiete in Süddeutschland mit ihrem Umland unterlagen einem enormen Zuwanderungsdruck. Dieses Bevölkerungswachstum ist etwa zur Hälfte für die Zunahme der Flächeninanspruchnahme verantwortlich. Mehr als 80 % der Flächenneuinanspruchnahme in Deutschland dienen der Erweiterung von Siedlungsflächen, weniger als 20 % der Erweiterung von Verkehrsflächen. Von letzteren wird wiederum knapp die Hälfte der Zunahme direkt für die Erschließung von neuen Siedlungsgebieten benötigt, sodass insgesamt 90 % der Flächeninanspruchnahme allein auf das ständige Wachstum der Siedlungsgebiete zurückzuführen ist (UBA 2003: 35). Die Suburbanisierung des Wohnens steht in engem Zusammenhang mit der Zunahme individueller Mobilität. Dies fördert damit die weitere Suburbanisierung, womit die Flächeninanspruchnahme ohne Steuerung ein andauernder Selbstverstärkungsprozess zu sein scheint (vgl. Mausbach 2003: 2).

Die ständige Zunahme der Siedlungs- und Verkehrsflächen findet fast ausschließlich zu Lasten landwirtschaftlich genutzter Flächen statt.

B   Sozialer Wandel als Treiber der Wohnflächeninanspruchnahme

Wohnen ist, unter den Gebäudenutzungen absolut gesehen, die Nutzung mit der größten Expansion insgesamt, die sich vor allem im Außenbereich der Städte kräftig ausbreitet (UBA 2003: 60). Das ist auch damit zu erklären, dass die Wohnnutzung profitabler als andere Grundstücksnutzungen ist und diese daher im Zeitverlauf

tendenziell verdrängt. Der Anteil von Siedlungs- und Verkehrsflächen an der Gesamtfläche hängt mit der Bevölkerungsdichte zusammen: er fällt mit der Dichte
und rangiert zwischen knapp 70 % in Städten und unter 3 % in ländlichen Gebieten
(UBA 2003: 46).

Die immer größeren Wohn- und Grundstücksflächen sind ein ungebremster
Trend seit Jahrzehnten. So entwickelte sich die durchschnittliche Wohnfläche pro
Person von 19,4 m^2 1960, über 30,4 m^2 1980 (Datengrundlage nur Westdeutschland)
bis zu 42,6 m^2 im Jahr 2007. Damit hat sich die Wohnfläche hier in den letzten 40 Jahren fast verdoppelt und ist insgesamt steigend (Abb. 2). Auch für die Zukunft gehen
etwa Experten aus der Immobilien- und Wohnungsbranche von einer steigenden
Nachfrage nach Wohnraum aus (Jörissen und Cönen 2007). Die Gründe dafür sehen
sie in der Verkleinerung der Haushalte (Singularisierung) und dem Wachstum der
Haushaltszahlen, die zumindest noch bis 2015 anhalten werden. Der Wohnflächenkonsum wird sowohl wegen des Wohlstandswachstums als auch durch Remanenzeffekte bedingt weiterhin anhalten.

Es ist daher eher fraglich, ob die Bevölkerungsschrumpfung zu einer Reduzierung der Flächeninanspruchnahme führen wird – wie vielfach angenommen bzw.
prognostiziert – oder ob nicht Einspareffekte durch das Wohlstandswachstum und
Remanenzeffekte (über-)kompensiert werden.

Das könnte auch deshalb der Fall sein, da von der Mehrheit der Bevölkerung
kein Zusammenhang zwischen eigenen Ansprüchen nach Wohnraum und dem
30-Hektar-Reduktionsziel der Bundesregierung hergestellt wird. Umfragen aus den
letzten Jahren haben ergeben, dass das 30-Hektar-Reduktionsziel auch praktisch
nicht bekannt ist. „Flächenverbrauch" wird in der Politik zwar als wichtiges Problem
angesehen, die Mehrheit der Bevölkerung möchte dennoch ein freistehendes Einfamilienhaus mit Garten haben (Schröder 2010). Damit findet man auch in Bezug auf
die Flächeninanspruchnahme die für den Umweltbereich typische Einstellungslücke
zwischen politischer Problemwahrnehmung und gesellschaftlicher Veränderungs-
bereitschaft. Im Unterschied zu anderen Umweltproblemen – wie etwa Wasserbelas-
tungen oder Strahlungsrisiken – geht aber von der Flächeninanspruchnahme keine
unmittelbare Bedrohung für den Menschen aus. Im Gegenteil, das Wohnen im Grünen verspricht Naturnähe, saubere Luft und Ruhe. Durch diesen Umstand stößt eine
politische Aufklärung über das Flächensparen schnell an seine Grenzen. Somit kann
das Problem der Flächeninanspruchnahme der Bevölkerung deutlich schwerer vermittelt werden als andere umweltpolitische Probleme. Es wird daher eingeschätzt,
dass „der Versuch, das 30-ha-Ziel über Bewusstseinsbildung und Verzichtsappelle
zu erreichen, nicht erfolgreich sein [wird]" (de Haan et al. 2009: 51).

Ökologische, ökonomische und soziale Folgen der Flächeninanspruchnahme

Die Flächeninanspruchnahme weist gegenüber anderen Umweltproblemen spezifische Eigenschaften auf und zeigt sich als „schleichender Belastungsprozess" mit
kaum sinnlich wahrnehmbaren Umweltfolgen, wie dies etwa bei Luft- oder Ge-

wässerbelastungen der Fall ist (SRU 2002). Hinzu kommt in diesem Zusammenhang, dass sich der Flächeninanspruchnahme keine für den Menschen medizinisch
nachweisbaren Gesundheitsrisiken bzw. Krankheitsbilder zuordnen lassen. Zudem
lässt sich die Flächeninanspruchnahme nur schwer abgrenzen und in ihren Folgen
messen, da es sich hierbei um kein isoliertes Umweltproblem handelt. In einigen
Stellungnahmen wird davon ausgegangen, dass ihre Gefahren zurzeit noch deutlich unterschätzt werden. Ökologische, aber auch ökonomische und soziale Folgen
machen sich erst innerhalb längerer Zeiträume bemerkbar und sind nur mit z. T.
komplexen Untersuchungsdesigns nachweisbar. Hinzu kommt ein extrem breites
Verursacherspektrum bei der Flächeninanspruchnahme – es reicht von Eigenheim-
besitz über Unternehmen bis zu staatlichen Institutionen. Daher lassen sich hier
etwa von Natur- oder Umweltschutzverbänden und –bewegungen zwar griffige
Zurechnungen formulieren, bzw. Forderungen aufstellen, aber keine Grenzwerte
gesetzlich einklagen. Eine konkrete Reaktion der einzelnen Kommune oder der
einzelnen Region auf die pauschalen Zurechnungen bleiben aus. Letztendlich lässt
sich die Flächeninanspruchnahme nicht rein technisch regulieren, denn es gibt hier
keine technischen Angebote, die marktfähig gemacht und vom Gesetzgeber vorgeschrieben werden könnten. Lediglich die handelbaren Flächenausweisungsrechte
(vgl. Abschnitt „Lösungsansätze") sind ein Ansatzpunkt zur Vorgabe des quantitativen Angebots vom Bundesland an seine Kommunen. Dennoch hat man es mit einer
Vielzahl von Akteuren und Interessen zu tun.

Die Diskussion zur Flächeninanspruchnahme ging von der Konstatierung des
Umstands der Zerstörung des Bodens aus: die Expansion der Siedlungs- und Verkehrsfläche erfolgt in erster Linie auf Kosten der Landwirtschaft. So kommt es zu
einem Verlust an Böden, die gerade in den besiedelten Bereichen am fruchtbarsten
sind (vgl. Dosch 2008). Dies ist ein Verlust, der mit tiefgreifenden Störungen der
Bodenfunktionen verbunden ist. Damit sind auch Optionen, wie eine extensive,
umweltschonende landwirtschaftliche Nutzung oder die Produktion nachwachsen-
der Rohstoffe nicht mehr möglich (vgl. UBA 2003: 93). Böden können sich zwar im
Prinzip erneuern; da Neubildung und Regeneration aber äußerst lange Zeiträume
beanspruchen, sind viele Schädigungen praktisch irreversibel.

Die Versiegelung bewirkt darüber hinaus tief greifende Störungen der Bio-
zönose. Sowohl die Ausdehnung von Siedlungsflächen als auch die Schaffung von
Verkehrstrassen führen zur Zerstörung von Lebensräumen, was als Hauptursache für den Rückgang von einheimischen Pflanzen und Tieren gilt. Nicht nur der
Verlust an Lebensraum spielt hier eine Rolle, sondern auch die Zerschneidung der
Landschaft und die damit verbundene Verkleinerung und Verinselung von Habita-
ten. Die Barrierewirkung von Straßen und Siedlungskorridoren begünstigt die Isolation von Tierpopulationen und erhöht deren Aussterbenswahrscheinlichkeit u. a.
durch Inzest (vgl. Jaeger 2001). Ein weiterer Effekt ist, dass es durch die Zunahme
des Verkehrs zu einer Verlärmung von Natur und Landschaft kommt.

Außerdem wird durch die Versiegelung ein Großteil der Funktionen des Naturhaushaltes, wie z. B. die Wasserrückhalte- und Abflussverzögerungswirkung, auf
den betroffenen Flächen dauerhaft und in der Regel vollständig zerstört. Auch wenn

der Grad der Versiegelung stark vom Bebauungstyp abhängt und meist in den städtischen Ballungsräumen höher als in kleineren Städten oder im ländlichen Raum ist, führt er zu einer Beeinträchtigung des Naturhaushaltes. Denn auch auf den nicht versiegelten, aber in Anspruch genommenen Flächen weist der Boden eine geringere Aufnahmekapazität auf. Dadurch kommt es zu einem erhöhten oberflächlichen Abfluss des Regenwassers. Folge ist die Verschärfung von Hochwasserrisiken, die insbesondere im zeitlichen Umfeld entsprechender Ereignisse thematisiert wird (Siedentop 2004: 4). Gleichzeitig wird weniger Niederschlag eingespeist und somit weniger Grundwasser neu gebildet. Speziell in den Ballungsräumen führt die Versiegelung, in Kombination mit einer dichten Bebauung, zu einer negativen Veränderung des lokalen Klimas. Von versiegelten Flächen gehen oftmals schädliche Immissionen aus, welche die Bodengüte auch stofflich beeinträchtigen (u. a. Droß 2004)

Flächeninanspruchnahme beeinflusst auch das lokale und regionale Klima: zur Beeinträchtigung des Meso- bzw. Mikroklimas zählen etwa Behinderungen von Luftströmungen und des Luftaustauschs und damit zusammenhängende Effekte wie etwa die Überwärmung. Hier werden sowohl negative Auswirkungen auf natürliche Prozesse als auch auf die Gesellschaft, etwa das Stadtklima, adressiert (vgl. Oke 1987; UBA 2003: 93; Grassl 2009;). Hervorgerufen durch Temperaturerhöhungen von versiegelten Flächen in Städten kommt es zu Ausprägungen von städtischen Wärmeinseln und Hitzestress, aber auch zu einer Verringerung der Luftfeuchtigkeit durch das Absenken der natürlichen Verdunstung. Dies ist ein gesundheitsbeeinträchtigendes urbanes Phänomen, unter dem vor allem alte Menschen und Kinder leiden. Ein weiteres umweltbedingtes Gesundheitsproblem stellt die verstärkte Staubentwicklung, vor allem der Feinstaub (PM_{10}) dar, die von der zunehmenden Verkehrsbelastung und der Industrie ausgeht (Leitte et al. 2009).

Des Weiteren wird konstatiert, dass mit der räumlichen Ausdehnung der Siedlungs- und Verkehrsfläche eine Abnahme der Siedlungsdichte einhergeht, was bedeutet, dass die Flächeninanspruchnahme pro Einwohner steigt. Dies hat Konsequenzen in der sozialen und altersbezogenen Struktur der Bevölkerung. Als wichtigste soziale Folge steht der durch die Stadt-Umland-Wanderung ausgelöste sogenannte Entmischungseffekt im Mittelpunkt. Die selektive Abwanderung jüngerer Mittelschicht-Haushalte führt zu einer Konzentration sozial schwächerer Haushalte in den Kernstädten. Die Mobilität, die der Suburbanisierungsprozess nach sich zieht, unterstützt zudem die demographische Segregation. So wird die soziale Differenzierung noch durch die stärkere Entmischung verschiedener Altersstrukturen verstärkt.

Diese strukturelle Veränderung äußert sich zudem auf ökonomischer Ebene. Das zeigt sich darin, dass das Einkommenssteueraufkommen der Städte sinkt, sie jedoch für die einkommensschwachen Haushalte und die Infrastruktur aufkommen müssen. Die finanziellen Belastungen der Städte nehmen also zu und die Steuereinnahmen ab. Auf Ebene der umliegenden Gemeinden steigen langfristig zudem die Mehrkosten, da sie nach Erreichen des Sättigungsgrades an suburbanem Wohnraum die dezentrale Infrastruktur aufrechterhalten müssen. Der Entmischungsprozess ist vor allem regional derzeit schwer steuerbar. Wanderungen der Bevölkerung ins Umland sind für die Abwandernden mit höheren Mobilitätskosten (zeitlich und finanziell) verbunden, da diese längere Wegstrecken in Kauf nehmen müssen, ohne die gut ausgebaute Infrastruktur von Städten im Alltag nutzen zu können.

Bei den bisher diskutierten Folgen der Flächeninanspruchnahme wird augenscheinlich, dass sie ebenso wie die Ursachen vielfältig sind. In der Diskussion der Folgen stand anfangs der Verlust fruchtbaren Bodens im Vordergrund, wobei vor allem der Versorgungsaspekt und wirtschaftliche Fragen thematisiert wurden. Im Zuge der Debatte gewannen ökologische Folgen immer mehr an Gewicht, wobei in den letzten Jahren der Verlust an Biodiversität dominant geworden ist. Soziale und ökonomische Folgen werden zwar in der Regel benannt, aber lange nicht so ausführlich diskutiert wie die ökologischen. Insgesamt fällt auf, dass im Gegensatz zu den Ursachen und Einflussfaktoren der Flächeninanspruchnahme – die inzwischen differenziert analysiert wurden (vgl. z. B. BBSR 2009) – ihre Folgen recht pauschal aufgelistet sind.

Politische und gesetzliche Lösungsansätze für eine nachhaltige Flächennutzung

Bereits 1997 gelangte der Grundsatz eines Flächen schonenden Umgangs mit Grund und Boden in das Raumordnungsgesetz (ROG). Im Anschluss erfolgte eine Reihe von Gesetzesnovellierungen zur Erweiterung und Verbesserung des planungsrechtlichen Instrumentariums, darunter fünf größere Novellierungen des Baugesetzbuches (BauGB). Zudem wurden zahlreiche Modellprojekte u. a. im Forschungsprogramm REFINA (2006–2009) durchgeführt.

Während frühere Ansätze zur Steuerung der Flächeninanspruchnahme direkt auf die Reduzierung der neu in Anspruch genommenen Fläche setzten, wie z. B. durch die Methoden der Bedarfsberechnung und die Umweltverträglichkeitsprüfung, zielen neuere Ansätze auf die Reaktivierung und Wiederinwertsetzung von Flächen. Im BauGB (§1a Abs. 2a Satz 1) sind explizit die Nachverdichtung und die Wiedernutzbarmachung als Instrumente zur Förderung der Innenentwicklung genannt. Dabei wird unter Wiedernutzbarmachung die Wiedereingliederung von ungenutzten und zu gering genutzten Flächen in den Natur- oder Wirtschaftskreislauf (Flächenrecycling) verstanden, also eine Renaturierung oder eine Revitalisierung dieser Flächen. Eine wichtige Rolle spielen hierbei das Baurecht auf Zeit sowie die Instrumente zur Zwischen- und Umnutzung von Flächen.

Viele Siedlungen weisen darüber hinaus offene Baustrukturen mit geringer Dichte auf. Dieser Freiraum kann im Rahmen der Bauleitplanung zur behutsamen Nachverdichtung herangezogen werden (Tomerius und Frick 2009: 39).

Um das Ziel, die Flächeninanspruchnahme auf maximal 30 ha pro Tag im Jahr 2020 zu begrenzen, ist eine mehrdimensionale Herangehensweise mittels gesetzlicher Regelungen und Steuerungsinstrumenten von Nöten. Im Unterschied etwa zu Luft oder Wasser bestehen in Bezug auf Fläche – als Grund und Boden – private Eigentums- und Verfügungsrechte unterschiedlicher Art. Das schränkt staatliche Regelungen, wie z. B. Gesetze von vornherein ein bzw. macht ihre Durchsetzung von der Mitwirkung privater Akteure abhängig.

Ein zentraler, auch gesetzlich im BauGB festgelegter Grundsatz ist die Förderung der Innenentwicklung, die z. B. über die Wiedernutzbarmachung von Flächen, die Nachverdichtung u. a. erreicht werden soll. So können z. B. der sparsame Umgang mit Grund und Boden und die Begrenzung der Bodenversiegelung dadurch umgesetzt werden, dass je nach örtlicher und städtebaulicher Situation anstelle der Neuausweisung von Bauflächen die Möglichkeiten der innerörtlichen Entwicklung genutzt und flächensparende Bauweisen bevorzugt werden.

Eine weitere Option bietet die Eingriffs-/Ausgleichsregelung im Bundesnaturschutzgesetz, die zur Kompensation von Eingriffen in Natur und Landschaft in ihrer Neufassung auch die Möglichkeit der Einrichtung von Kompensationsflächenpools und Ökokonten einräumt. Sie erschwert grundsätzlich die Neuinanspruchnahme von Flächen. Falls jedoch Eingriffe in das Schutzgut Boden nicht durch Entsiegelung an anderer Stelle, sondern durch Aufwertung von Böden kompensiert wird, so leistet diese Regelung keinen Beitrag zur Reduktion der Flächeninanspruchnahme (vgl. Ulmer et al. 2007).

Generell ist hier anzumerken, dass es im Unterschied zu anderen umweltpolitischen Bereichen keine gesetzlichen Verpflichtungen von verbindlichen Mengenzielen der Flächeninanspruchnahme gibt. Diese werden für nicht adäquat gehalten, außerdem stoßen sie auf planungs- und verfassungsrechtliche Bedenken und auf Ablehnung z. B. von kommunalen Verbänden (vgl. BBSR 2009: 79).

Eine fiskalische Steuerung kann beispielsweise auf den zwei Ebenen Kommune und Privathaushalt erfolgreich umgesetzt werden. Eine kommunale Finanzreform nimmt Umlandgemeinden durch eine „Regionale Infrastrukturpauschale" in die Pflicht, um sie nun an den Kosten der Infrastruktur von Städten direkt zu beteiligen. Der Wegfall der Eigenheimzulage, oder auch die Absenkung der Entfernungspauschale sind, neben der Reform der Grundsteuer und der Grunderwerbssteuer, Steuerungsmechanismen, um Privathaushalten den Anreiz zu nehmen, sich im Umland von Städten anzusiedeln.

In Anlehnung an das Modell der handelbaren CO_2-Emmissionen wird derzeit das Instrument der Flächennutzungsrechte bzw. -kontingente entwickelt (vgl. Tomerius und Frick 2009: 16 f.). Der Grundgedanke dieses Modells ist es, auf Landesebene eine maximal ausweisbare Fläche festzulegen und den Kommunen in Form handelbarer Flächennutzungsrechte kostenlos zuzuteilen bzw. zu versteigern. Dieses Modell ist daher auch als Mengenkontingentierung einzustufen, wobei die Stärken dieser umweltökonomischen Steuerung in der Schaffung von Märkten für handelbare Flächennutzungsrechte mit einem Preis als Koordinationsmechanismus und einer Inwertsetzung der natürlichen Funktionen von Flächen im weitesten Sinne liegen. Außerdem entstehen Anreize für die Kommunen, die eigene Flächenausweisung zu reduzieren, um Kosten für den Erwerb von Flächennutzungsrechten, zu dem sie verpflichtet sind, einzusparen. Zugleich besteht für die Kommunen die Möglichkeit, durch die Reduzierung des eigenen Bedarfs an Flächennutzungsrechten die nicht mehr benötigten auf der „Flächennutzungsrechte-Börse" zu veräußern (ebd.).

Monitoringsysteme zur Unterstützung der Planungsinstrumente

Um die Flächennutzung im Sinne der Nachhaltigkeit vollziehen zu können, bedarf es einer umfassenden Informationsgrundlage über den Flächenbestand sowie dessen Entwicklung. Das Flächenmonitoring übernimmt dabei Beobachterfunktion sowie Dokumentationsfunktionen. Die Erfassung von Nutzungsintensität, Dynamik der Nutzungsänderung, Bodenversiegelungsgrad, vom Verhältnis der Innen- zur Außenentwicklung sowie der Wohnflächenbedarfsentwicklung werden derzeit jedoch methodisch sowie mit den bestehenden Informationssystemen nur unvollständig und nicht in der erforderlichen räumlichen Auflösung geleistet (IÖR 2010).

Das Instrumentarium (z. B. Handlungsanleitungen, Arbeitshilfen, Satellitenaufnahmen und Luftbilder, Geographische Informationssysteme (GIS) und Datenbanken) zur Erfassung und Darstellung vorhandener Innenentwicklungspotenziale ist hingegen vorhanden. Lediglich eine Weiterentwicklung in Detailfragen, z. B. auf dem Gebiet der Fernerkundung, v. a. detailliertere und genauere Auswertung der Satellitenbilder zur Erfassung der räumlich-zeitlichen Dynamik scheint sinnvoll und notwendig (vgl. LABO 2010: 7). Flächenmonitoring ist damit Grundlage und Ausgangspunkt für ein fundiertes Flächenmanagement, das die künftigen Nutzungen und die Flächeninanspruchnahme steuern und regulieren soll. Jedoch bestehen zwei Defizite: die Anwendung dieses innovativen Instrumentariums in der Praxis (ebd.) und die Festschreibung der Indikatoren, die für ein nachhaltiges Flächenmanagement maßgeblich sind.

Das Projekt „MURBANDY/MOLAND" wurde 1998 von der Europäischen Kommission initiiert, mit den Zielen, mittels der Kombination von Erdbeobachtungsdaten, GIS Daten und statistisch erfassten sozio-ökonomischen Daten die Anforderungen einer nachhaltigen Stadtentwicklung zu unterstützen (http://moland.jrc.ec.europa.eu/). Das EU Projekt MURBANDY (Monitoring Urban Dynamics) ist ein Forschungsprojekt des Space Application Institute des Joint Research Centre der Europäischen Kommission (Ispra, Italien), bei dem Landnutzungsdaten von 25 europäischen Metropolen aus Luftbildern extrahiert und anhand der internationalen Landnutzungsklassifikation erschlossen wurden. Es bietet eine benutzerfreundliche Recherche von Landnutzungsdaten im europäischen Vergleich und ist eng gekoppelt an das internationale Projekt MOLAND. Während bei MURBANDY noch die Datenerfassung und deren Management Priorität hatte, steht bei MOLAND (Monitoring Land Use/ Cover Dynamics) die nachhaltige urbane und regionale Planung im Mittelpunkt. MOLAND wurde initiiert, um EU Politiken und Gesetze vorzubereiten, präzise zu untersetzen und zu implementieren. Die europäische Umweltagentur bewertet nun aufbauend auf dieser umfangreichen Datenbasis europäische Städte und Stadtregionen in einem urbanen Atlas, darunter gegenwärtig bereits 19 deutsche Städte (http://www.eea.europa.eu/data-and-maps/data/urban-atlas).

Auf diesen Projekten der Europäischen Union baut das von der Bundesregierung finanzierte Forschungsprogramm REFINA auf. Hier geht es um die Reduzierung der Flächeninanspruchnahme und ein nachhaltiges Flächenmanagement. Monitoringaufgaben werden auch hier über Fernerkundungsdaten und –methoden, GIS

Analysen und Auswertung von Statistiken übernommen und für die strategische Ausrichtung, dem effizienten Umgang mit Grund und Boden, aufbereitet. Eine Vielzahl von Einzelforschungsergebnissen zur räumlichen Struktur der Siedlungsflächenentwicklung und zu den Anforderungen an eine nachhaltige Flächennutzung liegen zwar bereits vor. Diesen Forschungsergebnissen und Lösungskonzepten steht jedoch häufig ein Umsetzungsdefizit gegenüber. Dem soll mit den REFINA Projekten begegnet werden (http://www.refina-info.de/de/index.phtml).

Fazit

In der Schlussbetrachtung lässt sich erkennen, dass in den letzten Jahren in Fach- und in politischen Kreisen das Problembewusstsein für die Themen Flächeninanspruchnahme und Versiegelung deutlich gestiegen ist. Dennoch kann man nicht von einer breiten politischen Anerkennung der Notwendigkeit einer strikten Reduktionspolitik sprechen. Es fällt auf, dass die Akzeptanz auf der landes- und bundespolitischen Ebene viel stärker ausgeprägt ist, als auf der kommunalen Ebene. Das Problem besteht also darin, dass der Flächenspardiskurs über weite Strecken oberhalb der lokalen Ebene stattfindet, dort wird aber faktisch über die Flächennutzung entschieden (vgl. auch Nuissl 2005: 8). Die Flächeninanspruchnahme ist zwar zu einem festen und wesentlichen Handlungsfeld der Nationalen Nachhaltigkeitsstrategie geworden, wesentliche Schritte in Richtung Reduktion konnten jedoch bislang nicht erreicht werden. Der Rückgang der Flächeninanspruchnahme in den letzten Jahren ist eher mit konjunkturellen Entwicklungen (Finanz- und Wirtschaftskrise) zu erklären als mit dem Erfolg der eingesetzten flächenpolitischen Instrumente. Entsprechend hat der Rat für nachhaltige Entwicklung in seinem Fortschrittsbericht für 2010 die Ampel für den Indikator „Flächeninanspruchnahme" auf „wolkig" gestellt (Statistisches Bundesamt 2010). Das bedeutet, dass dieses Ziel ohne grundlegende Politikänderungen nicht mehr erreicht werden kann. Die im Rahmen eines Delphi-Verfahrens durchgeführte Expertenbefragung zeigte, dass das 30-Hektar-Ziel um Längen verfehlt wird, auch wenn die Experten von einem Rückgang der heutigen Flächeninanspruchnahme auf ca. 76 ha im Jahr 2020 ausgehen (de Haan et al. 2009: 50). Die befragten Experten sind skeptisch sowohl hinsichtlich der Verbreitung von Flächennutzungsinnovationen als auch bezüglich eines nennenswerten Bewusstseinswandels bis 2020. Der „Wille, Flächenverbrauch zu vermeiden" sei bei Kommunen und Privatpersonen wenig verbreitet (ebd.).

Kritisch zu betrachten ist die Messbarkeit des 30 ha Ziels hinsichtlich seines Raum- bzw. Regionalbezugs. So könnten strukturschwache Räume und Wachstumsregionen, die dem Ziel entsprechend näher oder entfernter sind, ihre jeweilige regionale Inanspruchnahme „handelbar" machen. Damit kommt die Bundesrepublik zwar netto ihrer Zielsetzung etwas näher, regional weist die Flächenneuinanspruchnahme dann jedoch große Disparitäten auf und ist brutto sehr unterschiedlich ausgeprägt. In diesem Fall wird das 30–ha-Ziel auf regionaler Ebene gewissermaßen aufgeweicht, d. h. es ist nicht mehr für alle Regionen gleichermaßen gültig.

Die gegenwärtige Bundesregierung will eine Überprüfung der Indikatoren vornehmen und dabei „[…] auch das Flächeninanspruchnahmeziel im Sinne größtmöglicher ökologischer Wirksamkeit neu definieren. Es soll sich stärker an der tatsächlichen Zerschneidung oder Versiegelung von Lebensräumen orientieren" (Koalitionsvertrag 2009: 42). In eine ähnliche Richtung gehen Vorschläge, die aus der Wirtschaft kommen und eine neue Definition fordern, „[…] möglichst auf Basis einer Nettoberechnung: Nicht alle überplanten Flächen sind verbraucht, also baulich genutzt oder versiegelt" (VIH 2010: 10). Akteure aus dem Natur- und Umweltschutzbereich, wie etwa der Naturschutzbund sehen darin eine „Aushöhlung des 30-Hektar-Ziels", die „angestrebte Neudefinition der Flächeninanspruchnahme durch Verkehrs- und Siedlungsflächen würde einen großen Teil des Landschaftsverbrauchs nicht mehr als solchen anerkennen" (Kriese 2010). Damit könnte sich eine Konfliktlinie im Politikfeld von der tatsächlichen Zielorientierung, also der Reduktion von Flächeninanspruchnahme, hin zu einer Neudefinition und somit Aufweichung der Indikatoren verlagern, die dann bei gleicher Situation beschönigte Ergebnisse liefern. Unter Aufweichung ist hier zu verstehen, dass Flächeninanspruchnahme nur noch mit der voll versiegelten Fläche gleichgesetzt wird, anstatt wie bisher mit den ausgewiesenen Baugrundstücken. Dadurch ließe sich dann das 30-Hektar-Ziel lediglich statistisch erreichen. An Hand der Messbarkeit dieses Indikators zeigt sich, dass eher an den Symptomen als an der eigentlichen Ursachenbeseitigung gearbeitet wird. Als selbstverstärkender Mechanismus könnte daraus eine weitere Konfliktlinie erwachsen, und zwar stärker als bisher zwischen bundespolitischen Akteuren und denen aus dem Natur- und Umweltschutzbereich.

Die bisherige Flächensparpolitik der Bundesregierung steht aber nicht nur in Widerspruch zu den Interessen von Kommunen und Wirtschaftsverbänden, sondern auch in Konflikt mit tief sitzenden Wünschen nach Entfaltung von Privatsphäre und individueller Autonomie (vgl. auch Häußermann und Siebel 1996: 308). Die wachsende Flächeninanspruchnahme ist ein Ergebnis der Modernisierung, sie ist sowohl mit Prozessen des Wohlstandswachstums, der sozialen Differenzierung und Individualisierung als auch des demographischen Wandels verbunden. Änderungen der modernen Lebens- und Wohnweise würden in tief verwurzelte Wertvorstellungen eingreifen. Diese hat nicht zuletzt die Politik jahrzehntelang mit fiskalischen Instrumenten, wie der genannten Eigenheimzulage, befördert. Das trug maßgeblich dazu bei, dass das Wohnen im eigenen ‚Heim im Grünen' zum schichten- und gruppenübergreifenden Leitbild des Wohnens avancierte. Das „flächenzehrende Einfamilienhaus im Grünen wurde [hierbei] Sinnbild für sozialen Status, Naturnähe, Wohlstand, Heimat und andere identitätsrelevante Werte" (de Haan et al. 2009: 50). Das 30-ha-Ziel der Bundesregierung berührt also nicht nur massiv die ökonomischen Interessen von Grundbesitzern und Kommunen, sondern reicht in sehr persönliche Lebensvorstellungen der Bürgerinnen und Bürger hinein. Damit haben wir es auch in diesem Feld (wie beim Biodiversitätsschutz oder der Reduktion von CO_2 Maßnahmen) mit einem klassischen umweltpolitischen Konflikt zu tun, für den bislang nicht absehbar ist, wie eine Lösung erreicht werden könnte. Es gehört zu den Desiderata der Umweltsoziologie, die Flächeninanspruchnahme als umweltpolitisches Problem bzw. Konfliktfeld zu thematisieren. Hier eröffnen sich zudem Schnittstellen zwischen stadt- und umweltsoziologischer Forschung, die dem Thema neue Perspektiven verschaffen könnten.

Weiterführende Literatur

BBSR (Bundesamt für Bauwesen Stadtplanung und Raumordnung) (Hrsg.) (2009): Einflussfaktoren der Neuinanspruchnahme von Flächen. *Forschungen* (139), Bonn: BBSR.

Jörissen, Juliane und Reinhard Coenen (2007): *Sparsame und schonende Flächennutzung: Entwicklung und Steuerbarkeit des Flächenverbrauchs.* Berlin: Edition Sigma.

LABO (Bund-/Länder-Arbeitsgemeinschaft Bodenschutz) (Hrsg.) (2010): Reduzierung der Flächeninanspruchnahme. Bericht der Umweltministerkonferenz zur Vorlage an die Konferenz der Chefin und der Chefs der Staats und Senatskanzleien mit dem Chef des Bundeskanzleramtes, URL: http://www.labo-deutschland.de/documents/UMK-Bericht_98a.pdf. Stand: 26.08.2010.

UBA (Umweltbundesamt) (Hrsg.) (2003): *Reduzierung der Flächeninanspruchnahme durch Siedlung und Verkehr: Materialband.* Berlin: Umweltbundesamt, UBA-Texte 90/03.

Zitierte Literatur

Banzhaf, Ellen, Annegret Kindler und Dagmar Haase (2007): Monitoring, Mapping and Modeling Urban Decline: A Multi-scale Approach for Leipzig, Germany. *EARSeL eProceedings* 6 (2): 101–114.

BBR (Bundesamt für Bauwesen und Raumordnung) (Hrsg.) (2005): Raumordnungsbericht 2005. Bonn: BBR.

BBSR (Bundesamt für Bauwesen Stadtplanung und Raumordnung) (Hrsg.) (2009): Einflussfaktoren der Neuinanspruchnahme von Flächen. *Forschungen* (139). Bonn: BBSR.

Brake, Klaus, Jens Dangschat und Günter Herfert (Hrsg.). 2001: *Suburbanisierung in Deutschland: Aktuelle Tendenzen.* Opladen: Leske und Budrich.

BfN (Bundesamt für Naturschutz) (Hrsg.) (2008): *Stärkung des Instrumentariums zur Reduzierung der Flächeninanspruchnahme: Empfehlungen des Bundesamt für Naturschutz.* Bonn: BfN, 5.

Couch, Chris, Lila Leontidou und Gerhard Petschel-Held (Hrsg.) (2007): *European Patterns of Urban Sprawl.* Oxford: Blackwell.

de Haan, Gerhard, Jana Huck und Tobias Schröder (2009): Delphi-Studie zur Zukunft der Flächennutzung. *Planerin* 5: 50–51.

Droß, Michael (2004): *Konzepte und Instrumente zur Steuerung der Wohnsiedlungsentwicklung – Fläche, Kosten, Widersprüche.* Dortmund: Dortmunder Vertrieb für Bau- und Planungsliteratur.

Dosch, Fabian (2008): Siedlungsflächenentwicklung und Nutzungskonkurrenzen. Technikfolgenabschätzung – Theorie und Praxis 17 (2): 41–51.

European Environmental Agency (2010): GMES (=*Global Monitoring for Environment and Security*) Urban Atlas. http://www.eea.europa.eu/data-and-maps/data/urban-atlas (Stand: 15.11.2010)

Grassl, H. (2009): Wissenschaftliche Basis globaler Klimaänderungen durch den Menschen. Wallacher, J. (Hg.) Klimawandel und globale Armut. Kohlhammer, Stuttgart: 5–17.

Haase, Dagmar (2005): Land Use and Land Cover Change in the Urban and Peri-urban Area
    of Leipzig: Eastern Germany, since 1870. In: Himiyama, Yukio, Alexander Mather, Ivan
    Bicik und Elena V. Milanova (Hrsg.), *Land Use/Cover Changes in Selected Regions in the
    World. Volume IV.* Japan: IGU-LULCC Research Reports IL-2005-01, 33–42.
Häußermann, Hartmut und Walter Siebel (1996): *Soziologie des Wohnens: Eine Einführung in
    Wandel und Ausdifferenzierung des Wohnens.* Weinheim: Juventa.
IÖR (Institut für ökologische Raumentwicklung) (2010): Zweites Dresdner Flächensymposium,
    URL: http://www.tu-dresden.de/ioer/internet_typo3/index.php? id=943&L=0. Stand:
    22.07.2010.
Jaeger, Jochen A. G. (2001) Landschaftszerschneidung und -zersiedelung: Bedarf nach neuen
    Bewertungsverfahren und der Beitrag der ökologischen Modellierung. *Zeitschrift für
    angewandte Umweltforschung* 14 (3-4): 247–267.
Job, Hubert, Marco Pütz und Thomas Bläser (2003): *Statistische Analyse des Flächenverbrauchs
    in Bayern und Baden-Württemberg: Forschungsbericht des Bayerischen Staatsministeriums
    für Landesentwicklung und Umweltfragen.* München: Bayerisches Staatsministerium für
    Landesentwicklung und Umweltfragen.
Jörissen, Juliane und Reinhard Coenen *(2004): Instrumente zur Steuerung der Flächennutzung:
    Auswertung einer Befragung der interessierten und betroffenen Akteure. Hintergrundpapier 10,
    Berlin: Büro für Technikfolgenabschätzung beim deutschen Bundestag.*
Jörissen, Juliane und Reinhard Coenen (2007): *Sparsame und schonende Flächennutzung: Entwick-
    lung und Steuerbarkeit des Flächenverbrauchs.* Berlin: Edition Sigma.
Koalitionsvertrag (2009): *Wachstum, Bildung, Zusammenhalt: Koalitionsvertrag zwischen CDU,
    CSU und FDP* 17. Legislaturperiode, Berlin.
Kriese, Ulrich (2010): Schwarz-Gelb rechnet Flächenverbrauch schön, URL: http://www.nabu.
    de/themen/siedlungsentwicklung/darumgehts/11836.html. Stand: 20.08.2010.
LABO (Bund-/Länder-Arbeitsgemeinschaft Bodenschutz) (Hrsg.) (2010): Reduzierung der
    Flächeninanspruchnahme. Bericht der Umweltministerkonferenz zur Vorlage an die
    Konferenz der Chefin und der Chefs der Staats und Senatskanzleien mit dem Chef
    des Bundeskanzleramtes, URL: http://www.labo-deutschland.de/documents/UMK-
    Bericht_98a.pdf. Stand: 26.08.2010.
Leitte, Arne Marian, Cristina Petrescu, Ulrich Franck, Matthias Richter, Oana Suciu, Romanita
    Ionovici, Olf Herbarth, Uwe Schlink (2009): Respiratory health, effects of ambient air pol-
    lution and its modification by air humidity in Drobeta-Turnu Severin, Romania. Science
    of the Total Environment 407(2009): 4004–4011.
Mausbach, Florian (2003): Wie viele Quadratmeter braucht der Mensch? Suburia: was ist das
    Problem? – Städtebauliche Gestaltung jenseits von Zersiedelung, Statement zur Veran-
    staltung des Rates für Nachhaltige Entwicklung und der Bundesarchitektenkammer am
    30.06.03, Berlin: Wissenschaftszentrum, URL: http://www.nachhaltigkeitsrat.de/uploads/
    media/Statements_Mausbach_und_Dosch_01.pdf. Stand: 30.08.2010.
MURBANDY/MOLAND: http://moland.jrc.ec.europa.eu/) (Stand: 12.11.2010).
Nuissl, Henning (2005): Vorwort. In: Besecke, Anja, Robert Hänsch und Michael Pinetzki (Hrsg.):
    *Das Flächensparbuch: Diskussion zu Flächenverbrauch und lokalem Bodenbewusstsein, ISR-
    Diskussionsbeiträge 56.* Berlin: Technische Universität, 7–9.
Oke, Tim (1987): Boundary Layer Climates. 2nd Edition, Routledge, London.
Rat für Nachhaltige Entwicklung (2004): Ergebnisprotokolle der vier Dialogveranstaltungen des
    Rates für Nachhaltige Entwicklung zur Verringerung der Flächeninanspruchnahme, URL:
    http://www.nachhaltigkeitsrat.de/uploads/media/Ergebnisprotokolle_Dialoge_1-4_01.
    pdf. Stand: 26.08.2010.

REFINA (2010): Forschung für die Reduzierung der Flächeninanspruchnahme und ein nachhaltiges Flächenmanagement (REFINA), URL: http://www.refina-info.de/ Stand: 20.08.2010.

Rink, Dieter (Hrsg.) (2002): *Lebensstile und Nachhaltigkeit: Konzepte, Befunde, Potentiale.* Opladen: Leske und Budrich.

Rösch, Christine, Juliane Jörissen, Johannes Skarka und Nicola Hartlieb (2008): Flächennutzungskonflikte: Ursachen, Folgen und Lösungsansätze. *Technikfolgenabschätzung – Theorie und Praxis* 17 (2/2008): 4–11.

Schröder, Tobias (2010): Flächenverbrauch reduzieren – wie ist die Akzeptanz in der Bevölkerung? URL: http://www.tschroeder.eu/publikationen/SchroederBevoelkerung Flaechenverbrauch.pdf. Stand: 12.08.2010.

Siedentop, Stefan (2004): Wir haben ein Problem – ökologische, ökonomische und soziale Folgen des Flächenverbrauchs: Vortrag zur Veranstaltung: Flächenverbrauch – Ein Problem für Schleswig-Holstein? am 02.04.2004, URL: http://www.schleswig-holstein.de/cae/servlet/ contentblob/614216/publicationFile/VortragSiedentop.pdf. Stand: 11.08.2010.

Siedentop, Stefan (2005): Kumulative Umweltauswirkungen in der Strategischen Umweltprüfung. In: Storm, Peter-Christoph und Thomas Bunge (Hrsg.), *Handbuch der Umweltverträglichkeitsprüfung (HdUVP): Abschnitt 5030*, Berlin: Erich Schmidt Verlag.

SRU (Sachverständigenrat für Umweltfragen) (Hrsg.) (2002*): Für eine Stärkung und Neuorientierung des Naturschutzes – Sondergutachten*. Tz. 129, Stuttgart: SRU.

Statistisches Bundesamt (Hrsg.) (2010): Nachhaltige Entwicklung in Deutschland: Indikatorbericht 2010, Wiesbaden: Statistisches Bundesamt, URL: http://www.destatis.de/jetspeed/ portal/cms/Sites/destatis/Internet/DE/Content/Publikationen/Fachveroeffentlichungen/ UmweltoekonomischeGesamtrechnungen/Indikatorenbericht2010,property=file.pdf. Stand: 17.08.2010.

Syrbe, Ralf-Uwe (1999): Landnutzung. In: Bastian, Olaf und Karl-Friedirch Schreiber (Hrsg*.), Analyse und ökologische Bewertung der Landschaft*, Heidelberg: Spektrum, 176–185.

Tomerius, Stephan und Christoph Frick (2009): Rechtliche Instrumente des Flächensparens: Working Paper No. 4, Birkenfeld: Zentrum für Bodenschutz und Flächenhaushaltspolitik, URL: http://www.zbf.umwelt-campus.de/fileadmin/user_upload/Material/ZBF_ Working-Paper_4.pdf. Stand: 26.08.2010.

UBA (Umweltbundesamt) (Hrsg.) (2003): *Reduzierung der Flächeninanspruchnahme durch Siedlung und Verkehr*. Materialband, UBA-Texte 90/03, Berlin: Umweltbundesamt.

Ulmer, Frank, Ortwin Renn, Alfred Ruther-Mehlis, Angelika Jany, Metke Lilienthal, Barbara Malburg-Graf, Jörg Pietsch und Julika Selinger (2007): Erfolgsfaktoren zur Reduzierung des Flächenverbrauchs in Deutschland: Evaluation der Ratsempfehlungen „Mehr Wert für die Fläche: das Ziel 30 ha": Eine Studie im Auftrag des Rates für Nachhaltigkeit, URL: http://www.nachhaltigkeitsrat.de/uploads/media/Broschuere_Evaluation_30_ha_02.pdf. Stand: 23.08.2010.

VIH (Vereinigung der Industrie- und Handelskammern in Nordrhein-Westfalen) (2010): *Zukunft für NRW gestalten. Erwartungen der nordrhein-westfälischen Wirtschaft an die neue Landesregierung.*, Krefeld: VIH, URL: http://www.duesseldorf.ihk.de/produktmarken/ Publikationen/Service/IHK_NRW_Wahlpruefsteine.pdf. Stand26.08.2010.

Vorholz, Fritz (2002): Ein Land aus Beton: Die Deutschen ziehen ins Grüne. Mit Straßen Häusern und Dächern machen sie die Natur platt auf Kosten des eigenen Wohlstands. *Die Zeit*, 7.November 2002, 19–20.

Umweltgerechtigkeit

Horst-Dietrich Elvers

Einleitung

Viele Wege führen nach Rom – und dies gilt ganz besonders für das Thema dieses Beitrags. *Umweltgerechtigkeit* ist weder wissenschaftliches Konzept noch politisches Programm und schon gar nicht etablierter umweltsoziologischer Fachterminus. *Umweltgerechtigkeit* lässt sich soziologisch allenfalls als Sammelbegriff für eine Vielzahl von Forschungen aus unterschiedlichen „Einzugsgebieten" (Groß 2006) unserer Disziplin markieren, deren kleinster gemeinsamer Nenner ein anthropozentrischer und allenfalls dezidiert sozial-ökologischer Zugang zu Aspekten der Interdependenz von Mensch und Umwelt ist. Die Tatsache, dass dieser Terminus nun in ein Handbuch aufgenommen wird, das den Anspruch vertritt eine international gültige Gegenstandsbestimmung der Umweltsoziologie vorzulegen, ist vor diesem Hintergrund begrüßens- und bemerkenswert. Mit diesem Beitrag soll dem Leser ein Zugang zur Erschließung des Themas Umweltgerechtigkeit angeboten werden, der einen Bogen von der lokal geprägten Entstehung des Begriffs bis zu den globalen Herausforderungen an zukünftige Perspektiven spannt.

Zur US-amerikanischen „Environmental Justice Bewegung"

Nahezu jede Betrachtung zu Umweltgerechtigkeit stellt Bezüge zur Entwicklung des US-amerikanischen Umweltgerechtigkeits-Aktivismus her.[1] Vor allem in den 1980er Jahren formierte sich aus zunächst lediglich lokal agierenden Aktionsgruppen ein landesweites Netzwerk, dessen Institutionalisierung durch empirische Studien, die Unterstützung von NGOs, engagierter Wissenschaftler und staatlicher Behörden und nicht zuletzt dank der Hartnäckigkeit der Aktivisten in den 1990er Jahren unumkehrbar durchgesetzt wurde. Auch wenn nach wie vor viele Einzelgruppen lokal für ihre Ziele kämpfen, ist es vor dem Hintergrund dieser beeindruckenden Entste-

---

[1] Um Anglizismen im Weiteren zu vermeiden, wird durchweg der Begriff *Umweltgerechtigkeit* zur Beschreibung der US-amerikanischen Diskussion verwendet. Ferner wird im Folgenden von „Farbigen", „Schwarzen" oder „Afro-Amerikanern" die Rede sein. Die politischen Implikationen dieser Termini sind dem Verfasser bewusst. Da es sich dabei u. a. um Selbstzuschreibungen der Aktivisten handelt, sei mir diese Ungenauigkeit nachgesehen. Der Vollständigkeit halber sei hinzugefügt, dass sich die aus Gründen der besseren Lesbarkeit verwendeten männlichen Bezeichnungen auch auf Frauen beziehen, es sei denn, es wird extra hervorgehoben.

hungsgeschichte gerechtfertigt, von einer US-amerikanischen *Umweltgerechtigkeits-Bewegung* zu sprechen.

Weltweit werden die späten 1960er und die 1970er Jahre dominiert durch den ökologischen Krisendiskurs. Zahlreiche Publikationen dieser Zeit, mit *Der stumme Frühling* (Carson 1963) und den *Grenzen des Wachstums* (Meadows et al. 1972) nur einen vorläufigen Höhepunkt an Dramatik setzend, stellen die Gefährdung der Menschheit durch die von ihr verursachte Umweltzerstörung heraus. Beeinflusst von den ersten Bildern aus dem All wird die Erde als blauer, gefährdeter Planet gesehen. In Kontrast zu deren Farbenvielfalt und Artenreichtum wird das graue Einerlei der dampfenden Industrieschlote zur Bedrohung der Welt, der gesamten Menschheit stilisiert.

Doch bis in die Mitte der 1970er Jahren hinein gibt es in den USA weder ein Regelwerk für die geschätzten zwischen 580 Millionen und 2,9 Billionen Tonnen von Giftmüll (U.S. Environmental Protection Agency 1991), die hauptsächlich als Beiprodukte des Wirtschaftswachstums nach dem II. Weltkrieg anfielen, noch eine nennenswerte öffentliche Problemwahrnehmung in der Bevölkerung. Dies änderte sich erst, als bekannt wurde, dass Chemieabfälle in vielen Fällen einfach vergraben wurden, ohne auf potenzielle Gesundheitsrisiken zu achten. In diesem Zusammenhang richtete sich – auch dank der professionellen Aufbereitung durch die Medien (Szasz 1994) – die öffentliche Aufmerksamkeit zunächst auf die Ereignisse in Times Beach (Missouri), Stringfellow (Riverside, Kalifornien) und Love Canal (Niagara Falls, New York) (vgl. Heiman 1996).

Diskriminierende Praktiken in Bezug auf Umweltverschmutzung lassen sich bis ins 19. Jahrhundert zurückverfolgen (Hurley 1995, Taylor 2000b, Washington 2005). Dennoch beginnt erst mit den Giftmüllskandalen der 1970er Jahre das Interesse für die *soziale* Verteilung von Umweltverschmutzungen zu wachsen (Berry 1977, McCaull 1976). Vor allem in Love Canal wurde die soziale Dimension der Giftmüllentsorgung zum ersten Mal artikuliert (Gibbs 2008: 3). Bis heute steht dieser kleine Ort als Beispiel für die Gemengelage von sozialer Benachteiligung, mangelhaften Umweltauflagen durch die Behörden und dadurch befördertem nachlässigem Umgang mit Giftmüll durch die Industrie.

In der Gemeinde Niagara Falls (New York), berühmt für seine Wasserfälle, wurden 1957 auf einem stillgelegten und mit einer Lehmschicht bedeckten Kanal etwa 200 Sozialwohnungen und eine Schule erbaut. Die Siedlung bekam den Namen „Love Canal". Eine in der Nachbarschaft noch heute befindliche Chemiefabrik nutzte den toten Kanal zwischen 1942 und 1952 als Deponie für annähernd 20.000t Chemieabfälle, ließ ihn dann zuschütten und verkaufte das Areal schlussendlich für einen symbolischen Preis von 1$ an die Schulbehörde. Heftige Regenfälle im Jahr 1978 ließen jedoch Grundwasser bis in die Keller der Häuser eindringen. Die dabei ausgewaschenen Chemikalien schürten erhebliche Ängste vor Gesundheitsschäden. Nachdem die Behörden lange Zeit zögerten, hierin ein potenzielles Gesundheitsrisiko zu erkennen, verhängte Präsident Carter schließlich den Notstand und Programme zur Umsiedlung der Bewohner und De-Kontaminierung des Gebiets wurden eingeleitet. Vor allem die Verbindung zwischen der relativ hohen Armutsquote, den hohen Anteilen afro-amerikanischer Bewohner und die geringen Chancen der hauptsächlich schwarzen Mieter auf Umsiedlung oder Entschädigung – im Vergleich zu den vornehmlich weißen Haubesitzern (Fletcher 2002) – machte Love Canal zu einem ersten wichtigen Fall für die Umweltgerechtigkeits-Bewegung der USA (Gibbs 1981, Levine 1982).

Maßgeblich für eine Bündelung der Aktivitäten von lokalen Gruppen unter einen übergeordneten Deutungs- und Interpretationszusammenhang (Capek 1993) waren jedoch die Bürgerproteste des Jahres 1982 gegen eine geplante Deponie in Warren County – mit 60 Prozent afro-amerikanischer Bevölkerung der ärmste Bezirk des Bundesstaats Virginia. Die Deponie sollte zunächst 6.000 LkW-Ladungen PCB-verseuchter Erde aufnehmen, war aber darüber hinaus für eine kommerzielle Nutzung ausgelegt (Bullard 1993). Die Bevölkerung wehrte sich dagegen – zunächst friedlich mit Anhörungen und Diskussionsrunden wurde der Protest zunehmend schärfer. Sitzblockaden wurden organisiert und Straßensperren errichtet in deren Folge es zu Verhaftungen kam.

Die Bedeutung dieser Proteste liegt darin, dass durch sie die Rhetorik der schwarzen US-Bürgerrechtsbewegung neu kalibriert und mit Umweltfragen in Einklang gebracht wurde. Sie stimulierten zudem das wissenschaftliche Interesse am Zusammenhang zwischen Umweltbelastungen und sozialer Ungleichheit und waren Auslöser einer ersten groß angelegten Studie zur Umweltgerechtigkeits-Thematik. In dieser Untersuchung des US-Rechnungshofes wurde festgestellt, dass drei Viertel aller Sondermülldeponien in einer Region aus acht Bundesstaaten im Süden der USA in mehrheitlich von der afro-amerikanischen Bevölkerungsgruppe bewohnten Gemeinden eingerichtet wurden. Der Anteil der afro-amerikanischen Bevölkerung in dieser Region indes betrug lediglich 20 Prozent (General Accounting Office 1983). Eine weitere, für die Begründung der US-Umweltgerechtigkeits-Bewegung wegweisende, Untersuchung bestätigte, dass die ethnische Zugehörigkeit der statistische Hauptprädikor für die Einrichtung von Giftmülldeponien in bestimmten Landstrichen war. Sozioökonomische Indikatoren wie die Armutsquote, der Landwert oder der Anteil an Hausbesitzern waren dem untergordnet (Commission for Racial Justice 1987). Eine dritte, als klassisch zu bezeichnende, Untersuchung stammt von dem Soziologen Robert D. Bullard, der bis heute einer der wichtigsten und renommiertesten Vertreter der Bewegung ist. Er zeigte auf, dass 21 der insgesamt 25 Mülldeponien in Houston in afro-amerikanischen Wohnvierteln lagen (Bullard 1983).

Auch wenn diese drei Studien seither durch zahlreiche weitere Arbeiten bestätigt und ergänzt werden konnten (Brulle und Pellow 2006, Bullard 1990, Mohai 1996, Szasz und Meuser 1997) bilden sie bis heute den Kern des Erbes der Umweltgerechtigkeits-Bewegung in den USA. Aus ihnen wird der Vorwurf abgeleitet, dass staatliche Behörden und die Wirtschaft umweltgefährdende Industrieanlagen vor allem in Wohngebieten der farbigen Bevölkerung einrichten (Bullard 1990, 1993, 1994). Auch wenn die Wurzeln der Bewegung neben der US-amerikanischen Bürgerrechtsbewegung auch in der frühen „Anti-Giftmüll Bewegung" liegen, die anfangs weiße und nicht weiße Aktivisten zusammenbrachte (Capek 1993, Szasz 1994), haben die Hervorbringungen eines „radikalen Umweltpopulismus" (Szasz

1994: 84) und – mehr noch – die Entwicklung des „Umweltrassismus-Paradigmas"
(Pulido 1996: 145) offenbar eine Fokussierung auf die farbige Bevölkerung zum Ziel
gehabt. Befunde, nach denen eine differenzierte Auseinandersetzung mit ebendie-
sem Paradigma angezeigt ist (Downey 2005, Krieg und Faber 2004, Smith 2007) legen
nahe, dass es in Bezug auf die Terminologie der Bewegung – von Ungleichheit und
Ungerechtigkeit zu Diskriminierung und Rassismus – noch einigen Klärungsbedarf
gibt (Holifield 2001).

Unabhängig von der Hautfarbe ist bemerkenswert, dass viele der lokalen Aktivitäten von Frauen angeführt werden, die oftmals wenig oder kaum Erfahrung mit
Umweltaktivismus haben und im wahrsten Wortsinne die Bewegung „von unten"
her fundieren (Cole und Foster 2001). Dennoch – oder vermutlich gerade deswegen – sollte sich die Umweltgerechtigkeits-Bewegung in den USA zu einer neuen
und mächtigen sozialen Kraft entwickeln, die sich vor allem aus der nicht-weißen
Bevölkerung der USA rekrutiert und sich zum Ziel setzt, die Umwelt in der diese
Menschen „leben, spielen und arbeiten" zu schützen (vgl. Pellow und Brulle 2005).
Damit sieht sich die Bewegung in der Verantwortung, weg vom klassischen Umweltschutz und hin zur Bekämpfung der sozialen Verteilung von Umweltbelastungen
zu kommen. Das Dilemma daran ist, dass durch eine Abgrenzung zur etablierten
Umweltbewegung[2] – die lange auf Gegenseitigkeit beruhte – Synergieeffekte, die zu
einem beiderseitigen Erfolg führen könnten, leider ausbleiben.

Zur politischen Anerkennung des Themas in den USA (vgl. Elvers 2005) sei gesagt, dass die US-Umweltschutzbehörde EPA 1992 eine Arbeitsgruppe einrichtete,
die in ihrem ersten Bericht den Zusammenhang zwischen ethnischer Zugehörigkeit, Armut und erhöhten Umweltrisiken bestätigte (U.S. Environmental Protection Agency 1992). Präsident Clinton erließ 1994 die Executive Order 12898 „Federal
Action to Address Environmental Justice in Minority Populations and Low-income
Populations". Darin wird jede Bundesbehörde verpflichtet, Umweltgerechtigkeit
zum Maßstab ihres Handelns zu machen. Dieser Erlass gilt auch heute noch als
Maßstab, an dem sich staatliche Akte mit Umweltbezug messen lassen müssen. Seitens der Bewegung wird die EO 12989 als Meilenstein der bundespolitischen Anerkennung des Themas gesehen (Bullard 2001).

Ausweitung der Themen

Die US-amerikanische Environmental Justice Bewegung blickt auf eine nunmehr
30-jährige Geschichte zurück. Vieles hat sich in dieser Zeit geändert: die Rhetorik
ist zum Teil entschärft worden, die wissenschaftlichen Befunde wurden belastbarer,
der Fokus über ethnisch homogene Gruppen wurde auf „people of color" ausgewei-

---

2   Symbolisch für diese Abgrenzung zur sog. „Mainstream Umweltbewegung", denen ein Mittel-
    und Oberschichtenfokus unterstellt wird, ist die gefährdete „Gefleckte Eule" *(spotted owl)*. Um-
    weltgerechtigkeits-Aktivisten warfen der Umweltbewegung vor, sich stärker um diese Tiere zu
    kümmern als um den Schutz der Menschen (Yvard-Djahansouz 2000).

tet. Was geblieben ist, ist ein ausgeprägt lokaler Fokus. Globale Abfallströme (s. u.) werden zwar offen kritisiert (Bullard 2001), in der Sprache der Umweltgerechtigkeits-Bewegung geht es jedoch primär darum, „umweltbezogene Gefährdungslagen zu verhindern, bevor sie manifest werden" (ebd.: 153) – und damit begründet sich der lokale, sozialräumliche Bezug. Vor diesem Hintergrund stellen sich neben klassischen Themen, in denen meist bestehende Industrieansiedlungen in das Zentrum der Aktionen rücken (Checker 2005), auch neue Fragen, in die im Folgenden ein Einblick gegeben wird.

Ende August des Jahres 2005 traf der Hurrikan „Katrina" auf die südöstliche Golfküste der Vereinigten Staaten. Er gilt als eine der schwersten Umweltkatastrophen in der Geschichte der USA. Bestätigten Zahlen zufolge verloren über 1.800 Menschen ihr Leben, über 2.000 Personen gelten als vermisst. Die verursachten Kosten beziffern sich auf über 80 Milliarden US-Dollar. Zweifelsohne hat der Wirbelsturm ein erhebliches Ausmaß auf alle Menschen dieser Region gehabt. Dennoch war offenbar die afro-amerikanische Bevölkerungsgruppe am stärksten betroffen. So wurden etwa durch das Hochwasser angeschwemmte, hochgiftige Chemikalien in höheren Konzentrationen in den tiefer gelegenen Wohnvierteln von New Orleans gefunden, in denen mehrheitlich Bezieher von Niedrigeinkommen und die afro-amerikanische Bevölkerung lebten. Als das Wasser abgeflossen war, erklärte die Umweltschutzbehörde (EPA), dass man diese Gebiete nicht bereinigen könne, da hier bereits vor dem Hochwasser hohe Schadstoffkonzentrationen existiert hätten (Bullard und Wright 2009, National Association for the Advancement of Coloured People 2006, Pastor et al. 2006).

Auch infolge der Ölpest im Golf von Mexiko, die im Jahr 2010 weite Landstriche der Golfküste betraf, wird Umweltungerechtigkeit vermutet. Der größte Teil des eingefangenen Ölschlamms sei auf Deponien verbracht worden, die sich in mehrheitlich von der afro-amerikanischen Bevölkerung bewohnten Gemeinden befinden.[3] Deren Gesamtanteil in den küstennahen Bezirken der Bundesstaaten Alabama, Florida, Mississippi und Louisiana beträgt indes lediglich 22 Prozent. Damit werden zwar zunehmend und zwangsläufig die Folgen des globalen Klimawandels und der Globalisierung der Wirtschaft thematisiert, jedoch auf lokale Auswirkungen heruntergebrochen.

Im Jahr 1998 bezeichnete der Sierra Club die Hauptstadt des Bundesstaates Georgia, Atlanta, als am stärksten von Suburbanisierung bedrohte Stadt der USA. Seit den späten 1970er Jahren erlebt Atlanta ein immenses Bevölkerungswachstum, was sich zu 68 Prozent auf den im Norden von Downtown neu entstandenen zweiten Stadtkern Buckhead konzentriert. Das damit einhergehende Wirtschaftswachstum konzentriert sich ebenfalls, mit 78 Prozent aller neu geschaffenen Jobs, dort. Im alten Atlanta Downtown hingegen blieb die Bevölkerung nahezu konstant. Trotz einiger noch verbliebener großer Firmen wie CNN oder Coca Cola hat Downtown auch von den positiven wirtschaftlichen Entwicklungen nicht nennenswert profi-

---

3   So Robert D. Bullard in einer Stellungnahme auf dem privaten Online-Informations Portal „OpEdNews" am 31. 07. 2010, URL: www.opednews.com. Stand: 10. 09. 2010.

tiert und sich zunehmend zu einem armen Stadtteil mit einem hohen Prozentsatz an nicht weißer Bevölkerung entwickelt. Strategien zur Re-Vitalisierung (sog. „Smart Growth"-Ansätze) erweisen sich hier als zweischneidiges Schwert: neue Wohnungen sind unerschwinglich für Arme und die wenigen, im gehobenen Dienstleistungssektor geschaffenen, Jobs richten sich hauptsächlich an Angehörige der weißen Mittelschicht.

In diesem Zusammenhang steht auch die schlechte Qualität des öffentlichen Nahverkehrs. Die Metro von Atlanta muss ohne staatliche Zuschüsse auskommen. Bürgerrechtsaktivisten beschweren sich nicht nur darüber, dass der öffentliche Nahverkehr hinter dem Straßenbau nachrangig ist. Sie beklagen auch die mangelnde U-Bahn Anbindung zahlreicher Wohngebiete ethnischer Minderheiten. Da dort lediglich Buslinien existieren, wird zudem die Gesundheitsgefahr durch Dieselruß als erhöht eingeschätzt und die Möglichkeiten, neu geschaffene Jobs in den weit entfernt entstandenen Geschäftszentren Buckhead's anzunehmen, durch schwere Erreichbarkeit reduziert (vgl. dazu Bullard et al. 1999, Bullard et al. 2001).

Nach wie vor spielt die klassische, Public-Health orientierte Perspektive auf Umweltgerechtigkeit eine wichtige Rolle. Diese bezieht die Legitimität des Aktivismus gegen bestimmte Umweltbelastungen aus dem Umstand, dass betroffene Bevölkerungsgruppen höhere Gesundheitsrisiken tragen. Bereits bei den Ereignissen in Love Canal standen die vermuteten Gesundheitsgefährdungen durch den Chemikaliencocktail, der im Grundwasser nachgewiesen werden konnte, im Fokus der Aufmerksamkeit. Allerdings ist bis heute nicht nachgewiesen worden, ob durch das Ereignis tatsächliche gesundheitliche Auswirkungen eingetreten sind: „So wie die Dinge stehen, kann keine Krankheit, nicht einmal eine Erkältung auf das Leben in Love Canal zurückgeführt werden" (Wildavsky 1997: 152).

In erster Linie liegt dies daran, dass hier und in anderen Fällen die überschaubare Anzahl der möglicherweise Betroffenen einer soliden statistischen Analyse kaum zugänglich ist. Die existierenden Studien, die zum Beleg für Umweltungerechtigkeiten herangezogen werden können, beschränken sich daher zumeist auf die Feststellung räumlicher Nähe von Minderheitenwohngebieten zu schmutzigen Industriebetrieben. Solche Arbeiten laufen dann wiederum Gefahr, dass die Lebenswirklichkeit der Betroffenen hinter statistischen Debatten aus den Augen gerät.[4] Dennoch zeigen die Studien, die den Fokus auf potentielle umweltbeeinflusste Gesundheitsschäden nehmen, nach wie vor ein klares Bild: in den USA stellen farbige Bevölkerungsgruppen offenbar immer noch die Mehrheit der Einwohner, die in direkter Nähe zu Sondermülldeponien leben. Diese und zahlreiche weitere, auch auf amtlichen statistischen Daten beruhende Ergebnisse finden sich zusammengefasst in einem 2007 veröffentlichten Bericht, der die Entwicklung der US-amerikani-

---

4   Wie es zum Beispiel im Fall der durchaus anregenden methodischen Auseinandersetzung zwischen Yandle und Burton (1996) und Mohai (1996) der Fall ist. Für eine kritische Diskussion des US-amerikanischen Paradigmas darüber hinaus vgl. z. B. Anderton (1994), Been (1994), Bullard (1994), Hamilton (1995), Mohai und Bryant (1992) und Zimmerman (1993).

schen Umweltgerechtigkeits-Bewegung zeitlich und inhaltlich präzise nachzeichnet (United Church of Christ 2007).

Das Umweltgerechtigkeits-Paradigma ist für viele andere Fragestellungen an der Schnittstelle von Sozialökologie und sozialer Gerechtigkeit anreichernd. So wurde der Blick dafür geöffnet, Auswirkungen sozialer Ungleichheit nicht nur bei Umweltrisiken und -belastungen zu untersuchen, sondern auch im Hinblick auf den Zugang zu bzw. die Verfügung über Umweltressourcen bzw. -güter (Floyd und Johnson 2002, Taylor 2000a). Dies kann auch dann eine Rolle spielen, wenn Menschen aus anderen Kulturkreisen Verhaltensweisen im Umgang mit natürlichen Ressourcen praktizieren, die in Konflikt mit Forderungen der Aufnahmegesellschaft nach Naturschutz, Arterhalt oder Landschaftspflege stehen (vgl. Bengston et al. 2008, Gobster et al. 2004). Gerechtigkeitserwägungen kommen ferner in Betracht, wenn regional Industriebrachen oder Stadtgebiete ökologisch, sozial und ökonomisch nachhaltig revitalisiert werden sollen (Hirsch 2008). Sie stellen sich schließlich auch in Bezug auf die zunehmende Bedeutung eines „grünen" Tourismus und die Frage, ob bestimmte soziale Gruppen an den beabsichtigten positiven Auswirkungen nicht beteiligt werden (Aldy et al. 1999).

In diesen schlaglichtartig skizzierten Themen schlägt sich eine doppelgesichtige Diversifizierung des Umweltgerechtigkeits-Paradigmas nieder: zum einen wird es auf einer thematisch sehr breiten Basis verankert und damit gleichsam verfestigt; zum anderen läuft es Gefahr, in einen Mainstream der ökologischen Modernisierung inkorporiert und damit seines ursprünglich radikal-gesellschaftskritischen Gehalts entledigt zu werden. Die Frage ‚Ist nicht alle Gerechtigkeit umweltbezogen?' (Hamlin 2008) kann vor diesem Hintergrund nur so beantwortet werden: ‚Gut möglich – aber das macht sie kaum weniger relevant.' Inwiefern diese Einsicht zu Trivialisierungen führt liegt, wie die Möglichkeit einer quasi-religiösen Überhöhung am anderen Ende der Skala, letztlich in der Hand derer, die sich des Themas künftig annehmen werden.

Zugänge zu Umweltgerechtigkeit in Europa

In Europa findet Umweltgerechtigkeit aufgrund der kulturellen Heterogenität und mangels europaweiter Forschungsförderung vornehmlich auf der Ebene nationalgesellschaftlicher Diskurse statt. Diese sind nicht explizit unter ein Paradigma integriert. Gemeinsam ist ihnen die Bezugnahme auf die US-amerikanische Entwicklung, von der sie sich dann aber mehr oder weniger deutlich abgrenzen. Nachfolgend werden wichtige Zugänge vorgestellt, ohne damit einen Anspruch auf Vollständigkeit zu erheben.

Die Diskussion in Großbritannien gilt als die am besten etablierte in Europa. Umweltgerechtigkeit passt sich hier gut in sozialgeographische Traditionen aus den 1970er Jahren ein (Maschewsky 2006: 11). Ein explizit auf Facetten von Umweltgerechtigkeit bezogener Aktivismus kann bis in die 1980er Jahre zurückverfolgt werden (Agyeman 2002, Stephens et al. 2001), wobei es in erster Linie die etablierte

Umweltbewegung war, die sich des Themas annahm (Agyeman 2000). Trotz der für europäische Verhältnisse gut fundierten Tradition kam eine im Jahr 2004 erschienene Studie noch zu dem Ergebnis, dass die Datenlage im Hinblick auf das gesamte Land insgesamt mangelhaft sei (Sustainable Development Research Network 2004). Allerdings lässt sich bereits vor Erscheinen dieses Berichtes eine differenzierte Thematisierung von Umweltgerechtigkeit im Vereinigten Königreich nachweisen.

Ein Diskurs fokussiert die Exklusivität der ländlichen Regionen, die entsprechend dem touristischen Selbstverständnis Englands als friedliche, ökologisch „grüne" aber demographisch „weiße" Gegend aufgebaut wird (Commission for Racial Equity 1995). Die ländliche Provinz steht damit für einen geographischen Raum, in dem sich ethnische Minderheiten nicht willkommen fühlen (Agyeman und Spooner 1997). Solche unsichtbaren Barrieren im Zugang zu Umweltgütern müssten als Fälle von Umweltungerechtigkeit in den Blick genommen werden (Agyeman 2002).

Eine zweite Diskussionslinie ist der klassische Zusammenhang zwischen sozialer Lage und Luftverschmutzung. Am stärksten engagierte sich hier die Umweltbewegung *Friends of the Earth* (FoE) und brachte diesem Thema breite Aufmerksamkeit. So konnte gezeigt werden, dass 66 Prozent aller chemischen Substanzen, die im Verdacht stehen, Krebs zu erregen, in sozial benachteiligten Regionen emittiert werden, obwohl diese insgesamt nur ein Zehntel der Gesamtfläche Großbritanniens ausmachen (Friends of the Earth 2001).

Neben diesen regionalen und lokalen Zugängen verweist der *Environmental Justice Action Plan* von FoE Schottland auf globale Zusammenhänge. Am Beispiel des weltweiten Verbrauchs nicht erneuerbarer Ressourcen rückt die Frage gerechter Anteile zwischen dem globalen Süden und Norden in den Vordergrund (Sandrett et al. 2000). Eine Synthese aus diesen Zugängen bildet das Konzept der „gerechten Nachhaltigkeit", mit dem ökologische Nachhaltigkeit und Umweltgerechtigkeit in Einklang miteinander gebracht werden sollen (Agyeman und Evans 2004).

Neben diesen Thematisierungen von Seiten verschiedener NGOs und kritischer Sozialwissenschaftler wird Umweltgerechtigkeit schließlich auch auf der Ebene politischer Verpflichtungen und Visionen angesprochen. Der schottische Premierminister McConnel bekannte sich 2002 in einer viel beachteten Rede[5] dazu und die britische Umweltbehörde veröffentlichte 2004 ein entsprechendes Positionspapier[6].

Ein weiterer recht gut etablierter Diskussionszusammenhang zum Thema Umweltgerechtigkeit lässt sich in Deutschland aufzeigen. Ethnische Differenzierung wurde hier lange Zeit kaum in eine signifikante Beziehung zu sozialer Ungleichheit gesetzt (Friedrichs 2001). Anders als in den USA gab und gibt es ferner keine Bürgerrechtsbewegung, die aus einem reichhaltigen politischen Erbe heraus soziale und Umweltfragen miteinander verbindet (s. u.). Die Umweltbewegung der BRD war zwar auch mit anderen politischen Themen befasst – es gab eine starke Nähe zur

---

5   URL: http://www.spokes.org.uk/oldsite/firstministerspeech.htm. Stand: 10.09.2010.
6   URL: http://www.environment-agency.gov.uk/research/library/position/41189.aspx. Stand: 10.09.2010.

Friedensbewegung – aber auch hier fehlten Impulse, die zu einer Fundierung des Themas Umweltgerechtigkeit gleichsam von unten geführt haben.

Die Besonderheit des deutschen Weges liegt zum einen darin, dass sich zunächst vor allem die Sozialepidemiologie des Themas angenommen hat. Bis in die 1990er Jahre hinein gab es nur eine sehr dünne Faktenlage bezüglich des Zusammenhanges von sozialer Ungleichheit und Umweltbelastungen, die sich vornehmlich auf den Bereich der Außenluftverschmutzung konzentrierte (Jarre 1975, Mielck 1985). Eine im Auftrag des Deutschen Bundestages erstellte Übersichtsarbeit zur Frage des Zusammenhanges von sozialer Ungleichheit, Umweltbelastungen und Gesundheit erschien erst 1998 (Heinrich et al. 1998). Diese und sich anschließende ähnlich gelagerte Arbeiten wiesen nach, dass es auch in Deutschland gesundheitliche Ungleichheit gibt (Helmert et al. 2000, Laaser et al. 2000, Mielck 2000). In Bezug auf die soziale Verteilung umweltbeeinflusster Gesundheitsrisiken bot sich das US-amerikanische Umweltgerechtigkeits-Paradigma als eine Art interpretativer Rahmung an (Bolte und Mielck 2004, Mielck und Bolte 2004, Mielck und Heinrich 2002). Die sozial-epidemiologische Traditionslinie stellt nach wie vor einen essentiellen Bereich der deutschen Diskussion zu Umweltgerechtigkeit dar, der neben Bundesbehörden (Bunge und Katzschner 2009) allmählich auch von Kommunalverwaltungen aufgegriffen wird (z. B. Klimeczek und Luck-Bertschat 2008).

In Bezug auf konzeptionell-sozialwissenschaftliche Erwägungen wurde die US-amerikanische Debatte zu Umweltgerechtigkeit von Werner Maschewsky auf die Bundesrepublik übertragen (Maschewsky 2000, 2001). Damit wurde auf Problemfelder eingegangen, die im US-amerikanischen Ursprungskontext bis dahin ausgeblendet blieben[7] und das Thema ferner für andere Disziplinen fruchtbar gemacht. Beiträge finden sich seither etwa im Bereich der Umweltplanung oder des Umweltrechts und in sozialwissenschaftlichen Arbeiten (z. B. Diekmann und Meyer 2010, Elvers 2007, Flitner 2007, Hornberg und Pauli 2007, 2008, Kloepfer 2000, 2006, Köckler 2006, 2008).

Neben der sozial-epidemiologischen und sozialwissenschaftlichen Diskussion, die nicht selten miteinander verschränkt sind, knüpft eine dritte Richtung der Thematisierung von Umweltgerechtigkeit in der Bundesrepublik an den Klimawandel, den Nachhaltigkeitsdiskurs und die Umweltethik an (z. B. Brühl und Simonis 2001, Ott und Döring 2008, Sachs 2003, Santarius 2007, Wuppertal Institut für Klima Umwelt und Energie 2005)

Zur Frage der öffentlichen Problemwahrnehmung in Deutschland

In der Bundesrepublik waren es zuerst Wissenschaftler, die sich des Themas annahmen. Mit Ausnahme des dritten Diskussionsschwerpunkts und anders als in

---

7   Er diskutiert beispielsweise die Anwendung des Konzepts auf Landnutzungs-Konflikte wie z. B.
     das zu der Zeit noch genutzte „Bombodrom" in Brandenburg oder die Einrichtung von lokal
     äußerst unbeliebten Mobilfunk-Sendemasten.

Großbritannien hat auch die Umweltbewegung hierzulande lange Zeit nicht zum Thema Stellung bezogen. Auch in der Öffentlichkeit existiert so gut wie keine Problemwahrnehmung. Dies betrifft sowohl sozial benachteiligte Bevölkerungsgruppen als auch Menschen mit Migrationshintergrund, die in Bezug auf Umwelteinflüsse sozial benachteiligt sind (Kolahgar 2006).

Es wurde darauf hingewiesen, dass es vor allem die Tradition des deutschen Sozial- und Wohlfahrtsstaats, die vergleichsweise geringe Rassendiskriminierung und eine in Bezug auf Großindustrieansiedlungen heterogene Sozialstruktur ist, die einer sozialen Mobilisierung im Hinblick auf Umweltgerechtigkeit in Deutschland im Wege stehen (Maschewsky 2001). Dies unterstreichen die Ergebnisse der Umweltbewusstseins-Studien. Die derzeit aktuellste zeigt auf, dass sich insgesamt etwa ein Drittel der Bevölkerung durch Umwelteinflüsse stark belastet fühlt (Bundesministerium für Umwelt Naturschutz und Reaktorsicherheit 2008). Im Gegensatz zu den oben genannten Ergebnissen der sozial-epidemiologischen Forschung schätzen hingegen vor allem Menschen mit höherer Schulbildung die eigene Gesundheit durch Umwelteinflüsse häufiger als gefährdet ein, als Menschen mit geringerer Bildung. Ferner geben insgesamt acht Prozent der Befragten an, dass sie mehr als der Durchschnitt der Bevölkerung durch Umweltbelastungen betroffen sind. Nach Angaben der Autoren der Studie sind dies vor allem Personen aus den Milieus der Postmateriellen, Experimentalisten und Hedonisten (ebd.: 51). Damit zieht sich diese Wahrnehmung durch alle sozialen Schichten. Lediglich ein Alterseffekt zeigt sich, weil diese Milieus vor allem in den jüngeren Bevölkerungsgruppen vertreten sind. Dies muss wohl in Zusammenhang mit dem wachsenden Einfluss der Umweltbewegung und globalisierungskritischer Gruppen seit den 1980er Jahren gesehen werden. Somit kann prognostiziert werden, dass in Bezug auf Umweltgerechtigkeit die Diskussion in Deutschland auch weiterhin einen anderen Weg gehen wird als in den USA.

Ein weiterer europäischer, vergleichsweise gut integrierter Diskurs zu Umweltgerechtigkeit findet sich in Mittel- und Osteuropa. Dabei steht vor allem die ethnische Bevölkerungsgruppe der Roma im Mittelpunkt (Filčák 2007, Steger 2007, Steger und Filčák 2008). Er setzt an den Befunden zur multifaktoriellen Benachteiligung dieser Bevölkerungsgruppen auf den Ebenen Bildung, Zugang zu Gesundheitsvorsorge und Beschäftigungsmöglichkeiten an (Emigh et al. 2001, United Nations Development Programme (UNDP) 2002, World Bank 2000, 2003). Zusätzlich dazu zeigen sich auch Benachteiligungen im Hinblick auf umweltbezogene Lebensbedingungen. In Bezug auf die Volksgruppe der Roma sind es vor allem gesundheitliche und wirtschaftliche Folgen von Naturkatastrophen und ein Mangel an grundlegenden Möglichkeiten der Trinkwassergewinnung und Abwasserbehandlung, die besondere Aufmerksamkeit verlangen. Beispiele für damit in Zusammenhang stehende Benachteiligungen finden sich etwa in der Slowakei (Filčák 2007) und in Ungarn (Harper et al. 2009). Aufmerksamkeit erregte auch der Fall der Kolonie „Castel Firmiagno". Im Jahr 2005 wurde bekannt, dass ca. 100 Roma aus Mazedonien in der Nähe von Bozen (Italien) in einem Camp lebten, das auf einer ehemaligen Mülldeponie errichtet worden war. Obwohl den lokalen Behörden aus Gutachten daraus resultierende Gesundheitsgefährdungen bekannt waren, wurde dieses, von ihnen als „Nomadenlager" bezeichnete Camp, dennoch dort eingerichtet.[8]

Im Vergleich zur US-amerikanischen Bewegung handelt es sich bei den Roma in Europa um eine verstreute Volksgruppe, die aus großen Familienclans besteht. Auch wenn es politische Dachorganisationen gibt muss festgehalten werden, dass aufgrund eines mehr oder weniger offen diskriminierenden Umgangs mit Roma eine politisch effektive Selbstorganisation ebenso wie die Möglichkeit, im politischen Entscheidungsfindungsprozess zu partizipieren, nahezu nicht existent ist.[9] Dahinter stehen in vielen Fällen lange verwurzelte Vorurteile gegen „Zigeuner" (Harper et al. 2009). Die Umweltgerechtigkeits-Perspektive vermag es, die Tragweite dieser Diskriminierung zu erkennen und zugleich in einen Zusammenhang mit globalen Ungleichheitsmustern zu setzen.

Diversifizierung: „Neue" Umweltkonflikte und Aushandlungen von Umweltgerechtigkeit

Nachdem zentrale Fragestellungen der Umweltgerechtigkeits-Thematik angerissen worden sind, indem die US-amerikanische Umweltgerechtigkeitsbewegung ebenso gewürdigt wurde wie etablierte europäische Diskurse, wird im Folgenden gezeigt, wie sich Umweltgerechtigkeit gegenwärtig und zukünftig ausdifferenzieren könnte. Dabei wird auch auf die Frage eines globalen Aktivismus einzugehen sein. Insbesondere für die Länder des globalen Südens und Ostens ist festzuhalten, dass sich Umweltgerechtigkeit hier viel stärker als internationales, globales Problem entfaltet als für die Wohlfahrtsstaaten des globalen Nordens.

Eine Frage die bislang erst ansatzweise in die Diskussion um Umweltgerechtigkeit eingreift, ist die nach Konflikten über Umweltbelastungen, die sich nicht primär entlang vertikaler sozialer Differenzierungen entfalten. Hierzu zählen vor allem lokal unerwünschte Formen von Flächennutzung, die in Zusammenhang mit einer Verschlechterung von umweltbezogener Lebensqualität gesehen werden.

Beispiele dafür können etwa Aktionen zur Verhinderung von Mobilfunk-Sendeanlagen sein. Nicht selten entstehen im Angesicht eines Sendemastes irrationale Ängste vor „Strahlenschäden" (Bundesministerium für Umwelt Naturschutz und Reaktorsicherheit 2007, Eikmann und Herr 2007). Elektrosensible beklagen sich über Schlafstörungen und Krankheitssymptome und bilden Aktivistengruppen, um sich der Sendeanlage zu entledigen.[10] Werner Maschewsky sieht hier vor allem eine hö-

---

8   URL: http://www.cohre.org/store/attachments/Castel_Firmiano_FactSummary_Sep07.pdf. Stand: 10.09.2010.
9   Im Sommer des Jahres 2010 fanden Massenabschiebungen aus Frankreich statt. Tausende nichtfranzösische Roma wurden teils im Schnellverfahren in ihre Heimatländer Rumänien und Bulgarien zurückgeschickt und Roma-Lager aufgelöst. Diese sehr fragwürdigen Geschehnisse haben offengelegt, wie nötig ein europaweites sozialpolitisches Rahmenwerk für diese Volksgruppe ist.
10 Alleine in Deutschland waren es im Jahr 2009 noch etwa 200 solcher Gruppen (Elvers et al. 2009). Einige lokale Initiativen haben sich mittlerweile zu Netzwerken zusammengeschlossen.

here Sensibilität der Oberschichten (Maschewsky 2001). Eine andere Konstellation ist der Kampf gegen Fluglärm. So schlossen sich beispielsweise Bewohner aus Gemeinden, die in der Nähe des neuen Flughafens „Berlin-Brandenburg International" (BBI) liegen und auf die künftig erhebliche Lärmbelastungen zukommen, zu einer Bürgerinitiative zusammen die erfolgreich nicht nur in der Verzögerung des Baus, sondern auch in der Verhängung eines Nachtflugverbotes und weitreichender Kompensationen war.[11] Die Dörfer lassen sich hingegen kaum als sozial benachteiligte Gebiete qualifizieren (vgl. dazu Elvers 2007). Schließlich soll auf den hohen Organisationsgrad von Gesundheitsbewegungen zur Prävention von Brustkrebs in den USA hingewiesen werden. Hier kämpfen Netzwerke für die Anerkennung von umweltbedingten Ursachen für diese Krebsart (vgl. Brown 2007). Die Gruppen selbst sind sehr gut organisiert, verfügen über gute Kontakte zur Republikanischen Partei und entstammen durchweg wohlhabenden Regionen.

Hat man es mit diesen und ähnlich gelagerten „kontra-intuitiven" Fällen nun mit Beispielen zu tun, die aus dem Umweltgerechtigkeits-Paradigma explizit ausgeschlossen werden sollten? Oder kann Umweltungerechtigkeit auch dann vorliegen, wenn sich ein Konflikt nicht in Form der bisher skizzierten Beispiele ausprägt sondern sich ungewöhnliche, neuartige und der Logik sozialer Diskriminierung dem ersten Anschein nach nicht entsprechende Konstellationen ergeben?

Ein Vorschlag, wie mit solchen Fällen umgegangen werden kann, ist an anderer Stelle gemacht worden (Elvers et al. 2008). Dahinter steht die Überlegung, dass Umweltgerechtigkeit als Handlungsziel in einem Aushandlungsprozess hergestellt bzw. vermittelt wird, der im Idealfall eines „robusten" Prozesses (Groß et al. 2003) zu einem Interessenausgleich führt. Dies schließt an zu Überlegungen, nach denen Bedeutungen von Umweltgerechtigkeit als Produkte sozialer Sinngebung verstanden werden können, die das Verständnis und die Interpretation „kultureller Landschaften" betreffen (Flitner 2007: 44, Towers 2000). Bedeutungen aber werden in Interaktionen hergestellt, also gleichsam prozessiert und sind nicht als objektive Sinngehalte vorgegeben (Berger und Luckmann 2004, Blumer 1973, Goffman 1980, Schütz 1974). Zurückgeführt auf Umweltgerechtigkeit können kontroverse Sinndeutungen dabei in verschiedenen Bereichen auftreten: bei der Feststellung eines Problems in Bezug auf umstrittene Landnutzungen, bei der Bewertung des Problems vor dem Hintergrund verfügbarer Wissensbestände und existierender Wissenslücken, bei der Interpretation des Problems im Hinblick auf soziale Betroffenheiten

---

11   Die *Berliner Morgenpost* titelte in ihrer Sonderausgabe „Wochenend-Extra" vom 11./12. September 2010: „BBI: Berliner fürchten Fluglärm". Aufgrund des Parallelbetriebs von zwei Start- und Landebahnen soll, anders als geplant, ein Teil der Flugzeuge nach Norden umgeleitet werden – das würde u. a. die Bezirke Steglitz-Zehlendorf, Tempelhof-Schöneberg, Friedrichshain-Kreuzberg und Marzahn-Hellersdorf betreffen. Während die ersten beiden eher „Oberschichten-Bezirke" sind, handelt es sich bei den letztgenannten um Bezirke mit einem relativ hohen Anteil sozial schwacher Bevölkerung bzw. Bevölkerung mit Migrationshintergrund. In Steglitz-Zehlendorf hat sich bereits eine erste Bürgerinitiative gebildet. Hier hat man es mit einem klassischen NIMBY-Phänomen („Not in my backyard") zu tun, denn es kann ja allenfalls eine *Veränderung* der Flugrouten erreicht werden. Dies muss dazu führen, dass diese dann über andere bewohnte Gebiete führen. Es bleibt abzuwarten, wie sich dieser Konflikt entwickeln wird.

und schließlich bei Aktionen, die eine Veränderung des festgestellten Problems zum Ziel haben (Elvers et al. 2008: 847 ff.).

Voraussetzung dafür, dass ein solcher Prozess in der Praxis gelingt, ist eine größtmögliche Transparenz der Informationen (Arnstein 1969, Dryzek 2000, Wynne 1996) und die *wechselseitige* „Anerkennung" (Fraser und Honneth 2003, Schlosberg 2004) der involvierten Akteure. Dieses Modell könnte sich in komplizierten Konfliktlagen anbieten, in denen potenzielle Risiken durch eine Maßnahme mit Umweltbezug ebenso wie der gesamte Kreis der potenziell Betroffenen nur unpräzise angegeben werden können und die Frage nach Gerechtigkeit von daher sehr dehnbar ist. Inwiefern sich dieser Ansatz für Umweltkonflikte bewährt, bei denen Gerechtigkeitsfragen eine, aber womöglich nicht die einzige Rolle spielen und die vor allem konträr zu den bisher diskutierten Beispielen für fehlende Umweltgerechtigkeit liegen, müssen künftige Arbeiten zeigen.

An die 90 Prozent des weltweit verursachten Giftmülls wird von den Industrienationen Europas und Amerikas und von Japan verursacht und ein großer Teil davon wird von diesen Ländern des „globalen Nordens" in Staaten des Südens ausgeführt – nach Lateinamerika, Afrika und Südost-Asien (Clapp 2001). Hierin liegt eine globale Spiegelung der Probleme, denen sich die US-amerikanische Umweltgerechtigkeits-Bewegung im eigenen Land widmet. Denn deren nicht von der Hand zu weisende Erfolge bei der Verhinderung von Müllverbrennungsanlagen und Sondermülldeponien hatten eine unbeabsichtigte Nebenwirkung: in vielen Fällen nahmen die schlimmsten Umweltverschmutzer dies zum Anlass, andere Wege der Entsorgung zu suchen und fanden sie im Export des Sondermülls in die Länder des Südens – an den hauptsächlich im lokalen Zusammenhang agierenden Umweltgerechtigkeits-Gruppen in den USA vorbei und von diesen lange Zeit unbeachtet.

Anhand von sehr wirksamen Kampagnen lässt sich zeigen, wie transnationale Netzwerke sozialer Bewegungen sich erfolgreich gegen solche Müllexporte zur Wehr setzen können (vgl. Pellow 2007) und dass dieser Aktivismus über Verteilungsfragen hinausgehend auch auf das Moment der kulturellen Anerkennung abzielt (Schlosberg 2004). Daraus lassen sich zwei Lektionen ableiten: zum einen müssen vor allem die sozialen Bewegungen des Nordens genau abwägen, in welchem Ausmaß sie Teil des Problems sind, gegen das sie vorgehen. Zum anderen wird hieran aber auch deutlich, dass solche Bewegungen eine erstaunliche politische Macht besitzen, mit der es gelingen kann, sich gegen einige der weltweit größten Firmen und mächtigsten Regierungen zu stellen (vgl. dazu insbes. Martinez-Alier 2002).

Fazit

Der Ruf nach Umweltgerechtigkeit entstand ursprünglich in Abgrenzung zu den Forderungen der etablierten Umweltbewegungen. Er wurde in Aktivistengruppen geprägt, denen lange Zeit eine völlige Indifferenz gegenüber Umweltfragen unterstellt wurde und die deshalb kaum Zugang zu Prozessen umweltpolitischer Entscheidungsfindung hatten (Mohai 1990, Schlosberg 2007, Taylor 2000b). Seine

Verbindung mit dem Erbe der US-amerikanische Bürgerrechtsbewegung öffnet ihn
für einen Umweltaktivismus der Armen und sozial Benachteiligten und koppelt
ihn an eine, über simple Begründungen hinausgehende, politische Ökologie an
(Martinez-Alier 2002).

Wenn auch die Argumentation der US-amerikanischen Umweltgerechtigkeits-
Bewegung nicht unumstritten ist, so ist sie doch dafür verantwortlich, dass dieser
interpretative Rahmen (Capek 1993) auch in anderen Teilen der Welt aufgegriffen
wurde und zu neuen, differenzierten Formen von Umweltgerechtigkeits-Aktivismus geführt hat. Neben Thematisierungen in Europa, die sowohl von der klassischen Umweltbewegung als auch von engagierten Wissenschaftlerinnen eingeleitet
worden sind, findet sich ein dahingehend gestiegener Aktivismus auch in vielen
Ländern des globalen Südens und Ostens.

Es gibt also nicht *den* Umweltgerechtigkeits-Diskurs. Vielmehr zeigt sich für dieses Feld eine enorme Diversifizierung – die sich nicht zuletzt in der Begriffswahl
niederschlägt – deren Gemeinsamkeit aber in der Betonung einer sozialen Differenzierung bei der subjektiven und objektiven Betroffenheit von Umweltrisiken liegt.
Neben Zugängen aus dem Feld von *Public Health* und Gesundheitswissenschaften
stehen Ansätze, die Umweltgerechtigkeit in Verbindung mit Klimawandel, ökologischen Fragen, Globalisierung der Wirtschaft und Nachhaltigkeitsdiskursen bringen.
Die Mehrheit der Thematisierungen hingegen fokussiert Umweltgerechtigkeit unter
dem Aspekt multifaktorieller, sich lokal und sozialräumlich auswirkender Ungleichheiten von Umweltrisiken, -ressourcen und -beeinträchtigungen. Zu dieser letzten
Gruppe von Ansätzen seien auch die Überlegungen im Hinblick auf Aushandlungsprozesse von Umweltgerechtigkeit und „neue Umweltkonflikte" eingeordnet. Diese
Zugänge lassen sich als Synthese aus dem eher engen gesundheitswissenschaftli-
chen Fokus und der sehr weitreichenden Verbindung zu Fragen der ökologischen
und der Klimagerechtigkeit verstehen. Sie stellen ferner eine substanzielle Erweiterung des klassischen US-amerikanischen Paradigmas dar, weil sie *zum einen* lokale
Entstehungsszenarien globaler Umweltungleichheiten in den Blick nehmen können
und diese damit auf ihren Entstehungskontext zurückzuführen in der Lage sind.
Zum anderen lassen sich auch die Auswirkungen globaler Ungleichheitsstrukturen
auf lokale Sozialräume nachvollziehen und somit kenntlich machen, wie sich globale Vernetzungen auf die Lebenswirklichkeit der Menschen auswirken. Diese Perspektive soll als diejenige verstanden werden, die sich einer umweltsoziologischen
Betrachtung, die vom Lokalen ausgehend auch globale Ungleichheitsstrukturen in
den Blick nimmt, am besten öffnet.

Der Diskurs um eine ökologische Modernisierung (Hajer 1995, Schnaiberg und
Gould 2000), der vor allem in den wohlhabenden Industrieländern stattfindet, hat
bei vielen kritischen Betrachtern wohl dazu geführt, dass neben der Globalisierung
der Risikoverteilungen (Beck 1986) in letzter Zeit vor allem die globalen Ungleichver-
teilungen der Folgen dieser Bedrohung und der Möglichkeiten, mit ihr umzugehen,
stärker in den Blick genommen werden. Die Virulenz des Klimawandels, der in der
scheinbaren Paradoxie von globalem Bedrohungsszenario und regionaler bzw. lokaler Vulnerabilität aufgeht (Beck 2008: 285), wird zu einer weiter steigenden Bedeu-

tung des Themas der Umweltgerechtigkeit beitragen. Dazu werden auch Konflikte um knapper werdende Ressourcen zählen – sei es um Wasser, Nahrung oder Öl (Giddens 2009). Die Zeiten einfacher Erklärungen für derartig komplexe Problemstellungen hingegen sind vorbei.

Weiterführende Literatur

Bullard, Robert D. (1990): *Dumping in Dixie: Race, Class, and Environmental Quality*. Boulder, CO: Westview Press.

Bullard, Robert D. (1993): *Confronting Environmental Racism: Voices from the Grassroots*. Boston, MA: South End Press.

Maschewsky, Werner (2001): *Umweltgerechtigkeit, Public Health und soziale Stadt*. Frankfurt a. M.: VAS – Verlag für Akademische Schriften.

Pellow, David N. (2007): *Resisting Global Toxics: Transnational Movements for Environmental Justice*. Cambridge, MA: MIT Press.

Szasz, Andrew (1994): *EcoPopulism: Toxic Waste and the Movement for Environmental Justice*. Minnesota: University of Minnesota Press.

Zitierte Literatur

Agyeman, Julian (2000): *Environmental Justice: From the Margins to the Mainstream*. London: Town and Country Planning Association.

Agyeman, Julian (2002): Constructing Environmental (In)justice: Transatlantic Tales. *Environmental Politics* 11 (3): 31–53.

Agyeman, Julian und Tom Evans (2004): ‚Just sustainability': The Emerging Discourse of Environmental Justice in Britain? *The Geographical Journal* 170 (2): 155–164.

Agyeman, Julian und Rachel Spooner (1997): Ethnicity and the Rural Environment. In: Clarke, Paul, Jo Little und Paul Cloke (Hrsg.), *Contested Countryside Cultures*. London: Routledge, 197–217.

Aldy, Joseph E., Randall A. Kramer und Thomas P. Holmes (1999): Environmental Equity and the Conservation of Unique Ecosystems. *Society and Natural Resources* 12 (2): 93–106.

Anderton, Douglas L. (1994): Hazardous Waste Facilities: „Environmental Equity" Issues in Metropolitan Areas. *Evaluation Review* 18 (2): 123–140.

Arnstein, Sherry (1969): A Ladder of Citizen Participation. *Journal of the American Institute of Planners* 35 (4): 216–224.

Beck, Ulrich (1986): *Risikogesellschaft: Auf dem Weg in eine andere Moderne*. Frankfurt a. M.: Suhrkamp.

Beck, Ulrich (2008): *Weltrisikogesellschaft: Auf der Suche nach der verlorenen Sicherheit*. Frankfurt a. M.: Suhrkamp.

Been, Vicki (1994): Locally Undesirable Land Uses in Minority Neighbourhoods: Disproprtionate Siting or Market Dynamics? *Yale Law Journal* 103 (6): 1383–1422.

Bengston, David N., Michele Schermann, Maikia Moua und Tou Thai Lee (2008): Listening to Neglected Voices: Hmong and Public Lands in Minnesota and Wisconsin. *Society and Natural Resources* 21 (10): 876–890.

Berger, Peter L. und Thomas Luckmann (2004 [1966]): *Die gesellschaftliche Konstruktion der Wirklichkeit*. Frankfurt a. M.: Fischer.

Berry, Brian J. L. (Hrsg.) (1977): *The Social Burden of Environmental Pollution: A Comparative Metropolitan Data Source.* Cambridge, MA: Ballinger.

Blumer, Herbert (1973): Der methodologische Standort des symbolischen Interaktionismus. In: Arbeitgruppe Bielefelder Soziologen (Hrsg.), *Alltagswissen, Interaktion und gesellschaftliche Wirklichkeit.* Reinbeck: Rowohlt, 80–146.

Bolte, Gabriele und Andreas Mielck (Hrsg.) (2004): *Umweltgerechtigkeit: Die soziale Verteilung von Umweltbelastungen.* Weinheim: Juventa.

Brown, Phil (2007): *Toxic Exposures: Contested Illnesses and the Environmental Health Movement.* New York: Columbia University Press.

Brühl, Tanja und Udo Ernst Simonis (2001): *World Ecology and Global Environmental Governance.* Berlin: Wissenschaftszentrum Berlin für Sozialforschung.

Brulle, Robert J. und David N. Pellow (2006): Environmental Justice: Human Health and Environmental Inequalities. *Annual Review of Public Health* 27: 103–124.

Bullard, Robert D. (1983): Solid Waste Sites and the Black Houston Community. *Sociological Inquiry* 53 (2-3): 273–288.

Bullard, Robert D. (1990): *Dumping in Dixie: Race, Class, and Environmental Quality.* Boulder, CO: Westview Press.

Bullard, Robert D. (1993): *Confronting Environmental Racism: Voices from the Grassroots.* Boston, MA: South End Press.

Bullard, Robert D. (1994): The Legacy of the American Apartheid and Environmental Racism. *St Johns Journal of Legal Commentary* 9 (2): 445–474.

Bullard, Robert D. (2001): Environmental Justice in the 21st Century: Race Still Matters. *Phylon* 49 (3/4): 151–171.

Bullard, Robert D., Glenn S. Johnson und Angel O. Torres (1999): Atlanta Megasprawl. In the Fastest Growing Human Development in History, the Burden of Sprawl falls Heaviest on the Disadvantaged. *Forum for Applied Research and Public Policy* 14 (3): 17–23.

Bullard, Robert D., Glenn S. Johnson und Angel O. Torres (2001): The Costs and Consequences of Urban Sprawl: The Case of Metro Atlanta. *Georgia State University Law Review* 17 (4): 935–998.

Bullard, Robert D. und Beverly Wright (Hrsg.) (2009): *Race, Place, and Environmental Justice After Hurricane Katrina: Struggles to Reclaim, Rebuild, and Revitalize New Orleans and the Gulf Coast.* Boulder, CO: Westview Press.

Bundesministerium für Umwelt Naturschutz und Reaktorsicherheit (2007): *Ermittlung der Befürchtungen und Ängste der breiten Öffentlichkeit hinsichtlich möglicher Gefahren der hochfrequenten elektromagnetischen Felder des Mobilfunks.* Bonn: Bundesministerium für Umwelt, Naturschutz und Reaktorsicherheit.

Bundesministerium für Umwelt Naturschutz und Reaktorsicherheit (2008): *Umweltbewusstsein in Deutschland 2008. Ergebnisse einer repräsentativen Bevölkerungsumfrage.* Berlin: Bundesministerium für Umwelt, Naturschutz und Reaktorsicherheit.

Bunge, Christiane und Antje Katzschner (2009): *Umwelt, Gesundheit und soziale Lage. Studien zur sozialen Ungleichheit gesundheitsrelevanter Umweltbelastungen in Deutschland.* Dessau-Rosslau: Umweltbundesamt.

Capek, Stella M. (1993): The ‚Environmental Justice‘ Frame: A Conceptual Discussion and an Application. *Social Problems* 40 (1): 5–24.

Carson, Rachel (1963 [1962]): *Der stumme Frühling.* München: Beck.

Checker, Melissa (2005): *Polluted Promises: Environmental Racism and the Search for Justice in a Southern Town.* New York: New York University Press.

Clapp, Jennifer (2001): *Toxic Exports: The Transfer of Hazardous Wastes from Rich to Poor Countries.* Ithaca, NY: Cornell University Press.

Cole, Luke W. und Sheila R. Foster (2001): *From the Ground Up: Environmental Racism and the Rise of the Environmental Justice Movement*. New York: New York University Press.

Commission for Racial Equity (1995): *Ethnic minorities in Britain*. London: CRE.

Commission for Racial Justice (1987): *Toxic Wastes and Race in the United States*. New York: United Church of Christ.

Diekmann, Andreas und Reto Meyer (2010): Demokratischer Smog? Eine empirische Untersuchung zum Zusammenhang zwischen Sozialschicht und Umweltbelastungen. *Kölner Zeitschrift für Soziologie und Sozialpsychologie* 62 (3): 437–457.

Downey, Liam (2005): The Unintended Significance of Race: Environmental Racial Inequality in Detroit. *Social Forces* 83 (3): 971–1008.

Dryzek, John S (2000): *Deliberative Democracy and Beyond: Liberals, Critics, Contestations*. New York: Oxford University Press.

Eikmann, Thomas und Caroline Herr (2007): Können Handys Krebs auslösen? Eine Medienkontroverse zeigt die Problematik der öffentlichen Mobilfunkdiskussion. *Umweltmedizin in Forschung und Praxis* 5 (1): 5–7.

Elvers, Horst-Dietrich (2005): *Umweltgerechtigkeit (Environmental Justice): Integratives Paradigma der Gesundheits- und Sozialwissenschaften?* Leipzig: UFZ Diskussionspapier, 15. Helmholtz-Zentrum für Umweltforschung.

Elvers, Horst-Dietrich (2007): Umweltgerechtigkeit als Forschungsparadigma der Soziologie. *Soziologie* 36 (1): 21–44.

Elvers, Horst-Dietrich, Matthias Gross und Harald Heinrichs (2008): The Diversity of Environmental Justice: Towards a European Approach. *European Societies* 10 (5): 835–856.

Elvers, Horst-Dietrich, Burkhard Jandrig, Kathrin Grummich und Christof Tannert (2009): Mobile Phones and Health: Media Coverage Study of German Newspapers on Possible Adverse Health Effects of Mobile Phone Use. *Health, Risk & Society* 11 (2): 165–179.

Emigh, Rebecca Jean, Eva Fodor und Iván Szelényi (2001): The Racialization and Feminization of Poverty? In: Emigh, Rebecca Jean und Iván Szelényi (Hrsg.), *Poverty, Ethnicity, and Gender in Eastern Europe During the Market Transition*. Westport, CT: Praeger, 1–33.

Filčák, Richard (2007): *Environmental Justice in the Slovak Republic: The Case of the Roma Ethnic Minority*. Ph.D. Dissertation. Budapest: Central European University.

Fletcher, Thomas (2002): Neighborhood Change at Love Canal: Contamination, Evacuation, and Resettlement. *Land Use Policy* 19 (4): 311–323.

Flitner, Michael (2007): *Lärm an der Grenze: Fluglärm und Umweltgerechtigkeit am Beispiel des binationalen Flughafens Basel-Mulhouse*. Stuttgart: Franz Steiner Verlag.

Floyd, Myron F. und Cassandra Y. Johnson (2002): Coming to Terms with Environmental Justice in Outdoor Recreation: A Conceptual Discussion with Research Implications. *Leisure Sciences* 24 (1): 59–77.

Fraser, Nancy und Axel Honneth (2003): *Umverteilung oder Anerkennung? Eine politisch-philosophische Kontroverse*. Frankfurt a. M.: Suhrkamp.

Friedrichs, Jürgen (2001): Ethnische Segregation im Kontext allgemeiner Segregationsprozesse in der Stadt. In: Harth, Annette, Gitta Scheller und Wulf Tessin (Hrsg.), *Stadt und soziale Ungleichheit*. Opladen: Leske+Budrich, 174–196.

Friends of the Earth (2001): *Pollution and Poverty: Breaking the Link*. London: Friends of the Earth.

General Accounting Office (1983): *Siting of Hazardous Waste Landfills and their Correlation with Racial and Economic Status of Surrounding Communities*. Washington, DC: Government Printing Office.

Gibbs, Lois M. (1981): *Love Canal: My Story*. Albany, NY: State University of New York Press.

Gibbs, Lois M. (2008): *Achieving the Impossible. Stories of Courage, Caring & Community*. Falls Church, VA: Center for Health, Environment and Justice.

Giddens, Anthony (2009): *The Politics of Climate Change.* Malden, MA: Polity Press.

Gobster, Paul H. Susan I. Stewart und David N. Bengston (2004): The Social Aspects of Landscape Change: Protecting Open Space under the Pressure of Development. *Landscape and Urban Planning* 69 (2-3): 149–334.

Goffman, Erving (1980 [1974]): *Rahmen-Analyse. Ein Versuch über die Organisation von Alltagserfahrungen.* Frankfurt a. M.: Suhrkamp.

Groß, Matthias (2006): *Natur.* Bielefeld: transcript.

Groß, Matthias, Holger Hoffman-Riem und Wolfgang Krohn (2003): Realexperimente: Robustheit und Dynamik ökologischer Gestaltungen in der Wissensgesellschaft. *Soziale Welt* 54 (3): 241–258.

Hajer, Marten A. (1995): *The Politics of Environmental Discourse. Ecological Modernization and the Policy Process.* Oxford: Clarendon Press.

Hamilton, James T. (1995): Testing for Environmental Racism: Prejudice, Profits, Political Power? *Journal of Policy Analysis and Management* 14 (1): 107–132.

Hamlin, Christopher (2008): Is all Justice Environmental? *Environmental Justice* 1 (3): 145–147.

Harper, Krista, Tamara Steger und Richard Filčák (2009): Environmental Justice and Roma Communities in Central and Eastern Europe. *Environmental Policy and Governance* 19 (4): 251–268.

Heiman, Michael K. (1996): Race, Waste, and Class: New Perspectives on Environmental Justice. *Antipode* 28 (2): 111–121.

Heinrich, Joachim, Andreas Mielck, Ines Schäfer und Wolfgang Mey (1998): *Soziale Ungleichheit und umweltbedingte Erkrankungen in Deutschland: Empirische Ergebnisse und Handlungsansätze.* Landsberg: Ecomed.

Helmert, Uwe, Karin Bammann, Wolfgang Voges und Rainer Müller (Hrsg.) (2000): *Müssen Arme früher sterben? Soziale Ungleichheit und Gesundheit in Deutschland.* Weinheim: Juventa.

Hirsch, Jennifer (2008): New Allies for Nature and Culture: Exploring common ground for a just and sustainable Chicago region. *Environmental Justice* 1 (4): 189–194.

Holifield, Ryan (2001): Defining Environmental Justice and Environmental Racism. *Urban Geography* 22 (1): 78–90.

Hornberg, Claudia und Andrea Pauli (2007): Child Poverty and Environmental Justice. *International Journal of Hygiene and Environmental Health* 210 (5): 571–580.

Hornberg, Claudia und Andrea Pauli (2008): Gender, Umwelt und Gesundheit – Neue Sichtweisen auf das Umweltgerechtigkeitskonzept. *Umweltmedizinischer Informationsdienst* 2: 22–25.

Hurley, Andrew (1995): *Environmental Inequalities: Class, Race and Industrial Pollution in Gary, Indiana, 1945–1980.* Chapel Hill: University of North Carolina Press.

Jarre, Jan (1975): *Umweltbelastungen und ihre Verteilung auf soziale Schichten.* Göttingen: Schwartz & Co.

Klimeczek, Heinz-Josef und Gudrun Luck-Bertschat (2008): (Sozial-)räumliche Verteilung von Umweltbelastungen im Land Berlin – Umweltgerechtigkeit als neues Themen- und Aufgabenfeld an der Schnittstelle von Umwelt, Gesundheit, Soziales und Stadtentwicklung. *Umweltmedizinischer Informationsdienst* 2: 26–29.

Kloepfer, Michael (2000): Environmental Justice und geographische Umweltgerechtigkeit. *Deutsches Verwaltungsblatt* 11: 750–754.

Kloepfer, Michael (2006): *Umweltgerechtigkeit: Environmental Justice in der deutschen Rechtsordnung.* Berlin: Duncker & Humblot.

Köckler, Heike (2006): Wer verbirgt sich hinter dem Schutzgut Mensch? Umweltbezogene Gerechtigkeit als eine Herausforderung für die UVP/SUP. *UVPreport* 20 (3): 105–109.

Köckler, Heike (2008): Zur Integration umweltbezogener Gerechtigkeit in den planerischen Umweltschutz. In: Rehberg, Karl-Siegbert (Hrsg.), *Die Natur der Gesellschaft. Verhandlungen des 33. Kongresses der Deutschen Gesellschaft für Soziologie.* Frankfurt a. M.: Campus, 3703–3716.

Kolahgar, Bita (2006): *Die soziale Verteilung von Umweltbelastungen und gesundheitlichen Folgen an industriellen Belastungsschwerpunkten in Nordrhein-Westfalen. Abschlussbericht.* Essen: Landesumweltamt Nordrhein-Westfalen.

Krieg, Eric J. und Daniel R. Faber (2004): Not so Black and White: Environmental Justice and Cumulative impact Assessments. *Environmental Impact Assessment Review* 24 (7-8): 667–694.

Laaser, Ulrich, Karsten Gebhardt und Peter Kemper (Hrsg.) (2000): *Gesundheit und soziale Benachteiligung.* Lage: Verlag Hans Jacobs.

Levine, Adeline (1982): *Love Canal: Science, Politics, and People.* Lexington, MA: Lexington Books.

Martinez-Alier, Joan (2002): *The Environmentalism of the Poor: A Study of Ecological Conflicts and Valuation.* Cheltenham, UK: Edward Elger.

Maschewsky, Werner (2000): Soziale Ungleichheit und Umweltgerechtigkeit. In: Helmert, Uwe, Karin Bammann, Wolfgang Voges und Rainer Müller (Hrsg.), *Müssen Arme früher sterben? Soziale Ungleichheit und Gesundheit in Deutschland.* Weinheim: Juventa, 71–89.

Maschewsky, Werner (2001): *Umweltgerechtigkeit, Public Health und soziale Stadt.* Frankfurt a. M.: VAS – Verlag für Akademische Schriften.

Maschewsky, Werner (2006): *„Healthy public policy" – am Beispiel der Politik zu Umweltgerechtigkeit in Schottland.* Berlin: Wissenschaftszentrum Berlin für Sozialforschung, Veröffentlichungsreihe der Forschungsgruppe Public Health.

McCaull, Julian (1976): Discriminatory Air Pollution: If the Poor don't Breathe. *Environment* 18 (2): 26–31.

Meadows, Dennis L., Donella H. Meadows, Jørgen Randers und William W. Behrens III. (1972): *Grenzen des Wachstums: Bericht des Club of Rome zur Lage der Menschheit.* Stuttgart: Deutsche Verlags-Anstalt.

Mielck, Andreas (1985): *Kind – Gesundheit – Stadt. Gesundheitliche Belastungen des Kindes durch die städtische Umwelt – am Beispiel Hamburg.* Frankfurt a. M.: Peter Lang.

Mielck, Andreas (2000): *Soziale Ungleichheit und Gesundheit: empirische Ergebnisse, Erklärungsansätze, Interventionsmöglichkeiten.* Bern: Huber.

Mielck, Andreas und Gabriele Bolte (2004): Die soziale Verteilung von Umweltbelastungen: Neue Impulse für Public Health Forschung und Praxis. In: Bolte, Gabriele und Andreas Mielck (Hrsg.), *Umweltgerechtigkeit: Die soziale Verteilung von Umweltbelastungen.* Weinheim: Juventa, 7–28.

Mielck, Andreas und Joachim Heinrich (2002): Social Inequalities and Distribution of the Environmental Burden among the Population (Environmental Justice). *Gesundheitswesen* 64 (7): 405–416.

Mohai, Paul (1990): Black Environmentalism. *Social Science Quarterly* 71 (4): 744–765.

Mohai, Paul (1996): Environmental Justice or Analytic Justice? Reexamining Historical Hazardous Waste Landfill Siting Patterns in Metropolitan Texas. *Social Science Quarterly* 77 (3): 500–507.

Mohai, Paul und Bunyan Bryant (1992): Environmental Injustice: Weighing Race and Class as Factors in the Distribution of Environmental Hazards. *University of Colorado Law Review* 63 (1): 921–932.

National Association for the Advancement of Colored People (2006): *Housing in New Orleans One Year after Katrina: Policy Recommendations for Equitable Rebuilding.* Baltimore, MD: NAACP Report .

Ott, Konrad und Ralf Döring (2008): *Theorie und Praxis starker Nachhaltigkeit.* Marburg: Metropolis.

Pastor, Manuel et al. (2006): *In the Wake of the Storm: Environment, Disaster and Race after Katrina.* New York: Russell Sage Foundation.

Pellow, David N. (2007): *Resisting Global Toxics: Transnational Movements for Environmental Justice.* Cambridge, MA: MIT Press.

Pellow, David N. und Robert J. Brulle (Hrsg.) (2005): *Power, Justice, and the Environment: A Critical Appraisal of the Environmental Justice Movement.* Cambridge, MA: MIT Press.

Pulido, Laura (1996): A Critical Review of the Methodology of Environmental Racism Research. *Antipode* 28 (2): 142–159.

Sachs, Wolfgang (2003): *Ökologie und Menschenrechte.* Wuppertal: Wuppertal Institut für Klima, Umwelt und Energie.

Sandrett, Eurig, Kevin Dunion und Gavin McBride (2000): *The Campaign for Environmental Justice in Scotland.* Edinburgh: Friends of the Earth Scotland.

Santarius, Tilmann (2007): Klimawandel und globale Gerechtigkeit. *Aus Politik und Zeitgeschichte* 24: 18–24.

Schlosberg, David (2007): *Defining Environmental Justice: Theories, Movements, and Nature.* Oxford: Oxford University Press.

Schlosberg, David (2004): Reconceiving Wnvironmental Justice: Global Movements and Political Theories. *Environmental Politics* 13 (3): 517–540.

Schnaiberg, Allan und Kenneth A. Gould (2000): *Environment and Society: The Enduring Conflict.* Caldwell, NJ: Blackburn Press.

Schütz, Alfred (1974): *Der Sinnhafte Aufbau der sozialen Welt. Eine Einleitung in die verstehende Soziologie.* Frankfurt a. M.: Suhrkamp.

Smith, Chad L. (2007): Economic Deprivation and Environmental Inequality in Postindustrial Detroit: A Comparison of Landfill and Superfund Site Locations. *Organization & Environment* 20 (1): 25–43.

Steger, Tamara (2007): *Making the Case for Environmental Justice in Central and Eastern Europe.* Budapest: Central European University, Center for Environmental Policy and Law (CEPL).

Steger, Tamara und Richard Filčák (2008): Articulating the Basis for Promoting Environmental Justice in Central an Eastern Europe. *Environmental Justice* 1 (1): 49–53.

Stephens, Carolyn, Simon Bullock und Alistair Scott (2001): *Environmental Justice: Rights And Means to a Healthy Environment For All.* University of Sussex: Friends of the Earth.

Sustainable Development Research Network (2004): *Environment and Social Justice: Rapid Research and Evidence Review.* London: SDRN.

Szasz, Andrew (1994): *EcoPopulism: Toxic Waste and the Movement for Environmental Justice.* Minnesota: University of Minnesota Press.

Szasz, Andrew und Michael Meuser (1997): Environmental Inequalities: Literature Review and Proposals for New Directions in Research and Theory. *Current Sociology* 45 (3): 99–120.

Taylor, Dorceta E. (2000a): Meeting the Challenge of Wild Land Recreation Management: Demographic Shifts and Social Inequality. *Journal of Leisure Research* 32 (1): 171–179.

Taylor, Dorceta E. (2000b): The Rise of the Environmental Justice Paradigm: Injustice Framing and the Social Construction of Environmental Discourses. *American Behavioral Scientist* 43 (4): 508–580.

Towers, George (2000): Applying the Political Geography of Scale: Grassroots Strategies and Environmental Justice. *The Professional Geographer* 52 (1): 23–36.

U.S. Environmental Protection Agency (1991): *Toxics in the Community: National and Local Perspectives. The 1989 Toxics Release Inventory National Report (560/4-91-014).* Washington, DC: Government Printing Office.

U.S. Environmental Protection Agency (1992): *Environmental Equity: Reducing Risks for All Communities.* Washington, DC: U.S. EPA.

United Church of Christ (2007): *Toxic Wastes and Race at Twenty: 1987–2007. Grassroots Struggle to Dismantle Environmental Racism in the United States*. Cleveland, OH: United Church of Christ.

United Nations Development Programme (UNDP) (2002): *The Roma in Central and Eastern Europe: Avoiding the Dependency Trap. A Regional Human Development Report*. Bratislava: United Nations Development Programme.

Washington, Sylvia H. (2005): *Packing Them In: An Archeology of Environmental Racism in Chicago, 1865–1954*. Lanham, MD: Lexington Books.

Wildavsky, Aaron (1997): *But Is It True? A Citizen's Guide to Environmental Health and Safety Issues*. Cambridge, MA: Harvard University Press.

World Bank (2000): *Health Needs of Roma Population in the Czech and Slovak Republics (Literature Review): Final Report*. Washington, DC: World Bank.

World Bank (2003): *Roma in Expanding Europe: Breaking the Poverty Gap*. Washington, DC: World Bank.

Wuppertal Institut für Klima Umwelt und Energie (2005): *Fair Future: Begrenzte Ressourcen und Globale Gerechtigkeit*. München: Beck.

Wynne, Brian (1996): „May the Sheep Safely graze?" A Reflexive View of the Expert-lay-knowledge Divide. In: Lash, Scott, Bronislaw Szerszynski und Brian Wynne (Hrsg.), *Risk, Environment and Modernity: Towards a New Ecology*. London: Sage, 44–83.

Yandle, Tracy und Dudley Burton (1996): Reexamining Environmental Justice: A Statistical Analysis of Historical Hazardous Waste Landfill Siting Patterns in Metropolitan Texas. *Social Science Quarterly* 77 (3): 477–492.

Zimmerman, Rae (1993): Social Equity and Environmental Risk. *Risk Analysis* 13 (6): 649–666.

Partizipation und neue Formen der Governance

Jens Newig

Einleitung

Ein wesentliches Element der gesellschaftlichen Bearbeitung von Umweltproblemen sind Formen von Steuerung und Governance. Hier geht es zum einen darum, wie kollektiv verbindliche Entscheidungen in Bezug auf Umweltfragen getroffen werden, zum anderen um die gesellschaftliche Teilhabe an diesen Entscheidungen. Solche Fragen liegen im Übergangsbereich zwischen Soziologie im engeren Sinne und Politikwissenschaft als derjenigen Disziplin, die sich mit kollektiven Entscheidungsprozessen beschäftigt.

Seit einigen Jahrzehnten, vor allem aber in sehr viel jüngerer Zeit, werden traditionelle Formen kollektiver Entscheidungsfindung für komplexe Umwelt- und Nachhaltigkeitsprobleme zunehmend in Frage gestellt (Fiorino 2000, Renn 2008). Gegenüber repräsentativ-demokratischen, hoheitlich-administrativen Verfahren werden verstärkt partizipative, kooperative und netzwerkförmige Governance-Modi unter Einbezug der Zivilgesellschaft ins Spiel gebracht und auch institutionalisiert (Bulkeley und Mol 2003, Weidner 2004, Fiorino 2009). Dies gilt zumindest für demokratische Industriestaaten der „westlichen" Welt, zunehmend aber auch in Schwellenländern wie Brasilien (Fung und Wright 2001) sowie seit kurzem gar in traditionell stark autoritär geprägten Staaten wie etwa China (Lan et al. 2006).

Ein Hauptmotiv für diese Entwicklung liegt in der gewachsenen Komplexität moderner Umwelt- und Nachhaltigkeitsprobleme begründet, der man mit flexibleren, anpassungsfähigeren Formen gesellschaftlicher Entscheidungsfindung begegnen möchte, die zugleich derartige Entscheidungen auf eine breitere gesellschaftliche Basis stellen. Die gesellschaftliche Bearbeitung von Umwelt- und Nachhaltigkeitsthemen ist typischerweise mit komplexen und unsicheren sozial-ökologischen Systemdynamiken, einem fehlenden Wissen über Steuerungswirkungen sowie mit gesellschaftlichen Werte- und Verteilungskonflikten konfrontiert (Voß et al. 2008). Die neuen Governance-Modi sind von zwei Aspekten geprägt, die diesen Herausforderungen begegnen. Einerseits ermöglichen sie unterschiedliche Formen individuellen und kollektiven Lernens und somit einen differenzierteren Umgang mit Komplexität und Unsicherheit als traditionelle Governance-Modi der hoheitlichen politisch-administrativen Entscheidungsstrukturen. Andererseits entsprechen sie der Logik der Prozeduralisierung. Das heißt, anstelle einer Definition erwünschter Umweltzustände wird auf die Definition von Verfahren gezielt, die in der Lage sein sollen, (langfristig) erwünschte Zustände zu definieren und zu fördern. Zugleich sollen Hierarchien durch eine größere Vielfalt von Entscheidungszentren angesichts einer gestiegenen Komplexität von Problemlagen ersetzt oder ergänzt werden, so dass diese Governanceformen flexibler auf die veränderlichen Wechselwirkungen moderner Gesellschaften und ihrer Umwelt reagieren können (Ostrom et al. 1961, Minsch et al. 1998). Während die ideologische Basis für neue gesellschaftliche Problemverarbeitungsformen einen hohen Reifegrad aufweist, bleibt deren tatsächliche Leistungsfähigkeit weitgehend unklar (Koontz und Thomas 2006, Newig und Fritsch 2009b, Rogers und Weber 2010). Zu widersprüchlich und punktuell sind die bisherigen empirischen Forschungen, zu heterogen aber auch die konzeptionell-begriffliche Landschaft.

Im folgenden Abschnitt wird zunächst das Konzept der Partizipation im Kontext gesellschaftlicher Governance diskutiert. Danach werden die drei entscheidenden Diskursstränge, die zur wachsenden Bedeutung partizipativer Entscheidungsformen beitragen, herausgearbeitet. Von emanzipatoritschen Motiven, die in ihren modernen Ursprüngen mit neuen sozialen Bewegungen verknüpft sind, verschiebt sich der dominante Diskurs vor allem in Richtung legitimatorischer und in jüngerer Zeit vor allem instrumenteller, effektivitätsorientierter Ziele von partizipativer Governance. Anschließend werden die mit den neuen Governance-Formen verbundenen Erwartungen theoretisch-konzeptionell reflektiert und kritisch hinsichtlich ihrer Potenziale zur gesellschaftlichen Problembearbeitung analysiert. Dabei wird Bezug auf aktuelle empirische Forschungen genommen. Abschließend werden Forschungsdesiderata und neue Herangehensweisen an die Verknüpfung von Governance-Formen, gesellschaftlichen Lern-, Innovations- und Transformationsprozessen mit der erfolgreichen Bearbeitung von Umwelt- und Nachhaltigkeitsproblemen skizziert. Hierzu gehören methodologische Innovationen wie auch grundsätzliche konzeptionelle Neubewertungen, die neben Erneuerungs-, Modernisierungs- und Aufbauprozessen auch Abbau- und Verfallsprozesse einschließen.

Was ist Partizipation?

Partizipation wird typischerweise als Beteiligung an kollektiven Entscheidungen definiert. Dementsprechend wird dieser Begriff in den Sozialwissenschaften in Zusammenhang mit Bürger- und Öffentlichkeitsbeteiligung und zivilgesellschaftlichem Engagement, (betrieblicher) Mitbestimmung bis hin zu öffentlich-privater Kooperation und gemeinsamer Entscheidungsfindung verwandt. Im englischen Sprachraum ist häufig von „collaborative governance" oder „management" die Rede (Randolph und Bauer 1999, Koontz und Thomas 2006, Busenberg 2007), was dem hier diskutierten Verständnis von Partizipation entspricht. Die vielfältigen Formen von Umweltmediation bzw. Mediation im öffentlichen Raum (Claus und Wiedemann 1994, Zilleßen 1998, Holzinger 2000, Watson und Danielson 2004) lassen sich als Ausprägungen von Partizipation mit konfliktlösender Zielsetzung begreifen.

Bezogen auf das politikwissenschaftliche Konzept des *Policy*-Zyklus bedeutet Partizipation, dass nichtstaatliche Akteure beim Agenda Setting und bei der Formulierung, Implementation und Evaluation von Politik einbezogen werden. Renn definiert Partizipation als „alle Formen der Einflußnahme auf die Ausgestaltung kollektiv verbindlicher Vereinbarungen durch Personen und Organisationen, die nicht routinemäßig mit diesen Aufgaben betraut sind" (Renn 2005: 227). Jürgen Habermas' Modell deliberativer Öffentlichkeit (Habermas 1981) verweist auf die Teilnahme von Bürgern und Bürgerinnen an diskursiven und deliberativen Verfahren, in denen der Austausch rationaler und sachliche Argumente im Vordergrund steht, als ein weiteres wesentliches Moment von Partizipation (siehe hierzu auch den Beitrag von Sellke und Renn in diesem Band). Damit wird deutlich, dass Partizipation von stark informellen Formen, die von unten (*bottom-up*) aus der Zivilgesellschaft entspringen, bis hin zu rechtlich institutionalisierten Beteiligungsformen, die staatlicherseits (*top-down*) eingeführt werden, reichen kann.

Fünf Elemente erscheinen zentral, um Partizipation näher zu charakterisieren:

1. Kooperation/Kommunikation: Zunächst einmal lässt sich Partizipation abgrenzen zu einseitigem bzw. ausschließlich hoheitlichem Handeln (Verwaltungs- oder Gerichtsentscheidungen). Bei Partizipation geht es um das gemeinsame Problemlösen, die gemeinsame oft konsensuale Entscheidungsfindung, die Rolle von Kommunikation und Interessenausgleich. Der sach- und zielorientierten wechselseitigen Kommunikation in Gruppen (Rowe und Frewer 2005) und deliberativen Prozessen (Habermas 1981, Webler et al. 1995) kommt damit eine wichtige Bedeutung zu.

2. Öffentlicher Raum: Bei Partizipation geht es um eine Teilhabe an *Entscheidungen im öffentlichen Raum*. Entscheidungen sind kontingent, das heißt, Entscheidungen im öffentlichen Raum machen für einen größeren Personenkreis Vorgaben über künftiges Handeln, die auch anders ausfallen könnten (Luhmann) und damit potenziell eine konflikthafte Materie regeln. Im Unterschied dazu kann sich z. B. bürgerschaftliches *Engagement* auf Graswurzel-„Aktionen" im Bereich der Naturschutzpflege beziehen. Solange diese reinen Aktionscharakter tragen, aber keine Bindungswirkung über künftige Aktivitäten entfalten, liegt keine Partizipation im Sinne der Governance-Perspektive vor.

3. Mitbestimmung: Bei Partizipation geht es um eine Teilhabe von *Personenkreisen, die nicht routinemäßig derartige Entscheidungen vornehmen* (Renn 2005). Damit bilden insbesondere Wahlen keine Formen von Partizipation im hier verstandenen Sinne. Allerdings bedeutet dies nicht, dass in partizipativen Prozessen keine staatlichen Entscheidungsorgane beteiligt sind; es darf sich nur nicht ausschließlich um solche handeln.

4. Machtabgabe: Partizipation impliziert zudem eine Machtabgabe an die beteiligten Personenkreise. Solange also lediglich Kommunikation im Kontext öffentlicher Entscheidungen stattfindet, die Anliegen der Beteiligten aber die zu treffenden Entscheidungen nicht beeinflussen können, liegt keine Partizipation vor (Arnstein 1969).

5. Repräsentation: Schließlich liegt Partizipation nur dann vor, wenn der Kreis der beteiligten Personen diejenigen mit einem legitimen Anliegen ausreichend repräsentiert (Schmitter 2002). Die Beteiligung nur bestimmter Inter-

essengruppen ist dann eher als Lobby-Arbeit oder allgemein korporatistische Handlungsform einzustufen.

Einige dieser fünf Kriterien können mehr oder weniger stark erfüllt sein, so dass sich unterschiedliche Grade oder Intensitäten von Partizipation unterscheiden lassen. Die Kriterien (2) und (3) sind hiervon ausgenommen, sie müssen erfüllt sein, damit Partizipation überhaupt vorliegt. Die Kriterien (1), (4) und (5) können hingegen in unterschiedlichen Abstufungen vorliegen. Dabei charakterisieren (1) und (4) den Prozess der Partizipation, (5) dagegen die beteiligten Akteure. Daraus ergibt sich, dass Partizipation ein mehrdimensionales Konzept ist. Frühe Klassifikationen von Partizipation haben häufig einseitig auf Machtaspekte abgehoben, so vor allem die bekannte „Leiter der Bürgerbeteiligung" der Amerikanerin Sherry Arnstein (1969). Andere Klassifikationen setzen einseitig auf die Art der Informationsflüsse (Rowe und Frewer 2005). Das hier verwendete mehrdimensionale Partizipationskonzept integriert und ergänzt diese früheren Typologien, indem es die folgenden Dimensionen identifiziert, die jeweils variable Grade annehmen können (siehe auch Fung 2006):

1.   die Art, Richtung und Intensität der Informationsflüsse (z. B. reine Anhörungsverfahren oder intensive Face-to-Face-Kommunikation mit der Möglichkeit zu deliberativen Prozessen);
2.   die Stärke des Einflusses auf die zu treffenden Entscheidungen, der den Beteiligten gewährt wird;
3.   der Kreis der beteiligten Personen (wenige Interessengruppenvertreter oder eine breite Öffentlichkeitsbeteiligung).

Anhand dieser Dimensionen lassen sich eine Vielzahl von Prozessformen als mehr oder weniger partizipativ klassifizieren. Beispielhaft genannt seien Anhörungen (Rowe und Frewer 2005), Planungszellen (Dienel und Renn 1995) und die verwandte Form der *Citizens Jurys* (Smith und Wales 2000), deliberative Foren (Hendriks 2006), Stakeholder-Dialoge (Stoll-Kleemann und Welp 2006), Konsens-Konferenzen und dialogische Verfahren (Feindt 1997, Heinrichs 2007) oder die vor allem in den USA verbreiteten Bürgerbeiräte, die *Citizen Advisory Commitees* (Lynn und Busenberg 1995).
    Partizipation an umwelt- und nachhaltigkeitsbezogenen Entscheidungen wird zunehmend rechtlich institutionalisiert. Bereits die Abschlusserklärung der UN-Konferenz über Umwelt und Entwicklung in Rio de Janeiro 1992 („Rio-Deklaration") fordert in ihrem Prinzip 10, dass „Umweltschutzprobleme [...] am besten unter Beteiligung der betroffenen Bürger – auf der jeweiligen Ebene – zu lösen" sind. Dieser internationale Partizipationsdiskurs wurde auf europäischer Ebene aufgenommen und 1998 in einem Abkommen der UN-Wirtschaftskommission für Europa (UNECE), danach auch in Richtlinien der Europäischen Union institutionalisiert. So wurde das UNECE-Aarhus-Übereinkommen „über den Zugang zu Informationen, die Öffentlichkeitsbeteiligung an Entscheidungsverfahren und den Zugang zu Gerichten in Umweltangelegenheiten" von 1998 in der EU durch die Öffentlichkeitsbeteiligungs-

richtlinie 2003/35/EG implementiert. In diesem Geiste wurden drei weitere EU-Richtlinien erlassen, die explizit die Beteiligung der Öffentlichkeit an umweltbezogenen Entscheidungen festschreiben. Von besonderem Interesse ist die Wasserrahmenrichtlinie (2000/60/EG), die materielle Umweltziele („guter Wasserstatus") mit prozeduralen Erfordernissen wie Information und Konsultation der Öffentlichkeit sowie einer „aktiven Einbeziehung" von Stakeholdern in den Implementationsprozess verbindet (Art. 14 WRRL, Wasserrahmenrichtlinie).

Diskurse: Von Emanzipation zu Effektivität

Die Motivationen für eine (geforderte) Ausweitung von Partizipations- und Beteiligungsformen im Umweltbereich sind vielfältig und vielschichtig und haben sich im Verlaufe der Jahrzehnte gewandelt (siehe aus rechtlicher Perspektive Fisahn 2002). Drei Kerndiskurse lassen sich mit Bezug auf Partizipation identifizieren, die historisch unterschiedliche Bedeutung hatten und haben: Emanzipation, Legitimation und Effektivität.

Emanzipation

Emanzipation beschreibt die Befreiung aus Zuständen der Abhängigkeit bzw. Ungleichheit und eine (Wieder-) Gewinnung von Selbstbestimmung, wie sie für demokratische Gesellschaften prägend ist. Emanzipation setzt also einen Zustand der Ungleichheit oder Abhängigkeit voraus. Partizipation im Sinne einer Teilhabe an kollektiven Entscheidungen bildet damit ein zentrales emanzipatorisches Element und ist als Kritik an herrschenden gesellschaftlichen Zuständen vor allem im marxistischen und neo-marxistischen Schrifttum verankert.

Als „Hauptphase" des Emanzipationsdiskurses können die zivilgesellschaftlichen Bewegungen der 1960er Jahre in vielen westlichen Demokratien bezeichnet werden. In diese Phase fällt das Erstarken von Umweltbewegungen als Ausdruck emanzipatorischer Belange. So konstatiert Læssøe (2007: 236) für Dänemark (siehe Carter 2007 für das Vereinigte Königreich): „Partizipation wurde Teil eines Prozesses sozialer Emanzipation. Umweltzerstörung und die Unterdrückung von ökologischen Werten wurden als eine weitere Dimension der Unterdrückung der Menschen im kapitalistischen System angesehen."[1] Emanzipatorische Motive bilden den Ausgangspunkt für Habermas' Konzept der deliberativen Demokratie (Habermas 1962). Im Mittelpunkt standen und stehen dabei Motive wie die Möglichkeit zur Mitbestimmung, die Öffnung von Entscheidungsprozessen und die Demokratisierung der Gesellschaft (von Alemann 1975). Politisch spiegelten sich diese Entwicklungen beispielsweise in Deutschland durch Willy Brandts Diktum von „Mehr Demokratie wagen" wider.

---

1   Diese und folgende Zitat aus dem Englischen sind meine eigenen Übersetzungen.

Seinen paradigmatischen Ausdruck fand der Emanzipationsdiskurs der Partizipation in Sherry Arnsteins berühmten Essay mit dem Titel „Leiter der Bürgerbeteiligung" (Arnstein 1969). Darin beschreibt und kritisiert die Autorin die verbreitete Tendenz zu Schein-Partizipation. Partizipation wird mit Macht bzw. Machtabgabe (aus Sicht der regierenden Eliten) gleichgesetzt und dabei *citzen control* als höchste Stufe und zugleich normativ höchstwertiger Zustand beschrieben. Faktisch wie normativ umstritten ist das Argument, partizipative Verfahren stärkten tatsächlich die Organisationspotentiale und damit die Machtpositionen unterlegener Interessengruppen im Sinne einer „Umverteilung" zugunsten sozial Schwächerer (Selle 1996, Minsch et al. 1998).

Auch in den neueren Debatten über Partizipation im Umwelt- und Nachhaltigkeitskontext spielen emanzipatorische Motive eine starke Rolle, beispielsweise in der Agenda 21-Bewegung der 1990er Jahre (Renn et al. 1995, Dryzek 1997, Oels 2003, Arbter et al. 2005). Neuere konzeptionelle Arbeiten betten Emanzipation stärker in einen demokratietheoretischen Kontext ein und untersuchen – anders als Habermas – die praktische Umsetzbarkeit bestimmter partizipativer Formen anhand konkreter Fallbeispiele (siehe etwa Fung und Wright 2001 oder Fischer 2006).

Demokratische Legitimität

Ein zweiter wichtiger Diskurs im Zusammenhang mit Partizipation bezieht sich auf die demokratischen Qualitäten und damit die Legitimität von Entscheidungsprozessen. Partizipation, so die Annahme, soll zum einen zu transparenteren Entscheidungen im öffentlichen Raum führen und damit eine stärkere Kontrolle der staatlichen Organe erlauben. Vor allem aber wird Partizipation als direktere Form demokratischer Willensbildung gesehen, die vor allem dort ihre Berechtigung hat, wo die örtlichen Belange einzelner Akteure, die von lokalen planerischen Entscheidungen direkt betroffen sind, über die repräsentativ-demokratische Willensbildung nicht mehr angemessen repräsentiert werden können (vgl. Menzel 1980, Selle 1996, Fisahn 2002).

Basierend auf dem Modell des Politik-Zyklus (Easton 1965, Scharpf 1999) lassen sich zwei Dimensionen demokratischer Legitimität von öffentlichen Entscheidungen unterscheiden. Partizipation kann für die Erreichung von Legitimität in jeder dieser Dimensionen eine wichtige, mitunter zentrale Rolle spielen. Die *Input-Legitimität* von Entscheidungen bemisst sich danach, wer die Entscheidung herbeigeführt hat bzw. daran (mit-)beteiligt war. Repräsentation ist hier also das zentrale Kriterium. Im Einzelnen ist danach zu fragen, ob alle ‚legitimen' Anspruchsgruppen beteiligt bzw. durch autorisierte Vertreter (auch Abgeordnete) repräsentiert werden (für einzelne Kriterien siehe etwa Schmitter 2002, Brown 2006, Fung 2006). Eine rein input-orientierte Legitimation von Entscheidungen könnte jedoch intransparent und/oder ineffektiv und damit illegitim bleiben. Die Legitimität demokratischer Entscheidungen beruht häufig ganz wesentlich auf den eingesetzten Verfahren, also dem *Throughput*. Demokratische Verfahren erlauben den effektiven Ausgleich unterschiedlicher Interessen, sorgen für Transparenz und ermöglichen damit eine Kontrolle durch eventuell Nichtbeteiligte. In Bezug auf Partizipation bedeutet dies, dass die Beteiligten effektiven Einfluss auf die Entscheidungen haben und das Verfahren fair abläuft, also beispielsweise keine Gruppen willkürlich benachteiligt (siehe Webler et al. 1995).

Die Bedeutung des aktuellen Diskurses um Partizipation und Legitimität sei anhand der Europäischen Union illustriert. So wird die starke Ausweitung partizipativer Formen der Entscheidungsfindung im Rahmen der *Umsetzung* von EU-Politiken – beispielsweise der Wasserrahmenrichtlinie von 2000 – mit den oft konstatierten Legitimitätsdefiziten bei der *Formulierung* europäischer Politik in Verbindung gebracht (Newig und Fritsch 2009c). Demnach dienten partizipative Instrumente in EU-Richtlinien der Kompensation von Legitimitätsdefiziten der Kommission (Bignami 2003: 16).

Effektivität

In den letzten Jahrzehnten hat sich der Schwerpunkt des Diskurses auf eine Partizipation „von oben" verlagert. Zwar spielt auch bei Fragen von Umwelt und Nachhaltigkeit eine Bottom-Up-Partizipation – in dem Sinne, dass Bürger/innen, zivilgesellschaftliche und wirtschaftliche Verbände die Initiative ergreifen – eine Rolle (Koontz 2006). Der heute dominante Diskurs ist jedoch der einer zivilgesellschaftlichen Einbindung „von oben" (Newig und Fritsch 2008). Was wie ein Widerspruch in sich klingt, meint die von Seiten der Entscheidungsträger angestoßenen Möglichkeiten zur Beteiligung und Mitwirkung von üblicherweise nicht entscheidungsbefugten individuellen Akteuren, Institutionen, Organisationen etc.

Vor allem in jüngerer Zeit haben staatliche, wirtschaftliche, wissenschaftliche und andere Entscheidungsträger Partizipation als ein Mittel zur Sicherung von Akzeptanz entdeckt sowie als Möglichkeit, Entscheidungsprozesse zu öffnen (Smith 2003, Kastens und Newig 2008) und (lokales) Wissen und Perspektiven einer Vielzahl von Akteuren einzubeziehen (Berkes und Folke 2002, Pellizzoni 2003, Koontz 2006). Kurz gesagt geht es also um die Verbesserung der Effektivität in Bezug auf gesetzte Nachhaltigkeitsziele. So geht Heinelt (2002: 17) davon aus, „dass Partizipation zu einem höheren Grad an nachhaltigen und innovativen Ergebnissen führt". Ähnlich fassen Randolph und Bauer (1999) zusammen, dass kooperative und partizipative Prozesse im Umweltmanagement mit größerer Wahrscheinlichkeit in Entscheidungen resultieren, die Umweltschutz fördern. Schließlich diagnostizieren Beierle und Cayford (2002), das Ziel von Partizipation habe sich gewandelt von einer reinen Förderung von Transparenz und Zurechenbarkeit hin zur Entwicklung der inhaltlichen Substanz von Entscheidungen.

Betrachtet man das Aarhus-Übereinkommen und die Wasserrahmenrichtlinie stellvertretend für die aktuellen Entwicklungen auf europäischer Ebene, so findet man eine dominierende Motivation für Partizipation im Sinne des Effektivitätsdiskurses. Beide Rechtsdokumente heben die Bedeutung besser informierter Entscheidungen durch die Hinzuziehung (lokalen) Laienwissens hervor. Insbesondere die Begleitdokumente zur WRRL unterstreichen die Bedeutung von Information in Bezug auf die Akzeptanz von Entscheidungen durch die potenziellen Adressaten. Ein weiteres Ziel von Partizipation wird in der Verbesserung der Implementation von Entscheidungen gesehen. Gemäß Präambel 14 WRRL hängt „der Erfolg der Richtlinie" von „Information, Konsultation und Einbeziehung der Öffentlichkeit, einschließlich der Nutzer", ab. Der Leitfaden zur Öffentlichkeitsbeteiligung in Bezug auf die WRRL führt aus, „Die Beteiligung der Öffentlichkeit ist kein Selbstzweck, sondern ein Instrument, um die Umweltziele der Wasserrahmenrichtlinie zu erreichen" (EU 2002: 7). Daneben gehen beide Dokumente davon aus, dass Partizipation das Umweltbewusstsein nicht-staatlicher Akteure erhöht. Vor allem wird von Partizipation erwartet, dass sie die Akzeptanz von und die Identifikation mit Entscheidungen erhöht. Weiterhin wird eine Verbesserung der gegenseitigen Vertrauensverhältnisse sowohl zwischen nicht-staatlichen Akteuren als auch zwischen diesen und den beteiligten Behörden erwartet. Auch dies, so ist beiden Dokumenten zu entnehmen, soll zu einer verbesserten Akzeptanz und Umsetzung nachhaltiger Governance-Entscheidungen beitragen.

Vor allem in Bezug auf komplexe Umwelt- und Nachhaltigkeitsthemen ist der Effektivitätsdiskurs zu Partizipation im Zusammenhang mit einer Reihe verwandter wissenschaftlicher Ansätze und Communities zu sehen. So ist die Effektivität von Institutionen im Umweltbereich Kernthema von Arbeiten, die auf Theorien komplexer sozial-ökologischer Systeme (Folke et al. 2005) rekurrieren. Eine Schlüsselthese lautet, dass die „Polyzentrizität" eines Systems von Governance-Institutionen sich positiv auf die Bewältigung von Umwelt- und Nachhaltigkeitsproblemen auswirkt. Eine Vielzahl von relativ autonomen Entscheidungspunkten erhöhe die Flexibilität von Governance-Systemen und die Diversität von Lösungsansätzen sowie die Anpassungsfähigkeit an Umweltveränderungen und verbessere damit die umweltbezogene Nachhaltigkeit von Entscheidungen (Ostrom et al. 1961, Minsch et al. 1998, McGinnis 1999).

Eine wesentliche Argumentation für die Effektivitätssteigerung durch Partizipation beruht auf der Annahme, Partizipation ermögliche soziales oder kollektives Lernen. Damit verbindet sich die Vorstellung, ein partizipativer (Gruppen-) Prozess fördere nicht nur den Austausch von Informationen, sondern auch ein erweitertes Verständnis für die Sichtweisen der beteiligten Akteure und ein verbessertes Verständnis des jeweiligen Problemgegenstands. Dabei gehen die Vorstellungen über „soziales Lernen" sehr weit auseinander (Reed et al. 2010). Sie reichen von individuellem Lernen durch soziale Interaktion (Bandura 1977) über Einstellungsänderungen im Sinne sozialen Wandels (Webler et al. 1995) bis hin zu sehr voraussetzungsvollen Konzepten, die u. a. umweltbewusstes Verhalten mit einschließen (Pahl-Wostl 2009).

Partizipation und neue Governance-Formen in kritischer Perspektive

Die Erwartungen, die mit Partizipation und neuen Governance-Formen verbunden werden, sind, wie gesehen, immens. Theoretisch-konzeptionelle Überlegungen sowie empirische Forschungsergebnisse lassen gleichwohl Zweifel an der umfassenden Gültigkeit der dargestellten Thesen aufkommen. Diese reichen von einer fundamentalen Infragestellung des Erfolgs zivilgesellschaftlicher Partizipation (Bora 1994) über Dilemmata zwischen Beteiligung und Effektivität (Dahl 1994) bis hin zu empirisch differenzierten Befunden zur Wirksamkeit von Partizipation (Layzer 2008, Newig und Fritsch 2009b).

Grundsätzliche Zweifel an ‚erfolgreicher' Partizipation werden aus systemtheoretischer Perspektive vorgebracht. Unter Berufung auf Annahmen der autopoietischen Systemtheorie Luhmanns (1984) folgert Bora (1994), gestützt auf empirische Forschungen zu öffentlichen Anhörungen, die Einbeziehung öffentlicher Argumente in administrativen Entscheidungsverfahren scheitere regelmäßig an konkurrierenden Rationalitäten der beteiligten gesellschaftlichen Subsysteme. Aus der funktionalen Differenzierung der modernen Gesellschaft folge, dass die beteiligten Akteure in unterschiedlichen gesellschaftlichen Kommunikationssystemen agieren, deren diskursive Eigen-Rationalitäten kaum miteinander kompatibel sind, so dass eine erfolgreiche Integration gesellschaftlicher Vorstellungen und administrativer Entscheidungen kaum möglich sei. Dies habe überdies den unerwünschten Nebeneffekt, Frustration seitens der Beteiligten wegen nicht erreichbarer Erwartungen zu erzeugen. Aus sozialpsychologischer Sicht wird ferner auf potenziell nachteilige Effekte partizipativer Gruppenprozesse verwiesen, so beispielsweise die Tendenz zu riskanteren Entscheidungen oder eine Schließung gegenüber kritischen Stimmen (Cooke 2001). Schließlich wird auch eine Grundannahme der Partizipationsbefürworter in Frage gestellt, nämlich dass überhaupt neue Informationen im Verlauf eines Partizipationsverfahrens generiert werden können. Gerade bei stark techniklastigen Umweltfragen komme es viel eher auf Expertenwissen denn auf die Beiträge von ‚Laien' an (Thomas 1995, Rydin 2007).

Auch die verstärkte Legitimität partizipativer im Unterschied zu weniger partizipativen Verfahren wird angezweifelt. Wesentlich komme es darauf an, inwieweit die Teilnehmenden legitime Interessen repräsentieren (Elliott 1984). So kann letztlich die Grenze zwischen legitimer Interessenvertretung und illegitimer Einflussnahme im Sinne eines einseitigen Lobbying verschwimmen.

Der derzeit dominante Partizipationsdiskurs, so wurde oben herausgearbeitet, bezieht sich auf erwartete Effektivitätssteigerungen durch Partizipation und basiert auf einem instrumentellen Partizipationsverständnis. Gerade im Zusammenhang mit Umwelt- und Nachhaltigkeitsproblemen werden an Partizipation – auch und gerade von Seiten der Politik – hohe Erwartungen an die Governance-Leistungen von Partizipation gestellt (Newig und Fritsch 2008). Dies demonstriert eindrücklich das Beispiel der europäischen Wasserrahmenrichtlinie. Entsprechende Erfolgskriterien von Partizipation fallen damit unter anderem in den Bereich der Policy-Implementation. Hier wird untersucht, unter welchen Voraussetzungen getroffene Entscheidungen tatsächlich umgesetzt werden, so dass die postulierten Ziele – wie beispielsweise Umwelt und Nachhaltigkeit – schlussendlich erreicht werden. Wo Partizipation und Kooperation typischerweise zu einer Ausweitung des Kreises beteiligter Akteure führen, sieht die klassische Implementationstheorie darin allgemein einen hemmenden Faktor (Hill und Hupe 2002). Als Gründe werden vor allem die erhöhte Zahl von Entscheidungsstellen (*clearance points* im Sinne von Pressman und Wildavsky 1984) und Veto-Spielern (Tsebelis 1995) angeführt. Selbst die so genannte „Bottom-Up"-Schule, die von lokalen Implementationsentscheidungen ausgeht (Lipsky 1971), hat die Rolle nichtstaatlicher Akteure bislang vernachlässigt. Erst in jüngerer Zeit wird Partizipation im Implementationsprozess als Desiderat konzipiert, wenngleich aus einer emanzipatorischen Perspektive (deLeon und deLeon 2002).

Das Verhältnis von demokratischer Legitimität und Effektivität von Partizipation ist durch ein fundamentales Skalenproblem gekennzeichnet: Je kleiner die Skala demokratischer Entscheidungen – d. h. je weniger Beteiligte –, desto höher die Mitwirkungsmöglichkeiten für jeden Einzelnen und desto höher die Zurechenbarkeit von Entscheidungen und damit deren Legitimität. Umgekehrt können viele gesellschaftliche Probleme effektiv nur auf größeren Skalen angegangen werden. Diese *Trade-offs* zwischen Effektivität und Legitimität bezeichnet Dahl (1994) als „demokratisches Dilemma" zwischen Bürgerbeteiligung und System-Effektivität.

Trotz des hohen Stellenwertes des instrumentellen Partizipationsverständnisses ist die empirische Datenlage noch sehr dünn und vor allem fragmentiert. Die mit Abstand wichtigste Quelle empirischer Daten im Bereich umweltbezogener Governance-Verfahren bilden qualitative Fallstudien. Zahlreiche Einzelfallstudien wurden bisher veröffentlicht, die eine erhebliche Bandbreite an Anwendungsbereichen abbilden und stark hinsichtlich Länge und Qualität des Datenmaterials variieren. Viele wurden von Praktikern verfasst, von denen einige selbst in die beschriebenen Prozesse involviert waren, sei es als Mediatoren, Behördenvertreterinnen, Teilnehmer oder Wissenschaftlerinnen. Oft fehlt ein expliziter konzeptioneller Hintergrund. Die Tatsache, dass die allermeisten Fallstudien aus Nordamerika stammen, reflektiert die Bedeutung von Beteiligungs- und Mediationsverfahren in den Vereinigten Staaten und Kanada.

Obwohl die überwiegende Mehrzahl von Veröffentlichungen Einzelfallstudien portraitiert, sind einige vergleichende Untersuchungen verfügbar, die fast ausnahmslos partizipative Entscheidungsprozesse in den USA zum Gegenstand haben und jeweils nur in Teilen die Beziehung zwischen Partizipationsverfahren und deren *Outputs* beziehungsweise *Outcomes* untersuchen. Chess und Purcell (1999) vergleichen etwa 20 Fallstudien in umweltbezogenen Entscheidungsverfahren. Darin hatte die Art des partizipativen Verfahrens *keinen* Einfluss auf Outputs bzw. Outcomes hat. Die bislang umfangreichste vergleichende Analyse umweltbezogener partizipativer Governance-Prozesse haben Beierle und Cayford (2002) vorgelegt. In eine Metaanalyse von 239 bereits veröffentlichten Fallstudien haben die Autoren Kontext-, Prozess- und Ergebnisvariablen untersucht. Partizipation, so die Hauptschlussfolgerung der Autoren, bringe häufig Entscheidungen hervor, welche die Werte der Öffentlichkeit reflektieren, ausreichend robust sind und förderlich zur Lösung von Konflikten, der Vertrauensbildung und der Bildung der Bevölkerung in Umweltfragen sind. Die zentrale Rolle für den „Erfolg" von Partizipation wird der *Prozessgestaltung* zugeschrieben, wobei intensivere Prozesse allgemein als erfolgreicher gewertet werden als weniger intensive. Zu ähnlichen Schlussfolgerungen gelangt eine breit angelegte

Studie zu den allgemeinen Vorteilen und Risiken von Partizipation im Umweltbereich des US-amerikanische *National Research Council* (US-NRC 2008). Die Autoren sichten eine Fülle konzeptioneller und empirischer Literatur (fast 300 Fallstudien), fast ausschließlich in den Vereinigten Staaten, und leiten eine Reihe von Politik-Empfehlungen ab. Während der Kontext von Partizipation zwar als wichtig für das Zustandekommen von Outcomes bezeichnet wird, lautet die zentrale Schlussfolgerung, dass „gut durchgeführte" Prozesse kontextbezogene Schwierigkeiten kompensieren können. Die Autoren schließen mit einem Appell für eine stärkere Berücksichtigung von Kontextfaktoren und mahnen verstärkte vergleichende Fallstudien an, die eine aussagekräftigere Analyse der Übertragbarkeit und von Kausalitäten erlauben und einen höheren Grad an Stringenz des Forschungsdesigns aufweisen.

Der Autor dieses Beitrags hat in Ko-Autorenschaft eine vergleichende Meta-Analyse von 47 Fällen unterschiedlich partizipativer umweltbezogener Entscheidungsverfahren in Nordamerika und in Europa mit explizitem Fokus auf Effektivitätsfragen durchgeführt (Newig und Fritsch 2009b). Es stellte sich heraus, dass Partizipation in den untersuchten Fällen zwar tendenziell zur Beilegung von Konflikten und dem Aufbau wechselseitigen Vertrauens beitrug, umweltbezogene Outputs und Outcomes im Vergleich zu stärker hoheitlichen Entscheidungsverfahren jedoch nicht signifikant beeinflusste. Die Analyse zeigt, dass der umweltbezogene „Erfolg" partizipativer Verfahren wesentlich auf die Präferenzen der involvierten Akteure zurückgeführt werden konnte. Dies deckt sich mit den Beobachtungen von Hunold und Dryzek (2005) sowie Layzer (2008).

Partizipation hat, so lässt sich schlussfolgern, in modernen Demokratien durchaus ein erhebliches Governance-Potenzial und führt in vielen Fällen zu sachgerechteren, stärker umweltbezogenen bzw. besser akzeptierten öffentlichen Entscheidungen. Die Ergebnisse legen nahe, dass die Interessenlagen der beteiligten Akteure häufig Ausschlag gebend sind. Wo die Akteure ökologischen Gesichtspunkten weniger zugeneigt sind, kann Partizipation auch weniger Umweltschutz bewirken.

Forschungsdesiderata

Angesichts der nach wie vor unbefriedigenden Wissenssituation mag es verwundern, dass Partizipation und Öffentlichkeitsbeteiligung in umweltbezogenen Entscheidungsverfahren durchaus der politischen Mode unterliegen. Welche Forschungsstrategien bieten sich an? Zum einen gilt es, das in vielen Hunderten von Einzelfallstudien bereits vorhandene empirische Wissen systematisch zu aggregieren und mit Blick auf die ökologische Effektivität von Partizipation auszuwerten. Hierzu bietet sich die Methode der Fallstudien-Metaanalyse (*Case survey*) an (Larsson 1993, Beierle und Cayford 2002, Newig und Fritsch 2009b, Newig und Fritsch 2009a). Die bisher kaum angewendete Case-survey-Methode ermöglicht es, qualitatives, fallbasiertes Wissen systematisch zu aggregieren und statistisch auszuwerten und damit erheblich verlässlichere Ergebnisse zu liefern als Einzelfallstudien oder klassische *Reviews*. Gleichwohl lassen sich durch dieses Vorgehen nicht alle systematischen

Verzerrungen – etwa durch eine Selektion tendenziell „positiver" Verfahren, die zur Veröffentlichung als Fallstudien gelangen – ausschließen. Eine weitergehende Überlegung wären – zweitens – experimentelle Feldversuche (Groß und Hoffmann-Riem 2005, Stoker und John 2009). Experimentelle Methoden besitzen ein hohes Potenzial, unverzerrte Ergebnisse zu liefern und werden in der politikwissenschaftlichen Literatur zunehmend diskutiert (Green und Gerber 2003, Druckman et al. 2006). Die Methodologie komplexerer Feldexperiemente, wie sie für Beteiligungsverfahren nötig wären, ist noch nicht ausgearbeitet. Hier bieten sich viel versprechende Perspektiven für eine zukünftige, inter- und transdisziplinäre Forschung.

Die dargelegte Bedeutung von Prozeduralisierung, also anstelle einer Definition erwünschter Umweltzustände die Definition von Verfahren zu setzen, die in der Lage sein sollen, (langfristig) erwünschte Zustände zu definieren und zu realisieren, verweist darauf, dass auch das wissenschaftliche Verständnis von Effektivität erweitert werden muss, um langfristige, möglicherweise diffuse (System-)Effekte evaluieren zu können (Rogers und Weber 2010).

Eine besondere Herausforderung stellt sich bei der Integration natur- und sozialwissenschaftlicher Konzepte, die bei Untersuchungen zur Entstehung und Wirkung von Partizipation im Umweltbereich implizit oder explizit eine Rolle spielt. Dabei kommt es regelmäßig zu Spannungsverhältnissen etwa in dem Dualismus von „Faktenwissen" und gesellschaftlich konstruierter Realität (Yearley 2000, Wynne 1992), bezüglich der Wahrnehmung von Unsicherheiten (Pellizzoni 2003), der normativen Wünschbarkeit „unberührter" Natur, der Quantifizierung sozialwissenschaftlicher Daten oder der Inkommensurabilität von Ansätzen, in denen die natürliche Umwelt als etwas außerhalb der Sphäre der Sozialwissenschaften Liegendes – in denen Soziales nur durch Soziales erklärt werden könne (Durkheim) – konzipiert wird. Aufgrund dieser grundlegenden Unterschiede der natur- und sozialwissenschaftlichen Perspektiven ging die Analyse der neuen Governance-Modi bisher, wie oben dargestellt, selten über die Evaluierung des Prozesses hinaus. In letzter Zeit werden viel versprechende integrative Ansätze entwickelt, die aktuell schwerpunktmäßig die Stabilität und Anpassungsfähigkeit sozial-ökologischer Systeme in den Blick nehmen, aber auch Fragen des Zusammenspiels naturräumlicher und gesellschaftlicher Skalen und Ebenen diskutieren (Berkes et al. 2003, Folke 2006, Armitage 2008). Die Partizipation zivilgesellschaftlicher Akteure nimmt darin eine zentrale Stellung ein.

Bei aller Konzentration auf neue Formen von Governance und (erwünschten) gesellschaftlichen Veränderungsprozessen in Richtung Nachhaltigkeit wird häufig eines vergessen: Der Aufbau neuer Strukturen geht fast unweigerlich mit dem (gezielten) Abbau oder dem (ungesteuerten) Verfall alter Strukturen einher. Sozialwissenschaftliche Forschungen fast aller Subdisziplinen haben seit jeher einen starken *bias* in Richtung Aufbau unter Vernachlässigung von Abbauvorgängen. Dabei lassen sich „Verfalls"-Prozesse mitunter durchaus als Transformationsprozesse begreifen (Sieferle 2008). Ein vertieftes Verständnis dessen, wie bestehende Strukturen weichen, um neuen – partizipativen, lernenden usw. – Platz zu machen, verspricht höchst produktive Einsichten für die sozialwissenschaftliche Umwelt- und

Nachhaltigkeitsforschung. Es steht zu hoffen, dass eine derart erweiterte Governance-Perspektive ihren Beitrag zur Bewältigung der gegenwärtigen Umwelt- und Nachhaltigkeitsprobleme leistet.

Dank

Mein Dank gilt Ana Adzersen für eine kritische Überarbeitung des Manuskripts. Ihr wie auch Oliver Fritsch danke ich für zahlreiche Diskussionen, die in die hier dargestellten Überlegungen eingeflossen sind.

Weiterführende Literatur

Arnstein, Sherry R. (1969): A Ladder of Citizen Participation. *Journal of the American Institute of Planners* 35 (4): 216–224.
Beierle, Thomas C. und Jerry Cayford (2002): *Democracy in Practice. Public Participation in Environmental Decisions*. Washington, DC.
Fung, Archon (2006): Varieties of Participation in Complex Governance. *Public Administration Review* 66 (Special Issue): 66–75.
Newig, Jens und Oliver Fritsch (2009): Environmental Governance: Participatory, Multi-Level – And Effective? *Environmental Policy and Governance* 19 (3): 197–214.
Webler, Thomas, Hand Kastenholz und Ortwin Renn (1995): Public Participation in Impact Assessment: A Social Learning Perspective. *Environmental Impact Assessment Review* 15: 443–463.

Zitierte Literatur

Arbter, Kerstin, Handler, Martina, Purker, Elisabeth, Tappeiner, Georg und Rita Trattnigg (2005): *Das Handbuch Öffentlichkeitsbeteiligung. Die Zukunft gemeinsam gestalten*. Wien, URL: http://www.partizipation.at/fileadmin/media_data/Downloads/Publikationen/Handbuch_oeffentlichkeitsbeteiligung.pdf. Stand: 30.10.2010.
Armitage, Derek (2008): Governance and the Commons in a Multi-level World. *International Journal of the Commons* 2 (1): 7–32.
Arnstein, Sherry R. (1969): A Ladder of Citizen Participation. *Journal of the American Institute of Planners* 35 (4): 216–224.
Bandura, Albert (1977): Origins of Behavior. In: Bandura, Albert (Hrsg.), *Social Learning Theory*. New Jersey: General Learning Press, 15–55.
Beierle, Thomas C. und Jerry Cayford (2002): *Democracy in Practice: Public Participation in Environmental Decisions*. Washington, DC: RFF Press.
Berkes, Fikret, Johan Colding und Carl Folke (Hrsg.) (2003): *Navigating Social-ecological Systems. Building Resilience for Complexity and Change*. Cambridge: Cambridge University Press.
Berkes, Fikret und Carl Folke (2002): Back to the Future: Ecosystem Dynamics and Local Knowledge. In: Gunderson, Lance H. und C. S. Holling (Hrsg.), *Panarchy. Understanding Transformations in Human and Natural Systems*. Covelo: Island, 121–146.

Bignami, Francesca (2003): *Three Generations of Participation Rights in European Administrative Proceedings; Administrative Procedure in European Law*. Rom, Italien: Università degli studi di Roma „La Sapienza".

Bora, Alfons (1994): Grenzen der Partizipation? Risikoentscheidungen und Öffentlichkeitsbeteiligung im Recht. *Zeitschrift für Rechtssoziologie* 15 (2): 126–152.

Brown, Mark B. (2006): Citizen Panels and the Concept of Representation. *The Journal of Political Philosophy* 14 (2): 203–225.

Bulkeley, Harriet und Arthur P. J. Mol (2003): Participation and Environmental Governance: Consensus, Ambivalence and Debate. *Environmental Values* 12 (2): 143–154.

Busenberg, George (2007): Citizen Participation and Collaborative Environmental Management in the Marine Oil Trade of Coastal Alaska. *Coastal Management* 35: 239–253.

Carter, Neil (2007): *The Politics of the Environment: Ideas, Activism, Policy*. Cambridge. Cambrigde University Press.

Chess, Caron und Kristen Purcell (1999): Public Participation and the Environment: Do We Know What Works? *Environmental Science & Technology* 33 (16): 2685–2692.

Claus, Frank und Peter M. Wiedemann (Hrsg.) (1994): *Umweltkonflikte. Vermittlungsverfahren zu ihrer Lösung, Praxisberichte*. Taunusstein, Blottner.

Cooke, Bill (2001): The Social Psychological Limits of Participation? In: Cooke, Bill und Uma Kothari (Hrsg.), *Participation: The New Tyranny?* London: Zed, 102–121.

Dahl, Robert A. (1994): A Democratic Dilemma: System Effectiveness versus Citizen Participation. *Political Science Quarterly* 109 (1): 23–34.

deLeon, Peter und Linda deLeon (2002): What Ever Happened to Policy Implementation? An Alternative Approach. *Journal of Public Administration Research and Theory* 12 (4): 467–492.

Dienel, Peter C. und Ortwin Renn (1995): Planning Cells: A Gate to „Fractal" Mediation. In: Renn, Ortwin, Thomas Webler und Peter Wiedemann (Hrsg.), *Fairness and Competence in Citizen Participation: Evaluating Models for Environmental Discourse*. Dordrecht: Kluwer, 117–140.

Druckman, James N., Donald P. Green, James H. Kuklinsky und Arthur Lupia (2006): The Growth and Development of Experimental Research in Political Science. *American Political Science Review* 100 (4): 627–635.

Dryzek, John S. (1997): *The Politics of the Earth. Environmental Discourses*. New York: Oxford University Press.

Easton, David (1965): *A Systems Analysis of Political Life*. Chicago: University of Chicago Press.

Elliott, Michael L. Poirier (1984): Improving Community Acceptance of Hazardous Waste Facilities Through Alternative Systems for Mitigating and Managing Risk. *Hazardous Waste* 1 (3): 397–410.

EU (2002): Leitfaden zur Beteiligung der Öffentlichkeit in Bezug auf die Wasserrahmenrichtlinie. Aktive Beteiligung, Anhörung und Zugang der Öffentlichkeit zu Informationen (Übersetzung der englischen Originalfassung). Endgültige, nach dem Treffen der Wasserdirektoren im November 2002 erarbeitete Fassung. Guidance Document No. 8.

Feindt, Peter H. (1997): Kommunale Demokratie in der Umweltpolitik. Neue Beteiligungsmodelle. *Aus Politik und Zeitgeschichte* 47 (27): 39–46.

Fiorino, Daniel J. (2000): Innovation in U.S. Environmental Policy. Is the Future Here? *American Behavioral Scientist* 44 (4): 538–547.

Fiorino, Daniel J. (2009): Regulating for the Future: A New Approach for Environmental Governance. In: Mazmanian, Daniel A. und Michael E. Kraft (Hrsg.), *Toward Sustainable Communities: Transition and Transformations in Environmental Policy*. Cambridge, MA: MIT Press, 63–86.

Fisahn, Andreas (2002): *Demokratie und Öffentlichkeitsbeteiligung*. Tübingen: Mohr.

Fischer, Frank (2006): Participatory Governance as Deliberate Empowerment: The Cultural Politics of Discursive Space. *The Amercian Review of Public Administration* 36 (1): 19–40.

Folke, Carl (2006): Resilience: The Emergence of a Perspective for Social-ecological Systems Analyses. *Global Environmental Change* 16 (3): 253–267.

Folke, Carl, Thomas Hahn, Per Olsson und Jon Norberg (2005): Adaptive Governance of Social-Ecological Systems. *Annual Review of Environment and Resources* 30: 441–473.

Fung, Archon (2006): Varieties of Participation in Complex Governance. *Public Administration Review* 66 (Special Issue): 66–75.

Fung, Archon und Erik Olin Wright (2001): Deepening Democracy: Innovations in Empowered Participatory Governance. *Politics & Politics* 29 (1): 5–41.

Green, Donald P. und Alan S. Gerber (2003): The Underprovision of Experiments in Political Science. *The Annals of the American Academy of Political and Social Science* 589: 94–112.

Groß, Matthias und Holger Hoffmann-Riem (2005): Ecological Restoration as a Real-world Experiment: Designing Robust Implementation Strategies in an Urban Environment. *Public Understanding of Science* 14 (3): 269–284.

Habermas, Jürgen (1962): *Strukturwandel der Öffentlichkeit: Untersuchungen zu einer Kategorie der bürgerlichen Gesellschaft*. Neuwied: Luchterhand.

Habermas, Jürgen (1981): *Theorie des kommunikativen Handelns*. Frankfurt a. M.: Suhrkamp.

Heinelt, Hubert (2002): Achieving Sustainable and Innovative Policies through Participatory Governance in a Multi-level Context: Theoretical Issues. In: Heinelt, Hubert, Panagiotis Getimis, Grigoris Kafkalas, Randall Smith und Erik Swyngedouw (Hrsg.), *Participatory Governance in Multi-level Context. Concepts and Experience*. Opladen: Westdeutscher Verlag, 17–32.

Heinrichs, Harald (2007): Kultur-Evolution: Partizipation und Nachhaltigkeit. In: Gerd Michelsen und Jasmin Godemann (Hrsg.), *Handbuch Nachhaltigkeitskommunikation*. München: Oekom, 709–720.

Hendriks, Carolyn M. (2006): When the Forum Meets Interest Politics: Strategic Uses of Public Deliberation. *Politics & Society* 34 (4): 571–602.

Hill, Michael und Peter Hupe (2002): *Implementing Public Policy: Governance in Theory and Practice*. London: Sage.

Holzinger, Katharina (2000): Limits of Co-operation: A German Case of Environmental Mediation. *European Environment* (10): 293–305.

Hunold, Christian und John Dryzek (2005): Green Political Strategy and the State: Combining Political Theory and Comparative History. In: Barry, John und Robyn Eckersley (Hrsg.), *The State and the Global Ecological Crisis*. Cambridge, MA: MIT Press, 75–96.

Kastens, Britta und Jens Newig (2008): Will Participation Foster the Successful Implementation of the WFD? The Case of Agricultural Groundwater Protection in North-West Germany. *Local Environment* 13 (1): 27–41.

Koontz, Tomas M. (2006): Collaboration for Sustainability? A Framework for Analyzing Government Impacts in Collaborative-environmental Management. *Sustainability: Science, Practice & Policy* 2 (1): 15–24.

Koontz, Tomas M. & Thomas, Craig W. (2006): What Do We Know and Need to Know about the Environmental Outcomes of Collaborative Management? *Public Administration Review* 66: 111–121.

Læssøe, Jeppe (2007): Participation and Sustainable Development: The Post-ecologist Transformation of Citizen Involvement in Denmark. *Environmental Politics* 16 (2): 231–250.

Lan, Xue, Udo E. Simonis und Daniel J. Dudek (2006): *Environmental Governance in China*. Report of the Task Force on Environmental Governance to the China Council for International Cooperation on Environment and Development (CCICED).

Larsson, Rikard (1993): Case Survey Methodology: Quantitative Analysis of Patterns across Case Studies. *The Academy of Management Journal* 36 (6): 1515–1546.

Layzer, Judith (2008): *Natural Experiments: Ecosystem-Based Management and the Environment.* Cambridge, MA: MIT Press.

Lipsky, Michael (1971): Street-level Bureaucracy and the Analysis of Urban Reform. *Urban Affairs Quarterly* (6): 391–409.

Luhmann, Niklas (1984): *Soziale Systeme: Grundriß einer allgemeinen Theorie.* Frankfurt a. M.: Suhrkamp.

Lynn, Frances M. und George J. Busenberg (1995): Citizen Advisory Committees and Environmental Policy: What We Know, What's Left to Discover. *Risk Analysis* 15 (2): 147–162.

McGinnis, Michael D. (Hrsg.) (1999): *Polycentricity and Local Public Economies: Readings from the Workshop in Political Theory and Policy Analysis.* Ann Arbor: University of Michigan Press.

Minsch, Jürg, Peter H. Feindt, Hans-Peter Meister, Uwe Schneidewind, Tobias Schulz und Jochen Tscheulin (1998): *Institutionelle Reformen für eine Politik der Nachhaltigkeit. Studie im Auftrag der Enquete-Kommission „Schutz des Menschen und der Umwelt" des Deutschen Bundestages.* Heidelberg: Springer.

Newig, Jens und Oliver Fritsch (2008): Der Beitrag zivilgesellschaftlicher Partizipation zur Effektivitätssteigerung von Governance. Eine Analyse umweltpolitischer Beteiligungsverfahren im transatlantischen Vergleich. In: Bode, Ingo, Adalbert Evers und Ansgar Klein (Hrsg.), *Bürgergesellschaft als Projekt. Eine Bestandsaufnahme zu Entwicklung und Förderung zivilgesellschaftlicher Potenziale in Deutschland.* Wiesbaden: VS-Verlag, 214–239.

Newig, Jens und Oliver Fritsch (2009a): The Case Survey Method and Applications in Political Science. *American Political Science Association (APSA) 2009 Paper.* Online unter: SSRN: http://ssrn.com/abstract=1451643, Toronto.

Newig, Jens und Olver Fritsch (2009b): Environmental Governance: Participatory, Multi-Level – And Effective? *Environmental Policy and Governance* 19 (3): 197–214.

Newig, Jens und Olver Fritsch (2009c): More Input – Better Output: Does Citizen Involvement Improve Environmental Governance? In: Ingolfur Blühdorn (Hrsg.), *In Search of Legitimacy. Policy Making in Europe and the Challenge of Complexity.* Opladen: Budrich, 205–224.

Oels, Angela (2003): Global Discoure, Local Struggle. Die Rekontruktion des Lokalen durch Lokale-Agenda 21-Prozesse. In: Döring, Martin, Gunther H. Engelhardt, Peter H. Feindt und Jürgen Ossenbrügge (Hrsg.), *Stadt – Raum – Natur. Die Metropolregion als politisch konstruierter Raum.* Hamburg: Hamburg University Press.

Ostrom, Vincent, Charles M. Tiebout und Robert Warren (1961): The Organization of Government in Metropolitan Areas: A Theoretical Inquiry. *American Political Science Review* 55 (4): 831–42.

Pahl-Wostl, Claudia (2009): A Conceptual Framework for Analysing Adaptive Capacity and Multi-level Learning Processes in Resource Governance Regimes. *Global Environmental Change-Human and Policy Dimensions* 19 (3): 354–365.

Pellizzoni, Luigi (2003): Uncertainty and Participatory Democracy. *Environmental Values* 12 (2): 195–224.

Pressman, Jeffrey L. und Aaron Wildavsky (1984 [1973]): *Implementation: How Great Expectations in Washington are Dashed in Oakland.* Berkeley, CA: University of California Press.

Randolph, John und Michael Bauer (1999): Improving Environmental Decision-Making Through Collaborative Methods. *Policy Studies Review* 16 (3-4): 168–191.

Reed, Mark S., Anna C. Evely, Georgina Cundill, Ioan Fazey, Adele Laing, Jens Newig, Brad Parrish, Christina Prell, Chris Raymond und Lindsay C. Stringer (2010): What is Social Learning? *Ecology & Society* 15(4): r1. [online] URL: http://www.ecologyandsociety.org/vol15/iss4/resp1.

Renn, Ortwin (2005): Partizipation – ein schillernder Begriff. *Gaia* 14 (3): 227–228.

Renn, Ortwin (2008): *Risk Governance: Coping with Uncertainty in a Complex World*. London: Earthscan.

Renn, Ortwin, Thomas Webler und Peter Wiedemann (1995): The Pursuit of Fair and Competent Citizen Participation. In: Renn, Ortwin, Thomas Webler und Peter Wiedemann (Hrsg.), *Fairness and Competence in Citizen Participation: Evaluating Models for Environmental Discourse*. Dordrecht: Reidel, 339–368.

Rogers, Ellen und Edward P. Weber (2010): Thinking Harder About Outcomes for Collaborative Governance Arrangements. *The American Review of Public Administration* 40 (5): 546–567.

Rowe, Gene und Lynn J. Frewer (2005): A Typology of Public Engagement Mechanisms. *Science, Technology, & Human Values* 30 (2), 251–290.

Rydin, Yvonne (2007): Re-examining the Role of Knowledge with Inplanning Theory. *Planning Theory* 6 (1): 52–68.

Scharpf, Fritz W. (1999): *Regieren in Europa. Effektiv und demokratisch?* Frankfurt a. M.: Campus .

Schmitter, Pilippe C. (2002): Participation in Governance Arrangements: Is There Any Reason to Expect it Will Achieve „Sustainable and Innovative Policies in a Multi-Level Context"? In: Grote, Jürgen R. und Bernard Gbikpi (Hrsg.), *Participatory Governance. Political and Societal Implications*. Opladen: Leske + Budrich, 51–69.

Selle, Klaus (1996): Klärungsbedarf. Sechs Fragen zur Kommunikation in Planungsprozessen – insbesondere zur Beteiligung von Bürgerinnen und Bürgern. In: Selle, Klaus (Hrsg.), *Planung und Kommunikation*. Wiesbaden: Bauverlag, 161–180.

Sieferle, Rolf Peter (2008): Collapse of Civilizations: A Conceptual Analysis Based on the Example of the Imperium Romanum. *Gaia* 17 (2): 213–223.

Smith, Graham (2003): *Deliberative Democracy and the Environment*. London: Routledge.

Smith, Graham und Corinne Wales (2000): Citizens' Juries and Deliberative Democracy. *Political Studies* 48 (1): 51–65.

Stoker, Gerry und Peter John (2009): Design Experiments: Engaging Policy Makers in the Search for Evidence about What Works. *Political Studies* 57 (2): 356–373.

Stoll-Kleemann, Susanne und Martin Welp (Hrsg.) (2006): *Stakeholder Dialogues in Natural Resources Management. Theory and Practice*. Berlin: Springer.

Thomas, John Clayton (1995*): Public Participation in Public Decisions. New Skills and Strategies for Public Managers*. San Francisco: Jossey-Bass.

Tsebelis, George (1995): Decision Making in Political Systems: Veto Players in Presidentialism, Parliamentarism, Multicameralism and Multipartism. *British Journal of Political Science* 25 (3): 289–325.

von Alemann, Ulrich (Hrsg.) (1975): *Partizipation – Demokratisierung – Mitbestimmung: Problemstellung und Literatur in Politik, Wirtschaft, Bildung und Wissenschaft. Eine Einführung. Studienbücher zur Sozialwissenschaft*. Opladen: Westdeutscher Verlag.

Voß, Jan-Peter, Jens Newig, Britta Kastens, Jochen Monstadt und Benjamin Nölting (2008): Steering for Sustainable Development: a Typology of Problems and Strategies with Respect to Ambivalence, Uncertainty and Distributed Power. In: Newig, Jens, Jan-Peter Voß und Jochen Monstadt (Hrsg.), *Governance for Sustainable Development. Coping with Ambivalence, Uncertainty and Distributed Power*. London: Routledge, 1–20.

Watson, John L. und Luke J. Danielson (2004): Environmental Mediation. *Natural Resources Lawyer* 15 (4): 687–723.

Webler, Thomas, Hans Kastenholz und Ortwin Renn (1995): Public Participation in Impact Assessment: A Social Learning Perspective. *Environmental Impact Assessment Review* 15: 443–463.

Weidner, Helmut (2004): Nachhaltigkeitskooperation: vom Staatspessimismus zur Zivilge-
    sellschaftseuphorie? In: Gosewinkel, Dieter, Dieter Rucht, Wolfgang van den Daele
    und Jürgen Kocka (Hrsg.), *Zivilgesellschaft: National und transnational*. Berlin: Edition
    Sigma, 383–410.
Wynne, Brian (1992): Misunderstood Misunderstanding: Social Identities and Public Uptake
    of Science. *Public Understanding of Science* 1 (3): 281–304.
Yearley, Steven (2000): Making Systematic Sense of Public Discontents with Expert Know-
    ledge: Two Analytical Approaches and a Case Study. *Public Understanding of Science* 9 (2):
    105–122.
Zilleßen, Horst (Hrsg.) (1998): *Mediation: Kooperatives Konfliktmanagement in der Umweltpolitik*.
    Opladen: Westdeutscher Verlag.

Risiko-Governance in einer komplexen Welt

Piet Sellke und Ortwin Renn

Einführung

Schweinegrippe, Terroranschläge, BSE, Gentechnik, Klimawandel und Börsencrash: in unseren heutigen Gesellschaften diskutieren wir solche Themen häufig unter dem Begriff Risiko. So unterschiedlich die genannten Beispiele sind – und man könnte die Liste noch lange fortführen – haben sie doch auch einiges gemeinsam. Zunächst stellen diese Risiken Gesellschaften vor eine Konfliktsituation. Wie soll ein Risiko minimiert werden? Wie kann man verantwortlich mit einem Risiko umgehen? Muss man mit einem Risiko einfach leben? Typischerweise gibt es in pluralistischen Gesellschaften auf diese Fragen nicht eine, sondern viele Antworten, und alle Antworten beanspruchen für sich richtig und wahr zu sein. Ein zweites gemeinsames Merkmal der Beispiele ist, dass sie oftmals innerhalb einer Gesellschaft allein gar nicht zu lösen sind. Der Klimawandel macht ebenso wenig wie die Schweinegrippe an nationalen Grenzen halt, ein Börsencrash hat Auswirkungen auf die ganze Welt – und das in kürzester Zeit. Diese beiden Merkmale zusammen betrachtet bedeuten, dass zum einen Risiken heute nicht mehr nur nationalstaatlich reguliert werden können. Zum anderen bedeutet es, dass Risiken nicht allein mit technischen Überlegungen gelöst werden können. Oftmals ist es für die Wahrnehmung von Risiken nur von sekundärer Bedeutung, wie gefährlich ein Risiko tatsächlich ist. Risiken sind somit oft von einer Ambiguität in der gesellschaftlichen Wahrnehmung gekennzeichnet. Aber auch aus einer technischen Perspektive muss Herausforderungen begegnet werden. Viele Risiken zeichnen sich durch komplexe Zusammenhänge aus, die nur schwer zu modellieren sind, wie beispielsweise bei einem Börsencrash. Zudem fehlt bei manchen Risiken schlicht das Wissen, um ihr Gefährdungspotential ausreichend abschätzen zu können, d. h. es muss mit Nichtwissen und Unsicherheit umgegangen werden (siehe hierzu den Beitrag von Wehling in diesem Band). Um mit diesen Herausforderungen umgehen zu können, braucht es einen umfassenden Ansatz. Dieser muss einen Spagat leisten: einerseits müssen alle notwendigen Wissensgrundlagen und gesellschaftlichen Erfordernisse einbezogen werden, andererseits muss ein solcher Ansatz gleichzeitig noch praktikabel und umsetzbar sein.

In den folgenden Abschnitten werden wir zunächst betrachten, was wir unter einem Risiko zu verstehen haben, wie es definiert ist. Daran schließt sich ein Überblick an, der einerseits die technische Risikoabschätzung, andererseits aber sozialwissenschaftliche sowie psychologische und kulturelle Ansätze der Risikowahrnehmungsforschung vorstellt. Die Relevanz dieses Kapitels ergibt sich aus der oben angesprochenen Beobachtung, dass oftmals zwischen der technischen Experteneinschätzung eines Risikos sowie der Wahrnehmung eines Risikos durch Laien eine scheinbar unüberwindbare Spannung herrscht. In den darauf folgenden Abschnitten stellen wir einen Ansatz des *International Risk Governance Council* (IRGC) vor, der einen integrativen Risiko-Governance Prozess vorschlägt. Hierbei wird der Umgang mit Risiken gesamtgesellschaftlich betrachtet. Der technischen Analyse wird ebenso Gewicht verliehen wie der Abschätzung der gesellschaftlichen Bedenken und Risikowahrnehmungen, und für die Beteiligung der relevanten Akteure werden Verfahren vorgeschlagen, die mit den spezifischen Charakteristika des Risikos und seines Kontextes zielführend sind.

Was ist ein Risiko?

In der Diskussion über Risiken werden diese oft mit dem Begriff der Gefahr synonym verwendet. Der Begriff der Gefahr jedoch beschreibt das *Potential*, Mensch und Umwelt zu gefährden, wohingegen Risiko die *Wahrscheinlichkeit* eines Schadens ausdrückt. Eine grundlegende Definition von Risiko lautet: „An uncertain consequence of an event or an activity with regard to something that humans value. Such consequences can be positive or negative, depending upon the values that people associate with them" (Kates et al. 1985: 21). Somit beschreibt diese Definition zunächst einmal, dass es grundlegend auf die gesellschaftliche Zuschreibung ankommt, was als Risiko wahrgenommen wird und was nicht. Nur etwas, das auch wertgeschätzt wird – sei es ökonomisch, gesellschaftlich oder ökologisch – kann einen Verlust ausmachen. Damit ist aber schon ein erstes Konfliktfeld eröffnet: *was* in einer pluralistischen Gesellschaft wertgeschätzt wird ist oftmals sehr unterschiedlich. Dies bedeutet, was für den Einen ein Risiko ist, muss noch lange keines für den Nächsten sein, geschweige denn statistisch ein Risiko darstellen: „Risks are created and selected by human actors" (IRGC 2005: 4). Viele gesellschaftliche Diskussionen erinnern an dieses Phänomen, beispielsweise die Diskussion um die Gefährlichkeit der Zubereitung von Bratkartoffeln aufgrund der Entstehung von Acrylamid. Dass Risiken von Menschen ‚erdacht' und selektiert werden, wird soziologisch mit mentalen Konstrukten beschrieben (Wynne 1992, Hannigan 1995, Jasanoff 2004).

Der Umgang mit Risiken setzt aber noch etwas anderes voraus, nämlich, dass ein Gestalten dieser grundsätzlich möglich ist. Wenn der Mensch sich jede Gestaltungskraft abspricht, gibt es keine Möglichkeit, ein Risiko zu minimieren. Zugleich sind der Gestaltungskraft aber Grenzen gesetzt; ein Erdbeben kann es unabhängig von menschlicher Gestaltungskraft geben. Der Umgang mit Risiken ist demnach durch ein Spannungsverhältnis zwischen Eigenverantwortung und unabwendbarem Schicksal gekennzeichnet (vgl. Renn et al. 2007: 20).

Im Gegensatz zur Sichtweise von Risiken als mentale Konstrukte, sind die Schäden in ihren Auswirkungen real (Renn et al. 2007): sie können intersubjektiv nachgeprüft werden. Damit die Schäden allerdings einen Einfluss auf die soziale Welt ausüben können, muss über diese erst kommuniziert werden, d. h. es muss ein Einfluss auf die kognitive Wahrnehmung stattfinden (Luhmann 1986). Erst durch die Kommunikation über Schäden kann das Risiko interpretiert werden.

Ein prägnantes Beispiel für diese Zusammenhänge ist das Risiko, das von Terrorismus ausgeht. Zunächst wird Terrorismus als Risiko wahrgenommen, als mentales Konstrukt erdacht. Schäden, die durch einen terroristischen Anschlag ausgelöst werden – beispielsweise zerstörte Gebäude – sind objektiv und real. Aber erst durch die Kommunikation über diese Schäden erlangt der Schaden einen Einfluss weit über den eigentlichen Schaden hinaus. Es ist durchaus keine Seltenheit, dass ein Haus aufgrund eines anderen Risikos – beispielsweise einer defekten Gasleitung – zu Schaden kommt, aber durch die Kommunikation über den Auslöser „Terrorismus" erlangt der daraus resultierende Schaden eine andere (in diesem Falle furchtsamere) Bedeutung.

Einige in der Einführung angesprochene Risiken stellen *systemische Risiken* dar. BSE oder Börsencrashs haben nicht nur direkte Auswirkungen, sondern wirken weit in andere Bereiche hinein und über nationalstaatliche Grenzen hinweg (Renn et al. 2007). Systemische Risiken sind sehr komplex und erfordern besondere Aufmerksamkeit bei der Regulierung.

Doch warum werden Risiken so unterschiedlich wahrgenommen? Welche Prozesse sind dafür verantwortlich, dass manche Menschen sich vor einem Risiko fürchten, andere jedoch nicht? Und warum liegen Experten und Laien so häufig im Konflikt miteinander über ein Risiko? Um diese Fragen zu beantworten wenden wir uns zunächst den theoretischen Hintergründen von Risiko und Risikowahrnehmung zu.

Die Beurteilung von Risiken: Theoretische Ansätze

Im Folgenden werden kurz *zum einen* die technische Risikoanalyse, *zum anderen* sozialwissenschaftliche und psychologische Ansätze zur Risikowahrnehmung beschrieben. Aus der Gegenüberstellung dieser Ansätze wird das Konfliktpotential deutlich, das sich ergeben kann, wenn Risiken gesamtgesellschaftlich reguliert werden sollen. Die Perspektive der technischen Risikoexperten ist eine grundlegend andere, als die der sogenannten Laien.

Der Begriff der *technischen Risikoanalyse* bezieht sich auf das Verfahren der Analyse. Potentielle Schäden an Menschen oder Ökosystemen werden hier antizipiert, und diese Ereignisse werden zeitlich und räumlich in Relation gestellt. Um Wahrscheinlichkeiten zu bestimmen – z. B. die Wahrscheinlichkeit des Schadenseintritts – werden relative Häufigkeiten verwendet. Letztlich wird nach der Formel vorgegangen, die das Risiko als eine Funktion von Schadensausmaß und Eintrittswahrscheinlichkeit bestimmt.

Die technische Risikoanalyse wird in der Forschungsliteratur jedoch hinsichtlich mehrerer Aspekte kritisiert. So wird durch die ausschließliche Verknüpfung von Schadensausmaß und Eintrittswahrscheinlichkeit außer Acht gelassen, dass einzelne Akteure Risiken höchst unterschiedlich wahrnehmen. Diese individuelle Risikowahrnehmung hängt beispielsweise von den jeweiligen Werten und Interessen der Akteure ab. Zudem können durchschnittliche Wahrscheinlichkeiten nicht die komplexen Interaktionen zwischen menschlichen Aktivitäten und ihren Konsequenzen festhalten. Darüber hinaus muss festgestellt werden, dass Risiken mit einer hohen Eintrittswahrscheinlichkeit aber einem geringen Schadensausmaß, sowie Risiken mit einer niedrigen Eintrittswahrscheinlichkeit aber einem hohem Schadensausmaß in der technischen Analyse die gleiche Bedeutung erhalten. Empirische Ergebnisse zeigen jedoch, dass diese beiden Risiken gesellschaftlich höchst unterschiedlich bewertet werden.

Zusätzlich wird die technische Risikoanalyse nicht den gesellschaftlichen Dynamiken gerecht, die ein Risiko begleiten. Offensichtlich hängt die Entscheidung, ob ein Risiko akzeptabel oder inakzeptabel ist, im öffentlichen Diskurs von weit mehr Faktoren als den in der technischen Risikoanalyse verwendeten, ab. Dies betrifft nicht nur den gesellschaftlichen Diskurs insgesamt, sondern auch zwischen einzelnen kulturellen Gruppen innerhalb einer Gesellschaft herrscht ein beträchtliches Maß an Divergenz bei der Wahrnehmung und Einschätzung von Risiken. Folge dieser Inkompatibilität der technischen Analyse und der öffentlichen Wahrnehmung von Risiken ist unter anderem eine Inkompatibilität der Kommunikation über Risiken, was wiederum zur Verschärfung der Debatte und den damit zusammenhängenden sozialen Konflikten führt. Diese Kritik bedeutet jedoch nicht, dass die technische Risikoanalyse hinfällig wäre, letztlich gibt es selbstredend objektive Risiken die eine technische Risikoanalyse zwingend erforderlich machen. Die Einfachheit der technischen Risikoanalyse ist somit ihr größter Vorteil und Nachteil zugleich. Um jedoch zu verstehen, wie und warum Laien Risiken anders einschätzen als Experten, bedarf es anderer Ansätze. Die sozialwissenschaftliche Literatur zur Risikowahrnehmung deckt ein weites Feld von theoretischen Ansätzen ab. Alle folgen jedoch der Grundannahme, dass Risiken ein mentales Konstrukt sind; nur welche Variablen bei der Analyse der Wirkung und Entstehung solcher mentalen Modelle im Fokus der Betrachtung stehen, unterscheidet die Ansätze.

Ein prominenter Ansatz zur Analyse der Mechanismen der Risikowahrnehmung ist das *psychometrische Paradigma* (Slovic 1992, Renn und Rohrmann 2000). Kennzeichnend für diesen Ansatz ist der Einbezug von technisch-physischen Aspekten von Risiko sowie auch von sozial-psychologischen Aspekten. Damit wird die Diskrepanz zwischen der Experteneinschätzung eines Risikos und der Laienwahrnehmung eines Risikos deutlich.

Soziologische Ansätze erweitern dieses Konzept durch den Einbezug von institutionellen und organisations-spezifischen Faktoren, die die Risikowahrnehmung beeinflussen. Das Vertrauen in Institutionen und in politische Eliten, die Wirkungsweisen von Institutionen sowie Governance-Ansätze werden hier betont (Shubik 1991, Clarke 1989). Neben den mikrosoziologischen Studien stehen insbesondere Ulrich Beck und Niklas Luhmann für die makrosoziologische Risikosoziologie (Beck 1986, Luhmann 1990).

Kulturtheoretische Ansätze hingegen betonen, dass Risiken aufgrund bestimmter kultureller Gemeinsamkeiten ähnlich wahrgenommen werden. Dies bedeutet, dass innerhalb einer Gesellschaft versucht wird, bestimmte kulturelle Subgruppen zu analysieren, die dann jeweils eine ähnliche Risikowahrnehmung aufzeigen (Dake

1992, Thompson et al. 1990, Schwarz und Thompson 1990). Während psychometrisch orientierte Studien oftmals mit quantitativen sozialwissenschaftlichen Methoden arbeiten, gehen kulturtheoretische Ansätze meist qualitativ vor.

Interessant wird das Feld der Risikosoziologie dann, wenn man ansatzübergreifend nach der *Struktur der Risikowahrnehmung* fragt. Das heterogene Bild unterschiedlicher Ansätze relativiert sich durch diese Betrachtung. Wie bereits im vorangegangenen Abschnitt erwähnt ist die Risikowahrnehmung heute weniger ein Produkt von individueller Erfahrung und persönlicher Evidenz, sondern ein Resultat von *sozialer Kommunikation*. Beispielsweise können Lebensmittelzusätze in unserer Nahrung nicht mit den natürlichen Sinnen erfasst und erfahren werden, sondern die Existenz von Zusätzen in unserer Nahrung muss durch Kommunikation vermittelt werden. Dabei spielen die Medien als Informationstransmitter eine prominente Rolle. Gleichzeitig ist es aber so, dass in heutigen Gesellschaften sehr viel mehr Informationen bereitstehen und übermittelt werden, als vom Einzelnen verarbeitet werden können. Die Herausforderung besteht heute also weniger darin, Informationen aufzunehmen, sondern vielmehr Informationen *nicht* aufzunehmen und zu selektieren. Dabei kommen uns einige kognitionspsychologische Prozesse zur Hilfe.

Die *Kognitionspsychologie* geht davon aus, dass Individuen Informationen grundsätzlich durch zwei verschiedene Modi wahrnehmen und verarbeiten können (Petty und Cacioppo 1986, Renn und Levine 1991). Zunächst muss ein Akteur entscheiden, ob es notwendig ist jedes Argument der neuen Information zu durchdenken und abzuwägen, oder ob es ausreicht anhand von einigen Heuristiken den Wert der Information zu beurteilen. Dieser Prozess läuft natürlich unterbewusst; im ersten Fall werden Informationen überlegt prozessiert, im zweiten werden sie spontan prozessiert. Im überlegten Modus wird nun für jedes Argument zunächst festgestellt, ob man es für richtig hält oder nicht. Gleichzeitig wird jedem Argument ein Gewicht zugeschrieben. Dieses beruht auf der individuell wahrgenommenen Wichtigkeit des Argumentes. Im Gegensatz zu diesem Prozess spielen im spontanen Modus die eigentlichen Informationen keine große Rolle: hier sind Hinweisreize ausschlaggebend – beispielsweise die Länge der Botschaft, der Übermittler der Botschaft oder die angenommenen Motive des Übermittlers. Für den Akteur dienen diese Heuristiken als Daumenregeln. Informationen können schnell und effizient verarbeitet werden – wenn auch oftmals mit Verzerrungen und Fehleinschätzungen.

Insbesondere in der Forschung zum psychometrischen Paradigma wurden *qualitative Risikocharakteristiken* analysiert, die wiederum die Risikobewertungen und Risikoeinschätzungen von Akteuren beeinflussen (Slovic et al. 1981, Vlek und Stallen 1981, Covello 1983, Renn 1990, Jungerman und Slovic 1993, Rohrmann 1994). Individuen nehmen demzufolge Risiken anhand qualitativer Merkmale wahr – wie z. B. die Schrecklichkeit des Ereignisses, die erwartete Zahl an Todesopfern, sowie wahrgenommene Eigenschaften der Risikoquelle bzw. der Risikosituation. Charakteristiken der Risikosituation sind dabei beispielsweise die Kontrollierbarkeit eines Risikos seitens des Akteurs (wie z. B. beim Sport), die Familiarität mit dem Risiko (neuartige Risiken werden oft als bedrohlicher wahrgenommen) oder die Freiwilligkeit der Risikoübernahme.

Wenn Akteure Informationen aufnehmen, werden oftmals *intuitive Heuristiken* verwendet, um Schlussfolgerungen aus der Information zu ziehen. Diese Heuristiken sind *common sense*-Mechanismen. Sie werden vor allem eingesetzt wenn Wahrscheinlichkeitsinformationen prozessiert werden müssen. Beim Urteilen über Wahrscheinlichkeiten unterliegen Menschen jedoch einigen Fehleinschätzungen: so werden beispielsweise Ereignisse, die einem selbst kognitiv naheliegend sind, überschätzt. Hat jemand beispielsweise eine Notlandung eines Flugzeuges miterleben müssen, wird diese Person die Wahrscheinlichkeit von Flugzeugunfällen als höher einstufen. Andererseits werden Wahrscheinlichkeiten eher unterschätzt wenn sie eigenen Überzeugungen widersprechen – ein Befürworter von Kernkraftwerken wird somit die Wahrscheinlichkeit eines GAUs als geringer einschätzen als ein Gegner von Kernkraftwerken. Diese Mechanismen sollen kognitive Dissonanz möglichst verhindern (Festinger 1957, Kahnemann und Tversky 1979, Ross 1977, Renn 1990).

Darüber hinaus werden von Akteuren oft *semantische Bilder* verwendet, um Risiken zu klassifizieren. Dies geschieht ebenfalls aus Effizienzgründen. Semantische Bilder reduzieren die Komplexität des Gegenstandes zu Gunsten einer Einschätzung des Risikos aufgrund einiger salienter Eigenschaften. Die folgende Tabelle führt Risikoklassifikationen anhand semantischer Bilder auf.

Tabelle 1   Risikoklassen im Überblick (angelehnt an Klinke und Renn 1999)

Risikoklasse	Wahrschein-lichkeit	Schadens-ausmaß	Weitere Kriterien	Beispiele
Damokles	Niedrig	Hoch	Nicht entscheidend	Nuklearenergie, Staudämme, chemische Anlagen
Cyclop	Unsicher	Hoch	Nicht entscheidend	Erdbeben, Vulkanausbrüche, AIDS
Pythia	Unsicher	Unsicher	Nicht entscheidend	Treibhauseffekt, BSE, Gentechnik
Pandora	Unsicher	Unsicher	Hohe Persistenz	POPs, *endocrine Disruptors*
Kassandra	Hoch	Hoch	Lange Verzögerung	Klimawandel
Medusa	Niedrig	Niedrig	Hohes Mobilisierungspotential	Elektromagnetische Felder

Obgleich mit diesen Risikoklassen Komplexität verringert werden kann, bergen sie eine Gefahr: die Kommunikation über solche kontroversen Risiken kann erschwert werden, sodass gerade nicht der Komplexität der Risikoquelle und den möglichen Schäden Rechnung getragen wird. Die bisherigen Darstellungen über die Struktur der Risikowahrnehmung können hinsichtlich der Faktoren, die die *Risikowahrnehmung beeinflussen*, erweitert werden. Eine Auswahl der wichtigsten, unabhängigen Faktoren der Risikowahrnehmung wird im Folgenden dargestellt.

Die Risikowahrnehmung wird entscheidend vom *Vertrauen* der Akteure in Institutionen, denen das Management des betreffenden Risikos obliegt, beeinflusst.

Dabei sind Urteile von Referenzgruppen, die dem einzelnen Akteur eine schnelle Orientierung verschaffen, besonders bedeutend. Auch das Vertrauen in die Performanz der Institutionen des Risikomanagements spielt eine erhebliche Rolle. Eine der zentralen Herausforderungen dabei ist, dass empirisch ein sinkendes Vertrauen in die betreffenden Institutionen feststellbar ist (Lipset und Schneider 1987, Peters 1991, Peters 1999), aber aufgrund der Komplexität vieler Risiken und der damit verbundenen Abhängigkeit der Akteure von diesen Institutionen großes Vertrauen notwendig wäre.

Die eingenommene Position hinsichtlich eines bestimmten Risikos ist zudem abhängig von der Position hinsichtlich des von der fraglichen (Risiko-)Technologie erfüllten Ziels. Dies impliziert unterschiedliche *Wertvorstellungen* davon, was in einer Gesellschaft wünschenswert ist und was nicht, und führt dementsprechend zu unterschiedlichen Bewertungen des Risikos selbst. So kann auch ein niedriges Risiko abgelehnt werden, wenn der versprochene Nutzen der dahinter stehenden Technologie als gering eingeschätzt wird. Oftmals werden Wertvorstellungen durch eine Einteilung in vier unterschiedliche Wertecluster analysiert (Fiorino 1989): traditionelle Werte, Arbeitsethik, hedonistische Werte und postmaterialistische Werte. Allerdings erscheint es wahrscheinlicher, dass die Beurteilungen von Individuen je nach Konflikt in jeweils unterschiedliche Wertecluster eingeteilt werden können. Eine Schlussfolgerung aus der Betrachtung von Wertvorstellung kann sein, dass sofern eine Technologie bei ihrer Einführung die Erfordernisse möglichst vieler Wertecluster erfüllt, die Akzeptanz dieser Technologie schneller erreicht werden kann (Renn und Rohrmann 2000).

Ein ähnliches Vorgehen wird von kulturellen Ansätzen gewählt (siehe hierzu auch den Beitrag von Keller und Poferl in diesem Band). Risikowahrnehmung wird hier als abhängig von *kulturellen Gruppenzugehörigkeiten* konzeptualisiert. Kulturelle Gruppenzugehörigkeiten wirken in Abhängigkeit der jeweiligen „Weltsicht" als Frame für die Risikowahrnehmung und –bewertung. Prominent ist die Unterteilung anhand einer *Grid-Group*-Typologie, die fünf unterschiedliche Muster von Weteclustern abbildet, wobei die Cluster sich in der Risikowahrnehmung und -bewertung sowie in den damit verbundenen Einstellungen unterscheiden (Douglas und Wildavsky 1982, Rayner und Cantor 1987, Thompson et al. 1990). In anderen kulturellen Ansätzen wird ein größeres Gewicht auf berufliche und politische Zugehörigkeiten gelegt (Belrose und Pilisuk 1991, Rohrmann 1994). Unterschiedliche Berufe und/oder politische Orientierungen wirken in diesen Forschungsansätzen als Unterscheidungsmerkmal der Gruppen.

Neben diesen kulturellen Unterschieden finden sich in der Bewertung und Wahrnehmung von Risiken Unterschiede zwischen einzelnen Nationen (Rohrmann 1999). Abhängig vom ökonomischen, sozialen und politischen Kontext einer Nation, können Unterschiede in der Risikowahrnehmung gefunden werden. Die korrelative Struktur der Risikoaspekte hingegen ist weitgehend gleich (Renn und Rohrmann 2000).

Das Konzept der *sozialen Verstärkung von Risiken* (*Social amplification of risk*, Kasperson et al. 1988) ist ebenfalls als eine unabhängige Variable der Risikowahrnehmung und –bewertung zu sehen. Dieses Konzept geht davon aus, dass bestimmte Ereignisse die mit einer Bedrohung einhergehen mit psychologischen, sozialen, institutionellen sowie kulturellen Prozessen interagieren. Diese Interaktion kann in einer Verstärkung oder einer Abschwächung der individuellen und gesamtgesellschaftlichen Risikobewertung münden, und somit Risikoverhalten beeinflussen. Als Folge dieser veränderten Verhaltensreaktionen können sekundäre Effekte ausgelöst werden, die unter Umständen nur noch wenig mit der Ausgangssituation gemein haben. Ein typischer sekundärer Effekt ist beispielsweise der Vertrauensverlust in Institutionen. Das Konzept der sozialen Verstärkung ist insofern ein integratives Konzept, als dass hier individuelle, kulturelle sowie auch institutionelle Reaktionen auf Risiken konzeptualisiert werden können.

Verdeutlicht man sich die divergierenden Wahrnehmungs- und Erklärungsmuster zwischen technischen Risikoexperten einerseits und Laien andererseits, erscheinen Konflikte über den angemessenen Umgang mit Risiken fast unausweichlich. Tatsächlich gibt es eine Vielzahl von Konfliktbeispielen: die Regulation der Gentechnik, die Schweinegrippe, Atomtechnik, Mobilfunkstrahlung – diese Liste könnte noch lange fortgeführt werden. Wie können nun diese Konflikte gelöst werden? Wie kann den Erfordernissen der technischen Risikoanalyse Rechnung getragen werden ohne dabei die gesellschaftlichen Erfordernisse aus den Augen zu verlieren? Eine Möglichkeit der Integration von technischer Risikoanalyse und sozialwissenschaftlicher Analyse von Risikowahrnehmungen wird im folgenden Abschnitt vorgestellt.

Integrativer Risiko-Governance Ansatz

Der *International Risk Governance Council* (IRGC)[1] entwickelt derzeit ein Modell, das Gesellschaften bei der Regulierung von Risiken einen integrativen Ansatz aufzeigen will. Der IRGC Ansatz stellt einen strukturierten Weg dar, wie die generischen Elemente Risikoabschätzung (*risk assessment*), Risikomanagement und Risikokommunikation mit der gleichen Bedeutung wie die Analyse gesellschaftlicher Bedenken und die Laienrisikowahrnehmung behandelt werden können. Die Integration des gesellschaftlichen Kontextes betrifft aber nicht nur unterschiedliche Risikowahrnehmungen in unterschiedlichen Gruppen. Zusätzlich muss der gesamtgesellschaftliche politische und regulatorische Rahmen in einen integrativen Prozess der Risiko-Governance einbezogen werden. Diese Integration von technischen und gesellschaftlichen Perspektiven auf das Risiko hat das Potential, gesellschaftliche Konflikte durch Transparenz und Offenheit sowie durch eine partizipative Teilhabe der Betroffenen zu bewältigen.

Die Regulierung von Risiken ist, wie bereits in der Einführung angesprochen, abhängig vom vorhandenen Wissen über ein Risiko. Das Wissen über ein Risiko zu kategorisieren ist ein weiterer zentraler Baustein des IRGC-Ansatzes zur Risiko-

---

1   Der International Risk Governance Council mit Sitz in Genf ist eine unabhängige Organisation, dessen Aufgabe es ist das Verständnis und das Management von neuen (systemischen) Risiken zu verbessern. Der IRGC wird über Spenden finanziert.

Governance. Sofern die kausalen Zusammenhänge zwischen Ursache und Wirkung eines Risikos eindeutig und unbestritten sind, spricht man von einem simplen Risiko. Ein Beispiel hierfür ist der Zusammenhang zwischen Zigarettenkonsum und einer erhöhten Krebsgefahr. Oftmals hat man es bei der Risikoabschätzung jedoch auch mit einer sehr komplexen Ursache-Wirkungskette zu tun. Der Zusammenbruch der Finanzmärkte beispielsweise zeigt sich als komplexes Zusammenspiel verschiedener materieller und psychologischer Faktoren. Diese sind aufgrund von intervenierenden Variablen schwer zu modellieren. In der Klassifikation des IRGC werden diese Risiken ‚komplexe Risiken' genannt (IRGC 2005). In anderen Fällen, beispielsweise bei den Auswirkungen der Gentechnik, zeigt sich zusätzlich das Problem, dass man manche Auswirkungen (noch) nicht kennt, sondern nur erahnen kann – man weiß nicht, was man nicht weiß. Nichtwissen bezieht sich jedoch auch auf die Möglichkeit von zufälligen Ereignissen oder Messfehlern im Zusammenhang mit einem bestimmten Risiko. Diese Risiken sind nach der IRGC-Klassifikation somit als unsichere Risiken zu bezeichnen (IRGC 2005). Als dritte Kategorie werden Risiken angesprochen, die durch Ambiguität gekennzeichnet sind, und hier treten die im vorigen Kapitel angesprochenen Differenzen zwischen der Laien- und Expertenwahrnehmung von Risiken zu Tage. Unabhängig vom tatsächlichen Risiko kann beispielsweise eine Technologie abgelehnt werden, wenn sie nicht mit ethischen oder weltanschaulichen Überzeugungen übereinstimmt.

Die Betonung des IRGC-Ansatzes liegt jedoch nicht nur in der reinen Klassifikation des Wissens über ein Risiko als komplex, unsicher oder ambigue. Vielmehr werden für die jeweilige Risikoklasse dezidierte Wege der Partizipation und des Managements vorgeschlagen, um den Erfordernissen des Risikos gerecht zu werden, d. h. den Prozess der Risikoregulierung nicht durch den Einbezug zu vieler Aspekte zu blockieren, aber ebenso wenig den Prozess durch die Nichtbeachtung von Aspekten zu delegitimieren.

Der Begriff der ‚Governance' hat in den letzten Jahren einen starken Aufschwung erhalten, und das in so verschiedenen Feldern wie Internationale Beziehungen, vergleichende Politikwissenschaft, Policy-Studien, Umweltsoziologie und auch in der Risikoforschung. Nationalstaatlich betrachtet beschreibt Governance Strukturen und Prozesse für eine kollektive Entscheidungsfindung unter Einbezug staatlicher und nicht-staatlicher Akteure (vgl. Nye und Donahue 2000). Somit wird die Governance von möglichen Entscheidungen als ein Zusammenspiel von politischen Akteuren, ökonomischen Kräften und der Zivilgesellschaft (z. B. NGOs) gesehen. Oftmals wird zwischen einer horizontalen und einer vertikalen Ebene der Governance unterschieden (Benz und Eberlein 1999, Lyall und Tait 2004): Die horizontale Ebene umfasst dabei die relevanten Akteure eines Entscheidungsprozesses innerhalb eines definierten geographischen oder funktionalen Segments (z. B. alle relevanten Akteure innerhalb einer Gemeinde, Region, Staat etc.). Die vertikale Ebene hingegen beschreibt die Verbindungen zwischen diesen Segmenten, also beispielsweise die institutionellen Beziehungen zwischen der regionalen, nationalen und europäischen Ebene.

Risiko-Governance ist nun eine Übersetzung der Substanz und der Prinzipien von Governance allgemein auf den Kontext von Risiko und risikobezogenen Entscheidungen. In der Definition des IRGC umfasst Risiko-Governance die Totalität von Akteuren, Regeln, Konventionen, Prozessen und Mechanismen, die sich mit der Beschaffung, Analyse und Kommunikation von relevantem Wissen über das Risiko beschäftigen sowie mit den risikobezogenen Entscheidungsprozessen (vgl. IRGC 2005). Da der Prozess der Risiko-Governance die auf das Risiko bezogenen Entscheidungen und Handlungen von staatlichen und nicht-staatlichen Akteuren umfasst, eignet sich dieser Prozess insbesondere für Situationen, bei denen keine staatliche oder andere übergeordnete Autorität vorhanden ist. Andererseits ist die Durchführung eines solchen Prozesses nicht auf die Situationen ohne übergeordnete Autorität beschränkt. Insgesamt betrachtet eignet sich ein Risk-Governance Prozess vor allem immer dann, wenn die Beschaffenheit der Risikosituation eine Kollaboration von und eine Koordination zwischen verschiedenen staatlichen und nicht-staatlichen Akteuren erfordert. Über den Blick auf die involvierten Akteure hinaus, umfasst der Prozess der Risiko-Governance jedoch auch Kontextfaktoren, so wie z. B. den institutionellen und regulativen Rahmen einer Risikosituation oder auch die politische Kultur insgesamt.

Aus dieser Aufzählung wird jedoch deutlich, dass es tatsächlich nicht leistbar ist *alle* möglichen einen Risiko Governance Prozess beeinflussenden Faktoren im Prozess zu berücksichtigen – es sind schlicht zu viele Faktoren. Somit müssen die Faktoren identifiziert werden, denen aufgrund theoretischer Begründungen oder aufgrund empirischer Daten eine besondere Bedeutung zukommt (IRGC 2005).

Der eigentliche Risiko-Governance Prozess kann nun angelehnt an den IRGC in drei Hauptphasen eingeteilt werden: *Pre-Assessment*, *Risk Appraisal* und *Risk Management*. Eine weitere Phase, R*isk Evaluation/Risk Characterization*, ist zwischen die Phasen des Risk Appraisal sowie des Risk Managements gelegt, dies bringt zum Ausdruck, dass diese Aufgabe entweder von den Verantwortlichen des Risk Assessments oder von den Risikomanagern bearbeitet werden können, je nach konkreter Fragestellung. Die fünfte Phase ist die *Risk Communication*, diese ist jedoch mit allen anderen Phasen direkt verbunden. Die folgende Abbildung veranschaulicht den Prozess.

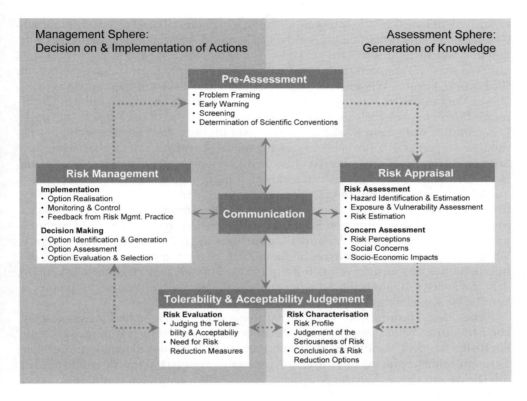

Abbildung 1   Der IRGC Risk-Governance Prozess im Überblick (vgl. IRGC 2005).

Die Pre-Assessment Phase

Wie in Abschnitt 3 bereits dargelegt sind Risiken zunächst einmal mentale Konstrukte (OECD 2003). Risiken repräsentieren jedoch was Menschen in ihrer Umwelt wahrnehmen und was sie erfahren. Die Verbindung zwischen dem Risiko als mentalem Konstrukt und der Realität ist der eigentliche Schaden, also die Konsequenz des Risikos – beispielsweise zerstörte Gebäude oder zu beklagende Opfer. Die Konzeption von Risiko als mentales Konstrukt bedeutet auch, dass Menschen die Möglichkeit haben Risiken zu steuern, zu regulieren, sowie ihre Zukunft innerhalb der natürlichen und kulturellen Grenzen zu gestalten.

Der Status von Risiko als mentales Konstrukt hat weitreichende Konsequenzen dafür, was als Risiko angesehen wird und was nicht. Was für manche eine Handlung Gottes ist, ist für andere Zufall oder Schicksal, für wieder andere ist es eine Chance. Obwohl moderne Gesellschaften im Laufe der Zeit Erfahrung mit potentiellen Schäden und Auswirkungen gemacht haben, ist es meist unmöglich alle möglichen Auswirkungen einer Aktivität oder eines Ereignisses vorherzusehen. Gleichzeitig ist es auch nicht möglich, alle Interventionsmöglichkeiten umzusetzen. Somit müssen Gesellschaften also entscheiden, welche Risiken und Auswirkungen betrachtet werden und welche ignoriert werden (Thompson et al. 1990, Douglas 1990, Beck 1994).

Diese Auswahl muss darauf basieren, was die Hauptakteure einer Gesellschaft (Regierung, Firmen, Wissenschaft, Öffentlichkeit) als Risiko ansehen und was nicht. Dieser Vorgang wird *Framing* genannt, und das Framing ist bereits Teil des Governance Prozesses. Beispielsweise sind Konsumenten vielleicht der Ansicht, dass alle Lebensmittelzusätze ein Risiko darstellen, wohingegen die Industrie sich über Pathogene Sorgen macht, die bei der unsachgemäßen Lagerung oder Zubereitung von Speisen durch den Konsumenten entstehen können. Andere Gruppen wiederum betrachten stärker die Risiken von industriell hergestellter Nahrung im Vergleich zu Bio-Nahrung. Ob es nun eine Verständigung darüber gibt, was ein Risiko ist und was nicht, hängt in großen Teilen von der Legitimität des Selektionsmechanismus ab. Die Akzeptanz von Selektionsregeln basiert meist auf zwei Komponenten: zum einen müssen alle Akteure die zugrunde liegenden Ziele anerkennen (z. B. Vermeidung von Gesundheitsnachteilen). Zum zweiten müssen alle Akteure die Implikationen des zum jeweiligen Zeitpunkt bestmöglichen Wissens anerkennen, d. h. inwieweit ein möglicher Schaden tatsächlich das Ziel der Vermeidung von Gesundheitsnachteilen beeinflusst.

Neben dem Framing sind Frühwarnsysteme und –prozesse im Pre-Assessment von Bedeutung. Selbst wenn Konsens darüber besteht, dass ein bestimmtes Ereignis ein Risiko darstellt, kann es zu Problemen beim *monitoring* des Risikos kommen. Die Tsunami-Katastrophe in Südostasien im Dezember 2004 ist ein trauriges Beispiel für die Diskrepanz zwischen der Möglichkeit von Frühwarnungen und der Entscheidung diese auch zu installieren.

Die Entscheidung über (wissenschaftliche) Konventionen und Verfahrensregeln gehört ebenfalls zur Phase des Pre-Assessment. Welche wissenschaftlichen Methoden zur Analyse des technischen Risikos sowie der Risikowahrnehmungen in der Öffentlichkeit verwendet werden, müssen vorab festgelegt werden, denn auch diese Entscheidungen beruhen letztlich auf subjektiven Urteilen oder Konventionen. Werden diese nicht von allen beteiligten Akteuren zu Beginn des Prozesses im Konsens festgelegt, kann Dissens über die Assessment-Ergebnisse im weiteren Verlauf mit Verweis auf die falschen wissenschaftlichen Methoden begründet werden, und somit den gesamten Prozess wieder auf den Anfangspunkt zurückwerfen. Zudem ermöglicht ein Verständnis der angewendeten Methoden und Konventionen auch zu einem besseren Verständnis der Resultate des Assessment. Die folgende Tabelle stellt einen Überblick über die vier Komponenten des Pre-Assessments dar.

Tabelle 2   Phasen des Pre-Assessment (vgl. IRGC 2005)

Pre-assessment Components	Definition	Indikatoren
1 Problem framing	Unterschiedliche Perspektiven, um den Gegenstand des Verfahrens zu konzeptualisieren	Dissens/Konsens hinsichtlich der Ziele der Selektionsregel Dissens/Konsens hinsichtlich der Relevanz von Evidenz Bezugsrahmen (Chance, Risiko, Schicksal)
2 Frühwarnung	Systematische Suche nach neuen Gefährdungen	Untypische Ereignisse oder Phänomene Systematischer Vergleich zwischen modellierten und beobachteten Phänomenen Neuartige Aktivitäten oder Ereignisse
3 Screening (risk assessment und *concern assessment policy*)	Etablierung einer Prozedur für das Screening von Gefahren und Risiken sowie Festlegung von Konventionen für Assessment und Management	screening umgesetzt? Kriterien für das Screening: Gefahrenpotential Persistenz Ubiquität, etc. Kriterien zur Festlegung von Risiko Assessment Prozeduren für: Bekannte Risiken Neuartige Risiken, etc. Kriterien zur Messung sozialer Bedenken (social concerns)
4 Wissenschaftliche Konventionen für Risiko Assessment und Assessment der gesellschaftlichen Bedenken (*concerns*)	Festlegung der Annahmen und Parameter von wissenschaftlicher Modellbildung und Evaluationsmethoden sowie Prozeduren des Risiko und Concern Assessments	Definition von no adverse effect levels (NOAEL) Validität der Methoden des Risiko Assessments Methodologische Regeln für die Erhebung von gesellschaftlichen Bedenken

Risk Appraisal Phase

Im Konzept des IRGC ist die klassische technische Risikoanalyse – das Risiko Assessment – zusammen in einer Phase dargestellt mit der Erhebung und Analyse von gesellschaftlichen Bedenken (Concerns) sowie den Risikowahrnehmungen. Dies bedeutet eine Integration von technischem und gesellschaftlichem Wissen über das Risiko. Zunächst wird die technische Risikoabschätzung durchgeführt, d. h. Naturwissenschaftlicher und technische Experten liefern Analysen, um die möglichen Schäden der Risikoquelle bestmöglich abzuschätzen. Dem folgt eine Analyse durch Ökonomen und Sozialwissenschaftlern, die mögliche Problemfelder von einzelnen Gruppen und/oder der Gesellschaft insgesamt identifizieren und analysieren. Für diese Aufgabe werden unter anderem wissenschaftliche Umfragen, Fokusgruppen, ökonometrische Analysen, Makro-ökonomische Modellbildung und strukturierte Anhörungen mit Stakeholdern verwendet.

Ziel der *Risikoabschätzung* ist es, Wissen zu generieren dass die Verbindung von spezifischen Risikoquellen mit unsicheren, aber möglichen Folgen herstellt (Lave 1987, Graham und Rhomberg 1996). Das Endprodukt der Risikoabschätzung ist somit eine Schätzung des Risikos mit einer Wahrscheinlichkeitsverteilung der möglichen Folgen. Die Risikoabschätzung beginnt zunächst mit einer für das Risiko und die Gefahr unabhängigen *Identifikation* (d. h. Identifikation des Ursache-Wirkungs-Mechanismus) sowie *Schätzung* (Festlegung der Stärke des Zusammenhangs zwischen Ursache und Wirkung). Die Schätzung des Risikos ist wiederum abhängig von einer *Belastungs-* und *Verletzlichkeitsanalyse*: Belastung (*Exposure*) bezieht sich dabei auf das Ausmaß des Kontaktes zwischen der Gefahrenquelle und dem ‚Ziel‘, also beispielsweise Menschen, Ökosystemen, Gebäuden etc. Verletzlichkeit bezeichnet das mögliche Ausmaß, in dem das Ziel tatsächlich Schaden nimmt (z. B. Immunsystem der Bevölkerung, strukturelle Schwächen bei Gebäuden).

In den letzten Jahren wurden die Methoden der Risikoabschätzung immer weiter verbessert. Als Basis der Risikoabschätzung fungieren oftmals analytisch-orientierte wahrscheinlichkeitsbasierte Methoden. Mögliche Methoden der probabilistischen Risikoabschätzung für große technologische Systeme sind beispielsweise die Szenariotechnik, Verteilungsmodellierungen basierend auf geographischen Daten (GIS) oder empirische Mensch-Maschine-Schnittstellensimulationen (IAEA 1995, Stricoff 1995). Bezogen auf die menschliche Gesundheit werden verbesserte Methoden der Modellierung von individuellen Variationen (Hattis 2004), von Dosis-Effekt-Beziehungen (Olin et al. 1995) und Belastungsabschätzungen (US-EPA 11.8.2005) angewendet. Die Bearbeitung der erhobenen Daten ist dabei oftmals von Methoden der Inferenzstatistik geleitet. All diese Bausteine wurden zur Generierung von Wissen über Ursache-Wirkungszusammenhänge entwickelt, sowie um die Stärke der Ursache-Wirkungsbeziehung besser abschätzen zu können und um verbleibende Unsicherheiten oder Ambiguitäten beschreiben zu können. Zudem sollen in quantitativen oder qualitativen Formen weitere auf das Risiko oder den Schaden bezogene Eigenschaften charakterisiert werden, sofern sie für das Risiko Management notwendig sind (IAEA 1995, IEC 1993). Zusammengefasst wird mit der Risikoabschätzung analysiert was auf dem Spiel steht, sowie die Wahrscheinlichkeiten von nicht-erwünschten Folgen, und beide Komponenten werden sodann zu einer Dimension aggregiert (Kolluru 1995).

Dabei ist die Risikoabschätzung jedoch mit drei fundamentalen Schwierigkeiten belastet, die schon mehrfach in diesem Beitrag angesprochen wurden: Komplexität, Unsicherheit und Ambiguität. Diese drei Charakteristika beziehen sich nicht intrinsisch auf das Risiko oder die Gefahr selbst, sondern auf das Wissen, dass wir über ein Risiko oder eine Gefahr besitzen. Im Unterschied zu anderen wissenschaftlichen Konstrukten ist es bei der Risikoabschätzung besonders schwierig, die Validität der Ergebnisse zu überprüfen – theoretisch müsste man unendlich warten um zu zeigen, dass die Wahrscheinlichkeiten eines bestimmten Ereignisses korrekt vorhergesagt wurden. Sofern die Frequenz des Schadensereignisses sehr hoch, sowie die Ursache-Wirkungskette sehr offensichtlich ist – wie beispielsweise bei Autounfällen – ist die Validierung recht eindeutig und klar. Wenn jedoch die Risikoabschätzung sich auf

Risiken bezieht deren Ursache-Wirkungskette schwierig aufzudecken ist, oder es sich um sehr seltene Effekte oder schwer zu interpretierende Effekte handelt, wird die Validierung der Risikoabschätzung zu einem zentralen Problem. In solchen Fällen ist es notwendig, dass das vorhandene Wissen über das Risiko mit den Kategorien Komplexität, Unsicherheit und/oder Ambiguität charakterisiert wird (WBGU 2000, Klinke und Renn 2002). Komplexität beschreibt dabei die Schwierigkeit Ursache-Wirkungsketten zu identifizieren und zu quantifizieren, beispielsweise aufgrund von Interaktionseffekten und einer Vielzahl von Kausalitäten. Unsicherheit resultiert oft aus unaufgelöster Komplexität, kann aber des Weiteren in Unsicherheiten über die Verletzlichkeit des Ziels, systematische und zufällige Modellierungsfehler, stochastische Effekte und Nicht-Wissen unterschieden werden. Ambiguität hingegen ist ein Resultat von divergierenden Meinungen über die Schwere oder die impliziten Bedeutungen eines bestimmten Schadens (Stirling 2003).

An die Phase der Risikoabschätzung schließt sich die Erhebung und Analyse gesellschaftlicher Bedenken sowie der Risikowahrnehmungen an, das *Concern Assessment*. Die Prozesse der Risikowahrnehmung wurden bereits ausführlich weiter oben beschrieben. Für den Prozess der Risiko-Governance ist von Bedeutung, dass menschliches Verhalten nicht von Tatsachen, sondern von Wahrnehmung geleitet wird. Dies bedeutet, dass die ‚Tatsachen' die den Risikomanagern als offensichtlich erscheinen mögen, dies noch lange nicht für die Öffentlichkeit insgesamt oder bestimmte Interessengruppen sind. Dabei kann man die Wahrnehmungsprozesse nicht als irrational beschreiben, vielmehr folgen sie konsistenten Mustern bei der Einschätzung und Bewertung von Risiken.

Die wichtigste Frage im Zusammenhang mit einem Prozess der Risiko-Governance ist, wie mit den divergierenden Risikowahrnehmungen umgegangen werden soll (Fischhoff 1985, 1995). Zwei Argumentationen stehen sich dabei gegenüber: Die erste Position geht davon aus, dass ausschließlich wissenschaftliche Konzepte von Risiko intersubjektive Validität und Anwendbarkeit herstellen können. Die zweite Position hingegen postuliert, dass es kein universell anwendbares Qualitätskriterium zur Bewertung der Validität eines Risikokonzeptes gibt, somit ist alles Wissen gleichwertig. Der IRGC-Ansatz lehnt beide Positionen in ihrer Extremform ab. Vielmehr steht er für einen Ansatz ein, bei dem die unterschiedlichen Positionen der Akteure bei der Konzeptualisierung von Risiko in den Risiko-Governance Prozess mit aufgenommen werden, gleichzeitig aber auch wissenschaftliche Standards im Sinne der Risikoabschätzung eine herausragende Bedeutung spielen. Dies bedeutet aber auch, dass organisierte und strukturierte Rückmeldungen von der Gesellschaft in den Policy-Sektor hinein notwendig sind und einen wichtigen Bestandteil bei der Bewertung von Risiken darstellen (Jaeger et al. 2001). Somit wird – basierend auf den wissenschaftlichen Modellen der Risikoabschätzung und den identifizierten individuellen und gesellschaftlichen Bedenken, sowie auf weiteren sozialen und ökonomischen Implikationen des Risikos – ein umfassendes *Risk Appraisal* geleistet.

Risikocharakterisierung und Risikobewertung

Ein Urteil über die Tolerabilität oder Akzeptanz aus den vorangegangenen Analysen abzuleiten und auch zu rechtfertigen, gehört zu den kontrovers diskutierten Phasen eines Risiko-Governance Prozesses (HSE 2001). ‚Tolerierbar' bezieht sich dabei auf eine Aktivität die, angesichts des damit einhergehenden Nutzen, als sinnvoll erscheint – allerdings sind Risikoreduktionsstrategien innerhalb vernünftiger Grenzen notwendig. ‚Akzeptabel' hingegen bezieht sich auf eine Aktivität, deren Risiken so gering ist, dass keine zusätzlichen Risikoreduktionsstrategien notwendig sind. Die Grenze zu ziehen zwischen intolerabel und tolerabel, sowie zwischen tolerabel und akzeptabel gehört mit zu den schwierigsten Herausforderungen im Risiko-Governance Prozess. Die *UK Health* and *Safety Executive* entwickelte einen Leitfaden für den Umgang mit chemischen Risiken, basierend auf Risiko-Risiko-Vergleichen (Löfstedt 1997). Manche schweizerischen Kantone, beispielsweise Basel, experimentierten mit Runden Tischen, um eine Abgrenzung zwischen den Kategorien vornehmen zu können. Teilnehmer der Runden Tische waren dabei Industrievertreter, Verwaltungsvertreter, Umweltgruppenvertreter sowie Nachbarschaftsgruppen (RISIKO 2000). Unabhängig von solchen unterstützenden Maßnahmen zur Urteilsbildung über die Tolerabilität oder Akzeptabilität, ist für diese Urteilsfindung der Einbezug vieler unterschiedlicher Wissensquellen notwendig. Die Ergebnisse der (technischen) Risikoabschätzung müssen in diesen Prozess ebenso einfließen wie die Ergebnisse der Abschätzung der Bedenken (*Concern Assessment*), die in der Phase zuvor herausgearbeitet wurden.

Die Prozesse der Urteilsbildung über die Tolerabilität oder Akzeptanz eines Risikos kann nun in zwei Phasen strukturiert werden: Risikocharakterisierung und Risikobewertung. Der erste Schritt – *Risikocharakterisierung* – bestimmt die evidenzbasierte Komponente der Urteilsfindung hinsichtlich der Tolerabilität oder Akzeptabilität eines Risikos. Der zweite Schritt – die *Risikobewertung* – bestimmt hingegen die wertbasierte Komponente für diese Urteilsfindung. Die Risikocharakterisierung umfasst beispielsweise Aufgaben wie die Beschreibung verbleibender Unsicherheiten (z. B. Risiko-Risiko-Vergleiche, *Trade-offs*, Identifizierung von Divergenzen zwischen der Risikoabschätzung und der Risikowahrnehmung, Ungleichheiten bei der Verteilung von Nutzen und Lasten des Risikos etc.) (Stern und Fineberg 1996). Der zweite Schritt – Risikobewertung – erweitert die Sichtweise um die dem Risiko vorausgehenden Aspekte; beispielsweise die Wahl zwischen Technologien, gesellschaftliche Bedürfnisse hinsichtlich einer spezifischen Risikoquelle (mögliche Substitution?), Risiko-Nutzen-Vergleiche, politische Prioritäten, das Potential für Konfliktlösung sowie das Potential für gesellschaftliche Mobilisierung. Das Hauptziel dieses Schrittes ist es somit ein Urteil über die Akzeptabilität oder Tolerabilität eines Risikos zu fällen, das auf der Begutachtung aller Pro- und Kontra-Argumente beruht, auf der Abschätzung möglicher Effekte auf die Lebensqualität und insgesamt auf einer ausgewogenen Betrachtung aller konkurrierenden Argumente.

Die Aufgabe der Urteilsfindung kann mit Hilfe der drei Herausforderungen der Risikoabschätzung – Komplexität, Unsicherheit, Ambiguität – entweder Risikomanagern oder den für die Risikoabschätzung zuständigen Experten zugeschrieben werden. Wenn es sich um ein Risiko handelt, das durch hohe Komplexität, geringe verbleibende Unsicherheiten und durch geringe Ambiguität charakterisiert ist, ist es sinnvoll, dass das Expertenteam der Risikoabschätzung den Prozess der Urteilsfindung in diesem Schritt dominiert. Wenn jedoch das Risiko durch hohe verbleibende Unsicherheiten und ein hohes Maß an Ambiguität (z. B. stark divergierende Interpretationen hinsichtlich dessen, was die verbleibende Unsicherheit für die Gesellschaft bedeutet) gekennzeichnet ist, ist es sinnvoll wenn Risikomanager die Führung in dieser Aufgabe übernehmen.

Risikomanagement

Das Risikomanagement beginnt mit einer Durchsicht aller bisher erarbeiteten Informationen, insbesondere derer aus der Risiko-Appraisal Phase (bestehend aus der technischen Risikoabschätzung, der Analyse der gesellschaftlichen/individuellen Risikowahrnehmungen sowie Befürchtungen und den ökonomischen Auswirkungen). Diese Informationen bilden zusammen mit Tolerabilitäts- und Akzeptanzurteilen der Risikocharakterisierung und Risikobewertung die Basis, aufgrund welcher Managementoptionen abgeschätzt, bewertet und ausgewählt werden. Grundsätzlich steht die Phase des Risikomanagements drei möglichen Situationen gegenüber: eine intolerable Situation (d. h. entweder muss die Risikoquelle entfernt oder substituiert werden, oder die Vulnerabilitäten müssen reduziert und/oder die Belastung durch die Risikoquelle muss eingeschränkt werden), eine tolerierbare Situation (d. h. das Risiko muss reduziert werden oder es ist ein spezifischer Umgang mit dem Risiko notwendig), oder eine akzeptable Situation (d. h. das Risiko ist so gering und vernachlässigbar, sodass keine weiteren Schritte zur Reduktion des Risikos unternommen werden müssen). Bezogen auf diese drei möglichen Situationen sehen sich die Risikomanager entweder einem Konsens gegenüber – d. h. alle am Prozess beteiligten sind sich in der Bewertung des Risikos einig – oder einem Dissens, der möglicherweise noch sehr viel Konfliktpotential birgt. Das Ausmaß der Kontroverse ist nun eine der Triebfedern für die Auswahl einer geeigneten Managementstrategie.

Sofern Risiken als tolerierbar eingestuft werden, oder wenn es einen Konflikt darüber gibt, ob ein Risiko als tolerierbar oder akzeptabel einzustufen ist, muss das Risikomanagement Strategien entwickeln und implementieren, die die Akzeptanz des Risikos im Laufe der Zeit erhöhen. Sollte dies nicht möglich sein, besteht die Aufgabe des Risikomanagements darin, glaubwürdig darzustellen, dass alle möglichen Anstrengungen unternommen werden um das Risiko akzeptabler zu machen.

Basierend auf der Unterscheidung von Komplexität, Unsicherheit und Ambiguität ist es möglich, generische *Strategien des Risikomanagements* zu entwickeln. Diese Strategien werden dann zielgerichtet auf eine der Risikoklassen eingesetzt. Insgesamt kann man vier Risikoklassen unterscheiden:

- *Lineare (simple) Risiken*: Diese Risikoklasse erfordert kaum eine Abweichung von traditionellen Entscheidungsprozessen. Statistische Analysen erbringen die erforderlichen Daten, die Ziele der Regulation werden per Gesetz oder Verpflichtung festgelegt, und die Rolle des Risikomanagements ist hauptsächlich sicherzustellen, dass alle Maßnahmen zur Risikoreduktion umgesetzt und durchgesetzt werden. Simple, lineare Risiken bedeuten aber nicht, dass das Risiko an sich marginal ist. Vielmehr ist es so, dass der potentielle Schaden in dieser Risikoklasse offensichtlich ist, dass die Wertebasis unumstritten ist, sowie dass die verbleibenden Unsicherheiten gering sind. Beispiele für diese Risikoklasse sind Autounfälle, bekannte Gesundheitsrisiken wie z. B. Zigarettenkonsum, oder auch regelmäßig wiederkehrende Naturkatastrophen.
- *Komplexe Risiken*: Die wissenschaftlich-technische Expertise liefert für komplexe Risiken in erster Linie das nötige Wissen. Allerdings sind komplexe Risiken oft mit unterschiedlichen wissenschaftlichen Auffassungen verbunden, insbesondere was z. B. komplexe Dosis-Effekt-Beziehungen oder die angenommene Wirksamkeit von Maßnahmen angeht, die Vulnerabilitäten verringern sollen. Komplexität bezieht sich demnach einerseits auf die Risikoquelle sowie ihre Kausalzusammenhänge, andererseits auf das vom Risiko betroffene System und seine Vulnerabilitäten. Insofern ist es wichtig, dass die Strategien des Risikomanagements dem angepasst werden: einerseits werden Strategien für das Management der Risikoquelle benötigt, andererseits Strategien für das Management des vom Risiko betroffenen Systems (z. B. Ökosysteme, Gebäude, Organismus). Hinsichtlich der Risikoquelle werden für den Umgang mit komplexen Strukturen verbesserte kausale Modelle sowie eine verbesserte Qualitätskontrolle der Daten benötigt. Bei Betrachtung des vom Risiko betroffenen Systems hingegen liegt das Ziel des Managements in einer Erhöhung der Robustheit des Systems.
- *Unsichere Risiken*: Das Management von Risiken, die von vielfältigen und hohen Unsicherheiten geprägt sind, sollte mittels des Vorsorgeprinzips erfolgen (IRGC 2005). Hohe Unsicherheit bedeutet zunächst, dass die tatsächliche Dimension des Risikos (noch) unbekannt ist. Somit sollte eine Strategie angewendet werden, die einen Lernprozess ermöglicht und gleichzeitig mögliche Schäden limitiert. Die Philosophie hinter dieser Form des Managements ist, dass mittels eines *containments approach* kleine Schritte der Implementierung vorgenommen werden, diese jedoch jederzeit umkehrbar oder aufzuhalten sind, sollte neues Wissen relevant oder die tatsächlichen Schäden offensichtlich werden. Somit ist die treibende Kraft hinter dem Vorsorgeprinzip die Reversibilität (Klinke und Renn 2002).
- *Risiken aufgrund von normativer oder interpretativer Ambiguität*: Wenn die Informationen über Risiken von unterschiedlichen Gruppen unterschiedlich interpretiert werden – d. h., wenn es unterschiedliche Standpunkte hinsichtlich der Relevanz, der Bedeutung und den Implikationen von Erklärungen und Vorhersagen gibt, die als Beurteilungsgrundlage für die Tolerabilität oder Akzeptabilität herangezogen werden – und wenn die Werte und Prioritäten darüber,

was schützenswert erscheint einer intensiven Kontroverse unterliegen, muss das Risikomanagement die Gründe für diese konfligierenden Ansichten mit einbeziehen.

Die Betonung und Verwendung des Begriffes ‚Governance' – anstatt beispielsweise Regierungen oder Verwaltungen – zeigt die Bedeutung, die dem Einbezug von organisierten und unorganisierten Interessenvertretern und der Öffentlichkeit insgesamt im IRGC Ansatz für den Umgang mit Risiken beigemessen wird. Die Terminologie des IRGC Ansatzes unterscheidet dabei *organisierte Stakeholder*, die vom Effekt des Risikos selbst, oder von den Managemententscheidungen zum Umgang mit dem Risiko betroffen sein werden. Der Einbezug von organisierten Interessensvertretern ist jedoch nicht genug: die nicht-organisierte *betroffene* Öffentlichkeit sowie die nicht-organisierte *beobachtende* Öffentlichkeit spielen ebenso eine Rolle wie die Medien, kulturelle Eliten und andere Meinungsführer.

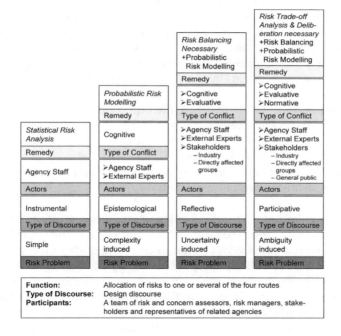

Abbildung 2   The Risk Management Escalator and Stakeholder Involvement

Auch hier dienen die vier erläuterten Risikoklassen wiederum, um konkrete Verfahrensweisen für den Einbezug dieser Gruppen in den Risiko-Governance Prozess zu strukturieren. Die Abbildung 2 verdeutlicht die unterschiedlichen Erfordernisse für den Einbezug von Stakeholdern und für die Partizipation. Diese Klassifikation ist jedoch wie alle Klassifikationen ein sehr vereinfachtes Bild der Beteiligung. Sie wurde außerdem für die rigide Verbindung zwischen Risikoklassen (komplex, unsicher, ambigue) mit bestimmten Formen des Dialogs und des Diskurses kritisiert (van Asselt 2005). Zusätzlich zu den in der Abbildung dargestellten Unterscheidungen kann es beispielsweise sinnvoll sein, zwischen der Partizipation hinsichtlich der Risikoquelle und dem das Risiko absorbierenden Systems zu unterscheiden. Jedoch soll die Abbildung eine generelle Orientierung bieten sowie generische Unterschiede zwischen Idealtypen verdeutlichen. Nicht jedoch ein striktes Rezept für die Beteiligung der Öffentlichkeit oder Interessenvertretern am Risiko-Governance Prozess bereitstellen.

Risikokommunikation

Betrachtet man unsere Ausführungen zur Risikowahrnehmung und zur Einbindung von Stakeholdern und der Öffentlichkeit in den Risiko-Governance Prozess wird deutlich, dass eine effektive Risikokommunikation für die Abschätzung und das Management von Risiken eine zentrale Rolle spielt. Die genaue Form der Kommunikation muss dabei den Erfordernissen des jeweiligen Risikos gerecht werden, d. h. den Kontext des Risikos mit einbeziehen und den Bedenken der Öffentlichkeit Rechnung tragen. Kommunikation muss somit zwei Bedingungen erfüllen:

- Kommunikation muss denjenigen, die eine zentrale Rolle in den Phasen des Risiko-Governance Prozesses spielen, den Inhalt und Kontext des Prozesses darstellen, aufzeigen worin ihre Beteiligung besteht und gegebenenfalls ihre Verantwortlichkeiten verdeutlichen
- Kommunikation muss diejenigen, die nicht direkt an einer der Phasen beteiligt sind informieren und einbeziehen.

Effektive Kommunikation – bzw. das Fehlen einer effektiven Kommunikation – hat somit gravierende Auswirkungen darauf, wie gut die Akteure mit dem Risiko umgehen können. Mangelndes Wissen und auch mangelnde Beteiligung am Risikomanagement kann dazu führen, dass Menschen in Gefahrensituationen sich nicht situationsgerecht verhalten (beispielsweise bei einer drohenden Flut oder im Fall von kontaminierten Lebensmitteln). Ein Risiko einer missglückten Kommunikation besteht somit darin, dass z. B. Konsumenten Warnhinweise falsch verstehen und sich somit unabsichtlich einer größeren Gefahr aussetzen als notwendig.

Obwohl Risikokommunikation die Aufgabe der Risikoexperten zur Information der Öffentlichkeit stärker betont, sollte dennoch Kommunikation als gegenseitiger Lernprozess angesehen werden. Bedenken, Befürchtungen, Wahrnehmungen und Erfahrungswissen der betroffenen Öffentlichkeit sollten die Risikoexperten in ihrer Auswahl von Themen leiten: es ist nicht die Aufgabe der Risikoexperten zu entscheiden, was die Öffentlichkeit wissen muss; vielmehr ist es ihre Aufgabe, Fragen der Öffentlichkeit aufzugreifen und zu beantworten.

Gesellschaftlicher Kontext von Governance

Betrachtet man das weitere Umfeld des Umgangs mit Risiken in modernen Gesellschaften, kommen viele weitere beeinflussende Faktoren ins Spiel, von denen nur manche hier benannt werden können. Beispielsweise kann die Differenzierung in vertikale und horizontale Governance hilfreich sein, um den Umgang mit Risiken in verschiedenen Gesellschaften oder Kontexten zu beschreiben (Zürn 2000). Auch das Zusammenspiel von ökonomischen, politischen, wissenschaftlichen und gesellschaftlichen Akteuren beim Umgang mit Risiken, muss über den Zusammenhang von Regierungshandeln hinaus betrachtet werden. Die folgende Abbildung 3 stellt externe beeinflussende Faktoren dar, die nicht innerhalb des Risiko-Governance Prozess dargestellt werden können. Beispielsweise kann das Risiko ausgehend von Listerien gänzlich innerhalb des Risiko-Governance Prozesses dargestellt werden, dies ist jedoch anders, betrachtet man die Diskussion um den Transport von Gas von Russland nach Westeuropa. In letzterem Beispiel kann die Frage der Tolerabilität innerhalb des Governance Prozesses beantwortet werden, die Frage nach organisationeller Leistungsfähigkeit hingegen nicht. Das Fallbeispiel der Acrylamide wiederum zeigt eine starke Abhängigkeit von der Kooperation verschiedener gesellschaftlicher Akteure, und schließlich verdeutlicht das Beispiel von genetisch modifizierten Organismen (GMO) wie das soziale Klima und die politische Kultur auf den Governance Prozess Einfluss nehmen können.

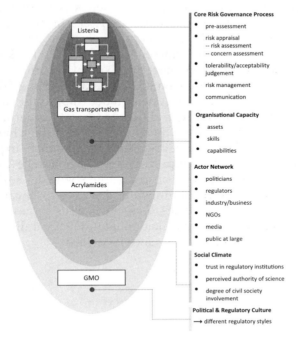

Abbildung 3   Erweitertes Umfeld des Risiko-Governance Prozesses

Zusammenfassung

Eine der zentralen Aufgaben des IRGC ist es, Risikoexperten und Risikomanager dabei zu unterstützen, Risiken zu identifizieren und einen angemessenen Umgang mit diesen Risiken zu finden. Der IRGC verfolgt das Ziel Hilfestellungen beim Umgang mit komplexen, unsicheren oder ambiguen Risiken zu bieten, sowie zu einem besseren Verständnis der vielfältigen Abhängigkeiten und Einflüsse beizutragen – dies insbesondere bei systemischen Risiken. Um dieses Ziel zu erreichen wurde der integrative Risiko-Governance Ansatz entwickelt, der wissenschaftliche, ökonomische, technische, soziale und kulturelle Aspekte gleichermaßen einschließt sowie einen effektiven Einbezug von Stakeholdern und der Öffentlichkeit vorschlägt. Der Prototyp dieses IRGC Ansatzes ist in der Abbildung 1 dargestellt. Der vorgestellte Ansatz versucht einerseits genügend Flexibilität zu wahren um den unterschiedlichen Erfordernissen verschiedener Kontexte gerecht zu werden (politische Strukturen, unterschiedliche Risiken). Andererseits wird eine klare, konsistente und eindeutige Orientierung zum Umgang mit sehr unterschiedlichen Risiken gegeben.

In diesem Beitrag haben wir zunächst Aspekte der Risikowahrnehmung und die Unterschiede zur rein technischen Betrachtung von Risiko behandelt. Dieser Abschnitt ist einer der Kerngedanken des IRGC Ansatzes aufgrund der Einsicht, dass ein Risikomanagement nicht effektiv sein kann, sofern die gesellschaftlichen Erfordernisse und Bedürfnisse außer Acht gelassen werden. In den weiteren Abschnitten stellten wir sodann einen umfassenden Ansatz zum Umgang mit Risiken vor – unterteilt in die Hauptphasen des Pre-Assessment, Appraisal, Evaluation und Charakterisierung sowie Management. Die Evaluations- und Charakterisierungsphase kann – je nach Erfordernissen – entweder den Risikoexperten aus der Appraisal-Phase oder den Risikomanagern in Verantwortung gestellt werden: Sofern die Interpretation von Evidenzen die Charakterisierung eines Risikos leitet, sollte die Charakterisierung von den Akteuren der Appraisal-Phase vorgenommen werden. Sind jedoch Wertfragen zentral für die Charakterisierung, sollten Risikomanager die Führung übernehmen. Idealerweise wird die Charakterisierung jedoch gemeinsam von beiden Akteursgruppen vorgenommen. In jedem Fall bedarf ein umfassender Risikomanagementprozess eine systematische Zusammenstellung der Resultate der technischen Risikoabschätzung, sowie der sozialwissenschaftlichen Analyse von Risikowahrnehmungen und weiterer relevanter Aspekte, wie hier zusammengefasst in der Phase des Risiko Appraisals vorgeschlagen wurde. Die zentrale Aufgabe der Risikokommunikation läuft dabei parallel zu allen anderen vorgestellten Phasen des Risiko-Governance Prozesses.

Weiterführende Literatur

Beck, Ulrich (1986): *Die Risikogesellschaft: Auf dem Weg in eine andere Moderne.* Frankfurt a. M.: Suhrkamp.

Jaeger, Carlo, Renn, Ortwin, Rosa, Eugene and Webler, Thomas (2001): *Risk, Uncertainty and Rational Action.* London: Earthscan

Renn, Ortwin (2008): *Risk Governance: Coping with Uncertainty in a Complex World.* London: Earthscan.

Renn, Ortwin, Pia-Johanna Schweizer, Marion Dreyer und Andreas Klinke, Andreas (2007): *Risiko. Über den gesellschaftlichen Umgang mit Unsicherheit.* München: Oekom.

Rosa, Eugene A. (2008): White, Black and Grey: Critical Dialogue with the IRGC's Framework for Risk Governance. In: Ortwin Renn und Katherine Walker (Hrsg.), *The IRGC Risk Governance Framework: Concepts and Practice.* Heidelberg: Springer, S. 112–165.

Zitierte Literatur

Beck, Ulrich (1986): *Risikogesellschaft: Auf dem Weg in einer andere Moderne.* Frankfurt a. M.: Suhrkamp.

Beck, Ulrich (1994): The Reinvention of Politics: Towards a Theory of Reflexive Modernization. In: Beck, Ulrich, Anthony Giddens und Scott Lash (Hrsg.), *Reflexive Modernization. Politics, Tradition and Aesthetics in the Modern Social Order.* Stanford: Stanford University Press, 1–55.

Belrose, Cheryl A. und Marc Pilisuk (1991): Vocational risk tolerance and perceptions of occupational hazards. *Basic and Applied Social Psychology* (12): 303–323.

Benz, Arthur und Brukhard Eberlein (1999): The Europeanization of Regional Policies: Patterns of Multi-Level Governance. *Journal of European Public Policy* 6 (2): 329–348.

Clarke, Lee (1989): *Acceptable Risk: Making Decisions in a Toxic Environment.* Berkeley: University of California Press.

Covello, Vincent T. (1983): The Perception of Technological Risks: A Literature Review. *Technological Forecasting and Social Change* 23 (3): 285–297.

Douglas, Mary und Aaron Wildavsky (1982): *Risk and culture: An essay on the selection of technical and environmental dangers.* Berkeley, CA: University of California Press.

Douglas, Mary (1990): *Risk as a Forensic Resource. Daedalus* 119 (4): 1–16.

Festinger, Leon (1957): *A Theory of Cognitive Dissonance.* Stanford: Stanford University Press.

Fiorino, Daniel J. (1989): Technical and Democratic Values in Risk Analysis. *Risk Analysis* 9 (3): 293–299.

Fischhoff, Baruch (1985): Managing Risk Perceptions. *Issues in Science and Technology* 2 (1): 83–96.

Fischhoff, Baruch (1995): Risk Perception and Communication Unplugged: Twenty Years of Process. *Risk Analysis* 15 (2): 137–145.

Graham, John D. und Lorenz Rhomberg (1996): How Risks are Identified and Assessed. In: Kunreuther, Howard und Paul Slovic (Hrsg.), *Challenges in Risk Assessment and Risk Management.* A Thousand Oaks: Sage, 14–24.

Hannigan, John A. (1995): *Environmental Sociology: A Social Constructionist Perspective.* London: Routledge.

Hattis, Dale (2004): The Conception of Variability in Risk Analyses: Developments Since 1980. In: McDaniels, Timothy and Mitchell J. Small (Hrsg.), *Risk Analysis and Society. An Interdisciplinary Characterization of the Field.* Cambridge: Cambridge University Press, 15–45.

HSE (2001): *Reducing Risk – Protecting People*. London: Health and Safety.

IAEA (1995): *Guidelines for Integrated Risk Assessment and Management in Large Industrial Areas*. Technical Document: IAEA-TECDOC PGVI-CIJV. Vienna: International Atomic Energy Agency.

IEC (1993): *Guidelines for Risk Analysis of Technological Systems*. Report IEC-CD (Sec) 381 issued by the Technical Committee QMS/23. Brussels: European Community.

IRGC (2005): *Risk Governance: Towards an Integrative Approach*. White Paper No. 1, O. Renn with an Annex by P. Graham, IRGC, Geneva.

Jasanoff, Sheila (2004): Ordering Knowledge, Ordering Society. In: Jasanoff, Sheila (Hrsg.) *States of Knowledge: The Co-Production of Science and Social Order*. London: Routledge, 31–54.

Jaeger, Carlo C., Ortwin Renn, Eugene A. Rosa und Thomas Webler (2001): *Risk, Uncertainty and Rational Action*. London: Earthscan.

Jungermann, Helmut und Paul Slovic (1993): Characteristics of Individual Risk Perception. In: Bayerische Rück (Hrgs.), *Risk: A Construct*. München: Knesebeck, 85–102.

Kahnemann, Daniel und Amos Tversky (1979): Prospect Theory: An Analysis of Decision under Risk. *Ecnonometrica* 47 (2): 263–291.

Kasperson, Roger E., Ortwin Renn, Paul Slovic, Halina S. Brown, Jaque Eemel, Robert Goble, Jeanne X. Kasperson und Samuel Ratick (1988): The Social Amplification of Risk: A Conceptual Framework. *Risk Analysis* 8 (2): 177–187.

Kates, Robert W., Christoph Hohenemser, Jeanne X. Kasperson (1985): *Perilous Progress: Managing the Hazards of Technology*. Boulder, CO: Westview.

Klinke, Andreas und Ortwin Renn (1999): *Prometheus Unbound. Challenges of Risk Evaluation, Risk Classification, and Risk Management*. Stuttgart: Akademie für Technikfolgenabschätzung, Working Paper No. 153.

Klinke, Andreas und Ortwin Renn (2002): A New Approach to Risk Evaluation and Management: Risk-Based, Precaution-Based and Discourse-Based Management. *Risk Analysis* 22 (6): 1071–1094.

Kolluru, Rao V. (1995): Risk Assessment and Management: A Unified Approach. In: Kolluru, Rao V., Steven M. Bartell, Robin M. Pitblado und Scott Stricoff (Hrsg.), *Risk Assessment and Management Handbook. For Environmental, Health, and Safety Professionals*. New York: Mc-Graw-Hill, Chpt. 1.3–1.41.

Lave, Lester B. (1987): Health and Safety Risk Analyses: Information for Better Decisions. *Science* 236: 291–295.

Lipset, Seymour M. und William Schneider (1983): *The Confidence Gap, Business, Labor, and Government in the Public Mind*. New York: The Free Press.

Löfstedt, Ragnar E. (1997): *Risk Evaluation in the United Kingdom: Legal Requirements, Conceptual Foundations, and Practical Experiences with Special Emphasis on Energy Systems*. Stuttgart: Akademie für Technikfolgenabschätzung, Working Paper No. 92.

Luhmann, Niklas (1986): *Ökologische Kommunikation*. Westdeutscher Verlag: Opladen.

Luhmann, Niklas (1990): Technology, Environment, and Social Risk: A Systems Perspective. *Industrial Crisis Quarterly* 4 (3): 223–231.

Lyall, Catherine und Joyce Tait (2004): Shifting Policy Debates and the Implications for Governance. In: Lyall, Catherine und Joyce Tait (Hrsg.), *New Modes of Governance. Developing an Integrated Policy Approach to Science, Technology, Risk and the Environment*. Aldershot: Ashgate, 3–17.

Nye, Joseph S., Joseph S. Nye Jr. und John D. Donahue (2000): *Governance in a Globalising World*. Washington: Brookings Institution.

OECD. 2003. *Emerging Systemic Risks*. Final Report to the OECD Futures Project. Paris: OECD.

Peters, Hans P. (1999): Das Bedürfnis nach Kontrolle der Gentechnik und das Vertrauen in wissenschaftliche Experten. In: Hampel, Jürgen und Ortwin Renn (Hrsg.), *Gentechnik in der Öffentlichkeit. Wahrnehmung und Bewertung einer umstrittenen Technologie.* Frankfurt a. M.: Campus, 225–245.

Petty, Richard E und John T. Cacioppo (1986): The Elaboration Likelyhood Model of Persuasion. *Advances in Experimental Social Psychology* 19: 123–205.

Rayner, Steve und Robin Cantor (1987): How Fair is Safe Enough? The Cultural Approach to Societal Technology Choice. *Risk Analysis* 7(1): 3–13.

Renn, Ortwin (1990): Risk Perception and Risk Management. Part 1: The Intuitive Mechanisms of Risk Perceptions. *Risk abstracts* 7: 1–9.

Renn, Ortwin, Pia-Johanna Schweizer, Marion Dreyer und Andreas Klinke (2007): *Risiko: Über den gesellschaftlichen Umgang mit Unsicherheit.* München: Oekom.

Renn, Ortwin (2008): *Risk Governance: Coping with Uncertainty in a Complex World.* London: Earthscan.

Renn, Ortwin und Debra Levine (1991): Trust and credibility in Risk Communication. In: Kasperson, Roger E. und Pieter J. Stallen (Hrsg.), *Communicating Risk to the Public.* Dordrecht: Kluwer, 51–81.

RISKO (2000): Mitteilungen für Kommission für Risikobewertung des Kantons Basel-Stadt: Seit 10 Jahren beurteilt die RISKO die Tragbarkeit von Risiken. *Bulletin* 3: 2–3.

Rohrmann, Bernd (1994): Risk Perception of Different Societal Groups: Australian Findings and Cross-national Comparisons. *Australian Journal of Psychology* 46 (3): 150–163.

Rohrmann, Bernd (1999): *Risk Perception Research: Review and Documentation.* Jülich, Germany: Research Center Jülich, Studies in Risk Communication 69.

Rohrmann, Bernd und Ortwin Renn (2000): Risk Perception Research: An Introduction. In: Renn, Ortwin und Bernd Rohrmann (Hrsg.), *Cross-Cultural Risk Perception. A Survey of Empirical Studies.* Dordrecht: Kluwer, 11–54.

Ross, Lee D. (1977): The Intuitive Psychologist and his Shortcomings: Distortions in the Attribution Process. In: Berkowitz, Len (Hrsg.), *Advances in Experimental Social Psychology* 10. New York: Random House, 173–220.

Shubik, Martin (1991): Risk, Society, Politicians, Scientists, and People. In: Shubik, Martin (Hrsg.), *Risk, Organizations, and Society.* Dordrecht: Kluwer, 7–30.

Slovic, Paul (1992): Perception of Risk: Reflections on the psychometric paradigm. In: Golding, Dominic und Sheldon Krimsky (Hrsg.), *Theories of Risk.* London: Praeger, 117–152.

Slovic, Paul, Bernd Fischhoff und Sarah Lichtenstein (1981): Perceived risk: psychological factors and social implications. In: Royal Society (Hrsg.), *Proceedings of the Royal Society.* Report A376, London: Royal Society, 17–34.

Stern, Paul C. und Harvey V. Fineberg (1996): *Understanding Risk: Informing Decisions in a Democratic Society.* National Research Council. Committee on Risk Characterization. Washington, D.C.: National Academy Press.

Stirling, Andy (2003): Risk, Uncertainty and Precaution: Some Instrumental Implications from the Social Sciences. In: Berkhout, Frans, Melissa Leach und Iab Scoones (Hrsg.), *Negotiating Change.* London: Edward Elgar, 33–76.

Stricoff, Scott (1995): Safety Risk Analysis and Process Safety Management: Principles and Practices. In: Kolluru, Rao V., Steven M. Bartell, Robin M. Piblado und Scott Stricoff (Hrsg.), *Risk Assessment and Management Handbook. For Environmental, Health, and Safety Professionals.* New York: Mc-Graw-Hill, 8.3 – 8.53.

Thompson, Michael, Richard Ellis und Aaron Wildavsky (1990): *Cultural Theory.* Boulder: Westview.

US-EPA Environmental Protection Agency (1997): *Exposure Factors Handbook*. NTIS PB98-124217. Washington: EPA.

Van Asselt, Marjolein (2005): The Complex Significance of Uncertainty in a Risk Area. *International Journal of Risk Assessment and Management* 5(2-4): 125–158.

Vlek, Charles und Pieter-Jan Stallen (1981): Judging Risks and Benefits in the Small and in the Large. *Organizational Behaviour and Human Performance* 28 (2): 235–271.

WBGU (Wissenschaftlicher Beirat der Bundesregierung Globale Umweltveränderungen) (2000): *World in Transition: Strategies for Managing Global Environmental Risks*. Berlin: Springer.

Wynne, Brian (1992): Uncertainty and Environmental Learning: Reconceiving Science and Policy in the Preventive Paradigm. *Global Environmental Change* 12 (2): 111–127.

Zürn, Michael (2000): Democratic Governance Beyond the Nation-State: The EU and Other International Institutions. *European Journal of International Relations* 6 (2): 183–221.

Vom Risikokalkül zur Governance des Nichtwissens. Öffentliche Wahrnehmung und soziologische Deutung von Umweltgefährdungen

Peter Wehling

Einleitung

Was ist genau gemeint, wenn wir von den „Risiken" der so genannten grünen Gentechnik oder der Nanotechnologie sprechen, wenn wir also die möglichen Schäden, die freigesetzte gentechnisch modifizierte Organismen oder Nanopartikel in der Umwelt anrichten könnten, in der Sprache und Begrifflichkeit des Risikos fassen? Welche Implikationen hat die geläufige Rede von den ökologischen und gesundheitlichen Risiken dieser oder jener Technologie, in welcher Weise werden dadurch unsere Annahmen über die Ursachen und Hintergründe der Problematik sowie über mögliche Lösungswege geprägt und präformiert? Über lange Zeit hinweg (und teilweise bis heute) haben die Sozialwissenschaften, und auch die (Umwelt-) Soziologie, die seit den 1970er Jahren wahrgenommene Ökologie-Problematik vorrangig unter der Kategorie des Risikos gedeutet und analysiert (siehe hierzu besonders Douglas und Wildavsky 1982, Beck 1986, Luhmann 1991 und aktuell Renn et al. 2007 oder Zinn 2008a). Fast zeitgleich dazu wurde jedoch seit den 1980er Jahren, ausgehend zunächst von der Philosophie, den Wirtschaftswissenschaften und der Wissenschaftsforschung, aber zum Teil auch von der Soziologie, allmählich die Begrenztheit und Selektivität des Risikobegriffs herausgearbeitet und die Aufmerksamkeit auf Situationen und Konstellationen des *Nichtwissens* gelenkt. In der englischsprachigen Diskussion wird hierfür zumeist der Begriff *ignorance* verwendet, gelegentlich auch *nonknowledge* (zu den terminologischen Fragen Groß 2007, 2010, Smithson 2008, Böschen et al. 2010).

Das Ziel dieses Beitrags ist es, theoriegeschichtlich zu rekonstruieren und anhand von Beispielen zu verdeutlichen, wie durch die Einführung des Begriffs Nichtwissen (als Ergänzung wie als Kontrast zu Risiko) ein adäquateres soziologisches Verständnis sowohl des dynamischen Charakters von gesellschaftlich erzeugten Umweltgefährdungen als auch des gesellschaftlichen Umgangs damit ermöglicht wird. Im folgenden Teil des Beitrags wird in aller Kürze rekapituliert, aus welchen Gründen die ökologischen (Selbst-)Gefährdungen moderner Gesellschaften in den 1980er Jahren in der Soziologie (und zahlreichen anderen Disziplinen) zunächst in der Terminologie des Risikos (oder des wirtschaftswissenschaftlichen Begriffspaares *risk – uncertainty*) wahrgenommen und diskutiert wurden. Die inhärente Selektivität des Risikobegriffs ist Thema des darauf folgenden Kapitels. Daran anschließend wird dargestellt, welche neuen soziologischen Perspektiven der Blick über Risiken

hinaus auf Phänomene und Dynamiken des Nichtwissens eröffnet. Das abschlie-
ßende Kapitel beleuchtet die Schwierigkeiten, mit der Problematik des ökologischen
Nichtwissens in einer sowohl epistemisch reflektierten als auch sozial „robusten"
Weise umzugehen.

Die Karriere des Risikobegriffs in der (Umwelt-)Soziologie

Seit den 1970er Jahren hat die öffentliche, politische und wissenschaftliche Aufmerksamkeit für so genannte Umweltprobleme, d. h. für einen als neuartig wahrgenommenen Typus von Problemlagen im Verhältnis von Gesellschaft, Technik und Natur
allmählich zugenommen. Wichtige Anlässe hierfür bildeten zum einen der Auf-
sehen erregende Bericht über die „Grenzen des Wachstums" (Meadows et al. 1972)
aus dem Jahr 1972, der verdeutlichte, dass auch und gerade das industrielle, wachs-
tums-orientierte Wirtschaftsmodell an endliche ökologische Ressourcen gebunden
ist. Zum anderen schärfte eine Serie von großtechnischen Unfällen mit teilweise
verheerenden Folgen, darunter vor allem die Chemie-Katastrophen von Seveso
(1976) und Bhopal (1984) sowie die Kernreaktor-Unfälle in Harrisburg (1979) und
Tschernobyl (1986) das gesellschaftliche Bewusstsein für die Gefahren industrieller
Großtechnologien. Sozialwissenschaftlich interpretiert wurden diese Ereignisse in
Begriffen wie Umweltgefährdungen, ökologische Probleme oder Krisen der gesell-
schaftlichen Naturverhältnisse, aber vor allem als ökologische (oder technologische)
„Risiken". Besonders in der deutschsprachigen Soziologie erwies sich die Deutung
der Problematik in Risiko-Begriffen als äußerst einfluss- und erfolgreich (vgl. neben
Beck und Luhmann z. B. Krohn und Krücken 1993, Bonß 1995, Japp 1996 oder WBGU
1999). Dies war wohl nicht allein der großen Wirkung geschuldet, den Ulrich Becks
„Risikogesellschaft" (1986) auf die öffentliche und soziologische Diskussion ausübte.
Vielmehr verdankte das fast zeitgleich mit dem Tschernobyl-Unfall erschienene
Buch seinerseits seinen Erfolg auch dem Umstand, dass das Bewusstsein, im Alltag
zahlreichen technisch erzeugten Gefährdungen ausgesetzt zu sein, in jener Zeit gesellschaftlich weit verbreitet war. Bereits 1981 hatte der französische Politikwissenschaftler Patrick Lagadec sein Buch *La civilisation du risque: catastrophes technologiques
et responsabilite sociale* (deutsch: Lagadec 1987) veröffentlicht. Wie Florence Rudolf
(2007) zeigte, hat der Begriff „Risiko" trotz solcher frühen Arbeiten in der französischen Soziologie aber keine vergleichbare gesellschaftstheoretische und zeit-
diagnostische Bedeutung erlangt wie in der deutschsprachigen. Der amerikanische
Organisationssoziologe Charles Perrow versuchte in der im englischen Original
1984 erschienenen Studie *Normale Katastrophen: Die unvermeidbaren Risiken der Großtechnik* (1987), unter anderem am Beispiel des Beinahe-GAU im Kernkraftwerk *Three
Mile Island* bei Harrisburg die These zu begründen, dass Unfälle in großtechnischen
Systemen „normal", wenn nicht sogar unvermeidlich seien.
   Weshalb war der Risikobegriff so erfolgreich und anschlussfähig sowohl in der
öffentlichen Wahrnehmung als auch in der soziologischen Diskussion? Einen *ersten*
Hinweis geben die Titel und Untertitel der Bücher von Lagadec und Perrow: Das

Denken in Kategorien des Risikos gewann einen Großteil seiner Überzeugungskraft aus der großflächigen Nutzung offenkundig störungsanfälliger und gesellschaftlich umstrittener Technologien, allen voran der Kernenergie und der industriellen Chemie, später auch der Gentechnik. Die „Entdeckung des technischen Großrisikos" (Lagadec 1987: 76 ff.), von Störfällen mit möglicherweise gravierenden Folgen für Gesellschaft und Umwelt, war einer der Faktoren, die wesentlich zur Plausibilität und Suggestivkraft des Risiko-Begriffs beitrugen. Ereignisse wie die Unglücksfälle in Seveso, Bhopal oder Tschernobyl erschienen als das „Risiko", das die Gesellschaft für den Einsatz dieser Technologien eingehen musste oder das ihr dafür aufgebürdet wurde. Die politisch brisante, soziale Protestbewegungen mobilisierende Frage bestand dann darin, ob solche Risiken mit potentiellen Folgeschäden von bis dahin ungekannten Ausmaßen vertretbar und akzeptabel waren. Rückblickend lässt sich allerdings erkennen, dass dieser Blick auf Umweltgefährdungen im Horizont der sozialen Konflikte um die Nukleartechnologie und andere Großtechniken stark die an die damalige Zeit gebunden war. Eine ganze Reihe anderer, nicht minder gravierender gesellschaftlich erzeugter Umweltbelastungen, vom Klimawandel über globale Bodenerosion und Wasserknappheit bis hin zum Rückgang der Biodiversität und der Zerstörung der Regenwälder, lässt sich kaum sinnvoll nach dem Modell des Störfalls und nach der Logik des „technischen Großrisikos" begreifen.

Zweitens war die Risiko-Begrifflichkeit Ende der 1970er Jahre in einer Reihe von Disziplinen und Wissenschaftsbereichen bereits eingeführt, darunter die Wirtschaftswissenschaften, die Ingenieurwissenschaften, die Psychologie oder die Versicherungsmathematik. Auf diese Weise bot sich der Soziologie einerseits die Möglichkeit, sich eine neue (oder für neu gehaltene) Klasse von Phänomenen und Problemen (gesellschaftlich erzeugte Umweltgefährdungen und deren soziale Rückwirkungen) mit dem für sie relativ neuen Begriff Risiko konzeptionell zu erschließen. Andererseits konnte sie dabei an eine geläufige, in anderen wissenschaftlichen Kontexten bereits etablierte Terminologie anschließen. In den erwähnten wissenschaftlichen Disziplinen wurde der Risiko-Begriff im Kern allerdings objektivistisch und rationalistisch verstanden, nämlich als ein zukünftig mögliches Schadensereignis, das objektiv bestimmbar und rational kalkulierbar sei. In den Wirtschaftswissenschaften etwa wurde „Risiko" in Anlehnung an Frank Knight ([1921]1964) als eine nach statistischen Wahrscheinlichkeiten abschätzbare Handlungs- und Entscheidungsfolge begriffen; aus der Versicherungsmathematik und technischen Risikoberechnungen stammt die bekannte Formel „Risiko = Schadenshöhe x Eintrittswahrscheinlichkeit", die es ermöglichte, Risiken zu quantifizieren und zu vergleichen. Die Psychologie schließlich untersuchte zwar die sehr unterschiedlichen Risikowahrnehmungen sozialer Akteure, charakterisierte diese jedoch über lange Zeit hinweg als verzerrt und defizitär gegenüber der „korrekten" wissenschaftlichen Risikobestimmung. In diesen disziplinären Zugängen erschien Risiko als ein zukünftig mögliches, prinzipiell antizipierbares, in seinem Ausmaß und seiner Eintrittswahrscheinlichkeit rational kalkulierbares Schadensereignis. Somit könnte sein Eintreten durch Sicherheitsvorkehrungen verhindert oder zumindest in den Auswirkungen abgeschwächt und durch Versicherungssysteme (monetär) kompensiert werden.

Solche objektivistischen Risikokonzeptionen legten es der Soziologie *drittens* nahe, sich durch eigene Begriffsfassungen abzugrenzen und zu profilieren. Soziologische Kritik hob hervor, dass Risiken sozial konstruiert werden, und wies insbesondere darauf hin, dass die Risikokalkulationen professioneller Experten keineswegs *per se* objektiv, rational und neutral waren, sondern auf teilweise höchst fragwürdigen Prämissen und Annahmen beruhten. Deshalb könne man umgekehrt die Risikowahrnehmungen von „Laien" nicht einfach als verzerrt und irrational abqualifizieren; diese seien vielmehr durch eigenständige alltagsweltliche Rationalitäten und Erfahrungen geprägt (vgl. Zinn 2008b: 12 f.). Aus solchen kritischen Einwänden gegen objektivistische Auffassungen entwickelten sich unterschiedliche soziologische Risikokonzeptionen; bei den folgenden Überlegungen werde ich mich überwiegend auf die beiden nicht nur in der deutschsprachigen Soziologie sehr einflussreichen theoretischen Entwürfe von Ulrich Beck und Niklas Luhmann konzentrieren.[1] Für Beck entspringen die ökologischen Risiken moderner Gesellschaften vor allem aus den nicht-intendierten und unvorhergesehenen Nebenfolgen rationalen wissenschaftlich-technischen Handelns. Ihre Besonderheit und Dramatik im Vergleich mit den Handlungsrisiken früherer gesellschaftlicher Epochen gewinnen sie aus ihrem globalen Ausmaß sowie ihrer tendenziellen Unkontrollierbarkeit und Irreversibilität. Zudem entziehen sich gerade moderne industrielle Risiken häufig der unmittelbaren Sinneswahrnehmung; sie sind daher „prinzipiell argumentativ vermittelt" und „im besonderen Maße *offen für soziale Definitionsprozesse*" (Beck 1986: 35, 30; Hervorhebung im Original), für Dramatisierungen ebenso wie für Verharmlosungen. Aus der Perspektive von Luhmanns Theorie sozialer Systeme sind Risiken primär eine Form der Beobachtung von Entscheidungen und der Zurechnung von zukünftig möglichen negativen Effekten auf Entscheidungen (vgl. Luhmann 1990: 149 sowie Japp und Kusche 2008). Besondere Bedeutung gewinnt für die Systemtheorie die Unterscheidung von Risiko und Gefahr (anstelle der geläufigeren Differenz von Risiko und Sicherheit) sowie die daran angelehnte Gegenüberstellung von „Entscheidern" und „Betroffenen" (Luhmann 1991: 111 ff.). Was für die ersteren ein kalkuliertes und gegen erwartbare Vorteile abzuwägendes *Risiko* eigenen Entscheidens ist, erscheint für letztere als „von außen", durch Entscheidungen anderer zugemutete *Gefahr*, auf die man keinerlei Einfluss hat. Überdies kommen den Betroffenen häufig noch nicht einmal die durch riskante Entscheidungen angestrebten Vorteile zugute.

Solche soziologischen Differenzierungen verweisen zu Recht auf die Definitionsabhängigkeit von Risiken, auf die gesellschaftlich bedingte Heterogenität der Risikowahrnehmungen sowie die daraus resultierenden Konflikte. Doch auch wenn

---

1   In einem neueren Überblicksartikel erwähnt Jens Zinn (2008b) über Beck und Luhmann hinaus drei weitere soziologische oder soziologisch relevante Risikokonzeptionen: erstens den auf Mary Douglas und Aaron Wildavsky (1982) zurückgehenden kulturtheoretischen Risikobegriff, zweitens das durch Michel Foucault beeinflusste Risikokonzept der Gouvernementalitätsforschung sowie drittens die von Stephen Lyng formulierte *edgework*-Konzeption, die sich vor allem mit den Hintergründen frei gewählten riskanten Verhaltens befasst. Da diese Strömungen der Risikotheorie und -forschung zumindest in der deutschsprachigen Umweltsoziologie deutlich geringere Aufmerksamkeit gefunden haben, gehe ich darauf im vorliegenden Beitrag nicht ausdrücklich ein.

damit die Einseitigkeit objektivistischer Risikokalküle weitgehend überwunden wird, bleiben andere inhärente Schwächen und Selektivitäten des Risiko-Begriffs gleichwohl erhalten. Dies möchte ich im folgenden Abschnitt verdeutlichen.

Die Selektivität des Risiko-Begriffs

Es sind vor allem drei Implikationen des Risikobegriffs, die sich auch in soziologischen Konzeptionen als fragwürdig erweisen: a) die implizite Prämisse, dass Risiken prinzipiell bekannt und antizipierbar sind; b) die Annahme der Zurechenbarkeit von (ökologischen) Risiken auf einzelne Handlungen oder Entscheidungen; c) die Fixierung der Risikosemantik auf zukünftige Schadensereignisse. Diese inhärente Selektivität des Risikobegriffs werde ich im Folgenden in aller Kürze erläutern.

a)   In der Begrifflichkeit des Risikos ist angelegt, dass die negativen Handlungs- und Entscheidungsfolgen, mit denen man zu rechnen hat, prinzipiell bekannt sind, auch wenn sie nicht in allen denkbaren Details vorhergesehen werden können. Risiken sind *wahrgenommene* mögliche Handlungsfolgen in der Zukunft, die auf eine gegenwärtige Entscheidung zugerechnet werden. Den Begriff „Risiko" zu verwenden, setzt demnach stillschweigend voraus, dass das Spektrum möglicher Schadensereignisse antizipierbar ist, obwohl man selbstverständlich nicht weiß, ob, wann und in welchem Ausmaß sie tatsächlich eintreten werden, und obwohl in soziologischen Konzeptionen, anders als in wirtschafts- und ingenieurwissenschaftlichen Kalkülen, auch nicht *per se* die Kenntnis statistischer Eintrittswahrscheinlichkeiten vorausgesetzt wird. Natürlich wird häufig auch von den „unbekannten Risiken" etwa einer bestimmten Technologie gesprochen. Davon abgesehen, dass der Begriff dann einfach unspezifisch für „negative Folgen" verwendet wird, geht man damit aber *de facto* über den Horizont der Risikosemantik hinaus. An dieser Stelle ist der an den *Governmentality Studies* orientierte Risikobegriff klärend, wonach Risiken Resultat einer Technologie sind, die Realität „vorhersehbar und beherrschbar zu machen. Insofern macht hier die Unterscheidung zwischen kalkulierbaren und unkalkulierbaren Risiken keinen Sinn." (Lemke 2007: 52). Anders gesagt: Was nicht kalkulierbar ist oder kalkulierbar gemacht werden kann, ist kein Risiko. Stattdessen bewegt man sich dann im Rahmen einer Soziologie des Nichtwissens: Für wen sind diese Risiken unbekannt, weshalb sind sie unbekannt und wie können sie dennoch zum Gegenstand gesellschaftlicher Wahrnehmung und Auseinandersetzung werden?

b)   Die Zurechnung von Risiken auf einzelne, benennbare Entscheidungen erweist sich gerade bei ökologischen Gefährdungen als wenig plausibel. Wie bereits erwähnt, sind viele der bedrohlichsten Umweltprobleme der gegenwärtigen Gesellschaften (allen voran Klimaveränderung und Wasserknappheit) soziologisch kaum sinnvoll als Folge bestimmter, gleichsam „punktförmiger" Entscheidungen zu begreifen bzw. auf solche Entscheidungen zuzurechnen. Sie stellen vielmehr das Ergebnis komplexer, fortlaufender Wechselwirkungen zwischen sozialen Praktiken und ökologischen Dynamiken dar. Nun verweisen gerade Systemtheoretiker gerne darauf, dass es nicht die soziologische Beobachtung, sondern die gesellschaftliche Kommunikation ist, die mögliche zukünftige Schäden immer wieder auf Entscheidungen zurechnet, nicht zuletzt auch, um Verantwortliche namhaft machen zu können. Auch wenn dies in vielen Fällen zutrifft, lässt sich dennoch schwerlich behaupten, moderne Gesellschaften kommunizierten über ökologische Gefährdungen *generell* unter der Perspektive des Risikos von Entscheidungen. Man wird beispielsweise wenig kommunikative Äußerungen der Art finden, eine globale Erwärmung sei das Risiko, das man mit der Entscheidung eingeht, mit dem Auto zur Arbeit zu fahren. Man könnte einwenden, der Klimawandel stelle das Risiko dar, das mit der gesellschaftlichen Entscheidung für die großflächige Nutzung fossiler Energiequellen verbunden ist. Aber hat es eine solche explizite Entscheidung je gegeben? Wann wäre sie getroffen worden und von wem? Die Zurechnung auf isolierbare (Einzel-)Entscheidungen erweist sich in solchen Fällen als höchst zweifelhaft. Die Soziologie sollte sich deshalb davor hüten, durch begriffliche Vorannahmen fiktive Entscheidungen zu konstruieren, um Umweltprobleme als Risiken begreifen und als Entscheidungsfolgen zurechnen zu können. Eine ähnliche Kritik an einer empirisch fragwürdigen „Überdehnung" der Risikobegrifflichkeit in der Gesundheitssoziologie formuliert auch Green (2009). Green argumentiert gegen die Tendenz, gesellschaftliche Debatten oder individuelle Entscheidungsprozesse von vornherein auch dann in der Semantik des Risikos zu analysieren, wenn die beteiligten Akteure ganz andere Deutungsrahmen verwenden. Ebenfalls im Kontext der Gesundheitssoziologie findet sich die ironische Bemerkung von Hobson-West (2004: 97): „Look for risk (and find it), when it isn't necessarily there."

c)   Risiken bezeichnen mögliche Schadensereignisse in der *Zukunft*. Daraus resultiert ein dritter Grund, weshalb sich „Risiko" als konzeptioneller Bezugsrahmen für die soziologische Analyse von gesellschaftlich erzeugten Umweltgefährdungen als einseitig erweist. Denn die Risikoterminologie lenkt die Aufmerksamkeit fast ausschließlich auf die Antizipation zukünftig möglicher Schäden und schmälert dadurch die Aufmerksamkeit für bereits eingetretene Umweltbelastungen. Deren Entdeckung ist jedoch keineswegs trivial, wie besonders das Beispiel der Ozonschädigung durch Fluor-Chlor-Kohlenwasserstoffe (FCKW) belegt: Das so genannte „Ozonloch" wurde erst gut 40 Jahre *nach* dem Einstieg in die industrielle Herstellung und Nutzung dieser Chemikalien hypothetisch als mögliche Folge diskutiert und nochmals rund zehn Jahre später auch durch Messungen identifiziert (vgl. Böschen 2000, Farman 2001). Risikodebatten konzentrieren sich dagegen auf die Antizipation möglicher Entscheidungsfolgen in der Zukunft, halten jedoch die Erkenntnis dieser Folgen, falls sie denn eintreten, unausgesprochen für unproblematisch. Auch hier zeigt sich die Nähe des Risiko-Begriffs zum Störfall in großtechnischen Anlagen. Dieser wird als unmittelbar sichtbar und erfahrbar vorausgesetzt; doch was für die Explosion in einer chemischen Produktionsanlage zutreffen mag, gilt kaum für die „schleichende" Ausbreitung von chemischen Substanzen oder gentechnisch modifizierten Pflanzen sowie für deren schwer beobachtbare Auswirkungen auf Insekten oder Bodenorganismen. Selbst die retrospektive Erkenntnis solcher Wirkungen ist höchst voraussetzungsreich und in der Begrifflichkeit des Risikos soziologisch nicht sinnvoll zu diskutieren.

Bemerkenswerterweise haben sowohl Ulrich Beck als auch Niklas Luhmann die Begrenztheit und Selektivität des Risikobegriffs bei der Analyse ökologischer Probleme durchaus klar gesehen. Beck hat wiederholt hervorgehoben, dass die „ökologischen, atomaren, chemischen und genetischen Großgefahren" der hochtechnisierten Moderne sich in mehrfacher Hinsicht scharf von den räumlich, zeitlich und sozial eingrenzbaren, kausal zurechenbaren und kompensierbaren Risiken primärer Industrialisierung unterscheiden. Entsprechend versage das Risikokalkül angesichts der „Wiederkehr nicht kalkulierbarer Unsicherheiten in Gestalt spätindustrieller Großgefahren" (Beck 1988: 120 ff.). Luhmann hat ebenfalls recht deutlich auf die „Grenzen der Risikosemantik" hingewiesen: „In ökologischen Kontexten finden wir uns heute vor einer Komplexität, die sich einer Zurechnung auf Entscheidungen entzieht." Denn die „äußerst komplexen Kausalverkettungen zahlreicher Faktoren und die Langfristigkeit der Trends" lasse eine solche Attribution gar nicht zu (Luhmann 1992a: 146). Dennoch gehe die „Faszination durch das Technik/Entscheidung/Risiko-Syndrom (…) so weit, dass wir auch diese Situation noch in dieser Semantik zu erfassen versuchen" (ebd.: 146 f.). Vor diesem Hintergrund ist es nicht verwunderlich, dass beide Autoren sich in den 1990er Jahren der ökologischen Problematik unter dem Aspekt des Nichtwissens genähert haben (Beck 1996, Luhmann 1992b) – ohne allerdings die Risikoterminologie ganz aufzugeben. Dies ist zwar insofern gerechtfertigt, als der gesellschaftliche Umgang mit Umweltgefährdungen nach wie vor wesentlich durch Begriffe und Konzepte wie Risikoabschätzung, Risikomanagement oder Risikokommunikation strukturiert und organisiert wird. Dennoch sollte die (Umwelt-)Soziologie auf Distanz bleiben sowohl zu der von Luhmann beschriebenen „Faszination" durch das Entscheidungs-/Risiko-Syndrom als auch zu der von Brian Wynne (2002: 468) kritisierten „cultural reification of risk". Darunter versteht Wynne die stillschweigende Annahme, ökologische Gefährdungen seien erstens tatsächlich „Risiken", also antizipierbare, kalkulierbare und beherrschbare Handlungsfolgen, und professionelle, wissenschaftliche Risiko-Analyse erfasse zweitens alle relevanten Konsequenzen aktuellen Handelns und Entscheidens. Mit einem Perspektivenwechsel vom Risiko zum Nichtwissen würde sich die Soziologie hingegen die Möglichkeit eröffnen, nicht nur diese „Reifizierung" des Risikobegriffs kritisch in Frage zu stellen, sondern auch, die gesellschaftliche Wahrnehmung und Bearbeitung von Umweltgefährdungen differenzierter zu analysieren. Selbstverständlich bedeutet dies nicht, dass die Soziologie auf den Begriff „Risiko" vollständig verzichten muss; die Wahrnehmung von und der Umgang mit Risiken (in dem oben präzisierten Sinn *antizipierter* Handlungsfolgen) stellen vielmehr auch weiterhin ein wichtiges Feld soziologischer Analyse dar. Auch sind viele konzeptionelle Über-

legungen, die unter dem „Dach" der Risikoforschung diskutiert werden, durchaus
weiterführend, etwa der von Renn et al. (2007: 122 ff.) vorgeschlagene sozialökologische Ansatz der Risikoforschung (siehe hierzu auch den Beitrag von Sellke und
Renn in diesem Band). Allerdings droht der Begriff Risiko bei solchen Überlegungen
seine Konturen zu verlieren und zu einem vagen Oberbegriff für alle Formen von
Unsicherheit, Ungewissheit und mangelndem Wissen zu werden.

Vom Risiko zum Nichtwissen: Neue soziologische Perspektiven

Wie eingangs erwähnt, fand angesichts der Einseitigkeiten des Risikokonzepts bereits seit den frühen 1980er Jahren, ausgehend zunächst von Teilen der Philosophie,
der Wirtschaftswissenschaften und der Wissenschaftsforschung, später auch der Soziologie, der Begriff des Nichtwissens Eingang in die umwelt- und technologiepoli-
tische Debatte (vgl. vor allem Collingridge 1980, Ravetz 1986, 1987, Faber et al. 1990,
Faber und Proops 1993, Wynne 1992). In der Soziologie hat besonders seit Mitte der
1990er Jahre das Interesse an der Nichtwissens-Thematik deutlich zugenommen
(vgl. u. a. Stocking 1998, Böschen und Wehling 2004, Groß et al. 2005, Wehling 2006,
Smithson 2008, Groß 2010). Nichtwissen fungierte hierbei sowohl als Erweiterung wie
als Kontrast und Gegenbegriff zum Begriffspaar Risiko/Ungewissheit. Der Technik-
philosoph David Collingridge identifizierte 1980 in seinem einflussreichen Buch *The
Social Control of Technology* eine ganze Klasse von Entscheidungsproblemen, „where
not all the relevant states of nature can be identified", und schlug vor, das Spektrum
von Entscheidungen unter Gewissheit, Risiko und Ungewissheit durch Entschei-
dungsprobleme unter Nichtwissen zu erweitern (Collingridge 1980: 25). Faber und
Proops (1993: 114) grenzten den Begriff des Nichtwissens in ähnlicher Weise von
Risiko und Ungewissheit ab und charakterisierten Situationen des Nichtwissens
als Handlungskonstellationen „where possible outcomes may not all be recognis-
ed prior to their occurence, or where even the area of possible outcomes may not
be known in advance". Dieser letzte Aspekt verdient es, besonders hervorgehoben
zu werden: In Situationen des Nichtwissens ist nicht nur diese oder jene mögliche
Handlungsfolge vorab unbekannt, sondern gerade in ökologischen Kontexten häufig
auch der räumliche und zeitliche Horizont sowie die Umweltbereiche und -medien,
in denen negative Konsequenzen auftreten können. Auch hierfür bietet die FCKW-
Problematik ein aufschlussreiches Beispiel. Denn vor dem Einsatz dieser Substanzen
wurden durchaus Risikoanalysen unternommen, etwa im Hinblick auf Toxizität
oder Entflammbarkeit; aber niemand war dabei „auf die Idee gekommen", die FCKW
könnten räumlich und zeitlich verschobene, katastrophale Wirkungen in der oberen
Erdatmosphäre auslösen. Eine solche Situation erschwert ganz offensichtlich sowohl
die gezielte Beobachtung von Handlungsfolgen (wo, wann und wie lange soll man
beobachten?) als auch die kausale Zurechnung bereits eingetretener Effekte.
    Wichtig für die weitere Diskussion in der Soziologie sind drei Differenzierungen,
die seit den 1980er Jahren im Hinblick auf Risiko, Ungewissheit und Nichtwissen
vorgenommen wurden: *Erstens* ist vor allem von Brian Wynne (1992) die Vorstellung

kritisiert worden, zwischen Risiko, Ungewissheit und Nichtwissen bestehe eine Art Kontinuum abnehmenden Wissens und abnehmender Gewissheit, so dass man im Fall von Risiken noch einiges wisse, bei Ungewissheit nur noch weniges und bei Nichtwissen gar nichts mehr. Wynne verdeutlicht demgegenüber, dass zwischen Risiko/Ungewissheit einerseits, Nichtwissen andererseits nicht lediglich eine quantitative, sondern in erster Linie eine qualitative Differenz besteht. Nichtwissen ist in Form von Vernachlässigtem und Übersehenem, von verengten Aufmerksamkeitshorizonten, von Wissenslücken und blinden Flecken, gleichsam „eingebettet" in die Definitionen von Risiko und Ungewissheit und könne daher nicht einfach als „an extension in scale on the same dimension" begriffen werden (Wynne 1992: 115). Risikoabschätzungen neuer Technologien oder Produkte orientieren sich beispielsweise häufig am Vergleich mit den bereits bekannten Nachteilen der Vorgängertechnologien und -produkte und neigen damit systematisch zur Unterschätzung und Ausblendung möglicher *neuartiger* Gefährdungspotentiale.

Zweitens hat der britische Wissenschaftsforscher Jerome Ravetz deutlich gemacht, dass Nichtwissen gerade im Kontext der Ökologieproblematik keinen vorgefundenen „Naturzustand" darstellt, der durch wissenschaftliche Erkenntnis überwunden würde, sondern als eine *Folge* der Verwissenschaftlichung und Technisierung der gesellschaftlichen Naturverhältnisse begriffen werden muss. Ravetz prägte hierfür den Begriff *science-based ignorance* und charakterisierte dieses Nichtwissen als „an absence of necessary knowledge concerning systems and cycles that exist out there in the natural world, but which exist only because of human activities. Were it not for our intervention, those things and events would not exist, and so our lamentable and dangerous ignorance of them is man-made as much as the systems themselves" (Ravetz 1990: 217). Die Wissenschaft ist, mit anderen Worten, nicht immer in der Lage, die Effekte komplexer wissenschaftlich-technischer Interventionen in die Welt vollständig zu antizipieren und (rechtzeitig) zu entdecken. Dies hat eine gravierende, auf den ersten Blick paradoxe Konsequenz: Nichtwissen wird durch mehr wissenschaftliches Wissen nicht nur nicht zurückgedrängt, sondern in der Regel noch vergrößert. Auch darauf hat Ravetz bereits in den 1980er Jahren hingewiesen: „Now we face the paradox that while our knowledge continues to increase exponentially, our relevant ignorance does so, even more rapidly. And this is ignorance generated by science!" (Ravetz 1986: 423; vgl. später auch Luhmann 1997: 1106).

Drittens ist bereits relativ früh erkannt worden, dass Nichtwissen kein homogenes, amorphes Phänomen ist, sondern in sich differenziert werden kann (Smithson 1985). In der Folgezeit sind eine ganze Reihe von Typologien und Klassifikationen unterschiedlicher Nichtwissens-Formen entwickelt worden (z. B. Smithson 1989, Faber et al. 1990, Kerwin 1993), deren Systematik jedoch häufig unklar blieb oder die auf eine Kontrastierung vermeintlich eindeutiger Idealtypen (z. B. gewusstes vs. nicht-gewusstes Nichtwissen) hinausliefen. Aufschlussreicher ist es demgegenüber zu untersuchen, wie Nichtwissen in den drei Dimensionen *Wissen* des Nichtwissens, *Intentionalität* des Nichtwissens und *zeitliche Stabilität* des Nichtwissens gesellschaftlich wahrgenommen und unterschieden wird (ausführlicher Wehling 2006: 116 ff.). Diese Orientierung an Unterscheidungsdimensionen hat den Vorteil, nicht nur vermeintlich eindeutige Idealtypen, sondern auch Zwischenformen und Abstufungen zu erfassen sowie den „fließenden", unscharfen und häufig gesellschaftlich „umkämpften" Wahrnehmungen und Definitionen des Nicht-Gewussten Rechnung zu tragen. In der ersten der drei Dimensionen wird Nichtwissen danach unterschieden, was und wie viel wir über unser Nichtwissen wissen: Man kann sehr genau wissen, was man nicht weiß (z. B. die Telefon-Nummer einer bestimmten Person) und man kann „völlig ahnungslos" hinsichtlich der eigenen Wissenslücken sein. Zwischen diesen Idealtypen liegt ein breites Spektrum von Zwischen- und Übergangsformen wie vage vermutetes oder nur teilweise erkanntes Nichtwissen. In der Dimension der Intentionalität wird Nichtwissen danach differenziert, ob und in welchem Grad es auf das Handeln oder Unterlassen sozialer Akteure zugerechnet werden kann: Hätte man die unerwünschten Umweltwirkungen beispielsweise des Schädlingsbekämpfungsmittels DDT, antizipieren können oder waren diese „beim besten Willen" nicht vorhersehbar und insofern „unvermeidbar"? Intentionalität ist hierbei nicht auf ausdrückliche, bewusste Absichten beschränkt, dieses zu tun oder jenes zu unterlassen, sondern erfasst weitergehend die Zurechenbarkeit von Nichtwissen auf das Handeln oder Nicht-Handeln sozialer Akteure. Berücksichtigt werden somit auch Desinteresse, mangelnde Aufmerksamkeit oder vorschnell abgebrochene Erkenntnisbemühungen als Gründe für fehlendes Wissen. Unterschieden wird Nichtwissen schließlich in der dritten Dimension (zeitliche Stabilität) danach, ob und in welchen Zeiträumen es (vermutlich) in Wissen verwandelt werden kann. Auch hier existiert zwischen den Idealtypen eines immer nur temporären „Noch-Nicht-Wissens" sowie eines prinzipiell unüberwindlichen „Nicht-Wissen-Könnens" eine Vielzahl von Zwischenformen und Abstufungen, z. B. lange anhaltendes, aber nicht grundsätzlich unauflösbares Nichtwissen. Moderne Gesellschaften gehen in der Regel von der Überwindbarkeit des Nichtwissens durch gezielte, methodisch kontrollierte Forschung aus, so dass Behauptungen einer prinzipiellen „Nicht-Wissbarkeit" zunächst befremdlich wirken. Es lassen sich jedoch ohne große Mühe Beispiele des Nicht-Wissen-Könnens nennen, so etwa die forschungspraktische Unmöglichkeit, sämtliche denkbaren Wirkungen und Wechselwirkungen der bisher rund 100.000 industriell hergestellten und genutzten chemischen Substanzen zu untersuchen. Auch vergangene Ereignisse, die aufgrund fehlender Zeitzeugen, Dokumente oder materieller „Spuren" des Geschehens nicht mehr rekonstruiert werden können, lassen das Bemühen um Wissen an kaum überwindbare Grenzen stoßen. So enthält beispielsweise die Frage, welche Schadstoffe sich in industriellen Brachflächen finden, ein Element des Nicht-Wissen-Könnens, falls entsprechende Dokumente nicht mehr existieren. Die einzige Möglichkeit besteht dann darin, mit der Bodensanierung zu beginnen und zu sehen, was man dabei findet (siehe hierzu auch den Beitrag von Bleicher und Groß in diesem Band).

Es ist offensichtlich, dass konkrete Phänomene und Problemlagen mit diesen unterschiedlichen Formen des Nichtwissens auf sehr verschiedene, oftmals höchst umstrittene und kontroverse Weise wahrgenommen und bewertet werden können: Hat man es beispielsweise bei der Abscheidung und unterirdischen Tiefenverpressung von Kohlendioxid aus Kraftwerksabgasen (der so genannten CCS-Technologie) „nur" mit bereits erkannten, durch weitere Forschung zu schließenden Wissenslücken zu tun? Oder muss man mit etwas rechnen, was in der englischsprachigen Diskussion als *unknown unknowns* bezeichnet wird, d. h. mit (schädlichen) Konsequenzen, deren Möglichkeit wir heute noch nicht einmal ahnen – so wie die Möglichkeit der Ozonschädigung durch aufsteigende FCKW jahrzehntelang völlig außerhalb des Vorstellungshorizonts der Wissenschaft gelegen hatte? Ebenso kontrovers lässt sich die Frage beantworten, ob die Unkenntnis der ökologischen Schäden durch Schiffsanstriche mit dem Biozid TBT mangelnder Aufmerksamkeit und Sorgfalt der Hersteller und Regulierungsinstanzen zugerechnet werden kann oder ob die unerwünschten Folgen schlicht unvorhersehbar waren (vgl. Santillo et al. 2001). Und schließlich: Werden wir die ökologischen Gefährdungspotentiale in die Umwelt freigesetzter Nano-Partikel schon bald umfassend und zuverlässig abschätzen können – oder hat man es angesichts der völlig neuartigen Eigenschaften von Nano-Materialien und der unendlichen Vielzahl möglicher Wirkungszusammenhänge in Wasser, Boden, Luft, Pflanzen, tierischen oder menschlichen Organismen mit einem Fall unüberwindbaren Nicht-Wissen-Könnens zu tun?

Kontroversen und Konflikte, die sich an solchen Themen und Problemen entzünden, münden in eine seit einigen Jahren beobachtbare *Politisierung des Nichtwissens* gerade in umweltpolitischen Kontexten (Wehling 2007, Böschen et al. 2010): Damit ist nicht allein gemeint, dass die Frage, wie mit Nichtwissen umzugehen sei, umwelt- und technologiepolitisch immer wichtiger wird, sondern vor allem, dass sich die Bewertungen und Deutungen des Nichtwissens in den skizzierten drei Dimensionen gesellschaftlich pluralisieren und zum Gegenstand politischer Auseinandersetzungen und Definitionskämpfe werden: Wo die eine Seite im Blick auf „grüne" Gentechnik, Nanotechnologie oder das so genannte „Geo-Engineering" zur technischen Bekämpfung des Klimawandels nur von überschaubaren und lediglich temporären Wissenslücken ausgeht, warnt die andere Seite vor völlig unbekannten Gefahren, die sich niemals vollständig vorhersehen und kontrollieren ließen. Ihre Brisanz und Sprengkraft bezieht diese Pluralisierung und Politisierung von Nichtwissens-Wahrnehmungen nicht zuletzt daraus, dass die Wissenschaften nicht in der Lage sind, solche Deutungskonflikte mit der Autorität überlegenen Wissens zu beenden. Denn Kontroversen im Medium des Nichtwissens lassen sich *per definitionem* nicht durch den Verweis auf empirische Fakten beilegen; diese belegen allenfalls, was wir wissen, aber nicht, was und wie viel wir jenseits davon nicht wissen und welche Gefahren dabei lauern könnten. Mehr noch: auch da, wo empirische Untersuchungen beispielsweise über die möglichen schädlichen Folgen einer chemischen Substanz betrieben werden, bleibt es letztlich interpretationsabhängig, ob wir uns in einer Situation relativ gesicherten Wissens oder unerkannten Nichtwissens befinden: Wissen wir, dass die Substanz keine unerwünschten Wirkungen hat, wenn hierfür keine konkreten Hinweise gefunden worden sind? Oder bedeutet dies lediglich, dass wir noch immer „ahnungslos" sind, wo, wann und in welcher Form sich negative Konsequenzen zeigen könnten – falls sie nicht sogar schon eingetreten sind, aber noch nicht entdeckt oder kausal zugerechnet werden konnten? Diese letztlich unauflösbare Ambiguität hat der Philosoph Douglas Walton treffend beschrieben:

„The more thorough the search has been, the more we can say that the outcome is no longer just ignorance, but positive knowledge that the thing does not exist. But in many cases, in the middle regions, it could be hard to say whether what we have is ignorance or (positive) knowledge" (Walton 1996: 140). Gerade in umweltpolitischen Fragen bewegt man sich regelmäßig in diesen „mittleren Regionen" zwischen Wissen und Nichtwissen; auch ist die Frage, ob die Suche nach unerwünschten Wirkungen (etwa von freigesetzten gentechnisch modifizierten Organismen) gründlich genug war, zumeist hochgradig politisiert und wird dementsprechend völlig unterschiedlich beantwortet.

Bemerkenswerterweise erfasst die Pluralisierung der Nichtwissens-Deutungen auch die Wissenschaften selbst. Denn verschiedene Disziplinen und/oder Wissenschaftsbereiche gehen mit der Problematik des Nichtwissens in jeweils spezifischer Weise um; sie lassen sich daher als je eigenständige „Nichtwissenskulturen" (Böschen et al. 2006, 2008, 2010) analysieren. Der Begriff Nichtwissenskulturen bezeichnet allgemein das je spezifische Ensemble von eingespielten, expliziten wie impliziten wissenschaftlichen Praktiken, die die Erzeugung, Wahrnehmung, Definition und Kommunikation von Nichtwissen beeinflussen und prägen. Im Horizont der Auseinandersetzungen um die landwirtschaftliche Gentechnik lassen sich idealtypisch unter anderem eine kontrollorientierte und eine komplexitätsorientierte Nichtwissenskultur unterscheiden (Böschen et al. 2006). In einer kontroll-orientierten Nichtwissenskultur (die charakteristisch für viele experimentelle Laborwissenschaften ist) werden Überraschungen und unerwartete, unerklärbare Ergebnisse zumeist als Folge unzureichender Kontrolle der Randbedingungen interpretiert. Darauf wird mit Variationen der Versuchsanordnung reagiert, bis die Ergebnisse im Rahmen der theoretischen Vorannahmen interpretierbar erscheinen. In einer komplexitäts-orientierten Nichtwissenskultur hingegen (die eher für Feld-Disziplinen wie Ökologie oder Epidemiologie prägend ist), werden Überraschungen als Hinweis auf die Unangemessenheit der theoretischen Annahmen und Erwartungshorizonte wahrgenommen. Unvorhergesehene Phänomene erscheinen hier weniger als Störfaktoren der Wissensproduktion, denn als Ausdruck einer unhintergehbaren Komplexität der Erkenntnisgegenstände, der durch permanente Überprüfung und Erweiterung der Beobachtungshorizonte Rechnung getragen werden müsse. Grundsätzlich sind diese unterschiedlichen epistemischen Praktiken als gleichermaßen begründbare Formen des Umgangs mit dem Nicht-Gewussten anzusehen. Ein Überlegenheitsanspruch, wie ihn kontroll-orientierte Nichtwissenskulturen lange Zeit erhoben haben und teilweise noch immer erheben, lässt sich daher schwerlich aufrechterhalten.

In politisierten Nichtwissens-Konflikten beziehen sich die involvierten Akteure häufig auf die Argumentationsmuster unterschiedlicher wissenschaftlicher Nichtwissenskulturen (vgl. Böschen et al. 2010). Anders als die politische Rhetorik vieler Technikbefürworter suggeriert, stehen sich in solchen Konflikten somit nicht die Vertreter einer rationalen wissenschaftlichen Auffassung einerseits, eine irrational und überängstlich reagierende Öffentlichkeit andererseits gegenüber. Vielmehr treffen kontrastierende, aber gleichwohl jeweils wissenschaftlich plausibilisierbare Wahrnehmungen und Bewertungen des Nichtwissens aufeinander. Man kann vermuten, dass dies die „Governance" des Nichtwissens (nicht nur) in umweltpolitischen Kontexten und Konflikten erheblich erschwert. Bevor ich dies näher erläutere, möchte ich unter fünf Aspekten zusammenfassen, weshalb der Begriff des Nichtwissens gegenüber der Fixierung auf Risiken einen adäquateren soziologischen Zugang zur kognitiven wie handlungspraktischen Dimension gesellschaftlich erzeugter Umweltgefährdungen bietet und welche neue analytischen und theoretischen Perspektiven sich der (Umwelt-)Soziologie eröffnen, wenn sie den Blick auf die Rolle des Nichtwissens richtet.

Erstens wird explizit der Möglichkeit gänzlich unvorhergesehener und sogar nach ihrem Eintreten unerkannt bleibender Umwelteffekte Rechnung getragen – „prominentestes" Beispiel hierfür ist die bereits erwähnte Schädigung der Ozonschicht durch FCKW, die in keinem Risikokalkül auftauchte und auch nach der massenhaften industriellen Nutzung dieser Substanzen noch über mehrere Jahrzehnte unentdeckt blieb.[2] Der Blick auf das Nichtwissen löst sich zweitens von der Verengung der Risikosemantik auf die Antizipation zukünftiger Handlungsfolgen und bezieht ausdrücklich die Probleme bei der Entdeckung, Rekonstruktion und kausalen Zurechnung auch vergangener Geschehnisse ein. Charakteristisch hierfür ist die ebenfalls schon angesprochene Schwierigkeit, herauszufinden, welche unterschiedlichen Schadstoffe sich in kontaminierten Industriebrachen befinden. Drittens: Wesentlich schärfer als die Risikobegrifflichkeit lenkt der Blick auf das Nichtwissen die Aufmerksamkeit darauf, dass sowohl die Produktion von Wissen als auch die Erzeugung, Entdeckung, Bewertung und Kommunikation von Nichtwissen eingebettet sind in gleichermaßen diskursive wie materiale Praxiszusammenhänge (vgl. Wehling 2006: 227–249). Wissensgewinn und seine Kehrseite, die Erzeugung von *science-based ignorance*, sind nicht lediglich sprachlich-kommunikative Phänomene, wie es die Zurechnung mutmaßlicher Schäden auf einzelne Entscheidungen ist. Sie sind vielmehr performativ verwoben in die Herstellung und Nutzung materialer Artefakte, von wissenschaftlichen Beobachtungsapparaturen und Messgeräten bis hin zu synthetischen Chemikalien, genmodifizierten Pflanzen und Nanopartikeln. Erst unter einer solchen Perspektive kommen die von Luhmann (1992a: 146) angeführten „äußerst komplexen Kausalverkettungen zahlreicher Faktoren" überhaupt in den Blick – und erst vor diesem Hintergrund treten die „Grenzen der Risikosemantik" (ebd.) klar hervor. Viertens sensibilisiert der Übergang vom Risiko zum Nichtwissen für die seit Collingridge (1980) diskutierten Probleme und Paradoxien des (rationalen) Entscheidens und Lernens unter Nichtwissens-Bedingungen. Hier sind in den letzten Jahren eine ganze Reihe von Konzepten und Modellen zum Umgang mit ökologischem Nichtwissen entstanden (Wehling 2006: 278 ff.), die umweltsoziologisch und -politisch höchst aufschlussreich sind (und weit über die Frage hinausweisen, ob man ein bestimmtes, antizipiertes Risiko nun eingehen möchte oder nicht). Fünftens schließlich wird erkennbar, dass „Governance des Nichtwissens"

---

2   Für weitere Fallbeispiele (u. a. Asbest, Benzol, BSE) siehe die aufschlussreiche Zusammenstellung in EEA (2001).

nicht allein bedeutet, unter Bedingungen des Nichtwissens *sachlich* angemessen und rational zu agieren, sondern angesichts gesellschaftlich divergierender, politisierter Wahrnehmungen und Bewertungen dessen, was nicht gewusst wird, zugleich auch *sozial* legitimierbare und „robuste" Strategien des Umgangs mit dem Unbekannten zu entwickeln.

Die Governance des Nichtwissens

Die Problematik des ökologischen Nichtwissens stellt hohe Anforderungen an die Qualität und Legitimität umwelt- und technologiepolitischer Entscheidungen: Zum einen müssen Entscheidungen auch dann sachlich begründet getroffen werden, wenn ihre Konsequenzen unvorhersehbar sind und unerwünschte Folgen vermieden werden sollen, die man gar nicht kennt. Auf die Paradoxie dieser Erwartung macht der Bericht „Late lessons from early warnings" der Europäischen Umweltagentur EEA aufmerksam: „How can strategies be devised to prevent outcomes, which, by definition, are not known?" (Editorial Team 2001: 170). Zum anderen müssen solche Entscheidungen gleichzeitig den pluralen, kontrastierenden Wahrnehmungen und Bewertungen des Nicht-Gewussten Rechnung tragen, ohne dass dabei auf *eine* verallgemeinerbare, wissenschaftliche autorisierte Deutung zurückgegriffen werden könnte. Die politischen und gesellschaftlichen Bemühungen, dieser doppelten Problematik gerecht zu werden, lassen sich als Governance des Nichtwissens bezeichnen, wobei der Begriff „Governance" hier nicht normativ im Sinne einer *per se* größeren Effektivität oder höheren Legitimität von Entscheidungen zu aufzufassen ist. Governance steht vielmehr in einem analytischen Begriffsverständnis für den Umstand, dass der Umgang mit Nichtwissen in umweltpolitischen Kontexten faktisch zwischen einer Vielzahl von Akteuren (staatliche Instanzen, wissenschaftliche Institutionen, Wirtschaftsunternehmen, Medien, Umwelt- und Verbraucherorganisationen, Protestbewegungen und in manchen Fällen auch Konsumentinnen und Konsumenten) ausgehandelt wird, wobei Machtasymmetrien zwischen den Akteuren selbstverständlich eine wesentliche Rolle spielen. Wissenschaftlich oder politisch vorgegebene Nichtwissens-Deutungen, etwa dass man es bei einer bestimmten Technologie nur mit temporären und handhabbaren Informationslücken zu tun hat, werden jedenfalls nicht mehr von allen Akteuren akzeptiert. Die in den meisten Ländern der Europäischen Union verbreitete Ablehnung gentechnisch veränderter Lebensmittel beispielsweise hat eine ihrer Wurzeln in einer von der „offiziellen" Lesart abweichenden Bewertung des Nichtwissens über die Folgen dieser Technologie (vgl. Böschen et al. 2010).

Wie kann unter Bedingungen des Nichtwissens rational und begründet entschieden werden? David Collingridge hat bereits 1980 wichtige Impulse zur Beantwortung dieser Frage gegeben. Nach seiner Auffassung sind Entscheidungen unter Nichtwissen (nur) dann rational, wenn sie ohne große Schwierigkeiten „falsifizierbar" sind, d. h. wenn sie schnell und problemlos als falsch erkannt und entsprechend korrigiert werden können (Collingridge 1980: 31). Collingridge hob bereits hervor, dass ein wichtiger Bestandteil rationalen Entscheidens darin bestehen muss, *aktiv* nach Hinweisen zu suchen, die geeignet seien, die entsprechende Entscheidung zu falsifizieren (ebd.: 30). Diese Forderung hat bis heute nichts von ihrer Aktualität eingebüßt, denn in vielen politischen Handlungsfeldern herrscht nach wie vor eine Haltung des passiven Abwartens vor, ob sich negative Konsequenzen gleichsam „von selbst" zeigen – und solange dies nicht der Fall ist, gilt der Einsatz einer neuen Technologie als gerechtfertigt (vgl. Editorial Team 2001: 171 ff.). Doch trotz vieler weiterführender Überlegungen weist Collingridges Argumentation eine wesentliche Schwäche auf: Sie unterschätzt offensichtlich die Schwierigkeiten, die es bereitet, „falsifizierende" Erkenntnisse zu gewinnen und kausal zuzurechnen, wenn, so Faber und Proops (1993), noch nicht einmal bekannt ist, wann, wo und in welcher Form sich die Entscheidungsfolgen manifestieren können. Für die soziale Legitimität und Akzeptanz von Entscheidungen unter Nichtwissen wird somit die Frage entscheidend, inwieweit man *vorab* sicher sein kann, dass die beiden von Collingridge genannten Voraussetzungen für Rationalität: schnelle Erkennbarkeit negativer Entscheidungsfolgen sowie die Möglichkeit zur Korrektur, im konkreten Fall erfüllt sein werden. Unter Bedingungen des Nichtwissens kann es hierfür offensichtlich keine generelle Gewähr geben, und bei umstrittenen Technologien lässt sich auch kein gesellschaftlicher Konsens über die Bewertung der Wissensdefizite erzielen.

Das Konzept der Realexperimente oder des *public experiment* (Krohn 1997, 2007, Groß et al. 2003, 2005, Groß 2010) folgt teilweise ähnlichen Überlegungen wie Collingridge, bettet diese aber in einen breiteren konzeptionellen Rahmen „rekursiven Lernens" aus Überraschungen ein. Das Ziel besteht in der Entwicklung sowohl sozial wie epistemisch „robuster" Strategien des Umgangs mit Nichtwissen in experimentellen Prozessen, vorwiegend in ökologischen Gestaltungsprozessen. Den Ausgangspunkt bildet die Annahme, dass nicht nur das erforderliche Wissen, sondern vor allem das relevante Nichtwissen im Zuge experimenteller Gestaltungen erst erarbeitet werden muss. Man weiß, mit anderen Worten, zu Beginn eines Experiments noch gar nicht, was man nicht weiß. Der Begriff der „Überraschung" nimmt daher eine Schlüsselrolle ein, denn es sind Überraschungen, also unerwartet eintretende Ereignisse, die zutage fördern, was man bisher nicht gewusst und noch nicht einmal geahnt hatte: „Surprises can make people aware of their own ignorance" (Groß 2010: 1). In *überraschungsoffenen* experimentellen Settings können unerwartete Ereignisse zu kontinuierlichen Lernprozessen genutzt werden, zur beständigen Überprüfung, Revision und Erweiterung der bisherigen Wissensbasis. Dieser Lernprozess hat nicht nur eine kognitive, sondern auch eine soziale und politische Seite: Nach dem Auftreten unvorhergesehener Ereignisse ist auch eine erneute Verständigung unter den beteiligten Akteuren darüber erforderlich, ob und unter welchen Bedingungen sie zu einer Fortführung des begonnenen experimentellen Gestaltungsprozesses bereit sind. So soll nicht nur die epistemische, sondern auch die soziale Robustheit des Realexperiments gesichert werden.

Das Modell der Realexperimente verknüpft die epistemischen und sozialen Aspekte der Governance des Nichtwissens wesentlich schlüssiger als Collingridges Vorschlag, die Rationalität von Entscheidungen durch deren potentielle Falsifizierbarkeit zu gewährleisten. Es geht zudem in seiner Zielsetzung deutlich über Collingridge hinaus: Angestrebt wird weniger die „Widerlegung" einer einmal gefällten Entscheidung durch neue, entgegenstehende Fakten, um dann eine „bessere" Entscheidung treffen zu können. Das Ziel ist vielmehr, experimentelle Gestaltungsprozesse als rekursive, ihre eigenen Folgen beobachtende und sich dadurch immer wieder korrigierende Lernprozesse anzulegen. Dabei wird anfänglich unerkanntes Nichtwissen zunächst in gewusstes Nichtwissen und dann in erweitertes Wissen und vorläufige Problemlösungen überführt – wobei wiederum Nichtwissen erzeugt wird, so dass der Lernzyklus erneut beginnt. Gleichwohl ist auch diese Strategie des Umgangs mit Nichtwissen nicht ganz ohne Probleme, weshalb sie sich über lokal eingrenzbare ökologische Gestaltungsprozesse hinaus nicht ohne weiteres verallgemeinern lässt. Denn Lernen aus (negativen) Überraschungen erscheint nur dann als legitim, wenn die Folgen dieser Überraschungen gesellschaftlich akzeptierbar, tolerierbar und kontrollierbar sind. Doch gerade dies kann man bei großräumigen „Realexperimenten" (Kernenergie, landwirtschaftliche Gentechnik, Nanotechnologie, Geo-Engineering) im Vorhinein nicht wissen und nicht garantieren. Hinzu kommt: Wenn auch die „area of possible outcomes" (Faber und Proops) unbekannt ist, erweist es sich unter Umständen als schwierig, sich überhaupt überraschen zu lassen. Denn, wie Groß et al. (2003: 248) zu Recht hervorheben, sind Überraschungen nichts einfach Vorgefundenes, vielmehr könne „ohne eine mehr oder weniger explizite Beschreibung eines Erwartungswertes keine Überraschung registriert werden". Wenn wir aber nicht wissen, welche Ereignisse im Laufe eines Realexperiments eintreten könnten, kann kein hineichender Erwartungshorizont gebildet werden, innerhalb dessen Überraschungen als Abweichungen von den Vorannahmen registriert werden können. Manche Ereignisse werden dann entweder gar nicht wahrgenommen (wie die Ozonschädigung durch FCKW), weil ein bestimmter Realitätsbereich nicht beobachtet wird;[3] oder sie werden nicht *als Überraschungen* wahrgenommen, weil sie nicht mit dem laufenden Experiment in einen kausalen Zusammenhang gebracht werden können. Es gibt somit nicht nur keine Gewähr dafür, dass Überraschungen mild ausfallen; darüber hinaus ist auch nicht gesichert, dass sie frühzeitig registriert werden können, was die Chancen, korrigierend einzugreifen, natürlich erheblich verschlechtern würde.

Damit rückt die Frage nach der gesellschaftlichen Legitimität von Realexperimenten in den Vordergrund. Unter dieser Perspektive wird deutlich, dass vor dem Einstieg zumindest in großtechnische Experimente mit Natur und Gesellschaft eine offene, politische Auseinandersetzung darüber stehen muss, ob die Bedingungen für Lernen aus Überraschungen gegeben sind oder geschaffen werden können oder ob der „Preis" für solche Lernprozesse zu hoch sein könnte. Eine wichtige Voraussetzung für einen offenen Klärungsprozess bestünde darin, die unterschiedlichen Wahrnehmungen und Bewertungen des Nichtwissens zunächst als prinzipiell gleichermaßen legitim und begründet anzuerkennen, um dann im jeweiligen Ein-

---

3   Mitunter sind zudem auch bei hinreichender Aufmerksamkeit manche Effekte gar nicht beobachtbar, weil hierfür die Messtechnik fehlt.

zelfall in eine Kontroverse einzutreten, ob man eher von temporärem oder dauer-
haftem Nichtwissen, von überschaubaren Wissenslücken oder von fundamentaler
Ahnungslosigkeit über die möglichen Effekte ausgehen sollte (vgl. Böschen et al.
2010). Offenheit solcher Auseinandersetzungen würde zwingend auch mit einschließen, ein Realexperiment abzubrechen oder gar nicht erst zu beginnen, weil das Ausmaß und Gefährdungspotential des damit verbundenen Nichtwissens als zu groß
erscheinen und die Chancen, negative Folgen „rechtzeitig" zu entdecken, als zu gering erachtet werden. Diese weitreichende, fast „revolutionäre" Konsequenz zieht
der so genannte Reichweiten- oder Gefährdungsansatz in der Chemikalienbewer-
tung und -politik (Scheringer et al. 1998, Scheringer 2002). Nach dieser Konzeption
besitzen chemische Substanzen, die lange in der Umwelt verbleiben und sich darin
weiträumig verteilen, ein unvertretbar hohes, wenngleich im Detail unbekanntes
Gefährdungspotential. Denn es müsse mit einer Vielzahl unvorhersehbarer und
möglicherweise auch retrospektiv schwer erkennbarer Schadenseffekte gerechnet
werden. Gefordert wird deshalb, Stoffe mit hoher räumlicher Mobilität und zeitlicher
Persistenz grundsätzlich nicht in die Umwelt freizusetzen, selbst wenn keine konkreten Hypothesen über Schädigungen der natürlichen Umwelt oder der menschlichen Gesundheit vorliegen.

Die Governance des ökologischen Nichtwissens erweist sich als ein gleichermaßen
komplexes wie konfliktträchtiges Unterfangen, für das keine einfachen, standardi-
sierbaren und ohne weiteres verallgemeinerbaren Strategien zur Verfügung stehen.
Governance des Nichtwissens beschreibt vielmehr einen offenen gesellschaftlichen
Prozess, in dem kontrastierende Sichtweisen artikuliert werden und der selbstverständlich nicht frei ist von Interessenunterschieden und Machtasymmetrien. Es
sollte in diesem Beitrag deutlich geworden sein, dass die (Umwelt-)Soziologie diese
Problematik erst dann in ihrer ganzen Brisanz in den Blick bekommt, wenn sie sich
über den begrenzten Bezugsrahmen des Risikos und Risikomanagements hinaus
der Konstitution, Definition, Bewertung und Kommunikation von Nichtwissen in
ökologisch relevanten Handlungskontexten zuwendet.

Weiterführende Literatur

Collingridge, David (1980): *The Social Control of Technology*. New York: St. Martin's Press.
EEA (European Environment Agency) (Hrsg.) (2001): *Late lessons from early warnings: the precau-
tionary principle 1896 – 2000*. (Environmental issue report, No 22). Kopenhagen.
Groß, Matthias (2010): *Ignorance and Surprise: Science, Society and Ecological Design*. Cambridge,
MA: MIT Press.
Scheringer, Martin (2002): *Persistence and Spatial Range of Environmental Chemicals*. Weinheim:
Wiley.
Wehling, Peter (2006): *Im Schatten des Wissens? Perspektiven der Soziologie des Nichtwissens*. Kon-
stanz: UVK.

Zitierte Literatur

Beck, Ulrich (1986): *Risikogesellschaft*. Frankfurt a. M.: Suhrkamp.

Beck, Ulrich (1988): *Gegengifte*. Frankfurt a. M.: Suhrkamp.

Beck, Ulrich (1996): Wissen oder Nicht-Wissen? Zwei Perspektiven „reflexiver Modernisierung. In: Beck, Ulrich, Anthony Giddens und Scott Lash (Hrsg.), *Reflexive Modernisierung. Eine Kontroverse*. Frankfurt a. M.: Suhrkamp, 289–315.

Böschen, Stefan (2000): *Risikogenese. Prozesse wissenschaftlicher Gefahrenwahrnehmung: FCKW, DDT, Dioxin und Ökologische Chemie*. Opladen: Leske + Budrich.

Böschen, Stefan, Karen Kastenhofer, Luitgard Marschall, Ina Rust, Jens Soentgen und Peter Wehling (2006): Scientific Cultures of Non-Knowledge in the Controversy over Genetically Modified Organisms (GMO): The Cases of Molecular Biology and Ecology. *Gaia* 15: 294–301.

Böschen, Stefan, Karen Kastenhofer, Ina Rust, Jens Soentgen und Peter Wehling (2008): Entscheidungen unter Bedingungen pluraler Nichtwissenskulturen. In: Mayntz, Renate, Friedhelm Neidhardt, Peter Weingart und Ulrich Wengenroth (Hrsg.), *Wissensproduktion und Wissenstransfer: Wissen im Spannungsfeld von Wissenschaft, Politik und Öffentlichkeit*. Bielefeld: transcript, 197–220.

Böschen, Stefan, Karen Kastenhofer, Ina Rust, Jens Soentgen und Peter Wehling (2010): Scientific Non-Knowledge and Its Political Dynamics. The Cases of Agri-Biotechnology and Mobile Phoning. *Science, Technology and Human Values* 35 (6): 783–811.

Böschen, Stefan und Peter Wehling (2004): *Wissenschaft zwischen Folgenverantwortung und Nichtwissen. Aktuelle Perspektiven der Wissenschaftsforschung*. Wiesbaden: VS Verlag für Sozialwissenschaften.

Bonß, Wolfgang (1995): *Vom Risiko. Unsicherheit und Ungewissheit in der Moderne*. Hamburg: Hamburger Edition.

Collingridge, David (1980). *The Social Control of Technology*. New York: St. Martin's Press.

Douglas, Mary und Aaron Wildavsky (1982): *Risk and Culture. An Essay on the Selection of Technical and Environmental Dangers*. Berkeley: University of California Press.

Editorial Team (2001): Twelve late lessons. In: EEA (Hrsg.), *Late lessons from early warnings: the precautionary principle 1896 – 2000*. (Environmental issue report, No 22). Kopenhagen, 168–191.

EEA (European Environment Agency) (Hrsg.) (2001): *Late lessons from early warnings: the precautionary principle 1896 – 2000*. (Environmental issue report, No 22). Kopenhagen.

Faber, Malte, Rainer Manstetten und John Proops (1990): *Humankind and the World: An Anatomy of Surprise and Ignorance*. Diskussionsschriften 159, Alfred-Weber-Institut, Universität Heidelberg.

Faber, Malte und John Proops (1993 [1990]): *Evolution, Time, Production and the Environment*. Berlin: Springer.

Farman, Joe (2001): Halocarbons, the ozone layer and the precautionary principle. In: EEA (Hrsg.), *Late lessons from early warnings: the precautionary principle 1896 – 2000*. (Environmental issue report, No 22). Kopenhagen, 76–83.

Green, Judith (2009): Is it Time for the Sociology of Health to Abandon ‚Risk'? *Health, Risk & Society* 11 (6): 493–508.

Groß, Matthias (2007): The Unknown in Process: Dynamic Connections of Ignorance, Non-Knowledge and Related Concepts. *Current Sociology* 55 (5): 742–759.

Groß, Matthias (2010): *Ignorance and Surprise: Science, Society and Ecological Design*. Cambridge, MA: MIT Press.

Groß, Matthias, Holger Hoffmann-Riem und Wolfgang Krohn (2003): Realexperimente: Robustheit und Dynamik ökologischer Gestaltungen in der Wissensgesellschaft. *Soziale Welt* 54 (3): 241–258.

Gross, Matthias, Holger Hoffmann-Riem und Wolfgang Krohn (2005): *Realexperimente: Ökologische Gestaltungsprozesse in der Wissensgesellschaft.* Bielefeld: Transcript.

Hobson-West, Pru (2004): The Construction of Lay Resistance to Vaccination. In: Shaw, Ian und Kaisa Kauppinen (Hrsg.), *Constructions of Health and Illness. European Perspectives.* Aldershot: Ashgate, 89–106.

Japp, Klaus Peter (1996): *Soziologische Risikotheorie. Funktionale Differenzierung, Politisierung und Reflexion.* Weinheim: Juventa.

Japp, Klaus Peter und Isabel Kusche (2008): Systems Theory and Risk. In: Zinn, Jens (Hrsg.), *Social Theories of Risk and Uncertainty. An Introduction.* Oxford: Blackwell, 76–105.

Kerwin, Ann (1993): None Too Solid: Medical Ignorance. *Knowledge: Creation, Diffusion, Utilization* 15: 166–185.

Knight, Frank (1964 [1921]): *Risk, Uncertainty and Profit.* New York: Augustus Keller.

Krohn, Wolfgang (1997): Rekursive Lernprozesse: Experimentelle Praktiken in der Gesellschaft. Das Beispiel der Abfallwirtschaft. In: Rammert, Werner und Gotthard Bechmann (Hrsg.), *Technik und Gesellschaft.* Jahrbuch 9. Frankfurt a. M., New York: Campus, 65–89.

Krohn, Wolfgang und Georg Krücken (Hrsg.) (1993): *Riskante Technologien: Reflexion und Regulation.* Frankfurt a. M.: Suhrkamp.

Lemke, Thomas (2007): *Gouvernementalität und Biopolitik.* Wiesbaden: VS Verlag für Sozialwissenschaften.

Lagadec, Patrick (1987): *Das große Risiko: technische Katastrophen und gesellschaftliche Verantwortung.* Nördlingen: Greno.

Luhmann, Niklas (1990): Risiko und Gefahr. In: Luhmann, Niklas (Hrsg.), *Soziologische Aufklärung 5. Konstruktivistische Perspektiven.* Opladen: Westdeutscher Verlag, 131–169.

Luhmann, Niklas (1991): *Soziologie des Risikos.* Berlin: de Gruyter.

Luhmann, Niklas (1992a): Die Beschreibung der Zukunft. In: Luhmann, Niklas (Hrsg.), *Beobachtungen der Moderne.* Opladen: Westdeutscher Verlag, 129–147.

Luhmann, Niklas (1992b): Ökologie des Nichtwissens. In: Luhmann, Niklas (Hrsg.), *Beobachtungen der Moderne.* Opladen: Westdeutscher Verlag, 149–220.

Luhmann, Niklas (1997): *Die Gesellschaft der Gesellschaft.* 2 Bde. Frankfurt a. M.: Suhrkamp.

Perrow, Charles (1987): *Normale Katastrophen. Die unvermeidbaren Risiken der Großtechnik.* Frankfurt a. M.: Campus.

Ravetz, Jerome (1986): Usable Knowledge, Usable Ignorance. In: Clark, William C. und Robert E. Munn (Hrsg.), *Sustainable Development of the Biosphere.* Cambridge, UK: Cambridge University Press, 415–432.

Ravetz, Jerome (1987): Uncertainty, Ignorance and Policy. In: Brooks, Harvey und Charles Cooper (Hrsg.), *Science for Public Policy.* Oxford: Pergamon, 77–89.

Ravetz, Jerome (1990): *The Merger of Knowledge with Power: Essays in Critical Science.* London: Mansell.

Renn, Ortwin, Pia-Johanna Schweizer, Marion Dreyer und Andreas Klinke (2007): *Risiko. Über den gesellschaftlichen Umgang mit Unsicherheit.* München: Oekom.

Rudolf, Florence (2007): Von einer Krisen- zur Risikosoziologie in Frankreich: Ein Beitrag zur Katastrophenforschung. *Historical Social Research* 32 (3): 115–130.

Santillo, David, Paul Johnston und William J. Langston (2001): Tributyltin (TBT) Antifoulants: A Tale of Ships, Snails and Imposex. In: EEA (Hrsg.), *Late lessons from early warnings: the precautionary principle 1896 – 2000.* (Environmental issue report, No 22). Kopenhagen, 135–148.

Scheringer, Martin (2002): *Persistence and Spatial Range of Environmental Chemicals*. Weinheim: Wiley.

Scheringer, Martin, Karin Mathes, Gerhard Weidemann und Gerd Winter (1998): Für einen Paradigmenwechsel bei der Bewertung ökologischer Risiken durch Chemikalien im Rahmen der staatlichen Chemikalienregulierung. *Zeitschrift für angewandte Umweltforschung* 11: 227–233.

Smithson, Michael (1985): Toward a Social Theory of Ignorance. *Journal for the Theory of Social Behaviour* 15: 151–172.

Smithson, Michael (1989): *Ignorance and Uncertainty: Emerging Paradigms*. New York: Springer.

Smithson, Michael (2008): Social Theories of Ignorance. In: Proctor, Robert und Londa Schiebinger (Hrsg.), *Agnotology. The Making and Unmaking of Ignorance*. Stanford: Stanford University Press, 209–229.

Stocking, S. Holly (1998): On Drawing Attention to Ignorance. *Science Communication* 20: 165–178.

Walton, Douglas (1996): *Arguments from Ignorance*. University Park, PA.: Pennsylvania State University Press.

WBGU (Wissenschaftlicher Beirat der Bundesregierung Globale Umweltveränderungen) (1999): *Welt im Wandel: Strategien zur Bewältigung globaler Umweltrisiken*. Jahresgutachten 1998. Berlin: Springer.

Wehling, Peter (2006): *Im Schatten des Wissens? Perspektiven der Soziologie des Nichtwissens*. Konstanz: UVK.

Wehling, Peter (2007): Die Politisierung des Nichtwissens – Vorläufer einer reflexiven Wissensgesellschaft? In: Ammon, Sabine, Corinna Heineke, Kirsten Selbmann, Arne Hintz (Hrsg.), *Wissen in Bewegung. Vielfalt und Hegemonie in der Wissensgesellschaft*. Bielefeld: Transcript, 221–240.

Wynne, Brian (1992): Uncertainty and Environmental Learning: Reconceiving Science and Policy in the Preventive Paradigm. *Global Environmental Change* 2: 111–127.

Wynne, Brian (2002): Risk and Environment as Legitimatory Discourses of Technology: Reflexivity Inside Out? *Current Sociology* 50 (4): 459–477.

Zinn, Jens (Hrsg.) (2008a): *Social Theories of Risk and Uncertainty: An Introduction*. Blackwell: Polity.

Zinn, Jens (2008b): Introduction: The Contribution of Sociology to the Discourse on Risk and Uncertainty. In: Zinn, Jens (Hrsg.), (2008a): *Social Theories of Risk and Uncertainty: An Introduction*. Blackwell: Polity, 1–17.

Umweltmanagement und experimentelle Praktiken: Das Beispiel Altlastensanierung

Alena Bleicher und Matthias Groß

Einleitung: Moderne Gesellschaft und experimentelle Praktiken

Experimente in der Umweltsoziologie haben Konjunktur. Sei es in der traditionellen, auf das Konzept der Quasi-Experimente aufbauenden, experimentellen Sozialforschung (z. B. Diekmann 2009; siehe auch den Beitrag von Best in diesem Band) oder die auf der Idee von „experimenteller" gesellschaftlicher Entwicklung basierende Beschreibung des gezielten Umgangs mit Unsicherheit und Nichtwissen. Grundsätzlich spielt das Experiment eine entscheidende Rolle für die Entwicklung der modernen Gesellschaft seit der frühen Neuzeit. Das Experiment wird als Kern der modernen Wissenschaft betrachtet, durch das etwa seit dem 17. Jahrhundert neue Formen der Wahrheitssprechung eröffnet wurden, da nun Wahrheitsansprüche (teilweise öffentlich) getestet werden konnten. Hierdurch wurden alte, z. B. religiöse, Sicherheiten der Gesellschaft durch neue Sicherheiten der objektiven Fakten und der Naturgesetze ablöst. In der damit einhergehenden Trennung zwischen Natur und Kultur (manchmal auch die moderne Konstitution genannt), kam und kommt dem Experiment eine besondere Funktion zum Erhalt sozialer Ordnung der modernen Vorstellung von Fortschritt zu (vgl. Latour 2011). Mit Hilfe des Experimentes kann Wahrheit „dargestellt", und in der Folge – so die positive Auslegung – Gerechtigkeit geschaffen werden. Die wissenschaftliche Methode, so die Idee, kann damit *zum einen* die Transparenz der (Natur-)Zusammenhänge steigern. *Zum anderen* aber wird Experimentierung verbunden mit der Öffnung des mittelalterlichen Universums zu einer Reise in eine Welt neuer, unendlich scheinender Möglichkeiten.

Auf Francis Bacon (1561–1626) können zwei Formen des Experiments, die die heutige Diskussion prägen, zurückgeführt werden. Neben der heute als „echtem" Experiment betrachteten Konzeption des Laborexperiments, welches sich entkoppelt vom Rest der Gesellschaft abspielt, war es, wie es Wolfgang Krohn (2009: 40–42) interpretiert hat, die provokative Ankündigung Bacons an die Öffentlichkeit, dass die experimentelle Methode der Wissenschaft die Gesellschaft selbst zu einem Experiment transformieren würde. Die Gesellschaft müsse daher der Wissenschaft eine Chance geben, da ihre Vorteile für *die* Gesellschaft nur durch Experimente *in* der Gesellschaft erkannt werden könnten. Dies würde dann die Entwicklung eines unabhängigen Raums, nicht nur zur Erforschung von Naturprozessen, sondern auch zum Ausprobieren kultureller Praktiken, von immer neuen Formen der Organisation, Technik, politischer Partizipation oder ökonomischer Alternativen führen.

In beiden Formen des Experiments stellen Wissenschaftler Hypothesen auf, und es ist gerade die Abweichung von der Hypothese, die eine Quelle produktiver Überraschung darstellt. Anders ausgedrückt: Wenn ein Experiment in dem Sinne scheitert, als dass die Hypothesen unbrauchbar waren, ist es erfolgreich. Durch einen experimentellen Zugang werden demnach Überraschungen gefördert und in diesem Rahmen auch kontrolliert. Sie weisen darauf hin, dass man bestimmte Dinge nicht wusste – und machen damit das Nichtwissen deutlich. Das Experiment ist in diesem Sinne der geordnete Umgang mit ungewisser Zukunft. Frühe Überlegungen dazu finden sich bereits in der Chicagoer Schule der Soziologie seit 1900 (vgl. Groß 2009). Das Wort „experimentell" soll in diesem Zusammenhang darauf verweisen, dass Unsicherheiten konstruktiv als Methode zur Generierung von neuen Erkenntnissen genutzt werden (vgl. Layzer 2008). Betrachtet man Experimente allgemein als Hilfsmittel, um systematisch Neues zu generieren, können sie in Anlehnung an Hans-Jörg Rheinberger (2001) auch als „Überraschungsgeneratoren" verstanden werden. Damit wird eine Offenheit gegenüber eventuellen überraschenden Ereignissen gefordert und von den beteiligten Akteuren ein Einstellen auf das Unerwartete erwartet.

Im folgenden Beitrag geht es darum, das Experiment als Teil der Alltagskultur und kultureller Praxis vorzustellen. Als empirisches Beispiel dient die Sanierung von kontaminierten Landschaften.[1] Solche als Revitalisierung bezeichneten Prozesse finden in allen Industrieländern in Form von zeitlich und räumlich klar begrenzten Implementierungsprojekten statt. Das zentrale (Wesens-)Merkmal von gesundheits- und umweltgefährdenden Stoffkonzentrationen – sogenannten Altlasten – ist es, unsichtbar im Boden zu lagern und trotz vorhergehender Erkundungen überraschend zu Tage zu treten. Dies nötigt den Akteuren flexible Reaktionen, die ständige Anpassung von Strategien und Plänen, und auch vor Ort die Entwicklung neuer technischer Methoden ab. Für die Beschreibung und Analyse der damit verbundenen Strategien wird *zum einen* die aus der Umweltsoziologie und den Diskussionen um ökologische *Realexperimente* stammende konzeptuelle Rahmung herangezogen. Das zentrale Element von Realexperimenten basiert auf Bacons Vorstellung, dass die moderne Gesellschaft experimentell neues Wissen erarbeit, so dass es möglich ist, die Entwicklung neuer Technologien als gesellschaftlich-institutionelle Lernprozess zu verstehen (siehe hierzu auch den Beitrag von Krohn et al. in diesem Band). Technische Lösungen werden in der Praxisanwendung entwickelt und wenden Fehlschläge und das Erkennen von Nichtwissen in innovative Weiterentwicklungen. *Zum anderen* wird auf die eher kultursoziologisch geprägte Idee von Kultur als Praxis, als Herstellen und Machen von Kultur zurück gegriffen in der gesellschaftliche Wirklichkeit als immer wieder neu geformte interaktive Angelegenheit des alltäglichen Handelns und „Agierens" in und mit (Natur-)Dingen verstanden wird (vgl. Eßbach

---

1   Diesem Beitrag liegen empirische Untersuchungen verschiedener Sanierungsprojekte zu Grunde, die im Rahmen eines Interdisziplinären Forschungsprogramms durchgeführt wurden. Es wird auf Beispiele aus den Fallstudien zurück gegriffen, ohne diese näher zu erläutern. Siehe dazu jedoch Behrens und Groß (2010), Bleicher und Groß (2011) sowie Groß und Bleicher (2011).

et al. 2004, Hörning und Reuter 2004). In der Materialität und in den Naturdingen der Alltagspraktiken treffen sich dann auch Kultur und Natur (vgl. Schatzki 2010, siehe auch den Beitrag von Brand in diesem Band). Um der Unvorhersehbarkeit der Natur erfolgreich zu begegnen, müssen Akteure auf einen kulturellen Vorrat an Handlungsmöglichkeiten zurückgreifen können. Diese Idee stammt aus der Kultursoziologie in der Nachfolge des Philosophen und klassischen Soziologen Georg Simmel (1858–1918). Simmel beschäftigte sich mit dem Problem des Zugriffs auf die Elemente der Kultur und deren individueller „Re-Subjektivierung" (Simmel 1998: 213). In dieser Tradition kann die Konzeptualisierung von Kultur als „tool box" (Swidler 1986) verstanden werden. Mit Hilfe dieses Werkzeugkastens sind Individuen befähigt, Wissen, Erwartungshorizonte oder manchmal auch ausgeklügelte Praktiken für Handlungsstrategien einzusetzen. Wichtig erscheint hier, dass materielle Dinge und natürliche Dynamiken als Teil dieser Praktiken verstanden werden können. Diese materiellen Dinge, auch wenn sie einmal von Menschen gemacht oder von diesen überformt wurden, können sich sozusagen „naturalisieren" und die involvierten Akteure überraschen. Die Zuschreibung als Überraschung zeigt oft, dass etwas außerhalb des Bereichs liegt, der einer klaren menschlichen Entscheidung oder anderen kulturellen Elementen zugeschrieben werden kann. Im Alltag, in den Praktiken von Akteuren und auch in besonders heiklen Situationen ist es häufig so: Man kann vieles nicht wissen, das weiß man, und das wird ernst genommen. Diese Praktiken des offenen Umgangs mit „Außerkulturellem" lassen sich hervorragend mit dem Experimentbegriff rahmen, nämlich als Praktiken der Offenheit und der Kontrolle.

Schleichende Katastrophen und Nichtwissen

Seit Beginn der industriellen Produktion fielen verstärkt Rückstände in immer neuen stofflichen Zusammensetzungen an, die häufig direkt auf dem Firmengelände, ohne besondere Vorkehrungen abgelagert und selten dokumentiert wurden. Bis in die 1970er Jahre bestand kaum ein Bewusstsein über die Gefährlichkeit von Chemikalien im Boden und Grundwasser sowie ihre Auswirkungen auf Menschen und Ökosysteme. Die Problematik dieser Stoffkonzentrationen wurde in allen Industrieländern zuerst im Zusammenhang mit der Umnutzung von Industriebrachen und Deponien als Wohnbauland deutlich. In diesem Zusammenhang wurde im Deutschen der Begriff der Altlasten für dieses Phänomen geprägt.

Einmal ins Bewusstsein gelangt, entwickelte sich ein Handlungsbedarf für die Sanierung ehemaliger industriell genutzter Flächen. Häufig fehlen Akten und Unterlagen über frühere Ablagerungen oder Havarien, bei denen entsprechende Stoffkonzentrationen entstanden. Das Wissen darüber geriet in Vergessenheit. Erschwerend kommt hinzu, dass viele brach gefallene Industriegebiete in den letzten Jahrzehnten von der Natur zurück erobert wurden, und die in ihnen verborgene Gefahr als Biotop und häufig auch als Heimat seltener Pflanzen und Tiere „getarnt" ist. Zusätzlich sind die Schadstoffe im Lauf der Jahre in Abhängigkeit von ihrer chemischen Struktur und der jeweils speziellen geologischen Situation Veränderungen unterworfen – sie entfernen sich, ungesehen, im Untergrund vom ursprünglichen Ort der Kontamination oder werden durch natürliche Prozesse abgebaut und umgewandelt. Daher können Altlasten auch als langsame oder schleichende Katastrophen bezeichnet werden. Uriel Rosenthal (1998: 153) vermerkte dazu, dass diese schleichenden Katastrophen „selbstverständlich an einem bestimmten Ort zu einem bestimmten Zeitpunkt ausbrechen können". Es ist dieser Aspekt, der hier genauer betrachtet werden soll: Das überraschende Hervortreten von Kontaminationen und damit ihr Eintreten in das Bewusstsein und die Lebenswelt von Akteuren. Trotz zahlreicher Innovationen im Bereich der Erkundungs- und Sanierungstechnologien lassen sich im Rahmen detaillierter Voruntersuchungen in konkreten Sanierungsprojekten nicht alle Details klären, so dass die Akteure mit der Herausforderung konfrontiert sind, trotz unvollständigen Wissens, Entscheidungen treffen zu müssen und es gehört, wie es Akteure selbst ausdrücken, Mut dazu ein entsprechendes Projekt anzugehen (vgl. Thornton et al. 2007, De Sousa 2008, Franzius et al. 2009).

Akteure der Altlastensanierung sind sich bewusst, dass sie bei Revitalisierungs- und Sanierungsarbeiten immer mit Unerwartetem rechnen müssen (vgl. dazu auch Bleicher und Groß 2011). Bereits 1993 konstatierte der Chemiker und Altlastenexperte Frank Claus dazu sehr deutlich: „Die hohen Erwartungen an Wissenschaft bei der Einschätzung der Gefahren von Altlasten können insgesamt gesehen nicht oder nur unbefriedigend erfüllt werden. Die Perspektive der Wissenschaft ist entweder der Verlust des letzten Restes Glaubwürdigkeit oder eine neue Risiko- bzw. Sicherheitskultur [...], bei der Nichtwissen eingestanden wird" (Claus 1993: 45).

Allgemein wird die Feststellung, dass in der modernen Gesellschaft Nichtwissen im Vergleich zu Wissen eine zunehmend größere Rolle spielt in den unterschiedlichsten Lebens- und Forschungsbereichen kritisch diskutiert. Bei der Durchsicht aktueller Literatur kann man sogar den Eindruck bekommen, dass Unsicherheit über bestehendes Wissen in Entscheidungsprozessen meist der Normalfall zu sein scheint. Boris Holzer und Stefan May (2005) sehen den kompetenten Umgang mit Unsicherheit und Nichtwissen gar als zentrales Element in der Beckschen reflexiven Moderne. Wenn dies der Fall ist, stellt sich die Frage, wie und warum genau Akteure Entscheidungen treffen (was sie ja offensichtlich tun), wenn bekannt ist, dass noch kein ausreichendes Wissen zur Verfügung steht. Das aktive Einbeziehen von Wissensgrenzen (Nichtwissen) scheint eine Möglichkeit darzustellen, um mit dieser Situation und den sich aus ihr ergebenden Unwägbarkeiten umzugehen.

Wir schließen uns dieser Beobachtung an und stellen im Folgenden den alltäglichen Umgang mit Nichtwissen in den Kontext aktueller Diskussionen einer „Experimentalisierung der Gesellschaft". In einer auf Simmel zurückreichenden kultursoziologischen Variante des Umgangs mit Nichtwissen, bezieht sich Nichtwissen auf Wissen, das man (noch) nicht haben kann oder darf, dessen Bezugspunkt jedoch formuliert werden kann (vgl. Groß 2011). Der zunehmende Umgang mit Nichtwissen ist für Simmel gar ein zentraler Indikator für die Entwicklung der Moderne: „Dass wir unser Wissen und Nichtwissen selbst wissen und auch dieses umgreifende Wissen wiederum wissen und so fort in das potentiell Endlose – dies ist die eigentliche Unendlichkeit der Lebensbewegung auf der Stufe des Geistes" (Simmel

1999: 310). Für Simmel umfasst Nichtwissen also bereits die Ahnung oder die Spezifizierung von etwas, was nicht gewusst wird.

Abgesehen von der allgemeinen Beobachtung Simmels, kann die Formulierung von den Grenzen des Wissens in einem bestimmten (Wissens-) Gebiet, das heißt der Definition von Themen, über die noch keine ausreichenden Erkenntnisse vorliegen und zu deren Erforschung Neuland betreten werden muss, als grundlegender Bestandteil wissenschaftlichen Arbeitens betrachtet werden. Darüber hinaus kann der Begriff Nichtwissen als das normale aber sich ständig in Bewegung befindliche Gegenstück zu Wissen verstanden werden. Dieses Gegenstück weist darauf hin, dass mehr oder weniger präzise Fragen über das, was nicht gewusst wird, formuliert werden. Unsere Annahme ist, dass dieses Nichtwissen aktiv in Entscheidungsprozesse einbezogen wird und so als Grundlage experimenteller Strategien verstanden werden kann. So verstanden sind Überraschungen etwas Normales, das zunehmend häufiger und nicht weniger auftritt. Wenn also mehr Wissen immer auch mehr Nichtwissen mit sich bringt, gewinnt die Frage an Bedeutung, ob und wie Entscheidungen auf Grundlage von zunehmendem Nichtwissen getroffen werden können, wenn Überraschungen zu erwarten sind und wie entsprechend Entscheidungen legitimiert werden können und dürfen.

Herausforderung Altlasten

Will man nun von experimentellen Praktiken sprechen, in denen explizit mit dem Unbekannten umgegangen wird, dann muss Nichtwissen so klar wie möglich kommuniziert werden. Auf Nichtwissen wird im Alltag der Flächenrevitalisierung auf verschiedene Weise hin gewiesen. *Zum einen* gibt es bestimmte, negierende Schlüsselbegriffe und Redewendungen wie „das hat keiner gewusst", „das hat keiner geahnt", „wir wissen es nicht". Mit ihrer Hilfe werden Wissenslücken direkt bezeichnet. *Zum anderen* wird in den Darstellungen von Handlungsabläufen darauf verwiesen, dass zu Beginn der Handlung bestimmte Dinge nicht gewusst wurden und aus diesem Grund genau diese Handlung, z. B. die Erarbeitung von Wissen, erfolgte. Das Unbekannte bildet in diesem Fall gerade den Anlass zu weiterem Handeln. *Zum dritten* sind für den Umgang mit Nichtwissen im Entscheidungskontext Formulierungen wie „Es kann nicht ausgeschlossen werden, dass ein Handlungsbedarf wegen Kontaminationen gegeben sein wird" bezeichnend. Zusätzlich zur Information, dass offensichtlich nicht alle Details bekannt sind, wird damit eine durch den Fakt des Nichtwissens erzeugte Erwartungshaltung zum Ausdruck gebracht.

In aller Regel findet die Sanierung und Revitalisierung von Altlastenflächen unter Beteiligung vielfältiger Akteure und Interessenten statt: Gemeindeverwaltung, Fachverwaltungen auf übergeordneten Ebenen (Region, Land, Staat), lokale Politik, Investoren und Unternehmen sowie Ingenieurbüros. Die besondere Herausforderung besteht in allen Fällen darin, die teilweise gleichzeitig stattfindenden Arbeiten von Sanierung und Baumaßnahmen mit den unterschiedlichen Zuständigkeiten bei den Akteuren zu koordinieren und dabei mit der Tatsache, dass in vielen Momenten kein vollständiges Wissen über die Altlastensituation vorliegen kann und unerwartete Ereignisse auftreten, umzugehen. Dafür werden Strategien entwickelt, die mehr oder weniger erfolgreich sein können. Wir stellen im Folgenden einige Erfolg versprechende Strategien vor, die sich als Experimentieren im Alltag beschreiben lassen.

Obwohl es nicht immer möglich ist, im Moment der Entscheidungsfindung auf akzeptiertes Wissen zurück zu greifen, kann das nicht Gewusste oft so weit spezifiziert sein, z. B. in konkreten Fragen über die vermuteten Kontaminationen und ihre Lage, dass gesagt werden kann, was nicht gewusst wird und der Bezugspunkt des Nichtwissens klar wird. Diesen Umgang bezeichnen wir als ‚Kommunikation von Nichtwissen' in der Altlastensanierung. Gerade die lokalen Fachbehörden und Sanierungsexperten sind sich oft aufgrund der allgemeinen Erfahrungen in der Altlastensanierung seit den 1980er Jahren, aber auch aufgrund der speziellen Kenntnisse über den jeweiligen Standort und seine Vornutzungen darüber bewusst, dass Altlasten ein Thema sein werden, und dass trotz sorgfältiger Erkundungsmaßnahmen kein endgültiges Wissen über die Altlastensituation vorliegen kann und deshalb mit Überraschungen zu rechnen ist (vgl. Brandt 1993). Wird dieses Wissen über das Nichtwissen nicht, wie man vermuten könnte, verschwiegen, sondern in Entscheidungsprozessen offen kommuniziert, kann dies als eine Voraussetzung für einen experimentellen Charakter des Sanierungsprojektes betrachtet werden. Fachleute wie Laien, die in entsprechende Projekte eingebunden sind, entwickeln ein gemeinsames Verständnis von Wissensgrenzen und entscheiden, wie mit dieser Situation des unvollständigen Wissens umzugehen ist. Die Beteiligten verständigen sich aber nicht nur mündlich darüber, dass nicht alles bekannt ist. Auch in den verschiedenen Dokumenten, wie z. B. in Gutachten oder Verträgen, finden sich Formulierungen, die klar machen, dass bestimmte Dinge nicht gewusst werden, und dass mit dieser Tatsache umgegangen werden muss. Bestimmte Dokumente werden gerade für die Tatsache geschaffen, dass im Verlauf der Entwicklung weitere Akteure auftreten werden, die nicht ursprünglich in die Sanierungsgeschehnisse involviert waren und damit nicht das gleiche Wissen über das Nichtwissen haben können. Das unterstreicht die Bedeutung der Informationsweitergabe und der Notwendigkeit Strategien gegen das Vergessen von Informationen gerade im Altlastenbereich zu entwickeln (vgl. Travis 2007).

In Diskussionen und auch Dokumenten wird darauf hin gewiesen, dass Nichtwissen akzeptiert werden *muss*, dass nicht alle Details bekannt sind und dass sich die Beteiligten über diese Tatsache einig sind. Dieses „Bekenntnis" zum Nichtwissen lässt sich gerade in einer experimentellen Umgebung finden. Versuche werden in diesen Fällen aus dem Grund durchgeführt, dass das Ergebnis nicht bekannt ist, sondern nur eine vage Vermutung aufgrund der theoretischen Vorüberlegung existiert. Häufig sind es die unerwarteten und nicht vorhergesehenen Ergebnisse eines *Versuches* die einen Anstoß für neue Überlegungen, Entwicklungen und Innovationen geben.

Die Kommunikation von und das Entscheiden trotz Nichtwissen ist nicht evident. Nichtwissen zu erhalten kann ganz strategische Gründe haben, die als genauso normal und aus soziologischer Sicht als legitim betrachtet werden müssen wie das Offenlegen von Nichtwissen. Die Verkäuferin eines Grundstücks kann beispielsweise ein Interesse daran haben, nicht so genau über die Altlastensituation Bescheid zu wissen, denn dann ist es möglich den finanziellen Aufwand einer möglichen Sanierung herunter zu spielen. Auch eine Umweltbehörde kann ein Interesse daran haben, weniger über die von einem Grundstück ausgehende Gefahr zu wissen, weil sich andernfalls besondere Handlungsnotwendigkeiten in Form von komplizierten Projekten ergeben könnten. Vertreter von Ingenieurbüros hingegen haben ein Interesse daran, Untersuchungsbedarfe zu definieren, da mit jeder aufgeworfenen Frage ein potentieller Auftrag verbunden ist. Nichtwissen hat also auch eine zentrale ordnungserhaltende Funktion, sowohl im Sinne des Erhalts von Nichtwissen als auch im Sinne der Offenlegung von diesem. Dass Nichtwissen jedoch auch strategisch eingesetzt werden kann, um bewusst Zweifel in der Öffentlichkeit zu streuen, zeigen anschaulich Stocking und Holstein (2009) in ihrer Studie zu rhetorischen Behauptungen von Seiten der Industrie, die Ergebnisse aus der akademischen Forschung durch den Hinweis auf bestehendes Nichtwissen zu diffamieren suchen. Im Weiteren wollen wir daher institutionelle und organisationsseitige Voraussetzungen skizzieren, um zu zeigen wie und wann experimentelle Strategien im Umgang mit Nichtwissen legitim erscheinen.

Legitimität von experimentellen Praktiken

Offene Fragen durch Erkundungen, Recherche, Befragung und Gutachten zu klären bevor die nächste Entscheidung getroffen wird, ist die dominierende Strategie auch in der Altlastensanierung, da in modernen Gesellschaften nur die Entscheidungen als legitim angesehen werden, die auf Grundlage vollständigen Wissens getroffen werden (Lau 2009). Gleichwohl werden, wie bereits angedeutet, Entscheidungen getroffen, bevor alle Fragen beantwortet sind. Akteure können also offensichtlich übereinkommen, dass es aktuell nicht nötig, sinnvoll oder möglich ist, weiteres Wissen zu erarbeiten, dass also trotz Nichtwissen verantwortungsvoll gehandelt werden kann. Wann und unter welchen Bedingungen sind aber experimentelle Praktiken und Entscheidungen trotz Nichtwissen, legitim? Auf was für einen kulturellen Vorrat an allgemein zugänglichen Möglichkeiten und „Gebrauchsanweisungen", mit denen man bei klar definiertem Nichtwissen voranschreiten kann, fußen experimentelle Praktiken? Aus der Verknüpfung der verschiedenen kulturellen Vorräte („tool box"), lassen sich drei zentrale Begründungsmuster für den Umgang mit Nichtwissen in Altlastensanierungsprojekten heraus arbeiten: (1) Wenn Zeit- und Geldmangel nicht Grund zum Verzagen sind, sondern dennoch gehandelt wird, dann kann das als „Zutat" für eine experimentelle Kultur mit unternehmerisch-innovativen Attitüden gewertet werden. In Momenten überraschender Altlastenfunde können bereits kleine Verzögerungen gravierende Auswirkungen haben, so dass zügig Entscheidungen getroffen werden müssen. Die Zeit für die Erarbeitung von neuem Wissen ist einfach nicht vorhanden. (2) Wenn man in diesem Kontext von experimentellen Praktiken spricht, geht es immer auch um Wissensgenerierung im

Anwendungskontext. Anwendung und Wissensproduktion liegen also zeitlich und räumlich nah beieinander. Greift man in natürliche Prozesse ein, um eine Technologie zu entwickeln, kann das zu Überraschungen führen. Diese Überraschungen werden nutzbar gemacht und als Anlass für weitere technologisch-wissenschaftliche Entwicklungen und auch neue organisatorische Arrangements begriffen. (3) Natur kann als Erklärungsressource heran gezogen werden, statt Überraschungen auf menschliche Entscheider oder Institutionen zuzuschreiben. Dieses Begründungsmuster untergräbt die modernistische und damit zum Teil die soziologische These, dass es sich heute bei Entscheidungen zunehmend um „Risiken" (wie in der Soziologie zum Beispiel bei Luhmann 1991) handeln würde, da die Zurechnung der als unerwünscht erachteten Ereignisse auf gesellschaftliches Verhalten zurückführbar sei. Das heißt, die Zuschreibung wird in gewisser Weise externalisiert, sie wird auf etwas verschoben, was (noch) nicht bekannt ist. Das gibt der allgemeinen Annahme, dass Wissen zum gegebenen Zeitpunkt unvollständig ist, eine eigene Konnotation.

Eine „Nichtwissenskultur" (siehe hierzu den Beitrag von Wehling in diesem Band), die auf diesen experimentellen Praktiken basiert, lässt das Arbeiten mit Nichtwissen zum Normalfall werden. Kann auf eines der drei aufgeführten Begründungsmuster verwiesen werden, dann erscheint die Entscheidung aufgrund unvollständigen Wissens legitim. Nicht in jedem Moment kann auf eine der Ressourcen zur Legitimierung zurück gegriffen werden. Vielmehr geht diesem Rückgriff ein Aushandlungsprozess voraus. Nehmen die Akteure in diesen Fällen das Erkennen von Nichtwissen und die Normalität des Umgangs ernst, verschiebt sich die Zuschreibung von Fehlern und Versäumnissen, da diese dann nicht mehr zwingend bei den beteiligten Akteuren gefunden werden können. Entscheidungen trotz Nichtwissen werden nicht als leichtsinnig angesehen, sondern sind das Ergebnis detaillierter Abwägungen. Überraschungen, die sich in der Folge zeigen können, werden nicht als Fehlschlag kommuniziert und das übliche Spiel der Schuldzuweisung („Blame Game") bleibt in diesem Fall aus (Lau 2009). Stattdessen erarbeiten die beteiligten Akteure gemeinsame Strategien zum Umgang mit der Situation als Teil der experimentellen Alltagskultur.

Experimentelle Organisation und Nichtwissenskommunikation

Es wurde bereits darauf hingewiesen, dass es trotz des Wissens um die Unvorhersagbarkeit von Altlastenfunden und den damit verbundenen Überraschungen, aufgrund der sozialen Funktion des Nichtwissens nicht ganz naheliegend ist, sich auch darüber auszutauschen. Zwei generelle Aspekte sind der Entwicklung einer experimentellen Alltagskultur im Rahmen von Altlastenprojekten, für die die Verständigung über das Unbekannte eine Voraussetzung ist, förderlich: ein von allen Beteiligten getragenes Ziel, sowie die Persönlichkeit einzelner Beteiligter.

Ein gemeinsames Ziel, das von allen Beteiligten ungeachtet der durchaus konträren Interessen der einzelnen Organisationen geteilt wird, erleichtert die Kommunikation über das Unbekannte und die Kooperation im Verlauf des Projektes trotz überraschender Altlastenfunde. Sehr integrativ ist dabei offensichtlich das Ziel künftiger wirtschaftlicher Entwicklungen auf einem kontaminierten Standort. Das ist nicht weiter verwunderlich, wenn man bedenkt, dass Brachflächen häufig alte Industriestandorte sind und mit ihrem Entstehen der Verlust von Arbeitsplätzen einher ging, so dass dieses Thema die betroffenen Gemeinden in aller Regel stark beschäftigt. Die Persönlichkeit einzelner Beteiligter hat einen entscheidenden Einfluss auf die Gestaltung des Projektes, und insbesondere auch darauf, ob über Nichtwissen kommuniziert wird. Eine gewisse Offenheit gegenüber den Projektpartnern und die Fähigkeit sich in die Position des jeweils anderen einzudenken, aber auch von den Zielen der eigenen Organisation zugunsten des gemeinsamen Projektziels Abstand nehmen zu können, ist sehr hilfreich. Zur Zielerreichung werden dann Kompromisse eingegangen und bestehende Handlungsspielräume ausgenutzt. Projekte verlaufen eher schleppend, wenn strikt an den Vorgaben festgehalten wird. Mit zunehmender Erfahrung entwickeln Akteure ein Bewusstsein für das bekannte Nichtwissen und eine Einstellung des „Vorbereitetseins", die wiederum dazu führt, dass Strategien für Momente der erwartbaren Überraschungen vorgesehen werden (Collier und Lakoff 2008). Auf dieser Grundlage gelingt es, für ein zeitlich klar befristetes und auf einen ganz konkreten Raum bezogenes Projekt, eine experimentelle Alltagskultur zu entwickeln.

In Anbetracht der zahlreichen Unbekannten in einem Sanierungsprozess ist ein zentrales Element dieser Kultur die Weitergabe von Informationen. Dazu bedarf es einer klaren Organisationsstruktur. Diese wird einerseits über die Definition von Zuständigkeiten und andererseits durch die Schaffung bestimmter Institutionen erreicht. Obgleich die Schaffung dieser gemeinsamen Entscheidungs- und Kommunikationskultur aufwändig erscheint, so ermöglicht sie es auch, schwierige Themen anzusprechen und gemeinsam Lösungen zu entwickeln. Eine weitere Institution zur Weitergabe von Informationen kann ein regelmäßiges Treffen der Projektbeteiligten sein, die umso häufiger stattfinden, je komplizierter und unvorhergesehener sich die Altlastensituation darstellt. In besonders wichtigen Fällen kann es auch dazu kommen, dass die koordinierenden Akteure für eine bestimmte Zeit ihre Büroarbeitsplätze direkt vor Ort installieren, um dicht am Geschehen zu sein und besonders schnell Entscheidungen treffen zu können.

Ein weiteres Element, das sowohl einen schnellen Informationsfluss, aber auch eine zügige Entscheidungsfindung ermöglicht, ist eine leichte Modifikation der Entscheidungsstruktur und –hierarchie innerhalb der beteiligten Organisationen. Zuständigen Sachbearbeitern kann z. B. eine größere Entscheidungskompetenz übertragen werden als es bei Routineaufgaben üblich ist. Diese Beobachtung wurde zuerst bei sogenannten *High Reliability Organizations,* wie die Organisationsform bestimmter komplexer technischer Systeme bezeichnet wird, gemacht (Weick und Suttcliffe 2007). In diesen Organisationen wird in Notfallsituationen die formale Hierarchie temporär durch die Hierarchie der Expertise ersetzt. Das heißt, die Entscheidungskompetenz wird auf die Personen verlagert, die durch ihren täglichen Umgang das größte Wissen über bestimmte (technische) Details haben. Das kann dann auch der Arbeiter an der Baggerschaufel sein, der im schnellen Erkennen von ungewohnten Farben und Gerüchen, die auf Kontaminationen im Boden verweisen können, die größte Erfahrung hat. Auf diese Weise werden Flexibilität und Geschwindigkeit von Entscheidungen erhöht.

Ausblick: Die experimentelle Gesellschaft jenseits eindeutiger Entscheidungen?

Das Beispiel der Altlastensanierung zeigt, dass Entscheidungen getroffen werden, obwohl bekannt ist, dass kein vollständiges Wissen vorliegt. Dies könnte auf den ersten Blick als Fahrlässigkeit ausgelegt werden, nicht zuletzt, weil es der modernistischen Sichtweise widerspricht, dass der Mensch als Herr seiner Entscheidungen, seines Schicksals und seiner Umwelt verstanden wird. Nichtwissen wird von den beteiligten Akteuren jedoch nicht etwa verneint oder „klein geredet", sondern offen kommuniziert und bewusst in den Entscheidungsprozess einbezogen. Auf diese Weise findet zumindest im Fall von Altlastensanierungen in altindustriellen Regionen eine Sensibilisierung für das Unbekannte statt. Akteure erreichen damit einen „Zustand" des „Vorbereitetseins". Dies führt einerseits dazu, dass die Legitimität von Entscheidungen neu verhandelt wird. Andererseits hat es zur Folge, dass Akteure Strategien finden, um mit dem bekannten Nichtwissen und den daraus resultierenden Überraschungen umzugehen, flexibel auf Veränderungen zu reagieren und gemeinsam für unerwartete Ereignisse einzustehen, statt einem der Beteiligten die Schuld an einem überraschenden Altlastenfund zu geben.

Überraschungen, die den Kurs der Entwicklung und Planung ändern können, gehören zum Alltag der Altlastensanierung und werden nicht grundsätzlich als Fehlschläge kommuniziert, da sie durchaus als außerhalb gesellschaftlicher Entscheidungszusammenhänge und Verantwortlichkeiten liegend, angesehen werden können. In unserem Verständnis ist dies jedoch nicht als Rückschritt in vormoderne Zeiten zu werten, in denen Ereigniszurechnungen außerhalb gesellschaftlicher Entscheidungen gesehen werden durften (z. B. im Schicksal, der Fügung oder göttlicher Vorsehung), sondern als zentrales Element einer experimentellen Strategie von Akteuren, um mit der Komplexität der Situation umzugehen, ohne auf Schuldzuweisungen abstellen zu müssen – im Sinne von „das hätten Sie aber wissen müssen". Nimmt man Nichtwissen so verstanden ernst, verschiebt sich die Zuschreibung von gesellschaftlichen Entscheidungen auf eine außergesellschaftliche – weil (noch) nicht vorhandene – „Instanz" oder, wie es bereits Herbert Spencer nannte (1875: 17), es findet eine Beschäftigung mit einem „unbestimmten Etwas" statt, welches durch die erkannten Ereignisse und ihrer Beziehungen zueinander greifbarer wird.

Durch eine so gelagerte Strategie können kostenintensive und mit zahlreichen Unbekannten konfrontierte Altlastenprojekte tatsächlich zeitnah abgeschlossen werden ohne dass die Akteurskonstellation zerbricht oder ein Projekt unvollendet bleibt. Auch die Zuschreibung auf schuldige Entscheidungsträger verliert ihr Ziel; die Zuschreibung zielt auf das Nichtwissen, nicht den Entscheider. Hackenberg sagt hierzu aber deutlich, dass im juristischen Sinne der „Erklärung mit Nichtwissen [...]

eine Aussagekraft hinsichtlich der Wahrheit oder Unwahrheit der in Rede stehenden Tatsache nicht zu [kommt]" (Hackenberg 1995: 180). Dies bedeutet dann auch, dass die Kommunikation von Nichtwissen in eine Entlastungsrhetorik münden kann – im Sinne von „wir konnten es ja nicht wissen". Nichtwissen ist jedoch nicht einfach als eine naturgegebene Gefahr (im Sinne Luhmanns) zu verstehen, die man nur hinnehmen kann. Es scheint eher so, dass Nichtwissen, wie wir es hier versucht haben zu rekonstruieren, zwar externalisiert wird, dennoch aber selbstverständlich negative Folgen verantwortungsvoll verarbeitet werden. Die Zurechnung außerhalb gesellschaftlicher Entscheidungen verweist daher nicht automatisch auf Verantwortungsverweigerung oder Schuldverschiebung, sondern auf einen nicht erkannten aber als vorhanden betrachteten Sachverhalt, der zusammen mit menschlichen Akteuren (und deren Entscheidungen) in „experimentellen" Netzwerken von entscheidender Bedeutung ist. Wie genau festgestellt werden kann, dass eine Akteursgruppe (z. B. Hydrologen oder ein Ingenieursbüro) genügend in Forschungen und Untersuchungen investiert hat und wann sie plausibel dargelegt hat, dass bestimmte Sachverhalte nicht gewusst werden konnten und sie sich mit Nichtwissen erklären kann, stellt jedoch auch juristisch eine große Herausforderung dar.

Sind diese Beobachtungen hier bereits als Hinweise auf eine experimentelle Kultur der Wissensgesellschaft oder gar einer aufkommenden „Experimentiergesellschaft", wie sie in der Soziologie zunehmend genannt wird, zu werten? Sollte sich bestätigen, dass in einer sich abzeichnenden „experimentellen Gesellschaft" (Groß 2010, Kelly und Gregware 1998, Overdevest et al. 2010) im 21. Jahrhundert Nichtwissen in und aus der Wissenschaft offen kommuniziert und zunehmend als Entscheidungsgrundlage genutzt wird, wird man sich jedoch mit der Gefahr des Missbrauchs von Nichtwissen in Form von „Verantwortungsentziehung" genauer auseinandersetzen müssen. Allgemein liegt der experimentelle Umgang mit Nichtwissen jedoch im Trend aktueller Diskussionen um offene Methoden der Handlungskoordinierung in der Europäischen Union (Lang und Bergfeld 2005), von Konzeptualisierungen eines „demokratischen Experimentalismus'" (Brunkhorst 1998) oder von Strategien „experimenteller Governance" (Sabel und Zeitlin 2010). Grundsätzlich passt der experimentelle Umgang mit Nichtwissen zu dem was der Rechtswissenschaftler Karl-Heinz Ladeur (2006: 296) einen Prozess der allgemeinen gesellschaftlichen Umstellung „von der Orientierung an der Erfahrung und relativ stabilen Gesetzmäßigkeiten in Natur und Gesellschaft auf prospektive Modelle eines Wissens" hin zu „hybriden Verschleifungen und Relationierungen von Suchprozessen in Netzwerken" bezeichnet hat. In solch „experimentellen" Suchprozessen gelagerte Entscheidungfindungen in umweltsoziologischen Analysen sichtbar zu machen und zu zeigen, dass Nichtwissen heute schon explizit Objekt von Aushandlungsprozessen ist, erscheint damit als eine wichtige Ergänzung zu risikozentrierten Analysen in der (Umwelt-)Soziologie und vielen anderen Sozialwissenschaften. Es zeigt zudem auf, wie Akteure in der Lage sein können, Projekte erfolgreich durchzuführen um kontextbezogen neues Wissen über das Ungewusste generieren zu können.

Weiterführende Literatur

De Sousa, Christopher (2008): *Brownfields Redevelopment and the Quest for Sustainability*. Oxford: Elsevier.
Dunn, William N. (Hrsg.) (1998): *The Experimenting Society: Essays in Honor of Donald T. Campbell*. New Brunswick: Transaction.
Elzen, Boelie, Geels, Frank W. und Kenneth Green (Hrsg.) (2004): *System Innovation and the Transition to Sustainability: Theory, Evidence and Policy*. Cheltenham, UK: Elgar.
Groß, Matthias, Holger Hoffmann-Riem und Wolfgang Krohn (2005): *Realexperimente: Ökologische Gestaltungsprozesse in der Wissensgesellschaft*. Bielefeld: Transcript.
Karow-Kluge, Daniela (2010): *Experimentelle Planung im öffentlichen Raum*. Berlin: Reimer.
Sabel, Charles F. und Jonathan Zeitlin (Hrsg.) (2010): *Experimentalist Governance in the European Union: Towards a New Architecture*. Oxford: Oxford University Press.

Zitierte Literatur

Behrens, Vivien und Matthias Groß (2010): Customisation of Transdisciplinary Collaboration in the Integrated Management of Contaminated Sites. In: Parker, John N., Niki Vermeulen und Bart Penders (Hrsg.), *Collaboration in the New Life Sciences*. Farnham, UK: Ashgate, 139–160.
Bleicher, Alena und Matthias Groß (2011): Response and Recovery in the Remediation of Contaminated Land in Eastern Germany. In: Dowty, Rachel A. und Barbara Allen (Hrsg.), *Dynamics of Disaster: Lessons on Risk, Response and Recovery*. London: Earthscan, 187–202.
Brandt, Edmund (Hrsg.) (1993): *Altlasten: Bewertung, Sanierung, Finanzierung*. Taunusstein: Eberhard Plottner Verlag.
Brunkhorst, Hauke (Hrsg.) (1998): *Demokratischer Experimentalismus: Politik in der komplexen Gesellschaft*. Frankfurt a. M.: Suhrkamp.
Callon, Michel (2006 [1986]): Einige Elemente einer Soziologie der Übersetzung: Die Domestikation der Kammmuscheln und der Fischer der St. Brieuc-Bucht. In: Belliger, Andréa und David J. Krieger (Hrsg.), *ANThology: Ein einführendes Handbuch zur Akteur-Netzwerk-Theorie*. Bielefeld: Transcript, 135–174.
Claus, Frank (1993): Perspektiven des Altlastenproblems: Ohne Vorsorge ein Dauerbrenner. In: Brandt, Edmund (Hrsg.), *Altlasten: Bewertung, Sanierung, Finanzierung*. Taunusstein: Eberhard Plottner Verlag, 35–60.
Collier, Steven J. und Andrew Lakoff (2008): Distributed Preparedness: The Spatial Logic of Domestic Security in the United States. *Environment and Planning D: Society and Space* 26 (1): 7–28.
De Sousa, Christopher (2008): *Brownfields Redevelopment and the Quest for Sustainability*. Oxford: Elsevier.
Diekmann, Andreas (2008): Soziologie und Ökonomie: Der Beitrag experimenteller Wirtschaftsforschung zur Sozialtheorie. *Kölner Zeitschrift für Soziologie und Sozialpsychologie* 60 (3): 528–550.
Eßbach, Wolfgang, Kaufmann, Stefan, Verdicchio, Dirk, Lutterer, Wolfram, Bellanger, Silke und Uerz Gereon (Hrsg.) (2004): *Landschaft, Geschlecht, Artefakte: Zur Soziologie naturaler und artifizieller Alteritäten*. Würzburg: Ergon-Verlag.

Franzius, Volker, Altenbockum, Michael und Gerold Thomas (Hrsg.) (2009): *Handbuch Altlastensanierung und Flächenmanagement. 20 Jahre – 20 Fragen – 20 Persönlichkeiten*. Heidelberg: C. F. Müller.

Groß, Matthias (2009): Collaborative Experiments: Jane Addams, Hull-House, and Experimental Social Work. *Social Science Information* 48 (1): 81–95.

Groß, Matthias (2010): *Ignorance and Surprise: Science, Society, and Ecological Design*. Cambridge, MA: MIT Press.

Groß, Matthias (2011): ‚Objective Culture' and the Development of Nonknowledge: Georg Simmel and the Reverse Side of Knowing. *Cultural Sociology* 5 (1).

Groß, Matthias und Alena Bleicher (2011): Jenseits der Zurechnung auf Entscheidungen: Nichtwissenskommunikation am Beispiel Altlastensanierung. In: Janich, Nina, Alfred Nordmann und Liselotte Schebek (Hrsg.), *Nichtwissenskommunikation in den Wissenschaften*. Frankfurt a. M.: Peter Lang.

Hackenberg, Wolfgang (1995): *Die Erklärung mit Nichtwissen (§ 138 IV ZPO): Zugleich eine kritische Analyse der Lehre der ‚allgemeinen Aufklärungspflicht'*. Berlin: Duncker & Humblot.

Hörning, Karl H. und Julia Reuter (Hrsg.) (2004): *Doing Culture: Neue Positionen zum Verhältnis von Kultur und sozialer Praxis*. Bielefeld: Transcript.

Holzer, Boris und Stefan May (2005): Herrschaft kraft Nichtwissen? Politische und rechtliche Folgeprobleme der Regulierung neuer Risiken. *Soziale Welt* 56 (2/3): 317–335.

Kelly, Rita Mae und Peter Gregware (1998): The Experimenting Society: Toward an Inclusive Democratic Community. In: Dunn, William N. (Hrsg.), *The Experimenting Society: Essays in Honor of Donald T. Campbell*. New Brunswick: Transaction, 189–210.

Krohn, Wolfgang (2009): Francis Bacons literarische Experimente. In: Gamper, Michael, Martina Wernli und Jörg Zimmer (Hrsg.): ‚*Es ist nun einmal zum Versuch gekommen': Experiment und Literatur I, 1580–1790*. Göttingen: Wallstein, 33–52.

Ladeur, Karl-Heinz (2006): *Der Staat gegen die Gesellschaft: Zur Verteidigung der Rationalität der ‚Privatrechtsgesellschaft'*. Tübingen: Mohr.

Lang, Joachim und Katarina Bergfeld (2005): Zur ‚offenen Methode der Koordinierung' als Mittel der Politikgestaltung in der Europäischen Union. *Europarecht* 40 (3): 381–396.

Latour, Bruno (2011): From Multiculturalism to Multinaturalism: What Rules of Method for the New Socio-scientific Experiments? *Nature and Culture* 6 (1): 1–19.

Lau, Raymond W. K. (2009): The Contemporary Culture of Blame and the Fetishization of the Modernist Mentality. *Current Sociology* 57 (5): 661–683.

Layzer, Judith A. (2008): *Natural Experiments: Ecosystem-Based Management and the Environment*. Cambridge, MA: MIT Press.

Luhmann, Niklas (1991): *Soziologie des Risikos*. Berlin: De Gruyter.

Overdevest, Christine, Bleicher, Alena und Matthias Gross (2010): The Experimental Turn in Environmental Sociology: Pragmatism and New Forms of Governance. In: Gross, Matthias und Harald Heinrichs (Hrsg.), *Environmental Sociology: European Perspectives and Interdisciplinary Challenges*. Heidelberg: Springer, 279–294.

Rheinberger, Hans-Jörg (2001): *Experimentalsysteme und epistemische Dinge: Eine Geschichte der Proteinsynthese im Reagenzglas*. Göttingen: Wallstein.

Rosenthal, Uriel (1998): Future Disasters, Future Definitions. In: Quarantelli, Enrico L. (Hrsg.). *What is a Disaster? A Dozen Perspectives on the Question*. London: Routledge, 147–160.

Sabel, Charles F. und Jonathan Zeitlin (Hrsg.) (2010): *Experimentalist Governance in the European Union: Towards a New Architecture*. Oxford: Oxford University Press.

Schatzki, Theodore (2010): Materiality and Social Life. *Nature and Culture* 5 (2): 123–149.

Simmel, Georg (1998 [1919]): *Philosophische Kultur. Gesammelte Essays*. Berlin: Wagenbach.

Simmel, Georg (1999 [1918]). Lebensanschauung. In: *Der Krieg und die geistigen Entscheidungen et al.*, Gesamtausgabe 16, 297–345. Frankfurt a. M.: Suhrkamp.

Spencer, Herbert (1875 [1862]). *Grundlagen der Philosophie*. Stuttgart: Schweizerbart.

Stocking, S. Holling und Lisa W. Holstein (2009): Manufacturing Doubt: Journalists' Roles and the Construction of Ignorance in a Scientific Controversy. *Public Understanding of Science* 18 (1): 23–42.

Swidler, Ann (1986): Culture in Action: Symbols and Strategies. *American Sociological Review* 51 (2): 273–286.

Thornton, Gareth, Franz, Martin, Edwards, David, Pahlen, Gernot und Paul Nathanail (2007): The Challenge of Sustainability: Incentives for Brownfield Regeneration in Europe. *Environmental Science & Policy* 10 (2): 116–134.

Travis, Curtis (2007): Vulnerabilities and Uncertainties in Long-Term Stewardship. In: Leschine, Thomas (Hrsg.), *Long-Term Management of Contaminated Sites*. Oxford: Elsevier, 195–212.

Weick, Karl E. und Kathleen M. Sutcliffe (2007): *Managing the Unexpected: Resilient Performance in an Age of Uncertainty*: San Francisco: John Wiley & Sons.

Globale Perspektiven: Wirtschaft, Wissenschaft und Umweltpolitik

Bevölkerungsentwicklung, Ökologie und Versorgung

Diana Hummel

Einleitung

Die demographische Entwicklung ist ein zentrales Problem aller Gesellschaften. Die Größe und das Wachstum, die räumliche Verteilung, die Altersstruktur und zukünftige Entwicklung einer Bevölkerung beeinflussen nahezu sämtliche gesellschaftlichen Bereiche. Das reicht von der Nachfrage nach Gütern und Dienstleistungen über die politische Stabilität, die ökonomische Entwicklung und das Angebot an Arbeitskräften bis hin zu den natürlichen Lebensgrundlagen. Umso erstaunlicher erscheint es, dass der biologischen Reproduktion in der zeitgenössischen Gesellschaftstheorie eine nur noch geringe Bedeutung zugesprochen wird. Nach Ansicht vieler Gesellschaftstheoretiker konstituiert sich die gesellschaftliche Reproduktion heute im Wesentlichen über Kommunikation. Niklas Luhmann (1997: 151) hat daraus den Schluss gezogen, moderne Gesellschaften seien unabhängig geworden von der demographischen Vermehrung oder Verminderung der Bevölkerung. Auf dem erreichten Entwicklungsniveau seien für die Fortsetzung der Autopoiesis (d. h. von Prozessen in geschlossenen Netzwerken, in denen die Bestandteile des Gesellschaftssystems entstehen und in denen die Gesellschaft ihre Identität sichert) genug Menschen vorhanden. „Und sobald man das merkt, kann man dazu übergehen, Bevölkerungswachstum nicht mehr als Segen, sondern als Problem, wenn nicht als Fluch zu beschreiben" (Luhmann 1997: 151).

Bei einer bestimmten Bevölkerungsgröße funktioniert die Versorgung der Bevölkerung scheinbar problemlos und die Bedürfnisse lassen sich prinzipiell erfüllen. Doch aus mehreren Gründen taucht die Frage nach der biologischen Reproduktion einzelner Gesellschaften erneut auf der Tagesordnung auf: Neben dem globalen Bevölkerungswachstum gehört dazu auch der Rückgang der Bevölkerungszahlen in den technisch und ökonomisch hoch entwickelten Staaten bei gleichzeitiger Zunahme älterer Menschen. Heute ist eine fast unvorstellbar große und immer noch ansteigende Zahl von Menschen in die gesellschaftlichen Formen der Bedürfnisbefriedigung und in die verschlungenen Prozesse gesellschaftlicher Produktion und Reproduktion eingebunden. Deren Wirkungen auf die natürlichen Lebensgrundlagen sind inzwischen so stark, dass nicht mehr sinnvoll von einer „menschenfreien Natur" gesprochen werden kann. Umgekehrt zeigt sich die Abhängigkeit der Gesellschaft von der Natur in der Gefährdung der natürlichen Lebensgrundlagen. Die Frage, mit welchen wissenschaftlichen Modellen der Zusammenhang von Bevölkerung, Ökologie und Gesellschaft analysiert werden kann, bekommt dadurch auch für die Umweltsoziologie eine immer größere Relevanz.

Weltbevölkerungsdynamik: Heterogenität und Ungleichzeitigkeiten

Im vergangenen Jahrhundert haben sich weltweit enorme demographische Umbrüche ereignet. Zu Beginn des 20. Jahrhunderts betrug die Weltbevölkerung ca. 1,5 Milliarden Menschen, am Ende des Jahrhunderts lebten mehr als sechs Milliarden Menschen auf der Erde. Nach aktuellen Berechnungen der Vereinten Nationen wird im Jahr 2011 die Marke zu sieben Milliarden Menschen überschritten. Zwar zeigen die jährlichen Zuwachsraten eine fallende Tendenz, doch ist das absolute Wachstum noch immer erheblich: Es beträgt derzeit mehr als 80 Millionen Menschen pro Jahr. Im globalen Maßstab wird die Bevölkerungsdynamik in den nächsten Jahrzehnten von folgenden allgemeinen Entwicklungstrends bestimmt werden: einem anhaltenden Bevölkerungswachstum, dem Rückgang der Geburtenraten, der Alterung der Bevölkerung und der zunehmenden Urbanisierung (United Nations 2009, *Population Reference Bureau* 2009).

Nach der mittleren Variante der aktuellen Modellrechnungen der Vereinten Nationen wird die Weltbevölkerung bis zum Jahr 2050 auf mehr als neun Milliarden Menschen anwachsen. Das Wachstum selbst hat sich allerdings verlangsamt, weil sich die Fruchtbarkeitsraten weltweit abschwächen. Zwischen 1950 und 1970 sank die Geburtenziffer im globalen Maßstab von 5,4 Kindern auf 2,9 Kinder pro Frau. Katastrophenszenarien der 1980er Jahre, die eine „Bevölkerungsexplosion" vorhersagten, sind in Fachkreisen daher einem vorsichtigen Optimismus gewichen. Die Lebenserwartung wird weiter ansteigen. Im Zeitraum 1950–1955 betrug sie im globalen Durchschnitt 47 Jahre, in der Periode 2000–2005 im Durchschnitt 65 Jahre. Aufgrund der sinkenden Geburtenraten und der steigenden Lebenserwartung wird die Weltbevölkerung im Durchschnitt älter: Die Anzahl der Menschen im Alter von über 60 Jahren wird sich bis zum Jahr 2050 verdreifachen. Weltweit hält zudem der Trend zur Urbanisierung an. Bereits heute lebt die Mehrzahl der Weltbevölkerung in Städten. Mit einer jährlichen Wachstumsrate von mehr als zwei Prozent ist das Wachstum der städtischen Bevölkerung dabei weitaus größer als das Wachstum der Weltbevölkerung. Nach den Modellrechnungen der UN wird sich das gesamte zukünftige Bevölkerungswachstum in den Städten vollziehen. Überdies wird die Weltbevölkerung nicht nur größer, sondern auch viel mobiler. Infolge der Globalisierung werden internationale Migrationsbewegungen weiter zunehmen. Die Zahl der Menschen, die außerhalb ihres Geburtslandes lebt, hat sich in den vergangenen 50 Jahren verdoppelt und liegt heute bei ca. 200 Millionen Menschen.

Diese globalen Entwicklungstrends verdecken jedoch die wachsende Disparität demographischer Trends und deren ungleichzeitige Entwicklungen in einzelnen Regionen. Weltweit bestehen sehr heterogene und teilweise gegenläufige Bevölkerungsdynamiken; die Unterschiede innerhalb der Gruppe der Entwicklungsländer sind dabei in der Regel noch größer als die Unterschiede zwischen der Gesamtheit der Industrie- und Entwicklungsländer. Aus diesem Grund lösen sich die traditionellen Ländergruppierungen der Demographie mehr und mehr auf. Einzelne Regionen in Indien, Thailand oder Brasilien beispielsweise verzeichnen heute so niedrige Geburtenraten, die noch bis vor kurzem als ein zentrales Merkmal westlicher Industrieländer galten. In anderen Entwicklungsländern, insbesondere in Afrika südlich der Sahara, stagniert vielfach der Rückgang der Fertilität. Und in osteuropäischen Transformationsländern geht die Lebenserwartung aufgrund der prekären ökonomischen und sozialen Situation zurück. Die Heterogenität und Ungleichzeitigkeit demographischer Entwicklungen gilt als ein wesentliches Charakteristikum der globalen Bevölkerungsdynamik. Bevölkerungswissenschaftler sehen die Welt am Scheideweg zweier demographischer Regime: Während das 20. Jahrhundert von massivem Bevölkerungswachstum geprägt war, ist im 21. Jahrhundert die Alterung der Bevölkerung das zentrale Merkmal (Lutz et al. 2004).

Diskursveränderungen: Von der „Bevölkerungsexplosion" zur „schrumpfenden Gesellschaft"

Mit der wachsenden Heterogenität der globalen Bevölkerungsentwicklung wandeln sich zugleich die Diskurse und Problembeschreibungen. Bis in die 1990er Jahre standen die Entwicklung der Weltbevölkerung und das Bevölkerungswachstum in Entwicklungsländern im Zentrum der Aufmerksamkeit. Seit den 1970er Jahren, in denen die Weltbevölkerung exponentiell anwuchs und die Verdoppelungszeiträume immer kürzer wurden, tauchte verstärkt die Sorge um die natürliche Umwelt auf. Hohe Auflagenzahlen erzielten Publikationen der amerikanischen Biologen Anne und Paul Ehrlich, die mit Titeln wie *Population Explosion* oder *Population Bomb* vor dem ökologischen Kollaps warnten (Ehrlich und Ehrlich 1990, Ehrlich 1968). Auch in der vom *Club of Rome* initiierten einflussreichen Studie *Die Grenzen des Wachstums* (Meadows et al. 1972) wurde eine Überschreitung der globalen Tragekapazität bei unbegrenztem Bevölkerungswachstum prognostiziert. In diesem Diskurs wurde das Bevölkerungswachstum in einen Kausalzusammenhang gestellt mit der Verschärfung der Armut und des Hungers, der ökonomischen Unterentwicklung und der Ressourcenverknappung. Durch Studien wie *Global 2000* (1980) sowie den Brundtland-Bericht der Weltkommission für Umwelt und Entwicklung (Hauff 1987) wurde die Diskussion über die Bevölkerungsentwicklung und die ökologische Krise weiter angeregt. Letztgenannter Bericht verschaffte dem Konzept *Sustainable Development* internationale Aufmerksamkeit und versuchte die Debatten über Entwicklungs- und Modernisierungstheorien und die Ökologieproblematik zu integrieren. Eine nachhaltige Entwicklung müsse so geartet sein, heißt es im Brundtland-Bericht, dass sie ohne Zerstörung der natürlichen Lebensgrundlagen auf die gesamte heutige und zukünftige Weltbevölkerung ausdehnbar sei. Dem Bevölkerungswachstum wurde dabei ein zentraler Stellenwert eingeräumt: „Ein weiteres, ungezügeltes Wachstum der Bevölkerung erhöht den Druck auf die Ressourcen und verlangsamt den Anstieg des Lebensstandards" (Hauff 1987: 10). Nachhaltigkeit sei „nur möglich, wenn Größe und Wachstum der Bevölkerung auf das sich wandelnde Produktivpotenzial des Ökosystems ‚Erde' abgestimmt werden" (ebd.). In diesen Überlegungen schwingen Vorstellungen von einer optimalen Bevölkerungsgröße und -entwicklung mit, die jedoch nicht weiter expliziert werden. Auch heute wird im Hinblick auf die Bevöl-

kerungsdynamik in Entwicklungsländern häufig argumentiert, dass wachstums-
bedingt der Bedarf an Gütern zur Befriedigung der Grundbedürfnisse sowie an
Konsumgütern steigt: „Jeder zusätzliche Mensch braucht neben qualitativ und quantitativ ausreichender Ernährung auch Trink-, Wasch- und sonstiges Brauchwasser,
Wohnraum, verschiedene Formen von direkt oder indirekt genutzter Energie, Anteil an Verkehrswegen, Ausbildungs- und Arbeitsplatz mit Einkommen. Er produziert Abfall und sucht Wohlstand statt Armut und Existenzbedrohung" (Hahlbrock
2007: 248). Darüber hinaus werden armutsbedingte Umweltbeeinträchtigungen
(zum Beispiel Rodungen oder Landwirtschaft in ökologisch sensiblen Gebieten) auf
demographische Faktoren zurückgeführt (Leisinger 1999, Schulz 2005).

Vor dem Hintergrund weltweit rückläufiger Geburtenraten ist das Bevölkerungswachstum in den Ländern des Südens und auf globaler Ebene in der aktuellen europäischen Debatte in jüngster Zeit in den Hintergrund geraten. Mehr und mehr hat
sich die Aufmerksamkeit auf die Ursachen und Folgen des demographischen Wandels in den westlichen Industrienationen verlagert. Dessen wesentliche Merkmale
sind ein Rückgang der Geburtenraten unter das Reproduktionsniveau von 2,1 Kindern pro Frau, eine Umkehrung der Alterspyramide sowie ein zukünftiger oder
bereits gegenwärtig zu verzeichnender Bevölkerungsrückgang. Nicht mehr das demographische Wachstum, sondern der Bevölkerungsrückgang ist in den Medien, in
Wissenschaft und Politik ins Zentrum der Aufmerksamkeit gerückt. Die Entwicklung zu einer „alternden" oder gar „schrumpfenden" Gesellschaft gilt vorwiegend
als bedrohlich, da sie die ökonomische und sozial-staatliche Leistungsfähigkeit der
Industrieländer langfristig zu gefährden scheint (Kaufmann 2005, Schimany 2003,
Birg 2001). Unter ganz neuen Vorzeichen wird nun eine „demographische Nachhaltigkeit" diskutiert: „Wenn in einer Bevölkerung dauerhaft weniger Kinder geboren
werden, als Menschen sterben, so ist das Prinzip der *demographischen Nachhaltigkeit*
verletzt. Wir können auch normativ von einer Verletzung intergenerationeller Gerechtigkeit sprechen, wenn rund ein Drittel Kinder zu wenig geboren werden, um
die Versorgung der alten Generation zu ähnlichen Bedingungen wie heute sicherzustellen" (Kaufmann 2005: 25, Hervorh. i. Orig.).

Die hier skizzierten diskursiven Verschiebungen sind einerseits Ausdruck der
Konjunkturen politischer Themen und Debatten, verweisen zugleich aber auch auf
neue Probleme und Sichtweisen. Unterschiedliche soziale, ökonomische und öko-
logische Folgen der Bevölkerungsentwicklung werden zugleich als Probleme des
Bevölkerungswachstums wie auch des Bevölkerungsrückgangs thematisiert. Die
Debatten beinhalten zugleich aber auch eine polarisierte Problembeschreibung (vgl.
Hummel und Lux 2006): Das *Bevölkerungswachstum* in Ländern des Südens gilt als
zentrales Merkmal von Armut und Unterentwicklung. Gleichzeitig gilt es als Ursache von globalen und regionalen Umweltgefährdungen wie zum Beispiel steigenden
Emissionen von Schadstoffen, Entwaldung, Desertifikation oder wachsendem Ressourcenverbrauch. Der *Bevölkerungsrückgang* in Industrieländern wird dagegen mehr
und mehr als Ursache ökonomischer, sozialer und politischer Probleme wahrgenommen, während die rückläufigen Bevölkerungszahlen ökologisch als entlastend gelten
(siehe hierzu auch den Beitrag von Rink und Banzhaf in diesem Band). Im Zentrum

stehen hier die Auswirkungen auf die sozialen Sicherungssysteme (Renten-, Kranken- und Pflegeversicherung), die Folgen für die ökonomische Entwicklung, den Arbeitsmarkt und den Konsum. Insbesondere durch das Leitbild der nachhaltigen Entwicklung hat sich der Bevölkerungsdiskurs stark verändert. Im globalen Maßstab soll nachhaltige Entwicklung so gestaltet sein, dass sie ohne Zerstörung der natürlichen Lebensgrundlagen auf die gesamte heutige und zukünftige Entwicklung ausdehnbar ist. Diese starke normative Option zieht schwierige wissenschaftliche Fragen nach sich: Wie groß soll und darf eine solche Bevölkerung jetzt und in Zukunft sein? Welche Rolle kommt der demographischen Entwicklung innerhalb der sozialen, ökonomischen und ökologischen Entwicklungsdimensionen zu? Ist das globale Bevölkerungswachstum die Ursache für Armut, Unterentwicklung und weltweite ökologische Gefährdung oder ein Symptom fehlgeleiteter Entwicklungs- und Modernisierungsbestrebungen? Diese Fragen werden wissenschaftlich noch immer kontrovers diskutiert.

Die Bevölkerungsentwicklung als wissenschaftlicher Gegenstand

Als wissenschaftlicher Gegenstand hat die Bevölkerungsentwicklung eine lange Tradition, die bis ins 17. Jahrhundert zurückreicht. Die Vorstellung, dass demographische Prozesse bestimmten Gesetzmäßigkeiten unterliegen und mit statistischen Mitteln beschrieben und analysiert werden können, kam mit der Herausbildung der Nationalstaaten auf. Die ursprüngliche Bezeichnung der Demographie als „Politische Arithmetik" verweist zugleich auf den engen Bezug zur praktischen Politik. Michel Foucault (1989, 1992, 1999) beschreibt eindrücklich die Haltung, gesellschaftliche Verhältnisse über bevölkerungspolitische Erwägungen berechenbar zu machen und für machtpolitische Zwecke einzusetzen. Sie ist für ihn zentrales Merkmal einer „Bio-Macht", die im 18. Jahrhundert in Erscheinung tritt. „Eine der großen Neuerungen der Machttechniken des 18. Jahrhunderts bestand im Auftreten der ,Bevölkerung' als ökonomisches und politisches Problem: die Bevölkerung als Reichtum, die Bevölkerung als Arbeitskraft, die Bevölkerung im Gleichgewicht zwischen ihrem eigenen Wachstum und dem ihrer Ressourcen. Die Regierungen entdeckten, dass sie es nicht nur mit Untertanen, auch nicht bloß mit einem ,Volk', sondern mit einer ,Bevölkerung' mit spezifischen Problemen und eigenen Variablen zu tun haben" (Foucault 1989: 37). Diese Variablen sind nicht wie die einzelnen Individuen beobachtbar, vielmehr handelt es sich um überindividuelle Phänomene, die nur mit wissenschaftlichen Techniken und Messverfahren festgestellt werden können. Geburtenhäufigkeit, Fruchtbarkeitsraten, Sterblichkeit, Gesundheitszustand oder Wachstumsrate beziehen sich auf Kollektivphänomene. Diese erscheinen nur als Mengenprozesse in ihren ökonomischen, politischen und ökologischen Auswirkungen. Als „Serienphänomene" (Foucault 1999: 284) entfalten sie sich in einer bestimmten zeitlichen Dauer und sind innerhalb eines mehr oder weniger langen Zeitraums zu erfassen. Sie weisen Konstanten auf, die sich vorhersagen, statistisch bewerten und global messen lassen. Das Konzept der Bevölkerung ist das eines Körpers „mit

zahlreichen Köpfen, der, wenn nicht unendlich, zumindest nicht zwangsläufig zähl-
bar ist" (Foucault 1999: 239). Die regulative Bio-Politik zielt entsprechend „auf die
Vielzahl von Menschen, aber nicht insofern diese sich in Körpern resümiert, sondern
insoweit sie im Gegenteil eine globale Masse bildet, die von Mengenprozessen geprägt ist" (Foucault 1992: 33). Fortan wird die Bevölkerung zu einem Wissensobjekt,
in dem Prozesse der Geburtenentwicklung, der Sterblichkeit und Lebensdauer mit
politischen und ökonomischen Problem- und Interessenlagen verknüpft werden.
Die Bevölkerung ist also eine ausgesprochen hybride Angelegenheit: eine gleichermaßen politische wie wissenschaftliche Kategorie (Hummel 2000).

Heute untersuchen zahlreiche wissenschaftliche Disziplinen und interdisziplinäre Bereiche verschiedene Aspekte der demographischen Entwicklung: Die *Humandemographie* untersucht demographische Prozesse anhand der Variablen Fertilität,
Mortalität und Migration. Die *Bevölkerungsgeographie* befasst sich mit der räumlichen
Verteilung von Bevölkerungen und ihren Auswirkungen auf die Landnutzung und
die Ressourcen. In der *Ökonomie* werden die Beziehungen zwischen Bevölkerung
und wirtschaftlicher Entwicklung untersucht, und die *Bevölkerungssoziologie* analysiert den Zusammenhang von gesellschaftlicher Entwicklung und demographischen
Prozessen. Es kann daher mit guten Gründen behauptet werden, dass die Kategorie
Bevölkerung (verstanden als Population) nicht allein einer einzigen wissenschaftlichen Disziplin zugeordnet werden kann, sondern einen genuinen interdisziplinären
Gegenstand darstellt. Dabei besteht ein eigentümliches Verhältnis zur Demographie,
der Bevölkerungswissenschaft par excellence. In den sozialwissenschaftlichen Forschungsbereichen, die sich mit der Bevölkerungsentwicklung befassen, liefert die
Demographie in der Regel nur das statistische Instrumentarium und die entsprechenden Daten. Sie wird als eine nützliche Hilfswissenschaft behandelt.

Doch die Population ist kein zentraler Gegenstand der Sozialwissenschaften,
sondern der naturwissenschaftlichen Disziplinen, insbesondere der Biologie und
Ökologie. Der dort geprägte Populationsbegriff wird allerdings auch in den Sozialwissenschaften verwendet (vgl. Gutberger 2007). In der *Biologie* wird Population allgemein als Fortpflanzungsgemeinschaft von Organismen derselben Art bestimmt.
Die Populationsdynamik beschreibt Wachstums- und Struktureffekte von Populationen in einem bestimmten Gebiet in einem bestimmten Zeitintervall; ob es sich
dabei um pflanzliche, tierische oder menschliche Lebewesen handelt, spielt bei einer
biologischen Betrachtung zunächst keine Rolle. Der wesentliche Gesichtspunkt des
evolutionsbiologischen Populationskonzepts ist die genetische Einzigartigkeit der
einzelnen Individuen, die eine Population bilden. In der *Ökologie* definiert man
Population funktional als die „Gesamtheit aller Individuen einer Art, die einen
gemeinsamen Lebensraum bewohnen und damit auf dieselben Ressourcen angewiesen sind und durch ähnliche Umweltfaktoren beeinflusst werden" (Campbell
1997: 455). Gegenstand der Populationsökologie ist das biologische System von Populationen, wie es durch die gegenseitigen Beziehungen zwischen den Organismen
einer Art und deren Wechselwirkungen mit der biotischen und abiotischen Umwelt
entsteht. Nach dem Verständnis der modernen *Humandemographie* bestimmen die
Geburtenhäufigkeit, Sterbefälle und Wanderungen die demographische Entwick-

lung einer Bevölkerung, also deren Wachstum, Größe und Struktur. Sie gelten als die zentralen Variablen der Bevölkerungsdynamik und werden als Prozesse vielfach durch Raten für die Fertilität, Mortalität und Migration repräsentiert, quantifiziert und relationiert. Die Einheiten der Bevölkerungswissenschaft sind Menschen oder Gruppen von Menschen, aus denen Aggregate gebildet werden können (Feichtinger 1979: 5). Dabei ist das demographische Konzept der Bevölkerung mengentheoretischer Natur: Zentrales Merkmal der Bevölkerung ist ihre Zahl. Die einzelnen Individuen werden im mathematischen Sinn als Menge aufgefasst, zwischen denen Relationen bestehen. Aus der Menge wiederum lassen sich Untermengen bilden (zum Beispiel nach Alter, Geschlecht, Bildungsgrad etc.). Dafür muss allerdings von den individuellen Besonderheiten der einzelnen Menschen abstrahiert werden. Die Veränderungen der Parameter in einem Zeitintervall lassen sich als Veränderungsraten definieren, die miteinander in Beziehung gesetzt werden können. Daraus lassen sich dann Aussagen bilden über die derzeitige und zukünftige Entwicklung der Größe, Verteilung und Struktur einer Population.

In der *Soziologie* besteht eine lange Tradition der Bevölkerungsforschung, und Gerhard Mackenroth, der als ein Klassiker der Bevölkerungslehre in Deutschland gilt, konstatierte 1953: „Das letzte Wort hat in der Bevölkerungslehre immer die Soziologie" (zit. in Höpflinger 1997: 13). Dem zugrunde liegt die Annahme, dass Veränderungen bei menschlichen Populationen nicht ausschließlich endogen mit demographischen Parametern erklärt werden können. Exogene Faktoren wie zum Beispiel die Veränderung sozio-kultureller Faktoren (etwa Normen über die Kinderzahl, Frauenerwerbstätigkeit, Familienstrukturen) und ökonomische Veränderungen (zum Beispiel die Situation auf dem Arbeitsmarkt) haben ebenfalls Einfluss auf die demographische Entwicklung. Innerhalb der Bevölkerungswissenschaft wurden struktur- und handlungstheoretische Ansätze zur Erklärung dieser Prozesse kaum ausgebildet. In bevölkerungssoziologischen Ansätzen werden dagegen die Stabilität und der Wandel der dominanten Muster demographisch relevanten Verhaltens in einer Gesellschaft sowie der Zusammenhang zwischen Bevölkerungsstruktur und sozialen Strukturen erforscht (Huinink 2000).

Ein einflussreicher Ansatz ist das historisch-soziologische Konzept des *demographischen Übergangs*, demzufolge die Bevölkerungsstruktur Aufschlüsse gibt über den Entwicklungsgrad einer Gesellschaft. In diesem Ansatz wird eine Unterscheidung zwischen „modernen" und „traditionellen" Gesellschaften getroffen und für das generative Verhalten in Ländern des Südens eine „nachholende Entwicklung" postuliert (Caldwell 2006, Höpflinger 1997, Reiterer 2010). Die historisch-empirische Grundlage bildet die europäische Bevölkerungsentwicklung seit der Mitte des 18. Jahrhunderts. Der „demographische Übergang" bezeichnet die historische Veränderung des generativen Verhaltens von hohen Geburten- und Sterbeziffern hin zu niedrigen im Zuge der gesellschaftlichen Modernisierung. Diesen Grundannahmen entsprechend postuliert das Konzept des demographischen Übergangs verschiedene Phasen der Bevölkerungsentwicklung. Alle Gesellschaften durchlaufen dem Modell zufolge eine solche Transformation. Jedoch lassen sich die zeitlich und räumlich heterogenen Muster demographischer Prozesse und ihre sozialen, ökonomischen und ökologischen Determinanten in konkreten Fällen mit dem Konzept des demographischen Übergangs nicht hinreichend erklären. Insofern handelt es sich bei dem Konzept weniger um eine empirisch fundierte Theorie als vielmehr um eine Metapher für langfristige Veränderungen demographischer Prozesse.

Wechselwirkungen zwischen Bevölkerung, „Umwelt" und Gesellschaft

Vor mehr als 200 Jahren stellte der englische Geistliche und Nationalökonom Thomas Robert Malthus seine Überlegungen zum Zusammenhang zwischen Bevölkerungsentwicklung und den Grenzen der natürlichen Ressourcenbasis an. In seinem *Essay on the Principle of Population* befasste er sich mit dem Zusammenhang zwischen Bevölkerungswachstum und Versorgungsbasis und postulierte, dass die Bevölkerung schneller wachse als die Nahrungsmittelproduktion. „Population, when unchecked, increases in a geometric ratio. Subsistence increases only in an arithmetical ratio" (Malthus 1965: 13–14). Aufgrund dieser vermeintlichen Gesetzmäßigkeit warnte er vor den Folgen einer drohenden „Überbevölkerung". In dieser Tradition stehen auch die bereits erwähnten Studien von Meadows et al. (1972, 1992) und Ehrlich (1968), die angesichts des exponentiellen Bevölkerungswachstums den ökologischen Kollaps beschworen. Heute gilt diese neo-malthusianische Auffassung von einer linearen, mono-kausalen Beziehung zwischen Bevölkerungswachstum und der Übernutzung und Degradierung von Ökosystemen in der wissenschaftlichen Diskussion weitgehend als überholt. Besonders von sozialwissenschaftlicher Seite wurde kritisiert, dass dabei kulturelle Anpassungsformen und technische Entwicklungen ebenso vernachlässigt werden wie Rolle des Handels und institutioneller Arrangements. All diese Faktoren ermöglichten historisch betrachtet ein Bevölkerungswachstum über die lokale Subsistenzbasis hinaus (de Sherbinin et al. 2007, Smil 2005, Cohen 1995).

Der Zusammenhang von Bevölkerungsentwicklung, gesellschaftlichem Wandel und Ökologie stellt einen Forschungsgegenstand dar, der nicht von einer einzelnen naturwissenschaftlichen oder sozialwissenschaftlichen Disziplin behandelt werden kann, sondern interdisziplinäre integrierte Zugänge erfordert. Seit ungefähr drei Jahrzehnten hat sich das neue Forschungsfeld der *Population-Environment (P-E) Studies* herausgebildet. Dort herrscht heute breite Übereinstimmung, dass die Bevölkerungsentwicklung nur ein Faktor neben zahlreichen weiteren Faktoren ist, welche die Umwelt beeinflussen. Wie dieser Faktor zu gewichten ist, bleibt allerdings umstritten. Bislang hat sich die Forschung zum Zusammenhang von Bevölkerungsentwicklung und Umwelt stark auf Probleme in Entwicklungsländern konzentriert. Erst seit wenigen Jahren werden auch ökologische Folgen des demographischen Wandels in Industrieländern untersucht. Dazu gehören beispielsweise Veränderungen der Bevölkerungsgröße und deren Wirkungen auf Emissionen von CO_2 und anderen Schadstoffen (z. B. Cole und Neumayer 2004), oder die Effekte von Haushaltsstrukturen für die Energienutzung, die Biodiversität oder das Mobilitätsverhalten (Liu et al. 2003, Ewert und Prskawetz 2002). Die Ergebnisse dieser Studien sind in starkem Maße abhängig von der jeweiligen Untersuchungsregion, der zeitlichen Periode und dem spezifischen Umweltproblemfeld. Sie ergeben daher kein einheitliches Bild über die Beziehungen zwischen demographischen Faktoren und Umweltfolgen. Stattdessen verdeutlichen sie die komplexen Interaktionen zwischen einzelnen demographischen Faktoren, Ressourcennutzung und Schadstoffeinträgen, geographischen und klimatischen Bedingungen, sozio-ökonomischen Voraussetzungen und technologischem Niveau. Die bisherigen Resultate zeigen deutlich, dass neben quantitativen Aspekten wie der Bevölkerungsgröße qualitative Aspekte, zum Beispiel Handlungsweisen der Menschen, ihre Einstellungen und Werte berücksichtigt werden müssen. So hat nicht nur die Anzahl der Menschen, sondern auch die Bevölkerungsstruktur Einfluss auf die Umwelt. Vielfach ist der Haushalt die zentrale Verbrauchseinheit, beispielsweise bei der Nachfrage nach Wohnraum, Energie und Wasser oder Elektrogeräten. Bei kleineren Haushalten ist der Pro-Kopf-Konsum allgemein höher als in größeren Haushalten. Insbesondere Urbanisierungsprozesse, die ein sowohl quantitatives wie qualitatives Phänomen darstellen, sind von großer Bedeutung. Das Leben in der Stadt führt zu veränderten Lebensstilen und Konsumgewohnheiten wie beispielsweise einer steigenden Nachfrage nach tierischen und stärker verarbeiteten Nahrungsmitteln. Mit der Urbanisierung und der veränderten Konsumstruktur sind auch höhere Ansprüche an die Trinkwasserversorgung und Abwasserentsorgung verbunden. „Die Behauptung ‚viele Menschen = viel Umweltzerstörung‘ ist somit zu simpel, da sie die vielfachen weiteren Einflussfaktoren ausblendet" (Schulz 2005: 119).

Seit den letzten zehn Jahren hat sich das Forschungsfeld der *P-E-Studies* stark ausdifferenziert, zunehmend interdisziplinär orientiert und eine Vielzahl konzeptioneller und methodologischer Ansätze hervorgebracht. Dabei kann allgemein zwischen vermittelnden, multiplikativen und systemtheoretischen Zugängen unterschieden werden. Entsprechend variiert die Anzahl an Parametern, Indikatoren und Faktoren, die in die Analyse mit einbezogen und als interagierend betrachtet werden (Hummel et al. 2008, de Sherbinin et al. 2007, Marquette und Bilsborrow 1999). *Vermittelnde* Perspektiven (*mediating perspectives*) heben die Bedeutung sozialer, institutioneller und kultureller Aspekte hervor (Arizpe et al. 1994). Demnach ist die Beziehung zwischen Bevölkerung und Umwelt hochgradig kontextabhängig. Zu den kontextuellen Faktoren gehören beispielsweise makro-ökonomische Politiken, die Produktion von Exportgütern, Institutionen, die den Zugang zur Ressourcen regeln oder lokal- oder regionsspezifische Dynamiken. Umweltveränderungen werden dabei als natürlicher und zugleich sozialer Prozess betrachtet.

Auch in *multiplikativen* Ansätzen wird die Bevölkerungsentwicklung auf weitere soziale Faktoren bezogen. Ein prominentes Modell ist die von Ehrlich und Holdren (1971) entwickelte Formel $I = P \times A \times T$. I steht für Auswirkungen auf die Umwelt (*environmental impact*), P für Bevölkerung (*population*), A für den Pro-Kopf-Verbrauch an Gütern und Einkommen (*affluence*) und T (*technology*) für die zur Güterproduktion angewandte Technologie. Die drei Parameter Bevölkerung, Konsum und Technologie stehen nach dem Modell in einem Wechselverhältnis und gemeinsam bündeln sie sich zur Multiplikatorwirkung auf die Umwelt. Nach diesem Modell können kleine Bevölkerungen mit hohem Konsum einen ähnlichen Einfluss auf die Umwelt haben wie große Bevölkerungen mit geringem Konsum. Grundsätzlich bleibt die Umweltwirkung nach diesem Modell multiplikativ abhängig von der Bevölkerungszahl. Problematisch an dem Modell ist, dass es zentrale Einflussgrößen wie Kultur, soziale Organisationsformen sowie Institutionen ausspart, die eine weitaus stärkere Wirkung entfalten können als produktionstechnische Bedingungen. Kritikwürdig ist auch die Annahme, dass die drei Parameter auf der rechten Seite der Gleichung voneinander unabhängig sind. Wachsender Wohlstand kann beispielsweise zur Entwicklung effizienterer Technologien führen (Schulz 2005: 113, de Sherbinin et al. 2007: 348 f.).

Grundüberlegungen des IPAT-Modells liegen auch Konzepten der Tragfähigkeit (*carrying capacity*) zugrunde. In der Bio-Ökologie bezieht sich die Tragfähigkeit auf die Umweltkapazität, das heißt die maximale Populationsgröße, für welche die Ressourcen eines Lebensraums ausreichen. Auf den humanen Kontext übertragen, wird die Tragfähigkeit insbesondere in der Geographie und Humanökologie als das Verhältnis zwischen der Anzahl der Menschen, Eigenschaften des Naturraums und den sozialen, kulturellen und räumlichen Organisationsformen analysiert. „Die Tragfähigkeit eines Raumes gibt diejenige Menschenmenge an, die in diesem Raum unter Berücksichtigung des hier/heute erreichten Kultur- und Zivilisationsstandes auf agrarischer/natürlicher/gesamtwirtschaftlicher Basis ohne/mit Handel mit anderen Räumen unter Wahrung eines bestimmten Lebensstandards/des Existenzminimums auf längere Sicht leben kann" (Bähr 1997: 265). Ausgangspunkt des Konzepts ist die Annahme eines kritischen Schwellenwerts der Bevölkerungsgröße, die in einem bestimmten Gebiet ernährt werden kann. Wird dieser überschritten, kann das durch unterschiedliche Wirkungen oder Maßnahmen kompensiert werden. Eine begrenzte Kapazität des Bodens zur Nahrungsproduktion kann etwa durch den Import von Produkten oder durch den Einsatz neuer Technologien ausgeglichen werden. Möglicherweise steigt aber auch die Sterblichkeit an oder die Menschen wandern ab. Der Tragfähigkeitsansatz kann Interaktionen verschiedener demographischer, sozialer, ökonomischer und ökologischer Größen in einem arithmetischen Faktorenmodell abbilden. Damit geht er über Ansätze einfacher Korrelationen und kausaler Erklärungen hinaus. Machtkonstellationen, Arrangements und Aushandlungsprozesse unterschiedlicher gesellschaftlicher Akteure und Akteursgruppen werden in dem Konzept allerdings kaum berücksichtigt. Die Reflexion sozialer Strukturen und Hierarchien bleibt damit ausgeschlossen. Auch die in dem Konzept angelegte Vorstellung eines Gleichgewichts zwischen der Bevölkerung und ihrer Ressourcenbasis ist fraglich. Ein solches statisches Verständnis wird den komplexen Dynamiken nicht gerecht. Diese sind immer auch durch menschliches Handeln und Unterlassen, durch Entscheidungen und deren vielfach unberechenbare Folgen bestimmt und schließlich auch davon abhängig, welche Veränderungen Gesellschaften bereit sind zu tolerieren. Arithmetische Modelle, in denen einzelne pauschale Faktoren additiv oder multiplikativ miteinander verknüpft sind, stoßen dabei zwangsläufig an Grenzen.

Im Forschungsfeld der *P-E-Studies* besteht mittlerweile wachsende Übereinstimmung, dass „populations are composed of people who collectively form societies, and people and societies cannot easily be reduced to food and material demands that result in some aggregate impact on the environment" (de Sherbinin et al. 2007: 363). Damit einher geht ein wachsender Einfluss *systemtheoretischer Ansätze*. Beziehungen zwischen Bevölkerung und Umwelt werden dabei als komplexe Mensch-Umwelt-Systeme oder sozial-ökologische Systeme gefasst. Zu den elaboriertesten Ansätzen zählt das am *International Institute for Applied Systems Analysis* (IIASA) entwickelte PDE-Modell (*Population-Development-Environment*), das in verschiedenen empirischen Studien angewandt und kontinuierlich weiterentwickelt wird. Um die Problematik der Ernährungssicherheit in Entwicklungsländern einzubeziehen, wurde der Faktor Landwirtschaft (A, *agriculture*) eingeführt und das Modell als PEDA-Modell erweitert (Lutz und Scherbov 2000). Es geht von der Theorie des „Teufelskreises" (*vicious circle*) zwischen Bevölkerungswachstum, Umweltzerstörung und Armut aus. Das Modell dient dazu, die Wechselwirkungen zwischen Veränderungen der Bevölkerungsstruktur, des Umweltzustands, der sozio-ökonomischen Entwicklung und der Landwirtschaft darzustellen. Es wurde angewandt und erprobt, um das entwicklungspolitische Interventionspotential in unterschiedlichen afrikanischen Ländern zu bewerten. An zentraler Stelle steht die Gruppierung aller Individuen einer Population in unterschiedliche Subpopulationen. Dazu wird innerhalb einer Geschlechter- und Altersgruppe anhand der drei Aspekte Wohnort (ländlich/urban), Bildungsgrad (alphabetisiert/nicht alphabetisiert) und Ernährungssituation (sicher/unsicher) unterschieden. Bevölkerungswachstum und Bodendegradation sind in diesem Ansatz die Hauptkomponenten des Teufelskreises, die sich wechselseitig verstärken. Das System wird instabil und bricht zusammen, sobald das Ausmaß der Wechselwirkungen einen bestimmten Punkt überschreitet. Wie die Ressourcennutzung durch die Bevölkerungsentwicklung beeinflusst wird, ist demnach auch abhängig von den unterschiedlichen Merkmalen der Bevölkerungsgruppen. Mit solchen systemtheoretischen Modellen können die Wechselwirkungen zwischen demographischen, sozialen, ökonomischen und ökologischen Elementen und Prozessen analysiert werden. Bei genauerer Betrachtung wird dann offensichtlich, dass diese Wechselwirkungen einen komplexen Systemzusammenhang bilden, bei dem die Auswirkungen der Populationsdynamik wiederum auf die Ursachen dieser Dynamik zurückwirken. Das hier exemplarisch skizzierte PEDA-Modell ist bevölkerungsbasiert, die Bevölkerungsdynamik bildet also die zentrale Variable des Modells.

Bevölkerungsdynamik und Probleme der Versorgung

Alternativ kann die Bevölkerungsentwicklung in einen größeren Systemzusammenhang eingebunden werden, indem sie auf die dynamischen Wechselbeziehungen zwischen Natur und Gesellschaft bezogen wird. In diesem Fall entsteht eine sozial-ökologische Perspektive. Im Unterschied zur Bevölkerungssoziologie und demographischen Modellen wird die Gesellschaft dabei nicht als Ursachen- und Folgenkomplex der Bevölkerungsdynamik behandelt, sondern als ein nach einzelnen Funktionsbereichen wie Ökonomie, Politik oder Kultur differenzierter Systemzusammenhang, der mit zahlreichen natürlichen Systemen verkoppelt ist. Das pauschale Konzept der „natürlichen Umwelt" wird dabei durch den Bezug auf gesellschaftliche Naturverhältnisse ersetzt, die diese Kopplungen in einer differenzierten Form beschreibt (siehe dazu auch den Beitrag von Becker et al. in diesem Band). Demographische Veränderungen können dann als Merkmal der Transformation gesellschaftlicher Naturverhältnisse betrachtet werden. Das bedeutet, wachsende oder sinkende Bevölkerungszahlen, veränderte Geburtenraten oder Migration sind Phänomene, in welchen Veränderungen materieller Regulationsmuster und symbolischer Ordnungen zum Ausdruck kommen. Gesellschaftliche und natürliche Prozesse überlagern sich dabei und können eine komplexe Krisendynamik ausbilden. Dabei erweist sich das Beziehungsgeflecht „Bevölkerung-Gesellschaft-Natur" allerdings als zu allgemein und unspezifisch und damit für die theoretische und empirische Arbeit zu wenig handhabbar. Erforderlich ist vielmehr, in diesem Geflecht einen eingrenzbaren Bereich anzugeben, in dem sich sozial-ökologische Probleme ballen. In der Sozialen Ökologie wurde dafür ein Ansatz entwickelt, der die demographische Entwicklung systematisch auf Probleme der Versorgung der Bevölkerung bezieht. Die „Population" wird dabei als analytischer Bezugspunkt aus dem Zentrum verschoben und es werden stattdessen neue theoriegeleitete und zugleich handlungsbezogene Problemstellungen formuliert (Hummel et al. 2008, Lux et al. 2006).

Die Versorgung kann als eine „basale Ordnungsstruktur der Vermittlung von naturalen und gesellschaftlichen Strukturen" (Schultz 1997: 311) betrachtet werden. In diesem Bereich wird besonders deutlich, wie gesellschaftliches Handeln und ökologische Effekte auf unterschiedlichen räumlichen, zeitlichen und sozialen Ebenen zusammenwirken. Heute ist die Versorgung mit ressourcenbasierten Gütern wie Wasser, Energie oder Nahrungsmitteln weltweit meist nur noch mittels ausgedehnter sozio-technischer Großsysteme zu garantieren. Dabei werden Stoff-, Energie- und Informationsflüsse gezielt gelenkt und umgelenkt. In wachsendem Maße treten dabei sozial-ökologische Probleme auf, die sich krisenhaft verschärfen können. Eine misslingende Regulation von Versorgungssystemen kann einerseits zu bedrohlichen Versorgungskrisen, andererseits zu schwerwiegenden Beeinträchtigungen der natürlichen Umwelt führen. Insbesondere die für die Befriedigung menschlicher Grundbedürfnisse zentralen Bereiche sind dadurch in vielen Teilen der Welt stark gefährdet.

Ausgangspunkt des Konzepts der Versorgungssysteme bildet die normative Aussage: Die Bereitstellung von Gütern und Dienstleistungen ist eine zentrale Voraussetzung für die Entwicklungs- und Reproduktionsfähigkeit jeder Gesellschaft. Alle Gesellschaften stehen vor der Aufgabe, ihre Bevölkerungen so mit Gütern und Dienstleistungen in der Art zu versorgen, dass die Grundbedürfnisse der Menschen angemessen befriedigt werden, für die Menschen Lebensqualität gewährleistet ist und die natürlichen Lebensgrundlagen erhalten bleiben. Die Versorgung der Bevölkerung mit Nahrungsmitteln, Wasser, Energie, Wohnraum, Verkehrsinfrastruktur, Bildungs- und Gesundheitseinrichtungen in adäquater Quantität und Qualität ist für alle Gesellschaften ein hoher Wert und ein wichtiges Ziel.

Versorgungssysteme können zunächst allgemein beschrieben werden: Es sind spezifische Strukturen und Regulationsformen, die es ermöglichen, Menschen mit

lebensnotwendigen Gütern und Dienstleistungen zu versorgen. Dazu gehören Trink-
und Brauchwasser, Lebensmittel, Energie und Brennstoffe, aber auch Bildungsein-
richtungen, Gesundheitssysteme und Kommunikationsmöglichkeiten. In diesen
Strukturen und Regulationsformen sind ökologische, soziale, ökonomische, technische und politische Prozesse auf je spezifische Weise miteinander verwoben. Als
vermittelnde Strukturen zwischen Natur und Gesellschaft lassen sich Versorgungssysteme als *sozial-ökologische Systeme* (SES) konzeptualisieren: Sie werden einerseits
gesellschaftlich reguliert und sind andererseits abhängig von natürlichen Bedingungen. Sie umfassen materielle Dimensionen (beispielsweise hydrologische und klimatische Bedingungen oder technische Artefakte wie Brunnen und Brücken) sowie
kulturell-symbolische Dimensionen (beispielsweise Werte, Normen, kognitive
Ordnungen). „Soziales" und „Natürliches" sind in bestimmter, kontext-spezifischer
Weise miteinander verknüpft. Versorgungssysteme nehmen somit eine „eigensinnige" Mittlerfunktion zwischen Natur und Gesellschaft ein (siehe Abbildung 1).

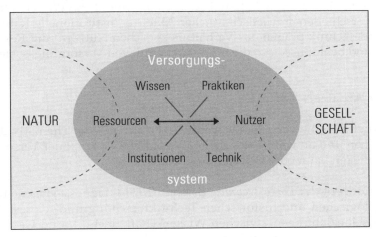

Abbildung 1   Versorgungssystem als sozial-ökologisches System (nach Lux et al.
2006: 424)

Zentrale Bestandteile von Versorgungssystemen sind einerseits die Ressourcen und
andererseits deren Nutzer. Zugrunde liegt dem Modell ein spezifisches Verständnis
von Ressourcen. Diese umfassen materiell-energetische sowie organische Strukturen innerhalb eines räumlich und zeitlich geordneten biophysischen und ökologischen Reproduktionszusammenhangs. Neben erneuerbaren und nicht-erneuerbaren
Ressourcen können dabei Ökosystemdienstleistungen wie zum Beispiel die Klima-
regulation oder die Senkefunktion für Schadstoffe und Abfälle einbezogen werden.
Demnach wird nicht das gesamte Naturraumpotential als versorgungsrelevante
Ressource interpretiert, sondern nur jene natürlichen Bereiche, die für den jeweils
betrachteten Versorgungsbereich nutzbar sind oder potentiell nutzbar gemacht wer-

den können. Aus dieser Perspektive sind Ressourcen nicht natürlich vorgegeben, sondern abhängig von Bedarfssituationen, Nutzungskontexten und Bewirtschaftungsformen. Eine weitere Besonderheit des Modells der Versorgungssysteme besteht darin, dass die Nutzer einen integralen Teil des Versorgungssystems bilden. Dabei handelt es sich um Akteure in unterschiedlichen Konstellationen, die sich Ressourcen aneignen und konsumieren. Die Bevölkerung eines Gebiets stellt eine Gruppe von Nutzern dar. Diese Gruppe unterliegt demographischen Dynamiken. Allerdings müssen je nach Versorgungssystem die Nutzergruppen unterschiedlich bestimmt werden. So gehören etwa zu den Systemen der Wasserversorgung auch andere Nutzergruppen wie die der Landwirtschaft, der Industrie oder des Tourismus. Auf diese Weise ermöglicht das Konzept einen akteurszentrierten Zugang. So können beispielsweise Nutzungskonkurrenzen unterschiedlicher Akteursgruppen lokalisiert und daraus entstehende Konflikte analysiert werden. Nutzer und Ressourcen stellen die zentralen Variablen des Modells dar, doch besteht zwischen beiden Seiten keine direkte Abhängigkeit. Unterschiedliche Wissensformen und Praktiken verschiedener gesellschaftlicher Akteure, institutionelle Rahmenbedingungen und Technik prägen das Verhältnis zwischen Nutzern und Ressourcen je spezifisch und beeinflussen so die Binnendynamik von Versorgungssystemen.

Verwandte Ansätze

Es existiert eine Reihe verwandter Ansätze, die sich auf die Thematik der Versorgung beziehen und an welche das sozial-ökologische Konzept der Versorgungssysteme anschließen kann oder sich stärker davon absetzt:

- Das Konzept der *Large Technical Systems (LTS)* (Hughes 1987) entstammt der soziologischen und historischen Technikforschung und fokussiert auf die Wechselbeziehungen zwischen Wissenschaft, Technik und Gesellschaft in Versorgungssystemen. Im Unterschied zu den angebotsorientierten Ansätzen der traditionellen Infrastrukturtheorie wird dabei auch die Bedeutung der Nutzer und Konsumenten von Versorgungsleistungen aufgenommen. Steuerungsansätze großtechnischer Systeme betonen dabei insbesondere die in den Systemen angelegten Eigendynamiken, Rückkopplungen, Pfadabhängigkeiten sowie intra- und intersektorale Abhängigkeiten, wie dies auch für das Konzept der Versorgungssysteme gilt. Doch im Konzept der LTS werden die ökologischen Voraussetzungen für die Versorgung mit Infrastrukturleistungen wenig expliziert. Das Konzept ermöglicht die Analyse netzgebundener Versorgungsleistungen wie zum Beispiel der Wasser- und Energieversorgung. Weniger geeignet ist es für heterogenere Versorgungssysteme wie die Ernährungssicherung.
- Das Konzept der *Systems of Provision (SOP)* hebt die Perspektive der Konsumenten und Konsumentinnen stärker hervor. Es beschreibt deren sozial und kulturell eingebettete Bedürfnisse und Konsummuster und untersucht deren

Wirkung auf Produktions-, Verteilungs- und Handelsstrukturen (Fine und Leopold 1993). Sowohl Konsumaktivitäten als auch Marketingstrategien stellen demnach Elemente komplexer Versorgungssysteme dar. Sie sind in spezielle Infrastruktur- und Distributionsnetzwerke sowie räumlich verteilte Produktionssysteme eingebunden. Dabei wird die soziale Einbettung der Ressourcennutzung betont. Im Zentrum steht die Analyse von Akteurskonstellationen und der Einflussmöglichkeiten der als relevant identifizierten Akteure. In diesem Ansatz können soziale Differenzierungen, unterschiedliche Lebensstile und Lebenssituationen berücksichtigt werden, die unter anderem auch durch demographische Variablen bestimmt sind. Im Unterschied zum Konzept der Versorgungssysteme wird die Wirkung demographischer Veränderungen auf die Strukturierung und Veränderung *der Systems of Provision* aber nicht explizit behandelt.

- Ein Ansatz, der die Beziehungen zwischen natürlichen Ressourcen, Ressourcennutzern, Infrastrukturbetreibern und Technostrukturen als *sozialökologische Systeme* konzipiert, wurde von Anderies et al. (2004) entwickelt. Ökologische und soziale Teilsysteme sind demnach miteinander gekoppelt und beeinflussen sich wechselseitig. Für jedes soziale Subsystem (Ressourcennutzer, Infrastrukturbetreiber, Infrastrukturen) werden eigene Formen der Steuerung und Governance konzipiert. Die Bedeutung von Institutionen steht in diesem Konzept im Mittelpunkt, also gesellschaftliche Regelungen, die den Handlungskontext der Ressourcennutzung bestimmen. Im Unterschied zu den oben beschriebenen Ansätzen werden die ökologischen Voraussetzungen explizit in die Analyse von Infrastrukturen einbezogen; die soziale Einbettung der Versorgung der Bevölkerung ist jedoch kein Gegenstand der Analyse.

Bedeutung der Bevölkerungsdynamik für Versorgungssysteme

Der Terminus „Bevölkerungsdynamik" umschreibt eine Vielzahl unterschiedlicher und oft sehr disparater Prozesse. So kann es sich in einzelnen Regionen um längerfristige Prozesse des Bevölkerungswachstums infolge hoher Geburtenraten handeln oder um einen kurzfristigen Bevölkerungsrückgang infolge von Abwanderungen. Zudem müssen bei der Analyse demographischer Veränderungen neben quantitativen Faktoren (beispielsweise Bevölkerungsgröße und -dichte) auch qualitative Aspekte berücksichtigt werden. Um Veränderungen beschreiben zu können, muss eine Bevölkerung differenziert werden nach Alterszusammensetzung, Haushaltsformen, sozialem Status und kulturellen Milieus. Demographische Veränderungen führen immer wieder zu schwierigen gesellschaftlichen Regulationsproblemen. Die Anzahl der jetzt und zukünftig zu versorgenden Menschen, ihre Bedürfnisse, Lebensstile und Konsummuster sind entscheidend für die Ausgestaltung und das Funktionieren der Versorgungssysteme. Die von ihnen zu erbringenden Leistungen sind abhängig vom gesellschaftlichen Bedarf, der auch von der Bevölkerungsdynamik bestimmt wird. So setzen beispielsweise die Funktionsfähigkeit und Wirtschaftlichkeit zen-

traler, netzgebundener Versorgungssysteme wie die Energieversorgung, Wasserversorgung und Abwasserentsorgung eine bestimmte Bevölkerungsgröße und -dichte
voraus. Daher kann ein regionaler Rückgang der Bevölkerung zu schwerwiegenden
technischen, ökonomischen und ökologischen Problemen der Versorgung führen
(Lux 2008). Die Ursachen, Determinanten und Folgen von demographischen Veränderungen für die Versorgungssysteme können jedoch nicht als einfache Kausalbeziehungen zwischen isolierten Faktoren beschrieben werden. Es handelt sich dabei
um komplexe Gefüge, bei welchen die Auswirkungen demographischer Prozesse
wiederum auf deren Ursachen zurückwirken können. Allein diese Rückkopplungen
machen die Vorstellung einer einfachen Steuerung unhaltbar.

Empirische Forschungen

Verschiedenen Fallstudien lag das Konzept der Versorgungssysteme zugrunde.
Dabei wurden die Interaktionen zwischen Bevölkerungsdynamiken und Transformationen von Versorgungssystemen für Wasser und Nahrung und daraus
resultierende Regulationsprobleme empirisch untersucht. In diesen Fallstudien
wurden drei zentrale, global relevante demographische Prozesse betrachtet: Veränderungen der Bevölkerungsgröße (Bevölkerungswachstum und Bevölkerungsrückgang), Migration und Urbanisierung. Diese Prozesse wurden in ausgewählten
Weltregionen untersucht, die sich alle durch starke demographische Dynamiken
auszeichnen: Migration und Wasserressourcenmanagement im Norden Namibias
(Niemann 2008), Urbanisierungsprozesse und Transformationen der Nahrungsversorgung am Beispiel der städtischen Landwirtschaft in Accra/Ghana (Janowicz
2008), Bevölkerungsrückgang und Wasserversorgung in Ostdeutschland (Lux 2008),
Bevölkerungswachstum und Wassernutzungskonflikte im Nahen Osten (Hummel
2008) sowie Ressourcennutzung und Lebensweisen von Hominiden in Südostasien
(Hertler 2008). In diesen Untersuchungen wurden strukturelle Zusammenhänge
und Wechselwirkungen von Bevölkerungsdynamik und Versorgung auf unterschiedlichen räumlichen und zeitlichen Skalen analysiert. Die spezifische Relevanz
demographischer Prozesse konnte so herausgearbeitet werden.
      Alle Fallstudien bestätigten die Hypothese, dass Problemlagen der Versorgungs-
systeme nicht monokausal auf die Bevölkerungsdynamik zurückgeführt werden
können. Ungeachtet aller Heterogenität erwiesen sich in allen Untersuchungsregio-
nen die jeweiligen institutionellen Arrangements und Governanceformen sowie
Praktiken der Ressourcennutzung und die für Versorgungszwecke angewandten
Technologien als wichtige Einflussgrößen. Als signifikantester Faktor für die Transformation von Versorgungssystemen kristallisierte sich in sämtlichen Fallstudien
die Migration heraus.
      Eine günstige Versorgungssituation kann als „Pull-Faktor" wirken und Bevöl-
kerungsbewegungen initiieren. Insbesondere in Entwicklungsländern bilden die
besseren Versorgungsleistungen in Städten ein wichtiges Motiv für die Migration
in urbane Zentren. Andere demographische Prozesse wie beispielsweise die Ver-

änderung der Altersstruktur erstrecken sich über lange Zeiträume und haben eher langfristige Wirkungen und verzögerte Effekte. Migrationsbewegungen dagegen verlaufen in kürzeren Zeithorizonten und sind daher eine besondere Herausforderung für die Versorgungssysteme. Zum einen schwanken der Bedarf und die Inanspruchnahme von Gütern und Dienstleistungen erheblich. Zum anderen lassen sich Migrationsbewegungen schwer prognostizieren. Es kommt so zu einer Überlagerung kurz- und langfristiger Prozesse sowohl innerhalb der Bevölkerungsdynamik als auch innerhalb der Versorgungssysteme. Sozial-ökologische Probleme resultieren insbesondere daraus, dass die raum-zeitlichen Strukturen und Voraussetzungen der Versorgungssysteme nicht mit den raum-zeitlichen Dynamiken demographischer Prozesse übereinstimmen. Infrastrukturanlagen für Wasserversorgung und Abwasserentsorgung beispielsweise haben eine Lebensdauer von bis zu 100 Jahren. Gleichzeitig müssen sie sich infolge demographischer Veränderungen auf eine veränderte Nachfrageentwicklung einstellen können. Kleinräumige demographische Veränderungen, Binnenmigration und das Nebeneinander von Wachstums- und Schrumpfungsprozessen können über solch lange Zeiträume jedoch nicht vorausgeschätzt werden. Institutionelle Arrangements und gebaute Infrastrukturen besitzen ein erhebliches Beharrungsvermögen und eine hohe Pfadabhängigkeit. Das heißt, gegenwärtige Strukturen und Prozesse sind stark durch weit zurückliegende Entscheidungen geprägt und erwachsen aus spezifischen historischen Dynamiken. Diese prägen, beeinflussen, ermöglichen und begrenzen zukünftige Entwicklungspfade.

Adaptivität und Regulationsfähigkeit der Versorgungssysteme

In dem sozial-ökologischen Ansatz der Versorgungssysteme wird ein Perspektivwechsel vorgenommen: Statt der Analyse einzelner demographischer Faktoren und deren Wirkungen auf die „Umwelt" bzw. einzelne Umweltbereiche werden sozial-ökologische Probleme der Versorgung erforscht. Nicht die demographischen Entwicklungen an sich erweisen sich so als problematisch, sondern vielmehr die fehlende oder nicht hinreichend ausgebildete Adaptivität von Versorgungssystemen. Im Zentrum steht dann die Frage nach der Regulationsfähigkeit der Versorgungssysteme, nicht die Frage nach der Steuerbarkeit der Bevölkerungsentwicklung. Die Bevölkerungsdynamik kann dabei als eine Randbedingung von gesellschaftlichen Entwicklungsprozessen betrachtet werden: Demographische Prozesse enthalten ebenso wie andere komplexe gesellschaftliche Prozesse Wirkungsabläufe, die nur begrenzt prognostizierbar und nur schwer zu beeinflussen sind. Gesellschaftliche und demographische Entwicklungen sind interdependent, aber nicht einseitig determiniert. Wachstums- oder Schrumpfungsprozesse sowie die Struktur einer Bevölkerung hinsichtlich der Alterszusammensetzung, des Bildungsstandes und sozialer Positionierung sind allenfalls grobe Indikatoren für die Entwicklungsrichtung von Gesellschaften. Eine „ideale" Bevölkerungsgröße, -struktur und -verteilung lässt sich gleichwohl weder auf allgemeiner Ebene noch im Hinblick auf konkrete soziale, ökonomische und ökologische Bedingungen bestimmen.

Weiterführende Literatur

Arizpe, Lourdes, Patricia Stone und David Major (Hrsg.) (1994): *Population and Environment: Rethinking the Debate*. Boulder: Westview Press.

de Sherbinin, Alex, David Carr, Susan Cassels und Leiwen Jiang (2007): Population and Environment. *Annual Review of Environment and Resources* 32: 345–373.

Hummel, Diana (Hrsg.) (2008): *Population Dynamics and Supply Systems: A Transdisciplinary Approach*. Frankfurt a. M.: Campus.

Reiterer, Albert F. (2010): Demographie: Der große Übergang. In: Sieder, Reinhard und Ernst Langthaler (Hrsg.): *Globalgeschichte 1800 – 2010*. Wien: Böhlau, 69–95.

Zitierte Literatur

Anderies, John, Marco A. Jannsen und Elinor Ostrom (2004): A Framework to Analyze the Robustness of Social-Ecological Systems from an Institutional Perspective. *Ecology and Society* 9 (1): 18., URL: http://www.ecologyandsociety.org/vol9/iss1/art18.

Bähr, Jürgen (1997): *Bevölkerungsgeographie*. Stuttgart: UTB.

Birg, Herwig (2001): *Die demographische Zeitenwende*. München: Beck.

Caldwell, John C. (2006): *Demographic Transition Theory*. Dordrecht: Springer.

Campbell, Neill A. (1997): *Biologie*. Heidelberg: Spektrum.

Cohen, Joel E. (1995): *How Many People Can the Earth Support?* New York: Norton.

Cohen, Joel E. (2003): Human Population: The Next Half Century. *Sciene* 302: 1172–1175.

Cole, Matthew A. und Eric Neumayer (2004): Examining the Impacts of Demographic Factors on Air Pollution. *Population and Environment* 26 (1): 5–21.

de Sherbinin, Alex, David Carr, Susan Cassels und Leiwen Jiang (2007): Population and Environment. *Annual Review of Environment and Resources* 32: 345–373.

Ehrlich, Paul (1968): *The Population Bomb*. New York: Ballantine Books.

Ehrlich, Paul R. und John P. Holdren (1971): Impact of Population Growth. *Science* 171 (3977): 1212–1217.

Ehrlich, Paul und Anne Ehrlich (1990): *The Population Explosion*. New York: Simon and Schuster.

Ewert, Ulf Christian und Alexia Prskawetz (2002): Can Regional Variation in Demographic Structure Explain Regional Differences in Car Use? A Case Study in Austria. *Population and Environment* 23 (3): 315–345.

Feichtinger, Gustav (1979): *Demographische Analyse und populationsdynamische Modelle*. Wien: Springer.

Fine, Ben und Ellen Leopold (1993): *The World of Consumption*. London: Routledge.

Foucault, Michel (1989): *Der Wille zum Wissen. Sexualität und Wahrheit 1*. Frankfurt a. M.: Suhrkamp.

Foucault, Michel (1992): Leben machen und sterben lassen: Die Geburt des Rassismus. *Biomacht*. DISS-Texte Nr. 25. Duisburg, 27–50.

Foucault, Michel (1999): *In Verteidigung der Gesellschaft. Vorlesungen am Collège de France 1976–1977*. Frankfurt a. M.: Suhrkamp.

Global 2000 (1980): *Der Bericht an den Präsidenten*. Frankfurt a. M.: Zweitausendeins.

Gutberger, Hansjörg (2007): Ökologie und das Konstrukt ,Bevölkerung': Perspektiven aus Sozial- und Naturwissenschaft. In: Ehmer, Josef, Ursula Ferdinand und Jörgen Reulecke (Hrsg.), *Herausforderung Bevölkerung. Zu Entwicklungen des modernen Denkens über die Bevölkerung vor, im und nach dem „Dritten Reich"*. Wiesbaden: Verlag für Sozialwissenschaften, 99–112.

Hahlbrock, Klaus (2007): *Kann unsere Erde die Menschen noch ernähren? Bevölkerungsexplosion – Umwelt – Gentechni*k. Frankfurt a. M.: Fischer.

Hauff, Volker (Hrsg.) (1987): *Unsere gemeinsame Zukunft. Der Brundtland-Bericht der Weltkommission für Umwelt und Entwicklung*. Greven: Eggenkamp.

Hertler, Christine (2008): Modeling Food Supply and Demography in Prehistoric Human Populations. In: Hummel, Diana (Hrsg.), *Population Dynamics and Supply Systems: A Transdisciplinary Approach*. Frankfurt a. M.: Campus, 73–98.

Höpflinger, Francois (1997): *Bevölkerungssoziologie. Eine Einführung in bevölkerungssoziologische Ansätze und demographische Prozesse*. Weinheim: Juventa.

Huinink, Johannes (2000): Soziologische Ansätze zur Bevölkerungsentwicklung. In: Mueller, Ulrich, Bernhard Nauck und Andreas Dieckmann (Hrsg.), *Handbuch der Demographie, Band 1*. Berlin u. a.: Springer, 339–386.

Hughes, Thomas P. (1987): The Evolution of Large Technical Systems. In: Bijker, Wiebe E., Thomas P. Hughes und Trevor Pinch (Hrsg.), *The Social Construction of Technological Systems*. Cambridge: MIT Press, 51–82.

Hummel, Diana (2000): *Der Bevölkerungsdiskurs: Demographisches Wissen und politische Macht*. Opladen: Leske+Budrich.

Hummel, Diana (2008): Population Changes, Water Conflicts, and Governance in the Middle East. In: Hummel, Diana (Hrsg.), *Population Dynamics and Supply Systems: A Transdisciplinary Approach*. Frankfurt a. M.: Campus, 181–210.

Hummel, Diana und Alexandra Lux (2006): Bevölkerungsentwicklung. In: Becker, Egon und Thomas Jahn (Hrsg.), *Soziale Ökologie. Grundzüge einer Wissenschaft von den gesellschaftlichen Naturverhältnissen*. Frankfurt a. M.: Campus, 409–422.

Hummel, Diana, Christine Hertler, Steffen Niemann, Alexandra Lux und Cedric Janowicz (2008): The analytical Framework. In: Hummel, Diana (Hrsg.), *Population Dynamics and Supply Systems: A Transdisciplinary Approach*. Frankfurt a. M.: Campus, 11–69.

Janowicz, Cedric (2008): The World Goes Urban: Food Supply Systems and Urbanization Processes in Africa. In: Hummel, Diana (Hrsg.), *Population Dynamics and Supply Systems. A Transdisciplinary Approach*. Frankfurt a. M.: Campus, 129–160.

Kaufmann, Franz-Xaver (2005): *Schrumpfende Gesellschaft. Vom Bevölkerungsrückgang und seinen Folgen*. Frankfurt a. M.: Suhrkamp.

Leisinger, Klaus M. (1999): *Die sechste Milliarde. Weltbevölkerung und nachhaltige Entwicklung*. München: Beck.

Liu, Jianguo, Gretchen C. Daily, Paul R. Ehrlich und Gary W. Luck (2003): Effects of Household Dynamics on Resource Consumption and Biodiversity. *Nature* 421, 530–533.

Luhmann, Niklas (1997): *Die Gesellschaft der Gesellschaft*. Erster Teilband. Frankfurt a. M.: Suhrkamp.

Lutz, Wolfgang, Warren C. Sanderson und Sergei Scherbov (Hrsg.) (2004): *The End of World Population Growth*. London: Earthscan.

Lutz, Wolfgang und Sergei Scherbov (2000): Quantifying vicious circle dynamics: The PEDA model for population, environment, development and agriculture in African countries. In: Cockner, Engelbert J., Richard F. Hartl, Mikulas Luptacik und Gerhard Sorger (Hrsg.), *Optimization, Dynamics, and Economic Analysis. Essays in Honor of Gustav Feichtinger*. Heidelberg: Physica Verlag, 311–322.

Lux, Alexandra (2008): Shrinking Cities and Water Supply. In: Hummel, Diana (Hrsg.): *Population Dynamics and Supply Systems: A Transdisciplinary Approach*. Frankfurt a. M.: Campus, 161–179.

Lux, Alexandra, Cedric Janowicz und Diana Hummel (2006): Versorgungssysteme. In: Becker, Egon und Thomas Jahn (Hrsg.), *Soziale Ökologie. Grundzüge einer Wissenschaft von den gesellschaftlichen Naturverhältnissen*. Frankfurt a. M.: Campus, 423–433.

Malthus, Thomas Robert (1965 [1798]): *An Essay on the Principle of Population; as it Affects the Future Improvement of Society, with Remarks on the Speculations of Mr. Godwin, Mr. Condorcet, and Other Writers*. New York: Agustus M. Kelly.

Marquette, Catherine M. und Richard E. Bilsborrow (1999): Population and Environment Relationships in Developing Countries: Recent Approaches and Methods. In: Baudot, Barbara Sundberg und William R. Moomaw (Hrsg.), *People and Their Planet*. Wiltshire: Antony Rowe, 29–44.

Mayer, Karl Ulrich (2008): Gesellschaft und Bevölkerung. In: Rehberg, Karl-Siegbert (Hrsg.), *Die Natur der Gesellschaft: Verhandlungen des 33. Kongresses der Deutschen Gesellschaft für Soziologie in Kassel 2006*. Frankfurt a. M.: Campus, 235–247.

Meadows, Donnela H., Dennis Meadows, E. Zahn und Peter Milling (1972): *Die Grenzen des Wachstums. Bericht des Club of Rome zur Lage der Menschheit*. Reinbek: Rowohlt.

Niemann, Steffen (2008): Spatial Aspects of Supply: Migration, Water Transfer, and IWRM. In: Hummel, Diana (Hrsg.): *Population Dynamics and Supply Systems: A Transdisciplinary Approach*. Frankfurt a. M.: Campus, 99–128.

Population Reference Bureau (2009): *World Population Data Sheet 2009*. Washington, DC: PRB.

Reiterer, Albert F. (2010): Demographie: Der große Übergang. In: Sieder, Reinhard und Ernst Langthaler (Hrsg.): *Globalgeschichte 1800 – 2010*. Wien: Böhlau, 69–95.

Schimany, Peter (2003): *Die Alterung der Gesellschaft. Ursachen und Folgen des demographischen Umbruchs*. Frankfurt a. M.: Campus.

Schultz, Irmgard (1997): Globalökologische Krise und die Erosion der staatlichen Vesorgungsordnung: zur Neustrukturierung der Verbindung von Zeit, Geld und Geschlecht. In: Kreisky, Eva und Birgit Sauer (Hrsg.): *Geschlechterverhältnisse im Kontext politischer Transformation*. Wiesbaden: Westdeutscher Verlag, 311–333.

Schulz, Reiner (2005): Bevölkerung und Umwelt. *Zeitschrift für Bevölkerungswissenschaft* 30 (1): 109–128.

Smil, Vaclav (2005): The Next 50 Years: Fatal Discontinuities. *Population and Development Review* 31 (2): 201–236.

United Nations (2009): *World Population Prospects: The 2008 Revision. Executive Summary*. New York: United Nations.

Die Globalisierung der Umweltorganisationen

William T. Markham

Einleitung

Die Vorgänger der heutigen Umweltorganisationen waren die Naturschutzorganisationen, die Ende des 19. Jahrhunderts und Anfang des 20. Jahrhunderts auf der nationalen Ebene in verschiedenen Industriestaaten entstanden. Darunter befanden sich unter anderem, *Vogelschutzorganisationen*, wie zum Beispiel die Audubon Society in den Vereinigten Staaten, die Royal Society for the Protection of Birds in Großbritannien, und der Bund für Vogelschutz in Deutschland, *Naturschutzorganisationen*, wie zum Beispiel der Sierra Club in den USA, der Bund Naturschutz in Bayern, und der Naturskyddsföreningen (der Schwedische Verein für Naturschutz), und Organisationen die Naturschutz mit anderen Zielen gebündelt haben. Der Bund Heimatschutz und der National Trust for Places of Historic Interest and Natural Beauty in Großbritannien hatten z. B. nicht nur Naturschutz zum Ziel, sondern auch die Bewahrung von Kulturlandschaften und Ruinen. Den Norske Turistforening (Norwegischer Bergreiseverein) und der Club Alpino Italiano haben den Naturschutz und den Tourismus gebündelt. Umweltorganisationen, so wie sie heutzutage definiert sind, existierten nicht auf der nationalen Ebene, auch wenn man auf der lokalen Ebene versuchte, Luft- und Wasserverschmutzung zu bekämpfen (Hayes 1959, van Koppen und Markham 2007, Markham 2008).

Seitdem sind Organisationen, die sich um Umweltprobleme kümmern, ein fester Bestandteil von Industriegesellschaften geworden, auch wenn sie in verschiedenen Ländern und Zeiten an Mitgliederzahl und Einfluss zu- and abgenommen haben und ab und zu ihre Schwerpunkte veränderten (Dominick 1992, Rawcliffe 1998, Bosso 2005, Kline 2007, van Koppen und Markham 2007, Markham 2008). Die dramatischsten Veränderungen gab es fast ohne Zweifel in Deutschland. Während des Ersten Weltkriegs und der nachfolgenden Wirtschaftskrisen haben die Naturschutzorganisationen an Mitgliedern und Einfluss verloren. Mit der Ausnahme der *Naturfreunde*, die von den Nationalsozialisten verboten wurden, haben die Natur- und Heimatschutzorganisationen während des Nationalsozialismus stark an Mitgliedern und Einnahmen gewonnen. Dafür wurden sie jedoch gleichgeschaltet und mussten der Ideologie des Nationalsozialismus zustimmen. Nach dem Zweiten Weltkrieg mussten sie dann ihre eigene „Stunde Null" bewältigen (Dominick 1992, Bammerlin 1998, Markham 2008). In den meisten anderen Industriestaaten wurden die Naturschutzorganisationen auch durch den Ersten Weltkrieg und dann durch die Depression der 1930er Jahre geschwächt, aber anders als in Deutschland blieben sie während des Zweiten Weltkriegs ohne merkliche Unterstützung der jeweiligen Regierungen und Öffentlichkeiten (Rawcliffe 1998, Bosso 2005, Kline 2007, van Koppen and Markham 2007).

Die internationale Vernetzung der Umweltorganisationen in den Industriestaaten begann schon am Anfang des 20. Jahrhunderts, aber vor dem Zweiten Weltkrieg gab es im Allgemeinen nur vereinzelte Kontakte und Kooperationen unter den Naturschutzorganisationen. Die erste polnische Naturschutzorganisation wurde zum Beispiel nach dem Vorbild einer schweizerischen Organisation gestaltet (Gliński und Koziarek 2007), und ein Besuch von Hugo Conwentz, einem prominenten Leiter der deutschen Naturschutzbewegung, hat eine Rolle bei der Verabschiedung des ersten schwedischen Naturschutzgesetzes gespielt (Boström 2007). Heimat- und Naturschutzorganisationen in verschiedenen europäischen Ländern standen im Kontakt miteinander und haben für internationale Vogelschutzabkommen zusammengearbeitet, und es gab vereinzelte internationale Heimat- und Naturschutzkongresse (Claeys-Mekdade und Jaqué 2007, Markham 2008).

Eine (teilweise) Ausnahme stellt die im Jahr 1895 in Wien gegründeten *Naturfreunde* dar, die als Teil der Arbeiterbewegung entstanden waren. Die Naturfreunde kümmerten sich von Anfang an um die Natur, aber der Naturschutz war nie das einzige Ziel des Vereins, der auch das Wandern, das Kanufahren, die Naturkunde, und andere Hobby-Interessen betrieb (Zimmer 1984, Erdmann und Zimmer 1991, Markham 2008). Herumreisende Arbeiter gründeten bald Filialen in verschiedenen europäischen Staaten und auch in den USA. Die Organisation wurde von den Nationalsozialisten verboten und nach dem Krieg neu gegründet; sie existiert bis zum heutigen Tag. Nichtsdestoweniger, obwohl sich die *Naturfreunde* noch heute Umweltschutz auf ihre Fahnen schreiben, werden sie heutzutage nur selten als eine wichtige internationale Umweltorganisation erwähnt (Oswald von Nell Breuning Institut, 1996; Markham, 2008).

Erst im Jahr 1922 wurde das *International Committee for Bird Protection*, ein Netzwerk von Vogelschutzorganisationen, in London gegründet. Mittlerweile hat das Netzwerk mehrere Namensänderungen und Untätigkeitsperioden hinter sich; heute jedoch, als Birdlife International, ist es eines der wichtigsten internationalen Naturschutznetzwerke, mit Partnerorganisationen mit mehr als 2,5 Millionen Mitgliedern in mehr als 100 Ländern. Birdlife betreibt Projekte auf jedem Kontinent und besitzt oder verwaltet mehr als eine Million Hektar Schutzgebiet (siehe hierzu die Webseite von Birdlife International). Es gibt Birdlife-Filialen in fast jedem europäischem Land, einschließlich des Naturschutzbunds Deutschland (NABU) in Deutschland.

Der Zweite Weltkrieg unterbrach vorübergehend die Beziehungen zwischen den nationalen Naturschutzorganisationen, aber sie wurden nach dem Krieg wiederhergestellt. Auch kam es nach dem Krieg zur Gründung neuer Naturschutzorganisationen und Netzwerke von Organisationen, die ins Leben gerufen wurden, um den Naturschutz auf der internationalen Ebene voranzutreiben.

Die International Union for the Protection of Nature – heute International Union for the Conservation of Nature (IUCN) – wurde 1948 unter der Federführung der UNESCO mit dem Ziel gegründet, gefährdete Arten und ihre Lebensräume weltweit zu schützen. Die Mitglieder sind eine Mischung aus staatlichen Mitgliedern, nationalen Umweltbehörden und internationalen und nationalen Umwelt-NGOs. Letztere machen die große Mehrheit der Mitglieder aus. Die Fachausschüsse der Organisation sind dagegen von Ehrenamtlichen, hauptsächlich Naturwissenschaftlern, besetzt. Die IUCN betreibt Forschung, führt Naturschutzprojekte in verschiedenen Ländern durch, führt die bekannten Roten Listen gefährdeter Arten, und berät und hilft internationalen und nationalen Umweltbehörden und NGOs weltweit. Heute hat die IUCN ungefähr 1.100 Mitgliedsorganisationen aus 160 Nationen, Büros in fast 50 Ländern und aktuell weit über 100 Projekte weltweit. Ihre finanzielle Unterstützung kommt überwiegend von den Regierungen der Industriestaaten Europas und Nordamerikas und von multilateralen Organisationen, wie z. B. der EU, dem UNO-Umweltprogramm und der Weltbank (Christoffersen 1997, Markham und van Koppen 2007, IUCN Internetseite).

Der Worldwide Fund for Nature (WWF) wurde im Jahr 1961 in Großbritannien von Naturwissenschaftlern, prominenten Naturschützern, wohlhabenden Spendern und politischen Eliten gegründet, um Fundraising für Naturschutzprojekte, insbesondere für Projekte der IUCN, weltweit durchzuführen. Tatsächlich hat der WWF jedoch nie einen merklichen Anteil der finanziellen Unterstützung für die IUCN bereitgestellt; stattdessen hat er seine eigenen Projekte entwickelt. Bis 1970 wurden Zweigorganisationen des WWF in fast allen Industriestaaten ins Leben gerufen, einschließlich der deutschen Filiale im Jahr 1963. Diese sind, genau genommen, selbstständige Organisationen, sind aber eng ins internationale WWF-Netzwerk eingebunden. Das Stiftungsgeld — am Anfang von wohlhabenden Spendern bereitgestellt — deckt die Verwaltungskosten der Organisation, aber die Projekte werden überwiegend durch Einzelspenden aus den Industriestaaten Europas und Nordamerikas sowie der Wirtschaft und der öffentlichen Hand finanziert. Der WWF hat jetzt Büros in über 40 Ländern, Projekte in mehr als 100 Ländern und mehr als fünf Millionen Unterstützerinnen und Unterstützer weltweit. Während der ersten zwei Jahrzehnte seiner Arbeit fokussierte sich der WWF, wie auch die IUCN, auf den Schutz von imposanten, gefährdeten Tierarten, so wie Elefanten, Tiger und Pandas, mittels des Aufbaus von Nationalparks und Naturschutzgebieten. Inzwischen haben beide Organisationen aus Erfahrung gelernt, dass es auch nötig ist, Arbeits- und Entwicklungsmöglichkeiten für die Anwohnerinnen und Anwohner der Schutzgebiete zu schaffen, um ihre Sympathie zu gewinnen und die Wilderei einzudämmen (Dalton 1994, Wapner 1996, Groth 2003, van Koppen und Markham 2007, Markham 2008, Webseite WWF).

Mit dem Aufkommen der Umweltbewegung haben die meisten Naturschutzorganisationen in den Industriestaaten während der 1970er und 1980er Jahre ihre Zielsetzungen erweitert, um neue Themen, z. B. Wasser- und Luftverschmutzung, Energie, Verkehr, Bevölkerungswachstum und Ressourcenverbrauch aufzugreifen (van Koppen und Markham 2007). In den USA wandelte sich z. B. der Sierra Club, eine regionale Organisation, die den Naturschutz in Kalifornien und anderen westlichen US-Bundesstaaten verfolgte, zu einer umfassenden, auf der nationalen Ebene agierenden Umweltorganisation (Dowie 1995, Bosso 2005). Fast dieselbe schwierige Wandlung machte der Bund Naturschutz in Bayern durch, als er sich in den Bund für

Umwelt und Naturschutz Deutschland entwickelte (Oswald von Nell Breuning Institut 1996, Markham 2008). Auch einige Vogelschutzgruppen, wie die Royal Society for the Protection of Birds in Großbritannien (Rootes 2007), die Audubon Society in den USA (Dowie 1955, Bosso 2005) und der Bund für Vogelschutz (Oswald von Nell Breuning Institut 1996, Markham 2008) haben ihre Ziele erweitert, um Umweltbelange aufzunehmen. Dieser Übergang war manchmal nicht leicht. Innerhalb des Bunds für Vogelschutz kam es z. B. zu heftigem Streit zwischen den Befürwortern und den Gegnern einer erweiterten Zielsetzung, die den Verband fast zerriss (Oswald von Nell Breuning Institut 1996, Bammerlin 1998, Markham 2008).

Andere Organisationen, z. B. Italia Nostra (unser Italien) (Osti 2007), die Izak Walton League in den USA (Bosso 2005) und der Bund Heimatschutz (Markham 2008) entschieden sich, ihre traditionellen Ziele zu verfolgen, statt die Ziele der neuen Umweltbewegung aufzunehmen, auch wenn sie manchmal Lippenbekenntnisse zu den neuen Umweltthemen ablegten. Auch der WWF hatte kurzfristig diese Vorgehensweise übernommen, aber langfristig wurde es offensichtlich, dass es nicht möglich sein würde, gefährdete Tierarten zu schützen, ohne die Bedrohung der Ökosysteme, von denen diese Arten abhängig sind, zu berücksichtigen; aus diesem Grund versucht der WWF jetzt, unter anderem, Klimawandel und Meeresverschmutzung weltweit zu bekämpfen (Dalton 1994, Wapner 1996, Groth 2003, van Koppen und Markham 2007, Webseite WWF 2010).

Während der Mobilisierungswelle der Umweltbewegung sind auch viele neue Umweltorganisationen gegründet worden, einschließlich mehrerer internationaler Organisationen. Die wichtigste ist Greenpeace, die ihren Ursprung 1971 in kanadischen Protesten gegen Kernwaffentests in Alaska hatte. Greenpeace-Filialen wurden kurz danach in den USA und verschiedenen europäischen Ländern, einschließlich im Jahr 1980 in Deutschland, etabliert (Wapner 1996, Greenpeace Deutschland 1996, van Koppen and Markham 2007, Markham 2011). Greenpeace International wurde 1979 gegründet. Heute gibt es Zweigstellen in fast 30 Ländern und ungefähr 2,9 Millionen Spender, mit der mit Abstand größten Filiale in Deutschland. Greenpeace ist eine hoch zentralisierte Organisation, und die nationalen Greenpeace-Filialen sind so eng verflochten mit Greenpeace International, dass es so gut wie unmöglich ist, ihre Projekte und Kampagne von denen der Zentrale zu unterscheiden. Die finanzielle Unterstützung von Greenpeace kommt fast ausschließlich von Individualspendern, zum großen Teil Kleinspendern, die dadurch kein Stimmrecht erhalten.

Greenpeace ist am besten bekannt für spektakuläre Aktionen, so wie Schlauchbootfahrten um den Walfang zu stören und Schornsteinklettern um Transparente gegen Luftverschmutzung aufzuhängen. Die Organisation betreibt aber auch Forschung, Lobbyarbeit auf der nationalen und internationalen Ebene, Demonstrationsprojekte und Öffentlichkeitsarbeit. Die spektakulären Aktionen sind professionell geplante und durchgeführte Operationen, die zu dem Zweck entworfen werden, die Aufmerksamkeit der Medien auf sich zu ziehen und eine positive Resonanz in der Öffentlichkeit zu schaffen. Greenpeace pflegt sorgfältig ihr Image und seine positive Beziehung zu den Medien (Wapner 1996, Greenpeace Deutschland 1996, van Koppen und Markham 2007, Markham 2011).

Friends of the Earth wurde 1969 in den USA von David Brower, dem ehemaligen Geschäftsführer des Sierra Club, der eine radikalere Organisation als den Sierra Club favorisierte, gegründet. Friends of the Earth-Filialen sind kurz darauf in Schweden, Frankreich und Großbritannien entstanden; Friends of the Earth International wurde 1971 gegründet. Die Organisation ist in letzter Zeit allgemein bekannt geworden als ein starker Gegner der Globalisierung und der Industrialisierung der Landwirtschaft und ein Befürworter von Basisdemokratie, Biodiversitätsschutz und Umweltgerechtigkeit in den Beziehungen zwischen Nord und Süd. Friends of the Earth ist als Netzwerk unabhängiger Gruppen organisiert, von denen einige, einschließlich des BUND in Deutschland, schon vor der Gründung des Netzwerkes existierten. Friends of the Earth hat derzeit Filialen in 77 Ländern mit mehr als zwei Millionen Mitgliedern (Doherty 2006, Markham und van Koppen 2007, Webseite von Friends of the Earth).

Während der Mobilisierungswelle der Umweltbewegung von den späten 1960er Jahren bis in die 1980er Jahre hinein haben sowohl neue als auch ältere Umweltorganisationen die Ziele und Methoden der Bewegung übernommen und fungierten zumindest teilweise als soziale Bewegungsorganisationen. Im Allgemeinen konnten sie dadurch viele neue Mitglieder gewinnen und ihre Spenden erhöhen, auch wenn es hin und wieder zu Konflikten zwischen konservativen älteren Mitgliedern und den neuen Aktivisten kam. Auch konservativere Organisationen, wie IUCN und WWF, konnten von der durch die Bewegung geschaffenen Resonanz in der Öffentlichkeit in Bezug auf Umweltprobleme profitieren (Dowie 1995, Jordan and Malone 1997, van Koppen und Markham 2007, Markham 2008).

Auch als die Mobilisierungswelle langsam nachließ – zum Teil weil die Bewegung viele ihrer Ziele zumindest teilweise erreicht hatte – war die Umweltpolitik zu einem wichtigen Thema in fast allen Industriestaaten geworden. Die Regierungen und Volkswirtschaften wollten sich nun „grün" zeichnen, selbst wenn sie manchmal nicht besonders seriös waren und vornehmlich ihr Image aufpolieren wollten. Die meisten nationalen und internationalen Umweltverbände wurden auch immer mehr institutionalisiert. Sie konnten dann als legitime Vertreter von Umweltbelangen akzeptiert werden, und wenn sie als kompromissbereit wahrgenommen wurden, vermochten sie nunmehr einen Platz am Verhandlungstisch mit der Regierung, der Wirtschaft und anderen Interessengruppen zu erhalten. Wegen der Möglichkeit, an den Verhandlungen zur Lösung von Umweltproblemen teilzunehmen und der abnehmenden Bereitschaft der Bürger, an Protesten und Demonstrationen teilzunehmen, ist die Strategie manches Verbandes inzwischen weniger konfrontativ geworden. Einige Organisationen, wie z. B. Greenpeace und Friends of the Earth, bleiben aber weiterhin konfrontativ (Bosso 2005, van Koppen und Markham 2007, Markham 2008).

Um sachlich und erfolgreich mit der Regierung, der Wirtschaft und anderen Interessensgruppen zu verhandeln, mussten die Umweltverbände die Kompetenzen entwickeln, wissenschaftliche Forschung zu betreiben, Forschungsergebnisse in politischen Debatten und sachlichen Verhandlungen zum Einsatz zu bringen, Umweltbildung durchzuführen, die Aufmerksamkeit der Medien auf sich zu ziehen und die öffentliche Meinung zu beeinflussen. Deshalb sind die größten und einfluss-reichsten Umweltorganisationen während des letzten Vierteljahrhunderts typischer-weise hochprofessionalisiert geworden, und ihre Budgets haben dementsprechend zugenommen. In den meisten Industriestaaten, einschließlich Deutschland, werden sie jetzt hauptsächlich durch Spenden und Mitgliedsbeiträge von Tausenden von Unterstützern finanziert (Jordan and Maloney 1997, Bosso 2005, Markham 2008). In verschieden Länder finden sich jedoch Abweichungen von diesem Muster, so wie in den Niederlanden, wo einige Naturschutzorganisationen von der öffentlichen Hand bezahlt werden, um Naturschutzgebiete zu verwalten (van Koppen 2007), und in den USA, wo Spenden von Stiftungen eine wichtige Rolle bei der Lancierung meh-rerer Umweltorganisationen gespielt haben (Bosso 2005, Brulle and Jenkins 2005).

Während der letzten Jahrzehnte kamen mehrere Trends zusammen, um immer günstigere Bedingungen für die Internationalisierung von Umweltorganisationen zu schaffen. Diese schließen unter anderem die Globalisierung der Politik und der Wirtschaft und die Entstehung von Umweltproblemen ein, die nur durch koordi-nierte internationale Maßnahmen zu lösen sind. Immer mehr Schlüsselentschei-dungen bezüglich der Umweltpolitik werden von internationalen Gremien, wie zum Beispiel der Convention on International Trade in Endangered Species of Wild Fauna and Flora, der International Whaling Commission, der Ramsar Convention, der Europäischen Union, und den internationalen Verhandlungen, die zu dem Mon-treal Accord und dem Kyoto Protocol führten, getroffen. Die Globalisierung der Wirtschaft ist von der zunehmenden Größe und Wichtigkeit internationaler Firmen mit Umsätzen größer als das Bruttowirtschaftsprodukt vieler Entwicklungslän-der begleitet worden. Solche Wirtschaftsriesen sind nur äußerst schwierig durch Gesetze und Rechtsverordnungen einzelner Industrieländer einzuschränken, von Entwicklungsländern ganz zu schweigen. Auch wenn vielen internationalen Gremi-en noch heute die Kapazität fehlt, diese Firmen vollständig zu regulieren, sind sie fast die letzte Hoffnung für die Entwicklungsländer. Ohne effektive internationale Regulierung können Firmen, die Umweltgesetze wissentlich missachten, schlicht die Standorte ihrer Tätigkeiten von Ländern mit starker Regulierung zu jenen mit schwacher Regulierung wechseln. Darüber hinaus sind viele aktuelle Umweltpro-bleme, wie zum Beispiel der Klimawandel, die Meeresverschmutzung und das sich abzeichnende Aussterben von Walen und Zugvögeln von Natur aus internationale Probleme, die kein einzelnes Land lösen kann (Wapner 1996, Gonzalez 2001, Rogall 2003, Rodriguez 2004, Harper 2008).

Es ist deshalb keine Überraschung, dass in letzter Zeit zahlreiche neue inter-nationale Umweltorganisationen und Netzwerke gegründet worden sind, obwohl keine von den neuen internationalen Organisationen so groß oder einflussreich wie die oben beschriebenen Organisationen geworden sind. Hier kann man nur eini-ge Beispiele beschreiben, um die Diversität ihrer Ziele, Strategien und Formen zu veranschaulichen.

The Rainforest Alliance wurde 1987 in New York gegründet, um Regenwälder und Biodiversität weltweit zu schützen und nachhaltige Existenzgrundlagen zu fördern. Die Organisation hat ungefähr 35.000 Unterstützerinnen und Unterstützer and arbeitet in mehr als 70 Ländern (Webseite von Rainforest Alliance). Die Sea Shepherd Conservation Society wurde 1981 gegründet um Meeressäuger, insbesondere durch Konfrontationen auf hoher See, zu schützen. Die Organisation ist ziemlich klein geblieben und hat kein großes Budget; jedoch haben ihre Taktiken erfolgreich die Aufmerksamkeit der Medien und der Öffentlichkeit auf sich gezogen (Webseite von Sea Shepherd Conservation Society). Der Forest Stewardship Council ist 1993 gegründet worden, um die Abholzung der Wälder weltweit zu bekämpfen, hauptsächlich mittels der Zertifizierung von Forstverwaltungsplänen und –praktiken, die Rücksicht auf ökologische Zusammenhänge nehmen. Die Organisation hat mehrere regionale Büros und nationale Filialen in ungefähr 40 Ländern (Webseite des Forest Stewardship Council). Wetlands International, mit ihrem Sitz in den Niederlanden, hat ein Dutzend Regionalbüros und zahlreiche Projekte weltweit. Ähnlich wie die IUCN sind die Mitglieder der Organisation sowohl Regierungen als auch NGOs (Webseite von Wetlands International). Das International Network for Sustainable Energy (INFOPRSE) entstand 1992 als eine Ausgliederung der UNO-Rio-Konferenz. INFORSE ist ein Netzwerk von ungefähr 140 NGOs in etwa 60 Ländern, die versuchen, durch internationale Öffentlichkeits- und Lobbyarbeit die Nutzung von nachhaltigen Energiequellen zu fördern (Webseite von INFORSE).

Besonders wichtig in Europa ist das im Jahr 1974 gegründete European Environmental Bureau (EEB), ein Netzwerk von ungefähr 150 europäischen Umweltorganisationen dessen Hauptzweck es ist, die Politik der Europäischen Union in fast jedem umweltrelevanten Handlungsfeld zu beeinflussen, hauptsächlich durch Lobbyarbeit. Das Netzwerk hat Arbeitsgruppen für verschiedene Umweltprobleme, die Vertreter der Mitgliedsorganisationen und dem ziemlich kleinen Brüsseler Mitarbeiterstab umfassen. Das EEB erhält seine finanzielle Unterstützung aus dem Umweltdirektorat der EU-Kommission und aus seinen Mitgliedsorganisationen. Mehrere andere Netzwerke versuchen ebenfalls, in spezifischen Bereichen Einfluss auf die EU-Umweltpolitik zu nehmen. Unter ihnen sind das Climate Action Network Europe und die European Federation for Transport and Environment; beide wurden in den 1990er Jahren gegründet. Birdlife International, Greenpeace und WWF betreiben auch kleine Büros in Brüssel. Weil die EU mehr Einfluss auf ihre Mitgliedsstaaten ausübt als jede andere internationale Regierungsorganisation sind die heutigen Aktivitäten und die zukünftige Entwicklung dieser Netzwerke besonders interessant (Markham 2008, Roose 2002).

Aus den gleichen Gründen haben einige bereits existierende nationale Organisationen begonnen, ihre Aktivitäten jenseits nationaler Grenzen auszudehnen. Das Nature Conservancy, die größte amerikanische Umweltorganisation, die ökologisch sensible und einzigartige Gebiete kauft, um sie zu schützen, hat in letzter Zeit begonnen, solche Gebiete im Amazonas-Regenwald zu kaufen (Webseite der Nature Conservancy), und der amerikanische Environmental Defense hat die Regenwaldschutzbewegung in Brasilien durch Lobbyarbeit in den USA unterstützt (Rodrigues 2004). NABU, die deutsche Vogel- und Naturschutzorganisation, hat ein Projekt aufgestellt, Schneeleoparden in Kasachstan zu schützen (Webseite von NABU). In Italien hat sich die Legambiente (Umweltliga) vor kurzem entschieden, neue Bündnisse mit

Umweltverbänden in anderen Ländern einzugehen, um gegen die Globalisierung zu kämpfen und die Natur zu schützen (Webseite von Legambiente).

Selbst wenn die Internetseiten internationaler Umweltorganisationen häufig zahlreiche Partnerorganisationen in Entwicklungsländern auflisten, arbeitet oder strukturiert sich fast keine dieser Organisationen so wie die großen Umweltorganisationen der Industriestaaten. Statt großer, hochprofessionalisierter Organisationen findet man hauptsächlich so genannte Nichtregierungsorganisationen (NGOs) ohne bedeutende Mitgliederzahl. Solche Gruppen haben wenig Aussicht, Spenden aus der breiten Öffentlichkeit zu erhalten. In den Entwicklungsländern gibt es nur eine sehr kleine gebildete Mittelschicht — die Schicht der Kernunterstützer der Umweltorganisationen in den Industriestaaten — und die herkömmlichen Fundraisingmethoden der Umweltorganisationen der Industriestaaten sind kaum wirksam in infrastrukturschwachen Ländern, wo Hausnummern und Telefonbücher fehlen. Darüber hinaus mangelt es den Regierungen der Entwicklungsländer an Geld, um Umwelt-NGOs freigiebig – wenn überhaupt – zu unterstützen (Princen 1994, Igoe und Kessel 2005, Fonjong 2007).

Unter diesen Umständen sind viele Umwelt-NGOs in Entwicklungsländern von Subventionen oder Unterverträgen aus verschiedenen staatlichen und internationalen Entwicklungsprogrammen und internationalen Umweltorganisationen finanziell abhängig geworden. Solche Beziehungen sind typisch für internationale Vernetzungen, aber sie zeichnen sich auch durch unausgeglichene Machtbeziehungen aus; d. h. die NGOs können nur unter größten Schwierigkeiten Projekte durchführen, die von den Finanzierungsquellen nicht befürwortet werden. Wenn eine Spenderorganisation zudem beschließt, dass sie ein spezifisches Projekt, ein bestimmtes Arbeitsfeld oder Projekte in einem Land oder einer Region nicht mehr unterstützen will, kommt es oft vor, dass Projekte beendet werden müssen, manchmal abrupt, auch wenn die Ziele noch nicht erreicht worden sind. Darüber hinaus passiert es nicht selten, dass Nichtregierungsorganisationen in Entwicklungsländern neue Ziele aufnehmen, um finanzielle Unterstützung aus dem Ausland zu erhalten, selbst wenn die neuen Ziele nicht mit ihren eigenen Zielen und ihrer Fachkompetenz übereinstimmen. Schließlich müssen die Abnehmerorganisationen die Berichterstattungsbedingungen der Spenderorganisationen erfüllen. Einige NGOs entscheiden also, dass sich die Sache nicht lohnt, und machen ihre Arbeit so gut sie können ohne Drittmittel, selbst wenn sie mit winzigen Budgets und ausschließlich freiwilliger Arbeit auskommen müssen. Doch trotz der Probleme einseitiger Beziehungen kann die Einbeziehung von Entwicklungsländer-NGOs in internationale Netzwerke den Einfluss dieser Netzwerke sowohl auf der internationalen Ebene als auch innerhalb des eigenen Landes stärken (Elliot 1987, Duffy 2006, Fonjong 2007).

Außer den großen Umweltorganisationen gibt es auch in den Industriestaaten zahlreiche kleinere informelle Umweltgruppen, die sich vornehmlich mit Umweltbedrohungen und -problemen auf der lokalen Ebene beschäftigen. Solche Gruppen werden oft erst ins Leben gerufen, um eine konkrete Bedrohung zu bekämpfen oder ein bestimmtes Umweltproblem zu lösen. Viele von diesen sind NIMBY (Not in my Backyard)-Gruppen, die gegen unerwünschte Anlagen, z. B. Giftmülldeponien,

Müllverbrennungsanlagen und Chemiefabriken kämpfen. Häufig verschwinden sie, nachdem die drängende Schlacht entweder gewonnen oder verloren ist; es sei denn, dass sie sich an einer neuen Streitsache beteiligen. Solche Gruppen legen häufig viel Wert auf Basisdemokratie und wollen keine bürokratische Organisationsstruktur aufbauen und sich nicht in zentralisierte oder professionalisierte Netzwerke einbinden lassen. Im Allgemeinen haben sie relativ wenig bezahlte Mitarbeiter. Die Anti-Atomkraftbewegung in Deutschland und in einigen anderen Ländern sowie die Environmental Justice Bewegung in den USA wurden vornehmlich von solchen Gruppen getragen (Freudenberg und Steinsapir 1992, Bullard 1990, McNeish 2000, Markham 2008). Derartige Gruppen existieren auch in den Entwicklungsländern, wo sie sich gegen als Bedrohung für Gesundheit und Lebensgrundlagen wahrgenommene Megaprojekte der Regierung oder internationaler Entwicklungsorganisationen wehren. Wo politische Bedingungen die Entwicklung einer Umweltbewegung ermöglichen, sind solche Gruppen häufig die Hauptträger der dortigen Umweltbewegungen, weil es den einheimischen NGOs an breiter Unterstützung fehlt (Guha und Martinez-Alier 1997). Paradebeispiele dafür sind die Anti-Damm-Bewegungen in Indien und die Bewegung der Einheimischen gegen die Abholzung des Amazonas (Rodrigues 2004).

Solche Gruppen haben hin und wieder Netzwerke aufgebaut, um Informationen und Ratschläge auszutauschen. Die meisten solcher Netzwerke sind jedoch nicht von langer Dauer gewesen, weil die Mitgliedergruppen im Allgemeinen nur eine kurzlebige Existenz haben, zu unterfinanziert sind, um das Netzwerk zu unterstützen, und sich an kein starkes Netzwerk, das ihre Selbständigkeit untergraben könnte, anschließen wollen (Dalton 1994, Dowie 1995). Langlebige Netzwerke wie der Bundesverband Bürgerinitiativen (BBU) in Deutschland (Markham 2008) und das Center for Health Environment and Justice in den Vereinigten Staaten (Dowie, 1995; Webseite vom Center for Health, Environment, and Justice) sind deshalb Ausnahmefälle. Internationale Netzwerke solcher Gruppen haben sich auch als schwierig aufrechtzuerhalten erwiesen; dennoch haben es Globalisierungsgegnergruppen, die auch Umweltthemen umfassen, geschafft, Netzwerke wie Attac aufzubauen (Webseite von Attac).

Einige Sozialwissenschaftler und Aktivisten (vgl. Wapner 1996, Smith 2005) sind der Meinung, dass sich internationale Umweltorganisationen bzw. lockere Netzwerke von Umweltgruppen derzeit zum Kern einer internationalen Zivilgesellschaft bzw. Umweltbewegung entwickeln. Man kann kaum bestreiten, dass internationale Umweltorganisationen gelegentlich internationale Verhandlungen und Gremien durch Lobbyarbeit oder durch ihren Einfluss auf die öffentliche Meinung in Schlüsselnationen gewissermaßen beeinflusst haben. Ein Paradebeispiel dafür bildet der Einfluss von Greenpeace und anderen Anti-Walfangorganisationen auf die International Whaling Commission (Kalland 2009). Andererseits besuchten zahlreiche internationale Umweltorganisationen die Kopenhagener Klimakonferenz, und der WWF und andere Organisationen verleihen dem Klimawandel beträchtliche Prominenz in ihren Mitgliedermagazinen und Web-Präsentationen; sie waren damit aber bisher nur wenig erfolgreich.

Ob internationale Umweltorganisationen und Netzwerke sich in nächster Zeit zum Kern einer echten internationalen Zivilgesellschaft bzw. Umweltbewegung entwickeln werden bleibt fraglich. Mangels einer hoch entwickelten internationalen Presse mit einer transnationalen Leserschaft hat es sich als schwierig erwiesen, die Weltöffentlichkeit zu internationalen Umweltproblemen, Verhandlungen und Entscheidungen zu informieren und internationale Unterstützung für Kampagnen internationaler Umweltorganisationen und -netzwerke zu erhalten. Die Entwicklung von kabel- und satellitenbasierten Nachrichtensendern und das Internet könnte diese Lücke füllen, aber das Internet erreicht nur diejenigen, die eine Internet-Verbindung haben und geneigt sind, sich die Mühe zu geben, relevante Webseiten aufzusuchen. Ohne eine internationale Öffentlichkeit, die sich für Umweltbelange auf der internationalen Ebene interessiert, ist der Aufbau einer wirklichen internationalen Zivilgesellschaft oder Umweltbewegung äußerst schwierig. Darüber hinaus müssten Umweltorganisationen oder informellere Umweltgruppen, die sich mit bereits existierenden Verbänden oder Gruppen vernetzen statt eine hierarchisch strukturierte Organisation wie Greenpeace aufzubauen, wollen, das Streben nach Selbständigkeit seitens der nationalen Organisationen überwinden. Letztendlich müssen sich internationale Umweltorganisationen, auch wenn sie hierarchisch strukturiert sind, mit den individuellen Kontexten und Arbeitsstilen der Umweltorganisationen und Umweltgruppen der jeweiligen Länder arrangieren (Roose 2002, Rootes 2004).

Trotz dieser Hindernisse gibt es allen Grund zu glauben, dass die Internationalisierung der Umweltorganisationen ein Schlüsseltrend der Umweltbewegung in den kommenden Jahrzehnten sein wird. Wie sie diese Hindernisse schnell und erfolgreich überwinden können, um eine wahre internationale Umweltbewegung bzw. Zivilgesellschaft aufzubauen, ist eine der Schlüsselherausforderungen für die Umweltorganisationen.

Weiterführende Literatur

Dalton, Russell (1994): *The Green Rainbow: Environmental Groups in Western Europe*. New Haven, CT: Yale University Press.
Greenpeace Deutschland (1996): *Das Greenpeace Buch: Reflexionen und Aktionen*. München: Beck.
Igoe, Tim und Tim Kelsall (Hrsg.) (2005): *Between a Rock and a Hard Place: African NGOs, Donors, and the State*. Durham, NC: Carolina Academic Press.
Markham, William T. (2008): *Environmental Organizations in Modern Germany: Hardy Survivors in the Twentieth Century and Beyond*. New York: Berghahn.
Princen, Thomas und Matthias Finger (Hrsg.) (1994): *Environmental NGOs in World Politics: Linking the Local and the Global*. London: Routledge.
Rodrigues, Maria G. M. (2004): *Global Environmentalism and Local Politics: Transnational Advocacy Networks in Brazil, Ecuador, and India*. Albany, NY: SUNY Press.
van Koppen, Kris und William T. Markham (Hrsg.) (2007): *Protecting Nature: Organizations and Networks in Europe and the USA*. Cheltenham, UK: Edward Elgar.

Zitierte Literatur *(Internetadressen von bekannten Umweltorganisationen sind nicht aufgeführt.)*

Bammerlin, Ralf (1998): *Umweltverbände in Deutschland: Herausforderung zum Wandel im Zeichen des Leitbildes Nachhaltige Entwicklung.* Beiheft 24. Landau: Gesellschaft für Naturschutz und Ornithologie Rheinland-Pfalz.

Bosso, Christopher J. (2005): *Environment Inc.: From Grassroots to Beltway.* Lawrence, KS: University of Kansas Press.

Bostrom, Magnus (2007): The Historical and Contemporary Roles of Nature Protection Organisations in Sweden. In: van Koppen, Kris und William T. Markham (Hrsg.), Protecting Nature: Organizations and Networks in Europe and the USA. Cheltenham, UK: Edward Elgar, 213–238.

Brulle, Robert J. und J. Craig Jenkins (2005): Foundations and the Environmental Movement: Priorities, Strategies, and Impacts. In: Faber, Daniel und Debra McCarthy (Hrsg.), *Foundations for Social Change: Critical Perspectives on Philanthropy and Popular Movement.* Lanham, MD: Rowman and Littlefield, 151–173-

Bullard, Robert D. (1990): *Dumping in Dixie: Race, Class, and Environmental Quality.* Boulder: Westview Press.

Christoffersen, Leif E. (1997): IUCN: A Bridge-Builder for Nature Conservation. In: Bergesen, Helge Ole und Georg Parmann (Hrsg.), *Green Globe Yearbook 1997.* Oxford: Oxford University Press, 59–69.

Claeys-Mekdade, Cécilia und Marie Jaqué (2007): Nature Protection Associations in France. In: van Koppen, Kris und William T. Markham (Hrsg.), *Protecting Nature: Organizations and Networks in Europe and the USA.* Cheltenham, UK: Edward Elgar, 63–86.

Dalton, Russell (1994): *The Green Rainbow: Environmental Groups in Western Europe.* New Haven, CT: Yale University Press.

Dominick, Raymond (1992): *The Environmental Movement in Germany.* Bloomington, IN: Indiana University Press.

Doherty, Brian (2006): Friends of the Earth International: Negotiating a Transparent Identity. *Environmental Politics* 15 (5): 860–880.

Dowie, Mark (1995): *Losing Ground: American Environmentalism at the Close of the Twentieth Century.* Cambridge, MA: Cambridge University Press.

Duffy, Rosaleen (2006): Non-governmental Organizations and Governance States: The Impact of Transnational Management Networks in Madagascar. *Environmental Politics* 15 (5): 731–749-

Elliot, Charles (1987): Some Aspects of Relations between North and South in the NGO Sector. *World Development* 15 (Supplement): 57–68.

Erdmann, Wulf und Jochen Zimmer (Hrsg.) (1991): *Hundert Jahre Kampf um freie Natur.* Essen: Klartext.

Fonjong, Lotsmart (2007): *The Challenges of Nongovernmental Organisations in Cameroon.* New York: Nova Science Publishers.

Freudenberg, Nicholas und Carol Steinsapir (1992): Not in our Backyards: the Grassroots Environmental Movement. In: Dunlap, Riley E. und Angela Mertig (Hrsg.), *American Environmentalism: The US Environmental Movement 1970–1990.* Washington, DC: Taylor and Francis, 27–38.

Gliński, Piotr und Małgorzata Koziarek (2007): Nature Protection NGOs in Poland: Between Tradition, Professionalization and Radicalism. In: van Koppen, Kris und William T.

Markham (Hrsg.), *Protecting Nature: Organizations and Networks in Europe and the USA.* Cheltenham, UK: Edward Elgar, 187–212.

Gonzalez, George A. (2001): *Corporate Power and the Environment.* Lanham, MD: Rowman and Littlefield.

Greenpeace Deutschland (1996): *Das Greenpeace Buch: Reflexionen und Aktionen.* München: Beck.

Groth, Klaus-Henning (Hrsg.) (2003): *Das Große Buch des WWF: 40 Jahre Naturschutz für und mit den Menschen.* Steinfurt: Tecklen Verlag.

Guha, Ramachandra und Juan Martinez-Alier (Hrsg.) (1997): *Varieties of Environmentalism.* London: Earthscan.

Harper, Charles L. (2008): *Environment and Society.* Upper Saddle River, NJ: Pearson Prentice-Hall.

Hays, Samuel (1959): *Conservation and the Gospel of Efficiency.* Cambridge, MA: Harvard University Press.

Igoe, Tim und Tim Kelsall (Hrsg.) (2005): *Between a Rock and a Hard Place: African NGOs, Donors, and the State.* Durham, NC: Carolina Academic Press.

Jordan, Grant and William Maloney (1997): *The Protest Business? Mobilizing Campaign Groups.* Manchester: Manchester University Press.

Kalland, Arne (2009): *Unveiling the Whale: Discourses on Whales and Whaling.* New York: Berghahn.

Kline, Benjamine (2007): *First Along the River: A Brief History of the U.S. Environmental Movement.* Lanham, MD: Rowman and Littlefield.

Markham, William T. (2008). *Environmental Organizations in Modern Germany: Hardy Survivors in the Twentieth Century and Beyond.* New York: Berghahn.

Markham, William T. (2011). Greenpeace. In: Snow, David, Donatella della Porta, Bert Klandermans und Doug McAdam (Hrsg.), *Blackwell Encyclopedia of Social and Political Movements.* Malden, MA: Blackwell.

Markham, William T. und Kris van Koppen (2007): Nature Protection in Nine Countries: A Framework for Analysis. In: van Koppen, Kris und William T. Markham (Hrsg.), *Protecting Nature: Organizations and Networks in Europe and the USA.* Cheltenham, UK: Edward Elgar, 1–33.

McNeish, Wallace (2000): The Vitality of Local Protest. In: Seel, Benjamin, Matthew Paterson und Brian Doherty (Hrsg.), *Direct Action in British Environmentalism.* London: Routledge, 193–198.

Osti, Giorgio (2007): Nature Protection Organisations in Italy: From Elitist Fervour to Confluence with Environmentalism. In: van Koppen, Kris und William T. Markham (Hrsg.), *Protecting Nature: Organizations and Networks in Europe and the USA.* Cheltenham, UK: Edward Elgar, 117–139.

Oswald von Nell Breuning Institut für Wissenschafts- und Gesellschaftsethik der Philosophisch-theologischen Hochschule Sankt Georgen (Hrsg.) (1996): *Die Rolle der Umweltverbände in den Demokratischen und Umweltethischen Lernprozessen der Gesellschaft.* Stuttgart: Metzler-Poeschel.

Princen, Thomas and Matthias Finger (Hrsg.) (1994): *Environmental NGOs in World Politics: Linking the Local and the Global.* London: Routledge.

Rawcliffe, Peter (1998): *Environmental Pressure Groups in Transition.* Manchester, UK: University of Manchester Press.

Rodrigues, Maria G. M. (2004): *Global Environmentalism and Local Politics: Transnational Advocacy Networks in Brazil, Ecuador, and India.* Albany, NY: SUNY Press.

Rogall, Holger (2003): *Akteure der Nachhaltigen Entwicklung: Der Ökologische Reformstau und seine Gründe.* München: Ökom Verlag.

Roose, Jochen (2002): *Die Europäisierung von Umweltorganisationen: Die Umweltbewegung auf dem Langen Weg nach Brüssel*. Wiesbaden: Westdeutscher Verlag.

Rootes, Christopher (2004): Is There a European Environmental Movement?" In: Barry, John, Brian Baxter und Richard Dunphy (Hrsg.), *Europe, Globalization, and the Challenge of Sustainability*. London: Routledge, 47–72.

Rootes, Christopher (2007): Nature Protection Organizations in England. In: van Koppen, Kris und William T. Markham (Hrsg.), *Protecting Nature: Organizations and Networks in Europe and the USA*. Cheltenham, UK: Edward Elgar, 34–62.

Smith, Jackie (2005): Globalization and Transnational Social Movement Organizations. In: David, Gerald F. (Hrsg.) *Social Movements and Organization Theory*. New York: Cambridge University Press, 226–248.

van Koppen, Kris (2007): Dutch Nature Protection between Policy and Public. In: van Koppen, Kris und William T. Markham (Hrsg.), *Protecting Nature: Organizations and Networks in Europe and the USA*. Cheltenham, UK: Edward Elgar, 140–164.

van Koppen, Kris und William T. Markham (Hrsg.) (2007): *Protecting Nature: Organizations and Networks in Europe and the USA*. Cheltenham, UK: Edward Elgar.

Wapner, Paul (1996): *Environmental Activism and World Civil Politics*. Albany, NY: SUNY Press.

Zimmer, Jochen (Hrsg.) (1984): *Mit Uns Zieht die Neue Zeit: Die Naturfreunde*. Köln: Pahl-Rugenstein.

Umwelt- und Nachhaltigkeitskonflikte in europäischer Landwirtschaft und Agrarpolitik

Sabine Weiland

Einleitung

Landwirtschaft ist, vielleicht stärker als andere Bereiche von Wirtschaft und Gesellschaft, von natürlichen Ressourcen, biologischen Wachstumsprozessen und weiteren natürlichen Einflüssen (z. B. dem Wetter) abhängig. Seit Jahrtausenden versuchen Menschen durch den Einsatz von Wissen und Technologie die Kontrolle über diese Ressourcen und Prozesse zu erhöhen. Dabei konnten bis zur Mitte des 20. Jahrhunderts beachtliche Erfolge bei der Sicherung und Verbesserung der Nahrungsmittelerzeugung erreicht werden. Maßgeblichen Anteil am Erreichen dieses Ziels hatte die Entwicklung einer Agrarpolitik, die durch ihren stark nationalen Fokus und Protektionismus zur Ausweitung der landwirtschaftlichen Produktion beitrug.

Ab der zweiten Hälfte des 20. Jahrhunderts allerdings wurden die Auswirkungen von Landwirtschaft und Agrarpolitik aus verschiedenen Perspektiven zunehmend als problematisch wahrgenommen. Das gilt nicht nur für Deutschland (Rieger 1995), sondern auch für andere europäische (Greer 2005) und außereuropäische Länder, wie die USA (Cochrane und Runge 1992), sowie schließlich auch für die mittlerweile entstandenen globalen Wirtschaftsbeziehungen im Agrarsektor (Marsden und Murdoch 2006). Es lassen sich folgende Problemlagen unterscheiden (Feindt 2008a: 26): Ökonomisch ist die Produktion von Nahrungsmitteln und nachwachsenden Rohstoffen an vielen Standorten in Europa ohne staatliche Unterstützung und Außenschutz nicht wirtschaftlich. Sozial werden die Folgen des Strukturwandels und einer zunehmenden Integration und Globalisierung der Nahrungsmittelerzeugung teilweise als unerwünscht empfunden (Rieger 1995); die Lenkungs- und Verteilungswirkungen der staatlichen Programme für den Agrarsektor werden seit langem kritisiert (FarmSubsidy.org Network 2010, Priebe 1985). Ökologisch haben die landwirtschaftlich genutzten Flächen eine wichtige Bedeutung für das Ressourcenmanagement, die Landschaftspflege und den Naturschutz. Zugleich stellen die negativen Umweltwirkungen einer intensiven Landbewirtschaftung eine umweltpolitische Herausforderung dar (EEA 2007: 294 ff., SRU 1985).

Seither werden die Wechselwirkungen zwischen ökonomischen, ökologischen und sozialen Entwicklungsprozessen im Agrarsektor zunehmend sichtbar. Landwirtschaft und Agrarpolitik in Deutschland und Europa geraten damit in „ein Spannungsfeld aus ökonomischer Liberalisierung, politischer und wirtschaftlicher Globalisierung, ökologischer Krise und wachsenden gesellschaftlichen Ansprüchen an den Agrarbereich" (Feindt 2008a: 34). Der zunehmende Druck auf den Sektor hat zur Folge, dass die bis dato vorherrschende klientelistische und neokorporatistische Agrarpolitik brüchig wird. Dies führt seit Mitte der 1980er Jahre zu einer Pluralisierung der agrarischen Interessen. Zunehmend gelangen auch nicht-agrarische Perspektiven und Interessen auf die agrarpolitische Agenda, die die ‚Nebenwirkungen' der Agrarpolitik – Überproduktion, Budgetkrisen, Umweltauswirkungen, Lebensmittelskandale – thematisieren.

Dieser Beitrag zeichnet die Entwicklungen und Zusammenhänge in Landwirtschaft und Agrarpolitik nach, die zu den aktuellen Umwelt- und Nachhaltigkeitskonflikten führten, denen sich der Sektor heute gegenüber sieht. Es werden zentrale umwelt- und nachhaltigkeitspolitische Konfliktfelder beschrieben und die möglichen Entwicklungsrichtungen des Agrarsektors diskutiert. Den Schluss bildet die Frage nach der Möglichkeit einer ‚nachhaltigen Entwicklung' von Landwirtschaft und Agrarpolitik in Europa.

Entwicklung von Landwirtschaft und Agrarpolitik

Die Entwicklung von Landwirtschaft und Agrarpolitik der Industrieländer im 20. Jahrhundert ist eng aufeinander bezogen. Die Agrarpolitik hat wesentlich zu einer Stimulation der landwirtschaftlichen Produktion beigetragen, zugleich aber die gegenwärtigen Probleme des Agrarsektors mit hervorgebracht: die erhebliche Überproduktion mit sozialen, ökologischen und ökonomischen Folgeproblemen. In Bezug auf die Verknüpfung der Entwicklung von moderner Landwirtschaft und Agrarpolitik spricht Feindt (2008a: 30) von einem Fall von „Koevolution". Obgleich die Logiken von Agrarpolitik und Agrarmärkten zunächst verschieden sind, ist die Landwirtschaft im 20. Jahrhundert wesentlich durch die Maßnahmen der Agrarpolitik geprägt, die ihrerseits auf Marktentwicklungen in der ihr eigenen politischen Logik reagiert. Die Agrarwirtschaft organisiert sich, um die Agrarpolitik nach ihren Wünschen zu beeinflussen. Die Agrarpolitik wiederum bindet die Verbände und Organisationen des Agrarsektors in ihre Prozesse mit ein. In gleicher Weise lassen sich die Koevolution von Landwirtschaft und Agrarlandschaften bzw. Agrar-Ökosystemen in den Blick nehmen (ibid.). Diese Zusammenhänge werden im Folgenden genauer betrachtet.

Protektionistische Agrarpolitik

Über Jahrhunderte waren Nahrungsmittel in Europa knappe Güter. Ab den 1880er Jahren änderte sich dies jedoch durch die Kultivierung neuer Ackerflächen in Nord- und Südamerika, durch den Ausbau des Eisenbahn- und Wegenetzes vor allem in den USA sowie neue Methoden zur Konservierung von Lebensmitteln. Den Produzenten in Übersee wurde es so möglich, Überschüsse zu erzielen und zu relativ niedrigen Preisen auf die europäischen Märkte zu exportieren (Cochrane 1993). Die Folge waren sinkende Preise in Europa. Landwirtschaftliche Interessengruppen in fast allen Industrieländern versuchten daraufhin, ihre geschwächte Stellung am Markt durch staatlichen Protektionismus auszugleichen, was ihnen insbesondere in Deutschland und Frankreich auch gelang (Aldenhoff-Hübinger 2000).

Dies hatte Rückwirkungen auf die nordamerikanische Landwirtschaft, die mit ihren Überkapazitäten aus dem Ersten Weltkrieg unter dem europäischen Agrarprotektionismus und fallenden Preisen litt. In den 1930er Jahren nach der Großen Depression verbreitete sich der Agrarprotektionismus dann in allen Industrieländern. Insbesondere die USA begannen, ihre Agrarmärkte durch den staatlichen Aufkauf von Überschüssen zu stabilisieren. Nachdem während des Zweiten Weltkrieges eine staatliche Anbauplanung hohe Preise mit sich gebracht hatte, erreichten die Agrarverbände in den Industrieländern, dass nach Kriegsende die Einkommen der Landwirte durch staatliche Preisstützung vor einem erneuten Verfall geschützt wurden. Dies war die Geburtsstunde der Agrarpolitik als protektionistischer Einkommenspolitik. Agrarpolitik wurde dabei an produktbezogene Instrumente geknüpft, die die Produktion stimulierten (Feindt 2008a, Tracy 1989).

Die Agrarpolitik des 20. Jahrhunderts ist auf der Annahme gegründet, dass sich Landwirte in einer fragilen Markt- und Einkommenssituation befinden und aus diesem Grund eines besonderen Schutzes bedürfen. Begründet wurde diese Vorzugsbehandlung lange Zeit mit der Abhängigkeit der Landwirtschaft von natürlichen Gegebenheiten und der Immobilität des Produktionsfaktors Boden, mit der geringen Einkommenselastizität der Nachfrage nach Nahrungsmitteln (die die Landwirtschaft von steigenden Einkommen in der restlichen Bevölkerung weitgehend abkoppelt) sowie dem zentralen gesellschaftlichen Stellenwert des Agrarsektors durch die Versorgung der Bevölkerung mit Nahrungsmitteln (Henrichsmeyer und Witzke 1991, Skogstad 1998).

Überproduktion und ihre Folgen

Nach dem Zweiten Weltkrieg erlebte die Landwirtschaft eine rasante Wachstumsphase. Die Produktivität von Flächen, Pflanzen und Arbeit konnte stark erhöht werden, wozu die Einführung des Traktors ebenso beitrug wie verbesserte Züchtungsverfahren (Cochrane 1993). Ein weiterer starker Produktivitätsschub folgte ab den späten 1950er Jahren mit der sogenannten ,grünen Revolution', in deren Zuge mineralische Düngung und chemischer Pflanzenschutz in der Landwirtschaft eingeführt wurden. Weitere Steigerungen in der Wertschöpfung der Nahrungsmittelerzeugung gab es ab den 1960er Jahren durch Fortschritte in Verarbeitung und Vermarktung. In wachsendem Maße wird die Landwirtschaft Teil einer langen Produktionskette, in der die verschiedenen Segmente ineinander greifen. Aufgrund der Vielzahl von (oft kleinen) Landwirtschaftsbetrieben stellt sie aber ihr schwächstes Glied dar, weil sie sich sowohl im vorgelagerten Sektor (Saatgut-, Dünger- und Pflanzenschutzmittelproduzenten) als auch im nachgelagerten Sektor (Lebensmittelindustrie und Handel) zunehmend oligopolistischen Strukturen gegenüber sieht (Feindt 2008a).

Während die landwirtschaftliche Produktion weltweit enorm anstieg, wuchs die Nachfrage nach den erzeugten Produkten nicht in gleichem Maße. Bald schon stellte sich in vielen europäischen Ländern und in Nordamerika die Frage, wo die erzielten Überschüsse noch abgesetzt werden können. In der Europäischen Gemeinschaft und den USA begann der Staat ab den 1970er Jahren, mit Interventionskäufen, Lagerhaltung, Exportsubventionen und teilweise Vernichtung von Nahrungsmitteln massiv in die Marktprozesse einzugreifen (Feindt 2008a). Noch heute erinnern Begriffe wie ‚Butterberge' und ‚Milchschwemme' an diese Situation.

Der Anreiz für die Landwirte, immer mehr zu produzieren, um so ihr Einkommen zu verbessern, war durch die staatlichen Preisstützungen und Abnahmegarantien gleichwohl ungebrochen. Zur Intensivierung der landwirtschaftlichen Produktion kam mit der Zeit eine Spezialisierung der Betriebe (SRU 1985). Durch die Verwendung von Kunstdünger waren die Landwirte der Notwendigkeit enthoben, ihre betrieblichen Kreisläufe zu schließen, und konnten sich zugleich auf wenige Produkte konzentrieren, deren Erzeugung am jeweiligen Standort besonders günstig ist. Auf diese Weise kam es in bestimmten Regionen zur Konzentration von einzelnen Produktionsrichtungen, u. a. in der Fleischwirtschaft. Intensive Landbewirtschaftung und räumliche Spezialisierung brachten regional starke Umweltbelastungen mit sich, wie die Verschmutzung von Gewässern, die Verminderung der Landschaftsvielfalt und der Agrobiodiversität durch die Konzentration auf wenige ertragsstarke Tierrassen und Pflanzensorten (Feindt 2008a).

Die Agrarpolitik hat mit ihren Markt- und Preisinstrumenten zu dieser Entwicklung entscheidend beigetragen. Es setzte sich die Idee eines ‚landwirtschaftlichen Produktivismus' durch, demzufolge die Landwirtschaft vor allem auf eine Steigerung der Produktivität ausgerichtet sein soll. Problemdeutungen und -lösungen wurden lange Zeit nur im Rahmen dieses Paradigmas gedacht. Es wurden erhebliche Investitionen in Anlagen, Ausbildungen und Wissensformen gemacht, was das Weiterverfolgen der eingeschlagenen Entwicklungsrichtung wiederum verstärkt. Alternative Auffassungen von landwirtschaftlicher Entwicklung, z. B. eine extensive oder ökologische Landbewirtschaftung würden den Wert dieser Investitionen in Frage stellen (Feindt 2008a).

Eine entsprechende Pfadabhängigkeit entstand auch auf politischer Ebene, nachdem die an spezifischen Produkten ausgerichteten Marktordnungen einmal etabliert waren (Feindt 2008b, Kay 2003). Die Agrarpolitik entwickelte sich zur Klientelpolitik (z. B. Ackermann 1970), in der viele Akteure – Zahlungsempfänger, aber auch indirekt Begünstigte wie Landbesitzer, Berater, Agrarverwaltung, Agrarverbände und Agroindustrie – ein Interesse an deren Fortsetzung entwickelten. Der Staat band die landwirtschaftlichen Interessenverbände in neokorporatistische Arrangements ein (Heinze 1992, Keeler 1987, Smith 1990). So gelang es Agrarpolitikern und agrarischen Interessenvertretungen lange Zeit, die Agrarpolitik als vermeintlich unpolitisch aus der gesellschaftlichen Debatte herauszuhalten und, auch aufgrund der Komplexität der agrarpolitischen Instrumente, als Handlungsfeld für Experten und Expertinnen erscheinen zu lassen.

Gleichwohl sollten die landwirtschaftlichen Akteure nicht als monolithischer Block vorgestellt werden. Vielmehr gibt es unter den Landwirten und landwirtschaftlichen Betrieben erhebliche Differenzen. Diese resultieren neben Standortunterschieden und der Ausrichtung auf unterschiedliche landwirtschaftliche Produkte aus der Diversität von Technologien, Management- und Vermarktungskonzepten (Feindt 2008a). In Deutschland hat die Wiedervereinigung mit den LPG-Nachfolgebetrieben zudem einen neuen, großen und wettbewerbsfähigen Typus des landwirtschaftlichen Betriebs hervorgebracht. In der EU wurde durch die zahlreichen Erweiterungen seit 1973 die Heterogenität der Betriebe im Binnenmarkt stetig erhöht, zuletzt 2004 und 2007, als u. a. zehn neue Mitgliedstaaten aus Mittel- und Osteuropa hinzukamen. Die ehemals kollektivierten Landwirtschaftsbetriebe in diesen Ländern wurden im Zuge der postsozialistischen Transformation in ebenfalls sehr große Produktionseinheiten überführt. Zugleich gibt es in der osteuropäischen Landwirtschaft noch ca. vier Millionen Kleinstbetriebe, die (Semi-)Subsistenzwirtschaft betreiben (Müller 2008). Insgesamt hat sich die Bandbreite und Diversität der Landwirtschaftsbetriebe im Lauf der Zeit also deutlich erhöht, und damit auch die Bandbreite der landwirtschaftlichen Interessen, die von der nationalen und der gemeinsamen europäischen Agrarpolitik berücksichtigt werden müssen.

Landwirtschaft und Agrarpolitik in der Krise

Seit den 1980er Jahren allerdings gerät der Agrarsektor zunehmend in die Krise. Die Pluralisierung der landwirtschaftlichen Interessenlagen ist dabei nur ein Faktor. Zunehmend finden auch nicht-agrarische Interessen Eingang in die agrarpolitische Debatte. Mit der erweiterten Bandbreite der Perspektiven werden nun die ‚Nebenwirkungen' der Agrarpolitik thematisiert, die in einer Reihe ökonomischer, sozialer und ökologischer Krisenphänomene ihren Ausdruck finden (Feindt 2008a).

Krisenphänomene

Die Überproduktion von landwirtschaftlichen Erzeugnissen ist das Ergebnis von staatlichen Interventionen in die Agrarmärkte durch Interventionskäufe, Stützungszahlungen an die Landwirte, Importbeschränkungen und Zölle (*Commission of the European Communities* (CEC) 1985). Die Interventionsmechanismen der Marktordnungen haben einen erhöhten Finanzbedarf und verminderte Einnahmen durch geringere Einfuhren zur Folge. Dies erzeugt erhebliche Budgetprobleme in der Europäischen Gemeinschaft und hat wiederholt zu schweren Konflikten zwischen den Mitgliedstaaten geführt. Dies wiederum erhöht den agrarpolitischen Reformdruck. Zugleich sind die Reformen der gemeinsamen europäischen Agrarpolitik äußerst schwierig. Seit 1984 war jede Reformrunde von wochenlangen Verhandlungen zwischen Agrarministern und teilweise Regierungschefs begleitet, und die Ergebnisse folgten häufig eher einer Verteilungs- als einer Sachlogik (Ackrill 2005), was zur Politisierung und den Legitimationsproblemen der Agrarpolitik wesentlich beigetragen hat.

Der subventionierte Export überschüssiger Agrarprodukte hat zudem entwicklungspolitische Ziele beeinträchtigt, weil dieser vor allem auf den Binnenmärkten von Entwicklungsländern zur Verdrängung lokaler Produzenten führt (Herzfeld 2003). Darüber hinaus haben die Ausfuhrerstattungen der EU auch eine handelspolitische Dimension und waren ein zentraler Diskussionspunkt bei den Verhandlungen der Welthandelsorganisation WTO, die den Abbau von Handelshemmnissen und die Liberalisierung des Agrarhandels (und anderer Handelsbereiche) zum Ziel haben (Swinbank und Daugbjerg 2006, Swinbank und Tanner 1996).

Aus der Perspektive der deutschen und europäischen Landwirtschaftsbetriebe werden zersplitterte Vermarktungsstrukturen durch die Vielzahl der Betriebe zunehmend zum Problem. Die Marktmacht der Betriebe wurde durch Konzentrationsprozesse im vor- und nachgelagerten Bereich (Agroindustrie, Handel usw.) geschwächt. Zudem stagniert die Entwicklung der landwirtschaftlichen Einkommen trotz Produktivitätssteigerungen und bleibt im Durchschnitt hinter den Einkommen in anderen Sektoren zurück (vgl. Agrarberichte der Bundesregierung, diverse Jahrgänge). Trotz geringer Einkommen werden landwirtschaftliche Betriebe weitergeführt, teilweise sogar unter Verzehr der Vermögenssubstanz. Dies ist vor allem in ländlichen Räumen der Fall, in denen kaum Einkommensalternativen in anderen Sektoren bestehen. Die Einkommensschwäche der Landwirtschaft ist insbesondere in peripheren ländlichen Räumen aber nur ein Teil eines größeren Krisenkomplexes, zu dem weitere Probleme beitragen, wie eine allgemeine Wirtschaftsschwäche, Arbeitslosigkeit und die Abwanderung der Bevölkerung. Hier ist es schwierig, eine öffentliche Infrastruktur mit angemessener ärztlicher Versorgung, Schulen, Kindergärten etc. aufrechtzuerhalten. Zugleich wachsen die Disparitäten zwischen ländlichen Gebieten und den Städten.

Aus ökologischer Perspektive werden die Umweltauswirkungen einer intensiven Landwirtschaft kritisch betrachtet. Seit den 1970er Jahren ist mit dem Aufbau der Umweltpolitik versucht worden, durch entsprechende Regulationen die negativen Umweltwirkungen der Landwirtschaft einzugrenzen. In den letzten Jahren wurden Umweltaspekte mit Einführung der Agrarumweltprogramme verstärkt in die Agrarpolitik integriert. Als Teilnehmer an solchen Programmen erbringen die Landwirte Dienstleistungen im Bereich des Umwelt- und Naturschutzes und in der Landschaftspflege, die ihnen entgolten werden. Die Umweltprobleme der Landwirtschaft sind auf diese Weise freilich noch nicht gelöst (Feindt 2007). Zugleich drohen die positiven Umweltleistungen, welche von extensiv wirtschaftenden Betrieben erbracht werden, dann wegzufallen, wenn diese Betriebe aufgeben, weil sie nicht mehr wettbewerbsfähig wirtschaften können (SRU 1985).

Aus verbraucherpolitischer Perspektive ist die Vielzahl von Lebensmittelskandalen, wie BSE, Maul- und Klauenseuche, Nitrofen, Salmonellen usw. alarmierend und hat zu einer verstärkten medialen Aufmerksamkeit für die Agrarpolitik geführt (Feindt und Kleinschmit 2007). Es wurden umfassende staatliche Regulationen etabliert, die die Herstellung von Nahrungsmitteln ‚vom Stall bis zur Ladentheke' transparent und nachvollziehbar machen (Stichwort ‚gläserne Produktion') und den Verbraucher schützen sollen. Die Handlungserwartungen an die Politik sind durch Lebensmittelkrisen und -skandale deutlich gestiegen.

Gegenentwicklungen?

Es gibt indes auch Entwicklungen, die die Lage der Landwirtschaft positiv erscheinen lassen. Hierzu zählen die steigende Nachfrage nach landwirtschaftlichen Erzeugnissen, insbesondere Getreide, die die Preise auf dem Weltmarkt – nach einer etwa 25jährigen Stagnationsphase – seit 2005 rasant ansteigen ließen. Die Wirtschaftskrise hat diesen Boom abgemildert, dennoch scheint der Agrarsektor hiervon weniger betroffen als andere Sektoren. Zugleich hat sich die Volatilität der Agrarmärkte aber auch erhöht (OECD/FAO 2007). Ein weiterer Faktor, der Hoffnungen weckt, ist die große Nachfrage nach veredelten Lebensmitteln, ausgelöst durch die wachsenden Bevölkerungen und die steigenden Einkommen in Schwellenländern wie China und Indien. Es wird erwartet, dass die Nachfrage vor allem nach tierischen Nahrungsmitteln den landwirtschaftlichen Erzeugern zu einem Aufschwung verhelfen wird. Unklar ist indes, ob dieser durch die gleichzeitigen Produktivitätsfortschritte nicht kompensiert wird und wie sich dies auf die Preisentwicklung auswirkt – im Ergebnis würde der Kostendruck auf die Erzeuger nicht notwendigerweise gemindert (OECD/FAO 2006, 2010).

Gute Aussichten für die Landwirtschaft verspricht auch der Boom bei den erneuerbaren Energien, für deren Erzeugung die Landwirtschaft nachwachsende Rohstoffe, etwa Mais, Weizen, Rüben und andere Biomasse liefert. Förderprogramme wie in Deutschland das Erneuerbare Energien Gesetz oder in den USA der Beimischungszwang von Ethanol zu Benzin haben Anreize für Verfahren zur Energiegewinnung (Strom, Wärme, Kraftstoffe) aus regenerativen Stoffen gegeben (Bundesregierung 2007, Gattermayer 2006). Viele Landwirte investieren daher in Biogasanlagen (Deutschland) oder Ethanolfabriken (USA) in der Erwartung, dass sich ein dauerhafter Markt für nachwachsende Rohstoffe und hieraus erzeugte Energie etablieren wird. Gleichzeitig wird dadurch, vor allem in Deutschland und einigen europäischen Ländern, die Konkurrenz um knappe Ackerflächen befördert. Das Ergebnis sind nicht nur steigende Bodenpreise, sondern auch ein kritischer Diskurs, der die Erzeugung von Nahrungsmitteln zur Energieherstellung aus ethischer Sicht in Frage stellt (Dirscherl 2005).

Umwelt- und Nachhaltigkeitskonflikte in Landwirtschaft und Agrarpolitik

Die Problemwahrnehmungen und Akteurskonstellationen in Landwirtschaft und Agrarpolitik haben sich seit den 1970er Jahren stark verändert. Nach einer langen Wachstumsphase des Agrarsektors wurden die Nebenfolgen und Wechselwirkungen mit anderen gesellschaftlichen Bereichen und die Umweltproblematik deutlich sichtbar. Durch die Pluralisierung des Sektors geriet die klientelistische und neo-korporatistische Agrarpolitik unter Druck, was in der Politik Wirkungen zeigte. Seit Mitte der 1980er Jahre finden in allen westlichen Industrieländern agrarpolitische Reformen statt, die die finanz-, handels-, entwicklungs- und umweltpolitischen Folgeprobleme der Agrarpolitik eindämmen sollen (Coleman 1998, Feindt 2007, Moyer und Josling 2002). Im Folgenden werden die Konfliktfelder und die Entwicklungsrichtung der Reformen näher betrachtet.

Konfliktfelder

Agrarpolitische Konflikte, welche aus unterschiedlichen Positionen, Zielen, Interessen und Werthaltungen der Akteure erwachsen, sind keinesfalls neu. In der Geschichte der gemeinsamen europäischen Agrarpolitik (GAP) gab es vielfach Auseinandersetzungen, etwa in ihren Anfängen 1962, als die Mitgliedstaaten heftig über Marktordnungen und die Höhe von Interventionspreisen stritten. Grundlegend war auch der Streit zwischen Akteuren und Mitgliedstaaten, deren Ziel die Erhaltung einer kleinbäuerlichen Landwirtschaft war, und solchen, die Strukturwandel und die Schaffung von leistungsfähigen Produktionseinheiten befürworteten – letztere Entwicklungsrichtung wurde 1968 im sog. Mansholt-Plan von der Europäischen Kommission beschlossen. Die aktuellen Konflikte unterscheiden sich davon nicht grundsätzlich. Gleichwohl ist mit der Öffnung des Agrarsektors gegenüber anderen Akteuren und Interessen die Reichweite der Konflikte und die Wechselwirkungen mit anderen Politikbereichen größer geworden. Es lassen sich sechs Konfliktfelder identifizieren, die als Dauerthemen bereits seit den 1970er Jahren auf der Agenda stehen (Feindt et al. 2008: 11 ff.):

1. Kosten für die öffentlichen Haushalte: Die Preis- und Absatzgarantien der Europäischen Gemeinschaft für landwirtschaftliche Produkte im Rahmen der gemeinsamen Marktordnungen machen seit jeher einen erheblichen Teil des europäischen Agrarbudgets aus. Mitte der 1980er Jahre nahmen die Agrarausgaben ein Ausmaß an, das den vorgegebenen Finanzrahmen sprengte, und die entstandenen Defizite mussten durch zusätzliche Zahlungen der Mitgliedstaaten gedeckt werden. Erst durch die Mac-Sharry-Reform von 1992 erfolgte ein grundlegender Systemwechsel in der GAP. Die bisherigen Preisstützungen werden schrittweise reduziert und durch an die Produktion gekoppelte direkte Einkommensbeihilfen an die Landwirte ersetzt. Der Anteil der Agrarausgaben am europäischen Budget liegt derzeit noch immer bei rund 40 Prozent (Bundesministerium für Ernährung, Landwirtschaft und Verbraucherschutz 2010).
2. Handelskonflikte: Die Exportsubventionen, mit denen die Überproduktion der EU auf dem Weltmarkt abgesetzt wurde und wird, provozieren bereits seit den 1970er Jahren Handelskonflikte, vor allem mit den USA (Becker und Köster 1993). Jede der verschiedenen GATT-Runden – dem Vorläufer der Welthandelsorganisation WTO – drohte, an agrarpolitischen Konflikten zu

scheitern (Rieger 2006). Die aktuelle Doha-Runde, in der die Wirtschafts- und Handelsminister der WTO-Mitgliedstaaten u. a. Fragen der Liberalisierung des Agrarhandels verhandeln, ist seit 2006 wegen Unstimmigkeiten in diesem Themenfeld unterbrochen.

3. Soziale Folgen: Viele Landwirte befinden sich in einer prekären Lage, gekennzeichnet durch geringe Einkommen, dem Zehren von der Vermögenssubstanz und eine unsichere Zukunftsperspektive. Dies steht im Widerspruch zu dem sozialpolitischen Ziel der gemeinsamen europäischen Agrarpolitik, die Lebensstandards in der Landwirtschaft zu sichern. Indem die Agrarpolitik sich von ihrer agrarprotektionistischen Ausrichtung entfernt, fordere sie die kleinen und einkommensschwachen Landwirte als „Bauernopfer" (Rieger 1995). Die Verteilungswirkungen der GAP sind seit Jahren Gegenstand europaweiter Kampagnen, in denen die Hauptzahlungsempfänger offen gelegt werden. In Deutschland etwa gab es im Jahr 2009 268 Agrarsubventionsmillionäre (die Zahlungen der EU von mehr als einer Million Euro erhielten), 20 Prozent der Zahlungsempfänger erhielten 71 Prozent der gesamten Zahlungen (FarmSubsidy.org Network 2010).

4. Entwicklungspolitische Folgen: Auswirkungen der GAP zeigen sich auch in den Entwicklungsländern. Der Export subventionierter Agrargüter aus der EU beeinträchtigt sowohl die Weltmarktpreise, und verwehrt auf diese Weise vielen Entwicklungsländern Chancen, am Weltmarkt teilzunehmen, als auch die nationalen Märkte in Entwicklungsländern, wo es zu Verdrängungsprozessen lokaler Produzenten kommt (Herzfeld 2003). Zudem stellt die Gewährung von quotierten Importpräferenzen für eine kleine Gruppe von Entwicklungsländern (hauptsächlich AKP-Zuckerprotokoll und ‚Everything-But-Arms-Initiative') eine Benachteiligung anderer Länder dar. Für die begünstigten Produzenten bedeutet sie jedoch eine wichtige Einnahmequelle und wird deshalb von entwicklungspolitischen Akteuren verteidigt (Fautrel 2007).

5. Umweltprobleme der Landwirtschaft: Die ökologischen Probleme der Landwirtschaft sind seit den 1970er Jahren bekannt. Hierzu zählen die Emission von Treibhausgasen, Pflanzenschutzmitteleinträge, die Versauerung von Böden, Bodenerosion, die Beeinträchtigung der Grundwasserqualität und die Bedrohung der Artenvielfalt. Verursacht wird die Schädigung der Umwelt durch intensive und spezialisierte Formen der Agrarproduktion, die unter Maschineneinsatz und starker Verwendung von Kunstdünger und Pestiziden und durch räumliche Konzentration von einzelnen Produktionsrichtungen ihre Erträge zu steigern suchen (Europäische Umweltagentur 2003).

6. Politische Exklusion: Die Agrarpolitik hat die Vorraussetzungen geschaffen, landwirtschaftliche Verbände und Organisationen privilegiert in ihre Prozesse und Entscheidungen mit einzubinden. Dadurch war der Agrarsektor lange Zeit dominiert von einer geschlossenen agrarpolitischen *policy community* aus Agrarpolitik, Agrarverwaltung und landwirtschaftlichen Interessenvertretern (Tracy 1989). Erst in den letzten Jahren – bedingt vor allem durch die BSE-Krise und das zunehmende Gewicht von Umweltproblemen – ist eine Öffnung des

Sektors und der Agrarpolitik zu beobachten. Dies ist auch das Ergebnis der zunehmend deutlich werdenden Wechselwirkungen zwischen der Agrarpolitik und der Umwelt-, Handels-, Finanz- und Entwicklungspolitik (Feindt 2007).

Entwicklungsrichtungen

Die Konflikte, die in verschiedenen Bereichen und auf verschiedenen Ebenen auftreten, führen zu einer veränderten Thematisierung von Agrarpolitik. Folgende Fragen stehen dabei zur Debatte: Wie kann die Wirtschaftlichkeit des Agrarsektors gewährleistet werden? Wie können europäische Agrarprodukte auf dem Weltmarkt konkurrenzfähig gemacht werden? Wie viel Protektion und Stützung braucht die europäische Landwirtschaft? Wie kann die europäische Kulturlandschaft erhalten werden? Wie kann eine umweltgerechte Landwirtschaft erreicht werden? Wie lassen sich Standards im Tierschutz und im Verbraucherschutz durchsetzen? Diese und weitere Themen sind Gegenstand von zunehmend offenen Debatten, in denen unterschiedliche Rationalitäten und Interessen aufeinander treffen. Letztlich geht es dabei um die Zukunft von Landwirtschaft und Agrarpolitik. Es lassen sich vier verschiedene große Entwicklungsrichtungen oder agrarpolitische Paradigmen unterscheiden: das Paradigma einer schutzbedürftigen, einer wettbewerbsfähigen, einer multifunktionalen und einer globalen Landwirtschaft (Feindt 2008b).

Im Paradigma einer schutzbedürftigen Landwirtschaft wird davon ausgegangen, dass die Landwirtschaft durch die Produktion von Nahrungsmitteln eine zentrale Stellung in der Gesellschaft einnimmt. Gleichzeitig befindet sich der Sektor in einer fragilen Markt- und Einkommenssituation und bedarf deshalb eines besonderen Schutzes. Die Landwirtschaft kann im Wettbewerb mit anderen Ländern um Absatzmärkte nicht mithalten, weshalb der Staat gefordert ist, die Märkte zu stabilisieren und das Angebot zu kontrollieren (Moyer und Josling 2002, Skogstad 1998). Der Agrarprotektionismus ist seit den 1930er Jahren als Grundidee in den Agrarpolitiken der westlichen Industrienationen etabliert. Seit den 1980er Jahren gerät das Paradigma durch Folgeprobleme wie die Überproduktion und die enormen Kosten für die öffentlichen Haushalte aber zunehmend unter Druck.

Das Paradigma einer wettbewerbsfähigen Landwirtschaft geht hingegen von der Annahme aus, dass die Landwirte durchaus in der Lage sind, ausreichende Einkommen zu erzielen und im Wettbewerb mit Produzenten aus anderen Ländern zu bestehen. Preis- und Angebotskontrollen stellen für wettbewerbsfähige Landwirte ein Hindernis dar. Ziel der Politik sollte deshalb sein, den Markt zu stärken und Erzeugern und Verbrauchern Raum zu geben, auf Marktsignale zu reagieren. In den USA gewann das marktliberale Paradigma seit den 1980er Jahren an Einfluss. Der *Farm Bill* von 1996 stellt eine Entwicklung in diese Richtung dar, indem die Preisstützungen zurückgefahren und durch befristete Direktzahlungen als Übergangshilfe für Landwirte ersetzt wurden. Allerdings enthalten nachfolgende Reformen – das Landwirtschaftsgesetz von 2002 sowie der Farm Bill von 2007 – wieder verstärkt Marktstützungselemente (Feindt 2008b: 77).

Auch in der EU hat das Paradigma einer wettbewerbsfähigen Landwirtschaft seine Anhänger, die argumentieren, dass die europäische Landwirtschaft stärker den Marktsignalen ausgesetzt werden müsse (CEC 1985). Weit verbreiteter ist in Europa aber das Paradigma einer multifunktionalen Landwirtschaft, das sich seit den 1980er Jahren herauszubilden beginnt. Es trägt den aufkommenden Themen der Umweltauswirkungen der Landwirtschaft und ihrer Funktion im ländlichen Raum Rechnung. Dieses Paradigma geht davon aus, dass Landwirte öffentliche Güter erzeugen, wie die Pflege von natürlichen Ressourcen, den Erhalt der Kulturlandschaft und des ländlichen Raums. Weil ihnen diese Leistungen aber nicht entgolten werden, kommt es zu unangemessen niedrigen Einkommen in der Landwirtschaft. Die Aufgabe des Staates ist es, für die Entlohnung dieser gesellschaftlich und ökologisch wichtigen Leistungen, die nicht marktfähig sind (sog. *non-commodities*), zu sorgen (OECD 2001). Dementsprechend gibt es heute viele verschiedene agrarumweltpolitische Programme und Maßnahmen, die die Herstellung dieser öffentlichen Güter durch Landwirte honorieren. Die der Agrarpolitik zugrunde liegende Problembeschreibung des schutzbedürftigen Landwirts hat sich damit grundlegend gewandelt.

Das Paradigma einer globalen Landwirtschaft schließlich trägt der zunehmenden Globalisierung der Agrarmärkte Rechnung. Die Landwirte sind demnach heute Teil von international verflochtenen Produktionsnetzwerken, die vertikal stark integriert sind. Auf den Märkten entwickelt sich eine Nachfrage nach ausdifferenzierter Qualitätsproduktion. Die Aufgabe des Staates ist dementsprechend nicht mehr die Mengenpolitik, sondern das Setzen von Qualitäts- und Sicherheitsstandards für diese Produkte. Beispiele sind die Kennzeichnung von Öko-Produkten, gentechnisch veränderten Organismen und regionale Herkunftsbezeichnungen. Ein weiteres Ziel ist das Herstellen von Transparenz und Verbrauchersicherheit. Weil zudem die Einkommen der Landwirte weniger von Marktbedingungen und Kosten abhängen, sondern aufgrund der Verflechtung mit anderen Produzenten von ihrer Verhandlungsmacht in der Produktionskette, ist es die Aufgabe des Staates, für faire Verhandlungsbedingungen zu sorgen (Coleman et al. 2004: 98 ff.).

Die skizzierten Paradigmen werden in verschiedenen Ländern unterschiedlich aufgenommen und in agrarpolitischen Reformprozessen verfolgt. Gleichzeitig erhöhen sich mit der Pluralisierung der Perspektiven und Interessen im Agrarsektor aber auch die Konflikte über die ‚richtige‘ Entwicklung der Landwirtschaft. Vor diesem Hintergrund soll im abschließen Kapitel der Frage nachgegangen werden, worin eine ‚nachhaltige Entwicklung‘ des Agrarsektors bestehen kann.

Fazit: Was heißt ‚nachhaltige Entwicklung‘?

Feindt (2008b: 90 f.) stellt die agrarpolitischen Paradigmen in den Rahmen des Nachhaltigkeitsdiskurses und kommt dabei zu folgenden Zuordnungen: Das Paradigma der schutzbedürftigen Landwirtschaft lässt sich der sozialen Dimension zuordnen, das Paradigma der multifunktionalen Landwirtschaft der ökologischen Dimension und das marktliberale Paradigma der ökonomischen Dimension nachhaltiger Entwicklung. Das Paradigma einer globalen Landwirtschaft überwindet die nationale beziehungsweise europäische Perspektive der anderen Paradigmen und stellt die Globalität der Akteurs- und Austauschbeziehungen in den Vordergrund. Es stellt sich die Frage, ob diese vier Paradigmen als Entwürfe zukünftiger Entwicklungsrichtungen des Agrarsektors einander ausschließen, oder ob sie vielleicht komplementäre Aspekte einer nachhaltigen Entwicklung bezeichnen.

Die traditionelle, produktivistische und protektionistische Agrarpolitik hat die Umweltprobleme der Landwirtschaft ebenso hervorgebracht wie ein staatsinduziertes Marktversagen. Insofern stehen die Ziele der Liberalisierung und der umweltgerechten Reform der Agrarpolitik nicht in Widerspruch zueinander. Gleiches gilt auch für handelspolitische Ziele. Die Agrarverhandlungen im Rahmen der WTO haben zum Ziel, die nationalen Reformen der Agrarpolitik international zu koordinieren. Auf diese Weise können Reformpolitiker dem Dilemma entkommen, dem sie bislang ausgesetzt waren, nämlich die Liberalisierung des nationalen Agrarsektors nicht voranbringen zu können, ohne den Schutz der heimischen Landwirtschaft aufgeben zu müssen. Bislang war es somit möglich, die Agrarpolitik zugleich marktorientierter, multifunktionaler und globaler zu gestalten. Der Grund lag freilich darin, dass die traditionelle Agrarpolitik so interventionistisch, produktivistisch und national beziehungsweise eurozentrisch war (Feindt 2008a: 91). Vielleicht wird die stärkere Liberalisierung der Agrarmärkte sogar dazu beitragen, dass Multifunktionalität und internationale Harmonisierung von Standards an Bedeutung gewinnen (Feiter 2007). Gleichwohl kann von einer solchen Harmonie in den Entwicklungsrichtungen der verschiedenen Entwürfe nicht ausgegangen werden.

In der europäischen Agrarpolitik weist man indessen darauf hin, dass die ursprünglichen Ziele der GAP weiter gelten, aber im Licht der neuen Entwicklungen neu interpretiert werden müssen. Auch wurde der Begriff der nachhaltigen Entwicklung adaptiert, u. a. in der Form, dass die Agrarreformen mit Bezug auf die europäische Nachhaltigkeitsstrategie interpretiert werden. Der Begriff der nachhaltigen Landwirtschaft und Agrarpolitik lässt indes offen, welche Problemlagen als vorrangig und welche Instrumente als geeignet angesehen werden, um die agrarpolitischen Ziele zu erreichen. Nachhaltige Entwicklung ist ein Rahmen für einen offenen Such- und Lernprozess, der von den beteiligten Akteuren und ihren Ideen und Interessen gestaltet wird. Die Frage nach der Zukunft von Landwirtschaft und Agrarpolitik in Europa ist somit offen.

Weiterführende Literatur

Feindt, Peter H., Manuel Gottschick, Tanja Mölders, Franziska Müller, Rainer Sodtke und
    Sabine Weiland (2008): *Nachhaltige Agrarpolitik als reflexive Politik. Plädoyer für einen neuen
    Diskurs zwischen Wissenschaft und Politik*. Berlin: Edition Sigma.
Feindt, Peter H. und Joachim Lange (2007): *Agrarpolitik im 21. Jahrhundert: Wahrnehmungen,
    Konflikte, Verständigungsbedarf* (Loccumer Protokoll Nr. 30/07). Loccum: Evangelische
    Akademie Loccum.
Rieger, Elmar (1995): *Bauernopfer: Das Elend der europäischen Agrarpolitik*. Frankfurt a. M.: Cam-
    pus.
Ribbe, Lutz (2001): Die Wende in der Landwirtschaft. *Aus Politik und Zeitgeschichte. Beilage zur
    Wochenzeitung Das Parlament* B. 24: 30–38.
Skogstad, Grace (1998): Ideas, Paradigms, and Institutions: Agricultural Exceptionalism in the
    European Union and in the United States. *Governance: An International Journal of Policy
    and Administration* 11 (4): 463–490.

Zitierte Literatur

Ackermann, Paul (1970): *Der Deutsche Bauernverband im politischen Kräftespiel der Bundesrepu-
    blik: Die Einflußnahme des DBV auf die Entscheidung über den europäischen Getreidepreis*.
    Tübingen: Mohr.
Ackrill, Robert (2005): The Common Agricultural Policy. In: van der Hoek, M. Peter (Hrsg.),
    Handbook of Public Administration and Policy in the European Union. Boca Raton: Taylor &
    Francis, 435–487.
Aldenhoff-Hübinger, Rita (2000): „Les nations anciennes, écrasées …": Agrarprotektionismus
    in Deutschland und Frankreich, 1880 bis 1914. *Geschichte und Gesellschaft* 26: 439–470.
Becker, Tilman und Ulrich Köster (1993): *Der Agrarhandelskonflikt zwischen der EG und den
    USA. Entwicklung von Lösungsmöglichkeiten* (Hamburger Jahrbuch für Wirtschafts- und
    Gesellschaftspolitik, 38). Tübingen: Mohr.
Bundesministerium für Ernährung Landwirtschaft und Verbraucherschutz (2010): *Ausgewählte
    Daten und Fakten der Agrarwirtschaft*. Berlin: BMELV.
Bundesregierung (diverse Jahrgänge): *Agrarbericht*. Berlin.
Cochrane, Wilard W. (1993): *The Development of American Agriculture: A Historical Analysis*.
    Minneapolis: University of Minnesota Press.
Cochrane, Wilard W. und C. Ford Runge (1992): *Reforming Farm Policy: Toward A National Agenda*.
    Ames, IA: Iowa State University Press.
Coleman, William D. (1998): From Protected Development to Market Liberalism: Paradigm
    Change in Agriculture. *Journal of European Public Policy* 5 (4): 632–651.
Coleman, William, Wyn Grant und Tim Josling (2004): *Agriculture in the New Global Economy*.
    Cheltenham: Elgar.
Commission of the European Communities (CEC) (1985): *Perspectives for the Common Agri-
    cultural Policy*. Brüssel: Communication from the Commission to the Council and the
    Parliament, COM (85), 333 final.
Dirscherl, Clemens (2005): *Für und Wider der Getreideverbrennung zur energetischen Nutzung.
    Eine Zusammenfassung der Argumente als Beitrag zu einer ethischen Urteilsbildung*. Aktuell
    Editorial 7, Hannover: Evangelische Kirche in Deutschland.
EEA – European Environment Agency (2007): *Europe's Environment: The Fourth Assessment*.
    Copenhagen: European Environment Agency.

Europäische Umweltagentur (2003): *Die Umwelt in Europa: Der dritte Lagebericht.* Brüssel: Publikation der Europäischen Umweltagentur.

FarmSubsidy.org Network (2010): *Discover Who Gets What From the Common Agricultural Policy.* URL: http://farmsubsidy.org/.

Fautrel, Vincent (2007):, EPAs and CAP Reform: Interactions and Key Challenges. *Entwicklung & Ländlicher Raum* 6: 8–9.

Feindt, Peter H. (2007): Integration von Umweltbelangen in die europäische Agrarpolitik. Institutionelle Bedingungen und Politik-Lernen im Mehrebenensystem. In: Jacob, Klaus, Frank Biermann, Per-Olof Busch und Peter H. Feindt (Hrsg.), *Politik und Umwelt.* Wiesbaden: VS Verlag, 382–405.

Feindt, Peter H. (2008a): Sozial-ökologische Entwicklungsprobleme von Landwirtschaft und Agrarpolitik: Eine Annäherung. In: Feindt, Peter H., Manuel Gottschick, Tanja Mölders, Franziska Müller, Rainer Sodtke und Sabine Weiland (Hrsg.), *Nachhaltige Agrarpolitik als reflexive Politik. Plädoyer für einen neuen Diskurs zwischen Wissenschaft und Politik.* Berlin: Edition Sigma, 25–40.

Feindt, Peter H. (2008b): Nachhaltige Agrarpolitik zwischen Pfadabhängigkeit und Paradigmenwandel: Die Bedeutung von Institutionen und politischem Prozess in der Gemeinsamen Agrarpolitik. In: Feindt, Peter H., Manuel Gottschick, Tanja Mölders, Franziska Müller, Rainer Sodtke und Sabine Weiland (Hrsg.), *Nachhaltige Agrarpolitik als reflexive Politik. Plädoyer für einen neuen Diskurs zwischen Wissenschaft und Politik.* Berlin: Edition Sigma, 67–93.

Feindt, Peter H., Manuel Gottschick, Tanja Mölders, Franziska Müller, Rainer Sodtke und Sabine Weiland (2008): Von der „Agrarwende" zur reflexiven Agrarpolitik. In: Feindt, Peter H., Manuel Gottschick, Tanja Mölders, Franziska Müller, Rainer Sodtke und Sabine Weiland (Hrsg.), *Nachhaltige Agrarpolitik als reflexive Politik. Plädoyer für einen neuen Diskurs zwischen Wissenschaft und Politik.* Berlin: Edition Sigma, 9–24.

Feindt, Peter H. und Daniela Kleinschmit (2007): Mediatisierung der Agrarpolitik? Die Rolle der Medien in der deutschen BSE-Krise. In: Koch-Baumgarten, Sigrid und Lutz Mez (Hrsg.), *Medien und Policy: Neue Machtkonstellationen in ausgewählten Politikfeldern.* Frankfurt a. M.: Peter Lang, 121–142.

Feiter, Franz-Joseph (2007): Kommentar zum Workshop „GAP-Reform und WTO-Verhandlungen". In: Feindt, Peter H. und Joachim Lange (Hrsg.), *Agrarpolitik im 21. Jahrhundert. Wahrnehmungen, Konflikte, Verständigungsbedarf.* Loccum: Evangelische Akademie Loccum, 113–116.

Gattermayer, Fritz (2006): Ethanol: Ein weltweiter Überblick. In: Darnhofer, Ika, Christoph Walla und Hans K. Wytrzens (Hrsg.), *Alternative Strategien für die Landwirtschaft.* Wien: Facultas, 145–164.

Greer, Alan (2005): *Agricultural Policy in Europe.* Manchester: Manchester University Press.

Heinze, Rolf G. (1992): *Verbandspolitik zwischen Partikularinteressen und Gemeinwohl: der Deutsche Bauernverband.* Gütersloh: Verlag Bertelsmann Stiftung.

Henrichsmeyer, Wilhelm und Heinz Peter Witzke (1991): *Agrarpolitik Band 1: Agarökonomische Grundlagen.* Stuttgart: UTB.

Herzfeld, Thomas (2003): Die Ausfuhrerstattungen der Europäischen Union und ihre Auswirkungen auf die Entwicklungsländer. Das Beispiel der Rindfleischexporte nach Afrika. In: Penker, Marianne und Sophie Pfusterschmid (Hrsg.), *Wie steuerbar ist die Landwirtschaft? Erfordernisse, Potentiale und Instrumente zur Ökologisierung der Landwirtschaft.* Wien: Facultas Universitätsverlag, 149–156.

Kay, Adrian (2003): Path Dependency and the CAP. *Journal of European Public Policy* 10 (3): 405–420.

Keeler, John T. S. (1987): *The Politics of Neocorporatism in France: Farmers, the State, and Agricultural Policy-making in the Fifth Republic*. Oxford: Oxford University Press.

Marsden, Terry und Jonathan Murdoch (2006): *Between the Local and the Global: Confronting Complexity in the Contemporary Agri-Food Sector*. Amsterdam: Elsevier.

Moyer, Wayne und Timothy E. Josling (2002): *Agricultural Policy Reform: Politics and Process in the EU and US in the 1990s*. Aldershot: Ashgate.

Müller, Franziska (2008): Zwischen Markt, Multifunktionalität und Marginalisierung: Die Zukunft der Semi-Subsistenz in Osteuropa. In: Feindt, Peter H., Manuel Gottschick, Tanja Mölders, Franziska Müller, Rainer Sodtke und Sabine Weiland, *Nachhaltige Agrarpolitik als reflexive Politik. Plädoyer für einen neuen Diskurs zwischen Wissenschaft und Politik*. Berlin: Edition Sigma, 213–228.

Organisation for Economic Co-Operation and Development (OECD) (2001): *Multifunctionality: Towards an Analytical Framework*. Paris: OECD.

Organisation for Economic Co-Operation and Development (OECD) und Food and Agriculture Organization (FAO) (2006): *Agricultural Outlook 2006–2015*. Paris: OECD.

Organisation for Economic Co-Operation and Development (OECD) und Food and Agriculture Organization (FAO) (2007): *Agricultural Outlook 2007–2016*. Paris: OECD.

Organisation for Economic Co-Operation and Development (OECD) und Food and Agriculture Organization (FAO) (2010): *Agricultural Outlook 2010–2019*. Paris: OECD.

Priebe, Hermann (1985): *Die subventionierte Unvernunft: Landwirtschaft und Naturhaushalt*. Berlin: Siedler.

Rieger, Elmar (1995): *Bauernopfer: Das Elend der europäischen Agrarpolitik*. Frankfurt a. M.: Campus.

Rieger, Elmar (2006): Agrarpolitik. In: Nohlen, Dieter (Hrsg.), *Kleines Lexikon der Politik*. München: Beck, 3–8.

Skogstad, Grace (1998): Ideas, Paradigms, and Institutions: Agricultural Exceptionalism in the European Union and in the United States. *Governance: An International Journal of Policy and Administration* 11 (4): 463–490.

Smith, Martin J. (1990): *The Politics of Agricultural Support in Britain: The Development of the Agricultural Policy Community*. Aldershot: Dartmouth.

SRU – Rat von Sachverständigen für Umweltfragen (1985): *Umweltprobleme der Landwirtschaft. Sondergutachten des Rates von Sachverständigen für Umweltfragen*. Stuttgart: Kohlhammer.

Swinbank, Alan und Carsten Daugbjerg (2006): The 2003 CAP Reform: Accommodating WTO Pressures. *Comparative European Politics* 4 (1): 47–64.

Swinbank, Alan und Carolyn Tanner (1996): *Farm Policy and Trade Conflict: The Uruguay Round and Common Agricultural Policy Reform*. Ann Arbor, MI: University of Michigan Press.

Tracy, Michael (1989): *Government and Agriculture in Western Europe 1880–1980*. New York: Harvester Wheatsheaf.

Umweltbewusstsein und „Environmentalism" in der „Ersten" und „Dritten Welt"

Hellmuth Lange

Einleitung

Gibt es verschiedene Typen von Umweltbewusstsein? Die Frage nach Typen von Umweltbewusstsein in der „ersten" und „dritten" Welt verbindet Problemstellungen und Spannungsverhältnisse, die je für sich genommen schon einigermaßen komplex sind, umso mehr in ihrem wechselseitigen Bezug. Das gilt für das Verhältnis von „Erster" und „Dritter" Welt.[1] Es gilt aber auch schon für die Bedeutung der Frage, was unter Umweltbewusstsein zu verstehen ist: Die Bedeutung dieses Begriffs ist im angelsächsischen Sprachgebrauch eng mit dem des Begriffs „environmentalism" verbunden; für letzteren gibt es keine direkte deutsche Entsprechung.[2] Es ist aber gerade dieser Begriff, unter dem umweltpolitische Unterschiede zwischen „erster" und „dritter" Welt aufeinander bezogen werden.[3] Am pointiertesten findet sich dies in Form der antagonistischen Gegenüberstellung von „First World Environmentalism" und „Third World Environmentalism". Im Folgenden werden zunächst gängige Bedeutungen der letztgenannten Begriffe vorgestellt. Danach werden zwei grundlegend verschiedene Formen der politischen Thematisierung von Umwelt in ihrer historischen Entwicklung vorgestellt: der Schutz der Natur vor problematischen menschlichen Eingriffen und der Schutz von Bevölkerungsgruppen vor negativen Wirkungen degradierter Natur. Vor diesem Hintergrund gilt die Aufmerksamkeit sodann einigen überraschenden Gemeinsamkeiten in der Entwicklung des Umweltschutzthemas zwischen den klassischen Industrieländern und Entwicklungsländern. Eine Rückbindung an den übergreifenden Aspekt der Nachhaltigkeit im Sinne eines konzeptionellen Bezugsrahmens zur Einordnung

---

1   Der Begriff ‚dritte Welt' stammt aus der Zeit des Kalten Krieges und bezeichnet ursprünglich die Gruppe derjenigen Länder, die sich ab 1955 gegenüber den westlichen und östlichen Blocksystemen als Bewegung der Blockfreien Länder innerhalb der Vereinten Nationen konstituierten. Später wurde der Begriff zu einem Synonym für Entwicklungsländer (vgl. Nohlen 2002).
2   „Environmentalism" lässt sich näherungsweise vielleicht am besten als eine stärkere Form dessen verstehen, was im Deutschen als „Umweltengagement" bezeichnet wird.
3   Umweltbewusstsein bezeichnet ein mehr oder minder entwickeltes umweltpolitisches Problembewusstsein in Gestalt der Überzeugung, dass neue Formen des Handelns gefunden und praktiziert werden sollten, um drängende Umweltprobleme zu entschärfen, oder – noch besser – sie zu überwinden. Neue Formen des Handelns bilden insofern den Fluchtpunkt des Begriffs Umweltbewusstsein, sei es als alltägliches, eigenes Handelns von Individuen im Sinne eines Lebensstils oder sei es im Sinne einer politischen Auseinandersetzung unter der Ägide einer politischen (Umwelt-)Bewegung. Für beide Formen des tätigen Umweltbewusstseins hat sich im angelsächsischen Sprachraum der Begriff „environmentalism" etabliert.

von „First World Environmentalism" und „Third World Envionmentalism" schließt die Überlegungen dieses Beitrags.

Zum Gebrauch der Begriffe „First World Environmentalism" und „Third World Envionmentalism"

Was mit dieser Unterscheidung gemeint ist, lässt sich beispielhaft an den Ausführungen der indischen Autoren Gagdil und Gupta (2007: 420–424) verdeutlichen. Unter „First World Environmentalism" verstehen sie Formen des aktiven Engagements mit zweierlei Bezugspunkten: zum einen den Widerstand gegen die Zerstörung unberührter Natur (*wilderness and pristine habitat*) und lokaler landschaftlicher Schönheiten (*amenities of local communities*) und zum anderen die Optimierung von Lebensqualität (*quality of life issues*) in Bezug auf umweltabhängige Gesundheits- und Freizeitthemen (*health and leisure options*). Diesen Typus des Engagements qualifizieren die Autoren auch als „ecology of affluence" und als „environmentalism of the rich". Beides sehen sie beispielhaft in den USA gegeben, daher auch die ergänzende Qualifizierung des hier gemeinten Engagements als „North Atlantic environmentalism". Im Mittelpunkt des „Third World Envionmentalism" sehen die Autoren demgegenüber den Kampf armer Bauern und städtischer Armutsbevölkerung gegen ökonomische Strategien von Regierungen und Unternehmen, die ihnen (durch Vertreibung oder durch Prozesse der Degradation von Wasser und Böden) die weitere Nutzung des Landes erschweren oder gänzlich unmöglich machen. Dadurch wird vor allem subsistenzbezogenen Formen des Wirtschaftens von Millionen kleiner Bauern die Grundlage genommen („environmental degradation and the ensuing resource shortages directly threaten survival and livelihood options"). Ein weiteres Konfliktfeld bilden die teilweise katastrophalen Wohnbedingungen städtischer Armutsgruppen ohne stabile Bleiberechte. Den Widerstand gegen diese Art von Beeinträchtigungen qualifizieren Gagdil und Gupta daher auch als „environmentalism of the poor". Ganz ähnliche Formen der Gegenüberstellung finden sich bei anderen Autoren, und zwar solchen des Globalen Nordens ebenso wie des Südens. Als Beispiele mögen Martinez-Alier (2002) und Sengupta (2004) gelten.

Diese Gegenüberstellung ist gewiss etwas holzschnittartig. Sie hat gleichwohl die Debatte sehr bereichert, indem sie mehrerlei deutlich macht. Erstens: In den Ländern des Globalen Nordens[4] ist es bis heute üblich, ‚Umweltbewusstsein' (a) im Sinne einer mehr oder minder generellen Überzeugung von der Schutzbedürftigkeit der Natur, (b) als Basis selbst gewählter Lebensstile und (c) als eine entscheidende Voraussetzung für die Entstehung von Umweltbewegungen zu sehen (de Haan und Kuckartz 1998, Dunlap und Michelson 2001, Homburg und Matthies 1998). Im Falle

---

4   Gemeint sind damit zunächst die früh industrialisierten Länder Europas, ferner die USA und Kanada und weitere vergleichsweise reichen Länder des OECD-Verbundes. Damit schließt der Begriff des Globalen Nordens auch Australien und Neuseeland ein. Als Globaler Süden gelten vor allem diejenigen Länder, die im Laufe des 20. Jahrhundert aus ehemaligen Kolonien entstanden sind.

des „environmentalism of the poor" kann davon aber in aller Regel kaum die Rede sein. Demzufolge dürfte es, wie Gagdil und Gupta ironisch anmerken, in einem Land wie Indien (noch) gar keine Umweltbewegungen geben. Tatsache ist aber, dass die betreffende ‚Szene' in vielen Ländern des Globalen Südens außerordentlich vielfältig und lebendig ist (Gagdil and Guha 2007: 422). Zweitens: Es besteht kein Zweifel daran, dass sich in den Ländern des Globalen Nordens und des Globalen Südens nicht nur die umweltpolitischen Tagesordnungen, sondern auch deren allgemeine Stoßrichtungen erheblich voneinander unterscheiden. Überspitzt formuliert: Geht es im Norden weithin um den Schutz der Natur vor unerwünschten menschlichen Eingriffen, so steht im Süden der Schutz spezieller sozialer Gruppen vor den Wirkungen einer (durch Unternehmen und mit staatlicher Duldung) degradierten Natur im Vordergrund. Damit verbindet sich ein drittes Moment: Die Umweltbewegungen des Nordens können mit ihren Themen und Aktionsformen nicht umstandslos als weltweite Avantgarde des umweltpolitischen Fortschritts gelten. Sie verkörpern lediglich eine Strömung neben anderen, und zwar eine Strömung, deren Existenz und politische Relevanz nicht zuletzt daran gebunden ist, dass wohlfahrtsstaatliche Regelungen auf hohem Niveau dafür sorgen, dass sich die wirtschaftlichen und sozialen Probleme in den betreffenden Ländern des Nordens – historisch und im internationalen Vergleich der Gegenwart – in einzigartigen Grenzen halten. Viertens: Dieser Sachverhalt kann wiederum als Voraussetzung dafür gelten, dass sich in den Ländern des Nordens jene bereits von Inglehart (1977) beschriebene Formen des Wertewandels vollzogen haben, die ihrerseits als Voraussetzung der Ausbildung von ‚Umweltbewusstsein' im bezeichneten Sinne gilt. In diesem allgemeinen Sinne lässt sich „First World environmentalism" tatsächlich mit einer gewissen Berechtigung als „environmentalism of the rich" verstehen.

Auch wenn man die Gegenüberstellung von „First World"- und „Third World Environmentalism" akzeptiert, wird man allerdings einräumen müssen, das ihre Stärke in Form einer scharfen Polarisierung mit einem Nachteil in Gestalt eines blinden Fleckes einhergeht. Dies äußert sich in Folgendem: Insofern sich Umweltbewegungen vom Typus des „Third World Environmentalism" gegen gravierende Beeinträchtigungen materieller Lebenschancen von Angehörigen ländlicher und städtischer Armutsgruppen zur Wehr setzen und insofern wie Umweltbewegungen vom Typus des „First World Environmentalism" als Widerstand gegen Einschränkungen im Bereich von „health and leisure options" verstanden werden, erscheinen erstere als die wirklich relevante Form von Umweltbewegung, während letztere unvermeidlich in den Geruch geraten, lediglich unerfüllte Lebensstilwünsche luxurierender Mittel- und Oberklassenangehöriger zu verfolgen.[5]

Die mit dieser Gegenüberstellung verbundene Bewertung reduziert den Unterschied auf ein Klassenproblem, und damit verfehlt sie jene Spezifik der Differenz,

---

5   Durchaus in diesem Sinne zitieren Gagdil und Gupta angelsächsische Autoren, die den „First World Environmentalism" als ein „full stomach phenomenon", „an interest of the upper middle class" und als „the ultimate luxury of the consumer society" bezeichnen (vgl. Nash 1982, Thurow 1980, Moore 1989).

die jenseits des Klassenproblems beide Formen von politischen Bewegungen als Ausdruck zweier gleichermaßen bedeutsamer Seiten eines Zusammenhanges ausweisen: Insofern die eine Art von Bewegungen ihren Schwerpunkt im Schutz der Natur vor zerstörerischen menschlichen Eingriffen hat und die andere Art von Bewegungen umgekehrt soziale Gruppen vor den Auswirkungen einer degradierten Natur zu schützen und sie vor den Verursachern dieser Entwicklung zu verteidigen sucht, beziehen sie sich tatsächlich auf zwei gleichermaßen relevante Seiten ein und desselben Prozesses, nämlich einer Form des Stoffwechselprozesses zwischen Gesellschaft und Natur, der sozial *und* ökologisch gleichermaßen zerstörerische Konsequenzen zeitigt.

Dieser Prozess nahm geschichtlich in den europäischen Zentren der Industriellen Revolution erste dramatische Formen an, und er entfaltete sich seither sowohl in räumlicher Hinsicht als auch in Bezug auf seine zerstörerischen Potenziale in immer größerem Maßstab. In der Folge haben sich, beginnend in den am frühesten industrialisierten Ländern des Globalen Nordens, auch recht verschiedenartige politische Bewegungen herausgebildet. Ihr Schwerpunkt lag entweder, im Falle der Arbeiterbewegung, auf dem Kampf für soziale Sicherungen und Rechte oder, im Falle der Umweltbewegungen des Nordens, mehr auf dem Naturschutz und dem Widerstand gegen die Zerstörung natürlicher Kreisläufe. Die betreffenden politischen Bewegungen haben sich die längste Zeit unabhängig voneinander entwickelt. Und sie haben sich, sofern sie überhaupt voneinander Kenntnis genommen haben, bis in die jüngste Gegenwart hinein vorwiegend in einem Verhältnis des wechselseitigen Misstrauens, wenn nicht gar der Ablehnung oder des offenen Konflikts gegenübergestanden (Roth and Rucht 2008). Diese Art der Frontstellung wiederholt sich auch in der hier skizzierten Entgegensetzung von „First World Environmentalism" und „Third World Environmentalism".

Schutz der Natur vor problematischen menschlichen Eingriffen

Die Abhängigkeit der Menschen von den ‚Gaben' der sie umgebenden Natur ebenso wie von deren Unbilden, und das Bemühen, erstere möglichst klug zu nutzen und letzteren möglichst wirksam aus dem Wege zu gehen, ist ihr steter Begleiter seit den ersten Anfängen menschlicher Existenz. In diesem Rahmen sind Naturprozesse, in einem wie religiös auch immer verstandenen Sinne, schon immer ein zentrales Thema des menschlichen Denkens und der Kommunikation gewesen (Coates 1998, Gerlitz 1998). Aber erst vergleichsweise spät wird Natur als komplexes System, und nicht mehr nur in Form einzelner Teilprozesse oder ausgewählter Bereiche, auch zu einem Gegenstand systematischer Reflexion. Von Naturschutz in Gestalt einer politischen Bewegung lässt sich gewiss erst im Verlaufe des 19. Jahrhunderts sprechen, setzt dies doch nicht nur eine reflexionsfördernde Distanzerfahrung voraus, wie sie erst das seit jener Zeit immer ausgedehntere städtische Leben ermöglichte, sondern auch eine bürgerliche Öffentlichkeit, ohne die entsprechende Formen der politischen Selbstorganisation auf die Dauer kaum möglich sind.

Die ersten politischen Konzepte mit dem ausdrücklichen Ziel des Schutzes bestimmter Ausschnitte von Natur entstanden daher vielleicht nicht zufällig in den USA. Im Mittelpunkt stand der Schutz sogenannter Wildnis im Rahmen von Nationalparks, vor allem als Reaktion auf die von der Ostküste zur Westküste immer weiter vorrückende Umformung von Natur in landwirtschaftlich und städtisch genutzte Fläche.[6] Einen Eckpunkt der weiteren Entwicklung des Umweltschutzes im Sinne eines auf Bewahrung und Erhaltung gerichteten Naturschutzes bildet die Entstehung von Vereinigungen zum Schutze von Vögeln seit dem ausgehenden 19. Jahrhundert. Allgemeine Naturschutzgesetze entstanden schließlich erst seit den 1920er Jahren.[7] Nach 1945 hatte der Naturschutz in Deutschland teilweise gegen den Verdacht zu kämpfen, eine auch gesellschaftspolitisch rückwärtsgewandte Bewegung, im schlimmsten Falle mit Sympathien für die ‚Blut-und-Boden'-Ideologie des Nationalsozialismus, zu verkörpern (Markham 2008, Radkau and Ueköter 2003).

Eine entscheidende Veränderung der bis dahin in Deutschland und anderen Ländern entstandenen Koordinaten für die politische Thematisierung von Naturprozessen erfolgte im Verlauf der 1960er Jahre. Dem Buch Rachel Carsons über den *Stummen Frühling* wird dabei eine Schlüsselfunktion zugeschrieben (Carson 1963). Tatsächlich knüpft dieses Buch am seinerzeit schon lange eingeführten Thema des Vogelschutzes an. Es lenkt die Aufmerksamkeit aber nicht auf einzelne schutzbedürftige Arten, sondern auf einen Prozess, dem im Prinzip Vögel (und andere Tiere) jedweder Art zum Opfer fallen können: durch die großflächige Anreicherung von Pestiziden, vor allem DDT, in Wasser und Böden durch die dadurch bewirkte Unterbrechung etablierter tierischer Nahrungsketten.

Damit erhielt zum ersten Mal eine systemische Betrachtungsweise von Naturprozessen einen prominenten Platz in der öffentlichen Debatte über den Umgang mit Natur. Diese Betrachtungsweise leitete nichts Geringeres als einen Paradigmenwechsel ein. Damit einher ging eine sprachliche Verschiebung. Neben den Begriff des *Natur*schutzes tritt nun immer stärker der (aus dem Englischen übertragene) Begriff des *Umwelt*schutzes, und dies mit dem Ziel, die Natur nicht länger als eine Art Sammelkorb zu verstehen, aus dem sich unterschiedliche Gruppen, je nach persönlicher Vorliebe, die Arten heraussuchen können, die ihnen besonders am Herzen liegen und für deren besonderen Schutz sie sich folglich einsetzen. Anstelle dessen rückt der Begriff Ökosystem und die darin angelegte Bezugnahme auf Ketten der wechselseitigen Abhängigkeit der einzelnen Systemelemente in den Mittelpunkt der Aufmerksamkeit. Das gilt zunächst einmal für die Art des Zusammenhanges zwischen einzelnen Tieren, Pflanzen sowie Böden, Luft und Wasser. Die Ausdehnung dieser Betrachtung auf die Einbindung des menschlichen Lebens in die diversen Naturkreisläufe liegt aber unmittelbar nahe.

---

6   Radkau (2000: 14) verweist darauf, dass bereits die von den vorrückenden Siedlern angetroffene Wildnis keineswegs überall von menschlichen (in diesem Falle indianischen) Eingriffen unberührtes Land darstellte.

7   Zur Entwicklung des Naturschutzes in verschiedenen Ländern Europas und den USA siehe van Koppen und Markham (2007).

Das Ereignis, durch das diese Perspektive schließlich auch auf der politischen Bühne einen denkbar prominenten Platz erhielt, war die erste Umweltkonferenz der Vereinten Nationen im Jahre 1972 in Stockholm unter dem Titel: ‚United Nations Conference on the Human Environment'. Im Abschnitt 6 der dort verabschiedeten Prinzipienerklärung heißt es:

> „The discharge of toxic substances or of other substances and the release of heat, in such quantities or concentrations as to exceed the capacity of the environment to render them harmless, must be halted in order to ensure that serious or irreversible damage is not inflicted upon ecosystems" (UN 1972).

Seither ist die ökosystemare Betrachtung immer mehr zur zentralen Perspektive geworden, während Naturschutz im Sinne des Schutzes einzelner Arten und des Schutzes von mehr oder minder herkömmlichen Landschaftsbildern zu einer Dimension neben anderen innerhalb dieses Rahmens geworden ist. Der im Jahre 2001 in Auftrag gegebene und vier Jahre später fertig gestellte *Millennium Ecosystem Assessment Report* 2005 (UN 2005) bildet das bislang umfassendste Produkt dieser Veränderung der Perspektive in der Auseinandersetzung mit der Natur. Der konzeptionelle Akzent liegt dabei ausdrücklich auf der Erfassung des Zusammenhangs von „Ökosystemfunktionen" mit einem Schwerpunkt auf Veränderungen im Bereich der Biodiversität und 24 verschiedenen Arten „ökosystemarer Dienstleistungen" (*eco-system fuctions and services*). Das vom *United Nations Environmental Programme* in Verbindung mit der *World Meteorological Organisation* in Gang gebrachte *Intergovernmental Panel on Climate Change* (IPCC) bildet mit seinen Bemühungen um ein Verständnis des Weltklimasystems und seiner sozio-ökonomischen Antriebs- und Folgeprozesse ein weiteres Unternehmen, in dem eine historisch einzigartige Zahl von Wissenschaftlern und Wissenschaflerinnen sich mit dem Systemcharakter natürlicher Prozesse auseinandersetzt (Beck 2009). Auch mit diesem Unternehmen sind die Fragestellungen des traditionellen Naturschutzes immer stärker zu einer Fragestellung unter mehreren geworden. Als erweitertes Verständnis von Natur und folglich auch von Naturschutz geht die ökosystemare Befassung damit auch deutlich über jenen engen Rahmen hinaus, der im Begriff des „First World Environmentalism" durch den Verweis auf „health and leisure options" gesetzt wird.

Im Verlaufe der Entwicklung hat sich in Ländern des Globalen Nordens auch die Bedeutung des Begriffs Umweltbewusstsein entsprechend erweitert. Allerdings ist zu bedenken, dass schon in den Anfängen der politischen Konjunktur dieses Begriffs, vor allem in den 1970er bis 1990er Jahren, Fragen des traditionellen Naturschutzes zwar im Vordergrund standen (etwa als Frontstellung gegen die Bedrohung einzelner Arten, zum Beispiel durch Überfischung, oder als Landschaftsschutz, zum Beispiel durch die Vermeidung wilder Mülldeponien). Daneben spielte aber auch schon damals das Ziel eine Rolle, persönliche Lebensstile so auszurichten, dass sie generell Naturkreisläufe in ihrer Eigenschaft als systemische Dynamiken möglichst wenig beeinträchtigen. Das gilt ebenso für die positive Bewertung von Mobilitätsmustern, die mit möglichst wenigen Emissionen verbunden sind, wie für das hohe symbolische Ansehen, dessen sich die Losung der Nationalparkbewegung „Natur Natur sein lassen" erfreute (und weiter erfreut). Andere Losungen, die in den USA als *New Environmental Paradigm*-Elemente für Bewusstseinsuntersuchungen konzipiert und genutzt wurden, verkörpern ähnliche Gemengelagen aus herkömmlichem Naturschutzdenken und neuerem Systemdenken, so etwa die Statements „The balance of nature is very delicate and easily upset" oder „Humans must live in harmony with nature in order to survive" (Dunlap 2008: 145, Hawcroft and Milfont 2010). Allerdings ist zu bedenken, dass es sich dabei nicht primär um empirische Auskünfte realer Interviewpartner handelt, sondern um Konstruktionselemente von Fragebögen, die auf der polarisierenden Gegenüberstellung von Sätzen aufbauen, zu denen Interviewpartner ihre Zustimmung oder Ablehnung entlang einer mehrteiligen Skala dosieren können und sollen. Die hier zitierten Sätze verkörpern dabei jeweils das eine Ende der Skala (vgl. Dunlap 2008; siehe hierzu auch den Beitrag von Best in diesem Band).

Umweltbewusstsein als ein umweltpolitisches Problembewusstsein in Gestalt der Überzeugung, dass neue Formen des Handelns gefunden und praktiziert werden sollten, um drängende Umweltprobleme zu entschärfen, oder – noch besser – sie zu überwinden, schließt heute noch mehr als in diesen älteren Fällen (aus den späten 1970ern) den Gedanken ein, dass es dabei um mehr als den Schutz einzelner Arten und die Bewahrung einzelner Stücke mehr oder minder ungenutzter Natur geht: eben um ein systemisches Verständnis der Natur und des Wechselverhältnisses von Natur und Gesellschaft. Und es schließt ferner den Gedanken ein, dass auch die erforderlichen Politiken von diesem systemischen Charakter ausgehen und ihm Rechnung tragen müssen.

Insofern besteht auch nur in begrenztem Maße Veranlassung, diese Art des Engagements in abwertender Weise als lebensstilgetriebene und entsprechend beliebige „ecology of affluence" oder als „ecology of the rich" zu qualifizieren. Wohlgemerkt: ein gehobenes Niveau gesellschaftlichen Reichtums und ein nennenswertes Niveau der wohlfahrtsstaatlichen Sicherung der Bevölkerung war ohne Zweifel eine wichtige sachliche Voraussetzung dafür, dass sich in den am frühesten industrialisierten Ländern ein entsprechender Wertewandel im Sinne von Inglehardt vollzogen hat. Dieser Wertewandel reicht aber zum Beispiel in Deutschland, wie entsprechende Umfragen zeigen, schon seit 20 Jahren auch weit in die weniger gut gestellten Bevölkerungsgruppen hinein (Heine und Mautz 1989; IPOS 1989 ff., Lange et al. 1995). Darüber hinaus hat gerade in den hier zur Diskussion stehenden Ländern nicht nur der berühmt-berüchtigte „westliche Lebensstil" seinen Ausgangspunkt, sondern – als zentrale Botschaft eines relevanten Teils des „First World Environmentalism" – auch die Überzeugung, dass die Ressourcenintensität des dominanten Lebensstils eben dieser Gesellschaften nicht zukunftsfähig ist, gerade auch angesichts der unbestrittenen Entwicklungserfordernisse im Globalen Süden. Das lässt sich von der im Folgenden betrachteten Form der politischen Befassung mit Umweltfragen nicht unbedingt sagen.

Schutz von Bevölkerungsgruppen vor den negativen Wirkungen einer degradierten Natur

Das Bemühen um Schutz vor den Unbilden der Natur ist vielleicht das elementarste, gewiss aber das beständigste Moment unserer gesamten Geschichte, vor allem der frühen Geschichte. Aber erst seit der Industrialisierung werden die Folgen einer durch menschliches Handeln degradierten Natur zu einer immer größeren und breiteren Herausforderung (zum Verlauf der sogenannten Umweltgeschichte siehe die breiten Überblicke von McNeill 2005 sowie Radkau 2000). Im Vordergrund der zeitgenössischen Veränderungen standen aber nicht Umweltfragen, sondern die Prozesse der materiellen Entwurzelung ländlicher Bevölkerungsgruppen in Bezug auf den Boden als zentraler Ressource der Daseinsvorsorge sowie die daran anschließenden Prozesse ökonomischer und sozialer Pauperisierung in den aufstrebenden industriellen Zentren. Die Entstehung der Sozialen Frage als alle übrigen sozialen Konflikte beeinflussende und überlagernde Entwicklung gilt seither als die gesellschaftliche Schlüsselfrage des 19. und 20. Jahrhunderts schlechthin. Im Mittelpunkt der Auseinandersetzungen zwischen der entstehenden Arbeiterbewegung und ihren Opponenten stand die Frage der Arbeitsbedingungen (insbesondere der Länge des Arbeitstages und später der wöchentlichen Arbeitszeit), der Höhe der Löhne als ökonomischer Lebensgrundlage und Anteil an den Früchten der geleisteten Arbeit, und bis heute die Sicherung und Ausgestaltung der wichtigsten sozialen Sicherungssysteme wie der Kranken- und Rentenversicherung.

Von Anbeginn aber umfassten die Arbeitsbedingungen auch solche Probleme, die aus einem degradierten Zustand der Umweltmedien Boden, Wasser und Luft erwuchsen. Marx war beileibe nicht der einzige Zeitgenosse, der die neue, kapitalistisch betriebene industrielle Produktionsweise als eine Ordnung verstand, die die „Springquellen alles Reichtums untergräbt: die Erde und den Arbeiter" (Marx 1972: 530). Beeinträchtigungen der Gesundheit – am Arbeitsplatz ebenso wie im Wohnbereich – standen dabei eindeutig im Mittelpunkt der Probleme.[8] Es versteht sich, dass demgegenüber Fragen des Naturschutzes im Sinne der Erhaltung schöner Landschaftsbereiche und des Schutzes einzelner Arten, keine nennenswerte Rolle spielten und, dass die Befassung mit derartigen Seiten der zeitgenössischen Veränderungen im Stoffwechsel von Natur und Gesellschaft aus der Sicht der Industriearbeiter als ein Luxus erscheinen mussten, den sich nur solche Teile der Bevölkerung leisten konnten, denen es zumindest in elementarer Hinsicht an nichts fehlte.

Dass das Problem der Luftverschmutzung bis weit ins 20. Jahrhundert hinein in allen hochindustrialisierten Ländern ein sehr gravierendes Problem geblieben ist, wird etwa daran deutlich, dass „The Great Smog" des Jahres 1952 in London mehr als 4.000 Todesopfer in nur vier Tagen forderte. Weitere 8.000 Menschen starben in den folgenden Wochen und Monaten. Ursache war ein Cocktail aus heftigem Nebel, Abgasen aus Kohleverbrennung, industriellen Abgasen und starkem Ver-

---

8   Zum Thema Luftverschmutzung und Industrialisierung im 19. Jahrhundert siehe Brüggemeier und Rommelspacher (1991).

kehrsaufkommen bei einer sogenannten Inversionswetterlage. Auch in Deutschland gab es bis in die jüngere Gegenwart hinein noch immer starke Smogwetterlagen, in denen zum Teil erhebliche Fahrverbote für Autos ausgesprochen wurden, so 1962 und 1979. Bekanntlich zog der sozialdemokratische Kanzlerkandidat Willy Brand ab 1961 unter anderem mit der Losung in den Wahlkampf, unter seiner Kanzlerschaft solle der Himmel über der Ruhr wieder blau werden, eine Losung, die seinerzeit als Ausdruck grenzenlosen Wunschdenkens verstanden wurde (Fritzler 1997).

Als er im Jahr 1969 den Sprung ins Kanzleramt tatsächlich geschafft hatte, entwickelte die neue Regierung als erste in der deutschen Geschichte ein umweltpolitisches Sofortprogramm und zusätzlich ein längerfristig angelegtes Umweltprogramm (vgl. Küppers et al. 1978: 98–126). Dabei fällt auf, dass Regierungsvertreter 1972 einerseits davon sprachen, „Verwaltung und Wirtschaft (sollten) lernen, biologische Kreisläufe, die Begrenztheit der Endlichkeit des Naturhaushalts zu beachten" (ebd.: 135). Andererseits wurde der Umweltschutz aber entgegen dieser Zielstellung in die klassischen Umweltmedien Boden, Wasser, Luft aufgeteilt und in separaten Abteilungen des Innenministeriums untergebracht.

Trotz der Formel von den biologischen Kreisläufen blieb die Umweltpolitik dann auch zunächst eher herkömmlich im Sinne gewerkschaftlicher Traditionen. Es handelte sich überwiegend um gesundheitspolitisch motivierte Einzelgesetze zum Schutze von Beschäftigten und Bürgern. Eine detaillierte Übersicht geben Küppers et al. (1978: 295 ff.). Herkömmlich bleibt auch die Konzeption der Umweltpolitik im Sinne eines Extrabeitrages zum übergreifenden Projekt der weiteren gesellschaftlichen Modernisierung. In deren Mittelpunkt stand neben einer verstärkten Mitsprache der Bevölkerung beziehungsweise einzelner Berufsgruppen an der Entwicklung von Bereichspolitiken („Mehr Demokratie wagen" im Sinne Willy Brandts) die weitere Stabilisierung wirtschaftlichen Wachstums mit dem Ziel einer fortgesetzten Erweiterung von Konsummöglichkeiten für breite Teile der Bevölkerung.

So nachvollziehbar diese Orientierung in der Sache sein mag, so sehr unterschied sie sich von gerade denjenigen Überlegungen, die in jener Zeit in umweltpolitisch engagierten Kreisen erwogen wurden, seien es Überlegungen im Rahmen des *Club of Rome* zu den Grenzen des Wachstums (Meadows et al. 1972) oder jene Facetten anti-industrialistischer Kritik an Gewerkschaftsbewegung und Industrie gleichermaßen, wie sie aus Teilen der erst jetzt langsam Gestalt annehmenden grün-alternativen Gruppen vorgetragen wurden: Im Sinne eines bewusst auf weniger materielle Besitztümer in Form immer neuer Konsumgüter und auf entsprechend verringerten Ressourcenverbrauch angelegten Lebensstils (Brand et al. 1987, Roth und Rucht 2008). Derlei konsum- und technikkritischer Skeptizismus trennte diese Gruppen durch einen tiefen Graben von allen anderen politischen Strömungen des Landes, gerade auch der sozialdemokratischen und gewerkschaftlichen Tradition. Sie sahen sich – ob so viel vermuteter oder tatsächlicher Naivität – im besten Falle einem mitleidigen Bedauern, im schlimmeren Falle der strikten Zurückweisung, wenn nicht gar Verachtung ausgesetzt. Sowohl die politischen Führungen als auch die Anhängerschaften der übrigen politischen Strömungen und der meisten sonstigen gesellschaftlichen Akteure verharrten noch in den Denkwelten der ‚ersten' bzw.

‚nichtreflexiven Modernisierung' (Beck 1986). Ein erster Ausgleich vollzog sich erst seit den ausgehenden 1980er Jahren.

„Environmentalism" in der „Ersten" und „Dritten Welt"

Kommt man vor dem Hintergrund dieses Aufstiegs von Umweltfragen zu einem politischen Thema in einem Schlüsselland des Globalen Nordens auf die Frage nach dem Unterschied zwischen „First World Environmentalism" und „Third World Environmentalism" zurück, so werden ungeachtet aller Unterschiede auch beachtliche Parallelen sichtbar. Was unter dem Begriff des „Third World Environmentalism" verstanden wird, weist erhebliche Gemeinsamkeiten mit der Art und Weise auf, in der die Thematisierung von Umweltproblemen in der Tradition der historischen Arbeiterbewegung Europas und Nordamerikas erfolgte, nämlich primär als Schutz vergleichsweise armer Bevölkerungsgruppen vor Begleiterscheinungen einer aggressiven Industrialisierung. Umweltdegradation als Teil der Sozialen Frage und, damit verbunden, ein stark praktisch ausgerichtetes und weniger auf ein systemisches Verständnis hin angelegtes Interesse an Umweltfragen:

Das gilt für die Forderung nach ausreichendem Zugang zu gesundheitlich unbedenklichem Trinkwasser und nach sanitären Mindeststandards in Bezug auf Abwasser in den betreffenden slumartigen Wohngebieten, primär zur Vermeidung von Infektionen, teilweise auch im Sinne eines Beitrags zur Realisierung elementarer Bürgerrechte. Dazu gehört auch die Forderung nach einem bezahlbaren Zugang zu Strom und Brennstoffen, ferner die Vermeidung gesundheitsgefährdender Formen von Luftverschmutzung. Ein weiteres Schlüsselproblem bildet, im städtischen ebenso wie im ländlichen Bereich, die Forderung der Sicherung eines Wohnrechts am gegebenen Platz. Der Unterschied zwischen diesen Forderungen im Globalen Süden und den historischen Forderungen der Arbeiterbewegungen des Globalen Nordens ist in systematischer Hinsicht gering. Der Hauptunterschied ist zeitlicher Art: Im Norden sind die meisten dieser Probleme in Folge entsprechender politischer Kämpfe weithin geregelt, im Süden dauern sie an. Zum Teil nehmen sie sogar noch zu. Eine Zwischenstellung nehmen jene Bewegungen ein, die, primär in den USA, unter der Losung „Environmental Justice" für eine Besserung ihrer umweltpraktischen und sozialen Lage kämpfen (Bolte und Mielck 2004, Liu 2001, Sandler und Pezzullo 2007, siehe hierzu auch den Beitrag von Elvers in diesem Band).

In Entwicklungsländern kommen allerdings solche Probleme hinzu, die mit der Tatsache zusammenhängen, dass ein enormer Bevölkerungsteil noch immer auf dem Lande lebt. Im überwiegenden Teil dieser Fälle bildet folglich der Boden noch immer die entscheidende Ressource. Unzureichender Zugang zu Wasser und Strom, unzureichende technische Hilfsmittel, fehlende finanzielle Spielräume, schlechte Böden und nicht zuletzt gänzlich unzureichende Rechtsmittel, insbesondere das Fehlen gesicherter und einklagbarer Eigentumstitel auf das betreffende Land, gehören in diesem Zusammenhang zu den einschneidenden Problemen.

Im globalen Norden war die Trennung und Vertreibung großer Teile der ländlichen Bevölkerung vom landwirtschaftlich nutzbaren Boden hingegen eine der zentralen Voraussetzungen dafür, dass die Industrialisierung, gestützt auf entsprechend zahlreiche ‚freie' Arbeitskräfte, ihre Eigendynamik überhaupt entfalten konnte. Die Arbeiterbewegung setzte denn auch erst an diesem Punkt an: mit der Forderung nach ausreichenden Löhnen, nach einer Begrenzung der täglichen und wöchentlichen Arbeitszeit, nach schulischen Möglichkeiten und eben auch mit jenen Forderungen, die sich auf die Begrenzung solcher Beeinträchtigungen richteten, die aus einer bereits degradierten Natur erwuchsen.

Demgegenüber bildet die zeitliche Parallelität von ländlicher und städtischer Phase in der Herausbildung einer modernen, primär durch kapitalistische Logiken geprägten Armutsbevölkerung in Entwicklungsländern den Normalfall. Es kommt hinzu, dass weltweit operierende große Firmen in Entwicklungsländern immer wieder auch zu Bedingungen – sei es hinsichtlich der Bezahlung, der gesundheitlichen und sonstiger Sicherheitsvorkehrungen – arbeiten lassen können, die im Herkunftsland nicht (mehr) möglich sind. Schon im Normalgang und um so mehr im Falle von Unglücken können dabei, wie etwa das Chemieunglück des Jahres 1984 im indischen Bophal gezeigt hat, enorme gesundheitliche Belastungen entstehen, die sich über Jahrzehnte hinziehen und bestenfalls in engen Grenzen zu Entschädigungen führen. Dem entsprechend stehen die sozialen Probleme und damit verbundene Gerechtigkeitsfragen in den Ländern des globalen Südens, falls überhaupt möglich, noch stärker im Mittelpunkt als seinerzeit in Europa, und Naturschutz im alten Sinne, als Sorge um die Erhaltung schöner Landschaftsstücke und bedrohter Arten, kann vor diesem Hintergrund kaum anders, denn als vollständiger Luxus und als Ausdruck einer in jeder Hinsicht gesicherten sozialen Existenz gelten, eben als „environmentalism of the rich".

Stellt man allerdings in Rechnung, dass klassischer Naturschutz erstens nur einen Teilaspekt und zweitens nicht unbedingt den bedeutendsten Teilaspekt jener umweltpolitischen Herausforderungen ausmacht, die heute unter dem gemeinsamen Ziel der Vermeidung nicht wünschbarer Beeinträchtigungen von Naturprozessen zusammengefasst sind, so spricht vieles dafür, es nicht bei dieser Perspektive aus dem globalen Süden zu belassen. So bedeutsam diese Perspektive ist, so wenig ist sie die Perspektive, aus der allein sich sinnvolle Beiträge zur Bewältigung der umweltpolitischen Herausforderungen der Gegenwart entwickeln lassen. Letztere sind aus mittlerweile zweihundert Jahren eines zunehmend global ausgerichteten Stoffwechselprozesses zwischen Gesellschaft und Natur erwacht, der sozial *und* ökologisch gleichermaßen zerstörerische Konsequenzen gezeitigt hat und weiter zeitigt (Bryant und Bailey 2000, Gosh und Guven 2006, Vertovec und Posey 2003). Deshalb liegt es nahe, beide Perspektiven, den Schutz der Menschen vor ‚natürlichen' und gesellschaftlich verursachten Naturdynamiken und den Schutz von Naturdynamiken vor gesellschaftlich verankerten Zerstörungsprozessen, als komplementäre Perspektiven und Herausforderungen zu verstehen.

Ein nachhaltigkeitspolitischer Ausblick

Tatsächlich bewegt man sich damit im Kernbereich dessen, was das Konzept der Nachhaltigkeit ausmacht: die Verschränkung der klassischen Sozialen Frage ('Ökonomie versus Soziales') mit der Anerkennung des Problems der Abhängigkeit jedweden gesellschaftlichen Fortschritts vom Fortbestand der notwendigen ökosystemaren Voraussetzungen in Gestalt entsprechender ökologischer Funktionen und Leistungen der Natur. Da sich aber beide Teilsysteme (Natur und Gesellschaft) ungeachtet ihrer wechselseitigen Bedingtheit schon je für sich in hohem Maße eigendynamisch bewegen, wird es keinen noch so sorgfältig konzipierten nachhaltigkeitspolitischen Masterplan geben, der die verschiedenen Seiten der Problematik zu einem konsistenten – und entsprechend nachhaltigen – Ganzen zusammenfügt. Was als abstrakte Zielstellungen leichthin miteinander verbunden werden kann, erweist sich in der gesellschaftlichen Praxis als säkulare Herausforderung. Hier dominiert wie eh und je die Tendenz zu immer neuen Konflikten zwischen divergierenden wirtschaftlichen, sozialen und gesellschaftspolitischen Interessenlagen unterschiedlicher Akteurgruppen und zwischen entsprechend unterschiedlichen politischen Zielstellungen und Handlungskonzepten. Unterschiedliche Urteile in Bezug auf die Bewertung umweltpolitischer Herausforderungen und einen wünschenswerten Umgang mit ihnen bilden dabei eine der Konstanten.

Welche Optionen sich dabei durchsetzen, hängt bekanntlich nicht allein von der Verfügbarkeit guter Argumente, sondern ebenso sehr von Machtkonstellationen ab. Dadurch verschieben sich die Kriterien zur Bewertung entsprechender Optionen folgerichtig in Richtung auf (konkurrierende) Maßstäbe für das, was als fair und gerecht akzeptiert wird. Die Stabilität gefundener Lösungen hängt somit von zweierlei ab: von ihrer umwelt- und ressourcenpolitischen Sachgerechtigkeit und vom Niveau des gefundenen Ausgleichs zwischen den Interessen der konkurrierenden politischen Akteure und den dahinter versammelten jeweiligen sozialen Gruppen: im außenpolitischen Bereich zwischen den klassischen Industrieländern und den unterschiedlichen Ländern des Globalen Südens, sowohl der Schwellenländer als auch der großen Zahl der weniger starken Entwicklungsländer (Ajam 2005). Daneben aber auch zwischen den Ländern des Globalen Nordens, allen voran zwischen den USA und den diversen europäischen Ländern. Interessendivergenzen und Machtasymmetrien auf innenpolitischer Ebene bilden in allen Ländern eine zweite, ebenso bedeutsame Dimension nachhaltigkeitspolitischer Konfliktlinien.

Die jüngste Variante dessen findet sich vor allem in den Schwellenländern: neben denjenigen Gruppen und Interessen, deren Umweltbezüge in der eingangs zitierten Literatur unter dem Sammelbegriff des „Environmentalism of the Poor" zusammengefasst wurden, finden sich hier die in rasanter Entwicklung begriffenen sogenannten neuen Mittelklassen in Ländern wie Indien, China und Brasilien, die in westlichen Medien vielfach als eine Art umwelt- und nachhaltigkeitspolitischer Antichrist apostrophiert werden (dazu Lange and Meier 2009). Vor diesem Hintergrund könnte man es schon als Sensation ansehen, dass sich nennenswerte Teile dieser Gruppen wenigstens zu Varianten des ansonsten so geschmähten „First

World Environmentalism" im Sinne eines elementaren Verständnisses für Belange des Naturschutzes und im Übrigen zu ökologisch mehr oder minder aufgeschlossenen Varianten eines ursprünglich rein westlichen Lebensstils bereit finden. Die ohnehin schon enormen Unterschiede zwischen den Bedürfnissen und Prioritäten der Armen einerseits und der neuen Mittelklassen andererseits, im Verhältnis Stadt-Land ebenso wie innerhalb der urbanen Zentren, werden freilich auch unter dieser Bedingung zunächst eher noch größer als kleiner (Fernandes 2006, Harriss 2009) – und damit auch die Spannungen, zwischen den jeweiligen Formen von „First" und „Third World Environmentalism".

Hier öffnet sich in der Folge ein breiter Fächer nachhaltigkeitspolitischer und, nicht zuletzt, auch umweltsoziologischer Herausforderungen. Kein Zweifel besteht allerdings darin, dass es in allen hier nur angerissenen Konstellationen, auf internationaler wie auf nationaler Ebene, im Globalen Norden ebenso wie im Süden und in besonderem Maße auch im Verhältnis zwischen Nord und Süd, im Kern um die Eröffnung von Wegen zu sozialem, wirtschaftlichem und politischem Ausgleich geht. „Gerechte" Rahmenbedingungen bilden in diesem Sinne die zentrale Voraussetzung für umwelt- und nachhaltigkeitspolitische Fortschritte (Narain 2010). Und nur unter dieser Voraussetzung ist auch eine nennenswerte Verringerung der vielfältigen latenten und manifesten Spannungen zwischen „First World Environmentalism" und „Third World Environmentalism" denkbar.

Alles in Allem: ohne sozialen Ausgleich keine nachhaltige Stabilisierung des Stoffwechsels zwischen Gesellschaft und Natur.

Weiterführende Literatur

Martinez-Alier, Joan (2002): *The Environmentalism of the Poor*. Cheltenham, UK: Elgar.

Ueköttter, Frank (2003): *Von der Rauchplage zur ökologischen Revolution: Eine Geschichte der Luftverschmutzung in Deutschland und den USA 1880–1970*. Essen: Klartext.

Sandler, Ronald D. und Phaedra C. Pezzullo (Hrsg.) (2007): *Environmental Justice and Environmentalism: The Social Justice Challenge to the Environmental Movement*. Cambridge, MA: MIT Press.

Markham, William T. (2008): *Environmental Organizations in Modern Germany: Hardy Survivors in the Twentieth Century and Beyond*. New York: Berghahn Books.

Coates, Peter A. (1998): *Nature: Western Attitudes since Ancient Times*. London: Polity Press.

Zitierte Literatur

Ajam, Adil (2005): Why Environmental Politics Looks Different From the South. In: Dauvergne, Peter (Hrsg.), *Handbook of Global Environmental Politics*. Cheltenham: Edward Elgar Publishers, 111–126

Beck, Silke (2009): *Das Klimaexperiment und der IPCC: Schnittstellen zwischen Wissenschaft und Politik in den internationalen Beziehungen*. Marburg: Metropolis.

Beck, Ulrich (1986): *Risikogesellschaft: Auf dem Weg in eine andere Moderne*. Frankfurt a. M.: Suhrkamp.

Bolte, Gabriele und Andreas Mielck (Hrsg.) (2004): *Umweltgerechtigkeit: Die soziale Verteilung von Umweltbelastungen*. Weinheim: Juventa.

Brand, Karl Werner, Detlef Büsser und Dieter Rucht (1987): *Aufbruch in eine andere Gesellschaft: Neue soziale Bewegungen in der Bundesrepublik*. Frankfurt a. M.: Campus.

Brüggemeier, Franz-Josef und Thomas Rommelspacher (1991): *Geschichte der Umwelt im 19. und 20. Jahrhundert*. München: Beck.

Bryant, Raymond L. und Sinéad Bailey (2000): *Third World Political Ecology*. London: Routledge.

Carson, Rachel (1963 [1962]): *Der stumme Frühling*. München: Beck.

Coates, Peter A. (1998): *Nature: Western Attitudes since Ancient Times*. London: Polity.

de Haan, Gerhard und Udo Kuckartz (1998): Umweltbewußtseinsforschung und Umweltbildungsforschung: Stand, Trends, Ideen. In: de Haan, Gerhard und Udo Kuckartz (Hrsg.), *Umweltbildung und Umweltbewußtsein. Forschungsperspektiven im Kontext nachhaltiger Entwicklung*. Opladen: Leske+Budrich, 13–38.

Dunlap, Riley E. (2008): The NEP Scale: From Marginality to Worldwide Use. *Journal of Environmental Education* 40 (1): 3–18.

Dunlap, Riley E. und William Michelson (Hrsg.) (2001): *Handbook of Environmental Sociology*. Westport: Greenwood.

Fernandes, Leela (2006): *India's New Middle Class: Democratic Politics in an Era of Economic Reform*. Minneapolis: University of Minnesota Press.

Fritzler, Marc (1997): *Ökologie und Umweltpolitik*. Bonn: Bundeszentrale für politische Bildung.

Gagdil, Madhav und Ramachandra Guha (2007): Ecological Conflicts and the Environmental Movement in India. In: Rangarajan, Mahesh (Hrsg.), *Environmental Issues in India. A Reader*. New Delhi: Pearson Longman, 420–424.

Gerlitz, Peter (1998): *Mensch und Natur in den Weltreligionen: Grundlagen einer Religionsökologie*. Darmstadt: Primus Verlag.

Ghosh, B. N. und Halil M. Guven (2006): *Globalization and the Third World: A Study of Negative Consequences*. Basingstoke: Palgrave Macmillan.

Harriss, John (2009): Middle-Class Activism and the Politics of the Informal Working Class: A Perspective on Class Relations and Civil Society in Indian Cities. In: Agarwala, Rina und Ronald J. Herring (Hrsg.), *Whatever Happened to Class? Reflections from South Asia*. Lanham, MD: Lexington Books, 109–126.

Hawcroft, Lucy J. und Taciano L. Milfont (2010): The Use (and Abuse) of the New Environmental Paradigm Scale over the Last 30 Years: A Meta-analysis. *Journal of Environmental Psychology* 30 (2): 143–158.

Heine, Hartwig und Rüdiger Mautz. 1989. *Industriearbeiter contra Umweltschutz?* Frankfurt a. M.: Campus.

Homburg, Andreas und Ellen Matthies (1998): *Umweltpsychologie*. Weinheim: Juventa.

Inglehart, Ronald (1977): *The Silent Revolution: Changing Values and Political Styles Among Western Publics*. Princeton: Princeton University Press.

IPOS, Institut für praxisorientierte Sozialforschung (1989 ff.): *Einstellungen zu Fragen des Umweltschutzes*. Mannheim: Selbstverlag.

Küppers, Günter, Peter Lundgreen und Peter Weingart (1978): *Umweltforschung: Die gesteuerte Wissenschaft?* Frankfurt a. M.: Suhrkamp.

Lange, Hellmuth, Wolfgang Hanfstein und Susanne Lörx (1995): *Gas geben? Umsteuern? Bremsen? Die Zukunft von Auto und Verkehr aus der Sicht der Automobilarbeiter*. Frankfurt a. M.: Peter Lang.

Lange, Hellmuth und Lars Meier (Hrsg.) (2009): *The New Middle Classes: Globalizing Lifestyles, Consumerism and Environmental Concern*. Dordrecht: Springer.

Liu, Feng (2001): *Environmental Justice Analysis: Theories, Methods, and Practice*. Boca Raton: Lewis Publishers.

Markham, William T. (2008): *Environmental Organizations in Modern Germany: Hhardy Survivors in the Twentieth Century and Beyond*. New York: Berghahn Books.

Martinez-Alier, Joan (2002): *The Environmentalism of the Poor*. Cheltenham: Edward Elgar Publishing.

Marx, Karl (1972 [1867]): *Das Kapital*, Band. 1. Berlin: Dietz.

McNeill, John R. (2005): *Blue Planet: Die Geschichte der Umwelt im 20. Jahrhundert*. Bonn: Bundeszentrale für Politische Bildung.

Meadows, Donella H., Dennis L. Meadows, Jørgen Randers und William W. Behrens (1972): *Die Grenzen des Wachstums: Bericht des Club of Rome zur Lage der Menschheit*. Stuttgart: Deutsche Verlags Anstalt.

Moore, Charles (1989): Foreword. In: Marsden-Smedley, Philip (Hrsg.), *Britain in the Eighties: The Spectator's View on the Thatcher Decade*. London: Grafton Books.

Narain, Sunita (2010): Klimawandel: Keine allgemeine Teilhabe an der Welt. *Aus Politik und Zeitgeschchte (APuZ)* 32/33: 3–7.

Nash, Roderick (1982): *Wilderness and the American Mind*. New Haven: Yale University Press.

Nohlen, Dieter (2002): *Lexikon Dritte Welt*. Reinbek: Rowohlt.

Radkau, Joachim (2000): *Natur und Macht*. München: Beck.

Radkau, Joachim und Frank Uekötter (Hrsg.) (2003): *Naturschutz und Nationalsozialismus*. Frankfurt a. M.: Campus.

Roth, Roland und Dieter Rucht (Hrsg.) (2008): *Die sozialen Bewegungen in Deutschland seit 1945: Ein Handbuch*. Frankfurt a. M.: Campus-Verl.

Sandler, Ronald D. und Phaedra C. Pezzullo (Hrsg.) (2007): *Environmental Justice and Environmentalism: The Social Justice Challenge to the Environmental Movement*. Cambridge, MA: MIT Press.

Sengupta, Ramprasad (2004): *Ecology and Economics: An Approach to Sustainable Development*. New Delhi: Oxford University Press.

Thurow, Lester C. (1980): *The Zero-sum Society: Distribution and the Possibilities for Economic Change*. New York: Basic Books.

UN (1972): *United Nations Conference on the Human Environment*. Stockholm: Report, URL: http://www.unep.org.

UN (2005): *Millenium Ecosystem Assessment Report*. Stockholm: Report, URL: http://www.unep.org.

van Koppen, Kris und William T. Markham (Hrsg.) (2007): *Protecting Nature: Organizations and Networks in Europe and the USA*. Cheltenham, UK: Elgar.

Vertovec, Steven und Darell Posey (2003): *Globalization, Globalism, Environments, and Environmentalism: Consciousness of Connections*. Oxford: Oxford University Press.

Soziologie globaler Umwelt- und Nachhaltigkeitspolitik

Harald Heinrichs

Einleitung

In der Menschheitsgeschichte waren die durch den Menschen erzeugten Beeinträchtigungen der natürlichen Umwelt zumeist lokal begrenzt, nur selten kam es auch zu überregionalen Auswirkungen. Menschen gemachte globale Umweltveränderungen sind erst durch die fortschreitende Industrialisierung und die jüngere Phase der (ökonomischen) Globalisierung entstanden. Internationale und globale Umweltpolitik, als gesellschaftliche und staatliche Reaktion auf globale Umweltveränderungen, sind trotz vereinzelter früherer Ansätze daher im Wesentlichen ein Phänomen des späten 20. Jahrhunderts.

Die Erkenntnis, dass soziale und ökonomische Dynamiken der Industriemoderne die Triebkräfte für die weit reichenden Umweltveränderungen der vergangenen zwei Jahrhunderte sind, hat Ende der 1980er Jahre zum Konzept der nachhaltigen Entwicklung geführt (Brundtland 1987). Für die Realisierung dieses (welt-)gesellschaftlichen Transformationsprozesses bedarf es einer Nachhaltigkeitspolitik, die über Umwelt(schutz)politik im traditionellen Sinne hinausgeht. Sie muss zielen auf eine inter- und intragenerationell gerechte Ko-Optimierung sozialer, ökonomischer und ökologischer Entwicklungen. Trotz beeindruckender institutioneller und programmatischer Entwicklungen und erfreulicher (Teil-)Erfolge der globalen Umweltpolitik in den vergangenen 40 Jahren sowie vielfältiger nachhaltigkeitspolitischer Ansätze und Initiativen in den vergangenen 20 Jahren, ist die Welt nach wie vor auf einem insgesamt nicht-nachhaltigen Entwicklungspfad (Steffen et al. 2004).

Klimawandel und Artenverlust, Natur- und Umweltkatastrophen, Überbevölkerung und demographischer Wandel, Armut und Hunger, Wirtschafts- und Finanzkrisen stellen unter anderem die internationale Völkergemeinschaft vor enorme Herausforderungen. Die unterschiedlichen Problemfelder sind vielfältig miteinander verknüpft. Die globale Völkergemeinschaft ist mit sich wechselseitig beeinflussenden ökologischen, ökonomischen und sozialen Instabilitäten konfrontiert.

Zahlreiche Akteure aus Politik, Wirtschaft, Zivilgesellschaft, aber auch Wissenschaft sind als Treiber, Blockierer oder Beobachter an der (Weiter-)Entwicklung globaler Umwelt- und Nachhaltigkeitspolitik beteiligt. Im Bereich der Wissenschaften sind neben den Naturwissenschaften, die globale Umweltveränderungen ‚sichtbar‘ machen und sich aktiv in Regulierungsdiskussionen einbringen (z. B. IPCC), insbesondere die Ökonomie (z. B. ‚Stern-Report‘) und Politikwissenschaften (z. B. *Global Environmental Governance*) bemüht, globale Umwelt- und Nachhaltigkeitspolitik systematisch zu beeinflussen. Soziologische Perspektiven sind hingegen, abgesehen von einzelnen Soziologen wie Ulrich Beck, Anthony Giddens oder Arthur Mol, die zu globalen umwelt- und nachhaltigkeitspolitischen Diskussionen Beiträge leisten, vergleichsweise schwächer vertreten. Angesichts der theoretischen wie empirischen Kompetenzen der Soziologie kann dies erstaunen. Im vorliegenden Beitrag möchte ich deshalb der Frage nachgehen: Welchen Beitrag leistet die Soziologie zur Diskussion über globale Umwelt- und Nachhaltigkeitspolitik?

Dafür werde ich zunächst die historische Entwicklung und Variabilität gesellschaftlicher Naturverhältnisse skizzieren und die gegenwärtige Ausprägung der Globalisierung und globalen Umweltveränderungen darstellen. Die als Reaktion darauf entstandene globale Umweltpolitik wird anschließend ebenso beschrieben wie Ansätze globaler Nachhaltigkeitspolitik, die angesichts der verzahnten Herausforderungen des globalen ökonomischen, sozialen und ökologischen Wandels an Relevanz gewinnen. Die Leistungen, Herausforderungen und Potentiale einer Soziologie globaler Umwelt- und Nachhaltigkeitspolitik werden schließlich aufgearbeitet und diskutiert.

Dynamik gesellschaftlicher Umweltverhältnisse

Menschen sind als biologische Wesen Teil der ‚Natur' und benötigen die bio-physikalische Umwelt prinzipiell zur Erhaltung grundlegender Lebensfunktionen (Stoffwechsel). Als Jäger und Sammler veränderten die Menschen die natürlichen Lebensgrundlagen kaum. Eingriffe in die lokale Umwelt waren beschränkt und genutzte Materialien wurden in natürlichen Kreisläufen wiederverwertet. Die geringe Anzahl an Menschen sowie ständige Ortswechsel verhinderten eine irreversible Übernutzung natürlicher Ressourcen. Mit dem Aufkommen von sesshaften Agrargesellschaften und dem Entstehen von Hochkulturen gewannen lokale und regionale Umweltbelastungen für Wasser, Boden und Luft an Relevanz. Die intensivere Nutzung zum Beispiel von Böden zur Nahrungsmittelerzeugung für eine wachsende Bevölkerung, von natürlichen Ressourcen zum Aufbau von Städten und Ausbau von militärischen und wirtschaftlichen Infrastrukturen (Flotten, Kriegsmaterial) stellten signifikante Eingriffe dar (Sachs 2008: 77 ff., Diamond 2005). Nach Ansicht von Jared Diamond (2005) war Umweltdegradation ein wesentlicher Faktor für den Untergang verschiedener Hochkulturen.

Trotz erster Umweltschutzmaßnahmen – insbesondere Abwassersystemen – in verschiedenen Weltregionen nahmen Umweltprobleme bei wachsender Bevölkerung und Ausweitung (technischer) Handlungsmöglichkeiten zu. Im Mittelalter kann die Pest als eine der schlimmsten Folgen mangelnder Umweltschutzmaßnahmen gesehen werden (Rogall 2002). Neben den Rückwirkungen von menschengemachten Umweltveränderungen waren gesellschaftliche Umweltverhältnisse immer auch durch die Wirkungen der eigendynamischen Natur geprägt (Reicholff 2007). Erdbeben und Meteoriteneinschläge, Wetterextreme oder Klimaveränderungen (Eiszeit-Warmzeit) haben natürliche Umwelten der Menschen verändert und Anpassungsprozesse erforderlich gemacht.

Die Neuzeit und die industrielle Revolution haben zu gänzlich neuen gesellschaftlichen Umweltverhältnissen geführt. Zwar hat die Freisetzung von Kreativität und
Expansion technischer Fähigkeiten zu wachsenden Freiheitsgraden des Menschen
gegenüber der ‚Natur' geführt. Eine Beherrschung der Natur beziehungsweise Entkopplung durch wissenschaftlich-technischen Fortschritt hat aber nur scheinbar
stattgefunden. Auf der einen Seite wurden Naturereignisse, wie Überschwemmungen oder Stürme, zunehmend durch eine dichte Besiedlung und Ansammlung von
Werten zu Naturkatastrophen. Auf der anderen Seite hat die Tiefe und breite der
industriegesellschaftlichen Moderne enorme Neben- und Spätfolgen in der natürlichen Umwelt ausgelöst. Die exponentiell ansteigenden Grafen (siehe Abbildung 1)
verdeutlichen die durch den Menschen ausgelösten Umweltveränderungen der vergangenen 200 Jahre.

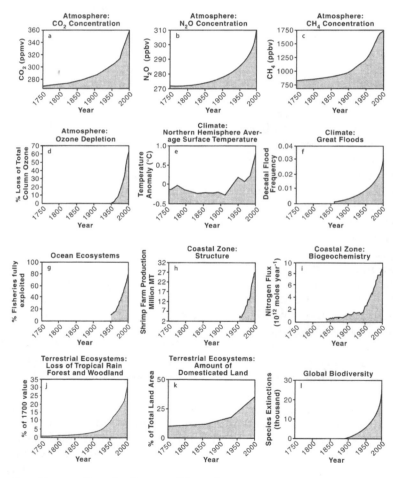

Abbildung 1   Dynamiken im System Umwelt (aus Steffen et al. 2004).

Der Umwelthistoriker John McNeill (2003) hat die vielfältigen und weit reichenden Veränderungen im 20. Jahrhundert differenziert beschrieben und analysiert. Dabei zeigt er auch auf, wie Gesellschaft und Politik auf die zunehmend sichtbaren beziehungsweise durch Wissenschaft sichtbar gemachten Umweltveränderungen reagierte. Die Lösung oder Abmilderung von lokalen und regionalen Umweltschäden insbesondere in Industrieländern wird dabei als Folge der erfolgreichen Institutionalisierung von – zunächst – nationalen Umweltpolitiken und der Entwicklung umweltpolitischer Instrumente erkennbar, die unter kritischer zivilgesellschaftlicher, wissenschaftlicher und medialer Begleitung entstanden sind.

Um die beschriebenen Dynamiken gesellschaftlicher Umweltverhältnisse auf einer abstrakten Ebene begrifflich zu fassen und dadurch grundlegende Zusammenhänge besser zu verstehen, wurden in den vergangenen Jahren aus unterschiedlichen disziplinären, auch soziologischen, Hintergründen konzeptionelle Ansätze entwickelt. Wesentliche Konzepte sind: *Ko-Evolution* (Norgaard 1994), *Ko-Produktion* (Latour 2001) und *gesellschaftliche Naturverhältnisse* (Becker und Jahn 2006). Industriegesellschaftliche Vorstellungen einer ,Gesellschaft ohne Umwelt' nehmen ,Natur' nur als externe Ressourcenquelle und Senke in den Blick. Und in romantischen Vorstellungen erscheint Natur als etwas Gutes, Heiliges, Unantastbares. Im Gegensatz dazu fokussieren die Ansätze auf miteinander in Wechselwirkung stehende sozio-ökonomische und bio-physikalische Systeme, gekoppelte sozial-ökologische Systeme (Becker und Jahn 2006) beziehungsweise auf die ,gemeinsame' Wirklichkeitserzeugung durch Menschen und nicht-menschliche Entitäten der Dingwelt (Latour 2001). Vermittelt durch technisches Handeln entstehen spezifische gesellschaftliche Umweltverhältnisse durch das Zusammenwirken von symbolischer Wirklichkeitsrepräsentation der Menschen und den materiellen Wirklichkeitsbedingungen der Umwelt. Die Ko-Evolution von gekoppelten Gesellschaft-Umwelt-Systemen kann danach als das Ergebnis der durch die Ko-Produktion zwischen Menschen und ihrer materiellen Welt ausgelösten transintentionalen Effekte angesehen werden. Die Unbestimmtheit von Naturdynamiken und die damit unvermeidlich verbundenen ,Überraschungen' steigern die gegebene Komplexität weiter (Dürr 2010, Groß 2010). Diese Perspektive impliziert die prinzipiell begrenzte Kontroll-, Plan- und Steuerbarkeit gesellschaftlicher Umweltverhältnisse und damit eine weitgehende Zukunftsoffenheit, die auch auf Gestaltungsmöglichkeiten und -notwendigkeiten verweist.

Die deskriptiven Beobachtungen der Dynamik gesellschaftlicher Umweltverhältnisse und die genannten theoretisch-konzeptionellen Ansätze helfen, die heutigen sozio-materiellen Bedingungen der Weltrisikogesellschaft (Beck 2007) im historischen Kontext einzuordnen und den Blick zu schärfen für die Notwendigkeit zur Transformation in Richtung einer nachhaltigen Weltgesellschaft (Abbildung 2). Um die Anforderungen an eine problem- und komplexitätsadäquate globale Umwelt- und Nachhaltigkeitspolitik genauer zu bestimmen, ist es zunächst notwendig, die Triebkräfte, Ausprägungen und Folgen von Globalisierung und globalen Umweltveränderungen konkret zu fassen.

Abbildung 2   Nachhaltigkeitsphasen

Globalisierung und globale Umweltveränderungen

Seit den 1990er Jahren gibt es in und zwischen (Sozial-)Wissenschaft, Politik, Wirtschaft, Medien und (Zivil-)Gesellschaft intensive Debatten über die so genannte
‚Globalisierung'. Das Spektrum der Meinungen in den Diskussionen ist breit, unter
anderem gibt es:

- ökonomisch begründete Argumente für mehr Globalisierung, weil damit aufgrund von komparativen Kostenvorteilen weltweit der Wohlstand gehoben
  werden könne (Ricardo 2006).
- unterschiedliche kulturelle Ansichten, wie z. B. die positive Vision der Welt als
  Dorf (McLuhan 1968) oder negative Perspektiven wie die Homogenisierungs-
  these der McDonaldisierung der Welt (Ritzer 1997) sowie Diskussionen über
  mögliche Kulturkonflikte im globalen Dorf (Huntington 2002).
- politische Anti-Globalisierungsansichten, die wegen wahrgenommener sozialer und ökologischer Nebenfolgen der ökonomischen Globalisierung für mehr
  Lokalisierung und Regionalisierung streiten (Sachs 1997).

Um die unterschiedlich interpretierbare Globalisierungsdynamik der vergangenen
zwei Jahrzehnte, die ohne Zweifel als tatsächliches Phänomen wie als Diskursge-
genstand von hoher Bedeutung für weite Teile der Menschheit sind, angemessen
bewerten zu können, ist es notwendig, zu analysieren, inwieweit sich die gegenwärtige Globalisierung von früheren Formen Grenzen überschreitenden Handelns
unterscheidet.

David Held et al. (1999: 415 ff.) beschreiben in ihrem Standardwerk *Global Transformations: Politics, Economics and Culture* vier Phasen der Globalisierung: vormoderne, frühmoderne, moderne und gegenwärtige. Während des größten Teils der Menschheitsgeschichte waren die Expansion sozialen Handelns und der Austausch zwischen Gruppen über größere Entfernungen hinweg sehr begrenzt. Erst mit dem Aufkommen von regionalen Hochkulturen wie der indischen Zivilisation, Han China oder dem römischen Imperium entstanden Grenzen überschreitende, interregionale und interzivilisationale Netzwerke. Triebkräfte hierfür waren im Wesentlichen religiöser, militärischer und politischer Natur. Die von Europa ausgehende frühmoderne Globalisierungsphase beim Übergang vom Mittelalter zur Neuzeit war, angetrieben durch technologische Entwicklungen, geprägt sowohl durch die Verdichtung internationalen Austauschs wie durch die signifikante räumliche Ausweitung von Beziehungen. In dieser Phase beginnt auch die Ausdifferenzierung der Welt in Zentrum (Europa, westliche Welt), Semi-Peripherie und Peripherie (Wallerstein 2004). In der Phase der modernen Globalisierung (1850–1945) wurden die Entwicklungen intensiviert. Die Entstehung der kapitalistischen Industriemoderne führte zu einer primär ökonomisch angetriebenen Ausweitung internationaler (zwischen Staaten) und zunehmend auch transnationaler (zwischen unterschiedlichen Akteuren aus unterschiedlichen Staaten) Netzwerke. Der Beginn der gegenwärtigen Phase der Globalisierung lässt sich nach der Zäsur des zweiten Weltkriegs in 1945 ansetzen. Held et al. (1999: 425) sehen im Vergleich zu früheren Globalisierungsphasen qualitative Unterschiede: „In addition, we argue that the contemporary era represents a historically unique confluence or clustering of patterns of globalization in the domains of politics, law and governance, military affairs, cultural linkages and human migrations, in all dimensions of economic activity and in shared global environmental threats. Moreover, this era has experienced extraordinary innovations in the infrastructures of transport and communication, and an unparalleled density of institutions of global governance and regulation". Die Etablierung von (neuen) Nationalstaaten, die Dekolonialisierung, die Etablierung der Vereinten Nationen und internationaler Institutionen, wie das Bretton-Woods-System und daran anknüpfend das internationale Zoll- und Handelsabkommen (GATT) und die Welthandelsorganisation (WTO), regionale supranationale Entwicklungen wie die Europäische Union oder multilaterale Abkommen und Organisationen wie die Organisation für ökonomische Zusammenarbeit und Entwicklung (OECD), die Organisation Erdöl exportierender Länder (OPEC) das nordamerikanische Freihandelsabkommen (NAFTA) oder der süd- und ostasiatische Staatenverbund (ASEAN) haben zu einem komplexen politischen Mehrebenensystem geführt. Die Internationalisierung und Globalisierung im politischen Bereich wird ergänzt durch die ökonomische Globalisierung, die durch Handel und multinationale Konzerne geprägt wird, durch die kulturelle Globalisierung, die durch Tourismus, Migration und Populärkultur über (neue) Medien angetrieben wird, und durch die zivilgesellschaftliche Globalisierung, die durch Vernetzung und Globalisierung von Nichtregierungsorganisationen wie Greenpeace, WWF oder Amnesty International entstanden ist.

Die geopolitischen Veränderungen nach dem Ende des Kalten Krieges, die von politischen und wirtschaftlichen Eliten vorangetriebene ökonomische Liberalisierung sowie die technologischen Entwicklungen insbesondere in der Transport-, Informations- und Kommunikationstechnologie seit Beginn der 1990er Jahre haben die seit 1945 sich entfaltenden internationalen Entwicklungen in den vergangenen beiden Jahrzehnten noch einmal gesteigert. Dabei ist es wichtig im Blick zu behalten, dass nicht alle Länder und alle sozialen Gruppen in den Ländern gleichermaßen in die verdichteten globalen Interaktionsprozesse einbezogen sind. Die bisherigen Zentren der Globalisierung lagen in der EU, der NAFTA-Region sowie Japan. In jüngster Vergangenheit hat der Aufschwung der sogenannten BRICS-Länder (Brasilien, Russland, Indien, China und Südafrika) Aufmerksamkeit auf sich gezogen, und nun spricht man – zumindest in wirtschaftlicher Hinsicht – von den „Next Eleven" zu denen Länder wie Mexico und Indonesien gehören (KPMG 2010). Aber auch viele weitere Länder, die nicht zu den *Hot Spots* der Globalisierung zählen, sind in vielfältiger Art und Weise von den weltweiten Entwicklungen betroffen (Mol 2001: 141 ff.). Insgesamt lässt sich festhalten, dass es nie so viel Internationalisierung, Transnationalisierung und Globalisierung gegeben hat wie heute.

Autoren wie Ulrich Beck (1997), Manuel Castells (2001) oder Anthony Giddens (1995) haben aus soziologischer Perspektive die jüngste Globalisierungsphase intensiv diskutiert und dabei die Vielfältigkeit und Ambivalenz der aktuellen Globalisierung herausgearbeitet. In Anlehnung an Giddens lässt sich sagen: Jenseits von schwarz und weiß, ist die Globalisierung eine machtvolle Tatsache, die nicht rückwärtsgewandt im Sinne national-orientierter Globalisierungskritik sondern vorwärtsorientiert in Richtung Kosmopolitisierung nationaler und globaler Prozesse gedacht werden sollte. Die Polyzentralität der Weltgesellschaft, die Balancierung von Macht und Gegenmacht unterschiedlicher Akteure, die Demokratisierung globaler Politik und multilateraler Verhandlungssysteme, die Neuerfindung von Nationalstaaten in der postnationalen Konstellation sind Herausforderungen auf dem Weg zu einer kosmopolitischen Weltinnenpolitik, die über momentane Strukturen der *Global Governance* hinausweisen.

Inwieweit die zunehmend globalisierte industriegesellschaftliche Moderne in Verbindung mit einer exponentiell wachsenden Weltbevölkerung im 19. und 20. Jahrhundert enorme Umweltveränderungen durch Ressourcenverbrauch und Schadstoffeinträge verursacht hat, zeigt das Schaubild in Steffen et al. (2004, siehe oben). Welche besondere Bedeutung dabei die gerade beschriebenen Globalisierungsprozesse für globale Umweltveränderungen haben, ist im Folgenden zu diskutieren.

Der Nobelpreisträger Paul Crutzen hat das gegenwärtige Zeitalter als Anthropozän bezeichnet. Damit ist zum Ausdruck gebracht, dass der Mensch inzwischen das globale Erd- und Ökosystem so stark beeinflusst und verändert, wie zuvor nur dramatische erdgeschichtliche Naturereignisse: das globale Klimasystem wird durch den Ausstoß von Kohlendioxid ins Wanken gebracht, der globale Artenverlust, ausgelöst durch räumliche Verdrängung, Schadstoffeintrag und Ressourcenverbrauch lässt sich als „sechstes Massensterben" bezeichnen, Grenzen überschreitende Bodenerosion und Wüstenausdehnung werden forciert durch nicht angepasste Agrarpraktiken und Landnutzung, Süßwasserressourcen werden nicht nachhaltig genutzt und verändern transnationale Wasserkreisläufe, und nicht oder nur schwer abbaubare Schadstoffe gelangen über Luft, Wasser und Boden in die Umwelt und entfalten Langzeitwirkungen an weit verteilten Orten (WGBU 1993).

Die Globalisierung, genauer gesagt die Globalisierung ressourcenintensiver industriegesellschaftlicher Produktions- und Konsumptionsmuster, ist zweifelsohne die treibende Kraft für die globalen Umweltveränderungen (Mol 2001: 71 ff.). Neo-Marxistische Analysen zur „Tretmühle der Produktion" (Schnaiberg 1980), die auf die zerstörerischen Kräfte sozialer und ökologischer Ausbeutung im (globalen) kapitalistischen System verweisen, haben zu dieser Erkenntnis wesentlich beigetragen. Durch die Beschleunigung der ökonomischen Globalisierung in den 1990er Jahren durch die weitere Liberalisierung von Finanzkapitalismus und Handel sowie Innovationssprünge in Informations-, Kommunikations- und Transporttechnologien sind Stoffströme durch Wertschöpfungsketten global expandiert und intensiviert, Ressourcenverbrauch bis hin zu Risiken für Rohstoffknappheit ausgeweitet, und die Verarbeitungs- und Regenerationsfähigkeit von Ökosystemen, wie dem Klimasystem oder den Weltmeeren, weiter geschwächt. Die verschärfte (ökonomische) Globalisierung hat den materiellen Wohlstand in einigen Schwellen- und Entwicklungsländern erfreulich verbessert, viele Umweltprobleme, wie der globale Klimawandel oder der globale Artenverlust, haben sich allerdings verschärft.

Um die durch die Globalisierung verstärkten globalen Umweltveränderungen angemessen bewerten und anschließend politisch bearbeiten zu können, ist notwendig, zu konkretisieren, was mit „globalen" Umweltveränderungen gemeint ist. Drei Typen globaler Umweltveränderungen lassen sich unterscheiden (Yearley 1996: 62 ff.). Neben globalen Umweltveränderungen im bio-, geo-, chemisch-physikalischen Sinne, wie dem Klimawandel, gibt es weltweit vorkommende Umweltveränderungen, wie Flächenverbrauch (siehe hierzu auch den Beitrag von Rink und Banzhaf in diesem Band). Und schließlich werden lokale Umweltveränderungen als global definiert durch eine globalisierte Wahrnehmung auf den gemeinsamen Planeten; so werden auch Gefährdungen von Nashörnern in Afrika, Pandabären in China und Eisbären in der Arktis zu globalen Umweltproblemen.

Wesentlich für das angemessene Verständnis von Globalisierung und globalen Umweltveränderungen ist, die inter- und intranational ungleiche Verteilung von Nutzen, Schäden und Risiken und ihre nicht immer leicht erkennbaren Verbindungen im Blick zu halten. Die Erkenntnis, dass „literally global phenomena have different impacts at different places on the globe depending on geographical and economic differences" (Yearley 1996: 78) ist dabei ebenso wichtig, wie die Feststellung, dass durch „die Entkopplung des sozialen Ortes und der sozialen Verantwortung der Entscheidung von den Orten und den Zeitpunkten, an denen andere, ‚fremde' Bevölkerungen zum Objekt möglicher physischer und sozialer Verletzungen [gemacht] werden" (Beck 2007: 288). In der Weltrisikogesellschaft ist jegliche Politik zur Regulierung globaler Umweltveränderungen dementsprechend mit enorm hoher sozialer und sachlicher Komplexität inklusive der Herausforderungen sozio-ökonomisch-ökologischer Ungleichheiten und der Forderung nach Umweltgerechtigkeit konfrontiert (Mol 2001: 79–84, Heinrichs et al. 2004).

Globale Umweltpolitik

Die ökonomische und sozio-kulturelle Globalisierung und die eng damit verknüpfte Globalisierung von Umweltveränderungen haben in den vergangenen vier Jahrzehnten zur Globalisierung der Umweltpolitik geführt. Auch wenn es lange vor industriegesellschaftlichen Umweltveränderungen erste zwischenstaatliche Verhandlungen und Abkommen gegeben hat, wie beispielsweise eine Fischereivereinbarung zwischen England und Spanien im Jahr 1351, ist erst nach dem Zweiten Weltkrieg und insbesondere seit den 1990er Jahren ein starker Anstieg an internationalen Abkommen zu verzeichnen. Bis 1920 gab es zwei bis drei internationale Verhandlungen über Umweltprobleme pro Jahr, seit den 1990er Jahren ist die Zahl auf durchschnittlich 80 gestiegen (Mitchell 2010: 27 f.). Neben der Ausbreitung zwischenstaatlicher, internationaler umweltpolitischer Aktivitäten wurde die Globalisierung der Umweltpolitik seit den 1970er Jahren durch die horizontale Ausbreitung nationaler Umweltpolitik vorangetrieben. Ähnlich wie beim Verständnis globaler Umweltveränderungen ist somit auch beim Verständnis globaler Umweltpolitik zu unterscheiden zwischen international-globaler Umweltpolitik und weltweit verbreiteter nationaler Umweltpolitik (Jänicke 2003: 138 ff.). Ausgehend von Pionierländern wie den USA, Schweden, später auch weiterer Länder wie Deutschland und Japan, wurden durch Politiklernen, Diffusion und Imitation grundlegende umweltpolitische Prinzipien und Instrumente zunehmend in vielen Nationalstaaten angewendet und Umweltpolitik institutionalisiert (Weidner 2009). Dementsprechend sind Umweltministerien oder -behörden international vergleichbar strukturiert: Sie sind zum Beispiel orientiert auf die Umweltmedien, Boden, Luft, Wasser, ergänzt um Querschnittsthemen; gründen auf ähnliche Prinzipien wie dem Verursacherprinzip; und nutzen ein ähnliches Spektrum an Instrumenten wie Gesetzen, marktwirtschaftlichen Anreizen, informativ-erzieherischen und kommunikativ-beratenden Maßnahmen. Dazu gehört auch die als Politikintegration beschriebene Etablierung von Umweltpolitik als Querschnittsaufgabe, also die Ökologisierung anderer Politikfelder, beispielsweise der Verkehrs-, Agrar- oder Wirtschaftspolitik.

Aufgrund der dynamischen weltweiten Ausbreitung industriegesellschaftlicher Wirtschaftsweisen ist die auf ökologische Modernisierung ausgerichtete Umweltreform ein umweltpolitischer Ansatz, der inzwischen in vielen Ländern von Bedeutung ist (Jänicke 2008, Mol 2001). Über klassische Umweltschutzpolitik hinausgehend versucht die analytisch-konzeptionelle Perspektive der ökologischen Modernisierung Strategien und Maßnahmen einer innovationsorientierten Umweltpolitik aufzuzeigen, wie ökonomische und ökologische Anforderungen in Einklang gebracht werden können. Wesentlich sind dabei intelligente umweltpolitische Lösungsansätze (*smart regulation*), die innerhalb marktwirtschaftlicher Systeme die Weichen so stellen, dass umweltangepasste Technologien entwickelt und umweltfreundliches

Wirtschaften realisiert wird. Im Jahr 2012 wird die Idee der ökologischen Modernisierung auf der Nachfolgekonferenz des Weltumweltgipfels von Rio de Janeiro (Rio+20) unter dem Leitbild „Green Economy" eines von zwei Schwerpunktthemen sein. Über die supranationale EU-Ebene hinausgehend, die seit längerem Aspekte ökologischer Modernisierung in ihre wirtschafts- und umweltpolitischen Programme integriert, wird die modernisierungsorientierte Umweltpolitik damit Bestandteil internationaler Umwelt- und Wirtschaftspolitik.

Parallel zur weltweiten Ausbreitung nationalstaatlicher Umweltpolitik, ihrer Prinzipien, Instrumente und Konzepte, die durch globale Netzwerke von Mitarbeitern der nationalen Umweltbürokratien weiterentwickelt wird, hat sich seit den 1970er Jahren die internationale Umweltpolitik dynamisch entfaltet. Initiiert von Schweden, einem umweltpolitischen Pionierland der ersten Stunde, wurde in der Nachfolge der ersten Weltumweltkonferenz 1972 das Umweltprogramm der Vereinten Nationen (*United Nations Environmental Program*, UNEP) gegründet. Die UNEP hat die Funktion, Informationen und Wissen über Umweltveränderungen zu bündeln und zu bewerten, zur Verbesserung der Umweltqualität durch multilaterale Prozesse beizutragen, mittels technischer Expertise und Kapazitätsbildung international Umweltpolitik zu unterstützen und zur Vermeidung und Beilegung von Umweltkonflikten beizutragen (Ivanova 2005). Trotz einer insgesamt gemischten Bilanz, die nicht zuletzt auf eine im Vergleich beispielsweise zur Weltgesundheitsorganisation (WHO) oder Welthandelsorganisation (WTO) schwache Institutionalisierung zurückgeführt werden kann, ist die UNEP eine der international führenden Umweltautoritäten und war in die inzwischen über 200 multilateralen Umweltabkommen (*Multilateral Environmental Agreements*, MEA) häufig federführend involviert.

Insgesamt jedoch ist die internationale Umweltpolitik stark fragmentiert. Neben der UNEP gibt es zum einen eine Vielzahl einzelner Sekretariate, die zuständig sind für spezifische Umweltprobleme, wie beispielsweise UN-Sekretariate für Klimawandel, Desertifikation oder Biodiversität. Diese Sekretariate sind die zentralen Knotenpunkte für internationale Umweltregime mit ihren jeweiligen Normen, Prinzipien, Regeln und Entscheidungsprozeduren. Zum anderen sind internationale Organisationen wie die OECD mit ihren Länder-Umweltberichten, supranationale Entitäten wie die Europäische Union mit ihrer Umweltstrategie aber auch regionale zwischenstaatliche Abkommen und Organisationen, wie die Internationale Kommission zum Schutz des Rheins (ISKR), wichtig für die Institutionalisierung internationaler Umweltpolitik durch bi- und multilaterale Kooperation. Schließlich gibt es – wenn auch bislang schwach entwickelt – analog zur nationalen Ebene, Ansätze, Umweltpolitik als Querschnittsthema in anderen internationalen Organisationen zu etablieren, wie der WTO oder der Weltbank, die z. B. seit 1991 gemeinsam mit der UNEP und dem UN-Entwicklungsprogramm (UNDP) das globale Umweltfinanzierungsinstrument (*Global Environmental Facility*, GEF) umsetzt.

Die Komplexität der zwischenstaatlichen, internationalen Umweltpolitik hat sich seit den 1990er Jahren weiter erhöht durch eine gewachsene Bedeutung nichtstaatlicher Akteure aus Wirtschaft und Zivilgesellschaft. Multinationale Konzerne, von denen manche einen höheren Umsatz haben als das Sozialprodukt vieler Entwicklungsländer, und weltweit aufgestellte Nichtregierungsorganisationen, wie der WWF, versuchen Einfluss zu nehmen auf die Ausgestaltung globaler Umweltpolitik. Zum einen durch Einmischung in zwischenstaatliche Verhandlungen, wie beispielsweise den Verhandlungen zum globalen Klimawandel, zum anderen durch Aktivitäten jenseits zwischenstaatlichen Handelns (siehe hierzu auch den Beitrag von Markham in diesem Band). Diese so genannte transnationale Ebene ist zu einem Experimentierfeld vielfältiger Selbststeuerungsversuche zwischen wirtschaftlichen, zivilgesellschaftlichen und subnationalen staatlichen Akteuren geworden. Regionale und globale Netzwerke von Städten zum Umwelt- und Klimaschutz (ICLEI) stehen dabei neben Initiativen zur Normenentwicklung, zum Beispiel: das Umweltmanagementsystem der *International Organisation for Standardization* (ISO 14001), die *Global Reporting Initiative* (GRI) zur Nachhaltigkeitsberichterstattung, oder die Initiativen des *Forest Stewardsip Council* (FSC) und des *Marine Stewardship Council* (MSC). Öffentlich-private und private Ansätze transnationaler Umweltpolitik sind somit zu wichtigen Elementen globaler Umweltpolitik geworden (Pattberg 2007). Ihre Legitimität und Effektivität zur Lösung globaler Umweltherausforderung ist jedoch ebenso wie die internationale Umweltpolitik kontinuierlich und kritisch zu analysieren.

Globale Umweltpolitik ist heute also geprägt von internationalen, transnationalen und nationalen Institutionen und Aktivitäten auf unterschiedlichen politischen Handlungsebenen, in einer Vielzahl von Sektoren und unter Beteiligung unterschiedlicher Akteursgruppen. Internationale politische Steuerungsbemühungen und nicht-staatliche Selbstorganisationsansätze in Mehrebenensystemen – neudeutsch häufig als Global Governance und *Multilevel-Governance* bezeichnet – bleiben große Herausforderungen an die wissenschaftliche Analyse sowie für politisches Handeln; das zeigen internationale Forschungsprogramme wie die Initiative der „Earth System Governance" ebenso wie aktuelle Publikationen zur Mehrebenenpolitik oder wie die kaum zu überschauenden Diskussionen und Entwicklungen in der Praxis der globalen Umweltpolitik (Biermann 2010, Benz 2009).

Diese facettenreiche und fragmentierte globale Umweltpolitik, die neben einigen Erfolgen, wie der Reduktion von FCKW unter dem Montreal-Abkommen, von zahlreichen Steuerungslücken und Vollzugsdefiziten gekennzeichnet ist, ist das Resultat des komplizierten inter- und transnationalen Handelns in der sich fortschreitend globalisierenden Welt. Wie Ronald B. Mitchell (2010) in seiner Analyse über Verhandlungen internationaler Umweltregime zeigt, sind dafür grundlegende aus der Forschung zu internationaler Politik und internationalen Beziehungen bekannte Aspekte relevant: (Eigen-)Interessen und Motivationen von staatlichen und nicht-staatlichen Akteuren, Machtverteilungen, Wissen, institutionelle Kontexte, (langfristige) wechselseitige Abhängigkeiten und geteilte Problemwahrnehmungen. Wenn auch häufig nicht explizit in umweltpolitischen Studien genannt, sind wesentliche Theorieperspektiven zur internationalen Politik von hoher Bedeutung für ein angemessenes Verständnis globaler Umweltpolitik (Schimmelpfennig 2010, Meyer 2006):

- Die Theorie-Perspektive des so genannten Realismus hilft, die (geo-)politischen Machtinteressen souveräner Nationalstaaten in Verhandlungen besser zu verstehen.
- Die Perspektive des Institutionalismus nützt, die Institutionenbildung eigeninteressierter aber interdependenter Staat nachzuvollziehen.
- Die Liberalismustheorie ermöglicht, die Bedeutung nationalstaatlicher Demokratie für die Entwicklung internationaler Umweltpolitik zu fokussieren.
- Der Ansatz des Transnationalismus lenkt den Blick auf die wachsende Bedeutung nicht-staatlicher Akteure in der Gestaltung globaler Umweltpolitik.
- Der Konstruktivismus hilft zu verstehen, wie durch globale Diskurse und Kooperationen gemeinsame Problemwahrnehmungen entstehen und abgestimmte Gestaltungsoptionen entwickelt werden können.
- Die Perspektive des Neo-Marxismus kann den Blick schärfen für inhärente Probleme des (kapitalistischen) Weltwirtschaftssystems, sozial-ökologische Ungleichheiten zwischen Industrie- und Entwicklungsländern sowie die Herausforderungen globaler Umweltgerechtigkeit.

Unterkomplexe oder technokratische Vorstellungen wie internationale Umweltpolitik funktioniert oder funktionieren sollte, können durch die systematische Bezugnahme auf diese Theorien korrigiert werden.

Die Ausdifferenzierung und Entwicklung globaler Umweltpolitik in den vergangenen vier Jahrzehnten lässt sich insgesamt als horizontales und vertikales Politiklernen beschreiben (Jänicke 2008: 68, *The Social Learning Group* 2001). Ausgehend von Umweltpionierländern kam es unter aufmerksamer Begleitung wissenschaftlicher, medialer und zivilgesellschaftlicher (Diskurs-)Akteure sowie realem Problemdruck zu wechselseitigen Beeinflussungs- und Lernprozessen auf nationalen und internationalen Ebenen. Strukturen, Akteurskonstellationen und Prozessdynamiken sind dabei einem andauernden Wandlungsprozess unterworfen. Die Notwendigkeit zur Weiterentwicklung globaler Umweltpolitik ergibt sich aus den ungelösten Problemen, wie dem globalen Klimawandel, dem fortschreitenden Artenverlust oder dem sich beschleunigenden Ressourcenverbrauch. Die ökologische Kuznets-Kurve, die ab einem bestimmten Wohlstandsniveau eine Reduktion von Umweltproblemen annimmt, kann nur für einzelne Problemfelder nachgewiesen werden. Vielmehr ist – trotz Erfolge der ökologischen Modernisierung durch Effizienzsteigerungen und Entwicklung umweltverträglicher Technologien – bislang eher von einer N-Kurve auszugehen: Reduktionen von Umweltbelastungen durch technologischen Fortschritt werden überkompensiert durch den so genannten Reboundeffekt, bei dem wirtschaftliches Wachstum Effizienzgewinne aufzehrt (Jänicke 2008: 70 ff.). Die Optimierung globaler Umweltpolitik, beispielsweise durch eine Aufwertung wichtiger Institutionen wie des UN-Umweltprogramms hin zu einer Weltumweltorganisation oder der Institutionalisierung eines globalen Umweltmechanismus als *Global Environmental Governance* (Ivanova 2005), erscheint mit Blick auf die Breite und Tiefe der Herausforderungen als notwendig aber nicht hinreichend. Der Fokus ist über die globale Umwelt(schutz)politik zu erweitern auf die Entwicklung einer transformativen Nachhaltigkeitspolitik, die auf die Ko-Optimierung ökologischer, sozialer und ökonomischer Dynamiken zielt.

Globaler Wandel und Nachhaltigkeitspolitik

Die UN-Konferenz für Umwelt und Entwicklung in Rio de Janeiro, auf der die Agenda 21 von 178 Nationen weltweit verhandelt wurde und das Leitbild der nachhaltigen Entwicklung anerkannt wurde, ist der Ausgangspunkt für die sich seitdem entfaltende globale Nachhaltigkeitspolitik. Auf der Grundlage des Berichts der Brundtlandkommission von 1987 wurden drei Prinzipien anerkannt: die globale Perspektive, die untrennbare Verknüpfung zwischen Umwelt- und Entwicklungsaspekten sowie die Realisierung von Gerechtigkeit zugleich in der intergenerativen Perspektive (Zukunftsverantwortung) und in der intragenerativen Perspektive (Verteilungsgerechtigkeit unter den heute lebenden Menschen) (Grunwald und Kopfmüller 2006). Über Umwelt(schutz)politik hinausgehend rückte die Agenda 21 die Aufmerksamkeit damit auf die Notwendigkeit, ökologische, ökonomische und soziale Entwicklungen parallel und integrativ zu bearbeiten. Aufgrund des geringen Konkretisierungsgrades und der damit verbundenen Interpretationsoffenheit des Agenda-Dokuments eröffnete das Leitbild der nachhaltigen Entwicklung jedoch einen weiten Bezugsrahmen für unterschiedliche Perspektiven und Positionen. Von besonderem Interesse für unseren Zusammenhang ist, dass von Industrieländern die ökologische Nachhaltigkeit stark fokussiert wurde, während von Entwicklungsländern die nachhaltige sozio-ökonomische Entwicklung betont wird. So ist zum Beispiel in Deutschland der Begriff „Weltumweltkonferenz" für die Rio-Konferenz für Umwelt und *Entwicklung* gebräuchlich, wissenschaftliche Politikberatungsgremien sind stark auf ökologische Nachhaltigkeit ausgerichtet (SRU, WBGU), und Autoren wie Wolfgang Sachs kritisieren sogar aus modernisierungs- und technologieskeptischer Perspektive, dass das Leitbild der nachhaltigen Entwicklung auf „Entwicklungsschutz" statt „Naturschutz" setzt, und seiner Meinung nach eine *Ent*technologisierung, *Ent*globalisierung und *Ent*ökonomisierung statt einer nachhaltigen Gestaltung ökonomischer, sozialer und ökologischer Dynamiken notwendig wäre (Sachs 1997: 93). Sowohl in der (sozial-) wissenschaftlichen Literatur als auch in der politischen, wirtschaftlichen und gesellschaftlichen Praxis wird in weiten Teilen der ‚westlichen' Welt bis heute – mehr oder weniger bewusst – Nachhaltigkeit mit umweltbezogener Nachhaltigkeit gleichgesetzt oder der Begriff Nachhaltigkeit explizit auf ökologische Nachhaltigkeit begrenzt (Nuscheler 2005, Sachs 2008). Auch die häufig verwendete Unterscheidung zwischen starker und schwacher Nachhaltigkeit, die die Möglichkeiten und Grenzen der Substituierbarkeit natürlichen *Kapitals* durch künstliches Kapital zu erfassen versucht, zielt im Kern auf die ökologische Nachhaltigkeit und die darauf zu beziehende (politische) Gestaltung der Nutzung der natürlichen Lebensgrundlagen (Grunwald und Kopfmüller 2006).

Dem verbreiteten Nachhaltigkeitsverständnis, dass eine ökologisch ausgerichtete Nachhaltigkeitspolitik angesichts der globalen Umweltrisiken – auf den ersten Blick nachvollziehbar – in den Vordergrund stellt, und als Ein-Säulen-Modell bezeichnet werden kann, können konzeptionell zwei Varianten von Mehr-Säulen-Modellen gegenübergestellt werden (Grunwald und Kopfmüller 2007: 41 ff.). Nachhaltigkeit kann so als additives Drei-Säulen-Modell verstanden werden. Dabei wäre Nachhaltigkeit in den drei Dimensionen getrennt zu verfolgen, zum Beispiel durch die Stärkung ökologischer Nachhaltigkeit durch Artenschutz und Klimaschutz, die Stärkung sozialer Nachhaltigkeit durch die Stärkung sozialen Zusammenhalts sowie Verbesserung ökonomischer Nachhaltigkeit durch die Stärkung von Innovationsfähigkeit und die Balance zwischen investiven und konsumptiven Ausgaben. Die Verfolgung von Nachhaltigkeit in den drei Dimensionen soll schließlich insgesamt zur Nachhaltigkeit führen.

In diesem Modell werden aber unvermeidliche Zielkonflikte der nachhaltigen Entwicklungen zwischen den Dimensionen unzureichend berücksichtigt. Beispielsweise kann eine Stärkung von Innovationsfähigkeit, die nicht ausgerichtet ist an Erfordernissen ökologischer und sozialer nachhaltiger Entwicklung kontraproduktiv sein für eine umfassende nachhaltige Entwicklung. Das so genannte integrative Modell der Nachhaltigkeit versucht dem entgegenzuwirken (Grunwald und Kopfmüller 2006). Hierbei wird sowohl bei der Problemanalyse als auch bei der Problemlösung eine integrative Herangehensweise als notwendig erachtet. Auch wenn der Ausgangspunkt für eine Analyse in einer der drei Dimensionen liegt, zum Beispiel Klimawandel in der ökologischen oder Armut in der sozialen Dimension, so sollte die Problembearbeitung systematisch die jeweils anderen Problemdimensionen berücksichtigen. Dadurch sollen Zielkonflikte identifiziert und kreative Lösungen ermöglicht werden. Die konzeptionelle Perspektive der Mehrsäulenmodelle ist in den vergangenen Jahren auch im politischen Raum aufgegriffen worden. Vorrangig zu nennen sind hierfür die Berichte der Enquete-Kommission Mensch und Umwelt (Deutscher Bundestag 1998), der Enquete-Kommission Globalisierung der Weltwirtschaft (Deutscher Bundestag 2002) und der von zivilgesellschaftlich-wissenschaftlichen Organisationen veröffentlichten Studie *Zukunftsfähiges Deutschland* (Wuppertal-Institut 2008), in der aus globalisierungs- und kapitalismuskritischer Perspektive nachhaltige Entwicklung in den drei Dimensionen behandelt wird. Über die ökologische Perspektive hinausgehend wird nachhaltige Entwicklung als integratives Leitbild ausbuchstabiert. Das in der Agenda 21 angelegte drei Säulen-Modell ist aber nicht nur konzeptionell sondern auch institutionell weiterentwickelt worden.

Ähnlich wie für die globale Umweltpolitik beschrieben, so ist auch bei der globalen Nachhaltigkeitspolitik zu unterscheiden zwischen weltweit vorkommenden *nationalen* Nachhaltigkeitspolitiken und *internationaler* Nachhaltigkeitspolitik. Wenn auch die Institutionalisierung von (integrativer) Nachhaltigkeitspolitik sowohl auf nationaler als auch auf internationaler Ebene deutlich schwächer entwickelt ist als die globale Umweltpolitik, so gibt es doch eine Reihe bemerkenswerter Institutionalisierungansätze.

Auf der nationalen Ebene wurden in Deutschland wie in vielen anderen Ländern Nachhaltigkeitstrukturen und -prozesse initiiert. Bestandsaufnahmen und internationale Vergleiche zeigen ein breites Spektrum an Institutionalisierungsfor-

men und unterschiedliche Ausformungen bezüglich der Berücksichtigung der drei
Nachhaltigkeitsdimensionen (Göll und Thio 2004). In Deutschland ist beispielsweise die nationale Nachhaltigkeitspolitik durch mehrere Elemente gekennzeichnet.
Seit 1994 ist die (ökologische) Nachhaltigkeit durch den Artikel 20a im Grundgesetz verankert: „Der Staat schützt auch in Verantwortung für die künftigen Generationen die natürlichen Lebensgrundlagen im Rahmen der verfassungsmäßigen
Ordnung durch die Gesetzgebung und nach Maßgabe von Gesetz und Recht durch
die vollziehende Gewalt und Rechtssprechung". In der bereits genannten Enquete-
Kommission Mensch und Umwelt wurde dann die Grundlage für die Etablierung
des Mehr-Säulenmodells im politischen Raum gelegt. Im Jahr 2002 wurde von der
Bundesregierung eine Nachhaltigkeitsstrategie verabschiedet, in der explizit ein
mehrdimensionaler Ansatz dargelegt wird. Die Nachhaltigkeitsstrategie, in der
ökonomische, soziale und ökologische Nachhaltigkeitsziele gesetzt wurden, wird
durch ein Indikatoren-gestütztes Monitoring des Bundesamtes für Statistik mess-
bar. In 2004 und 2008 wurden Fortschrittsberichte zur Strategie von den jeweiligen Bundesregierungen vorgelegt. Organisatorisch werden in unterschiedlichem
Ausmaß in den Fachministerien nachhaltigkeitspolitische Aspekte verfolgt. Als
Querschnittsthema wird die Nachhaltigkeitspolitik von einem interministeriellen
Staatssekretärsausschuss, der beim Bundeskanzleramt angesiedelt ist, koordiniert.
Im Parlament gibt es einen Nachhaltigkeitsbeirat. Trotz unterschiedlicher parteipoli-
tischer Präferenzen wird insgesamt das Mehr-Säulenmodell vertreten. Im Jahr 2009
ist schließlich auf Initiative des parlamentarischen Beirats die Forderung nach einer
Nachhaltigkeitsprüfung im Rahmen der Gesetzesfolgeabschätzung von der Bundesregierung in die Geschäftsordnung der Bundesministerien aufgenommen worden.
Die Effektivität dieses Instruments wird abhängen von der konkreten Umsetzung in
der Gesetzgebungspraxis. Schließlich gibt es seit dem Jahr 2001 den Rat für nachhaltige Entwicklung als Instrument der Politik- und Öffentlichkeitsberatung. Nationale
nachhaltigkeitspolitische Institutionalisierungsprozesse, wie hier für Deutschland
dargestellt, sind in der – bis auf weiteres – durch Nationalstaaten geprägten Welt ein
wichtiger Treiber für die Weiterentwicklung globaler Nachhaltigkeitspolitik. Eigenständige internationale nachhaltigkeitspolitische Aktivitäten werden dadurch aber
nicht obsolet.

Auf der supranationalen Ebene der Europäischen Union wurde der Grundstein
für die Nachhaltigkeitspolitik durch die Aufnahme von (ökologischer) Nachhaltigkeit in dem die Ziele der Gemeinschaft beschreibenden Artikel 2 des Amsterdamer
Vertrags von 1997 gelegt (Grunwald und Kopfmüller 2008: 135 ff.). Darauf aufbauend
wurden 1998 Leitlinien für den so genannten Cardiff-Prozess in Gang gesetzt, der
auf die Integration von Umweltaspekten in andere Politikfelder zielt. Im Jahr 2001
wurde dann die erste offizielle EU-Nachhaltigkeitsstrategie verabschiedet. Diese
Strategie, in der sechs Schlüsselbereiche von Klimawandel bis Überalterung der
Bevölkerung benannt werden, folgte klar dem Mehrsäulenmodell und fokussierte
nicht mehr auf ökologische Nachhaltigkeit im engeren Sinne. In der jüngeren Vergangenheit hat die Europäische Union schließlich über die EU-Binnenperspektive
hinausgehend das Selbstverständnis entwickelt, sich als proaktiver Akteur für die

Weiterentwicklung internationaler Nachhaltigkeitspolitik einzubringen (Adelle und Jordan 2009).

Über regionale, multilaterale Nachhaltigkeitsaktivitäten hinaus, sind auf der Ebene der internationalen Staatengemeinschaft die Vereinten Nationen (UN) der zentrale Ort für die Definition und Weiterentwicklung der Nachhaltigkeitspolitik (Grunwald und Kopfmüller 2008: 138 ff.). Dabei kommt der *Commission on Sustainable Development* (CSD) die Aufgabe zu, den Fortschritt der Agenda 21 zu beobachten und die Etablierung nachhaltigkeitspolitischer Maßnahmen auf nationaler Ebene zu unterstützen. Angesichts einer vergleichsweise schwachen Ressourcenausstattung hat die CSD seit ihrer Gründung 1992 nicht die Bedeutung erlangen können, die dem Thema angemessen wäre. Dies gilt sowohl hinsichtlich der Förderung der nationalen Verankerung als auch der systematischen Verankerung von Nachhaltigkeit als Querschnittsthema in den einschlägigen UN-Organisationen und Programmen, wie beispielsweise der Welthandelsorganisation (WTO) oder der Ernährungs- und Landwirtschaftsorganisation (FAO).

Neben der Etablierung der CSD als Koordinationsstelle für die Umsetzung der internationalen Nachhaltigkeitspolitik waren insbesondere in den 1990er Jahren eine Reihe von ‚Weltkonferenzen‘ im Anschluss an die Rio-Konferenz 1992, wie zum Beispiel zu Siedlungsentwicklung, Soziales oder Entwicklungsfinanzierung, ein wesentlicher Hebel, die internationale Auseinandersetzung mit nachhaltigkeitspolitischen Herausforderungen anzuregen. Dass die Bemühungen der 1990er Jahre nur der Anfangspunkt und nicht das Ende der Institutionalisierung globaler Nachhaltigkeitspolitik war, zeigte im Jahr 2000 der Millenniumsbericht des damaligen Generalsekretärs der Vereinten Nationen, Kofi Annan (2000). Als Reaktion auf die fortdauernden nicht nachhaltigen ökonomischen, sozialen und ökologischen Entwicklungen wurde die Millienniumserklärung mit konkreten Zielsetzungen und Maßnahmen zur Zielerreichung bis zum Jahr 2015 verabschiedet (United Nations 2000). Die Millenniumsziele umfassen zehn soziale, ökonomische und ökologische Ziele. Der Begriff ‚nachhaltig‘ wird dabei interessanterweise nur für die ökologische Zielsetzung verwendet. Daneben geht es um Felder wie insbesondere Armutsreduktion oder Bildung. Auf der Rio-Folgekonferenz in Johannisburg im Jahr 2002 wurden dann wieder neben ökologischen Herausforderungen auch ökonomische und soziale Themen unter dem begrifflichen Dach der nachhaltigen Entwicklung diskutiert und Beschlüsse gefasst. Insgesamt zeigt sich auf der Ebene der internationalen Staatengemeinschaft bislang kein eindeutiges konzeptionelles Verständnis und darauf aufbauend keine klare institutionelle Struktur der Nachhaltigkeitspolitik. Nachhaltigkeit wird sowohl im engeren Sinne als ökologische Nachhaltigkeit als auch im weiteren Sinne im Mehrsäulenmodell verwendet. Einiges deutet daraufhin, dass diese konzeptionelle und institutionelle Unklarheit, die ein Grundproblem für den weiteren Fortschritt nachhaltiger Entwicklung ist, adressiert werden soll: Die Rio-Folgekonferenz im Jahr 2012 (Rio+20) hat als eines von zwei Schwerpunktthemen die Frage des Institutionendesigns auf die Agenda gesetzt.

Die globale Nachhaltigkeitspolitik ist, wie gezeigt, auf der nationalen wie auf der internationalen Ebene erst ansatzweise institutionalisiert. Konzeptionell, program-

matisch und organisatorisch besteht noch erheblicher Entwicklungsbedarf. Dies
gilt auch für die lokale Ebene der Städte und Gemeinden, die durch transnationale
Netzwerke wie dem *International Council for Local Environmental Initiatives* (ICLEI)
auch einen nicht zu unterschätzenden Beitrag zur globalen Nachhaltigkeitspolitik
leisten können. Aber auch auf dieser Politikebene befindet sich Nachhaltigkeitspolitik erst im Anfangsstadium. Zum einen wurden und werden lokale Aktivitäten
stark von zivilgesellschaftlichen Akteuren vorangetrieben, während die politisch-
administrativen Akteure bislang nur selten eine klare konzeptionelle und organisatorische Nachhaltigkeitspolitik verankert haben. Zum anderen findet sich auch
auf dieser Ebene die Bandbreite von ökologisch orientierter bis hin zu integrativer
Nachhaltigkeitspolitik.

Trotz der beschriebenen Institutionalisierungsfortschritte in den vergangenen
zehn Jahren bleibt angesichts der Breite und Tiefe weltgesellschaftlicher Transforma-
tionsnotwendigkeiten (Murray 2010) eine systematische Weiterentwicklung globaler
Nachhaltigkeitspolitik in Anlehnung an das (integrative) Mehrsäulenmodell notwendig. In Analogie zur Entstehung und Etablierung der globalen Umweltpolitik
werden auch für die globale Nachhaltigkeitspolitik nationale und internationale
Initiativen benötigt, die durch horizontale Lern- und Imitationsprozesse zwischen
Ländern und vertikale Lernprozesse zwischen der internationalen Ebene und Nationalstaaten die Institutionalisierung voranbringen. Dazu gehören vor allem:

- Die Stärkung ökologischer Nachhaltigkeit durch die Neuausrichtung globaler
  Umweltpolitik. Bislang existiert insbesondere auf internationaler Ebene ein
  Ungleichgewicht zwischen wirtschaftspolitischen Institutionen, wie der WTO,
  sozialpolitischen, wie der ILO, und umweltpolitischen, wie dem Umweltprogramm (UNEP) und den themenspezifischen Sekretariaten. Breit angelegte
  (Forschungs-)Initiativen wie die zu „Earth System Governance" können hierzu
  wertvolle Beiträge leisten (Biermann 2010).
- Die Ko-Optimierung durch die Institutionalisierung des Nachhaltigkeitsprin-
  zips in unterschiedlichen Sektoren und die koordinierend-integrative Bearbeitung kann Zielkonflikte transparent machen und kreative Lösungen finden
  helfen. Die Etablierung der regulativen Idee der Nachhaltigkeit bedeutet dabei
  nicht die einseitige Integration der Umweltperspektive in andere Politikfelder. Vielmehr geht es um eine wechselseitige Politikintegration: die Beachtung sozialer und ökologischer Erfordernisse in der Wirtschaftspolitik, die
  Beachtung ökonomischer und ökologischer Erfordernisse in der Sozialpolitik,
  die Beachtung sozialer und ökonomischer Erfordernisse in der Umweltpolitik.
  Die Antizipation von Spät- und Nebenfolgen sowie eine erweiterte Verantwortung (inter- und intragenerationelle Gerechtigkeit) sind wesentliche Nach-
  haltigkeitsprinzipien für die notwendige Institutionen-Entwicklung; dies gilt
  ebenso für weltweite, nationale wie internationale Institutionalisierungen.
- Neue Ansätze, Instrumente und Maßnahmen beziehungsweise die Reorganisation von etablierten Ansätzen erscheinen dafür notwendig. Für die Antizipation von Spät- und Nebenfolgen sind Ansätze der (kosmopolitischen)

Risikoanalyse und Risikopolitik (Beck 2007, Renn 2008, siehe hierzu auch den Beitrag von Sellke und Renn in diesem Band) ebenso notwendig wie der Auf- und Ausbau von Nachhaltigkeitsindikatorensystemen (Stieglitz et al. 2009, Wuppertal-Institut 2010), die Förderung (verpflichtender) Nachhaltigkeits- berichterstattung für den privaten wie öffentlichen Sektor (KPMG 2010) und den Ausbau von dialogisch-kooperativer Problembearbeitung in der interna- tionalen Politik (Sachs 2008: 365 ff.).

Die Geschichte der globalen Umweltpolitik hat gezeigt, dass gesellschaftlich-poli- tische Resonanzfähigkeit möglich ist. Aufgrund des Problemdrucks nicht-nach- haltiger Entwicklung ist fortwährend stattfindendes ‚zufälliges' gesellschaftliches Lernen durch gezielte Initiierung von Lernprozessen zu katalysieren. Die Förderung sozialen Lernens für nachhaltige Entwicklung kann dabei an eine breite Wissens- basis anknüpfen (vgl. Siebenhüner und Heinrichs 2010). Nicht nur hinsichtlich des sozialen Lernens, sondern mit Blick auf das ambitionierte Ziel einer kosmopolitisch ausgerichteten nationalen und internationalen Nachhaltigkeitspolitik, die auf Zu- kunftsverantwortung (intergenerationell) und Verteilungsgerechtigkeit (intragene- rationell) zielt, kann und sollte die Soziologie einen stärkeren Beitrag leisten.

Soziologie globaler Umwelt- und Nachhaltigkeitspolitik

Der Überblick über die Entwicklungen in der globalen Umwelt- und Nachhaltig- keitspolitik zeigt, dass die Staatengemeinschaft trotz beachtenswerter Fortschritte weiterhin mit erheblich, sich wechselseitig beeinflussenden ökologischen, sozialen und ökonomischen Herausforderungen konfrontiert ist. Nicht zuletzt die Wissen- schaft ist gefordert, durch theoretisch-konzeptionelle Entwürfe sowie durch empi- rische Analysen proaktiv an Lösungen mitzuwirken. Der Beitrag der Soziologie zur politischen Gestaltung nachhaltiger Entwicklung umfasst bislang im Wesentlichen zwei Strömungen: 1) Die Umwelt- und Risikosoziologie hat seit den 1980er Jahren die von Umweltrisiken ausgehenden Herausforderungen für politisches Handeln sowohl auf nationaler als auch auf globaler Ebene untersucht (Beck 1986, 2007, Renn 2008, Mol 2001). Ansätze wie die Theorie reflexiver Modernisierung oder die sozio- logisch erweiterte politikwissenschaftliche Theorie ökologischer Modernisierung sind dabei analytisch-präskriptive Perspektiven, die nicht nur die Lage theoretisch zu erfassen versuchen, sondern auf Veränderungen insbesondere des politischen Handelns zielen. 2) Die auch nationalstaatlich relevante Perspektive politikorien- tierter Umwelt- und Risikosoziologie wurde seit Mitte der 1990er Jahre durch die Globalisierungssoziologie konzeptionell entscheidend erweitert und modifiziert. Die Perspektive globaler Umweltströme, die materiell und symbolisch zu verstehen sind (Spargaaren et al. 2006, siehe hierzu auch den Beitrag von Mol und Spaargaren in diesem Band) und die Entwicklung eines kosmopolitischen Verständnisses der Weltrisikogesellschaft sind folgenreich für umwelt- und risikopolitische Gestal- tungsperspektiven. Diese Beiträge beziehen die soziologische Expertise stark auf globale umweltpolitische Herausforderungen. Nachhaltigkeitspolitik im integrativen Verständnis des Mehrsäulenmodells ist bislang kaum aufgegriffen worden.

Aus meiner Sicht ist das soziologische Potential für die Mitwirkung an der Ausgestaltung globaler Umwelt- und Nachhaltigkeitspolitik durch die bisherigen Ansätze bei weitem nicht ausgenutzt. Eine Perspektiverweiterung könnte innovative Erkenntnisse erzeugen. Zunächst ist aus gesellschaftstheoretischer Sicht festzuhalten, dass Politik als Teilsystem der Gesellschaft (Luhmann) immer im Rahmen seiner sozialen Umwelt gesehen werden muss. Eine Politikanalyse und Berücksichtigung des gesellschaftlichen Kontexts greift damit zu kurz. Dies gilt insbesondere für globale Umwelt- und Nachhaltigkeitspolitik, in der internationale Politik in einem weltgesellschaftlichen Kontext gesehen werden muss, der durch nationale Politik und (trans-)nationale gesellschaftliche Bedingungen sowie Veränderungen in der biophysikalischen Umwelt geprägt ist. Die neuen Machtverteilungen zwischen Staaten, Wirtschaften und Zivilgesellschaft sowie neue Akteurskonstellationen in internationalen Beziehungen durch sich wandelnde soziale und ökonomische Dynamiken sind dabei wesentlich für das Verständnis der veränderten Rolle des Staates im Rahmen von politischer Steuerung und gesellschaftlicher Selbststeuerung zum normativen Ziel einer nachhaltigen Entwicklung. Globale Umwelt- und Nachhaltigkeitspolitik ist in dieser Sichtweise ein soziologischer Untersuchungsgegenstand *par excellence*: es geht um komplexe und komplizierte politische Entscheidungsprozesse, die geprägt sind durch Werte-, Wissens- und Interessenpluralismus, soziale Ungleichheit, soziale Konflikte, Machtbeziehungen, kulturelle Diversität, neue Wirtschafts- und Gesellschaftsmodelle, Wohlfahrtskonzepte und Messung von Lebensqualität, gesellschaftliche Teilhabe, Institutionenentwicklung sowie sozio-technischen Wandel und Langfristorientierung. Über die politische Soziologie und Umweltsoziologie hinaus, die für die globale Umweltpolitik bedeutsam sind, erfordert Nachhaltigkeitspolitik vor allem die Berücksichtigung politischer Aspekte aus der Wirtschaftssoziologie, der Soziologie sozialer Ungleichheit, der Entwicklungs- und Kultursoziologie. Soziologie hat als empirische Wissenschaft darüber hinaus ein breites Methodenspektrum vorzuweisen; neben quantitativer und qualitativer Sozialforschung sind Partizipationsmethoden ebenso relevant wie Methoden der soziologischen Zukunftsforschung, zum Beispiel die Delphi-Methode oder die Szenarioanalyse. Theoretisch und empirisch ist die Soziologie prinzipiell gut gerüstet, globale umwelt- und nachhaltigkeitspolitische Prozesse zu analysieren und zu unterstützen.

Globale Umwelt- und Nachhaltigkeitspolitik ist nicht nur eine Frage politischer Ordnung und Steuerung (Politikwissenschaft) oder effizienter Steuerung von Knappheiten (Wirtschaftswissenschaften); sie ist eine eminent gesellschaftstheoretische Herausforderung, bei der Soziologie und die genannten Subdisziplinen gefordert sind. Die Öffnung nationalstaatlicher Soziologie hin zu einer kosmopolitischen Perspektive ist dabei eine wesentliche Bedingung für ein angemessenes Verständnis globaler Umwelt- und Nachhaltigkeitspolitik (Beck 2007). Um nicht nur disziplinär interessante Erkenntnisse hervorzubringen, sondern auch praktisch wirksam zu werden, wäre eine Soziologie globaler Umwelt- und Nachhaltigkeitspolitik gut beraten, sich verstärkt in inter- und transdisziplinärer Umwelt- und Nachhaltigkeits-wissenschaften zu engagieren.

Fazit

Die Bestandsaufnahme zur globalen Umwelt- und Nachhaltigkeitspolitik zeigt ein gemischtes Bild: Während Umweltpolitik auf nationaler Ebene in den vergangenen drei Jahrzehnten weltweit erhebliche Institutionalisierungsfortschritte gemacht hat und zu einem etablierten Politikfeld wurde, ist die internationale Umweltpolitik institutionell fragmentiert und die Erfolgsbilanz gemischt. Die Nachhaltigkeitspoli-tik ist national wie international erst schwach institutionalisiert. Es besteht auf den unterschiedlichen politischen Handlungsebenen konzeptionell wie organisatorisch weiterhin erheblicher Entwicklungsbedarf. Die Tiefe und Breite des als erforderlich angesehenen Transformationsprozesses zu einer global nachhaltigen Entwicklung lässt traditionelle politische Steuerung an ihre Grenzen stoßen. Die Soziologie ist gefordert, über die bisherigen Beiträge aus Umwelt- und Risikosoziologie hinausge-hend, ihre einschlägigen Kompetenzen für ein gesellschaftstheoretisch fundiertes Verständnis globaler Umwelt- und Nachhaltigkeitspolitik einzubringen. Wie erfolg-reich die in der zweiten Hälfte des 20. Jahrhunderts begonnene globale Umwelt- und Nachhaltigkeitspolitik schließlich sein wird und inwieweit eine nachhaltige Weltge-sellschaft Realität wird, wird Ende des 21. Jahrhunderts von Historikern zu bewer-ten sein. Zu hoffen ist, dass die Bewertung positiv ausfällt und die Soziologie einen angemessenen Beitrag dazu geliefert hat.

Weiterführende Literatur

Biermann, Frank (2010): Earth System Governance and the Social Sciences. In: Groß, Matthias und Harald Heinrichs (Hrsg.), *Environmental Sociology: European Perspectives and Inter-disciplinary Challenges*. Dordrecht: Springer, 59–78.

Mol, Arthur (2001): *Globalization and Environmental Reform: The Ecological Modernization of the Global Economy*. Cambridge, MA: MIT Press.

Mitchell, Ronald B. (2010): *International Politics and the Environment*. London: Sage.

Zitierte Literatur

Adelle, Camilla und Andrew Jordan (2009): The European Union and the ‚external' dimen-sion of sustainable development. In: Biermann, Frank, Bernd Siebenhüner und Anna Schreyögg (Hrsg.), *International Organizations in Global Environmental Governance*. New York: Routledge, 111–130.

Annan, Kofi (2000): *We the Peoples: The Role of the United Nations in the 21st century*. New York: United Nations.

Beck, Ulrich (1986): *Risikogesellschaft: Auf dem Weg in eine andere Moderne*. Frankfurt a. M.: Suhr-kamp.

Beck, Ulrich (1997): *Was ist Globalisierung*. Frankfurt a. M.: Suhrkamp.

Beck, Ulrich (2007): *Weltrisikogesellschaft*. Frankfurt a. M.: Suhrkamp.

Becker, Egon und Thomas Jahn (Hrsg.) (2006): *Soziale Ökologie: Grundzüge einer Wissenschaft von den gesellschaftlichen Naturverhältnissen*. Frankfurt a. M.: Campus.

Benz, Arthur (2009): *Politik in Mehrebenensystemen*. Heidelberg: Springer.

Biermann, Frank (2010): Earth System Governance and the Social Sciences. In: Groß, Matthias und Harald Heinrichs (Hrsg.), *Environmental Sociology: European Perspectives and Inter-disciplinary Challenges*. Dordrecht: Springer, 59–78.

Brundtland-Report (1987): *Unsere gemeinsame Zukunft: Der Brundtland-Bericht der Weltkommission für Umwelt und Entwicklung*. Eggenkamp: Greven 1987.

Castells, Manuel (2001 [1996]): *Das Informationszeitalter, Bd. 1: Der Aufstieg der Netzwerkgesell-schaft*. Opladen: Leske + Budrich.

Deutscher Bundestag (1998): *Schutz des Menschen und der Umwelt: Ziele und Rahmenbedingungen einer nachhaltig zukunftsverträglichen Entwicklung*. Bonn: Abschlussbericht der Enquete-Kommission des 13. Deutschen Bundestages.

Deutscher Bundestag (2002): *Globalisierung der Weltwirtschaft: Herausforderungen und Antworten*. Bonn: Abschlussbericht der Enquete-Kommission des 14. Deutschen Bundestages.

Diamond, Jared (2005): *Kollaps: Warum Gesellschaften überleben oder untergehen*. Frankfurt a. M.: Fischer.

Dürr, Peter (2010): *Warum es ums Ganze geht*. München: Oekom.

Giddens, Anthony (1995): *Die Konsequenzen der Moderne*. Frankfurt a. M.: Suhrkamp.

Göll, Edgar und Sie Liong Thio (2004): *Nachhaltigkeitspolitik in EU-Staaten*. Baden-Baden: Nomos.

Groß, Matthias (2010): *Ignorance and Surprise: Science, Society and Ecological Design*. Cambridge, MA: MIT Press.

Grunwald, Armin und Jürgen Kopfmüller (2006): *Nachhaltigkeit*. Frankfurt a. M.: Campus.

Heinrichs, Harald, Matthias Groß und Julian Ageyman (2004): Die Umweltsoziologie und das Thema der sozial-ökologischen Ungleichheit. In: Bolte, Gabriele und Andreas Mielck (Hrsg.), *Umweltgerechtigkeit: Die soziale Verteilung von Umweltbelastungen*. Weinheim: Juventa, 41–68.

Held, David, Anthony McGrew, David Goldblatt und Jonathan Perraton (1999): *Global Trans-formations: Politics, Economics and Culture*. Palo Alto, CA: Stanford University Press.

Huntington, Samuel P. (2002): *Kampf der Kulturen: Die Neugestaltung der Weltpolitik im 21. Jahr-hundert*. Leipzig: Goldmann.

Ivanova, Maria (2005): Environment: The Path of Global Environmental Governance – Form and Function in Historical Perspective. In: Ayre, Georgina und Rosalie Callway (Hrsg.), *Governance for Sustainable Development: A Foundation for the Future*. London: Earthscan, 45–68.

Jänicke, Martin (2008): *Megatrend Umweltinnovation*. München Oekom.

Jänicke, Martin, Philip Kunig und Michael Stitzel (2003): *Umweltpolitik: Lern- und Arbeitsbuch*. Bonn: Dietz.

KPMG (2010): *Carrots and Sticks: Promoting Transparency and Sustainability*. Amstelveen: KPMG Report.

KPMG (2010): *Entschlossen Handeln: Gut aufgestellt in die Zukunft*. Berlin: Unveröffentlicher KPMG Bericht.

Latour, Bruno (2001 [1999]): *Das Parlament der Dinge: Für eine politische Ökologie*. Frankfurt a. M.: Suhrkamp.

McLuhan, Marshall (1968): *Die Gutenberg-Galaxis: Das Ende des Buchzeitalters*. München: Econ Verlag.

McNeill, John R. (2003): *Blue Planet: Die Geschichte der Umwelt im 20. Jahrhundert*: Frankfurt a. M.: Campus.

Meyer, Thomas (2006): *Was ist Politik?* Opladen: Leske + Budrich.

Mitchell, Ronald B. (2010): *International Politics and the Environment*. London: Sage.

Mol, Arthur (2001): *Globalization and Environmental Reform: The Ecological Modernization of the Global Economy*. Cambridge, MA: MIT Press.

Murray, Gell-Mann (2010): Transformations of the Twenty-first Century: Transitions to Greater Sustainability. In: Schellnhuber, Hans-Joachim, Mario Molin, Nicholas Stern, Veronika Huber und Susanne Kadner (Hrsg.), *Global Sustainability. A Nobel Cause*. Cambridge, UK: Cambridge University Press, 1–7.

Norgaard, Richard (1994): *Development Betrayed: The End of Progress and a Co-evolutionary Revisioning of the Future*. London: Routledge.

Nuscheler, Franz (2005): *Entwicklungspolitik*. Bonn: Dietz.

Pattberg, Philip (2007): *Private Institutions and Global Governance: The New Politics of Environmental Sustainability*. Cheltenham, UK: Edward Elgar.

Reicholff, Josef H. (2007): *Eine kurze Naturgeschichte des letzten Jahrtausends*. Frankfurt a. M.: Fischer.

Renn, Ortwin (2008): *Risk Governance: Coping with Uncertainty in a Complex World*. London: Earthscan.

Ricardo, David (2006): *Über die Grundsätze der politischen Ökonomie und der Besteuerung*. Marburg: Metropolis.

Ritzer, George (1997): *Die McDonaldisierung der Gesellschaft*. Frankfurt a. M.: Fischer.

Rogall, Holger (2002): *Ökologische Ökonomie*. Wiebaden: VS Verlag.

Sachs, Jeffry (2008): *Wohlstand für viele: Globale Wirtschaftspolitik in Zeiten der ökologischen und sozialen Krise*. München: Siedler.

Sachs, Wolfgang (1997): Sustainable Development: Zur politischen Anatomie eines internationalen Leitbilds. In: Brand, Karl-Werner (Hrsg.), *Nachhaltige Entwicklung: Eine Herausforderung an die Soziologie*. Opladen: Leske + Budrich, 93–110.

Schepelmann, Philipp, Yanne Goosens und Arttu Makipaa (Hrsg.) (2010): *Towards Sustainable Development: Alternatives to GDP for measuring progress*. Wuppertal: Wuppertal-Institute for Climate, Environment and Energy.

Schimmelpfennig, Frank (2010): *Internationale Politik*. Paderborn: UTB.

Schnaiberg, Alan (1980): *The Environment: From Surplus to Scarcity*. Oxford: Oxford University Press.

Siebenhüner, Bernd und Harald Heinrichs (2010): Knowledge and Social Learning for Sustainable Development. In: Groß, Matthias und Harald Heinrichs (Hrsg.), *Environmental Sociology: European Perspectives and Interdisciplinary Challenges*. Dordrecht: Springer, 185–200.

Spaargaren, Gerd, Arthur P. J. Mol und Frederick H. Buttel (Hrsg.) (2006): *Governing Environmental Flows: Global Challenges for Social Theory*. Cambridge, MA: MIT Press.

Steffen, Will, Angelina Sanderson, Peter Tyson, Jill Jäger, Pamela Matson, Berrien Moore III, Frank Oldfield, Katherine Richardson, Hans Joachim Schellnhuber, Billie L. Turner II und Robert J. Wasson (Hrsg.) (2004): *Global Change and the Earth System: A Planet under Pressure*. New York: Springer.

Stieglitz Joseph; Sen Amartya und Jean-Paul Fitoussi (2009): *Report by the Commission on the Measurement of Economic Performance and Social Progress*. Paris, URL: http://www.stiglitz-sen-fitoussi.fr. Stand: 06.10.2010.

The Social Learning Group (2001): *Learning to Manage Global Environmental Risks, Vol. 1&2*. Cambridge, MA: MIT Press.

United Nations General Assembly (2000): *Resolution 2 session 55, United Nations Millennium Declaration*. New York: UN Publication.

Wallerstein, Immanuel (2004): *World-Systems Analysis: An Introduction*. Durham, NC: Duke Universiy Press.

Wissenschaftlicher Beirat der Bundesregierung Globale Umweltveränderungen (WBGU) (1993): *Welt im Wandel: Grundstruktur globaler Mensch-Umwelt-Beziehungen*. Bonn: Economica Verlag.

Weidner, Helmut (2009): Administrative Capacity Building for Sustainable Development. In: Nahrath, Stéphane und Frédéric Varone (Hrsg.), *Rediscovering Public Law and Public Administration in Comparative Policy Analysis: a Tribute to Peter Knoepfel*. Bern: Haupt Verlag, 99–122.

Wuppertal-Insitut für Klima, Umwelt, Energie (2008): *Zukunftsfähiges Deutschland in einer globalisierten Welt: Ein Anstoß zur gesellschaftlichen Debatte*. Frankfurt a. M.: Fischer.

Yearley, Steven (1996): *Sociology, Environmentalism, Globalisation: Reinventing the Globe*. London: Sage.

Globale Finanzmärkte und nachhaltiges Investieren

Stefanie Hiß

Einleitung

Welche Rolle spielen die globalen Finanzmärkte im Hinblick auf eine nachhaltige Entwicklung, insbesondere mit Blick auf die „natürliche" Umwelt? Welchen Beitrag leistet nachhaltiges Investieren, die auf den globalen Finanzmärkten getroffenen Investitionsentscheidungen an ökologische, soziale oder ethische Bedingungen zu knüpfen? Wo liegen die Möglichkeiten und Grenzen nachhaltigen Investierens, die negativen ökologischen und sozialen Folgen dieser Entscheidungen abzumildern oder gar zu verhindern?

Nachhaltiges Investieren, auch sozial verantwortliches Investieren oder *Socially Responsible Investment* (im Folgenden: SRI) genannt, ist ein in Europa noch vergleichsweise junges Phänomen, dem die Idee zugrunde liegt, bei Anlage- oder Investitionsentscheidungen auf dem Finanzmarkt zusätzlich nicht-finanzielle, d. h. ökologische, soziale oder ethische Kriterien zu berücksichtigen. Beispielsweise könnte ein nachhaltiger Investor von dem Unternehmen, dessen Aktien er erwerben oder dessen Anleihen er zeichnen möchte, Auskunft darüber verlangen, ob es über ein Umweltmanagementsystem verfügt, die Vereinbarkeit von Beruf und Familie gewährleistet, unternehmensintern Vorkehrungen gegen Korruption getroffen hat oder die Einhaltung ökologischer und sozialer Mindeststandards in seiner Wertschöpfungskette garantieren kann – und seine Investitionsentscheidung von der erhaltenen Antwort abhängig machen. Wenn dieser Investor über großen Einfluss verfügt, zum Beispiel weil er schon einige Anteile an dem betroffenen Unternehmen hält, könnte er sogar auf das Unternehmensmanagement einwirken, für eine Verbesserung seiner Beanstandungen zu sorgen – und damit mit seiner Anlageentscheidung einen Beitrag zu einer Verbesserung der ökologischen oder sozialen Bilanz des Unternehmens leisten.

Dieses kurze Beispiel verdeutlicht den Kerngedanken, der hinter SRI steht: mit Hilfe des finanziellen Kapitals, das die Unternehmen benötigen, diese in ihrem Handeln zu beeinflussen, Wandel anzustoßen und sie zu verantwortungsbewussteren *Corporate Citizens* zu machen, die nicht allein auf eine Maximierung ihrer Profite hinarbeiten, sondern das Wohl von Umwelt und Gesellschaft heutiger und zukünftiger Generationen bei ihrem Verhalten berücksichtigen.[1] SRI ist dabei nicht auf die

---

1   Für einen Überblick zu SRI siehe beispielsweise Bettignies und Lépineux (2009), Faust und Scholz (2008), Fung et al. (2010), Gabriel (2007), Kessler und Schneeweiß (2010), Scherhorn (2007), Sullivan und Mackenzie (2006), Ulshöfer und Bonnet (2009) sowie das Heft zum Thema der Zeitschrift *Politische Ökologie* (2008).

Investition in Unternehmen beschränkt, sondern besteht aus einer Vielzahl an diversen Anlagemöglichkeiten wie zum Beispiel nachhaltige Staatsanleihen, Mikrofinanzprodukte oder das in den USA verbreitete *Community Investing*.

Um die Reichweiten und Grenzen von SRI zu verdeutlichen, werden im ersten Teil dieses Beitrags die dominierenden Logiken und Mechanismen globaler Finanzmärkte skizziert, die die Referenzfolie für SRI darstellen. Anschließend wird die Entstehung von SRI, seine zahlreichen Varianten und seine Auswirkungen vor allem im Hinblick auf ökologische Faktoren erläutert, bevor ein kurzes Resümee den Beitrag abschließt.

Globale Finanzmärkte

Um die Möglichkeiten und Grenzen sozial verantwortlichen Investierens beurteilen zu können, ist es zunächst unerlässlich, die Logiken und Mechanismen des Finanzmarkts in den Blick zu nehmen. Wie genau funktioniert der Finanzmarkt? Über welche Logiken operiert er? Welche Rationalitäten liegen ihm zugrunde? Besteht vor diesem Hintergrund überhaupt die Chance zur Berücksichtigung sozialer oder ökologischer Kriterien?

Die internationalen Finanzmärkte haben bis zum Ausbruch der *Subprime*-Krise im Sommer 2007, die sich ein Jahr später zu einer globalen Finanz- und Wirtschaftskrise ausgeweitet hatte (Lounsbury und Hirsch 2010), eine einzigartige Erfolgsgeschichte geschrieben. Nach dem Ende des Systems von Bretton Woods, das ein festes Wechselkurssystem mit Kapitalverkehrskontrollen verband, und einer Welle umfassender Liberalisierungen des Kapitalverkehrs ab den 1970er Jahren (Huffschmid 2002: 127, Lütz 2008) begann der weltweite Aufstieg der Finanzmärkte. Finanzmärkte haben seither deutlich an Macht und Einfluss gewonnen. Sie sind nicht nur größer in Volumen und Liquidität, belebter hinsichtlich der auf ihnen handelnden Akteure, schneller in ihrer Umlaufgeschwindigkeit, transnationaler in ihren Verflechtungen, vielfältiger im Hinblick auf die auf ihnen angebotenen Finanzprodukte und -innovationen geworden; auch immer mehr gesellschaftliche Bereiche sind in den letzten Jahrzehnten ganz oder teilweise den Finanzmärkten überantwortet worden (z. B. Privatisierung der Altersvorsorge, Mobilisierung nicht marktgängig angelegter Ersparnisse der Haushalte, Privatisierung öffentlicher Dienstleistungen, Restrukturierung des privaten Unternehmenssektors und Entwicklung von (vermeintlichen) Zukunftstechnologien und -märkten (Deutschmann 2005: 68 f.)) bzw. sind über die Transfermechanismen der Finanzmärkte zumindest indirekt darüber beeinflusst.

Mit den realen Wachstumszahlen der Finanzvolumina und -ströme hat auch eine neue neoklassische, liberale Wirtschaftsphilosophie an Einfluss gewonnen, die das Konzept möglichst freier, grenzüberschreitender, liberalisierter, deregulierter Finanzmärkte wissenschaftlich zu untermauern versucht. Den Annahmen der *Efficient Market Hypothesis* (Malkiel 2003) zufolge fließt das Kapital – wenn es nicht künstlich daran gehindert wird – dorthin, wo es den größten Nutzen zu stiften vermag. Finanzmärkte, die das Paradebeispiel effizienter Märkte darstellen, „generally get it right when pricing stocks, bonds, and other financial instruments" (Davis 2009: 20). Aufbauend auf den Überlegungen von Friedrich August von Hayek (1945) gilt der Markt als der beste Mechanismus zur Verarbeitung von Informationen. Auch wenn kein Marktteilnehmer – auch nicht der Staat – allein in der Lage ist, den Markt als Ganzes zu überblicken, kann er sich auf ihm orientieren, denn der Preis enthält bereits alle relevanten Informationen. Marktpreise erlauben damit eine optimale Allokation von Kapital, ganz ohne die zusätzliche Berücksichtigung sozialer oder ökologischer Kriterien, die den Markt nur verzerren würden. Die auf diesen effizienten Märkten erzielten Profite lassen sich – diesen Überlegungen folgend – auch als Maßeinheit für gesellschaftlichen Wohlstand interpretieren. Schließlich bezeichnet der Profit vor dem Hintergrund der Prinzipal-Agenten-Theorie (Jensen und Meckling 1976, Fama 1980), eines weiteren Bausteins der neoliberalen Orthodoxie, nichts anderes als das residuale Einkommen *(residual income)*, das am Ende übrig bleibt, nachdem alle anderen Stakeholder (z. B. Zulieferer, Beschäftigte, Gläubiger) vertragskonform ausgezahlt worden sind; „thus, it represents the ‚excess' value created by the company, a measure of the firm's enhancement of social welfare" (Davis 2009: 52). Indem Unternehmen im Rahmen ihrer rechtlichen Möglichkeiten ihren Profit maximieren, maximieren sie zugleich den gesellschaftlichen Wohlstand. Die moralisch-ethische Verantwortung der Unternehmen besteht also gerade nicht in der besonderen Berücksichtigung sozialer oder ökologischer Anliegen, sondern allein in der maximalen Mehrung ihrer Gewinne, so der Tenor der damaligen Protagonisten des Neoliberalismus (Friedman 1970).

In den letzten Jahren wurden verschiedene Ansätze entwickelt, die aus sozialwissenschaftlicher Perspektive die Entwicklungen auf dem Finanzmarkt erfassen. Neben der Beschreibung des immer weiter um sich greifenden Finanzmarkts als Finanzialisierung (Epstein 2005, Krippner 2005), hat in Deutschland vor allem das Konzept des Finanzmarktkapitalismus die Debatte geprägt (Windolf 2005, 2008; Deutschmann 2005, 2008).

Windolf (2005, 2008) geht in seinen Überlegungen zum Finanzmarktkapitalismus davon aus, dass sich eine „neue Dienstklasse" an Finanzspezialisten auf den Finanzmärkten herausgebildet hat, die die operatorische Logik der Finanzmärkte über verschiedene Transfermechanismen in die Realwirtschaft hineinträgt. Zu dieser dominanten Klasse gehören zum Beispiel Finanzökonomen und -juristen, Analysten, Fonds-Manager oder Investment-Banker. Sie bündeln die Interessen der Anleger in großen Fondsgesellschaften und erreichen damit eine Übermacht gegenüber anderen Interessen. Im Zentrum dieser neuen Akteurskonstellation stehen die institutionellen Investoren wie etwa Versicherungen oder Pensionsfonds, die durch das große Volumen des von ihnen verwalteten Anlagevermögens und die Konzentration des Eigentums, das sie mit Hilfe dieser Mittel erwerben, über eine große Macht verfügen. Allein das von institutionellen Investoren verwaltete Vermögen ist – gemessen an ihrem Anteil am Bruttosozialprodukt – zwischen 1990 und 2000 in allen Ländern deutlich gewachsen, von 127 auf 195 Prozent in den USA, von 131 auf 226 Prozent in Großbritannien und von 34 auf 80 Prozent in Deutschland (Windolf 2005: 35). Damit sind die institutionellen Investoren zu den wichtigsten Eigentümern der großen Aktiengesellschaften avanciert: in den USA besitzen sie inzwischen ca. 60 Prozent der Aktien an den 1000 größten Aktiengesellschaften. Die 20 größten Fonds halten etwa 40 Prozent der Aktien. Auch wenn jeder einzelne Fonds jeweils nur vergleichsweise geringe Anteile an einem Unternehmen hält, so können sie aufgrund der Gleichgerichtetheit ihrer Interessen ihr Verhalten koordinieren und damit als Kollektiv die Unternehmen beeinflussen *(acting in concert)* (Windolf 2008: 518).

Wegen ihrer Machtfülle und der besonderen Konstellation, dass sie das Handeln der Unternehmen beeinflussen ohne durch die Investition eigenen Geldes die letztendliche Verantwortung dafür zu übernehmen, nennt Windolf die institutionellen Investoren auch „Eigentümer ohne Risiko" (Windolf 2008: 516).

Untereinander stehen die institutionellen Investoren in einer „atomistischen" Konkurrenz zueinander (Windolf 2005: 35). Da jeder einzelne Fonds durch über dem Marktdurchschnitt liegende Versprechungen neue Anleger zu werben versucht und überdurchschnittliche Renditen erzielen möchte, wird der Wettbewerb fortwährend verschärft (Lordon 2003: 40 f.). Unter diesen Bedingungen, bei denen alle Akteure den Markt „schlagen" und den Marktdurchschnitt überbieten wollen, wächst die *Benchmark,* an der die institutionellen Investoren gemessen werden, von Jahr zu Jahr – mit stetig steigendem Risiko. Trotz des dauerhaften Überangebots an anlagesuchenden Mitteln sinken die „Preise" (d. h. die Renditen) auf den Finanzmärkten nicht, wie es das Gesetz von Angebot und Nachfrage nahe legt. Stattdessen werden die teilweise unrealistischen Renditeerwartungen über die von der neuen Dienstklasse verfeinerten Transfermechanismen in die Unternehmen getragen. Nicht die Unternehmen, die den Massen an verzweifelt Anlage suchendem Kapital ihr knappes Gut „Investitionsmöglichkeit" offerieren können, befinden sich in einer komfortablen Verhandlungsposition. Es ist die neue Dienstklasse des Finanzmarktkapitalismus, die auch unter diesen für sie ungünstigen Marktbedingungen noch die Konditionen zu diktieren versteht.

Dies geht einher mit sehr kurzfristigen Anlagehorizonten. Laut Windolf (2008: 526 f.) beträgt der Prognosezeitraum von Analysten ein Jahr, da sich mit zunehmender Dauer Risiko mehr und mehr in statistisch nicht mehr berechenbare Unsicherheit verwandelt (siehe hierzu den Beitrag von Wehling in diesem Band). Empirisch zeigt sich die Kurzfristigkeit der Investorenperspektive beispielsweise in einer seit Jahren kontinuierlich wachsenden Umschlaghäufigkeit *(Turnover-Rate)* von Aktien an der *New York Stock Exchange* von zwölf Prozent im Jahr 1960, 73 Prozent im Jahr 1987 auf 103 Prozent im Jahr 2005 (wobei 100 Prozent der Haltedauer von einem Jahr entspricht), d. h. ein Investmentfonds hält seine Anteile heute im Durchschnitt weniger als ein Jahr, im Gegensatz zu noch 8,3 Jahren im Jahr 1960 (Windolf 2008: 527). Die vielfach kritisierte Tendenz zur Kurzfristigkeit ist damit eine rationale Reaktion auf die mit der steigenden *Turnover-Rate* einhergehende wachsende Volatilität der Märkte (Windolf 2008: 527). Das entsprechende Pendant auf Unternehmensebene sind Quartalsberichte, in denen Unternehmen alle drei Monate über ihre finanzielle Performance Rechenschaft ablegen.

Doch es sind nicht nur Quartalsberichte, über die die operatorische Logik der Finanzmärkte in Unternehmen und Realwirtschaft hineingetragen wird. Die Implementierung einer generellen Shareholder-Value-Orientierung; die Steuerung des Unternehmensmanagements über Kennziffernsysteme und Zielvereinbarungen (Deutschmann 2005: 66); die Disziplinierung des Managements über den Markt für Unternehmenskontrolle (Höpner und Jackson 2001); die Kopplung der Interessen von Investoren und Management über Aktienoptionen, die kurzfristige Aktienkurssteigerungen belohnen; oder die Einflussnahme durch Benchmarking, bei dem alle Unternehmen, an denen der Fonds Anteile hält, an den Top-Unternehmen des jeweiligen Wirtschaftssektors gemessen werden (Windolf 2008: 518): sie alle gehören zu den Transfermechanismen, die disziplinierend auf die Akteure in der Realwirtschaft wirken, im Interesse der institutionellen Investoren zu agieren (Windolf 2008: 532). Die Fonds und ihre Manager nutzen ihre Rechte zwar (in den meisten Fällen) nicht dadurch, dass sie selbst aktiv in das operative Unternehmensgeschäft eingreifen, aber sie vereinbaren (d. h. diktieren) Richtlinien über sogenannte gute *Corporate-Governance-Standards* (Jürgens 2008, Overbeek et al. 2007) und definieren Prinzipien, an denen sich die Manager zu orientieren haben, wie zum Beispiel die Konzentration auf das Kerngeschäft und den Verkauf unrentabler bzw. die Planzahlen verfehlender Geschäftsbereiche.

Insgesamt zielt die spezifische Rationalitätsordnung (Kädtler 2009) des Finanzmarktkapitalismus aus Sicht der institutionellen Investoren darauf, durch Finanzialisierung die Verfügungsgewalt über eine möglichst große Menge an Kapital zu erlangen, die möglichst liquide ist, um sie ohne größere Zeitverluste oder Transaktionskosten jederzeit an den profitabelsten Finanzstandorten anlegen und dort auch wieder abziehen zu können. Die Finanzialisierung leistet dabei auch einen Beitrag zur Kommodifizierung, indem sie vormals den Finanzmärkten unzugängliche Bereiche erschließt[2] und über einen einheitlichen (Kapital-)Maßstab vergleichbar macht (Lordon 2003). Je mehr Kapital auf diese Weise auf die globalen Finanzmärkte kanalisiert wird, und je mehr diese Märkte gemeinsamen Regeln und Standards folgen (z. B. bei der Corporate Governance oder bei der Bilanzierung der Unternehmen), die für (fast) alle transparent sind, desto effizienter funktionieren sie hinsichtlich der optimalen Allokation von Kapital – so die Theorie. Die Zielgröße, nach der diese globalen Märkte operieren, ist Profitmaximierung mit dem Nebeneffekt der permanenten Erzeugung externer Kosten.

Hält man sich dieses Panorama von Finanzialisierung und Finanzmarktkapitalismus in seinen Funktionsweisen, Logiken und Mechanismen vor Augen, stellt sich die Frage nach den Chancen und Möglichkeiten der Berücksichtigung nicht-finanzieller Aspekte. Auf welchem Weg können ethische, soziale oder ökologische Kriterien in einem Finanzsystem, das allein über finanzielle Kennzahlen operiert, integriert werden, ohne sofort unter die Gewinnmaximierungslogiken subsumiert zu werden? Frédéric Lordon (2003: 101) formuliert diese Frage noch deutlicher: „Wie kann man angesichts der Tatsache, dass die große unkoordinierte Menge der Akteure

---

2   Dies geschieht zum Beispiel über die monetäre Bewertung und „Bepreisung" von Ökosystemen im Kontext des drohenden Klimawandels; wie beim Projekt TEEB – The Economics of Ecosystems and Biodiversity, siehe auch unter URL: www.teebweb.org. Stand: 29.08.2010.

in der Finanzwirtschaft die Macht vor *underperformance* und vor einer Zurückstufung in der Rangliste teilt, auch nur einen Augenblick daran denken, dass man eine anders ausgerichtete Fondsverwaltungsnorm, die geringere Gewinne zugunsten sozialer Kriterien toleriert, auf den Weg bringen kann?" Oder mit anderen Worten: Wie gelangen nicht-finanzielle Werte auf den Finanzmarkt?

Trotz dieser scheinbar entgegengesetzten Rahmenbedingungen hat sich in den letzten Jahrzehnten ein auf nachhaltige Investitionen ausgelegtes Finanzmarktsegment als ein Teilbereich des konventionellen Finanzmarktes herauskristallisiert. Um dieses Segment SRI geht es im folgenden Abschnitt.

Entwicklung von SRI

SRI hat seinen Ursprung in den USA, und dies in zweifacher Hinsicht: Zunächst waren es kirchliche Gruppen wie die Quäker oder Methodisten, die zu Beginn des 20. Jahrhunderts aus christlich-moralischer Überzeugung die Finanzanlage in bestimmten Unternehmen, die beispielsweise in das Geschäft mit Alkohol, Tabak, Pornographie oder Waffen involviert waren, verweigerten. Sie prägten die frühe Phase von SRI, die vor allem durch den Ausschluss bestimmter Unternehmen charakterisiert war, um in keinen Konflikt mit den eigenen Werten zu geraten. In den 1960er Jahren erfolgte dann eine Weiterentwicklung zum „modernen SRI", das Unternehmen nicht mehr ausschließlich aus dem Anlageportfolio verbannen wollte, sondern eine Verhaltensänderung bei den Unternehmen zur Handlungsmaxime erhob. Dazu entwickelten SRI-Investoren neue Methoden und Praktiken zur Beobachtung und Einflussnahme von Unternehmen. Das Ansinnen, Unternehmen ändern zu wollen, resultierte aus der Unzufriedenheit über Wirtschaft und Politik. In der damaligen Ära des „geplanten Kapitalismus" (Shonfield 1965) waren die Grenzen zwischen beiden Subsystemen fließend: Unternehmen übernahmen zum Teil staatliche Fürsorgeleistungen, während die Politik Unternehmen privilegierten Zugang zu neuen Märkten gewährte. Der Vietnam-Krieg von 1965–1974 brachte die Bürger und Bürgerinnen nicht nur gegen die Regierung auf, sondern auch gegen zahlreiche Unternehmen, die vom Krieg profitierten, beispielsweise indem sie die Chemikalie *Agent Orange* zur Entlaubung der vietnamesischen Wälder lieferten. In dieser Zeit des doppelten Misstrauens gegenüber Politik und Wirtschaft waren es anfänglich Studierende, die mit ihren Studiengebühren Einfluss auf die Unternehmen zu nehmen versuchten (Sparkes 2002). Amerikanische Universitäten oder kirchliche Akteure mussten sich die Frage gefallen lassen, ob sie in am Krieg beteiligten Unternehmen investieren oder ihre Aktienanteile dazu nutzen wollten, Druck auf die Unternehmen auszuüben. Einige der großen US-amerikanischen SRI-Fonds, wie zum Beispiel der *Pax World (Balanced) Fund* im Jahr 1971 oder der *Dreyfus Third Century Fund* im Jahr 1972 wurden in dieser Zeit gegründet. Auch die in der damaligen Zeit aufkommende Konsumentenbewegung trug zur Entstehung sozial verantwortlichen Investierens bei. Sie war getragen von dem allgemeinen Verdacht, dass Verbraucherinteressen mehr und mehr den Profitmaximierungsabsichten der großen Konzerne zum Opfer fallen. Ein diesbezüglich zentrales Datum ist das Erscheinen des Buchs *Unsafe at Any Speed* des Verbraucherschutzanwalts Ralph Nader (1965), in dem er die Sicherheitsmängel US-amerikanischer Fahrzeuge ans Licht bringt. Dementsprechend passt es ins Bild, dass eine der ersten Resolutionen von SRI-Aktionären auf der Jahreshauptversammlung des damals größten US-amerikanischen Unternehmens und weltgrößten Automobilherstellers General Motors im Jahr 1970 eingebracht wurde (Sparkes 2002: 50 f.). Trotz dieser Geschehnisse wuchs der US-amerikanische SRI-Anlagemarkt in den 1970er Jahren noch vergleichsweise langsam. Neuen Auftrieb bekam SRI dann durch die Proteste gegen das Apartheid-Regime in Südafrika. „If Vietnam unlocked the door to socially responsible investment, South Africa kicked it open" (Sparkes 2002: 52). Im Jahr 1977 brachte der Priester Leon Sullivan, ein Vertrauter von Martin Luther King, die Sullivan-Prinzipien ein, die Minimalstandards für in Südafrika operierende US-Unternehmen definierten. Zu diesen Prinzipien zählten beispielsweise die ethnische Nicht-Segregration, gleiche und faire Beschäftigungsbedingungen für alle Mitarbeiter und Mitarbeiterinnen oder gleicher Lohn für gleiche Arbeit. Für zahlreiche universitäre Stiftungsfonds oder kirchliche Anleger wurden diese Prinzipien eine Richtschnur bei der Anlageentscheidung.

In Europa begann ein modernes SRI erst in den 1980er Jahren und damit etwa rund ein Jahrzehnt später als in den USA, wobei Großbritannien hier als Pionier und Trendsetter gelten darf, bevor ein weiteres Jahrzehnt später, Ende der 1990er Jahre, SRI auch in Deutschland oder der Schweiz zu einer wahrnehmbaren Nische auf dem Finanzmarkt wurde (Louche und Lydenberg 2006, Sandberg et al. 2009). Auch in Großbritannien stellte das Unrechtsregime in Südafrika ein wichtiges Entwicklungsfeld für SRI dar. Hitzige Debatten über Südafrika führten innerhalb der Methodistischen Kirche dazu, 1983 ein offizielles Gremium einzurichten, das die Kirche in Anlagefragen beraten sollte. Dieses *Ethics on Investment Committee* „was one of the first ethical advisory committees ever created, and it began with a mandate to produce an annual ‚ethics report' on its activities" (Sparkes 2002: 55). Die Nachfrage nach mehr und verlässlicheren Informationen über das Engagement britischer Unternehmen in oder mit Südafrika, die hierdurch entstand, führte im Jahr 1983 zur Gründung des *Ethical Investment Research Service* (EIRIS), der ebenfalls mit Hilfe der Quäker und der Methodisten ins Leben gerufen wurde. EIRIS ist bis heute eine der bedeutenden SRI-Research- und Ratingagenturen in Großbritannien.

In Deutschland wird der Beginn des modernen SRI zumeist auf das Ende der 1990er Jahre datiert. Eine genauere Betrachtung zeigt jedoch, dass bereits einige Zeit vorher vereinzelt Banken ihre Anlagekriterien an gesellschaftlichen Themen ausgerichtet und somit SRI betrieben haben. Bereits 1974 wurde die heutige GLS-Bank (Gemeinschaftsbank für Leihen und Schenken) in Bochum gegründet, deren Schwerpunkt noch heute auf der Finanzierung ökologischer, sozialer und kultureller Projekte liegt. Die im Jahr 1988 gegründete Ökobank, die 1999 in eine finanzielle Schieflage geriet, wurde 2003 von der GLS-Bank übernommen. 1997 wurde die Umweltbank in Nürnberg gegründet, ihr folgte im Jahr 2002 die Ethikbank in Eisenberg (Thüringen) nach. Zum Jahreswechsel 2009/2010 startete die Triodos Bank auf dem deutschen Markt, die bereits im Jahr 1980 in den Niederlanden entstanden ist.

Als Resultat dieser ungleichzeitigen Entwicklung sind noch heute die Unterschiede zwischen den verschiedenen Ländern, gerade im Vergleich zu den Vorreitern USA und Großbritannien, relativ groß. Nach Zahlen des *European Sustainable Investment Forum* (Eurosif 2008) wurden im Jahr 2007 in Deutschland 11,1 von insgesamt 1.698 Milliarden Euro, d. h. 0,65 Prozent, nach SRI-Kriterien angelegt. In Großbritannien waren es demgegenüber 959 von 4.269 Milliarden Euro, d. h. mit 22,46 Prozent ein Vielfaches des deutschen Wertes. In den USA werden die entsprechenden Zahlen vom *Social Investment Forum* (2007) erhoben, das eine andere Definition von SRI zugrundelegt, weshalb ein Vergleich zwischen den USA einerseits und Großbritannien und Deutschland andererseits nur bedingt möglich ist.[3] In den USA waren es im gleichen Jahr 2.710 von insgesamt 25.100 Milliarden US-Dollar, d. h. 10,8 Prozent, die nach SRI-Bedingungen investiert werden. Zusammengenommen lag das Volumen nachhaltiger Kapitalanlagen in Europa (EU-13) Ende 2007 bei 2.666 Milliarden Euro, was in etwa einem Marktanteil von 17,6 Prozent entspricht. Allerdings erfolgte der überwiegende Anteil dieser Anlagen durch institutionelle Investoren (Oekom Research 2010: 10).

Betrachtet man nur die Publikumsfonds, so sinkt das nach SRI-Kriterien angelegte Volumen beträchtlich. Laut der in Frankreich gegründeten und inzwischen auch in Italien, Belgien und Marokko tätigen SRI-Researchagentur Vigeo (2009) waren 2009 europaweit insgesamt etwas über 53 Milliarden Euro in Publikumsfonds angelegt, davon 10,5 Milliarden in Großbritannien und 4,4 Milliarden in Deutschland. Mit einem Volumen von 13,8 Milliarden sieht Vigeo (2009) – bezogen auf Publikumsfonds – Frankreich an der Spitze des europäischen SRI-Marktes.

Trotz aller Vielfalt der genannten Zahlen kann davon ausgegangen werden, dass SRI noch ein sehr kleines Segment in Deutschland darstellt (Schmidt und Weistroffer 2010, FNG 2008). Auch wenn einige große Finanzhäuser in Deutschland in den letzten Jahren SRI-Fonds in ihre Produktpalette mit aufgenommen haben, so dürfte das Volumen von SRI nach wie vor im niedrigen einstelligen Prozentbereich liegen. Dabei ist sich die Mehrzahl der Beobachter einig, dass Deutschland sein Potenzial an SRI noch nicht ausschöpft (Schäfer 2009: xxvii). Dass Deutschland sich bei SRI noch im Hintertreffen befindet, hängt auch mit fehlenden Anreizen aus der rechtlichen Regulierung von SRI zusammen. Zwar besteht im Bereich staatlich geförderter Altersvorsorgeprodukte gemäß § 1 Abs. 1 Nr. 9 AltZertG (private Altersvorsorge) bzw. § 115 Abs. 4 in Verbindung mit Anlage D Abschnitt III VAG (betriebliche Altersvorsorge) eine Informationspflicht, „ob und wie […] ethische, soziale oder ökologische Belange" Berücksichtigung finden, es existiert jedoch „keine bindende Verpflich-

---

3   Für SRI in den USA definiert das Social Investment Forum (2007: ii) SRI als „using one or more of the three core socially responsible investing strategies—screening, shareholder advocacy, and community investing". Demgegenüber unterscheidet Eurosif (2008: 7) für SRI in Europa zwischen einer engen (*core* SRI) und einer weiten (*broad* SRI) Definition von SRI. Nach der engen Definition umfasst SRI „ethical exclusions (more than two negative criteria applied), positive screening, including Best-in-Class and SRI Theme Funds, combination of ethical exclusion and positive screening". Nach der weiteren Definition umfasst SRI „simple screening, including norms-based screening (up to two negative criteria), engagement, integration". Core und broad SRI addieren sich zum Gesamt-SRI, auf das sich die obigen Zahlen beziehen.

tung" (Schäfer 2009: vii) zu SRI. Wegen dieser „faktischen *Escape-Clause*" (Schäfer 2009: vii) kommt der Ausbau von SRI, im Unterschied vor allem zu Großbritannien, Frankreich oder Schweden nicht voran. Gerade in den USA und Großbritannien stellt die Altersvorsorge eine breite Basis für SRI dar.

Eine weitere Ursache für den Rückstand Deutschlands bei SRI liegt in den institutionellen Besonderheiten der Unternehmensfinanzierung. Traditionell finanzieren sich Unternehmen in Deutschland in einem vergleichsweise hohen Ausmaß über Bankkredite und weniger über den Kapitalmarkt (Aktien oder Anleihen). SRI ist aber in erster Linie auf den Kapitalmarkt gerichtet, während bei der Mehrzahl der Banken SRI als Kreditinstrument keine Rolle spielt.

Der Markt für SRI: Unternehmen, Intermediäre und Investoren

Im nächsten Abschnitt wird der Markt für SRI und die ökologischen, sozialen und ethischen Anlagekriterien, über die er operiert, genauer in den Blick genommen. Was muss man sich unter dem Markt für SRI genau vorstellen? Wie, von wem und in welcher Weise werden SRI-Kriterien aufgestellt, angewandt, eingehalten? Dazu werden exemplarisch in einer kurzen und zwangsläufig vereinfachenden Darstellung des SRI-Marktes dessen drei Hauptbereiche genauer betrachtet: a) auf der Nachfrageseite die Staaten/Unternehmen, die nach SRI-Finanzmitteln nachsuchen und daher ihre SRI-Aktivitäten in Worten und Taten (z. B. durch eine Nachhaltigkeitsberichterstattung nach GRI-Standards) herausstellen; b) auf der Angebotsseite SRI-Investoren, die nachhaltiges Geld anbieten und ihre Anlagestrategien nachhaltigen Kriterien unterwerfen; und c) die Nachhaltigkeitsforschungs- und Ratingagenturen als zentrale Intermediäre, die zwischen Angebot und Nachfrage vermitteln. Sie stellen die notwendigen Informationen bereit, zum Beispiel in Form von Berichten oder Nachhaltigkeitsindizes, mit denen die von Investorenseite geforderten mit den von Unternehmensseite erbrachten Leistungen in Übereinstimmung gebracht werden können.

Unternehmen

Bei SRI sind vor allem börsennotierte Unternehmen oder Staaten als Anlageobjekte gefragt. Lässt man an dieser Stelle Staatsanleihen einmal außer Acht, dann landen nach SRI-Kriterien angelegte Gelder vornehmlich bei großen, börsennotierten, häufig transnational agierenden Unternehmen, während kleine und mittelständische Unternehmen, die sich nicht über den Kapitalmarkt finanzieren, von SRI weniger tangiert sind. Doch auch unter den börsennotierten Unternehmen gibt es Unterschiede: Betrachtet man die Unternehmen, deren Aktien europaweit am häufigsten in SRI-Fonds zu finden sind, so entdeckt man unter den ersten zehn Platzierungen kein einziges deutsches Unternehmen. Stattdessen führen mit HSBC Holdings Plc, BG Group Plc und der Vodafone Group nicht nur drei britische Unternehmen die

Rangliste an, weitere drei finden sich unter den ersten zehn, neben drei Unternehmen aus Frankreich und einem aus Dänemark. Das erste deutsche Unternehmen findet sich mit der Allianz auf dem 20. Platz (Vigeo 2009: 25). In Deutschland angelegte SRI-Gelder kommen also überdurchschnittlich im Ausland ansässigen Unternehmen zugute. Für deutsche Unternehmen bedeutet dies einen vergleichsweise schlechteren Zugang zu nachhaltig angelegten Finanzmitteln. Gleichzeitig können weniger SRI-Mittel auch weniger sozial-ökologische Wirkung entfalten.

Wie ist diese Unterrepräsentation deutscher Unternehmen zu erklären? Um in den Fokus nachhaltiger Investoren zu gelangen, berichten Unternehmen (aus Ermangelung gesetzlicher Vorschriften) freiwillig über ihre Leistungen im Bereich der *Corporate Social Responsibility* (CSR), beispielsweise durch die Veröffentlichung von CSR- oder Nachhaltigkeitsberichten oder durch eine Integration ökologischer, sozialer oder Unternehmenssteuerungs-Kriterien (engl. ESG: *Environmental, Social, Governance*) in ihre Finanzberichterstattung. Mehrere Untersuchungen bestätigen den deutschen Unternehmen im internationalen Vergleich noch einen gewissen Nachholbedarf: Zwar folgt die Mehrheit der DAX-Konzerne inzwischen den Richtlinien der *Global Reporting Initiative* (GRI),[4] deren Ziel eine Standardisierung der CSR-Berichterstattung ist, und berichten 75 Prozent der DAX-30-Unternehmen mittlerweile „integriert über ökonomische, ökologische und soziale Aspekte ihres Handelns" (BMU/UBA 2007: 5). Einige Studien zeigen jedoch bei Berichterstattung und Transparenz der Unternehmen Mängel auf. Beile et al. (2006: 48) kommen zu dem Ergebnis, dass die „Berichte selber keinen systematischen Schluss zu[lassen], wie weit ein Unternehmen Ansprüchen und Zielen nachhaltiger Unternehmenspolitik Rechnung trägt. Trotz der großen Zahl der Kennziffern und der vielen großen und kleinen Einzelbeispiele enthalten Nachhaltigkeitsberichte immer nur einzelne Aspekte der Folgen von Unternehmenshandeln. Sie sind keine umfassenden, für einen Vergleich geeigneten Öko- und Sozialbilanzen (wenn diese denn überhaupt machbar sind), sondern Instrumente der Selbstdarstellung von Unternehmen." Abgesehen von der Art der Berichterstattung wird die Richtigkeit der Angaben zumeist nur von den Unternehmen selbst überprüft. Laut einer Untersuchung des Bundesumweltministeriums für Umwelt, Naturschutz und Reaktorsicherheit und des Umweltbundesamtes lassen nur drei Prozent der deutschen Unternehmen, die Nachhaltigkeitsberichte veröffentlichen, diese von externen Gutachtern testieren – im Vergleich zu immerhin 19 bzw. 15 Prozent der Unternehmen in Australien

---

4   Die Global Reporting Initiative wurde 1997 von der U.S. Nichtregierungsorganisation *Coalition for Environmentally Responsible Economics* (CERES) und dem Umweltprogramm der Vereinten Nationen (UNEP) gegründet (Beile et al. 2006: 11). Die Richtlinien der GRI werden in einem Multistakeholderdialog erarbeitet und liegen seit Herbst 2006 in der dritten Fassung (G3) vor. Während einige Unternehmen sich nur an den GRI-Leitlinien orientieren, berichten andere in Übereinstimmung mit ihnen *(in accordance to GRI)*. Von den im Nachhaltigkeitsranking von IÖW/ Future e. V. (2007: 14) untersuchten 58 Unternehmen berichten 35 in Übereinstimmung mit GRI und acht orientieren sich an GRI. Das restliche Viertel berichtet ohne expliziten Bezug zu GRI. Siehe auch www.globalreporting.org.

bzw. Großbritannien (BMU/UBA 2007: 6).[5] Da die Aktivitäten von Unternehmen im Bereich CSR und ihre Berichterstattung darüber eine wichtige Grundlage darstellen, auf der SRI-Intermediäre wie Rating- und Researchagenturen ihre Analysen aufbauen, sind CSR und SRI eng miteinander verknüpft. Wenn ein Unternehmen sich weitgehend CSR verweigert, sind kaum Ansatzpunkte für SRI gegeben. Für diejenigen Unternehmen, die CSR implementiert haben, könnte ein weiterer „Aufschwung" von SRI den Anreiz erhöhen, diese Aktivitäten weiter auszubauen. Deutsche Unternehmen sind gegenwärtig im internationalen Vergleich sowohl bei CSR als auch bei SRI unterrepräsentiert.

Eine zweite Möglichkeit der Berücksichtigung von SRI-Kriterien besteht in ihrer Integration in die Finanzberichterstattung der Unternehmen. In diesem Fall werden Zahlen und Fakten zu SRI-Indikatoren nicht separat in speziellen CSR-Berichten der Öffentlichkeit präsentiert, sondern als fester Bestandteil der Unternehmensbilanzierung mit erfasst und im Rahmen der Quartalsberichte veröffentlicht. Diese Erweiterung des rein finanziellen *Accounting* um nicht-finanzielle Faktoren wird häufig auch als ESG bezeichnet, wobei ökologische (E) und soziale (S) Indikatoren hier noch um Fragen der guten und richtigen Unternehmensführung (G/Governance) ergänzt worden sind. Im Gegensatz zum *Reporting* über CSR- und Nachhaltigkeitsberichte dienen ESG-Kriterien nicht der ethischen Bewertung von Unternehmen, sondern identifizieren Indikatoren, die im Hinblick auf den finanziellen Erfolg der Unternehmen von Bedeutung sind oder sein könnten. ESG ist damit eine Form des Risikomanagements, das Kriterien danach beleuchtet, ob sie sich materiell auf den finanziellen Erfolg des Unternehmens auswirken könnten. Im Unterschied zum CSR-Reporting sind in Deutschland im Hinblick auf ESG in den letzten Jahren einige Aktivitäten zu beobachten (Bassen und Kovacs 2008, Gazdar 2007): es wurden Studien zu diesem Thema verfasst (Hesse 2004, Onischka et al. 2007), die Deutsche Vereinigung für Finanzanalyse und Asset Management (DVFA) hat als Berufsverband der professionellen Anleger Leitlinien zur Berücksichtigung von ESG erlassen (DVFA/Akzente 2009) und mit BASF hat der erste große Konzern in Deutschland im Jahr 2007 einen integrierten Geschäftsbericht vorgelegt.

Als Folge der Veränderungen, die durch CSR und SRI in der deutschen Unternehmenslandschaft mit angestoßen worden sind, haben sich mitunter neue Unternehmensstrukturen herausgebildet, die auf die gewachsene Resonanz von CSR und SRI ausgerichtet sind. Der überwiegende Teil der großen, börsennotierten Konzerne verfügt heute über eigene CSR-/Nachhaltigkeitsabteilungen, die unternehmensintern die Aktivitäten in diesem Bereich erfassen und über entsprechende Berichte öffentlichkeitswirksam vermarkten. Im Zuge dessen wurden auch die Kennzahlenerfassung und das Reputations- und Risikomanagement auf SRI-sensible Indikatoren erweitert. Im schlechtesten Fall dient dies nur dem *Greenwashing*, d. h. der möglichst positiven Darstellung als modernes, nachhaltiges Unternehmen, ungeachtet der tat-

---

5   Die BMU/UBA-Studie untersucht den Stand der Nachhaltigkeitsberichterstattung in Deutschland im internationalen Vergleich. Die oben genannten drei Prozent externer Überprüfungen beziehen sich auf eine Grundgesamtheit von 100 Nachhaltigkeitsberichten.

sächlichen Nachhaltigkeitsleistung. Im besten Fall nehmen Unternehmen die Sache ernst, integrieren Nachhaltigkeit in den Kern ihrer Unternehmenspolitik und richten ihre gesamte Organisation und Strategie danach aus. In der Mehrzahl der Fälle wird sich die unternehmerische Wirklichkeit zwischen diesen beiden Polen bewegen.

SRI-Intermediäre: Research- und Ratingagenturen sowie Aktienindizes

Damit sich Angebot und Nachfrage auf dem Markt für SRI treffen, existieren zahlreiche Rating- und Researchagenturen als Vermittler. Abgesehen von einigen Banken und institutionellen Investoren, die ihre SRI-Expertise selbst in eigenen *in-house* Forschungsabteilungen erarbeiten, sind es kleine bis mittelständische Agenturen, die SRI-Kenntnisse akkumulieren und auf dem Markt offerieren. Der sperrige und inzwischen auch in Deutschland verbreitete Doppelname von Research- und Ratingagentur resultiert aus den zwei Tätigkeitsbereichen, in denen die meisten der Unternehmen aktiv sind. Dies ist zunächst die Forschung und Analyse, die sie betreiben, um Unternehmen nach SRI-Gesichtspunkten bewerten und einschätzen zu können. Dabei folgen die Agenturen zumeist eigenen, umfangreichen Leitlinien und Kriterienkatalogen, mit denen sie die Unternehmen betrachten. Oekom Research aus München, der 1999 gegründete Marktführer in Deutschland,[6] wählt für seine Unternehmensanalyse aus einem Pool von etwa 500 Indikatoren branchenabhängig rund 100 Indikatoren aus (Haßler et al 2009: 401).[7] Diese Indikatoren sind unter Rückgriff auf den über 800 Bewertungskriterien umfassenden Frankfurt-Hohenheimer-Leitfaden entwickelt worden (Hoffmann 1997), der 1997 im Zusammenwirken von Ökonomen, Philosophen, Ethikern und Theologen entstanden ist und erstmals umfassend alle relevanten SRI-Kriterien zu erfassen versuchte. Mit dieser umfangreichen Analyse, bei der Oekom Research u. a. auf alle öffentlich verfügbaren Informationen über ein Unternehmen zurückgreift, in Datenbanken recherchiert und Telefoninterviews durchführt, haben die Agenturen einen guten Überblick über den Status Quo der Unternehmen. Auf dieser Expertise aufbauend können die Agenturen die Unternehmen auch „ranken" und „raten", d. h. deren Nachhaltigkeits-Aktivitäten nach bestimmten Kriterien in eine Rangreihe bringen oder mit einer Schulnoten vergleichbaren Bewertung versehen. Im Gegensatz zu dem seit etwa einem Jahrhundert bestehenden Kreditwürdigkeits-Rating, bei dem die großen internationalen Ratingagenturen wie Standard & Poor's oder Moody's allein die finanzielle Bonität und Ausfallwahrscheinlichkeit von Unternehmen prognostizieren, ist das SRI- oder CSR-/Nachhaltigkeitsrating eine vergleichsweise junge Entwicklung. Die alle auf

---

6   Andere, neben Oekom Research tätige Research- und Ratingagenturen sind zum Beispiel die Sustainalytics GmbH in Frankfurt am Main, die im Jahr 2000 noch unter dem Namen scoris GmbH in Hannover gegründet wurde; das Institut für Markt, Umwelt und Gesellschaft (imug) in Hannover; die Sustainable Asset Management (SAM) Group Holding AG in der Schweiz; oder der Ethical Investment Research Service (EIRIS) in Großbritannien.

7   Siehe auch URL: http://www.oekom-research.com/index.php?content=methodik. Stand: 03.09.2010.

die Bestimmung der SRI-/Nachhaltigkeitsleistung zielenden Ratings variieren dabei hinsichtlich der von ihnen gebrauchten Indikatoren und Methoden jedoch zum Teil beträchtlich. „Auf internationaler Ebene existieren mittlerweile fast 60 Institutionen, die ein unabhängiges Nachhaltigkeitsrating durchführen" (Schäfer et al. 2006: 1).

Neben Research und Rating sind die Agenturen häufig auch an der Konstruktion und dem Betrieb von SRI-Aktienindizes beteiligt (Schröder 2007, Ziegler und Schröder 2010). Grundsätzlich werden bei einem Aktienindex aus einem festgelegten Pool von Unternehmen die Kursverläufe der zu diesen Unternehmen gehörenden Aktien aggregiert, um so einen Anhaltspunkt für die wirtschaftliche Leistung dieser Unternehmensgruppe zu erhalten. Im DAX-30 befinden sich beispielsweise die 30 größten deutschen Unternehmen. Das Besondere an SRI-Aktienindizes ist ihre Auswahl der Unternehmen nach sozialen oder ökologischen Kriterien. Nicht die größten oder profitstärksten Unternehmen sind hier gefragt, sondern deren soziale oder ökologische Leistungsfähigkeit. Der Natur-Aktien-Index (NAI) schließt beispielsweise konsequent Unternehmen aus, die zum Beispiel in Atomenergie, Waffen, Kinderarbeit oder Tierversuche verwickelt sind, und selektiert jene, die mindestens zwei von vier Positiv-Kriterien erfüllen. Dazu müssten die Unternehmen beispielsweise „einen wesentlichen Beitrag zur ökologisch und sozial nachhaltigen Lösung zentraler Menschheitsprobleme leisten" oder Branchenvorreiter im Hinblick auf Produktgestaltung, technische Gestaltung oder soziale Gestaltung sein.[8] Branchenführer im Hinblick auf Produktgestaltung bedeutet dabei nicht das schönste Design zu haben, sondern wird gemessen an Indikatoren wie Lebensdauer, Produktsicherheit, Recyclingfähigkeit oder Ersatz gefährlicher Stoffe. Damit senden SRI-Indizes wichtige Signale an Investoren, wie die gelisteten Unternehmen in ihrer Nachhaltigkeitsleistung einzuschätzen sind. Andere, auch international bekannte SRI-Indizes sind der *FTSE4Good*, bei dem Unternehmen von EIRIS in Zusammenarbeit mit der *Financial Times Stock Exchange Group* ausgewählt werden oder die *Dow Jones Sustainability Indices* (DJSI), die auf der Bewertung der SRI-Leistung durch SAM basieren.

Banken, Investoren und ihre Fonds

SRI-Investoren berücksichtigen bei ihren Anlageentscheidungen neben den finanziellen auch nicht-finanzielle Kriterien, wie etwa Umwelt, Soziales, Ethik oder Governance. Wie auf dem konventionellen Finanzmarkt ist dabei die Vielfalt an Akteuren sehr groß. Universitäre Stiftungsfonds, Kirchen oder Stiftungen verfolgen mit der Anlage „ihrer" Gelder andere Ziele als Kapitalanlagegesellschaften, die mit Hilfe einer breiten Palette an Anlageprodukten von den unterschiedlichsten Personen oder Organisationen Geld einsammeln, um dieses dann gebündelt anlegen zu können. Auch Banken können sowohl auf eigene Rechnung investieren als auch auf Gelder oder Einlagen ihrer Kunden zurückgreifen. SRI-Investoren können aber auch danach unterschieden werden, ob es sich bei ihnen um reine, explizite SRI-Akteure

---

8   Siehe auch unter URL: http://www.nai-index.de/seiten/kriterien_kurz.html. Stand: 31.08.2010

handelt, die – wie zum Beispiel die GLS-Bank oder die Ökorenta-Fondsgesellschaft –
ausschließlich SRI-Produkte im Angebot haben oder um Investoren, die aus dem
konventionellen Finanzmarktsegment stammen und das Thema SRI erst in den letzten Jahren als einen Teil ihres Finanzmarktgeschäfts „entdeckt" haben.

In den USA gehören neben den universitären Stiftungsfonds und kirchlichen Anle-
gern vor allem die großen institutionellen Investoren, insbesondere die Versicherungen und Pensionskassen, zu den Treibern von SRI. Da in Deutschland Pensionsfonds
erst seit der Rentenreform im Jahr 2001 zugelassen sind und wenig rechtliche Anreize zur Investition in SRI existieren, ist dies hier bisher nur eingeschränkt der
Fall. Die oben erwähnte reine Informationspflicht wird von den Fondsanbietern
auch so verstanden und hat – im Gegensatz zu Ländern wie Großbritannien oder
Frankreich – zu keinem signifikanten Anstieg des SRI-Marktes in Deutschland geführt. Auch bei der betrieblichen Altersvorsorge hinkt Deutschland mit dem Thema
SRI hinterher, was u. a. auch an der – im Gegensatz zu ihren Schwesterorganisa-
tionen im übrigen Europa – zurückhaltenden Unterstützung der Gewerkschaften in
Deutschland liegt (Schäfer 2009: vii).

Daher befindet sich auch die Zahl der in Deutschland verzeichneten SRI-Fonds
(Böttcher et al. 2009), gemessen an der Wirtschaftskraft des Landes, noch weit unter
dem europäischen Durchschnitt. 2009 gab es in Europa 683 SRI-Fonds, 27 Prozent
mehr als im Vorjahr. Von diesen Fonds waren gut zwei Drittel (67 Prozent) in Frankreich (150), Belgien (143), Großbritannien (98) und der Schweiz (65) beheimatet – gegenüber nur 61 Fonds (ca. 9 Prozent) in Deutschland (Vigeo 2009: 8 f.). Von den
angebotenen Produkten spielen neben den Investmentfonds Aktien und Anleihen
von Unternehmen oder Staaten die wichtigste Rolle, im Bereich der erneuerbaren
Energien finden sich zudem zahlreiche Direktbeteiligungen, zum Beispiel an Wind-
kraft- oder Solaranlagen. Rar gesät sind in Deutschland nach wie vor nachhaltige
Versicherungsprodukte, zum Beispiel für Lebensversicherungen, oder Zertifikate
und Immobilienprodukte (Schäfer 2009: iv).

Die Methoden, mit denen SRI-Investoren zu ihrer Anlageentscheidungen kommen, sind ebenfalls zahlreich. Neben dem Ausschluss von Unternehmen durch negative Kriterien *(negative screening)*, wie es in den Anfängen von SRI ausschließlich
praktiziert wurde, gibt es auch die Möglichkeit einer Selektion über positive Kriterien *(positive screening)*. Auch hier findet man eine breite Palette von harten, absoluten Kriterien (z. B. Umweltmanagementsysteme, betrieblicher Gesundheitsschutz,
Programme zur Erhöhung des Frauenanteils in Führungspositionen, Herstellung
klimafreundlicher Produkte oder Technologien) bis hin zu weichen, relativen Kriterien, zu denen auch die sogenannten *Best-in-class*-Ansätze gehören. Bei diesen
wird zum Beispiel das umweltfreundlichste Unternehmen einer Branche oder dasjenige, das zuletzt am meisten Ressourcen eingespart hat, positiv hervorgehoben.
Aktives Aktionärstum oder *Shareholder activism/advocacy* und damit die Frage, inwieweit SRI-Investoren als Aktionäre auf den Jahreshauptversammlungen von
Unternehmen ihre sozial-ökologischen Anliegen durchzusetzen versuchen, spielt
ebenfalls eine wichtige Rolle (Riedel und Schneeweiß 2008, Wen 2009). Das aktive
Aktionärstum ist in den USA entstanden und dort – wie auch in Großbritannien –

weit verbreitet, während es diese Praxis in Deutschland erst in Ansätzen gibt und sie hier eine dialogische, konstruktive und weniger konfrontative Ausprägung zeigt (Schäfer 2009: viii). In den USA und Großbritannien findet man darüber hinaus das in Deutschland noch nahezu unbekannte *Community Investing*, bei dem es nicht in erster Linie um die Beeinflussung von Unternehmen geht, sondern bei dem SRI-Investoren einen kleinen Teil ihrer Anlagen direkt in finanzschwache Gemeinden oder Stadtteile investieren.

Die unterschiedlichen Ansätze haben dabei verschiedene Vor- und Nachteile: Beim *negative screening* verwehrt man den Unternehmen zwar das anzulegende Kapital, kann aber keinerlei Einfluss mehr auf sie ausüben. Gleichzeitig gelten die nicht ausgeschlossenen Unternehmen als unhinterfragt nachhaltig, ungeachtet der tatsächlichen Praktiken. Zudem ist unklar, wann genau ein Negativkriterium zur Anwendung kommen sollte – bereits wenn bei einer Beteiligung unter zwei Prozent das Unternehmen indirekt an Kinderarbeit in einer Zulieferkette beteiligt ist, oder doch erst, wenn 25 Prozent der Wertschöpfungskette das Negativkriterium erfüllen? *Positive screening* ist nicht immer sensibel genug, um problematische Unternehmenspraktiken aufzudecken. Gerade bei Themenansätzen, bei denen beispielsweise Unternehmen selektiert werden, die Technologien gegen den Klimawandel verkaufen, kann ein Atomenergiebetreiber oder ein Unternehmen, das *Geo-Engineering*-Technologien entwickelt, ins Portfolio geraten, unbesehen der sonstigen Probleme, die damit einhergehen können. Beim *Best-in-Class*-Ansatz stehen die Unternehmen einer Branche zwar im Wettbewerb um die beste soziale oder ökologische Performance, wenn es sich dabei aber beispielsweise um Unternehmen handelt, die Öl aus Teersand gewinnen, stellt sich die Frage, ob hier eine Negativselektion nicht adäquater wäre.

Nachhaltige Banken nehmen im Bereich SRI in Deutschland eine besondere Stellung ein. In dem bankendominierten Finanzsystem in Deutschland waren sie es, die mit SRI begannen, ohne dies als solches – zum Beispiel unter Bezug auf SRI in den USA – zu bezeichnen. Und auch hier lassen sich zwei Gruppen differenzieren: kirchliche Banken wie die Bank für Kirche und Caritas, die vornehmlich mit Kirchengeldern kirchennahe Projekte finanzieren, und die kleine Gruppe an ethischen, sozialen und ökologischen Banken, die sich mit ihrem Geschäftsmodell bewusst von den konventionellen Banken auf dem deutschen Finanzmarkt absetzen. Diese nach Bilanzsumme und Mitarbeiterzahl kleinen Finanzinstitute: die GLS-Bank, die Umweltbank, die Ethikbank oder Triodos-Bank haben sich auf die Finanzierung besonderer ethisch, sozial oder ökologisch wertvoller Projekte spezialisiert. Mit Bankeinlagen, bei denen die Sparer zum Teil bewusst auf Zinsen verzichten, vergeben sie Kredite an ökologische Landwirte, für nachhaltiges Bauen oder Behinderteneinrichtungen. Die Anlage und Verwendung der Kundengelder wird dabei in der Regel offen gelegt, so dass zum Beispiel GLS-Bank-Kunden sich ein Bild davon machen können, wo und für wen ihr Geld „arbeitet" und was daraus entsteht. Wenngleich diese Banken aufgrund ihrer geringen Bilanzsumme nur eine kleine Rolle spielen, setzen sie mit ihren strengen und transparenten ökologischen, ethischen und sozialen Kriterien einen Kontrapunkt gegen die konventionellen Banken in Deutschland.

Resümee: Reichweite und Grenzen von SRI

Wo liegen die Möglichkeiten und Grenzen von SRI? Lassen sich Unternehmen durch SRI in ihrem Handeln beeinflussen (Markowitz 2008)? SRI ist für Investoren nicht gesetzlich verpflichtend. Dennoch setzt SRI Anreize zu sozial- oder umweltsensiblerem Verhalten, wenn sich dadurch Investoren einerseits die Folgen ihrer Investitionsentscheidungen bewusst machen und andererseits ihre Finanzmittel indirekt an soziale und ökologische Bedingungen knüpfen. Damit können sie durchaus auch neue oder andere Inhalte auf die Tagesordnung bringen oder die Wahrnehmung dieser Inhalte verändern. Themen rund um Arbeit und betriebliche Mitbestimmung, die früher häufig zwischen den Vertretern von Arbeit und Kapital hinter verschlossenen Türen erörtert wurden, werden durch CSR-Berichte, auf die SRI-Investoren zurückgreifen, sichtbar. Themen wie Gendergerechtigkeit oder *Diversity*, die im Rahmen der Mitbestimmung nicht an erster Stelle stehen, werden ebenfalls transparent. Auch die Berücksichtigung dessen, was in den Wertschöpfungsketten globaler Konzerne vor sich geht, erhält durch SRI mehr Aufmerksamkeit. Indem SRI-Investoren Unternehmen zur Berichterstattung nicht-finanzieller Indikatoren motivieren, können sich auch andere Stakeholdergruppen als die über Insiderkenntnisse verfügenden Gewerkschaften ein Bild von den Unternehmen machen und ihre Kritik klarer adressieren.

Dabei darf man sich allerdings nicht der Illusion hingeben, dass alle vernünftigen oder sozial und ökologisch wünschenswerten Themen auch adäquat behandelt würden. Bei SRI werden die Handlungsanreize nicht wie bei gesetzlich verpflichtenden Umweltstandards politisch vorgegeben oder im parlamentarischen Willensbildungsprozess errungen, sondern sind das Ergebnis langwieriger sozialer Prozesse auf den Finanzmärkten, die von Investoren, Unternehmen und Intermediären maßgeblich mit beeinflusst werden. Dabei setzt sich in der Regel das durch, das die meiste soziale Resonanz erhält, und nicht unbedingt die sozial-ökologisch wünschenswerte Lösung. Gesamtgesellschaftliche oder finanzmarktinterne Modetrends spielen dabei eine wichtige Rolle. Dies mag gesellschaftlich von Vorteil sein, wenn die Herausforderungen des Klimawandels oder der Biodiversität Gegenstand der SRI-Bemühungen auf den Finanzmärkten werden, kann aber auch zu einer Überallokation von Finanzmitteln führen, wenn „sexy" Nischenthemen die Hitlisten anführen. Die Voraussetzung für Markteintritt und -teilnahme am Finanzmarkt, und damit nicht zuletzt an SRI – das sollte man nicht vergessen – ist ausreichend finanzielles Kapital, dass man für eine Anlage erübrigen kann. Voraussetzung zur Mitwirkung ist also das Medium Geld, nicht eine Staatsbürgerschaft oder ein Menschenrecht. Damit können nicht alle über den Finanzmarkt Druck ausüben, sondern nur diejenigen, die über ausreichend Finanzkapital verfügen, und umso mehr Druck aufbauen, je mehr sie davon zur Verfügung haben. Gesellschaftliche Problembearbeitung erfolgt damit jedoch nicht demokratisch oder wenigstens über verfassungsrechtlich abgesicherte Wege, sondern über die entsprechende Nachfrage auf den Finanzmärkten. Und Marktnachfrage ist nicht mit Vernunft oder Gerechtigkeit zu verwechseln, gerade wenn es um Gemeinschaftsgüter wie Umwelt oder Klima geht.

Danksagung

Dieser Beitrag ist entstanden im Kontext des Projekts „Nachhaltigkeit und Finanzmarkt – institutionelle Arrangements und Perzeptionsmuster", das von der *VolkswagenStiftung* im Rahmen der Initiative „Schumpeter-Fellowships" von Oktober 2009 bis September 2014 gefördert wird.

Weiterführende Literatur

Bettignies, Henri-Claude de und Francois Lépineux (2009): *Finance for a Better World: The Shift Towards Sustainability*. Basingstoke: Palgrave Macmillan.

Fung, Hung-Gay, Sheryl A. Law und Jot Yau (2010): *Socially Responsible Investment in a Global Environment*. Cheltenham, UK: Edward Elgar.

Sparkes, Russell (2002): *Socially Responsible Investment: A Global Revolution*. Chichester: John Wiley.

Sullivan, Rory und Craig Mackenzie (2006): *Responsible Investment*. Sheffield: Greenleaf.

Ulshöfer, Gotlind und Gesine Bonnet (2009): *Corporate Social Responsibility auf dem Finanzmarkt. Nachhaltiges Investment – politische Strategien – ethische Grundlagen*. Wiesbaden: VS-Verlag.

Zitierte Literatur

Bassen, Alexander und Ana Maria Kovacs (2008): Environmental, Social and Governance Key Performance Indicators from a Capital Market Perspective. *Zeitschrift für Wirtschafts- und Unternehmensethik* 9 (2): 182–192.

Beile, Judith, Sebastian Jahnz und Peter Wilke (2006): *Nachhaltigkeitsberichte im Vergleich: Auswertung und Analyse von Zielsetzungen, Aufbau, Inhalten und Indikatoren in 25 Nachhaltigkeitsberichten*. Düsseldorf: Hans-Böckler-Stiftung.

Bettignies, Henri-Claude de und Francois Lépineux (2009): *Finance for a Better World: The Shift Towards Sustainability*. Basingstoke: Palgrave Macmillan.

BMU – Bundesministerium für Umwelt, Naturschutz und Reaktorsicherheit und UBA – Umweltbundesamt (2007): *Nachhaltigkeitsberichterstattung von Unternehmen. Status Quo Report Deutschland 2007*. Berlin: BMU/UBA Bericht.

Böttcher, Joachim H., Christian Klasen und Sandy Röder (2009): *Die nachhaltige Investmentrevolution: neue Entwicklungen, Motive und Trends aus Sicht institutioneller Investoren*. Hamburg: Kovac.

Davis, Gerald F. (2009): *Managed by the Markets: How Finance Reshaped America*. Oxford: Oxford University Press.

Deutschmann, Christoph (2005): Finanzmarkt-Kapitalismus und Wachstumskrise. In: Windolf, Paul (Hrsg.): Finanzmarkt-Kapitalismus. Analysen zum Wandel von Produktionsregimen. *Kölner Zeitschrift für Soziologie und Sozialpsychologie*, Sonderheft 45: 58–84.

Deutschmann, Christoph (2008): Die Finanzmärkte und die Mittelschichten: Der kollektive Buddenbrooks-Effekt. *Leviathan* 36 (4): 501–517.

DVFA – Deutsche Vereinigung für Finanzanalyse und Asset Management e. V. und Akzente Kommunikation und Beratung GmbH (2009): *ESG – ein Thema der Investor Relations? Ergebnisse einer Umfrage unter den IR-Verantwortlichen im Prime Standard.* Dreieich: DVFA.

Epstein, Gerald A. (2005): *Financialization and the World Economy.* Cheltenham: Edward Elgar.

Eurosif (2008): *European SRI Study 2008.* Paris: Eurosif.

Fama, Eugene F. (1980): Agency Problems and the Theory of the Firm. *Journal of Political Economy* 88 (2): 288–307.

Faust, Martin und Stefan Scholz (2008): *Nachhaltige Geldanlagen: Produkte, Strategien und Beratungskonzepte.* Frankfurt a. M.: Frankfurt School Verlag.

FNG – Forum Nachhaltige Geldanlagen (2008): *Statusbericht Nachhaltiger Anlagemarkt 2008. Deutschland, Österreich und die Schweiz.* Berlin. FNG.

Friedman, Milton (1970): The Social Responsibility of Business is to Increase its Profits. *New York Time Magazine,* 13. September 1970: 32–33.

Fung, Hung-Gay, Sheryl A. Law und Jot Yau (2010): *Socially Responsible Investment in a Global Environment.* Cheltenham, UK: Edward Elgar.

Gabriel, Klaus (2007): *Nachhaltigkeit am Finanzmarkt. Mit ökologischen und sozial verantwortlichen Geldanlagen die Wirtschaft gestalten.* München: oekom.

Gazdar, Kaevan (2007): *Reporting Nonfinancials.* Chichester: Wiley.

Haßler, Robert, Matthias Bönning und Sylvia Kloberdanz (2009): Nachhaltigkeitsratings als Kern nachhaltigen Investments. In: Hoffmann, Johannes und Gerhard Scherhorn (Hrsg.): *Eine Politik für Nachhaltigkeit. Neuordnung der Kapital- und Gütermärkte.* Erkelenz: Altius, 397–409.

Hesse, Axel (2004): *Das Klima wandelt sich: Integration von Klimachancen und -risiken in die Finanzberichterstattung.* Bonn: Germanwatch.

Hayek, Friedrich August von (1945): The Use of Knowledge in Society. *American Economic Review* 35 (4): 519–530.

Hoffmann, Johannes (1997): *Ethische Kriterien für die Bewertung von Unternehmen: Frankfurt-Hohenheimer Leitfaden.* Frankfurt a. M.: IKO.

Höpner, Martin und Gregory Jackson (2001): Entsteht ein Markt für Unternehmenskontrolle? Der Fall Mannesmann. *Leviathan* 29 (4): 544–563.

Huffschmid, Jörg (2002): *Politische Ökonomie der Finanzmärkte.* Hamburg: VSA-Verlag.

IÖW – Institut für ökologische Wirtschaftsforschung GmbH und Future e. V. – Verantwortung Unternehmen (Hrsg.) (2007): *Nachhaltigkeitsberichterstattung in Deutschland. Ergebnisse und Trends im Ranking 2007.* Berlin und Münster: IÖW, Future e. V.

Jensen, Michael C. und William H. Meckling (1976): Theory of the Firm: Managerial Behavior, Agency Costs and Ownership Structure. *Journal of Financial Economics* 3 (4): 305–360.

Jürgens, Ulrich (2008): Corporate Governance: Eine kritische Rekonstruktion der Grundlagen, Anwendungen und Entwicklungen aus soziologischer Sicht. In: Maurer, Andrea und Uwe Schimank (Hrsg.): *Die Gesellschaft der Unternehmen: Die Unternehmen der Gesellschaft. Gesellschaftstheoretische Zugänge zum Wirtschaftsgeschehen.* Wiesbaden: VS Verlag, 105–123.

Kädtler, Jürgen (2009): *Finanzialisierung und Finanzmarktrationalität. Zur Bedeutung konventioneller Handlungsorientierungen im gegenwärtigen Kapitalismus.* Göttingen: SOFI-Arbeitspapier 2009-5.

Kessler, Wolfgang und Antje Schneeweiß (2010): *Geld und Gewissen: Was wir gegen den Crash tun können.* Oberursel: Publik-Forum-Verlags-Gesellschaft.

Krippner, Greta R. (2005): The Financialization of the American Economy. *Socio-Economic Review* 3 (2): 173–208.

Lordon, Frédéric (2003): „Aktionärsdemokratie" als soziale Utopie? Über das neue Finanzregime und Wirtschaftsdemokratie. Hamburg: VSA-Verlag.

Lounsbury, Michael und Paul M. Hirsch (Hrsg.) (2010): Markets on Trial: The Economic Sociology of the U.S. Financial Crisis. Bingley: Emerald.

Louche, Céline und Steven Lydenberg (2006): Socially Responsible Investment: Differences between Europe and the United States. Vlerick Leuven Gent Working Paper Series 2006/22.

Lütz, Susanne (2008): Finanzmärkte. In: Maurer, Andrea (Hrsg.): Handbuch der Wirtschaftssoziologie. Wiesbaden: VS Verlag, 341–360.

Malkiel, Burton G. (2003): The Efficient Market Hypothesis and Its Critics. Journal of Economic Perspectives 17 (1): 59–82.

Markowitz, Linda (2008): Can Strategic Investing Transform the Corporation? Critical Sociology 34 (5): 681–707.

Nader, Ralph (1965): Unsafe at Any Speed: The Designed-in dangers of the American Automobile. New York: Grossmann.

Oekom Research (2010): Oekom Corporate Responsibility Review 2010. Nachhaltigkeit in Unternehmensführung und Kapitalanlagen – eine Bestandsaufnahme. München: Oekom Research.

Onischka, Mathias, Dustin Neuneyer und Kora Kristof (2007): Ist der Finanzmarkt auf den Klimawandel vorbereitet? Ergebnisse einer Befragung von Finanzmarktexperten. Wuppertal: Wuppertal Institut für Umwelt, Klima, Energie GmbH.

Overbeek, Henk, Bastiaan van Apeldoorn und Andreas Nölke (2007): The Transnational Politics of Corporate Governance Regulation. London: Routledge.

Politische Ökologie (2008): Sonderheft zum Thema Nachhaltiges Investment: Blaupause für den Neuanfang. München: Oekom, Heft 112–113.

Riedel, Silke und Antje Schneeweiß (2008): Chancen und Entwicklungsmöglichkeiten für ein Aktives Aktionärstum in Deutschland. Eine Machbarkeitsstudie. Hannover und Siegburg: imug Beratungsgesellschaft für sozial-ökologische Innovationen mbH, Südwind e. V., Institut für Ökonomie und Ökumene.

Sandberg, Joakim, Carmen Juravle, Ted Martin Hedesström und Ian Hamilton (2009): The Heterogeneity of Socially Responsible Investment. Journal of Business Ethics 87 (4): 519–533.

Schäfer, Henry (2009): Socially Responsible Investments (SRI) in Deutschland. Stellungnahme und Empfehlungen. Gutachten für das nationale CSR-Forum. Stuttgart, URL: http://www.csr-in-deutschland.de/portal/generator/14194/2010__gutachten.html. Stand: 30.08.2010.

Schäfer, Henry, Jana Beer, Jan Zenker und Pedro Fernandes (2006): Who is Who in Corporate Social Responsibility Rating? A Survey of Iinternationally Established Rating Systems that Measure Corporate Responsibility. Gütersloh: Bertelsmann Stiftung.

Scherhorn, Gerhard (2007): Nachhaltige Entwicklung: Die besondere Verantwortung des Finanzkapitals. Erkelenz: Altius.

Schmidt, Susann und Christian Weistroffer (2010): Responsible Investments: Mehr als eine Modeerscheinung. Frankfurt a. M.: Deutsche Bank Research.

Schröder, Michael (2007): Is there a Difference? The Performance Characteristics of SRI Equity Indices. Journal of Business Finance and Accounting 34 (1/2): 331–348.

Shonfield, Andrew (1965): Modern Capitalism: The Changing Balance of Public and Private Power. London: Oxford University Press.

Social Investment Forum (2007): Report on Socially Responsible Investing Trends in the United States. Executive Summary. Washington, DC: Social Investment Forum.

Sparkes, Russell (2002): Socially Responsible Investment: A Global Revolution. Chichester: John Wiley.

Sullivan, Rory und Craig Mackenzie (2006): Responsible Investment. Sheffield: Greenleaf.

Windolf, Paul (2005): Was ist Finanzmarkt-Kapitalismus? In: Windolf, Paul (Hrsg.): Finanz-markt-Kapitalismus. Analysen zum Wandel von Produktionsregimen. *Kölner Zeitschrift für Soziologie und Sozialpsychologie.* Sonderheft 45: 20–57.

Windolf, Paul (2008): Eigentümer ohne Risiko: Die Dienstklasse der Finanzmarkt-Kapitalismus. *Zeitschrift für Soziologie* 37 (6): 516–535.

Ulshöfer, Gotlind und Gesine Bonnet (2009): *Corporate Social Responsibility auf dem Finanzmarkt. Nachhaltiges Investment – politische Strategien – ethische Grundlagen.* Wiesbaden: VS-Verlag.

Vigeo (2009): *Green, Social and Ethical Funds in Europe. 2009 Review.* Mailand: Vigeo.

Wen, Shuangge (2009): Institutional Investor Activism on Socially Responsible Investment: Effects and Expectations. *Business Ethics: A European Review* 18 (3): 308–333.

Ziegler, Andreas und Michael Schröder (2010): What Determines the Inclusion in a Sustainability Stock Index? A Panel Data Analysis for European Firms. *Ecological Economics* 69 (4): 848–856.

Die Politisierung des globalen Klimawandels und die Konstitution des transnationalen Klimaregimes

Willy Viehöver

Einleitung

Wir können heute „wissen", dass wir in einem „globalen Treibhaus" leben. Es scheint, als müssten die nationalen Gesellschaften sich eingestehen, dass das Klima des Planeten Erde nicht mehr allein eine der menschlichen Praxis externe Umwelt ist, die unter je bestimmten klimahistorischen Bedingungen menschliche Lebensweisen beeinträchtigt. Es ist vielmehr inzwischen auch zu einem *historischen* Produkt menschlicher Tätigkeiten geworden, mit möglicherweise fatalen Konsequenzen für das hochkomplexe Interaktionssystem „Umwelt", „Mensch" und „Gesellschaft" (Beck 1986, 2007, IPCC 2007, Viehöver 2008). Nicht zufällig hat der Atmosphärenchemiker Paul Crutzen (2002) in diesem Sinne das Zeitalter des Anthropozäns ausgerufen, womit, bemerkenswerter Weise seitens eines Naturwissenschaftlers, semantisch angedeutet wird, dass die für die Moderne so typische Grenzziehung zwischen Natur einerseits und Gesellschaft andererseits an Plausibilität und Schärfe verloren hat. Während die sogenannten *neo-realistischen Ansätze* die „Faktizität" des Klimawissens als gegeben hinnehmen und auf der Basis des vom Intergovernmental Panel on Climate Change (IPCC) koordinierten naturwissenschaftlichen Expertenwissens bemüht sind, sozial- und politikwissenschaftliche Expertise beizusteuern (vgl. zur Diskussion Rosa und Dietz 1998), vergessen diese, neben fortbestehenden Unsicherheiten (Edwards 1999), dass die veränderte Wahrnehmung des (Welt-)Klimas auf höchst voraussetzungsvollen sozio-historischen Bedingungen beruht. Diese hängen insbesondere mit einem veränderten Verhältnis von Wissenschaft, Politik und medialer Öffentlichkeit zusammen.

Den im weitesten Sinne *sozialkonstruktivistischen* Positionen geht es daher um die Klärung der (kulturellen und sozialen) Bedingungen der Möglichkeit der *Politisierung* des Weltklimas, der Verwissenschaftlichung der Klimapolitik und das diesbezügliche Verhältnis der institutionellen Felder Wissenschaft, Öffentlichkeit und Politik zueinander. In den Sozial- und Politikwissenschaften kursieren inzwischen eine Reihe von Ansätzen, die, mit unterschiedlichen Schwerpunktsetzungen, darum bemüht sind, die Genese und Stabilisierung des transnationalen Klimaregimes zu beschreiben und zu erklären. *Systemtheoretische* Ansätze konzentrieren sich dabei auf systemrelative Prozesse der globalen Risiko- und Gefahrenkommunikation sowie deren Effekte auf die Systeme Wissenschaft und Politik inklusive deren Interferenzen (Luhmann 2008, Weingart et al. 2002, Peters und Heinrichs 2008). Die *Cultural Theory* führt die Bedeutung von (reversiblen) Naturdeutungen und diesbezüglichen

Risikoprofilen ins Feld (Douglas und Wildavsky 1983, Pendergraft 1998, Rayner und Malone 1998). Die *Science and Technology Studies* betonen dagegen Formen und Kontexte der Wissensproduktion – Stichwort „postnormale Wissenschaft" (Jasanoff 1996, Bray und von Storch 1999, Miller 2001, Bechmann und Beck 2003, Beck 2009). *Konstruktivistische* und *diskursanalytische* Ansätze unterstreichen die Rolle von Deutungskämpfen, konflikthaften öffentlichen, wissenschaftlichen und politischen Diskursen sowie konkurrierenden Klimanarrationen (Stehr und von Storch 1995, Viehöver 1997, 2003a, b, 2010). Der *Epistemic Community* Ansatz (Adler und Haas 1992) weist auf die interpretativen Prozesse und (kognitiven) Bedingungen der Schaffung konsensbildender kollektiver Deutungs- und Wissensbestände in internationalen Beziehungen sowie auf diesbezügliche *Policy*-Innovationsprozesse hin. Das Augenmerk liegt dabei insbesondere auf wissenschaftlichen Erkenntnisgemeinschaften und ihren (diskursiven) Strategien der Definition, Strukturierung und Koordination von *Policies* (Adler und Haas 1992, Viehöver 1997). Die *Theorie internationaler Regime*, Regime dabei verstanden als prinzipien-, norm-, wissens- und verfahrensbasierte kooperativer Institutionen, unterstreicht die für die Regimebildung zentralen Verhandlungs- und Koordinationsprozesse ohne Hegemon und deren Kontextbedingungen (Keohane et al. 1993, Breitmeier 1996, Ott 1997, Oberthür und Ott 2000). Inzwischen haben sich, wie der folgende Überblick über die sukzessive Transnationalisierung der Klimapolitik zeigt, fruchtbare Allianzen zwischen diesen Ansätzen gebildet.

Die wissenschaftliche Konstruktion des *Erfahrungsraums* Klima und seine (Re-)Interpretationen

Man könnte in objektivistischer Manier behaupten, das Klima habe immer schon Einfluss auf tierische und menschliche Gesellschaften gehabt, wie dies die sogenannten „realistischen" Ansätze gerne tun (vgl. Dietz und Rosa 1998). Dagegen untersuchen sozialkonstruktivistische Ansätze die Bedingungen der Politisierung des Klimas und finden diese in den diskursiven Rahmungen des Klimaproblems durch wissenschaftliche Eliten und in der Resonanz, die dieser Diskurs in den Arenen der Medienöffentlichkeit und der Politik zwischen den 1950er und 1980er Jahren erzielte (Ungar 1992, 1995, Hart und Victor 1993, Mazur und Lee 1993). Man muss jedoch, historisch gesehen, noch weiter zurückgehen, um angemessene Beschreibungen und soziologische Erklärungen des Reflexivwerdens des Verhältnisses von Klima und Gesellschaft zu gewinnen (vgl. Stehr und von Storch 1995, 1999, Viehöver 1997, 2003a). Bevor es überhaupt zu einer *Politisierung des Klimas*, der anschließenden Transnationalisierung der Klimapolitik und der Institutionalisierung eines Klimaregimes hat kommen können, bedurfte es grundlegender (institutioneller) und symbolischer Voraussetzungen. Wir nehmen allzu leicht an, dass der *Erfahrungsraum* Klima und die dem Klimawandel entsprechenden Zeitvorstellungen außerdiskursiv gegebene wissenschaftliche Erfahrungsdaten sind und nicht selbst noch auf erfahrungsgebundenen aktiven Konstruktions- und Interpretationsleistungen kollektiver Akteure beruhen, seien dies nun die diskursbasierten Wissenspolitiken „epistemischer Gemeinschaften" (Haas 1992, Adler und Haas 1992), „konkurrierender Diskurskoalitionen" (Hajer 1995, Viehöver 2003a, 2010) oder des organisationellen Netzwerkes des transnationalen Klimaregimes (Breitmeier 1996, Ott 1997, Ott und Oberthür 2000). Tatsächlich unterliegen die gesellschaftlichen Konzeptionalisierungen des Erdklimas und die Vorstellungen vom anthropogenen Klimawandel selbst erstaunlichen historischen Veränderungen und entsprechenden Natur- und Risikokonstruktionen (Viehöver 1997, Stehr und von Storch 1999, Weart 2008). Die Konstitution des *Erfahrungsraums* Erdklima sowie die Genese des Konzeptes Klimawandel einschließlich entsprechender „Causal Stories" (Stone 1989) sind notwendige, wenn auch keineswegs hinreichende Bedingungen zur Erklärung des aktuellen Beziehungsgefüges zwischen Klima, Politik, Öffentlichkeit, Wissenschaft und Gesellschaft (Stehr und von Storch 1995). Die transnationale Politisierung des Weltklimas und der öffentliche Diskurs über den globalen anthropogenen Treibhauseffekt sowie die institutionelle Genese des Klimaregimes (Breitmeier 1996, Ott 1997, Ott und Oberthür 2000) als ein transnationales institutionelles Netzwerk zum Zwecke des Klimaschutzes, gründen in weiteren, weit umfassenderen Voraussetzungen (Stehr und von Storch1999, Weart 2008), die mit den Begriffen der Verwissenschaftlichung der Politik, der Politisierung und Medialisierung der Wissenschaft nur angedeutet sind (Weingart 2001).

Eine zentrale Voraussetzung der heute dominanten Rede vom anthropogenen globalen Treibhauseffekt besteht in der sozialen Konstruktion des *Erfahrungsraumes* Atmosphäre/Klima/Klimageschichte sowie eines entsprechenden *Erwartungshorizontes* (künftiger) Klimafolgen, um zwei historische Kategorien Reinhart Kosellecks (1995) aufzugreifen. Damit ist nun keineswegs gemeint, dass es keine materiale, in modernen Begriffen physiko-chemische Welt gäbe, die durch menschliche Praktiken möglicherweise auf grundlegende Weise beeinträchtigt wird (Giddens 2009, Szerszynski und Urry 2010); aber schon die Rede von Umwelt- und Klimageschichte ist eine typisch moderne menschliche Konstruktionsleistung, die entsprechende Naturauffassungen voraussetzt (Collingwood 2005), eine Konstruktionsleistung an der Wissenschaft, Öffentlichkeit und Politik beteiligt waren (Stehr und von Storch 1995, 1999, Viehöver 1997, 2003a, Weart 2008). In der aktuellen Literatur, die sich in Bezug auf den anthropogenen Treibhauseffekt mit dem sich veränderndem Verhältnis von Wissenschaft, Politik und Öffentlichkeit beschäftigt, wird die Existenz dieser drei ausdifferenzierten Systeme bereits unterstellt (Weingart 2001, Beck 2009). Was, um nur ein Beispiel zu nennen, den Fall der Klimawissenschaften anbetrifft, muss man jedoch beachten, dass die Genese und Ausdifferenzierung der Klimawissenschaften mit der sozialen Konstruktion ihres Gegenstandsbereiches im 19. Jahrhundert zusammenfällt (Stehr und von Storch 1995, 1999, Viehöver 1997, 2003a). Erst im 20. Jahrhundert hat sich das komplexe Klimakonzept etabliert, das Klima als *Erfahrungsraum* im Sinne eines naturwissenschaftlich zu interpretierenden Systems konzeptualisiert, wonach

„das Klimasystem als Zusammenspiel bzw. als ein sich wechselseitig beeinflussender Prozess von Atmosphäre, Hydrosphäre, Kryosphäre (also die Sphäre von Eis und Schnee) und Biosphäre

verstanden [wird] und nicht als ein Prozess, der sich im Wesentlichen auf die bodennahe Atmosphäre beschränkt" (Stehr und von Storch 1999: 35).

Die Verwendung des Begriffes „Klima" ist jedoch historisch voraussetzungsvoll. Die
begrifflichen und materiellen Referenten des Lautbildes *Klima* wie auch die wissenschaftliche Benennung und Interpretation des physiko-chemischen Raumes, in dem
sich die vermeintlichen oder tatsächlichen Klimaveränderungen abspielen, haben
sich immer wieder geändert. Die Koordinaten des Erdklimas als gesellschaftlichem
Erfahrungsraum mussten erst einmal sagbar und denkbar gemacht werden.

Ein historischer Vergleich der Klimadebatte des ausgehenden 19. Jahrhunderts
und des Klimadiskurses, den wir seit den späten 1970er Jahren kennen, kann die
besonderen Bedingungen aufdecken, unter denen die sozial und institutionell folgenreiche wissenschaftliche Konstruktion einer „Klimakatastrophe" mit entsprechenden Erwartungshorizonten gelingen konnte. Der Blick in den *sublunaren Raum*
war bereits in der Vormoderne ein möglicher Anknüpfungspunkt für Katastrophenkommunikation, denn die mittelalterliche Betrachtung des Himmels bezog
sich auf die regelmäßigen Bewegungen der Sterne als Zeichen der Vollkommen-
heit göttlicher Ordnungen. Das Erscheinen eines Kometen bzw. eine Sonnen- oder
eine Mondfinsternis konnten als Zeichen dafür gelten, dass der oder die Götter
mit den Menschen unzufrieden waren (Glacken 1967). Freilich sind diese Versuche
einer Vergesellschaftung des Klimas über Risiko- und Gefahrenkommunikation
noch nicht mit dem heutigen Eingreifen der Gesellschaft in die physiko-chemische
Natur vergleichbar (Stehr und von Storch 1999). Mit der Entstehung der neuzeit-
lichen Wissenschaften verändert sich die Deutung des Faktors Klima nachhaltig.
Den Ausgangspunkt der Entzauberung des Luftmeeres bildete die Meteorologie,
die im 18. Jahrhundert für eine Neudefinition des klimabezogenen Naturverhältnisses sorgte. Aus der Meteorologie als Sternenkunde wird eine Wissenschaft, die
sich mit dem „Luftmeer" und den Vorgängen in der Atmosphäre beschäftigt. Damit
wird eine Refiguration des Klimas in Gang gesetzt, durch die sich einerseits die
entstehende Wissenschaft der Meteorologie konstituiert und andererseits ihr Gegenstandsbereich selbst. Es werden die räumlichen und zeitlichen Koordinaten
geschaffen, mittels derer wir heute über das Phänomen Treibhauseffekt sprechen
können (Viehöver 1997, 2003a, Stehr und von Storch 1999, Weart 2008).

Ein weiterer radikaler Wandel des Verständnisses von Meteorologie vollzieht sich
erst im 19. Jahrhundert. Er beginnt mit der Ausdifferenzierung von Spezialdiszipli-
nen, z. B. der Klimatologie. Durch zunehmende Professionalisierung werden nicht
nur die organisatorischen Grundlagen für einen intensiven transnationalen wissenschaftlichen Austausch geschaffen, sondern auch der wissenschaftsdefinierte Raum
Atmosphäre als wissenschaftliches Objekt. Dieser sukzessive Prozess der *Entzauberung des Klimas* vollzieht sich bis in die 1960er Jahre. Im Zuge dieser Verwissenschaftlichung verblassen Vorstellungen, die die Wirkung des Klimas auf die Gesellschaft
und die Psyche des Menschen betonen, auch wenn diese zunächst noch – wie etwa
bei Alexander v. Humboldt – in wissenschaftlichen Definitionen mitschwingen.
Die institutionellen und kulturellen Bedingungen, die der differenzierungstheo-

retische Ansatz bereits unterstellt (vgl. Weingart 2001), werden also erst im späten 19. Jahrhundert geschaffen. Erst dann erhält der Klimabegriff durch Julius Hann eine spezifische Definition. Er versteht Klima als „die Gesamtheit der meteorologischen Erscheinungen, welche den mittleren Zustand der Atmosphäre an irgendeiner Stelle der Erdoberfläche charakterisieren" (Hann 1896: 117). Hier werden auch Wetter, Witterung und Klima differenziert. Handelt es sich beim Klima um die ‚Statistik des Wetters' in Bezug auf längere Zeiträume und größere geographische Räume, so bezeichnet Wetter im wissenschaftlichen Diskurs des ausgehenden 19. Jahrhunderts die lokale, flüchtige Witterung. Die junge Wissenschaft Meteorologie setzte sich im 19. Jahrhundert vier wesentliche Aufgaben: Erstens den ursächlichen (kausalen) Zusammenhang der verschiedenen atmosphärischen Erscheinungen zu erklären, zweitens periodische und drittens nicht periodische Veränderungen an verschiedenen Orten zu erforschen und zu vergleichen sowie viertens zukünftige Witterungen wenigstens für die nächste Zeit vorhersagen zu können. Erst zu diesem Zeitpunkt setzt sich die Deutung durch, dass das Klima kein statisches, sondern vielmehr ein variables System ist, welches entweder zyklischen oder aber progressiven Veränderungen unterliegt. Letzteres ist eine zentrale Voraussetzung dafür, Klimakatastrophen und diesbezügliche Erwartungshorizonte überhaupt denkbar zu machen (Brückner 1890, 1896). Große Klimaänderungen werden von (periodischen) Klimaschwankungen unterschieden, wobei beide zusammengenommen als Klimaveränderungen begriffen werden.

Die Klimaforschung des ausgehenden 19. Jahrhunderts beschäftigte sich zumeist mit periodischen Klimaschwankungen und deren Folgen. Allerdings interessierten sich Wissenschaftler im 19. Jahrhundert vereinzelt bereits für die ökonomischen, gesellschaftlichen und politischen Folgen von Klimaschwankungen, betrieben also Klimafolgenforschung. Zudem formierten sich bereits Vorläufer einer „kritischen" Klimaforschung. Dies war insbesondere die Leistung Brückners (1890), der in seinem Buch *Klimaschwankungen seit 1700* bereits den Einfluss der Klimaveränderungen auf Handelsbilanzen, Ernteerträge, Wanderungsbewegungen und auf Veränderungen im politischen Machtgefüge untersuchte. Schließlich haben einige Forscher auch progressive Klimaänderungen vermutet und nach Belegen für deren Existenz oder Möglichkeit gesucht. So suchten Arrhenius (1896) und Chamberlin (1899) nach den Ursachen für die Entstehung von Eiszeiten und Trockenperioden. Ein aus heutiger Sicht historisch besonders interessanter Zeitraum diesbezüglich ist die zweite Hälfte des 19. Jahrhunderts, in der es in der Wissenschaft bereits eine recht intensive Debatte über Klimaveränderungen im globalen und überregionalen Maßstab gegeben hat (vgl. Brückner 1890, Kap. 1). Dies lag u. a. daran, dass Ereignisse wie die sogenannte kleine Eiszeit oder der Ausbruch des Vulkans Tambora im Jahre 1815 (was zum „Jahr ohne Sommer" 1816 führte) in die Deutungen des Klimas eingebunden wurden (Hann 1896: 30).

Motive und Bedingungen der erfolgreichen Politisierung des Weltklimas

Die Konstruktion des *Erfahrungsraumes* Klima sowie eines diesbezüglichen *Erwartungshorizontes* (künftige Klimaveränderungen und deren Folgen) allein können deren *Politisierung* ebenso wenig erklären wie der Verweis auf computerbasierte Zirkulationsmodelle, die es seit den späten 1970er Jahren gibt (vgl. Bechmann und Beck 2003). Eine Reihe von Forschern nimmt an, dass dies einerseits mit der Konstitution der Klimawissenschaften als *postnormale Wissenschaften* zusammenhängt, die sich durch hohe wissenschaftliche Unsicherheiten bei gleichzeitig hoher gesellschaftlicher Problemrelevanz auszeichnen (Bray und von Storch 1999). Die hohe Problemrelevanz ist jedoch selbst ein Diskurseffekt, setzt also die *Politisierung* des Klimas bereits voraus (Viehöver 1997, 2003b, Weingart 2001). Nun sind jedoch Versuche einer *Politisierung* des Klimas historisch nicht neu. So haben Stehr und von Storch (1999) betont, dass sich bereits Ende des 19. Jahrhunderts Ansätze einer *Politisierung* des Klimas durch die Wissenschaft nachweisen lassen. Ein Vergleich der Klimadebatte des ausgehenden 19. Jahrhunderts mit der aktuellen Klimadebatte kann diesbezüglich die Faktoren und Bedingungen klären, die dazu führten, dass es erst in den 1970er und 1980er Jahren zu einer nachhaltigen und institutionell folgenreichen Politisierung des Klimawandels kommen konnte. Es ist dabei nicht hinreichend auf die Existenz konkurrierender *Klimadeutungen* und der sie tragenden Epistemischen Gemeinschaften beziehungsweise Diskurskoalitionen hinzuweisen. Vielmehr ist festzuhalten, dass sich bereits Ende des 19. Jahrhunderts im Bereich der „Klimaforschung", auch über Landesgrenzen hinweg, konkurrierende Epistemische Gemeinschaften (Adler und Haas 1992) oder Diskurskoalitionen (Hajer 1995, Viehöver 2003a) formierten. Ihre kollektiven Deutungen der Klimaveränderungen mobilisierten zudem bereits konkurrierende „Causal Stories" (Stone 1989) und bezogen u. a. externe Einflüsse (Erdbahnparameter, Sonnenstrahlung, Sonnenflecken-zyklen) als Erklärungsfaktoren für Klimaveränderungen (Eiszeiten, Warmzeiten), aber auch interne Einflüsse (Vulkanausbrüche, Wettervariabilität, etc.) ein. Eine der „Causal Stories" betraf bereits den CO_2-Effekt (Arrhenius 1896). Man darf also vermuten, dass eine dieser Epistemischen Gemeinschaften das Saatbeet für die heutige Rede von der Klimakatastrophe kultivierte. Stehr und von Storch (1999) belegen in der Tat eine wissenschaftliche sowie eine öffentliche Debatte über Klimaveränderungen und über mögliche anthropogene Ursachen einer erhöhten CO_2-Konzentration in der Atmosphäre bereits für das Ende des 19. Jahrhunderts. Bei genauerer Betrachtung fokussierte die öffentliche Debatte jedoch auf die regionale Problematik der Klimaänderungen durch Entwaldung und Urbarmachung. Zwar standen auch globale Klimaänderungen auf der wissenschaftlichen Agenda, hier wurden aber zumeist die natürlichen Sonnenaktivitäten für verantwortlich gehalten (Brückner 1890, Hann 1896). Die Ausnahmen bildeten die CO_2-Theorien von Arrhenius (1896) und Chamberlin (1899), die gegen Ende des 19. Jahrhunderts die Bedeutung des CO_2 für den Strahlungshaushalt der Erde hervorhoben. Arrhenius hat dabei Berechnungen über eine mögliche Verdopplung der CO_2-Konzentration in der Atmosphäre, verursacht durch industrielle Verbrennung von Kohle, angestellt.

Obwohl Arrhenius die CO_2-Theorie bereits ausgearbeitet hatte, konnte sie sich jedoch gegen die dominierenden, konkurrierenden Deutungen (Sonne, Sonnenflecken, Vulkane, Wasserdampf usw.) nicht durchsetzen. Dass eine öffentliche Debatte über die These eines anthropogenen globalen Klimawandels durch CO_2-Einträge fehlte, lag wesentlich daran, dass Arrhenius *keine* Dramatisierung des CO_2-Problems gelang, weil er aufgrund klimabezogener und sozio-technischer Entwicklungen eine CO_2-Verdopplung in der Atmosphäre erst in über 1000 Jahren erwartete. Dies zeigt, dass nicht nur „Causal Stories", sondern diskursiv erzeugte *Zeitstrukturen* und damit *Erwartungshorizonte* von erklärender Relevanz sein können. Die Debatte über einen globalen Klimawandel fand in den 1930er Jahren ein vorläufiges Ende. Danach gab es erneut eine wenig intensive innerwissenschaftliche kontroverse Debatte über die Richtigkeit der Kohlendioxidhypothese (Callendar 1938, Flohn 1941). Einige Wissenschaftler glaubten zwar an die These einer möglichen anthropogenen Klimaänderung, sie zogen aber andere Schlussfolgerungen. Hier zeigt sich, im Sinne der *Cultural Theory* der Einfluss der nicht-wissenschaftlichen kulturellen Vorannahmen, die den Denkstil von damaligen Epistemischen Gemeinschaften strukturierten. So stellte Callendar eine Kausalität zwischen CO_2 und Temperaturentwicklung her und übernimmt damit Arrhenius' „Causal Story", aber die erwartete Bedrohung geht aus seiner Sicht nicht vom Menschen, sondern von der Natur (drohende Eiszeit) aus. Das anthropogene CO_2 ist in diesem Narrativ also die Lösung, nicht das Problem. Erst eine Einbettung der „Causal Story" in einen weiteren narrativen Deutungskontext bietet eine umfassendere kulturelle Erklärung der Frage, weshalb nicht schon früher eine „kollektive Furcht" (Ungar 1995) vor einer anthropogenen Klimakatastrophe entstehen konnte. Zwar vertrat der deutsche Klimaforscher Hermann Flohn schon 1941 eine völlig andere Interpretation der Folgen anthropogener CO_2-Emissionen, durch die die Tätigkeit des Menschen zur Ursache einer erdumspannenden Klimaänderung erklärt wurde, diese erreichte aber die Agenda der massenmedialen Öffentlichkeit nicht.

Ein wesentlicher Punkt, der eine Politisierung des globalen Klimawandels verhindert hat, ist also weder das Fehlen konkurrierender Epistemic Communities oder entsprechender „Causal Stories", sondern die Beeinflussung dieser Problemnarrationen durch *Erwartungshorizonte* konstituierende, narrative Zeitstrukturen sowie meta-kulturelle Deutungen, in die die Erwartungen eingebettet sind (Hart und Victor 1993, Viehöver 1997). So ist der Fortschrittsmythos bis in die 1960er Jahre hinein nicht ernsthaft mit seinem Gegenmythos von *Decay and Environmentalism*[1] konfrontiert worden (Viehöver 1997). Die Konfrontation des Fortschrittsmythos mit seinem Gegenmythos fehlt in der Klimadiskussion bis in 1970er Jahre weitestgehend, weil es kaum Träger dieses Deutungsmusters in der Gemeinschaft der Kli-

---

1   Neben anderen haben insbesondere Ruth und Dieter Groh (1991) sowie Eder (1988) auf die Beziehung der Rede von einer ökologischen Krise zu (antiken) religiösen Diskursen hingewiesen. Eine der Wurzeln des ökologischen Diskurses, an die auch der Klimadiskurs in gewisser Hinsicht anknüpft, ist die Deutung einer *natural lapsa,* einer verfallenden oder „gefallenen" Natur *(decay),* wobei Dieter Groh diese Deutungen sowohl auf die menschliche als auch auf die äußere Natur bezieht (Groh 2003).

maforscher gegeben hat und weil der thematische *focal point* Klimaerwärmung nicht mit dem Umweltschutzgedanken verbunden wurde. Eine kleine Gruppe von Klimawissenschaftlern, die den Umweltdiskurs aufnimmt, formiert sich erst Ende der 1960er Jahre. Ihr gelingt, anders als während der Klimadebatte des 19. Jahrhunderts, die Inszenierung des Klimawandels als Katastrophe. Zur endgültig erfolgreichen Dramatisierung fehlte jedoch zunächst noch die Aufmerksamkeit der Massenmedien (Mazur und Jinling 1993). Diese für eine gelingende Katastrophenkommunikation notwendige Verknüpfung von meta-kulturellen Deutungen, thematischem Fokus auf Klimaveränderungen, aktiven Epistemic Communities und einem resonanzspendenden öffentlichen Raum ergab sich erst Mitte der 1980er Jahre. Erst dann waren die Bedingungen gegeben, unter denen eine von (wissenschaftlichen) *Epistemic Communities* (Adler und Haas 1992) bzw. *Diskurskoalitionen* (Hajer 1995) erzählte Klimakatastrophe ihre institutionelle Wirkung über die Grenzen der Wissenschaft hinaus voll entfalten konnte (Viehöver 1997).

Die diskursive Refiguration des Klimawandels als Katastrophe

Der öffentliche Diskurs zum „anthropogenen globalen Klimawandel" konstituiert sich sukzessive seit den späten 1960er Jahren. Er lässt sich grob in zwei Hauptphasen einteilen:

a) Die erstes Phase lässt sich als „Krise der Natur" bezeichnen. Sie umfasst die Zeit des wissenschaftlichen und öffentlichen *Agenda-Building* (ca. 1970–1986), der „Politisierung der Wissenschaft" durch wissenschaftliche Epistemic Communities, die das Problem „globaler Klimawandel" dramatisch aufladen, und die Zeit, in der diese dramatischen Inszenierungen auf internationalen und nationalen öffentlichen und politischen Agenden Resonanz erzielen und so erfolgreich politischen Handlungsdruck aufbauen (hauptsächlich 1986–1992). Diese, durch den Kampf konkurrierender Diskurskoalitionen um Deutungsmacht geprägte Konstitution eines „grenzenlosen" Politikfeldes geht mit der Verabschiedung der Klimarahmenkonvention im Frühjahr 1992 zu Ende.

b) In der zweiten Phase konnte diese Zuschreibung mit einem komplexen transnationalen institutionellen Unterbau versehen werden, dem Klimaregime, der *Klimarahmenkonvention* und schließlich dem *Kyoto-Protokoll* (Oberthür und Ott 2000). Gleichwohl gab es auch in dieser Phase Versuche, die Angemessenheit der anthropogenen Zuschreibung in Frage zu stellen (McCright und Dunlap 2000, 2003). Dies hat zwar zu manifesten Verhandlungskrisen geführt, ohne jedoch eine Implosion des institutionellen Gefüges insgesamt zu bewirken (Gupta 2010). Insofern kann man diese Phase hier als „Krise der Institution Klimaregime" bezeichnen. Diese zweite Periode ist durch sich überlagernde Konfliktstrukturen gekennzeichnet. Die Frage: „Gibt es einen anthropogenen Klimawandel?" konkurriert mit der Frage: „Wie kann man mit den Folgen des

Klimawandels angemessen umgehen, beziehungsweise sich dem Klimawandel anpassen?" (Beck 2009).

Die aktuelle sozial- und politikwissenschaftliche Literatur über die „Politisierung des Klimas" weist eine Schwäche auf, als sie zumeist nur die Erfolgsgeschichte der These der globalen Erwärmung nachzeichnet. So betrachtet der Epistemic-Community-Ansatz das Wissen (informeller) Netzwerke von Professionellen, die gemeinsame normative Annahmen, gleiche Ursachenzuschreibungen im Hinblick auf das in Frage stehende Problem und ein gemeinsames Politikprogramm teilen (Haas 1992, Adler und Haas 1992). Dem Ansatz, der die Rolle von *Konsensbildungsprozessen* auf der Basis wissenschaftlichen Wissens betont, ist deshalb zu Recht eine kognitivistische und technizistische Problemverengung vorgeworfen worden (Beck 2009: 29 ff.). Er lässt sich jedoch diskursanalytisch so erweitern, dass er das Problem von konflikthaft ausgetragenen Deutungskonkurrenzen in wechselnden institutionellen Konstellationen und Kontexten ebenso aufnehmen kann, wie die Bedeutung von impliziten oder expliziten Werthaltungen und Handlungsorientierungen der Diskursgemeinschaften (Viehöver 1997, 2003a, b, 2010). So erweitert zeigt er, dass der wissenschaftliche Klimadiskurs nicht als kognitive Politikberatung verkürzt werden darf, sondern als auf öffentlichen Erzählungen basierender diskursiver „way of worldmaking" (Goodman 1978) gesehen werden muss. Man muss dabei jedoch sehen, dass die Vorstellung eines anthropogenen Treibhauseffektes nicht die einzige Möglichkeit der diskursiven Deutung und „Narrativisierung" des globalen Klimawandels ist, mittels derer Anfang der 1970er Jahre das gesellschaftliche Verhältnis zur Natur einerseits und jenes zwischen den institutionellen Feldern Politik, Wissenschaft und Öffentlichkeit grundlegend verändert wird (Viehöver 2003a). Die Dynamik des Klimadiskurses entfaltet sich als ein zuweilen höchst konflikthafter Prozess. Verschiedene Expertinnen und Experten in den USA, aber auch einige deutsche Wissenschaftler, wie Hermann Flohn, wiesen zu Beginn der 1970er Jahre erneut auf die Gefahren eines möglichen Klimawandels hin und kritisierten zugleich die Folgen der ungehemmten Ausbeutung der Natur durch den Menschen. *Global Warming* war allerdings nur eine der unterschiedlichen *Klimaerzählungen*, die damals kursierten. Einige fürchteten eine neue, durch den Menschen verschuldete Eiszeit, andere glaubten zwar an eine Warmzeit, sahen darin jedoch ein kommendes Treibhausparadies, wieder andere hielten die anthropogene Treibhaustheorie für eine Fiktion der Wissenschaft und der Medien (*Climate Skeptics*) und manche plagten sich weiterhin um den Nachweis undramatischer natürlicher Ursachen des Klimawandels. In den 1980er Jahren komplettierte eine sechste Klimageschichte den Reigen mit einer Theorie des nuklearen Winters (Viehöver 2010).

Zwar war der Klimadiskurs in den 1960er Jahren ein in hohem Maße wissenschaftlicher Diskurs, aber im Verlaufe der 1970er und 1980er Jahre wird daraus zunehmend auch ein moralischer und symbolischer Diskurs, der auf die Verantwortung des Menschen für die künftigen Generationen und das gemeinschaftliche natürliche Erbe der Menschheit verweist. Die Geschichte der anthropogenen Erwärmung hat in der Folge dazu geführt, das Weltklima als schützenswertes kollektives Gut zu verstehen, das durch ethisch-moralisch angeleitetes Wissen zu schützen ist (Viehöver 2003a, 2008). Durch den wissenschaftlichen Diskurs der *Global Warming Story* wird diesbezüglich immer stärker auf die Notwendigkeit der Übersetzung der wissenschaftlichen Erkenntnisse in gesellschaftspolitische Handlungsprogramme hingewiesen. Eine emotionalisierende Sprache der Wissenschaftler und Wissenschaftlerinnen sollte die bis dahin schlafende Politik aufwecken. Schließlich trug die Intensivierung des Mediendiskurses ab Mitte der 1980er Jahre wesentlich zu einer Bewusstwerdung des Klimawandels in der Gesellschaft und vor allem in der Politik bei.

Diskursanalytische Positionen und der *Epistemic Community Approach* konkurrieren mit systemtheoretisch angeleiteten und von den *Science and Technology Studies* beeinflussten Programmen, die den Agenda-Building-Prozess mit grundlegenden Veränderungen im Bereich der *Wissensproduktion* zusammenbringen, die sich in den Tendenzen der *Verwissenschaftlichung der Politik* und der *Politisierung* und *Medialisierung der Wissenschaft* manifestieren (Weingart 2001, Bechmann und Beck 2003, Weingart et al. 2002). Zu einer Verwissenschaftlichung der Politik kommt es nach Weingart (2001), weil die politischen Entscheidungsträger angesichts neuartiger globaler Risiken immer häufiger auf Expertisen als Problemlösungs- und Legitimationsressourcen zurückgreifen müssen und, weil die nachrichtenwertorientierte massenmediale Öffentlichkeit einen entsprechenden Resonanzraum bereitstellt. Im Zuge der umfassenden Demokratisierung der Gesellschaft (Weingart 2001) und unter massenmedialer Dauerbeobachtung wird auch der Zugriff politischer Akteure auf wissenschaftliche Expertise demokratisiert, die daraus resultierende Konkurrenz um wissenschaftliche Expertise führt umgekehrt auch zu einer Politisierung der Wissenschaft (Weingart 2001: 327 f.). Die Wissenschaft kann dadurch leicht in einen öffentlichen Dauerstreit geraten, durch den die Glaubwürdigkeit des Fachwissens untergraben werden kann (McCright und Dunlap 2000, 2003).

Während der Epistemic-Community-Ansatz und seine diskurstheoretische Erweiterung auf die aktiven Interpretations- und Refigurationsleistungen wissenschaftlicher Akteursnetzwerke abstellen, betonen systemtheoretische Studien stärker die unterschiedlichen (strukturellen) Kontextbedingungen und Interferenzen der institutionellen Felder Wissenschaft, Politik und Öffentlichkeit (Weingart 2001). Das zunehmende Unscharfwerden der Grenzen zwischen Politik, Wissenschaft und Öffentlichkeit wird hier mit dem Begriff der *engen Kopplung* systemtheoretisch beschrieben. Ich selbst (1997, 2003a, 2010) vertrete demgegenüber, diskurs- und handlungstheoretisch angeleitet, die These, dass die Expertengemeinschaften als Diskurskoalitionen die institutionellen Bedingungen verändern, indem sie zu symbolischen und moralischen Unternehmern werden, die sich mit ihren Problemdefinitionen, Wertvorstellungen und Lösungsvorschlägen nicht mehr an die interne *Community* der Wissenschaftlerinnen und Wissenschaftler wenden, sondern an die politische und mediale Öffentlichkeit. Dies erfordert neue Handlungsorientierungen, eine narrative Einbettung von Ereignissen, wissenschaftlichen Fakten und Argumenten sowie neue Legitimationsstrategien, weil Experten nun auch vor den (kritischen) Augen einer massenmedial beeinflussten politischen Öffentlichkeit bestehen müssen (Viehöver 1997, Miller 2001, Edwards und Schneider 2001, Bray 2004).

Klimaerzählungen sind hierbei als strukturierte und als strukturierende Struktur zu verstehen, die im Rahmen von Diskursen sowohl *Moment* der Reproduktion von Wissen (Integration, Distinktion, Mobilisierung) als auch dessen Transformation und Kritik sein können.

Es ist wichtig zu betonen, dass Klimaerzählungen auch das Potential zur Veränderung und Transformation von Wissensordnungen in sich bergen. Im Rahmen der Erzählung werden entsprechende Verantwortungs- und Schuldzuschreibungen vorgenommen, Lösungen „entwickelt" oder verworfen, polare Werte-Strukturen konstruiert und miteinander versöhnt. Die Erzählungen müssen sich ihrerseits im sozialen Gebrauch als sinnvoll und effektiv erweisen (Viehöver 2003a). Sie müssen überzeugen und zum kollektiven Handeln motivieren können. Der Gedanke einer Gestalt- und Veränderbarkeit der Gesellschafts-Natur-Beziehungen gerät dabei in den Fokus der wissenschaftlichen Warnungen vor einer *Klimakatastrophe* (Viehöver 2003a, Weingart et al. 2002). Klimaforscher nutzen zwar seit den frühen 1970er Jahren die emotionalisierende Rhetorik von Untergangsszenarien, halten aber grundsätzlich am Prinzip der aktiven Weltgestaltung fest, denn die Katastrophe ist ihrer Auffassung nach durch menschliches Handeln abwendbar (Viehöver 2003a). Insofern ist die Katastrophe, die Anlehnung an die antike Dramentheorie und der Poetik Aristoteles sei hier erlaubt, ein narratives Ereignis, um Wendepunkte in der Geschichte zu markieren (vgl. Viehöver 2003a). Die diskursiv erzeugte Re-Politisierung der Natur äußert sich schließlich Ende der 1980er Jahre in doppelter Weise. Zum einen kommt es zu einer verhandlungsbezogenen Re-Politisierung der Natur im Sinne der praktischen Politik der Bildung eines transnationalen Klimaregimes (Ott 1997). Zum anderen wird *Natur* als Gegenstand der gesellschaftlichen Ausbeutung und Naturzerstörung neuerlich zu einer Sinnressource. Es ist durch den Klimadiskurs zu einer eigentümlichen Re-Symbolisierung, Moralisierung und Politisierung des atmosphärischen Systems des Planeten Erde gekommen. Im Sinne der *Cultural Theory* könnte man sagen, die Klimaerzählungen der konkurrierenden wissenschaftlichen Diskursgemeinschaften haben nicht nur unsere Sicht auf die Natur verändert, sondern sie sind aktiv dabei, auch die gesellschaftliche Praxis im Umgang mit der Natur auf der Basis von Risiko- und Gefahrenwissen nachhaltig zu verändern, ohne dass dabei auf eindeutige Fakten zurückgegriffen werden kann. Das Klima der Erde ist heute keineswegs mehr nur ein Gut, das jeder individuell nutzen und verschmutzen kann. Es ist als Symbol der Selbstgefährdung durch die Wissenschaft zu einem quasi-sakralen kollektiven Gut geworden, das es zum Wohle aller zu schützen gilt. Diese Re-Sakralisierung der Natur erfolgte im Wesentlichen bereits in der Phase vor der Konstituierung des transnationalen Klimaregimes und ist insofern eine symbolische Voraussetzung für die späteren Verhandlungsprozesse des *Intergovernmental Negotiating Committees* (Viehöver 1997).

Sowohl die systemtheoretisch angeleitete Wissenssoziologie (Weingart 2001) als auch die Diskurstheorie betonen die veränderte Rolle der Wissenschaftlerinnen und Wissenschaftler. Klimawissenschaftler versorgen die Politik nicht mehr nur mit wissenschaftlichen Fakteninformationen, sie sind vielmehr in hohem Maße aktiv durch Diskurspolitiken in die internationalen Verhandlungsprozesse eingewoben. Die

Klimadebatte zeigt, dass sich die Grenzen zwischen den Rollen der Wissenschaft und der Rolle des in der Zivilgesellschaft engagierten Bürgers aufzulösen beginnen. In diesem Sinne kommt dem Typus des modernen engagierten Klimawissenschaftlers eine besondere Rolle bei der Initiierung politischer Lernprozesse zu. Das IPCC bringt erstmals Wissenschaftler und politische Entscheidungsträger in einer Organisation zusammen – insofern ist sie der Beginn der Klimapolitik im engeren Sinne. Ihr ging aber die Politisierung der Wissenschaft durch die Narrationen der Wissenschaftler bereits voraus. Die Entstehung eines globalen Klimaregimes hat inzwischen eindrucksvoll verdeutlicht, dass es bereits zu weitreichenden institutionellen Lernprozessen im Rekurs auf die Warnungen der Klimaexperten vor einer drohenden globalen Erwärmung gekommen ist. Die Politik im Treibhaus hat uns in den vergangenen Jahren allerdings auch gezeigt, dass zwischen wissenschaftlicher Expertise und Politik kein linearer Weg besteht. Die vielen Rückschläge, die das Projekt einer nachhaltigen Entwicklung und die internationale Klimapolitik bis zum Scheitern der Kopenhagen-Konferenz hat hinnehmen müssen, lässt zuweilen den Eindruck gesellschaftlicher Selbstüberforderung aufkommen. Aber vielleicht liegt gerade darin die Herausforderung einer reflexiv werdenden Moderne. Sie hat lernen müssen, dass eine zunehmend problembezogene Wissenschaft nicht mehr allein im Schutze des akademischen Elfenbeinturmes bestreitbar ist, dass die Wissenschaft als *postnormale Wissenschaft* vielmehr Verantwortung übernehmend den Weg in die Zivilgesellschaft schaffen muss. Dadurch entstehen allerdings neue Legitimationsanforderungen an Wissenschaft und Politik unter Bedingungen massenmedialer Dauerbeobachtung (Weingart et al. 2002). Unter diesen Bedingungen verschiebt sich die Diskussion von der Krise des globalen Klimas zur Krise des Klimaregimes.

Von der Krise des Klimas zur Krise des Klimaregimes

Es lässt sich kaum bestreiten, dass die Konstitution eines internationalen bzw. transnationalen Verhandlungssystems (*Intergovernmental Negotiating Committee for a Framework Convention on Climate Change*, Konstitution 1990, versehen mit den Sachstandsberichten des IPCC), dessen erstes Ziel in der Aushandlung einer tragfähigen Konvention zum Schutz der Erdatmosphäre bestand (FCCC von 1992, Ratifizierung 1994), sowie die jährlich zusammentreffende Konferenz der Vertragsparteien (*Conference of the Parties* (COP) + Sekretariat) eine große politische Leistung gewesen ist (Oberthür und Ott 2000). Dies zeigt, dass internationale Kooperation auch ohne einen Hegemon zustande kommen kann. Dies haben insbesondere die Beiträge der *Theorie internationaler Regime* verdeutlicht, die sich auf die Rolle internationaler Verhandlungen zur Erklärung der Entstehung des transnationalen Klimaregimes und der diesbezüglich zu lösenden Kooperations- und Koordinationsprobleme konzentriert haben (Breitmeier 1996, Ott 1997).

    Demgegenüber haben der Epistemic Community Approach, diskursanalytische Studien, die systemtheoretisch instruierte *Wissenssoziologie*, der *Ansatz der Postnormal Science* sowie die Cultural Studies Fragen der Wissens- und Konsensproduktion und der Legitimation unter Bedingungen von (wissenschaftlicher) Unsicherheit sowie die Rolle der sich wandelnden Natur- und Weltbilder für den Regimebildungsprozess betont (Adler und Haas 1992, Bray und von Storch 1995, Viehöver 1997, Jasanoff und Wynne 1998, Rayner und Malone 1998, Stehr und von Storch 1999, Beck 2009). Alle Ansätze stimmen jedoch darin überein, dass die durch (Klima-)Wissenschaftler bereits in den 1970er Jahren angestoßene Diskussion um die Ursachen und (möglichen) Folgen eines anthropogen induzierten Treibhauseffektes der Umweltpolitik eine trans- und internationale Dimension verliehen hat. Sie verdeutlichen auch dass, anders als im Falle des internationalen Ozonregimes (Breitmeier 1996), sich schon die Einigung auf ein von den Vertragsparteien getragenes Protokoll (das so genannte Kyoto-Protokoll 12/1997 (Inkrafttreten 12.02.2005) als weitaus schwieriger gestaltete, von der Ratifizierung und einer effektiven Implementation der dort vereinbarten Prinzipien, Normen, Regeln und Emissionsgrenzen/Reduktionsziele sowie der Aushandlung eines bindenden Post-Kyoto-Abkommens ganz zu schweigen (Gupta 2010).

Festzuhalten ist jedoch auch, dass der Charakter des Klimaregimes bis heute ambivalent bleibt. Es leidet nach wie vor sowohl an *Legitimitäts-* als auch an *Effektivitäts*-problemen. Woran liegt das? Die Vermutung liegt nahe, dass die gesellschaftliche Anerkennung der Relevanz des Problems Klimawandel mit der Glaubwürdigkeit der Experten und Expertinnen sowie der *Kommunikabilität* des Problemzusammenhangs zusammenhängt.

Was die *Legitimationsprobleme* anbelangt, so stehen neben der Rolle des Expertenwissens (und damit der IPCC) sowie diesbezüglicher Unsicherheiten (Edwards 1999, 2001, Miller 2001, Bray 2004) zunehmend auch Gerechtigkeitsfragen im Hinblick auf die Nord-Süd-Problematik im Mittelpunkt der Diskussion. *Effektivitätsprobleme* bemessen sich insbesondere daran, ob die Prinzipien der FCCC umgesetzt, die Ziele des Kyoto-Protokolls erreicht und die Mittel, Verfahren und Ressourcen effizient eingesetzt werden.

Es hat sich gezeigt, dass sich Vorstellungen eines einfachen Wissenstransfers von der Wissenschaft zu politischen Entscheidungsträgern, wie sie der Epistemic Community Approach (Ader und Haas 1992) zuweilen suggerierte, als illusorisch erwiesen haben (Beck 2009). Eine globale Klimapolitik mit konkurrierenden Deutungen des „Klimaproblems" (Viehöver 1997) erfordert eine ‚engere Kopplung' von Wissenschaft, Politik und Öffentlichkeit (Weingart 2001). Aber auch diese ist keineswegs Garant für die Bewältigung von Legitimationsproblemen (Edwards 1999, Miller und Edwards 2001, IPCC 2007, Viehöver 2008, Beck 2009). Vielmehr ist inzwischen deutlich geworden, dass die Kommunikation von Unsicherheit gegenüber Politik, der massenmedialen Öffentlichkeit sowie gegenüber der konkurrierenden Diskurskoalition der Klimaskeptiker (McCright und Dunlap 2000, 2003) das Klimaregime von Beginn an unter Legitimationsdruck stellte, der sich nicht durch den Verweis auf reines Faktenwissen abbauen ließ (Jasanoff 1996, Viehöver 1997, 2008, Edwards 1999, Miller 2001, Miller und Edwards 2001, Weingart et al. 2002). Auch wenn die Grenzen zwischen den einzelnen institutionellen Bereichen des Politikfeldes „Globaler Klimawandel" durch engere Kopplung und durch die veränderten Handlungsorientierungen und Kommunikationsstrategien wissenschaftlicher Erkenntnisgemeinschaften und Diskurskoalitionen unscharf geworden sind, so lassen sich dennoch bestimmte Akteure isolieren, die für die Legitimationsproblematik von besonderer Bedeutung sind. Dies gilt insbesondere für jene Akteursnetzwerke, die die „Verbindungsglieder" zwischen Wissenschaft und Politik (bzw. Wissenschaft und Öffentlichkeit) konstituieren. Allen voran ist in diesem Zusammenhang das 1988 durch UNEP und WMO gegründete *Intergovernmental Panel on Climate Change* (IPCC) als ein hybrides Akteursnetzwerk zu nennen (Miller 2001, Beck 2009). Es soll, aktiv eingebunden in politische Verhandlungen, in erster Linie durch *Assessment Reports* (bislang 1., 2., 3., 4. Assessment Report 1990, 1996, 2001, 2007) den aktuellen wissenschaftlichen Sachstand an die politischen Entscheidungsträger vermitteln (Oberthür und Ott 2000, Edwards und Schneider 2001, Beck 2009). Die Diskurs- und Wissenspolitik des IPCC hat seit seiner Gründung entscheidend zur veränderten Wahrnehmung des Klimas der Erde beigetragen und damit erst die Voraussetzungen einer dauerhaften internationalen Klimapolitik geschaffen (Viehöver 1997, Beck 2009).

Wie der Ansatz internationaler Regime zeigt, werden die im engeren Sinne politischen Verhandlungen auf internationaler Ebene durch Verhandlungsführer der jeweiligen Regierungen geführt. Das zentrale politische Gremium ist dabei die Vertragsstaatenkonferenz (COP), die seit 1995 jährlich stattfindet. Die nationalen Regierungen haben sich dabei zu verschiedenen – einander überlappenden und wechselnden – Diskurskoalitionen zusammengeschlossen: die zunächst homogen auftretenden EU-Staaten, die bisweilen mit den AOSIS-Staaten (kleine Inselstaaten) kooperieren; die OPEC-Staaten, die lange als Bremser auftraten, was auch für Industriestaaten wie den USA und Australien gilt; die nicht mehr mit einer Stimme sprechenden G77-Staaten und China; die osteuropäischen Staaten als Länder im Transformationsprozess etc. Die schwankenden Diskurskoalitionen verfolgten zum Teil stark unterschiedliche Verhandlungsziele und (ideenbasierte) Interessen (Oberthür und Ott 2000, Gupta 2010). Zu den nationalen Verhandlungsdelegationen kommen eine Reihe weiterer Akteure, so z. B. internationale Organisationen (IPCC, GEF, UNEP, UNDP, WMO, *Climate Action Network* etc.), nichtstaatliche Akteure (privatwirtschaftliche NGOs wie die *Global Climate Coalition, European Business Coalition* und NGOs aus dem Umweltbereich: *Germanwatch, Greenpeace, Friends of the Earth,* WWF, *Climate Action Network,* Nord-Süd-NGOs), kommunale und interregionale Zusammenschlüsse (*International Council for Local Environmental Initiatives*), Gewerkschaften, kirchliche Organisationen, wissenschaftliche *Think Tanks* (*Institute for Sustainable Development; Climate Strategies*) sowie indigene Gruppen, die entweder als Beobachter direkt (z. B. durch Expertisen, Beratungen, Informationen) oder indirekt (*lobbying*) in den Verhandlungsprozess einbezogen sind (Oberthür und Ott 2000).

Unter den Aspekten der internationalen Kooperation sowie der Koordination von wissenschaftlicher Expertise und politischer Entscheidung kann man die Geschichte des Klimaregimes bislang als eine Erfolgsgeschichte lesen, insofern es in der Tat gelungen ist, ein komplexes organisatorisches Geflecht aus wissenschaftlichen, politischen und zivilgesellschaftlichen Akteuren auf Dauer zu stellen.

Abschließend kann man aber dennoch im Anschluss an die Regimetheorie die Frage stellen, ob und in welchem Sinne man nach den Erfahrungen von Nairobi

(2006) und Kopenhagen (2009) inzwischen von einem „erfolgreichen Scheitern" (z. B. Weyer 1993) der „klimaschützenden" Wissenspolitiken sprechen kann. In der Theorie Internationaler Regime (Keohane et al. 1993) wird unterstrichen, dass der politische *Output* eines Umweltregimes (FCCC und Kyoto-Protokoll) kein Beleg für dessen Effektivität (Umweltwirkung) sei. Die Theorie Internationaler Regime erstellt jedoch keine genauere Krisentypologie. Eine solche Krisentypologie steht in der sozialwissenschaftlichen Forschung noch aus und kann hier abschließend nur angedeutet werden.

Welche unterschiedlichen Erscheinungsformen nimmt die institutionelle Dauerkrise hinsichtlich der globalen Klimaveränderungen an? Als Ursache für die vergangene und die gegenwärtige Krise(n) des Klimaregimes lassen sich eine Reihe von Indikatoren und Gründen anführen, die nicht oder nur mittelbar mit der Frage der Grenzziehung zwischen Natur (natürlicher Treibhauseffekt) und Gesellschaft (anthropogener Treibhauseffekt) zusammenhängen, die den Kern des Legitimationsproblems ausmachen. Man muss daher zunächst den Begriff der Krise des internationalen Klimaregimes präzisieren, indem man zwischen vier Krisen analytisch unterscheidet: einer Effizienzkrise, einer Effektivitätskrise, einer Gerechtigkeitskrise sowie einer Krise institutioneller Identität.

Effizienzkrise: Einer der Gründe der Krisen aktueller Klimapolitik ist eng mit der Kostenfrage und dadurch mit dem Kriterium der *Effizienz* der klimapolitischen Maßnahmen verbunden. Dies betrifft einerseits die grundsätzliche Frage, ob eine ernsthafte Klimapolitik selbst für reiche Industriestaaten überhaupt bezahlbar ist und anderseits, die bescheidenere Frage, ob bestimmte Maßnahmen, wie etwa der internationale Handel mit Emissionszertifikaten ein effizientes Mittel zur Reduktion von Treibhausgasen ist (Gupta 2010). Demnach könnten Ziele und Maßnahmen der internationalen, supranationalen und nationalen Klimapolitik zwar als legitim anerkannt werden, an deren Machbarkeit bestehen jedoch im Hinblick auf die vorgesehenen oder aufzuwendenden Mittel manifeste Zweifel (z. B. *too cost expensive*).

Effektivitätkrise: Ein zweiter Krisenherd betrifft die *Effektivität* der Klimaschutzpolitik. Sie misst sich an der Frage, ob die bislang ergriffenen Maßnahmen ausreichen, um die in der Klimarahmenkonvention nicht näher bezeichneten und im Kyoto-Protokoll präzisierten Ziele zu realisieren (Oberthür und Ott 2000, Gupta 2010). So wird u. a. kritisch diskutiert, dass sich die EU in den vergangenen Jahren einerseits als Schrittmacher in der internationalen Klimapolitik inszeniert, sich anderseits aber in der Praxis der Klimaschutzpolitik immer deutlicher von den eigenen Zielvorgaben entfernt oder sie nur als Folge der ökonomischen Rezession einhalten kann (Gupta 2010). Eine noch grundlegendere Effektivitätsfrage ist allerdings, ob die im Kyoto-Protokoll gesetzten Ziele überhaupt geeignet sind, die in der Rahmenkonvention angestrebten Klimaschutzziele erreichen zu können (SV GUA 2003). Basisprinzipien, Normen, Regeln und Grenzwerte des transnationalen Klimaregimes scheinen demnach nicht in einem kohärenten Verhältnis zu stehen. So argumentierte etwa die Arbeitsgruppe „Klimadiskussion" des Sachverständigenrates Globale Umweltaspekte in ihrer Bewertung des Sachstandes schon 2003:

„Zu den im Kyoto-Protokoll vereinbarten Reduktionszielen der Treibhausgasemissionen liegen ebenfalls Modellrechnungen vor, die extrapoliert bis 2050, nur eine äußerst geringfügige Änderung (weniger als ein Zehntel Grad) gegenüber der sonstigen Temperaturentwicklung errechnen. Daher ist das Protokoll in seiner jetzigen Form kaum dazu geeignet, das Klima zu stabilisieren. Seine Wirkung ist eher im politischen Bereich zu finden, da es die einzige völkerrechtliche Basis für weitergehende Maßnahmen darstellt" (SV GUA 2003: 10).

Derartige Momente einer *Effektivitätskrise* können zwar das Funktionieren des Klimaregimes in Frage stellen, sie treffen aber noch nicht den eigentlichen legitimatorischen Kern, der als erstes zur Entstehung des internationalen Klimaregimes führte, nämlich die Zurechnung globaler Klimaveränderungen auf menschliche Lebensformen und Praktiken. *Legitimitätsaspekte* sind hingegen in jüngerer Zeit in den Mittelpunkt gerückt, seit Umweltaspekte in Konflikt mit Fragen der Verteilungsgerechtigkeit geraten sind (Miller 2001, Gupta 2010).

Gerechtigkeitskrise: Der Konflikt zwischen den Industrieländern und den Entwicklungs- und Schwellenländern hat zunehmend Fragen der *Environmental Justice* aufgeworfen sowie damit der durch die Gefährdung globaler Güter entstehenden sozialen Ungleichheiten. Dazu zählen Probleme einer fairen Verteilung von Lasten der Klimaschutzmaßnahmen, aber auch Fragen der differentiellen Verteilung der negativen und eventuell positiven Konsequenzen eines globalen Klimawandels (Gupta 2010):

„Dabei ist besonders zu beachten, dass die Folgen der Klimaänderung erst durch den sozialen und ökonomischen Zustand der betroffenen Gesellschaft zum Problem, d. h. zu Risiken und schließlich Schäden werden und deshalb z. B. in den Entwicklungs- und Schwellenländern anders ausfallen als in den Industrienationen" (SV GUA 2003: 7).

Die negativen Folgen betreffen insbesondere die Inselstaaten und Länder mit weiten, nur wenig über dem Meeresspiegel liegenden Küstenregionen. Ein „hybrid" gewordenes Weltklima erzeugt demnach neuartige Formen sozialer Ungleichheit, die sich zudem nicht mehr allein im Rahmen nationalstaatlich orientierter (wissenschaftlicher) Perspektiven verstehen und bearbeiten lassen. Hinzu kommt der Umstand, dass das Protokoll selbst neue Ungleichheiten dadurch produziert, dass nur ein Teil der Staaten (Annex-I-Staaten) Reduktionsverpflichtungen übernommen haben, während den Annex-II-Staaten bislang keine Verpflichtungen zugedacht wurden (Gupta 2010). Schließlich entgehen einige Annex-I-Staaten wie die USA (immerhin 16 Prozent der Gesamtemissionen; Stand 2005) den Verpflichtungen durch Nichtratifizierung oder Nichteinhaltung.

Krise institutioneller Identität: Von entscheidender Relevanz für die Identität des Klimaregimes (FCCC) ist schließlich die Frage der Zurechnung der Ursachen des Klimawandels (*human fingerprint*) und damit die Kommunikation des „Wissens- und Nichtwissensstandes", der zuletzt etwa durch die dritten und vierten Sachstandsberichte des IPCC dokumentiert wurde. Die Frage ist, ob und wie sich die Praxis der Grenzziehung zwischen Natur (natürliche Ursachen) und Gesellschaft (anthropogene

Ursachen des Klimawandels) auf die, für die internationale und nationale Klimapolitik relevanten Legitimations- und Entscheidungsprozesse auswirken. Die nunmehr zwanzigjährige Geschichte des IPCC hat deutlich gemacht, dass trotz immer wieder wiederholter Konsensbehauptungen, die Frage, ob und in welchem Maße sich der globale Klimawandel auf natürliche Faktoren oder anthropogene Praktiken und Lebensweisen zurechnen lässt, umstritten bleibt. Umso erstaunlicher ist es, dass es trotz der kategorialen Uneindeutigkeiten, wissenschaftlicher Unsicherheiten (Nichtwissen; siehe hierzu den Beitrag von Wehling in diesem Band) und Expertendissens überhaupt zu politischen Entscheidungen kommen konnte, die zur Ratifizierung des Kyoto-Protokolls führten, richtet der kulturelle Code der Moderne sich bislang doch an den Prinzipien der objektiven Gewissheit, der wissenschaftlichen Kontrollrationalität und am Ideal der universalen Wahrheit aus (Viehöver 2003b).

Obwohl das IPCC ein Ergebnis der zunehmend engeren Kopplung von Wissenschaft, Politik und Öffentlichkeit ist, verbleiben enorme Übersetzungsprobleme zwischen den Wissensformen der gesellschaftlichen Felder, die auch durch die Etablierung neuer Organisationen, Verfahren und Akteure noch nicht gelöst sind. Daraus ergeben sich, wie auch der jüngste Fall „Climate Gate" und die diesbezüglich eingesetzte unabhängige Untersuchungskommission erneut gezeigt haben,[2] in hohem Maße Probleme für die Glaubwürdigkeit von Expertenwissen. Die Kommunikabilität ist Voraussetzung für das Vertrauen in wissenschaftliche Expertise. Das IPCC hat auf die Infragestellung der Glaubwürdigkeit durch permanente institutionelle Innovationen, wie zum Beispiel des *Extended Peer-Review*, der Einführung von *Synthesis Reports* und den *Summaries for Policy Makers*, und im jüngsten Fall durch die Einrichtung einer unabhängigen Untersuchungskommission reagiert (Edwards und Schneider 2001, Miller 2001). Diese und andere Verfahrensinnovationen zeigen, dass *Kommunikabilität* zu einer entscheidenden Ressource institutioneller Legitimität geworden ist (Miller 2001, Viehöver 2003a).

Das Problem der Legitimität lässt sich jedoch nicht auf kognitive Fragen reduzieren (Jasanoff 1996, Viehöver 2008, Beck 2009). Legitimations- und Entscheidungsressourcen für klimapolitisches Handeln schöpfen sich augenscheinlich auch aus anderen Quellen, als sie wissenschaftliche Objektivität und Expertenkonsens bereitstellen.

Das Klimaregime muss einerseits machbare Antworten auf die anthropogen erzeugte Krise der Natur finden. Es geht dabei um praktische Versuche, die durch die

---

2   Auslöser für die laufende Debatte um den IPCC ist die Veröffentlichung von E-Mails, die kurz vor der Klimakonferenz von Kopenhagen im Dezember 2009 vom Server der Climate Research Unit (CRU) der University of East Anglia (UK) entwendet wurden („Climategate"). Auf dieser Basis wurde der Vorwurf laut, dass der britische Klimatologe von der University of East Anglia, Phil Jones, sowie weitere prominente Autoren des IPCC, Daten manipuliert beziehungsweise wichtige Daten zurückgehalten hätten. Daraufhin wird publik, dass der letzte IPCC-Sachstandsbericht von 2007 einen Zahlendreher in der Jahresangabe der Prognose des Abschmelzens der Gletscher im Himalaya enthält (2350 anstatt 2035). Als Reaktion darauf wird ein Zusammenschluss nationaler Wissenschaftsakademien (die InterAcademy Panel on International Issues) eingesetzt, der die IPCC-Verfahren einer unabhängigen Begutachtung unterzieht. Ende August 2010 liegen die Ergebnisse dieser Untersuchung vor, die nun vom IPCC umgesetzt werden müssen.

soziale Praxis menschlicher Populationen „gestörte" planetare Chemie, Physik und Biologie des Klimasystems durch technisches, physikalisches, ökonomisches, sozialwissenschaftliches Wissen und politisches Geschick zu verwalten. So sieht es die neorealistische Erdpolitik vor, die Legitimität mit Effektivität gleichsetzt (vgl. Dietz und Rosa 1998). Man darf allerdings auch die symbolische Bedeutung der gewandelten Sicht auf das Klima nicht unterschätzen (Jasanoff 1996, 2001, Viehöver 1997, 2008). Aus der Sicht der *climate change believers* ist das Weltklima, als Sinnressource und Symbol der Selbstgefährdung moderner Gesellschaften zu einer Quelle der „imagined community" (Anderson 1983) der Weltgemeinschaft geworden (Viehöver 2008).

> „Climate Change, we argue, can no longer be viewed as simply another in a laundry list of environmental issues: rather, it has become a key site in the global transformation of world order (…). Climate Change epitomizes, (…) people's growing perception that the world is itself is finite and indivisible, raising fundamental questions about how we govern ourselves as a global community" (Miller und Edwards 2001: 2 f.).

Wie ehedem nationale Symbole zur Institutionalisierung der Idee des Nationalstaates beitrugen, so kann man im Sinne der *Cultural Theory* die Rahmenkonvention, das Kyoto-Protokoll aber auch die Verlautbarungen des IPCC als institutionelle Bekräftigungen des Versuches ansehen, das atmosphärische Dach der Erde in ein schützenswertes globales Gut zu verwandeln. Auch hier ist die Zurechnung der Ursachen des Klimawandels auf anthropogene Praktiken unter dem Aspekt der Legitimität von zentraler Bedeutung für die institutionelle Stabilität des Klimaregimes, was sich auch in den rituell inszenierten „Konsensfiktionen" der Klimapolitik zeigt (Viehöver 2008). Die Versuche, das Weltklima als schützenswertes Gut und Erbe der Menschheit zu regieren, tragen freilich selbst krisenhafte Züge. Immer wieder wird das Credo der Klimawissenschaftler durch die klimapolitischen Heterodoxien der Klimaskeptiker herausgefordert (McCright und Dunlap 2000, 2003, Gupta 2010). Dies erfordert unter massenmedialer Dauerbeobachtung auch in Zukunft in Form von kreativen Evidenzritualen die permanente Arbeit an der wissenschaftlichen Glaubwürdigkeit des IPCC und seiner Berichte.

Weiterführende Literatur

Anderson, Benedict R. (1983): *Imagined Communities: Reflections on the Origin and Spread of Nationalism*. London: Verso.
Beck, Silke (2009): *Das Klimaexperiment und der IPCC. Schnittstellen: Zwischen Wissenschaft und Politik in den internationalen Beziehungen*. Marburg: Metropolis.
Stehr, Nico und Hans von Storch (1999): *Klima, Wetter, Mensch*. München: Beck.
Rayner, Steven und Elizabeth L. Malone (Hrsg.) (1998): *Human Choice and Climate Change*. Columbus, OH: Battelle Press.
Special Issue on Climate Change. *Theory, Culture & Society* (2010), 27 (2-3): 1–305.

Zitierte Literatur

Adler, Emanuel und Peter M. Haas (1992): Conclusion: Epistemic Communities, World Order, and the Creation of a Reflective Research Program. *International Organisation* 46 (1): 367–390.

Arrhenius, Svante (1896): *Ueber den Einfluss des atmosphärischen Kohlensäuregehalts auf die Temperatur der Erdoberfläche*. Stockholm: Norstedt & Söner.

Bechmann, Gotthard und Silke Beck (2003): *Gesellschaft als Kontext für Forschung. Neue Formen der Produktion und Integration von Wissen – Klimamodellierung zwischen Wissenschaft und Politik*. Karlsruhe: FZK. Wissenschaftlicher Bericht No. 6805.

Beck, Silke (2009): *Das Klimaexperiment und der IPCC: Schnittstellen zwischen Wissenschaft und Politik in den internationalen Beziehungen*. Marburg: Metropolis.

Beck, Ulrich (1986): *Risikogesellschaft: Auf dem Weg in eine andere Moderne*. Frankfurt a. M.: Suhrkamp.

Beck, Ulrich (2007): *Weltrisikogesellschaft. Auf der Suche nach der verlorenen Sicherheit*. Frankfurt a. M.: Suhrkamp.

Bray, Dennis (2004): *A Quieter Voice of Climate Science: The EU and USA, 1996–2003*. Geesthacht: unveröffentlichtes Manuskript, 1–20.

Bray, Dennis und Hans von Storch (1999): Climate Science: An Empirical Example of Postnormal Science. *Bulletin of the American Meteorological Society* 80: 439–455.

Breitmeier, Helmut (1996): *Wie entstehen globale Umweltregime? Der Konfliktaustrag zum Schutz der Ozonschicht und des globalen Klimas*. Opladen: Leske+Budrich.

Brückner, Eduard (1890): *Klimaschwankungen seit 1700*. Wien: Hölzel.

Callendar, Guy Stewart (1938): The Artificial Production of Carbon Dioxide. *Quarterly Journal Royal Meteorological Society* 64: 223–240.

Chamberlin, Thomas Chrowder (1899): An Attempt to Frame a Working Hypothesis of the Cause of Glacial Periods on an Atmospheric Basis. *Journal of Geology* 7 (6): 545–584.

Crutzen, Paul (2002): Geology of Mankind. *Nature* 415: 23.

Douglas, Mary und Aaron Wildavsky (1982): *Risk and Culture: An Essay on the Selection of Technological and Environmental Dangers*. Berkeley: University of California Press.

Eder, Klaus (1988): *Die Vergesellschaftung der Natur*. Frankfurt a. M.: Suhrkamp.

Edwards, Paul N. (1999): Global Climate Science, Uncertainty and Politics: Data-Laden Models, Model-Filtered Data. *Science as Culture* 8 (4): 437–472.

Edwards, Paul N. (2001): Representing the Global Atmosphere: Computer Models, Data, and Knowledge about Climate Change. In: Miller Clark A. und Paul N. Edwards (Hrsg.), *Changing the Atmosphere: Expert Knowledge and Environmental Governance*. Cambridge, MA: MIT Press, 31–65.

Edwards, Paul N. und Stephen H. Schneider (2001): Self-Governance and Peer Review in Science-for Policy: The Case of the IPCC Second Assessment Report. In: Miller, Clark A. und Paul N. Edwards (Hrsg.), *Changing the Atmosphere: Expert Knowledge and Environmental Governance*. Cambridge, MA: MIT Press, 219–246.

Flohn, Hermann (1941): Die Tätigkeit des Menschen als Klimafaktor. *Zeitschrift für Erdkunde* 9 (1/2): 13–22.

Giddens, Anthony (2009): *The Politics of Climate Change*. Cambridge: Polity Press.

Goodman, Nelson (1978): *Ways of Worldmaking*. Indianapolis: Hackett.

Glacken, Clearence J. (1967): *Traces on the Rhodian Shore. Nature and Culture in Western Thought from Ancient Times to the End of the Eighteenth Century*. Berkeley: University of California Press.

Groh, Dieter (2003): *Schöpfung im Widerspruch: Deutungen von der Natur des Menschen von der Genesis bis zur Reformation*. Frankfurt a. M.: Suhrkamp.

Groh, Ruth und Dieter Groh (1991): *Weltbild und Naturaneignung: Zur Kulturgeschichte der Natur.* Frankfurt a. M.: Suhrkamp.

Gupta, Joyeeta (2010): A History of International Climate Change Policy. *WIREs Climate Change* 1 (5): 636–653.

Haas, Peter M. (1992): Introduction: Epistemic Communities and International Policy Coordination. *International Organisation* 46 (1): 1–35.

Hajer, Maarten A. (1995): *The Politics of Environmental Discourse.* Oxford: Oxford University Press.

Hann, Julius (1896): Die Erde als Ganzes, ihre Atmosphäre und Hydrosphäre. In: Hann, Julius, Eduard Brückner und Alfred Kirchhoff (Hrsg.), *Allgemeine Erdkunde.* Prag: Tempsky und Freytag.

Hart, David M. und David G. Victor (1993): Scientific Elites and the Making of the US Policy of Climate Change Research, 1957–74. *Social Studies of Science* 23 (4): 643–680.

IPCC (2007): *Climate Change 2007: Synthesis Report. Contribution of Working Groups I, II, III to the Fourth Assessment Report of the Intergovermental Panel on Climate Change.* Geneva: IPCC Publikation.

Jasanoff, Sheila (1996): Science and Norms in International Environmental Regimes. In: Hampson, Fen Osler und Judith Reppy (Hrsg.), *Earthly Goods: Environmental Change and Social Justice.* Ithaca, NY: Cornell University Press, 173–197.

Jasanoff, Sheila (2001): Image and Imagination: The Formation of Global Environmental Consciousness. In: Miller, Clark A. und Paul N. Edwards (Hrsg.), *Changing the Atmosphere: Expert Knowledge and Environmental Governance.* Cambridge, MA: MIT Press, 309–337.

Keohane, Robert O., Peter M. Haas und Marc A. Levy (1993): The Effectiveness of International Environmental Institutions. In: Keohane, Robert O., Peter M. Haas und Marc A. Levy (Hrsg.), *Institutions for the Earth: Sources of Effective Environmental Protection.* Cambridge, MA: MIT Press, 3–24.

Koselleck, Reinhart (1995): „Erfahrungsraum" und „Erwartungshorizont": Zwei historische Kategorien. In: Koselleck, Reinhart (Hrsg.), *Vergangene Zukunft: Zur Semantik geschichtlicher Zeiten.* Frankfurt a. M.: Suhrkamp, 349–375.

Mazur, Allen und Jungling Lee (1993): Sounding the Global Alarm: Environmental Issues in the US National News. *Social Studies of Science* 23 (4): 681–720.

McCright, Aaron M. und Riley E. Dunlap (2000): Challenging Global Warming as a Social Problem: An Analysis of the Conservative Movement's Counter Claims. *Social Problems* 47 (4): 499–522.

McCright, Aaron M. und Riley E. Dunlap (2003): Defeating Kyoto: The Conservatives Movement's Impact on U.S. Climate Change Policy. *Social Problems* 50 (3): 348–373.

Miller, Clark A. (2001): Challenges in the Application of Science to Global Affairs: Contingency, Trust, and Moral Order. In: Miller, Clark A. und Paul N. Edwards (Hrsg.), *Changing the Atmosphere: Expert Knowledge and Environmental Governance.* Cambridge, MA: MIT Press, 247–286.

Miller, Clark A. und Paul N. Edwards (Hrsg.) (2001): *Changing the Atmosphere: Expert Knowledge and Environmental Governance.* Cambridge, MA: MIT Press.

Oberthür, Sebastian und Hermann E. Ott (2000): *Das Kyoto-Protokoll. Internationale Umweltpolitik für das 21. Jahrhundert.* Opladen: Leske & Budrich.

Ott, Hermann E. (1997): Das internationale Regime zum Schutz des Klimas. In: Gehring, Thomas und Sebastian Oberthür (Hrsg.), *Internationale Umweltregime: Umweltschutz durch Verhandlungen und Verträge.* Opladen: Leske & Budrich, 201–218.

Pendergraft, Curtis A. (1998): Human Dimensions of Climate Change: Cultural Theory and Collective Action. *Climatic Change* 39 (4): 643–666.

Peters, Hans Peter und Harald Heinrichs (2008): Legitimizing Climate Policy: The „Risk Construct" of Global Climate Change in the German Mass Media. *International Journal of Sustainability Communication* 3 (1): 14–36.

Rayner, Steven und Elizabeth L. Malone (Hrsg.) (1998): *Human Choice and Climate Change.* Columbus OH: Battelle Press.

Rosa, Eugene und Thomas Dietz (1998): Climate Change and Society. Speculation, Construction and Scientific Investigation. *International Sociology* 13(4): 421–455.

Sachverständigenkreis Globale Umweltaspekte (2003): *Herausforderung Klimawandel.* Bericht an das Bundesministerium für Bildung und Forschung (BMBF), URL: www.bmbf.de/pub/klimawandel.pdf. Stand: 6. November 2010.

Stehr, Nico und Hans von Storch (1995): The Social Construction of Climate and Climate Change. *Climate Research* 5 (2): 99–105.

Stehr, Nico und Hans von Storch (1999): *Klima, Wetter, Mensch.* München: C. H. Beck.

Stone, Deborah (1989): Causal Stories and the Formation of Policy Agendas. *Political Science Quarterly* 104 (2): 281–300.

Szerszynski, Bronislaw und John Urry (2010): Changing Climates: Introduction. *Theory, Culture & Society* 27 (2-3): 1–8.

Ungar, Sheldon (1992): The Rise and (Relative) Decline of Global Warming as a Social Problem. *The Sociological Quarterly* 33: 483–501.

Ungar, Sheldon (1995): Social Scares and Global Warming: Beyond the Rio Convention. *Society and Natural Resources* 8: 443–456.

Viehöver, Willy (1997): *„Ozone thieves" and „hot house paradise". Epistemic communities as cultural entrepreneurs and the reenchantment of the sublunar space.* (Philosophical doctoral thesis) Florence: European University Institute (EUI).

Viehöver, Willy (2003a): Die Klimakatastrophe als ein Mythos der reflexiven Moderne. In: Claussen, Lars, Elke Geenen und Elisio Macamo (Hrsg.), *Entsetzliche soziale Prozesse. Theorie und Empirie der Katastrophen.* Münster: Lit., 247–286.

Viehöver, Willy (2003b): Klimaforscher zwischen Wissenschaft und Politik: Überlegungen zur politischen Rolle von Expertengemeinschaften in der reflexiven Moderne, In: Allmendinger, Jutta (Hrsg.), *Entstaatlichung und soziale Sicherheit. Verhandlungen des 31. Kongresses der Deutschen Gesellschaft für Soziologie in Leipzig 2002. 2 Bände + CD-ROM.* Opladen: Leske + Budrich (CD-ROM).

Viehöver, Willy (2008): CO_2-Moleküle und Treibhausgesellschaften: Der globale Klimawandel als Beispiel für die Entgrenzung von Natur und Gesellschaft in der reflexiven Moderne. *Berichte zu deutschen Landeskunde* 82. (2): 115–172.

Viehöver, Willy (2010 [2003]): Die Wissenschaft und die Wiederverzauberung des sublunaren Raumes. Der Klimadiskurs im Licht der narrativen Diskursanalyse. In: Keller, Reiner, Andreas Hirseland, Werner Schneider und Willy Viehöver (Hrsg.), *Handbuch Sozialwissenschaftliche Diskursanalyse. Bd. 2: Exemplarische Anwendungen.* Wiesbaden: VS Verlag: 233–270.

Weart, Spencer R. (2008): The Discovery of Global Warming, 2nd edition.Harvard: Harvard University Press.

Weingart, Peter (2001): *Die Stunde der Wahrheit? Zum Verhältnis der Wissenschaft zu Politik, Wirtschaft und Medien in der Wissensgesellschaft.* Weilerswist: Velbrück Wissenschaft.

Weingart, Peter, Anita Engels und Petra Pansegrau (2002): *Von der Hypothese zur Katastrophe.* Opladen: Leske+Budrich.

Weyer, Johannes (1993): System und Akteur: Zum Nutzen zweier soziologischer Paradigmen bei der Erklärung erfolgreichen Scheiterns. *Kölner Zeitschrift für Soziologie und Sozialpsychologie* 45 (1): 1–22.

Klimawandel und globale Umweltveränderungen

Fritz Reusswig

Einleitung

Dass Mensch und Natur weltweit „zusammenhängen" kann angesichts des Hintergrunds der menschlichen Evolution nicht überraschen. Vor Beginn der Kultur- und Gesellschaftsentwicklung sind die Hominiden einfach nur ein Teil der Natur. Der erste Werkzeuggebrauch, durch den *homo habilis* zum *homo ergaster* (vor ca. 2,6 bis 2,3 Millionen Jahren) und der Gebrauch des Feuers (vor ca. 1,4 Mio. Jahren) durch *homo erectus* markieren zwei wichtige Stationen der Menschwerdung. Neben die auch weiterhin stattfindende biologische Transmission von Information durch die DNS tritt die symbolische Kommunikation (prominent durch Sprache) zwischen kooperierenden Individuen sowie die institutionelle Entwicklung, z. B. als Tradierung von Normen und Regeln zwischen Gruppen und Rollenträgern (Runciman 2005). Die *Verbindung* menschlicher Individuen und Gesellschaften einerseits mit dem dann als „Natur" zusammengefassten Ressourcen- und Lebenszusammenhang andererseits bleibt aber wesentlich, ja wird durch die *Trennung* des Menschen von der Natur allererst konstituiert.[1]

Das erste globale Phänomen der Menschheitsgeschichte ist mithin die „flächendeckende" Existenz der Gattung selbst, und sie ist durch nicht-anthropogene globale Umweltveränderungen mit bedingt (Behringer 2007, Jockenhövel 2009).[2] Aber erst gegen Ende des 20. Jahrhunderts werden globale Umweltveränderungen zum Thema (auch) der Umweltsoziologie – als Folge einer bis dahin ungekannten Eingriffstiefe einer einzigen Spezies in das Wirkgefüge des Planeten (McKibben 1990, Pfister 1994, Vitousek et al. 1997).

---

[1] „Man is a biological entity before he is a Roman Catholic or a capitalist or anything else" (Crosby Jr. 1973: xxv). Dieser Satz, mit dem Crosby die rein kulturalistische Tradition der Geschichtsschreibung beendet, trifft also zu. Er trifft aber auf ein Wesen zu, das sich zusätzlich zu seiner biologischen Aktanten-Rolle – und bis dato einzig im Naturzusammenhang – *auch* noch durch sein kulturell geprägtes Mensch-Sein auszeichnet, als ein Akteur also, der sich unter anderem durch religiöse oder ökonomische Charakteristika von eben diesem reinen Entity-Sein gelöst hat (vgl. zur philosophischen Seite davon auch Wetzel 2004).

[2] Als es vor etwa drei Millionen Jahren in Ost- und Südafrika trockener wurde, gingen die tropischen Wälder zurück und die wildreiche Savanne breitete sich aus – die erste Heimat des Menschen. Als im Zuge einer weltweiten Kaltzeit Afrika vor rund 1,8 Millionen Jahren regenreicher wurde, konnte der Mensch die vormaligen Wüstengebiete überwinden und sich in den Süden Eurasiens ausbreiten. Periodische Kaltzeiten haben den Meeresspiegel um ca. 100 m abgesenkt, wodurch überall auf der Erde Landbrücken entstanden, die eine weitere Besiedlung der Erdoberfläche erst ermöglichten.

Kann die Umweltsoziologie als eine relativ junge Subdisziplin im soziologischen Fächerkanon bezeichnet werden, dann stellt die Thematisierung von globalen Umweltveränderungen einen besonders jungen Forschungszweig darin dar. Neben der häufig beklagten „Umweltblindheit"[3] der Soziologie generell ist hierfür schlicht und einfach die sozial-ökologische Realität verantwortlich: von der Globalität gesellschaftlicher Veränderungen der Umwelt kann erst dann und dort die Rede sein, wo es Gesellschaften „gelingt", die Umweltauswirkungen ihres Prozessierens und Handelns von der lokalen und regionalen auf die globale Skala zu heben. Dieser Anstieg des ökologischen Wirkungsgrades sozialen Handelns wird durch das Zusammenspiel verschiedener Faktoren bedingt: Bevölkerungswachstum, Urbanisierung, Wachstum der agrarischen und/oder industriellen Produktion, Anstieg des Konsumniveaus, technologische und organisatorische Fortschritte. Dies ist in vielen Umweltbereichen erst gegen Ende des 20. Jahrhunderts geschehen. In dieser Zeit erfuhr auch der Begriff der Globalisierung seinen Aufschwung. Eng verzahnt mit der Globalität der Umweltprobleme entwickelte sich auch die Globalität der Problemwahrnehmung und -definition, so dass globale Umweltprobleme einerseits als wichtige *Antriebsgrößen* der Rede von Globalisierung gelten können, der weiter gefasste Globalisierungsdiskurs aber umgekehrt die *Wahrnehmung* von Umweltproblemen *als* global befördert hat. Insofern muss man angesichts globaler Umweltprobleme auch über die Grenzen der Globalisierung diskutieren (Altvater und Mahnkopf 1997).

Der folgende Überblick über globale Umweltveränderungen erfolgt zwar aus soziologischer Sicht, wird aber auch andere disziplinäre Perspektiven aus Natur- und Sozialwissenschaften aufgreifen, was angesichts des inter- und transdisziplinären Charakters der Problemlagen gar nicht anders sein kann (Coenen 2001, Daschkeit und Schroeder 1998, IHDP 2007, Jungert et al. 2010, Kopfmüller und Coenen 1997, Welsh 2010).

Globale Umweltveränderungen: Eine Übersicht

Unter globalen Umweltveränderungen werden hier Zustandsänderungen in Systemparametern der natürlichen Umwelt des Menschen verstanden, wenn sie (1) durch soziale Akteure und Systeme *verursacht* werden, (2) direkt oder indirekt auf Mensch und Gesellschaft kritisch – bis hin zum Potenzial von Umwelt- oder Sozialkatastrophen – *zurückwirken*, und (3) in ihrer Ursachen-Wirkungskette eine (tendenziell) *weltumspannende Bedeutung* aufweisen. Letztere kann entweder (3a) *systemisch* (wenn die Gesellschafts-Natur-Interaktionen durch intrinsisch globale Mechanismen verknüpft sind), oder aber (3b) *additiv* verfasst sein (wenn die weltweite Bedeutung durch die schiere Menge miteinander nicht oder nur schwach gekoppelter lokaler/

---

3   Dass Soziologie – als moderne Wissenschaft im Banne der Moderne selbst stehend – die natürlichen Lebensgrundlagen ebenso wie die ökologischen Nebenfolgen sozialen Handelns systematisch vernachlässige, wird immer wieder behauptet (vgl. Catton und Dunlap 1978), muss aber als umstritten gelten (Groß 2001, 2006).

regionaler Gesellschafts-Natur-Interaktionen generiert wird). Als globale Umwelt-veränderungen in diesem Sinne können[4] der anthropogene Klimawandel und der stratosphärische Ozonabbau gelten.

Die Entdeckung des vom Menschen verursachten „Ozonlochs" am Südpol war eine der überraschendsten Entdeckungen in den 1970er und 1980er Jahren (H.-J. Luhmann 1996). Verursacht wurde dieses systemisch-globale Phänomen durch die Freisetzung von in der Natur nicht vorkommenden halogenierten Kohlenwasser-stoffen, vor allem durch Fluorchlorkohlenwasserstoffe (FCKW), die aufgrund ihrer vorteilhaften technischen Eigenschaften zuvor massenhaft als Kühl-, Schmier- und Treibmittel (Spraydosen) eingesetzt worden waren. Mit der durch FCKWs beding-ten Reduktion des Ozons (O_3) in der Stratosphäre wird der natürliche Schutzschild der Erde angegriffen, der das Leben vor den gefährlichen UV-B-Strahlen der Sonne schützt. Rückgang der Planktonproduktion, genetische Schädigungen bei Pflan-zen, Augen- und Hautdefekte bei Mensch und Tier (speziell in der Südhemisphäre) sind die Folge. Das Wiener Übereinkommen (1985) und das dazugehörige Montreal Protokoll (1987), das die Produktion ozongefährdender Substanzen sukzessive ein-schränkt, gelten als Musterbeispiele eines erfolgreichen globalen Umweltregimes, bei dem das Zusammenspiel von wissenschaftlicher Expertise, politischem Willen seitens führender Industrienationen aufgrund wahrgenommener eigener Betrof-fenheit, sowie die Kooperationsbereitschaft der chemischen Industrie aufgrund verfügbarer Ersatzstoffe entscheidend war (Benedick 1998, Haas 1992, Litfin 1994, Parson 2003). Aus soziologischer Sicht kann der Aufbau sozialer Netzwerke von Experten und Bürokraten als entscheidender Faktor für das internationale Ozon-regime betrachtet werden (Canan und Reichman 2002). Das Montreal-Protokoll hat für den Klimaschutz übrigens bisher mehr geleistet als das Kyoto-Protokoll (Norman et al. 2008).

Luftverschmutzung: Der Eintrag von Luftschadstoffen wie SO_2, CO, NO_x oder Ruß-partikeln durch mobile wie stationäre Verbrennungsquellen stellt zunächst eine lokale/regionale Umweltproblematik dar, die bereits in Antike und Mittelalter im Kontext von Urbanisierungsprozessen, im 19. Jahrhundert dann massiv als Folge der Industrialisierung auftaucht (Andersen 1996, Brüggemeier 1998, Evelyn 1661, Gari 2002). Im Zeitalter der Globalisierung findet sich das Problem dann in den rasch wachsenden (Mega-)Städten Chinas, Indiens oder Mexikos. Neben Hausbrand und Kraftwerks- sowie Industrieemissionen ist dabei die rasche Zunahme des motori-sierten Individualverkehrs die wichtigste Antriebskraft (Newman und Kenworthy 1999, Yedla 2007, Zhao et al. 2006). Globalität entsteht dabei nicht nur aufgrund der additiven Wirkung ähnlicher sozio-technischer Muster, sondern mehr und mehr

---

4   Den besten Überblick über globale Umweltveränderungen im deutschsprachigen Raum geben die Jahres- und Sondergutachten des *Wissenschaftlichen Beirats Globale Umweltveränderungen* (WBGU) (http://www.wbgu.de). International gibt der regelmäßig herausgegebene *Global En-vironmental Outlook* (GEO) der UNEP eine vergleichbare Informationsgrundlage (UNEP 2007). Einen enzyklopädischen Überblick – einschließlich der sozialen Antriebskräfte und Folgen – gibt das Buch von Munn (2002), während Steffen et al. (2004) einen systematischen Zugang anbieten.

auch durch die systemischen Effekte globaler Planungs-, Investitions- und Distributionssysteme (Presas 2004, Sassen 2007).

Verlust der biologischen Vielfalt und Entwaldung: Auch wenn die genaue Anzahl der Arten auf der Erde noch nicht sicher bekannt ist, hat der Mensch die natürliche Rate des Aussterbens um den Faktor 1.000 bis 10.000 erhöht (Heywood und Watson 1995). 20 % der Korallenriffe weltweit wurden in den letzten Jahrzehnten vernichtet, im gleichen Zeitraum verschwanden 35 % der Mangrovengebiete. 10–30 % der Tier- und Pflanzenarten der Erde sind von akuter Auslöschung bedroht. Der Nettoverlust der weltweiten Waldfläche beträgt ca. 9 Mio. ha jährlich: Während sich die borealen Wälder ausdehnen (ca. 3 Mio. ha pro Jahr), nimmt die Waldfläche in den Tropen und Subtropen ab (ca. 12 Mio. ha pro Jahr) (MEA 2005). Die Ursachen für Entwaldung und Biodiversitätsverlust sind vielfältig: Ausweitung der Landwirtschaft (Ackerbau, Viehzucht) aufgrund von wachsender Nahrungsmittelnachfrage durch Bevölkerungs- und/oder Anspruchswachstum, Ausbau der Verkehrsinfrastruktur, wachsende Nachfrage nach der Ressource Holz (Zellstoff, Möbel, Bauholz), Ausbau der Siedlungsflächen, alles dies verstärkt durch Politikversagen (keine bzw. nicht hinreichend implementierte Schutzregelungen, Korruption, fehlerhafte Anreizsysteme etc.) und kulturelle Muster wie die Tradition der Landnahme oder die Abwertung indigener Bevölkerungsgruppen (Lambin et al. 2003, WBGU 1999). Während der Klimawandel immer mehr als Zusatzantrieb zur Biodiversitätsgefährdung beiträgt, bleibt der Habitatverlust die wichtigste Ursache (de Chazal und Rounsevell 2010).

Bodendegradation: Weltweit weisen etwa 15 % der eisfreien Landoberfläche Degradationserscheinungen wie Erosion, Verdichtung, Versalzung, Versauerung oder Kontaminationen auf. Davon gelten wiederum 15 % als stark degradiert, d. h. diese Böden sind nicht mehr kultivierbar und nur mit einem sehr hohen finanziellen Aufwand zu restaurieren. 1 % der Böden ist bereits unwiederbringlich verloren. Neben unangepasster landwirtschaftlicher Produktionsmethoden (z. B. Bewässerung ohne Entwässerung, Pflügen mit der Hangneigung, Übernutzung) spielen hier auch Siedlungsausweitungen sowie industrielle Kontamination eine wichtige Rolle (Gerzabek 2006). Als besonderer Teilbereich der Bodendegradation kann die Ausbreitung von Wüsten (Desertifikation) betrachtet werden (Hillel und Rosenzweig 2005).

Verschmutzung und Übernutzung der Weltmeere: Rund zwei Drittel des Planeten sind mit Wasser bedeckt, die Mehrheit der Menschen lebt an den Küstenregionen der festen Erde. Das hat die Meere schon früh zu einem Auffang- und Verdünnungsmedium für Abfälle und Abwässer aller Art werden lassen. Die enorme Ausweitung der Handelsschifffahrt im Zeichen von Tankern, Containern und expandierendem Welthandel hat die Eintragsquellen ausgeweitet. Fisch ist für mehr als 2,6 Mrd. Menschen die Grundlage für mindestens 20 % ihrer Proteinversorgung – je nach Esskultur und wirtschaftlichem Wohlstand variiert die weltweite Fischnachfrage allerdings erheblich (York und Gossard 2004). Die industrielle Fischerei nimmt zu und konkurriert zunehmend mit den 30 Mio. traditionellen Fischern, die vielfach Einkommenseinbußen hinnehmen müssen. Die Weltfischproduktion stagniert in den letzten Jahren bei rund 130 Mio. t pro Jahr, wobei der Anteil der Hochseefischerei zugunsten der Aquakultur zurückgeht – letzteres oft mit negativen Umweltfolgen

(Fahn 2004, Giap et al. 2010, Merino et al. 2010). Viele wildlebende Arten sind deutlich überfischt. Im Zusammenhang mit dem Klimawandel nimmt die Meerestemperatur ebenso wie der Versauerungsgrad der Meere zu, was die biologische Vielfalt der Meere zusätzlich bedroht und ihre Aufnahmekapazität für atmosphärisches CO_2 reduziert (WBGU 2006).

Süßwasserverschmutzung und –verknappung: Wasser ist eine lebenswichtige strategische Ressource für den Menschen. Heute leben rund 1,2 Mrd. Menschen ohne Zugang zu sauberem Trinkwasser, vor allem in Entwicklungsländern. In 50 Ländern der Erde herrscht bereits große Wasserknappheit, was zukünftig zur Verschärfung wasserbedingter Konflikte beitragen könnte. Obwohl grundsätzlich eine erneuerbare Ressource, ist Wasser lokal und temporär als nicht-erneuerbar anzusehen und wird vielerorts in zu hohen Raten aus unter- wie oberirdischen „Speichern" entnommen (Gleick und Palaniappan 2010). Neben der Verknappung ist die Verschmutzung das zweite zentrale Merkmal der Wasserkrise. Nährsalze und Schadstoffe aus Siedlungen, Landwirtschaft und Industrie führen zu einer Beeinträchtigung der Nutzungsfunktionen der Binnengewässer und des Grundwassers. Weltweit werden nur etwa 5 % des anfallenden Abwassers einer Behandlung unterzogen, selbst in den OECD-Ländern wird ein Drittel der Abwässer nicht geklärt (Gleick 2003). Die gesundheitlichen Folgen vor allem in Entwicklungsländern – und damit die Einschränkung ihrer Entwicklungspotenziale – sind enorm. Zunehmend gerät auch das „virtuelle" Wasser in den Blick, das für landwirtschaftliche und industrielle Produkte im Lebenszyklus benötigt wird und im (Welt-)Handel dieser Produkte gleichsam versteckt mitgehandelt wird (Hoekstra und Hung 2005, Liu et al. 2008, Ridoutt und Pfister 2010).

Die soziologische Erforschung globaler Umweltveränderungen kann insgesamt – gemessen am Beitrag der Naturwissenschaften – als weiterhin marginal beschrieben werden (Reusswig 1996), obwohl die Thematik sowohl den Ursachen als auch den Folgen sowie der Problembearbeitung nach einem genuin soziologischen Zugang verlangt – was auch bereits früh erkannt wurde (Stern et al. 1992, Taylor und Buttel 1992).

Anthropogener Klimawandel

Der anthropogene Klimawandel kann als Paradebeispiel einer (systemischen) globalen Umweltveränderung besonders deshalb gelten, weil er im Aufmerksamkeitshaushalt der Öffentlichkeit als auch mit Blick auf die dadurch gebundenen Kapazitäten der Umweltpolitik seit einiger Zeit schon einen Spitzenplatz einnimmt (Boyce und Lewis 2009). Bisweilen lassen sich andere drängende globale Umweltprobleme nur dann noch öffentlich „verkaufen", wenn sie in irgendeine Beziehung zum Klimawandel gebracht werden können, selbst wenn andere Aspekte aktuell bedeutsamer wären.

Das Klimasystem: Ein Hybridobjekt unter Veränderungsdruck

Dabei eignet sich der anthropogene Klimawandel aufgrund seiner Komplexität an sich eher schlecht dazu, popularisiert und politisiert zu werden. Experimentelle Studien mit Studierenden haben gezeigt, dass es selbst für gebildete Laien angesichts der vielen Systemkomponenten, der langen Reaktionszeiten sowie der nicht-linearen Rückkopplungen schwierig ist, das Problem überhaupt zu verstehen (Norgaard 2006, 2009, Sterman und Sweeney 2007).

Eine besondere Schwierigkeit rührt daher, dass das natürliche Klimasystem der Erde aufgrund der historisch anwachsenden menschlichen „Störungen" immer mehr zum Hybridobjekt im Sinne Bruno Latours (1998) wird, also zu einem Objektbereich, der sich durch die Mischung natürlicher und sozialer Faktoren auszeichnet und damit dem einzelwissenschaftlichen Zugriff weitgehend entzieht. In grober Vereinfachung der tatsächlichen Zusammenhänge (vgl. Buchal und Schönwiese 2010, IPCC 2007, Matthes 2008, Rahmstorf und Schellnhuber 2006, Steffen et al. 2004) kann man folgendes Bild zeichnen (vgl. Abb. 1).

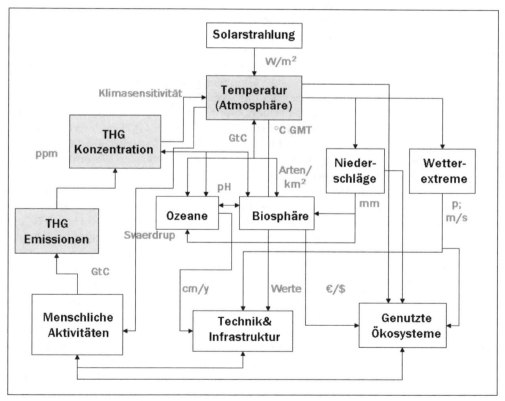

Abbildung 1   Vereinfachte Darstellung der Zusammenhänge des natürlichen Klimasystems der Erde

Ohne eine Atmosphäre wäre die von der Sonne regulierte Durchschnittstemperatur des Planeten Erde bei ca. −15° C niedriger und Leben in der uns bekannten Form unmöglich. Dass die globale Mitteltemperatur (GMT) heute bei lebensförderlichen rd. +15° C liegt, verdanken wir der Existenz einer Atmosphäre, genauer gesagt dem natürlichen Treibhauseffekt. Ein Teil des solaren Strahlungsantriebs (gemessen in Watt pro m²) wird durch den Wärmerückhalt der natürlich in der Atmosphäre vorkommenden Treibhausgase CO_2 (Kohlendioxid), CH_4 (Methan) und anderer Spurengase – sowie dem Wasserdampf in der Atmosphäre – bewirkt, nicht durch die Massenbestandteile Stickstoff und Sauerstoff. Die globale Mitteltemperatur ist also im Wesentlichen eine Funktion der Solarkonstante sowie der chemischen Zusammensetzung der Atmosphäre.

Die drei entscheidenden Systemparameter des mittlerweile stark gekoppelten Systems Mensch-Klima sind die anthropogenen *Emissionen* an Treibhausgasen (genormt auf die „Währung" des Erwärmungseffekts von CO_2 in der Atmosphäre, gemessen meist in Gigatonnen Kohlenstoff pro Jahr), die *Konzentration* an Treibhausgasen in der Atmosphäre (gemessen in ihrem Volumenanteil an der Luft als *parts per million*, ppm), sowie die globale *Mitteltemperatur* (gemessen meist in Grad Celsius). Diese Komponenten sind auf komplizierte, andere biogeochemische Kreisläufe einschließende Weise miteinander verkoppelt. Die Erdmitteltemperatur (GMT) ist ein statistisches Konstrukt, das über alle Regionen, Tages- und Jahreszeiten mittelt und allein deshalb nicht direkt beobachtet werden kann. Die gemessene Wirklichkeit des Klimawandels beträgt knapp +0,8° C gegenüber der vorindustriellen Periode (IPCC 2007) – also deutlich weniger als das, was Menschen im Alltag an Temperaturschwankungen normalerweise erleben. Dennoch ist dieser globale Temperaturanstieg bedeutsam, wenn man den Konstruktcharakter der GMT bedenkt. Die letzte Eiszeit endete vor rd. 10.000 Jahren. Damals war die GMT nur rd. 4–6° C niedriger als heute – aber man konnte aufgrund eines (je nach Ort) 80–130 Meter niedrigeren Meeresspiegels über Landbrücken England oder Nordamerika erreichen.

Gemessen an den natürlichen Kohlenstoffspeichern Atmosphäre (ca. 750 Gigatonnen Kohlenstoff, GtC), terrestrische Biosphäre (ca. 610 GtC) und Ozeane (ca. 40.000 GtC) sowie den jährlichen Austauschraten zwischen ihnen im natürlichen Kohlenstoffkreislauf des Planeten (z. B. allein 90 GtC zwischen Ozean und Atmosphäre) wirken die anthropogenen Emissionen von THG zunächst sehr gering. Im Jahr 2008 wurden knapp 10 GtC jährlich durch menschliche Aktivitäten emittiert. Rund 8,8 GtC davon gehen auf das Konto der Verbrennung fossiler Brennstoffe (z. B. zur Stromerzeugung, für Raum- und Prozesswärme, zum Antrieb von Verbrennungsmotoren, für die Zementherstellung etc.), während 1,2 GtC durch Landnutzungsänderungen freigesetzt wurden (z. B. durch Entwaldung in den Tropen) (GCP 2009). Dennoch reichen diese „Störungen" aus, um ein evolutionär eingespieltes System langsam aber sicher in ein neues Klimaregime zu führen – das Klimaregime des Anthropozän (Raupach und Canadell 2010). Zudem haben sich die weltweiten THG-Emissionen stärker erhöht als etwa noch vom IPCC in seinem Dritten Sachstandsbericht von 2001 im Falle des schlimmsten Szenarios vorhergesagt. Lag die durchschnittliche jährliche Wachstumsrate derselben zwischen 1990 und 2000 noch bei 1 %, so stieg sie in der darauf folgenden Dekade auf 3,4 % an – insbesondere aufgrund des starken wirtschaftlichen Wachstums in Schwellenländern wie China und Indien (GCP 2009). Aufgrund von Systemträgheiten würde der Klimawandel daher auch dann weitergehen, wenn es gelingen würde, die weltweiten Emissionen auf dem heutigen Niveau zu stabilisieren. Weitere mindestens +0,6° C (zusätzlich zu den bereits erreichten +0,8° C) sind unvermeidlich (IPCC 2007). Anpassung an ein sich veränderndes Klima ist daher ebenso notwendig wie sinnvoll.

Klimafolgen

Es ist nicht der Klimawandel als solcher (als einfacher Wirkmechanismus des Erdsystems), sondern es sind die als negativ bewerteten Folgen desselben für Mensch und Natur, die aus dem Klimawandel ein soziales Problem machen. Diese Folgen werden im Wesentlichen über den Anstieg der GMT ausgelöst, obwohl die Gesellschaft weder diese noch die THG-Konzentration der Erde *direkt* beeinflussen kann. Als wesentliche Folgen des globalen Klimawandels[5] können gelten (vgl. IPCC 2007):

Anstieg des Meeresspiegels: Durch die thermische Ausdehnung der Ozeane (ca. zwei Drittel des Planeten Erde sind mit Wasser bedeckt) sowie das Abschmelzen von Gletschern und Eisdecken auf Land erhöht sich der Meeresspiegel langsam, aber dauerhaft und auch bei nachfolgender Abkühlung kaum umkehrbar.[6] Da menschliche Gesellschaften gegenüber der Lokalität ihrer Siedlungs- und Wirtschaftsflächen empirisch betrachtet offensichtlich nicht indifferent sind, sondern vielmehr hauptsächlich am Küstensaum der Weltmeere leben, sind Küstenregionen – insbesondere städtische Agglomerationen – vom Anstieg des Meeresspiegels langfristig besonders betroffen (De Sherbinin et al. 2007). Schon für 2050 werden – je nach Ansatz und Szenario – 25 Millionen bis 1 Mrd. Menschen davon betroffen sein, was diese Klimafolge zu einer ethisch besonders relevanten macht (Byravan und Rajan 2010). Da nicht nur arme Staaten betroffen sein werden, sondern z. B. auch große Weltstädte in reichen Ländern (vgl. NYCPCC 2010), sind durch Meeresspiegelanstieg langfristig die höchsten Schäden zu erwarten.

Anstieg der Wetterextreme: Hitzewellen, Starkregen, Stürme (z. B. Hurrikane), Trockenheit sind extreme Wetterereignisse, die sich im Zuge einer Verschiebung der GMT besonders markant ändern werden (Repetto und Easton 2010, Schmidt et al. 2010). Obwohl dieser Zusammenhang zwischen Mittelwertverschiebung und Extremwertverteilung grundsätzlich gut verstanden ist, macht es große Schwierigkeiten, das räumlich und zeitlich präzise Auftreten von Wetterextremen vorherzusagen. Empirische Studien zur Schadenswirkung vergangener Ereignisse liefern wertvolle Hinweise auf die Verwundbarkeit einer Gesellschaft, können aber aufgrund der

---

5   Zu den Klimafolgen für Deutschland vgl. Schönwiese (2010).

6   Bis zum Jahr 2100 prognostizierte der Dritte Sachstandsbericht des IPCC (2001) einen mittleren Anstieg von 42 cm, während der Vierte Sachstandsbericht (IPCC 2007) eine niedrigere Bandbreite von 23 bis 51 cm (jeweils für ein Szenario mit relativ hohen Emissionen (A2)) angab. Neuere Forschungen gehen von ca. 80–90 cm aus (Horton et al. 2008, Rahmstorf 2007).

Lern- und Anpassungsfähigkeit von Individuen und Organisationen nicht 1 : 1 in
die Zukunft verlängert werden. Der Rekordsommer 2003 etwa kostete in ganz
Europa knapp 70.000 zusätzliche Tote aufgrund von Hitze und Trockenheit (Robine
et al. 2007). Der Sommer 2003 war ein extremer Sommer unter dem aktuellen Klima.
Schon 2050 wird er normal sein, in 2100 wird er als kühler Sommer gelten. Dennoch
werden sich die Schäden von 2003 aller Voraussicht nach nicht einfach linear zum
zukünftigen Klimawandel fortschreiben lassen. Historische Beispiele können daher
nur Analogien und eventuelle obere Schadensgrenzen abgeben. Allerdings zeigen
sie auch den konkreten Anpassungsbedarf auf, dessen zukünftige Umsetzung ja
ebenfalls noch nicht sicher ist (Hallegatte et al. 2007). Neben den monetären Schäden
müssen auch psychische und sozialpsychologische Effekte berücksichtigt werden
(Singelmann und Schafer 2010).

Ertragseinbußen in der Landwirtschaft: Die landwirtschaftliche Produktion ist gegenüber Klimaänderungen und Wetterextremen besonders empfindlich, wenngleich hierbei nach Szenarien, Regionen und Sektoren unterschieden werden muss
(Challinor et al. 2009). Es besteht jedoch weitgehend Konsens darüber, dass bei einer
globalen Erwärmung von über 2° C mit Ertragseinbußen, dem Anstieg der Preise
für Lebensmittel und landwirtschaftlichen Rohstoffen, einem Rückgang des Getrei-
deverbrauchs, der Verschlechterung der wirtschaftlichen Lage der Landwirte und
sowie der Zunahme von Hunger und Fehlernährung vor allem in Entwicklungsländern gerechnet werden muss (IFPRI 2009). Auch hier können Anpassungsmaßnahmen die Schäden reduzieren, die Anpassungskosten sind aber hoch und können
insbesondere in Entwicklungsländern ohne finanzielle Transfers aus reicheren Staaten nicht getragen werden (Wheeler und Tiffin 2009).

Rückgang der Artenvielfalt: Noch ist die Zerstörung des natürlichen Lebensraums
die Hauptursache des Rückgangs der Artenvielfalt weltweit. Aber die „große Stunde" des „Arten-Terminators" Klimawandel kommt noch (Araujo und Rahbeck 2006).
Bis 2050 könnten 15–37 % der Arten ausgelöscht werden – je nach Klimaszenario
(Thomas et al. 2004). Da auch in der „globalen Moderne" Millionen von Menschen
ihren Lebensunterhalt durch die Nutzung natürlicher und naturnaher Ökosysteme
(oft mit hoher Biodiversität) sichern, hat dieser Erosionsprozess auch gravierende
soziale Folgen. Naturschützer und Wissenschaftler (z. B. aus dem relativ neuen Gebiet der *Conservation Biology*) sind noch uneinig darüber, wie der Naturschutz in
Zukunft die Anpassung des Artenspektrums an den Klimawandel gestalten soll
(Hagerman et al. 2010).

Zunahme von Umweltkonflikten und Umweltflüchtlingen: Menschen, deren (natürliche) Umwelt zerstört oder doch gravierend beeinträchtigt wurde, wandern oft aus –
sofern sie keine Alternative in der Region haben und sie die Möglichkeit dazu
finden. Migration ist ein multikausales Geschehen und meist kommen noch andere
Ursachen (z. B. Kriege oder Bürgerkriege) zu umweltbedingten Auswanderungen
hinzu. Dennoch kann davon ausgegangen werden, dass die vorher erwähnten Klimafolgen – besonders in Entwicklungsländern – nicht nur die temporäre, sondern
auch die dauerhafte Auswanderung aus betroffenen Regionen verstärken werden
(Brown 2008). Hierbei ist die soziale Situation der potenziell Betroffenen (Größe

und Art des ökonomischen, sozialen und kulturellen Kapitals, soziale und politische Anrechte, Versorgungsgrad mit öffentlicher Infrastruktur etc.) allerdings eine entscheidende vermittelnde Größe, deren Verbesserung die Verwundbarkeit sozialer Gruppen gegenüber dem Klimawandel reduzieren kann (Gleditsch et al. 2007, Raleigh et al. 2007, Warner et al. 2008). Entsprechend gibt es schon Überlegungen zu einer Erweiterung des Völker- und Flüchtlingsrechts angesichts der neuen Kategorie von Umweltflüchtlingen (Biermann und Boas 2010). Auch auf zwischenstaatlicher Ebene könnten Konflikte zunehmen, wenn durch Klimawandel z. B. transnationale Flüsse, Seen oder Grundwasservorkommen unter Stress geraten, tiefer liegende Gebiete oder Inseln untergehen, Energievorräte umkämpfter werden etc. Deshalb beschäftigen sich in jüngster Zeit – neben der akademischen Welt – mehr und mehr auch militärische Organisationen und Planungszentren mit dem Thema Klimawandel (vgl. als Überblick Spencer et al. 2009). Das Beispiel des Konflikts in Sudans Darfur-Region zeigt zudem, wie nationale und internationale Konflikte sich durchmischen und durch Klimawandel verschärft werden (Breitmeier 2009, Welzer 2008).

Beeinträchtigungen der menschlichen Gesundheit: Die Änderung von Klimaparametern hat auch einen Effekt auf die menschliche Gesundheit, obwohl auch hier eine Abschätzung aufgrund von Multikausalität schwierig ist. Hitzewellen wurden bereits erwähnt; sie treffen vor allem Ältere, Kleinkinder und chronisch Kranke. Verschieben sich Klimazonen, werden sich auch Krankheitserreger bzw. ihre Wirtorganismen in Regionen bewegen, in denen sie bisher nicht oder kaum vorkamen (z. B. Malaria, Dengue) (WHO 2003). Lokale Wasserknappheit und landwirtschaftliche Verluste führen indirekt ebenfalls zu Krankheiten bzw. höheren Mortalitätsraten (IPCC 2007).

Die zusammenfassende Synopse dieser Klimafolgen ist schwierig. Eine vor allem im politischen System anschlussfähige Form, potenzielle Schäden durch Klimawandel auszudrücken, ist deren Monetarisierung. Die bisher wirkungsvollste Abschätzung der monetarisierten Klimafolgeschäden stammt von Sir Nicholas Stern (2007), demzufolge bis zu 5 % des globalen Bruttosozialprodukts (ungefähr die Kosten des Zweiten Weltkriegs) durch den Klimawandel verloren zu gehen drohen. Eine indische Forschergruppe hat den Schaden für Mumbai auf umgerechnet rd. 650 Mio. € beziffert (Kumar et al. 2008). Für die Europäische Union würde der Klimawandel bis zum Ende des 21. Jahrhunderts Schäden in Höhe von 20 Mrd. € (bei +2,5° C) bzw. 65 Mrd. € (bei + 5,4° C) bedeuten (Ciscar 2009). Kumuliert bis zum Jahr 2050 würde, einer anderen Studie zufolge, der Klimawandel in Deutschland Schäden von ca. 780 Mrd. € verursachen (Kemfert 2008).

Ökonomische Bewertungen von Klimafolgen müssen die „Nettobilanz" erfassen – also positive und negative Effekte über die Zeit und insgesamt betrachten und abwägen (Cline 1992). Klimaökonomische Berechnungen, die die Klimafolgen in Geldwerte umzusetzen versuchen, kommen bei aller Unterschiedlichkeit allerdings zu dem Ergebnis, dass die positiven Effekte des Klimawandels sich nur dann einstellen, wenn die globale Erwärmung 1° C nicht wesentlich übersteigt. Schon bei einer Erwärmung von über 2° C ist der Nettoeffekt (gemessen in Schäden über Nutzen) negativ (Tol 2005).

Allerdings sind Kosten-Nutzen-Analysen vielleicht gar nicht der richtige, sicher aber nicht der einzige Weg, Klimafolgen (und damit indirekt auch: den Nutzen von Klimapolitik) zu bewerten (Hennicke 1995). Nicht-monetäre Folgen (z. B. der ästhetische Wert einer intakten Landschaft), aber auch positive Nebenfolgen von Klimapolitik (z. B. höhere Energiesicherheit oder eine gerechtere Welt) müssen ebenfalls berücksichtigt werden (van den Bergh 2010).

Bewertung von Klimafolgen

Klimafolgen sind zunächst nichts anderes als die Auswirkungen von längerfristigen Änderungen der Atmosphäre auf andere Teilbereiche des Erdsystems, z. B. den Wasserhaushalt oder die Artenzusammensetzung. Hier interagieren die globalen Umweltprobleme miteinander. Um eine bestimmte Auswirkung des Klimawandels als positiv oder negativ (z. B. Schaden oder Nutzen) bewerten zu können, bedarf es – neben der möglichst präzisen physischen Beschreibung des Wirkmechanismus und seiner Folgen für das betrachtete Teilsystem – daher einer Bewertungsgrundlage. Warum sind 0,8° C gemessener Erwärmung überhaupt ein Problem? Wird nicht alles viel schöner, wenn es wärmer wird? Fliegen nicht alljährlich Millionen Europäer in den Süden, weil das Wetter dort als angenehmer empfunden wird?

In der Tat hat es in der Klimadebatte nicht an Stimmen gefehlt, die diese positiven Seiten herausgestellt haben, zumal die Klimaforschung in den 1960er und 1970er Jahren eine globale Abkühlung befürchtet hatte. Und das entscheidende völkerrechtliche Dokument der internationalen Klimapolitik, die Klimarahmenkonvention der Vereinten Nationen, schreibt in Artikel 2 auch fest, dass nur „gefährlicher Klimawandel" verhindert werden sollte.[7] Aber was ist gefährlich?

So hybrid das Klimasystem geworden ist, so hybrid muss auch die Antwort auf diese Frage ausfallen. Sie kann nur im Zusammenspiel von Wissenschaft und Gesellschaft (oder Politik) gegeben werden, nicht von der Wissenschaft alleine – zumindest nicht vor dem Hintergrund ihres klassischen Selbstverständnisses als positiver, wertfreier Wissenschaft, die als „ehrlicher Makler" (Pielke Jr. 2007) Fakten präsentiert, deren Wertung im Zuge von Entscheidungsprozessen der Politik obliegt.[8] Wissenschaft kann etwa darlegen, ab wie viel Grad globaler Erwärmung die Korallenriffe absterben, aber sie kann nicht sagen, ob das gefährlich in dem Sinne ist, dass es ästhetische, ethische oder ökonomische Wertvorstellungen verletzt. Selbst die Monetarisierung von Klimawirkungen seitens der Wissenschaft Ökonomie soll-

---

7   Artikel 2 der UNFCCC spezifiziert den Begriff „gefährlich" noch durch zusätzliche Aspekte, die den Zeitrahmen betreffen: es sollen sich Ökosysteme auf „natürliche Weise" anpassen können, die weltweite Nahrungsversorgung soll nicht gefährdet werden, und die Wirtschaft soll sich nachhaltig entwickeln können. Zusätzlich zur absoluten Höhe der tolerablen globalen Erwärmung wird dadurch also noch eine qualitative Zeitrestriktion eingeführt.

8   Hans-Jochen Luhmann (2010) weist darauf hin, dass Wissenschaft als an Nachhaltigkeit orientiertes Projekt *(sustainability science)* sehr wohl eine Antwort auf die Frage nach den (in-)akzeptablen Klimarisiken geben könnte. Als Beispiel verweist er auf Schellnhuber et al. (2010).

te nicht darüber hinwegtäuschen, dass hinter der Währung „Geld" die „Währung" Wertschätzung steht (Jaeger und Jaeger 2010).

Umgekehrt kann kein Politiker von sich aus sagen, was genau gefährlicher Klimawandel wäre. Obwohl das gesellschaftliche Teilsystem Politik auf die Generierung von Entscheidungen und Konsensen spezialisiert ist, in die Werte explizit eingehen, kann es aus sich heraus die Verbindung zwischen Wertschätzungen und Klimamechanismen nicht herstellen. Es braucht den wissenschaftlichen Sachverstand, um die Mechanismen zu verstehen, die die riskanten Trends bewirken. Zudem werden umweltpolitische Ziele immer auch im Lichte der Kosten (im weiteren Sinne) bewertet, die ihre Implementierung der Gesellschaft (z. B. dem Wirtschaftssystem) gegebenenfalls aufbürdet – und nicht nur im Lichte der dadurch eintretenden Verbesserung der Umweltsituation (Knill 2008).

Genau im Sinne einer solchen Hybrid-Entscheidung zwischen Wissenschaft und Politik haben sich große Teile beider *communities* auf das 2-Grad-Ziel als Operationalisierung jenes „gefährlichen Klimawandels" geeinigt, den es zu vermeiden gilt (Schellnhuber et al. 2006, Smith et al. 2009). Erwärmt sich die Erde stärker als um +2° C gegenüber vorindustriellen Zeiten, werden die eintretenden Veränderungen als intolerable Verschlechterungen bewertet. Zu beachten ist, dass die gemessene Erwärmung (+0,8° C) zusammen mit derjenigen, die aufgrund von Systemträgheiten erst noch eintreten wird (mindestens +0,6 C) nur noch ein Fenster von 0,6° C lassen. Da die Weltgesellschaft die GMT nicht direkt beeinflussen kann, sondern an den Emissionen ansetzen muss, lautet die spannendste Frage der interdisziplinären Klimaforschung seit einiger Zeit nicht mehr „Gibt es anthropogenen Klimawandel?", sondern vielmehr: „Wie viel dürfen wir noch bis wann emittieren, um das 2-Grad-Ziel mit einer gewissen Wahrscheinlichkeit zu halten – und wer ist ‚wir'?" (Malone 2009, Reusswig 2010). Diese Frage ist ebenfalls sehr schwierig zu beantworten, aber alles deutet derzeit darauf hin, dass der bis heute ungebrochene Anstieg der Emissionen bis zum Jahr 2020 sein Maximum erreicht haben sollte. Jeder spätere Zeitpunkt, an dem die weltweiten Emissionen ihren Gipfelpunkt erreichen, erfordert im Anschluss stärkere jährliche Anstrengungen (Meinshausen et al. 2009, WBGU 2009).

Antriebskräfte und Ursachen

Der Rückblick in die Klimaarchive der Erde (Eisbohrkerne, Sedimente, Baumringe …) zeigt vor allem, dass die Temperatur des Planeten sensitiv auf die Veränderung der chemischen Zusammensetzung der Atmosphäre reagiert – was immer deren Ursache gewesen sein mochte. Und da wir – Energie ist weithin ein kommerziell gehandeltes und von Staaten besteuertes Gut – über unsere energiebedingten THG-Emissionen ziemlich gut Bescheid wissen, lässt sich der menschliche Beitrag zur aktuellen Erwärmung recht genau beziffern, was unter verschiedenen Gesichtspunkten geschehen kann:

Beitrag der Sektoren: Weltweit steuert der Verkehrssektor etwa 13,1 % der THG-Emissionen bei, Elektrizitätserzeugung und Wärmebereitstellung ca. 25,9 %,

Industrieprozesse und industrielle Energieerzeugung ca. 19,4 %, Landnutzungsänderungen (z. B. Entwaldung) 17,4 %, die Landwirtschaft 13,5 %, der Gebäude-
bereich 8 % und die Abfallwirtschaft 2,8 % (IPCC 2007). Dieser sektorale Aufriss
variiert mit der Wirtschaftsstruktur und dem Entwicklungsgrad eines Landes allerdings beträchtlich. Die sektorale Betrachtung ist wichtig, weil sie den Klimadiskurs mit dem über den wirtschaftlich-gesellschaftlichen Strukturwandel verknüpft.
Während einiges dafür spricht, dass der Wandel weg von der Industrie- hin zur
Dienstleistungs- oder Wissensgesellschaft zu einer Reduktion der THG-Emissionen
führt, müssen dabei allerdings auch gegenläufige Tendenzen berücksichtigt werden,
z. B. die Zunahme an Flugreisen in post-industriellen Gesellschaften oder die Verlagerung energieintensiver Branchen an kostengünstigere Standorte, oft in Transfor-
mations- und Schwellenländern (vgl. Spangenberg 2005).

Beitrag der Industrieländer: Die entwickelten Industrieländer mit ihren ausgebauten
Infrastrukturen, einem hohen Wohlstandsniveau der Bevölkerung und erheblicher
Wirtschaftsaktivität emittieren deutlich mehr als die ärmsten Entwicklungsländer.
Dies gilt zunächst auf der Ebene der gesamten Emissionen pro Land, vor allem aber
auf der Ebene der Pro-Kopf-Emissionen. Dadurch stellt sich die Frage nach der globalen Klima-Gerechtigkeit: Wenn die Nutzung der Senkenkapazität des Erdsystems für anthropogene Emissionen ein globales Gut darstellt, dann beanspruchen
die Industrieländer ein deutlich größeres Stück vom „Kuchen" für sich – historisch,
aktuell als Kollektiv, und pro Kopf. Das umweltsoziologische Themenfeld der Umweltgerechtigkeit (*Environmental Justice*), das vor allem aus den USA kommend mehr
und mehr auch auf europäische Kontexte übertragen wird, erhält dadurch eine markante globale Erweiterung (Ekardt 2010, Kartha et. al 2010, Posner und Sunstein 2007,
Santarius 2007; siehe hierzu auch den Beitrag von Elvers in diesem Band). Neben
der ungleichen Inanspruchnahme der Senke Atmosphäre kommt dabei noch ver-
schärfend hinzu, dass sich die Folgen des Klimawandels wahrscheinlich besonders
dort manifestieren werden, wo ärmere, stärker verwundbare und weniger emis-
sionsintensive Bevölkerungsgruppen leben (Füssel 2010, IPCC 2007). Die globalen
„Armen" leiden mithin unter den Folgen eines Klimawandels, den vor allem der
Lebensstil der globalen „Reichen" verursacht hat (Agarwal und Narain 1991). Smog
mag „demokratisch" (im Sinne von gleich verteilt) sein (Beck 1986) – obwohl auch
das nicht wirklich stimmt – der Klimawandel ist es nicht.[9] Aus dieser historischen
wie aktuellen „Klimaschuld" resultiert eine sowohl entwicklungs- wie klimapoliti-
sche Verantwortung der Industrieländer (Edenhofer et al. 2010).[10]

Beitrag der Entwicklungs- und Schwellenländer: Allerdings unterliegt auch die globale Ungerechtigkeit der Antriebskräfte einem historischen Wandel, dessen Stichworte hier nachholender Entwicklung, die Ausbreitung westlicher Konsum- und

---

9   Das hat Ulrich Beck in neueren Publikationen auch eingeräumt: der Klimawandel habe eine
    demokratische, aber auch eine hierarchische Seite (Beck 2010).
10 Die Klimarahmenkonvention (UNFCCC) spricht deshalb in ihrer Präambel von „gemeinsamen,
    aber unterschiedlichen Verantwortlichkeiten" der Industrie- und Entwicklungsländer – eine For-
    mulierung, die insbesondere die Vertreter der Entwicklungsländer immer wieder hervorheben
    (vgl. Najam et al. 2003).

Lebensstile sowie Globalisierung sind (Guan et al. 2008, Pao und Tsai 2010). Noch 1990 emittierten die Industrieländer ca. 3,8 GtC pro Jahr, während es die Entwicklungsländer nur auf gut 2 GtC brachten. Im Jahr 2010 dagegen – die Industrieländer emittierten noch immer ungefähr die gleiche Menge wie 20 Jahre zuvor – brachten es die Schwellen- und Entwicklungsländer auf ca. 4,8 GtC (GCP 2009). Um das Jahr 2005 hat China die USA als größten Emittenten abgelöst, ungefähr zum gleichen Zeitpunkt überstiegen die indischen Emissionen die Japans. Auch die historische „Klimaschuld" der Industrieländer – also die über die Zeit akkumulierten Emissionen – wird durch den rapiden wirtschaftlichen Aufholprozess vieler Schwellenländer rasch ihrerseits Geschichte. Um 2050 wird China auch hier die USA ablösen (um 2020 Europa), in 2040 wird Indien Japan abgelöst haben (Europa um 2080) (vgl. Botzen et al. 2008). Und obwohl die Pro-Kopf-Emissionen der Industrieländer noch immer teilweise deutlich über denen der Entwicklungsländer liegen, verringert sich auch hier der Abstand. Je näher die Schwellenländer damit den Industrieländern rücken, desto größer wird ihr Abstand zur Gruppe der Entwicklungsländer, denen ein entsprechendes Wirtschafts- und Emissionswachstum weitgehend versagt bleibt (Höhne et al. 2010).

Globalisierung und Welthandel: Globalisierung ist ein komplexes, sich historisch entwickelndes und durch Widersprüchlichkeiten und Gegenläufigkeiten gekennzeichnetes Phänomen, das neben der ökonomischen, sozialen, politischen und kulturellen Dimension (vgl. Krempa 2010, Martell 2010, Osterhammel und Petersson 2003, Sassen 2007) auch eine ökologische aufweist, die in der soziologischen Globalisierungs-Debatte häufig vernachlässigt wird (als Ausnahmen vgl. Beck 1996, 2007, Mol 2001, Yearley 1996). Mit Blick auf die Ursachenkomplexe des Klimawandels ist besonders die Rolle des Welthandels hervorzuheben. Die Bilanzierung der Emissionen muss dann aber die Produktionsebene verlassen und auch den Konsum einbeziehen. Das zugrundeliegende Analyseobjekt sind dann Produktions- und Konsumsysteme in ihrer räumlichen Ausprägung und sozialen Dynamik (Ekins 2010, Lebel et al. 2010). Zwischen 1990 und 2006 nahm die Weltbevölkerung um ca. 20 % zu. Im gleichen Zeitraum stieg das Bruttosozialprodukt aber um mehr als 40 %, der Welthandel nahm sogar um fast 200 % zu (Peters und Hertwich 2008). Ungefähr ein Viertel aller CO_2-Emissionen weltweit werden für Güter und Dienstleistungen generiert, die ihren Weg in den Welthandel finden. Länder mit großen Handelsbilanzdefiziten wie die USA importieren netto CO_2, während Länder mit großen Exportüberschüssen CO_2 ausführen (können). Eigentlich müsste man daher einen Teil der chinesischen Emissionen Ländern wie den USA oder Deutschland anlasten, die von dort Güter beziehen (Hertwich und Peters 2009). Die Rolle der in Produkten und Dienstleistungen „verkörperten" Emissionen spielt bisher in der internationalen Klimapolitik keine Rolle, sollte aber angesichts ihrer wachsenden Bedeutung zukünftig berücksichtigt werden – zumal die Lebenszyklusemissionen von Gütern auch die Frage nach Wohlstandniveau und Lebensstil im globalen Kontext aufwirft (Peters 2010). Je stärker sich Konsumenten und Konsumentinnen, aber auch umweltpolitische Nichtregierungsorganisationen für die CO_2-Bilanz von Produkten (und damit des Konsums überhaupt) interessieren, desto stärker rücken dieselben auch in den Fokus von Unternehmen und Regierungen (vgl. Klockenhoff 2009, Lash und Wellington 2007, Reusswig 2008).

Soziale Klassen und Lebensstile: Neben der Anzahl der Menschen, die Ressourcen konsumieren, ist auch das absolute Niveau ihres Konsums ausschlaggebend für die globale Umweltbelastung. Die enormen Niveauunterschiede der (statistischen) Pro-Kopf-Emissionen zwischen Ländern wurden bereits erwähnt. Während in den USA oder Kanada Werte von ca. 20 t CO_{2eq} pro Kopf und Jahr emittiert werden, sind es in Europa ca. 10 t, in China ca. 4 t und in Indien etwa 1,4 t. In vielen Entwicklungsländern Subsahara-Afrikas liegen die Werte deutlich unter einer Tonne. Aber auch hier ist ein differenzierter Blick notwendig. So wenig es den Durchschnitts-Einkommensbezieher in Wirklichkeit gibt, so wenig gibt es den Durchschnitts-Emittenten. Zwischen Hoch- und Niedrig-Emittenten liegt in Europa ungefähr der Faktor 4 (Weber und Perrels 2000), in den USA der Faktor 5 (Bin und Dowlatabadi 2005, Lutzenhiser und Hacket 1993). Für derlei individuelle und gruppenspezifische Unterschiede sind eine ganze Reihe von Faktoren verantwortlich: die Ausstattung von Haushalten (z. B. Größe und Beheizungsart von Wohngebäuden, Elektrogerätepark) und das Konsum- und Nutzungsverhalten (Flugreisen, Autonutzung, Ernährung etc.). Auch Vorhandensein von und Zugang zu Systemen der (öffentlichen und privaten) Versorgung (z. B. Verkehrsanbindung, Energienetze, Ausstattung des Wohngebiets) als Resultate kollektiver Entscheidungsprozesse dürfen nicht vernachlässigt werden (Spargaaren 2003), soll Umweltverantwortung nicht soziologisch naiv individualisiert werden. Nachdem das Themenfeld Konsum/Lebensstile/Umwelt lange Zeit primär im Kontext von hochentwickelten Industriegesellschaften (oder „der Moderne") behandelt wurde (vgl. de Haan et al. 2001, Princen et al. 2002, Reusswig 1994, Rink 2002), kommt in letzter Zeit die soziale Differenzierung in Schwellenländern wie China, Indien oder Brasilien in den Blick (vgl. Lange und Meier 2009). Empirische Studien zum persönlichen CO_2-Fußabdruck verschiedener Einkommensklassen in Indien zeigen etwa, dass mittlerweile die Angehörigen der oberen Mittelklasse und der Oberschicht in Indien höhere Pro-Kopf-Emissionen aufweisen als der durchschnittliche Fußabdruck in Deutschland (Greenpeace India 2007).[11]

Wie auch immer man sie konkretisiert: die sozialen Antriebskräfte und Mechanismen, die zu dem noch immer ungebremsten Anstieg der weltweiten THG-Emissionen führen, sind tief in den „Bauplan" einer sich globalisierenden Moderne eingeschrieben. Eine auf monetäres Wachstum programmierte kapitalistische Ökonomie, eine sich immer stärker pluralisierende Konsumgesellschaft, auf kurzfristige Problemlösungen orientiertes politisches System, eine immer stärker individualis-

---

11   Greenpeace India setzt die oberste Einkommensklasse mit +30.000 Rupien Monatseinkommen (knapp 500 €) sehr niedrig an. Unsere eigenen Studien im Rahmen des *Sustainable Hyderabad*-Projekts (http://www.sustainable-hyderabad.de/) machen deutlich, dass eine feinere Differenzierung in der oberen Einkommensklasse auch sehr hohe persönliche Emissionen sichtbar macht. Gerade die indische Mittelklasse ist in letzter Zeit Gegenstand von (umwelt-)soziologischer Forschung, die neben dem anwachsenden Fußabdruck auch zunehmendes Umweltbewusstsein und Handlungsansätze auf privater wie politischer Ebene zutage fördert (Brosius 2010, Fernandes 2006, 2009, Lange et al. 2009, Mawdsley 2004, 2009).

tisch geprägte Kultur – sie alle sorgen zunächst dafür, dass der anthropogene Klimawandel und viele andere globale Umweltprobleme sich weiter zuspitzen. Wie steht
es um die Lösungsfähigkeit der globalen Moderne? Kann sie ihre Naturverhältnisse
nachhaltig gestalten?

Lösungsansätze: Auf dem Weg in eine Low Carbon Society?

Fakt ist, dass weltweit die Treibhausgasemissionen steigen – und zwar stärker als
von den meisten Emissionsszenarien noch im Dritten Sachstandsbereich des IPCC
von 2001 angenommen (GCP 2009). Fakt ist aber auch, dass Klimapolitik eine Realität
auf nationaler wie internationaler Ebene ist, und dass einzelne Länder es geschafft
haben, ihre Treibhausgasemissionen absolut zu reduzieren, obwohl sie wirtschaftliches Wachstum aufweisen – z. B. Deutschland. Und Fakt ist auch, dass viele Länder Klimaschutz- und Energiepolitiken auf den Weg gebracht haben, die zumindest
langfristig das Potenzial bergen, die Emissionen zu senken – z. B. China (NDRC
2007) oder Indien (GoI 2008). Eine *Low Carbon Society* ist damit in den Horizont des
Möglichen getreten.

Von einer Low Carbon Society (LCS, ein eingängigerer Titel als „Niedrig-Emis-
sions-Gesellschaft" oder „post-karbone Gesellschaft") kann zunächst dort gesprochen werden, wo eine Gesellschaft ihren Metabolismus mit der Umwelt so organisiert,
dass signifikant weniger oder gar keine Treibhausgase mehr entstehen. Im letzteren Fall kann auch von *Zero Emission Society* gesprochen werden. Angesichts der
weltweit weiter wachsenden Emissionen stellt die LCS eine normativ aufgeladene
Zukunftsvision dar, die aus der Umweltperspektive betrachtet ebenso anspruchsvoll wie, soziologisch gesehen, abstrakt ist. Anders als „Industriegesellschaft" oder
„Risikogesellschaft" beinhaltet LCS keinerlei Hinweise auf ihre soziale Organisation. Positiv gewendet heißt das aber, dass eine LCS *a priori* mit ganz verschiedenen
Sozialmodellen kompatibel ist – wenn sie nur dafür sorgen, dass fossile Energieträger (ebenso wie nicht-energetisch bedingte Emissionen) aus dem technologischen
„Unterbau" der Moderne (sowie dem alltäglichen sozialen Umgang damit) eliminiert
und durch klimaverträgliche Systeme und Prozesse ersetzt werden.

Grundsätzlich kann eine LCS durch fünf verschiedene strategische Ansatzpunkte herbeigeführt werden:

Bevölkerungspolitik: Anthropogene Emissionen hängen – *ceteris paribus* – natürlich an der Anzahl der Menschen, die auf dem Planeten leben. Bevölkerungspolitik
ist – als Wachstumsbegrenzungspolitik – für alternde Gesellschaften mit teilweise
schrumpfenden Städten und Regionen sicher kein Thema. Für die bevölkerungs-
reichen Länder, allen voran Indien und China, stellt sich die Sachlage anders dar.
Allerdings sind gerade in den Ländern mit dem höchsten Bevölkerungswachstum
die Pro-Kopf-Emissionen häufig am geringsten (Satterthwaite 2009). Das Beispiel
China, wo Maßnahmen wie die Ein-Kind-Politik zu einer deutlichen Begrenzung
des Bevölkerungswachstums geführt haben, macht aber auch deutlich, dass diesem
Politikansatz menschenrechtliche und sozialpsychologische Grenzen gesetzt sind.

Konsumniveau und Lebensstile: Wenn man an der Zahl der Menschen bzw. den demographischen Antriebskräften dahinter nichts ändern möchte, könnte man das absolute Konsumniveau pro Kopf als Ansatzpunkt wählen (bisweilen auch Suffizienz-Strategie genannt (Scherhorn 2008)). Da dieses Niveau durch individuelle Bedürfnisse im sozialen Kontext (Stichworte soziale Milieus, Statuskonsum, Konsumgesellschaft) bestimmt wird, kann eine Veränderung dieses absoluten Niveaus nur durch individuelle Bedarfs-Reflexion und einen gesellschaftlichen Diskurs über Themen wie Lebensziele, Lebensstile, Werte, Wohlstand, Wachstum usw. erreicht werden (Jackson 2005, Leggewie 2010, Schmid 1998). Auf institutioneller Ebene verbindet sich diese Strategie mit einer ökologisch und sozial motivierten Konsum- und Wachstumskritik (Fournier 2008, Jackson 2009).[12] Damit wird auch deutlich, dass diese Strategie politisch und sozial einen schweren Stand hat. Zudem wird sie vom Mainstream der Wirtschaftswissenschaften abgelehnt, gelten dort doch individuelle Präferenzen schlicht als gegeben – und damit implizit als sakrosankt. Aus soziologischer wie ökologischer Sicht kann diese Voraussetzung allerdings angesichts der sozial-ökologischen Nebenfolgen privater Konsumentscheidungen nicht (mehr) aufrechterhalten werden. Bedürfnisreflexion und diskursive Änderung von Konsumniveaus sind moralisch geboten und sie lassen sich auch institutionell unterstützen bzw. durch einen erweiterten Begriff von Ökonomie als kosteneffizient rechtfertigen (Dauvergne 2010, Heidbrink und Schmidt 2009, Seidl und Zahrnt 2010).

Effizienz: Umweltbelastungen lassen sich auch dadurch reduzieren (bzw. zumindest minimieren), dass – bei gegebenen Produktions- und Konsumprozessen – die Emission von CO_{2eq} pro Serviceeinheit gesenkt werden. Effizientere Geräte und Maschinen etwa holen aus einer Einheit Betriebsenergie mehr Leistung heraus, bzw. es wird weniger *Input* benötigt, um eine Einheit *Output* zu generieren (Bleischwitz 2009). Obwohl Effizienzverbesserungen auch enorme technische und finanzielle Anstrengungen erfordern können (z. B. die umfassende Wärmedämmung des Gebäudebestandes), setzen sie doch in der Regel bei bestehenden Technologiepfaden an und versuchen, diese energetisch zu optimieren. Dabei kann es sogar zu einem Anstieg des Verbrauchs von Energie kommen, da eine effizientere Technik auch häufiger bzw. mit besserem Gewissen genutzt werden kann – im Haushaltsbereich konnten bis zu 30 % Mehrverbrauch ermittelt werden (Sorrell et al. 2009). So unverzichtbar die Verbesserung der Effizienz von bestehenden Technologien also ist, so wenig kann eine Effizienzstrategie einen Pfadwechsel hin zu einer LCS herbeiführen. Dies gilt auch für innovative Politikmaßnahmen zur Effizienzverbesserung wie das europäische Emissionshandelssystem (EU ETS) (Engels 2009, Engels et al. 2008).

Konsistenz: Sowohl die Suffizienz- als auch die Effizienzstrategie setzen an bestehenden Technologiepfaden an, lassen damit aber auch bestimmte „Systemfehler" unangetastet. Angesichts der CO_2-Emissionen von ca. 150 g/km eines durchschnittlichen Automobils kann man den Weg zu einer LCS zwar sowohl durch weniger Auto-

---

12   Konsumkritik ist so alt wie die Konsumgesellschaft selbst und wird von ganz verschiedenen Positionen her vorgetragen. Darum fehlt es auch nicht an einer Metakritik der Konsumkritik (Hecken 2010).

fahren (Suffizienz) als auch durch bessere Motorentechnik (Effizienz) beschreiten, man wird sie damit aber nur schrittweise und kaum wirklich erreichen. Gefordert ist vielmehr ein grundlegender Technikwechsel hin zu Systemen und Infrastrukturen, die sich in natürliche Kreisläufe mehr oder weniger problemlos einfügen. Beispiele wären erneuerbare Energiesysteme oder biologisch abbaubare Recyclingprodukte (Braungart und McDonough 2003, Leahy 2010). Diese wären, auch bei großen Bevölkerungszahlen und hohem Pro-Kopf-Verbrauch, grundsätzlich mit Naturprozessen kompatibel. Zudem birgt diese Strategie das Potenzial, ein auch wirtschaftlich erfolgversprechendes „grünes Wachstum" (*green growth*) anzuschieben (OECD 2009). Allerdings zeichnet sich auch ab, dass eine reine Konsistenz-Strategie ohne Änderung des Anspruchs- bzw. Konsumniveaus (Suffizienz) weniger erfolgversprechend sein dürfte als die Kombination beider. Erstens nämlich ist es immer anspruchsvoller und teurer, hohe und wachsende Konsumniveaus mit „grünen Lösungen" kostengünstig zu bedienen als durch Bedarfsreflexion gedämpfte. Zweitens ist schwer einzusehen, wie man eine bezüglich ihrer Naturinanspruchnahme völlig unbesorgte Gesellschaft dazu motivieren soll, jene massiven Investitionen nebst den dazugehörigen Politikwechseln vorzunehmen bzw. zu unterstützen, derer es gerade auch im Sinne der Konsistenzstrategie bedarf.

Globales Geo-Engineering:. Der Ausdruck Low Carbon Society bezieht sich auf die klimawirksamen Emissionen, nicht unbedingt auf die Technostruktur einer Gesellschaft. Wenn es also gelingt, weiterhin anfallende Emissionen nicht in die Atmosphäre gelangen zu lassen – oder der Atmosphäre sogar CO_2 zu entziehen –, dann kann auch eine von ihrer Technostruktur her kohlenstoffreiche Wirtschaft emissionsarm und damit in gewissem Sinne eine LCS sein. Je nach eingesetzter Technologie kann es dabei zu recht weitgehenden Eingriffen in das Erdsystem mit teilweise hohen, teilweise noch nicht hinreichend bekannten Risiken kommen. Großflächige Aufforstungsprogramme sind dabei noch eine vergleichsweise harmlose, weil naturnahe Maßnahme zur Kohlenstoffbindung. Technisch, energetisch und ökonomisch aufwändiger sowie mit mehr Risiken verbunden ist der Versuch, CO_2 aus den Abgasen von (großen) Verbrennungsanlagen aufzufangen, abzuscheiden und in unterirdische Lagerstätten zu verbringen (Schreiber et al. 2009, UBA 2009) – eine Maßnahme, die im Verbund mit Brennstoffen aus Biomasse sogar zu einer „negativen" Kohlenstoffbilanz führt, also der Atmosphäre CO_2 entzieht (Azar et al. 2010). Sehr viel weiter gehen Vorschläge, die etwa die Strahlungsbilanz des Planeten durch künstliche Einbringung von Staub verändern oder durch die Eisendüngung der Ozeane deren Senkenkapazität erhöhen wollen – Versuche, die teilweise in einem völkerrechtlichen Graubereich in kleinem Maßstab bereits erprobt werden (Sardemann 2010, Wiertz und Reichwein 2010). Im Erfolgsfall würden dieses „harte" *Geo-Engineering* die gesamte sachliche und soziale Infrastruktur der kohlenstoffintensiven Gesellschaft der Gegenwart CO_2-neutral stellen und gleichzeitig intakt lassen, aber eine ganze Kette teilweise schlecht oder gar nicht bekannter weiterer Nebenwirkungen auf die globalen Ökosysteme auslösen, weshalb hier erhöhte Vorsicht im Sinne einer globalen Technikfolgenabschätzung sowie rechtliche Regulierungen gefragt sind (Bodle und Krämer 2010, Ott 2010, The Royal Society 2009).

Klammert man die letzte Option aufgrund ihres Potenzials einer wahrhaft globalisierten Risikogesellschaft einmal aus, gibt es also mehrere Strategien, um zu
einer Dekarbonisierung moderner Gesellschaften zu gelangen. Insbesondere im
Bereich der Effizienzsteigerung sowie des Einsatzes erneuerbarer Energieträger und
entsprechender Systeme (z. B. das Elektroauto, intelligente energetische Netze und
emissionsfreie Städte) muss keine einzige Technologie völlig neu erfunden werden,
um den Pfad hin zu einer LCS zu beschreiten (Pacala und Socolow 2004, Jänicke 2008,
Shinnar und Citro 2008).

Nur eine stimmige und auf den historischen Entwicklungspfad angepasste Mischung der Ansätze Suffizienz, Effizienz und Konsistenz wird aller Wahrscheinlichkeit nach zu einer LCS führen. Dabei sind sozial-ökologische Konflikte durchaus
zu erwarten. Es ist zumindest nicht auszuschließen, dass auch eine LCS eine (neue)
Variante des Kapitalismus darstellen wird, in der private Gewinnmaximierung und
Konkurrenz auf Märkten das wirtschaftliche Handeln dominieren werden (Hawken
et al. 2010, Lever-Tracy 2010). Von daher werden die zukünftigen Gewinner einer LCS
(z. B. Solarbranche) nicht nur mit den zukünftigen Verlierern (z. B. Kohleindustrie)
in Konflikt geraten, es werden sich vor allem auch Konflikte dadurch ergeben, dass
die Inhaber aussichtsreicher Portfolios für eine LCS sich wechselseitig Konkurrenz
machen und um Marktanteile kämpfen werden – einschließlich des Versuchs, dies
durch wissenschaftliche Expertise zu untermauern. Dadurch drohen neue Risiken,
die bestehende globale Umweltveränderungen durchaus verschärfen können. Ein
Beispiel wäre etwa der Versuch, die globale Fahrzeugflotte auf Biotreibstoffe umzu-
stellen und diese auf Kosten der Nahrungsversorgung und der Biodiversität rigoros
auszubauen (WBGU 2008). Oder die bereits erwähnten Nebenfolgen eines globalen
Geo-Engineering, sollten alle anderen Wege zur LCS wider Erwarten fehlschlagen.

Derlei spezifisch soziale Aspekte sind jedoch in den gängigen Szenarios und Ent-
würfen einer LCS nur mehr oder weniger implizit enthalten. Außer über Kosten im
engeren Sinne wird über sie im LCS-Diskurs kaum gesprochen. Dabei liegt es aus
soziologischer Sicht eigentlich auf der Hand, dass etwa effizientere oder kohlen-
stoffarme Technologien sozial akzeptiert und am Markt nachgefragt werden müssen. Sie müssen zudem auch im alltäglichen Gebrauch „richtig" genutzt werden. Ein
energieeffizientes Gebäude kann durch unangepasstes Nutzerverhalten auf einen
schlechteren Emissionspfad geführt werden als ein relativ schlecht ausgestattetes
Gebäude, das von einem Asketen bewohnt wird. Fragen des Lebensstils und der
Alltagsroutine spielen daher für Technikwahl und Techniknutzung eine ganz entscheidende Rolle (Reusswig und Battaglini 2008).

Viele Entwürfe einer Low Carbon Society kranken aber daran, dass sie die technische Seite – teilweise auch deren Kostenentwicklung – relativ genau abbilden, es an
„sozialer Phantasie" aber vermissen lassen. Welche Lebens- und Arbeitsbedingungen
machen eine LCS aus, welche Lebensstile und sozialen Milieus wird es darin geben,
welches Bildungs- und Bewusstseinsniveau wird dabei vorausgesetzt, wie werden
die Beziehungen der Geschlechter und der Generationen darin aussehen etc.? Wenn
der Klimawandel zu seiner gesellschaftlichen Bearbeitung nichts weniger als einen
Kulturwandel impliziert (Leggewie 2010, Welzer et al. 2010), dann besteht an dieser

Stelle ein klares Defizit in den bestehenden Transformationskonzepten, das durch die Sozialwissenschaften gefüllt werden muss. Aber können sie es auch?

Hier besteht auch eine klare Bringschuld der Soziologie, die sich mit normativ aufgeladenen Fragen der Zukunftsgestaltung nicht beschäftigten will, weil sie im Zuge eines zur fachinternen Konvention gewordenen Selbstmissverständnisses glaubt, dies als reine Beobachtungswissenschaft für die kurze bis mittlere Frist auch nicht zu können (Lever-Tracy 2008). Ob man nun Soziologie als „Wirklichkeitswissenschaft" im Sinne Max Webers oder als „öffentliche Wissenschaft" im Sinne der kritischen Theorie (Burawoy 2005) versteht: Die Soziologie hat „eine Mitverantwortung für die Gesellschaft, in der sie steht" (Soeffner 2009: 67). Sie ist daher aufgefordert, die Gesellschaft angesichts der langfristig selbstgefährdenden ökologischen Nebenfolgen ihres aktuellen Prozedierens zu warnen (Latour 2007) und auf ihrem möglichen und wünschenswerten Weg in eine LCS ebenso engagiert wie kritisch begleiten. Kritik ist insbesondere deshalb gefordert, weil eine LCS offen für ganz verschiedene soziale Modelle ist, über die auch fachkundig gestritten werden muss.

Die Soziologie hat die Welt lange Zeit nur interpretiert. Es kommt darauf an, diese Interpretationen zu nutzen, um Veränderungen anzustoßen – und kritisch zu begleiten. Denn dass die LCS eine konfliktfreie und sozial einfache „Solarutopie" sein wird, steht nicht zu erwarten.

Weiterführende Literatur

Turner, Billie Lee II, William C. Clark, Robert W. Kates, John F. Richards, Jessica T. Mathews und William B. Meyer (Hrsg.) (1990): *The Earth As Transformed by Human Action. Global and Regional Changes in the Biosphere over the Past 300 Years*. Cambridge, UK: Cambridge University Press.

Brand, Karl-Werner und Fritz Reusswig (2007): Umwelt. In: Joas, Hans (Hrsg.), *Lehrbuch der Soziologie*. Frankfurt a. M.: Campus, 653–671.

Lever-Tracy, Constance (Hrsg.) (2010): *Routledge Handbook of Climate Change and Society*. London: Routledge.

Zitierte Literatur

Agarwal, Anil und Sunita Narain (1991): *Global Warming in An Unequal World: A Case of Environmental Colonialism*. New Delhi: Centre for Science and Environment.

Altvater, Elmar und Birgit Mahnkopf (1997): *Grenzen der Globalisierung. Ökonomie, Ökologie und Politik in der Weltgesellschaft*. Münster: Westfälisches Dampfboot.

Andersen, Arne (1996): Historische Technikfolgenabschätzung am Beispiel des Metallhüttenwesens und der Chemieindustrie 1850–1933. In: Borscheid, Peter, Wilfried Feldenkirchen und Günther Schulz (Hrsg.), *Zeitschrift für Unternehmensgeschichte*, Beiheft 90. Stuttgart: Steiner, 29–37.

Araujo, Miguel B. und Carsten Rahbek (2006): How Does Climate Change Affect Biodiversity? *Science* 313 (5792): 1396–1397.

Azar, Christian, Kristian Lindgren, Michael Obersteiner, Keywan Riahi, Detlef P. van Vuuren, K. Michel G. J. den Elzen, Kenneth Möllersten und Eric D. Larson (2010): The Feasibility of Low CO_2 Concentration Targets and the Role of Bio-Energy with Carbon Capture and Storage (BECCS). *Climatic Change* 100 (1): 195–202.

Beck, Ulrich (1986): *Risikogesellschaft: Auf dem Weg in eine andere Moderne*. Frankfurt a. M.: Suhrkamp.

Beck, Ulrich (1996): World Risk Society as Cosmopolitan Society? Ecological Questions in a World of Manufactured Uncertainties. *Theory, Culture & Society* 13(4): 1–32.

Beck, Ulrich (2007): *Weltrisikogesellschaft*. Frankfurt a. M.: Suhrkamp.

Beck, Ulrich (2010): Klima des Wandels oder Wie wird die grüne Moderne möglich? In: Welzer, Harald, Hans-Georg Soeffner und Dana Giesecke (Hrsg.), *KlimaKulturen: Soziale Wirklichkeiten im Klimawandel*. Frankfurt a. M.: Campus, 33–48.

Behringer, Wolfgang (2007): *Kulturgeschichte des Klimas: Von der Eiszeit bis zur globalen Erwärmung*. München: Beck.

Benedick, Richard E. (1998): *Ozone Diplomacy: New Directions in Safeguarding the Planet*. Cambridge, MA: Harvard University Press.

Biermann, Frank und Ingrid Boas (2010): Preparing for a Warmer World: Towards a Global Governance System to Protect Climate Refugees. *Global Environmental Politics* 10 (1): 60–88.

Bin, Shui und Hadi Dowlatabadi (2005): Consumer Lifestyle Approach to US Energy Use and the Related CO_2 Emissions. *Energy Policy* 27 (1): 197–208.

Bleischwitz, Raimund (Hrsg.) (2009): *Sustainable Growth and Resource Productivity : Economic and Global Policy Issues*. Sheffield, UK: Greenleaf Publishing.

Bodle, Ralph und R. Andreas Kraemer (2010): Der rechtliche Rahmen von Geo-Engineering – Wer darf am Thermostat drehen? *Politische Ökologie* 28 (120): 44–47.

Botzen, Wouter J. W., John M. Gowdy und Jeroen C. J. M. van den Bergh (2008): Cumulative CO_2 Emissions: Shifting International Responsibilities for Climate Debt. *Climate Policy* 8 (6): 569–576.

Boyce, Tammy und Justin Lewis (Hrsg.) (2009): *Climate Change and the Media*. Frankfurt a. M.: Peter Lang.

Braungart, Michael und William McDonough (2003): *Einfach intelligent produziere : Cradle to Cradle – Die Natur zeigt, wie wir die Dinge besser machen können*. Berlin : Berliner Taschenbuch-Verlag.

Breitmeier, Helmut (2009): Klimawandel und Gewaltkonflikte: Das unsichere Wissen über den Kausalzusammenhang und die Notwendigkeit von Maßnahmen zur Anpassung und Gewaltprävention. *Die Friedens-Warte* 84 (2): 29–44.

Brown, Oli (2008): *Migration and Climate Change*. Geneva: International Organization for Migration.

Brüggemeier, Franz-Josef (1998): *Das unendliche Meer der Lüfte: Luftverschmutzung, Industrialisierung und Risikodebatten im 19. Jahrhundert*. Essen: Klartext.

Buchal, Christoph und Christian-Dietrich Schönwiese (2010): *Klima: Die Erde und ihre Atmosphäre im Wandel der Zeiten*. Köln: MIC GmbH.

Burawoy, Michael (2005): The Critical Turn to Public Sociology. *Critical Sociology* 31 (3): 313–326.

Byravan, Sujatha und Sudhir Chella Rajan (2010): The Ethical Implications of Sea-Level Rise Due to Climate Change. *Ethics & International Affairs* 24 (3): 239–260.

Canan, Penelope und Nancy Reichman (2002): *Ozone Connections: Expert Networks in Global Environmental Governance*. Sheffield, UK: Greenleaf.

Catton, William R., Jr. und Riley E. Dunlap (1978): Environmental Sociology: A New Paradigm. *The American Sociologist* 13 (1): 41–49.

Challinor, Andrew J., Frank Ewert, Steve Arnold, Elisabeth Simelton und Evan Fraser (2009): Crops and Climate Change: Progress, Trends, and Challenges in Simulating Impacts and Informing Adaptation. *Journal of Experimental Botany* 60 (10): 2775–2789.

Ciscar, Juan-Carlos (2009): *Climate Change Impacts in Europe: Final Report of the PESETA Research Project*. Luxembourg: Publications Office of the European Union.

Cline, William R. (1992): *The Economics of Global Warming*. Washington, DC: Institute for International Economics.

Coenen, Reinhard (Hrsg.) (2001): *Integrative Forschung zum globalen Wandel. Herausforderungen und Probleme*. Frankfurt a. M.: Campus.

Daschkeit, Achim und Winfried Schröder (Hrsg.) (1998): *Umweltforschung quergedacht. Perspektiven integrativer Umweltforschung und -lehre*. Heidelberg: Springer.

Dauvergne, Peter (2010): The Problem of Consumption. *Global Environmental Politics* 10 (2): 1–10.

De Chazal, Jacqueline und Mark D. A. Rounsevell (2010): Land-use and Climate Change within Assessments of Biodiversity Change. *Global Environmental Change* 19 (2): 306–315.

De Haan, Gerhard, Ernst-Dieter Lantermann, Volker Linneweber und Fritz Reusswig (Hrsg.) (2001): *Vom Nutzen und Nachteil der Typenbildung in der sozialwissenschaftlichen Umweltforschung*. Opladen: Leske + Budrich.

De Sherbinin, Alex, Andrew Schiller und Alex Pulsipher (2007): The Vulnerability of Global Cities to Climate Hazards. *Environment & Urbanization* 19 (1): 39–64.

Edenhofer, Ottmar, Johannes Wallacher, Michael Reder und Hermann Lotze-Campen (2010): *Global aber gerecht: Klimawandel bekämpfen, Entwicklung ermöglichen*. München: C. H. Beck.

Ekardt, Felix (2010): Recht, Gerechtigkeit, Abwägung und Steuerung im Klimaschutz: Ein 10-Punkte-Plan für den globalen und europäischen Klimaschutz. In: Voss, Martin (Hrsg.), *Der Klimawandel: Sozialwissenschaftliche Perspektiven*. Wiesbaden: VS Verlag, 227–245.

Ekins, Paul (2010): Eco-innovation for Environmental Sustainability: Concepts, Progress and Policies. *International Economics and Economic Policy* 7 (2-3): 267–290.

Engels, Anita (2009): The European Emissions Trading Scheme: An Exploratory Study on how Companies Learn to Account for Carbon. *Accounting, Organizations and Society* 34 (3-4): 488–498.

Engels, Anita, Lisa Knoll und Martin Huth (2008): Preparing for the ‚Real‘ Market: National Patterns of Institutional Learning and Company Behavior in the European Emissions Trading Scheme (EU ETS). *European Environment* 18 (5): 276–297.

Fahn, James D. (2004): *A Land on Fire: The Environmental Consequences of the Southeast Asian Boom*. Chiang Mai: Silkworm Books.

Fournier, Valerie (2008). Escaping from the Economy: Politics of Degrowth. *International Journal of Sociology and Social Policy* 28 (11-12): 528–545.

Füssel, Hans-Martin (2010): How Inequitable is the Global Distribution of Responsibility, Capability, and Vulnerability to Climate Change: A Comprehensive Indicator-based Assessment. *Global Environmental Change* 20 (4): 597–611.

Gari, Lutfallah (2002): Arabic Treatises on Environmental Pollution up to the End of the Thirteenth Century. *Environment and History* 8 (4): 475–488.

GCP, Global Carbon Project (2009): *Global Carbon Budget 2009*. URL: http://www.globalcarbonproject.org/carbonbudget/. Stand 27.10.2010.

Gerzabek, Martin H. (2006): Bodendegradation und -verluste. Böden: Gefährdete Haut der Erde. *Biologie in unserer Zeit* 36 (2): 82–90.

Giap, Dao H., Po Garden und Louis Lebel (2010): Enabling Sustainable Shrimp Aquaculture: Narrowing the Gaps Between Science and Policy in Thailand. In: Lebel, Louis, Sylvia Lorek und Rajesh Daniel (Hrsg.), *Sustainable Production Consumption Systems: Knowledge, Engagement and Practice*. Dordrecht: Springer, 123–144.

Gleditsch, Nils P., Ragnhild Nordås und Idean Salehyan (2007): *Climate Change and Conflict: The Migration Link*. Oslo: International Peace Academy.

Gleick, Peter H. (2003): Water Use. *Annual Review of Environmental Resources* 28: 275–314.

Gleick, Peter H. und Palaniappan (2010): Peak Water Limits to FreshWater Withdrawal and Use. *Proceedings of the National Academy of Sciences (PNAS)* 107 (25): 11155–11162.

GoI (Government of India) (2008): *National Action Plan on Climate Change*. Delhi: Government of India.

Greenpeace India (2007): *Hiding Behind the Poor: A Report by Greenpeace on Climate Injustice*. Bangalore: Greenpeace India.

Groß, Matthias (2001): *Die Natur der Gesellschaft: Eine Geschichte der Umweltsoziologie*. Weinheim: Juventa.

Groß, Matthias (2006): *Natur*. Bielefeld: transcript.

Guan, Dabo, Klaus Hubacekb, Christopher L. Weberc, Glen P. Petersd und David M. Reiner (2008): The Drivers of Chinese CO2 Emissions from 1980 to 2030. *Global Environmental Change* 18 (4): 626–634.

Haas, Peter M. (1992): Banning Chlorofluorocarbons: Epistemic Community Efforts to Protect Stratospheric Ozone. *International Organization* 46 (1): 187–224.

Hagerman, Shannon, Hadi Dowlatabadi, Terre Satterfield und Tim McDaniels (2010): Expert Views on Biodiversity Conservation in an Era of Climate Change. *Global Environmental Change* 20 (2): 192–207.

Hallegatte, Stéphane, Jean-Charles Hourcade und Philippe Ambrosi (2007): Using Climate Analogues for Assessing Climate Change Economic Impacts in Urban Areas. *Climatic Change* 82 (1-2): 47–60.

Hawken, Paul, Amory B. Lovins, und L. Hunter Lovins (2010): *Natural Capitalism: The Next Industrial Revolution*. London/Washington D.C.: Earthscan.

Hecken, Thomas (2010): *Das Versagen der Intellektuellen: Eine Verteidigung des Konsums gegen seine deutschen Kritiker*. Bielefeld: transcript.

Heidbrink, Ludger und Imke Schmidt (2009): Die neue Verantwortung der Konsumenten. *Aus Politik und Zeitgeschichte* 32/33: 27–32.

Hennicke, Peter (Hrsg.) (1995): *Klimaschutz: Die Bedeutung von Kosten-Nutzen-Analysen*. Basel: Birkhäuser.

Hertwich, Edgar G. und Glen P. Peters (2009): Carbon Footprint of Nations: A Global, Trade-Linked Analysis. *Environmental Science & Technology* 43 (16): 6414–6420.

Heywood, Vernon H. und Robert T. Watson (Hrsg.) (1995): *Global Biodiversity Assessment*. Cambridge, UK: Cambridge University Press.

Hillel, David und Cynthia Rosenzweig (2005): Desertification. In: Hillel, Daniel (Hrsg.), *Encyclopedia of Soils in the Environment*, Vol. 1. Dordrecht: Elsevier: 382–389.

Hoekstra, Arjen Y. und Pin Q. Hung (2005): Globalisation of Water Resources: International Virtual Water Flows in Relation to Crop Trade. *Global Environmental Change* 15 (1): 45–6.

Höhne, Niklas, Helcio Blum, Jan Fuglestvedt, Ragnhild Bieltvedt Skeie, Atsushi Kurosawa, Guoquan Hu, Jason Lowe, Laila Gohar, Ben Matthews und Ana Claudia Nioac de Salles (2010): Contributions of Individual Countries' Emissions to Climate Change and their Uncertainty. *Climatic Change*, Online First.

IFPRI, International Food Policy Research Institute (2009): *Climate Change: Impacts on Agriculture and Costs of Adaptation*. Washington, DC: International Food Policy Research Institute.

IHDP (2007): *IHDP Strategic Plan 2007–2015: Framing Worldwide Research on the Human Dimensions of Global Environmental Change, International Human Dimensions Programme on Global Environmental Research (IHDP)*, Online verfügbar: http://www.ihdp.unu.edu/article/IHDP_Strategic_Plan, 20.08.2010.

IPCC (Intergovernmental Panel on Climate Change) (2007): *Climate Change 2007: Synthesis Report.* Geneva: IPCC.

Jackson, Peter (2005): Live Better by Consuming Less? Is There a ‚Double Dividend' in Sustainable Consumption? *Journal of Industrial Ecology* 9 (1-2): 19–36.

Jackson, Tim (2009): *Prosperity without Growth: Economics for a Finite Planet.* London: Earthscan.

Jaeger, Carlo C. und Julia Jaeger (2010): Warum zwei Grad? *Aus Politik und Zeitgeschichte* 32/33: 7–14.

Jänicke, Martin (2008): *Megatrend Umweltinnovation: Zur ökologischen Modernisierung von Wirtschaft und Staat.* München: Oekom Verlag.

Jockenhövel, Albrecht (Hrsg.) (2009): *WBG Weltgeschichte: Eine globale Geschichte von den Anfängen bis ins 21. Jahrhundert. Band I: Grundlagen der globalen Welt: Vom Beginn bis 1200 v. Chr.,* Darmstadt: Wissenschaftliche Buchgesellschaft.

Jungert, Michael, Elsa Romfeld, Thomas Sukopp und Uwe Voigt (Hrsg.) (2010): *Interdisziplinarität: Theorie, Praxis, Probleme.* Darmstadt: Wissenschaftliche Buchgesellschaft.

Kartha, Sivan, Paul Baer, Tom Athanasiou und Eric Kemp-Benedict (2010): The Right to Development in a Climate Constrained World: The Greenhouse Development Rights Framework. In: Voss, Martin (Hrsg.), *Der Klimawandel: Sozialwissenschaftliche Perspektiven.* Wiesbaden: VS Verlag, 205–226.

Kemfert, Claudia (2008): Kosten des Klimawandels ungleich verteilt: Wirtschaftsschwache Bundesländer trifft es am härtesten. *DIW-Wochenbericht* 75 (12-13): 137–142.

Klockenhoff, Johannes (2009): Product Carbon Footprinting und der Kohlendioxid-bewusste Konsument. *Journal für Verbraucherschutz und Lebensmittelsicherheit* 4 (2): 199–201.

Knill, Christoph (2008): *Europäische Umweltpolitik: Steuerungsprobleme und Regulierungsmuster im Mehrebenensystem.* Wiesbaden: VS Verlag.

Kopfmüller, Jürgen und Reinhard Coenen (Hrsg.) (1997): *Risiko Klima. Der Treibhauseffekt als Herausforderung für Wissenschaft und Politik.* Frankfurt a. M.: Campus.

Krempa, Tobias: (2010): *Globalisierung: Eine soziologische Analyse.* Hamburg: Diplomica.

Kumar, Rakesh, Parag Jawale und Shalini Tandon (2008): Economic impact of climate change on Mumbai, India. *Regional Health Forum* 12 (1): 38–42.

Lambin, Eric F., Helmut J. Geist und Erika Lepers (2003): Dynamics of Land-Use and Land-Cover Change in Tropical Regions, *Annual Review of Environmental Resources* 28: 205–241.

Lange, Hellmuth und Lars Meier (Hrsg.) (2009): *The New Middle Classes: Globalizing Lifestyles, Consumerism and Environmental Concern.* Dordrecht: Springer.

Lange, Hellmuth, Lars Meier und N. S. Anuradha (2009): Highly Qualified Employees in Bangalore, India: Consumerist Predators? In: Lange, Hellmuth und Lars Meier (Hrsg.), *The New Middle Classes: Globalizing Lifestyles, Consumerism and Environmental Concern.* Dordrecht: Springer, 281–298.

Lash, Jonathan und Fred Wellington (2007): Competitive Advantage on a Warming Planet. *Harvard Business Review* March Issue, 1–11.

Latour, Bruno (1998 [1991]): *Wir sind nie modern gewesen: Versuch einer symmetrischen Anthropologie.* Frankfurt a. M.: Suhrkamp.

Latour, Bruno (2007): *A Plea for Earthly Sciences.* Keynote lecture for the annual meeting of the British Sociological Association, East London, April 2007.

Leahy, Terry (2010). *Alternative Scenarios: Technological Optimism or Low Energy Futures*, in: Lever-Tracy, Constance (Hrsg.), *Routledge Handbook of Climate Change and Society.* London: Routledge, 280–296.

Lebel, Louis, Sylvia Lorek und Rajesh Daniel (Hrsg.) (2010): *Sustainable Production Consumption Systems: Knowledge, Engagement and Practice.* Dordrecht: Springer.

Leggewie, Claus (2010): Futur Zwei: Klimawandel als Gesellschaftswandel. *Aus Politik und Zeitgeschichte* 32/33: 40–46.

Lever-Tracy, Constance (2008): Global Warming and Sociology. *Current Sociology* 56 (3): 445–466.

Lever-Tracy, Constanze (2010): Alternative Scenarios: Varieties of Capitalism. In: Lever-Tracy, Constance (Hrsg.), *Routledge Handbook of Climate Change and Society*. London: Routledge, 263–273.

Litfin, Karen T. (1994): *Ozone Discourses: Science and Politics in Global Environmental Cooperation*. New York: Columbia University Press.

Liu, Junguo G., Hong Yang und Hubert Savenije (2008): China's Move to Higher-meat Diet Hits Water Security. *Nature* 454: 397.

Luhmann, Hans-Jochen (1996): Rachel Carson und Sherwood F. Rowland: Zu den biographischen Wurzeln der Entdeckung von Umweltproblemen. In: Altner, Günther, Barbara Mettler-von Meibom, Udo E. Simonis und Ernst Ulrich von Weizsäcker (Hrsg.), *Jahrbuch Ökologie 1997*. München: Beck, 217–242.

Luhmann, Hans-Jochen (2010): Auf welche Wissenschaft beruft sich die Politik beim Zwei-Grad-Ziel? *Gaia* 19 (3): 175–177.

Lutzenhiser, Loren und Bruce Hackett (1993): Social Stratification and Environmental Degradation: Understanding Household CO_2 Production. *Social Problems* 40 (1): 50–73.

Malone, Elizabeth L. (2009): *Debating Climate Change. Pathways through Argument to Agreement*. London: Earthscan.

Martell, Luke (2010): *The Sociology of Globalization*. Cambridge, UK: Polity Press.

Matthes, Felix C. (2008): Klimawandel und Klimaschutz. *Informationen zur politischen Bildung* 287: 22–31.

McKibben, Bill (1990): *Das Ende der Natur*. Frankfurt a. M.: Piper.

MEA (Millennium Ecosystem Assessment) (2005): *Ecosystems and Human Well-Being: Synthesis*. Washington, DC: Island Press.

Meinshausen, Malte, Nicolai Meinshausen, William Hare, Sarah Raper, Katja Frieler, Reto Knutti, David Frame und Myles R. Allen (2009): Greenhouse-gas Emission targets for limiting global warming to 2 degrees C. *Nature* 458: 1158–1196.

Merino, Gorka, Manuel Barangea, Christian Mullonc und Lynda Rodwell (2010): Impacts of Global Environmental Change and Aquaculture Expansion on Marine Ecosystems. *Global Environmental Change* 20 (4): 586–596.

Mol, Arthur P. (2001): *Globalization and Environmental Reform: The Ecological Modernization of the Global Economy*. Cambridge, MA: MIT Press.

Munn, Ted (Hrsg.) (2002): *Encyclopedia of Global Environmental Change*, 5 Bände. Chichester: John Wiley & Sons.

Najam, Adil, Saleemul Huq und Youba Sokona (2003): Climate Negotiations beyond Kyoto: Developing Countries Concerns and Interests. *Climate Policy* 3 (3): 221–231.

NDRC (National Development and Reform Commission People's Republic of China) (2007): *China's National Climate Change Programme*. Beijing: NDRC.

Newman, Peter und Jeffrey R. Kenworthy (1999): *Sustainability and Cities: Overcoming Automobile Dependence*. Washington, DC: Island Press.

Norgaard, Kari Marie (2006): People Want to Protect Themselves a Little Bit: Emotions, Denial, and Social Movement Nonparticipation. *Sociological Inquiry* 76 (3): 372–396.

Norgaard, Kari Marie (2009): *Cognitive and Behavioral Challenges in Responding to Climate Change*. Washington, D.C.: World Bank, Policy Research Working Paper 4940,.

Norman, Catherine S., Stephen De Canio und Lin Fan (2008): The Montreal Protocol at 20: Ongoing Opportunities for Integration with Climate Protection. *Global Environmental Change* 18 (2): 330–340.

NYCPCC, New York City Panel on Climate Change (Hrsg.) (2010): *Climate Change Adaptation in New York City: Building a Risk Management Response:* New York Annals of the New York Academy of Sciences. Malden, MA: John Wiley & Sons.

OECD (Organization for Economic Co-Operation and Development) (2009): *Green Growth: Overcoming the Crisis and Beyond.* Paris: OECD.

Osterhammel, Jürgen und Niels P. Petersson (2003): *Geschichte der Globalisierung: Dimensionen, Prozesse, Epochen.* München: Beck.

Ott, Konrad (2010): Argumente für und wider ‚Climate Engineering'. *Technologiefolgenabschätzung: Theorie und Praxis* 19 (2): 32–41.

Pacala, Steve und Robert Socolow (2004): Stabilization Wedges: Solving the Climate Problem for the Next 50 Years with Current Technologies. *Science* 305: 968–972.

Pao, Hsiao-Tien und Chung-Ming Tsai (2010): CO_2 Emissions, Energy Consumption and Economic Growth in BRIC Countries. *Energy Policy* 38 (12): 7850–7860.

Parson, Edward A. (2003): *Protecting the Ozone Layer: Science and Strategy.* New York: Oxford University Press.

Peters, Glen P. (2010): Carbon Footprints and Embodied Carbon at Multiple Scales. *Current Opinion in Environmental Sustainability* 2 84): 245–250.

Peters, Glen P. und Edgar G. Hertwich (2008): Trading Kyoto. *Nature Reports Climate Change* 2: 40–41.

Pfister, Christian (Hrsg.) (1994): *Das 1950er Syndrom Der Weg in die Konsumgesellschaft.* Bern: Haupt.

Pielke, Roger A., Jr. (2007): *The Honest Broker: Making Sense of Science in Policy and Politics.* Cambridge, UK: Cambridge University Press.

Posner, Eric A. und Cass R. Sunstein (2007): *Climate Change Justice: Public Law and Legal Theory.* Chicago, IL: University of Chicago, Working Paper No. 177.

Presas, Luciana M. S. (2004): Transnational Urban Spaces and Urban Environmental Reforms: Analyzing Beijing's Environmental Restructuring in the Light of Globalization. *Cities* 21 (4): 321–328.

Princen, Thomas, Michael Maniates und Ken Conca (Hrsg.) (2002): *Confronting Consumption.* Cambridge, MA: MIT Press.

Rahmstorf, Stefan und Hans-Joachim Schellnhuber (2007): *Der Klimawandel.* München: Beck.

Raleigh, Clionadh, Lisa Jordan und Idean Salehyan (2007): *Assessing the Impact of Climate Change on Migration and Conflict.* Washington, DC: The World Bank.

Raupach, Michael R. und Joseph G. Canadell (2010): Carbon and the Anthropocene. *Current Opinion in Environmental Sustainability* 2: 210–218.

Repetto, Robert und Robert Easton (2009): *Climate Change and Damage from Extreme Weather Events.* Amherst: University of Massachusetts, Political Economy Research Institute, Working Paper No. 207.

Reusswig, Fritz (1994): Lebensstile und Ökologie. In: Dangschat, Jens S. und Jörg Blasius (Hrsg.), *Lebensstile in den Städten: Konzepte und Methoden.* Opladen: Leske + Budrich: 91–103.

Reusswig, Fritz (1996): Zu einer Soziologie des Globalen Wandels. In: Brentel, Helmut, Christoph Görg, Fritz Reusswig und Michael Scharping (Hrsg.), *Gegensätze. Elemente kritischer Theorie. Festschrift für Jürgen Ritsert.* Frankfurt a. M.: Campus, 194–209.

Reusswig, Fritz (2008): Product Carbon Footprints as Tool for a Low-carbon Economy. *Ökologisches Wirtschaften* 3: 22.

Reusswig, Fritz (2010): Klimawandel und Gesellschaft: Vom Katastrophen- zum Gestaltungsdiskurs im Horizont der postkarbonen Gesellschaft. In: Voss, Martin (Hrsg.), *Der Klimawandel: Sozialwissenschaftliche Perspektiven.* Wiesbaden: VS Verlag, 75–97.

Reusswig, Fritz und Antonella Battaglini (2008): *Lebensstildynamik als Katalysator einer nachhaltigen Energiewende.* In: Heinrich-Böll-Stiftung (Hrsg.), *Wege aus der Klimafalle. Neue Ziele, neue Allianzen, neue Technologien: Was eine zukünftige Klimapolitik leisten muss.* München: Oekom, 162–188.

Reusswig, Fritz und André Isensee (2009): Rising Capitalism, Emerging Middle-Classes and Environmental Perspectives in China: A Weberian Approach. In: Lange, Hellmuth und Lars Meier (Hrsg), *The New Middle Classes: Globalizing Lifestyles, Consumerism and Environmental Concern.* Dordrecht: Springer, 119–142.

Ridoutt, Bradley G. und Stephan Pfister (2010): A Revised Approach to Water Footprinting to make Transparent the Impacts of Consumption and Production on Global Freshwater Scarcity. *Global Environmental Change* 20 (1): 113–120.

Rink, Dieter (Hrsg.) (2002): *Lebensstile und Nachhaltigkeit: Konzepte, Befunde und Potentiale.* Opladen: Leske + Budrich.

Robine, Jean-Marie, Siu Lan Cheung, Sophie Le Roy, Herman Van Oyen und François R. Herrmann (2007): *Report on Excess Mortality in Europe During Summer 2003. EU Community Action Programme for Public Health.* Grant Agreement 2005114, 28 February 2007.

Runciman, Walter Garrison (2005): Stone Age Sociology. *Journal of the Royal Anthropological Society* 11: 129–142.

Santarius, Tilman (2007): Klimawandel und globale Gerechtigkeit. *Aus Politik und Zeitgeschichte* 24: 18–24.

Sardemann, Gerhard (2010): Die Welt aus den Angeln heben: Zur Geschichte des Climate Engineering, *Technologiefolgenabschätzung: Theorie und Praxis* 19 (2): 8–17.

Sassen, Saskia (2007): *A Sociology of Globalization.* New York: Norton & Company.

Satterthwaite, David (2009): The Implications of Population Growth and Urbanization for Climate Change. *Environment and Urbanization* 21 (2): 545–567.

Schellnhuber, Hans-Joachim, Wolfgang Cramer, Nebojsa Nakicenovic, Tom Wigley und Gary Yohe (Hrsg.) (2006): *Avoiding Dangerous Climate Change.* Cambridge, UK: Cambridge University Press.

Schellnhuber, Hans-Joachim, Mario Molina, Nicholas Stern, Veronika Huber und Susanne Kadner (2010): *Global Sustainability: A Nobel Cause.* Cambridge, UK: Cambridge University Press.

Scherhorn, Gerhard (2008): Über Effizienz hinaus. In: Hartard, Susanne, Axel Schaffer und Jürgen Giegrich (Hrsg.), *Ressourceneffizienz im Kontext der Nachhaltigkeitsdebatte.* Baden-Baden: Nomos, 21–30.

Schmid, Wilhelm (1998): *Philosophie der Lebenskunst: Eine Grundlegung.* Frankfurt a. M.: Suhrkamp.

Schmidt, Silvio, Claudia Kemfert und Peter Hoppe (2010): The Impact of Socio-economics and Climate Change in Tropical Cyclone Losses in the USA. *Regional Environmental Change* 10 (1): 13–26.

Schönwiese, Christian-Dietrich (2010): Der globale Klimawandel und seine Auswirkungen auf Deutschland. *Praxis der Naturwissenschaften: Physik in der Schule* 59 (2): 6–15.

Schreiber, Andrea, Petra Zapp, Peter Markewitz und Stefan Vögele (2010): Environmental Analysis of a German Strategy for Carbon Capture and Storage of Coal Power Plants. *Energy Policy* 38 (12): 7873–7883.

Seidl, Irmi und Angelika Zahrnt (Hrsg.) (2010): *Postwachstumsgesellschaft: Konzepte für die Zukunft.* Marburg: Metropolis.

Shinnar, Reuel und Francesco Citro (2008): Decarbonization: Achieving Near-total Energy Independence and Near-total Elimination of Greenhouse Emissions with Available Technologies. *Technology in Society* 30 (1): 1–16.

Singelmann, Joachim und Mark Schafer (2010): Dislocation and Depression: Social Consequences of Hurricanes Katrina and Rita. *Society and Natural Resources* 23 (10): 919–934.

Smith, Joel, Stephen Schneider, Michael Oppenheimer, Gary Yohee, William Haref, Michael
Mastrandrea, Anand Patwardhan, Ian Burton, Jan Corfee-Morlot, Chris Magadza, Hans-
Martin Füssel, Barrie Pittock, Atiq Rahman, Avelino Suarez und Jean-Pascal van Yperselen
(2009): Assessing Dangerous Climate Change through an Update of the Intergovern-
mental Panel on Climate Change (IPCC) ‚Reasons for Concern. *Proceedings of the National
Academy of Sciences* (PNAS) 106 (11): 4133–4137.

Soeffner, Hans-Georg (2009): Die Kritik der soziologischen Vernunft. *Soziologie* 38 (1): 60–71.

Sorrell, Steve, John Dimitropoulos und Matt Sommerville (2009): Empirical Estimates of the
Direct Rebound Effect: A Review. *Energy Policy* 37 (4): 1356–1371.

Spangenberg, Joachim H. (2005): Will the Information Society be Sustainable? Towards Criteria
and Indicators for a Sustainable Knowledge Society. *International Journal of Innovation
and Sustainable Development* 1 (1/2): 85–102.

Spencer, Tom, Nick Mabey, Chad Briggs, Elena Belluci und Gerard de Ville (2009): *Climate
Change and The Military: The State of the Debate*. Brussels: Institute for Environmental
Security – EU Office.

Steffen, Will, Angelina Sanderson, Peter Tyson, Jill Jäger, Pamela Matson, Berrien Moore III,
Frank Oldfield, Katherine Richardson, Hans Joachim Schellnhuber, Billie L. Turner II
und Robert J. Wasson (Hrsg.) (2004): *Global Change and the Earth System: A Planet under
Pressure*. New York: Springer.

Stern, Nicholas (2007): *The Economics of Climate Change: The Stern Review*. Cambridge, UK:
Cambridge University Press.

Stern, Paul C., Oran R. Young und Daniel Druckman (Hrsg.) (1992): *Global Environmental Change:
Understanding the Human Dimensions*. Washington, D.C.: National Academy Press.

Taylor, Peter J. und Frederick H. Buttel (1992): How Do We Know We Have Global Environmental Problems? Science and the Globalization of Environmental Discourse. *Geo-
forum* 23 (3): 405–416.

The Royal Society (2009): *Geoengineering the Climate: Science, Governance and Uncertainty*. London: The Royal Society.

Thomas, Chris D., Alison Cameron, Rhys Green, Michel Bakkenes, Linda Beaumont, Yvonne
Collingham, Barend Erasmus, Marinez Ferreira de Siqueira, Alan Grainger, Lee Hannah,
Lesley Hughes, Brian Huntley, Albert van Jaarsveld, Guy Midgley, Lera Miles, Miguel
Ortega-Huerta, A. Townsend Peterson, Oliver Phillips und Stephen Williams (2004):
Extinction Risk from Climate Change. *Nature* 427: 145–148.

Tol, Richard S. J. (2005): The Marginal Damage Costs of Carbon Dioxide Emissions: An Assessment of the Uncertainties. *Energy Policy* 33 (16): 2064–2074.

UBA (Umweltbundesamt) (2009): *CCS: Rahmenbedingungen des Umweltschutzes für eine sich
entwickelnde Technik*. Dessau: Umweltbundesamt.

UNEP (2007): *Global Environment Outlook 4. Environment for Development*. Nairobi: UNEP (URL:
http://www.unep.org/geo/geo4.asp).

van den Bergh, Jeroen C. J. M. (2010): Safe Climate Policy is Affordable: 12 Reasons. *Climatic
Change* 100 (1): 339–385.

Vitousek, Peter M., Harold A Mooney, Jane Lubchenko und Jerry A Melilo (1997): Human
Domination of Earth's Ecosystems. *Science* 277: 494–499.

Warner, Koko, Tamer Afifi, Olivia Dun, Marc Stal und Sophia Schmidl (2008): *Human Security,
Climate Change and Environmentally Induced Migration*. Bonn: United Nations University/
Institute for Environment and Human Security.

WBGU, Wissenschaftlicher Beirat der Bundesregierung für globale Umweltveränderungen (1999): *Welt im Wandel: Erhalt und nachhaltige Nutzung der Biosphäre.* Jahresgutachten 1999. Berlin: Springer.

WBGU, Wissenschaftlicher Beirat der Bundesregierung für globale Umweltveränderungen (2006): *Die Zukunft der Meere: Zu warm, zu hoch, zu sauer.* Sondergutachten. Berlin: Springer.

WBGU, Wissenschaftlicher Beirat der Bundesregierung für globale Umweltveränderungen (2008): *Welt im Wandel: Zukunftsfähige Bioenergie und nachhaltige Landnutzung.* Jahresgutachten 2008. Berlin: Springer.

WBGU, Wissenschaftlicher Beirat der Bundesregierung für globale Umweltveränderungen (2009): *Kassensturz für den Weltklimavertrag: Der Budgetansatz.* Sondergutachten 2009. Berlin: Springer.

Weber, Christoph und Adriaan Perrels (2000): Modelling Lifestyle Effects on Energy Demand and Related Emissions. *Energy Policy* 28 (8): 549–566.

Welsh, Ian (2010): Climate Change: Complexity and Collaboration between the Sciences. In: Lever-Tracy, Constance (Hrsg.), *Routledge Handbook of Climate Change and Society.* London: Routledge, 34–55.

Welzer, Harald (2008): *Klimakriege: Wofür im 21. Jahrhundert getötet wird.* Frankfurt a. M.: Fischer.

Welzer, Harald, Hans-Georg Soeffner und Dana Giesecke (Hrsg.) (2010): *KlimaKulturen: Soziale Wirklichkeiten im Klimawandel.* Frankfurt a. M.: Campus.

Wheeler, Tim und Richard Tiffin (2009): Costs of Adaptation in Agriculture, Forestry and Fisheries. In: Parry, Martin, Nigel Arnell, Pam Berry, David Dodman, Samuel Fankhauser, Chris Hope, Sari Kovats, Robert Nicholls, David Satterthwaite, Richard Tiffin und Tim Wheeler (Hrsg.), *Assessing the Costs of Adaptation to Climate Change.* London: Grantham Institute for Climate Change: 29–39.

WHO (World Health Organization) (2003): *Climate Change and Human Health – Risks and Responses.* Geneva: WHO.

Wiertz, Thilo und David Reichwein (2010): Climate Engineering zwischen Klimapolitik und Völkerrecht. *Technologiefolgenabschätzung: Theorie und Praxis* 19 (2): 17–24.

Yearley, Steven (1996): *Sociology, Environmentalism, Globalization.* London: Sage.

Yedla, Sudhakar (2007): *Choosing between Global and Local Emission Control Strategies in Urban Transport Sector, Which way to go?* Mumbai: Indira Gandhi Institute of Development Research, Working Paper 2007–009.

York, Richard und Marcia Hill Gossard (2004): Cross-national Meat and Fish Consumption: Exploring the Effects of Modernization and Ecological Context. *Ecological Economics* 48 (3): 293–302.

Zhao, Shuqing, Liangjun Da, Zhiyao Tang, Hejun Fang, Kun Song und Jingyun Fang (2006): Ecological Consequences of Rapid Urban Expansion: Shanghai, China. *Frontiers in Ecology and Environment* 4 (7): 341–346.

Über die Autorinnen und Autoren

Ellen Banzhaf studierte Geographie an der Albert-Ludwigs-Universität Freiburg. Hier promovierte sie zum Dr. rer. nat. mit den Schwerpunkten Bioklimatologie und Geoinformatik. Seit 1994 ist sie wissenschaftliche Mitarbeiterin am Helmholtz-Zentrum für Umweltforschung – UFZ, Department Stadt- und Umweltsoziologie, und leitet hier die Arbeitsgruppe Geomatik. Ihre fachliche Expertise umfasst quantitative Analysen des Landnutzungswandels in urbanen Räumen, vor allem im Kontext von demographischen Entwicklungen und der städtischen Struktur bezogen auf urbane Vulnerabilität sowie stadtökologische Fragestellungen. Methoden der Fernerkundung und Geographische Informationssysteme werden zur Untersuchung von Landnutzungskonflikten und -optionen unter Wachstums-, Stagnations- und Schrumpfungsbedingungen genutzt und auch für Forschungsfragen zu Vulnerabilität und Umweltrisiken in Megacities eingesetzt.

Egon Becker ist pens. Professor für Wissenschafts- und Hochschulforschung an der Goethe-Universität sowie freier Mitarbeiter am Institut für sozial-ökologische Forschung (ISOE) in Frankfurt am Main. Publikationen (Auswahl): Border Zones of Ecology and Systems Theory. In: Schwarz, Astrid und Kurt Jax (Hrsg.), *Revisiting Ecology: Reflecting Concepts, Advancing Science.* Dordrecht: Springer 2010 (mit Broder Breckling); Politische Ökologie als revolutionäre Utopie? In: Zwengel, Ralf (Hrsg.), *Ohne Proletariat ins Paradies? Zur Aktualität des Denkens von André Gorz.* Essen: Klartext 2009; Problem Transformations in Transdisciplinary Research. In: Hirsch Hadorn, G. (Hrsg.), *Unity of Knowledge in Transdisciplinary Research for Sustainability. Encyclopedia of Life Support Systems (EOLSS).* Oxford (UK): EOLSS Publishers 2007; *Soziale Ökologie. Grundzüge einer Wissenschaft von den gesellschaftlichen Naturverhältnissen.* Frankfurt a. M.: Campus 2006 (Hrsg. mit Thomas Jahn); Soziale Ökologie: Konturen und Konzepte einer neuen Wissenschaft. In: Matschonat, Gunda und Alexander Gerber (Hrsg.), *Wissenschaftstheoretische Perspektiven der Umweltwissenschaften.* Welkersheim: Markgraf 2003; Umrisse einer kritischen Theorie gesellschaftlicher Naturverhältnisse. In: Böhme, Gernot und Alexandra Manzei (Hrsg.), *Kritische Theorie der Technik und der Natur.* München: Fink 2003 (mit Thomas Jahn); Gestörte Natur: Anmerkungen zur integrativen Umweltforschung aus sozial-ökologischer Sicht. In: Daschkeit, Achim und Winfried Schröder (Hrsg.), *Perspektiven integrativer Umweltforschung und –lehre.* Berlin, Heidelberg: Springer 1998; *Risiko Wissenschaft. Ökologische Perspektiven in Wissenschaft und Hochschule.* Frankfurt a. M., New York: Campus 1993 (mit Peter Wehling)

Henning Best, PD Dr., ist Projektberater bei GESIS – Leibniz Institut für Sozialwissenschaften und Privatdozent für Soziologie an der Universität Mannheim. Publikationen (Auswahl): *Handbuch der sozialwissenschaftlichen Datenanalyse.* Wiesbaden: VS-Verlag, 2010 (Hrsg. mit Christof Wolf); Environmental Concern and the Adoption of Organic Agriculture. *Society and Natural Resources* 23 (5), 2010: 451–468; Organic Farming as a Rational Choice: Empirical Investigations in Environmental Decision Making. *Rationality and Society* 21 (2), 2009: 197–224. Kommt erst das Fressen und dann die Moral? Eine feldexperimentelle Überprüfung der Low-Cost-Hypothese und des Modells der Frame-Selektion. *Zeitschrift für Soziologie* 38 (2), 2009: 131–151.

Alena Bleicher ist wissenschaftliche Mitarbeiterin im Department Stadt- und Umweltsoziologie am Helmholtz Zentrum für Umweltforschung – UFZ, Leipzig. Publikationen (Auswahl): Response and Recovery in the Remediation of Contaminated Land in Eastern Germany. In: Dowty, Rachel A. und Barbara Allen (Hrsg.), *Dynamics of Disaster: Lessons on Risk, Response and Recovery.* London: Earthscan 2011 (mit Matthias Groß); Keiner weiß genau was da unten ist: Vom erfolgreichen Umgang mit Nichtwissen in Sanierungsprojekten. *AltlastenSpektrum* 18 (3), 2009: 136–141 (mit Martin Bittens und Matthias Groß).

Karl-Werner Brand ist Professor (i. R.) an der Technischen Universität in München. Sein Forschungsinteressen liegen im Bereich neuer soziale Bewegungen, Umweltsoziologie, nachhaltiger Konsum sowie methodologischen Fragen der Nachhaltigkeitsforschung. Er ist Autor und Herausgeber zahlreicher Bücher wie z. B. *Aufbruch in eine neue Gesellschaft: Neue soziale Bewegungen in der Bundesrepublik Deutschland.* Opladen: Leske + Budrich 1986 (mit Detlef Büsser und Dieter Rucht), *Nachhaltige Entwicklung: Eine Herausforderung an die Soziologie.* Reihe „Soziologie und ökologie", Bd. 1. Opladen: Leske + Budrich 1997; *Ökologische Kommunikation in Deutschland.* Opladen: Westdeutscher Verlag 1997 (mit Klaus Eder und Angelika Poferl); *Umweltbewusstsein und Alltagshandeln.* Opladen: Leske + Budrich 1997 (mit Angelika Pofel und Karin Schilling); *Gesellschaft und Natur: Theoretische Perspektiven der Soziologie.* Opladen: Leske + Budrich 1998; *Politik der Nachhaltigkeit.* Berlin: edition sigma 2002; *Umweltsoziologie: Eine globale Perspektive* (2011).

Horst-Dietrich Elvers, Dr. phil., ist Leiter der Planungs- und Koordinierungsstelle Gesundheit beim Bezirksamt Friedrichshain-Kreuzberg von Berlin. Publikationen (Auswahl): The Political Economy of Environmental Justice: Evidence on Local and Global Scales. *Nature and Culture* 4 (2), 2009: 208–221; Mobile Phones and Health: Media Coverage Study of German Newspapers on Possible Adverse Health Effects of Mobile Phone Use. *Health, Risk & Society* 11 (2), 2009: 165–179 (mit Burkhard Jandrig et al.); The Diversity of Environmental Justice: Towards a European Approach. *European Societies* 10 (5), 2008: 833–854 (mit Matthias Groß und Harald Heinrichs); The Ethics of Uncertainty. *EMBO Reports* 8 (10), 2007: 892–896 (mit Christof Tannert und Burkhard Jandrig); Umweltgerechtigkeit als Forschungsparadigma der Soziologie? *Soziologie* 36 (1), 2007: 21–44; *Lebenslage, Umwelt und Gesundheit: der Einfluss sozialer Faktoren auf die Entstehung von Allergien.* Wiesbaden: DUV 2005.

Riley E. Dunlap ist Regents Professor am Department für Soziologie der Oklahoma State University, USA. Dunlap war Präsident der Sektion Environment and Society (RC24) der International Sociological Association (ISA). Aktuell ist Dunlap Leiter der „task force" zum Thema Soziologie und globaler Klimawandel in der American Sociological Association (ASA). Seine Forschungen erstrecken sich auf Umweltbewusstsein insbesondere in ländervergleichender Perspektive, der parteistrategischen und ideologischen Polarisierung von Umwelteinstellungen insbesondere im Bereich Klimawandel, sowie die Hintergründe zur Verneinung des Klimawandels. Dunlap hat zu diesen Themen ausgiebig in soziologischen und interdisziplinären Zeitschriften publiziert. Er ist Mitherausgeber von *American Environmentalism* (1992), *Public Reactions to Nuclear Waste* (1993), *Handbook of Environmental Sociology* (2002) sowie *Sociological Theory and the Environment* (2002).

Marina Fischer-Kowalski ist Leiterin des Instituts für Soziale Ökologie in Wien und Professorin an der Alpen Adria Universität. Publikationen (Auswahl): *Socioecological Transitions and Global Change: Trajectories of Social Metabolism and Land Use*. Cheltenham: Edward Elgar, 2007 (Hrsg. mit Helmut Haberl); *Gesellschaftlicher Stoffwechsel und Kolonisierung von Natur. Ein Versuch in Sozialer Ökologie*. Amsterdam: Gordon & Breach Fakultas 2007 (mit Helmut Haberl).

Konrad Götz ist Soziologe mit dem Schwerpunkt empirische Sozialforschung am Institut für sozial-ökologische Forschung (ISOE) in Frankfurt am Main. Dort ist er Experte für Lebensstile, Zielgruppenmodelle und Nachhaltige Mobilität. Publikationen (Auswahl): *Freizeitmobilität im Alltag – oder Disponible Zeit, Auszeit, Eigenzeit – warum wir in der Freizeit raus müssen*. Berlin: Duncker & Humblot 2007. *Mobilitätsstile in der Freizeit. Minderung der Umweltbelastungen des Freizeit- und Tourismusverkehrs*. Berlin: Erich-Schmidt-Verlag 2003 (mit Willi Loose und Martin Schmied). *Urlaubs- und Reisestile – ein Zielgruppenmodell für nachhaltige Tourismusangebote*. Frankfurt a. M.: ISOE-Studientexte 12: 2005 (mit Gudrun Seltmann). Mobilitätsstile. In: Oliver Schöller et al. (Hrsg.), *Handbuch Verkehrspolitik*. Wiesbaden: VS Verlag 2007, 760–784.

Matthias Groß, Dr. rer. soc., PD, wissenschaftlicher Angestellter am Helmholtz-Zentrum für Umweltforschung – UFZ in Leipzig, sowie Privatdozent am Institut für Soziologie der Martin-Luther-Universität in Halle; Sprecher der Sektion Umweltsoziologie der Deutschen Gesellschaft für Soziologie (DGS). Neueste Buchpublikationen: *Ignorance and Surprise: Science, Society, and Ecological Design*. Cambridge, MA: MIT Press 2010; *Environmental Sociology: European Perspectives and Interdisciplinary Challenges*. Dordrecht: Springer 2010 (Hrsg. mit Harald Heinrichs).

Harald Heinrichs, Dr., Soziologe, ist Professor für Nachhaltigkeitspolitik an der Fakultät Nachhaltigkeit der Leuphana Universität Lüneburg. Arbeitsschwerpunkte: Institutionalisierung von Nachhaltigkeitspolitik, Nachhaltigkeitspolitik und Wirtschaft, Nachhaltigkeitspolitik als Kommunikations- und Kooperationsprozess. Publikation (Auswahl): *Nachhaltige Gesellschaft und Gestaltung durch Partizipation und*

Kooperation? Wiesbaden: VS Verlag 2011 (Hrsg. mit Jens Newig und Katina Kuhn); *Environmental Sociology: European Perspectives and Interdisciplinary Challenges.* Dordrecht: Springer 2010 (Hrsg. mit Matthias Groß); *Klimawandel und Gesellschaft. Perspektive Adaptionskommunikation.* Wiesbaden: VS Verlag 2009 (mit Heiko Grunenberg).

Stefanie Hiß ist Juniorprofessorin für Wirtschaftssoziologie/Soziologie der Finanz-märkte an der Friedrich-Schiller-Universität Jena und leitet als Schumpeter-Fellow der Volkswagenstiftung eine Nachwuchsgruppe zum Thema „Nachhaltigkeit und Finanzmarkt: Institutionelle Arrangements und Perzeptionsmuster". Publikationen (Auswahl): The Role of Ratings in the Subprime Mortgage Crisis: The Art of Corporate and the Science of Consumer Credit Rating. *Research in the Sociology of Organizations 30A:* 115–155, 2010 (mit Akos Rona-Tas); From Implicit to Explicit Corporate Social Responsibility: Institutional Change as a Fight for Myths. *Business Ethics Quarterly* 19 (3), 2009: 433- 451; *Warum übernehmen Unternehmen gesellschaftliche Verantwortung? Ein soziologischer Erklärungsversuch.* Frankfurt a. M.: Campus 2006.

Holger Hoffmann-Riem koordiniert beim WWF Schweiz Klimaschutzprojekte mit Unternehmen. Sein Interessenschwerpunkt ist das Wechselspiel zwischen Wissens-erzeugung und Wissensanwendung. Nachdem er zunächst selbst wissenschaftlich tätig war, liegt sein Schwerpunkt heute auf der Praxis. Publikationen (Auswahl): *Die Sanierung des Sempachersees: Eine Fallstudie über ökologische Lernprozesse.* München: Oekom Verlag, 2003; *Realexperimente. Ökologische Gestaltungsprozesse in der Wissensgesellschaft.* Bielefeld: Transcript, 2005 (mit Matthias Groß und Wolfgang Krohn).

Sabine Hofmeister ist Professorin für das Fach Umweltplanung in der Fakultät Nachhaltigkeit an der Leuphana Universität Lüneburg. Publikationen (Auswahl): *Die Neuerfindung des Ökonomischen. Ein (re)produktionstheoretischer Beitrag zur Sozialen Ökologie.* München: Oekom Verlag, 2006 (mit Adelheid Biesecker); Die Kategorie Geschlecht in der Nachhaltigkeitsforschung: Eine andere Perspektive auf nachhaltige Entwicklung. In: Riesen van, Kathrin und Bettina Jansen-Schulz (Hrsg.), *Vielfalt und Geschlecht – relevante Kategorien in der Wissenschaft.* Opladen: Budrich. 2010; National Sustainability Strategies: „Blind Spots" from and for Gender Perspectives. In: Spangenberg, Joachim H. (Hrsg.), *Past Conflicts and Future Challenges. Taking Stock of the Sustainable Discourse.* Westfälisches Dampfboot: Münster, 177–197, 2008 (mit Ines Weller); Sustainability, Substance-flow Management, and Time, Part II: Temporal Impact Assessment (TIA) for Substance-flow Management. *Journal of Environmental Management* 90: 1377–1384, 2009 (mit Klaus Kümmerer).

Joseph Huber ist Professor für Wirtschafts- und Umweltsoziologie an der Martin-Luther-Universität Halle. Publikationen (Auswahl): *Allgemeine Umweltsoziologie.* Wiesbaden: VS Verlag 2001; *New Technologies and Environmental Innovations.* Cheltenham, UK: Edward Elgar 2004; Pioneer Countries and the Global Diffusion of Environmental Innovations: Theses from the Viewpoint of Ecological Modernisation

Theory. *Global Environmental Change* 18 (3), 2008: 360–367; *Monetäre Modernisierung.* Marburg: Metropolis Verlag 2010.

Diana Hummel, PD Dr., ist Leiterin des Forschungsschwerpunkts „Bevölkerungs-entwicklung und Versorgungssysteme" am Institut für sozial-ökologische Forschung (ISOE), Frankfurt am Main. Publikationen (Auswahl): Feministische Perspektiven auf Nachhaltigkeitspolitik. *Femina Politica* 1, 2010: 9–21 (mit Irmgard Schultz und Martina Padmanabhan); *Population Dynamics and Supply Systems: A Transdisciplinary Approach.* Frankfurt a. M.: Campus 2008; The Interactions of Population Dynamics and Transformations in Water Supply Systems in the Jordan River Basin. In: Zereini, Fathi und Heinz Hötzl (Hrsg.), *Climatic Changes and Water Resources in the Middle East and North Africa.* Heidelberg: Springer, 497–518; Bedürfnisse. In: Becker, Egon und Thomas Jahn (Hrsg.), *Soziale Ökologie:. Grundzüge einer Wissenschaft von den gesell-schaftlichen Naturverhältnissen.* Frankfurt a. M.: Campus, 198–210 (mit Egon Becker).

Thomas Jahn, Dr. phil, ist wissenschaftlicher Mitarbeiter am Institut für sozial-ökologische Forschung (ISOE) in Frankfurt am Main im Forschungsschwerpunkt Transdisziplinäre Methoden und Konzepte. Publikationen (Auswahl): *Methoden transdisziplinärer Forschung: Ein Überblick mit Anwendungsbeispielen.* Frankfurt a. M.: Campus 2010 (mit Matthias Bergmann et al.); Transdisziplinarität in der Forschungs-praxis. In: Bergmann, Matthias und Engelbert Schramm (Hrsg.), *Transdisziplinäre For-schung. Integrative Forschungsprozesse verstehen und bewerten.* Frankfurt a. M.: Campus 2008, 21–37; *CITY:mobil: A Model for Integration in Sustainability Research.* In: Hirsch Hadorn, Gertrude et al. (Hrsg.), *Handbook of Transdisciplinary Research.* Dordrecht: Springer 2008, 89–102 (mit Matthias Bergmann); *Soziale Ökologie: Grundzüge einer Wis-senschaft von den gesellschaftlichen Naturverhältnissen* Frankfurt a. M.: Campus 2006 (Hrsg. mit Egon Becker); Umrisse einer kritischen Theorie gesellschaftlicher Natur-verhältnisse. In: Böhme, Gernot und Alexandra Manzei (Hrsg.), *Kritische Theorie der Technik und der Natur.* München: Fink 2003, 91–112 (mit Egon Becker).

Jens Jetzkowitz ist Post Doc am Leibniz-Zentrum für Agrarlandschaftsforschung e. V. (http://www.civiland-zalf.org/team/jens-jetzkowitz/) und Lehrbeauftragter am In-stitut für Sozialwissenschaften der Humboldt-Universität zu Berlin. Publikationen (Auswahl): „Menschheit", „Sozialität" und „Gesellschaft" als Dimensionen der So-ziologie. Anregungen aus der Nachhaltigkeitsforschung. In: Albert, Gert et al. (Hrsg.), *Dimensionen und Konzeptionen von Sozialität.* Wiesbaden: VS Verlag 2010, 257–268; Dis-tribution Pattern of Plants Explained by Human Movement Behaviour. *Ecological Modelling* 220 (9–10), 2009: 1339–1346 (mit Marc Niggemann et al.); Non-Native Plant Species Respond much Stronger to Human-related Mobility and Disturbance Pat-terns than Natives along an Urban-rural Gradient. *Journal of Biogeography* 36 (5), 2009: 835–844 (mit Stefan Brunzel et al.); Suburbanisation, Mobility and the ‚Good Life in the Country': A Lifestyle Approach to the Sociology of Urban Sprawl in Germany. *Sociologia Ruralis* 47 (2), 2007: 148–171 (mit Stefan Brunzel und Jörg Schneider).

Christine Katz, Dr., ist wissenschaftliche Angestellte an der Leuphana-Universität Lüneburg (Fakultät Nachhaltigkeit). Sie forscht zum Zusammenhang von Natur- und Geschlechterverhältnissen und ist derzeit zuständig für den Bildungs- und Kommunikationsbereich in einem BMBF-Verbundprojekt zur regionalen Klimaanpassung. Publikationen (Auswahl): Natur ist was man daraus macht! Naturvorstellungen von forstlichen Akteuren in der waldbezogenen Umweltbildung. In: Hehn Maria et al. (Hrsg.), *Abschied vom grünen Rock? Forstverwaltungen, waldbezogene Umweltbildung und Geschlechterverhältnisse im Wandel*. München: Oekom 2010, 61–94; Im Schatten der Aufklärung: Zur Kontinuität der Natur- und Geschlechterkonstruktionen von Bacon bis Brundtland. In: Ernst, Waltraud und Ulrike Bohle (Hrsg.), *Naturbilder und Lebensgrundlagen. Konstruktionen von Geschlecht*. Hamburg: Lit Verlag 2006, 194–232 (mit Uta von Winterfeld); Gender und Nachhaltigkeit. Neue Forschungsperspektiven. *Gaia* 15 (3), 2006: 206–214.

Reiner Keller ist Professor für Soziologie an der Universität Koblenz-Landau (Campus Landau). Publikationen (Auswahl): *Wissenssoziologische Diskursanalyse*. 3. Aufl. Wiesbaden: VS Verlag 2010; *Diskursforschung. Einen Einführung für SozialwissenschaftlerInnen*. 4. Aufl. Wiesbaden: VS Verlag 2010; *Müll: Die gesellschaftliche Konstruktion des Wertvollen*. 2. Aufl. Wiesbaden: VS Verlag 2009; *Michel Foucault*. Konstanz: UVK 2008; *Handbuch Sozialwissenschaftliche Diskursforschung 2. Bde.* 4. Aufl. Wiesbaden: VS Verlag 2010 (Hg. mit Andreas Hirseland et al.).

Wolfgang Krohn ist Professor em. für Wissenschafts- und Techniksoziologie an der Universität Bielefeld. Publikationen (Auswahl*): Methoden transdisziplinärer Forschung*. Frankfurt a. M.: Campus 2010 (mit Matthias Bergmann et al.); *Nachrichten aus der Wissensgesellschaft. Analysen zur Veränderung der Wissenschaft*. Weilerswist: Velbrück 2007 (mit Peter Weingart und Martin Carrier); Schönheit trifft Wahrheit? Zur Ästhetik der Wissenschaft. *Gegenworte* 23, 2010: 16–20; Interdisciplinary Cases and Disciplinary Knowledge. In: Frodeman, Robert et al. (Hrsg.), *Oxford Handbook of Interdisciplinarity*. Oxford: University Press 2010: 31–39; Epistemische Qualitäten transdisziplinärer Forschung. In: Bergmann, Matthias M. und Engelbert Schramm (Hrsg.), *Transdisziplinäre Forschung. Integrative Forschungsprozesse verstehen und bewerten*. Frankfurt a. M: Campus 2008: 39–68. Nature, Technology, and the Acknowledgement of Waste. *Nature and Culture* 2 (2), 2007: 139–160.

Hellmuth Lange war Hochschullehrer an der Universität Bremen, Sprecher des dortigen Forschungszentrums Nachhaltigkeit und der Sektion Umweltsoziologie der DGS. Publikationen (Auswahl): *Ökologisches Handeln als sozialer Konflikt*. Opladen: Leske+Budrich 2000; *Nachhaltige Konsummuster im Alltag: Strategien für lokale Agenda-Prozesse am Beispiel Bremen*. München: Oekom 2005 (mit Günther Warsewa); Distributional Effects and Change of Risk Management Regimes: Explaining Different Types of Adaptation in Germany and Indonesia. In: Ruth, Matthias und Maria E. Ibarraran (Hrsg.), *The Distributional Effects of Climate Change: Social and Economic Implications*. Cheltenham: Elgar 2009, 183–207 (mit Heiko Garrelts et al.); *Nachhaltigkeit* *als radikaler Wandel: Die Quadratur des Kreises?* Wiesbaden: VS Verlag. (Hrsg.); *The New Middle Classes: Globalizing Lifestyles, Consumerism, and Environmental Concern.* Dordrecht: Springer 2009 (Hrsg. mit Lars Meyer); Innovationen im politischen Prozess als Bedingung substantieller Nachhaltigkeitsfortschritte. In: Howaldt, Jürgen und Heike Jakobsen (Hrsg.), *Soziale Innovation. Auf dem Weg zu einem postindustriellen Innovationsparadigma.* Wiesbaden: VS Verlag 2010, 199–218; Stichwort „Nachhaltigkeit". In: Sandkühler, Hans Jörg (Hrsg.), *Enzyklopädie Philosophie.* Hamburg: Meiner 2010, 1685–1693.

Ulf Liebe ist Juniorprofessor für Soziologie Ländlicher Räume an der Georg-August-Universität Göttingen und der Universität Kassel. Publikationen (Auswahl): Different Routes to Explain Pro-Environmental Behavior: An Overview and Assessment. *Analyse & Kritik* 32 (1), 2010: 137–157; Status Quo Effect in Choice Experiments: Empirical Evidence on Attitudes and Choice Task Complexity. *Land Economics* 85 (3), 2009: 515–528 (mit Jürgen Meyerhoff); Zahlungsbereitschaft für kollektive Umweltgüter: Theoretische Grundlagen und empirische Analysen am Fallbeispiel der Wertschätzung biologischer Vielfalt im Wald. *Zeitschrift für Soziologie* (36) 5, 2007: 326–345 (mit Peter Preisendörfer); *Zahlungsbereitschaft für kollektive Umweltgüter. Soziologische und ökonomische Analysen.* Wiesbaden: VS Verlag 2007.

William T. Markham ist Professor für Soziologie an der University of North Carolina in Greensboro, USA. Publikationen (Auswahl): *Environmental Organizations in Modern Germany: Hardy Survivors in the Twentieth Century and Beyond.* New York: Berghahn 2008; *Protecting Nature: Organizations and Networks in Europe and the USA.* Cheltenham, UK 2007 (Hrsg. mit Kris van Koppen); German Environmental Attitudes in Transition. *Environmental Politics* 17 (5), 2008: 840–846.

Rüdiger Mautz, Dr., ist wissenschaftlicher Mitarbeiter am Soziologischen Forschungsinstitut Göttingen (SOFI). Publikationen (Auswahl): Konflikte um die Offshore-Windkraftnutzung: Eine neue Konstellation der gesellschaftlichen Auseinandersetzung um Ökologie. In: Feindt, Peter H. und Thomas Saretzki (Hrsg.), *Umwelt- und Technikkonflikte.* Wiesbaden: VS Verlag 2010, 181–197; *Auf dem Weg zur Energiewende. Die Entwicklung der Stromproduktion aus erneuerbaren Energien in Deutschland.* Göttingen: Universitätsverlag Göttingen 2008 (mit Andreas Byzio und Wolf Rosenbaum); The Expansion of Renewable Energies in Germany between Niche Dynamics and System Integration: Opportunities and Restraints. *Science, Technology & Innovation Studies* 3 (2), 2007: 113–131; *Energiewende in schwerer See? Konflikte um die Offshore-Windkraftnutzung.* München: oekom verlag 2005 (mit Andreas Byzio und Wolf Rosenbaum).

Andreas Mayer ist wissenschaftlicher Mitarbeiter am Institut für Soziale Ökologie in Wien und der Alpen Adria Universität in Klagenfurt. Publikationen (Auswahl): *Umwelt und Ökologie* In: Forster, Rudolf (Hrsg.), Forschungs- und Anwendungsbereiche der Soziologie. Wien: Facultas Verlag 2008, 266–281 (mit Marina Fischer-Kowalski).

Arthur P. J. Mol hält den Lehrstuhl für Umweltpolitik am Department Sozialwissenschaften an der Universität Wageningen, Niederlande inne. Außerdem ist er Professor für Umweltpolitik an der School of Environment and Natural Resources der Renming University, Beijing, China. Seine Arbeitsschwerpunkte liegen in Südost- und Ostasien sowie die EU. Seine Forschungsinteressen erstrecken sich auf Sozialtheorie und Umwelt, ökologischer Wandel, Globalisierung, informationelle Governance, grüner Konsum und Produktion sowie Umwelt und Entwicklung. Aktuell ist er im Beirat acht internationaler Zeitschriften sowie bei zwei Buchserien. Er ist wissenschaftlicher Direktor der Wageningen School of Social Sciences und Mitglied des Rektorats der Universität Wageningen, der International Association for Society and Natural Resources, sowie der Sektion Environment and Society der International Sociological Association. Publikationen (Auswahl): *Environmental Governance in China.* London: Routledge, 2007 (mit Neil T. Carter); *Partnerships, Governance and Sustainable Development: Reflections on Theory and Practice.* Cheltenham, UK: Elgar, 2007 (Hrsg. mit Pieter Glasbergen und Frank Biermann); *Environmental Reform in the Information Age: The Contours of Informational Governance.* Cambridge, UK: Cambridge University Press, 2008; *The Ecological Modernisation Reader: Environmental Reform in Theory and Practice.* London: Routledge 2009 (Hrsg. mit David A. Sonnenfeld und Gert Spaargaren).

Jens Newig ist Professor für Governance und nachhaltige Entwicklung an der Leuphana Universität Lüneburg. Publikationen (Auswahl): *Governance for Sustainable Development: Coping with Ambivalence, Uncertainty and Distributed Power.* London: Routledge 2008 (mit Jan-Peter Voß und Jochen Monstadt); Environmental Governance: Participatory, Multi-Level – And Effective? *Environmental Policy and Governance* 19 (3), 2009: 197–214 (mit Oliver Fritsch); Symbolic Environmental Legislation and Societal Self-Deception. *Environmental Politics* 16 (2), 2007: 279–299.

Birgit Peuker, Dr. phil., ist Mitarbeiterin am Lehrstuhl für Techniksoziologie an der Technischen Universität Dresden. Publikationen (Auswahl): *Der Streit um die Agrar-Gentechnik. Perspektiven der Akteur-Netzwerk-Theorie.* Bielefeld: Transcript 2010; *Verschwindet die Natur? Die Akteur-Netzwerk-Theorie in der umweltsoziologischen Diskussion.* Bielefeld: Transcript 2006 (Hrsg. mit Martin Voss); Untersuchung von Risikokontroversen mittels netzwerkanalytischer Methoden. In: Stegbauer, Christian (Hrsg.), *Netzwerkanalyse und Netzwerktheorie. Ein neues Paradigma in den Sozialwissenschaften.* Wiesbaden: VS-Verlag 2008, 557–565.

Angelika Poferl ist Professorin für Soziologie an der Hochschule Fulda, Fachbereich für Sozial- und Kulturwissenschaften. Publikationen (Auswahl): *Große Armut, großer Reichtum: Zur Transnationalisierung sozialer Ungleichheit.* Berlin: Suhrkamp 2010 (mit Ulrich Beck); Die Einzelnen und ihr Eigensinn. Methodologische Implikationen des Individualisierungskonzepts. In: Berger, Peter A. und Ronald Hitzler (Hrsg.), *Individualisierungen. Ein Vierteljahrhundert „Jenseits von Stand und Klasse"?* Wiesbaden: VS Verlag, 291–310; Orientierung am Subjekt? Eine konzeptionelle Reflexion zur

Theorie und Methodologie reflexiver Modernisierung. In: Weihrich, Margit und Fritz Böhle (Hrsg.), *Handeln unter Unsicherheit*. Wiesbaden: VS Verlag 2009, 211–243; *Die Kosmopolitik des Alltags: Zur ökologischen Frage als Handlungsproblem*. Berlin: edition sigma 2004.

Peter Preisendörfer ist Professor für Soziologie an der Johannes Gutenberg-Universität Mainz. Publikationen (Auswahl): *Umweltsoziologie*. Reinbek: Rowohlt 2001 (mit Andreas Diekmann); *Haushalte ohne Auto*. Opladen: Leske+Budrich 2003 (mit Maren Rinn); Green and Greenback. The Behavioral Effects of Environmental Attitudes in Low-Cost and High-Cost Situations. *Rationality and Society* 15 (4), 2003: 441–472 (mit Andreas Diekmann); To Pay or Not to Pay: Competing Theories to Explain Individual's Willingness to Pay for Pubic Environmental Goods. *Environment and Behavior* 43 (1), 2011: 106–130 (mit Ulf Liebe und Jürgen Meyerhoff).

Ortwin Renn ist Ordinarius für Umwelt- und Techniksoziologie an der Universität Stuttgart und Direktor des zur Universität gehörigen Interdisziplinären Forschungsschwerpunkts Risiko und Nachhaltige Technikentwicklung am Internationalen Zentrum für Kultur- und Technikforschung (ZIRN). Neben seinem Engagement an der Universität Stuttgart gründete Renn das Forschungsinstitut Dialogik gGmbH. Publikationen (Auswahl): *Food Safety Governance. Integrating Science, Precaution and Public Involvement*. Heidelberg: Springer 2009 (Hrsg. mit Marion Dreyer); *Risk Governance. Coping with Uncertainty in a Complex World*. London: Earthscan 2008; *Global Risk Governance. Concept and Practice Using the IRGC Framework*. Berlin: Springer 2008 (Hrsg. mit Katherine D. Walker); *Technik in einer fragilen Welt: Die Rolle der Technikfolgenabschätzung*. Berlin: Edition Sigma 2005 (Hrsg. mit Alfons Bora et al.).

Fritz Reusswig ist Soziologe (Diplom und Promotion an der J. W. Goethe Universität in Frankfurt am Main) und seit 1995 wissenschaftlicher Mitarbeiter am Potsdam-Institut für Klimafolgenforschung (PIK) mit den Schwerpunkten Global Environmental Change, Lebensstile und Konsum, Stadtentwicklung und Klimawandel. Ausgewählte neuere Veröffentlichungen: Reusswig, Fritz (2010): The New Climate Change Discourse: A Challenge for Environmental Sociology. In: Gross, Matthias und Harald Heinrichs (Hrsg.): *Environmental Sociology: European Perspectives and Interdisciplinary Challenges*. Dordrecht: Springer, 34–61; Reusswig, Fritz (2010): Sustainability Transitions Through the Lens of Lifestyle Dynamics. In: Lebel, Louis et al. (Hrsg.): *Sustainable Production and Consumption Systems: Knowledge, Engagement and Practice*. Dordrecht: Springer, 39–60; Reusswig, Fritz (2010): Klimawandel und Gesellschaft. Vom Katastrophen- zum Gestaltungsdiskurs im Horizont der postkarbonen Gesellschaft. In: Voss, Martin (Hrsg.): *Der Klimawandel. Sozialwissenschaftliche Perspektiven*. Wiesbaden: VS Verlag, 75–97.

Dieter Rink ist wissenschaftlicher Mitarbeiter am Helmholtz-Zentrum für Umweltforschung – UFZ Leipzig-Halle, Department für Stadt- und Umweltsoziologie und zugleich Honorarprofessor an der Hochschule für Technik und Wirtschaft Mittweida.

Publikationen (Auswahl): *Naturverständnisse in der Nachhaltigkeitsforschung.* Frankfurt a. M.: Campus 2004 (Hrsg. mit Monika Wächter); *Raum für Nachhaltigkeit. Zur Kontextualisierung des Leitbilds.* Berlin: sigma 2005 (Hrsg. mit Gerhard Hartmuth und Katja Huber); Wilderness: The Nature of Urban Shrinkage? The Debate on Urban Restructuring and Renaturation in Eastern Germany. *Nature and Culture* 4 (3), 2009: 275–292; Schrumpfen als Transformationsproblem: Ursachen und Verlaufsformen von Schrumpfung in Ostdeutschland. In: Bernt, Matthias et al. (Hrsg.), *Stadtumbau und lokale Politik.* Darmstadt: Schader Stiftung 2010, 58–77.

Wolf Rosenbaum, Prof. i. R. am Institut für Soziologie der Universität Göttingen, arbeitet am Soziologischen Forschungsinstitut Göttingen. Neuere Publikationen (Auswahl): *Auf dem Weg zur Energiewende. Die Entwicklung der Stromproduktion aus erneuerbaren Energien in Deutschland.* Universitätsverlag Göttingen 2008 (mit R. Mautz, A. Byzio); *Mobilität im Alltag – Alltagsmobilität.* In: Schöller, Oliver et al. (Hrsg.), *Handbuch Verkehrspolitik.* Wiesbaden: VS Verlag 2007, 549–572; *Energiewende in schwerer See. Konflikte um die Offshore-Windkraftnutzung.* München: Oekom 2005 (mit Andreas Byzio und Rüdiger Mautz); *Mobilität im Alltag. Warum wir nicht vom Auto lassen.* Frankfurt a. M.: Campus 2001 (mit Hartwig Heine, Rüdiger Mautz).

Jana Rückert-John, Dr. rer. soc., ist wissenschaftliche Mitarbeiterin am Institut für Sozialinnovation Berlin (ISInova e. V.) sowie Lehrbeauftragte an der Universität Gießen und der Universität Hohenheim im Fach Ernährungssoziologie. Publikationen (Auswahl): *Die Methodologien des Systems. Wie kommt man zum Fall und wie dahinter?* Wiesbaden: VS Verlag 2010 (Hrsg. mit René John und Anna Henkel); *Semantik der Natürlichkeit als sichernder Sinnhorizont des Nahrungsmittelkonsums.* In: Soeffner, Hans-Georg (Hrsg.), *Unsichere Zeiten: Herausforderungen gesellschaftlicher Transformationen.* Wiesbaden: VS-Verlag 2010, CD-Rom; Hat Gastfreundschaft ein Geschlecht? *Palatum: Zeitschrift für Kulinaristik* 2, 2010: 19–21; Essen macht Geschlecht: Zur Reproduktion der Geschlechterdifferenz durch kulinarische Praxen. *Ernährung im Fokus* 9-05, 2009: 174–179 (mit René John); *Natürlich Essen. Kantinen und Restaurants auf dem Weg zu nachhaltiger Ernährung.* Frankfurt a. M.: Campus 2007.

Anke Schaffartzik ist wissenschaftliche Mitarbeiterin am Institut für Soziale Ökologie in Wien und der Alpen Adria Universität in Klagenfurt. Publikationen: Arbeit, gesellschaftlicher Stoffwechsel und nachhaltige Entwicklung. In: Füllsack, Manfred (Hrsg.), *Verwerfungen moderner Arbeit. Zum Formwandel des Produktiven.* Bielefeld: Transcript 2008, 65–82 (mit Marina Fischer-Kowalski); *Economy-wide Material Flow Accounting: A Compilation Guide.* Luxembourg: Eurostat 2007 (mit Helga Weisz et al.).

Piet Sellke ist wissenschaftlicher Mitarbeiter am Interdisziplinären Forschungsschwerpunkt Risiko und Nachhaltige Technikentwicklung sowie bei der Dialogik gGmbH. Publikationen (Auswahl): European Citizens' Panel. Final Report of the External Evaluation. *Stuttgarter Beiträge zur Risiko- und Nachhaltigkeitsforschung* 7, November 2007 (mit Ortwin Renn und Corinne Cornelisse); Risk Governance of

Pervasing Computing Technologies. *The International Journal of Technology, Knowledge and Society* 4 (1), 2008: 215–224 (mit Ortwin Renn); Risk, Society and Environmental Policy: Risk Governance in a Complex World. In: Gross, Matthias und Harald Heinrichs (Hrsg.), *Environmental Sociology. European Perspectives and Transdiciplinary Challenges.* Springer: Dordrecht, 2010: 295–322 (mit Ortwin Renn).

Karl-Heinz Simon, Dr. rer pol, Ing.-grad., ist Geschäftsführer des Center for Environmental Systems Research der Universität Kassel. Er ist in zahlreichen Projekten der angewandten Systemforschung tätig und an Soziokybernetik und alternativen Pfaden gesellschaftlicher Entwicklung interessiert. Publikationen (Auswahl): Gemeinschaften: Nachhaltigkeitsorientierung als Selbstverständlichkeit? In: Grundmann, Matthias et al. (Hrsg.), *Soziale Gemeinschaften: Experimentierfelder für kollektive Lebensformen.* Münster: Lit, 2006; Critical Systems Thinking. In: Parra-Luna, Francisco (Hrsg.), *Encyclopedia of Life Support Systems (EOLSS).* Oxford: Eolss, 2003; Criteria of Systems Performance from a Macrosociological Viewpoint. In: Parra-Luna, Francisco (Hrsg.), *The Performance of Social Systems – Perspectives and Problems.* New York: Kluwer 2000, 131–146; Gemeinschaftliche Lebens- und Wirtschaftsweisen und ihre Umweltrelevanz. In: Rabelt, Vera et al.(Hrsg. 2007) Nachhaltiger_nutzen. München: Oekom 2007, 119–133 (mit Peter Dangelmeyer et al.); Die Rolle von Modellierungsansätzen bei der Erklärung, beim Verständnis und bei der Initiierung sozial-ökologischer Transformationen. In: Balzer, Ingrid und Monika Wächter (Hrsg.), *Sozial-ökologische Forschung – Ergebnisse der Sondierungsprojekte aus dem BMBF-Förderschwerpunkt.* München: Oekom 2002, 389–407 (mit Friedrich Krebs).

Gert Spaargaren ist Professor für nachhaltige Lebensstile und Konsummuster an der Universität Wageningen, Niederlande. Publikationen (Auswahl): Citizen-Consumers as Agents of Change in Globalizing Modernity: The Case of Sustainable Consumption. *Sustainability* 2 (7), 2010: 1887–1908 (mit Peter Oosterveer); Provider Strategies and the Greening of Consumption Practices: Exploring the Role of Companies in Sustainable Consumption. In: Lange, Hellmuth und Lars Meier (Hrsg.), *The New Middle Classes; Globalizing Lifestyles, Consumerism and Environmental Concern.* Dordrecht: Springer, 81–100, 2009 (mit Kris van Koppen); *The Ecological Modernization Reader: Environmental Reform in Theory and Practice.* London: Routledge, 2009 (Hrsg. mit Arthur P. J. Mol und David Sonnenfeld); Greening Global Consumption: Redefining Politics and Authority. *Global Environmental Change* 18 (3): 350–359, 2008 (mit Arthur P. J. Mol).

Michael Stauffacher, Dr., ist Forschungsgruppenleiter und Dozent im Bereich Umweltsozialwissenschaften an der ETH Zürich. Publikationen (Auswahl): A New ‚Epistemic Community' in Nuclear Waste Governance? Theoretical Reflections and Empirical Observations of some Fundamental Challenges. *Catalan Journal of Communication and Cultural Studies* 2 (2): 197–211, 2010 (mit Corinne Moser); Beyond Neocorporatism?! Transdisciplinary Case Studies as a Means for Collaborative Learning in Sustainable Development. In: Gross, Matthias und Harald Heinrichs (Hrsg.), *En-*

vironmental sociology: European perspectives and interdisciplinary challenges. Dordrecht: Springer, 2010: 201–216; Von einer Wissenschaft für die Gesellschaft zu einer Wissenschaft mit der Gesellschaft. *Psychologische Rundschau* 60 (4): 242–244, 2009 (mit Roland W. Scholz); Die Interaktion zwischen Wissenschaft und Gesellschaft in der transdisziplinären Umweltforschung. *Gaia* 17 (4): 396–398, 2008 (mit Antonio Valsangiacomo und Christian Pohl).

Willy Viehöver, PhD. der Politik- und Gesellschaftswissenschaften ist wissenschaftlicher Mitarbeiter an der Universität Augsburg im Rahmen des BMBF-Projektes „Partizipative Governance der Wissenschaft". Publikationen (Auswahl): Political Negotiation and Co-operation in the Shadow of Public Discourse: The Formation of the German Waste Management System DSD as a Case Study. *European Environment* 10 (6), 2000: 277–292; Diskurse als Narrationen. In: Keller, Reiner et al. (Hrsg.), *Handbuch Sozialwissenschaftliche Diskursanalyse. Band 1: Theorien und Methoden.* Opladen: Leske+Budrich 2001, 177–206; CO_2-Moleküle und Treibhausgesellschaften: Der globale Klimawandel als Beispiel für die Entgrenzung von Natur und Gesellschaft in der reflexiven Moderne. *Berichte zu deutschen Landeskunde* 82 (2), 2008: 115–172.

Peter Wehling ist wissenschaftlicher Mitarbeiter an der Universität Augsburg und Privatdozent für Soziologie an der Universität München. Publikationen (Auswahl): *Wissenschaft zwischen Folgenverantwortung und Nichtwissen.* Wiesbaden: VS Verlag 2004 (mit Stefan Böschen); *Im Schatten des Wissens? Perspektiven der Soziologie des Nichtwissens.* Konstanz: UVK 2006; Selbstbestimmung oder sozialer Optimierungsdruck? Perspektiven einer kritischen Soziologie der Biopolitik. *Leviathan* 36 (3), 2008: 249–273; *Soziologie des Vergessens. Theoretische Zugänge und empirische Forschungsfelder.* Konstanz: UVK 2011 (Hrsg. mit Oliver Dimbath).

Sabine Weiland, Dr., ist wissenschaftliche Mitarbeiterin am Forschungszentrum für Umweltpolitik der Freien Universität Berlin. Publikationen (Auswahl): Learning on Change in Forest Governance in the Developing World. *Special issue of the Journal of the International Commons* 4 (2), 2010 (Hrsg. mit Tom Dedeurwaerdere); Sustainability Transitions in Transition Countries. Forest Policy Reforms in Southeastern Europe. *Environmental Policy and Governance* 20 (6), 2010, special issue on „Governance Innovation for Sustainability: Exploring the Tensions and Dilemmas" (Hrsg. von Liza Griffin); *Nachhaltige Agrarpolitik als reflexive Politik. Plädoyer für einen neuen Diskurs zwischen Politik und Wissenschaft.* Berlin: Sigma 2008 (mit Peter H. Feindt et al.); *Politik der Ideen. Nachhaltige Entwicklung in Deutschland, Großbritannien und den USA.* Wiesbaden: VS Verlag 2007; The Power of Nature and the Nature of Power: How Agrarian Myths become Reality. *Nature and Culture* 2 (1), 2007: 67–86.